U0904445

大六壬类编

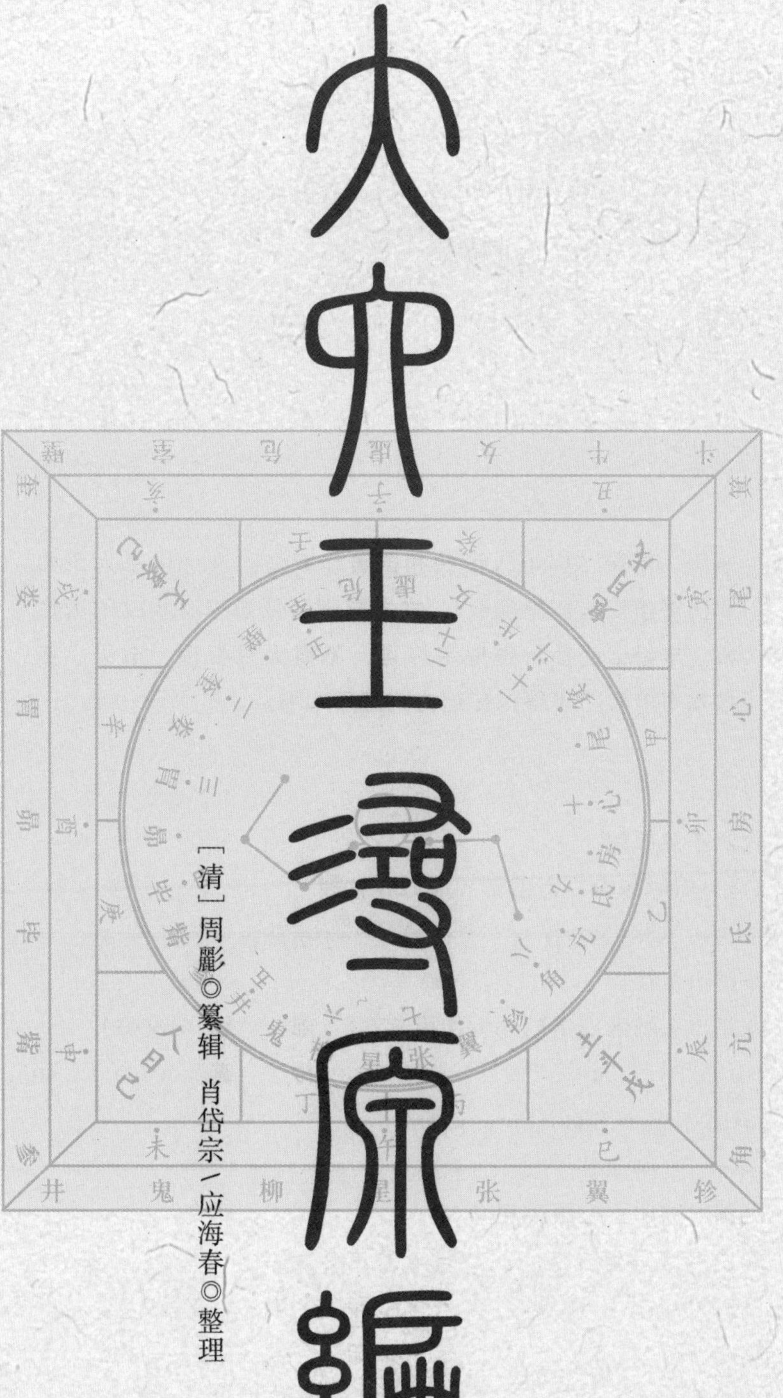

［清］周鹏◎纂辑　肖岱宗／应海春◎整理

华龄出版社
HUALING PRESS

责任编辑：薛治　陈磊　唐莉　齐霁
责任印制：李未圻

图书在版编目（CIP）数据

大六壬寻源编/(清)周鹏纂辑；肖岱宗，应海春整理.
—北京：华龄出版社，2012.2
ISBN 978-7-80178-933-4
Ⅰ.①大…　Ⅱ.①周…②肖…③应…　Ⅲ.①周易－占卜
Ⅳ.①B221②B992.2
中国版本图书馆CIP数据核字(2012)第031833号

书　　名：大六壬寻源编
作　　者：(清) 周鹏纂辑　肖岱宗　应海春整理

出版发行：华龄出版社
地　　址：北京市东城区安定门外大街甲57号　**邮　　编**：100011
电　　话：(010) 58122246　**传　　真**：(010) 84049572
网　　址：http://www.hualingpress.com

印　　刷：九洲财鑫印刷有限公司
版　　次：2013年1月第1版　2022年8月第2次印刷
开　　本：787×1092　1/16　**印　　张**：70.75
字　　数：1260千字　**印　　数**：6001～9000
定　　价：180.00元(全三册)

序 一

周鬯（古同螭），字协吕，号握奇子，又号壬隐，槜李（今浙江嘉兴）汇水人，清康熙十二年（1673 年）癸丑嘉兴府学贡生（见《中国地方志集成》浙江府县志辑⒀第 258 页，卷四十六·选举三·二十五，上海书店出版）。壬隐先生一生致力壬学，旷览群篇，厘正辑录，呕沥积年，于康熙廿八年（1689 年）己巳秋竣成一编，是为《大六壬寻源编》。

是编阐注壬理所汇用明末清初六壬诸书目，多所今日不可得见者，诚壬学之古籍文献宝库。壬隐先生著此编而宝之、藏之，其旨实为全之、原之，越三百年吾辈后学倘不予发之、扬之，则大愧于先生。今研壬者得此大全之书在手，可载欣载悦，无复别求矣。全书共分十卷：

第一卷，《汇赋》上卷。分《入式章》和《神将章》。

卷首题《弁首叙略》、《汇用群书目》和《混元一气图》。

《入式章》言三盘、月将、正时、克贼、九宗。

《神将章》汇辑《心印赋》、《神将汇占》和《海底眼》，总论十二天将、十二大神，附《天官主事阴神辨》和《七十二候略说》。

第二卷，《汇赋》中卷。分《课传章》和《神机章》。

《课传章》总论宗门九课二十四象和辅卦二百五十六义，附《元包经传》，汇辑《管子九宗》一十六节和《三传图考》一十二式。

《神机章》汇辑《洞微赋》、《九天照心胆》、《关格经》、《玉成歌》、《玉田歌》、《黄帝肘后经》、《刘日新天官加临辨》、《附录廿二条》和《天官值宫主事碎录》（即《神机碎锦》）。

第三卷，《汇赋》下卷。分《占要章》、《日辰章》、《正时章》、《用传章》、《年命章》、《遁干章》、《搜元章》和《括隐章》。

《占要章》汇辑《通天鬼翼赋》、《遁甲神符》、《括囊赋》、《吴观秘法》和《壬髓经》。

《日辰章》汇辑《日辰疏解》和《干支八法》。

《正时章》汇辑《玉连环》。

《用传章》总论三传，附《金锁玉匙诗诀》一百四十六例。

《年命章》汇辑《管子·年命论》。

《遁干章》汇辑《天宝赋》、《金兰赋》和《五变中黄经》十五章。

《搜元章》汇辑《玉册经》、《祛惑聚金诀》、《泣鬼篇》和《阴山道士口诀》。

《括隐章》总括日辰用传年命神将神煞乘临六亲生克比合吉凶悔吝，总结全篇。

第四卷，《汇歌》一卷。

全卷汇辑《毕法赋正文》附《兵占疏略》、《毕法赋节解论例》三百八十四格、《青钱赋疏解》附《三宫图》（即《退一天罡诀》）与《干支长生图》、《来意真妙诀句解》附《周敦颐太极图说》、《几先百问歌》、《管子吉凶八煞诀》、《神煞直图歌解》和《圆图转法》。

第五至七卷，《占林》上中下三卷。

此三卷汇辑《金匮》、《指南》、《心镜》、《节要》等四十余种壬籍，原占、原仪后分述三十四类占断。曰：天时占、气运占、家宅占（附《刘日新阳宅秘书》）、身命占、人品占、婚姻占、胎产占、岁运占（附列星分野）、农事占、蚕桑占、选试占、官禄占、谋望占、访谒占、求财占、交易占、出行占、行人占、日用占、渔猎占、奴婢占、

六畜占、疾病占（七恶附识）、地理占（附《刘日新阴宅秘旨》）、兵戎占（附《军帐《阴符秘略》、《兵帐钩玄》一十三条、《兵占度载》一十五条、《戎政论玄武释贼法》一十二论、《游都鲁都歌》、《金凤战干歌》、《都天六壬》、《透天关歌》和《兵家择日枢要》）、词讼占、行遁占、逃亡占、捕盗占、盗失占、失物占、怪异占、邀候占、射覆占（附《射覆要略》、《连环射覆歌》、《广姓字占》、《拟字解略》和《五音姓氏所属》）。

第八卷，《内传》一卷。分《影壬入易章》和《内传章》。

卷首题《干支纳卦爻图》、《五行十二支性情图》和《八卦十二支身世图》。

《影壬入易章》收录《大六壬轨限照心神鉴经》，整理者参考诸版本增附《透易发用配合命爻看法》和《六壬秘旨》等内容。

《内传章》汇辑《玉册启钥》、《大六壬三元正体课解》九式二十七名、《大六壬三元支体课解》辅卦一百零八名、《观月经》和《心镜要》，附《易经》诸卦爻辞。

第九卷，《摭粹》上卷。分正、附二册。

正册收录《大六壬金口诀神课》明嘉靖宋氏重订本，附《刘海戏蟾一干二支杂占》一百四十四条。

附册收录《金口指玄》明正德阴山道人述本。

第十卷，《摭粹》下卷。

全卷辑录《壬机要旨疏解》七十章，《壬科取象疏解》二十条四十四则、《月将别论》、《遁干配卦》、《大六壬通神扼要图解》、《枕中通神论》、《穿壬透易说》、《群鸟占》、《天干地支配卦诀》、《归藏易略》、《贵人治时辨》、《姚太师占法贵人诀》、《十二课传图》和《六甲课体疏解》，并附录《观梅源流》和《相字神枢》等梅花易数内容。

全书的整理出版实非一人之力所能为，在此鸣谢周易工作室郑同先生、昆明应海春先生、郑州肖岱宗先生、温岭王吉祥先生、曲靖李德启先生以及编辑同仁们的共同付出。

序　二

2007年夏，经民间数术学者李德启兄提示，在查阅抄写古籍《六壬东方朔射覆秘诀》的同时，寻到了馆藏古籍善本《大六壬寻源编》十本，纯字数约70余万字。此书乃一部大六壬秘诀歌赋的汇编巨著，为清朝康熙年间汇水（今浙江嘉兴）民间六壬学者周鹏编撰而成。全书收集了众多失传的大六壬、金口诀作品，多数为古典数术学人、古三式研究者和民俗研究专家梦寐以求的稀有资料。全书内容广博，体例周详，分类细密，编纂严谨，加之编纂者深通六壬之术，所撰解注释的大六壬歌赋相当高明，对有深度的六壬学人来说，可谓一书在手，不做他想。曾将此书专门请教过当今六壬名家北海闲人刘英忠先生和台湾张容平先生，二位亦赞赏有加。毫不夸张地说，整套《大六壬寻源编》是一部百科全书式的壬学宝典，全书的编排顺序，则更像一本六壬研究指南手册。相较今天海内已经面世的大六壬书籍来说，该书确属最上乘之选。理由如下：

一、全书保留了大量六壬精华文献，其歌诀断赋文献援引之完备准确，是绝无仅有的。

二、全书对大六壬应用体系的编纂深有用心，从各篇章次序安排到文献引用的详略剪裁来看，都是一流壬占学者才具有的认识，非常精当实用。

三、全书保留了大六壬和六爻占之间相互转换方法的明晰说明。

四、全书收录了两个不同的金口诀抄本，尤其是《金口指玄》这个第九卷编外抄本，可以说是今天能够见到的最完善、最稀有的金口诀传本。六壬金口诀相传为孙膑所创，一般认为，较清晰全面的金口诀成书，最早出现于明神宗万历年间（1573～1620），而《金口指玄》的面世则表明了在明武宗正德年（1506～1521）之前，金口诀就已经有了传抄研习的历史。同时也证明了六壬金口诀是大六壬的一种演变占法，这种方法是在元明之际逐渐形成的独立占断体系。

五、全书还涉及了部分奇门遁甲和梅花易数的内容，引用的文献可以与存世典籍互质校阅，亦属乐事。

六、就目前已掌握的资讯来看，此书为海内孤本，还从未听闻有相同的抄本面世。

全书经两年守候抄写，数方周折后重金购得原本拍片，后又历经一次灾难性硬盘误格式化，多年心血几毁于一旦。余以为传统数术文化，不过是几个野老鄙夫闲余聊以卜度琐事的小技，知音既少，受众又窄，本不欲点校出版面世，殊不料几位同道好友得赠后狂喜称道，于是此书2009年间在民间就慢慢流传开来，同道相询者亦络绎不绝。2011年秋末，李德启兄提及郑同兄和肖岱宗兄诸人发心出版《大六壬寻源编》全书，因流传出去的拍片原本不完整，部分手抄底稿也从未面世，考虑到如今再拍出一套全本来已势同登天，整理本内容又岂能完整？自然是白璧有瑕，学者留憾。如若坐视其事，岂不辜负前人周鹂一片真心？于是毛遂自荐，加入郑同先生的整理团队，以保证其书以全貌面世，上可告慰先贤周鹂及历代六壬学者之智慧传承，下可给传统文化的爱好者们奉献一套完整的文献典籍。

概观古今中外，文明力的发皇莫不以文化力的自觉发轫为其前提，而文化力的发轫莫不是以返本开新而成就硕果。文明与文化，一阳一阴，相佐为用，方能开辟深植民族性情和独特文化风格的恢弘局面。中华文明的复兴，就是要踏踏实实站立在华夏大地上，自觉体认反思这片土地有过的那些无法避开的文化内容，那么我们才有望创就一种博大深广、涵容万有、仁厚智广的文化品味，傲然屹立于世界东方。

因水平所限而致的点校失误错讹，恳请海内外有识之士、方家学人不吝赐教，以期有机会再版时修订补正。借此机会，感谢在成书过程中起了决定作用的郑同、肖岱宗、李德启等诸兄，并衷心感谢支持了本书出版的所有编辑人员和工作人员。

2011年11月28日

应海春整理于昆明西郊真命轩

整理凡例

一、是书搜罗宏富，起例不尽一致，相互发明可也。“贤者识其大，不贤者识其小”。术数家又何独不然？应验如神，斯为妙道。壬学传世数千载，分枝发脉，其说不一。虽述有异同，然用之各验。固不必是丹非素，亦无庸舍己从人，各本师承可也。

二、朱柏庐云：“世事洞明皆学问，人情练达即文章。”世间万事，无非“情理”二字。情理难测，始以数通。理数似分而同源，或有数同而断异，或有数异而断同，或有占近而应远，或有占此而应彼，而其实并无不同也。

三、六壬其传甚古，先贤记载备详。其术源同河洛，法演古今；运用之妙，存乎一心。凡目为小道者，皆未深思也。

四、六壬之术，巨细悉赅。世间治乱、人事贤否、战争胜负、政策成败，自当极意研求；若夫求财访谒、遗失逃亡、阴晴风雨、阳宅坟茔，本不过日用寻常之事，似可从缓。智者又何必沉溺是术，为方家所笑。

五、本次出版，依古籍整理规范，全文简体横排，以便学者研究。然底本之“左”、“右”，时指上下文之意，读者自可领会，因此不作改动，保留原貌。

六、是书原为十册，今依底本厘清目次，亦作十卷。全书目录今置于正文之前，原底本卷前目录不再保留，以免画蛇添足。

七、是书原为辑录明代珍本秘本而成，底本各词语之用法略有不一。古今字、异体字之整理，一依《辞海》、《辞源》、《古代汉语辞典》三书。原书之简写字，如以“执”代“势”、以“员”代“圆”，有碍读者理解者，统一为规范字。然如“财”、“材”简写作“才”，乃术数典籍所常见，无碍今人阅读理解者，仍保留原貌。

八、是书卷帙浩繁，所载古本，多所未见，并无他本可资校勘，一以底本为准。凡有所疑，则于文下注之。

九、是书第八卷载有《轨限照心神鉴经》一部，其文颇有颠倒错讹，故取国图所藏《六壬轨限照心神鉴经》及上图所藏《大六壬轨限照心神鉴经》二书校之。凡底本所缺者，依校本补入，俾臻完美。因补入与校正之处甚多，故不再一一标出。

十、是书第九卷所载《大六壬金口诀》一书之整理，以华龄出版社影印民国石印本《六壬神课金口诀》为校本。凡有所改正，皆依校本，不再一一注明。

十一、是书原所载眉批与文中旁批，为阅读方便计，一律依原文之意统一至相关文下脚注中。唯第九卷眉批《刘海戏蟾一干二支杂占》一百四十四条与卷九之内容并无相涉，故附录到正编之后，单作一篇。是书眉批所引《易经》之卦爻辞及其他内容，一依通行本校正。眉批所引《元包经》之内容，一依四库本校正。其他未尽之处，一依古籍整理通例。

十二、是书所载《梅花易数》相关文献，弥足珍贵，足以证明梅花之学于明末清初已经广泛流行，他术亦引为参考，俟日后详细考证。

十三、是书所附之《相字神枢》一编，亦可以与世传本相互参考，其文献价值不言而喻。考察本书，梅花之学与相字之学由来已久，凡目前传世文献所载，梅花与相字之学均同在一编。梅花与相字之学之同源同宗、相互发明，亦可引此书为一证。

十四、是书全十卷之点校整理由肖岱宗先生独立完成，第九卷《金口指玄》部分文字录入及点校整理由应海春先生独立完成。一至七卷、第十卷之文字录入由肖岱宗先生完成，第八卷、第九卷之文字及全书图片中文字由陈平小姐负责录入。华龄出版社薛治、陈磊、唐莉、齐霁等四位编辑负责本书清样的逐字校对。全书统筹、版式订正之工作由郑同先生负责。特此说明。

十五、是书之整理，尚有尘缘兄发起的大六壬寻源编文档群（177822302）诸位先生另行完成整理，其成果本书亦有所引用，在此一并致谢。

十六、古书流传，多经劫难；善本秘书，每不多见。华龄出版社影印乾隆丙戌自求子藏版《订正六壬金口诀》一书行将面世，一函六册，乃壬学秘本，世所稀见。书中另有《课钤》二卷及《广云子断案》一卷及诗赋口诀若干，为诸本之所无，可与此书第九卷互参，容异日再校。

《大六壬寻源编》出版略记

2011年10月，偶然下载到《大六壬寻源编》十卷，伏览全卷，深为折服。此版本为电子版，清晰度尚可，部分眉批及行批略有不清，但无碍阅读，遂发心整理出版此书。安排好时间后，发现有尘缘兄发起大六壬寻源编文档群（177822302），于是加入此群并承担第五卷的整理工作。后经群中朋友指引，知有人已经将此书整理完毕。是月中旬，应国际易学联合会及河南伊川邵雍易学研究会之邀请，李成志兄与我赴洛阳参加国际易学研讨会，出发前一日，经王吉祥先生介绍，有幸拜访整理者肖岱宗先生，谦谦君子，温尔文雅，“如圭如璧，宽兮绰兮”，相见之欢，难以言喻。后肖兄出示整理本与我。应该说，我虽从事古籍出版工作多年，但从未见到过如此细致认真的点校。观其校理之细致，足见学问之深广，“如切如磋，如琢如磨”。回京后，李成志兄申报出版计划并得领导大力支持，此书遂进入出版程序。

书友李德启兄得知我们的出版工作开始后，与我联系，于是始得知我们手中的版本并非完美，还有清晰本传世。经他介绍，底本所有者应海春兄发心济世，赠我全本，以供校对。11月，我请工作人员录入尚未完成的两卷文字并发肖兄校理，以便完成全书。底本所无，由应海春兄以其抄本整理并赠我一并出版。12月，全书清样开始陆续发出版社校对，华龄出版社薛治、陈磊、唐莉、齐霁等四位编辑负责本书清样的逐字校对。全书统筹、版式订正之工作由我负责。2012年3月，经数月辛勤，《大六壬寻源编》出版工作告竣。

虽知悉此书的整理工作进度，大六壬寻源编文档群中诸兄为学习经典计，亦自行录入整理，并未停止。校对中凡有疑问，我常在群中请教，收益甚大。冯向阳、李谊、郭向阳、董鹏、赵强、丁圣志、夏源、刘创新、张松海、袁伟等诸位先生各自完成了负责的工作，并帮我校对部分图片。特别感谢赵强先生，指教之余，另有秘传起局等诸法授我，受益良多。

此书的出版，乃因缘辐凑，天促其成。值此出版之际，我谨向华龄出版社诸位领导与编辑们，此书的整理者肖岱宗、应海春二位先生，联系者王吉祥、李德启二位先生，大六壬寻源编文档群中诸位先生，一并致谢。

郑　同

2012年3月11日

大六壬寻源编叙略

粤昔圣人之作《易》也，变通不一，岂于壬占而独不然，凡课七百有二十，其中潜天潜地，而世宗无惑、玉历二钤，二钤未始不矛盾，袁刘李邵诸公断论，亦未始不异同，其可举一而废百也哉。谈壬者家但知数而不知理，知艺而不知道，虽或偶中，讵合天机？如传生日为吉，而占子孙之贤否，则为凶。传脱日，则为凶，而占生产之迟速，则为吉。传克日，凶也，仕宦人占之则吉。日克传，吉也，尊长病占之则凶。贵人入狱，或临二八，所忌也，而卯酉辰戌为日干年命者，亦忌之乎？贵人遍地，治事不决，所忌也，而选举之占，为帘幕登第者，亦忌之乎？聊举一隅，三隅可反云。

疑辨曰：干支阴阳，区以别矣，岂宜混视？壬占概曰“水土长生居申”也，而不知戊生于寅，己生于酉，而癸生于卯，申中所生者惟壬而已。概曰“火长生在寅”也，而不知丁火生在酉。概曰“木生在亥”，而不知乙生于午。概曰“金生在巳”，而不知辛生于子，然则其败墓死绝皆当以顺逆推之矣。不然者，何壬戊癸己不同禄，而十干之禄各有所乎？丁己丙戊胡为而同宫乎？举禄之不同而生死可知也。生死不明，无怪乎占之有不中也。即如己土见酉为生，而概以为败，奚可哉？噫！谬已。

夫占事尚应期，正其验也。乃有取决于五行者，水一火二木三金四土五是也。有取决于先天数者，有取决于末传者，冲合是也，皆不如取决于发用岁月节旬之候为真。大抵日二课为用，在贵前而传顺者速；辰二课为用，在贵后而行逆者迟。用起支阴，谓之蓦越，应事不可测度，蓦然而成，蓦然而散，多为他人也。迟速日期，各循用而至。独用神之说，则又在所不必拘。何也？谓用起子亥，则以丑上神为期，寅卯取辰，巳午取未，申酉取戌也。若夫间隔之说，则又在所当察。辰加子为天关，午为地关；辰加卯为天格，酉为地格。天关天格，为事必因天时而阻；地关地隔，为事必为地里间之云。

《占宗》曰：神将为众人之所同，年命为一人之所独。命为身，应岁日上神，不可相伤。年为用，助日用之神，不宜两制。命上见财宜财，见官宜官，可类推也。至夫月将临年临命，则长万福弭。干灾支忌来车马之惊，蛇主疑忌。死虎克命而无救，身殒五旬。若不克命，亦主狼狈。若乘吉将，利于仕途。此其当宗者也。

月将乃幽明之司，动静之机，祸福之始。在日为福德，在辰为龙德，临用临年临命，皆吉也。加支宅辉，加武贼败，乘天空、驭天空，中天悬照之象。其于属也，为堂省部院，带天马，为皇华使臣，乘青龙，为公卿柱石，作常为武职，作虎为权臣，乘勾为大将，乘雀为羽林，乘蛇为车骑。此其当宗也。

旬丁为变动之神，助以罡魁，传以二马，驭以六合太阴，万里飞腾之象也。占避难者，当往其下。然亦是静主动、动主静之煞，故见元首，事主尊长；值重审，象应卑小；比用乘而有反戾之形，涉害并而为灾殃之兆；伏吟发其归兴，反吟动其远思；别责昴星，虚惊将见；八专泆女，久而咎生；闭口可开，斩关可断；游子不返，三交欲移。遇三光三阳三奇六仪龙德富贵，主官升财遂。遭内战外战赘婿乱首龙战鬼呼，定官咎非灾。于三阴魄化丧门伏殃，则喜疾将亨，虑将释，危险脱而昏昧醒。于天网天狱九丑八迍，则有官府动，冤抑伸，合中变而新故更。孤寡绝嗣无路，将有复绩之图。四逆天烦地烦，当逢救拔之力。此其当宗者也。

若夫辰罡戌魁，为贵人不到，而其作用反多。且天罡操诸占吉凶之柄，尤不可不察也。其加于四孟，则各主其事。亥曰天门，可见长吏，贵人起敬。申曰人门，可入人家，众人生恭。巳曰风门，可入山林，不逢蛇虎，猛兽山魈。寅曰鬼门，可唁死丧，不染疾疠，不逢不若。其元武瘴心二七遍[①]，逐鬼去恶毒气等。心痛责之立巳。如寅午戌月加亥，亥卯未月加申，申子辰月加巳，巳酉丑月加寅，并以左手持式瘴人，人不得见之。又云："加鬼门，以式瘴心[②]，心气痛着之即愈。"其所当宗者也。

是编也，颜以《寻源》，谓壬道之大而有本，学者当求其本，不可一蹴而至。厘为四种，曰"汇赋"，曰"汇歌"，曰"摭粹"，曰"占林"。复分汇赋为十有二章。一曰"入世章"，明天盘地盘之起例。二曰"神将章"，晰天将支辰之所司。三曰"课传章"，以定其名义。四曰"神机章"，以观其变化。五曰"占要"，稽疑有喜忌从违而吉凶形焉。六曰"日辰干支"，有生旺墓绝而休咎定焉。"正时章"次七，谓先锋也。"发用章"次八，谓始计也。九曰"年命章"，占人一生枯菀，征见于此。十曰"遁干章"，课体莫测，机关倚伏于中。十一曰"搜元章"，包罗万理。十二曰"括隐章"，总结全书。要之，"惠迪吉，从逆凶"，禹之训也。"满招损，谦受益"，天道也夫！

① 瘴一作障。
② 瘴一作魔。

大六壬寻源编汇用书目

《黄帝龙首经》	《心印赋》	《九天玄女指掌赋》
《黄帝肘后经》	《毕法赋》	《怯惑聚金妙诀》
《黄帝元女占》	《括囊赋》	《通天鬼翼赋》
《太公阴符谋》	《天宝赋》	《九天心照胆》
《五变中黄经》	《洞微赋》	《刘日新诗断百章》
《李氏连珠经》	《搜元赋》	《阴山道士口诀》
《管公明神书》	《金兰赋》	《东方朔口诀》
《马融绛囊经》	《泣鬼赋》	《黄公达风髓灵文》
《孙子兵法占》	《通神赋》	《吴轨占候风气》
《指南经》	《京房占》	《九空犀华真人歌》
《金匮经》	《玉连环》	《神将汇占》
《神枢经》	《风角占》	《壬遁捷要》
《玉册经》	《金口诀》	《吴观秘法前经》
《心镜经》	《课经集》	《袁李口诀》
《观月经》	《青钱赋》	《通神扼要》
《壬髓经》	《海底眼》	《阴符秘略》
《灵辖经》	《关格经》	《河图会占》
《鬼谷占》	《邵南歌》	《洛书定运》
《银河棹》	《拾学赋》	《古今五行记》

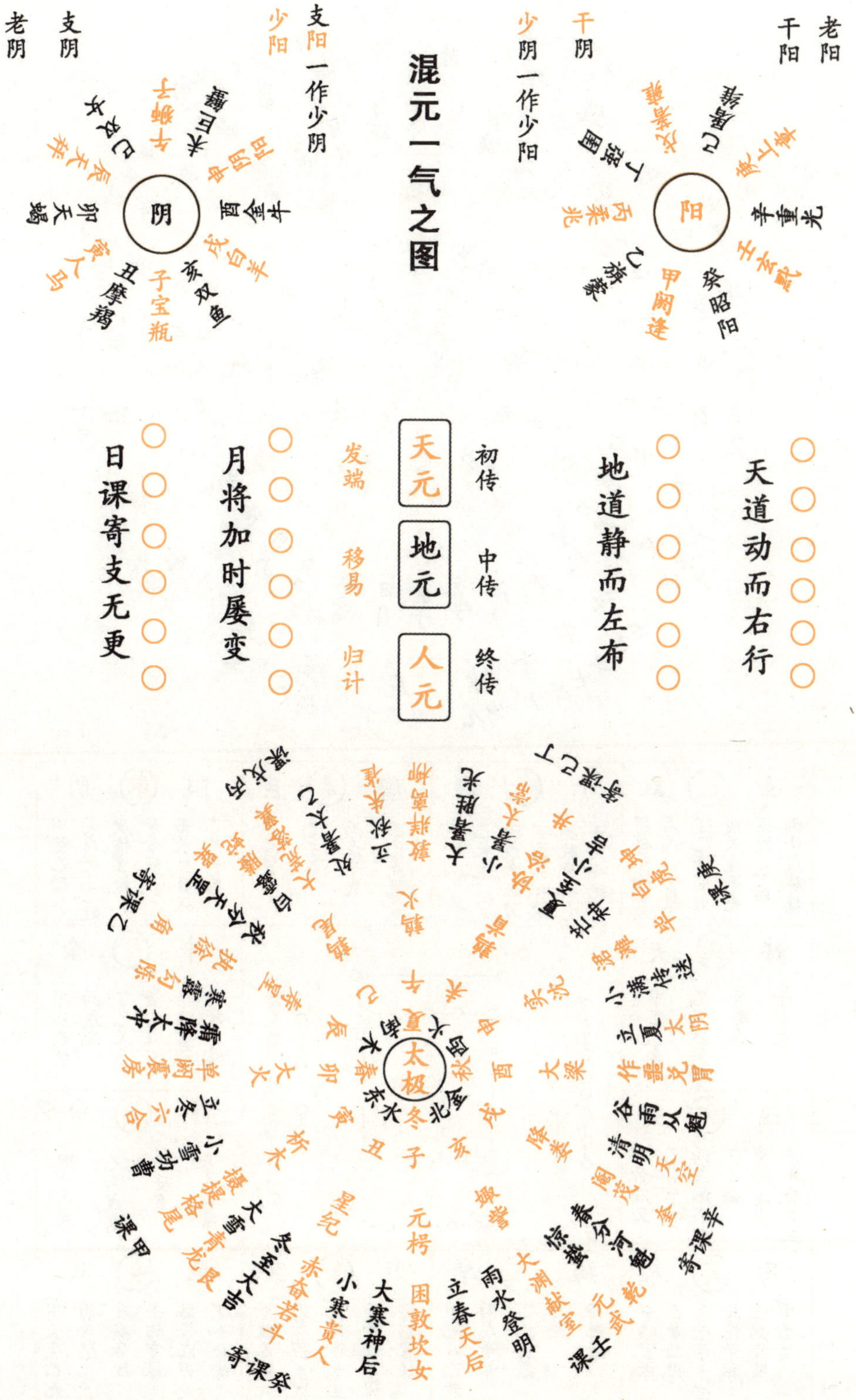

混元一气之图

老阳 干阳

干阴

少阴一作少阳

阳

甲阏逢 乙旃蒙 丙柔兆 丁强圉 戊著雍 己屠维 庚上章 辛重光 壬玄黓 癸昭阳

支阳一作少阴

少阳

支阴

老阴

阴

子宝瓶 丑摩羯 寅人马 卯天蝎 亥双鱼

天道动而右行

地道静而左布

初传 天元 发端

中传 地元 移易

终传 人元 归计

月将加时屡变

日课寄支无更

太极

子 丑 寅 卯 辰 巳 午 未 申 酉 戌 亥

大寒神后 小寒贵人 冬至太吉 大雪青龙艮 立春天后 雨水登明 困敦坎女 寄课癸 课甲 课壬 寄课辛 寄课乙

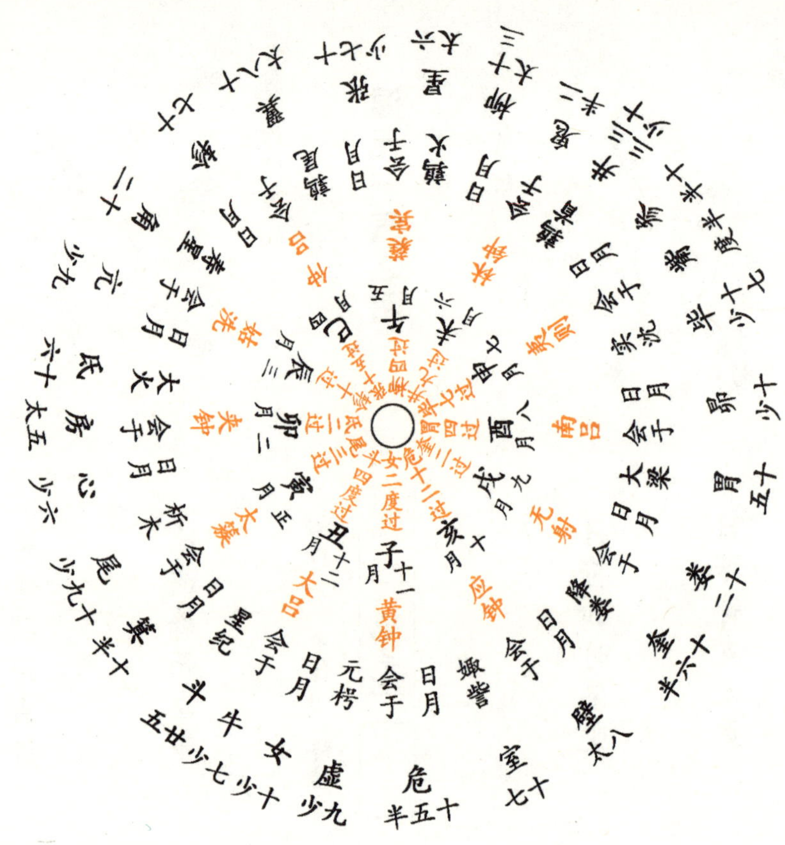

子十一月
丑十二月
寅正月
卯二月
辰三月
巳四月
午五月
未六月
申七月
酉八月
戌九月
亥十月
黄钟
大吕
太簇
夹钟
姑洗
仲吕
蕤宾
林钟
夷则
南吕
无射
应钟
角
亢
氐
房
心
尾
箕
斗
牛
女
虚
危
室
壁
奎
娄
胃
昴
毕
觜
参
井
鬼
柳
星
张
翼
轸

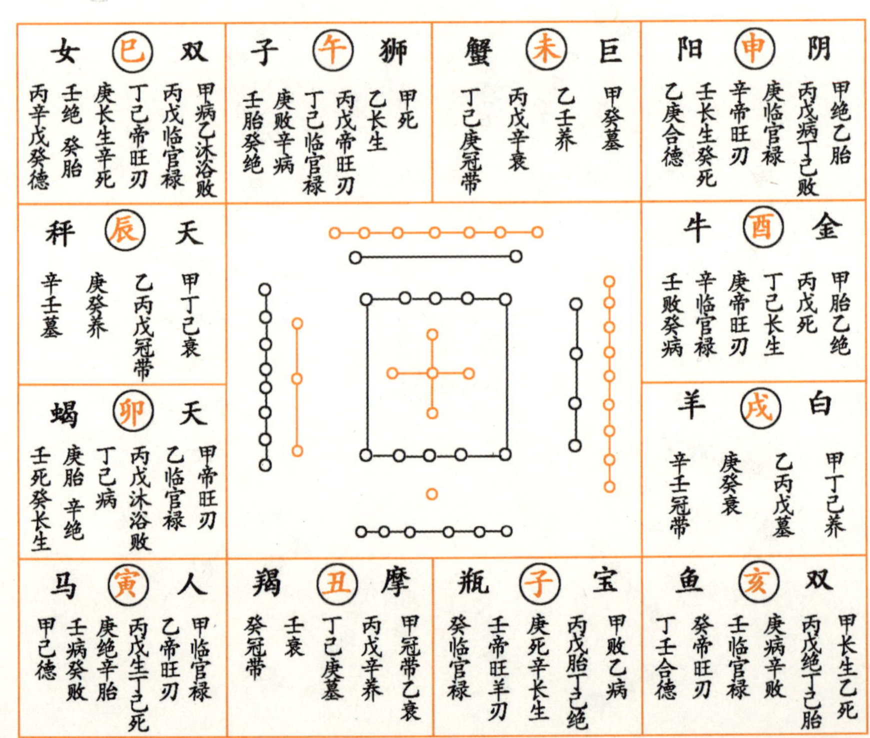

双女 巳
甲病乙沐浴败
丙戊临官禄
丁己帝旺刃
庚长生辛死
壬绝 癸胎
丙辛戊癸德
狮子 午
甲死
乙长生
丙戊帝旺刃
丁己临官禄
庚败辛病
壬胎癸绝
巨蟹 未
甲癸墓
乙壬养
丙戊辛衰
丁己庚冠带
阴阳 申
甲绝乙胎
丙戊病丁己败
庚临官禄
辛帝旺刃
壬长生癸死
乙庚合德
天秤 辰
甲丁己衰
乙丙戊冠带
庚癸养
辛壬墓
金牛 酉
甲胎乙绝
丙戊死
丁己长生
庚帝旺刃
辛临官禄
壬败癸病
天蝎 卯
甲帝旺刃
乙临官禄
丙戊沐浴败
丁己病
庚胎 辛绝
壬死癸长生
白羊 戌
甲丁己养
乙丙戊墓
庚癸衰
辛壬冠带
人马 寅
甲临官禄
乙帝旺刃
丙戊生丁己死
庚绝辛胎
壬病癸败
甲己德
摩羯 丑
甲冠带乙衰
丙戊辛养
丁己庚墓
壬衰
癸冠带
宝瓶 子
甲败乙病
丙戊胎丁己绝
庚死辛长生
壬帝旺羊刃
癸临官禄
双鱼 亥
甲长生乙死
丙戊绝丁己胎
庚病辛败
壬临官禄
癸帝旺刃
丁壬合德

镇土星宫声

岁镇得之建斗

宿二十八

金太白商声

又出西方二百四十日而入

一入三十五日而复出

水辰星羽声

春见奎娄夏见东井秋见角亢冬见牵牛

出以辰戌入以丑未

晨见候之于东方

昏见候之于西方

木岁星角声

太岁在四仲则岁行三宿在四孟四季则岁行二宿

火荧惑徵声

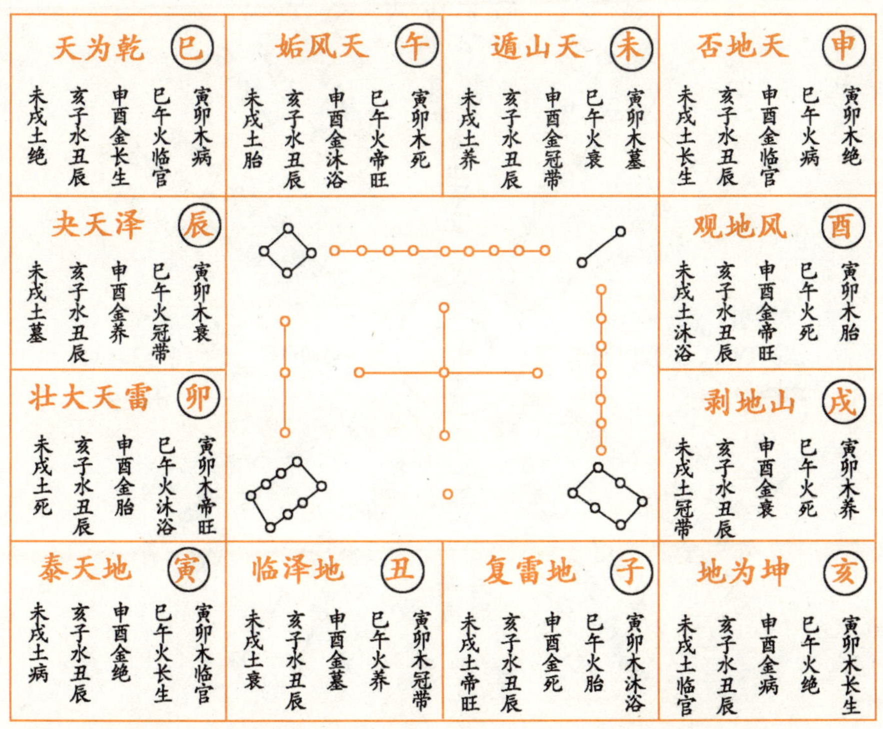

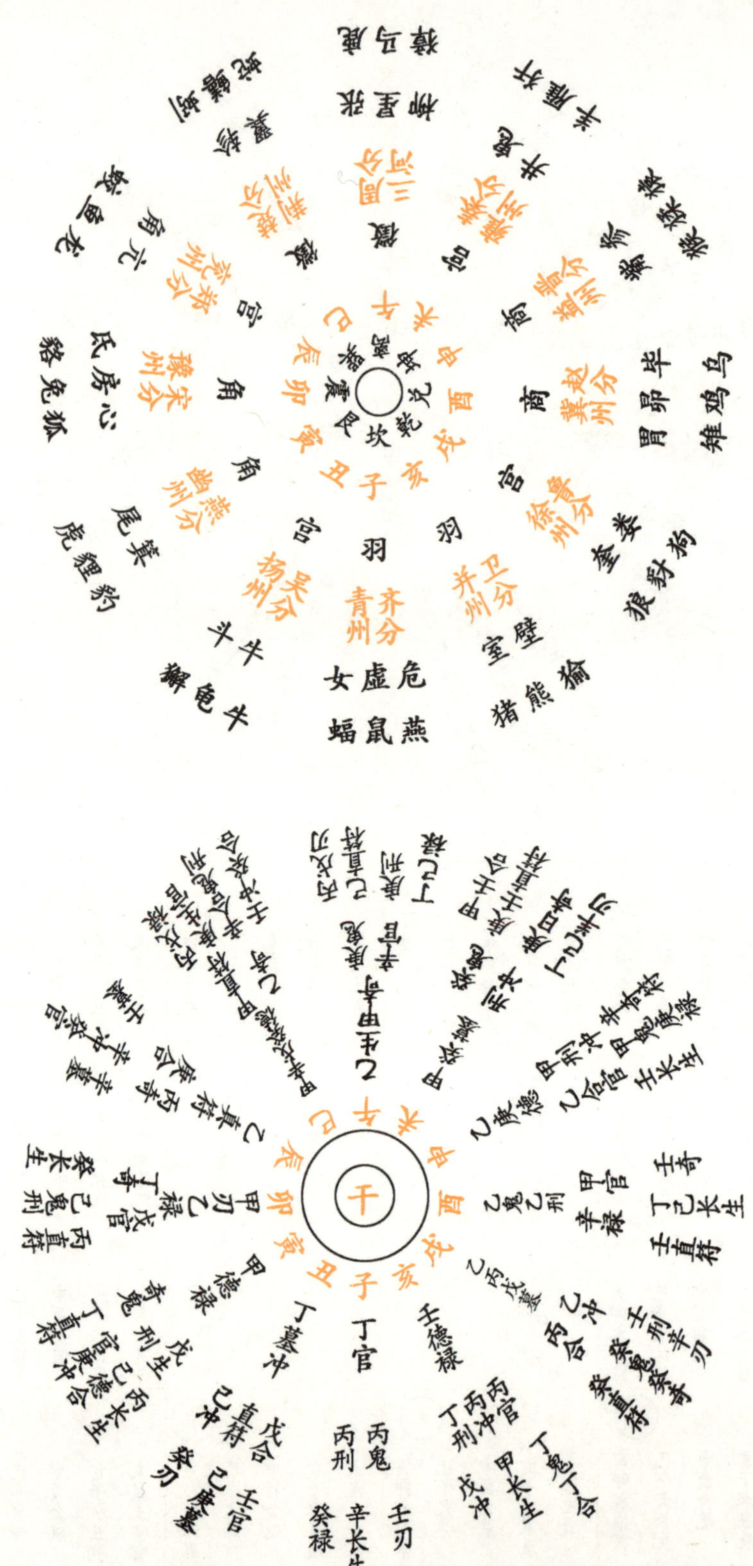
女虚危
蝠鼠燕
室壁
斗牛
青州 齐分
并州 卫分
扬州 吴分
幽州 燕分
徐州 鲁分
冀州 赵分
豫州 宋分
尾箕
虎狸豹
奎娄
氐房心
貉兔狐
胃昴毕
雉鸡乌
子 丑 寅 卯 辰 巳 午 未 申 酉 戌 亥
干
丁官
丙鬼
丙刑
壬刃
辛长生
癸禄

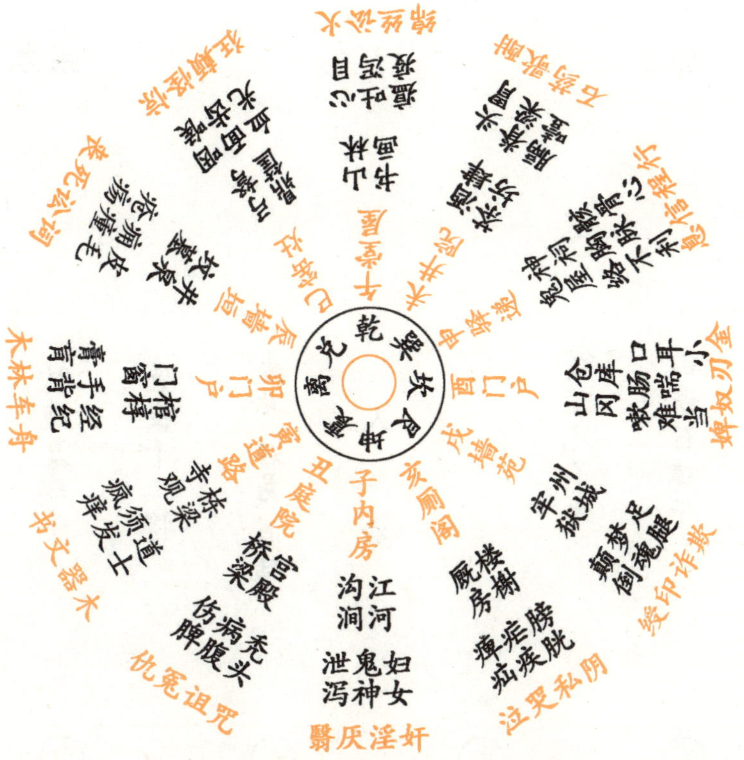

乾 巽 坎 艮 坤 震 离 兑

子内房
江河
沟洞
妇女
鬼神
泄泻
翳厌淫奸

丑庭院
宫殿
桥梁
秃头
病腹
伤脾
仇冤诅咒

寅道路
栋梁
寺观
道士
须发
疯痒
书文器木

卯门户
棺椁
门窗
经纪
手背
膏肓
木林车舟

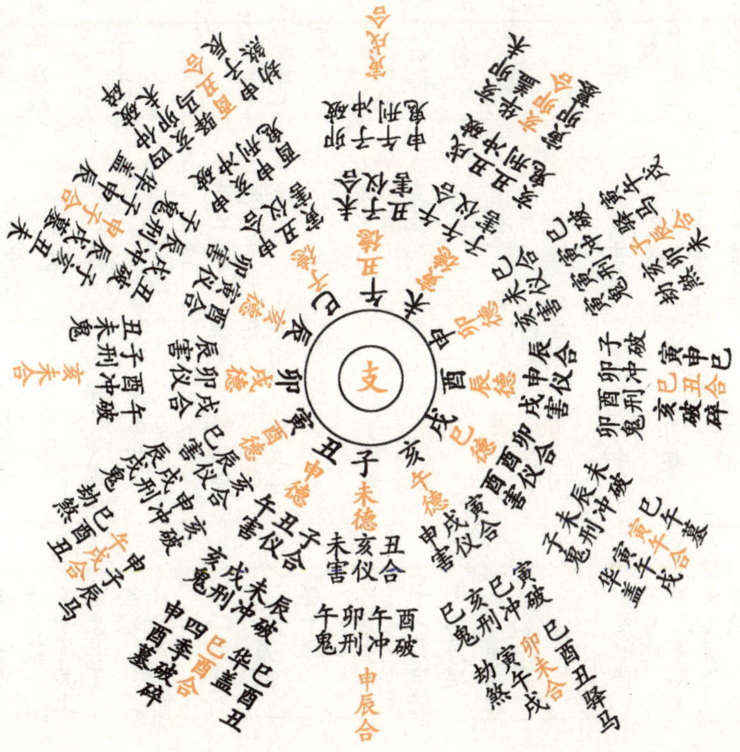

酉门户
金刀奴婢

戌墙苑
州牢
城狱
足腿
梦魂
倒颠
经印诈欺

亥厕阁
楼榭
厩房
膀胱
疟疾
痒疝
泣哭私阴

支

混元一气之图

九宗

日干

日阴

日用五子元

时遁复建干

昼夜十二将

发端 移易 归结

初传 天

中传 人

末传 地

辅卦

辰支

辰阴

官父兄子才

旬遁日建干

岁用五虎元

<table>
<tr>
<td>巳
七月中将
四月建
丙戊干寄其上
金生其下
丙戊禄
壬癸日旦贵</td>
<td>午
六月中将
五月建
丁己干禄
六辛日旦贵</td>
<td>未
五月中将
六月建
丁己干寄其上
木墓其下
甲戊庚日暮贵</td>
<td>申
四月中将
七月建 庚禄
庚干寄其上
水生其下土同
乙己日暮贵</td>
</tr>
<tr>
<td>辰
八月中将
三月建
乙干寄其上
水土墓其下</td>
<td colspan="2" rowspan="2">午辅木 四杜巽 辛立夏　｜　乙英火 九景离 奇夏至　｜　戊芮土 二死坤 己立秋
申冲木 三伤震 庚春分　｜　辰 五中禽 壬　｜　丁柱金 七惊兑 音秋分
丙任土 八生艮 奇龙日　｜　子蓬水 一休坎 戊冬至　｜　寅心金 六开乾 癸立冬</td>
<td>酉
三月中将
八月建
辛干禄
丙丁日暮贵</td>
</tr>
<tr>
<td>卯
九月中将
二月建
乙干禄
壬癸日暮贵</td>
<td>戌
二月中将
九月建
辛干寄其上
火墓其下</td>
</tr>
<tr>
<td>寅
十月中将
正月建
甲干寄其上
火生其下
甲禄
辛日暮贵</td>
<td>丑
十一月中将
十二月建
癸干寄其上
金墓其下
甲戊庚日旦贵</td>
<td>子
十二月中将
十一月建
癸干禄
乙己日旦贵</td>
<td>亥
正月中将
十月建
壬干寄其上
木生其下
壬禄
丙丁日旦贵</td>
</tr>
</table>

目　录

大六壬寻源编卷之一

汇赋上

入式章一

大哉六壬，理数术纯焉。运乎三盘，天地人陈焉。以月将加占时之上，顺行支次；定阴阳为四课之分，最重日辰。日课二而辰课二，生比和而克用伸。审天门而察地户，凭顺逆以加贵神。四课既定，三传递臻。

天干尊，为日。地支卑，为辰。甲乙寅卯辰位东，属木，应春令。丙丁巳午未位南，属火，应夏令。庚辛申酉戌位西，属金，应秋令。壬癸亥子丑位北，属水，应冬令。四土寄旺四季。甲课在寅，乙课寄辰，丙戊在巳，丁己寄未，庚课在申，辛课寄戌，壬课在亥，癸课寄丑。此地盘也[①]。

月将，日宿、太阳也。太阳每以中气过宫，正月雨水后躔娵訾次，入亥宫。至惊蛰一令，皆登明将。二月春分后躔降娄次，入戌宫，至清明一令，皆河魁将。三月谷雨后躔大梁次，入酉宫，至立夏一令，皆从魁将。四月小满后躔实沈次，入申宫，至芒种一令，皆传送将。五月夏至后躔鹑首次，入未宫，至小暑一令，皆小吉将。六月大暑后躔鹑火次，入午宫，至立秋一令，皆胜光将。七月处暑后躔鹑尾次，入巳宫，至白露一令，皆太乙将。八月秋分后躔寿星次，入辰宫，至寒露一令，皆天罡将。九月霜降后躔大火次，入卯宫，至立冬一令，皆太冲将。十月小雪后躔析木次，入寅宫，至大雪一令，皆功曹将。十一月冬至后躔星纪次，入丑宫，至小寒一令，皆大吉将。十二月大寒后躔玄枵次，入子宫，至立春一令，皆神后将。占时者，占人所值正时，或所口报之时也。每以值月之将加占值之时，地盘位上顺布十二支[②]。布定，乃作四课，干为阳，干上乘神曰日，为第一课，老阳也。干上神之地盘上神曰日阴，为第二课，少阴也[③]。支为阴，支上乘神曰辰，为第三课，老阴也。支上神之地盘上曰辰阴，

① 干为人，以生事。支为事，以化人。支先于干，因事以见人。干先于支，由人以成事。

② 其法有用字画，有用物数，一子二丑起例，或置籤或用占人来方或坐次皆可。

③ 一曰少阳。

为第四课，少阳也。此天盘也[①]。加以贵人，观其克处，以定三传。克者，五行克处也。用者，发用也。盖以四课上下审之，阴阳生比，则吉凶之端倪不露，惟于克处一逗杀机，而吉凶形焉。故取克。正所以观五行之妙也。先看下神贼上者，无下贼上，斯用上克下，俱以所得上神为发用，即初传也。随以初传地盘上神为中传，更以中传地盘上神为末传。《经》云："克贼为发用之始，相因作中末之身。"此天盘也[②]。◎贵神[③]，天门，亥也。地户，巳也。贵人居亥前巳后，顺行；居巳前亥后，逆行。诀曰：甲戊庚牛［日丑］羊［暮未］，乙己鼠［日子］猴［暮申］乡，丙丁猪［日亥］鸡［暮酉］位，壬癸蛇［日蛇］兔［暮兔］藏，六辛逢马［日午］虎［暮寅］，此是贵人方。每以日出卯至申，用日贵，日入酉至寅，为暮贵。视占时以取用也。其装诀曰：贵［天乙］螣［螣蛇］朱［朱雀］六［六合］勾［勾陈］青［青龙］，空［天空］白［白虎］常［太常］玄［元武］阴［太阴］后［天后］。从亥至辰顺行，自巳至戌逆走。天门地户，指地盘贵人在天盘，此天地人合一也。

一上克下为元首，象天顺成。一下贼上为重审，法地艰贞。克多比用，涉害深情。事惟知一，执中而行。如逢俱比俱不比，则取深害而弃轻。孟深仲浅，季更微撄。涉害见机之濬哲，事有稽留，而察微则明。比用涉害复相等，刚视日上而柔责支乘。白珪之玷，缀瑕是名。[④]

课中惟一上克下为用，曰元首。亭亭直上，首出庶物之象也。惟一下贼上发用，曰重审，亦名始入。为发难之端，重复审详也。如逢二三四课上克下贼，或上下互相克贼，则非首非审。阳日比阳神，阴日比阴神为用，曰比用，亦名知一。然阳日止用一阳，阴日止用一阴，或遇二三，是涉害也。先取地盘寅申巳亥四孟上乘神为用，曰见机。涉之深也，有害者须见机，明哲保身之义也。若孟无克贼，乃取诸四仲之上。无仲，取季上神，曰察微。见之明者，究其精微，履霜坚冰之戒，涉之浅者也。至如刚日柔辰，缀瑕而已。[⑤]

四课生和无克，用取遥相戕贼。先索三神克日，蒿矢作忒。次观日克三神，弹射之则。克多亦比，比多涉劫，俱比不比，柔辰刚日。[⑥]

遥克神、遥克日。日，干也；神，二三四课上神也。有一神克干，曰蒿矢，以能

---

① 支第一课，一作少阳，第二课，一作老阴。

② 干上阳神乃阳中之阳也，其阴神乃阳中之阴也。支上阳神乃阴中之阳也，其阴神乃阴中之阴也。

③ 详载《神将章》。

④ 亲贤远奸之象。缀瑕之形，两雄交争，亲贤远奸，服众者荣，何以服众，惟德与能，否则滋蔓，岁月凭陵。

⑤ 周山人：上克涉害当取天盘孟仲季比用。孟用为见机，凶吉皆迟疑。用仲而正离明，奸佞咸归公直。用季而光蒙蔽，潜养乃曰安持。

⑥ 夫锋虽利而质好，义终不伤人；弹不致死而无恻隐，必受其毒。

遥伤于我，而似矢也。何以名蒿？谓上下相克，则力勇，遥则力绵，虽克犹蒿矢耳。若无克干之神，则取干遥克上神为用，曰弹射，以能遥伤于彼而似弹也。取象弹丸，亦因其射远力微也。如有二克、克二，亦如比涉之法，中末亦如克贼之例。

四课上下和同，蒿弹藏锋，以昴星为象，寻酉字之中，刚日仰视酉上，名曰虎视转蓬；柔日俯窥酉下，冬蛇掩目之踪。刚用支中干末，柔用日次辰终。[①]

昴星者，四课俱无克贼，又无遥克，言其明之微。如昴宿虽七星相聚，而非至明之目，不能辨也。甲丙戊庚壬五阳日，则取地盘酉上乘神为用，日将出而鸡鸣仰首之义，支上神为中传，干上神为末传。乙丁己辛癸五阴日，则以天盘酉下临神为用，中传干上神，末传支上神，日将暮而虎视俯首之象也。阴阳递迁，反本之道寓矣。[②]

昴星不备，别责之例。盖三课无遥无克，而别责一神为治。刚取干合上神为初，柔取支合前神主事，中末二传，日上同寄。[③]

四课有首尾同者，有二三课同者，是不备也。而无克贼，又无遥克，名别责课。阳日以天干合神上乘为用[④]，无阳而有动之机也。干合者，甲合己，乙合庚，丙合辛，丁合壬，戊合癸也。阴日以地支三合前一位为用，不用上乘神，是无阴而有静之义也。三合前一位，如巳酉丑合，亥卯未合，酉日用丑，丑日用巳，巳日用酉，亥日用卯，卯日用未，未日用亥是[⑤]。中末传不论刚日柔日，皆以干上神为之。

神处本家为伏吟，伏吟用刑。刚日自任重，柔日自信轻。辰午酉亥曰自刑，杜塞干支互换成。[⑥]

课有加临，皆堪信任。伏无加爻，惟自作主张，多忧多疑之象。占者吉不大吉，凶无极凶。盖诸神归于本位，有克者惟乙癸二干而已。余则阳日干上发传，阴日支上发传，迤逦三刑而为三传也。刑者，卯子交刑，寅刑巳，巳刑申，申刑寅，丑刑戌，戌刑未，未刑丑，至于辰午酉亥，自刑无传，则中传阳日传支，阴日传干，仍取所刑为末传。倘中传又逢自刑，则取中传对冲为末传，名杜塞格也。

神居对宫曰反吟，反吟用冲，有克有返本，无克无依踪。丁己辛干支丑未，井栏射上罹穷凶。[⑦]

---

① 宋本《毕法赋》“妄用三传灾福异”注中有云：昴星中末传法，刚日当先干后支，柔日当先支后干，时师皆误，宜遵古法。韦布标出。

② 韦布《测验》云：春曰虎视，名害人而无实；夏曰转蓬，被风浪而浮沉；秋曰太白昼见，兵革颠危，慎守庶几免咎；冬曰冬蛇掩目，不敢奋扬，韬藏不致灾侵。

③ 别责所宜，借经营为。阴日从化，弄巧痴迷。外多畏惧，内匿阴私。一人两心，合而参差。男刚自暴，女狗人移。避凶趋吉，屈己待时。

④ 如丙辰日，丙上午，丙与辛合，戌上亥，则三传亥午午。

⑤ 一曰亦当用合上神。

⑥ 《壬遁》、《玉册》诸书曰：伏吟惟乙癸二柔干有克，癸干三传丑戌未，乙干中冲末刑，辰戌未也。

⑦ 《壬遁捷要》曰：癸丑日反吟，中传冲，末传刑，三传未丑戌。一曰有克，一曰无依，无克曰无亲。

十二辰居冲位，曰返吟。有克者，中传冲，末复初。克多者，亦如比涉例。至于丁未、丁丑、己未、己丑、辛未、辛丑六日无克，名无依课。则以支神之井栏射上乘神为初传，支上神为中传，干上神为末传。井栏射者，丑射巳，巳上亥，丑日亥为用。未射亥，亥上巳，未日巳为用。

八专干支同宫，有克比涉追从。帷薄不修，克贼皆空。刚顺阳飞三位，柔逆阴取三终。中末共依干上，入式之道乃通。[①]

甲寅、丁未、己未、庚申、癸丑五日，干支阴阳同位，有克如常课占之。课无相克，其阳日，从日上阳神顺数三辰为用，寅至辰，申至戌也。其阴日，从支上阴神逆数三辰为用，巳至卯，亥至酉也。中传末传皆以干上神为。内己未日支上酉，阴神亥，从亥逆数三辰，乃酉也，合干上酉，三传酉酉酉，名独足卦，止一数耳。[②] 帷薄不修者，八专逢天将合武后一神乘之即是，主闺阃多疵。全义现后，而入式法终。夫太阳过宫，有用《溪口历》者，有用奇门超接法者，皆非也。一王正朔，天下率由，生今反古，宣圣非之。是以月将过宫，悉遵《时宪历》中气过宫，此不易之理也。其有用月合生成之说者，参考之。

神将章二[③]

子为支始，亥为支终。始终终始，其理何穷。天一生水，亥为乾龙。易以乾首，壬理攸同。子属坎位，乃水正宫。壬以水始，亦以水终。终终始始，变化圆通。然则元武奚始，天后奚系，水盗天气，武有窃义，玄机五行，万物乃备。立天之道，阴与阳俪，阳始阴成，道斯全矣。

天乙居中，后六前五。天乙，贵人也。居中，首领也。后六：天后、太阴、元武、太常、白虎、天空也；前五：螣蛇、朱雀、六合、勾陈、青龙也。

解纷，必嘱事于童仆。[④]

贵人居子曰解纷，解除纷扰也。盖子乃夜半之神，故得解扰而坦腹。然贵人虽非至尊，代天宣化，劳同天子，日有万机，恐有烦脱，故嘱能仆，庶不负国属民也。乘子沐浴，主女人病；临子，小儿奴婢，一曰子势尽。[⑤] 管子曰：贵子二死神作祟，小子不宁，防病至。或曰：主昏浊不明。将随神化，乘临俱察其生克旺衰。[⑥]

---

① 表里无间，谋望不忧。上下无别，闺阃忘羞。事多重叠，祸及当头。惟持公正，庶可无尤。

② 独足之义，诸愿凌替，男女慢游，出入惊悸。

③ 《心印》、《神将汇占》、《海底眼》。

④ 贵人临子为拈土神。

⑤ 天乙子，沐浴事。重新改革变更，生气象呼僮宵嘱事，频频迁动访投人。

⑥ 丑合子贵之后也，安于斯溺于斯，故曰势尽日昏。

升堂，宜投书于公府。[①]

居丑本位曰升堂。泰山严严之象，非可私见之，惟持书或移交，正大光明，然后可至其公堂府地也。乘丑，主贵人喜。在丑上，宜献策升高。曰：贵丑与未，德马禄喜，文章无价，夺青拾紫，恩诏皇书，功名赫起，卑逢马丁，传进出行，或曰无位，主占神。[②]

凭几，可谒见于家；登车，宜诉讼于路。居寅曰凭几。[③]

功曹乃案牍琐碎之象，必观于典籍，时有可乘之机，虽细务亦得相干，而就私第谒之，非公堂比也。[④] 乘寅，案籍，主贵人怒。在寅，上官司内讼。居卯曰登车。[⑤] 卯乃轩车之象，升车，则非私家，又非公署，不有急事者，岂容唐突其前？若讼被屈，或遭豪暴，非陈诉于正人，何得雪此沉冤？故有俯路哀达之象。乘卯曰荷项，主官求退。在卯上，斗讼临门。曰：贵卯兄弟争与破，若带劫凶刑害祸。二者居克地，故乘临象此。[⑥]

君喜臣悦兮巳午受贡，上辱下忧兮辰戌怀怒。

居巳午曰受贡，乃火生土而无不遂也。以贱事贵，以贵下贱，君喜臣悦，忘其授受之私。贡者受者，俱不越度也。乘巳，趋朝，主赏设。在巳上，贵人欢悦。[⑦] 曰：贵巳天鸡喜有书，带凶怪祸又相欺。[⑧] 乘午，乘轩，主迁官。在午上，贵人开颜。[⑨] 曰：贵午德诏召征书，官有升迁庶无赀[⑩]。

辰天牢、戌地狱，贵人居之曰入狱。非法之地，非法之人入之。何贵人而居此？成汤夏台，文王羑里，天所使也。在上者，有此非常之辱，俯仰于上者，能无恤乎？乘辰［不乘］，主见官；乘戌［不乘］，主印绶。在辰戌上，贵人愁颜不喜。或曰有病不治事。乙日居辰，辛日居戌，曰贵人临身，百事吉，系囚释，不以此论。曰：贵辰争讼无明白，不如舍去家中息。贵戌官灾不可亲，逢生旧事再还新。乙辛辰戌贵临元吉，履狱恤刑，事谐囚出[⑪]。

---

① 丑乃天乙之庙为袭爵神。

② 天乙丑，入庙事。欢欣见贵，托人求赞助公门，迁转受书，频开宴会嘉宾。

③ 寅为天乙官爵神。

④ 寅宫贵校，籍胜凭几，利见大人宜访谒，上人见喜下人欺，谋望约佳期。

⑤ 卯为举荐神。

⑥ 天乙卯登路，驰中道路逢，相讼主乖张，先迷后得多奸巧，虑事应难了。

⑦ 巳为治狱神，贵人之责也。

⑧ 天乙巳，求事可趋朝，君悦臣欢鱼水合，图谋作事有根苗，风云际会朝。

⑨ 午乃天乙之明堂，为上殿神。

⑩ 天乙午，乘辇会佳期，君礼臣忠鱼得水，职迁官转庆初基，为事不须疑。

⑪ 辰戌贵人不治事，辰为追唤神，戌为违明神。辰宫贵人，狱事堪嗟，君子困穷休过虑，财宜速退莫逡巡，忧惑日呻吟。天乙戌，囚禁云何吉，事宜禁止莫轻为，下忧上垢相煎逼，安心谦受益。

移途利于求营，列席娱于厚醽[①]。

居申曰移途。传送乃道路之神，贵人在道，游豫时也，因便以求进用之私，乘间而行，荣遂可必矣。乘申，起途，主佛像；在申上，主道路多灾。曰：贵申有客或文书，其吉其凶神煞司[②]。居未曰列席。未乃夜贵，贵人贵家，有宴会之象。托贵以干贵，何事不遂乎？乘未，饮食，主祈庙；在未上，主出行，羊酒婚姻。曰：贵未喜合有喜事，不然眼下亲朋至[③]。

还绛宫坦然安居，入私室不遑宁处。

居亥曰还绛宫，又曰登天门，六凶俱藏。螣雀伏水，勾空系木，白虎火制，元武土埋。且亥属夜方，日之劳扰，至此而坦然矣。乘亥，操笏，主官位；在亥上，喜庆贼败。曰：贵亥争田官符出，病符阴小灾主折[④]。居酉曰入私室。酉为日月出入之门户，有私象焉。贵人达而在上，致君泽民，律身行己，常持公正，难进易退，其道大也。若趋谒私门，律己不端，清议所不容矣，能宁处乎？乘酉，入室，主关格；在酉上，迁延暗昧，受贿之象也。曰：贵酉利商得食物，相生获利不须筹，贵加卯酉作支用，家宅迁移逃走动，贵后卯酉作返吟，若问行人在后寻[⑤]。

补遗：贵人临［刑］未贵人拗，母忤顺承罪不到。贵寅邀候游道来，直符咒诅天怪猜。

天乙登于乾府［亥］，君子无麟凤之忧，小人有元黄之血。游观荒落［巳］，虽无脱冕之行，涉陷魁［戌］罡［辰］，不免夏台之泄。辰神遘会［临支］，宅降公卿。天烛［卯］相逢，门迎贵哲。宅临午贵，佛骨之征。贵入单关［卯］，点筹之媟[⑥]。逆加卯酉，门户迁徙动摇。神带煞刑，内外刻期杌陧。顺治而百事亨，逆行而凡为拙[⑦]。诗曰：天乙神中是贵人，利为干谒庆财因。君子拜官迁禄秩，小人争讼入公庭。旺相相生尊长召，死囚刑克忌官嗔。病生寒热头眸痛，鬼祟非凡宗庙神[⑧]。

天乙居首，故曰贵人，吉将也，乃黄帝之精，居紫微门外，为天皇大帝主持征伐，以行令于人间。家在己丑斗牛之次，执玉衡，均同天人之事，有止戈之武，统御十二

---

① 醽音乳，酒厚也。

② 申为嗔怒神。居申贵，起途事可亲，大求小得趋庭谓，干求终遂在殷勤，期事定劳辛。

③ 未为视殿神。天乙未，列席酒筵郡，小事不堪成大用，先难后易两三场，嘉宾兴未央。

④ 亥为奉德神，贵人亥，出入利经营，利见大人迎送事，起居有定自从容，操笏在天宫。

⑤ 贵人游行于酉为非所神。天乙酉，入室曰居宫，凡事忧惶心恐悸，中多暗昧不能公，只是欠从容。

⑥ 音泄狎也。

⑦ 内外：在干，外；在支，内。

⑧ 家神也，香火城隍。◎参考：天乙土，卯酉临，励德为名，吉可忻，不利小人，君子利更选，动作喜非轻。不相谐，居辰戌，蛇虎入传云不吉，一身不稳病灾忧，更临门户煎熬及。天乙土，巳亥宫，上下相交泰运通，亥上迟疑多反覆，两番三次未成功。后调捣练子，十二天官同。◎凡五行旺于当生，相于受生，死于受克，囚于所克，休于所生，十二神将皆然也。贵人土神也，而十干分五行，亥为乾府，水土木贵所喜，火绝金病忌之，不可概论也。

神。不居魁罡之位者，以牢狱故也。其职司：贵人、达官、尊长、珍宝、钱财、庆贺、诏命事，利于上官、进表、干谒王公大人、求谋进用、求名迁职、荐奏征召。其戾则主词讼、贵人嗔责。其于物也，为方圆，五色分明，加日辰，其物黄白色，彩玉宝异，饮食、文章光明、女子首饰、变异为水木之物类、鳞角之物、五谷、为麻为谷、禽虫、为蟹。盖己丑土将也，遇土旺，遇火相，遇木死，遇水囚，遇金休。乘旺，有贵人诏命印信事，征召之喜。乘相，有贵人恩赐财物，田财之喜。乘死，主贵人死丧事，为坟墓。乘囚，有贵人囚系事，为枷锁。乘休，主贵人忧疑疾病事，为悲哀外丧。其加乘传变也，临丑未卯酉，不宜见贵至贵。乘丑加卯，为追魂使者，忌占病人，又主请御之事。若乘空亡，主贵人脱空，违愿失信，文书失落，凶诈无成，所求不定。乘刑害月厌，佛像损坏不安，若并月厌，鬼怪火烛惊人。若加六害，主贵人患苦。与太岁月将神后并，主皇恩大赦。与德合并，则主遇贵。若临日辰，主迁官。加支发用，主入宅，主赛愿。加时，主吉利。用起贵人，或卜时见之，士人大吉，常人官府忧疑。贵人加命，百事皆吉；克本命，官府中人无灾；与命上神作三六合则吉，作刑害，事难成；临命加禄马，主出门官职，在日辰前尤吉。乘子加酉，主尊长不安。乘丑加寅，主登封。加亥子［财地］，主得珍宝。若乘寅卯加亥，主征召。加四孟，家有孕妇。若乘死气，主人口进一出一。若乘丧麻，主孝服内成亲。若归本家，忧极还喜。殊异之恩，贵人之力也。顺治，利男子，不利女人；逆治，女人得，犬夫失。占病，发热头疼，有祟，犯庙神，宜祷[①]。

夫天乙顺治，更与干生合，主君子迁官转职，常人田宅财物，虽前一螣蛇、前四勾陈，不能为害。如逆行，更与干克害，即前三朱雀、前五青龙，未为深喜也。故逆治克干，贵人嗔责。临卯酉曰励德，利君子升迁加级，不利小人身宅移动。临辰戌为犯狱，君子烦躁不安之象。凡谒见贵人，临二八门，及魁罡上，主先有阻节，不然相见无和美，或其人自有忧烦。若乘旺相，作发用，及临年命日辰上者，富贵卦也。若太岁作贵人，不必入传，占公讼得贵人力，万百忧虞皆为救神，惟不救病[②]。其为传变也。传蛇，有嗟吁；传雀，成文字；传合，贤子孙、构新宅；传勾，公事阻；传龙常，居官富贵；传空，刑害不吉；传虎武，选官有威权；传阴后，暗喜承恩。歌曰：贵人卯酉乘才鬼，家宅不安人滞否[③]。贵人若乘空亡地，百事虚妄皆诈伪[④]。贵人死气同此

① 乾府专指亥言也。巳午天乙受制，丑未贵人胜之，仕宦得升迁，故无泣麟嗟凤之事。庶常难承受，故有龙战鬼侵之忧。◎午贵临酉支，吉则香火庄严天相之福；凶则有佛像神画为祟。若卯非支神而子午酉贵临之，主奸淫渎冒。

② 天乙不救病者何？以其属己丑土，己为一阴之首，阴之贵人是冥王也；丑为金墓，肃杀归藏之象，为坟茔。

③ 克干人灾，克支宅否。

④ 乘空坐空同。

推，日干有合凶鬼避[①]。贵乘加墓又或刑，百事无成休主意。贵乘本命六合神，加于禄上所求遂。不但出行交易财，也应别有好人惠[②]。贵临日辰人召食，或并空亡相吓伪。空亡若是不成空，因循相召无诚志。贵凶发用庶官灾，君子亦忧身分里。贵旺为用或官鬼，所占亦是官长事。贵乘太岁月建神，事亦远大非小利[③]。贵人有气二八门，人家佛像当门里。贵临卯酉居不安，迁移游往亦禳避。贵乘丑未下临之，除定开危问小儿。贵人战斗莫争官，与日相生福转宽。

《六壬拾翠》曰：贵人旺相与日相生，德喜乘马而官职升。岁月用并德诏马动，圣敕传宣而禄位重。皇书德喜两两相扶，定是皇恩官吏。帘幕贵人殷殷昼夜，必然科甲巍峨。贵禄天印加中，起尘蒙而进取。贵带吉神临命，解孤闷而飞腾。作用在占时，干谋利见。生年为发用，选试先登。贵前引而云升，朱写金伤不偶。印恩诏而日近，贵德蒙墓数奇。皇诏发祥兮，年命得官常贵。君王有命兮，贵两德一生干。作官空而名已虚，二死可怜非命。带官符而日受制，吏关定主遭官。克年而入狱罗，争讼以来剥责。作天诏刑害日干，慎闲行免子于难。入空莫干贵长，初用利见大人[④]。

丑为大吉土神，次于星纪之辰，其宫摩羯，其律商筠，乃天乙之本家，隶扬州之吴墠[⑤]。田宅荐贤官长，地里东北之垠，斗牛女之宿，獬牛蝠之伦。旺主国戚德长将军贵客，衰则雨师风伯土公凶人。字边旁兮，土牛田血左右。姓宫商兮，杨孙吴纪士民。桥道车牛，黄黑褐色物类。爵禄宣召，冤仇农冶事因。州邑社庙仓库之所，桥梁田园坟墓之滨。八五与十应数，脾胞小肠应身。诗曰：大吉将军［勾陈］**与荐贤**［朱雀］**，雨师**［天后］**风伯**［白虎］**贵人**［天乙］**宣**［召也］**。地祇**［太阴］**长者**［天乙］**桥梁**［青龙］**义，牛鳖**［天空］**冤**［太阴］**车畜**［六合］**宅田[⑥]。**

大吉，丑神也，属土，勾陈乘丑加卯，谓之将军。朱雀主荐贤，六丙日司之，他日不然。壬癸日则主官讼口舌[⑦]。桥梁，青龙主之。六辛日午为天乙逆治，则丑为青龙；六乙日申为天乙顺治，丑亦为青龙。辛属金，乙属木，龙亦属木，木遇金，斧斤断削则成桥梁。癸寄丑，则为小龙，木在水之上，桥梁象也。天后临丑为雨师，白虎临丑为风伯，天乙临丑为宣召，太阴主地祇，丑作天乙谓之长者。牛鳖者，天空螣蛇主之，为牛煞，为牛怪，不然有蛇怪。冤，冤仇也，亦太阴主之。问谁主其车畜？六

① 如甲日贵临未为合，甲合己也。

② 一作为。

③ 事干朝廷。

④ 十干贵人分配十支，则贵人兼五行，该阴阳者，故勿浇定属土，随其所乘神而言之可也。

⑤ 吴分也。

⑥ 太常。《诗解》，刘日新作。《天官诗》，亦其所撰。◎大吉勾陈将帅，朱禽荐士贵宣，空蛇牛鳖太阴冤，地祇亦为阴眷。雨风后虎分职，桥梁确似龙脉，六合车畜常宅田，武食贵人长善。

⑦ 勾陈猛暴，得贵受卯制，故为无戎。朱雀司文章议论，丙日气旺相乘贵则荐士，壬癸克害故嚚讼。

合临丑[①]也[②]。谁主田宅事？太常乘丑也。崔拾遗曰：大吉丑神，为斗为牛，加巳则喘，加卯则觳觫矣。逢空则牢，遇蛇则牵也。占六甲之男女，甲戊庚日，贵人乘丑加午而青龙又临于丑，则产麟儿，气吞斗牛。若亥加丑，礼斗获福[③]。

其所掌主事类分列于左。

天文：日躔星纪之次，星分斗牛之墟。为雨师，为风伯，为雨。

地理：吴分，扬州、河西、河北、江浙、福建、九江、庐江、六安、丹阳、豫章、会稽、泗水、广陵、江东。为土田，为桥梁，为井泉，为河陂，为塘，为平坡。

人物：贵人、土工长者、福德贵卿、父母尊长、将军、故旧、佃作、凡僧行童、秃头人、大腹人、地祇。

五行：属土，夏相，季旺，秋休，冬囚，春死。癸寄其上，庚金己土丁火墓其下，其音商[④]。味甘，色黄，律中大吕，其德稼穑。[⑤]

时令：为十一月将，为十二月建，为季冬。

数目：本数五，先天数八。

姓氏：赵吴王黄徐田蔡唐刘牛董龚孙丘。临寅，黄。临卯，蒋。临巳，纪。

人事：喜庆、荐贤、福德、护佑、冤仇、咒诅、明白、关塞、迟延。

身体：为脾胞、小肠、为腹、小腹、为肌肉。

饮食：饭食、土生之物。

疾病：目疾、吐痰不食、犯风伯雨师神佛土地。

器用：冠带、珍宝、巾帽、首饰、斛斗、鞋履、锁钥之类、墙筐、器具、瓦器、土石、荐席、紫皂颜色之物。

鸟兽：为牛，为犀象，为蟹鳖。

草木：枯木。

宫室：宫殿、官府、住宅、宝阁、库墓、桑园、酒楼、花榭、牛栏。

经史：舆图、郡邑志。

其于加乘用变也。大吉加辰乘雀，主口舌。加巳乘勾，主修灶。加午乘龙常，主占宅舍事；乘雀，主子孙争事田宅讼；乘勾，主因田宅斗伤。加未乘蛇后，主有飘飏之风；乘龙后，主雨泽滂沱，未日尤的。加戌乘空，主奴婢作祸患。加卯乘贵，催魂

① 不临丑。

② 丑宫六合不至，乘丑亦无。

③ 亥为天门，神祇居焉。北极居丑，斗宿丽焉。故礼斗得佑，斗象豕形。亥，豕也。

④ 一曰宫。

⑤ 凡五行五方五音有定律，故春木东方角音主之，夏火南方徵音主之，夏季四土守次宫音主之，秋金西方商音主之，冬水北方羽音主之。五声之大较，然十二支字之属则有别，故其文不同。

使者也[1]。加日辰，为桥梁事。加午乘常，为占求干；作贵龙六合克日，为伤酒食；作龙，亦为药饵；作武，为食物；作勾带刑煞为牛斗；作天后，为妇病求医药愈。作贵加寅，为宝殿。作龙，加亥子，为桥；见土为田。作贵加旺相，为珍珠。作蛇加子午，为雨师。作雀加寅，为表奏。作常加申酉，为天街。

作歌曰：大吉临传请细详，加辰加日主桥梁。占求干事何因就，天上干头看太常。太空乘丑加戌上，人家奴仆不忠良。未日丑未若云起，螣蛇白虎风飘扬。丑未青龙与天后，此日须知雨泽滂。午日丑午得朱雀，子孙争讼为田庄。若还更得勾陈将，也因田宅斗争伤。丑龙药物玄食物，丑辰口舌是朱妨。勾丑为刑主牛斗，若问田财勾与常。青常丑午房廊事，勾陈丑巳灶重装。贵人临丑逢刑克，定与尊亲求药方。天后临丑妇女病，当求医药始安康。丑贵青龙并贵合，必因酒食致其伤。遇金遇火皆为吉，见水都因竞土疆。见木必然官事起，更有阴人惹病殃[2]。

词曰：丑未相加勾吏，公庭事起争坟。子孙冷落守孤灯，破耗刑空数窘。小口多生灾患，不禳每每伤人。丑未太岁戌加辰，病符二死相引。丑酉又逢破耗，畜灾人有血光。丑临亥位贼自伤，劫耗加之厌上[3]。丑鬼化为二血，死神传用章章。因餔牛肉发疔疮，努向九泉惘惘。

《金口诀》曰：大吉到戌为旺方，丑上面丑肚脂囊。临卯必然头顶秃，青龙位上有牛羊。大吉咒诅作冤仇，直蠢之人贵贱求。宜临金火生合吉，见水相争自有由。见木官灾详上下，五行生克课中搜。且主比邻桥梁间，上人进身小人闲。必是争田竞宅事，季冬丑未日灾衍。临寅[4]母患或伤牛，自身病目人外游。戌辰仇患争田土，或向争张咒诅求。禽鸣口舌巳家见，小口金银争两头。未上争夺人黍豆，兄弟间墙生恨仇。临申[5]争道争金器，亦主家人在远游。酉家不睦阴含怒，妇女分张更可忧。亥来盗贼伤财器，或争水堰道和沟。丑寅辰巳并未申，戌亥却为隔角真。加未酉中事患迫，必主夫妻离别因。丑辰巳或木加未，迷闭难言心昧忾[6]。丑于人也主头圆，面多斑点无容讳。

凡用十二支神，须看其所临生克。若上克下，取上位神言之；若下贼上，取地盘神言之。若相生比，只取天盘言之。《经》曰："上神克下天盘取，下神克上地盘推。若还上下相生比，只以天盘祸福维[7]。"

---

① 丑土贵，卯木乃为门，门内鬼生伤土贵，值人占病号追魂，水日更无恩。

② 凡五行遇生我者，父作也，彼虽因而我受其荫庇。遇我生者，子述也，我虽脱而彼绍其箕裘，故皆美善。克我者肆毒，我克者怀仇，故兴病讼。十二神将皆然也。比者旺相得地则助我，失时受制则剥耗矣。

③ 月厌也。

④ 刚克。

⑤ 墓金。

⑥ 迷，迷惑煞；闭，闭口也。

⑦ 维，思也。

但遇螣蛇，惊疑扰乱。雷部为叱雷之神，主怪异惊疑事类①。掩目则患释忧忘，蟠龟则祸消福贯。

螣蛇，火也。居子则受克，且在夜方，有掩目之象，蟠伏栖息，凶焰无所施矣。乘子，主阴私；在子上，忧疑释，少者病。管子曰：蛇子光厌怪来家，带胎喜子眼前花。若乘子午传刑害，得伤猫犬免人嗟②。丑中有暗禽星，龟也。蛇居丑，有蟠龟象焉。蛇与龟媾，坎离交济，岂复有心祸人？是以祸消。占者修善以立身，斯履无穷之福也。乘丑，入穴，主田宅；在丑上，女人官府。曰：蛇丑邻仇又火灾，火鬼光怪用中排。作刑死气牛当死，咸奸阴空丑事乖。都盗见时毋出入，出入须惊盗破财③。

生角露齿，祸福攸分；乘雾飞空，休祥不判。

火生于寅，荣旺之地，化蛟化龙，始基之矣，故名生角。贪荣不毒，是以为福也。乘寅，主文字；在寅上，进利升高。曰：蛇寅官值文字惊，克干须求得救人④。火制酉金，猖獗得志，且金石空地无食，蛇求口腹之计，是以露齿肆毒饕餮，占者宜退藏于密也。乘酉，露牙，主釜鸣；在酉上，口舌阴谋。曰：蛇酉阴私奴婢逃，丁神厌目方见招。蛇加酉上肺口病，走上走下血痰痨⑤。居巳曰乘雾，蛇虽毒，目无所见，不得肆矣，然占者仍宜避之。盖雾蒙彼目，而人至此独不迷哉？倘或犯之，为其所噬，悔何及也？乘巳，入庙，主众中惊怪；在巳上，望信文损。曰：蛇巳怪梦有人灾，病邪二死不和谐。来去草中蛰肢体，不及寻医入冥埃⑥。居午曰飞空，化龙化蜃之象，有此大志，宁复毒人，顾彼纵不毒，仍宜避之，乃明哲保身也。乘午，乘雾，主自身有病；在午上，主鞍马召壻。蛇加巳午，带马丁而逃亡，蛇卵亦然。曰：蛇午丁马天鸡信，官事火灾须谨慎。若还作用有惊疑，克日病符讼相徇⑦。

入林兮锋不能伤，坠水兮患自消散。

未为木墓，以土有木，林象也。林麓蓊蔚，穴必邃深，螣蛇入此，虽有锋刃，莫施其利，彼得此优游之乐，必无肆毒之心，占者复何忌哉？然深林有蛇，君子勿入。乘未，主饮食；在未上，所进者利。曰：蛇加于未，咸池沐浴。花柳相留，无令久宿。墓门坟冢，葬差烦冗。二都临惧，被贼所戾。家财破耗，寡妇挠扰⑧。居亥［不临］曰坠水，居子亦云。夫蛇能水居，随波逐流，鱼虾为食，无横路毒人之意，占者任情性往，

① 为闪电中金蛇。

② 螣蛇临子为盗贼神。螣蛇子，掩目不须惊，纵遇灾殃无损害，一番雨后日晴明，忧患不能成。

③ 丑乃螣蛇游行之宫，为带閤神。螣蛇丑，入穴曰渐泥。灾祸渐消忧渐散，潜身敛迹患消弭。保泰自怡怡。

④ 寅为孕喜神。寅蛇止，生角吉宜亲，进用谋为俱获庆，化妖为福事如心，枯木又逢春。

⑤ 螣蛇以酉为堂，为压伏神。蛇居酉，露齿主官非，雀角群牙终必见，无中生有事稽回，闻是并闻非。

⑥ 巳乃螣蛇之房，为光怪神。螣蛇巳，成事在飞天，见贵公文并请讬，不劳形力用心坚，谋遂自天然。

⑦ 午为怪寝神。螣蛇午，乘雾事宜谋，交遇见官求接引，始终得意共绸缪，追望有因由。

⑧ 未为夜索神。螣蛇未，林密事多疑，举步缓行防不测，先亡复得是便宜，忧去乐来依。

岂不纵心所欲而祸消散哉？乘亥，入水，主斗争；在亥［不临］上，主有损亡之灾祸。曰：蛇亥盗神盗贼忧，若带囚刑灾讼愁[①]。

当门而衔剑，总是成灾；入冢而象龙，并为释难。

卯乃日月之门。蛇当门，出则被害，占者预为之计，勿待彼奋，而攻其不意，所谓有备者无患也，趋而勿顾，蒙其害矣。乘卯，主车马；在卯上，灾患文信。曰：蛇卯贼惊见盗神，病殺女人灾祸生[②]。申，金刃之象也。剑乃斩蛇之物，反为蛇所衔，则失矣。盖火能克金，猖獗逞妖，其象如此。占者惟潜避之，彼凶不能耐久，妖气自息而我复何患？乘申，衔刀，主道路；在申上，官司口舌。曰：蛇申死病，病死在路。忧哭二神，相加害苦[③]。戌乃火墓，蛇临之，入冢象也。深居而简出，遇者虽惴惴小心，而彼非伏路蟠途之比也。乘戌，眠睡，主坟墓；在戌［不临］上，纳财不喜。曰：蛇戌挟仇事丧失，不然斗打入官域[④]。蛇，龙之从也。乘辰，龙窟，有随化之机，贪此上达，必热于中，岂复深为人患哉；居辰曰自蟠，主血光；在辰上，忧惊凶怪。曰：蛇加于辰居午上，喜神生气动些些。些些必是因产孕，保护全胎不落邪。蛇辰官灾为田园，忧哭[⑤]昏沉不泰言[⑥]。

螣蛇踞于辰宫，名为进化。蟠于困敦[⑦]，号曰蛰存。经道路神［申］而逢劫神［劫煞］，赤帝子之灾愁罹[⑧]。临门户［卯］而佐龙合，师尚父之梦欣言[⑨]。见怪釜鸣，盖为衔刀宅灶[⑩]。堕胎化子，只缘死气伤孙[⑪]。遁迹柳［午］房［卯］，梦惊走失。出身双女［巳］，奸宄行繁。诗曰：前一螣蛇车骑尉，火神惊恐怪飞翻。君子居官忧失位，小人争斗病灾烦。旺相比和殃未发，死囚刑克祸填门。病者四肢头目痛，水火神来作祟冤[⑫]。

螣蛇，凶将也。居贵人前一，乃天乙之前锋，为骠骑荧惑之精。家在丁巳火，旺于巳午，旺相比和则吉，休囚转灾，空亡减半。若交战，毒气相凌[⑬]。若当路，鬼怪殃

---

① 亥，泄血神。螣居亥，天娇曰堕水，终是身行云雾中，一场惊恐自消弭，稽滞忧无已。

② 卯为颠狂神。螣蛇卯，当户是非临，唇吻乖张惊悸叠，不因自己事相侵，怪梦与忧循。

③ 申为上计神。蛇申立，衔剑怪惊人，后吉先凶无大咎，非灾横祸有相侵，保守患沉沦。

④ 戌为马厩神。螣蛇戌，眠即自惊惶，兴动不如安静美，事能谨守不成殃，天网四维张。

⑤ 二煞名。

⑥ 辰为捧杖神。辰蛇入，蟠曲莫遐行，事喜近谋方主吉，只宜守旧不宜更，深涉费前程。

⑦ 音混沌，子也。

⑧ 血光刑伤。

⑨ 主妊娠。

⑩ 乘申加支宅见怪，加巳主釜鸣。

⑪ 带死气克子孙。

⑫ 参考：螣蛇火，四仲乡，怪梦虚惊欠主张，悸怖不安家有祟，忧疑无害勿仓皇。◎舟浪打，险堪嗟，辰戌魁罡上见蛇，进退忧疑今始入，更主良宵梦寐邪。◎蛇太乙，未云凶，梦寐忧惊午太冲，南方宜索休占讼，他方财背横来从。◎螣蛇火，加午宫，只利干求讼则凶，申酉庚辛来会遇，忧疑惊恐是非丛。◎申蛇见，讼灾陈，带鬼建金传上神，占者公庭遭远配，三刑如遇必伤身。

⑬ 上下往来交克为战。

侵[①]。落空亡，忧自解。临刑害，凶尤炽。其将，主文书、虚誉、公信、小才、惊疑、怪异、迟疑、参差、错误之事。其戾，主火光、血光、惊恐、釜鸣、怪梦、口舌是非、妖邪、走失、缠绕、迷疑、进退、嗔责等情[②]。其于物也，主虚空，或委曲似蛇形。加日辰，其物红赤，为文章华饰，金火毒物，变异，为味甘美可食。五谷，为豆粟。禽虫，为鳞甲蛟虬之类[③]。夫螣蛇巳，遇火旺，遇木相，遇金囚，遇土休，遇水死。乘旺，主县官斗讼，女持男权，为炉灶。乘相，主亡财，争讼淫泆，争酒食，为父信。乘死，主死丧惊恐，为伤祸。乘囚，主囚系，牢狱恐惧，为惊怪。乘休，主疾病，怪异乖戾，为官灾。乘火干支，忧小儿。乘木干支，小灾。乘金干支，口舌惊。乘土干支，虚惊。乘水[④]干支，迁转。若附旺相日辰，更相比和，主妇人胎产占；不然，妇人有婚喜之象。临旺有气之乡，占怪，是生气活物；附囚死，必是死气之物，或有声无形。凡占梦，先责螣蛇及蛇阴，次看日辰三传，占怪如之。大抵旺相相生，君子威权之象，民庶婚姻胎产之喜；若死囚刑克，主灾病。神犯狂怪，故曰蛇死休囚，缠住日辰，身不自由。若附火神，更居火乡，又值火时，决主回禄惊恐；不然，口舌官讼。若附血忌，带刑煞，妇人占胎必堕。凡占货物市易，此将临日辰上者，下贱之物也。若附财星，更旺相，必因贱而获利。反此者，惊恐内生。若蛇鬼作祟，勿杀免殃，杀之不良，蛇灾致伤[⑤]。若蛇鬼加戌，不利家室，灾病无时，令人扑灭。究其加乘传变，则与日相生吉，相克则凶。小儿灾，在初传，主怪梦。在末传，主火光。乘火支尤恶，木支人灾，若乘空亡，主逃失。加申是财物事。加午酉是妇人事。若乘墓死空，惊恐。乘休气克日，将有疾病。若占身，蛇克日干，主为恶人毒物所伤。占家宅，神物怪梦。若与天狱并，主讼事。与月厌并，主火怪异，梦绯永人。若乘子加辰，主妇人哭泣事。加巳，主妇人有孕。若乘寅加午，占物有五色。若乘火加寅，主火怪惊恐。若乘巳午加申酉，主门前有人骂詈[⑥]。若乘未，井泉惊怪。若乘申酉，阴挠口舌。若乘亥子，小口病加。若归本家，妇人怀孕之喜，女子口舌之事。乘巳午卯，主梦惊失财。共白虎，加游祸，主凶丧。与白虎并临岁宅丘墓，门户不宁，阴小有灾。与天地火光并，宅有火厄。于克日见之，占病，乃四肢头目肿病，犯水火神为灾。至于变传，乙，官事喜胜；传朱，公讼疮癖；传合，子孙忧退；传勾，斗损驼枷；传龙，先忧后喜；传空，奴仆病灾；传虎，孝服相干；传常，丧车麻衣；传武，迷〔游〕窜须防；传阴后，孕伤

---

① 在子午卯酉也。

② 蛇怪异，火光神，乘土加临卯酉瞋，财散人离家必破，乘酉阴人怕带嗔。

③ 三月内，毒凌迟，盲瞽家藏怪异支，凡事滞淹虚耗甚，财求无利惹阴私。

④ 一曰水支释患。

⑤ 见怪不怪，其怪自灭，故勿杀为美。所谓蛇怪，当道、交媾、入室、蟠釜、植立、悬梁，种种。加戌克日，乃鬼墓也。

⑥ 太乙加干支并卯酉，主人上门骂詈。

胎堕。作鬼陷空，惊惶走失，亦见火光。歌曰：螣蛇加在日干头，囚死虚惊怪梦忧。鬼蛇月建主惊恐，破器同行裂动愁[①]。厌螣［月厌］刑克人逢厄，狱墓[②]为刑狱讼囚[③]。螣魈天火刑年宅，出入须防火厄仇[④]。

《六壬拾翠》曰：螣蛇胎喜，麟趾螽斯。若克干支，生子如达。制干日而绝离刑害，居上头者奸门咸池。兆主休妻，端由淫泆。生年神，带喜德，得人提携。家宅亨而发财，人事顺而迪吉。克年神，生惊悸，意想差讹。夜梦怪而痴迷，日争讼而破失。刑火鬼以并厌，火怪频惊。临本命而生疑，进退不决。制干加蛇煞，山野蛇伤。加支鬼害门，人丁病苦。加暗金而金鬼相助，慎觅行藏，防人谋死。携病符而反制入空，行年受克，病必解忧。蛇虎乘生入墓中，墓中屯蚁，改移获福，不尔戎凶。虎蛇刑用克干头，家有残疾，疾及妻妾，小口时灾。蛇虎二死入年煞，兼二血跌血，血光吐衄，死不逾年。蛇虎二死鬼招呼，作病符刑害，刑辰女蹇，害日男屯。蛇加于金，见马丁而利有攸往。害刑劫煞，干生旺而刀斧虚惊。若值干支互刑，必然因杀而杀。蛇加于木，二死追随，逢劫神则抱木而亡。当绳索，则雉经而殒。阴蛇惊伏，莫浴莫行。蛇加于水，时时灾否。加于水而舟沉水鬼，投水堪嗟。加于水而二死刑支，遭丧可痛。加于火火鬼又发，刑我身而非法人亡。加于火口舌侵凌，并大小而何时得罢。随宅见破，失物因用初[⑤]。穿灶入门，暴亡夫女子。入屋三年见哭，反福在积阴功。蛇入于空，可免诸凶。

巳为太乙地户，位次鹑首巽部。其宫双女，其分荆楚，角音合律，螣蛇之府，炉冶怪异丧亡，州邑东南偏上，张翼轸星，鹿蛇蚓伍。文字兮，土石巳火头旁。姓氏兮，荆舒蒋赵田楚。嫔姑歌儿，吊客兵卒等人。米食豆粟，管籥紫色锅釜。吉则赏赐财物、嫁娶婚姻，凶则非横官灾、骂詈悲苦。蝉鸣虫喧树木之傍，巫师坛场窑窖之所。征于数也，惟二四七。取诸身也，齿喉面宇。诗曰：太乙蝉鸣［合］**虫**［空］**解散**［武］**，嫔姑**［龙］**骂詈**［雀］**弩丧车**［白虎］**，赏赐**［贵］**灶炉**［常阴］**管籥**［勾陈］**等，非横**［蛇］**之灾吊客蛇**[⑥]**。**

六合临巳，为蝉鸣煞。天空临巳，为水虫煞，主水族鱼虫。解散者，元武主之。武是小人，又加太乙之上，谋用破财无成，故曰解散。青龙临巳，为嫔姑。朱雀临巳，为骂詈。其义有三：甲戌庚日未贵逆行，巳为朱雀。甲日因财生口舌；戊日因官中文

① 破器煞，正月起午逆行十二支，主破物动。

② 狱神、墓神。

③ 乘月厌克日辰年命作今日墓临宅或年命主囚狱，天狱正月戌逆支同月厌。

④ 天火煞正月起子顺行十二支，山魈煞正月起子逆行十二支。

⑤ 临支发用也。

⑥ 太乙蝉鸣因合，水虫煞是天空。丧车白虎弩兼弓，解煞却缘武从。朱詈蛇非病吊，阴炉贵赏嫔龙。勾陈管籥灶常逢，天后熊罴入梦。

书或争田地生口舌；庚日则忧最深；惟壬癸日无凶。白虎临巳，为丧车煞，亦主弓弩曲物。贵人临巳，则主赏赐。太常太阴主炉冶之事。惟丙丁日太常临巳，决主炉灶，万不失一[①]。勾陈临巳，为管籥之音。若占囚禁，出狱之象。螣蛇临巳，辛酉日占，主有非横之灾。若是六月占，定见怪，连绵灾祸，谓月厌在巳故也。占病则为吊客，皆螣蛇主之。出刘子。《拾遗》曰：太乙，巳神也。辰加为龙化蛇，大不祥。加辰为蛇化龙，最祥瑞。螣蛇临巳而乘戌，丙丁日占为两蛇夹墓，诸事凶。加酉嫌疑，生病生猜。

天文：日躔鹑首之次，星分翼轸之区。为风为火为虹霓。

地理：楚分。荆州、广东西路、荆河南北、南阳、南郡、桂阳、武阳、长沙、广东、河南、河北。为泉涧，为山岗。

人物：神仙、兄弟、嫔姑、妇人、少女、医人、木工、炉冶人、匠人、开店人、肉店人、厨子、吊客、车骑、烧炼人。

五行：属火。春相夏旺季休秋囚冬死。丙戊寄其上，庚金生其下。其音角，其物赤。变斑采，味苦，律中仲吕。

时令：为七月将，为四月建。

数目：本数二，先天数四。

经史：礼记文字。

姓氏：赵石荆何毛舒方陆水余楚。加子毛，加寅严，加卯赵，加酉叶，加戌舒。

人事：惊怪、骂詈、轻狂、解散、非横、私语、障隔、疑虑、赏赐、更改、无信。

身体：为面，为齿，为咽喉，为三焦。

疾病：为燥渴，为瘢点、为唇齿疮、犯司灶神。

饮食：为黍，为小豆，为炙烤。

器用：为匹帛、绵、炭、乐器、管籥、鼎筐、珠玉、金铁、锅釜、扇印、弓弩、杵臼、盒子、瓷器、砖瓦、丧车、铛铫、面床、角器、描画物。

宫室：学堂、道院、校舍、廊庑、铺店、厨灶、炉冶、库宅。

鸟兽：蛇、蚓、蝪、蟮、蜂、蝶、蜩蝉、蟋蟀，为孔雀，为飞鸟、飞虫。

草木：为花果，为麻。

论其加乘用变：凡加子乘寅，病患泻血。加亥子乘空，人家灶损。加丑乘阴，有神庙之事。加辰，主丧葬，辰日为的。若乘雀，则公讼刑狱。加午乘雀，主占灶器。加未乘雀，主被妇人骂，未日尤准。加申［六合］乘阴［三合］，占为和合事。加酉，主铜钱。乘阴在传，主得财。若加乘酉而伤日辰，主患眼疾。加卯酉乘勾虎，作从革卦，更见管籥神，主其家门户锁坏。申巳相加，不论神将，为锁损，或人病口齿。乘贵，

① 太常太阴无临巳者，乘巳则有之。

宜干谒求贵。乘后合加孟，主占孕。作合临空，为井灶。作勾临亥子，为泥。作蛇临本位，为火。作勾临卯寅，为兵器。卯为豆，见土木则吉，见水妇人病，见金病逃蹇。其占人容状也，体肥胖，色红黄，多膂力。

歌曰：巳子哭病女人亡，上凶下绝寻克方[①]。巳丑财喜又乘旺，德喜家财富盛昌[②]。巳酉丑带神离隔，夫妻离异不祯祥[③]。巳旺寅申［恃妒］后合阴，女掌男权夫受戕[④]。巳水下克二血并[⑤]，不是肾虚生疮疡[⑥]。巳土巳木德喜会，喜从文字发光辉[⑦]。巳酉丑用刑财喜，妻招别人离异殃[⑧]。巳亥上见蛇虎武，井煞劫煞来相将[⑨]。舡车必有大惊惧，慎之慎之免死亡[⑩]。巳亥驿马喜游戏，家必有人在异乡[⑪]。巳亥为鬼人求索[⑫]，反相亏兮厌鬼伤[⑬]。巳亥相加有贵空，迷神关隔又相逢[⑭]。欲行不行语不语，凡事潇然竟没踪[⑮]。巳为双女申咸奸，轻薄妇人淫与颠[⑯]。子来加巳为阳极，亢龙有悔占须恻[⑰]。动中有阻复何疑？戊日占来有喜色[⑱]。巳为铺肆亦为弓，利市三倍战多功。巳亥为双占两事，问人两姓却同宗。巳临午上通关节，刑申再合事迟通。乘蛇克日遭非横，与酉交加刺配凶[⑲]。翼星为客为乐府，因为歌妓并秋蛩。翼头借作冬天雪[⑳]，转为孝子白头翁。巳为盖藏合为廪，亦为长女亦为风[㉑]。朱雀乘巳加干上，所来占问必皂器[㉒]。太阴巳酉日辰伤，患目或损或昏翳[㉓]。酉日酉巳为铜钱，酉阴传入财宝至。未日巳未［未巳］得朱雀，人家妇女频骂詈。巳丑得阴主神庙，巳申得阴和合美。辰日巳辰主死丧，朱雀争讼刑狱意。后合巳孟占孕人，巳子常常泄血记。空巳亥子灶损征，巳申锁损病口齿。

---

① 哭，哭神。病，病符也。绝，谓亥。

② 德，干支天月德也。天月次之，干支德尤吉。喜，喜神，天喜也。

③ 离神、隔神，主夫妇两不相亲而改嫁别人。

④ 后合阴三神遇一则主女凌夫婿。

⑤ 血支血忌。

⑥ 巳加临子亥受水克制，肾虚之象也，不则生疽痈流脓血。

⑦ 木生火，火生土，巳带二德天喜、喜神乘临土木，喜从文中生。

⑧ 火以金为财而披刑带喜是妻淫泆之象，心怀狂且而离异起，乃离妻之祸也。

⑨ 反吟逢蛇虎元武又带井劫二煞。

⑩ 主沉舟覆辙之厄，故戒其占者如此。

⑪ 喜，二喜。游戏二神主嬉游。占者主其家有逃人在外。

⑫ 为日干鬼也，勿占求索事。

⑬ 厌，月厌。鬼，天鬼。求索而反见损且生非。

⑭ 丙丁壬癸日反吟也，贵空递传。迷，迷惑煞也。关，关神；隔，隔神也。

⑮ 反吟主动，故曰欲行欲语而迷惑之神乱其心则不语。关隔定又安能行也？故其占如此耳。

⑯ 巳加申也。咸，咸池；奸，奸门也。二煞皆主女子不正，故其象如此也。

⑰ 阳生于子终于巳，故邵子以乾上九配之。

⑱ 戊土以子为财，故惟戊日云吉。

⑲ 占讼大凶。

⑳ 巳宫有翼星，借其头上作雪、作白头。

㉑ 巳居巽为风、为长女。

㉒ 皂，灶也。

㉓ 去声。

虎勾从革巳加门［卯酉］，管籥并之锁损毁。贵人若来巳上临，谒见求遂不论理。巳有皇书生气朱，定为文士此中备。管子曰：或巳或亥或干或支，生生有合两事同途。诀曰：太乙临卯蛇虫现，亥上釜鸣光上楼。午位女家招外婿，子午幼妇女先休。太乙官事凶怪动，梦寐虚惊鸟雀鸣。妇人轻薄淫乱事，东西传送乃奔淫。若逢土木为文字，金水加灾病患凶。上克下兮为之产，下克上兮口吐红。巳为忧虑失时惊，病临阴小影光生。四月朱门才始旺，梦魂厨灶釜虚鸣。从化加临十二位，主占一与胜光行。独有专司凭管籥，喜加歌唱按吹笙。

朱雀南方，文书可防。雷部为行火之神，主口舌文章之事[①]**。**

损羽也自伤难进，掩目也动静得昌。

朱雀临子，乃入水乡，损羽象也。羽翼不成，何以进飞？占者得之，文书无气，而口舌词讼则不凶。乘子损翅，主奸信；在子上［不临］，出行损失。管子曰：朱子官符争必生，病符心痛事无成[②]。居丑曰掩目，丑亦北方，伏癸水之余气，以制朱雀之火，故奇门有投江破头之喻。雀目既瞑，占者有为矣。动静俱昌，无口舌之扰，讼乃息矣。然于文书，则亦不行也。乘丑，主口舌；在丑上，官府文移。曰：朱丑争田火鬼烧，光怪桥中作祸挠。乘丑乘未巫谩语，咒诅生灾口舌饶[③]。

安巢兮迟滞沉溺，投网兮乖错遗忘。

寅卯二木乃雀火生助之神，且有山林之象。雀至于此，结巢砌垒，育子贪荣，有安居之乐。占者所喜，口舌消亡之义也。而曰迟滞沉溺者何？以卜文书章奏者，未免有淹滞留中之咎耳。乘寅，主远信；在寅上，女病、封官。曰：朱寅官符灾讼频，皇诏文书喜信临。若临绝地不生子，生气儿孙还可拟[④]。乘卯，坐林，主是非；在卯上，望信不至。曰：朱卯天鸡信入门，火讼女灾主祸频。若乘卯去加于申，鸡诏相随信阻程[⑤]。辰戌名罗网，且戌为火库，辰居对宫，有丘墓之象，故曰投网。夫朱雀之凶，入此不得飞扬，占者喜可知也。而曰乖错、曰遗忘，亦指文书等事言之耳。乘辰敛翅，主讼狱仇雠；在辰上，斗讼失错。曰：朱辰官讼见官符，或者吏神更相呼。朱辰戌酉住丁家，生来雕画作生涯[⑥]。乘戌，无毛，主印信；在戌上［不临］，词讼违错。曰：朱戌刑害主两争，光怪又厌鸟兽精[⑦]。

厉嘴衔符，怪异经官语讼；临坟入水，悲哀且在鸡窗。

---

① 为电光。

② 朱雀入子宫为失印神。朱雀子，损羽不能飞，屈志自伤忧己过，妄为妄作枉劳形，安守莫登程。

③ 居丑带德神。朱雀丑，掩目路难通，兴动不如安静美，机关用尽总成空，事事若飘风。

④ 寅为朱雀游宫，为通利神。寅巢雀，染病主遗亡，谨守慢为休举用，事多暗昧有乖张，招枉恼心肠。

⑤ 卯为媒妁神。雀居卯，棲丛莫飞鸣，守旧不宜兴举事，枉劳心力不能行，安静得中平。

⑥ 句言人品。辰为勾留神。辰宫雀，敛翼可栖休，进步不如退步好，安居守分乐油油，争竞冗戈矛。

⑦ 戌为朱雀处堂，为喧竞神。朱雀戌，无羽事无成，季冬衔物仲冬恶，求谋为望在索情，进用阻前程。

申金也，雀火能制其方，厉嘴奋啄，口舌尤旺，诉讼乖争，凶不可免矣。然望文书则有气。乘申，主信息；在申上，惊恐釜鸣。曰：朱申诏书与天鸡，信动他乡却自归。二死人亡官符讼，光怪相逢妖怪迷[①]。午火乃真朱雀，曰衔符者，有非细之讼，常人之忧也。士人入场占得，扶摇而直上，高中必矣。乘午，主争斗；在午上，官事挠。曰：朱午官病两相磨，火鬼焚烧屋宇过。朱午为官文字动，德合相生喜为用。水上克午滞文书，下贼武盗公文遗[②]。未，木墓也。曰临坟者，结巢古木之上。夫巳午未申俱在上，有翔空之义，雀肆志时也，口舌宁小小哉？故妻孥未有不悲哀者。乘未，啄食，主婚姻；在未上，百日六七。曰：朱未阴女婿分明，亦有争论事召来。若乘于未作生气，飞禽作怪家门灾[③]。亥乃水乡，雀入之，则受制，有投大水之象，凶神无气矣。占者何反悲哀？亦指文书动用也。夫有急用文书，伺不能得，宁不悲哉？乘亥，沐浴，主争小口；在亥［不临］上，书册难成。曰：朱亥官符有是非，夫妻不久叹分离[④]。

官灾起盖因夜噪，音信至都缘昼翔。

酉，日入之乡也，金逢火制，当暮而噪，奋志为恶，好乱生非，占者官司不免。且酉为门户，口舌入门，非官讼而何？乘酉，夜鸣，主奴婢闲非；在酉［不临］上，主阴相咒诅、官司。曰：朱酉胎死女损胎，天火官符讼火灾[⑤]。巳乃白昼，雀最有气，飞翔得志。占凶则口舌词讼，占吉则起用文书。望人信息俱至，考试为文章，居官为文书，婚姻为月牍，皆得意也。惟忌空亡。乘巳曰翱翔，主议论争执；在巳上，文信至，远人回。曰：朱雀乘酉加于巳，龙贵全逢鸡马至。又兼游戏入其中，必系行人信息事。德合成神财气加，干贵求才咸称意。朱巳病神须见病，官符口舌争讼论。朱入巳午负

① 申为尸气神。申处雀，利嘴事宜慎，不然光怪奇异生，不意非灾相扰恶，无耗也争论。

② 午为朱雀之房，乃前绳神。真朱雀，怪梦为衔符，相逢口舌非和是，半途休废喜停波，文事利先图。

③ 未乃庆会神。雀居未，啄食号临坟，欲动未能宜守墓，悲悲切切欠精神，先凶后吉臻。

④ 亥。朱雀亥，投水事无忧，鬼载一车无处用，散消凶恶不成愁，火上弄水毬。

⑤ 酉为喑哑神。朱雀酉，怪异夜鸣狂，或有信音生不测，灾非殃咎愎提防，恐惧与惊惶。

害刑，必有口舌不相宁①。

朱入空乡，文字遗亡②。朱雀文章主，忌逢鬼贼刊［亥子］。**飞入沧滩**［申］，**寄鸿音于道路③。巢居房**［卯］**昴**［酉］，**降鸾诏于门阑。旺生巨蟹**［未］，**鬼薪龙漦之孽始④。德乘柳**［午］**翼**［巳］，**图浮龟见之祥瑞。跨犀牛**［丑害］**入宝瓶**［子克］，**终无祸患。坐狮子**［午旺］**骑金马**［酉死］，**定有伤残。诗曰：前二朱雀羽林军，霹雳灾殃行火神。君子文书忧考覆，小人财物竞纷纭。旺相相生事和合，死囚刑克被官嗔。病在腹心生呕逆，瘥剧宜看子午神。**

朱雀，吉将也。居贵人前二位，故曰前二。太乙羽林军，南方骠骑将，家在丙午火，又为火难灾殃之凶神也。旺于巳午，其将主霹雳、文书、诰敕、印信、公吏、儒士、公庭、词讼、刑狱、咒诅、疮疽、流血、飞鸟之事。其戾主口舌、公狱、刑戮、文字、财帛、损失、虚诈、马畜、疾病，又主文章，加日辰，其物赤黑之色。捕猎所得鸟兽羽毛。有晶明光采之物。其变异也，或燔或炙、烟火烧灼之物，能行火烛之物。五谷为豆黍粟及梨枣之类。禽为鸦鹊，兽为马驴。又主衣裳。盖朱雀午，遇火旺，遇木相，遇水死，遇金囚，遇土休。乘旺，主县官口舌，为霹雳。乘相，主财帛婚姻，为文信⑤。乘死，主死丧口舌，为衣服。乘囚，主囚系，为争讼。乘休，主疾病心痛，眼目口窍不利，为丧病。本属丙丁火，主荐举、远信、咒诅。卯，开喉；丑，投江。旺相相生顺治，则主文印。死囚刑克，官争火烛。若旺相披刑带煞，为害必深，反此者浅。占讼，遇逆治克日干，讼受嗔责，顺治无害。占科试，虽不入传，亦须寻雀，最喜与岁月建日辰并，否则与此等作合，带禄附马，文字定居优等；若披刑带煞克落空亡，更无气，文不入格，必主标出。凡卦体三传内有吉者，准前断。夫朱雀虽为印

---

① 巳为釜鸣神。朱雀巳，番覆喜腾空，利见公文音信吉，武官须忌是非浓，出外事亨通。

参考：朱雀火，子宫临，不利诸占耗失侵，含物婚财四月入，是非多口孟冬凌。

朱雀火，入丑宫，口舌官非九月中，衔物婚姻三月内，咒诅闲非丑未逢。

朱雀火，卯寅巢，为报佳音喜鹊桥，衔物婚姻十一月，招非招讼忧终交。

朱雀火，二八门，远信文书好问臻，只怕将神相战斗，是非口舌致灾屯。

朱卯争，五月畏，衔物婚姻七月内，至于乘卯或临申，干支合处欢娱萃。

天网张，没潜藏，更兼朱雀友魁罡，连遭口舌看看旺，口舌原来二月扛。

朱雀火，巳亥宫，谒贵投人多遇穷，主意谋为全不决，番番覆覆两三重。

朱雀火，巳午乡，疾患官灾事事双，再也日辰相克贼，绵绵口舌慎提防。

朱雀巳，主锅鸣，开口招非在孟春，衔物婚姻交二月，掩翳谋事损公文。

逢火日，雀胜光，火上家遭回禄惶，巳午官灾名煞旺，余言书信得平康。

朱雀火，申酉官，阴小不安啾唧浓，再与日辰相克战，釜鸣怪异火光红。

申音信，在途中，五月衔物喜重重，开口孟秋主口舌，经官语讼怪相逢。

防不测，酉朱扬，官怪家人手足伤，衔物孟春诸事吉，仲秋开口主凶狂。

② 乘午曰衔物。

③ 主信息。

④ 淫讼生。

⑤ 为火光。

信，亦分大小，或天诏，或朝廷公家文字，或占行人信息。凡雀附火神，值火时，居火乡，慎火惊。朱雀开口[①]，争讹喧斗。朱雀衔物[在午]，婚姻和合。朱雀腾空[②]，文书不和，口舌销熔[③]。

乃论其加乘传变：雀乘午，主骑马伤人。乘巳午，主官灾，若乘空亡，主信息不真[不通]有虚恐，如在天喜上，为呈[文]祥[凝祥]。乘太岁并寅申，主差遣文字。若乘二马，主迁动。若乘妻财，主婚姻财物。若乘天诏，主恩赦。若乘日鬼加刑害，主囚系。与月厌并，主飞禽火怪。若乘丑加子，主田宅争斗。加寅，主表奏文字。乘卯加寅，主文字求退。若乘巳，主文字有成。若乘午加子，主小肠病。加申，主马咬人。若乘未加卯酉，因饮酒致忧。若乘申，主道路往来。若乘戌加寅，主旧经及死人文字。加未，主犬咬人。若乘戌亥，主文字不喜。若乘亥，主文字问难。乘巳午，有二德者，炉冶才。乘未临申，有信。加辰戌，公事口舌。乘二马，亦主远信至。卜时逢之，见丁及火，文书信息。克日，主妇人为挠，又口舌。克支，主火灾，或门户有讼。乘神在日干，合天喜六合，皆主信。旺相相生，与贵人太岁相生，乘木火土干支，主有权柄至身。占病，主心腹呕吐，灶神为灾，子午辰主瘥。其于传也。传乙，公中文字之喜。传蛇，惊火，膏肓血疾。传合，修屋宅，宜和合。传勾，有刑伤，忌争斗。传龙，文书财帛至。传空，有虚惊[信]，小人挑唆，又主光影惊怪之事。传虎，众斗，有凶徒骂詈，又主血光惊现。传常，有外家财帛。乘武，盗贼文书失，小口啼，汤火灾。传阴，暗昧淫泆，酒食喜，财帛来。传后，冶容财帛钱物。归本家，文字[吉神]之喜；争讼[凶神]之灾也。

歌曰：朱雀加辰临本命，狱讼相因忌克争。乘旺合神天诏喜，文书有气更迁升。朱巳有德飞鸟喜，临门克日斗喧频[④]。

《六壬拾翠》曰：朱雀生年兮任翱翔，文书剖气发辉光。入空兮旺文不就，进偃蹇兮其舍藏。克日不宁兮纷雀角，见鬼刑害兮讼猖狂。作鬼而无救兮囚系难脱，入传而害刑兮争竞乖张。年命受刑兮尤毒，文状交驰兮，缧绁相将。旺鬼兮官符关吏，召敌仇兮祸未央。乘值符而克支兮兼关兼狱，遇人之侮兮讼台部之堂。克年偕吏兮并劫与谩，匪系文书兮口舌仓皇。会官符与岁刑兮网罗滋讼，马丁鬼劫兮伊乘马而坠伤。带火鬼而克年兮或乘金而刑害，火鬼入传而克支兮回禄安当。二死克日兮身遭火厄，速移宅兮修德以禳。乘鸡诏于年命兮远刑害而连丁马，来文移与私信兮带游戏而尤良。乘书诏而墓日兮欲至不至，作文书而负喜兮愁入空亡。绳索加兮二死血，悲自缢兮何

① 乘破碎煞。

② 乘空亡。

③ 开口正巳二辰三午四未五卯六寅七申八酉九丑十子十一戌十二亥。衔物正酉二巳三丑四子五申六辰七卯八亥九未十午十一寅十二戌。

④ 临门，临卯酉也，克日干也。

祥。浮荡歌兮丁谩，水网罗兮游戏优娼。二死伤日兮干头月鬼，禽鸟关心，阴魂飞扬。朱勾吏直兮辰上盖，斗争凶恶逞豪强。

午乃火神胜光，分野三河周疆。其宫狮子，其音属商，居鹑火之度次，为朱雀之家乡，田宅火怪文绣，地理南离正方，畜獐马鹿，宿柳星张。旺主使君亭长，宫妃绣衣之善良；衰则土工妇女，赤髭盗贼之行藏。姓列先陈，萧葛罗关周马，字音商徵，言午赤火头旁。宅院鞍马兮杏麦赤色物汇，诚信迟延兮惊恐口舌文章。铁匠马牙商贩之户，马驴杨柳炉冶之场。应二七九之数。属口目与心肠。诗曰：胜光宫女［后］**信诚**［雀］**妃**［阴］**，善人**［贵］**通语**［合］**恐惊**［蛇］**遗**［武］**，土工**［空］**田宅**［常］**巫**［空］**天目**［武］**，使君**［龙］**亭长**［勾］**巷兵**［虎］**持**[①]**。**

胜光，午神也。属火。宫女者，天后主之。其义有五：甲日则妇小而长，仁而有貌；戊日则女黄而肥浊；庚日则女瘦而有礼多病；壬癸有颜色而淫荡，其义又有别，壬日只淫其夫婿，癸日则乱伦矣。诚信者，朱雀主之，火主礼，雀主书，故曰信诚。妃者，太阴主之，亦婢妾属。善人者，天乙主之。六辛日午为鬼作贵人，则变恶为善也。通语者，六合主之。其义有二：丙丁日则为牙侩，壬癸日则为媒妁，皆通语者也。惊恐者，螣蛇主之，庚日最紧，他日则缓。遗者，元武主之。元武临午，谓之左目将军，又曰开天眼。若胜光为武，盗贼多败，故曰遗也。天空临午，主土公之事。太常临午，主田宅之事[②]。巫者，朱雀天空主之。元武乘午，为天目朗照，贼寇难逃匿。青龙临午，文官之象，故曰使君。勾陈临午，武官之象，否则乡耆土官，故曰亭长。若白虎临午，主街道巷陌，又主兵器利刃，待用之物，故谓之巷兵持也。

《拾遗》云：胜光火神，蛇加临而坐空，必主火烛之惊。又加丁动干支之上，必遭回禄。青龙寅木加乘，定产麟驹[③]。元武乘支来临，必主盗马，坐空马蹶，坐申马聩。太阳太岁加之，必动朝廷之事。其所职司者：

天文：日躔鹑火之次，宿分柳星张之度，为电母，为晴，为天目。

地理：周分，三河。关西、京西南路、弘农、河内、河东、河南、三辅，为道路。

人物：善人、使者、亭长、骑者、巫者、土工、宫女、妇女、女使、蚕姑、娼、兽医、厩人、宫人、师娘、胡人、巷伯、妓。

五行：属火。夏旺春相冬死季休秋囚。不受寄，乙木生，其音商，色赤，臭焦，味苦，律中蕤宾。

时令：为六月将，为五月建。

---

① 天乙善人乘午，阴妃天后宫嫔。天空巫觋土工并，朱雀恰乎诚信。◎元武遗忘天目，六合通语蛇惊，勾为亭长龙使君，常产兵持虎柄。

② 太常不临午，当作乘寅贵逆治也。

③ 主生佳儿。

数目：本数二，先天数九。

姓氏：葛周冯贾马许萧罗施包张李。午日陈，巳马丁临午冯，临本位朱。

人事：信息、是非、词讼、血光、火烛、口舌、惊遗、饮酒、文明、善事、性急、精神、诚实、虚恐、通语、说合。

身体：心、肋、口、目、血、脉、肠。

疾病：气促、吐泻、眼赤、三焦不利，犯家先宗庙、岳神、灶神。

饮食：为火食，为小赤豆，为果蔬之食。

器用：衣服、蚕丝、纹绣、彩缎、橱柜、蒸笼、衣架、蚕具、书画、旌旗、文籍、箱钳，上尖之物，箭靶红心。

鸟兽：为獐、鹿、狮、马，为雀，为飞禽，为蚕，为蝗虫。

宫室：城门、厅堂、屋宇、田宅、窠灶、马院、鸦巢。

草木：为柳。

经史：文书、国史、天官历。

其占人品也：面红、头尖、细长多言。

若夫加乘用变，午加丑乘武，主失脱，贵逆过去，贵顺未来。加寅乘虎，惟慎灾。加卯带二马，主远客信至。加未乘龙，在未日，有食物之喜。加申乘雀，在申日，马咬伤人。加戌乘虎，家有病人。加寅，在寅日，妇有孕。乘阴，则孕损。丑日乘蛇加寅，近邻有火灾。如加戌乘常，主孝服。戌日，加戌乘雀空，居于巷陌。加亥子乘虎，主马病。乘吉加干，占人有声誉，传天空，虚赞而已。丑日乘龙居宅，家宅多福。作勾虎并血支，血光之伤。作后合并血支，妇人经水不调。作蛇虎克日辰，誓愿诅咒，牵连成病。作勾临酉，为兵。作虎加卯，为豆。临申酉，为厨。作雀临子，小肠患。临寅，为文。甲乙日，为儿。见亥，为心疼。见土木则吉；见水贫迫，妇病，马死，失财；见金不足，灾病惊恐。

歌曰：午子相掩看加煞，有影无形无还发。午巳喜旺见龙合，生气女招婿堪觅。午加戌上有马腾，更带病符兼二血。妇人去血与流脓，痨瘵生来何日辍。午临金上人家退，破耗空亡并其位。午水二血有血光，更兼病煞灾莫当。午加德合旺相生，财富人家应大兴。午丁生合皇书德，文契官评发时刻。午作丁马气悠扬，子其出行可荣昌。午诏天鸡带丁马，必然信息相传者。午神带墓眼瞎昏，生此祻端自遭屯。午入吏神与值符，近官为吏实相孚。午害上乘吉，鸡诏禄马入，朱动为岁贵，士子名高得。

诀曰：胜光本位足资财，临寅必主名自来。申酉官灾须见血，子方马死产生灾。胜光发用忧惊恐，财帛文书信息通。富贵生和鞍马事，宜居土木喜相逢。若金若水屯亶病，马亡财失血光攻。水在上兮文书阻，若出公文水下从。午马文状动官方，私阴信息定萦肠。卯到豨宾丁丙日，妇人鞍马血脓疮。临未与妹争首饰，不然亦为争婚姻。

临申死伤铜铁鸣，临酉官非立见争。临戌文书音信动，临丑文书暗昧成。临亥占来心痛恙，阻住官灾见血光。临子妇人伤产厄，交加文字到辰方。临寅亦有文事动，或因花树起争张。临卯移居今两次，信息传来自外乡。临巳宅后有破灶，火发须防厨灶堂。午上亥下阴气停，龙战于野血元黄。求谋非但隔岁月，履霜冰至预宜防①。

《海底右眼》曰：胜光生日与临寅，人家妇女当妊娠。若见太阴胎损坏②，白午临戌有病人。青龙午丑富贵宅③，丑日寅蛇火近邻④。戌日午戌居巷陌，朱雀天空言亦亲⑤。武午加丑主失脱，逆过顺未看贵人。未日龙午未食物，申日午朱马咬人。远信人马并客至，盖缘道路车马并⑥。常乘午戌为孝服，白午亥子为病因⑦。吉将干头是声誉，若见天空虚赞论。常勾临午作血支，血光流溢有伤痕。妇人血脉不通顺，后合午与血支亲⑧。虎蛇午鬼爻来并，誓愿皆为咒诅因⑨。

刘子曰：胜光克日作螣蛇，阴入离散事堪嗟。若不休妻或淫邪，不然孕妇在其家⑩。胜光为贵加支神，宅中发愿赛神明。辛日临亥最为亲，结绝旧事午亥贞⑪。午火临亥合德乡，婚姻喜美病人亡⑫。午加亥上见极阴，胜光为火火为心。心神恍惚疑惑深，纵疑灾害不相亲⑬。巳午类神主文书，用起或来命上居。更逢朱雀莫踌躇，吉见龙常皆可图⑭。午加酉上吉相扶，进取求迁事可图。逢凶可怕有忧虞，先见疑难后必甦⑮。午亥卯申酉到寅，子加巳位最为亲。隔面人来或信音，相逢喜悦事欣欣⑯。

粤有六合之神，婚姻嘉会。雷部为雨师之神，主婚姻和合，会聚之事。

待命和同，不谐惊惴。

亥为天门，凡欲成就公私事端，而待命于天门之下，则必有成。六合临之，故曰和同。乘亥，登辂，主妇人私乱；在亥［不临］上，妇人私通不明。管子曰：合亥因产

---

① 以一阴加六阴上，阴极变阳，吉凶事俱主久远。

② 寅日，午加寅，主孕；作太阴，主损胎。

③ 龙午丑未居宅富贵。

④ 丑日午作蛇加于寅，主邻近有火灾。

⑤ 戌日午作蛇空加戌，人居巷陌。

⑥ 午为马，卯为车，车马为道路之神，入传主远信至或远客至无疑。

⑦ 太常戌加午，孝服动；白虎午加亥子主病。

⑧ 午作后合带血支煞，主妇人月事病。

⑨ 午并蛇虎克日，有人咒诅，誓愿牵连成病。

⑩ 午为一阴生，主妇人休离。

⑪ 天乙临午加支主有神愿未还。

⑫ 午加亥，酉加寅，子加巳，卯加申，立名四绝，病凶。然午德在亥，亥中有壬，午中有丁，丁壬德合，故主婚姻成。

⑬ 午为一阴，至亥为极，午属心火被亥水克之，有疑惑之理。

⑭ 午巳乘贵雀龙常，占文书必遂心意。

⑮ 午加酉乃火死之地，虽有疑惧之兆，主后利也，乃高盖乘轩象。

⑯ 凡四绝处，信来人至，事了不发，六合处，共为绝处，一日事了又发。

想妇人，欲求知会相合生[①]。巳为火乡，六合之木入之，烟灭灰飞，不谐甚矣。占者能不恐惧惊悸乎？乘巳，贽书，女人私合；在巳上，嫁娶有阴灾。曰：合巳交用，不义谋兴。六合乘未巳亥神，传中又见马和丁。游戏煞神忽尔入，主君目下远行程[②]。

反目兮无礼之事端，私窜兮不明之囚位。

子水也，本生六合木，何以反目？盖子卯相刑，为无礼也。占者事必起于无礼，以致彼此不投，而有反目之愆。乘子，操笏，主音信；在子［不临］上，阴人无礼。曰：六子求参，要见难堪[③]。卯酉为私门，六合临酉，以私并私，以门复门，乃出入私门，逃窜之象。且六合木，从魁金，木受金伤，非囚地乎？重复阴私，非不明乎？占者惟利奸私，如为公正之事，则反受其殃。乘酉，跣足，主男子喜；在酉［不临］上，财损阴私。曰：合酉迁居并改门，欲争役吏两相奔。若临酉戌逢丁马，六乙游目奴逃奔[④]。

乘轩结发，从媒妁而成欢；违礼亡羞，因自妄而加罪。

寅木有轩象，六合临之，故曰乘轩。乘寅，主文字喜；在寅上，迁官移居。曰：寅合兄弟有私召，文契相加外来到[⑤]。申，庚也；卯，乙也。乙与庚合，有结发之义，故从媒妁之言而有成欢之庆也。乘申，披发，主争斗；在申［不临］上，喜庆祥风。曰：六申官符狱罗网，捕盗逃亡盗神马。六合乘申加在巳，元胎生气喜合至。更与年命三合来，一定为议婚姻事。或然德合入其中，仍为孕喜催来是[⑥]。卯辰有六害之凶，故曰违礼。乘辰，持巾，主为事不成；在辰上，语讼展地。曰：六辰契约争畜亡，六合乘辰加卯酉，必有贼来宜谨守[⑦]。卯与戌合，以己之私门而自就焉，有苟合亡羞之象。占者必因自不检点以招罪愆，非干人之害己也。乘戌，登途，主妇人逃；在戌上，交易官讼。曰：六戌争奸欺在邻[⑧]。

升堂入室，并为已就之占；纳采庄严，总是欲成之志。

午乃离位，有堂象，六合临之为升堂。卯为本家，故曰入室。合于堂，合于室，岂非已就？凡占得地，皆可成遂。乘午，主美人；在午上，贵人喜悦。曰：六午音信与文书[⑨]。乘卯，入局，主法术喜；在卯上，为后妇，为客旅。曰：六卯争关和又争。

---

① 六合临亥，其堂也，为掩翳神。六合亥，乘辂自宜行，惊恐不安终有庆，行藏谋望遂心情，到底进途程。

② 巳为孝服神。六合巳，月下执姻书，凡所事情皆主吉，婚姻喜合庆盈余，作事任君趋。

③ 合子佛蓝神。反目子，操笏奈刑何，暗约不行防夫母，意念阴谋事可图，谦逊免凶呼。

④ 合酉不明，何可长也？合酉哽噎神。六合酉，跣足岂能行，凡所事情忙迫迫，事多疑虑志无宁，中路枉萦情。

⑤ 寅乃扶会神。寅宫合，成事为乘轩，求望婚姻和合美，亨通好事自天然，不费力而全。

⑥ 申为催生神。申宫合，结发喜星临，得遂凡为无拂逆，虽灾小口事多忻，媒妁议姻亲。

⑦ 辰合咬牙神。辰六合，持巾多违礼，动慎事情莫大心，自招责辱因无耻，魁罡乘孕喜。

⑧ 戌为书复神。六合戌，绸缪省力纠，营干凡为皆迪吉，姻缘财禄自堪求，登途自亡羞。

⑨ 午合关报神。六合午，升堂喜事成，半成半就须加力，婚姻谋望有媒冰，阴阳暗昧情。

六合来临卯酉上，又见喜成上头立。婚姻孕喜在家门，二事其间必居一①。未与卯，有三合之庆，且太常酒食帛物之乡，似纳采之嘉会也。占者得此，何事不成？乘未，素服，主婚姻；在未上，服药，为坟宅。曰：合未婚财聚酒筵②。丑乃贵人之垣，六合临此，以贱谒贵，装饰不得不严，所以事上也③。乘丑［不乘］，卧病，主田宅不安；在丑［不临］上，婚聘梳妆。曰：六丑求望有争论④。

六合房宫⑤，号曰私门⑥。魁罡来会［辰戌］，定主熊罴之庆⑦，不则桑鸠抱布之奔⑧。房［卯］昴［酉］星临，必有桃夭之喜⑨，或以儿孙小口之迍。口舌钱财⑩，合临本日支辰之上；生逢不合，陷身毕宿［酉胎］道路［申绝］之村。同单阏于四季⑪，船停砂碛。遘虎尾于功曹⑫，荫及儿孙。诗曰：六合前三是大夫，婚姻和合吉相扶。君子赏财迁职位，小人亲会酒欢娱。旺相相生主媒产，死囚刑克作穿窬。病者阴阳心腹气，土神司命醮当苏⑬。

六合，吉将也。居贵人前三位，天乙之大光禄卿也。家在乙卯木，旺于寅卯，亦曰私门，其将主婚姻、吉庆、聚众、和合、胎产、媒妁、阴私、财物、文契、木植、舟车之象，信息、买卖、交易、牙侩、酒食、聚会、寄托、寻访、扶同、容隐之事。其戾主阴私不明，奸淫之事，先喜后忧，小人女子之过，伤失六畜。吉主亲朋、子孙、术艺、屋宇、丈夫、隐逸，亦主丝蚕、木器。加日辰，其物五采，竹木之物，金石所伤之物，声音之物。变异为可食。五谷为麻粟，为桑。禽虫为马驴兔子，羽毛，夏翟之类。乙卯木将，遇木旺，遇水相，遇金死，遇土囚，遇火休。乘旺，主赏赐迁官，为婚姻。乘相，主婚姻财物，为车船。乘死，主死丧争财，为奸盗。乘囚，主婚姻囚

---

① 卯乃六合之房，为和合神。合居卯，入局自身安，为己之谋休妄动，更无他事扰心间，守旧莫更迁。

② 未乃六合游行之地，为宴乐神。六合未，素服主忧疑，纳采总为欲成例，争非不绝少施为，小吉礼仪宜。

③ 装饰宜作庄饬。

④ 武合无乘丑未者，干支方位六壬皆然。◎合丑受命神。六合丑，染病主灾殃，忠害将来宜慎事，婚生怪异要提防，成得也非祥。

⑤ 卯位有房宿。

⑥ 日月所出之门。

⑦ 孕喜。

⑧ 主淫泆，有女私逃。

⑨ 婚娶之喜。

⑩ 凭口舌上以生财也。

⑪ 乘卯加丑辰未戌之位也。

⑫ 乘申加寅。

⑬ 参考：六合木，卯寅间，帝旺临官喜接连，不是婚姻和合起，必然财禄称心田。
魁罡合，应荣昌，珠瑞龙含报吉祥，妇女必然怀六甲，更审三传弄瓦璋。
魁罡合，共居处，失角犀牛暗叹吁，必主逃亡遗失事，若言疾病在须臾。
六合木，巳头逢，口舌因财事干公，若与日辰相战克，必然婚讼竞姻凶。
六合木，未上居，鸳鸯戏水在河渠，姻聘佳期今日会，高门进喜庆盈余。
从魁合，阴贼兴，星光掩月小人升，更有河魁并元武，家中奴婢有逃情。
天后女，合私门，二将相逢自断魂，合后狂且能窃玉，褰裳后合女淫奔。

系。乘休，疾病阴私事，为异怪。凡六合乘旺相气，相生顺治，而发用临传者，的主婚姻，不然，胎产之喜，或阴私财物事。若死囚刑克，则主阴私口舌，或阴人烦挠财物之象。凡六合附酉戌之神，主奴婢走失，阴私不正之事。盖六合天地之私门，从魁婢，河魁奴，临之则然也。用起天后，传终六合，曰泆女课。用起六合，传终天后，曰狡童课。占人皆主不正，无不蔽匿，兼恐有失。凡占盗贼，最忌见之，谓天地私门，护匿亡盗也。六合附金神为内战，主阴私，兄弟口舌，烦恼参商。附土神为外战，事防发露，谋议不和。六合不合[①]，阴私抢攘；六合和合[②]，阴私相怀。

其加乘传变论曰：六合主远游，落空亡，主门户损坏衰颓，眷属子孙，离异出外，谋事虚声，媒牙交易，诸为不就。若乘旺相临吉地，主儿孙禄位之喜。若三六合相加，见贵大吉。乘辰戌相加，乃妻妾怀娠。乘辰，元武加戌，奴仆逃亡疾病。乘寅，子孙有喜事。若无气，则忧病。乘卯，百事吉。乘卯酉，婚姻孕事。乘亥加卯，作事无成，成亦损。乘子，女受皇恩；卜时乘之，婚姻之喜。乘罡并丘墓，为棺椁，占病大凶。乘子午，交易事成。乘寅加未，干事在寺观。乘卯加午，主六畜事。加申，车马出入。加酉，信息当至。乘巳空亡，井灶不安。乘未加巳午，婚礼也。乘申加戌，信远来。加巳，阴喜不成。乘戌加辰，子孙哭泣。日辰上见，口赚钱财[③]。乘生气临日辰，君子加官，小人得财。与日相生，事和合。合克，勾留不成，夫妻口舌。乘浴盆煞，主病亡。与日相克，夫妇口舌，在门户起。乘巳亥，驾二马作初传，并信煞，信息事也。带凶神与日克，夫妻离别。归本家，兄弟谋诈，主妇女相通。占病在心腹，祭灶则安。若合传乙，子孙谋贵。传蛇，小口哭泣。传雀，眷属私挠。传勾，争财官非。传龙，子孙搆宅。传空，虚恐奴逃。传虎，眷属囚丧。传常，商贾外戚，病疽乞养。传武，知贼消息，子孙奸淫。传阴后，色欲淫痨。歌曰：六合相乘临卯未，若有交易婚姻至。巳亥子午入宅命，生喜相随儿女喜[④]。六合卯酉乘天信［煞名］，移动门户求迁徙。

《六壬拾翠》曰：六合为财，成神又来，喜不逾时，姻毕婚谐。六合作鬼，入于空亡，交关喜美，亦宜慎防。六合望门，妄想私情，三鬼两泄，凶煞难禁。若不空陷，私情后成。六合为船，井煞相缠。又兼酉到，因酒而前。公无渡河，陨于深渊。六合为棺，死煞并肩，棺在床下，催尔长眠。六合鬼兴，劫煞亡刑，市曹受戮，罪犯正刑。若克年神，而入喜谩。欲觅婚姻，被人作难。或克年神，而带耗破，求事未成，心先自挫。买卖交关，往来多错。临季加卯，病符加道。中风偏枯，筋挛气绞。六龙喜神，而生年辰，目下婚娶，致话殷勤。六合入空，财喜难通，牙慵媒懒，子胎无踪。

① 卯酉干上逢之，谓之不合。

② 临卯酉子午也。

③ 赚，得利也。凭口生财，牙行媒妁之属，非欺骗之解。若乘魁罡，则武断乡曲。

④ 生，生气；喜，天喜。主添人进口。

卯为太冲，天蝎名宫。六合本家，日月之门户。大火分次，豫州之宋封。驿马舟车妇女，州邑居震正东。氐房心之星，土貉兔狐之兽丛。草头禾木竹丝塔邑偏旁之字体。宋董孙曹柳茅房邬，角音之姓宗。兄弟客商术士公吏私贼，蚕丝金碧刀砧炉桌花茸。天文兮，雷电天心雨水；地理兮，地泽地耳河洪。交易民市寺观之所，婚姻私户林木之中。藏之曲迳，匿以棺茔。三六八数，手目血荣。诗曰：太冲术士〔贵〕**沙门**〔勾空〕**类，行往**〔常〕**舟车水**〔蛇〕**陆**〔虎〕**因。林木**〔龙〕**江河**〔武〕**雷雨**〔朱雀〕**候，兄弟**〔阴〕**私门**〔后〕**匿妇人。**

太冲，卯神也。属木，为长子。凡贵人临卯，主术士。勾陈天空，主沙门。其义有三：甲日僧多不洁[①]少实；丙丁日空临，主僧文雅，讲谈道德；往行者，太常主之，常卯为三合故也。螣蛇，主其水也；白虎，主其陆也。二将并临于卯，主其水陆也。林木者，青龙主之；江河者，元武主之，取卯亥三合义，其他非也。雷者，朱雀主之。《易》曰：震为雷，电中有光，是雀也。雨者，青龙主之。太阴主兄弟[②]。天后临卯曰入私门，主有淫妇也。

《拾遗》曰：太冲卯木，为私门。来加者未，疾病最忌，乃为门中[③]有土之象。朱雀加之，是非立至。青龙临之，喜庆旋来。子酉相加，必有妾婢不正之事。太冲见劫煞，凶恶门户，舟车无徒之人。见水火，亨贞无咎。见金吝，口舌失财。见土凶，官事牢狱。论其职司之事如左。

天文：日躔大火之次，星分氐房及心。为雷门，为天心。作空，晴。加午，晴。加子，雨。作合，阴晴。作虎，霹雳。作龙，云雾。作蛇，为电。带劫煞，为雷霆。

地理：宋分，豫州。颍州、汝南、梁园、沛地、淮阳、济阴。为江河、地泽、市井。

人物：大夫、母姑、兄弟、长子、术士、沙门、小儿、木匠、艄工、亲眷、奸人、私人、贼人。

五行：属木。春旺冬相夏休季囚秋死。不受所寄。癸水生，音角，味酸，色青，律中夹钟。

时令：为九月将，为二月建。

数目：本数三，先天数六。

经史：春秋。

姓氏：宋祝张柴乐柳朱房杨。加寅，林。加辰，祝。丙日加辰，杨。加申酉，刘。上乘合，董。龙临本位，关。后临本位，蔺陈。合加子，孔。加巳午，郝。

---

① 入私门也。

② 姊妹。

③ 乃墓门也。

人事：信息、奸淫、妇邪、阴私。

身体：荣血、目、手、肚、肝、爪、胸。

疾病：风淫，气不和。犯雷神、门神。

饮食：晚稻、果、椒。

器用：丝绵、麻线、船、竹床、梯、木梳、衣架、车盖、管籥、木器、木杓、椅、笔砚、笙、簧、琴瑟鼓笛、香盒、刀俎、棺椁、旛、柴炭、枷杻、水陆具。

宫室：前门、轩窗、牖户、槛、市房、私门、米店、桥亭。

鸟兽：为狐貉，为兔，为驴骡。

草木：为竹木，为花草，为木之丛，为栗树。

加乘用变论曰：加寅乘雀，主见官失礼，宜退避。加辰乘龙［雀］，主文书口舌。加午乘雀合空，主骡马事。加未乘龙，主居近神庙，曾有阴人许口愿未还。乘常，主有师巫善人相亲。乘虎空，主人患脚气病。加申，主车子木屐破损。乘阴武，有逃遁事。乘武，主车子入门。乘武加日辰，亦主木履损。作蛇虎，为车破舟翻。作合临寅申，为术人。作龙临旺，为舟车。加寅，为竹木。作后，加丑未，为米。作龙临巳午，为驴。作武、作空，加戌、加酉，为逃。作蛇加空，为声。作龙加午，为桥梁。在本位乘雀，为口舌。遁乙乘空，为朽木。

歌曰：太冲加申车履损，卯未乘常医善人。龙常卯未近神庙，阴人口愿未偿伸。卯午朱合空骡马，口舌文书雀卯辰。见官宜退不宜进，盖缘朱雀卯临寅。卯申阴武身逃遁，亥卯车子鱼入门。卯乘元武加日辰，人家木屐须损陈。虎蛇临卯休远出，车破舡翻水陆迍。虎空卯煞患脚疾，更须消息日疏亲。

赋曰：卯加丑，上克干，破耗临而田宅破。加未贵，德喜旺，来生日而谋望亨。加孟忧哭孤神，孤独事多反覆。卯主阴人相见，众阴卯用男生。卯酉反吟，加临马武，早防人走出门之恐。关居在后，见井忘天，游人长往不旋之惊。卯酉亥子水汪汪，盗贼临家财失。卯酉缠索带二死，妇女投河雉经。卯为隐伏，龙常阴合，除定危开，逃藏得活。卯酉马丁入支用，为迁家宅来问动。卯酉为用，事逢关隔。加日外阻，加辰内隔。

诀曰：太冲本位后妇人，到于酉位必伤身。见临子位必见怪，居于宅位弟兄分。太冲劫煞伤人物，门户车舟并桥木。见金口舌斗相争，入土伤官财事毒。若逢水上吉人来，断此无凶乃有福。卯主伤人盗贼财，阴私抵拒口舌灾。应在春分卯酉里，术人兄弟应时来。太冲临辰宅居巽，土墙根被车冲损。应水荡出棺尸来，意谓钱财断须准。巳其家人小口屯，人口散乱动灶神。有光有影时时现，临午官司急速惊。临未争张妻子死，财神耗散及婚姻。临申左角为牛折，主有车翻伤损人。临酉门户争反覆，家内常闻有响声。三年之内曾失锁，临戌应知财起争。骨殖失亡更枷狱，走亡四足不须寻。

临亥不宜占家宅，弟兄不义财破失。临子妻女有逃亡，渡河有灾犬井溺。到丑割贾分田土，母患妻亡父应故。临于寅卯户有声，近东枯井祸从生。两度贼来两度失，若生二女破家身。

或遇勾陈发用，斗讼争官可嘅。雷部为兴云之神，主斗争兵革、讼狱刑责之事。

若逢受越投机，被辱暗遭毒害。

丑乃贵人[①]之乡，以勾陈之争神，而入贵地，必受其迈越之所讼，而得肆其侮于人矣。乘丑，入化，主田宅交加；在丑上，耻辱两疑。管子曰：勾临丑未争田宅，官符刑害勿相入。勾虎乘丑，又带破碎，必因墓败，须当修置。勾陈在丑，酒食主有[②]。勾土能制子水[③]，适以投其狂妄之机，尤展布其忿奋之毒，占者姑忍耐而已。乘子，临官，主恶人纵意；加子［不临］上，毒药、后妇。曰：勾子邀狐兔鼠刚，破物五鬼不相当[④]。

遭囚兮宜上书，捧印兮有封拜。

遇寅木，则勾土受制，遭囚之象也。宜上书者，彼凶既囚，而我得以此时上言，发其积害成慝之状而黜戮之，过此则虚焰仍炽，而物受其害矣。乘寅，受制，主争；在寅上，宜进书于官司。曰：勾寅如死又争田，勾临寅辰关闭入。亦知狱中并二血，勾临寅卯辰上立。官灾闻打事必实，勾临寅卯，交易买卖[⑤]。巳乃铸印之方，而勾陈铸印之模范也。印成而捧以奉上，非封拜之征乎？君子占之，迁擢必速。常人占之，反以为忧。盖不有不轨之事，则何干夫印信也？乘巳，捧印，主勾留；在巳上，主迁官、赘婿。曰：勾巳炉物或红色，邀候鸟啼人不测[⑥]。

临门兮家不和，披刃兮身遭败。

卯本日月[⑦]之门，争神临之，则致抢攘纷争，人眷不宁，家何以和？破败之征兆矣。乘卯，入狱，主斗打；在卯上，灾病宅凶。曰：勾卯人家宅不和，病符沉病不离窠[⑧]。酉金［六合］，凶器也。且阴爻肃杀，与勾土生合，以争斗之神而持此器，岂有善念哉？虽然，非理之举，法所不容，终于身，自遭责而败。占者避其锋可也。乘酉，病足，主场务事；在酉［不临］上，刑罚私情。曰：勾酉争斗钱锐器[⑨]。

升堂，有狱吏以勾连；反目，因他人而戾逮。

---

① 辰破丑。

② 勾陈居丑为举讼神。勾陈丑，受越曰入化，妄言造语不能伤，随朝出入无牵挂，灾患消除罢。

③ 辰墓子水而合。

④ 子乃勾陈游行之所，为守狱神。勾陈子，莅庭曰遭凌，事有勾连难结果，虚事争讼哪能禁，暗害不相亲。

⑤ 寅为开关神。勾陈寅，受制凶不侵，凡有上书并请托，泰来否去可安心，先迷后可钦。

⑥ 巳乃血腥神。勾陈巳，捧印利更行，最利近为多喜合，加官进禄事都亨，仗剑远雄宁。

⑦ 害地。

⑧ 卯为关锁神。勾陈卯，入狱曰临门，家事欠和多恼乱，牵连怨恨事森森，患至不由人。

⑨ 勾陈以酉为堂，为争闹神。勾陈酉，披刃足伤成，伏剑生灾忧疾病，提防受制有相刑，祸害一时兴。

勾陈本属辰，而入辰，升堂象也。主斗讼勾连，故有狱吏勾连之应。知机君子，生平无非礼之行，占之不过为株及耳。乘辰，升局，主刑狱；在辰上，主屠宰、狱吏。勾辰咸奸为贫妇，无依浪走难营度。勾白加辰，又见吏神，必因词讼入于公庭。勾陈乘卯加在辰，上门争斗有讼惊。德喜加之应有解，终久相和讼不成。病符死血临灾病，须向东方去谢神。若遇墓门坟冢煞，争墓争田界不明[①]。午火本生勾土，何谓反目？以神好讼，而午火真朱雀尤讼之魁，彼此反面相贼，宁肯相容？故其象如此。君子占之，必被他人之逆戾波及之也。乘午，主出兵；在午上，须备人之连累。曰：勾午皮毛四足行，邀器包果食相将[②]。

入驿下狱，往来词讼稽留；趋户褰裳，反象勾连速迈。

戌为地狱，与辰相射，其象下狱。未乃坦途，如驿道然，其象入驿。皆主词讼往来。占者惟退避则吉。乘未，在驿，主争婚；在未上，出入相蒙。曰：勾未无子夫妻重[③]。乘戌，佩剑，主逢恶人；在戌〔不临〕上，破财牢狱。曰：勾戌刑害是争坟，或有死尸作祟惊[④]。申〔三合〕非门户之神，何以趋户名之？盖申前酉户，立此则可入矣。乘申，主道路；在申上，官司后喜。曰：勾申马牛驼炭石，邀见逃争并死厄[⑤]。临亥曰褰裳。夜静更阑，褰衣憩息时也。夫凶神入户而憩息，占者获宁矣。而曰勾连反覆者，何也？以申为坤，坤，地户也；亥为乾，乾，天门也。门户之前伺立此凶恶之神，君子至此，明哲知几，即当速返而抽身远之，斯为善道。稍迟焉，则被彼勾执，虽悔何追？乘亥，汗衣，主小口病；在亥〔不临〕上，腰带无伤。曰：勾朱虎亥作刑害，官符值符二狱俱。更临休囚死为甚，居人必以讼官司[⑥]。

勾陈老龙，身居天秤[⑦]。墓罗二狱〔辰戌〕，难逃殷纣西伯之囚[⑧]；带剑入殿〔戌丑〕，不免扶苏赵高之令[⑨]。五贝之朋，斗毕〔丑酉〕冀信与占财；一梦南柯，斗魁〔丑戌〕加卯而占病。阴绝〔亥〕阳绝〔巳〕，疾者昏沉。天蝎〔卯〕金牛〔酉〕，必干讼竞。辰其不遇，因房〔卯死〕尾〔寅克〕度坑身；若进田财，与赤奋若〔丑〕相订。诗曰：勾陈前四大将军，兵灾刑斗讼留连。君子捕逃擒盗贼，小人争妇竞田园。旺相相生整田宅，死囚

---

① 辰乃勾陈之房，为狱子神。勾居宅，升堂曰入局，勾连沾惹不由人，事有牵萦难了足，片言利折狱。

② 午乃勾陈会遇神。勾陈午，反目自乖张，纵有干连无损害，他非他是未为伤，牵扰恼心肠。

③ 未乃天印神。勾陈未，入驿主勾连，莫把身心生怨恨，登途出入庆须添，终始利名全。

④ 勾陈至戌安乐，为口嘴神。勾临戌，下狱佩刀名，争讼牵连暗害起，稽留解释诈欺张，杜绝损侵凌。

⑤ 申属勾陈之堂，为失理神。勾陈申，趋户事沉吟，身有淹留多进退，关心多事往来频，疾病苦逡巡。

⑥ 亥乃勾陈游行之所，为乱丝神。勾陈亥，汗服欲更心，事有勾连宜改变，一番折得一番新，反覆自沉吟。

⑦ 辰宫名。

⑧ 主系牢狱。

⑨ 主被诈谋。

刑克系迟延。病疴肿症疮寒热，苦崇兵殃及土垣[①]。

勾陈，凶将也。居天乙前四，为大将军，不能禁御之将也。家在戊辰土，旺于四季。其将主官职、印信、公权、兵戈、斗讼之事，勾连皮革之象。专主征伐，得田宅上舍，或争田园财帛。又主屠宰、狱吏、囚禁、牢兵、军器、戈戟、棒棍、疾病、蹇厄，内自误、公讼牵连、财物亡失，庶人占之，如此象。官员得之，为印绶。大抵旺吉而衰凶，亦主小喜。若加日辰，其物青黑文华、木植之类，损伤勾连、罗网之象。变异为金钱、瓦石之物、水中之物、绳索盆瓮。五谷为桑盐糖谷。兽为兔。盖戊辰土将，遇土旺，遇火相，遇木死，遇水囚，遇金休。乘旺，主贵人战斗，为采捕。乘相，主贵人争讼，为印信官坊。乘死，主死丧争财，为斗争强暴。乘囚，主囚系禁固，为宰杀。乘休，主争病人田宅事，为禁系，丑未为得地。凡占财帛，主留滞。占人望信，主迟留，出行作事亦然。凡论讼，勾陈为主。如克日，理难伸雪；日克勾陈，讼事变理更新。勾陈之阴神，若附虎雀带煞克日，尤凶。只要勾阴作贵，与日干相生，则吉。凡占盗贼，为捕人。克制元武，或临日辰之上，所立之地胜武[②]，皆易擒也。占晴雨，亦要勾陈临日制武，则天晴。占宅墓，喜勾陈乘旺相气，加于宅墓上，则安久而不移动，如死囚刑克，则公讼不安。东方朔曰：勾陈拔剑[③]，病患相伤。勾陈交会[④]，连绵祸深。勾陈主六害。

论其加乘传变曰：勾陈乘空亡，散忧挠事，出行远方。若乘旺相，主旧事新喜，战胜捕获讼得理。若乘旺相克日，狱吏勾连。若入从革卦，主铜铁物作怪，即视中传寻向，可寻掘得。若乘火，忧事可解。乘木，所求稽留。若乘鬼，冤家为祟。若加支，宅后有坟。若乘六害，主遭恶人。乘三刑，讼狱病为灾。若克元武乘神，盗贼败获。若乘子，主眼疾。乘丑加午，主争斗田宅。乘寅加未，事在神庙。乘寅无气，主文回。若加卯酉，口舌交加。若乘午，血鬼疾病。若加戌，主二人因财争斗。乘亥，加申子，主出值泥水。加寅卯位，主公事。加丑申，利交易印信。遇二绳，病联绵。乘丑，男子进田财，又主墓破损。乘辰，争田坟，又主亡盗。克日，主官事。乘二马，主远信。乘旺相在人年发用，主官事。克日，若在外，道路不吉；若在家，远人来相害；若归本家，主勾连事至，田地分张。占病，病者肿疽寒热，犯土地神。勾陈传乙，主贵人

---

① 参考：勾陈子，六月临，伤夷伏剑疾呻吟，居于季冬方仗剑，反睁六月累因人。
五月丑，勾仗剑，疾病伤夷何躲闪，若然二吉会勾陈，田宅争官须立见。
勾入卯，家不宁，仗剑勾陈官讼盈，偷盗不知逃蹶失，宅凶灾病为临门。
魁罡合，病连绵，二月仗剑主灾愆，贼盗遗忘乖舛起，刚柔更视主宾言。
勾陈土，逢小吉，恐因田土相争疾，田园讼结自今辰；明日家财又典敌。

② 武立酉申，勾居巳午。

③ 正月巳逆十二支辰。

④ 治辰戌大凶，治丑未小凶。

托干事。传蛇，刑伤失名。传雀，田宅官灾。传合，兴修，眷属有争。传龙，谋望，疾病劳瘁。传空，女产厄，男争讼。传虎，公事挠，忧徒配。传常，修整财业。传武，争淫，孕堕，投军，退业。传阴，孕咎，暗谋。传后，妇人逃走。

《海底眼》曰：勾陈来入从革卦，铜铁器具俱古怪。求其藏处考中传，中传之下诛锄快[①]。勾陈寅卯旺木加，纷讼未曾知会话[②]。

《六壬拾翠》曰：勾陈乘神生年上，增益田坟。若有恩喜不合干，外房入室。入空作鬼，内勾外连。牢煞并临，狱沉禁死。鬼官而作刑害，官事追呼。关用而作官符，牢狱忧患。若作旺鬼，吏关官符。克日克辰，定主争讼。临于水而在辰地，刑害交而争宅田。土鬼入网罗，不慎而沉狱底。讼侵乘罗网，入空忧有半惊。勾临空木下临辰，兄弟交争或讼侮。勾陈斗争，空亡讼销。干外见之，外有勾引之咎。传后逢此，后防勾引之非。若克年神而入吏关，争官岁内。更遇关迷而并游戏，缧绁陷中。勾神上向二狱逢，直符又见纷纷走。须臾惊骇人擒捉，逼尔出门莫出门。勾蛇害干，六处无制。恶煞助虐，避之勿争。争不能明，反惹其累。

辰为天罡，天罗土神，天秤婆娑，寿星之次。勾陈之都，其音商[③]。分野兖州，郑国。其色黄。地理东南阜阿。讼狱战斗，死丧争讹。轸角亢之宿。鱼［蛔］**蛟龙之窝。田阜天山上。头旁字广，丘龙庞郑郭。宫商姓多。二千石之官长。女姬甲兵恶客，渔网丹青药石，碧朱采画颜酡。小则欺诈相逢，宰割之事；大则枷杻杀伏，死尸之科。其家也，采捕渔猎，媒牙屠狱。其所也，高岗峻岭，坟墓池坡。于数也，为十为五。于身也，肩甲毛肤。**

天罡，辰神也。属土。主宰杀斗争。其类僧屠渔猎。本为狱。其于人也，为胃为肩背。占人主面方耳大黄白色。

诗曰：天罡本是鱼［龙］**龙物，欺诈**［朱］**网罗**［蛇］**为恶人**［虎］**。战斗**［勾］**坡池**［后］**二千石**［常］**，右目**［武］**虞官**［阴］**宰杀**［合］**神**[④]**。**

青龙临辰主鱼龙，春夏为龙，秋冬为鱼。又曰：旦时寅卯巳辰为龙，暮时申酉亥戌为鱼。朱雀临辰，为虚诈。螣蛇临辰，罗网绕人。其义有二：壬日妇人缠绕，癸日贼人羁绊[⑤]。天罡凶神，白虎恶将并临，谓之恶人也。勾临本位，主战斗。天后主坡池。太常临辰[⑥]，为二千石。元武临辰，为右目将军，在北斗位下，掌妖邪盗贼，又名

---

① 掘下必得。

② 官讼勾呼，未得知会。

③ 一作宫。

④ 暴恶虎罡相会，青龙本属鱼龙。雀欺蛇怖罗网凶，战斗勾陈好勇。二千石为常俸，坡池天后修容。阴虞宰杀合神逢，右目将军武冗。

⑤ 一本：壬日贼昵，癸日妇诱。

⑥ 太常不临辰。

右目神。若占盗贼，其神佑之，变化难捕捉也[①]。太阴，主其虞官，左右从者之官也。六合，主其宰杀，卯为刀俎也。《拾遗》曰：天罡辰土为天罗，临亥子，便能变化。加戌，则为亢龙，主无雨。加寅，则为病龙，主有雨而损禾，又为龙虎相争。六乙日伏吟，名为二龙双勾，龙蟠之地，最利占住城。

天文：日躔寿星之次，星分角亢之宿。为雾，为右目将军。

地理：郑分，兖州。泰山、陈州、京东南路、隶东都、东平、城江、山阴、陈留、龙庆。为陂池、为涧、为墙垣、土堆、岗岭、为井、为甘泉、为沟、为浍、为泥土、为麦地。

人物：狱神、二千石、虞官、军人、渔人、贩盐人、屠宰、凶徒、牙侩、恶人、仓司、僧人、丑妇。

五行：属土。夏相季旺秋休冬囚春死。乙寄其上，水土［壬辛金］墓其下。音宫商，色黄，味甘，律中姑洗。

时令：仲秋八月将，季春三月建。

数目：本数与先天皆五。

姓氏：陈龙马郑高郭。加寅，翟王。加亥，兒倪。火日加亥，王。加酉，夏。临酉，龚。乘勾，庞。

人事：祈候、厚重、思虑、欺诈、争斗、怪异、凶祸。为宰杀，为横恶、毒害、诞谎。

身体：脾胃肝皮毛甲肩项。

疾病：虚损、血症、气滞、冒犯土皇、火煞、金神、太岁。

饮食：米麦五谷、荤腥、茴香、药饵。

经史：职方，国史。

器用：敕书、钱物、秤尺、戥子、甲胄、坚硬之物、破衣、算盘、缸、砖、瓦、磁器、石栏、瓦瓯、碓磙、炭盆、网罗、枷杻械、土物、花瓶、骨角、胶漆、五尺之物。

宫室：正门、庙庑、廨宇、廊庑、营砦、灶、茶坊、园囿、坟墓。

鸟兽：蛟龙、鱼、蜃、鳖鲞、水族、螳蚁。

草木：黄草、为花卉。

加乘用变总论。加子乘午发用，为真正寇盗。加丑乘武临日辰上或入传，主走失人口。加卯乘雀，主是非口舌。若临日辰或入传，亦主走失人。乘虎，主人口病。卯日加卯，主家宅灾滞。加午乘虎，更是五行受墓地，占者必是争坟。加申乘雀，主占

① 一元武也，为左右目，一贼神也。左目居午，离明之地，故败露；右目居辰，水墓闭藏，故难获。

官吏书信。乘勾，主占望军人远信。加戌乘虎，主人家祸起，凶病缠身，戌日尤的。不论神将，但加戌，主囚狱，公讼迁延。加亥子乘武，其家神堂安在后边，或近水滨。若是昴星卦，其家有伏尸，当责五音宅神以定祟所。作后加季，为小儿妇人哭泣。作龙加季，为小儿夜啼。作后加妇人行年上，更值空亡，为堕胎。作蛇虎克日，神愿动或曾收拾得旧神佛像。临日辰，为结绝讼狱。作后临亥，为海水。作虎加死地，为屠。作武加巳，为井。作常加亥，为市。作阴加申，为石。作虎加亥，为悲。作武加酉，为甲。见金火则吉，见水争竞田宅。见木官司牢狱。

《海底眼》曰：天罡加支曰临宅，宅主不宁宜更邻。临戌作虎并戌日，人家疾病缠其身。辰丑元武辰卯雀，日辰入传走失因。戌日辰戌挠公论，囚系未绝须因循。谋望军人远信息，辰加申上将勾陈。辰申朱信官吏事，卯日辰卯滞灾屯。白虎辰卯人口病，朱禽辰卯鼓唇争。天后乘辰加四季，妇人小子哭声频。白虎乘辰加四土，必有小儿夜啼声。元武乘辰居亥子，神堂在后或水滨。辰日辰水昴星卦，家有伏尸宅上神。白虎乘辰加午上，五行受墓讼由坟。后辰加妇行年上，更附空亡堕妊娠。天罡若临干支上，不久结绝狱囚人。蛇虎辰鬼有神愿，不尔曾收佛像真。辰为月厌又加鬼，加临卯酉鬼妖臻。日夜忙忙有怪祸，三四之中人殒沦。

《神书》曰：辰子咸奸乘后武，男女各有怀人。辰午盗神加关索，逃盗前眼必获。辰戌丁马入空，奴逃在外。辰戌作空囚见，无后孤穷。其下不可出行，君子谨于动静。其居止宜僧住，空奸阴后淫奔。辰有生气为胎，产麒麟云何不乐。辰乘月建发用，带墓死主是占坟。辰生合礼任何如，却有他人惠我鱼。得之可以意踌躇，托求田产与分齐。

诀曰：天罡到戌家不和，临于寅位畜伤多。见申奴婢须逃走，卯方病患肿疮魔。天罡战斗争文状，医药屠厨凶恶人。金火相生为小吉，木来口舌弟兄分。若逢水土争田土，斗打官灾寅卯刑。辰为斗讼恶人欺，家内不明妨财帛。动在四季辰戌日，死亡人口竞田宅。天罡临巳有鬼兵，作怪为灾联灶神。人口生灾幼女病，临午官非恶信音。牛羊损失因临未，更因财物与妻争。临申逃避失田土，争张官事由外人。临酉鸡鸣怪事多，火光隐现且焚炉。争财争物争铜铁，死丧匍匐奈伊何。临戌死亡家有事，讼争买卖及驼驴。亥猪食子兼惊讼，子争水道畜怪动。临丑兄弟主分张，更有恶仇起官讼。临寅文契贵客乖，马伤犬死人凶灾。同家各食因临卯，争马牛兼不测灾。本位伏吟惊怪有，那堪井水入坟来。若遇妊娠生女子，如占疾病主生哀。

青龙财喜，虽主亨通。雷部为甘雨师神，主酒食喜乐，财帛庆贺等事。

在陆蟠泥，所求未称。

青龙居未，未近南离，故为陆。居丑，丑临北坎，故为泥。夫龙飞于九天，潜于九渊，若失所，则困厄。在于陆，蟠于泥，非失所乎？占者望其称心难矣。《易》曰：

潜龙勿用，其象如此。乘未，折角伏陆，主婚姻；在未上，主失物马病。管子曰：龙未众羊衣食物，却有高卯在上头[①]。乘丑，主田地；在丑上，忧暴风雨。曰：龙丑蟠泥滞一节，神佛画金铁作邀[②]。

登魁兮小人争财，飞天兮君子行政。

戌乃河魁，罗网地也。以青龙财喜之神而登之，所以致小人之争耳。乘戌，遇雨，主印绶；在戌［不临］上，主小人牢狱。曰：龙戌飞腾君子迁[③]。戌亥子丑在下，象地；辰巳午未居上，象天。辰且为龙庭，青龙临之，飞腾在天，君子有为之时也。《易》曰：飞龙在天，利见大人。乘辰，闭目[④]，主麟物；在辰上，主奸谋不遂。曰：龙辰不出头却危[⑤]。

乘云趋雷，利以经营。伤鳞摧角，宜乎安静。

寅乃龙之本宫，有乘云之象。《易》曰：云从龙，风从虎，圣人作而万物覩，乘时利见之征也。卯属震，震为雷，龙得云雷，非经营展布之时乎？乘寅，主文字；在寅上，商贾钱财[⑥]。乘卯，弄水，主术士；在卯上，主迁官出入[⑦]。曰：龙寅生气有孕喜，休囚进财却为美。申为阳金，酉为阴金，能克木，龙深畏之，故有脱鳞折角之象。吉神遭厄，安能佑人？占者惟安居守分为宜也。乘申，无鳞，主失财；在申上，损财，又主阴灾[⑧]。乘酉，伏陆，主远行；在酉上，私暗不明[⑨]。曰：龙申边信贵铁石，龙困酉中意谋望[⑩]。

烧身掩目，因财有不测之忧；入海游江，因动有非常之庆。

木得水为喜，遇火为仇。午乃离火，故象烧身。巳乃蛇穴，故象掩目。青龙有此有不足，占者尚可赖以为财神乎？若求财物，反来莫测之忧也，戒之戒之。乘午，无毛[⑪]，主拜官；在午上，急忧官吏[⑫]。乘巳，飞天，主饮食，为龙化蛇，不吉；在巳上，主劫财有病[⑬]。曰：龙午退鳞不得时，龙巳欲奋不能飞。居子曰入海，居亥曰游江。青

---

① 青龙临未为逆喜神。青龙未，在陆慢飞腾，凡百谋为应有阻，潜龙勿用利居贞，利用待时亨。

② 忧，疑作夏。节，疑作切。或曰：自丑历寅隔一节气，凡占先阻后通。◎龙丑带关神。青龙丑，掩目曰偷窥，凡有所谋皆费力，征行窒塞莫能为，财散害灾随。

③ 龙临墓为谩诰神。青龙戌，施雨曰登魁，惟忌小人当谨守，勤劳出入自艰危，季戌事光辉。

④ 一作开目。

⑤ 辰乃引喜神。青龙辰，闭日事须成，惟忌因财生不足，迟迟百事尽欢欣，秋月是非生。

⑥ 寅乃青龙之房，为登庆神。寅宫龙，乘雾事忻忻，志在有为利攸往，经营利禄喜相临，安乐上青旻。

⑦ 卯乃青龙之堂，为迎轩神。青龙卯，名利达天衢，出入谋为求望吉，趋雷散宝戏明珠，春日更欢虞。

⑧ 申为号咷神。青龙申，折角失锐气，只宜退守不宜行，身居困地难如意，中路尤迟滞。

⑨ 酉为隔岸神。青龙酉，退鳞宜回避，祇当退后莫争先，须防斗乱生灾异，凡事须仔细。

⑩ 吉凶损财皆为子孙之事。

⑪ 飞天之象。

⑫ 一作给田。午乃青龙游行之所，为荐举神。青龙午，焚体事堪忧，每到美中防不足，缘财不测事临头，孕妇也担愁。

⑬ 巳为交项神。龙居巳，飞汉利干求，利见大人终有庆，飞龙九五吉悠悠，万事有来由。

龙得水，何吉不生？占者动则获庆也。乘子，主官禄；在子上，主贵人大吉[①]。乘亥，入水，主迁官；在亥［不临］上，雨晴双美[②]，一曰两情和美[③]。曰：龙子邀马花果食，一段好事天边与。青龙戌亥在支上，又见财禄喜重重。必然居积典金银，家门发福应丰盈。

补遗：龙寅金克死老人，则因死气有伤刑[④]。

青龙神物，虹藏［酉亥］**雷蛰**［卯］**，人马为宫**［寅］**。天秤云行**［辰］**，潜于渊**［亥］**，旋于女**［子］**，跃于斗**［丑］**，见于尾**［寅］**，飞于天**［辰巳］**，亢于翼**［巳］**。带喜合而丝萝可欣，负剑劫而内战频惊[⑤]。太岁当干合发用，宠诏征君职转。神后**［子］**加临，颁九天命妇之恩。困敦[⑥]与敦牂[⑦]）支忌，妊娠妻妾之因，或家藏孕妇。胃毕**［酉克］**厕身名折足，财破儿孙。罹天罗于问父，际合德于婚姻。壬癸日用胜光**［午］**，妇蹈郊媒之履[⑧]。天马同于狮子**［午］**，来意必问征人。**

青龙百事皆吉，独不利于血弱症，必主缠身难愈。若临支，名入宅，家必兴旺。喜逆行，有回首之象。若加亥子之上而顺行，则为走龙也，大不宜[⑨]。

诗曰：前五青龙丞相位，酒食钱财婚礼仪。君子奏官迁远职，小人财物讼乡耆。旺相相生媒妁吉，死囚刑克是通私。病者热沉心腹疾，祟关司命且医持。

青龙，吉将也。属木，天乙之大丞相，居贵人前五位，家在甲寅木。旺于寅卯，十二将中，惟此将增福解祸，主官禄、婚姻、喜庆、媒妁、胎产、财物、钱帛、酒食、宴会、经营、买卖、诏命、文字、书籍、舟车、材木、僧道、高人、果药等事。其戾主哭泣、疾病、失财、走失、畜类、陷溺、舡舆。又曰：加日辰，其物青黑，草木之精、衣食之物，又悬空之物。变异为文章、黼黻、印玺、心内之物、羽毛钱财，为龙虎煞，兽为狸猫之属。盖青龙寅木，遇木旺，遇水相，遇金死，遇土囚，遇火休。乘旺，主贵人、迁官、远使、财物。遇相，贵人婚姻喜庆相贺，为文信。乘死，主死人

---

① 子为受扰神。龙居子，游江事多亨，水利经营尤主吉，非常之喜横财生，攸往望谋能。

② 一作两情齐眉。

③ 亥为坐列神。龙居亥，游水喜非常，大利营谋循水利，五湖四海姓名香，动作果荣昌。

④ 参考：青龙木，闭眼时，孟寅季戌仲逢离，四课三传如遇此，自然万事有荣施。
青龙木，子午宫，壬癸二日莫相逢，孕妇有怀心里闷，如无灾难产时凶。
青龙木，到申宫，戊己日干不可逢，必是子孙多不肖，钱财耗散败家风。
龙未克，利难图，若克干支利反多，生旺财加申遂意，才值空亡百事无。
青龙木，临日鬼，美中不足灾非垒，若加死绝与休囚，产难亡资灾病汇。
新燕尔，妇入时，后制青龙损婿基，胎产求财逢则吉，盗贼占来无获期。

⑤ 带喜神与干三六合，有婚姻之庆。乘申酉而逢劫煞，凡事多惊惧。

⑥ 子神也。

⑦ 午神也。

⑧ 主妇人怀孕。

⑨ 甲戌庚辛暮贵顺行。

财物，为棺椁。乘囚，主囚系财物，为棒枷。乘休，主故吏、酒食财物，为田庄钱产。乘子水休败，辰土抬头。春甲乙乘木，主财帛。旺相相生，主财喜。死囚刑克，且为今日刑害，主公讼病患。凡占讼，龙虽吉将，若带刑贼日干而入课传，则为煞神，反主凶。凡新妇入门，忌天后制龙，主损夫。凡求财以为之主，要乘旺相气，与干相生作合则吉，反此者凶，亦须入卦，切忌空亡，若居闲地，不可以例求之。凡婚姻胎产，宜得此将。凡占盗贼，大忌此将，入卦传，为飞腾难捕。凡占文官视龙，武官视常，与日辰生合者吉，反此则凶。凡占病入卦，必因酒食喜会中得也。东方曼倩曰：青龙开眼①，万事无灾。青龙折角②，变为蜥蜴。青龙临病③，人灾财散④。

加乘传变论曰：青龙乘太岁，官资迁转，主官事。发用旺相加命上，财喜重重。临日合干，求官迁职，书信财喜。加天喜，士人得官，常人财喜。加天喜红鸾及天后，主求谋吉。乘寅卯，百事吉；落空，喜未遂，事难成，财帛散。乘丘墓，主忧人死。乘鬼，财帛挠。乘死气，主受死。乘二马，主出行。乘月将，主爵禄，遇圣贤。乘子加申，主婚姻。乘寅，求官得。若加未，主事属寺观。乘卯加亥子，主舟楫事。若乘辰戌，主讼财。乘巳，求事必成。乘午加丑，主尊长财物。乘未加丑，主酒食婚姻。乘申酉绝气，财禄不喜，子孙财损。乘亥子，官禄文字，人才可贺。若克日，主破财。更兼白虎阴神克日，主死亡事。若归本家，婚姻之庆，贵合之喜也。占病心腹痛，犯鬼煞。青龙传乙，主儒生得官。传勾，主迟留产难。传常，主衣服酒食。传雀，主财帛文字之喜。传合，主门户子孙之喜。传蛇虎，主惊忧灾祸。传空武，主鬼贼伤残。传阴后，主暗损阴金。

其歌曰：青龙上下并空亡，求望皆空感慨长。龙乘岁月主恩赦，驿马为官公喜扬⑤。青龙乘卯为果子，六合乘传亦果香⑥。龙乘干合同发用，讼因女子事非常⑦。

《六壬拾翠》曰：青龙在渊而自闲，欲垂竿钓不胜年。三五水天来点化，平空飞上九重天。作官得禄行年协，姓名龙虎榜头传。旺相与日相生比，德喜禄马职升迁。有鬼磨鳞焉得奋，无人荐引绝攀援。德喜会生辰与日，婚姻应在月中圆。德喜马丁财闭口，遇此求财勇猛前。若入于空作官用，终身羡此不乘权。若入于空仍财用，无成一半五分联。入空若仍作妻妾，妻宫虚死不如然。入空胎喜生难育，生下应知命不延。作鬼入空宜准备，喜中有贼暗垂涎。若作死气财不旺，前年富足今无钱。龙不用尘可

① 孟寅仲酉季戌。

② 临未申主斗讼。

③ 乘申酉巳午未也，加临亦云。

④ 开眼仲酉，一云仲午。

⑤ 乘马克日主因公中有喜事。

⑥ 射覆取用。

⑦ 作初传合干，主妇人非常事讼。

以驾，游行万里可加鞭。龙入天罗父灾厄，二死克干归九泉。若克年神因喜破，不过破财无大愆。争亲夺事来相扰，小心翼翼免忧煎。若还带死来克日，更逢奸合两留连。只因喜得妻儿美，过当施为中道捐。抑亦带死来克日，德禄马空俱在传。仍是因家而得职，喜中而亡实可怜。且也带死来克日，有禄成神财力全。谋为太过始随愿，愿遂灾生夭少年。入金见劫来刑破，四墓坟崩椁不坚。青龙乘胎胎大贵，劫煞相临旺相宜。得子必然科甲贵，贵而即斩莫猜嫌。龙合喜成临旺相，高烧苍烛照婵娟。龙合火金加绝地，夫妻私娶妁无言。龙合相逢姻暗就，朝来明娶快前缘。龙合作用财喜起，不空不克福绵绵。龙合作用成神现，交关买卖事鲜妍。龙常临处上克下，官长生尤罪斥旋。下贼上时何以决，灾殃定有不期然。龙常扶日太阳赫，德印皇书乘要权。龙常若遇日辰生，方许居官得永年。青龙戊己来传作，外姓之子在家间。潜天潜地，显名厚利。久病莫逢，血痘尤忌。

寅为功曹，天吏木将。青龙居第，人马之宫。析木之次，律中宫声。幽分燕地，动用财帛文书。州邑北东所隶。尾箕斗星，虎豹獬萃。高燕杜赵，姓则宫音①。木走偏旁，重土字义。人为公吏秀士，僧道天文。物属书籍花斑，火炬古器。吉则宣召谒见仁信之诚，凶则细人官司风火之事。其所林木曲堤，其旁寺观店肆。藏物窖中，草茅覆记。数八七三。身筋胆系。寅为鬼路，为胆，为须发。占人品，主长须面青带破。

刘日新曰：功曹道士［龙］兼书籍［常］，褐色斑文［武］火炬［朱］红。从事［后阴］信诚宝召［贵］吏［勾］，虎豹狸猫②居木丛③。

青龙加寅，为道士。太常加寅，主书籍。元武主褐色斑文。朱雀加寅主红，乃火炬等物也。天后太阴主从事，天乙主宝［宣］召。勾陈主吏，谓寅自为天吏，勾陈军吏也。白虎加寅，主虎豹猫狸，其义有二：旦为虎豹，暮为猫狸。螣蛇天空临之，主猫狸之怪。昼为猫怪，夜为狸怪。六合加寅，主木丛。壬癸日水旺，则生木，木方为丛。丙丁日则为柴薪。谓水旺，木丛成林也。

《拾遗》曰：功曹，寅神也。为鬼户。空亡加蛇而临午上，防人有自缢之灾。加勾诸事应迟，加雀诸事变更。反吟，阳［将］曰君子退，小人长；阴［神］曰小人消，君子进④。

论其主事：

天文：日躔析木，星分尾箕，为风。作龙，兴云雾。作常作合，为阴而晴。

地理：燕分，幽州，夔州路。上谷、渔阳、上郡、渤海、涿郡、广阳。为桥梁，

---

① 一曰角音。

② 虎蛇空。

③ 合。宝召疑作宣召。◎龙主功曹道士，谁司典籍推常。后阴从事信诚彰，贵召合丛木畅。朱雀红光火炬，斑文褐色玄妆。蛇空猫豹虎狸猖，军吏勾陈将将。

④ 阴日无寅反吟之例，宜俟高明。

为山林。

人物：丞相、官员、曹司、公吏、贵客、家长、夫婿、道士、从事、媒妁、老翁、儒者、医生、多须人。

五行：属木。冬相春旺夏休季囚秋死。甲寄其上，丙火戊土生其下。宫音，味酸，色青，律中太簇。

时令：为十月将，为正月建。

数目：本数三，先天数七。

经史：为书籍，为文书，诗经词赋。

姓氏：韩苏鲁乔林赵高。加子，李。加亥卯未，杨。甲日得曲直卦加未，梁。加申，时。加土，杜。

人事：谒见、喜庆、诚信、征召、宴会、文书、知人、官事、口舌、文字、信息。

身体：脉、发、胆、筋、风门、指甲。

疾病：风惊、胸肋气、寒热头疼、目痛、诸痘。犯社稷岳神及山林精魅。

饮食：早稻、菜、茄、葫芦及药。

器用：纸、剑、屏风、椅凳、桌、席、火炬、机杼、火盆、竹箱、香炉、神像、宝刀、褐色物、印信、鞍马、匙、筯、棺椁、刀砧、斑、文书、玻璃物。

宫室：学堂、佛庙、栋柱、前过道、花园、寺观、圃。

鸟兽：为虎，为豹，为长毛狗，为猫。

草木：为神树，为木丛。

加乘用变曰：功曹加子乘虎，家有猫善捕鼠。加卯酉乘蛇，家有师巫出入，符箓贴门。乘雀，门上贴文字。加巳乘雀，主官中口舌文字。加未乘后，占人妻怀孕。加申乘后，主远信文书登途。加酉乘阴，主其家门前有旧竹桥。加亥乘武，主人家壁角挂葫芦，亥日尤的。加日辰，为虎兽画幛。乘龙作日鬼，为拾猫儿招祸。作龙合加未，居近寺观。作蛇虎加申未，近恶神庙。作雀为日鬼，为文书口舌。加卯，为文章。作蛇加午，为五色。作合为信。作后加申，为僧。作雀加申戌，为吏。作后加未为医。作虎加申为风。作虎加戌为犬。作武空加巳，为僧人舟。见水火，清高上吉。见金，口舌失财人病。见土，官事是非。

《海底右眼》歌曰：曹功加巳若为朱，官中口舌有文书。寅乘龙合言宫观，蛇虎相乘恶神居。寅加申位乘天后，文书远信欲登途。寅亥乘玄并亥日，人家壁角挂葫芦。天后乘寅来未上，其人妻喜在须臾。太阴寅酉门外事，旧竹桥儿不可无。螣蛇临寅卯酉上，门上师巫有箓符。朱武临寅卯酉上，当门贴字即非虚。虎寅临子猫擒鼠，蛇虎干支虎兽图。白虎乘寅作日鬼，拾得猫儿是祸符。

《神书》曰：寅加卯为赘婿才，老人接脚作夫来。或卖更有良缘月，须面三三可称怀。寅申囚死带凶煞，老死不见身荣活。寅申丁马入传支，必有贵人临门除。寅亥相乘加喜财，定得女人财物来。寅秋酉煞不堪逢，远配他乡刑劫从。寅上赘婿入支丁，倚傍人家作安生。寅旺官符又见伤，老人多须财讼殃[①]。寅吏直符旺中合，多须为吏争相涉。寅狐申猴，两鬼不投。颠迷不省，何以寄幽。

孙膑曰：寅为功曹号吏人，临于申位必伤身。到亥便为猪入室，见戌还当人出门。功曹官吏簿书司，贵重清高富贵奇。大树老翁医药者，相生水火喜无疑。见金口舌钱财散，无贵无官文学迟。若逢土上遭官事，四位之中仔细思。寅为文字动官司，口愿神祇树影移。应在孟春甲乙日，贵人家长及僧师。临辰临戌动官文，争马争财多奴婢。同音临卯主争奸，修宅来占怀夺意。临巳远信起悲哀，更动宫中灶神忌。文字交争午上逢，追缉频频官事凶。临未克妻曾后娶，讼由财物券书通。临申牛马多番损，恩［因］婚财耗恶媒公。家中散乱惟临酉，因应须知吏役中。临于亥子家有婿，富益外财六畜聚。临丑患足患头目，破财损畜多空费。本位树动家新修，必出高名后人济。

后有天后之神，蔽匿阴私所伏。雷部为阴蒙霖雨之神。主阴私财帛喜庆之事。

守闺治事，动止攸宜；倚户临门，奸淫未足。

天后，妇人之象也。壬子乃其本家，故曰守闺。亥乃乾健，自强不息之地，有治事持家克勤之义。二者动止相得，其道之正也。且当旺相，其庆大矣。乘子，主淫泆妇；在子上，主利进，又主淫乱[②]。乘亥，为少年妇；在亥上，小喜，主疾病[③]。管子曰：后子汪汪好如意，邀着师婆酒盏碎。后亥山来喜事重。酉为私户，卯为私门。以污秽神而倚之临之，非淫奔之象乎？占者除奸私而外，欲为正大之举，反有天殃。乘酉，把镜，主下贱妇；在酉上，通私奸情[④]。乘卯，倚门，主女冠；在卯上，婚姻私情[⑤]。曰：后阴临酉驾丁标，莫说有才妇竞挠。后卯盐米不入场，竹木丝绵外妇邀。

褰帏伏枕，非叹息而呻吟；裸体毁妆，不悲哭而羞辱。

戌土克后水，病象也，且昏黑之时，有褰帏之义。午乃长昼倦卧之时，故曰伏枕。二者皆卧而不快，非病即事有不遂，是以太息呻吟。乘戌，入帏，主女嗔怒；在戌上，内室不和[⑥]。乘午，临疾而卧，主淫泆；在午上，主疾病眼昏[⑦]。曰：后戌难离身自立，后午出门女见恶。壬子遇丁巳，有暴露之伤，刑克之地，故曰裸体。辰为水墓克贼，故后至此而毁妆，形裸露而受伤，妆易容而不饬，非羞辱而何？占者得此，其悲哭也

---

① 因讼伤财。

② 天后临子乃其房也，为暗昧神。子天后，守闺事莫起，妇女若非病背肩，举动不如安静喜，忧疑事不已。

③ 亥为厌翳神。天后亥，治事事多通，动用谋为皆大吉，相逢相遇喜匆匆，忧去兴偏浓。

④ 酉为和会神。天后酉，倚户对菱花，喜庆皆因求望吉，奸淫未足意欲邪，遇会也须他。

⑤ 卯为不照神。天后卯，临牖自相思，男子约期终会合，托人求就待其时，天癸定跷蹊。

⑥ 戌为群虎神。天后戌，入帏多惆怅，壬癸二日莫相逢，自思自虑多魔障，四季妻灾旺。

⑦ 午为往托神。天后午，就枕起私情，意有外欢来阴好，是非忧患不安宁，婚姻定能成。

必矣。乘巳，主妊娠；在巳［不临］上，损财失礼[①]。乘辰，主妇病；在辰［不临］上，主产血阴谋[②]。曰：天后乘巳加亥酉，母妇病床难起走。天后乘辰，家有妇娠。胜光之下，可断日辰。若加卯酉，贼来谨守。

优游闲暇，盖因理发修容；悚惧惊惶，缘为偷窥沐浴。

寅旦而早起，晓妆时也。申晡而容残，妆褪时也。故有理发修容之象。二者得意，非有所不遂也。且水与木金相生，是以优闲，乐其家室和平也。乘寅，主美女；在寅上，迁官得财[③]。乘申，理妆，主婿妇走；在申上，梳头无礼[④]。曰：后寅欢声两合交，后申五鬼扯人头。一人扶足卧惊游。丑乃贵人之室，而天后之子与丑六合，有私昵之情。正视之，畏人知，是以偷窥。未地有井宿，子水入之，有沐浴之象，沐浴则畏人至止。二者皆怀疑惧，故悚惶耳。占者戒之。乘丑，出局，主老丑妇；在丑上，私通不明[⑤]。乘未，主婚姻；在未上，淫乱走失[⑥]。曰：后丑邀女害眼人，不是扶人是扰人。后乘于未，加于卯酉，阴阳不比，妻招淫丑。若加卯巳，女母病至。补曰：后临子卯又相加，进一阴人退一阴。若还生死两气具，一生一死是分明。后辰二死，又见金鬼，之子云亡，而何云美。天后乘辰，病符血死，腹疾不能，胎无可取[⑦]。

天后多因奸罔，土旺灾异频频。宝瓶作日鬼[⑧]，主血腥之女祟。巨蟹［未］启私门[⑨]，赠芍药于多情。三元[⑩]内藏房［卯］昴［酉］，开两门而出入。獬牛潜宅发用[⑪]，来华胥之鬼神[⑫]。临于女蝠［子］，阴人竔癖疾右臂。若乘丑卯，妇人经脉多相凝。上章［庚］重光［辛］日，天后反吟，家出患疯之女。柔兆［丙］强圉［丁］日，二后为用，冷患血气之征。时逢土旺而失衣，涉水带泥[⑬]而胥迍。午未壬癸并，百而谋猷，画万事而平无一实。上章困敦日[⑭]，辰加子用，栖婢妾于西北山林。支破临光[⑮]初用，主妻妾生

---

① 巳为产到神。天后巳，裸形多失礼，百事皆成喜不胜，反遭辱耻奸淫起，壬癸占来美。

② 辰为天后之堂，为堕胎神。辰天后，假妆多恼乱，悲忧不免要相逢，损失阴私终见窜，阴人生背叛。

③ 寅为结果神。寅宫后，理发患灾生，无事暗中防不足，忧疑牵惹事逡巡，取索却如心。

④ 申乃天后游行之地，为催生神。天后申，饬貌事堪亲，不是弄璋或弄瓦，一番新事罕惊人，喜事称心情。

⑤ 丑为恩爱神。天后丑，偷窥出户庭，隐匿事情忧不足，悚惶不定志无诚，暗昧不能明。

⑥ 未为关印神。天后未，沐浴少礼义，阴人暗损益男儿，自已惊惶心失意，阴私无悔异。

⑦ 参考：天后水，月建逢，辰戌再来定主凶，不是妇人闹疾闷，定知怀孕在房中。◎逢辰戌，须防孕，魁罡天后阴人闷，遇水佳人闹疾因，或为孕育闺中顺。◎天后水，白虎金，四土传来妻有迍，不出季中分别去，三传四课莫相亲。

⑧ 乘子克干。

⑨ 乘未临卯。

⑩ 三传也。

⑪ 乘丑加支作初。

⑫ 多异梦也。

⑬ 丑未也。

⑭ 庚子日也。

⑮ 胜光午也。

妒。太冲[1]加日三合，乃好善之人[2]。

诗曰：天后位居宫采嫔，惟须禁锢莫因循。君子迁官宾客会，小人酒醴议婚姻。旺相相生妻妾产，死囚刑克隐淫人。病者四肢更痢疾，祟起河宫溺水神。

天后者，吉将也。居贵人后一，天乙之后妃，宫庭之采女也。家在壬子水，旺于亥子。一名厌翳，主阴私暧昧之事，蔽匿污秽之神。其性似柔而实刚。其将主阴贵人、妻妾、婚姻、妇女、蔽匿、奸淫、生产、赏赐、恩赦、忧闷、迟疑、妇人、财物、庆贺之事，鬼神哭泣之象，及污秽之物。其戾主帷薄不修、阴私不明、欺诈不实、脏腑之疾，小人之失。又曰：主妇人首饰衣服，加日辰，其物白色。缯帛之属。变异为草木可食。稻、豆、蚕、蝉、鼠、燕、金、刀，有子实之物。天后属水，遇水旺，遇金相，遇土死，遇火囚，遇木休。午，行囚。戌，居福。主玉堂沐浴意。乘旺，主嫁娶酒食，为婚姻。乘相，主妇人阴私事，为裳帛。乘死，主死丧财帛事，为奸讹忧溺。乘囚，主奸财囚系，为淫滥。乘休，主阴私疫病事，为淫污。天后淫乱，阴申阳酉。在申上，阴月日占之，为纪阴。在酉上，阳月日占之，为犯淫也。凡占讼，天后来临太岁，或见日宿发用加辰，或临门户，恩赦兆也，立至。更值三阳三光，其事准的，故占讼要见之。如不临门户，但加日辰，三传吉，亦主见之，恐稍迟矣。《经》云："刀刃囚项，不复恐怖。举尸入棺，更复重生。"凡占天后所乘神，切忌下贼上，必有小人凌辱之事。盖天后是皇后星，女质柔弱，不宜为下所制。占婚，天后与日辰生合者成，反此不成。若天后克日干，女贪男家而男不肯娶。若日干克天后，男贪女家而女不允从。此乃入传，课体吉，则先有阻节而后成就。常以天后所乘神，定女子性情、形状、修短、美恶、邪正，亦无不应。应与神后合而详之。备载婚姻门[3]。

加乘传变论曰：乘午未[4]壬癸，作事不成。乘辰戌，主妻妾怀孕，逢土有灾。乘巳亥，儿女争淫。发用见壬癸，主阴人。发用在死绝处，阴人灾。生日者，宜有成亲求财之喜。克日者，主有口舌暗昧之事。乘日辰入墓，主病。落空亡，主婚姻难成。乘空亡，主妇人嫁，出行、病亡三事。乘破，婚姻反覆。乘害，女人产事有厄。乘墓，女人哭泣。乘阳神同太岁，主贵人文字；乘阴神，主阴人文字；乘天诏，天子诏命；乘天喜，求事有成；乘生气，主妊育。乘支更值子孙位，主家人怀胎。若临天罡，更值妇人行年上，主月未足而胎损。若乘子，为浴盆煞，占病大凶。乘丑，在支上发用，主夜梦鬼交。乘寅，文字因循。加申，远信至。若乘卯，主女人奸逃。乘辰巳，主见

---

① 卯也，后乘。

② 巨蟹，未也。私门，卯酉也。子水害于未，败于酉，刑于卯，故有淫奔之象。◎午冲、未害，故作事无成。

③ 甲乙日暗昧不明，丙丁日妇女相争，戊己日外人侵扰，庚辛日走失遗亡，壬癸日阴小灾咎。

④ 冲害。

鱼欲买。加卯酉，其鱼定是入门。乘辰子，主妇人乳疾，右臂上灾，不然见有妇人殴婆之咎。若乘巳，主病。加卯酉，害眼。加无气，主妇愁怨。乘土加戌[戌]，主妇人不宁。加相生，主宴会。若乘酉加寅，主信息。加四时旺辰，主赏赐。乘辰戌，妇人为盗与胎损。若乘太岁在日辰行年上，主遇恩赦。若归本家，主求望阴贵事立成也。天后传乙，暗承恩命之喜。传蛇，怪梦亡财之戚。传雀，阴人口舌之愆。传合，谋亲奸盗之险。传勾，财产劳灾。传龙，酒色邪淫。传空，惊蛇犬怪，风声水厄。传虎，外服内娠。传常，连娶数妻。传武，堕胎盗窜。传阴，不明之事，妻母之哀。传雀而吉，仕宦荣封。

歌曰：天后若乘辰与巳，见鱼欲买意疑猜。更若加于卯酉上，其鱼必定入门来。天后乘支子孙位，家内妇人必有胎。天后太岁德乘并，赦书恩泽即今来。

《六壬拾翠》曰：天后作财，受生胎而妇孕。加于旺相，乘德喜而子真。或被伤于正时，宜预保于平日。传送胎喜，传见勾而灾迍。甚而倒产伤身，轻亦孕损。胎生乘土，驾六合于卯寅。子来克母奈何，救至斯美。后阴刑克三合，妇人灾哭之因。合日而带咸奸，花酒暗情稠密。克干而并迷惑，奸谋阴毒提防。作用生年，进口添丁成德喜。乘碎入宅，女非妇恶破家资。逢丁则有子无孙，因哭忧之下土。带喜而婚成姻就，其促就在合干。后遇合，而婚已私通，克空不入。后阴囚，而苦遭刑害，二死无良。死病临初，阴变虎而殒妇。乘金作虎，劫煞加而弑夫。带奸门以克年神，传逢刑害，因奸争斗，累死家贫。生年神也，妇情亲，或为喜合，婚姻和聘，纳婢生春。劫克干头阴作奸，妇谋已久。不是由奸被杀，也应好色伤身。次日为妹与干刑，姻亲欲悔。无奈以婚致讼，那堪传有官符。气休刑而又空亡，朱陈村近，终成画饼。入空亡而旺相合，晋秦中阻，竟尔好逑。天后作鬼临空，首饰衣裳防失。四季土命逢后，或后加土亦然。值墓为用或加支，其家必定有婺妇。

补：还本家，婚姻燕饮，富贵钱财。

子为神后水神，天后整肃闺门。玄枵野次，宝瓶宫屯。其音商羽，青州齐分。地理方之正北，阴贼妇女行人。女虚危其宿，蝠鼠燕其禽。旺也王侯采女，父母尊上；衰兮师工土公，小儿众民。字属点水，女后旁侧。姓为曲阜齐刘商音。事则祈祷婚姻，奸邪逃遁；物则丝蚕黑色，宅舍浴盆。水泽江河桥梁之所，神庙楼台儿哭之邻。应一六[生成]**九**[先天]**数，为膀胱于身。诗曰：神后阴私**[阴]**采女**[后]**奸**[合]**，逃亡**[龙]**盗贼**[武]**鬼神**[贵常]**言。土工**[勾]**悲泣**[空]**浴盆**[蛇]**煞，燕**[雀]**鼠行人**[虎]**取类看**[1]**。**

---

[1] 二后相将采女，阴私合匿奸淫。贵常乘子鬼神临，白虎行人前进。武盗龙飞逃遁，浴盆煞在蛇林。泣空燕鼠雀而真，勾作土工争竞。◎勾陈不临子。

神后，子神也。太阴加子，事主阴私。天后主采女，六合主奸淫私匿。丙丁日男诱女，壬癸日女诱男。青龙临子，主遗失逃亡事。元武主其盗贼。壬癸日占，水路中之盗，必劳众多；丙丁日占，盗从陆路而来，贼势甚恶。天乙太常，主鬼神事。勾陈临[①]子，主土工。天空主悲泣。螣蛇临子，谓之浴盆煞。四课三传中见四时浴盆煞者，亦是。壬癸日更值白虎，为浴盆有水相应。若占小儿病，其凶甚矣。燕鼠者，朱雀主之。其义有二：自寅至午时是燕，自酉至子时是鼠。白虎临子则主行人。

《拾遗》曰：神后子神，为闺为阁。天后相加，刑冲主二女争奸；生合主双凤求凰。寅加子，讼遇僧奸也。贵临子，士逢佳配也。青龙临而鼠投，朱雀临而雀角。近取诸身，为命门与肾。征其人品，黑矮而掀唇。纪其所主事类，则于：

天文：日躔玄枵之次，星分女虚及危。为云为雨为水，作武大雨。旺主云雾，为天耳。

地理：齐分青州。北海、济南、东莱、平原、菑州、梓州。为江河，为水滨，为沟池，为井水。

人物：后妃、父母、采女、乳母、媒婆、美妻、新妇、德妇、淫妇、鬼神、邪师、染工、哨工、乐工、屠儿、行人、女巫、盗贼。

五行：属水。春休，夏囚，季死，秋相，冬旺。不受寄。辛金生。商音，味咸，色黑，律中黄钟。

时令：为十二月将，为十一月建。

数目：本数一，先天数九。

经史：易经。

姓氏：孙齐谢郝江沈孔虞任范贺刘耿沐漆汪。木日傅，火日薛，土日潘，金日尹。加丑孟，加卯聊，后加本位聂，作蛇乘午加本位马。

人事：温柔、心巧、聪明、奸邪、淫泆、悲泣、遗亡、土工役、胎产、裁制、祷祠。

身体：耳、肾、水脏、膀胱、大肠。

疾病：泄泻、吐痢、冷汗，犯淫祠、水庙、水神。

饮食：大豆、鱼鲊、水中之物。

器用：文墨、丝绵、布帛、珠玉、首饰、衣服、笼匣、图画、瓶盏、木匙、木豆、浴盆、水桶、绳索、木炭、石灰、音乐、棋子、紫皂色物。

宫室：神堂、祠庙、后家、卧房、菜园。

鸟兽：为蝠，为燕，为鼠，为鱼，为鳖，为螺，为蚶，为猩猩。

---

① 当作乘。

草木：为水草，荇菜，为蘋蓼。

加乘用变论曰：加寅乘阴，主妇人有喜。加辰乘蛇，主妇人哭泣。加巳乘常，主便血。加未乘蛇，主祟祸惊疑。加申支，主占僧道远信。乘阴加酉支，主门户师尼出入。加戌，主妇人私诱期约，戌日尤的。加亥乘阴，主阴私不明之事起。作空克支，主人患泻痢。作后武克日，为符箓厌害。作朱常克日，为衣染祟。作虎克日，为鼠咬衣。作后临卯，为丝。作空临卯申未，为邪师。作乙合临申卯，为印信。作奸门临卯，为奸私。临寅申为道。作空加亥，为神祟。见金木则吉，见土争竞，见火患病。

《海底眼》作歌曰：神后临申申日推，远途言望僧兼医。戌日子戌妇人事，主有诓诱私相期。太阴子寅当有孕，螣蛇子辰粉泪垂。后阴子酉当酉日，门户出入有师尼。天乙子酉家长病，蛇虎子巳血便遗。空子克支人泻痢，太阴子亥有阴私。武后子鬼符厌害，螣子加未祟惊疑。朱常子鬼衣染祟[①]，白虎子鬼鼠伤衣。

管子《神书》曰：子丑相加德喜，主就婚姻[②]，若逢禄马交驰，高标科甲。子卯为鬼加休囚，徒养人儿不自由[③]。子午卯酉团团转，本身不动却如懒[④]。子丑入用德喜助，必有婚姻遂我慕。子作喜神临胎，家中女子有怀。子带忧神刑支，小儿哭泣灾时。子作丁马，出行荣也。子立四土上，病符白虎方。小口不安康，亟禳免其殃。子带丁马走促干，必定行人在路间。子带皇书入官乡，必主功名侍帝傍。

孙膑《口诀》曰：神后临酉见金神，到寅儿子乐工文。戌上中兵为病患，后妇辰方绝子孙。神后奸淫失望求，临子随波逐性流。若居金水重重吉，见土相争田与畴。火入妇灾阴患病，血光惊恐理中搜。子为奸狡不明白，定主婚姻有暗隔。必是仲冬十一月，不然人死更遭贼。临寅财丰兼畜旺，更生高贵俊吏人。临卯死伤惟六畜，缠缚由来动贼神。辰主人亡堂现怪，走亡四足争婚姻。不祥居巳生雀角，眼患争财在丑村。午头伤马男儿损，又主火光惊四邻。行来未上争财帛，更兼文字印书存。问申有子常游外，家中儒士诵黄昏。酉主夫妻常反目，更伤生死别离魂。临戌三年子孙绝，自死黑犬自破盆。水穿入宅因居亥，女泆兼之动盗神。本位子孙防水溺，朱雀投江是死神。

补：作贵加酉支，主家长病。

太阴所为蔽匿，祸福其来不明。

雷部为霜雪冰冻之神，主阴私财帛暗昧之事。能为阴祸，亦能为德于隐，故曰不明，在变化之间。

垂帘则妾妇相侮，入内则蒙溷卑尊。

---

① 因得衣服染，患祸祟为扰。

② 牛女相逢也。

③ 为儿，作日子孙爻也。

④ 三交卦象也。

端门向明，子地正北，曰垂帘者，昏夜无见，所以妾妇居此阴位，得肆其侮嫚之心，以狎上也。妾妇，太阴象也。《诗》云："忧心悄悄，愠于群小。"占者有焉。乘子，主奸私；在子上，主妇人诈情。管子曰：阴子不利，多祸分消。文章五谷，有妇邀逃①。太阴居丑曰入内。丑乃斗牛之墟，天乙之位，而太阴入之，至尊受此阴蒙，乱之始也。君子占之，必慎其独也。乘丑，守局，主女人病；在丑上，主尊卑淫泆。曰：阴丑邀女牛铜铁②。

被察兮当忧怪异，造庭兮宜备乖争。

太阴酉，与戌六害，且河魁刑狱之方，而临之，非被纠之象乎？欲饰其非，愈怪且异矣，故当忧也。乘戌，绣裳，主有文印；在戌上，主冤抑说诬。曰：阴戌恶卒，钱药镜兵③。太阴酉，与辰六合，辰乃龙庭，天罡之家，而太阴之妖媚入之，必与天罡相得。然天罡未尝无夙宠也，焉能不争宠而生乖变哉？乘辰，理妆，主伏藏；在辰［不临］上，主有勾连暗昧之事。曰：阴辰主恶，邀屠金石。阴空辰戌，用鬼刑害。更加马丁，奴逃是矣。或被脱赚，谩语无因。太阴乘辰，加于卯酉④，必有贼来，宜于谨守⑤。

跣足脱巾，财物文书暗动；裸形伏枕，盗贼口舌忧惊。

寅乃平旦，晨起之时，有跣足象。午则长昼，欲眠之时，其象脱巾。夫太阴之金，克寅木为财；朱雀午火，反制太阴为财，且寅司书籍，雀掌文章，故二者，财物文书，俱于暗中动也。乘寅，主淫泆；在寅上，暗有阴财⑥。乘午，披发，主女人争斗；在午［不临］上，主书信奸情⑦。曰：阴寅不宜，须当自谨。阴午官灾，未妥勿忿。亥乃夜深就榻，有裸形象。巳火克伏太阴，有卧病伏枕之义。而巳蛇主口舌惊恐，亥武主盗贼忧疑。故其占如此。乘亥，妊娠，主泆女；在亥上，妯娌私通⑧。乘巳，主私事发露；在巳［不临］上，主二女⑨口舌⑩。曰：阴亥被谋，女捉衣物。外人入宅，邀坐回途。太阴马载鬼豕亥，屋中鸣叫鬼相害。太阴金将日与辰，亥卯未妻是再婚。阴巳悲伤，手足战慄。太阴乘亥加卯酉，其家必有患眼人。主有镜昏并破碎，更有金银钱物真。

闭户观书，雅称士人之政；微行执政，偏宜君子之贞。

酉其本家，故闭户，阴好静也。未乃离明之次舍，可以观书。夫土金生养，涵泳

① 太阴临子为逃避神。太阴子，闪赚喜垂帘，上义下欺无德礼，提防奴婢暗侵瞒，事事杜辛艰。

② 酉破子，丑墓金，故其占如此。厉无咎。◎丑为太阴之堂，为障蔽神。太阴丑，入局宜安静，遇人接引遇欢娱，只当守分毋侥幸，高人多启敬。

③ 戌为漂流神。太阴戌，被察绣衣裳，怪异多忧非是祟，婚姻和合喜双双，作事主荣昌。

④ 无加卯。

⑤ 辰为□□神。太阴辰，遭囚曰理冠，辰戌阴空防损失，事多成就利心躭，蒙蔽被人瞒。

⑥ 寅为马蹶神。太阴寅，跣足不能行，财禄两途俱失意，艰辛举止不能伸，暗昧阻前程。

⑦ 午为蹉跎神。太阴午，披发脱巾乡，财物文章书信至，奸淫巳午用心防，远虑不为昌。

⑧ 亥为盲聋神。太阴亥，受孕裸形方，盗失相期须仔细，提防暗昧有乖张，阴小患非常。

⑨ 争春。

⑩ 巳为太阴游宫，曰恍惚神。太阴巳，伏枕抱忧虑，暗昧稽留事鲜成，奸盗阴谋须谨忌，切要防多费。

优游之象也。占得二者，安且吉兮。乘酉，入宫，主婢自出；在酉上，尼姑后门[①]。乘未，持书，主婚姻；在未上，阴人饮酒[②]。曰：阴酉临火作闭口，姣容不语难分剖。阴临酉上作吾妻，刑害相加尚不宜。定有三妻相逼迫，不然却有镜分离。阴酉丁上月厌鬼，鸡则雄[③]鸣雌[④]弄砧。又曰：阴未有获，阴辰恶积。卯乃私门，可袒裸以入之，微行象也。申乃太阴旺地，得志行权之所，有执政之象焉。君子占之，非阴神之比，故时当在下而微行也。持以贞一之操，时当在上而执政也，亦持以贞一之操，和而不流，中立而不倚也。乘卯，沐浴，主纵意；在卯［不临］上，损失外亲[⑤]。乘申，法服，主远信；在申上，君臣失礼[⑥]。曰：阴卯绳索主自缢，二死相缠不再生。阴卯奸邪，一手三足。阴申重见，龙虎不全。邀军凶死，须防不平。阴后在申加于丙，三个妇人妙作才[⑦]。

太阴为隐匿之将，鬼蜮之星。啸党山林［卯］**，生异心[⑧]以为国贼。欺君擅政**［申］**，鼓巧舌[⑨]而致倾城。礼羊**［未］**，女人之婚聘；乘牛**［丑］**，僧愿之夙诚。天罡门户加贼神[⑩]，盗贼侵凌。双女双鱼与阴后[⑪]，二女争春。白猴乘金牛**［申］**，祸狱病而利用行人。狻猊斩蛟兽**［辰］**，忧脱赚而奴仆潜行。卜尊长，日德空亡必死。加刑害，年中阴小灾兴。《汇占·诗》曰：太阴金神史中丞，阴私秘匿事相迎。君子罪名将出入，小人贼诈致忧惊。旺相相生婚酒醴，死囚刑克祀神征。病者四肢腰腹痛，竈神为祸可祈轻。**

太阴，吉将也。居天乙后二，天乙之中丞，又为天乙之妃嫔也。家在辛酉金，旺于申酉。虽奸乱暗昧，亦能为冥冥中之默助。其将，主阴私喜庆，阴人财物及妇人婚姻之象。宫帏、妇人、尼婢、小女、娼妓、金银财帛钱镜，暗昧不明，欺蔽隐匿，忧惊淫泆，屈抑不伸等事。其戾，主阴私损失，谋事迟违未成，远信未至，疾病未痊。

---

① 酉为太阴之房，日落火星。酉太阴，闭户自入室，拔剑小人有暗伤，只宜守静方为吉，三妇多无益。

② 未为酒馔神。未太阴，持书最刊贵，庶人音信并文书，士子登科志气锐，贵人相际遇。

③ 雌。

④ 雄。

⑤ 卯为风波神。太阴卯，沐浴失事礼，利宜君子事多贞，不利小人事不济，怪责非因已。

⑥ 申为关连神。太阴申，执政事阴昏，拔剑相扶君子吉，小人勿用主灾屯，事废独宜婚。

⑦ 妙作才，一本作抄尔财。◎参考：太阴金，巳午村，受制焚身奸盗森，若不欺官欺长上，纵横耗散是非门。◎为月将，远达声名。值占时，秘密放行。加岁而喜逢皇命，加月而恩自尊亲。加日，吉则家门庆幸，凶则暗昧灾迍。加辰，善，赐赏承荣光耀；恶，忧疑诈伪逡巡。发用，求有助而欲必得。入传，功有就而名必成。立命，胸多机略。临年，岁履嘉亨。旺主阴人不正，衰主凝滞艰辛。据德而人情喜美，君子垂仁履合而男儿欢协，妇女奔淫得禄仕宦迁转。印绶儒林指日飞腾，驭马道里驰驱不息。关河商贾经营，鬼狰狞，小人狂暴，墓醉梦，重雾宵征。破则阴图乖格，悔吝交争。害则患于内，婢妾嫌憎。刑因辱，官司杖比。冲惊乱，上下不宁。天诏，天庭文字。天喜，长者留情。从革，金银财帛。亥未，疾病沉吟。失位而阴私隐匿，有气而燕会婚姻。卯酉奸淫公讼，加孟羞辱轻盈。居乾巽，双女竞男往复。作空亡，暗财幼女因循。

⑧ 隐匿。

⑨ 鬼贼。

⑩ 辰卯酉为元阴。

⑪ 巳亥子乘阴或乘后。

又主金银之器，毡鞍之物。加日辰，其物黄白，金铁刀刃之物。变异为野外水中之物。五谷为麦，禽为鸡雉飞鸟。夫太阴辛酉金将，遇土相，遇金旺，遇火死，遇木囚，遇水休。居金方，乘金神克日，曰太阴拔剑，主阴谋相害。乘旺，主嫁娶阴私事，为金玉财帛。乘相，主财帛蔽匿事，为妇女谋聘。乘死，主阴私死丧事，为奴婢逃亡。乘囚，主阴私囚系事，亦为奴婢逃。乘休，主诬传蔽匿事，为妇女奸私。旺相相生，则主喜，或为胎产。死囚刑克，主阴人小口患病，否则阴小奸獘不正也。凡占讼，太阴入卦，与日相生，宜首罪出罪。占病，太阴入卦，刑克，神佛愿动。占盗贼，忌入课传，为难捕也，临日辰亦然。盖太阴为天地藏蔽之神，故不宜占逃亡盗贼。占墓宅，太阴入卦，则所临之方有佛寺，否则有奇美好物。占婚，见太阴入卦，并卯酉亥未发用，临日辰，其女必不贞洁，又主神佛有阻难成，或有阴人在其间挠扰，而间阻之也。

加乘传变论曰：太阴主匿藏阻隔。在未披刑，在酉得位。乘丑巳天空，走婢失财。乘卯酉，门户动摇。乘亥巳，二女争淫，士人遇阴私之事，常人占，阴私惊灾。发用，主阴小有灾。乘白虎，主桥梁。初太阴，中末天后天空，主夜酒。遥加丑未，主沉吟，随将吉凶断之。若乘空亡，主忧少妇女子，暗中财物事。若乘天诏，主天庭文字。旺相主赐金帛。休囚主暗昧。乘空破，为镜破，或病眼。若乘天喜，为施恩。若乘鬼加日辰，为小人欺诈。乘子加寅，主孕妇过月。乘卯加子，主妇人淫泆。乘酉加巳丑，主钱帛之事。克日，主女子口舌。更乘寅卯巳亥克日，奸私事。克日更加卯酉，必有奸私官妨事。占病，四肢脚痛。归本家，阴谋渐深，官事遇赦也。太阴传乙，主妇喜恩私。传蛇，主遗匿猜疑。传雀，主争竞财物。传合，主暗中有喜。传勾，主分离争斗。传龙，主私欢有灾。传空，主狐犬怪祸。传虎，主阴小灾否。传常，主职服暗来。传武，主奴婢遗失。传后，主二女争淫。

《拾翠》曰：太阴生年作用神，人口添进。太阴生合事宜晦，奸门阴私。生日暗扶，前去无灾无害。克日闭劫，行防影射阴谋。和合进银财，阴小阴私同断。作比入空用，弟兄和乐不终。若同劫煞克干，奸与阴神妇匿。不是妒奸暗害，定然仇敌阴谋。阴带池咸是娼尼，德喜相期暗喜。就中更作财神会，谋财必带有私。克年而带咸奸，妇人相害。阴谋而起争杀，朝夕提防。阴后为财迷入玄，马丁相会妻奔走。阴胎作财主有孕，丁癸水入厌双生。阴后为子作马丁，逢武迷而女逐人走。阴后入空远女诈，得阴私而反可后通。阴鬼入梦而哄缠，柳花再发而路饮。阴空二死破衰死，死无棺葬似僧尼。阴乘死害克与刑，兄弟不离应病死。太阴天后騰蛇武，酉戌相加奴婢奸。酉加戌也婢奸奴，戌加酉也奴奸婢。歌曰：太阴金将加日辰，亥卯未妻是再婚。太阴巳亥加卯酉，其家有患眼疾人。亦主婚镜并破碎，更有金银钱物真[①]。

---

① 甲乙日遁逃遗失，丙丁日田财争讼，戊己日所求隐匿，庚辛日人来谋己，壬癸日出入暗昧。

酉为从魁奴女，太阴金牛宫宇。其次大梁，其音商羽。阴私门宅金钱，赵分冀州西里。胃昴毕星分，雉鸡乌禽侣。于姓则乌辛毕赵羽音，于字则火口金门可取。婢户家人大客，胶漆有髯之人。玉匮刀鞘铲□，稻谷酒茗是主。吉则官禄赏赐，排解之欢；凶则蔽匿死尸，移门之举。金冶酒务，圊厕之场；神庙娼家，水瓮之处。其色白，其数四〔生〕**六**[①]**九，为精血，为皮毛口耳。其于人也，性刚面白，形方之子。诗曰：从魁金玉**〔龙阴〕**小刀钱**〔阴〕**，奴婢**〔空〕**阴私**〔合〕**小水**〔武〕**边。小麦**〔常〕**九江**〔后〕**并赏赐**〔贵〕**，鸡禽**〔朱〕**解散**〔勾〕**必为欢**[②]**。**

从魁，酉神也。白虎乘酉，旺相为金玉，囚死为刀。青龙乘酉，旺相亦为金玉。六辛日天乙顺治，则酉作虎，逆治则酉作龙，此日太阴主事，旺为金玉，死为刀，及其屠戮之事。若龙为用，金木相克，凡事有始无终。钱者，太阴主之。但丙丁日，天乙顺治，则太阴临酉，乃主钱也。若非丙丁日火制酉金，则不能成钱矣。未为天乙，甲戊庚三日逆治，则酉亦作太阴，不言钱，何也？甲日春占，太阴囚，乃主奴婢奸私。戊日土，太阴为相，金土相生，两阴相会，主婚姻事。庚日金太旺，则主金银财帛故也。奴婢，天空主之，此通言也。酉为婢，与天空为邻，故主奴婢私通。阴私者，六合主之。辛日丑贵顺治，则从魁为六合，酉神阴私蔽匿，而六合私门之将，并临为表里阴私，故亦主阴通也。水边，元武主之。辛日金旺，元武是水，故曰水边。若六己日占，且将顺治，酉亦作武，而已土克去元武，主水濡涸也。小麦者，太常主之。壬日巳为天乙逆行，则酉为常，天干是水，酉将得之，金水相生，麦苗秀也。甲戊庚日丑贵顺治，常亦乘酉，则有不同焉。甲日主麦未熟而先损，金克木故也。戊日麦多实大，有土生金故也。庚日麦实而粒小，以金刚坚硬，不如戊土之力壮，故粒小也。九江者，天后主之。酉金生天后，渊源之水也。赏赐者，贵人主之。旺相多其赏赉，囚死则主贵人嗔责。占讼有枷锁之忧。朱雀临酉，则主雉鸡乌之禽，又主狱讼文书，克日是也。若二月六己日占，将得螣蛇，主鸡乌雉怪，旦为乌怪，昼为鸡怪，暮则为雉鸟怪。寅卯辰三时，为月厌在酉故也。勾陈主解散，甲戊庚三日，丑贵逆行，则酉作勾陈。甲木青龙直日，克勾土，勾之子酉克甲。盖金木土三行，互相恃机克害，安得无战？战则解散，定为欢也。戊庚二日，相生比和，和则无战，亦欢也。壬癸二日，巳为天乙，顺则从魁亦作勾陈，壬癸之水，畏勾陈之土制之，却得勾陈之子酉金生扶，谓之恩解散也，能不欢乎？《拾遗》曰：从魁酉金，为私门。丁动，主走婢。二后临，乃真正墙路桃花也。临支为财，又加干，乃牝鸡司晨也。论其主事：

天文：日躔大梁之次，星分胃昴与毕。为水母，为阴雨，乘虎，冬春为雪霰。

---

① 先天。

② 必，原作不，言岂不也。◎元武从魁小水，虎龙金玉金刀。太阴如上并钱曹，空婢合私渎冒。小麦太常典守，鸡乌雉怪蛇嚣，朱禽陈解乐陶陶，贵赐后江源导。

地理：赵分，冀州。真定府、河北西路、魏郡、钜鹿、常山、中广平、信都。为远水，为九江，为道路，为街巷。

人物：中丞、太亲女、老妇人、阴贵人、少女、外戚、嫔婢、娼妓、屠沽、酒保、卜筮、匠人。

五行：属金。秋旺季相夏死春囚冬休。不受所寄。丁巳生，其音羽，色白，味辛，律中南吕。

时令：为三月将，为八月建。

数目：本数四，先天数六。

经史：为七书，为碑碣文。

姓氏：梁余曹尹石范。从革卦周。金旁，口轮旁，耳字偏旁。加巳姜，加丑华，加申刘。月将加本位时，天乙加酉郑。

人事：奸贼、邪盗、起讼、分离、私通、赏赐、色欲、解散。

身体：口耳鼻窍肺精髓血皮毛小肠阴户。

疾病：痨瘵、咳嗽、□□犯灶神、门户神、金神。

宫室：后户、仓囷、银店、钟楼、酒坊、婢室、私门、酒房、妓馆、门户、鸡鸭栖。加火为炉为冶。

器用：冠幕、金银、珠玉。休囚为铜铁，带刃刑为刀剑。首饰、钗钏、兵器、戈戟、镜、砧、铜器、针锁、碓磨、石柱、石头、纸钱、碑碣、刀鞘、瓶瓮、古钟、玉匮、婢床、剪刀。

饮食：小麦、肉面、酒、醋、糟、藏物、果食。

草木：为姜，为蒜、蓉、桂、菊花、秋草。

鸟兽：为鸡，为鸭，为雉，为乌，为鸿雁。

加乘用变论曰：加巳乘龙，居处近神庙。加辰乘雀，主家具有嘴物。加未乘虎，妇人占此，主望泽。如乘阴乘后，主妇人事。加申乘雀，主刀仗损缺。六甲日占之，乃道路信息也。五六月占之，则问小麦。加戌乘空，主奴婢欺诈，亦主小人间隔。丑日临丑，钱物事，乘阴尤的。从魁居白虎下，防房屋坍损，其家有患口疮或恶疾人。作日鬼，并蛇虎带煞，磁石镜剑作祟。作虎临孟，为远信至。作后临旺，为赏赐。作虎加寅，为铜缸。作阴加亥子，为玉。作空临休衰，为姨为婢。加奸门，为阴私。临旺相，为少女。作合临寅申，为妮。作龙加卯，为麦。作阴加三合，为钱。总之，从魁见木，主口舌；见火，主失财患病；见卯酉相冲，主休妻别离；见水，大吉；见土，次吉。

《海底右眼》作歌曰：从魁入传仔细测，临巳乘龙居庙侧。丑日酉丑主钱财，若乘太阴尤更得。酉居申上五申日，须言道路占信息。五六月间得此课，定是人间问小麦。

酉未阴后为妇人，太常妇女望恩泽。天空酉戌奴婢诈，所求更被小人隔。朱酉加申缺伏刀，朱酉辰为有嘴物。虎酉临处屋宇损，亦有口疮人患厄。虎蛇酉鬼并劫煞，碓磨为灾宜弃却。

《拾翠》曰：哭忧酉木官符，口舌阴私不利。女灾酉火死病，咸奸阴合牵缠。酉子咸池奸私，大煞飞廉生祸。酉丑作财入旺，内助成家。酉辰丁谩符巫，师婆法术。酉巳病符兼恶煞，痨瘵索缢牢中。酉午加来，来刑子劫。伤儿杀子，大抵因妻。酉午宠婢登堂，匪人为正。若加蛇雀狂恶，逢厌梦魔。或然喜合相逢，却也议亲有准。德喜加之亲迎，亦主作媒。不空不害成祥，允谐秦晋。酉加丁上，是用为妻。无端死气相侵，那得齐眉白首。三个妻空过一世，求财三日即如心。

孙子《口诀》曰：从魁到午必因宅，子位阴私祸更多。巳上患痨元自缢，到辰须定出师婆。从魁财帛事不明，媒保阴人口舌生。财散人离方始住，动在中秋辛与庚。从魁妇女索离休，火克阴私为此由。壮力女人多厚重，钗钏金银酒器求。木来口舌阴私祸，见火灾屯损女忧。临寅失贼后户门，恶伤自缢主阴人。向年家内无尊长，家内有刀曾杀人。卯主官争人暗害，长夜金声光影怪。临辰主争铜铁器，文动争张事应狂。小人惹事在巳宫，财破阴人又病攻。加午心疼兼孝服，射占白物或磁铜。羊酒乞食未方应，知会宴饮多有庆。兄弟远归申上酉，姊妹欢聚血财应。本位金声鸣暗里，贼入房中奸婢女。亥妾外心淫泆成，更主婚联产生女。临丑同邻妇女谋，盗卖人地立虚契。子亥同断夫妇离，亦主葬埋求财喜。临戌定主家不和，男患头风兼目翳。出落恶后且伤人，为有伏尸在□□。

元武遗忘，阴贼逃避。雷部为苦雨之神。主盗贼失脱，逃亡之事。

撒发有畏捕之心，升堂有干求之意。

子乃夜半，其睡未醒。而子鼠虚惊之神，元武贼神值之，怀疑畏捕，被惊而起，有撒发之象。然不过虚疑，而实则无害也。乘子，过海，主妇人逃；在子上，阴私盗贼。管子曰：武子不利，水底沉吟。武乘子卯却临申，丁马天车路防贼[①]。丑乃贵位，土能制水，元武居丑，不能行盗，以礼谒见，实怀穿窬之心。其所干求，不以实对也。然则君子斯可受御与。乘丑，主失牛畜，曰立云；在丑上，相欺损财。曰：武丑可疑邀溺水[②]。

爱寅兮入林难寻，恶辰兮失路自制。

寅为山林，贼所凭依，入林难捕，穿窬得志之地。乘寅，拔头，主失文字或猫畜；在寅［不临］上，盗贼铁锁。曰：元武乘寅，帛文状言。树邀黑马，竹木缠根[③]。辰土能

① 元武临子为盗贼神。元武子，加印事堪行，出入动为皆大吉，虽然成得虑难成，进取始堪凭。

② 丑为无成神。元武丑，入室立云中，临季奸谋须受戢，事情过实乃虚风，防失变迁通。

③ 寅为出暗神。元武寅，披发事生嗔，出入桥梁并道路，恐遭财物有虚惊，防备贼欺凌。

制亥水，且为天罗，元武至此，有失路之象，故甚恶之。盗贼消亡，君子袒腹时也。乘辰，入狱，主神怒，主失骨殖；在辰［不临］上，凶贼陷刑制之地。曰：武辰武卯，又作其鬼，马丁盗神，贼逃必矣。元武临辰，加于卯酉，必有贼来，宜于谨守。武辰药物，猪屠瓶盏，邀酒勿饮，候人莫见。武临辰戌性至贪，常爱便宜夜不眠。元武相乘辰申子，论讼取索事干起。原来一带水汪汪，可恶元武来作鬼①。

窥户也家有盗贼，反顾也虚获惊悸。

卯为门，武为盗，窥户者，入门之象。占者宜谨之于豫。乘卯，主失舟船或驴畜；在卯［不临］上，阴乱走失。曰：武卯迷闭有隐贼，劫煞相加财有伤。若或合支与合干，丁马□人离身端。武卯不利，只宜伏逃。瞎唇毛发，草木竹邀②。巳乃昼方，不利于盗贼。元武至此，纵无人追逐，亦爱反顾。既无追者，则徒怀虚惧耳。乘巳，跣足，主灶怒，主失小儿；在巳［不临］上，有小人婚财。曰：武巳邀怪，居家不能。石灰禽鸟，乞丐军人。其主吉凶，占同卯［武］辰③。

伏藏则隐于深邃之乡，不成必败于酒食之地。

亥乃元武本家，且属夜方，有深邃之象。伏藏于内，捕者无如之何矣。乘亥，顶冠，主为水神；在亥上，阴病迁居。曰：武亥必有青黑物，猪屠木匠或相逢④。未土克刑贼神，所以元武欲盗不能成事也。且未本太常酒食之家，其象因酒而败，盗易获也。君子有庆。乘未［不乘］，朝天，主为众亲男儿；在未［不临］上，主为酒食不利。曰：武未不妥，师婆合果⑤。按壬书天地盘旦暮将，并无元武乘临于未，而群书皆有之，或者阳将顺行，阴将逆行，而有此乎？或曰：谓玄武之阴神有之，余滋惑焉，敢问高明。

截路拔剑，贼怀怒攻之反伤；折足遭囚，贼失势擒之可俟。

午乃天地之道路，而武水能制午火，故象截路。酉为阴金，金刃之司，而生武水，有拔剑之义。二者贼势猖獗，岂宜轻攻？攻之反遭其伤也，必矣。占者宜避其锋。乘午，失剑，主为菩萨；在午［不临］上，贼两相伤。乘酉，持戟，奴婢逃；在酉上，走失伤财。曰：武午不利，无自踏失。马斗文章，毛羽邀年。武临午上遇癸日，又带病符入其间。心气不能尊长病，迩来何日得平安⑥。武酉入未并迷厌，酒器钱财掩难见。武临酉卯，又作反吟，有人走失，男诱妇人，或入房中⑦，起自妇人⑧。元武居申，申属坤土，且与亥水六害，又在昼方，贼所深畏，其象折足，刚□□贼也。戌乃地网，

---

① 辰为枷棒神。元武辰，入狱论争瞋，春月浴盆并盗起，经官动府事无真，须省婢奴侵。

② 卯乃元武之堂，为失序神。元武卯，窥户暗欺凌，乃忌小人来损害，虚诏诈伪事惊心，防贼暗伤人。

③ 巳为隔碍神。元武巳，折足致吁嗟，贼势败衰擒易获，几番消息自踟蹰，禁步莫狂趋。

④ 亥乃元武之房，为破暗神。元武亥，潜伏曰顶冠，不是鬼神来惊觉，一场惊怪梦中看，逃盗捕之艰。

⑤ 未乃元武游行之地，为毒药神。元武未，惊戒为朝天，君子利征群小憎，莫因酒色把身孅，饮食节无愆。

⑥ 午为破项神。元武午，截路意怀凶，失剑岂能伤我物，任他谋害不能戎，盗贼反遭凶。

⑦ 子为房。

⑧ 酉为伪诈神。元武酉，失剑把戈扬，能镇贼人于物外，莫嫌斗乱起官方，凶里化祯祥。

土又制水，故为遭囚。元武遭此二者，贼大失势，捕者喜可知也。乘申，横剑，有气主失金银，无气主失铜铁；在申上，亲宾远信。乘戌，战争，主四足怪；在戌上，牢狱僧贼。曰：武申有疑，宁乎潜窜。军贼铁炭，石器邀看[①]。武加戌上腿足痛，欲行不行主步卒[②]。

玄武通神，藏于不测之渊[③]，本为盗气[④]，利作阴私之事。魁罡乘于神后[⑤]，妇女怀娠。空破加乎日辰[⑥]，走失怪异。遇白羊［戌制］**困敦**［子旺］**执徐**［辰墓］**加门户**［卯酉］**，主盗贼伤人睥睨。同胜光**［午］**太乙**［巳］**而职贵。临支宅或年或月，带生气，有过犯隐迹之辈。并劫煞元盗而寇至，乘天贼而失脱真，入私门**［卯酉］**而人逃避。诗曰：后三元武后将军，盗贼奸私讼狱陈。君子奴逃车马失，小人淫乱妇离群。相生旺相畜财吉，刑克死囚丧系真。病者腰疼兼胀满，祟殃河泊溺潭神[⑦]。**

元武，凶将也。居贵人后三辰，天乙之后将军也。阴贼走失，兵戈抢攘，家在癸亥水。旺于亥子。其将，主聪明多智，文章巧伟，求望财物，干谒贵人。专主盗贼遗亡，奸邪离别，斗戏取索，计谋之事，雨水之象。其戾，盗贼诈伪，奸讹小人，及女子私事不明，走失疾病鬼魅梦想，遇空亡尤甚。又主虚惊。历象，又为流转，鬼祟煽惑之象。加日辰，其物白色，出水中之物。布麻细绢磁盏石器，相将勾连，鳞甲文章。变异为内虚，女子之物。为豆，为走兽。盖元武亥水，遇水旺，遇金相，遇土死，遇火囚，遇木休。顺行在亥子遇水，或逆居四季遇土，皆曰元武□□，盗贼兵伤。乘旺，主贵人遗失财物事，为走失。乘相，主县官亡失财物事，为偷攘。乘死，主盗贼财物事，为溺水。乘囚，主盗失财囚系事，为伤害奸讹。乘休，主亡病人财物事。总之元武多主浮泛，占事难成。在江河，则主风；在道路，则主雨。与财星并，则财物失散而潜滞，多成多破。如乘旺相相生，与日辰作合，则主交易，或牙侩成合之因。凡占贼寇，先责元武三传，以元为主，次以武阴第二传，为盗神，神坐下为藏物之处。而盗神之阴，则武之三传也。三传神将若相生，则其贼难获。若相疾妒，则易败擒也。凡占都忌武临日辰，或日辰作武，逆治贼害日辰者，谨防失脱，及与小人交易，恐有脱赚。不然，其宅门下有阴贼小人不利也。如生旺顺治，不可如此例断。凡占走失人

---

① 申为破镜神。元武申，横戟吓何人，事有当谋心身努，也须努力事方新，凶险不伤身。

② 戌为五山神。元武戌，遭囚又临敌，更兼作乱与争论，美中不足劳空力，仔细还防失。

③ 亥其本宫。

④ 水盗乾天金气。

⑤ 辰戌作武加子，子乘武加辰戌。

⑥ 武作空亡破碎临于干支。

⑦ 参考：课传武，暗退财，盗贼奸淫事事乖，功曹相遇得和谐，亥寅相合身无灾。

元武遇，遇盗神，四仲伤才不必寻，逢盗失财因子午，阴私卯酉且逃人。

元武水，会浴盆，占病旬终命不存，夏未春辰秋在戌，三冬居丑指头抻。

元武水，合魁罡，望失公私奴婢亡，横截浴盆秋戌畏，发临四季日猖狂。

物，如见元武附德神，更临日辰，逃者自归，不则人自来报。凡常占，武临门户，更值昴星卦者，其家必有失脱，为官事，更值克刑，主罪人亡也[①]。

论其加乘传变曰：元武乘空亡，主遗失及阴谋，远行难回。若加六害，为带剑，贼伤人。如在土上，为折足，贼败。乘辰加丑，主门户有走失。乘子加丑，主阴小失财。乘寅加卯，为棺椁，占病凶。乘卯加亥，主讼狱枷禁。乘子加劫煞并卯亥，主杀劫。乘辰加日，主兽头自堕，及小便不通。乘辰加戌申，主贼兵。乘子为华盖，主逃亡不获。乘日鬼作死气，占疾有祟，其病肺胀满，犯溺河水鬼。若反吟卦冲日辰，主盗。见壬癸，主失脱遗亡。癸亥水为胎神，主妇人怀孕。乘午未，主迁官。乘寅亥，主进人小口。乘亥，主盗贼逃亡。乘□□，主妻妾孕，亦主奴婢走。乘亥子辰加卯酉，主贼伤人。见贵人未顺乘卯酉，主门户动摇。见六合，主盗贼欺诈，克日必破财。若乘卯克日，必横截，及盗贼起。若带杀刑血支血忌金神羊刃丧门吊客，主孝服，杀伤人也。若归本家，近遭盗起，奴婢聒噪。至于元武之传也。传天乙，主退职。传螣蛇，主逃失多怪。传朱雀，主鬼贼，失文书。传六合，主遗亡、失官。传勾陈，主投军刑害。传青龙，主孕妇伤子，财物暗失。传天空，主奴婢欺逃。传白虎，主逃亡水厄。传太常，主淫乱凶灾。传太阴，主匿财暗失。传天后，主婢女奸私也[②]。

《海底眼》曰：元武天门上下逢，神庙佛像事相通。元临辰戌神不安，神愿未还鬼交攻。元临辰戌病忧死，昏沉邪惑发狂风。元武乘神加卯酉，家内神佛当门中。

《六壬拾翠》曰：元武生年吉可逢，德成喜合且追从。旺相添财进人口，休衰进畜得从容。若克行年入五盗，提防昏夜贼兴戎。若克年神带迷负，更加谩语转昏蒙。必有冤仇阴致害，欲往西兮隐过东。武贼克干盗亡象，相加劫火暗伤凶。更观合喜咸池现，又主奸情事可穷。武劫相逢刑与害，日干受克怎弥缝。奸门阴杀来传入，业债怎偿妇手中。元武盗神今作鬼，用克干支逃盗丛。或为岁破加干上，必有逃亡人不容。武盗入空休捕盗，天涯海角不知风。武遭土败气囚死，忧灾二死病符封。路神劫煞马丁集，必然恶煞道途中。武蛇龙见三传上，以恶为善化其凶。元武天空岁月破，日破时破四般同。有一来加日辰上，预防走失审其踪。元武若与□□立，或刑或害或临空。此儿不久仍归化，养育无成气满胸。

亥为登明。天门，元武所屯。分野娵訾之次，角音之辰。其宫双鱼。阴诈乞索遗

---

① 值太岁，君子亨通，小人乖格。见太阳，战斗摧坚，萑符易获。将顺月建，显达功名。睽违兮，灾殃莫测。和协占时，亨嘉谋望。参差兮，悔吝不一。临日而心如悬旌，加辰而愁生家室。作用也，蹭蹬遗亡。入传也，忧疑悚惕。立命而能施妙算，堪秉权衡。历年而耗损提携，营求阻逆。德僧戒行，而逃者自归。合机易成，而阿堵自益。受禄则威扬海宇，身列元戎。驾马则亡走天涯，追擒灭迹。鬼为魑祟，抑郁生灾。墓露穿窬，奴婢悲哀。破防朋小之耗毁，害备刀刃之推排。犯刑而欺凌争竞，逢冲而反覆睽乖。乘寅卯而为棺，占病不吉。依午将而得位，簉仕都哉。

② 甲乙日盗贼虚妄，丙丁日强恶侵欺，戊己日钱财遗失，庚辛日欢喜破用，壬癸日途路遇劫。

失。并州卫国。地理西北乾尊，室壁奎宿，猪貐狼群。页豕旁，象形字鹤。卫江蒙。角音姓真[①]。朝官道正兮，长幼孕妇，大盗谋干诸人。灯台格子兮，磁盏笔墨，豆靛黑色物呈。吉则燕详麟瑞，望喜之兆；凶则丧吊散离，怪异之根，江河沟涧槎木之所，住基厨厕田庄之村。推其数也，惟四〔遁〕**一**〔生〕**六**〔成〕**。取诸身也，头脾肾津。诗曰：登明天柱廪**〔常〕**楼台**〔青〕**，盗贼**〔武〕**伤人**〔白〕**幼子**〔六〕**哀，狱**〔蛇〕**吏**〔勾〕**厕秽**〔空〕**猪溺**〔后〕**死，阴私**〔阴〕**管籥**〔朱〕**召征**〔贵人〕**来**[②]**。**

登明，亥神也。属水，五音山向。常以登明为天柱，太常为谷粟之神，家在未，与亥三合，水生木，木库未，主盖藏其物，故象曰廪。青龙乘亥，临寅或卯，则为楼台。加他位，非也。亥为贼家，元武归此，主盗贼也。伤人者，白虎主之。亥为木之父母，虎为木之鬼，乘亥则主伤人。幼子者，小儿也。六合为儿孙，乘亥主之。以木至亥方生，故曰幼也。螣蛇乘亥主哀，蛇乃丧车煞，若丙日占之，为水所克，有哭泣之事。勾陈为狱吏，甲壬癸三日夜贵，亥作勾陈，勾陈土克壬癸，而受甲克，两两相战，主吏嗔。戊庚二日，亥水亦作勾陈，水土不和，而勾陈与日相生比，故不妨。厕秽者，天空主之。猪属亥，则亥为天猪煞。溺死者，天后主之，有沉溺之象。太阴乘亥，主阴私。管籥者，朱雀主之。缘寅申巳亥乃籥神所居之地。雀主文书口舌，若占讼，得释赦之象。召征来者，贵人临亥曰登天门，若乘二马，决有贵人征召。

《拾遗》曰：登明水神，元武本乡。一曰天门，龙贵喜其登，雀虎不宜跃。勾陈捕捉，螣蛇溺溢。若临寅地，圈有死病之家。如在子宫，胎产麒麟之子[③]。人品：身材矮小黑色，额润鼻高。

其将主事分类，列于左方。

天文：日躔娵訾之次，星分室壁之宿。为天庭，为天门，为玄穹宫，为云雾露。

地理：为天柱。卫分。太原府，河东路，并州。安定、天水、陇西、酒泉、张掖、金城。为江湖，为渡头。

人物：神人、鬼神、将军、上客、幼子、玉匠、醉人、盗贼、禁闱人、乞丐。

五行：属水。冬旺秋相季死夏囚春休。壬寄其上，甲木生其下。其音角，其色黑，其味咸，律中应钟。

时令：为正月将，为十月建。

数：本数一，先天数四。

经史：文章书经。

---

① 角音一本曰羽音。

② 山向登明天柱，太常庾廪龙楼。蛇哀武盗虎伤愁，空厕秽猪溺后。六合原为幼子，阴私管籥朱浮。贵人征召喜悠悠，狱吏勾陈邂逅。

③ 寅属虎，亥豕逢之则杀身。亥配子成孩字，则得子。

姓：点水、页、豕头旁。蔡诸卫俞胡安梅。本日俞，土日沈，伏吟徐。

人事：征召、智巧、奸谋、不定、忧秽、哭泣、伤人、走失、阴私、取索、婚姻、留连、溺死、遗亡。

身体：头、耳、膀胱、肾经、阴囊、血海、水道。

疾病：痹、疝、脾泄、梦泄、泻痢，为犯天门神坑、大川厕神。

饮食：稻、盐、黑豆、酱鲊、鱼鳖龟。

宫室：营寨、台榭、楼阁、廪厩、学堂、狴犴、浴堂、阬圈、溷厕。

器用：幞头、蚕茧、上衣、笔墨、文章、图画、伞盖、帐幙、管籥、香笠、杖、栏槽、担簏、绳索、灯、箱笼、渡舡、梳子、炭。

鸟兽：为猞，为猪，为獭，为熊。

草木：为梅花。

加乘用变论：登明加子乘常，主朋友酒食。乘虎，远亲、丝麻、孝服。乘阴，主阴私事。金木来乘为吉，土争斗，火水病。属妇人产难吐血自缢。加寅，居处近高楼。若乘龙乘常，则近寺观。乘勾乘虎，则近神庙。加辰乘雀合，主小儿哭泣。乘青龙，亦主家近寺观。加巳乘空，主作坑穴。凡占遗亡者，必埋其□□。占逃亡，亦责其处。加酉乘合，主逃亡及盗贼事。作贵人临寅，为钱为宝。不作贵人，则作高楼。甲乙日占作空。临寅，哭泣。临巳，为厕。乘虎临刑克地，为小儿灾患。作武临害地，为盗。临天马，为马。作阴为奸邪，作武作后，为奸神。作龙作合，临巳临午，为木。合未卯临子午，为溺水。临日为头。阳日加申，阴日加未，为足。水上火下，妇人产难。巳午在上，亥在下，主妇人吐血，防其缢死。

《海底眼》曰：登明神将寅上排，居邻高处及楼台。若得常龙言寺观，勾虎须临神庙街。朱六亥辰小儿哭，虎亥临子丝麻哀。青亥临辰亦近庙，亥元加酉徒盗乖。巳日天空作厕穴，或有遗亡此处埋。太阴亥子阴私事，太常朋友酒筵开。虎亥更加刑克地，定应主见小儿灾。

管公明曰：亥丑无气与病神，身瘘面黄有病侵。亥卯未合喜财偕，家门人旺足资财。亥火哭忧二死病，妇女灾生多恼闷。亥土官符不见金，宅田相竞入公门。亥加刑害与官吏，仍为争讼身非利。若见井煞与水忧，须防溺死无投庇。车马临亥水冬冬[①]，尤邀有鬼不相逢。亥同元武物黑青，或也猪牬木匠迎。

东方诀曰：登明到丑病瘘黄，到巳必主少阴亡。未上猪羊饶散失，戌方还出丑儿郎。登明无事莫追求，乞索求财仔细搜。妇女无淫情性善，木金生旺美中收。若逢土上争田地，见火阴灾妇病休。亥为楼阁及岭岗，贼盗伤胎小儿亡。应在孟冬十月将，

① 巳午火也。

阴私鬼魅有逃亡。所临无定合辰日，神将人元三处求。

太常筵会，酒食相敬。

雷部为养物，雨淑气风，四时之喜神。主酒食财帛衣冠印绶赏赐医药等事。

遭枷必值决罚，侧目须逢谗佞。

太常居子曰遭枷，夫子位水乡，太常土临之，有崩陷之象。且太常未将，子未六害，害且陷，枷锁之状也。故值决罚。君子怀刑无争。乘子，持印，主为贞妇人；在子上，主枷锁毒药。管子曰：常子衣盏并红物，或为小儿游戏来①。寅木，常土畏其克；寅虎，未羊惧其噬。寅有在山之势，太常何敢与敌？受其制伏，敢怒而不敢言，惟侧目而已。尚畏其有谗佞谮愬于旁，凶仍未能免也。乘寅，主为道士；在寅上，主欺诈出外。曰：常寅文契，必相伤妻，害而不避，宜而不疑②。

遗冠也财物遭伤，逆命也尊卑讼横。

以太常衣冠之神，而入卯之私门，且土受木妒合，有其冠不正之象。故曰遗也。何以伤其财物？以未土被木克为财，而受其损破也。乘卯，主衣冠事；在卯［不临］上，伤残疾病。曰：常卯吃食，生干有益。羊兔果花，任其行藏③。常未在上，位尊；戌足在下，位卑。而河魁为狱网之神，上刑夫未，非逆命而尊卑讼起之象乎？晋元咺是也。乘戌，入狱，主为印绶；在戌上，主君臣谋陷。曰：常戌见财是暗财，犬衔衣走女坟来④。

衔杯受爵，不转职而迁官；铸印捧觞，不征召而喜庆。

申为传送，而司酒食之常会之，有衔杯以庆冠裳之象，是有转职之吉也。乘申，捧爵，主妇人大德；在申上，趋进迁官，常人迁居吉。曰：常申嘉会⑤。丑乃天乙贵人也，以太常冠裳之神，而拜至尊，则受爵必矣。故曰迁官也。乘丑，列席，主老人衣裳；在丑上，主损财迁官。曰：常丑宾朋相会喜，必有牧子带牛来⑥。太常为印绶之神，巳乃铸印之位，公器非征召不敢用也。故其象如此。乘巳，捧印，主为术士；在巳［不临］上，君臣双喜。曰：常巳心焦，女财不聚。果食钱财，绢帛衣邀⑦。未位太常宴会之本宫也。捧觞酬酢，宾主燕喜庆会之象。乘未，窥户，主为巫医；在未上，筵宾，亦主后妇。常未仲上传亥子，其人好酒无终始。又曰：常未自主，邀求女子。又曰：常未巳午木又劫，饿死无人进惠食。常未巳午加木煞，噎死其心不得活⑧。

---

① 太常临子曰隔载神。太常子，荷项曰遭枷，万事提防有损失，囹圄囚禁及官衙，防盗更相加。

② 寅为赏赐神。太常寅，侧目防谗佞，虽云谗佞也无伤，亦须检点兢兢慎，更改方能定。

③ 卯为酒醴神，乃太常游行之地也。太常卯，秋日百为伤，不为失衣并损服，私阴遗耗两三场，遗冠要提防。

④ 常戌为仆马神。戌太常，逆命须捧印，尊卑上下不相和，求为事事都堪近，避讼宜诚信。

⑤ 申为薤露神。太常申，把爵曰衔杯，更动所求皆大吉，加官进职有施为，省力自光辉。

⑥ 丑为宴乐神。太常丑，传杯列席乡，进职迁官田宝聚，佳期请召吉非常，会丑贺称觞。

⑦ 巳为奏事神。太常巳，铸印事多夸，迁转动吏官禄旺，公文征召喜增加，民庶好生涯。

⑧ 未乃太常之房，为轩冕神。太常未，窥户为传杯，近贵加官并请托，开筵请召吉相随，风云际会时。

乘轩有改拜之封，佩印有用迁之命。

午乃天地之道路，太常临此，有乘轩之象。且立南向北，有面君之义，故有改拜之封，君子之庆也。占者利见大人。乘午，乘辂，主美人衣；在午［不临］上，主帝王恩命。曰：常午家资，丰而又敛。衣帛头面，贫女邀见[①]。辰为天罡，首领之神也。太常主印绶，而临首领之宫，有佩印之义，故主迁除之喜耳。乘辰，荷项，主田猎衣；在辰上，主奸邪改职。曰：常辰可占，食物药钱。不宜谒见，求财有遭[②]。

亥为征召，虽喜而必下争；酉作券书，虽顺而防后竞。

亥，天门也。太常临此，乃征召冠裳之象也。而下何以争？未土在上，亥水在下，惮土之克，故虽喜而实憎。盖未与亥三合，故喜而召，实受其克，故畏而憎。乘亥，聘召，主为黄衣；在亥上，主受宣后妃。曰：常亥邀军□□索，钱财即在其中觅[③]。太常未土，生从魁酉金，锋刃成书功之□券。何不宜耶？而曰有后竞者何？以酉金刚强，自制其乡，故终有后竞也。且未土为酉金所脱，故其象如此。占者勿以身贵而贱人，勿以独断而违众。斯吉。乘酉，立券，主为师姑；在酉上，为道姑，为娼女。曰：常酉女配，喜美相召。头面首饰，赏赐车邀[④]。

太常主财帛衣裳之事，为文书印信之房。申酉辰兮簪缨首饰，耗空亡兮遗失衣裳。煮双鱼[⑤]以燕于朋友，挟六害[⑥]而讶及尊行。除定开危兮，隐六师于莫测。驿马生气兮，主印绶与旃常。肥贮肥牡相招，禄位来临合上[⑦]。田园爵土加封，常与摩羯[⑧]同疆。诗曰：后四官为太常卿，田园财帛采鲜明。君子迁官荣爵赏，小人媒聘酒逢迎。旺相相生婚庆吉，死囚刑克失财惊。病者四肢头目痛，祟当新死可求亲[⑨]。

太常，吉将也。天乙后四之神，太常卿也。家在己未上。旺于四季。其将，主文章、印绶、公裳、服饰、田园、财帛、赏赐、官爵、婚姻、庆贺、酒食、宴会、信息、交关、祭祀、祈祷、歌唱、欢娱之事。其戾，主违失公私文字，窃盗衣裳，哭泣不美之状。公私牵系，又主衣裳饮食。加日辰，其物黄色可食，圆好珍玩之物。变异：医药、金石、文章、耳目，及有毛发，羊雁之类。盖太常未土，遇木旺，遇火相，遇木死，遇水囚，遇金休。乘旺，主贵人财物酒食，为田财印绶。乘相，主衣食婚姻，为

---

① 午为文信神。太常午，乘辂沐天恩，更喜求为谋望吉，迁官事业日高尊，设席见嘉宾。

② 辰为二形神。太常辰，佩印庆崇高，春日披刑百事铄，三时封拜乐陶陶，财利似春潮。

③ 亥乃太常之堂也，为持印神。太常亥，征召贵人逢，凡事思前并顾后，开筵酒食会良朋，上喜下人憎。

④ 酉为和会神。太常酉，立券枉劳形，事在有余防不足，求为动作有朝成，被剥主争兴。

⑤ 亥曰双鱼。

⑥ 与子六害，防尊长，忌占父母病。

⑦ 午未六合。

⑧ 常临丑也。

⑨ 得岁君子贵，庶人富。值月而皇诏临门。占时禀耳平宴轩冕。向阳而印绶承恩，立命一身康健。逢年，终岁温存；为用为传，求营成就。作辰作日，名利投援。德则贞亨品秩，合则和协卑尊。

嫁娶、祈祀。乘死，主谥赠财帛事，为鹰雁。乘囚，主县官召命，为旋风、井泉。乘休，主有□人衣食钱财事，为相忘。在酉稽留，在未开目。凡占求官，最喜太常入课传。终始见太常二马者，得官之象也。凡占印绶者，天魁为印，太常为绶。故太常入卦，临门户日辰上者，主得印绶文书之喜。旺相相生，君子占之，定主迁升转职。小人得之，必然媒聘婚姻。若遇死囚刑克，主失财耗散[①]。

加乘传变论曰：太常被制，百事销铄。太常荷项，枷锁缚愕。何谓受制？春居辰，夏居酉，秋居卯，冬居巳也。何谓荷项，坐临辰巳也。若乘日禄，则开筵而燕亲戚。太岁加之，主官资改转。加丑，谋事主费力。发用主衣服财帛，生日而同小吉，则主筵会喜事。占者元吉。克日，主因酒食而破财。若乘空亡，财物失散之兆也，而且主外家有灾。乘天喜天魁，主印信文字。乘驿马，主官禄荣庆。乘未加水，则为酒。加火，则为食。乘寅主官鬼文字。加酉，为四方竹器。乘午加申，主厨舍之事。乘申，主章服至，或巫医至。乘子午，事物必新奇。乘丑，为僧衣。乘寅，为儒服，为道衣。乘巳午，斑彩衣也。若乘阳神，为妻父。阴神，为妻母。占病，其疾主四肢目痛，犯新化鬼，宜祀之。若归本家，筵会之喜，婚姻之庆也。至于其传也。若传天乙，仕宦迁职之兆，庶人财喜之征。传螣蛇，血鬼为祟，而有痈疽暗风之患。传朱雀，有诰书官爵之喜，有兄弟过房之戚。传六合，主兴修起役，娶妇空忧。传勾陈，主进产增业，吉也，而产难惊危。传青龙，姻亲有喜，妻室受封。传天空，则主吐血疟痢。传白虎，乃为病风，亦主外服。传元武，则防堕胎产死，失财伤妻。传太阴，主暗喜营财，□族淫冶。传天后，吉则媒聘进财，而凶则妇人哭子[②]。

《海底右眼》作歌曰：太常发用加命禄，礼宴开筵和亲属。常凶更并死气神，孝服临身主哀哭。常初二马主恩信，常乘子午物鲜郁。常丑僧衣辰戌丧，功曹定为儒道服。常乘巳午彩斑衣，常寅加酉四方竹。

《六壬拾翠》曰：太常旺相兮与日相生，德喜乘马兮官爵转升。驾马受禄兮申箭加午，高魁从欲兮武榜题名。合德禄兮马喜，阳德诏兮合生。生年神兮作贵，朝廷动用兮武宦显荣。入空作官兮空马不腾，入空时财兮空利无成。二死刑害兮父母灾兴，入空受制兮丧吊并行。双亲罹厄兮白衣会庭。克年神，带破碎，婚姻竞兮财帛争。当兴则兴兮无拗情，防不测兮免灾横。带劫煞兮害和刑，传食杀以来并。二死克干兮无救星，酒食伤身兮赴九京。二医空兮劫呈，干乘食杀兮气滞凝。二死贼日兮毒药身倾，太常天空兮同传征。休囚作鬼兮入墓陵，墓神为祟兮修之则亨。外堂父母，太常是征。

未为小吉，太常家室。巨蟹宫深，鹑尾次几。其音徵分，属雍州秦邦。其方坤，

① 乘马而转职，受禄以燕宾。思交则参商，骨肉墓并则昏怯心神。害讦我隐，破败我陈。

② 甲乙日筵燕相争，丙丁日宅舍有挠，戊己日兄弟失理，庚辛日伴侣侵害，壬癸日家室不和。

异物聘书井溢。井鬼柳之星，犴羊獐之匹。其哀也，公讼强梁，沽卖老妇歌娼。其旺也，翁姑母亲，食禄内臣武职。井秦魏，姓氏徵音[①]。土羊田，头旁字式。于事兮，祷祈筵宴，婚姻礼仪。于物也，黍稷酒羊。枣栗赤色。邀候何所，井泉坟地田园。索获何旁，酒舍茶坊饮侧。人身三焦脊梁。其数八与五十。诗曰：小吉姑姨［阴］**婚礼**［青］**仪，酒羊**［常］**祀祷及神祇**［贵］**。白头**［蛇］**公讼**［朱］**争**［勾］**婆妇**［后］**，井泉**［空］**天耳**［空］**墓风师[②]。**

小吉，未神也。太阴临未，主姑姨姊妹之事。青龙临未，主婚姻礼仪之事。酒者，壬癸日卯贵逆治，太常乘未，常主谷粟之神，而并未土以克壬癸之水，则酿而为酒。丙丁日亥贵顺行，未亦作太常，亥为天猪煞，未为天羊煞，太常与亥三合，主猪羊之事。祀祷神祇者，贵人主之，谓元武为北斗将军，职掌妖讹之事，故不敢居未，以丑未是贵人所居之府，却无将军之位，故元武在亥，与太常未三合，譬如君子不与小人竞，而曰祀祷神祇也。白头者，孝服也。蛇为丧车煞，未为丧魄煞，二神并临，主孝服事也。朱雀临未，主文书公讼之事。争者，勾陈也，土将临未帝旺之乡，更值壬癸日占得之，主争讼，以土克水，必有之事也。婆妇者，天后也。水生木，木墓于未，天后乘临木墓之乡，故主为婆妇。天空临未，主井泉之事，更带凶煞，主井为怪而崩塌也。四月占事，未为天耳煞，凡捕人者遇此煞，必先得贼信，亦天空主之。白虎乘未坐未，谓之坟墓，而遇水日，占病必死。若六乙日占，而白虎临未则为风师。占晴雨值之，必作大风无疑。

《拾遗》曰：小吉未神，白虎来临，名饿虎吞羊。未去临寅，名羊投虎口。如临辰巳之上，阳日则前遇其虎，阴日则后伏其虎，主进退触藩之象[③]。元武乘之，则是攘羊者也。谋为皆忌，独美筵会之事。未之于人品也，身瘦发黄，目尖。其分数主事于：

天文：日躔鹑尾之次，星分井鬼，为风师。

地理：秦分，雍州。陕西、秦凤路、云中、定襄、鹰门、代郡、上当、四川、巴郡。为村市，为田地，为井泉。

人物：神祇、父母、师巫、寡妇、娼女、道人、白头翁、兄弟、姑嫂、姊妹、外孙、媒眷、裁缝、乐官、酒匠、帽匠。

时令：为五月将，为六月建。

五行：属土。季旺，夏相，春死，冬囚，秋休。丁巳寄其上，甲木癸水墓其下。其音徵，其色黄，其味甘，律中林钟[④]。

---

① 一作宫音。

② 白虎。◎小吉乘龙婚礼，太阴姊妹姑姨。常羊酒贵祷神祇，武斗妖讹职事。空井后婆朱讼，合婚经脉阴司。勾争白虎墓风师，蛇盖白头空耳。

③ 前谓申，申见天盘，故曰遇。后谓寅，隐地盘，故曰伏。

④ 一曰：其音宫，谓土也。

数目：本数五，先天数八。

经史：为聘书。

姓氏：秦高羊张柳井。加子，羊。卯临本位，闻。

人事：祈祷、医药、笙歌、婚姻、礼仪、争讼、阴私、欢喜、安静。

身体：三焦、胃脘、耳、脊梁、脾。

饮食：酒食、海鲜、土物、筵席、祭肉、药饵、面。

疾病：心闷、赤白带、迷惑，犯井神、女亲。

宫室：庭院、垣墙、茶坊、井舍、陶冶、酒舍、庄房、仓库、天井、面店、羊栈、园囿、坟墓。

器用：衣裳、盘盏、酒器、萧笛、帘幕、幡子、碗、碟、勾钜、奁具、绵、布、绸、绢、帛、印绶、囤圈。

鸟兽：为羊，为犴鹰，为雁，为鸠，为鸦，为黄头。

草木：为橘柚，为桑麻，为芋，为棉花。

加乘用变论曰：小吉加丑未乘常，主食物事。加寅乘蛇虎，主妇人颠狂见鬼，或家中有鬼怪声响。乘阴后，则主妇人经脉之事，寅日加寅尤为的。乘雀，主妇人有孕。加卯乘蛇虎天空，主人患脚气疾，或门户损坏。加寅卯乘空，主有缸瓮破损。加辰乘龙，主人家居近酒肆。加午乘虎，主人病吐泻。占行远而逢此，主留滞。加申酉，西南方有井泉也。加酉乘常，主有酒食宴会事。作后加戌，主妇人有病。乘雀，主远行书信至。加亥乘常，主婚姻之庆，亥日加亥，则甚确也。作龙作常加日干，人送酒食至。加日辰，或发用，为磁器。作勾陈为鬼，又加亥上，主田契文书作祟。乙日作龙，有酒筵会食事。作阴作武，主有妇人是非。作龙后临寅卯，为麻。作蛇雀临亥，为蝗虫。加巳□□，为天耳。作龙常，为酒食。甲乙日为坟地。总之小吉土，见金火相生，占事喜美。见水，则主争竞。见木，则主官事破财，妻病不利，相克也。

《海底右眼》曰：小吉之神本称未，日辰发用为磁器。虎未加干为吐泻，出行逢之即留滞。未临申酉西南井，朱雀临寅当孕子。常未酉上酒食逢，太常丑未食物事。亥日未临主婚姻，若得六常尤仔细。寅日未寅虎与蛇，妇人狂言或见鬼。不尔家现鬼怪声，阴后未妇经脉事。后未戌主妇人病，朱雀远行书信至。贵人临未加日辰，主有酒食相召会。龙常未日酒食来，空未寅卯缺破碎。勾未鬼爻又连武，田器之属[1]作殃祟。乙日青未亦酒餔，阴元加未妇口沸[2]。蛇虎空未卯脚气[3]，不尔门户当损敝。

《神书拾翠》曰：未加寅带病神，病须保治。若带官符官讼，别煞皆灾。未卯谩戏

① 田契文书。

② 妇人口舌是非。

③ 未作蛇或虎值空亡加卯上也。

天巫，直符巫祝。如遇病符会哭，丧死人屯。加午作喜财，家起为商贯酒。临戌为孤寡，忧哭遇而婺哀。木鬼入丁傍贵行，待时名就。未加火鬼临于仲，酒肆庖厨。年命未加，闭迷月鬼。羊颠猝倒，时月一场。

孙子《口诀》曰：小吉登魁女守孤，临寅还主病声呼。有气婚姻申酉下，祇迎卯上出师巫。小吉酒肴来合会，婚姻妇女交易递。相生五谷财物盈，和会阴谋无不济。火金旺处喜相逢，寅木官灾百事废。若临水土竞田园，克者为无旺者契。未主嘉筵燕尔娱，丧服口愿有年余。将到季忧相看断，井院风窗孤枉居。小吉临寅神树动，口舌更连愿信重。辰争田宅与邻财，卯入邀饮财物奉。失亡四足与□□，妇人有病常惜惜。小房富贵临巳宫，阴人财帛得来丰。到午□□因阴旺，妇人掌事立门风。本宫问意婚姻事，占羊更卜鸟栖丛。临申主妇生外心，因之破产费金银。走失远行看送者，临戌墓葬绝儿孙。争财荡产缘何故，后妻入室是其根。临酉竞财丧事并，更有后妇嫁他人。猪食其子加临亥，三女三人主杀伤。子上不堪生鬼怪，多病时时心悚惶。

白虎道路，官灾病丧。

雷部为风伯霹雳之神。主刑狱囚系病恙凶丧等事。

溺水也，音书不至；焚身也，祸患反昌。

白虎主道路，喜山林，今陷溺于亥子水乡，则道路无虎，任人往来，有何不利？而曰不至者，犹言岂不至也。占音书者，勿以道路不达而为虞虑也。或曰：白虎主道路，其将传送，今溺于水，道路不通矣，是以音信不至。望书信者，能无伤于迟滞乎？二说皆通，占者视课传以用之可也①。乘子，渡江，主妇佯病；在子上，沟渠音信。乘亥，眠睡，主小儿灾病；在亥上，主两喜私情，主少财官事。管子曰：白虎临子加于土，病人泣哦小口苦。白入道路子午申，马丁仍是问行人②。白死亥寅病丧吊，非忧孝服即病到③。巳午二火④，虎金所深畏也。而临此，有焚身之象。夫凶丧血光之神，既焚其身，何能为患。占者是以得昌也。乘巳，断尾，主悲怒怨；在巳［不临］上，主血光患，主离祖。乘午，主病失；在午上，先凶后吉。曰：虎巳釜鸣，人带脓血。邀候券釜，刀砧及铁⑤。虎午作害，宜自隐身。□□尖破，邀孝病争⑥。

临门兮伤折人口，在野兮损坏牛羊。

虎踞卯酉之门，则全家惊惧不宁，有轻出而无备者，鲜有不为所噬。故主折伤人口，占者虑之。乘卯，伏穴，主官吏勾呼，出头而行，不如退藏；在卯上，主孝车伤

① 陆路阻，水路达。
② 白虎居子，乃其堂也，为自伤神。白虎子，涉水渡江乡，遥望喜书期未至，路程有阻胜忧惶，灾祸不成伤。
③ 亥为交病神。白虎亥，溺水不须惊，凶不成凶吉不吉，忧多喜少要叮咛，失得也虚名。
④ 丙丁制庚。
⑤ 巳为血乱神。烧身虎，立巳散灾凶，饶尔难来须遇救，官非疾厄化为空，贞吝远君躬。
⑥ 午为信牒神。白虎午，断室患无妨，计难反昌克用美，总然成咎也无伤，有始不终殃。

人。乘酉，当路，不可出行；在酉上，展爪伤人。曰：白卯死亡，潜身不起。孝棺官贼，煞邀金绮[①]。虎酉死亡，刀石病丧。金暗有灾，公事[②]出来[③]。若丑未二土，田野之象。白虎出山而居平地，固似无威，而丑中之牛未中之羊，为其所噬矣。然彼贪哺啜，无复凶也。乘丑，直视，主六畜死损；在丑上，主丧近周年、百日。乘未，登山，主为赝[④]；在未上，主出入僧道。曰：虎未孤独，争取病伤[⑤]。邀见方圆，孝子狙羊[⑥]。

登山掌生杀之柄，落阱脱桎梏之殃。

居寅曰登山。以寅位艮，艮，山也。白虎登之，其威自倍。仕途占之，当操生杀之重柄。常人占之，凶不可当。乘寅，出林，主死人事，虫兽伤；在寅上，主损财，又主军权。曰：虎寅作鬼入闭口，必有中风不语人。远迩见血衣金宝，孝子邀逢或卒军[⑦]。居戌曰落阱。戌为地狱，乃地网也。吉将入之，占者必凶。白虎凶神陷此，则凶焰衰灭，不复孔炽。占者往反无虎截路，尤桎梏而逢脱释。喻无殃也。乘戌，闭口，主疾病；在戌上，主走失，主僧孝。曰：白虎临戌，争墓争田。白戌伤亲，争时又牵。打灰谷土，邀烧稻田[⑧]。

衔牒无凶，主可持其喜信；咥人有害，终不见乎休祥[⑨]。

申为白虎本宫，虎贪巢穴之荣腴，无复有肆毒之心。故占者有喜信可持也。曰衔牒者，申为传送，乃往来之神，牒信之象也。乘申，主疾病头疼；在申上，主信至两谐。曰：白申若克寅青木，看煞相加知祸逐。申虎病凶四仲方，疾病恹恹不离床。虎申兵武锦丝邀，兵石异兽可逍遥[⑩]。咥人云者，白虎临辰也。辰中有伏尸，而虎噬之，其象咥人。象既如此，岂复有祯祥乎？占者避之，不利有攸往。乘辰，夜行，主哭泣；在辰［不临］上，主剑客，主凶贼。白虎辰邀讼，丝麻瓦布。人伤畜损，灾因坟墓[⑪]。

---

① 卯为干墓神。白虎卯，伏穴主伤残，守拙缓行凶变吉，人才家事未云安，离耗有多端。
② 一作勿。
③ 酉为交错神。白虎酉，当户恣伤残，人口不安防损失，冤仇怀执事相干，风生心胆寒。
④ 一作鹰雁。
⑤ 未为争战神。登山虎，在未敢施为，更有几般堪庆处，权操生杀贵威武，通信晓人随。
⑥ 丑为淫乱神。白虎丑，直视要提防，卯野牛羊须仔细，求为有望主荣昌，暗害事乖张。
⑦ 寅为伏逆神。出林虎，戒慎到寅深，凡所作为须仔细，路途险阻要担心，凌损暗相侵。
⑧ 戌为虚空神。白虎戌，陷阱脱人灾，闭目自忧无损害，屯消祸散福天来，难怪恐生灾。
⑨ 咥，杜结切音，经啮也，易，咥人凶。
⑩ 申乃白虎之房，为行病神。白虎申，衔牒利行人，终始有凶无可待，音书道路事生迍，文信喜相亲。
⑪ 辰乃白虎游行之地，为毁节神。咥人虎，露齿猛居辰，虽曰灾咎终见吉，先忧后喜事重新，提防暗害濒。

补曰：白虎凶神支卯酉，灾忧哭泣临门口[①]。

白虎金神，阴长则威生，阳升则退避。[②] 上章重光之日[③]传用，病者绵延。阏逢旃蒙[④]之位为初，猖狂莫御[⑤]。驱群牛入房[⑥]，非孕育，则妇女之患腹疼。披丧吊克日，无吉曜，则死丧之泪沾袂。鸟足入墓[⑦]，动骨殖之弼。雉入朱家[⑧]，主孝子遇第。地网官灾[⑨]，死墓怪异[⑩]。丙申日狻追毚兔[卯]**，应宅见怪龙。壬癸日虎赶韩卢**[戌]**，慎猛犬相噬。寡宿柳翼兮[⑪]孤惸，孤辰房尾兮讼沸[⑫]。虎添翼而难制，时逢夜而贵遇阴。加天喜兮支忌[⑬]，官讼刑而六甲喜。寅卯风生，柳蛇惊忌**[巳午]**。诗曰：后五白虎廷尉卿，遭丧疾病狱囚萦。君子失官流血恐，小人伤杀致身倾。旺相相生财物竞，死囚刑克系虞沉。病者痛疽疼首目，祟因伤鬼不安宁。**

白虎，凶将也。居贵人后五位，天乙之廷尉卿也。家在庚申金，旺于申酉。其将，主道路、信息、兵牒、兵戈、刀刃、动众、威权、财帛、天马、金银宝物之类。其戾，主疾病、死丧、孝服、哭泣、灾害、口舌、争斗、杀伤、□□之事，怪异凶恶之祸。又主龙蛇，棱角坚硬之物。变异为麻麦、虎□猿猴之类。其行属金，遇金旺，遇土相，遇火死，遇木囚，遇水休。乘旺，主哭泣遭官事，为利涉道路。乘相，主怨仇相争事，为奸盗。乘死，主死丧疾病事，为杀伤。乘囚，主囚系沉沦事，为丧车碓坊。乘休，主疾病灾祸事，为医。若旺相相生顺治，亦断以财物，否则因闹处得财。若死囚刑克，则官符口舌，疾病死丧之事也。凡兴大功，作大事，最要白虎发传入卦，则事功立成，以其为威权之将也。惟占病大忌逢之，如其阴神贼害日干年命者大凶。若白虎附德神，或落空亡者吉。已上论占病，至于占讼，忌蛇虎刑克日辰，以其为血光之神也。凡占

---

① 参考：子白兽，加支辰，定主小儿疾病屯，寅上登山生杀重，仲春仰视是凶神。

白虎金，四孟乡，威风仰视把人伤，惟与日辰无克贼，也遭暗损谨提防。

虎乘神，克命宫，假未生人见太冲，更兼恶煞来相助，野失牛羊病肿瘫。

白虎金，申酉临，初传值此祸将侵，不是女灾疾病事，公门出出讼争因。

白虎仰，太阳历岁月，加于干支，立年命作用传，适值占时旺相协和，远大谋为可遂，衰休乖格，凶危颠沛何辞。并德则刚柔相济，遇合则仁惠交施，得禄则将帅运筹帷幄，驾则关山千里驰驱。墓兮游毒摧陷，鬼兮狠暴凌欺。刑冲破害，屠戮疮痍。生气因胎产而病，空亡阻中路而悲。乘四季迢遥车骑之来往，加亥子江河舟楫之逶迤。产妇得之生速，仕人得之遇奇。

② 阴，逆治也；阳，顺行也。

③ 庚辛金也。

④ 甲乙木也。

⑤ 金克木之故。

⑥ 乘丑临卯也。

⑦ 乘酉加丑。

⑧ 乘酉加午。

⑨ 入戌。

⑩ 加子加丑。

⑪ 巳午空亡。

⑫ 寅卯空亡。

⑬ 血支血忌。

墓宅，如传见白虎所临之方，则断其有石头石嵩神庙之类。凡占官爵，亦喜白虎威权之将。若更带煞于武职之占，更有利焉。

加乘传变论曰：白虎遇死神死气及囚死之辰，为饿虎伤人，加日辰大凶。如日墓作虎，或临魁罡作日鬼带死气囚气发用，为虎衔尸，大凶。如白虎所乘之神，与岁支相合，曰白虎遭擒，庶免灾咎。若临寅午戌，亦曰白虎遭擒，问凶不凶，以火局神能制金也。如临四孟，曰白虎仰视，凶恶之甚。坐申临申，曰白虎衔牒，音信立至。在戌猖乱，寅上威权。乘午未申酉，途中斗殴。发用见庚辛占论讼，主连绵不绝。白虎刑日，死气加戌，主害犬或噬。加丑未，害牛羊。加及人行年主死。加灾煞，主人口灾病。临寅卯，主有道路死亡之事，或人在道路有灾。加寅为猫。乘阳克日，主女人病；乘阴克日，主男子病。见勾朱巳辰卯，主人口有厄。若乘空亡，则其凶减半也。然出行勿前，财利薄，时势失。若乘二马附金水神，主文字之事。乘生气，因产得病。若乘妻，及传临丑未，为曳麻煞，主其夫必死亡。乘四季，主陆行。乘亥子，主水行。占行视之。若乘寅卯木，主庙神。乘卯加季，主车。乘辰加戌，主疾病淹延。若加死地，则主屠也。乘巳加戌，主悲忧事。乘午加酉，主道路。其阴神有吉祥气，主忧事反吉。其阴若更有凶恶气，则主喜事反凶。乘戌加子，孝服兴也。加寅，官中追呼也。加卯则宜外出，免其灾愆也。若归本家，主惊忧远行，谋事外里，威权之象，仕宦之喜也。占病主痈疽、头痛、腹痛、害目，犯伤死之鬼。其为传也。传天乙，主远行官事。传螣蛇，主暴疾灾亡。传朱雀，主谋议争排。传六合，主小口屡灾。传勾陈，主腰脚跌伤。传青龙，主财妇俱散。传天空，主仆犬逃亡。传太常，主产难，主疯瘫。传元武，主军职，主逃苦。传太阴，主暗里争财，妻有血疾。传天后，主三代寡妇。传元武，更主水厄横灾[①]。

《海底右眼》作歌曰：白虎乘卯是伏连，更加宅姓祸联绵。家门虚耗多殃疾，鬼气侵人未泰然。传送从魁加午上，或嗽或咳血新鲜。虎临巳午酉申苦，斗打途中血损言。虎马行人远信动，鬼爻并子患腰间。虎鬼大煞加宅姓，无端飞鸟入门廛。虎乘四季临门户，家中大小各伤钱[②]。虎值从魁作刑害，或临丑戌子卯岭。占人必自带刀剑，或有刀痕身体刋。

《六壬拾翠》曰：白虎虽凶，合德有容。一入于空，况也无戎。白虎入空，虽凶勿凶。宜于攸往，反得其功。白虎入空，胎喜溶溶。目下生子，喜气融融。白虎胎神，血光带生。之子何喜，尔见其生。白虎喜生，乘马而行。游子不远，即日回程。白虎罗网，必有争讼。乘神克命，不久灾生。虎生年上，人欲出行。恝尔入空，出行不成。

① 甲乙日门户不安，丙丁日家业动摇，戊己日小口灾殃，庚辛日疾病迟滞，壬癸日道路虚疑。

② 一作残。

虎金具上，克临干所。外死遭丧，归葬于祖。金虎克干，一刀身残。胡不先遁，而免其刑。白虎入水，力能浮起。讼因无财，洁身而去。土旺合生，雕刻匠人。虎木合德，生气临财，开市利益。虎木克日，病符又临，病人盈室。作鬼病符，二死灾多。受辰医克，生气医扶。白虎司疾，二死枯骨。墓绝休囚，风瘫肝骨。克上头面，克下腰膝。虎鬼旺呼，吏关官符。与人结怨，斗讼争讹。带刑关鬼，定入囹圄。虎克年神，大祸灭门。带劫披刃，杀伤外临。备人图赖，免致遭迍。克年戏游，行者病忧。更加二死，死于路头。虎带丧吊，而入网罗。死亡丁哭，灾孝云多。带血飞廉，加戌受伤。二死作鬼，犬咬身亡。白虎乘金，事最不欣。吏神刑害，来作官侵。为干狱讼，入囹圄阴。虎劫克刑，路煞在行。子莫出外，路死伤情。虎劫克刑，金刃来并。须防一剑，不慎身倾。虎劫克刑，天鬼无情。家染瘟疫，修省身凝。虎乘二死，又作害刑。克日辰年，病者无生。虎血刑害，加于日本。病讼中伤，尔宜自忖。虎劫凶丁，必主配军。因子好斗，而格杀人。虎狗相见，而作劫刑。出行且缓，过旬登程。速则惹祸，迟可免惊。用乘白虎，逢夏遇午。午火克金，劫亡相佐。破碎亦临，四废日苦。克干克身，克年命所。必主杀伤，子何能躲。虎蛇绳索，入人行年。死神死气，亦来相缠。必当缢死。须慎免颠，虎心玄面。朧蛇两眼，口虽不言，而心狠反。白虎克日，知人有病。又见病神，病人打混。上门不能，下不行遁。定于眼下，即生痾病。

申为传送天城。阳金白虎神京，实沈次舍，阴阳宫庭。益州晋国，律中徵声。州邑西南偏土。信息道路行程，乌猴猿兽。毕嘴参星。立人残金，边旁字画。袁侯张晋，商徵姓名。小虑冤仇死丧天鬼，大患攻讦聚众贼兵。细人兮猎师边寇，工作驿医及市贾道士之侣；集物兮碓磨城垣，介虫大麦兼黄白间色之行。傍在碾碓河池路口，所居州县市镇邮亭。应七〔先天〕**四**〔生〕**九**〔成〕**之数。属肺大肠之经。诗曰：传送刀兵**〔白〕**僧**〔空〕**道**〔龙〕**医**〔常〕**，冤仇**〔勾〕**道路**〔龙〕**税**〔乙〕**湖池**〔后〕**。大麦**〔虎勾〕**守城**〔空〕**丧**〔蛇虎〕**碓磨**〔空〕**，市贾**〔合〕**劫攻**〔元〕**虏猎师**[①]**。**

传送，申神也。为骨，为大肠，为经络，为人面方大，色白。白虎乘申，主刀兵。其义有五：甲戊庚三日，丑为天乙顺治，则申作白虎。甲日青龙值事，龙虎相战，因争财物而见伤。若占病，并死气恶煞，尤凶甚。金木相克，兆有流血之likely。戊日勾陈值事，金土相生而不战，虽并恶煞，尤不凶也，无咎。庚日白虎持德值事，虽动刀兵，而不乱伤人，利见大人之象。壬癸日卯作天乙逆行，申亦为白虎。壬日元武值事，武为盗，主盗贼。癸日天后值事，后厌翳，主奸淫。然癸日则因盗贼金休，虽有伤，亦不至于大凶也。天空乘申，主为僧，盖申身也，而合空门，故其象如此。青龙亦主之，

① 朱。传送刀兵依虎，空龙僧道常医。青龙道路后湖池，赋税正供天乙。蛇虎丧空碓磨，虎勾大麦冤疑。劫元武雀虏猎师，贾合守城空师。

龙乘申临孟是也。若申乘常，主医，亦主食。六己日子作天乙逆行，勾陈乘传送，主冤仇斗争之事。何以知之？己德在甲，勾申遥克之，是伤其德也。故曰冤仇。其义有二：己日主官讼之仇，或争田园之仇。乙日主争财之仇，或争婚姻之仇。以乙为庚妻，乘争神而遥伤故也。道路者，青龙主之。其义有五：甲戊庚日丑贵逆临，申作青龙。甲日青龙主事，龙是飞腾之将，申为道路之神。法曰：事主财帛，出其道路，或占远信财帛。戊日勾空主事，主奴仆因官中文书出其道路。庚日白虎主事，占事起于病人而出其道路。壬癸日卯贵顺临，申亦作青龙。壬日盗贼，癸日婚姻出其道路。税赋也，天乙主之。湖池，水泽也，天后主之。大麦者，白虎勾陈主之。申为大麦，辰其库也。天空乘申，主城守。白虎朱雀亦主之，金汤之义也。丧者蛇虎主之。丙丁日，酉贵逆行，申作螣蛇，主官吏之丧，不然炉冶家丧事。天空驾申又作碓磨。市贾者，六合主之，六合为交易神也。申为道路，壬癸日巳贵顺行，六合临[乘]申，壬日天后司事，主女人交易，或媒聘婚礼之事。癸日元武司事，切忌出行道路，主有遗亡之事。丙丁日亥贵逆行，六合亦加申，主男子交易牙侩，或官牙买卖之事。劫攻者，元武也。得生气而恣行贼煞之象。虏猎师，朱雀主之。入所制之地，而获前禽也。《拾遗》曰：传送申金，为七杀，为道路神。最忌立柱上梁，白虎空亡，栋折榱崩。临卯加申，覆舟脱辐。其所职司，分类下文。

天文：日躔实沈之次，星分觜参之野。为水母，作虎白雪。

地理：晋分益州。成都府，河北东路。广汉、常山、犍为、牂柯、清河、汉中、河北郡县。为道路，为池河，为湖塘。

人物：廷尉、贵客、舅公、医巫、僧道、猎师、铺兵、缉捕人、歌童、碓磨人、凶子，公人、□屠、行人、银匠、铁匠、市贾、逃人、死尸。

五行：属金。秋旺季相夏死春囚冬休。庚寄其上，壬水生其下。其音徵，其色白。其味辛。律中夷则。秋令商声。

时令：为四月将，为七月建。

数目：本数四，先天数七。

经史：为经文，古典，为诗经，为诗赋歌铭。

姓氏：申侯金戴袁邓晋。临卯周戴。木日刘。临巳吴。临午周。本位姜。临酉金，金旁诸姓。

人事：馈送、仇雠、斩削、田猎、逃亡、疾病、断决、改迁、往返、信息、劫攻、赋税、丧事。

身体：肺、大肠、经络、筋、骨、鼻、血、须、发、膊、屎。

饮食：为大麦，为面，为荞麦，为蚌蛤，为蛏。

疾病：发狂癫痫、骨疼，犯佛堂伤、碓磨金神。

宫室：陵寝、神堂、仙庵、驿铺、城市、磨房、祠庙、佛阁、碓坊。

器用：画像、刀剑、铜锡、金银、棉絮、笼碓、纸、帛、磁石、针、靴、簪钗、熨斗、杵臼、箭、锁、磨、铁锆。

鸟兽：为猿，为猴，为狮，为猱，为鹅，为鸿雁鹰隼之属。

草木：为椒桂，为姜，为酸，为蓼莪。

加乘用变论曰：传送加丑，有怪石在水边作怪。加寅，其所制也，亦主怪石。若乘螣蛇白虎，或作日鬼，的是作妖之石。加卯作勾陈，占者家中有患脚气之人。申加卯酉，居门户也。而乘六合、太阴或天空、元武，有一于此，皆主逃亡走失之事。若加巳受克，主占人患头疮，亦主灶上瓮器。乘凶将，其器破作祟，人病咽喉肿痹。加辰戌巳亥，主出行被劫，且主生产伤害。作龙蛇，主子孙惊恐。作虎克日辰，主负物而招咒诅。加日干，主占者家有缺唇之人，或有尖嘴家具作祟。作勾陈，为兵。作六合，为医。作三合之首神发用也，主为元帅。作白虎为道路，为出行。作元武临寅临卯，则为石。作青龙临孟为僧。作六合临戌，为有远来之事。以申德远合卯，卯道远合戌也。作白虎临寅临卯，则为客。作太常临巳临午，为市。临酉，则为刀剑。

《海底右眼》作歌曰：勾陈传送来卯位，家内有人患脚气。六武空阴二八门，必有逃亡潜出外。申临午上有缺唇，或是家具有尖嘴。申临鬼户是怪石，寅露丑水须精会。更作螣蛇白虎加，或是鬼爻应出怪。辰戌巳亥莫来临，出行被劫生产害。此为天盘地结时，切须仔细君宜记。申加巳上头有疮，或因灶上有磁器。恶将乘之磁器破，主有咽喉患肿痹。申作龙蛇见惊恐，见虎负物成咒誓。

《拾翠》曰：申子旺德合吉，子孙武艺铭熏。申德合喜相生，家业丰饶敌国。申带官符临寅卯，文状是非。申临巳午马丁军，疾病官讼。申加巳亥，或加辰戌，为盘为结，女孕忧逢。欲免须先禳保，申龙入支。子后加干，在外在内，互有相涉，应知内外逢奇。龙自外来入乘，故主外事。子后内起申加，故主内事。申午迷神入喜财，心怀二事无快。迷神，迷惑煞也。申畏午克作财，又逢天喜，一喜一惧，故怀两端。申午无情加暗煞，丁军远事来戕。午下贼上为内战，故无情。暗煞、金神，破碎也。丁动故主远来害。午位元后病符，灾生心血。申加午上，受制矣。而乘元武天后水将，得子反制午火，午为心，故其灾如此。酉午德生见喜，未亦成亲。申加酉午未而见德神生气，俱主婚姻事。申亥劫凶，病灾时括。申亥六害，又加劫煞，主疾病。辰戌破耗，道路困蒙。申丁马盗有人逃，入空被人脱侮。申丁空亡带空破，盗，盗神；亡，亡神；破，破碎，金煞也。家人流落外方。申为日鬼作天巫煞名，二死死神、死气相加猴害死。申作丁马，利有攸行。丁马，动神也。

《金口诀》曰：传送临戌为旺方，临子见武乐刀枪。见午必主军人□，到宅巳上咽喉疮。传送有人奔走去，水土相生人富贵。见火人灾病主沉，木来口舌凶晦至。道逢车碾卯寅冲，问觅军人巳午是。申主往还宅动移，丧服官符有呼携。土神吉将相生喜，恶煞临申殃祸时。临寅无父尊亲厄，迁移田宅翻成吉。临卯无儿将物游，移门损车财物失。辰主客死在远方，或有军人剑下亡。巳主灶鸣移度两，漏烟破釜是行藏。午上避官宜走佚，不然徒配主刑伤。临未口愿未曾赛，随逐他人走外乡。本位祖先曾授职，破耗移居武贵亡。酉宫男妇生恶疾，声呼丧死应坤方。临戌翻攻生恶子，短肥不义忘廉耻。财帛不聚到亥家，流移横死畜生嗟。临子鬼祟是小子，子孙孤狗外亡呀。金鸣畜怪丑煞害，偷牛人在三年外。

天空为奏书之神，以对至尊而韬光。

雷部为尘埃云雾之神。主虚空欺诈奸伪之事。其神无形无影，由其正对天乙至尊，故有家而弗居，即空亡也。虚其位，不敢对天乙，故曰天空，专主虚诈不实事。其曰奏书，书，执以进奏者也，言唯此片时可面至尊云尔。

奏对彤廷，而玉音有应。

丑乃天乙之位，天空于此，不敢诈诞，而毕献其忱悃，故至尊亦降玉音以俞之。占者利见大人，陈善闭邪。

久遭羑里，而皇诏赦将。

戌为地狱，乃天空本家，天空入室，有囹圄空虚之象。占讼狱，囚者得释，久讼得解，刑措协中之世也。

奏书附传送之使，寄莺笺足造于回廊。

申为传送，天空临之，其□信得达而至也。望文书远信者，喜占之，以天空为书信之使也。

魁罡乘旺相之马，骑鹤客腰缠而上扬。

戌其本宫，辰乃对宫，皆威权之地。天空临此，加乘时之二马，君子转职迁官，常人行有财喜。语曰：腰缠十万贯，骑鹤上扬州。占者有焉。

若犯空亡，奴仆事因官讼。

天空主奴仆，而乘空陷空，是下人干上也。故其象如此。

如同奎角，婢妾淫诱逃藏。

奎在戌，角在辰，甲戊庚三日，丑未入狱，贵人不治事，而天空肆无忌惮，昧暗奸私，谋为不轨，故其占如此。

临协洽兮，主井灶宿疾之辈。

协洽，未也。天空临未，主井为妖，金长鸣，占者家有沉疴人，已三年美，其长幼男女，以乘神决之。

入荒落兮，乃肚腹血痢之殃。

巳曰大荒落，火宫也。天空临之，巳火遇空，而上竭下陷，故主泻血，而肚腹安得宁乎？

空本退神，加支破而事多不遂；形同罔象，涉岁对而频怪遗亡。

支破，日破，岁对，岁破也。既退且破，事何以成？物何以守？神何以和平？

亲职临文，斗讼人亡畜殒；犯牢入化，文书怪讼惊魔。

天空临辰，曰亲职。罡争斗，空虚诈，有亲昵之意。戌乃天空之象，有临文之义。二者皆主争官，人畜两损。乘辰［不乘］亲戚，主孝子事；在辰上，主凶顽压损[①]。乘戌［不乘］逼吏，主盗贼，主妄说；在戌上，奴婢诈[②]。管子曰：天空辰戌作天巫，阴后尼姑女作巫。阳神僧道与男等，法术须为谩语呼。空戌驴僧，食粮有骨。邀见斗讼，亡人在床。天空临寅，受木所制，犯牢狱也。临午，午火生空土，且作三合，入化机也。寅主案籍，午主文章，俱有文书之司，而曰怪讼惊魔者，一以相克而妄讼，一则恃生而肆诞也。乘寅，主诈文字；在寅上，口舌走失。乘午，主失马；在午上，辨文出入。曰：空寅邀耕驴药瓮，瓶破盘破木器来[③]。空午文书见讼羁，射无物也邀争非[④]。空不居戌宫者，避贵人丑之刑也。

鼓舌兮道路乖错，摇唇兮官病惊呼。

申为传送，故主道路。空神欺诈，是以鼓舌于远方而生乖祸也。乘申，主僧道妄语[⑤]；在申上，军人娼妮。乘申又主妄行之女。曰：空申途贼，邀申声辚。金器窑造，使我心惊。空入申寅，却为四绝。病在伤饥，病符哭泣[⑥]。巳太乙，其将螣蛇，主惊怪，天空会之，鼓其虚妄，摇唇致讼，所不免也，亦生疾病。乘巳，主炉火事；在巳上，主仓库，主赘妇。曰：天空入巳，飞鸟毛虫。虫虫灾讼，终久尘蒙。挑盆担过，物出火工。空入巳亥，四绝所伤。病符伤脾，饥饿不康[⑦]。

受制则贼侵户响，出户则争畜奸讹。

卯戌六合，而木终克土，空受制矣。空土受克，而作虚声，屋是以爆也。太冲善盗，而克天空，贼是以侵也。乘卯，主妻妾事；在卯宫，主急风闭塞。曰：天空加卯有灾侮，若问行人可言至。则以家中土地差，故此作鬼生灾祟。天空卯上无衣穿，或入死绝途中馁。丁马屋响鬼神喧，盗神忧盗防每每[⑧]。酉为户，戌在其前，出户象也。曰奸讹者，酉婢空仆，相加有私诱之情。然酉戌六害，是以争讹而不协也。曰争畜者，鸡犬不宁也，主因六畜而致争非。占者须慎斯二者。曰：空酉信非，出入不宜。圆物

---

① 天空居辰曰恐吓神。天空辰，虚诈恶凶狞，奴婢小人行则失，奸谋暗害畏潜兴，克贼怎能宁。

② 戌乃天空之房，为欺诈神。天空戌，惊怖为居家，奴婢逃亡防走失，慎防家内起凶邪，欺瞒诡谲加。

③ 寅为天空之堂，为就台神。太空寅，被制而犯狱，提防脱诈有欺瞒，灾殃争讼皆非福，甄别曲里曲。

④ 午乃天空游行之地，为回绝神。天空午，入化识书乡，真伪不明难解绪，事虚事实有乖张，小事可行藏。

⑤ 妾女。

⑥ 申乃请后神。天空申，鼓舌忌欺凌，争讼勿忧多诈谤，始终不负正人情，诈伪细从绳。

⑦ 巳为喜庆神。天空巳，受辱乃摇唇，凡有干求并请谒，殷勤屈志后方驯，否则是非纭。

⑧ 卯为假借神。天空卯，克制作虚声，出入不安多谩语，损财由讼盗来惊，行人即至庭。

□珠，破损伪为。乘酉，主婢仆不安；在酉上，主阴私之情暗动[①]。

把笔官司兮疾失孤独，儒冠财失兮产难官符。

未受戌刑，故为孤独。曰把笔者，作刑书，记灾异也。乘未，主婚姻欺诈；在未上，主寡妇进财。曰：空未无儿，病重嗟吁。邀羊孝子，物食难为[②]。亥为武盗，受空土所伤，而曰儒冠者，盗跖衣冠，外饰也。亥为孩，被克，故主产难。乘亥，主奸诈事；在亥上，诬说产病。曰：空亥损胎，边塞几索。邀有钱财，讼争亡失[③]。又曰：空未合辰戌，咸奸妇奸邪。

入变而惊欺，贼火冤煞；溺水而鬼贼，死丧奸窝。

丑位至尊，天空入而奏事，惴惴不敢虚冐。故曰入变。而云贼火者，丑刑戌，戌为火库，丑为金库，戌披刑而冤杀，火克金而贼害也。乘丑，主田宅冐妄；在丑上，居丧欺诈。曰：空丑车翻，铜铁衣邀。贼驴冤煞，颠诳逞妖[④]。子水汪洋，空土眇微，至此溺矣。神后污秽之神，而为欺诈所克，奸窝之象也。乘子，主分娩事；在子上，妇诈儿病。曰：空子一宅三鬼从，招呼人死多灾凶。谓以弱质神后，而为魁土克制。故其占如此。又曰：空子邀泉，黄镜锅瓶[⑤]。天空乘临，无一美致。四土旺生，可成小事。

诗曰：后六天空司直官，奸谋诈伪事多端。君子迁官忌谗诈，小人孤寡被欺瞒。旺相相生奴婢喜，死囚刑克罹迍邅。病者胸肋并气积，井灶为殃岂得安[⑥]。

天空，凶将也。居贵人后六位，与贵对，故避位。乃天乙司直之官。上书陈事之神也。家在戊戌土，旺于丑辰未戌。其将，主学校、公吏、上章、奏荐、市井、小人、财物、文约、私契、迁移不定，专主奴婢，虚诞毁败之事。寺人之令，犹空亡之类。又主僧道，及大小虚诈，奸谋谗诳，诓骗不实之事。其戾，主奴仆唇吻，脱空虚伪，巧诈是非。居辰戌丑未四宫，谓之天空闲，可以成小事，不可大事。又主走失逃亡，又为直符奏书，主吏书有成，不利奏对[⑦]，不可托人。又为土结为之物。加日辰，其物黄色，为印绶。空中形状。葫芦、素绢、蚕丝、幡旌、金石，变异为虚空不实，臭秽

---

① 酉为四煞神。天空酉，巧说曰出户，提防暗昧在其中，冤仇相结生嗔怒，用意寻途路。

② 未为断肠神。天空未，侍侧事多虚，凡有诈欺并诡害，生心干犯总无如，终始不须虞。

③ 亥为啾唧神。天空亥，儒冠曰巫词，遗失不明多挂意，只宜小事大非宜，计较损来之。

④ 丑为捧印神。天空丑，趋步伏尸宫，百尔行藏须仔细，不因鼓舞事多凶，摇舌暗来攻。

⑤ 子为到退神。天空子，溺水实泥乡，患在行人灾疾事，淹留万种意仓皇，奴婢欠安康。

⑥ 参考：天空土，寅卯乡，多因脾胃见灾殃，非因酒食生人患，也应热毒患喉疮。
空在巳，病血痢，丙丁二日相逢忌，功名最喜遇斯占，资助前程真快意。
空未井，号为妖，家宅兴灾非一朝，勾陈寅卯讼相招，血忌来临终不饶。
空传送，望音书，鱼雁游翔早到庐，占家若遇空申酉，安静逢灾得自如。
空四仲，莫相逢，闹市虎来人沸讧，从魁因中奸人计，奴婢偷淫曷可容。
空在戌，走逃亡，更值虚诬总不良，再与日辰相克战，奸谋暗算不寻常。

⑦ 不利宜作惟利。

之物，狼狗之类。东方朔曰：天空临季，主事不宜。谓辰主虚诈，丑主伏尸，戌主惊悸，未主旋空之物作怪也。又曰：天空了泪，衰在己身。天空反泪，哀声聒耳。谓六甲旬中，居壬癸地，见壬癸，坐临壬癸是也。盖天空戊土，遇土旺，遇火相，遇木死，遇水囚，遇金休。乘旺主贵人欺诈，为印绶。乘相，主财帛欺诈，为妇人谋婚聘事。乘死，主欺诈死人事，为奴婢走窜。乘囚，主刑狱欺讼事，为奴婢逃亡。乘休，主被人欺绍事，为奸邪伤妇，主虚诈孝服。在亥持矛，临巳被戮。若君子占之，忧移迁谗诳；常人占之，忧财帛散失。若其旺相相生顺治，亦主财帛之喜，奴婢小人同心。更带财星或天喜者，必因小人奴婢获财，不则因僧道中得利。记云：天空安居，有言不虚。凡占奴婢，虽曰酉婢戌奴，常以天空为主星也。空乘神，如与今日干支生扶作合者吉，若与今日干支刑害残克则凶。凡占宅墓，水道壅塞，或泥淤墙垣，填塞门户不通。所谓宅墓者，宫音姓，宅在未，墓在辰；商音，宅在酉，墓在丑；角音，宅在卯，墓在未；徵音，宅在午，墓在戌；羽音，宅在子，墓在辰是也。凡占公讼疾病，喜天空发用在传，主病安讼散。凡占求财，不宜见之，见之亡财失利。至于占婚姻，见天空临日，若发用者，其家必有孤寡之人也。其男其女，以乘神决之[①]。

加乘传变论曰：天空乘辰戌旺相，经营吉。加仲为猛虎入市，主惊恐。与元武岁破并临日辰，主走失怪异之事。克日主虚诈见损，生日财损事不成。又能散讼狱。若乘空亡，主奴公讼，亦主逃失，又主损失器物仆马，为非言不实。若加四孟，主遗失；加四仲，主虚言；加四季，主病增。若与岁破月破并，在土上，主墙崩土陷；在火上，主火烛惊灾。若占怪，乃有声无形。占寻人，主在近窑灶岩穴及树木倒物之处。若甲乙日乘亥加巳，主厌。若乘丑加戌，之卑贱走失者自回。若乘戌加丑，主奴婢欺诈。占病，胸肋气痛，犯井灶，小儿病惊凶。若夫天空传天乙，主仕宦有虚喜。传螣蛇，怪异频见，奴婢有走失。传朱雀，失文书，梦鬼神。传六合，宜新宅宇，奴送物来。传勾陈，主争斗起，奴仆灾。传青龙，凡事虚喜苟合。传白虎，奴作主，欺罔上人。传太常，主废业，兄弟不和。传元武，子孙奴婢消退。传太阴，暗将妮婢作亲，并阴私不明。传天后，有逃亡，有鬼怪。归本家，奴仆诈，田地损[②]。

---

① 甲乙日虑疑远虑，丙丁日奴婢强良，戊己日家宅摇动，庚辛日忧喜无成，壬癸日浮游诈伪。

子在室，患生妇女。戌居家，事因奴婢。丑侍侧，诈称尊长之言。未超进，私图货殖之利。巳摇唇，寅被制，能自别其是非。午识字，申鼓舌，实难辨其真伪。辰凶恶，卯入门，虞暴客侵欺。酉乃说，亥诬词，慎奸徒谋计。

② 天空值太阳，普天朗照。值岁，利上表进呈。值月，宜官司对理。加干，术士沙门无患，公卿士庶堪虞。加支，家室田园寂寞，小人奴仆侵欺。占时值之，虚妄三机。作用所祈难遂，入传诸愿凌夷。立命一世浮游诡异，临年经年劳苦趋驰。为德恩荷朝廷章奏，为合交加音信文书。为鬼须备含沙射影，为墓恰同醉梦痴迷。并害而奸奴暴戾，披刑而讼贵无疑。破起猜嫌诽谤，冲招口舌是非。驾马则公差役卒，奴仆逃归；倚禄而名高无位，贵福增医。孟遗失，仲脱赚，季病凶危。空乘空，空陷空，凡事休追。岁破月破，墙壁崩弛。乘土资财可获，附火烟灶惊虞。逢天喜财神而获庆，由僧道九流下贱。逢旬丁二死而生忧，乃阴人妻妾分离。衰似漂萍，踪迹睽违。

《海底右眼》作歌曰：天空凶神加姓宅[①]，下贼之时迁改室[②]。天空僧道卯酉推，阳是男兮阴女质[③]。天空亥子克日辰，有人染患泻痢疾[④]。天空乘巳肚腹患，加支临姓屋分析。

《六壬拾翠》曰：天空作用，何异天中。无影无形，安凭安拟。而或贵人居末，进图旧事生新，不宜株守。而或盗神与俱，忽尔太阴作武，须慎盗侵。挟天鸡以入坟，诏书沉溺。带谩戏与巫信，欺诈相将。作文书而累起文书，临胎喜而堕其胎喜。克年神而招脱赚，破耗相仍，旺相无而休囚有。制干年而带马丁，情义虚假，小人怨而奴婢逃。作丁马而初传游神迷惑，臧获欲走须防。空马载而一路游煞居中，人诱人逃在即。丁马若囚，系空脱逃亡贼见攻。六乙马丁干，仍为逃遁人财觅。虚谋不就，天空又空。官星伏吟，求名虚誉。奴婢盗讼，指空话空。空带二死克其身，死三端兮视神煞。日禄日马，人骗其财。丁马亡神，人远其室。忧愤于邑，致疾伤生。若遇劫煞冲刑，定为奴婢谋害。天空水土入囚绝，妇守孤灯。贼上损夫克下儿，入墓疸蛊。墓煞戌上坟无子，天空乘此人出家。空被贵刑，巷伯寺人。

戌为天魁地狱，天空有家虚晃。降娄之次，角音二月太阳。白羊之宫，分野徐州鲁壤。印绶奴仆欺谋，西北方州是章。奎娄胃星野司分，狼狗豺天山畜养。头旁天土犬字，属官音，娄鲁乔高胡，甘韩姓广。其于人也，长老小儿，狱吏兵卒都官，黄须物攘。其于物也，黄白褐色，怪石窑冶戟钟，剑碾两两。大则贼煞，聚众而伤人；小则阴私，争墓而枷棒。宾朋邀候，州县楼台刑狱之旁。逃盗搜脏，土垒高岗营砦之莽。五十之数，命门之象。诗曰：天魁印绶［常］**吏**［雀］**都官**［龙］**，累土高坟**［虎］**集众**［勾］**攒。德合**［合］**婢奴**［空］**兼长者**［后］**，狼豺**［蛇］**犬畜不为欢**[⑤]**。**

河魁，戌神也。河魁主印，太常主绶。太常加戌为印绶。占利君子，不利常人。吏者朱雀乘戌主之。雀主文书，火墓在戌，凡占讼主为吏也。都官者，青龙乘戌主之。戌为聚众，凡言官位，必有部辖之权，都官之象也。累土高坟者，白虎主之。天魁是凶神，白虎亦是凶将，二凶并临，故云。壬癸日占，卯贵顺行，巳贵逆行，皆戌作白虎克日，名曰累土煞。占病必死。集众攒者，勾陈主之。戊己日占事，勾陈为土星，戌为众，二将并临，谓加日也，主攒集会众之事。又六辛旦暮将，皆戌作勾陈，亦如之。德合者，六合主之。六合神卯，卯与戌六合，又是支前五三合，故曰德合。奴婢者，天空［太阴］主之。天空主奴，太阴主婢。二将若临戌土，更与阴空同位，奴婢多

---

① 五音姓之宅也。

② 内战。

③ 阴阳谓所乘神。

④ 谓水火不和而水土递克。

⑤ 印绶天魁朱吏，天空奴婢龙官。蛇狼豺犬不为欢，德合垒神虎伴。天后却为长者，天空囚释成欢。勾陈牢狱集众攒，奸秽太阴逃散。

主不良。非逃亡，即盗财也。长者，天后主之。六丙日天后临戌，乃是天心，利君子也。故曰长者。若縢蛇临戌，主犬豺狼怪。春占则有之，若辰戌丑未日占，则为天狗煞。甲乙寅卯日占，则为天喜，次分日辰用之。若戊己辰戌丑未日占，将得縢蛇，多占怪事。若甲乙寅卯日占，更兼吉将，多占婚姻喜事，或占产也。大抵河魁凶神，见金火稍吉，见水争田宅，见木则主官事牢狱。《拾遗》曰：河魁戌土，为地网，为地狱，贵禄不寄。勾陈加临，囚人入狱。天空加临，犯人出狱。于人品也，头尖身大胡须。

所主天文：日躔降娄之次，星分魁娄二宿。为阴云，为晚晴。

地理：鲁分，徐州。京西北路、东海、琅琊、高密、城阳、胶东、敦煌，为江河，为街道，土垣，为溪岸，为高岗，为峻岭，为丘圹，田塍。

人物：司直、阉寺、都官、长者、伯舅、僧道、狱吏、奴仆、兵卒、猎人、屠恶、盗贼、军众、小儿。

五行：属土。季旺夏相春死冬囚秋休。辛寄其上，丙火戊土乙木墓其下。其音角，其色黄，其味甘。一曰音宫，律中无射。

时令：为二月将，为九月建。

数目：本数先天皆五。

经史：旧经野乘。

姓氏：娄倪盛魏赵邵鲍。用戌郑。阳日用戌程；阴日用戌余。子刑卯连，土旁，足旁，鲁边。

人事：侵欺、虚诞、逢迎、呼召、伏匿、不实、聚众。

身体：命门、右腿、口、臂、足胫、骨殖。

饮食：五谷、兽味。

疾病：胸闷、下痢、吐泻，犯土神、土皇、剑锋煞。

宫室：城郭、牢狱、仆室、坟墓、垒土、窑灶、浴室、钟楼、武库、犬窠。

器用：印绶、军器、锹鉏、铁铲、磁器、砖瓦、枷杻、锁钥、碓、鞋履、数珠、盘、瓮、铁、石灰、仓厢、缸、丝。

鸟兽：狼、豹、犬、獒。

草木：为葫芦。

其加乘用变总论曰：河魁加丑乘元武，其人有小肠疝气疾，或小便疾，亦主有怪兽、狮子象，头口必有损失。若加卯乘朱，刑日干，主有狗咬人。加辰又值辰日，主争斗讼起。加午乘六合，其人居处必在巷陌间危险处，或图望街陌事。加酉乘朱雀，主盗贼杀害人。又值酉日，主有小人遗亡之祸。加亥为阴关。寅日加寅，传乘朱白，为官讼勾呼之事。若乘勾陈，为官吏军卒之事。酉戌相害，主奴婢事。若乘天空，或乘太阴尤的。作白虎为官鬼，占有怪犬登屋走。临寅为吏，作元武为厌神。作勾陈临辰，为狱。加辰戌丑未，为众。作螣蛇加巳午为窑冶。作白虎而发用，为墓。作勾陈加申酉，为石。作元武临卯，为枷杻。凡作勾陈，随类有争。

《海底右眼》作歌曰：酉日天魁临酉上，小人作祸自遗失。辰日天魁临辰讼，人狱应当未了□。寅日戌寅虎与朱，勿讼勾呼事仓卒。所望所主官与吏，若见勾陈定军卒。朱雀临未得活戌，犬咬人因课中出。元武乘戌加丑上，人患小便小肠疾。亦有兽象如狮子，头口不损须忧失。朱戌卯刑克狗咬，元戌加酉盗杀贼。戌酉交加奴婢事，空与阴临尤准的。虎戌更与鬼爻并，犬怪时时登屋室。所望所图看其他，临午传合居巷陌。

《神书拾翠》曰：戌来加卯传支干，丙辛戌鬼最为欢。喜生喜丁更在上，远行远信即时还[①]。作末马丁门上立，天涯海角会当前[②]。戌丑厌鬼有妖魔[③]，飞廉光怪相差讹[④]。戌卯不凶也有祸［克合］，伤身或病吏胥徒。戌申衰囚病无寿，劫丁马会作军徒。辰戌天符并天吏，争讼入牢奈若何。

孙子《口诀》曰：河魁到丑厌神藏，申上军人寿夭郎。辰位宅边枯骨犯，徒从卯上痛伤亡。河魁狱讼游亡畜，贵贱仆奴僧道藏。见墓尸骸逢水竞，木遭刑苦主忧伤。生合火金贫后富，若见刑冲愁更长。戌为社魔宅为坟，须有官灾及病人。元武更逢秋季里，神妖鬼怪哭声频。临寅犬伤及官事，申为儒士有游儿。卯主官非兼怪起，四足相趁入门时。加辰两次曾争讼，兄弟分争亦有之。到巳灶动东厨怒，屋上兼之犬上驰。临午有伤皮血事，当门信是讼争持。犬咬未乡妇女病，贵人得禄有荣施。更主婚姻由后妇，子宫宅怪损家资。酉主家有人不语，不明之事惹深思。本位四足物走失，因争人赋远游诗。临亥须防伤小口，更奇幼女会通私。到丑亦主有宅怪，□闻铜铁器长嘶。

附天官主事阴神辨

神将属有专能，贞吝凭乎所乘[⑤]。旺相合生，虽凶尚云有庆。休衰伤克，纵吉而曰无恒。刑害须逢制御，协和要得扶凭。读书五车三箧，不离生墓消升。故曰将克神兮神偃蹇，神克将兮将战兢。神将两家和比，谋为万事欢腾。吉值身衰，反遭困厄。凶或得地，身旺能胜。顺逆交加，祸福允从理决。吉凶混杂，取舍不厌神凝。紧搜族类，勿泥入传入课。更察阴神，乃喻休征咎征。

天乙，吉将也。主宰百神握尊权，莅天人随在无犯。加于年命日干传用者，不遇尊贵提携，定逢长上欢悦。临干支上，不有贵人枉驾，决然产瑞麟儿。其有贵人、尊

① 喜，天喜，喜神；生，生气。

② 戌作末而乘马丁加二八门，主行人归家远信至。

③ 厌，月厌；鬼，天鬼。

④ 飞廉光怪二煞。

⑤ 例如贵人属土，乘亥子以水论，临巳午以火论，不必拟本神所属。余将同。

长、诏命、赏赐、征召、干谒、上表、投书、考试、印信、珍宝，皆宜视之。

螣蛇，凶将也。旺相生怪异，囚休主忧惊。倘与吉将相并而值旺相，帅辅有威严帷幄之权，士庶见婚姻财产之喜。乘于年命干支，不有惑虑，定见妄诞。其有阴人小口、胎产、疾病、火烛、虚惊、怪异、官讼、是非、梦寐、嗔怒、缠绕、忧患、奸私、不正，皆宜视之。为惊怪，为卑贱。主小儿病，视其阴。螣蛇，乃卑贱之职也。

朱雀，吉将也。是文昌司命之神，亦主刑戮奸私口舌。君子逢之获庆，庶人值此遭官。履旺相而顺行者，为经史、文章、诏敕、符命、典坟、印信、文书、羽檄、考试、榜案名第、牒文。休囚逆治，词状、是非、诽谤、消息、火光、飞扬、禽怪等事，皆宜视之。为文移之属，口舌、文书、选举，察其阴。

六合，吉将也。为和协聚会之神，光禄大夫之职。公卿兆迁擢赏赐之欢荣，黎庶有筵燕钱财之喜美。于金为内战，于土为外战，动用艰辛，诸望违愿。其有迁官、赏赐、婚姻、媒妁、喜庆、和合、交易、财物、谐允、宴饮、舟车、佚乐、丝绵、竹木、雕刻、金石、光采斑斓、儿孙童稚、隐逸施惠、保正、文契、娈童、牙侩、兄弟、孩儿、私昧、淫泆、潜逃、死丧疾病等事，皆宜视之。六合为和合，婚姻视其阴。

勾陈，凶将也。乃牵缠迟滞之煞，争竞阻隔之神，又为大将军之职。旺相主是非斗竞，休囚见官司刑罚。其有兵戈、征伐、貔貅、武备、甲胄枪棒、军卒、护卫、帅府元戎、世袭、擒拿、责罚、刑戮、官讼、引诱勾连、牢狱、田土坟墓、偃蹇疑惑等事，皆宜视之。勾陈为迟滞污浊，为私欲，斗争词讼，察其阴。

青龙，吉将也。名天禄，财帛产业邦家辅佐之职。仕宦得之，必承天宠；庶人见之，必获身荣。其有官禄、品味、升迁、庆贺、婚姻、喜悦、财帛、产业、远使、移徙、宰辅、文职、秀才朋友、礼物等事，皆宜视之。青龙为富贵，为生发，求财视其阴。

天空，凶将也。乃是奏书司直之神，妄诞虚浮之煞。旺相生合，殃咎消除，忠怀可格；刑克休囚，钱财不足，动止脱耗。其有僧道、医卜、九流术士、书策、表章、妇女、奴隶、市井小人、谗谤、欺凌、奸谋、诈伪、讼狱、逃遁之事，皆宜视之。天空为虚诞、仆使，察其阴。

白虎，凶将也。为道路之神，亦名催官符使者，专掌廷尉刑狱之职。仕宦逢之，爵位大利，必有权威迁擢之征；庶人见之，谋望不吉□，主疾病词讼之扰，死丧之事。其有出军师旅、兵甲粮草、征战、立业建勋、威权、爵印、道路出行、官司、疾病、刑狱、凶丧、斗殴、禁囚、杀伤、刃刀、产育、不祥等事，皆宜视之。白虎为道路，为兵丧，为疾病，视其阴。作官带马，为催官使者。

太常，吉将也。亦为军旅之主，乃四时之喜神，及饮食衣服之司。武职得之，可以擢任。其有印绶、赏赐、封诰、尊长、迁任爵位、诏命、喜庆、婚姻、礼仪、绢帛、财物、衣裳首饰、筵会、祭祀、药石、医生、术数、校尉、文信等事，皆宜视之。太常为酒食，衣服筵会，察其阴。

元武，凶将也。乃私隐阴蔽之神，盗贼虚耗之煞，天乙之后将军也。旺相生合，而交易有成；休囚相克，而诈伪走失。加空乘脱，岂可见于年命日时。其有军校、缁衣、阴小下人、寇虏盗贼、奴仆、遗亡、走失逃遁、别离、脱耗、虚诈、狠恶、奸淫私邪不正、暗昧乖违等事，皆宜视之。元武为阴私蔽匿，为盗贼虚耗，捕盗者，视其阴。

太阴，吉将也。而主慈母尊亲，兼中丞御史之职，亦为隐昧奸私之煞。生合旺相，则喜庆攸宜；刑克休囚，则奸邪不正。其有婚女、阴人、姥妇、尼道、婢妾、孀寡、恳托、钱帛、首饰、婚姻媒聘、暗昧私欢、机密秘谋、逃亡诡异等事，皆宜视之。太阴为不显，媵婢，察其阴。

天后，吉将也。为恩泽赦宥之神，妇人女子之象，亦号淫污阴私之煞。缙绅遇之，天庭喜气；庶人值此，家宅祯祥。与吉同行，定见非常荣美。衰残侵毁，必然厌翳不明。其有恩泽、赏赐、美悦、筵会、良善、婚姻、贞烈贤淑、妇女美丽、夫人、嫔侍、姊妹、沉滞、迟溺、奸淫不靖、求索、隐蔽、诈伪、污物、娼妓、首饰衣裳、蚕禽等物，皆宜视之。天后为恩泽，而妇女之病亦责之，求妻者视其阴。阴，阴神也，谓其第二传，以此思盖。十二将，不独元武有三传也。

凡十二支神，各有所主。若值日，若发用，若加年命，若为占事之类，当权则令行也。如魁罡二辰，贵人所不临也，而其作用反多。如魁度天门、罡塞鬼户、值二八门、作蛇虎将，种种难尽。况天罡为首领之司，故天罡之神随所占而操其吉凶之柄，尤为紧切。占者不可不察也。天官支神，俱以动用为主，干上次之，支上又次之。

附七十二候略说

昔圣人法天地人三才，立三式。太极统宗，天之数也；奇门遁甲，地之数也；大六壬，神人之数也。三式立而万事理，万事情，有能出其范围者乎？

春：正月，立春，初候东风解冻，中候蛰虫始振，末候鱼陟负冰。雨水，初候獭祭鱼，中候候雁北，末候草木萌动。二月，惊蛰，初候桃始华，中候仓庚鸣，末候鹰化为鸠。春分，初候玄鸟至，中候雷乃发声，末候始电。三月，清明，初候桐始华，中候田鼠化为鴽，末候虹始见。谷雨初候萍始生，中候鸣鸠拂其羽，末候戴胜降于桑。

夏：四月，立夏，初候蝼蝈鸣，中候蚯蚓出，末候王瓜生。小满，初候苦菜秀，中候靡草死，末候麦秋至。五月，芒种，初候螳螂生，中候鵙始鸣，末候反舌无声。夏至，初候鹿角解，中候蜩始鸣，末候半夏生。六月，小暑，初候温风至，中候蟋蟀居壁，末候鹰始挚。大暑，初候腐草为萤，中候土润溽暑，末候大雨时行。

秋：七月，立秋初候凉风至，中候白露降，末候寒蝉鸣。处暑，初候鹰乃祭鸟，中候天地始肃，末候禾乃登。八月，白露，初候鸿雁来，中候玄鸟归，末候群鸟养羞。秋分，初候雷始收声，中候蛰虫坯户，末候水始涸。九月，寒露，初候鸿雁来宾，中候雀入大水为蛤，末候菊有黄华。霜降，初候豺乃祭兽，中候草木黄落，末候蛰虫咸俯。

冬：十月，立冬，初候水始冰，中候地始冻，末候雉入大水为蜃。小雪，初候虹藏不见，中候天气上升、地气下降，末候闭塞而成冬。十一月，大雪，初候鹖鴠不鸣，中候虎始交，末候荔挺出。冬至，初候蚯蚓结，中候麋角解，末候水泉动。十二月，小寒，初候雁北乡，中候鹊始巢，末候雉雊。大寒，初候鸡乳，中候征鸟厉疾，末候水泽腹坚。

十二贵神。天盘横推。天门前顺治，地户前逆行。地盘直看。

天乙临亥子丑寅卯辰巳午未申酉戌宫定则

贵登天门　贵后阴武常白空白常武阴后　亥［蛇雀合龙勾不临］

高眠进用　螣贵后阴武常青空白常武阴　子［朱六勾不临］

升堂入庙　朱螣贵后阴武勾青空白常武　丑［六合不临］

贵塞鬼户　六朱螣贵后阴六勾青空白常　寅［元武不临］

当权登车　勾六朱螣贵后朱六勾青空白　卯［常武阴不临］

入狱嗔怒　青勾六朱螣贵螣朱六勾青空　辰［虎常武阴后不临］

贵趋地户　空青勾六朱螣贵螣朱六勾青　巳［白常玄阴后不临］

乘轩请命　白空青勾六朱后贵螣朱六勾　午［常玄阴不临］

祈祷列席　常白空青勾六阴后贵螣朱六　未［元武不临］

暗水起途　武常白空青勾武阴后贵螣朱　申［六合不临］

贵入私室　阴武常白空青常武阴后贵螣　酉［雀合陈不临］

贵愁在囚　后阴武常白空白常武阴后贵　戌［螣雀合陈龙不临］

大六壬寻源编卷之二

汇赋中

课传章三之一

神将倚伏否臧，卦体顾思名义。元首象天，重审法地。象天者，理势顺而利见，恒先喜而后忧。法地者，人事逆而征凶，每始迷而终利。干戈僭乱，重审来游鲁二都。鼎甲先登，元首分孟仲及季[①]**。**

四课惟一课，上克下[②]为元首。凡占值之，臣忠、子孝、婚谐、孕遂、兵讼先胜、市贾出色、名利超群、疾病即愈、谋事即成，元吉象也。惟晦朔弦望日忌占，此为天烦也，故有后忧[③]。

四课惟一，下贼上[④]为重审。贵顺福至，贵逆乱兴。事宜后起，祸从内生。兵讼利主，受孕女形。诸般谋事，先难后成。如初传墓绝，末传生旺，灾祸自消。反此则凶，初传克末大凶，末传克初则吉。如得吉神良将在末传，则可化凶为吉[⑤]。

二三克贼，知一总名。神将凶而祸不单行，神将吉而福须双至。比用涉害，克贼重重。用日则我祸延人，用辰则人灾害自。孟见机而涉害重，当因时以致宜。仲季浅而曰察微，事未至而预虑。

四课有二三下贼，或上克，则审日之阴阳相比者为用。亦名知一者，不知有他也。占之讼宜和解，兵利主谋，祸从外入，事向朋谋，寻人失物，近处堪求，凡事狐疑不决。若逢吉神，比者为近，不比者远。如遇凶神，比者为吉，不比为忧，婚姻不成。然须看克处与本干有益无益，而祸福可知也[⑥]。

有二克贼，与日干俱比俱不比者，涉害卦也。占者谋为名利，多费机关，婚姻有

---

① 壬，包万物者也。亥，孩万物者也。乾，育万物者也。坤，母万物者也。

② 天克地。

③ 元首体乾。大哉乾元，荫覆无偏。元运造化，万物资始。云行雨施，变化不言。东西任意，南北安然。

④ 地克天。

⑤ 重审体坤。乃顺成天，万物资生。用动则浊，用静则清。所作有顺，万物皆成。

⑥ 知一体比。抚临万国，内通外流。水行于地，本性和柔。先王制礼，以亲诸侯。元永贞吉，百事无忧。

阻，疾病难安，胎孕迟滞，行人未还。如用神有在地盘四孟者，取孟曰见机；无孟取仲取季曰察微；或孟仲季受克相同，阳日用日上先见神，阴日用辰上先见神，曰缀瑕也。如见机课，魁罡加日辰，官事欲起。察微格，魁罡加日辰，妇人产难。如士子占得缀瑕卦，必高中，且联捷，有财德禄马临课者尤吉的[①]。

《拾遗》曰：元首最忌斩关，斩之义不美也。最喜连茹，连之义进顺也。发用喜贵人青龙，恶元武神后。贵人贵首也，青龙龙首也。元武贼首也，二后鼠首也。又喜贵顺及阳日占之。重审，婚姻词讼忌其重，功名谋望利于再。六甲胎神发用，或加干支，双胎也。疾病支神发用，而又临官，复发也。独利放债收花之占。涉害，主涉历世务之深，而谙练老成也。仕途、家宅、坟墓、疾病，皆大忌。仕途贵明哲，宅舍贵择邻，坟墓龙陷沙枯，疾病往来潮热，婚姻遇之而反目，谋望逢之而多阻。元武太阴发用，堕其壳中。天空天后加临，潜身害外。词讼更忌。比用知一者，从一也。求嗣艰难，一夔也。谋望不通，执一也。空亡一事无成，刑克一身狼狈。男命犯孤，女命犯寡。蒿射知一，仕途见忌于人。涉害知一，营生不免于乖。出崔子《拾遗》[②]。

弹射内事非常，有一克，主一端分作两端。蒿矢外忧不大，若两贼，主两事合为一事。

四课无克，取日干与上神相克者为用，名遥克课。先取神克干者，曰蒿矢。无神克干者，乃取干克神，曰弹射。例如比涉。若神将凶，贵逆，日用无气，主盗贼阴谋。若神将吉，贵顺，日用有气，则干贵有喜，行人来，访人见，事有成，灾祸渐小而安。此象俱主远事，虚惊不实，纵有成就，亦多虚也。若遇空亡，动作尤虚。如带金土，为有丸镞，能伤人凶。季旺尤甚[③]。如占蒿矢，客来不可留，主小人口舌。凡事忧在西南，喜在西北，占事利己。若遇弹射利客，利先动，利上。蒿遇勾朱，主官事，祸从外来。弹遇阴武天空，主有欺诈虚诞事[④]。

《拾遗》曰：遥克第二课用事，近射也。第四课用事，远射也。戌亥子丑寅，夜射也；卯辰巳午未，旦射也。蒿矢遇金，则有镞矣。弹射遇土，则有丸矣。公门朝廷仕途中，防弹章射影之事。螣蛇空亡加酉上，来弓蛇杯影之惊，婚姻出行皆不利，六甲行人立时至。蒿矢遇夏，则为槁矢，空亡则为折矢。弹射遇破，则为碎弹，空亡则为遗弹。刚日而旺相，强弓硬弩。柔日而休囚，秃剪断弦。盖利速而不利迟也。

---

① 涉害体坎。逢流则主，遇坎则止。出入艰险，随坎不已。阴愁伏慝，共相谋计。千里辞家，始免迍否。

② 乾颠仁之高，亠义之复，幻礼之检，盈信之充也。仁高足以济众，义覆足以利物。礼检足以崇德，信充足以布气。乾道备此四德，介言其大，溤言其溥，干言其运，萦言其周，皆天之象也。揭而不憩，易之用也。驳而克明，文之昭也。四叙即侖，寒暑变易也。万类既生，品物滋长也。厥造惟弘，其惠广也。厥勋惟宏，其功极也。占者揣而行之，无略威仪，无简礼度。

③ 以上总论。

④ 遥克体睽。志不相得，作事乖违。口舌相仵，财散人离。病者难瘥，行者不归。睽昊之炎，日炽于上。泓之潜，泽润于下。妇视瞪瞪，睚眦作也。妾言詽詽，噂沓兴也。占者慎尔行藏，以遏携贰。

别责如花待时，合日辰以定人事之巧拙，所占罔济。

三课无克别责一神为用，卦主凡事不备，谋为欠正，胎孕多延，财物不全，求婚别娶。若神凶将恶，日用休囚，占事大凶。若将吉神良，日用旺相，卜则无咎。凡占家宅，婚姻夫妻，当以淫断。阳日曰阳不备，阴日曰阴不备。一曰干课缺，曰阳不备，支课缺，曰阴不备[①]。

昴星如虎对立，视俯仰以卜遐迩之忧危，其谋多替。

冬蛇掩目，虚惊而终不妨身；视虎转蓬，远出而久留羁滞。四课无课，又无遥克，阳日取酉上神为用，仰也，仰主远，曰虎视转蓬。阴日取酉下神为用，俯也，俯主近，曰冬蛇掩目。皆昴星卦也。盖自亥至戌，卦无身，乃从至阴之处讨出消息，君子履霜之渐，多忧惧之时也。行人阻祟，孕男无忧。事恐外起，祸发无由。家居静守，方免其尤。如用囚死，天罡死气，蛇虎入传，则大凶，病者死，讼者牢。如日用旺相，魁罡龙虎为吉，试必高中。否则人情失意，进退两难，女多淫泆，内有忧惊，访人不见，作事难成，行者淹滞，逃者隐形。传遇螣蛇，怪梦忧疑。或申加卯，为车转倒斵凶，见武尤凶。更忌子午卯酉日占昴星，虎视灾危也[②]。

《拾遗》曰：别责不备也，诸事虽好，而有缺陷，不全未足之义也。家宅则房舍不完，婚姻则夫妇不备，坟墓地必欹斜不正，词讼罪必枝叶别生。问行人，行李立费。问经商，货物未周。生命遇之，一生缺陷。昴星取俯仰之义，力甚微矣。婚姻有昧旦之求，捕获有逃亡之乖。刚日仰遇其后，雉雊于飞之象。柔日俯遇其丑，鸡口牛后之嘲。冬蛇掩目主失明，太阳加支主屋润[③]。

八专士女怀春，不宜男子波靡；帷薄奸淫内乱，不利妇人嬉戏。

夫阴阳施化，以别而神。八专干支同位，则内有怨女，外有旷夫，故其象淫泆。阳日尊长欺幼，主事超进迅速；阴日夫妻怀背，奴婢反主。占婚姻，进人口，主口舌分离。课传中如遇天后、六合、元武三将，一将入来，曰不修帷薄，主阴私不明，内夫妻外失礼也。

《拾遗》曰：八专者，干支同处一位。男命遇之，则奔驰不息；女命遇之，则帷薄不修。甲寅日丑亥亥，干支皆系长生，诸事尚有好处。其申午午，则干支皆乘死绝，大为不利。丁未己未[④]日，四课八专相同，卯午午，死败发用也。丑巳巳，刑冲发用

① 别责体恒。长久安静，不动为良。四时变化，天道之常。日月运转，普照其光。君子以立，不易其方。

② 昴星体履。如履虎尾，防虑宜深。坚冰之患，戒惧兢兢。安中防危，忧中望喜。眇而能视，跛而能履。

③ 杀气至酉而极，故其将曰太阴。◎恒，夫严不闽，恪于上也。妇顺不逆，安于下也。阴阳胥媲，可以充也。雷风胥激，可以久也。占者勿嫚勿违，上敬下顺。◎履，上颠颠，天之高也。下困困，水之深也。言出于页，获其所也。泽隆于天，得其宜也。占者正仪蹈礼，不僭不逼。亨吉。

④ 干支乘禄。

也。亥[1]辰辰、亥戌戌，发用受克深深也，皆非吉课。庚申日酉未未，刃发用也；卯丑丑，胎发用也；丑亥亥，墓发用也；亥酉酉，病害发用，皆凶卦也。总之八专卦，百事不取。内己未日干上酉，三传酉酉酉，为独足课，诸事大忌，独利行舟[2]。

伏吟任信宜用静，去盗非遥，递刑而作事忧疑。乙酉亥符壬午，杜塞改图方遂。

阳日以干神为用，曰自任卦。占值行人立到，失物内寻，逃者隐匿，病难言语，胎产聋哑，访人不见。阴日以支神为用，曰自信卦。占病产逃亡同，讼主田土，惟行人难期。乙癸二日，有克取克为用。如发用自刑，中传又自刑，取中传冲神为末传，则曰杜塞格。凡占值之事，主中止；能改图之，则可以成。课体静，用静，吉；用作，凶[3]。

反吟无依则复旧，来往无常，迭传而事多变异。井栏射主灾深，丁己辛同丑未。

诸神尽入冲方，无所依倚，反复象也。有克者如比涉取用。占出兵，主临阵虚惊，至于得物乃失，败物反成，病犯两症，害人自承，行多反复，惟利反旧事。遇凶神将，主有叠叠惊忧；逢吉神将，主宜赴省求恩，有转官之喜。此课多主动也。若戊己日来去空亡，又不可以动论。遇吉神将，事亦半遂，尤喜见青龙救护。若子午蛇虎，官病灾凶。卯酉乘合，人财离散。寅申乘龙，隔墙祸至。如丁己辛三干，同丑未二支，四课无克，取支神井栏射上神为用，丑用亥，未用巳，次传辰，末传日，曰无亲卦，百事无成，出行大忌，主前途险害，又名井栏射[4]。

《拾遗》曰：伏吟之占，不利于病，主沉吟而不能速愈。返吟之象，不利于商，主往返而不得速归。家宅忌伏，伏则门阖户塞；坟墓忌返，返则水去砂飞。坟墓伏吟，而干支龙虎，乃龙蟠虎踞之势；家宅返吟，而支干常贵，系名门巨族之家。伏遇空冲，静中思动；返逢生合，忙里偷闲。伏嫌新病，返怪沉疴。逃亡则伏匿返奔，贸易则伏沉返速。成事图谋，反伏皆不就也。无依杜传，不知其可也[5]。

凡上克则事起男子，或属他人；若下贼则事由女人，或因自己。

---

① 干德。

② 八专体同人。同心之言，其臭如兰。二人同心，其利断金。所求皆得，无不遂心。同人，玄揭揭，天之转也；炎烈烈，火之炽也。昊冏于天，日光于空也。晴荧于页，目明于首也。占者明目广眎，以应求尔类，贞吉。

③ 伏吟有克自刑，亦取克为用，中传冲，末传刑。故六乙日三传取辰戌未为的。《壬遁捷要》云。

④ 伏吟体艮。纯艮危危，安静无亏。时止则止，时移则移。钱财散失，失在小儿。寻求不得，东北宜之。

⑤ 返吟体震。重雷发响，百里飞声。无事之时，愕然而惊。求谋何遂，官爵难成。空闻其响，不见其形。◎《壬遁捷要》曰：返吟上克下用，中传冲，末传刑。故癸丑未日，三传取未丑戌为的。◎艮屾八八，二山相拆也。北癶癶，两人相背也。门之非，户之启也。径之韦，路之分也。占者毋愎毋叛，禁出入，别中外。贞亨震，龖之赫，二龙之怒也。霆之砉，洊雷之声也。悚忪忪，再有所惧也。骇悚悚，重有所惊也。占者省躬戒惧，庄肃决断，厉无咎。坤，亢春之熙，卉夏之茂，莫秋之落，默冬之潜也。熙然足以布和，茂然足以长物，落然足以育众，潜然足以正气。坤道备此四德，汖言其众，森言其植，囤言其受，匿言其藏，皆地之性也。靖而不燥，阴之德也。朴而不饰，质之体也。群类囵育，所化者众也。庶物甡植，所生者多也。厥施惟熙，其赍广也。厥勋惟极，其功大也。占者尚俭务素，居敬行简，吉。

盖上为阳，为客；下为阴，为主。凡有克处，即动机也。以下课传通论。

将克神为外战，灾自外来；神克将为内战，祸由内起。

将[①]，天将也。将克神，相战在外，是因彼而有克也[②]，故灾自外来。神[③]，辰神也。神克将，相战在内，以其克加于彼也[④]，故祸从内起[⑤]。

用在日前，已过事情；用居日后，将来事理。日辰发用，应在今时。日辰刑冲，事成莫喜。年月节旬发用，事应年月节旬。吉神旺相事皆亨，凶神旺相事必否。

凡占，太岁发用，事在一年；月建发用，事在月中；节气发用，主十五日内；支神发用，在十二日中；干神发用，日内应；占时发用，目前即应。曰日前后者，例如子日以丑为前，亥为后，效推。

《中黄镜要》曰：元首之课若何论，一上克下用为真。得岁由来不出岁，得月还从月里陈。一下贼上名重审，如辰叛逆犯其君。二上二下交相克，知一比邻为盗贼。察微见机律一同，怀孕伤胎产子凶。三上克下为长幼，事忧老少有稽留。若还三下贼其上，姑姨伯叔病难瘳。四上克下名无禄，室主空兮守孤独。四下贼上绝嗣凶，后无胎孕悯孤穷。神遥克日名蒿矢，日遥克神弹射比。神遥克日事外来，日遥克神戎内起。昴星俯仰酉中求，从魁上下定刚柔。亦名转蓬并虎视，冬蛇掩目异名收。刚日出行为闭塞，柔日藏身不自由。伏吟归家任信卦，在家遏匿来他洲。返吟无依卦克取，臣慢君兮子逆父。四位二神号八专，阴阳不备乱乾坤。帷薄不修名失礼，妇怀他子外人闻。◎自凡上克以下，总论诸课[⑥]。

握奇子歌曰：课名元首喜乘龙，重审詹来事事重。比用纵横知一得，两吟反复见刑冲。昴星俯仰嫌无力，蒿弹刚柔忌有空。别责责他因不备，八专专一奈多凶。漫言涉害多艰阻，阅历机深困自通。

此章先识九门，以下次求辅卦。视天地五行之相加，察四时休囚与旺相，然后罗其卦体，归于正论，则吉凶悔吝，莫能逃矣。十九条。

课传章三之二

既论宗门品式，乃评附卦加临。九门之事汇已审，群卦之祸福须寻。干临支而受克为乱首，低琖反常，主招悖逆之道。支临干而受克为赘婿，潜伏屈辱，不能自立

---

① 指南谓月将。

② 《指南》谓以其克加于彼也。

③ 《指南》注贵神。

④ 《指南》谓以其克加于我也。

⑤ 将随神意，故外战之灾不久，如神吉仍能为福。

⑥ 比土之垠，海内之地也。溟之濆，境外之水也。规均均，上有法也；丑甡甡，下有众也。占者承式取则，人罔不顺。◎坎，埶困困，阱之深也。魄玄玄，月之晦也。辛之囚，盗所斁也。俘之挛，囚所系也。占者备奸邪，防隐盗，惕若吝贞。

其身。

干加支被克，自取乱首。占门户出逆，所遭事体犹轻，其端发于内而及外。若更逢四课贼上，或神将遇卯酉后合，主男女混杂，且有丑声，祸自内出。总之占者，断不可举事①。

支加干被克，又为发用，真赘婿也。占主万事不快，身不自由。盖卑凌尊，而尊不容也。若日用休囚，乘凶将，病人传染不脱；如日用旺相，得吉将，主婚姻，乃招婿也。若支上更乘脱气，占人必无正屋可居，终非自植之象，或寓他乡，贵宦亦然。

干加支克支，曰坐堂赘婿，不利卑幼。支加干克干，曰上门乱首，干犯尊亲②。

干临支克支，亦名凌残，占利尊不利卑，宜静不宜动，兵利客，孕育迟，病讼延，行人滞。将遇虎杀伤，勾斗讼，雀口舌，蛇惊恐，若旺相作勾虎，名残下格。同上二课，中末传见救神克日，或行年得吉神将，为赘婿当权，主吉。支加干克干，亦曰反常。上门而作乱首，占者比上式更凶，又主杂乱之姓。占人上祖，必假名异姓，惟视三传年命上，有一神能克制乱贼之神，则名患门有救，化凶为吉③。

支临干而生干，名自在，有恢拓之志；干临支而受生，名俯就，有荣显之欣。支临干生干，上门帮我，坐享其益也。

干临支受生，屈己下就，先难后易之象也。我就他生，适意，亦为荣显，故其象占如此。

干加支而生支，偃蹇历虚，主无稽之笑语；支加干而受生，求受归福，主福履之来臻。

二者皆脱气之占，不利有攸往，反竭我力也，故曰偃蹇历虚求受。其云归福，而福履来臻者何？谓辰为宅，我所履之境也。加干而与我合体，故我生之，而福履自崇也。

干乘时太旺，则宜同类相加，培本和合，并力相济，壮基象新。此言比肩之妙也。干加支为培本，支加干曰壮基。干来培植其支，遇凶减凶，遇吉增吉，更消息其占思如何。支来旺壮其干，自然根本盛大，气象日新也。

《拾遗》曰：自取乱首者，乃我不合去也。然为卑所犯，事来稍轻。上门乱首，则下敢犯上，事发尤重，或下人有病萦上，或奴婢有事累主，或子弟犯父兄，下民犯官

---

① 乱首体临。以大临小，以上临下。内柔外和，人非欺诈。居官进升，文才和雅。纵有灾害，不能相惹。反道败常，万事拂也。

② 夫日寄于辰，今反克辰，是自身先无安顿处矣。

③ 赘婿体旅。长途落落，羁旅凄凄。火行山上，逐草高低。如鸟焚巢，无枝可栖。虽然先笑，后有悲啼。◎临，来甡甡，所莅者众也。敏欣欣，所理者悦也。组之带，衣以绶也。玺之文，佩以印也。占者分禄敷泽，悦以莅人，内外咸顺，利有攸往，亨。来甡音吟辛。◎旅，童窃妻。少男入宫，奸于中女也。妇奔自闺，中女出宫，交于少男也。视之臭，惊顾如犬也。爪之携，提物在手也。爇爂于屵，持釜迁灶，侨于山也。弇泗于磎，反袂拭面，止于路隅也。占者毋远耆德，比顽嚚，葺尔庭内，谨乃闺闼，吝凶悔无咎。

吏，奴仆犯家长，更天将凶，其祸尤重。遇空亡解神，凶乃稍散。俯就格，以尊从卑，以上从下，初虽少难而终逸乐。凡百运用取索，皆强成而后就。自在格，凡百谋事，彼自来从，不须再曰求之，顺我、护我、趋献我、上门惠我、家和人义也。历虚格，干临支生支，夫他来求我，与不与在我也。今我甘心上门而屈就，则我之所有，倾倒与之矣。谓之人去生宅，宅旺则致人衰。若常占，则财散人疲。凡百求谋，俱虚费而无所得。求受格，支临干脱干，亦名偃蹇。占遇此者，费财竭力，终不济事，亦主虚耗走失，及人财两失之象，兼男女债负。若常占，则横耗失财。若遇神良将吉，则名归福格。

日辰交生，名曰脱骨，主彼我抒情诚实；日辰互克，号曰芜淫，主内外猜忌生瞋。

交生，则物与同体，故不认我而认人，有相信之诚，主两家顺利，各有生机。互克者反此，主两有相伤，有一种互克而不备者，曰无淫课。阳日从干上发传，阴日从支上发传，主事不周全，病难愈，望难成，行人未至。三传阳多，事起男子；阴多，事因女人。且主家门不正，夫妇异心，各自顾己，两相猜疑。论详后无淫条。

传课皆在年月日时，名天心，忧中不忧而喜中加喜。三传不离四课之将，名回环，悔不终悔而贞不永贞。

上课见在天之心也，天道好生，故消忧益喜。若下课，三传所以神变化者，此从四课，则少变化矣，其象故如此。不宜占解散等事。

三上克为幼度厄，腐绳维巨室之象。三下贼为长度厄，越海亡舟楫之形。

二者占，主事忧老幼，患病重来。家门不吉，骨肉乖尤。征斗失利，行者多灾。类神旺相，祸去福来。如发用阳神犯凶将，主伯叔尊长有灾；阴神，姑姨幼小有灾。日用旺相，乘吉将，主长幼得力。幼度厄子孙发用，凶神入墓，卑者更凶。长度厄，父母发用，子孙①入墓，尊长更凶。若仕宦占事，主临邑发动，更看发用六亲如何。是财，财伤；是官，官讼，或官剥。余例推。总非吉兆也。又须看余一课，或亦是克，则不安尤甚。如生干则凶可解减；或自相生，凶亦稍解②。

无禄上骄下弱，主孤单，得救神，庶几免咎。绝嗣下逆上伤，主贫苦，虽吉将毕竟成忳。

无禄尤无路，四上克下，主孤单失业，多刑伤，病必死，事起男人，占子女病大凶，兵讼先发者胜，凡事动而必静。若三传年命有一处生干者，即救神也。得救则子必胜父，又主家室孤独，官事不妨，囚者脱，逃者获。此课更值神将凶，主骨肉分散。神将吉，主分家异居。一曰此当作绝嗣。孕伤胎化，奴婢走，骨肉散，值旬空，必主

---

① 一作凶神。

② 剥，玑之摭，舆之析，手之掇，车之脱也。岸氏于陵，豕庡于石，山崩于地，人遁于山也。占者厚德省身，纵顽愎，俾人情和美，乃亨，吝否。雾幂，霜霖霖，地不接，天不应也。天地不相合，阴阳不相索，不交不求也。大人失，小子获，刚正在外，柔佞在内也。占者摈贞良，纳邪佞，上不正，下不顺，凶。◎度厄体剥。山高岌岌，其形似剥。阴道将盈，阳道衰弱。卦临九月，霜叶凋落。人离财散，求官失爵。

茕独。四下克上曰绝嗣。盖我所遇皆仇敌，吉将其奈我何？主贫独刑伤，事起女子，病易死，兵讼后应者胜，凡事静而必动，仕者罚俸剥职，庶人穷啬，逃者转匿。一曰此当作无禄，有救无咎[①]。

日辰见辰戌，又发用，曰斩关。不利安居，阳逃亡而阴主伏匿。贵人临卯酉分前后，曰励德。动摇为意，小人绌而君子得申。

魁罡临于干支，又逢龙[②]合［私门］，主不能安居。盖辰戌，动神也。中传更遇寅字，曰关［天］梁，主万里飞腾。阳日逃，阴日匿，终无踪迹可寻。凡传遇寅［天梁］卯［天关］未［玉女］子［华盖］乘贵阴合，为天地独通，利出行，及申酉白龙，逃亡可安。若不遇数神，逃亡易获。四天不可克害今日之辰，令逃者受殃；孤虚神不可克始逃日[③]。贵临卯酉[④]，而干支阴神立贵人前，是小人恃势当绌。如阳神立贵人后，是君子谦中当进，此励德之义也。盖日阴辰阴为卑，不合妄居于前。日阳辰阳为尊，不合退居于后也。如阳前阴后，君子则吉，小人则危，如小人能循礼守分，亦获吉象。若阴前阳后，小人得意，君子失机，然小人不谨身修德，亦至于凶，君子能行仁播义，终焉允臧。后说非论日辰前后，盖论天将也[⑤]。

天乙在二八立私门，名微服而各怀异志。夫妇若年神交相克，作无淫而难合瑟琴。

天乙来临二八门，日辰阴阳俱后存。即此是为微服象，惟事阴私贵后蹲。占者利安居，不利有为。君子迁官，小人退职。事亦迟迟，大事则可，小事不可。若日辰阴阳俱在贵前，曰蹉跎卦。宵小进职，君子退位。事稍迟，小事可安，大事则不可也。总之贵临卯酉，不能自安。夫妻行年冲克，及上下神互克，曰无淫，亦曰解离卦。非断弦之凶，必反目之兆。又干克支上神，支克干上神，夫妇行年亦相克者尤的。占主琴瑟不调，而有解离之事。凡夫以阳年为始，阴年为终；妻以阴年为始，阳年为终。终为下，始为上，终始相生为大同，相克为俱解，曰无淫[⑥]，无子孙也。天地解离，各有异心[⑦]。

用卯为龙战，用酉为虎斗，屡改革而忧疑不定。后合为泆女，合后为狡童，主渎乱而男女淫奔。

---

① 无绝体否。天地不交，阴阳闭塞。夫妇不和，别离南北。君子道消，小人道长。人物乖违，不通之象。◎绝嗣，主上慢而下欺，主胜客而为悖逆，及妨害二亲，灭亡之兆。无禄，主下乱而上失，客胜主而有贼害，及室家孤独，未宁之象。

② 万里骥。

③ 斩关体遁。处遁之时，阳道欲亏。恶事即起，善事欲衰。欲进欲退，疑惑难为。以小制大，君子避之。

④ 阴阳交易之位。

⑤ 励德体随。上刚下柔，随时之义。改故鼎新，众美俱至。士子得官，宜增禄位。百事遂意，吉无不利。

⑥ 一作阴。

⑦ 无淫小畜。密云不雨，夫妇反覆。信息不通，出行却伏。求事不成，迟而未速。小畜，歘旋旋，齐宀宀，风之动，天之覆也。髀之反，页之趟，股在上，首在下也。占者刚断则利，能正尔内，则外斯从。

卯日用卯，行年在卯，龙战也。酉日用酉，行年在酉，虎斗也。卯日阳气南出，阴气北入；酉日阳气北入，阴气南出。阴主刑杀，阳主德生，相战于门，故其占疑惑，反覆而不定也。总之卯酉日占，卯酉为用，人年值之，曰龙战。不论君子小人，俱主灾祸纷更，门户不常，出忌南行，入忌北行，合者离，居者往，成者败，婚有阻，孕不安，财主散。如传入三交，贼来必战。游神并之，行人必来，求财不得，病凶官改。若夫妻年立其上，主室家离散。兄弟年立其上，主分财异居。将得天后，事起妇人，乘蛇虎武，主忧惊。年命日辰六处，虽有救神，不免于咎[①]。六合卯，私门也；太阴酉，私户也。凡卯酉作传，而前见天后，后见六合，阴往求阳，其象泆女，女诱男也。前见六合，后见天后，阳往求阴，其象狡童，男诱女也。主有相诱逃亡之子女淫奔也。婚姻不吉，逃亡难获，访人不见。又有一等初传卯酉，将乘后合，曰淫泆课。若并三交，浊乱太甚，所私不止一人，所淫不止一处。若加天罗地网更凶，并天烦主男遭杀伤；并地烦主女遭杀伤；并二烦九丑，男女皆遭杀伤。若后合加日辰，男女行年并者，主婚定是先奸后娶，可不用媒也。值空亡，则为虚意耳。神将吉，日用旺相，为喜美。上克下，过在男子；下贼上，过在女人。又云用起天后，传见元武，主妇女逃亡。传入六合，主他人有逃妇也。当以主事将决之。虎杀人，陈斗伤，武遁逃，阴私谋罪人，常衣服，空欺诈他人，雀多口舌，蛇主惊疑，乙后负人[②]。

传纯四孟，总属玄胎。非妊娠，则有移旧更新之意。

三传皆四孟神也，主隐匿怀藏，或为胎孕。盖寅申巳亥，为五行生地，其象方胎母腹，男女未分，故曰玄。主事有根蒂，日渐长进之象。若寅加巳，巳加申，申加亥，亥加寅，名病胎，主事速。寅加亥，亥加申，申加巳，巳加寅，名生胎，主事迟。若下生上，身临长生之地，怀孕大吉，病讼淹留，财利增进，行人及寇贼皆恋生不来。若发用财爻得天后，值生气胎神，定主妻怀娠，年命见之尤妙。若得喜神吉将，利出行，求名利，百事咸吉。若老稚占病，则为世投胎之兆也，凶。如常占，遇三刑，得凶神将，决有惊忧。如父母爻发用，主家中尊长见灾。或日用休囚，天后子孙之落空，为玄胎不育。凡占无成，更无子息，天后落空，因孕伤母。若反吟为绝胎，虎入传尤验。如有四马龙雀贵人，大利占试。如遇勾虎，必有词讼相交，或有病人也。如长生发用，主妇人怀娠，年命逢之更准，必生男子。凡将后武主女，蛇惊虎伤太阴难产，勾陈有厄，惟朱空速产。只如常占，巳作天后，亦主怀胎。太常占病，主血疾。若巳

---

① 龙战体离。光明美丽，不利出师。二鸟同飞，雄失其雌。婚姻未合，易起官非。口舌相尚，财散人离。

② 狡泆体既济。水火相遇，会合之象。往渡得船，成功必济。所求必从，所从必遂。斯不失时，谓之既济。◎天后厌翳水性，私门六合奸神。后初合末两怀春，渭芍桑鸠斯趁。发用恰然六合，传终天后来迎。狡童得意笑欣欣，诱却姣娥行遁。◎离炎烙烙，焱烘烘，火之烈，炬之炽也。朋同亲视，目之周视也。皋睭眸空，日之环照也。占者明察乃贞，昏惑大凶。既济，水火，胥纺，阴阳不杂，二气交，六位正也。日之交，月之合，集于辰，会于宿也。占者毋敩厥伦，毋错厥履，动罔不臧，慆淫召凶。

作太阴，定伤血。占妇人病，因产后得之。占男子病，主伤气。见阴常主脓血，见青龙病亦不吉。占官事，见阴贵虎，主有官厄。大抵生胎，生下男女，兴旺家门；病胎，主母常有病，生下男女，多病难育；衰胎，只乙未日亥加丑，昴星一课，生下男女，主家销铄，无生意①。

课象三交，用传皆仲，加日辰，则主隐匿罪人之因。

子午卯酉作三传，曰三交。主藏匿者何？以仲为五行败气，故昏昧而匿不明之人为异日祸根。盖仲日仲加，一交也；有克发用，二交也；课传阴后合②，三交也。夫四仲乃五行生藏沐浴之地，偏阴无阳。故太公立课，移五阴干寄于四季也。且四仲当阴干长生禄旺，阴极盛矣。而五阳以之为沐浴败地，是刑旺德衰之乡。占者课传年命，全逢于此，诸事不吉。故武侯云：德气在内，刑气在外之日，不可出兵。占主家匿匪人，或自逃藏，谋为失明，求财不得，讼受刑勘，兵逢战击。如乘凶将，病患不治。遇恶煞，男犯法，女私通。乘阴合，门户不利，阴小隐匿，天空诈，武遗失，蛇惊怪，雀口舌，勾战斗，虎杀伤。六阳日为交罗，主阴私上门，带凶恶，有杀伤之祸。六阴日为交禄，主以禄招讼。乘武为阴私失禄，皆凶象也。如无阴合，为三交不交，或年月日时皆仲，为三交不解，二者其祸尤甚。若年命日辰旺相，乘吉将，传得午卯子轩盖课，则吉。若空亡，曰乘轩落马。午加酉曰死交，酉加午曰破交，主事不成。反吟四仲为反目交，亦凶。如勾虎入传，更主有丧孝之患③。

四仲亦名二烦，鬼贼交兴，主杀伤而更遭狱讼。

凡四仲月将，及四仲日辰，发用四仲，三传皆仲，并日宿加仲，罡系丑未，曰天烦；月宿加仲，罡系丑未，曰地烦。太阳④太阴⑤俱加仲，斗系丑未曰二烦，是天地大小吉之气太旺，故象杀伤讼狱。男犯天烦，命遭刑戮，征战伤亡，狱犯徒流，占病极凶，春夏可生，秋冬必死，凡事祸散复至，殃及子孙，喜反怒，解随结，纵有吉神无救。如日宿临卯午，为春夏天烦，男犯刑囚徒配。临酉子，为秋冬天烦，男犯刀刑法死不葬。将乘蛇主忧惊，勾争斗，后主阴昧，虎丧亡。女犯地烦，身受产难，斗讼流血惊恐，疾病难醒，孕不能成。如月宿临卯午，为春夏地烦，女产难，流血争讼。临

---

① 悬胎体家人。阴阳得位，夫妇克隆。田禾增广，财入本宫。婚姻之道，以存始终。不求自合，家庆融融。家人，娣姒命，内妇次也。姑媢甡，二女聚也。尸尔炎，爨尔薪，主内灶，修中馈也。占者明严端风化，则外从内靖，贞利亨。◎遁，岸之褒，夰之包。山掩其天，天映其山也。卑不卑，高不高，僭乎上，通乎下也。蠢之进，喆之逃，小人在内，君子在外也。占者艰贞，利逃藏，悔无咎。◎随，男有嫡，女有婳。言坎坎，笑赦赦。男归妇，女从夫。其口动，其声悦。占者悦以动人，人甘其投。

② 逢一则是。

③ 三交体妒。以阴遇阳，以柔遇刚。本无所望，卒然而章。不期而遇，所谋吉昌。遇而不遇，无鱼起殃。姤。页之揭，胫之行，举其首，动其股也。夰之融，飙之萌，天气和，风气生也。占者比之匪人，吝凶。

④ 日躔度。

⑤ 星躔度。

酉子为秋冬地烦，女犯法，为男所杀，更主刑丧死亡，男女行年并之尤的。月建遇重留者更凶。男年抵日宿，被吏执；女年抵月宿，被盗贼。值二烦，男女俱有难，不利出行，及干求事，决投凶祸。如罡不系丑未，名杜传格，利居家，忌出行，以德在内，刑在外故也[①]。

四季总名游子，不遑宁处，乘天马而意欲远行。

三传皆土，而遇旬丁天马为用也。辰戌丑未本静，而丁马入之，曰游子，主动。亦不专主远行，凡事主游移不定，踪迹无凭。占利出行，不利居守。病凶，婚阻，逃难获，官讼凶，天阴不雨。未戌丑为阴传阳，是在家远出；丑戌未为阳传阴，是在外思归。丑加辰为破游，戌加未为衰游，反吟为复游。传值墓神煞害，主冤家逼迫。此课大端主凶，如值三奇六仪，及神良将美，六处有救神冲破，可为吉也。居者欲游，游者欲还[②]。

用天马［胜光］**而中卯末子，名为轩盖，鼎席必致。卯发用而中戌末巳，号曰斫轮，印绶须膺。**

午卯子[③]三传曰高盖乘轩，有官者必迁，无官者反不能当，而有官非口舌。正七月午为天马，卯为天驷天车，子为紫微华盖，利见大人之象也。万事吉庆，惟占病难延。若传乘凶将死气，克年命日辰，或空亡，卯作丧车，或刑冲破害，万事反凶，为乘轩落陷[④]。卯加庚辛发用[⑤]，木受金雕，斫轮之象也。中传戌主印绶，是为辛之寄宫。末传巳火炼辛金，铸印之象也，主爵禄崇高。此课利士人，不利孕病，凡占主事成迟晚。或木休囚，乘白虎，为棺椁；值空亡，为朽木难雕，须另改业。春占甲乙日寅卯时，木太重为伤斧；秋占庚辛日申酉时，金太重，为伤轮，反凶。常占木日艰难，火日灾病，金日成器，水日心不定[⑥]。

巳戌卯乘轩铸印，驷六合官爵超升。害气交加，远涉有江河之患。若逢真破，得罪于帝王之廷。

丙辛合为铸印[⑦]，卯戌合为乘轩，占利仕人不利庶人。驷房星谓卯也，如卯日发

---

① 月宿朔躔。室奎胃毕参鬼张角氐尾斗虚。二烦体明夷。火入地中，掩伤明德。君子在厄，三日不食。文王之难，困于丛棘。凡百谋为，且宜止息。明夷，晶冥炎潜，冏映觇苦。目瞑炎瘥，蔽明障视也。阴气积，阳明熸。地在日上，日沦地中也。占者犯刑，君子艰贞，观号振振，令之发也。丑甡甡，豕之多也。森朱于卉，木之茂也。飍荡于垠，风之行也。

② 游子体观。观国之光，风在地上，万物荣昌，资财自长，爵禄加章，宾王褒奖。占者利涉川，利攸往，家食有咎。

③ 庶人不吉，疾病官愁。

④ 轩盖体升。木生于土，萌芽渐长。积小成大，升进而上。宜见王公，褒嘉欢赏。出暗向明，亨通之象。

⑤ 禄位加增，孕病凶险。

⑥ 斫轮体颐。谨言节食，能养其身。震动艮止，万物皆春。恶事消散，不害于人。鼎文物殷，朝仪盛旌铤髹，羽卫陈也。符显其诏，炎燎其薪，号令既行，印以信之，燔柴告天。

⑦ 庶人逢官司坝兴。

用，升迁之兆。三传巳戌卯也，占孕大吉。如传见冲常，占科举求官高中大吉。若戌值空亡月破，日辰无气，曰破印，主事先成后破，大象忌占病讼忧产四事[①]。

已上三式，凡遇刑冲破害，皆为真破。于仕宦，则获罪于朝廷。而卯为舟船，于出行商贾，有河海风波之患也。

时逢太岁作贵人，兼发用而乘月将，时泰也，有锡宝升官之庆。日时月建会青龙，用岁气以作初传，富贵也，主利见大人之征。

用起太岁月建乘龙合，带财德神[②]，为时泰课，占主万事亨利。干支得旺气，乘龙，贵人天后入传，或在年命，为天恩卦，亦主亨通。若传见空亡，名天恩未定，事属虚喜[③]。天乙发用，乘旺相气[④]，临日辰行年，传终有气，为富贵卦，或上下旺相，干支逢禄马，亦是。又日辰月建岁支作天乙，是为用岁气，一课而诸吉骈臻，占者万事荣昌。若贵临辰戌，为入狱执灭，反为不美。乙辛日，贞吉无咎，以乙在辰，辛在戌也[⑤]。

龙首累承君命，恩典频加，庶人利涉，官爵改拜升迁，民占摇动，身心不宁。

太岁月建月将贵人会而发用[⑥]，曰龙首课，一名龙德。君子恩承王命，常人利见大人之象。若岁月乘贵，并临日干作用，如龙行雨，主元吉，即逢凶将，亦无害，主仕宦超升[⑦]。驿马发用，得岁月年命日辰乘之[⑧]，又传天魁太常[⑨]入传，为官爵课，占事吉庆。如四马带印绶，更遇德神天马青龙，日辰二马尤吉。若马被冲破，魁常值空亡，日用休囚，主事延迟，而反恓惶。盖魁印常绶，传中合神动，更主重升，惟病讼堪嗟，谒不见，行人至，而常人占此，反主动摇不宁[⑩]。

四离天寇，视分至前，利居家而不利攸往。四绝天祸，规四立上，事体绝而又复重兴。

分至前一日，四离已，非远行吉兆，那堪月宿极阴。元武阴私，重加离辰，占主贼盗滋生，斗兵损陷，病即亡，孕即产，出路死伤，婚姻离散。若月宿加离辰并发用，祸事在速。乘武勾作游都盗神，必主盗来，来必战，或虎作鬼，真天寇卦也，其凶尤

---

① 铸印体鼎。鼎象九州，和美之器。变生为熟，以成香味。鼎乃阳溢，不宜争事。官鬼持世，求官最利。占者爵受鼎食，毋覆公餗吉。

② 仕者诏命宠荣，常人获财有庆。

③ 时泰体泰。天地交泰，阴阳和光。麒麟至止，凤凰来翔。小人道灭，君子道昌。求谋顺遂，恶事消亡。

④ 家昌官显，世代雍熙。

⑤ 富贵体大有。柔得尊位，官禄日实。掩恶扬善，丰财和义。广纳包容，成物之美。自天佑之，吉无不利。

⑥ 降福致祥，消苦超贫。

⑦ 龙首体萃。内外喜悦，上下皆柔。万事蕃息，利禄悠悠。求谋有济，解释忧愁。

⑧ 无官得官，有官进爵。

⑨ 天财天乙。

⑩ 官爵体益。风雷相举，益道如然。小人达情，刑狱之愆。君子位变，见善则迁。利有攸往，行人速还。

甚。商贾主劫盗丧亡，百事不遂。若年命见月宿加离辰[①]，为身欲为盗而来占也。月宿值月建，主盗贼败露。此课又主夫妻离异，父子相残，更主谋望不成，营造火灾[②]。四立前一日四绝，阴阳方交卸，是乘权却肩者，两不得力，所以绝而复兴也。凡四立日，占得本日支干临昨日干支，或昨日干支加今日干支，皆天祸[③]卦也。占主不可妄为，出客死，天有灾也，战斗流血，造葬更忌，干谒空走。如立秋属金，绝神属火，相加又发用，主火灾及雷击。木日水动，主水殃，或主盗贼淫乱。木主屋梁崩折，金主兵戈战斗，土主墙壁倾颓，更值白虎死亡，武主失脱，雀主口舌，陈主争斗，带凶煞，有不意之祸，不出九十日，或立日遇朔望，先一日为月穷，其凶尤炽，不易解救[④]。

四时前孤后寡，或值旬空，苦楚无倚[⑤]。闭口旬尾加首，乘武发用，讼枉病倾。

孤寡卦，例如寅卯当春时，巳为前孤，丑为后寡，无一吉象也。余仿此。又发用值旬阳空为孤，阴空为寡。又发用见地盘空为孤，天盘空为寡。初传空为孤，末传空为寡。春巳午孤，子丑寡。夏申酉孤，卯辰寡。秋亥子孤，午未寡。冬寅卯孤，酉戌寡。孤寡发用，占主孤独离乡背井，官易位，财空手，婚姻断，孕不成，出入防盗。日辰无气最凶。孤辰主父母灾，祖宗离散。寡宿主妻子离，六亲叛背。如旬孤寡，又值四时孤寡，为空孤空寡更凶。凡值空亡，忧喜无成。如谋望事，出旬可图。值中传空，为断桥折腰，主事难就，或中末俱空，主动中不动，寻远人在近处。初中空，推末传；中末空，取初传。以不空者决凶吉。久病空人，新病空病。吉空反凶，凶空反吉。此课大端不吉，如遇三奇六仪为救神，及遇太岁月建月将为孤寡再醮，又今日所坐位孤寡为用，曰孤寡得位，如庚日用申是也，皆主反祸为福，事先破而后成。日辰年命不论空，又有纯空反实，或遇岁月日时冲起，为逢冲暗动，祸福皆成也。闭口卦有二：一旬尾加旬首发用，一旬首位上神乘元武发用也。但看元武当旬首，又六阴日发用乘元武者，名察奸卦。若旬首加干，旬尾加支，为一旬周遍格，非闭口也。如值六甲日旬首乘武为阳神，逆度四位为武阴，失女在阳方，失男在阴方寻之。非六甲日，不必逆四，但看元武乘神为武阳，可以寻女；本位为阴神，可以寻男。如三传相克，乘凶将，并勾陈克武日时可获。如元武三传相生乘吉将则难获。如失物，在元阴生处

---

① 日者须勉其迁善去欲，告以凶征。

② 天寇体蹇。利往西南，不利东北。向暗背明，多有壅塞。求事未遂，尚多疑惑。

③ 亦名四穷。

④ 天祸体大过。四阳过盛，上下不胜。栋桡之象，事卒难明。两刑两克，所求不成。枯杨借生，自灭之征。◎大过。娣越姒，娼凌姊，少替于长，季僭于孟也。风罙于陂，过其度也。舟休于水，失其所也，占者毋利口，毋惢心，不果乃事，悔吝允凶。

⑤ 若别处有一吉象者，未可专以孤寡论。

寻。凡占值闭口，雀兴讼屈难伸，虎作不明遭罪，占病不进饮食[①]。

捕盗擒奸，既详搜于闭口。追贤索遁，宜细审其德刑。

日干论德，高人隐迹于下；日支论刑，贱者潜形其间。盖寻人须看日德辰刑所临之处，寻君子于德地，追小人于刑方。德若克刑，逃亡易见；刑反胜德，逃亡难寻；刑德同宫，则视其神之藏与否也[②]。

时克日而发用助之，天之网也，死丧缠［讼］**绕。用囚死而斗加日本，天之狱也，囚系沉沦。**

占时与用神同克日，为天网卦，占主胎孕损子，战当[③]埋伏，逃亡遭殃，病入膏肓。逢金鬼主斗讼疾病；水鬼主妇女忧病讼；木鬼主斗讼钱财毁伤；火鬼主火灾惊恐，涉官法；土鬼主争讼田宅坟墓事。传遇三煞主官灾，遇灾劫为入网卦。又天网辰也，地网戌也，又天网煞[④]天刑煞[⑤]入传甚凶，主官灾口舌，出军受围。若末传年命有救神克初传为解网，反凶为吉。此课体凶，惟利田猎，行刑追亡，捕贼等事[⑥]。凡囚死墓神发用，及辰加长生根本受伤，运用不展，为天狱卦。罡加孟忧父母，加仲忧同类，加季忧妻子。或带刑煞灾劫，为真天狱卦。虽有吉将，莫能禁止。占主犯法入狱，病者多死，出行用兵，一切造作皆忌。如罪人在狱，喜见贵临辰戌，更日辰行年得子孙，及生气德神合神解神吉将，为狱清平，官讼可理，贼围可解，反凶为宁[⑦]。

上下旺相为三光，始终迪吉；神将顺布为三阳，营干皆成。

日辰用神旺相乘吉将[⑧]，三光课也。占者任其所为，百福齐聚，皆不费力而成。若日居天乙后，中末囚死，为三光蒙昧失明，前有功德虚喜，后复阻塞难通[⑨]。天乙顺行日辰居前，用神旺相，三阳课也，万事上吉。若天乙在辰戌，为贵人入狱，而用神为鬼克日，中末无救神，为三阳不泰。占事暗昧难就，先吉后凶。如课传六阳，俱利公，不利私，大忌克破刑冲害。病虽入棺再活，囚者临刑德赦[⑩]。

六仪神传见，大集千祥，病灾散而狱囚出。三奇神为初，能消万祸，疑惑解而喜

---

① 谦。蛙宬于岵，稚牧于姥，众隐于山，子育于母也。尘幂于岩，石瘗于土，土之明，山之潜也。占者卑牧则吉。◎闭口体谦。谦而受益，满而受亏。谦谦君子，尊人自卑。利用谦逊，万事无违。无妄，页颠颠，趾延延，首之高，足之行也。子钦干父，得其顺也。雷奋于天，合其道也。占者君君臣臣父父子子。

② 德刑体无妄。天雷震响，惊怖如摧。病勿与药，虽凶可为。凡百谋望，居安虑危。

③ 逢也。

④ 正月起亥，逆行四孟。

⑤ 春酉夏子秋卯冬午。

⑥ 天网体蒙。蒙以养正，山下有泉。回环反覆，迷闷相连。多忧过失，病患相缠。欲进欲退，疑惑不前。

⑦ 天狱体噬嗑。上下相合，物在颐间。饮食之事，聚会相延。财爻持世，求之不难。所为事理，内外俱安。◎天网，主囚系疾病伤害。天狱，主牢狱责罚冤仇。

⑧ 福佑自至，凶祸消亡。

⑨ 三光体贲。光采煊赫，火色含丹。文章交错，应杂其间。进退荣益，束帛戋戋。

⑩ 三阳体晋。日出于地，柔而上行。巡运照耀，昇进其明。居官益位，祸灭福生。利见王侯，任意必亨。

气生。

旬仪支仪为用神[①]，或入传是也。旬仪支仪并临为祥，若仪克行年者凶。夫旬首为用，更作贵人，为富贵六仪，作帘幕官，士人及第。若奇仪全遇，凡事大吉。六仪者，六甲之首[②]，旬仪也。支仪者，诀所云子午丑巳寅仪辰，卯卯巳丑辰仪寅。午未未申申仪酉，酉戌戌亥亥仪子是也。如魁罡加日辰年命，遇六仪为用，化凶为吉[③]。得旬日之奇为用神或入传[④]，为三奇课。甲子甲戌旬奇在丑，丑为玉堂，鸡鸣于丑而日精备。甲申甲午旬奇在子，子为明堂，鹤鸣于子而月精备。甲辰甲寅旬奇在亥，亥为绛宫，斗转于亥，而星精备。此旬奇也。若日奇，诀所云甲日用午丙奇辰，乙巳丁卯戊奇寅。己丑庚未辛申位，壬寄取酉癸戌云是也。占者百病消，万事吉。如旬日奇并临吉课为上，有旬奇，无日奇，亦吉。若逢子亥丑兼全，为三奇联珠，大吉。更遇天上三奇乙丙丁，地下三奇甲戊庚，遁奇入传尤吉，不忌刑煞，士有奇遇。如奇作空亡，则奇精有损而福减半，先明后暗，吉凶皆不成。若有干奇，无旬奇，不名三奇[⑤]。

夫妻年用德财，繁昌介尔景福。夫妇年乘旺合，旺孕诞育宁馨。

凡夫妻行年立德财上发用，乘旺相气，值干支德合，或年立时令旺相之乡，为繁昌课。如夫命是木，行年甲寅，上见子水，水木相生。妻年是金，行年己亥，上见酉金，金水相生，甲与己合，寅与亥合，乘本命旺相，为德孕格。如逢互克，分散零丁。女占德孕，命招贵孕，娠必男形。谋为大利，家业日兴。若行年值败绝刑害，为德孕不育，则反凶。凡夫妻行年俱乘旺相气，立三合位上，为旺孕格。又逢兴旺之时，主胎孕。值此者，岁中必生贵子。其产育法，则取妻行年上神后三位，为受孕之月，再后三辰，为受孕之日，又后三辰，为受孕之时。定其生期，取年上神前三位为生月，再前三位为分娩日时[⑥]。

用起天魁为伏殃，兵伤乱死；传虎死神为魄化，丧死灾横。

天魁正酉逆四仲，非河魁也。如加行年日辰发用，主伏兵杀伤，全家疾病，惟宜祷禳以解之。得虎鬼，带二死，临日辰行年发用，或乘时令囚死煞，为魄化格。占主病者死，不病者病，讼有惊，孕损子，战损兵，谋招祸，远行忌。如日墓作鬼乘虎，或墓作魁罡带囚死发用，为虎衔尸，尤为凶横。若在年命日干上，主自死，或自寻死。若犯金神，并二血，主刀下死。水神，主死河干，亦主缢死。虎克干，防己身。克支

① 煞神回避，愁者舒眉。

② 子旬子，戌旬戌之例。

③ 六仪体兑。泽润万物，恩惠兆民。居上爱下，悦尔忻忻。利有攸往，无不亨贞。

④ 纵乘恶将，凶去吉来。

⑤ 三奇体豫。雷出于地，开蛰鼓翼。天地顺动，日时不忒。先王制礼，殷荐崇德。凡事无疑，上下悦怿。

⑥ 咸，阴之涵，潜而上行也。阳之覃，广而下及也。泽润于岸，女悦于男。山泽通气，夫妇媾精也。◎繁昌体咸。天地感应，万物和平。男女感应，夫妇康宁。感应之事，无有不亨。占者内安外惠，吉。

主丧，宜防家。上克下，或干二课外丧；下贼上，或支二课内丧。虎在阳忧男，在阴忧女。若日辰年命有冲克及得救，为魄化魂归后乃贞[①]。

传起飞魂，家有咎而人有厄；用乘丧魄，健者病而病者倾。

飞魂煞，正亥顺行十二支。加年命日辰发用，主夜多怪梦，鬼祟相侵，家遭非横，人患疾病。丧魄煞，正未逆四季，加年命及日辰上而发用者，占家主病，占病主死，常占事多艰阻，多行善事可以解免。

八迍迍邅立至，五福福禄斯臻。

八金煞也，凡一切凶恶克战日辰，并带刑害阴惨，至于极也，灾危横发，故曰迍耳。五乃中天之数，阳明之象，如传逢生旺贵人日德，即有凶亦解也。曰八曰五，亦非定然八件五件，有二三即是。八迍者，一，死气发用；二，用被地盘旺气所克；三，用神入墓；四，乘凶将；五，带刑；六，下贼上；七，中传子虚宿，乘白虎；八，凶将临日辰也。五福者，初囚死，末旺相，一也；子逢凶，母带德，二也；初凶将，末吉将，三也；初为鬼，年命上神克之，四也；旺相临日辰，五也。八迍并临，忧患至，病倾危，讼坐死，谋不成，动作皆不遂。五福相逢，变忧为喜，先难后易。合而言之，名迍福格[②]。

卦曰始终，视神将玩克战以方悟；课名新故，用刚柔察生死而始真。

终始者就三传言也，初传凶，中末吉，能解之；三传凶，行年吉，能解之；三传行年尽凶，凶不可解。始终吉，聚于吉；始终凶，聚于凶；始吉终凶，始生终墓，则先吉后凶；始墓终生，则先凶后吉。神将俱和，是为元吉，相克不和，乃名大凶也。新故者，阳干发用，得阴为故，得阳为新；阴干发用，得阳为故，得阴为新。阳主生事方生而未艾，阴主死事已去而不乘权也。又刚日用起阳神，及有气神加口，并主生

① 蛊，飘咢夆，屵碚砻，风之盛，山之崩也。蠢怪孟，蛊动于器也。妓媚于宫，女惑于室也。占者惕若，凶。◎魄化体蛊。干父之体，在用于先。三虫在器，阴害相连。厌昧之事，其疾难痊。求谋欲起，虑恐相干。

② 屯，云雾雾，朏兹兹，气生于水，月生于朔也。雷奋于峦，跃于幽穿也。龙跻于湫，陛于深泉也。占者毋堕毋嫚，凝神省心，贞亨，否则吝悔。◎屯福体屯。象迍之时，动则难生。如常之事，先易后争。时方屯难，切忌远行。婚姻即吉，谋望不亨。

气为新物。柔日用起阴神，及无气神加日，并主死气为旧物①。

《玉册》曰：日就其辰辰克日，乱首老人多疾忒。辰临日上日克辰，寄居赘婿不由身。阴阳不备无淫卦，私奸口舌女淫诈。魁罡临日号斩关，关梁杜塞往还难。励德天乙临二八，贵人摇动公门阙。微服蹉跎老异乡，君子迁官小人拙。龙战战用卯酉起，欲行不行止未止。或分或异斯时间，摇动不安进退矣。后合合后名厌翳，泆女狡童为一体。若非室女诱他人，必是妇人淫外婿。夫妻年上旺相生，有终有始无离解。夫妻年上两相克，无义无情休绝罢。三传四孟利财求，四牡玄胎胎尚柔。若四仲临关格定，三交伏匿有稽留。四季地角同游子，五坟稼穑病难瘳。日宿临仲号天烦，斗系丑未丈夫愆。月宿临仲号地烦，斗系丑未女人颠。日宿月宿俱烦并，斗离丑未名杜传。神后太冲胜光先，高车驷马始朝天。铸印乘轩官爵位，九卿名誉广传宣。月建月将并太岁，名为龙德与天连。四绝卦看在于日，天祸炽殃于四立。四离月宿加离神，天寇分至为凶孽。远行不及死亡凶，作事忧危不堪说。天网用时两克旸，死亡云集病颠狂。罡压长生为天狱，用神囚死极为殃。闭口察奸玄武神，阴为盗贼转相亲。刑德之卦求奴婢，

---

① 升，舆之粗，炙之徂，子出于腹，妇归于姑，车行軿往，获其所，得其宜也。占者利见大人，济人行道，布教得志，亨。

颐，爪丮臼，趾彳于。上娴娴，下逯逯，手执足步，安而止，运而动也。占者内勤外奠，贞亨。比顽竖昵愎夫，吝。

泰，齐入于囷，四孚于玄，五之交，气之亘。天气降，地气腾，阴阳接，天地通也。占者通阴阳之理，燮天地之气，亲良远奸，吉。

大有，焘宀宀，彡蠡蠡，鎏于页，晶灼于天，宇之覆也，文之明也，目之览也，日之曜也。占者弘大量显，文明容物，烛昧忠直，立朝吉。

萃，蒸皕䴡吅，口之宣也。甡萃龠攒，众之聚也。丑甡甡，豖友而至也。言谰谰，腾口而说也。占者立身扬名，承恩布泽，悦以匃人，则人集。亨吉。

益，妇进以礼，夫合其体，风从于雷，趾受于脾，女顺而升，男动而降，蔓其所得而宜也。占者敷文布教，得志显扬，利见大人。贞吉。

蹇，黎困困，屵颠颠，水之深，山之高也。君靡返，碍于山也。㹣靡迁，限于险也。憩于险，愀然佷然，忧且危祸其将至难之其可免乎？占者戒慎恐惧，肃躬以慎其独。悔亡。

纯局体革。改故就新，变易之道。交易其所，君子豹变。时有不遇，并宜改革。守旧则凶，从新则吉。

革，娣媢歙，姊姒匆匆，少女升，中女降也。泽之竭，内有火也。炎之戍，上有水也。占者易旧更新，修德去污。利亨。

蒙，敍聂缠冤，掩其聪，蒙其忧也。幂辟婴痏，侮其法，冒其病也。季凌于仲，弟在兄上也。石瘗于泉，水在山下也。㹣靡适，进而碍山也。㟼靡旋，退而阻险也。占者毋自知而罹罟阱，毋昵匪以闭厥聪，惕厉则无咎。

噬嗑，列缺博，礮礋灼，雷之动，电之耀也。睛睒睒，步辵辵，目之明，足之行也。占者惩不敬，戒不明。贞无咎。

贲，彡彡铭，文字生于名也。嫫嫫闱嫔，妇处于宫也。阐儒于黉，练戎于军，修文学校，教武辕门也。占者文明武威，贞利。

晋，埜芔芔，畀昕昕，覞于丑，冏于垠，地广日明观众照远也。占者明德仕人，秉钧于朝，受钺于阃，文武交修，人民咸服，吉。

兑，诹之谋，先言以询也。诰之训，后言以答也。谔之讦，语之决也。谣之讴，歌之悦也。占者弘讲习，敷恩惠，听言绎讽，则中外欢，上下愉。利贞。

豫，驷骉骉，輂轰轰，马之群，车之众也。咏歌奏和，乐之声作也。雷奋龙行，容之志得也。占者车服乐悬，和声谐律，安上全下，移风化俗，元亨利贞。

当用日辰遥隔比。发用三光须旺相，所为造作必提防。三阳天乙须行顺，用神旺相福堂堂。用起日辰并天罡，三奇日德最为良。三奇六仪都臻福，四离六祸是伤戕。或申或巳临德乡，夫妻年并号繁昌。同类异品名诞绪，三五合神多男女[①]。太岁发用合天心，利见公侯将相门。与日同类名物器，生死还须起故新。新故惟推日与辰，休囚为故旺为新。始终皆吉其逢吉，初末俱凶多损失。末节亦概言勿泥。

右论辅卦六十三条。

课传章三之三

若传寅巳申亥，顺课，相加欣快。

生元胎也，三传顺相加，以寅上加巳起数。盖四孟是五行长生之地，顺则各就所生，生神居生位也。

春玄胎，生意已萌于中；夏励阳，机关略见于外；秋占四牡，不息驰驱；冬占全福，行止通泰。

春寅木乘权，勾萌拆甲，生意方蒙，乃生生之始也，故曰元胎。四孟至夏，其生日长月盛，曰励阳者，谓阳气盛中伏衰，天道也，君子当此勉励而勿纵。秋时生气渐微，杀气渐盛，而申为传送，天地之化，至七月，乃生杀之转关，送逞迎来之会也。且巳为海角，巳酉丑三传为宽大，坤为马，四牡也，以申加巳，行大地也。至于冬，万物归根，四生各归生处，是为全福而无害，其行其止，有不亨快者乎？

四仲相加顺，以课传卯午酉子。

此三交也，仲乃败地，以卯加子起数，在卯为阴不备，日出于卯，离太阴也。在酉为阳不备，日入于酉，离太阳也。在子一阳初复，阳气未壮，在午阴气始生，阴亦未壮，重阴互损无一吉也。

春占间隔，若羝羊之触藩。夏占观澜，似游鱼之吞饵。和占四平，日逢晦朔弦望，名曰三光不仁。冬占匿阳，时遇日月辰戌，号为四门不启。

春为阴气所缚，以卯沐浴于子故也，而进退不得自如，羝羊触藩之象。夏午生于寅，败于卯，卯前辰，水库也，故象观澜而畏进。弦月渐见，望月已满，晦月既尽，朔月死而复生。酉午重阴相生，更加四仲天官阴合朱后，总属阴翳之象，象三光之不仁，暗昧之状也。子乃一阳初生，今加于酉，向闭塞之路，生机安在？故曰匿阳。日月〔二建〕卯酉也，仲神相加，更卯酉上见辰戌，总是阴阳蔽塞之意。

四季相加顺叙，丑辰未戌依倚。

---

① 谓夫妻行年之上临天德吉神也。

以辰加丑起数，五行归藏之地。

春稼穑而生长以时，夏游子而漂流不止，秋地角忘天下而据一隅，冬五墓守丘墟而舍朝市。

土爰稼穑，土之德也，故三传皆季，总名稼穑，独名于春者何？谓土生万物，春有生机，且辰加于丑，土气乍开，生意初动也。夏土乘巳午之生，有千里万里之势，游者得以驰骋旷观，故象游子。至秋土气渐衰，草木黄落，生物之功咸矣。曰据曰忘，不能溥施，殊异乎夏之通达。四土皆库，即皆五行之墓，独于冬谓墓者，万物潜藏之义，且土至冬而休囚也。

若逆相加，势违情碍。

《书》曰："惠迪吉，从逆凶，惟影响。"且五行之理，当生者旺，所生者相，递相嬗也。故成功者退，乘时者进，盈虚消息，顺利自然也。兹逆相加，功成而不退，必至身名俱丧；时乘而不进，自是坐失机会，于势于情，能不拂戾也耶？此病元胎也。

三传亥申巳寅，六合一名六害。春亢毓，有始勤终怠之形。夏洪钧，秉中正权衡之概。秋含义，无中生有之时。冬待庆，暗事将明之界。

夫逆加四孟，以寅上加亥起数，六合六害，在加处见之。亥加寅，巳加申，六合也。寅加巳，申加亥，六害也。寅盛于春，已毓矣，而亥来生之，则太过，且亥于寅，为休气用事，象始勤而终怠。寅加于巳，火木通明，巳加于申，亨嘉之会，谓之洪钧也固宜。秋申金以断制为义，巳加申，金生于巳，含义之意也，故象无中生有。至冬而申加于亥，天一生水，得申金之光，相涵相生，是为将明待庆，而春而夏而秋，生长成物之庆，于兹有待焉，故其象暗事将明也[①]。

四仲为传逆运，子酉午卯悔吝。春占陷阱，如鸟投笼。夏占正烦，如牛受刃。秋失友，既离散而复亲。冬出渐，名阴极而阳进。

四仲皆逆，为五行阳神死地也。以卯加午起数。春曰陷阱，卯午受破，子卯相刑，不利病讼，惟利捕捉。正烦，一曰二烦。受刃云者，生气尽也。大忌占病。金主杀，以酉加子，自泄其杀气，气衰故失友。然以酉离隔之神，而临阳生之地，为阴静而阳复，故有离而复合之象。冬月子乘旺，一阳初生，加衰金于上，酉气尽泄于子，则不能制子阴相气之卯，有出阴渐长之象，故曰阴极而阳生也。此死交也。

四季逆行，丑戌未辰。春曰越库，散财不以其道。夏曰转魁，委任不得其人。秋杀墓，势将兴而将起。冬伏阴，机渐收而渐屯。

逆季以辰加未起数，逆退受破之象也。春季辰土，受未中乙木之克，是发越库财

---

① 巳，火也。本克金，反为金长生，以戊土临官之位，禄荫子孙故也。然于巳火，非无中生有乎？凡事来意外，而却因于自然。

以散矣。不以其道者，谓逆施也。戌为天魁，火库也，中藏辛金。夏季未土，木库也，而加戌，为金所克，为火所脱，脱则赚，克则剥，木转魁上，托匪人矣。戌火库，丑金库也，火加金则杀金。秋气金，金，阴象也。入库则主静，得火炼之则发矣。故象兴起。屯，藏也。丑为金库，辰为水库，金水相涵，其象重阴，且子见母，故收且藏也。辰又为土库，水畏土制，故亦收藏。不事王侯，高尚其事[①]。

若顺相合，理势自然。

课得三合俱在传者，为全局课。凡占值旺相，主老凶少吉；值囚死，主少凶老吉。用有气，孕生男，求财利；用无气，坐守利孕生女，占主吉事必成，凶事难散。尊贵恩荣，常人财喜，美合婚姻，谋为遂意。财在传，财易得，传有官，官易就。日辰旺相相生，神吉将良元亨。若日辰衰囚，木并，主事迟延；火并，防火灾；金并，二血忌行兵；水并，主水怪。木压，若丑戌未乘虎，主病死，主讼狱。

申子辰为润下，宜施惠于人，以和顺为义。

子，水也。申其生，辰其墓也，自生而旺而墓，顺矣。甲乙日为生气，凡占主人有口舌，万事留滞，终不能静，多系舟楫沟渠网罟等事，吉凶多下贱人当之[②]。占讼，官事不成，亦牵连下人。占天，雨[③]。占孕，女。占病，凶，宜祷水神。占宅，不振。占文书不利，传顺贵顺吉，逆主事迟留。如并天后六合，定主淫并元武，主盗遇奇仪，则反凶为吉。大象小人亨君子吝。丙丁日为鬼[④]

寅午戌为炎上，欲亲傍于彼，以发达为贤。

火势顺序，烈焰弥天，与和顺同更，得驿马贞位，为倚权，利奏对，上进之象也。而急于进用，有亲傍之意。占主文书，金并主炉冶事，得驿马，为天子持权，仕人差遣。以辰加月建马上得神为贞神，年命遇之更吉。常人占，主口舌及宅不安。火鬼并，主火灾。雀并，主官讼。空并，主屋坏，病主发炎，或属于心。见后合，主妇人血病。占天，主晴。占人，主性急文明，枉图不遂，虚多实少。占行人至，失物在炉窑处，事主性急，或朋友鼓散不成，先喜后嗔，先合后散。炎上课，利于见官。雪明皂白。夏春占为恃势，谋事成。庚辛日名带煞，主忧。占病重、讼凶。年命更乘火神，病死讼大。凡行年见宅辰者，主火灾。戊日得斯为生气。庚辛日为鬼。

亥卯未为曲直，必福善而祸淫，当举直错枉。

---

① 又辰，水库也，受未中木脱，春木既旺，而休水复往生之，是不得其道也。

② 就下之故。

③ 如布云为霖雨也，及时则美。

④ 全局体大畜。刚健笃实，积聚丰隆。居官食禄，建立其功。论讼有益，道路亨通。利涉大川，先吉后凶。◎大畜，玑草页趟，头堕于下，手穰于上也。辟幂氓宀，君潜于内，臣蒙于外也。父不严，子不虔，父反居下，子僭乎上也。伉而不奋，健而不能动也。干而不旋，转而不能行也。占者能正己乃得人。木散金革，火炎水濡，土滞而重，母比顽童，母趁便佞，乃贞，无咎。分君子，别小人也。

木象渐长，有福者福日增，有祸者祸日甚。凡木之生，先曲后直，举直错枉，去狥而向正也。占主进退未决，先屈后伸，动则如意，不动不宁，利作舟车，修营栽植。秋冬气敛，外残内实；春夏气散，外刚内柔。壬癸乙日，准此。己日根固，丁日枝枯，辛日成器。春占大利。卯加亥，为先曲后直，始难终易。卯加未为先直后曲，有始无终，病主疯症、汗症，宜托人求贵暗祷。亥加卯作雀，音信未至。作蛇加未，主失财。未主桑绢之属。卯加未作虎，主身灾。未加卯作后，主阴人灾病，有哭泣之兆。失物藏林木器中。曲直作鬼讼，主枷杻，君子吉，小人凶，求财吉。三丁日为生气，四季日为鬼。

巳酉丑为从革，必鼎新而革故，因秋肃金坚。

金有革故之义，自能鼎新也。金神破物有刑伤之凶，占主事绪多端，先阻后当终成。占宅主更改，阴人离，占讼主换官吏，事求阴人。凡事变动，革故从新。丙丁日虽为财，如丑发用，将见贵常勾，乃为降气，却主父母灾，事先阻后就。若遇旺相气吉将并，主从革富贵。遇岁月破及蛇虎，主死丧兵革。日干囚死，有西行之兆。巳酉丑有气则革而进气，无则革而退。酉加巳为愁神，巳加酉主仕人差遣改易，常人道路门户更改不宁，有阴人离别之象。占婚大忌，以衰旺神将决之。遇金鬼并，秋作游都，主金革血光。逃遇金革，藏山石道途处。病在肺筋骨，讼主罪，求财获珍宝，远行得宜。或火多金少，火旺金囚，将得武合盗金气，名从革不革，事主欲动不能。此课占主有兵戈金铁之事，不可更改，兵家大忌。课无此式，下文献刃藏金，宜参考此注。壬癸生，甲乙鬼[①]。

稼穑自微至著，四土稽留之诠。

四土虽曰稼穑，然须玩四时顺逆，上文已详言之矣。夫土有生物之功，日渐生长，故曰自微至著。若三传无丁马，占主迟滞。戊己日主艰难，壬癸日为脱为鬼，常人占名盘皖归涸，凡事逼迫，遇雷神方能变化，雷神太冲六合也。凡占谋为，多系耕农土功，筑室田宅事。若日辰年命乘死气，为坟墓事。乘煞，坟墓不安。巳午加日辰年命，则理窑灶事。寅卯加，为耕农事。申酉加，为整城訾。亥子加，为治沟河。合龙加，为田宅交易。凡为事迟钝，病者在脾。凡占田土，用神作空贵勾常，主因田宅争斗带众；不遇等将，两人争斗田土。甲乙日主争钱物，土气重，带煞冲破者，托人费力，谋事反覆，凡事久厄者，反有救拔之意。此课最忌占病[②]。

子辰申为出奇，改过自新而得正。午戌寅为间魁，从庭舍宝而能权。卯未亥为合

① 从革情将革故，炎上意欲鼎新。

② 三六合，和美大通时，婚吉事成财利有，兵休讼释贵携持，势诎病偏危。◎合犯煞，恩府作仇家，害克冲刑空脱并，蜜砒腹剑暗中置，外好里牙槎。

从，彼我各怀其忿。酉丑巳为献刃，远近俱被其愆[①]。

出奇者，乘墓传生，有出奇改过之象，自新而归正也。间魁，课无此式，谓魁为午库，而午乘之，是在宝，传寅克戌，则从庭，而火光明矣。合从，课亦无此式，谓未加卯，则俯见其仇，而卯仰见其丘，故象各怀其忿。献刃者，巳为酉金生地，酉临之，而肃杀之气成矣。故远近俱恐被其伤，而宜预备之也。《书》曰："有备无患。"壬癸日为生气，甲乙日为鬼。

辰申子为呈斗，玩阴阳于天象。戌寅午为顶墓，会消息于坤元。丑巳酉为藏金，因事弢晦。未亥卯为从吉，待时斡旋。

呈斗者，辰为天罡，水库也，覆于子上，有呈斗之义，而子复坐生方，阴阳均平，故云[②]。顶墓，课无此式，谓戌为火墓，而旺午乘之，顶墓之象也，火为之消矣，而坐寅生方，则复为之息。戌为地足，其消其息，不出方舆之内。藏金者，金墓于丑，发传遇之，有收藏之义。占者凡事收敛则吉［无课］。从吉者，未墓覆生，而卯履之，从其吉也。占者凡事待时而动，亨。

若逆相合，事主屯蒙。

屯，亶也，难行不进之象。蒙，蔽也，稚而昧也。易象曰：屯，刚柔始交而难生。又曰：蒙以养正，圣功也，三合而逆乖违矣。

辰子申为循顺，贵毋躐等[③]。戌午寅为就燥，行合中庸。未卯亥为正阳，遵发生之意。丑酉巳为发［法］罡，防肃杀之锋[④]。逆行四土，尚宜守中。

循顺者，谓水局逆行，欲其以顺正之也，故戒其贵毋躐等。就燥者，火不顺利则燥，故正之以中庸。正阳者，言当依木生生之理，而无毗于阳也。占者戒之。发罡，谓金逆而杀气愈盛，君子须防其威。土生万物，若逆，恐其生未出于正也，故戒之以守中。

子申辰为仰元，守凝寒之困。午寅戌为正义，显朱夏之踪。卯亥未为先春，未萌先动非时过。酉巳丑为操会，已过受时岂失逢。

仰元，三传递生上而仰于子[⑤]，子水玄象也，故云润下之道，主恩泽下流。占者固不可专利招尤，今旺而坐于墓，其施竭矣。且逆行也，并已亦受凝寒之困，惟守之而已。人命遇之，终身偃蹇。正义者，人惟正己好义，能显阳明之位。君子慎之。先春者，木生于亥，旺于卯，乃卯坐未上，未离乎库也，本位乘亥，已先得主，而行春令，

---

① 被一作备。

② 辰，斗罡也。覆生墓旺，自显其能，然递脱去，而得生以呈之而无惧。

③ 课无此式。

④ 课无此式。

⑤ 甲日吉，丙日凶，戊壬平平，庚辛脱吝。

岂曰过时乎？操会，酉退而加丑，已过矣，巳退而生酉，非受时乎？先失后获。

申辰子为间斗，聚秀气于怀抱。寅戌午为华明，彰精耀于璇穹。亥未卯为转轮，因颠蹶而自反。巳丑酉为返射，酬恩德而怀戎。

间斗者，辰为斗罡，申生子水，顺也，逆行而间辰于中，则罡之秀气，聚于怀中矣。午为中天，华明之象也。寅木退行，越戌库而传之，精光自满于天表也。转轮者，木顺则条达，逆则曲局，今亥本欲往生卯，乃逆行遇未受制，其颠蹶也，宜矣。然性仁正，故能自反，终忍未而生卯，不因颠蹶而自阻也。占者勉之。返射者，金气肃杀，传递脱生酉，酉受丑土之生，其杀气愈甚，而忌刻休，且囚之巳火，忘其长生之恩德，有怀杀代以酬之象也。占者戒之。是初克末，故不吉。

以上五行合局，诸课皆主事杂不一，伙众共谋，或两三处托人谋事。若一传上神与干支上神作六合，及见天将六合者，凡谋必遂，名利皆宜。主人相助成吉也，必得吉将用事，资人进引方可，但不利解散事。曲直者，先曲后直。从革者，先从后革。炎上者，有影无形，炎而又上也。润下者，往而不返，润而又下也。稼穑艰难，作事无头，稼则植，而穑则刈也。此五行之正义也。五行课，外有寅卯辰作曲直，巳午未作炎上，申酉戌作从革，亥子丑作润下者，专一以用事。

《玉册壬镜》曰：润下之课申子辰，阴私口舌外人征。炎上之课寅午戌，妇人怀孕是男身。从革之卦巳酉丑，若逢兵家为灾咎。曲直之卦亥卯未，必因材木相争斗[①]。

登明临日辰为萃茹，事情和美。天罡加四仲为关格，人事睽慵。

萃茹者，谓亥为乾位之辰。加日辰是统天之德，聚于日辰也。天德昭明，自然和美耳。辰加子〔墓〕午〔脱〕为关，卯〔害〕酉〔合〕为格，卯酉乃日出而作，日入而息之门户，子午为阳死阴生，阴死阳生之道路。凡人一静一动，能离此阴阳，一出一入，能离此门户乎？今被天罡罗煞阻隔，何以通快？故事多睽违，情多慵惰，不能舒展也。

用为发端之门，中为移易之府，末为归计之宫。

太公立三传，极重发端，而归结在末。发端者，初传也，为心之所主，事之所向，故曰用神，灾福发现之端倪也。移易者，初吉中凶，移吉变凶；初凶中吉，移凶变吉也。又中传为事体之中间，母传子则顺，子传母则逆。鬼主事坏，墓主事止，害主折腰，休事不成。归计者，凡占以初传为事之始，中传为事之变，末传为事之终。《经》曰："发用在初，决事在末，最为紧切。"若用神受下克贼，而终传制之，反凶成吉。末克初，为终来克始，游行万里，入水不溺，入火不烧，病甦灾止，破害有阻，吉凶

① 一曰水，其局顺吉曰朝元，逆凶曰稽天，盈科后进，毋躐等，毋中涸，事缓成，孕生女，后合奸淫，武雘惊盗。◎二曰火，其局顺吉曰重光，逆凶曰燎原，向明而治，虚则明，实则暗，忠诚仁义，利厚名扬，壬癸为才，生土反制，为子母鬼，蛇雀顺火，孕则生男。◎三曰木，其局顺吉曰会极，逆凶曰厦颠，春利见，征召喜庆，秋无私，先屈后伸，夏气敷，外刚内柔，冬气敛，外伐内实，动则如意，不动不宁，作才恐遗，阴后女灾。◎四曰金，其局顺吉曰满赢，逆凶曰丛刃，改旧从新，忌婚姻，忌行军，金火相半，吉神相从，始成器而无咎。

皆不成，逢空陷空，事无结果。

孟为神之在室，仲为神之在门，季为在外之通。

此论其理也。五行生于孟，旺于仲，结果于季。自著而动，由小而大之义，概言之耳。

初生中，中生末[①]，事久凌迟而名遗失。末生中，中生用[②]，人多推荐而号尊崇。

遗失，遗亡也，脱气重故耳。如末生干则吉，不以此概论[③]。尊崇，亦名荣盛。《毕法赋》云：三传递生人荐举。重下生上，不重上生下。大凡发用之气，要无所分析，一心一力聚于干上，专益于我，则荣盛而尊崇也。若末覆生干，尤美[④]。

初克中，中克末[⑤]，受众辈之欺，迭噬，不吉。末克中，中克用[⑥]，致外人之侮，僭亡，允凶。

中初初中，缓急有辨，二者总无和气，非吉兆也。

三传生日，百事舒展。日生三传，财源耗殄。三传克日，众鬼难堪。日克三传，求财可羡。末克初传事可成，初传克末成者罕。

凡初传最忌空亡、天空、蛇虎、勾雀，诸事不宜。中传亦忌空亡，名为折腰。末传空亡，名为失尾。总之三传，喜递互相生而相旺也。初传曰发用，动机也，吉凶立见，用忌立剖，总之一毫不可假借。假借者何？设使初传本凶，动机凶矣。中末二传吉，望其救解，理或有之，若云无凶，必无之事也。至于初传本弱，将填实冲实之说以补之，谬矣，占必不验。故曰：不可假借也。至中传最忌丁马，凡事必翻腾，权柄不一，若作官鬼更多纷变，庶见子孙稍善耳。末传大忌与干支上神相冲，冲谓阵后兴兵，最难结局。凡三传天将遇白虎初，螣蛇末，名虎头蛇尾，讼事喜占。初青龙，末螣蛇，名龙头蛇尾，功名忌卜。初凶末吉，是凶化为吉；初吉末凶，是吉变为凶也。

传见妻财利益多，传见父母生意腆。传见兄弟口舌生，传见子孙福禄满。传见官鬼有两途，病讼畏兮官位显。

用起妻才，所为皆利。用起父母，事属半途。用起兄弟，难阻成凶。至于子孙，有鬼则为救神，多吉生才；无鬼则为脱气，凡事耗泄。若官鬼，君子亨贞，小人悔吝。

子传父兮逆且疑，母传子兮顺且便。

末传生初传，为子见父，多忧疑阻隔。初传生末传，为母见子，多顺利亨通。此

---

① 是初克末。

② 是末克初。

③ 初生中，中生末，末生干上神，干上神生干，五行环生，永贞元吉。财名得，病讼散。若干上神克干，则大凶也。

④ 遗失者，必干生初，初生中，中生末，末克干者为的，否则吉。

⑤ 是子传母。

⑥ 是母传子。

定例也。

三传吉兮干支凶，事吉而成无所嫌。干支吉兮三传凶，谋事不成终不善。

重三传也。

干若传支兮，我往求人而营营。支若传干兮，人来求我而謇謇。二干为我，支为人，自干传入支，我有事托人也。自支传入干，人有事来干我也。

自登明至末，亦概诸课言之，不但结通章也。

右论五行纯传及三合课，五十有六条。

课传章三之四

粤若连茹，传顺迟而传逆速。逮夫三间，向阴私而向阳公。

凡人之情顺则游，游则远；逆则归，归则速。自然之理，天地之气。东南为阳，西北为阴。自卯至申为昼，自酉至寅为暮。人日出而作，与阳俱开，故向阳而明，利公不利私。日入而息，与阴俱阖，故向阴者暗，利私不利公[①]。

故顺三间之课，亥丑卯为溟濛，而事多暗昧。子寅辰向三阳，而渐望光融。丑卯巳为出户，春雷震蛰。寅辰午出三阳，金鲤波中。

凡间位作三传之课，占者遇顺则主顺。如日用旺相神将吉，百事吉利。若日用休囚神将凶，百为俱穷。溟濛课，卯，晨明也，始生于二阴之下，事虽有明，尚在溟溟濛濛之时也。占主事体不真，忧惧不宁，进退未决。向三阳者，寅为三阳，而传之前后拱向之，岂不光明？占者自暗入明，初凶后吉，病愈讼解，人情喜美。出户者，卯为门户，出门而向阳，如春雷之起蛰于地也。访人不见[②]，行人有庆，君子迁升，小人狐疑。出三阳课，谓午后则阴生，自寅传出于巳，向东南旺气，如鱼得水之象，亨快可知矣。然出三阳则太过，占者灾咎萌，病进增，讼终凶，吝贞吉。

卯巳未迎阳者，鸣高岗之鸾凤。辰午[③]申登[④]三天[⑤]，得云雨之蛟龙[⑥]。巳未酉变盈者，如秋场之登稼，告成夫万宝。午申戌出三天，似鸣鹤之在阴，闻声于飘风[⑦]。

---

① 三间体巽。乃顺成天动，用相尚消息，交通无诸蔽障，恶事不同，风飘其响，所为随顺，进达之象。◎巽，假么丝，卒飘风，始于细微，终能强盛也。拔岸扒，氏[illegible]垠突。垒，转石伐木极远穷深也。占者施命听言，在上以风化下，在下以风刺上，唯从唯绎，贞，不然多艰。

② 利干望。

③ 雀投罗。

④ 夏荧。

⑤ 忌占讼，占身家防讼。

⑥ 巳午未申皆为天，亥子丑寅皆属地。

⑦ 课无此式。

迎阳者[1]，未日过中将昃阳，已至极满则招损。占者事宜速就，稍缓焉，则无气矣。登三天者，午申在南，先天乾位，辰在东南，亦向阳明，合之曰三天，最忌空脱，盖龙登天行云雨，官登天位转迁，占病弥增，占讼转大，行人至，盗贼来，久旱必即得雨。变盈者，巳尚午前，未酉则西流矣。阳终阴始，肃杀初进，万宝告成之时也。占官被黜，占病久病愈，新病死，占物乃过时者[2]。出三天者，午当阳极，申戌阴重，其象鸣鹤在阴，其子和之，但闻其声，不见其形。占者事情远大，凡出行、失物、官讼、疾病皆凶[3]。

未酉亥为入扃，每心劳而日拙。申戌子涉三渊，当嘉遁于崆峒。酉亥丑乃凝阴，而忧不可解。戌子寅入三渊[4]，而绌不能通。

入扃课，谓凡人心劳不休，皆属于阴[5]。《书》云："作德心逸日休，作伪心劳日拙。"善恶之门，阴阳之别也。占事速为则可，以不及时也。祥渐消，孽渐长，谋为吝，征凶。涉三渊者，申子水局，有林泉之象。戌土，山象也。入夜方，似幽人之守正。目前险阻，凡举艰难，欲行何之，欲动何作。《象》曰：龙涉渊不雨，贼涉渊不至。病讼千难万难，财官一失百失。不利攸往凶。凝阴者，阴气凝聚，何忧如之？严霜坚冰之象也。占多主幽暗不明、淫泆奸盗之事。无攸往。入三渊者，戌寅火局，而子水乘旺为渊，火亦从之化矣。占者如履坚冰[6]。末遇蛇虎为鬼，占病死。

若逆三间之占，亥酉未为时遁，无出潜之意。戌申午曰悖戾，有追悔之情。酉未巳励明，出入从其所便。申午辰凝阳[7]，动止罔戾于膺。

时遁者，亥遁于酉，酉遁于未，有退而归隐之象。占主行人不至，行者不出，君子吉小人吝，捕则难获，寇则不来[8]。悖戾者，午戌火局，中间一申，反成象于克，不和同矣，故曰悖戾。虽深入浅，犹近悔吝，勉强而退，终未能逃也。占主行人未至，盗贼不来，作事阻滞招尤[9]。励明者，涉历阴暗而复得明，是策励以从明也。占者作事，皆由勉强而后成吉。君子进取禄位，小人宜早营为。申午辰，俱南东阳位，故曰凝阳，而行止如意。一曰：一阳初逢，阴之凝阳。易所谓潜龙勿用也。阳尚凝而未得展布，占者系吝，前事尚未了结，灾尚萦系。

---

① 午为阳而卯巳未迎之，有高岗鸣凤之象。

② 阳至午而盈，未为一阴，酉为二阴，自巳传酉，物损偏缺，势过人衰。

③ 亢龙有悔之象。

④ 课无此式。

⑤ 入扃课，经作入冥，酉亥，日冥之时也。

⑥ 蹈虎是其祸在前。

⑦ 课无此式。

⑧ 酉为太阴，未中丁为玉女，利隐遁潜形。

⑨ 午阴始生，申戌阴盛，自深退浅，未能逃祸。

未巳卯曰回明，而利有攸往。午辰寅[1]曰顾祖，而喜气和平。巳卯丑转悖兮，当吉凶二者之界。辰寅子涉疑也[2]，入祸福双关之门。

回明者，午为离明，未巳卯围绕而向之，故利攸往。吉事潜成，凶事潜消。占者凡事不可骤举，迟进则吉。占天久雨则晴[3]。顾祖者，午乃寅之子，自午传寅，有顾母之象，得所生而和平也。凡占皆宜。行人来，盗贼去。惟不宜占于庚日，见鬼来，又退入鬼乡也[4]。何谓转悖，巳酉丑金局，为杀机之暴悖，今去酉从卯，是悖之转也。转则吉，然卯受金局所克，犹未离乎杀也。故界吉凶之间。一曰背明向暗，以正归邪，以巧就拙，凡事转悖也[5]。”辰子水局，中间一寅，虽涉于疑，未沉于渊，双关之义也。然退入暗处，不知深浅。占事进退不决，官病皆凶。关津防贼埋伏，安营失利，不宜兴兵，行人不来，出者不出。

卯丑亥为断涧，分明利义。寅子戌为冥阳，惟宝善人。丑亥酉曰极阴，如咸池之月隐。子戌申名偃蹇，似栈道之马奔[6]。

断涧如何涉？忘前失后时。君子宜退位，小人须有悲。盖亥为水，丑卯有桥梁之象，断则难进矣。高高下下，其为义利，岂不分明乎[7]？冥阳者，谓寅戌火局，中见子，则阳入于冥，怀宝不出之象也。自明入暗，防有暗损。占官不吉，退休也[8]。极阴者，丑亥酉俱是夜方，不见光明，占者多因酒色奸乱之事，或因淫乱而生疾致讼。盖亥主淫乱，酉主酒色，故其占如此。占疾病必至于死。若丑作贵人，加于卯上，为催魂使者，病死又奚疑哉？占讼，狱不能解，必至于部。偃蹇课，虽无此式，而其义则可存也。夫子辰申，为逆行之水局，而间一戌在中，戌山象，是坎水见险矣。过颡在山，岂水之性哉？故象栈道，非坦途也。马奔驰于此，其颠蹶不免，且以阴入阴，重遭荆棘，凡举谋为，主迷悔不明，兵战被围，出行不利。已上已下，凡无课者，皆存义以备参考[9]。

《青钱赋》曰：传神间隔有三论，一进间，二退间，三曰隔假。间者，伏吟前后二神也。在阳则隔涉阻滞，在阴则暗昧不明。隔者，反吟前后一辰，隔七隔八之谓也。

---

① 荧入白，勾反目。

② 课无此式。

③ 缺月渐圆之象。

④ 顾祖之象，归复旧庐，庚日病凶，官占则吉。

⑤ 《课经》曰：“家零、身怯、怪梦，作事如邪魔，随事好出头，不知检省，守分安命，故惧转入悖也。

⑥ 课无此一式。

⑦ 断送阳明，渐入水底，暗长明消，嗟何及矣。

⑧ 冥阳课经作冥阴。子戌阴气旺盛，自寅退戌，阳退入阴，凶暗在前，占官最凶。

⑨ 诸课言阴阳有三义。昼为阳，夜为阴，一说也。子丑寅卯辰巳为阳，午未申酉戌亥为阴，二说也。子寅辰午申戌为阳，丑卯巳未酉亥为阴，三说也。

乃元辰七煞用事，事主反覆隔手求谋，或隔州隔县，一人托一人也。三例皆主隔涉[①]阻，动静进退，不能自由也。隔式，如午丑申、子未寅、卯戌巳、酉辰亥、戌巳子、未寅酉、子巳戌、寅未子、亥辰酉、酉寅未、未子巳、巳戌卯、卯申丑之例。记曰：子加未，鼠忌羊头上；丑加午，牛田马不耕；寅加酉，虎憎鸡嘴短；卯加戌[②]，猴悲兔不平。云云。

间传亦有日辰夹定虚一格。辛卯日，干上申，三传丑亥酉。壬午日，干上酉，三传寅子戌。乙酉日，干上寅，三传未巳卯。丙戌日，干上卯，三传亥酉未之例。亦有透间格，癸酉日，干上卯，三传丑卯巳，此透干财也。戊子日，干上未，三传辰午申，此子爻透出干外也。庚辰日，干上戌，三传申戌子者，亦然。虚者透者，皆宜参天将以决其吉凶。

夫顺连茹，亥将顺行。

用神传在一方，相连而进，联珠格也。占主凶则叠凶，吉则习吉，孕必连胎，事获连举，时旱不雨，久阴未晴。传进宜进，贵顺事顺，速成。值空宜退，传退宜退。贵逆事逆，延迟，值空宜进。凡日辰夹定三传，为夹定格。凡事进退皆不由己，占讼病解除事不利，财喜成合之事可为也。凡日辰前后夹定少一位，为夹定虚一格。前虚一，主初事有阻；后虚一，主将成有阻。如虚者是才，才不足也；是父母，长上不足。例推之。又有三传透出日干外，为夹不住格。若进透者，因前进太过；退透者，因退后不及。干透支外者，不利外动，事有回环；支透干外者，不利于内，惟宜外动。透鬼，鬼在外有凶；透才，才在外有耗。例推之。又三传自支上发传归日，及他处发传至干，曰朝日格。吉将吉传，主事成合；传凶将凶，主祸，疾产大忌。若干上发传，及他处发传，归支上者，曰朝支格。凡事皆逆，被人阻滞，身不由己。旺相则可，因死更凶，利卑利静，吝尊吝动。又有三处岁月日相连，亦名连珠格。占吉凶俱重叠，凡进连事顺，退连事逆[③]

亥子丑为潜龙，阳光在下，怀宝迷邦之象。子丑寅为含春，和气积中，炫玉求售之征[④]。丑寅卯将泰，有声名而未蒙实惠。寅卯辰正和，展经略而果沐恩荣。卯辰巳曰渐离，用宾王家而利[⑤]。辰巳午曰升阶，观光上国而亨。

亥子丑全在夜方，无阳光也。子丑寅得阳气而在下位，仍宜韬养，故戒其炫求也。

---

① 隔。

② 疑作申。

③ 连茹体复。内悦外顺，举动无违。世应相合，迁官益财。失而复得，往而复来。婚姻占得，夫妇和谐。◎复，么么玄玄。徽也，雷庡龙旋。蛰也，气蠢于莫。阳之动也，物萌于困，芽之生也。占者审造化，察盈虚，观天时，虞人事，利贞。悖生悔吝。

④ 课无此式。

⑤ 课无此式。

将泰者，寅为三阳开泰，此从丑初履之，虽有将兴之誉，而功业犹未就也。正和者，寅卯日之始升也，正君子向明励治之会。渐离逼近南离，故象宾王。升阶者，午正阳，泰阶象也，非观光于上国之象乎？从辰巳升之也。

巳午未近阳[①]，名实相须得志。午未申丽明，威权独擅蜚声。未申酉回春兮，午夜残灯明灭。申酉戌流金兮，霜桥走马危惊。酉戌亥革故从新，小人进而君子退。戌亥子隐明就暗[②]，公事败而私事成。

近阳者，午为君位，巳未拱之，君臣合德，其象功成名遂。丽明者，圣主当阳，揽权驭下之象也。元吉。回春，言未申酉，东南之气减矣，故励之也。流金，谓金地肃杀，何险如之？故危之也。酉戌亥纯夜也，君子道消，小人道长，勿用有攸往。隐明就暗，以公私分明暗也。若逃亡盗贼占之，则反获吉。

抑逆连茹，亥位退考[③]。亥戌酉回阴也[④]，心怀暗昧之私。戌酉申返驾也，主行肃杀之道。酉申未名出狱[⑤]，离丑出群，疏者亲而亲者疏。申未午曰凌阴[⑥]，行险侥幸，保者危而危者保。

回阴者，自亥而回戌，自戌而回酉，乃一团阴气用事，可以卜其心矣。返驾者，以居肃杀之地也。昔孙膑占得此象，不满期而出，刖足而反。出狱者，戌为狱，酉背戌而趋申，不与戌之群丑为伍，而出往西南，是疏其昔之亲暱，而亲其疏者也。凌阴者，何申为阴，而午未凌之，阴阳交战，安危之机也。君子慎之。

未午巳渐晞[⑦]，脱凡俗而渐入高明。午巳辰登庸[⑧]，舍井蛙而旋登月岛。巳辰卯名正己[⑨]，人物咸亨。辰卯寅为返照[⑩]，行藏攸好。

渐晞者，晞阳也，指午也，未渐而入之，故有入高明之象。登庸者，午巳辰逆转，去未中之井，而向巳中之蟾，故曰旋登月阙。正己，以巳宽大，有正己之象。从巳而辰而卯，正己而物正，皆归于通达矣。返照云者，谓寅中生火，辰卯反而从之，阳明相比，行藏自利也夫。

卯寅丑联芳悔吝，须知否极泰来。寅丑子游魂乘凶[⑪]，坐见事兴立倒。丑子亥为入墓，有收藏之态，仕进无心。子亥戌作重阴，安嘉遁之思，山林甘老。

---

① 课无此式。
② 课无此式。
③ 注见上文。
④ 课无此式。
⑤ 课无此式。
⑥ 乙酉矢丁酉弹。
⑦ 癸酉日蒿矢。
⑧ 庚午庚戌日蒿矢。
⑨ 辛未矢癸未弹。
⑩ 课无此式。
⑪ 课无此式。

卯寅丑，发泄太过，中藏乌有，吝象也。今悔而归寅卯于丑，披枝归根，方兆泰来也。寅丑子，寅，三阳也，方好发施，反入丑子极阴之位，伏而不生矣。凡事成而立败。入墓者，退入夜方，纯阴用事，故其占收藏自息。重阴者，谓魂阳魄阴，入晦宴息，百事收藏。占者惟静俟之而已。宁甘没齿，夫又何求？

进连茹空，名曰空谷传声，退则吉而进则不宜。退连茹空，名曰踏脚空亡，退逢坎而进逢日杲。

进而逢空，虽顺而迪吉。然自申至戌，为自明入暗，不见为美，况逢空乎？退而遇空，虽逆则不利。然自戌至申，为自晦反光，却以为佳，况履实乎？

自此以十四节亦概论。

三间之课，亦多拙巧，利公干者，六阳课求，利私谋者，六阴课讨。半阴半阳数悠悠，原势原情莫草草，以理推求阴阳多少。

凡三传四课俱阳，或俱阴者，惟六纯课。占者值六阳，则动达。如登三天，私事凶，公事吉，官遇升迁，孕生男子。如初中空，君子畏其力减，常人赖之有力，主事得理。值六阴，则昏昧事涉阴谋，公干凶，私事利，病患不醒，孕生女子。如又传入夜方，极阴凝阴则迷甚。四顺课者，初神将凶，末神将吉；初囚死，末旺相；天乙顺行；传出天乙前。四者俱顺利也。主始艰后易。四逆课者，用吉终凶；用旺终衰；天乙逆行；传入天乙后。四者俱倒置，主事体隔绝，有头无尾，志意不遂，妻孥不顺。三阴课者，天乙逆行，日辰在后，用神囚死，将乘虎武，时克行年。占主百事沉沦，讼屈，病迍，仕忧禄位，男忌婚姻，求财破散，孕主女娠。如日辰传用，始终囚死墓，时克害行年最凶。占主诸事不成。如值丧魄、飞魂、伏殃凶煞，其祸尤烈。病死、兵败，谋事家宅遇之，事败人离，凶象也。为晦为否，为杀为消，凡事昏蒙，健人失志，喜事反忧，诸殃骈集也。若日辰年命六处，有救解之神，末传旺相，悔，无咎，贞[①]。

局有进退之异，气有旺绝之殊。衰墓总同退断，胎生进气无虞。退气则吉事终凶，凶事或吉；进气则危者危殆，安者安居。旺气升迁，相气经营利禄；死气悲哭，囚气囚系嗟吁。休气淹延疾病，四时丘墓相须。

谓诸气若同丘墓，皆主不吉也。夫长[②]生十二位，象人之始终。胎在母腹，养则初生之时，长则从初生而育以长也，宜竟接冠带矣，而又沐浴一位者何？以五行之气，不郁则不舒，不凝则不发，此复卦静以养微，易之义也。惟受此沐浴一番闭藏，而生意壮旺，得冠带而临官而帝旺也。至帝旺而一生事业几尽，那得不衰？衰而病，病而

---

① 三阴体中孚。天地养育，万物安居。泽被草木，信及豚鱼。利涉大川，厄难消除。◎中孚。内出其诏，外从其号，泽深而信广也。阳卜于中，阴庲于舆，善据而巧藏也。占者善教令受规谏，内悦外顺，亨。惠迪，吉；从逆，凶。

② 上声不读如字。

死，自然之理数。至于墓而又可言胎矣。加一绝字者，五行之气，不绝则不生。不有十月之纯阴，何有一阳之生复绝，正死生互换之交也，人鬼转关之路也。课义虽言五行，实字字贴切人事，细玩之自悟耳。进退二字，全在旺相死囚休五字上消息，大抵吉气进则聚，若散则吉者不吉，凶气退则散，既散则凶者不凶矣。此理之固然也。

《拾遗》曰：长生[①]四生也。干支发用年命上见之，诸占元吉，惟病讼忌之。然遇冲克则不生，坐空亡则不生。如临生地，则生生不已，其妙无穷。禄寿坐之，财多命永。二马御之，利就名成。忌神不宜踞此，发用不宜克此。最喜长生，且得令、得地、将良，则渊源不绝[②]。

沐浴[③]四败也。干支年命发用见之，诸事悔吝，惟捕贼喜之。然要分有水无水，若临四季，则有益矣。遇武后亥子，则有水矣。六甲分娩在即，病疴命在须臾。遇绝乡则无水，临生地则败甚，坐空房败不多。二后［淫泆］忌居，丁马［弹足］忌临。勾贵［名丧］龙合［利消］忌乘，二宅兵商大忌之[④]。

冠带[⑤]季神也。遇长生则指日高升，遇蒿弹则紏章上劾。又临于冠带，克上加冠，中遇空冲，束带失仪。武支[⑥]后临之，则失贵。子孙临冠带，则见贵。婚姻而支后临冠遇冲，破甑矣。遇空亡在干，仕途挂冠。遇空亡在支，夫亡再醮。家宅坟墓，最喜见之。临卯酉则冠盖盈门，临亥子则环带多情。坐禄坐马，显要高官。坐命坐年，身膺仕籍者也[⑦]。

临官[⑧]禄神也。功名干谒喜见。婚姻词讼亦宜。坐虎长生，升迁最速。坐空死绝，失职休官。疾病忌其人入棺，家宅恶其鬼入室[⑨]。

帝旺[⑩]四正也。功名喜其坐命。章表喜其生干。廷试喜其合雀合龙。造作喜其生支生日，临门发用。然帝旺与四败同条，用则旺论，忌则败刃。种作遇旺，花果兼收。晴雨遇旺，日月当空。龙贵常朱帝旺，而风云际会。虎蛇武合帝旺，而猖獗横行。病患占逢，则祟横相侵。坟墓卜遇，则龙来真脉。若值空亡，则家无主矣，则神亦无主矣[⑪]。

---

① 亥寅巳申。

② 萌发之神，得地乘令，兴福永久，失时违位，遇旺乃成。

③ 子卯午酉。

④ 贵加沐浴入私门，酣歌郡邑。阴后咸奸逢败气，赠谑相将。男云耗散，女曰桃花。

⑤ 丑辰未戌。

⑥ 疑无此字。

⑦ 虎马冠裳，封侯万里。空□辰丑，嫁娶重圆。

⑧ 寅巳申亥。

⑨ 白虎乘马临官，疆场名震。后阴旺入官宫，闺阁诰封。

⑩ 卯午酉子。

⑪ 帝旺一为羊刃，盖谓忌也。仕宦不畏庶常嫌，男子犹宜女子惧。

衰者[①]何义？盖父母已墓，而为人子，则衰矣。况长生以至帝旺，年亦衰矣。占宜老迈，而不宜于少年者，何也？既老则于衰宜，若当强壮而衰，非病即夭也。占家宅，历年已久，朽坏不堪。占种植，未经风雨，培植不起。惟占词讼，两造有休息之心。若问功名，一心有林下之想。兄弟衰而寡助，寄托无功。妻财衰而利微，妻宫无德也[②]。

病者[③]何义？既衰则病理之常也。脱气为之也。然病犹有解，病位空囚，病亦无妨。龙贵太阳临之，则为假病；休囚死绝临之，则为真病。二马不宜临病，干支不宜坐病。三传病分三焦，四课病分四肢，五行病分五脏，天地病分表里。各因其类而触以搜之也，可[④]。

死义[⑤]谓何？人病惟死是畏，且即沐浴神也。病而沐浴，不死胡为？若死神而临生宫，死中得活。若医神而临死位，起死回生。家宅最忌死覆干支，名人宅皆死。六甲不宜死立干支，主子母皆危。坐空亡，乘天空，假死也。逢冲克，遭白虎，横死也。六畜种作俱恶之[⑥]。

墓者[⑦]死而归葬之义。干支遇墓，人宅昏暗。初传遇墓，谋望迟违。人命投之，一生庸昧。二马投之，寸步艰难。老年遇之而多寿，少年逢之而乖蹇。虎勾舌[⑧]雀，喜入墓而不猖；贵后龙常，忌临墓而不显。坟茔喜贵人临其墓，财帛喜青龙入其库，疾病家宅则恶之[⑨]。

绝者[⑩]入墓根绝之义。禄马临绝，名利全无。穷困必至，病必死，讼必输。贵后临绝，根基倾覆，一事无成，骨肉完，妻子丧。绝坐生地，绝处逢生，天不绝人，大有起色。坟墓家宅，绝覆干支，丧子灭嗣。婚姻贸易，绝临传用，鳏寡亏折。皆所忌也。喜虎武陷此，其害远矣[⑪]。

胎者[⑫]绝处逢生，又投其胎。此天地阴阳循环不已之大义也。干遇胎，人无主见；

---

① 辰未戌丑。

② 谚云：老健春寒秋后热。喻衰则耐老，健亦不久也。

③ 巳申亥寅。

④ 退气之至，渐入不神。

⑤ 午酉子卯。

⑥ 胎败神同。自无而有曰胎，自有而无曰败，乃死生之关也。人能胎息，其神不败，其德则千古长存，死犹生也。

⑦ 未戌丑辰。

⑧ 疑作蛇。

⑨ 乘时得地曰库，积贮丰厚之象也，亦有收藏之义。《经》曰："财归本库足丰盈。"谓乘旺也。鬼在墓中危疑甚，谓失令也。

⑩ 申亥寅巳。

⑪ 阴阳之数，起于一，终于九。十者，尽数也。故河洛去十不用。此夜气之息也，生理寓矣，所以与四生同神而异位。木火受制，金水反胜，见其机乎。

⑫ 酉子卯午。

支遇胎，妻受多胎。问六甲，胎坐空而不受，受亦不实，遇冲则小产。胎坐病宫，为病胎；坐死位，为死胎；武合临，为私胎；鬼空临，为鬼胎。问病妇而胎神发用临支，则是胎而非病。问纳妾而胎神旺相临宅，则带胎而进门。六畜临胎，蕃孳生息。贸易临胎，子母多添。疾病见之，不惟病势日加，且有投胎之象。贵人官爻临之，必主上人疑猜。酉戌六合临之，又主家人敌国[①]。总之新事胎而复起，旧事胎而尚存。诸事迟滞，所为繁冗。胎之时义大矣哉[②]。

养者[③]既胎，则未有不养者也。问疾病，须赖调补之功。问父母，必有期颐之寿。种作豢畜则皆利，功名干谒宜待时。干支养而彼此狐疑。禄马养而出入无定。胎产则坐草速矣，求财则到手迟也。养临寅地受克，养虎以为卫也。养临亥位乘元，养贼以贻害也。若遇空亡，一事无成也夫[④]。

阳为德而阴为刑，阴从夫而阳自处。癸为闭而丁为动，闭死匿而动生扶。

子午卯酉，五阴禄神所系，而日德则从阳干，在四孟位上。如甲禄在寅，己禄在午，而日德则从阳干而俱以寅为德，此其例也。癸水，润下之性，干逢旬尾曰闭口，言水气在上，不能开口也。如人溺水中，一开口则无生耳。丁火之性炎上，炎上为阳，阳主动，动则生，与癸水性相反，故用亦相反也。

空亡乃耗散之神。初斩首，中折腰，而末传遇之，刖足勿用。辰戌为网罗之煞。辰覆巢，日毁卵，而发用值此，罝逵可虞。

空亡，为天中煞，人只知旬空为十干不到之处，殊不知阴阳之理，虚能起化，此正天之中也。故数中遇空，不可便说不好，细察端倪可也[⑤]。若天罡之气，鼓万物而出；天魁之气，鼓万物而入，为四时罗网之煞，言一网无余也。在日辰是静位，故曰覆毁。在发用为动机，曰罝逵者，往罹也[⑥]。

年命若立魁罡，动者静而静者动。日辰若临卯酉，疏者合而合者疏。

年命所乘之神，立地盘辰戌上，非辰戌作年命也。日辰干支也，谓干支本位之神，出加卯酉，非卯酉作日辰也[⑦]。

三传纯子孙，不求财而财大起。

子孙，干所生也，兄弟乃其元辰，父母则其忌神也。功名考试，忌其发用于支干；求财婚姻，喜临日辰而发用。疾病，喜初传之子孙。解和，喜传尾之儿郎。故曰子孙

① 酉戌为奴仆，六合为子弟，家人敌国，同室怀憾也。

② 人在胎时，未分阴阳，故多猜疑忧惧。

③ 戌丑辰未。

④ 养宜安恬，躁进无成。勿正勿忘，直养无害，则浩然刚大，助长则非惟无益也。孟子所以有揠苗之喻。

⑤ 天中之神，五行枢纽。浮游之煞，博胜孤神。◎日月所照，天空无准。太阳所临，地陷无妨。

⑥ 魁罡之神，网罗之煞。凶则陷害，吉则纲方。

⑦ 损，抓且膂，剥之也。耗而膂，毁之也。上之掠，赋敛重也。下之吚，怨叹深也。占者远色贵德，毋吝毋骄，厉无咎。好谀悦色，讆兴杌棿，凶。

者，福德也，生妻财，财大起者，财日至也。本性属土，遇木父而绝①。

三传纯父母，勿虑身而身安喜。

干为身，父母生干者也，故身安。官爻乃其元辰，妻财则其忌神也。田产文书，喜其旺相。子息婚姻，不利其多。坟墓不宜动见，是非岂可全兴？阳为父，阴为母。本性属火，是以遇水财，而父母其丧矣。

三传纯官鬼，而同类灾伤。

克干者，为官鬼，三传纯见，身不利也，而兄弟亦不利。财爻为其元辰，而子孙其所忌也。求官考试喜其旺，疾病家宅恶其多。词讼不宜重见，婚姻岂可双逢？用则为官，忌则为鬼。本性属木，所以遇金子而官休鬼衰②。

三传纯妻财，而父母衰死。

干克者，为妻财，克制父母。若子孙乃其元辰，而兄弟其所忌神也。望事功名，皆喜其旺，文书子息不利其多，婚姻不宜叠见，疾病岂可兴隆？讼事以之为救星，出行以之为领路。刚则为财，柔则为妻。本性属水，见土兄而绝。

妻妾疾厄，传纯兄弟。

与干比和者，兄弟也，克妻伤财。夫兄弟，父母为之元辰，而官鬼乃其忌辰也。合伙求嗣不嫌其有，求财嫁娶最喜其无。占功名谓之恶客，卜谋事名曰奸唆。故曰兄弟者劫神也。本性属土，是以遇木官而兄弟休矣③。

见克不克，从其鬼贼，崖岸迫而勒马收缰。见生不生，不如无生，乌兔尽而烹犬藏矢。见救不救，灾须自受，处堂燕雀堪形。见盗不盗，本根无耗，巢棘凤鸾可拟。见劫不劫，赀如陶猗。

凡生神克神，立于受生之地，则享荣自得；立于受克之乡，则自救不暇。其祸福皆不及人也。故见克似可畏，而如临危崖，尚可收缰，则危而无危矣。至于鬼作空而无制，则极凶。失人口，犯官司，百费俱起，故戒其收缰而勿前。乌兔尽者，喻彼之施恩于我者，已匮而无也。燕雀处堂，与宅同烬，不知危机之将至，救神无力也，故以之相形。棘荆，喻盗；凤鸾，喻君子，如伯夷而饮贪泉，终无盗跖之心也。故拟之。凡同类见，本虑劫财，而子孙临干以泄其气，则反主丰盈，是以比之陶朱猗顿之富④。

如合中带煞，蜜里藏砒。若煞遇空亡，荼中得荠。交车如长生之位，苦去甘来。

---

① 土宜作金，木宜作火。

② 木或作金，金或作火。◎丰，畀之干，日之转也。晴之彚，日之动也。雷礲礲，其声震也。电烜烜，其光睒也。占者有文事，有武备，以惩其盈，以戒其嫚，谦恭，利贞元吉。

③ 师，溟之滨，地之垠，岛之涘，海之畔也。辟辩丑甡，法严而众从之多也。占者齐内整外，矜而不争，群而不党，贞元亨。

④ 需，页颠颠，聪囷囷，首之高，耳之深也。云浮于畀行也，朏流于天通也。占者广听，听直，友善良，屏奸辟，待时而动，亨利元吉。

交车坐刑害之宫，福移祸倚。

蜜中砒，喻吉中有凶也。荼中荠，喻凶中有吉也。交车者，干支门路，正在上下照射处也。立地盘生处，则福自生；坐地盘刑害处，则福消祸伏，乃幸中不幸。曰位曰宫，皆指地盘。

先生后克，乐极生悲。劫煞入辰，萧墙祸起。

先后言三传也。初生干，末克干，凶。辰为宅，劫煞加之，则祸从内起，同室操戈也①。

日辰神将相生，龙虎庆明良之会。日辰神将交克，猿鹤争风月之巢。交车入墓，瘖痖双盲之象。交车刑冲，风瘫瘈膈之爻。

此二交车，指乘神，与干支交车，乃天盘也。墓气闭塞，故病盲哑。刑主伤残，故主疯瘫。冲主摇动，故病瘈膈。从其类也。交车十法，详载《毕法赋》中。

乙戊己辛壬同四仲，号为九丑，天地归殃丧乱。

乙是雷电始动之日，震而不安。戊己是诸神下位之日，又为诸神清虚之府，坤也，合德于乾，传入坤，维曰下位也。壬是三光不照之位，壬禄在亥，六阴俱足，日月至此损照。辛是西方杀物之位，又居四仲极阴位上。大吉，贵人也，十二神之主，为星纪，言诸星朝会于斗，那堪亦临极阴？九，阳数也，言阳之丑也。戊子、戊午、壬子、壬午、乙卯、乙酉、己卯、己酉、辛卯、辛酉十日，又四仲时占，丑临四仲发用者，九丑卦也。占主家长有灾，婚姻有害，造葬不利，出兵有损。凡事谋为，徒劳心苦。吉将福浅，凶将祸深。刚日男凶，柔日女凶。如刚日，日辰在天乙前，为重阳，害父；柔日，日辰在天乙后，为重阴，害母。日辰乘虎，决主死亡。当此之时，万事不利，更与大时小时并，祸不出月，即不并大小时，亦不出三月，迟则三年。如日与雀并，官讼口舌。与武并，失物奸淫。并勾斗讼，并虎病丧。大时正月起卯，逆行四仲。小时，月建也②。

死绝休囚气加日辰，名曰二难，夫妻反目焦劳。

日为夫，辰为妻。上下刑害，冤仇冰炭。上下六合，宾主漆胶。课三刑发用，并于行年，为刑伤课，大小不和之象也。占主家门不昌，婚凶，胎堕，征下顺利，斗上伤残，谋为乖戾，凡事灾殃。如刑神为用，或递互相加，乘凶将，临日辰，人情不和。刑干伤男，人身不利；刑支女病，家宅不安。时刑干，忧小口小人，时下不利。善刑恶无忧，恶刑善大凶。刑月建，不可讼人。刑日辰，不可远行。干刑速，支刑迟，四

---

① 小过，下怫怫，愎其上也。上悖悖，惧其下也。趾之[illegible]，足之跌也。爪之坠，手之失也。占者惕心知止，悔亡。动则罹殃，戒之哉。

② 九丑体小过。飞鸟翩翩，音彻于天。进则有咎，退则无愆。多忧过失，疾病相缠。出入不利，必有屯邅。◎讼，倔弜胥执，辛諎胥絷。刚强者，法所缧；罪戾者，狱所居也。直嚚嚚，词正而诉也。曲聑聑，理迂而喧也。占者刚断自惩，无咎。窒，终凶。

上相刑遇鬼，公私之扰，尊长不分，或值血支，占胎必化。若遇德神吉将有气，则主事有阻而终遂。干支害神，上下相加发用，临年命，为侵害课。占主六亲失靠，骨肉刑伤，疾病忧苦，财利损耗，求婚人破，干谒不见，行师覆没，占孕堕胎。如六害临日辰发用，乘凶将恶煞，主侵害凶祸。若带合德喜神吉将，则事虽艰阻而终成。上下三合六合，万事喜欣①。

引从干支名用媒，家道必兴而人丁必旺。干支首尾字回环，成事鼓舞而散事号咷。

得地盘干支上神前后发用为初末传者，曰引从课。若士庶占之，名利超升，婚孕并吉。虽遇凶将日墓，及六处有冲不为害②。有干上旬首，支上旬尾，或干上旬尾，支上旬首者，曰周遍格。占主庆福迭至，而不利占散忧事③。

男年支而女年干，合后成婚，何须媒妁。辰加罗而日加网，巧中反拙，莫逞英豪。

占婚，男命行年临支上，女命行年加干上，定主先通后娶，媒妁可不用也。日前一位号天罗，地网居冲奈若何。又曰：辰前一位网，覆陷遮藏事障魔。占主弄巧成拙，如醉如梦，动则受困。

和美也，上下日辰三六合。荣华也，贵人禄马命年遭。

干支遇三合六合④，上下互合，为和美课。占事皆吉，惟忌病产⑤。交车值空，先喜后愁。交合盗气，彼此怀脱。交害，宾主妒忌。交刑，两相争竞。交冲，先合后离。交克，合而争讼。禄马贵人临日辰年命，并旺相气而发用入传，更乘吉神将者，为荣华课。占之元吉⑥。

干支天月德用，年命吉逢德庆，课防夹克。用神德遇天干，传支道合合欢，年吉神陶。

干支德神及天月二德发用⑦，加年命，乘吉将，曰德庆课。占主元吉。若带煞乘虎，及德空，或神将外战，被刑克则不吉。德神为鬼，占功名凶。占病无咎，乘龙尤美。忌发用神，内外夹克⑧。日辰遇天干作合⑨，并支三六合发用，并占人年命同吉将，为合欢课。占主万事皆吉，惟孕迟生，病迟愈，讼和为贵，失物难寻，谋望必就。若

---

① 刑伤体讼。天道西往，水脉东流。求事未遂，心常怀忧。争讼宜止，可用和休。◎侵害体损。损上益下，后易先难。本非走失，事主忧官。必损而已，何以为安。

② 用媒体涣。逐波随水，患难将消。恶事离身，狱讼出牢。利涉大川，舟楫遥遥。出入无滞，福德滔滔。

③ 涣，灥荡淼深，飁涟澜漪。风行水深，风动水流也。舟淲于渎，漂流于洍。木浮川，风生穴也。占者行法施令，闲（当作阐）以风化。利贞。

④ 神合道合，宾主顺悦。

⑤ 和美体丰。日中见斗，幽而不明。此事远大，隐映其形。水中见日，无所取呈。求财未得，事卒难明。

⑥ 人宅俱利，动止均美，孕麟儿，婚连理，利征伐，开千里。◎荣华体师。独行越师，最不宜动。君子有命，小人勿用。共相克伐，政道成讼。

⑦ 诸煞潜匿，病甦囚释。

⑧ 德庆体需。云行于天，见险不前。身将有厄，恐被勾连。大事欲至，忧虑悬悬。光亨贞吉，利涉大川。

⑨ 人情欢悦相成事。

带刑冲破害，为蜜里藏砒。合空事竟难济。合带暗鬼克日乘蛇虎雀，有害。凡三合事主迟关众，或二阴作合，求婚大利①。

数值亨通，传用支干俱旺。盘珠课体，日辰岁月同昭。

凡用神生日，及三传递生日干②，或干支俱互生旺，为亨通课。占事皆吉。若递生值空破刑克，无救则凶③。太岁月建及日时，皆在四课，为盘珠课，亦名天心格，主事远大。惟三传在四课中者，回环格也，主谋为皆遂，凡事皆成，吉倍吉，凶诚凶，贼不出境，行人归家，而占阴私散释事，反不为良。如日旺相，神将吉，大利。若初传太岁，中末月日，为移远就近，缓事亦速也。如太岁加戌，戌加太岁，为重阴忧女。月建加辰，辰加月建，为重阳忧男。戌与岁加月，为阴覆阳，事内起；月与辰加岁，为阳覆阴，事外生。此传及行年，纵凶亦吉，惟不利占病讼生产，及忧疑阴私解散等事。若日用休囚死，神将凶，凡事成灾祸甚④。

太阳照武，荣捕缉而盗获。月将加辰，耀甲第而门高。魁度天门，行多险阻。罡填鬼户，事任持操。

元武贼神，喜于黑夜中行事，今月将太阳临其上，则不能掩形而受擒也。辰为宅，日宿加之，其屋自然俞涣而向阳。亥为天门，而以地网之戌加之，自多棘荆，故占事多关格而艰阻。寅为鬼户，以天罡首领之神坐之，则众鬼俱服。占事无有不能舒展者。《毕法赋》曰：魁度天门关格定，罡塞鬼户任施为。

若冲破，若凌犯，若殃咎、死绝、死奇，总非福本。

凡冲神加破为用，或用神为岁月日时冲破，是冲破课。占主人情反覆，门户不宁，婚不遂，孕不成，病凶散，财平平，谋望成而复倾。如遇德合喜神吉将，旺相有气，谋事虽难，终为无咎。若乘恶将，无救甚凶。破加破碎煞，尤凶。凡旺不宜冲，衰墓宜冲；吉忌冲，凶宜冲；凶空忌冲，吉空宜冲。类神空亡，岁月冲则摇动，日辰次之。破不宜望成事，最宜散凶事⑤。凡干克支，下贼上为用，或支贼干，上克下为用，凌犯课也。占者主尊卑不分，君骄臣逆，父顽子忤。若克下，外事起，如贼上，内事生。三传递克日，神将克战，干支乘墓，殃咎课也。将神外战，祸患易解；神将内战，祸患难消。占主病讼危，营谋蹇，出行阻。如末助初克日，主他人教唆贼害，官防弹劾，常人横祸，或被邻人连名诉诘。如三传贼上，日辰内战，主家法不正，丑声出外。惟

---

① 二阴谓二四课。◎合欢体井。邑乃可改，井不可离。安身勿动，守道无亏。所作于人，且宜修之。逃亡难得，应没还期。

② 谋为省力，坐待亨泰。

③ 亨通体渐。渐进之义，动静皆宜。食无求饱，款曲施为。婚姻和合，行人将归。

④ 盘珠体大壮。羝羊触藩，其道难全。令人刚强，已成过愆。非利勿贪，善莫大焉。大壮，劈仡仡，健也。趯欻欻，动也。页趾趪，倒也，足首出，反也。占者正内直外，刚守决断。亲贤小心，吉。犹豫，有咎。

⑤ 冲破体夬。乾兑相刑，恶闻其声。文字契约，事未易成。必须刚断，始得吉亨。夬，谔之讦，言之决也。鉴之喆，行之直也。刚正伸，柔佞阕，阳长阴消也。占者献可替否，无咎，否臧，多凶。

占官自慎，则迁升①。日之死神，加死绝之乡发用，曰死绝。主纪纲紊乱，百事衰败，旺者病，病者死。例如甲辰日午加亥发用也。甲木死在午，午火绝在亥。罡系日辰阴阳发用，为死奇课。占主病死，征凶，讼禁，谋虚，婚嫁出行，祸患自招。如带日鬼日墓灾劫恶煞相并克贼，及乘白虎，必死之兆也。如临岁月之上，为三死课，祸尤的。天罡临日，旬内忧；临辰，月内忧；临岁，岁内忧；临孟，忧二亲；临仲，忧己身；临季，忧妻孥。若旺相德合相生，遇吉将，及得六处有救神及奇，反吉，辰为月将尤美，为死奇回光。曰斗系忧病死，月照忧疾病，日加有吉庆。如日加年命，虽见斗月可免其凶②。

曰五坟，曰灾厄，曰丧门、鬼呼、鬼墓，均属祸苗。

稼穑课作日墓，乘恶将发用，五坟卦也。占者不可独行，远出逢祸，病讼连绵，须慎之。凡丧车、游魂、伏殃、病符、丧吊、丘墓、岁虎发用，为灾厄课也。值丧车，主病忧死，妇人产难，非病有危；值游魂，主鬼祟，妖怪不祥，精神忧恐，病患灾凶；值伏殃，主殃祸相侵，伏兵杀伤；值五墓，主死丧病凶；值三坟并虎煞朱雀丧门，有葬埋事；或丘墓入传，季神逢丁，神将凶，主恶祸官病，凶灾最速。占主产亡，病死，财喜俱坏，婚孕俱凶，师旅大败，行人不归，访人不见。如日辰行年有救神冲克，及天地医解之，病可保。或龙作日鬼，为幸中不幸。虎作长生，为不幸中幸③。丧门者，正月起未，逆行四季。值发用干支年命，主病死，乘虎甚。天盘作鬼，加地盘墓上，行年将凶，真鬼呼也。暗害累狱，主病有祟。干支发用，作干鬼墓，或作支鬼墓，为鬼墓课。又日辰墓乘蛇虎，加卯酉并行年，为墓门开格也。阳鬼，主公讼是非；阴鬼，主鬼神星宿。多主谋事不成，灾厄及己。凡鬼入传，又为墓，非官灾，必疾病。辰未为日墓，暗中有明；丑戌为夜墓，昏昧日甚。辰戌墓，主刚狂急速；丑未墓，主迟延柔缓。占主人丁多耗，家宅不昌，行人不至，病者如狂，谋为迟滞，捕盗深藏。如鬼加日发用，常人占凶。或有德神旺气，求官大利。或墓作日鬼，坐魁罡，占科甲，中必高捷。若日鬼发用，中末逢墓，常人得喜。或鬼墓临日辰作生气，或有制克冲破，或逢空，变凶为吉。病不死，囚者赦，凡事皆吉。卯酉日，墓临卯酉，为真墓门开格。见丧门吊客死神死气乘白虎，占病必死。墓临长生，旧事再发。生旺入墓，事成中止。

---

① 殃咎体解。出于险难，恶事消散。狱讼可释，共相歌赞。婚不和谐，人如隔面。久患在床，今当冰泮。

② 死奇体未济。水火不交，刚柔失位。求事未成，多有壅滞。如狐度水，必濡其尾。积小成大，谓之未济。◎未济，水火相北，火炎于上，水润于下，各相背也。阴阳忒，七居于阴，八居于阳，妄相差也。月之亏，日之蚀，宿不合，辰不积也。占者淫慝最凶。

③ 灾厄体归妹。归妹未吉，其道将穷。天地不交，闭塞不通。有灾有咎，无始无终。所作不顺，必见其凶。

墓入生旺，事废复兴[1]。

十杂拘钤，总五行而区别。

十杂，看发用本性真不真，发用得本日长生，上祖必本性，如得本日墓神，家中必有两姓同居。拘钤，以干支配色数，加四时休旺以断之。数目颜色，有倍有进，集中已备。

杂状物类，贯三才而分标。

此课但取初传动爻，以推五行纯杂，数目物色为用，曰杂状格。惟子午卯酉四仲为纯。寅中生火，一杂。辰中墓水土，二三杂。巳中生金，四杂。未中木墓，五杂。申中生水土，六七杂。戌中火墓，八杂。亥中生木，九杂。丑中金墓，十杂。如寅卯为木，春寅怀火杂木，故卯为纯木也。季火金水皆然。惟土守中宫，分旺四季，每季各旺十八日，总七十二日，合为成岁。故辰有余木，未有余火，戌有余金，丑有余水，各十二日。四孟月为怀胎，四仲月为娠壮，四季月为死墓葬，为五行十杂。凡凶课视救神，吉课防害鬼。其数目、日期、颜色、物汇、觅物、寻人、克应可取神而明之，存乎其人[2]。

凡课俱取初动，以别其六亲，物类亲疏，旺相休囚为用，曰物类课。如甲乙日干，取寅卯发用，为己身同类。寅为兄，卯为弟，辰中乙为妹，亥中甲为伯之兄弟，未中乙为叔之兄弟，子为父，亥为母，亥中壬为伯，丑中癸为叔，申中壬为长姑，辰中癸为小姑，申为祖父，酉为祖母，巳中庚金为伯祖，戌中辛金为叔祖，丑中辛金为祖姑，未墓为妻，丑为妾，戌为婢，辰为继妻，土生庚申金为媒人，午为子女[3]，巳为女，寅中火为兄之男女，未中火为弟之子女，戌中火为姊妹之子女。生祖为曾祖，生曾祖为高祖，男生为孙，孙生为曾孙。其丙丙丁火、戊己土、庚辛金、壬癸水之六亲，皆仿此推。凡推妻妾，则阳为妻，阴为妾。若占父母，要父母出现；占子孙，要子孙出现。父母太旺，则克子孙；兄弟太旺，必克妻财。旺相相生吉，休囚刑害凶。阳神下临阳宫，有德合为亲，入阴宫为疏。阴神下临阴宫，有德合为亲，入阳宫为疏。更以神将

---

① 鬼墓体困。水在泽下，万物不生。君子固穷，小人滥盈。三山幽谷，向暗背明。占者有难，守而勿争。◎归妹，龙蟠于涡，雷蛰于洼，获安而得时也。男反于室，女归于家。震有妇，兑有夫也。言唯唯，咲哇哇，动相然而悦相应也。占者美婚姻，惠内振外，悦而后动，则人无不届。困，朏晦泓竭，聪蒙咽噎，月没泽枯，耳充喉鲠也。疒罹于忧，诼加于谪，婴愁苦，遭谗毁也。占者省法于内，悔吝。

② 解，雷趯于天，骇于险也。龙跃于陂，惊于水也。悸愕愕，啾叨叨，惊且惧，忧而嗟也。占者慎讼狱，毋斁彝伦，毋伤和气，畏法株守，厉乃无咎。◎渐，耑禾于岸，髀甡于碣，木茂于山，趾登于岭也。丮之艸，辵之癶，手有所持，足有所行也。占者能承上命，能奠下人，吉。由卑以升高，由小以致大，亨。骤进，多悔。◎井，机联联，组牵牵，辘轳之转，绠索之引也。罙厥皿，跻厥困，器入于深，水出险也。占者行合中庸，上则下从，利涉大川，利亨。

③ 疑无此字。

吉凶，参详其富贵贫贱存亡应验，此六亲吉凶之族类也[1]。

如阳日用起阳神，旺相有气，加日上，是新物。用起阴神，休囚无气，加日上，是旧物。或甲日日辰，见亥为生气，将来新物，应在父母。见卯为木旺，乃目下事，主不新不旧之物，忧在同类、己身。见未乃木葬处，为死事，主已过旧事及旧物，忧在妻奴下人。又阳日用在干前，为未来，在干后，为过去。阴日用在干前，为过去，在干后，为未来。又乙日属金，妇德从夫，日上见辰为阳，主生新物，见未为阴，亦主新物，乃阴德在阳。乙庚化金，辰巳金生处，未土金冠带位也。丑加日上，为死故物，金墓在丑也。此阴阳衰旺，死生新旧之物类也。如初传旺相，神将吉，末囚死，神将凶，主事先成后毁。反此者主事先难后遂，有救亦然。此始终吉凶之物类也。如占六畜有气无刑，则主孳育；有刑无气，则主伤残，更以神将旺相生死囚休，逐类推之。

独足超乎世外。

己未日干上酉一课也，诸事不利，独利山人。

蓦越发于课稍。

第四课发用也，吉凶成败，皆起于倏然之间。

冗冗灾祥，重重祸福。执迷文成万绪，几先理自同条。

右论间传连茹辅课，八十有四条。

管子曰：入不入，事最急。

课以克为传，其事有应。如元首上临入，重审下克始入，比用涉害及反吟伏吟，皆自克而生，故谓之入。占者十有九应，故急也。如遥克昴星八专别责，不自克入，其吉凶应迟。

课得元首，事可永久。

凡事顺守则久，顺其分而定守之，顺其势而推行之，可以长守富贵。虽遇凶，亦畏名分而不敢犯。故元首者，人品为贵、为尊、为君、为父、为长。占物，为头上物，为近贵物。占功名，为魁首。行兵，为尊制卑，贵役贱。占讼，先起者胜。主臣忠子孝，凡占皆顺。

课得重审，凡事宜谨。

凡事以上而被下所犯，自取不正，人得议之。故凶多吉少，须自量力审势，不可肆志。若得天时旺相，得地理温和，得中传生助者，为天地人相助，则吉。反此则力孤，所行不正，自取其败。

---

① 物类体节。天地得节，因时所成。节以制度，俭以丰盈。内忧外悦，不出户庭。于身谨节，无不康宁。◎节，夫咋咋，妾悚悚，夫语及下，妾惧于上也。言聑于聪，得其宜也。水泓于泽，获其所也。占者立宪纳规，敷惠恤灾，毋不孚，毋执己，己有则人乃悦，亨，利贞。

时若克干，天网自张。墓罔加干，自取其殃[①]。出克入克，贲育难当。后空后鬼，进退无方[②]。

此亦论重审。占人品，为臣子，为妻孥，为民，为贱。主子逆臣乖，事起女人。下害上，贱役贵。功名，次榜，改上，副官，推正。占物，足上头下，先顺后逆。一云：此段乃重审注。

知得比用，免得人弄。

凡事一人一事，我何得相制，须谨慎小心，纵事弄我，其凶不大。上有二三克，是上之人参差；下有二三四比克，是下之人参差。必审何者可依，何者可恶，恶者去之，喜者依之，则同心去取，不堕其奸。须审所喜者何姓何方何人何地，从之居之，为吉。占人品，为兄弟、朋友、主事同艺、同僚。占人事，为同议、同谋。占物，为钳剪交椅等物。占禽，为鸳鸯。占兽，为狼狈。植为连理，潜为比目。

知得涉害，所事不败。不知涉害，为害必大。

凡事交害，而有可比，是我有赖使，利害交加，安听其害而取毙哉。须审其害我孰轻孰重，重者来速为殃，轻者来迟可支。轻者缓之，重者防之。或动之色，以荡其心；或诱之财，以寝其毒；饮之酒，以散其谋；结其势，以去其凶。赖其子孙，以舒其忿，或见官司，以治其罪。不得已或远隐逃避，宁有祸哉？占人品，为仇贼[③]。占事，为争害，劈侮侵凌。占草木，为荆棘。占饮食，为毒物、药饵。占器，为刀枪、杻械。占物，为鹰蝎蛇虎狼鸦。刚柔涉害，以地盘论深浅。在孟，事多反覆；在仲，进退不定。

纵有千金谢，不教作弹射。

凡事利上不利下，凡恶人欲肆害，而我欲制之，制非正攻，量其势之轻重而平处之，义与仁也。彼若势恶，为刑为害为冲，而吾以休囚之弓，空亡之弹，不过为戏玩耳，岂能攻之哉？必弓强弹利，则可遏耳。彼若微弱，则吾之朽弓空弹，不为失备也。天乙逆治，则子父不亲。天乙顺莅，亦君臣猜疑，客不可留，口舌起于西南，事主动摇，人情倒置。用传带土，始为有丸，能伤人；无土灾轻，忧事自解。见天空阴武，当有欺诞事。祸起于内，行兵不利先动。第四课发用，尤无力。

死与不死，要明蒿矢。

凡人起害之心，不置于死不已也。如一下克及涉害反吟入最急。至于蒿矢害人，不入为缓，遂可以弃之乎？有时发祸，其轻固不足忧，其重每置人于死。占者须辨何者为轻而可得生，何者为重而罹其毒。此课主外人侵害。占人品，为仇为贼。人事，为乱。物为杻锁。禽为啄木鸱鸮。

---

① 一作祸。

② 一作进退不得。

③ 一作贱。

成与不成，须看昴星。

凡事成败，固定不移。至于昴星，人皆谓轻而无力，不知昴星虽不入，而事之成败，比所入者尤急，不可不慎也。柔日昴星得吉，而忧惧常兼。刚日昴星得吉，而出行常忌。果吉而成，凶而不就，其尤吉也。占者宜审而勿忽。占人品，主外人或来人。人事，主来事或人来事牵惹。占物，为铁炉箱属。刚日虎视转蓬，防暗昧惊忧，空则灾轻，忌子午卯酉日值此。举动稽留在外，难于进止，远行恐死他乡。女多淫泆，酉为私门，不宜用事，病患多惊。柔日冬蛇掩目，伏匿迟滞，自隐于内，进退犹豫，四正亦主灾轻。

自已无策，专看别责[①]。

无克无遥克，只三课，不成昴星。刚日合干为初传，柔以支前三合，中末皆取日上神。得此别责，贵人不能自立也。夫内不能以自立，而外又不知机，专而自用，则不免于咎矣。故不从人以自求其护，并同人以善其事。占人事，为人托干。占物，为牵连。

课见返吟，先破后成。

有丁己辛干，取传不同。丑日斜冲巳上亥为用，未日斜冲亥上巳为用。中取辰上，末取日上。易欹易斜，不能长久之象也。南北相违，占事动则宜，静则扰，难成易破。遇吉将良将，只遂其半，反覆不定。凡反吟带刑冲破害，事有多端，远近系心，愆仇恐怖，反覆呻吟，欲动不动，散复合，疑不决，事从下起，臣慢君，子忤父，妻背夫，朋友失信，祸生于外，久动思静。柔日非一事，事有多端，事成亦破。占人品，子反父，臣欺君，奴加主，小加大，彼此相拗，吉而反凶。器物，有反交之势，头上足下。

行与不行，栖潜伏吟。

伏主静，其事不行，宜守，不可妄行。然有守而吉，有守而不吉，何也？凶事宜守，吉事宜动。吉而不动，内不能立家，外不能显名，上不能致君，下不能泽民。岂不为固执乎？凶而妄动，则家长不善，处事受侮，不亦凶哉？占人品，为隐逸，为无为。占人事，为隐滞。占草木，为枝叶。占物，为妇人戏具。

内外宣淫，课得八专。

阳日从第一课顺数三辰为用，阴日从第四课逆数三辰为用，又以三辰之地盘上何神为用，中末皆取日上神。两课不修帷薄，男女溷杂，见后勾武，主叔嫂通奸，兄妹淫乱。上下乱则溷，人事乱则壅，家不齐，人不治，事不成。占行人，乘舟则利。占官长，独断。占物，竹夫人。占花卉，夜合花。占禽，为鸥。

官自为官，民自为民。官占与民，民受其迍。

民者官所治，官者民所尊，先官后民，先尊后卑，理也势也。使官民一等，无尊

---

① 自原作日，疑误。

卑之分，则天地生物之心，混然而不别也。故数有前定，有官数，有民数。大要官得官吉，民得民吉。反此则官被削贬，未仕者废；民则鬼乘夜位为鬼病，乘日位为官讼，而得罪于官。若鬼乘蛇，生祸作怪。乘朱，是非百出。合鬼，财喜致伤。勾鬼，杀伤斗打。青鬼，争婚夺财。鬼作空而暗损，鬼作白而死亡。乘常而有孝服，乘武而被盗劫。作太阴，阴谋之侵。作天后，妇人之难。如斫轮[①]，君子得之，有登车之显；庶人得之，为囚车；占病，为棺椁丧车。铸印[②]，君子挂印，庶民犯印也。高盖乘轩[③]，君子有章服之荣，民有丧服。盖其吉其凶，因富贵尊卑而定，军民不可概论。若值空亡，乘轩落马，仕者有阻失气，任者将停，未仕者须退。加凶丧而带丁马，主远窜。加丧吊而带病符，主丁忧。克太岁，天子不容。害月建，上官弹劾。重审下克上，凶将为下民之反告，财神作脱，为寇贼之败征。岂可以官得之而以为吉，乃不之虑耶？

不论官民，时逢富贵。将得时临，平民得志。

凡贵乘旺相临日辰，官民同吉，如三光、三阳、三奇、六仪等课。凶化吉，吉常新，百事遂，病者生，讼得理，狱赦宁，百凶解，万福臻也。

《三传图考》弁言

六壬渊奥，五行乘除，其中之理数神机，不外夫阴阳生克，义无涯而书有尽，心可会而口难穷，曲能有通，真未尝露，乾坤内飞潜动植，耳目间臭味呼吸，何在非数，何在非机也哉？以四课言，每日十二时，六甲得七百二十数，其经也。以年命论，每课真建十二象，一日有七十二变爻，其纬也。局分十二，门有九宗，辅卦二百三十有五，视其三传，加以名义，原兆六十有四，名二百四十，昼夜天将之异，止于一千四百四十，人命行年之加，至于四万三千二百，加时遁复建，每课一百四十四，为一千七百二十八，六甲合一十一万七千六百八十数，此又以太阳为经，占时为纬也。加以人事之参差，稽疑之纷出，其理其数，又何胜言？惟此未发之真，触机而应云。

① 卯加申用。
② 巳加子用。
③ 午加酉用。

伏吟

凡二十有一式

暗昧刑
德禄绝生
旦将虎蛇勾
申寅巳
夕将后龙雀
兄 才 官

庚午 德禄归生 干支拱夕贵
庚辰孤辰劫马
庚寅六仪冲刑
庚子交车三合
庚戌斩关
庚申 满盘皆虎 旦将尤凶

恃势刑
未丑戌

丁未乘恩入墓
己未独足之象
辛未支传干斩关

午子卯

火烈刑
自焚其方
无课

不逊刑
末生干
丙寅交车刑
丙戌恩赦
丙午旺德
巳申寅
戊辰斩关
戊子支德
戊申德禄合生
末克干

丙子干支二德
丙申旺禄临身
丙辰斩关
丁巳末生干丙同
己巳干支拱日禄
辛巳干支互德
戊寅交车害
戊戌孤辰
戊午刃禄

金刚刑
杜塞格
龙战式
酉未丑
酉戌未

自戕其方
丁酉虎斗
己酉干支拱暮贵
辛酉龙战
害炁交加

辰丑戌
辰亥巳
辰酉卯 水流趋东刑
辰未丑
辰巳申
辰卯子
一本俱作辰戌未

乙丑稼穑
俱斩关格
乙亥杜塞
水流趋东格乙酉
乙未稼穑
乙巳仪神作财
乙卯刃禄交车害

戌未丑

恃势刑
无课

无礼刑
卯子午
原作卯子卯

丁卯龙战 下同
反目交
己卯三交不交
辛卯交车合才
一神不再刑

亥申寅
亥午子 木
亥辰戌 落
亥寅巳 归
亥戌未 根
亥子卯 刑
亥未丑
自刑格

壬申孤辰
壬午杜塞 水日
壬辰斩关 丁神
壬寅交车合
辛亥三奇斩关
壬戌闭口德奇
壬子三奇
丁亥华盖覆日
己亥德神符用

伏吟总名
重载浅水
子卯酉
又名隔山照水

无礼刑
无课

稼穑格
癸酉元首余同
癸丑游子才动
癸卯全鬼末合
丑戌未
癸巳顺水鱼
癸未游子三奇
癸亥拱禄格
弟兄恃势相刑

力争相伤
丁丑三奇
己丑交车冲
辛丑斩关拼吉

无恩刑
旺悬胎
禄病绝
旦贵
蛇勾虎
寅巳申
兄子鬼
龙雀后
暮贵
三刑克干甲寅满式德禄

甲子干支德传
拱旦贵宜干贵
甲戌斩关德禄
甲申交车冲 传马
甲午 四虎格 夕占狮兽 冲宅格
甲辰斩关干空

凡一十有三式

文书千里
鬼才才
庚辛己
阴后贵
未午巳
勾六朱
己戊丁
癸酉曰蒿矢
无金旺禄临身
曰渐睎脱凡俗
而渐入光明

满堂金玉
庚己戊
鬼官父
青勾合
午巳辰
蛇朱合
丙乙甲
皆蒿矢
庚午三奇传长生交车合
庚戌丁未遁鬼临干必因长上而凶动
曰登庸舍井蛙
而渐入高明

野火烧茅
巳辰卯
辛未蒿矢虎武夺禄格
癸未弹射上下自合格
遁三奇
曰正己人物
咸亨

曰返照
辰卯寅
无课而有名义
行藏攸利

事有定期
官才子
胎养生
申未午
才子兄
败冠禄
乙酉蒿矢六仪旺禄临身徒妄作
丁酉弹射传才入墓才难用
曰凌阴行险以
侥幸安危相反

卯午午
腐鼠卧辙
曰联芳悔吝
须知否极泰来
卯寅丑
丙戌支坟冒日
丙午寡宿
戊申空用
戊午不备
庚辰虎鬼蛇雀克宅
丁未八专帷箔不修
己未交车合
乙巳逼迫煞
丁巳旺禄临身
己巳三奇
辛巳宜政业
癸巳斩关上仝
丙申元首
丙辰自害
戊戌干支墓冒
戊辰三奇

密云不雨
刃冠带
旦常空空
酉未未
夕阴贵贵
兄父父
辛己己
庚申日八专夕将帷箔不修

曰游魂乘凶
莺立春花
寅丑子
无传用有名义
坐见事成立败

退茹

戌卯午
乙亥六仪
己亥辛亥
塞马嘶风
戌酉申
返驾肃杀
丙子戊子支墓覆
庚子天狱夹克文书
戌午申
一旬周遍格
乙未昴星
丁亥旺禄
俱斩关格
癸亥阻隔
壬申孤神
壬午六仪
壬戌反常
壬辰孤
壬日壬子
己酉昴星干支
互破

曰回阴
亥戌酉
无课而有名义
心怀暗昧之私

鹊噪高枝
甲子六仪
甲申互墓
甲辰闭口贵人在门
甲寅空空如也
甲戌防谋
甲午交车害
子亥戌
丙寅六仪
戊寅斩关
庚寅三奇互墓
壬寅三奇关隔
丁丑交车害
乙丑六仪
己丑交害
癸丑坐禄
辛丑自身煎熬
他人逸乐
曰重阴嘉遁
甘老山林

丑酉酉
墓火焰天
辛酉别责
培本而空亡
乙卯乘禄雁害
丁卯己卯旺禄
辛卯禄逢虎武格
癸卯三奇连珠朝干格
丑子亥
曰入墓收藏
仕进无心

凡一十一式

退间

良马生驹
甲戌六阳
甲申交三合孤辰
壬戌初逢外战
壬申四胜杀格
午辰寅
辛亥交车合害
辛酉夏秋得时
辛未上合破下刑
曰顾祖喜
气和平

六庚日见鬼
来引入鬼乡
庚午初中拱地贵 助鬼伐德
庚辰支才助干鬼
庚寅抱鸡不斗
庚子六仪 避难逃生
庚戌 枉作恶人
人宅罹祸
庚申 夕占尤凶

贵人喜会
丁乙癸
辛己丁
贵朱勾
胎生冠
巳卯丑
阴乙后
才子鬼
曰转悖当吉
凶二者之间

贵人列席
喜非常
癸未弹射
交车三合
合财
太阴持书
利科举

曰涉疑
辰寅子
无课传
有名义
入祸福双关之道

桂影新新
鬼兄才
己亥蒿矢六阴悔吝
合蛇后
旦狡童
病墓胎
卯丑亥
迭噬格
龙虎武
己酉蒿矢空亡作鬼
有人出外走忙忙
曰断涧利
义分明

花发斯年
乙弹射
乙酉墓门开格
癸亥壮基培本格
尊荣格
未巳卯
癸酉因宴会喜庆而致病
曰回明利有攸往
癸蒿矢

曰凝阳
云卷瑶空
申午辰
无课而
有名义
动止罔戾于心

落花遇雨
季为春风
壬辰
狮兽冲
宅格交
车合子
病旺冠
六青白
寅子戌
蛇合龙
子兄鬼
壬午
斩关用
脱干生
支室美
人劳
曰冥阳惟
宝善人

丑巳巳
丁卯三奇
辛卯虎乘丁鬼格
己巳三奇
丁未己未八专
空用不利官病
丁酉别坐旺格
己卯九丑
癸卯乱首
乙卯踏空难进格
辛丑交车
合才三奇
癸巳日辰上合
乙巳四课无形
丁巳踏空难进格
丑亥酉
戊辰交害 戊寅三奇 戊子旦病死
戊戌交合 戊申干支受克 戊午寡宿
丙寅三奇 丙子蛇墓克支 丙戌交合
丙申周遍 丙午日辰害 丙辰踏空
陆地行舟曰极阴如咸池之月隐

青云得路
尊荣格
乙亥蒿交车合
暮占泆女
酉未巳
丁亥弹射用长生
曰励明出入从其所便

豺狼遇猎
壬子虎鬼克支
壬寅干支俱败
戌申午
甲寅干支乘空
甲辰坐堂婿乘权
甲子避难逃生格
甲午
六阳数足
宜于公正
曰悖戾有追悔之心

亥寅巳
鸣鹤在阴
遁生格
衰胎格
乙未昴星
乙丑
随空入墓
旦狡童
丁丑自支传干
亥酉未
辛丑鬼胎乘武
癸丑三奇乘马
己丑交车三合
旦狡童
曰时遁无
出潜之意

曰偃蹇
子戌申
无课而
有名义
似马驰栈道

凡一十有四式

巳未未
枯木摇风曰合义
甲申交害
庚午长生鬼
巳寅亥
壬申福传贤贵
壬辰长生临身
壬戌水日逢丁
己亥寡宿
癸亥利害格一进一退
辛丑别责天网
无中生有
丙申德用
庚申自合自刑
庚戌生格
庚寅乐里生忧格
庚辰恩多怨深格
壬午孤辰
壬寅寡宿
丁亥壬墓冒日
辛亥元首官

辰丑戌
无发用
有名义

曰正烦如牛受刃
卯子酉
无发用
有名义
风光易过

猛虎入城 辛巳弹射 初逢隔将
曰洪钧
戊辰马发蛇龙飞天
戊寅反常干支皆病
戊戌 干奇 贵人病
寅亥申
戊申干奇不备
中正权衡
戊午六仪苦去甘来格
戊子旦蛇头虎尾干支互脱
尊崇格
己巳蒿矢交车害

兔眠于圃
高盖乘轩
鼎席必致
天马轩车华盖
午卯子
正七月占合格
丁酉六仪逢破
己酉交车合生
辛酉元首作官
癸酉外战四酉皆龙战
甲子飞龙在天利见大人
丙子进用长生
干破神加支
庚子六仪
壬子私胎格
曰失友散而复亲

未辰丑
无发用
有名义
忧中复喜

遇贵方举曰待庆暗事将明
甲戌蒿矢空用孤辰
夫妇无淫各有私
虎勾蛇
申巳寅
后雀龙
绝病禄
病悬胎
甲午蒿矢受生格旦倒拔蛇
日阴阳六害
辰阴阳相刑
甲辰蒿矢坐狱破合格
蒿矢有金见血光
被贵公庭见讼
惶履狱

曰出渐阴极阳进
酉午卯
无发用
有名义
覆水难收

雀鸣在阴巍峰枯木
倒拔蛇
虎阴蛇
戌未辰
龙常后
斩关格
稼穑格
癸未 元首六仪 四库濡滞 干支随鬼入墓
癸巳 白戌伤亲步 而又牵龙戌
癸卯 在泥不能奋腾 干支乘刑 交车合
癸丑 刑冲格 三阴 游子

亥未未
辛未 别责 寡宿
六神藏没曰亢毓始勤终怠
丙寅蒿矢俱生格
亥申巳
病玄胎
丙辰蒿矢四生格
丙戌蒿矢
丁巳蒿矢三奇斩关
丁未自破格
己未斩关 八专
亥辰辰

子辰戌
丁丑昴星闭口互墓
遇虎不猎
己丑昴星绝 神发用
曰陷阱
丁卯蒿矢龙战六仪
子酉午
如鸟投笼
己卯弹射龙战
丙午蒿矢干支长生
三数三交格藏匿
辛卯昴星龙战
虎视逢虎
子未子

车驾无輗
乙丑赘婿旦破碎虎乘遁鬼
乙亥三奇游子传才化鬼格
乙酉九丑支坟才并旅程羁
旦蛇阴虎
暮龙雀后
丑戌未
乙未福星斩关不备
乙巳支坟冒日游子
乙卯九丑四课无形
甲寅八专
空用寡帏
丑亥亥

退加

退合

曰循顺
辰子申
无课而
有名义
贵毋躐等

鸡栖于埘
曰先春未萌先动非时过
卯亥未
乙未禄神传生格
丁未寡宿
己未虎鬼克干支格
周遍辛未传财化鬼交合互胎
己巳虎乘干鬼格
明暗二鬼格

驾车于载
壬戌甲 行不止桥水
甲壬戌 冲我足不见
后六白 我亲令人促促
寅戌午
虎合后 戊戌日蒿矢
生墓旺 泆女狡童
鬼兄 随生入墓
曰华明彰精光于天表

曰法罡
丑酉巳
无课而
有名义
防肃杀之威
背暗向明

巳申丑
乙丑周遍格察奸 戊子昴星交车合
己丑虎乘干鬼凶 丁丑产生男
癸丑荣辛 辛丑交车害
巳丑酉
乙酉三六合吉 癸未合中带煞
己酉传子化才 癸巳无妄之疾
癸酉乐里生忧格 丁酉龙战
辛酉金日逢凶
龙蛇入庙曰反射怀杀伐以
酬恩俱名遗亡

鸟噪中庭
火壮归墓
甲庚戊
贵常勾
午寅戌
甲壬戊
常贵勾
日遁三奇
曰正义显朱
夏之踪六仪
鬼乘天乙乃神祇
催官使者赴官期
课占盗贼贼
必不败
尊崇传内遇三奇
辛巳日履狱
天将为救格
丁遁鬼格
遁地贵人格
火烈自刑格
贵人履狱

敲冰取鱼皆斩关格
丙辰自合旦蛇内战
丙申周遍传鬼化才
戊辰六仪作用 戊申一旬周徧
人多推荐 庚子三奇
子申辰 庚戌事成
而曰尊荣 庚申空用
庚辰水流趋东格
壬辰三奇狡童
壬申六仪遁三奇
曰仰玄守凝寒之困

花谢再生
乙 常 勾 递上贼贼干曰
亥未卯 僭亡受众欺凌
朱 阴 空 丁巳日蒿矢
木局生干
曰转轮用颠蹶而自反

新月初圆 木局生干
乙卯淫泆 丁卯自在格
己卯乱首泆狡 癸卯生合
辛卯危中取才 壬子交害脱气为救格
未卯亥
乙亥支乘墓虎 壬戌支破临用
丁亥恩赦 己亥残下狡泆
辛亥传才化鬼 癸亥书信有阻
曰正阳遵发生之意

大石藏水 传鬼成才
空 庚 丙 险危
武 龙 螣 寡宿 三六合
申辰子
后 虎 合 丙子日弹射
才 子 鬼 交车合 泆女
曰间斗聚秀气于怀抱
水生加旺 贵人救解格

经纶已布
丙戌日弹射白衣输林
干乘退碎
酉巳丑
乙巳日蒿矢传鬼化父生日
干支上神自合
曰操会已过受时岂失逢

龙战于野
甲子虎乘遁鬼 甲戌赘婿
甲申斩遇重关 甲午支坟冒干
甲辰室大人衰 甲寅大吉
戌午寅 甲日寅日俱斩关格
丙寅自墓传生 戊寅六仪
三奇（庚寅狡童 壬寅明暗二鬼
丙午泆女 戊午九丑狡童
庚午传鬼为生 壬午六仪和美
曰就燥宜于行合中庸

凡一十有一式

凡八式

车得新轮

乙丑丁马出现　丁丑勾空内战格
己丑旦鸟失巢暮剑出匣
辛丑财乘武盗格

卯戌巳

癸丑干支受生　癸亥交害病凶
癸酉望有事成　四课俱死绝
癸未费有余而得不足
癸巳事成被扰　癸卯回环墓门开

曰斲轮印绶须膺　大忌破害

开花结果

禄胎合　干入墓发用
后勾元　闭口　绝禄
兄官才

寅酉辰

丙癸戊　甲子日知一
虎朱武　幼度厄无禄
不利干贵求　俯坵仰仇格
财祸从中出　讼主白头妇人作
渴求招祸格　对亦主外人害己

野马渡涧

丑申卯

无课

萱草生庭

戊辰六仪长度厄马载虎鬼格
戊寅干吉支凶　戊子赘婿三奇
戊戌三奇进神自盗

子未寅

戊申干支乘死
戊午九丑空用
丙寅一旬周遍格六仪幼度厄
丙子无禄反常父子夫妻不睦
丙戌三奇幼度厄丙午飞刃冲支
甲戌仇丘赶贼神格

反噬多愆

辰亥午

无课

龙隐天街

舟行风横

乙酉斩关水流趋东格
丁酉干支受生贵人食禄

亥午丑

己酉三奇争分之象
辛酉三奇

明月腾空

巳子未

无课

来匆飞云

庚寅互旺大美动成罗网
庚子才神闭口庚戌交车克合
庚申绝嗣　庚午寡宿夹克

戌巳子

甲申互旺干支坐墓
丙申进神福星而自墓
戊申干支乘死墓门开格
丁卯寡宿干墓并关人宅废
己卯六仪斩关　辛卯自取乱首

退隔

火交水微

壬申干支坐墓　壬午赘婿
壬辰反常　壬寅人宅坐墓
壬子损害迟疑　壬戌墓门开

午丑申

戊病寒热痨瘵
庚辰交害绝嗣
甲辰四自刑死绝　丙辰刃虎武
乙亥文星临身　乙未奇仪递传
乙巳双生格　乙卯七煞
丁亥空用　己亥六仪交合
辛亥多口可畏

春冰遇日

癸戊空　旦占有人患泻痢
蛇常合　干支俱伤
衰胎禄　无禄无路

未寅酉

虎贵龙　辛巳四上克下
父子兄　上门乱首
劫禄　干坐合支入墓
庚丁　暮占因得衣
惹祟引患

曰僭亡允凶致外人之侮

沙里淘金

申卯戌

无课

猛虎陷穽

甲午有金丁丁有鬼狩狩
甲寅干支坐墓
辛未禄粮神格占病必死

酉辰亥

己未旦隔将夕外战
丁未孤辰幼度厄死绝
己巳无禄不宜干贵
丁巳幼度厄交车害死绝

返吟

凡一十式

岩松冒雪
人
甲子遁虎作鬼
鬼
甲申五虎格
甲辰交车合
丙寅互合格
寅申寅
伤
庚午虎遁鬼格
庚寅赘婿
残
庚戌空亡
丙申交车害
绝元胎

俱绝元胎格
甲戌斩关
甲午去来遇鬼贼
甲寅六仪
戊寅来去皆空
壬寅逃亡远去格
庚辰空用
庚子五虎格
庚申六仪
壬申交车合才
戊申长度厄寡宿

羝羊触藩
丑未丑

浮云蔽日
子午子

亥巳亥
戊戌日宜用干
亥未丑
白浪翻江
亥未辰
倾欹转侧

马痛仆痛
车翻舟沉
丁丑求受脱炁
井栏射格
己丑才乘丁
马格占必
问妻之事
辛丑井栏射

白浪翻江
门
乙卯察微旦奴逃夕忌占病
丁卯夫妇无淫各有私
户
己卯暮虎夹克
辛卯交害斩关主小人破阻
虎斗龙战
卯酉卯
癸卯交车鬼全伤自克格
更
乙酉交害权摄不正
丁酉交车生旦脱上逢
改
己酉来去皆空鬼脱乘武脱遁格
辛酉交车害斩关小人欲
败三交
癸酉太阴夹克夕贵内战
反目交

紫燕离窠
贵
宜占病讼莫卜婚财
贱
乙丑反复凌空
进步不如退步好
朱 常 雀
戌辰戌
雀 常 朱
乙墓于戌
冲破格
不
乙未陷空行空
分
禄神闭口格
斩关格
稼穑格

辰戌辰
火水未济

酉卯酉
日月薄蚀

去来无实戊巳日

巳丑丑
闪
戊辰无形孤寡
电
丙辰劫鬼立传
壬辰干支俱绝
巳亥巳
春
丙戌全伤坐克
戊戌来去皆空
雷
壬戌日鬼加辰
二课主官讼
巳丑辰

丁未己未井栏射
乙亥四课墓败
丁亥覆墓闭口用
己亥去住皆空
辛亥占天有雨
癸亥有离妻之兆
乙巳蛇虎凶元合私
己巳来去皆空
丁巳交车三合
癸巳旦贵夹克
辛巳别谋易业
辛未井栏射
交车墓五坟

孤雁逐群
道
丙子乘鬼用刃
戊子来去皆空格
路
壬子借钱还债格
午子午
驱
丙午鬼绝为用全伤格
戊午去住咸虚
驰
壬午交禄旦占丧柩宜禳
三交不交

羝羊触藩
心
意
利功名
癸丑游子因妻致病格
忌病讼
朱 未 常
丑
常 未 朱
不
同
阴阳间隔
癸未反常心成虑破
捷要三传
未丑戌

申寅申
蓝田种玉

凡九式

事用再谋
丑午亥

羝羊触藩
甲子六仪天狱交车害
甲戌螣蛇内战格
甲申干支乘墓三奇
子巳戌
甲午初末引从支
甲寅昏迷之象绝嗣墓
丙寅六仪俱墓两蛇夹墓
戊寅周遍格螣蛇内战格
庚寅三奇日辰两墓
壬寅三奇斩关干支乘墓

亥辰酉
水涵花影

戌卯申
寒灰复燃

燧人钻火
俱隔假格
甲辰长幼寡宿墓覆
丙辰长生入墓末克干
戊辰三传贼上内战斩关
庚辰引从天干拱贵格
寅未子
金日逢丁凶
壬辰反常墓干斩关
乙丑求才大获格
乙卯六仪合鬼夹克太阴
乙亥坐堂婿避难逃生格
乙巳日鬼临干墓覆支
迭噬众欺
旦占家法不正格

雀喉于天
辛丑首尾相察奸
辛卯干支相会
辛巳私胎格十二合
卯申丑
辛亥朽木难雕
丙申直符为用
戊申元首斩关
庚申八专自墓
卯丑丑
旦外战暮隔将

丑妇照镜
壬干俱斩关格
壬申干支乘墓鬼墓
壬戌上神自害幼度厄
辰酉寅
丙午六仪幼度厄重墓盖日
戊午隔将幼度厄
庚午孤神天狱逼迫
壬午避逃而反得才

萱草生庭
丁卯全伤
丁丑福德
丁巳两贵夹支
丁亥引从支
丁未干支乘害
乙未日奇入墓
巳戌卯
己未无禄
辛未干支上刑
癸未长度厄
己卯不利生计
己亥斩关
己巳白虎内战
己丑交车合
丙子六仪自墓
戊子斩关
庚子交车合
壬子丙贵引从天干
乘轩铸印
官爵超升

野马渡涧
癸巳损孕格进退两难
癸卯死绝格六仪为救
午亥辰
旦蛇空后
暮武勾后
癸丑初支德末支破
癸亥才来急取格
僭亡人侮

羊遇虎狼
乙酉乱首天狱
丁酉长度厄
未子巳
己酉绝嗣
辛酉长度厄殃咎末克干尤毒
癸酉引从天干格
迭噬众欺

山猿跳涧
丙戌两蛇夹墓墓神覆日
合合刃
申丑午
戊戌旦隔将终吉暮外战始凶
庚戌德禄传墓逢鬼

酉寅未
金谷丘墟

进隔

进合

大石藏水
飞盖游
甲戊壬
螣元青
子辰申
龙武蛇
壬丙庚
才兄子
访人不见
励德蹉跎格
交车合脱
六仪作用
戊辰日弹射
三六神合道合
旦三传内战
弹射有丸
不利占讼
曰出奇改过自新而得正

白虹贯日
乙未自生传墓
辛未因才而生祸
丁未三奇德合
亥卯未
己未三奇狡童才神闭口
己酉九丑三奇狡童传才化鬼
丁酉干绝支墓
曰曲直福善祸淫当举直错枉

曰顶墓
鸟噪于庭
戌寅午
无课而有名义
会消息于方舆

韫玉待价
丙子支乘墓虎
丙申死刃为用
丙辰交车合
癸丑近邻火灾
酉丑巳
献刃远近俱被其伤
癸亥长度厄
癸巳赘婿闭口
乙丑德贵临身
己丑缀瑕
乙巳交车合才
丙戌传才交害
丙午将坐才神
丙寅金刚格
癸酉回环格
丁丑德合居干
长生空用
辛丑金日逢丁
旦狡童
癸未干支值绝
癸卯才空格
乙亥蛇虎遁鬼
己巳两蛇夹克初
丁巳传才从德

经纶已布
丁壬空
养旺死
贵虎勾
丑午酉
空后雀
癸戊辛
兄父子
合干 合支 合干
旦三虎格
励德
戊寅日昴星
三奇
合而不合

白猿出山
曰润下宜施
惠于人以和
顺为义
申子辰
申午午
乙酉合德格
眷属丰盈
六仪贵
顺脱生才
甲辰日萬矢
水局水将
夏占不利
甲寅日八专
帏箔不修

龙战于野 欺诈不实男
须杀妇女守空室
甲戌残下
甲午求受偃蹇
寅午戌
辛酉六仪三奇九丑
戊戌元首泆女
戊午自合互害六仪泆女
曰炎上欲亲傍于彼以发达为名

天马出群
丁卯元首
辛卯空用
己卯自取乱首以上俱龙战
壬子因妻致病脱气为救
壬寅首尾周遍
壬午日辰六合
壬辰日辰三合寡宿
未亥卯
己亥赘婿危中取才
壬申干支上刑日辰俱死
壬戌交车合
夕才宜急取
丁亥反常
辛亥为娼为贼
乙亥交害德合
乙卯合中带煞
曰从吉待时而动

曰合纵
大海得鳌
卯未亥
无课而有名义
彼我各怀其忿

春雷行雨吉龙投枯井凶
甲子荣盛格死奇
甲辰人宅皆死
励德
庚子孤辰
辰申子
庚午斩关隔将
庚戌六仪苍龙安居
庚申水传水将脱炁用事
庚辰两两三合
庚寅人宅皆死
戊子收魂神见火忌占病
戊申三六合吉亦收魂神
曰呈斗玩阴阳于天象

曰从革
巳酉丑
无课而有名义
宜鼎新革故

曰间魁
蛟螭绕穴
午戌寅
无课而有名义
舍宝从庭

凡九式

凡一十有七式

亥戌戌
云 才官父
卷 朱后常
亥寅巳
瑶 勾白阴
空 曰四牡不息驰驱
亥丑丑
丁未三奇冒罗
己未闭口才狡奇
俱八专斩关
戊戌干支乘刑
戊辰才马禄传
俱弹射
贵怀怒
辛未别责察奸

时未亨通
庚辛甲 比用
青常后 众鬼虽彰全不惧
戌丑辰 赖干上寅也
虎阴蛇 壬辰日蒿矢
丙丁壬 先值惊危终
鬼官鬼 不为祸虎头
蛇尾
稼穑艰难曰游子飘流不定

少凤生雏
戊午支才加日宜出才
庚午干支害破
壬午寡宿
乙卯覆墓 丁卯见生加干
酉子卯
俱破交格
己卯交车合
辛卯干刑支破
癸卯破刑格皆三交格
曰观澜游鱼吞饵

韫玉待价
甲子不行传 癸巳身安心忧
甲申闭口自害 己巳斩关
甲辰墓支 甲戌刑害格
甲午脱炁
申亥寅
甲寅交车害
戊寅俯就格
庚寅交车长生
壬寅初逢内战
丙寅干支禄马 丙子干支自刑
丙戌六仪黄裳元吉 丙申赘婿
丙午马劫传生 丙辰干支自合
丁巳两贵夹干格 辛巳干乘蛇虎
曰励阳机关已见于外

夜行失道
戊辛甲
庚癸甲
后龙常
子卯午
武空合
曰四平日逢
晦朔弦望
三光不仁
两阳交害
两阴受制
阴阳复合
天地阳交
丙申日蒿矢
三奇神用
交车合害
干阴刑阳
支自相刑

云笼半月
俱 乙丑干支退破
墓 乙亥游子闭口
神才才才
旦 青 朱 后
未戌丑
夕 蛇 虎 阴
覆 乙酉天乙子临酉家长病
日 乙未取才速则遂意
乙巳游子丁神覆日
传才化鬼格
曰稼穑生长以时

进加

鸣雀在阴
父子孙
空癸癸
乙朱雀
丑亥亥
空勾陈
丁丁丁
金日逢丁
空帏
上下六害
庚申日八专
墓神初用
寡宿
曰地角据一隅而忘天下

午戌辰
龙蛇入屋
丁丑五坟周遍格
己丑斩关
俱昴星
庚子蒿矢六仪干自害支自刑
午酉子
曰间隔羝羊触藩
壬子弹射干破合支乘刑
午戌寅
丁亥昴星间魁
传兄化子格
旺神入墓

元胎课象
戊申空亡
己亥斩关
俱蒿矢有金
寅巳申
俱弹射无丸
庚辰绝神加生格
庚戌孤寡遗弹
曰归福行止通泰

卯午酉
辛酉弹射九丑
曰匿阳时遇日月辰戌号四门不启
戊子刑伤格
己酉空矢带金
俱蒿矢
遇虎不猎

鲸鱼出涧
俱斩关格
癸酉墓门开格
癸未四土稽留格
辰未戌
旦 后 朱 青
夕 蛇 勾 虎
癸丑六仪游子
癸亥家人解祸格
曰五墓守林坵而忘朝市

后白虎
合天后
巳丑丑
辛丑日别责
自在格
帷箔不修
巳申亥
壬申弹射子恋母腹格占产忌
辛亥蒿矢干乘虎墓格占病忌
曰玄胎生意已萌于中
瑞鹿怀胎

进间

凡一十有一式

曰入三渊
云卷瑶空
戌子寅
无课传
有名义
屈不能伸

征雁唧芦曰凝阴而忧不可解
丁丑长生空用
丁卯闭口天狱
丁巳不备三阴
朱贵阴
酉亥丑
贵阴常
干乘长生才
传胎归库才喜
丁未夹克初才
丁酉赘婿为生
丁亥生德入墓
己未日独足
止利行舟
酉
酉
酉

野猪投火曰涉三渊嘉遁崆峒
乙丑脱空交害
乙亥旦行阻夕神悦
乙酉六仪生干
乙未交合旦脱
乙巳脱上逢脱
乙卯干支受脱
申戌子
丙午日辰互合
丙辰日辰上合
戊午交车合
戊申胎养格
庚午自取乱首
庚辰乐里悲格
壬午孤辰交害三奇
壬辰六仪龙合内战彼此猜忌

贵人喜命
半月云涵
癸巳日蒿矢
源消根断格
墓病旺
朱勾空
未酉亥
癸自墓传
旺三传递
勾空虎
脱曰遗忘
鬼父兄
癸卯日蒿矢
天寇求受格
曰入冥主
心劳日拙

青云得路
蛇后武
己卯弹射虎斗
六阴格
胎墓病
胎才入墓
亥丑卯
武虎龙
才兄鬼
己巳弹射寡宿
破败神临宅格
曰溟濛而事多暗昧

曰出三天
俊鹰逐兔
午申戌
无课传
有名义
似鸣鹤之在阴

夜行失道
丙戌奇用官福贵人在门
丙申三奇为用干墓覆支
戊戌三奇神现旦占泆女
戊申福星加干辰神刑日
子寅辰
庚戌自在格主妇人私约
庚申发用空亡旦占泆女
壬戌四课无形虎武虚声
壬申六仪作用孤辰
曰向三阳而渐望光明

野云出洞
贵朱勾
朱勾空
才鬼父
胎墓病
巳未酉
后蛇合
六青白
鬼父兄
曰变盈如
秋场登稼
万宝告成
癸未日弹射
根断源消格
辛卯日蒿矢
课传全脱格

矢射双鹏
己酉求财罹灾
己亥贵皆受克
俱泆女旦
辛酉寡宿夕占泆女
丑卯巳
辛亥狐假虎威格
癸酉三奇求有获
癸亥空鬼摇扬格
曰出户春雷震蛰

否极泰来
辛未弹射一旬周遍格
交车害
常阴贵
寅辰午
贵朱勾
辛胎坐生
才生末官
辛未弹射干支上神六害
主尔我猜嫌
曰出三阳金鲤波中

巍峰枯木
己丑日
罡塞鬼户
辛丑日
交车合财
卯巳未
癸丑日
贵人脱干
曰迎阳鸣高岗之鸾凤

猿猴守石
丙寅自进自退
丙子干奇交害
戊寅塞鬼交墓
戊子交车害
甲子登天俯就
甲戌财遁鬼格
因食病因妻讼
辰午申
甲申华盖覆日
甲午孤神前后无凭
甲辰六仪不备
甲寅马载虎鬼
庚子六阳数足
庚寅交合夕狡
壬寅人口不利
壬子自墓传生
曰登三天得云雨之蛟龙

凡一十五式

有望无危
乙未日蒿矢外好里槎芽格
遁三奇
乙绝于酉
丙死于酉
并墓于戌
酉戌亥
丙申日弹射干支自旺格
曰革故从新小人进而君子退

申申午
己巳日昴星
申亥申
交车合
辛未日昴星
申寅申
四虎格
癸未日昴星
申酉戌
去来皆空
丙午日弹射
蓦越
曰流金如霜桥走马
丁丑用才逢盗
丁亥随才入墓
丁未旦内战夕夹克
丁巳交车合才
箭射羊角

枯木生花
回春
癸巳日蒿矢寡宿
未申酉
午夜残灯
乙巳弹射求受格
未申申
己未日八专蛇虎用事

野火烧茅
事久陵迟名曰遗亡
庚辰日蒿矢龙蛇异用
壬癸空
交车合
午未申
官父兄
辛巳日蒿矢从辰递
脱以生日屋少人多
曰丽明威权独盛

曰隐明就暗
戌亥子
无课而有名义
私事吉而公事凶

曰近阳
巳午未
无课而有名义
名实相须

亥午午
丙辰日别责三奇
日鬼支亡为用
亥酉酉
庚申日八专三奇
塞马嘶风
害气交加
亥子丑
乙酉日三奇
人旺弃宅格
曰龙潜阳光在下空怀宝迷邦
丁酉三传鬼脱干墓加支
己酉辛酉皆三奇联珠格
癸酉孤辰
丙戌冲鬼作用
戊戌才在冲乡
庚戌忌产病
壬戌自取乱首三奇德用

龙龟出水曰
辰巳午
升阶观光上国
甲子辱课台土关格
甲戌长幼交合宜占婚
甲申干支互坐于墓所谋多拙
甲午鬼呼格懒去取才格
甲辰六仪互害
甲寅贪粒食粮格
丙寅干支乘旺
戊寅网罗
庚寅干支乘刃
壬寅寡宿
乙卯乱首斩关荒淫
丁卯干支乘才旦占人口灾病
己卯重审五卯俱龙战斩关
辛卯互生格夕占虎临身格
癸卯脱盗格寡宿墓门开格

曰含春
凿石见玉
子丑寅
无课而有名义
和气积中毋炫玉而求售

鹊噪高枝
壬辰主艮方妇女相害卯月日解
壬午三奇
壬申周徧格
乙亥干神坐害
丑寅卯
己亥交车害遁得三奇吉
辛亥狐假虎威格
癸亥交车合空鬼作初
曰将泰有声名而无实惠

寅午午
戊午六仪
戊辰历虚干奇俱别责
乙丑三煞连传
丙子乘刃用生
辛丑茂草逢春
己丑家鬼取家人格
寅卯辰
戊子纯鬼春占无咎
庚子墓虎临支克支格
壬子日辰邻近格培本
车得新轮曰正和展经略
而果沐恩光皆木局

曰离渐
卯辰巳
无发用有名义
利用宾于王家

进茹

共一百四十七式 十二图中无课者三十有七

盖闻一曰治天下，二曰论长生，三曰卜吉凶，此三易六壬之所由作也。夫三才者，日干为上，能占九天物外，日月星辰风云雨露阴晴之事。十二支为中，能占九地之上，山川草木人伦吉凶否泰存亡之事。纳音为下，能占九泉之下，幽冥虚无六道四生之事。故易与壬，在天为日月，在地为阴阳，在人为心目，心目自灵，先达人事，后敷壬卦，人事变通，吉凶洞瞩已。

甲子乙丑甲午乙未庚辰辛巳庚戌辛亥壬申癸酉壬寅癸卯，纳音金。

丙寅丁卯丙申丁酉戊子己丑戊午己未甲戌乙亥甲辰乙巳，纳音火。

戊辰己巳戊戌己亥庚寅辛卯庚申辛酉壬午癸未壬子癸丑，纳音木。

庚午[①]辛未庚子辛丑丙辰[②]丁巳丙戌丁亥戊寅[③]己卯戊申己酉，纳音土。

壬辰癸巳壬戌癸亥甲申乙酉甲寅乙卯丙子丁丑丙午丁未，纳音水。

神机章四

既定课传，乃观神将。著人事之先几，示天心之垂象。贵人为百神之宰，得位为福，值刑害而凶灾。

轩辕以来，只用天将十二，太公见丑位为己土之精，北斗之枢，十二宫气化拱照之，于是加一名曰天乙贵人，前五引之，后六从之，其间分贵贱男女文武，天后为妻，太阴为妾，朱龙合为文臣，常勾虎为武将，空螣武其奴婢也。顺治则贵人喜，诸事速，逆理则贵人嗔，诸事迟，最喜其临于干支之上，及为发用，然必因其所性以细推之，独不救病云尔。贵人在阴，则为冥王。

螣蛇为卑贱之神，旺相怪异，履休囚为惊诳[④]。

螣蛇属巽，巽为风，风火动摇，性主不宁，故无论退间退茹，俱名为倒拔蛇，即天盘逆治，亦为倒拔蛇。事多艰难阻隔，诸占不喜，更忌带火神火将临支，主家宅忧火烛。占坟墓最喜螣蛇有气，带火临支，朱雀亦然。

朱雀文书口舌，亦主刑戮奸谗。白虎道路官灾，又为疾病丧葬。

夫朱雀离火，外明而内暗，故主奸谗。火色赤，又主刑戮。凡考试为文章，居官为文书，余则口舌咒诅争讼事也，皆深恶之。更忌作遥克课发用，乃中矢中弹雀也。争讼贸易俱忌之。独利婚姻，为中雀佳兆。白虎居坤，故主道路，申金肃杀，故主灾

---

① 生申旺子墓辰。

② 生巳旺酉墓丑。

③ 生寅旺午墓戌。

④ 诳，惑也。

丧，诸事凶象，惟利诠选，名催官使者，最利科试，名催官符，亦利分娩。临末传而遇冲，名产门开，易产。最忌与木相加，乘辰，名虎衔尸。但喜逆治，无搏噬之虞。

勾陈主迟滞勾连之事，因狱讼而旺斗争。元武为盗贼虚耗之征，休人逃而旺物放。

万物至辰，勾萌甲拆而未舒，勾连象也。凡勾陈带丁动，主争讼立至。牵连阻滞之神也。勾陈临戌，讼人无不入狱，诸事忌逢，惟不忌置田产。元武水，水盗乾气，故为贼神。其性最畏天乙、月将、太岁、勾陈，乘临克制，贼遇四神，必败露被擒。又畏戌来其位，曰犬噬贼，不得进门，极验。惟武职最喜元武有气。

六合为婚姻和合，而妇女得之，则为私门。太常主酒食衣裳，而武职占之，则为官旺。

六合卯为私门，故妇人不宜私合，最忌婚姻之女，最喜小儿痘疹，又忌六甲临盆，六合居末传，主难产。如纳婢妾，占得六合发用，断不可用，私阴邪恳也。太常，未土也。夫巳午所生之金，得未土而刚锐之气毕聚，至申而显纯金，则未之金已旺，故宜武职迁擢之光也。若空亡，名失印，仕途忌之。太常作鬼冲中传，因外食而伤脾，致病不起。最怪临寅[①]及寅来克[②]，临酉乘酉，宴会酒食之事，尤的。若乘破碎煞，则主孝服哀也。

青龙所掌财物，文官遇而宠荣。天后虽为妇人，庶人得而欢畅。太阴暗昧不明，天空奴婢诞妄。

青龙寅，寅为三阳开泰，正应文官之德。世间赖财物，吉凶宾嘉，生死葬祭，贵贱男女长幼，那一件少得财，所以属之青龙，言其变化莫测也。百事喜之，独不利于血症弱症，缠染难愈也。临支，名龙入宅，家必兴旺。最喜逆行，为龙回首之象也。不利加亥子而顺行，走龙也。天后主泽主恩，故庶人得之，亦主亨嘉，又污秽神也。本位壬子，如六合来乘，则主妇人不正，阴私厌翳之事。天后居午，必主离夫，坐离宫也。居巳[③]，必主无子，乘绝鬼也。太阴酉，主诸事虚浮，如临亥子，名月到江心，作事费力，兵家最忌，余占少寔。天空诸事虚赚，谲而无根，更忌婚姻嫁女问夫。天空临官爻之上，或官爻坐天空之上，又主诈许轻诺，因而误事。

《洞微赋》曰：凶神吉将，不可一例而推。旺相休囚，不可一途而泥。勾陈在巳，捧印而职转升迁。太常在辰，荷项而遭枷禁系。青龙游海，宜求汗漫之财［在子］。白虎登山，得震兵权之势［在寅］。螣蛇乘雾［在巳］，必遂进望之心。元武立云［在丑］，定有干求之意。太阴伏枕［在巳］，防暗昧之稽留。天后毁妆［在辰］，主阴谋之损寘。言词妄诞，天空有鼓舌之音［在申］。争讼经官，朱雀有衔符之忌［随月］。婚姻和合，都缘六合

① 羊落虎口。

② 饿虎噬羊。

③ 无此式，乘则有之。

升堂［在午］。累系牵连，盖谓勾陈侧睨［在午］。贵人较籍［在寅］，宜求进于官中。元武操戈［在酉］，慎暗谋于外内。螣蛇堕水［亥子］，惊忧凶怪皆消。白虎烧身［巳午］，疾病官灾自退。青龙闭目［巳辰］，因财生不测之忧。朱雀翱翔［巳］，问信有非常之瑞。勾陈佩剑［酉］，防闻非横讼之灾。元武持矛，慎贼害阴谋之背［申酉］。太常列席［丑］，酒馔应逢。天后裸身［巳］，奸淫定往。六合执笏［子］，宜动望于阴私。天乙趋途［申］，必干营于官长。螣蛇生角［寅］，则变祸以为祥。青龙逆鳞，必因财而致怆［申酉］。元武窥户［卯酉］，防盗来临。白虎衔牒［申］，占人归宅。日辰年月，看发用以为期。若不尽逢，视吉凶之生克。

尔乃功曹为用，木器文书。传送加临，行程信息。太冲盗贼，舟车林木之司。从魁奴婢，金玉钱刃之职。辰天罡为斗讼，兼主丧亡。戌河魁为印绶，尤工诈悖[①]。非灾太乙，惊怪颠狂。征召登明，阴私哭泣。午胜光，丝蚕火怪，官讼联绵。子神后，妇女娇娆，奸私淫泆。丑大吉，田宅园囿，咒诅冤仇。未小吉，衣物宾筵，酣歌药石。

寅，木神，故主木器。功曹，奏书之神，故主文书。申为传送，邮亭之象。卯太冲，盗贼也，属木为门户，主舟车。酉从魁，奴婢也，亦主金刀。天罡为牢，天罗也，好斗讼，主死亡。河魁为狱，地网也，主欺诈，又为印绶之神。巳太乙，淫乱惊恐，阴人狡薄，且主文书梦寐。亥主征召，乞索事，亦主阴人婚姻。胜光为马为蚕，故主丝绵。午火炎上，故主火怪，好争讼，主文书，为人好利。神后阴私，事干妇女。大吉丑，主忧喜，又主六畜及田宅口舌，咒诅冤家。小吉主宴会、婚姻、冠裳之美。此章亦以发用言也。

《玉册》曰：大吉天乙仇相攻，耳聋头秃丑形容。太乙螣蛇人口病，金鸣鬼怪梦惊忡。胜光朱雀官事起，只因文字多朦胧。六合太冲官府事，文词控诉准无空。天罡勾陈多战斗，庄田争讼到官中。青龙功曹财禄喜，金土逢刑损老翁。河魁天空语多诈，僧事相关争墓从。白虎传送人在外，死丧灾病最为凶。太常小吉酒筵事，亲朋和会喜相逢。元武登明盗贼事，提防暗害夜行踪。从魁太阴事暧昧，妻妾生冤魇魅重。二后临时都隐晦，奸邪婚类事翳蒙。此言神将同宫为用或克。

要明物类形状，当参星土分疆。子列青齐，亦主江湖沟涧。丑隶吴扬，更为宫殿桥梁。寅主幽燕，亦掌栋梁寺观。卯为豫宋，更司棺椁门窗。辰为兖郑，并事井泉冢墓。巳定荆楚，兼职弓弩鼎筐。三河属午，并事山林书画。雍秦属未，兼职酒肆茶坊。申主晋益，更主神祠鬼屋。酉为冀赵，且为仓廪山冈。戌分徐鲁，主管州城牢狱。亥区邠卫，统辖楼榭厩房。特举其大略，于中仔细研详。子作内房，妇女鬼神兼泻泄。丑为庭院，秃头病腹患脾肠。寅主过路，入长生则为道士，主须发而病为疯疥。卯为

① 悖音孛，欺也，乖乱也。

门户，会元武而为经纪，主胸手而病入膏肓[①]。辰为垣墙书薄，主皮毛痈肿灾厄。巳为窑灶小口，主咽喉面齿血光。午为堂屋，主心目，病瘟癀而吐泻。未为井院，主头胃困膈噎与脊梁。申为驿递，主骸骨心胸，脉络不利。酉为门户，主小肠口耳，喘嗽难当。戌为墙院足腿，兼主梦魂颠倒。亥为厕阁瘧痢，定应脾疝膀胱。

夫子天一生水，鬼神变化之始，而神后为妇女，丑为星纪，塞土不毛之地，其象头秃。寅木主生，象须发，主风，故病在皮肤，而为风疥。卯为门，武临门而盗天地之气，故主经纪。卯木生肝，膏上肓下，肝之表也。辰阳土，故于病也，痈肿发外。巳居巽，巽风主入，螣蛇主火，故见血光。午火炽盛，故瘟且吐。井宿在未，先天未属乾，乾为首，未者味也，故主胃。申金肃杀，且属阳，故主脉络阻疼。酉阴金，主肺，故喘嗽。戌辰藏魂，未丑藏魄。亥主膀胱，瘧痢寒热往来，或注泻也。

若夫辰乘贵人合禄，公门吏役，遇马而为奔走公人。戌逢空禄临孟，瞭哨边军，见丁而为落阵逃身。

辰上元无贵人，谓贵人立辰上，则贵而不贵[②]。若合日禄，主为役吏，得食公食也。更带二马，为奔走公差。戌加天空，军象也。临孟而为瞭哨者，去路方賒也。丁者壮也，壮者善走，故落阵，亦能逃窜而出得生也。

奴婢潜逃兮，两魁作六合。土田讼起兮，二吉会勾陈。传送会青龙，子孙财损。魁罡乘武合，妻妾怀娠。

魁为奴婢，六合私门，主有所诱而逃。二吉主土田，勾陈争神，主因土田而讼。子孙代传，传送之意，财损，以龙木财神受申克也。或婚喜，或病讼，皆因子孙而破财，或子孙自破其财[③]。魁罡乘武合，东方诀也，原作从魁仰元武，孟亥为胎。

太乙逢白虎，家多疾病[④]。胜光遇天马，占问行人。丑合贵常，喜添财产。未逢天后，主妇奸淫。

太乙居紫垣，家室之象也。遇刑杀之虎，非抱恙而何[⑤]？胜光离火，为日之精，游行象也。又乘天马，则问行人必矣。丑为贵人，本宫而合太常田财之神，主男子增产也。未始离阳而渐入于阴，更乘天后厌翳之神，主女子奸私也。

常遇登明，亲朋酒食。天空临酉，童仆潜行。丑作虎勾，墓田破损。辰逢虎勾，必问田坟。太岁龙常，男占[⑥]官职。子乘龙合，女受皇恩。寅作合龙，儿孙欢庆。卯见太常，嫁娶恭迎。

---

① 肓音荒。膏肓，病深入也。

② 或传或在六处。

③ 龙属木，火其子孙也。申金为火之财，反克青龙，故因子孙而损财也。

④ 东方口诀作太乙太冲加白虎。

⑤ 白虎阳金，太乙火胜之，而逢生申，太冲木受制，而反败金，皆属阴，故主女人病。

⑥ 元作来占。

亥未相合，亲朋象也。未携酒食与亥谈心宜也。空奴逆加酉户，是背主逆行也。罡主动，勾属辰，丑辰皆主田坟，得白虎凶丧之将，故占主墓田破损之事。太岁，君象也。文青武常近之，必问官职。子乃二后，龙为恩宠，女与龙合，膺恩必矣。寅即青龙喜神也，六合为儿孙，卯为媒妁，常主羊酒，皆主欢庆。

辰戌上冠空武，遁逃奴婢。小吉宫逢六合，聘礼婚姻。私通门户动摇，缘二八之同阴武。二女争春不已，为巳亥[①]**之狎后阴。**

辰戌动而不静，空奴武贼[②]临之，狎而逃矣。小吉主酒醴，见六合媒牙之神，主婚姻也。二八，卯酉也，为门户，乘阴武蔽匿阴私之将，能不淫污而摇动乎？巳双女，亥双鱼，故曰二女，后阴龙合乘寅二将，都主暗昧，故其象如此。

丑遇天空为矮子，申会名为和尚。子携六合作荡妇，见亥亦作孩婴。寅乘朱雀而加卯，为文章儒士。寅驾元武而临[③]**巳，为炼丹道人。**

夫空戌为足，足遇丑刑，决不长大也。申，身也。身入空门，非和尚乎？又丑加卯酉为瘤子。子为妇女，遇六合阴私之将，则荡矣。子配亥为孩，且乘六合儿孙之神，故作婴孩。又子作太阴，为婢妾。寅为书籍文章，卯为士，朱雀文明之象也，占者有儒林声誉。又寅作白虎，为疯子。寅为道士，元武窃取之神也，巳为鼎灶，相会为一，水火既济，则炼丹可知。一说寅属艮，言成于艮，道在是矣。上玄水，下巳火，正丹诀所云：将取坎位心中实，点化离宫腹里虚也[④]。

卯上乘传送为匠斫，辰上见白虎是庖丁。酉加午上为宠婢登堂，会六合墙茨中冓。巳入酉宫主犯刑远配，会太阴花柳小星[⑤]**。**

传送申，申，身也。身斫，木工也。故卯加申，则斫成器物。天罡凶神，白虎凶将，杀气太旺，故其象为屠宰。又辰作虎，生旺为吏人。又辰加申午，为老人。午正阳，有堂之象。从魁之婢临之，是得宠而登堂也。若遇六合阴私之神，其为淫污，乱伦灭耻可必也。巳加酉成配字，酉居兑，主杀，为刑官。巳从巽，木来受克，犯刑之义也。太阴蔽匿之神，巳为奴女，遇其蔽匿，则为娼。娼，唱也，巳又为歌唱之司[⑥]。

未加酉为继母，申乘合作医林。戌作天空，健奴军吏。亥乘元武，乞丐鬼神。

金旺于酉，土败于酉，以败气而生旺金，如子既长成，而母又生之，继母象也。又未作六合为僧，申，身也，身入六合药材之中，非医人何事日亲于此。又申作虎，为猎户，作合为媒人。戌，戌也，天空本家，故为军为奴。又戌加申为军，加寅为吏。

① 加巳。
② 婢。
③ 见。
④ 寅作贵则武乘巳，逆治有之。
⑤ 花柳，妓也。小星，妾也。
⑥ 酉作空加午为小奴。

元武脱耗，乞丐索取之义也，亥为天门，鬼神之都也。又亥加魁罡，为屠人，加酉为酒客。

贵登天门，六神藏而四煞没。虎踞二八，三灾发而八难兴。太常乘破碎为孝服，加天狱塍蛇，灾横讼沸。天空会勾陈，为争斗，并伏殃化鬼，人散家倾。

四煞辰戌丑未，加四维孟地，曰没则化为吉。六神藏者，谓蛇居子，雀居丑，勾临卯，空临巳，虎加午，武加申，各受制而藏也。惟丑贵加亥，为合，未贵次之，余者未然。卯门酉户，出入诸事所必由也，那可为虎所踞？踞则灾难必起。破碎煞，孟日酉，仲日巳，季日丑，暗金也。以衣冠之太常而值此，占人家内必有服齐衰者。天狱，煞名，又课名，太常带此，而见惊恐之蛇，非灾则讼也。辰戌相争，魁罡撼动，故象纷斗。伏殃煞，正酉逆仲，仲乃五阴之地，阴盛化鬼，破离兆也。

月将会青龙，片言入相。天后临卯酉，一举成名。财宝如山，阴勾［龙］**同居旺地。秉衡当宁，贵常共入官庭。**

青龙，恩宠之神也，而太阳丽之。天后恩泽之神而临门户，故求官考试，其占如此。常占后临门户，则主暗昧阴私[1]。太阴酉金，乃财帛之神，而合勾陈积聚之将见课传，且皆居旺地，生之积之，自然充溢如坻如京也。凡问功名官职，第一要官星得地，天乙太常皆坐官乡，而他处又无克害，朝端执政之象。

日遇空亡，多主首阳饿死。年临孤寡，自甘半世孤灯。太阴临胜光之宫，生雉经之患。太阳加神后之位，招水火之迍。

日遇空亡，谓日干落空亡，非干上见空亡也。如午旬乙日，子旬辛日[2]之例[3]。凡人年不宜临孤寡，及值旬空，占婚最忌。乾为首，火为心，午火见乾金，心自害其首也。太阳，火也，神后，水也，水火相激，则成灾矣。

财遇绝宫，而上乘旺气，决定家成于白手。子作白虎，而下见离明，必然嗣续夫螟蛉。

财坐于绝，则先业荡然矣，而上乘旺气，白手成家之象。虎伤子，应无儿，坐午受制，则虽绝而得续矣，或螟蛉承嗣也。

年命加临卯酉，作事朝更暮改。龙合下临丑未，为人佛口蛇心。恋酒迷花，虎同天后。嘲风弄月，武会太阴。

卯酉为日月往来之门，大端不定，故人命值之，作事多翻覆也。龙合属寅卯，东方生气，主慈善，临丑未，则生克制，故外仁而内暴。白虎为传送之神，而天后会之，则其闺门可知矣。元武亥，阴水也，太阴酉，阴金也，以阴金生阴水，淫泆之象也。

① 天后，子将也。卯酉，谓门户也。后乘卯酉，酉败卯刑，惟有阴私而已。

② 一曰干辰出坐空亡之地。

③ 子旬空辛壬，戌旬空庚，申旬空丁己，午旬空乙丙戊，辰旬空甲，寅旬空癸。

且金水相涵，宜于风月，偏有情耳。

因奸伪中而成事兮，武逢官鬼。凭口舌上而生财兮，财跨朱禽。财作天后，主宅主妻之论。财作太阴，为奴为婢之形。

元武，诈伪神也，而为官鬼，乃从诈赚而成事。何也？盖云事之成否，看官鬼不克不成事也。雀主口舌，而作日财，非争竞中得财，则为牙侩媒妁解纷之财也。

市井呼卢，时逢酉未而遭刃绝。随娘再嫁，年中[①]卯酉而入空申。

夫酉为歌讴，未为酒肆，又逢刃绝，则不事正业可知已。申，身也，申为坤为母，申空则母不安室，而人之行年又加卯酉，故主变易姓氏。

虎蛇带煞临未巳，非虎伤必主蛇咬。合武乘旺临酉寅，非水溺定有雷惊。

白虎螣蛇，凶将也，且带煞而乘生气，其凶愈甚，未主虎伤，巳主蛇咬。六合属震，震为雷，元武属水，水雷屯，主雷雨之动荡盈满也。故其象如此。武主水溺，合主雷惊。

辰戌丑未为墓神，发用都因掩蔽。子午卯酉为关格，谋望大抵难成。

此篇多言发用，故至此而明示也。然宜分旺相休囚而决之。

囚气若并勾陈，遇朱雀必遭刑杖。死气如乘白虎，加魁罡定起哀声。破财兮青龙临午，用信兮白虎居申。传见勾陈，有太阴稽留之兆。用神元武传天空，走失之因。

勾朱两争神，更乘囚气，则遭刑责。白虎凶丧之神，又逢坟墓之魁罡，故主生哀。勾陈辰，太阴酉，酉辰六合，以勾连迟滞之将，见暗昧柔弱之神，其稽留也何疑。

《九天照心胆》曰：太岁天罗枷杻藏，岁刑白虎见重丧。岁破用人多走失，月刑家长不安康。日刑煞到忧妻妾，时刑阴小有灾殃。三刑六害同传日，虎蛇疾病雀宫方。罗网墓中忧狱系，医巫[②]生气得财粮。死神德上为坟冢，生气墓方是宅场。元武有权为失脱[③]，后三生气孕妻娘[④]。天狱[⑤]将凶主久病，地狱[⑥]刑同患痈疮。龙入天罗来问父，虎乘地网走坟堂。金雀刑同防失火[⑦]，建破魁罡主折伤。死气日前灾已过，若居日后病临床。螣蛇入武须见怪，龙乘金劫陷山冈。朱临小吉为飞怪，德同龙合喜婚良。元武盗神贼入舍，后合私门淫泆彰。勾陈狱上囚追唤，朱雀狱临哭泣扬。白虎猖狂满屋漏[⑧]，青龙折足退资粮。元武持刃忧贼劫[⑨]，螣蛇丑午马牛伤。贵人朱雀空房内，失脱

---

① 中，一作作、加。

② 天巫正辰顺支，天医同上，地医正戌顺支。

③ 一作走失太阴。

④ 一作阴阳。

⑤ 天狱正亥逆孟。

⑥ 地狱春未顺季。

⑦ 谓传将朱雀乘金而带刑害也。

⑧ 金乘木也。

⑨ 武水乘金。

文书纸数张。后常若入空亡地，须知一定失衣裳。辰戌阴空忧脱赚，勾陈斗打在寅乡。盗入青龙防喜贼[①]，日刑时破见血光。武入私门人欲走，贵常龙马旺官行。岁冲即为岁破神，天空元武莫相并。遗亡走失怪事频，辰日逢之尤的真。行人未至看三传，三传传顺未归还。刚日伏吟会时间，三传退逆见团圆。丧门吊客两凶神，日辰年上用为迍。白虎更兼死气并，岁内频频起哭声。丧吊初传白虎乡，辰日逢之骨肉伤。若在他传为外丧，复寻年命细推详。天马克日复临支，得此须知失脱时。后阴元武又来期，破财人口走东西。吉神吉将不相亲，事事和平总不真。凶将凶神无克战，灾迍不久永康宁。

此论神煞天官，止言其凶，反此则吉可知。大概论家宅身命。

天乙受刑，口舌遭横。若遇八妖，怪梦惊訇[②]。隐藏尽归盖下，受刑四孟多惊。

天乙，丑也。居未为受刑，未刑丑也。他贵仿此。八妖，辰上起子，逆行十二辰。入传凶，多惊怪。怪之隐藏，每在华盖之下。华盖者，五行之墓也。如申子辰系东方之怪，效推。受刑在四孟，天上地下辰相加，主惊怖人。此下《关格经》也，单占怪异。

见怪勿遇六丁，棺椁莫见丧门。

凡占怪，先看蛇雀入墓，次看传课，若行年上雀蛇加临，更怪梦煞临日辰、日值符、日奇者，便属怪梦断之。六丁者，日奇，一丁；直符，一丁；本日旬中，一丁；天乙上辰，一丁；在未，一丁；门户，一丁。日将取丁卯，夜将取丁酉，余四丁勿论也。棺椁者，寅卯也。更带丧门，地下辰亦传课行年丧门凶[③]。

设或贵人当巳，太岁克命屯邅。

谓巳年太岁太乙克本命行年。如男三十二岁在酉，巳火克酉金，不论三合，更生太岁以克本命，大凶也。当巳，原作当死，谓太岁坐死乡也。

光明尽在金火，火见水而有声。

光明煞，正未顺行四季，更名金光主将怪煞。煞乘巳午，将逢武后，家中主有声响。若二后临初遇丁神，主门户响。加天咒煞，主屋响。地咒煞，碗碟响。加天灾煞，主鬼作声。元武加巳主釜鸣。天咒正酉顺行［逆仲］，地咒正卯顺行。天灾正丑顺行，怪梦煞同。

四孟中宫土怪，见甲乙木内妖形。巳遇衣襟光怪，传丙临丁火烧身。

光明煞加孟者，土怪也。河魁乘怪梦、光怪得旺气，是犬狐地穴也。丑加未作天空白虎，主墙壁之怪。光怪见甲者，寅也；乙者，辰也；二神带蛇雀入墓加怪梦，与大吉相加，橱柜与斗秤木杓怪也。与太冲加，是床怪也。光怪在太乙加怪梦见常龙，

① 元武之阴神作青龙，防喜处之时贼窃。

② 音烘驳，言声也。

③ 丧门，正亥二申，逆孟周轮。

衣物怪也。加临日辰，是冠带之怪。贵人临死乡，加怪梦煞，居日辰，或入传，蛇雀入墓，巳加未主梦火烧人，更看巳加六丁传课也。巳者丙课在巳，更视配干。

神将之气机尽泄，妖祥之起伏相循。神而明之，存乎其诚。

壬道肇形，肘后经成。百家羽翼，歌赋词兴。若小若大，六百余经。俱未尽奥，后学焉凭。吉凶吝悔，不外五行。福基生旺，祸胎害刑。念释在兹，理数斯明。

《玉成歌》曰：六壬玄妙有灵机，干支神将定安危①。克冲刑破休衰害，七者言凶允可期②。德合相生并旺相，吉神相随福自垂③。将是神兮神是将，若遇青龙便是寅④。日主尊外并人类，辰为卑幼宅兼身⑤。占时考较日和辰，是财是魁是何神⑥。见机两用艰辛险，疑惑先难后易成⑦。知一每事须知近，遥克当传主远寻⑧。元胎生下人占病，当用生来定有娠⑨。反吟占者休言定，往往双双两事因⑩。常占须主身离动，不动人情有怨嗔⑪。伏吟举动心无遂，刚主行人到户庭⑫。卦随三交吉凶定，昴星蛇虎大殃迍⑬。岁月相伤尊长祸，虎临丧吊哭声频⑭。三刑有鬼人家破，鬼马加年职转升⑮。墓神日煞身灾滞，支煞临干所为迍⑯。岁同死虎加年命，相刑之日气凌云⑰。日鬼加临辰两课，

---

① 干是日，为君、为男。支是辰，为臣、为女。又看神将加临，以辨安危。

② 此凶兆也。凡课一审上下相刑，二审传中相破，三审神将相克，四审发用相害、内外相冲，五休，六死，七衰囚，乃神将无气也。

③ 此云德者，前五辰，支德也。子日在巳，顺支，又三六合，上下相生，有气旺相，课中见有吉神加临，主事亨通。

④ 天元十二神，地元十二将。例如乙丑日白虎，是德神也。又如甲子得青龙，入辰二课，为外人入内。又龙居申酉受克，居亥子受生之例。

⑤ 日为尊、为外、为人、为占者身，辰为卑、为内、为宅，亦为己身物类。若内两课有凶，亲者宅中人作祸，旺相者为阳人。切忌天目勾陈白虎临宅，大凶也。游虏二都主贼人作祸，旺相为盗神，临支又魁罡临宅克宅，主失亡。

⑥ 占时将与日辰较吉凶也。说详汇赋正时章。

⑦ 凡不比，涉害深者为见机卦，主有两事，且艰辛之兆也。占主疑惑不决，事先难后易。

⑧ 占失，知一不离两邻，故主近事。不宜占婚。若占讼，宜和。若白虎同位，主逃亡。蒿弹二课，遥克也。主暗昧日远事。看神将之吉凶休旺以言之。

⑨ 三传俱孟，上生下，主占病。下生上，用神在长生住，主胎。若妇人占，怀孕也。男子占，主有姻事动。盖申巳寅亥合体，主亲；亥申巳寅合体，主官事暗昧。

⑩ 占事非一，往来未定之象。

⑪ 反吟不动，有口舌，人情不美。

⑫ 伏吟，求谋未能遂心。刚日行人至，柔日不动。

⑬ 三传皆仲，非酉临午，即酉临子。凡卯上有凶将，主釜鸣。上见天空，主失五音之物。上有龙常雀，主迁官。见勾阴后武，主走失。见蛇虎，主讼。传内见天喜驿马，交离之象。凡昴星卦，见蛇虎，占病必死。占讼主枷锁。见太常主暗昧之事。

⑭ 太岁月建相克为用，得凶将，尊长灾。男阳女阴。丧门，岁前二辰。吊客，岁后二辰。白虎加用，主哭。

⑮ 刑入传交战，大凶杀伤，日主家破人亡，不和之事。日鬼为用，加年命之上，见马常雀，主迁官职也。

⑯ 日墓加日，主灾滞也。支卑干尊，主事屯遭。

⑰ 岁同虎乘死气，加于年命，占病必死。例如申年人于四月寅日申时伏吟占病，太岁白虎来伤行年，四月内主死也。余准推。

门中官事乃相营[1]。吉将遭伤求事阻，凶神受制事还成[2]。时伤年命人传来，忽然卒报有惊呆[3]。德神动处吉相应，反遭刑克见凶灾[4]。支上有鬼家移动，干若逢之人必衰[5]。日破对隔人离别，鬼宅之时宅破来[6]。阴神却受阳神克，阴小伤刑人堕胎[7]。四课相兼干内外，传内冲支宅祸排[8]。子孙阴劫日来临，逆乱欺凌尊上人[9]。同将之类家中事，六合三合眷属亲[10]。天空临未井为怪，兼主人遭病患萦[11]。从魁白虎日辰上，宅中须有薄服人[12]。白虎死乘日辰墓，来临内外亦知因[13]。传带凶将冲支干，疾病人灾官事生[14]。本音墓与虎蛇并，棺椁墓丧欲动兴[15]。占身用与纳音详，相生欢喜克辰殃[16]。父母临子忧子息，妻财尊位岂能康[17]。子孙见时官事解，雀伤干日闹嚷嚷[18]。水乘火病多惊恐，勾雀同传争讼伤[19]。卯为前二招唇舌，罡作朱禽讼狱猖[20]。荧惑加寅音信至，太阴发用有阴祥[21]。天罡立用须干众，寅卯加临讼狱妨[22]。昼夜贵人传俱见，或同日德动尊颜[23]。天空发用无凭准，前四带合主勾攀[24]。后阴玄发主阴谋，传出天乙前后明[25]。恶将从来

---

① 主官讼勾连病。

② 吉神休败死气，亦艰阻难成之象。

③ 占时克年命，有卒报惊骇。

④ 德神发用，乘吉将，有相扶喜事。如己日传见寅反吟加申为三刑，或寅加申酉上，或见白虎，或申酉加寅卯，是遭刑克，主灾例。

⑤ 申酉日，加巳午，主家迁例。日二课用，鬼加，官事速动。

⑥ 例如乙日，支乘酉作六合，木被金克，有离别之事。辰二课遇之，主宅破。午日雀乘亥子临午类也。

⑦ 日之阴神见天轮上阳辰年干克者，主退阴小事。上有凶将，必主失脱，妇人损孕。

⑧ 假令丙辰丑将亥时，四课皆相兼，主外人官事，内人奴婢发用传中，主宅不安。用神刑克支神，宅不安，用上见元武，便言有贼。

⑨ 子孙遇太阴劫煞也。例如甲乙日见火为子，即客欺主也。三传俱阴带凶将，又主阴人口舌之戾。

⑩ 假如巳午日，传雀蛇，家中事也。甲子日用神辰作用，亲戚事也。如占盗，支辰三合，上见六合，亦是骨肉。

⑪ 空加未，主井怪。未带煞，人患病。

⑫ 酉作虎加日辰，主宅有着孝人至。

⑬ 虎带死气临日辰墓，如临日之阴阳，主外亲灾；临辰之阴阳，主内人灾。

⑭ 有一传乘凶将，冲日辰，主官事疾病。例如甲寅日卯时丑将，传申乘虎凶将之类。

⑮ 假如辛巳日，白虎乘丑加日辰发用，或在三传。

⑯ 发用贵神克纳音，主身灾。相生喜庆。

⑰ 受克故也，带凶则然。

⑱ 子克官，官事散。如四月丙辰日子时占得子申辰，初用子是鬼，主官事，末传辰，天罡为子孙，土克水，是救神也。雀乘神克日，主争口。

⑲ 蛇雀乘亥主惊恐。勾雀同见传中，主争讼。

⑳ 前二朱雀也，乘卯上，主口舌；乘辰，主官讼狱囚。

㉑ 荧惑，午火朱雀也。加寅，主远信至。若初传太阴旺相与日辰无战，主阴人暗中扶助。若休囚，主阴谋相害。

㉒ 天罡为用，主官带众动求贵人事。加寅卯上，官司狱讼，看神将吉凶。

㉓ 二贵同在传中，主求重重贵人。有德者，尤称大吉。

㉔ 发用天空，与休囚并，主事虚诈。勾陈合日辰上，主勾连引诱事。

㉕ 传用或见阴后武，暗昧阴谋之事也。若用此三将，出天乙前，则先晦后明。

口舌凶，或逢生合却欢荣①。青龙巳亥多反复，罡加癸水逸贼兵②。支干发用岁神临，所求远望干朝廷③。太岁连传三两年，卜时为用见当先④。支干发用事应速，岁建兼煞亦如然。旺相气发同此断，休衰阴逆定迟延⑤。日阴辰阴为用合，更乘吉将求事成⑥。日辰相合无凶将，亦为主彼合相因⑦。用与时伤支干毒，反生辰日却怡神⑧。支用传干他用己，干传辰上我随人⑨。地足天头加卯酉，将乘蛇虎远行臻⑩。斩关游子身俱动，干上支加百事新。天驿马来传内见，参星白虎动行轮⑪。武空值财财不实，财陷空亡损失邻⑫。财伤年命斗争因，劫亡下克盗为真⑬。财外入内当财喜，忽然生旺货物珍⑭。财入传来天将伤，分遭破失不堪当⑮。官鬼空临财位上，阴私用事畏人彰⑯。日往加辰亲戚至，反遭刑克祸凶逆⑰。火星明兮水星暗，火遭淹灭失其明⑱。水多火少详衰旺，旺多衰少细推寻⑲。月厌丁符与符空，伤干怪动好沉吟⑳。死生二气常须用，飞魂丧魄畏来临㉑。天鬼或与蛇虎㉒并，宅舍须忧火烛侵㉓。关神动处见灾厄，飞祸之神忌在

---

① 凶将乘旺相，主亦口舌。德合相生，则凶中有吉。

② 龙临巳亥，主事不定。天罡加丑，是龙得水，占贼不获。

③ 占见岁临干支，主望朝廷之事。

④ 例如巳年，午将巳时占事，主三二年不决迟滞，只如贵人日辰月将，亦同是也。

⑤ 春木夏火秋金冬水发用。见休囚、传逆，主事迟延。

⑥ 凡日之阴神、辰之阴神，相合为用，主成合事。吉将吉，凶煞凶也。

⑦ 日辰三传带合，无凶将，大吉。如日辰相见，并吉将临，主他人合来求事，大吉。

⑧ 发用占时同克日，主灾，否外来；克辰，主灾从内起。若占时为用，生日辰，更得吉将，主大吉之事。

⑨ 支为我，干为彼。

⑩ 天头，亥也。地足，戌也。

⑪ 二马发用，主身动远行。参星，申宫宿，同虎加年命上，主身动也。

⑫ 武空乘日才，才本不实。空亡值才，主损失。

⑬ 是才来克年命也，主因财争讼。若劫煞亡神值才，下克上，主有劫盗或走失也。

⑭ 日才入辰二课，主外才入内，财喜动也。内财如逢旺气，则货物买卖，主有厚利，亦主物价高。

⑮ 才在传中而有将相克，主分财破失。

⑯ 例如己酉日申将巳时，卯为日鬼，临子水财乡，主阴私用事也。

⑰ 日临辰二课，有吉相生，主内外亲人来家。例如癸亥日午将辰时，太常乘丑加亥，日加辰，主亲戚人来，而反有灾，有口舌，缘常为癸鬼也。

⑱ 发用克身，蛇雀临巳午，主有明信动。若是玄都天后在子亥上，主暗信动。若动，是火神临亥子受克，主见虚惊之事。

⑲ 但见生旺，物多，且大；若衰与败，物小而少。

⑳ 月厌，正戌逆支。丁符，旬丁遁丁也。丁符天将空，如龙居戌亥也。将空，加传更加克月日，主怪梦。如要知怪，则取符类。

㉑ 生气，正月起子。死气，正月起午。飞魂，正月起亥。皆顺支十二。丧魄，正月起未，逆行四季。占病主凶。

㉒ 或作雀。

㉓ 天鬼，正月起酉，逆行四仲，又同月厌，如加日辰年命，相冲，慎火。

辰[1]。游都天盗并天贼，六辛便是五亡神[2]。鲁都不可漏私商，天车出外必遭殃[3]。天喜加临多喜庆，解神忧事自消详[4]。成神发用总皆成，天目宅中有鬼神。迷惑如为终不见，亡刑终并事凶屯。金神四煞古称恶，神将相并祸深深[5]。吉神吉将不相合，论事喜兮未必成。凶将凶神无贼害，忧疑却得见和平[6]。轨深不离衰休旺，灵验应须学有成。今来考定古人文，翻成彩句示同人。述而不作也。

以上《玉成歌》。以下轩辕黄帝《肘后经》。《肘后经》曰：

课例区分事若何，先从卦体上包罗。三传次第明凶吉，将与神兮和不和。上下相生终见喜，交相克贼主瘿疴。将克神兮忧易散，神克将兮祸偏多[7]。如斯要视终传上，好恶从兹更审过。初来克末凶弥盛，始被终戕祸自磨[8]。假令金神临火上，末传见水事无他。纵有灾殃自消散，定知福禄似春波[9]。已前秘诀虽呈露，犹恐三传吉凶误。假令水上用土神，末传木救无忧虞[10]。忽然无救将复凶，未可便言无佑护。若逢年上吉神动，遥克凶神无恐怖[11]。用生终死量忧深，用死终生生鼓舞[12]。初凶末吉吉终逢，始吉终凶凶之府[13]。顺道相传母见儿，逆礼偏从子传母。顺则为和逆则疑，此是三传渊妙

---

① 关神，春丑夏辰秋未冬戌。加传中日辰上，主狱系之事。飞祸，春申夏寅秋巳冬亥，加日辰年命上，主动用更改。

② 游都，甲己日在丑，乙庚日子，丙辛日寅，丁壬日巳，戊癸日在申。天盗，春巳夏午秋酉冬子。天贼，正月丑，逆四季，与元武并，临日辰，主盗贼发动，并主小人相损，不明破才事。五亡神，旬中辛也。如克日辰年命，主盗贼相侵之事，忌出外。

③ 鲁都，甲己日未，乙庚日午，丙辛日申，丁壬日亥，戊癸日寅。如加日辰，不可漏商资。天车，春巳夏辰秋未冬酉。出行忌遇此煞，大凶恶。

④ 天喜，春戌夏丑秋辰冬未。解神，正二申，三四酉，五六戌，七八亥，九十午，十一十二月未。

⑤ 成神并吉，求事成合。正巳二申三亥四寅，周而复始。天目加日辰，宅有鬼神，春辰夏未秋戌冬丑。迷惑，正丑逆季，加年命，事疑惑，婚姻迷，又与月厌同例。亡刑，正辰二亥三子四丑五申六酉七戌八巳九午十未十一寅十二卯，煞与蛇虎勾并临，克年命日辰，市曹赴法，主死逃亡。金神，孟日酉，仲日巳，季日丑。四煞，申子辰在未，亥卯未在戌，寅午戌在丑，巳酉丑在辰。并吉将，主吉事迟疑；并凶将，为凶横。

⑥ 若吉将吉神有克战，虽吉事，未必便成，多有阻隔也。若凶将凶神，不害年命，上下相生，日辰旺相，虽有忧疑之事，卒不能成，凶事散也。以此推之，思过半矣。

⑦ 课上事释稍多，大抵祸福纪纲，先从见卦体上包罗，然然否否，取类言之，不失一课之象。体例既辨，次看三传中天将地神，相生比者为和，相克贼者为不和。和则吉，不和则事不能谐，而成凶兆矣。凡不和更有轻重，天将克地神，名外战，其祸轻，有凶必解；地神克天将，名内战，其祸重，更遇凶神，则难解散矣。

⑧ 注见前赋。

⑨ 末得子救也。五行皆然。

⑩ 木克土也。

⑪ 三传无救，又见凶神恶将，勿便言凶。占人行年上得吉将，遥制凶神，亦为相救，转祸为福兆也。若年不能制，时上吉神能救，则凶不胜福。

⑫ 生者，五行生旺之神。死者，五行死墓之神。用生神，末逢死神，为入墓入狱，纵吉神良将，不能福也。若初死末生，为出墓出狱，祸转为福矣。

⑬ 凶，凶神；吉，吉神。

所[1]。喜不喜兮亲与疏，日辰上下神相淤。母临于子为和喜，交克魁罡本是踈[2]。若遇德生还有救，如逢刑杀恶如荼。日神救之其事缓，三传相应吉能和。日德支德并生气，奇神天德仪神科。此上六神能作救，日年传命奈伊何。凶卦遇来凶渐止，吉课逢之吉多更[3]。日上阴阳为自己，辰上阴阳作彼称。阴内阳外各有理，阴往阳来各有情。阳主行兮阴主伏，阴暗损财阳明生。阴阳配合刚柔位，内外男女此中明。刚日下贼内女忧，柔日上克外男惊。柔日下贼还同外，下克上兮内凶兴[4]。日克神兮神克将，事从于内定穷亨。将克神兮神克日，吉凶自外没枯荣。魁罡二神并蛇虎，休囚为死旺为生。旺相为多休废少，更将物气证其情[5]。旺则相乘十干数，相气因而倍更增。休言本数莫疑惑，死囚减折数皆轻。支干之数番覆算，拘检卦内见其明。逃盗行人知远近，但寻此处自消停。其他万物皆如此，不必一途仍更宁[6]。课逢旺孟有来意，旺仲为期朝夕计。死囚休废状如何，四般皆属过去事。假令旺气当季神，故事即今乃欲至。孟神无气亦如斯，废仲还知同此义。忽然相气临孟神，新事欲来须防备。若占其事吉与凶，卦中神将昭昭示。不比远事反吟同，比合伏吟近者是[7]。若占凶事辨凶因，重克日辰可怖人。日鬼辰鬼兼月破，更逢刑害五般陈。日辰年上将为用，吉卦先欢后却嗔。复有解神孤寡煞，忧喜无成事的真[8]。若占吉事旺仪体，德合重重多庆喜。德神已说在前篇，三合六合看用起。事神年上两相生，此主谋为皆得理。事神年上克相刑，此主所为均失椅[9]。何以明其急与迟，但视天乙自然知。日辰在前为急速，日辰立后伏无疑[10]。顺治利阳虽急速，常阴不能成其福。逆行利阴伏事迟，龙合难为降福禄[11]。忽然贵人临二

---

① 初生终，母传子，顺也，顺则喜美；末生初，子传母，逆也，逆则疑惑。

② 日辰上下神将相生有气，为和睦。例如甲日，子加寅，是母临子，为亲相淤。若辰戌临之，为下贼上，为踈，百事不吉。余此推。

③ 德，天德；生，长生；刑，三刑。及休囚煞者，寅午戌在于亥子丑之类。若三传凶，日上得救者，凶减而缓。三传皆凶，极病。相应者，日德也，母临子也，又用死终生也，彼此相应为吉。其余六神，注见汇赋、课传章。

④ 日为我，辰为人。若用日辰之阴，主内，主往，主伏藏，暗损财物。用日辰之阳，主外，主来，主行动，明损财物。若刚日上克下，事从内起，因女人，亦曰女人忧者，下贼上也。若用柔日下贼上，事从外来，因男子，上克下，亦主男子惊。

⑤ 日克神，神克将，内战也，吉凶从内起。反此外战，事从外生。魁罡在传中，得四时生旺气，病甚狱坚。凡用传生旺为多，休废为少，以定物气。

⑥ 支干用先天数，得旺气，纽而乘之；相气，由而倍之。旺生，如申加巳，用申七，巳四，四七二十八也。得囚死，如酉加丙，巳上为用，酉六丙七，共十三，折半得六，又折得三也。此支干番覆之算，备见课传章拘钤卦中。凡盗亡行人走失之事，皆以此法决远近之数，不必执言一事也。

⑦ 不比、反吟，事远。比和、三合、六合、伏吟，事近。例如季神下临相气之地，旧事再动之象也。孟仲临废亦然。若用得相气，临孟神，新事欲来之象也。

⑧ 神煞详在前汇赋注。

⑨ 事神，作用之神也。与占人年上神相生比和者吉，凡占皆成。反此凶，事皆不济。

⑩ 日辰在贵人前，主事速；在后，主事迟。

⑪ 天乙顺行，利阳不利阴。用得太常太阴，不能成吉，其主事速。如逆行，凡事缓，虽有青龙六合，不吉，以利阴不利阳也。

八，摇动不安居住移。披刑带煞及凶恶，神在外兮亦如期[①]。神将所主名[②]忧月，已往将来用意推[③]。斗在目前灾已过，若居日后事犹迟。忽然正当日辰上，凶吉须知旦夕时。前言克卦都分显，犹恐应期难尽阐。若用太岁一年中，建斗发当时月展。传辰旬日应凶祥，用克日期在早晚。用气难过半月间，初候休言五日远。得时不出八刻中，仔细研精心莫倦[④]。更有应日未宣陈，吉凶之卦各言因。今日生我为吉日，克我干支为凶神[⑤]。事神与日何亲属，或为父母或妻儿。或为官鬼或兄弟，不离神将决因依。兄弟忽然为鬼吏，那知不被兄弟欺[⑥]。旺为官鬼相财物，财物来从兄弟携[⑦]。大哉圣法实难测，须凭神将决疑惑[⑧]。其事有长有不长，此则专寻立用乡。若临冠带长生位，福禄重重更显扬。若值死囚休废墓，官灾凶祸不能当[⑨]。大要须看日与辰，先辨尊卑长幼人。官人百姓从头记，贤德奸邪次第分。舟车水陆夫妻定，鬼病宅人表里寻。既往须知寻至处，为客方知有主人。出入但依南北路，左右须详男女身。作便行之住的当，要求人物见虚真。弓箭猎师并罗网，鸟兽禽鳞毕获因[⑩]。干吉支伤顺为喜，干伤支吉逆成迍。干支互伤带刑煞，休囚死气祸来臻[⑪]。日辰大体已分明，更看行年合事情。年刑日上不及号，日克年神失节名。用起若还害天乙，是谓四闲凶不轻。应喜更怒解复结，遇之凡[⑫]事要消停[⑬]。卦体纪纲前已别，复有举为未尽说。百事三传看类神，与日相生为课决[⑭]。假令若去见君王，须寻天乙在何方。酒食干求看小吉，衣服求将是太常。举明三事例为会，若逢他事自消详[⑮]。此是轩辕肘后诀，只把乾坤掌上藏[⑯]。

---

① 煞者，三煞、劫煞、灾煞、天煞也。斗罡加孟神，在内；加仲，在门；加季，在外。神吉，煞凶。

② 一本作明。

③ 二句似有疑义，详上下文可见。

④ 例如立春日丙寅，以巳为用，主在一气之中，十五日方了，丙在巳故也。庚辛为乘风解冻，申为用，应在一候中，庚在申也，申为一候之首。

⑤ 生吉克凶，理也。

⑥ 一本作却被兄弟累。

⑦ 财物，因兄弟来也。例如丙丁日，巳午为用，乃同类为兄弟。若将得武克丙丁，为兄弟化鬼，用在日辰上，如此言也。又庚辛日，以酉为用，将得六合青龙，乃兄弟化财也。

⑧ 此二句承上起下。

⑨ 例如申酉临未为用，是临冠带之位。若临巳为用，则长生地也。绝气于寅，水土绝于巳，木绝于申，火绝于亥，囚死类推。

⑩ 凡占先看日，为往，为人，为尊长，为官人，为贤德，为车，为陆，为夫，为表，为外，为既往，为左，为南，为前，为动。辰为物，为卑幼，为百姓，为奸邪，为舟，为水，为妻，为宅，为里，为内，为至处，为入，为北，为右，为去，为住，为鸟兽，为后，为静。而后断其事。

⑪ 日上神克辰上神，为顺为喜。辰上神克日上神，为逆为迍。若干支上神互相克贼，带休囚之气，披刑带煞，大凶之象也，所求皆不遂。

⑫ 一本作三。

⑬ 年上神克日上神，为不及，不吉。日上神克年上神，为失节，亦凶。用神刑害天乙，曰四闲，主事息而复怒，解而复结，凡事须斟酌而行。

⑭ 其义详在龙首经七十二占中。

⑮ 此七十二占之端倪也。

⑯ 末二句，后人所增也。

《玉田歌》曰：日为人也仔细看，日上之神有几般。或来生我或来克，旺相休囚以类观。旺相生我最为良，即日用事吉须昌。切忌传年遥克制，见此名为大不祥。旺神相比又制鬼，此法从来人皆喜。一切所营皆称意，病者痊除死者起。旺相发用行旺方，须知为事百般强。若犯破刑又鬼害，空亡等处反多亡。春回寅卯正当时，最怜申酉克身基。寅卯旺相灾未发，寅卯衰时是祸期。夏以巳午为旺神，最忧巳午克庚辛[①]。巳午[②]旺时灾祸少，且待秋残冬即云[③]。秋冬二季亦同前，各有鬼贼衰旺言。旺相未发休囚起，时师仔细辨其源。死神克日病即生，阳生官病财不亨。阴长死亡兼暗破，也须详看横灾兴。克日相来事不闲，未可便作日下言。元武盗贼螣蛇横，白虎丧亡勾讼缠。休神克日事委靡，百举百为皆不宜。占人面色蒙尘垢，宅无气道皆散离。常占若见囚神克，占病久眠犹未释。精神云雾暗中行，举动行为皆不得。天罡之下行宜避，龙德合处遇奇人。访贤求事须寻德，若见逃亡辰位刑[④]。

附录刘日新《天官加临辨》

夫天乙贵人者，诸神之尊，人君之象，代天理物，周行天下，无不遍临。以地盘而言之，贵人加临于十二宫，犹王者巡狩于十二国也。出治，则有顺逆之分；加临，则无彼此之异。故十二宫皆有贵人，以见其一人而履万邦，四海而仰一人也。天空乃奏书之神，与贵人常相对，故十二宫亦皆临之。以天盘而言，辰戌为罗网，贵人不到之地，即无贵人，则无天空也。螣蛇乃贵人之先锋，白虎乃螣蛇之应队，以天盘顺逆二治凑合而言，巡行营卫，亦无不到。以地盘考之，顺治不入于亥，逆治不入于戌，故亥戌二宫无螣蛇，辰巳二宫则无白虎。前二朱雀，与后四太常相当，天盘亦皆临之，地盘顺治不入于亥子，逆治不入于戌酉，故酉戌亥子四宫无朱雀，则卯辰巳午四宫无太常。六合主奸，元武主盗，二将亦相对。以天盘而言，二将不临丑未。以地盘而言，六合主成，日中为市，爱昼阳而不入于阴，故自申至丑六宫无六合。元武主窃，夜以潜行，爱阴暗而畏行于阳，故自寅至未六宫无元武。前四勾陈主捕亡，后二太阴主隐蔽，二将性反而位相冲，天盘亦无所不临，以地盘论之，则酉戌亥子四宫无勾陈，乃太阴家乡，隐蔽之方，不能捕也。卯辰巳午四宫无太阴，以勾陈居里，阳明之地，不能隐也。青龙，天乙之丞相，代君出治于外。天后，太[⑤]乙之元妃，助君主治于内。以

---

① 最忧巳午克庚辛句，一作最忧壬癸挟庚辛。

② 疑作庚辛。应作巳午。

③ 春回段言休囚克旺相，夏以段言旺相克休囚。

④ 求事者，从师择主也。

⑤ 疑作天。

天盘而言，则循行列国，政教所及，既无不被，十二宫中，二将亦皆临也。以地盘而论，东南属阳，木旺之地，丞相主之，故辰巳二宫无天后。西北属阴，水旺之方，后妃主之，故亥戌二宫，无青龙也。此则十二贵神，上下加临，不易之定例也。其曰在子在丑，以至于在亥者，贵神所乘加临之位也。以在字作地盘而论，以乘字作天盘而断。

愚意以为在字，亦未尝专属于地盘也。何以见之？且如正月乙亥日卯时，干上子，支上未，上克下，支上神为用，三传未卯亥，谓之自墓传生。盖未为乙墓，未不在于未而在于亥，亥为乙之长生，亥不在于亥而在于卯，是皆以天盘之未亥而言也。又如正月乙未日未时，干上申，支上亥，下克上为用，三传亥卯未，谓之自生传墓。盖乙木生于亥，墓于未，但以天盘初传亥为长生，而不论乎坐下之墓。以天盘末传之未为墓，而不论所临之卯矣。又如乙亥日亥将戌时，干上巳，支上子，第四课丑加子为用，顺连茹卦，三传丑寅卯，谓之日辰夹定三传，所虚一位，卯上辰也，拱虚一位，所欠财利，本命属龙，方始遂意。盖乙木克辰土为财，日辰夹拱三传，内虚一辰字，故曰所欠财利。若占人本命属龙，以辰字填实补之，财始遂意也。然但知本命属龙，在于地盘之辰宫，而不知天盘之辰字，亦为紧要也。由此推之，则贵神之在子在丑之在字，非特以地盘而言，兼乎天盘地盘而言之也。

然则干支六壬，以天盘起贵人，则一日之内，有十二时，旦暮循环，随时变迁，临于各宫，无所不到。故其临十二宫所主吉凶之法，备载之可也。其于方位六壬，以地盘起贵人，故以一日之内，月将加正时，虽有变更，而阴阳贵人常有定位，旦治用阳，暮治用阴，各居其所，一定而不易也。是以地盘之上，辰戌二宫无贵人，亦无天空。酉戌亥三宫无龙蛇，卯辰巳三宫无后虎。朱雀勾陈不临西北，自申至子也；太常太阴，不履东南，自寅至午也。六合元武，不越于丑未，故自未至丑七宫无六合，自丑至未七宫无元武。由此观之，则十二宫中贵神既不能以漏临也，夫何《管子书》、《金口诀》、《神将汇占》种种书中，十二神加临十二位吉凶之法，无不备载，岂前贤所未深考，抑亦别有说耶？

贵人在亥天门前，顺行；在巳地户前，逆行。故诸神不能遍历十二宫，亦有阳贵顺行，阴贵逆行之说，不拘天门地户之限者。

愚意在字既不专属地盘，而加临之临字，亦兼天盘而言，则无不周遍，但以之断吉凶，可也。至若地盘贵神所不到者，则不能强之临也。如六合天地盘不至丑，若元武天地盘不临未，故干支六壬以元武不行乎阳，而以元武之阴神为盗神，是补其所不及也。方位六壬，则将何以补之？但以其人之方位论故尔。前贤皆未言及此，故特举其端，以诏后之学者，使知支干之六壬。贵神不倚，有无穷之妙，方位之六壬，特壬课中之一指耳，不可不察也。顾较其重轻，精研支干而舍方位，谁曰不宜。若专治方

位而舍干支，断不可也。苟能以干支为经，以方位为纬，互相参考，乃壬术中之善之善者也。管见如斯，故辨之于贵神之后，以俟后之知者。

附录廿二条

凡贵人百汇喜顺治，不喜逆理。捕盗则喜逆临，盗无所逃也。

凡天地盘以辰丑未戌加于寅巳申亥之上，为四墓覆生。反加，为四生投墓，皆不宜。惟喜四仲子卯午酉旺辰，加于四生之上，最利谋为。

凡空亡诸事陨毫，无挽回假借，倘旬空而又遇季空，反得不空，莫作空论。经：空上逢空，反不空。

凡驿马本性原属火，寅巳申亥为四马，惟取寅巳而不取申亥，何也？寅为长生之马，巳为临官之马，最吉。申为病马，亥为绝马，故不取也。此说虽偏，而亦有妙理。倘驿马又加驿马或天马，则看上生下，主失群；下生上，主入队。其说亦好。

凡太岁发用，必有急事发。若岁作雀在传中，行年并六合，主有朝廷文章之喜，加行年本命，主凝滞奏行公事[①]。

凡元胎寅申巳亥发用，所言必主两事，巳亥尤的。

凡天罡加日本，身不自由，忧而不足。罡曹乘龙加日支，居近寺观；乘虎，冢傍神庙。

凡从魁加丁或巳午，占婚，皆主入舍。《经》云：“从魁下克当为婿。”

凡六合乘申加巳，主人送盘盒来。太阴加日，本命克日，主宅中淫乱不明。卯酉作虎在传，家有手足疾人，为用，主着孝人。未加卯并丑加卯，皆主出狱之象。惟不利阴人，占病必死。未加卯作虎，土死在卯，占宅主井为怪。辰加戌作武虎用事，皆干过犯军卒。

凡太常乘卯加酉，或克本命，皆主失衣服之象。

凡末传上，亦有天盘，观其上何神，以断其有余不足之势，虽似画蛇添足，却最妙。三合反吟，即初传神也，勿论。

凡旬丁，最要审其临于何方何神何将何属，以断其意中意外之变。捕盗出行，更宜精搜之，以旬丁为动神故也。

或谓涉害一宗，以孟仲季分深浅，前人言之备矣。顾孟仲固然，思亥子属水，惟

---

① 行一作刑。

二辰，天地盘合计有十二重土，是季深于仲也，明矣。故遇子亥，当取季神，是或一义也。姑存其说，以俟高明[1]。

凡占一课，先看课名。如遇斫轮，求官则吉，占病则凶之例。盖课之命名，原有取义也。若四课止得三课二课，皆曰不备，俱非所宜，观不备二字之义，而包括不全者多矣。

次看天盘地盘，上下比和生合者多则吉，克贼破害者多则凶。盖天地盘上下摩荡，而生克出焉。生克出，而祸福彰矣。

次看干支上神生旺休囚，神将凶吉空亡冲破，加以长生十二宫，与干支相配，自长生至养，一一研究。所重惟干支上神，干为我，支为彼，干为占人，支为占事也。

次看发用何神何将，与干支上神为生为克，以断吉凶。看官父兄子妻是何亲，以决用忌。一忌墓时发用，一忌空亡发用，一忌退神发用，一忌死神发用。然后看到中传，中传主事之移易转变也。生旺则事必展而成，空弱则事必委而败也。至看末传，末传主事之归结也。生旺则易收局，和美永久；空弱则难于了当，不善不久。再以神将六亲，而断其扶助，决其阻隔[2]。

次看日禄，禄乃人之根本。在身，则为名寿精神。在家，则为仓庾粟帛。出行，为财资斧。贸易，则为资本。旺相，命有寿长，家有余粮，出行不患无资，居官必多俸禄，空弱反此。

次看驿马，马非专主出行。凡求谋作事，若趋吉避凶，干谒迁移，皆必用之。旺相则一往皆妥，空弱则百尔俱阻。惟占疾病家宅，大忌逢之。

次看行年本命，如年命与发用干支神将生扶拱合，并临旺相者，无有不吉。若年命与发用干支神将刑冲克害，并临空绝者，无往非凶也。

天地间万事万物，悉备于十二辰中。六壬课法，专责类神，其间人事最紧者，则见贵视天乙，惊怪视螣蛇，文书视朱雀，婚姻视六合，争讼视勾陈，求财视青龙，妇女视天后，首饰视太阴，谋盗视元武，衣服视太常，欺诈视天空，争斗杀人视白虎，阴私视从魁，奴婢视二魁。黄帝七十二占，独取类神之旺相休囚，是不易之法。

《东方朔口诀》尚矣。世之占家，有以课体论者，有以传体论者，如登天涉渊类也。有以用神相加论者，有以辰神相加论者，取十二辰也，有以时论者，有以用论者，有以入传不入传论者，有以神与将互论者，其数虽有可据，其秇虽有可呈，而终有举一废百之病。一课而千百人占之各异，一课而千百人应之各异，而谓可浅漫以尝之乎？

① 周山人云：涉害一条，凡上克下，当以天盘孟仲季分浅深。

② 凡用四孟，机发当时者，敷荣条达，取之逢原，何往而不得哉？如用相气，将来初服者，上人接引，纯嘏尔常矣。用乘生气者，功名功遂身退，天之道培本连枝，安享无疆，勿被他枝所挠可也。至若反弓相射，四废无依者，宜晦迹蛰机不可运动，动成虚伪而愆，尤悲夫。

通融独断，引申化裁，有不应者，庶乎寡矣。

旧本有次客之法，原以备一时有数人来占也，或移神换将，或换日辰，或换大六壬依式造合子，其说纷纭，似多舛谬。其换将诀曰：阳将后三前五，阴将前三后五。予按月将，如正月登明将，正朔未即取也，必依历家雨水交代之时方用之，则换将之法，可凭之乎？至于日辰，乃一定而不可假借，则又何容换也。惟一说以正时断第一客，其次以纵横取之，或用籤，或喝字，或取物，或口报时，皆可配取本日之时以运式，此乃以数合数，以机应机，诚一定变通之法也。况正时虽同，而人之本命行年不一，则其体亦变，而吉凶皎然，又何必若彼之纷纭为？

天官值宫主事碎录

天乙阴土。子，高眠、进用，主贵人失印，文字动摇，庶人损财，又主小儿奴婢女人病。曰：贵人临子并神殃，猫鼠同行子必亡［势尽］。丑，入室、入庙，诸事和美，献策升高，主田园更改见贵之事。曰：惠泽迟疑铜铁因。寅，升堂、安儿、校籍，贵人主阴权、步宫、求望，庶人有喜事、官司内讼。曰：贵人临寅帝命恩。又曰：贵人文字犯宅神。卯，当权、迁移、官有荐拔、士人变化、庶人财帛、宅不安、斗讼不宁、受制不和［荷项］也。曰：贵人临卯兄弟乖，官事又来主伤财。辰，贪图、入狱、嗔怒、讼有刑罚、贵人病不治事，乙日释囚。曰：天乙临辰状落空，奸邪文字斗争凶。巳，施恩、趋朝、贵人欢悦、官事解，主占财，有惊忧不快之事。曰：贵人临巳荐书来，厨灶虚声见怪灾。午，饮酒、乘轩、请命、公庭、诉讼、贵人开颜、婚姻吉，干支乘旺相无克，有禄者保奏，又主动用文书，官中进步。曰：贵人临午为征召，进禄添财福有余。未，乘轩、讦讼、白衣受禄、庶人有庆、小会、出行羊酒，主筵会庆贺之事，克干半喜。曰：天乙临未投友知，喜事诸般见不迟。申，登途、暗水、官庶俱不利，主宅损坟崩，道路争灾，又清宪传送，主言之象，超除近动。曰：天乙临申贵客期，远书乡信带凶疑。酉，临门、入室、更移、淫泆、家有暗事、外有勾连，克干减半，主阴受私贿之象，呼召临之，主喜庆和合，在官有诏命到，庶人讼解或迁修宅舍。戌，移司、沐浴、走失、贵人愁颜，在囚辛日释囚，凡事吉，入传必有解救，辰戌卯酉，凶将发用忧患孔亟。曰：天乙临戌官事灾，旧时沉滞再成乖。亥，退位、操笏、登天，主有财帛事，事皆吉，克干减半，喜庆接待，贼败。曰：贵人临亥竞田产，官事如何阴小尩。补：天乙临酉酒食排，适逢出入不为灾①。

螣蛇阴火。子，掩目、受制、沉水、从害，主怪异灾物事。三月为交战，毒气凌迟，文者病患，余月见灾免。曰：子上蛇加急闭门，蛇鼠堂中见怪频。丑，归穴、蟠尾、入陆、伏忧、入官仕位升迁，庶人大往小来，女人官府。凡辰戌丑未为埋没不伸，主坟墓田土有争。曰：丑未螣蛇咒诅稠，火光烧宅邻丘仇。寅，成龙，主有孕喜，病痊、利进、梁损、财不如数，空中光影神树。又寅卯主产难及受财帛。曰：乘寅文字或生忧。卯，昏昧、当权、当门、惊怪，凡事不利，口舌灾怒，家有耗鬼作祟，亦主文字、天喜受财，又主产难。曰：螣蛇临卯为开窗，盗失惊忧女病殃。辰，生鳞、象龙、进化、忧疑、自蟠、远而匝近，占讼财散，病不利，孕则娩。曰：螣蛇临辰官事兴，好事昏迷田土争。巳，飞天、开口、身忧怪异，受克有蛇鼠入宅或产难，夜啼。又云蹷伏、迟缓，终是不失，只迟延，占财亦然。曰：螣蛇居巳梦魂惊，见怪飞虫人病萦。午，乘云、兴雾、道阻，主怪，寝不常，忌占火讼，主鞍马召壻，亦主动用惊忧、文书破损。曰：螣蛇远信因居午，官事火光惊悸忤。未，抱子、入穴、惊怪、梦邪、病凶，家有灵柩未出宜殡，或家亲作祟，暗蔽隐退，主埋没不明，田宅之事，亦主所进者利。曰：未地螣蛇忧井灶，孤女财帛防失耗。申，利牙、衔剑、成灾，家有盲瞽，亦主财气官司口舌，申酉人死阴私，奴婢逃亡，暗昧争挠之象，又主有不测灾，防人猝死。曰：申寓螣蛇金器鸣，有人外病死萦萦。酉，出穴、张牙、盲暗、损明，多主怪异，百事迟滞、虚耗、口舌、阴谋，求财迟而少利，乃暗昧争挠，人死奴逃之象。曰：螣蛇入酉主阴私，奴婢逃亡暗蔽疑。戌，隐身、暗睡、忧退、血光，主改换仆马，纳财不喜。曰：戌踞螣蛇忧丧失，斗打冤仇向事急。有公讼怪争。亥，受伤虚惊、阴小病，灾祸损亡，百事不快，妖娇，主妇人产事。曰：亥纳螣蛇盗贼忧，水火冲刑急讼愁②。

朱雀阳火。子，被伤头目、投江、损翼、防失脱，百占不利。曰：朱雀临子主喧争，百事瞟聩心痛生。丑，抱卵、掩目，在官吉，官府移文，婚姻和合，主变化，患不动，凡辰戌丑未，皆主信息。曰：朱禽临丑竞田庄，火烧屋舍厄桥梁。寅，化凤、衔符，主文信至。克干减半。文咨不动。寅卯文书旺相，动用隔间。曰：朱雀巢卯文

---

① 捣练子参考：天乙贵，庆如何，参谒投知事事和，接引须知成就吉，相生旺相贵宾多。◎天乙贵，状词陈，谒贵投知赛福神，有克尊亲防病患，家中土地犯伤人。◎占财帛，望佳音，信息钱财征召君，酒食贤人文字至，灾生寒热目头疼。◎贵人勾陈及太常天空，四土司类。土为封，为裸，为瓶，为宫室，为宅，为中霤，为内事，为织，为衣，为裘，为茧，为絮，为床，为训，为温，为腹器，为脂，为胶漆，为包囊，为舆毂，为稼穑，为食，为肉，为棺，为椟，为衢，为都会，为愚，为牟，为司徒，为度量，为土工，为弓矢，其眚为黄怪，疾为郁。

② 螣蛇不临戌亥。◎螣蛇主，女阴私，火旺光明鬼怪尸，惊死忧疑人口病，官灾失物事应知。◎螣蛇动，主忧疑，失物光明鬼现之，水克病萦应小口，妇人争竞斗闲词。◎蛇怪梦，恐多般，讼词囚保火光宣，门户不安有官事，头痈血疾祸绵绵。

信伸，官吏追呼役吏因。卯，坐林、变虎，婚姻交易皆谐，望信不至。曰：朱禽临卯信登门，火光口舌女灾迍。辰，衔券、敛翼、投罗，主文字田券不明，行人归，口舌兴，克支有犯斗讼失错。曰：临辰朱雀事纷纷，谨切须防官事论。巳，翱翔、在外、高飞，主书信至，为安业、公讼、谨虑、谋事多掩翳，乘煞官骶，文损，行人回，巳午文书动用，凡事吉，见爻入课，必有文物私契。曰：巳位朱禽口舌争，厨头火发病萦萦。午，飞翱、衔符，主飞虫雁帛，主怪异，见怪鸟，公信吉文至，占火讼凶，又主文书动用成就，及文书往来之喜。曰：午宫朱雀火光惊，音信官灾病染萦。未，受印、飞星、啄食，文字印信和合求财吉，克支减半，百日六七。曰：朱禽临未争婚姻，阴人财帛夫婿分。申，厉齿、远期音信、惊恐、釜鸣，主丧祻，克干急速，相克减半。又申酉乃官中口舌，伤财不利之象。曰：朱雀临申远信行，人亡官事怪妖生。酉，张口、出舌、归鸿、夜鸣、官怪，主有伤手足人，如无，事防不测。曰：朱禽临酉妇损胎，火起厨房官事灾。戌，落窠、入网、哭泣、书信至，词讼违错，小人谄媚，君子学诈，百事不利，不宜动。曰：朱禽临戌贵家名，小人多事主喧争。亥，折足、沉泥、入水、沐浴、灾忧自退，书册难成，阴人口舌，文书受制。无气，与空亡同。曰：朱禽集害是非张，水火相刑夫妇伤[①]。

六合阴木。子，执笏、望财、欲谋喜事。操笏，见人求事吉。反目，卧病，阴人无礼，得局和美，僧道信至。曰：六合临子见人难，求物投参事亦然。丑，损目、卧疾，凡事顺，相生吉，庶人有财，病主眼疾，实病。曰：六合丑宫求望情，咒诅争非百事萦。寅，相亲、添口、乘车、迁官、移居，占者子孙有庆，主买卖成，财物动，凡占看首尾，虚空不明。曰：六合临寅文契交，公私兄弟有呼招。卯，和合、入室、私合、春神所属，望事吉，婚姻就，小口灾，互临子午酉，主阴私不明，在家不动，门户更迁，及占术士沙门之类。曰：六合卯宫交关争，来合成和已两层。辰，带冠、持巾、违礼、家鸣，展词讼地，动人暗怀。凡事咬牙嚼齿，犯克成凶。又辰戌破损坟茔，田宅不宁。曰：六合临辰契约交，争吏公私并畜逃。巳，赍书、信远、不谐、毁写、阴灾、门户、惊悸、破损、上下灾祻，嫁娶，常占忧疑。曰：合临巳位灶神厨，成就交关不义夫。午，妄语、升堂、合亲，百事利，利进，贵人喜悦。克日辰，事半遂，无结，主文书动用成就，及文书往来之喜。曰：六合午宫有道吁，文字交和望信

---

① 不临酉戌亥子。◎朱雀螣蛇二火司类。火为冶灶，为羽，为丝，为网，为索，为珠，为文，为驳，为印绶，为文书，为轻，为高，为台，为酒，为吐，为榭，为丛，为司马，为绳，为火工，为戈，为刀，为甲，其眚赤怪，疾为盲。◎朱雀将，火之精，飞鸟文书是此情，口舌火光须见血，女人鞍马讼公庭。◎朱雀角，斗争来，文状人论火发灾，焰影辉辉照堂内，飞禽为祟病为阶。◎朱口舌，书信意，印绶女人兼怪异，钱财飞鸟入官门，血光骂詈惊忧至。◎螣蛇朱雀。地二生火，天七成之。其方南，其令夏，其干丙丁，其支巳午，其声徵，其色赤，其味苦，其臭焦，其形上，其生土，其胜金，其德惕，其脏心，其存神，其性礼，其情乐，其事言，视曰从，从作又，其征肠，其帝炎帝，其神祝融，其星为井鬼柳星张翼轸。火以燥万物炎上而不顺，少亲睦也，故为舒。

书。未、素服、主事、朝会、服药、旧害，又宴会和合，又丑未田园有损，米物有伤。曰：合入未宫和会亲，酒筵钱谷聚宾邻。申，损身、披发、责罚、日破，信中有喜，并喜神主孕产，喜庆祥风，主动越关津，亲人阻隔。远人，小儿，气疾之象。曰：申宫六合遁逃因，捕贼官司禁系身。酉，跣足、伤骨、私窜，有暗昧不明之事，主婢逃财破。凡事先忧后顺，不可锐进。曰：酉位阴居问易门，屋舍更迁改革新。戌，登途、进退、暗昧、欺诈、谄曲、奴逃、畜亡、交易、官讼。曰：戌宫六合斗争论，田土交欺奸在邻。亥，贵扶、待命、乘舡、乘辂，有和合事，所求吉。传有吉神，平平。克支有咎，通私不明，私门不正，偷物盗财。曰：合神临亥产见初，心在阴人欲见之[①]。

勾陈阳土。子，临官、争强、反目、沉机、临庭、公讼、入狱，不吉，主恶人纵意，主因财而鬼侵害。曰：勾陈临子失财来，水道沟渠人损灾。丑，得地、入破、入化、受诫，出入随朝，争官贵人口舌，主田舍勾聒事，克日尤紧，耻辱而疑。盖四土皆主竞田、破财、分居、新宅不安住。寅，受制、争竞、遭囚、失时，百事凶。一曰释囚，四月为伏剑，主疾病伤残。曰：勾陈临寅妇女亡，争竞田庄木叶桑。卯，佩剑、入狱、血忌、枷棒、门穴、出逃、蹶失，主公讼，偷盗不知。丑戌死。曰：卯寅受制何为利，妇人家事沉疴系。辰，升局、迁延、升庙、挥剑，主安乐，升局，墓田讼，公讼不安，家讼咭聒文字，克日有伤凶。曰：勾陈辰上主争张，家宅不和田土殃。巳，背约、留连、捧印、小憎、近进、迁官、赘婿，阴人血气痨瘵，或泻血不祥，巳午争竞重重，文书反覆口舌不利。曰：巳位勾陈宅灶凶，怪动忧疑兼宅冲。午，反目、捕盗、辨明，主庆美相会之象，乖事无忧。曰：勾陈在午畜游行，田土生非文状争。未，在驿、传信、在朝，主贵人文书之喜。伏剑，主疾病，宅中田舍勾聒。克日在禁。曰：勾陈临未子孙孤，嫁妇重婚妻失夫。申，趋门、阴拒、升庭、趋途，官司后喜，或因官灾成病殒身，申酉争竞关梁，耗财失物之象。曰：勾陈申上死亡伤，更兼人口有逃亡。酉，病足、佩剑、刑罚，私情隐匿不明，或奴仆上下虚耗之扰。曰：勾陈临酉斗还争，妇人作事不分明。戌，佩剑、衔刀、囚系、陈词，破财牢狱，嗔怒不常，克日急速，八月伏剑，疾病伤残。曰：勾陈临戌战斗争，坟墓昏迷志不兴。亥，澣衣、欺贻、改革、争斗、褰裳，家人上下不睦，克支尤速，因财致鬼物侵。曰：勾陈临亥必

---

① 六合不临申酉戌亥子丑，并不乘丑。◎六合吏，应阳人，门户追呼官吏臻，成合婚姻佳事就，若居囚死病沉沉。◎六合位，喜情欢，买卖交关和合安，成就婚姻须见水，被刑勾嗔急趋官。◎合赏赐，合婚财，酒食交关和合谐，妇女阴私求事物，全身会聚至亲来。◎青龙六合。天三生木，地八成之。其方东，其令春，其干甲乙，其支寅卯，其声角，其色青，其味酸，其臭羶，其形屈伸，其生火，其胜土，其德生，其脏肝，其存魂，其性仁，其情怒，其事视，视曰明，明作哲，其征燠，其帝太皞，其神勾芒，其星角亢氐房心尾箕。木以长万物，性宽容也，故为广。

争论，斗竞田庄有病人[①]。

青龙阳木。子，游海、戏水、扶财，妇人口舌暗事贵人大喜。龙临亥子寅卯，名木入水，财物有喜，动用俱吉。曰：青龙临子喜重成，妇女婚筵见产生。丑，困田、蟠泥、掩目、婢损，官加职，庶人亨，丑未惟买货求财则吉，余事失滞。曰：青龙临丑争名利，母亡官事财物滞。寅，乘云、生翼，在本方者，重重喜信，克支减半。夏寅为临病，主人财离散。曰：青龙临寅为兄弟，喜悦文书财立兴。卯，飞空、弄水、驱雷，添人欢悦财帛吉，翫珠有喜，克日主婚姻。曰：青龙临卯远信来，忧财文状后和谐。辰，闭目、蟠泥，凡事吉，添田宅，奸谋不遂。曰：青龙临辰官司动，桑土钱才值词讼。巳，退蛇、升腾、飞天，利动，有重重之喜，占职必至，又退伏。曰：青龙临巳财忧损，光影飞虫神树死。午，升远、飞天，主婚姻，乘子加午，主孕。壬癸日占，龙带胜光，主孕，文字喜庆，克支减半，又无尾损，乃文书迁动改移之象。曰：青龙临午文信情，文状争财役吏萦。未，坐库、脱骨、陆地、入墓，主饮食和合事遂，合婚，百事吉，货物利，求官滞，失物，马病，相斗。曰：青龙临未欲求财，妻损求神和会谐。申，被戮、逆鳞、摧角、灾困、阴灾，先忧后喜之象。病者，悲有解方瘥。申酉折足，求财反伤。曰：青龙临申欲争财，出外商途贼窃来。酉，折足、伏陆，主事不和，门庭是非，求财反伤，子孙财损。曰：青龙临酉客上门，来意求谋时物因。戌，伏穴、御雨、登魁，出入劳损，奴[②]小人牢狱，百事不和，守静吉。曰：青龙临戌贵人迁，民庶占身财畜邅。亥，游江、生喜、如水、孕生，常占三思而行，因之，入水求财。曰：青龙临亥欲游江，财物须防官事争[③]。

天空阳土。子，行诈，主奸讹妇诈，鬼病，溺水。凡事自受小人蹇泥，盗贼鬼神死亡。占灾，退。曰：空临亥子丑安静，因财成事但不定。丑，得令、侍侧，仕子超擢，庶人变踪惊恐。曰：居丧欺诈天空丑，贼火骡驴煞害有。寅，在林、有威、犯牢、被制，百事可行。又云口舌走失，谋望不顺。寅卯主盗，失财争讼。曰：天空临寅怪惧多，文书鬼怪出颠魔。卯，受制、谩语、盗失财物。曰：天空临卯主戾乖，出入不

---

① 勾陈不临酉戌亥子。◎勾陈妇，恐争张，应得田庄竞土桑，两木下伤来克紧，官灾妻女小丧亡。◎勾陈讼，竞田庄，争斗家中妇族强，疑惑二心无定见，克来妇病怪财伤。◎勾陈斗，主勾连，官府争财为宅田，捕贼逃亡妇女事，伤残痈肿血光鲜。◎天乙勾陈太常天空。天五生土，地十成之，其方中央，其令四季，其干戊己，其支丑辰未戌，其声宫，其味甘，其色黄，其臭芳，其形植，其生金，其胜水，其德该，其脏脾，其存志，其性信，其情喜，其事思，思曰睿，睿作圣，其征风，其帝黄帝，其神后土，其星北极紫微大角轩辕台垣，土以蓄万物善退藏也，故为韬。

② 疑缺婢字。

③ 青龙不临戌亥。◎青龙逆，事宜藏，定损人财口舌妨，旺相贵人来接引，克来争物被人伤。◎龙富足，贵人名，旺相资财喜自生，禄益官迁人口进，商途百事尽欢荣。◎青婚喜，信书来，金玉和谐及望财，酒食妇人兼赏赐，吏来病热病寒灾。◎青龙六合二木司类。木为雷，为鳞，为鼓，为恹声，为新，为燥，为户牖，为承嗣，为叶，为绪，为赦，为解，为多子，为出，为予，为竹，为草，为果，为实，为鱼，为蔬，器为规，为宗伯，为田，为木工，为矛，其眚青怪，疾鼽。

安讼损财。辰，披发、凶恶、逃亡，是事有犯凶顽压损。辰戌虚诈不实，孤贫鳏寡。凡事忧滞，损失财物。曰：天空临辰四足伤，恶人奸诈惹官方。巳，摇舌，血灾腹痛，临局，是非机巧，主炉火事，百事吉，虚诈忧疑，文书不实。曰：天空临巳怪空惊，门户开张屋爆鸣。午，乘骑、入化，埋葬不利，小用吉，忌卜文书远信。曰：天空临午不可当，惊怪文书官讼伤。未，反泪、虚诈，公讼不出，超进文书，井怪，旋物，宿疾，百事不成，婚姻欺罔。曰：天空临未孤独郎，疾病官事物失亡。申，鼓舌，词讼不出，宅不安，大小疾疫忧疑。曰：天空临申道路乖，贼马忧愁恐祸灾。酉，出户，公讼不出，奴婢欺诈，抵宅相刑，门户损坏，阴晴暗动，一切不利。执事，碎事相烦未决，言语不实。曰：天空临酉失惊忙，六畜分张口舌防。戌，困产、居室、犯上，百事虚诈，讼亦不实。曰：天空临戌四足亡，婢诈奴奸惊怪狂。亥，有势、儒冠、旱灾、说诬、产病、遗失。凡事勾聒，占证克支为害，因财成事而未定，小利。曰：天空临亥产生凶，争讼钱财亡失空[①]。

白虎阳金。子，渡江、断路、躁进、自伤、恐害、无咎。曰：白虎临子主逃亡，占病难安官讼长。丑，登山、正视、旷野、坟墓、口舌、贵人淫心不顺，庶人饮食不节。辰戌丑未破财死丧，坟茔骨殖。曰：白虎丑宫得外庄，外人咒诅起官方。寅，在林、有威、披林、游行、沿山、道路、过路、梁折、往还、恐害，家有血气之人，妇人吉，大忌忧病，有口灾，无害。曰：白虎临寅主杀伤，远人凶死病损亡。卯，伏林、伏穴、更改、坟动、伏宫，不能动，家宅咒诅，首尾不安，疾病，寅卯主损财物，动用不利。曰：白虎临卯死伤起，人口不宜休问已。辰，伏路、夜行、哑人、沿山、行害、豺奸、刺客、凶贼，克支不利卜病，丑辰休囚主丧吊。曰：白虎临辰必死亡，六畜相争坟道丧。巳，自惊，占孕吉，常占首尾不明，血光，离祖，甑灶鸣。曰：巳午损伤破耗决，人亡痛叫因脓血。午，折尾、被猖、断室、断尾，有始无终，孝服，胎孕，先凶后吉，血光损耗，常占多忧病凶。曰：白虎临午凶孝余，官灾病患宅难居。未，登岸、音至、口舌、出入、僧道，死丧财破，不宜占讼、出入。曰：白虎未上主孤单，竞妇争婚病怎痊。申，利牙、衔牒，动用关格，破耗之象。常占百事不顺，克支尤重。争狱，病祸，囚狱，孟春仰视尤凶。曰：白虎临申武贵官，远事兵凶求出难。酉，当路、斗殴、阴动，展爪损人，图进不利，有害人之意。曰：白虎临酉主死亡，不明暗昧有灾伤。主关隔破耗。戌，得食、闭目、惊遁、落牢、犬惊、走失，百事生变。曰：白虎临戌骨肉尤，争张多为稻田尤。亥，入穴、眠睡、寒病，忌病久成痼，

① 天盘辰戌无天空。◎天空畏，主先忧，辰戌临家染病愁，木克本神家长死，阴支受克妇人休。◎空惊恐，失精魂，奴婢逃亡屋作声，忧见骡驴增鬼怪，主为凶事克虚惊。◎空妖祸，诈虚因，虚耗流遗走失陈，精怪孤穷人着鬼，夫妻离散为私情。

然有忧无害，动用得昌。曰：白虎临亥为少钱，官事争论断不偏[①]。

太常阴土。子，持印，远动作商，百事阻，奸相侵，接益。曰：太常酉[②]位争田庄，不靖家门出少亡。丑，列席、列肆、爵受、改席，召请丰美，凡事亨利，损财迁官，丑未田园苗稼俱吉。曰：太常临丑家丰腴，争讼孤儿外姓居。主后妇强悍。寅，受惊、恶怒、失时，有更变动移，财物买卖远图之象。曰：太常临寅号得奇，万里宜占只克妻。主来占文契事。卯，被伤、晤期，伤残疾病，财物暗伤，贵人交游，一切如意。曰：太常临卯是为财，盗贼口舌不为灾。辰，欢悦、佩印、荷项，男女二刑，百事虚耗，手足有病，财有喜，颠狂奸邪，辰戌争斗田园。曰：太常临辰财物交，恶人诋毁逞麄豪。巳，捧印，主饮食吉，仕人得荐，庶人发财，远动俱吉。曰：太常临巳妇人忧，井灶钱财散失愁。占病除。午，升堂、文印、乘辂，主文书远信，巳午乘舡，上人筵席，远动俱吉。曰：太常临午家吉昌，近来添买外田庄。未，会合、窥户、筵宾，田禾大有年，贵人除擢，庶人得财。曰：太常临未到家来，酒浆财帛妇人偎。申，施惠、捧爵、远音至，转职加官，女占主有孕，申酉争竞损失。曰：常申必外游，商途事好谋。假令贼劫散，外欺莫自求。酉，合友、立券、酒食，争竞损失。曰：太常临酉喜为财，阴酒人食会婚谐。主求望喜美。戌，入狱、逆命，君臣谋陷，民吏争财，酒食请会，争斗田园。曰：太常临戌贵家倍，民吏争财五谷灰。亥，伏穴、聘召、忧虑，受宣妃后，凡事吉利，远动作商。曰：太常临亥宅不安，争田竞土女伤残。破财只为神克将，亥加小吉必孤单[③]。

玄武阴水。子，逞威、加印、过海，妇人逃亡，乘子也，逢盗失财，克支难存，元临亥子，机密，庄严不语，病者亦然。曰：元武临子到本方，鬼贼投井产妇亡。丑[④]，阻程、立云、升堂，蹉跎不就，相欺，损财，虚诈，失耗，丑未盗贼自贼。曰：元武临丑文状殃，贼谋咒诅争桥梁。寅，耗散、披发、虚喜，凡事宜进，狱释，盗贼铁锁，主盗逃损失。曰：元武临寅文状论，付托讼争鬼着人。卯，窥户、临门，盗伤人，主财多损失，走亡，凡事尽恶，阴乱走失。曰：元武临卯盗贼来，求事难逢官事灾。辰，折足、入狱、失路，主惊怪危事，或妇人有灾，讼有刑，克支凶甚，又辰戌

---

① 白虎不临辰巳。◎山白虎，事非常，道路逃亡并死丧，本位相逢殃叠叠，木生口舌火生伤。◎死丧虎，道中闯，惊走人亡财失因，脱厄河梁冲被马，须忧边境甲兵屯。◎虎丧门，疾病衰，财散中途口舌灾，斗打哭声剥爵事，官中见血被谋来。◎白虎太阴二金司类。金为猛，为旧，为医，为巫祝，为鸣，为门，为限，为山，为边，为城，为骨，为石，为环佩，为首饰，为重宝，为大哆，为釦器，为舂，为碓，为力，为悬，为燧，为齿角，为蜇毒，为狗，为入，为取，为械穿，为寇贼，为理，为司寇，为兵，为钺，其眚白怪，疾为瘖。

② 应作子。

③ 太常不临卯辰巳午。◎阴人帛，太常逢，上下无忧金土中，只怕木来相克贼，此神上课主亨通。◎太常现，妇开筵，口愿婚姻两事牵，求就望成无不应，主于井灶犯中元。◎常和会，酒浆筵，谐合婚姻征召迁，衣服钱财因赏赐，天神还遂吉绵绵。

④ 元武无乘临丑未之理。

盗事难获，临辰主盗自取。曰：元武临辰争斗击，恶人牵惹酒忘失。巳，无伴、勾连、跣足、反顾、虚喜、虚名，不宜动，主搬递财物，机谋奴婢，道路不明之由。曰：元武临巳鬼怪动，死亡口舌及恶梦。午，失剑、截路、碍道、耗索、百事耗散，妇人往来不常，主贼两相伤，不能害人，机谋狡猾。曰：元武临午六畜亡，官事口舌及见伤。未，离别、朝天、入械、提[①]失，酒食不利，防不测灾，又盗贼自贼，利见大人。曰：元午〔武〕临未井院坟，财帛失耗鬼惊人。申，持剑、可虑，婚不合，惊忧不测，折足，主失囚可捕。丁日申为遇盗神，失不必寻，惊忧不测，损财。曰：元武临申主逃亡，官事因争小道桑。酉，当权、持戈、私事盗伤，佩剑，不利，走失伤财。曰：元武临酉贼上门，死亡官事欲缠身。戌，竞气、遭囚、惊危，妇人灾，公私口舌，失望，克支尤凶，盗难捕。曰：元武临戌占墓丘，争讼贼伤死浪仇。亥，还家、顶冠、伏藏、阴病、迁居、财多损失，尊贵家人为鬼，鬼序宇，百事出暗进明，机密庄严，占病不语。曰：元武临亥死还生，虚惊后喜事还明[②]。

太阴阴金。子，垂帘、逃遗，讼事忧疑，奴婢逃亡，阴人诈情，暗昧之事，隔赚，盗贼，邻欺，凡事不明。曰：太阴临子忧胎失，盗贼邻欺文字匿。丑，守闺、守局，僧愿，负于鬼神，心愿未了，守户入室，不宜动，克贼争产破财。曰：太阴临丑咒诅已，暗昧人谋争祸起。寅，理发、趺足、造作、产厄、家有不明之事，难动，动用关隔，阴人隐匿暗昧，失财不足。曰：太阴临寅文字交，财帛虚耗有呼招。卯，移床、匿隐、阴私、沐浴，不利乘舟，惊忧不测，失礼。曰：太阴临卯暗阴和，女子通私盗贼过。辰，嫁贵、理冠、遭迍，勾连暗昧，主妇人灾，异姓入宅，孤克求就。曰：太阴临辰恶人欺，作事难成百事迟。巳，卧枕、伏枕，主争讼，躁烈耗散之事，近思，口舌，血光，破财。曰：太阴临巳主凶丧，悲泣沉疴发火光。午，披发、烧身、脱巾，口舌，心挠，绪乱，耗散不宁，血光破财。曰：太阴临午事喧争，官事阴私斗讼生。未，倚贵、持圭，婚聘和合，喜事，阴人酒食，临门酒食，争田园，克战耗。曰：太阴临未欲谋财，和合婚姻求祝媒。申，执印、有权、法服、修容，阴谋暗昧，婚姻，阴人口舌，盗贼不明，君臣失礼，用事间隔，阴人不足之象。曰：太阴临申行远程，其家恐被贼兵惊。酉，加职、闭户、入宫，老阴陷匿，阴私，奴仆病，阴人损失，凶。曰：太阴临酉落天星，占事民亡谋诈生。戌，食禄、绣裳、披察，阴贼[③]不明，婚嫁，

① 防有。

② 元武不临寅卯辰巳午未，并不乘未。◎元武贼，眼斜窥，鬼动人来无不知，妻女被人赚诡走，有人谋害见逃移。◎元鬼贼，二事同，金土逢之定不凶，二水重临非是吉，火论官事状难穷。◎元武贼，盗逃由，离散夫妻走失求，口舌伏匿官事起，肠虚腰痛足难收。◎元武天后二水司类。水为井穴，为介，为祠庙，为窦，为镜，为玉，为履，为劳，为远行，为血，为膏，为贪，为含，为蛰，为火猎，为闭，为盗，为司空，为法，为准，为水工，为盾，其眚为黑怪，疾为聋。

③ 一作宅。

妇人灾，百事不吉，莫轻信，酉戌主暗昧，娠奸淫乱。曰：太阴临戌主争张，官事阴私妇女伤。亥，怀胎、裸体、遗亡，妯娌私通，凡事不见，阴人病，路遇好事也，难言，私递财，小人怨语不足，遮隐之象。曰：太阴临亥人图谋，阴宅小口外人庐[①]。

天后阳水。子，守闺，口舌公讼，暗疾，利进，淫乱，百事暗昧，克支争讼，主动用，房屋喜美。曰：天后临子喜神和，万事占之福必多。丑，就床、出局、偷觇，主僧道伪妄，姻事，盗贼在外，君子召命，庶人财喜，阴私，丑未饮食筵会田园，尊贵喜悦，又主遇恩赦文书。曰：天后临丑后妇多，公私争讼及沉疴。寅，晓妆、和合、结发，喜信必至，美誉之兆，又取财成病，寅卯暗合婚姻之情，动用财乡，亦主盗贼阴私损失。曰：天后临寅财物交，婚姻和会富家豪。卯，临门，主血光，事宜更改，淫泆、倚门相望之意，百事厌翳破败，外妇人家蚕茧好。曰：天后临卯妇外情，盗贼人亡官事兴。辰，归房、毁妆、灾恼、逆娘，孕不育，女人血光，男子病血，百事滞，破财孤寡。曰：天后临辰不可当，争张难产妇人妨。巳，行势、蔽匿、裸体、多淫，妇人孕疾，或主怪寝不宁，产厄血光灾病。曰：天后临巳宅主凶，水火相煎口舌重。宿疾妇人心气痛，丝蚕减耗血财空。午，冶卧、潜匿、伏枕、卧病、姻期，凡事不利，疾病眼昏，欲枕外合，忧患思念，血光产厄。曰：天后临午阴人灾，文状口舌事不谐。水死妇人或心痛，出门又见妇悲哀。未，淫愁、被难、沐浴、失礼，丑未婚聘筵会，贵人尊者喜，恩赦至，田园增，百事亨通。曰：天后临未加有井，后妇死儿许愿賸。申，掩事、把镜、理妆、修容、婚姻，孕生吉。阴日在申，婚姻患之。主女人喜。淫乱忧危，血症气损伤，口舌不宁。曰：天后临申儿诞生，妻主分离向外行。酉，为倚户、沐浴、把镜、婚孕，阳日在酉，主淫泆之私，家有阴乱相谋，耗散财帛之象。又婚姻谐庆，占财吉，酉戌主暗昧娠奸淫乱。曰：天后临酉事不明，妻财贼引去游行。戌，随邪入帏、褰裳、逃逭，又褰帏息宁之意，内室不和，生产速，阴人疾，百事凶，暗昧娠奸。曰：天后临戌有争呼，钱财官职有外谋。亥，守闺、入室、治事、虚诈、小喜，阴人事，疾病，主求官，望喜，钱帛，婚姻皆就。曰：天后临亥到本家，财帛婚姻进望赊[②]。

---

① 不临卯辰巳午。◎太阴女，应金星，或凶或吉未见情，立在水头多主吉，人谋木火暗利生。◎太阴处，丑未宫，妇女妻才必信通，火旺灾生水谋害，若临辰戌病申浓。◎太阴妇，主虚因，私意开筵闭匿申，奸祸讼囚丝绢线，不明女子哭声频。◎白虎太阴。地四生金，天九成之。其方西，其令秋，其干庚辛，其支申酉，其声商，其味辛，其臭腥，其形革，其生水，其胜木，其德收，其脏肺，其存魄，其性义，其情怒，其事听，听曰聪，聪作谋，其帝少昊，其神蓐收，其星奎娄胃昴毕觜参，其征□，金以克万物禀肃杀也，故为夺。

② 天后不临辰巳二宫。◎天后妇，阴私多，衣服嫁娶不明过，酒食钱财水溺至，便宜不定奈伊何。◎良家女，天后名，得位重重禄渐生，嫁娶婚姻金上立，为人生喜庆财萦。◎天后比，喜和谐，金上逢之嫁娶来，历厄病灾皆是土，若乘水上必招财。◎元武天后。天一生水，地六成之。其方北，其令冬，其干壬癸，其支亥子，其声羽，其色黑，其味咸，其臭朽，其形下，其生木，其胜火，其德藏，其脏肾，其存精，其性智，其情悲，其事貌，貌曰恭，恭作肃，其征雨，其帝颛顼，其神玄冥，其星斗牛女虚危室壁，水以润万物，不可缓也，故为急(右推河图数断法参看)。

《神机碎锦》终。

天盘贵神	甲戊庚日	乙己日	丙丁日	壬癸日	辛六日
定例横推	旦牛暮羊	旦鼠暮猴	旦猪暮鸡	旦蛇暮兔	旦马暮虎
子	后蛇龙虎	贵贵勾常	螣后合武	后龙武合	空空阴雀
丑	贵贵空空	螣后龙虎	雀阴勾常	常勾阴雀	虎龙后蛇
寅	蛇后虎龙	雀阴空空	合武龙虎	武合后蛇	常勾贵贵
卯	雀阴常勾	合武虎龙	勾常空空	阴雀贵贵	武合蛇后
辰	合武武合	勾常常勾	龙虎虎龙	后蛇蛇后	阴雀雀阴
巳	勾常阴雀	龙虎武合	空空常勾	贵贵雀阴	后蛇合武
午	龙虎后蛇	空空阴雀	虎龙武合	蛇后合武	贵贵勾常
未	空空贵贵	虎龙后蛇	常勾阴雀	雀阴勾常	蛇后龙虎
申	虎龙蛇后	常勾贵贵	武合后蛇	合武龙虎	朱阴空空
酉	常勾朱阴	武合蛇后	阴雀贵贵	勾常空空	合武虎龙
戌	武合合武	阴雀雀阴	后蛇蛇后	龙虎虎龙	勾常常勾
亥	阴雀勾常	后蛇合武	贵贵雀阴	空空常勾	龙虎武合

右天盘，丑未二宫无六合玄武，辰戌二宫无天乙天空。

地盘，自寅至未六宫无玄武，自申至丑六宫无六合。

卯辰巳午无太常太阴，酉戌亥子无朱雀勾陈。

辰巳二宫无天后白虎，戌亥二宫无青龙螣蛇。

注：此为原书中所夹六壬三层活盘。原书照片有此，今照录于上。

大六壬寻源编卷之三

汇赋下

占要约说

太始无极，无极而太极。月将加时，天运乎上，地承乎下，而两仪判。两仪判，而日月行，干支配，干日支辰，阴阳老少，是成四象，而刚柔分。刚柔分，而生克肇，以定三元，曰天地人。三交而止，乃别三才。万物生万事著，生旺而墓，时行时息，通乎昼夜，贵神司焉。壬理莫测，以斯占之，庶得要云。

元象有消息，阴阳升降，不可不察也。局会伏反，宜察之。

日辰有体用，动静显晦，不可不察也。生旺墓绝，宜察之。

四象有乘临，出处险易，不可不察也。空破合冲，宜察之。

三元有喜忌，始终变化，不可不察也。随墓助伤，宜察之。

贵神有制复，随将潜见，不可不察也。绝生传化，宜察之。

四象　少阳　老阳　少阴　老阴

三元　天地人

子丑寅卯辰巳午未申酉戌亥

贵螣朱六勾青空白常元阴后

贵后阴武常虎空龙陈合雀蛇

生败冠官旺衰病死墓绝胎养

占要章五[①]

神渊宜讨，阐古图章。玄珠既得，焦鹿无藏。占天看风虎云龙，察水火升降而知雨知旸；问地视金英玉藻，审神将克生而辨孽辨祥。

---

① 《通天鬼翼赋》参。

夫云从龙，风从虎，旺相大，休囚微。支之阳神是墓，其阴神是穴[①]。

占人占宅，先日［人］**辰**［宅］**而课义次考；占讼占疴，分勾**［讼］**虎**［病］**而救解同商。捕亡，三奸之下可得；鬼祟，类神之地堪详。**

亥子丑有一地盘仲，其冲处是三奸也，冲视天盘神。类神，指鬼之类，于地盘定其方所，决其何属。

占婚姻，视天后妻财，日辰比合；占胎孕，究夫妻年上，剖判阴阳。占谋望，要成神合气；占求财，须旺相龙常。成神正巳逆行四孟［合］**，气旺气图干功名。吉神吉将为主，进迁官职。天成天吏聿臧，文宜青龙不战，武喜太常无伤。登科者，禄马扶会；不第者，刑害猖狂。**

天城，申也；天吏，寅也。加年下发用，迁升高位。文青龙，武太常，其类神也，与日生旺则吉，克战则凶。禄马临官之神，马主前程远大，立于富贵干支之上，则登科。刑主有缺陷，害主多阻隔，临于干支年命，则不第。

出行，日主陆而辰主水，究生克于神将，以决休咎。经商，辰为主而日为宾，稽衰旺于上下，以卜行藏。动望行人，规二八卯酉之限；追擒逃盗，搜度四武阴之乡。捕贼得克制元武而喜，投书遇虎勾无气则昌。

占东南行人，以酉为中途，子上神为至期；若西北行人，以卯为中途，午上神为至期。凡追逃捕盗，看元武之阴神上得何支，则知贼在何处。虎暴怒，勾牵制，皆不利于投书，无气则书得达矣。

走失亡财，青元武行年而较著；同行失伴，原胜光天乙而斯彰。疾病传中，天医称庆；囚徒式内，管籥胥匡。

走失亡财，亦责元武阴神之上，知其方所。行年，人之年也。失伴视午，午在日前，或在天乙前，宜向前追及；若在后，稍俟之，则至矣。天医、管籥，皆神名。匡，救也。

招客延师，研[②]**巳申加临之所；求妻择妇，凭六合天后之方。传送道途，与白虎二神济美；功曹文字，偕朱禽一体辉光。子孙动而求官险阻，官鬼动而兄弟彷徨，兄弟动而妻财有损，妻财动则父母灾殃，父母动而子孙受克，官鬼动而身亦宜防。**

凡择婚时，而有几女，则布式以女之居方考之。有居在天后相生方上者，可成。一法以女行年加处为方亦妙。传送、白虎，俱主道路。功曹朱雀，皆主文章，故曰共

---

① 占要，专取用，用非发用，司事之神也。故用神之法，主虽少而用父母，仆虽老而用妻财，同宗五服虽尽而用尊卑，表戚三党虽近而用宾支，仕虽密而用官，师虽疏而用父。至于妇人，姊妹姑外，皆推同类，用妻财。若夫同辈宗弟兄外，皆为异人，用天将。将占卒，帅占弟，皆用子。占文书，占生计，皆用父。其于事类物情，集灼言之详，不复赘。

② 文明传道。

济同行。子孙以下言相克也，发用则然耳，在课传次之。

是以相生合志，克战成忌，无中取有，先论枝干[①]。当权获兔忘踪，妙在日辰有气。局分内外，宜临孟季精研；破合刑冲，首究用神克趣。

昼夜贵人顺逆，六壬之主，当管其内，夫以加孟下季上神是也。加季仲上神，加孟仲上神，若年主事，则日干合上神是，其法准应。若无季孟，仲神主事，则贵顺，前三传主事，贵逆，后三传主事。

用生终死，如被火以投风；用死终生，若涸鱼之得瀑[②]。和同子母，有往有来。反背为传，不仁不义。

《神枢经》曰：三传上下克战，不至其吉，上下相生，不至其凶。初死末生，名出墓狱，不成凶也。

生神同德，遇吉将而有权；恶将相刑，逢鬼贼而多悖。终来克始，夜行得道无虞；始去残终，困马逸缰有戾。初凶末利，穿针皎月之中；终吝始亨，秉烛狂风之际。式呈全吉，须研万一凶藏；若犯纯凶，必究何端吉寓。

吉内藏凶，如壬癸日未丑戌三传，将得龙合乙，全吉也，缘三土克水，贼日鬼旺，必因财上起祸，而是女人必送于官也，终凶。

传中有鬼，须察旺休，所立方隅，何人得地。救神失伦，未必无凶，若见空亡，密云不雨。

凡鬼旺，官非；相，争财；休囚死病，见官人也。若鬼临方，申酉西方生害，巳午南，寅卯东，亥子北也。救神失伦，例如正月庚寅日寅时，太乙临庚为用，鬼也。中见功曹，末见登明，加寅为远，登明见太乙克庚，欲来救父母，奈地里逆远，势力不逮，此失伦也。

日辰战斗，胜负取以验虚真；干支协和，阴阳调而除纷绪。

旺相气真实，休囚气虚诈。日上辰克辰上辰，主胜，一云先发胜，客胜。辰上辰克日上辰，客胜，一曰后应胜，主胜。盖上注以占者定主客也。

刚柔上下，推内外男女忧疑；用事传神，分休旺往来泰否。

刚日，日克用，上克下，事从外来，起于男子。柔日，下克上，事由内生，因于女人。动神遥克日，事外来；日遥克神，事内生。刚日昴星，主外事；柔日昴星，主内事。《金匮经》曰：发用月建传神，岁支一年之事，月建一月，效推。

生我曰喜，克我曰悲。罡日前后，已往来期。支伤兮萦从内外，内战兮祸发幽微。事用分途，详表里虑防克己；阴阳进退，辨浮沉新故高低。

---

① 支干也。

② 音避，水暴至也。

罡，辰也，在日辰前，灾已过；在后，未来；在日辰上，灾在旦夕也。日克辰战，日遥克辰，主内起；辰遥克日，主外起，皆以天官断其事因可也。内战用天罡将天后其例也，天罡加寅卯亦内战例也。凡主事神属阴，管内事；属阳，管外事。分途者，子为临阳之路，午为通阴之路。表里犹内外也。用神临子至巳，为内为顺，临午至亥，为外为逆。日上阴阳之神，主乎自身；辰上阴阳之神，主乎他人。

尔乃八方，涉有浅深，风飘水涨，五行临类同异，生辟为奇。

此论人远行也，阻隔关塞之危，如乾金者，阳也，坤土者，阴也。假如二月己卯日酉时，天罡加卯为用，将得勾陈，中传太乙作青龙，末传胜光驾天空，卦名重审，辅卦乱首、龙战、无淫、斩关，课主家不宁，以卑凌尊，因此遁离道路，天地闭塞，门户不通，法主雷雨闪电，何以知之？诀曰：天罡为关，辰下加卯，为门户，卯属震，震为雷，而且天官式中见青龙，主雨；中见太乙巽，巽为风，式中又见勾陈，卦名龙战，必主风雨关中之格也[①]。涉有深浅者，涉害也。若用神涉害，将得火临水，为江河之涨所隔；若用金神，下临丙火丁火，主消折财帛之隔；木临庚辛，因兵贼隔；用上下涉寅卯，主风隔；若亥，亦隔于江河水涨也。

土神动土，田宅动摇，居止不决。金神加金，交伤移徙，分异嗟咨。木加木，非病非灾，争财竞禄。火加火，口舌非祸，疾病惊疑。水加水，口舌盗贼，同类加宄。此标题，火入金乡，淫泆奸邪未息；火加水地，遗亡口舌多欺。水加土位妻财喜，若在火宫推选怡。木居水则漂流异地，水居土则财散人离。水见火来，震惊失箸。金乘木旺，女子是非。土临木地，则田宅讼起。金居火上，则病死伤夷。木入土而牢狱，金入火而官司。火入水乡，末得镇星复喜。金加火位，中逢水宿毋譆。

前段论五行同类相加，后段论其异也。火则蛇雀，金则虎阴，金为火逼，故作淫邪也。若巳午火临亥子水受伤，则雀生口舌，武主遗亡。若水受土制，则为财，克火则为官。若以木之少而遭多水，流落他乡之象。水临土为财，而主散失者，谓元武也。火蛇惊恐，水武窃畜。金阴象，女子也。逢旺木不受其制，故非生。若土加木，勾受制也，乃主因田土致讼。金居火者，虎入蛇雀之所也，故主疾病死亡。木制土，火烁金，牢狱官词所不免耳。至于火加水上发用，其凶堪忧，末有土以制水，则不凶。镇星，土星也。金加火为发用，凶矣。而中见水宿，是得子而复火之仇，则有救矣。譆，痛而呼也。末二节总言救解，五行皆然。

若夫天乙顺逆，干支盘旋，推阳男之与阴女，分缓后之与速前。罡□移宫，神藏煞没，孟季推用，内外机圆。

---

① 己卯日，辰加支，用重审。雷电风雨，勾主斗，风雨关格。兄辰勾、父巳龙、父午空。乱首，卑凌尊。而遁罡为关，卯为门户，道路闭塞，门户不宁。

天乙顺，利阳男，不利阴女。天乙逆，利女子，不利丈夫。发用及日辰在天乙前，主事速；在天乙后，主事迟。神藏煞没，没，入也，与前章不同。此谓天罡加孟，神在内，煞在外；加仲，神在门，煞将入；加季，神在外，煞在内。神藏则吉，煞没则凶。

簇簇官灾，以天乙受用神克制；频频灾蹇，因年神与日上冤愆。族内逢亲，喜迎家室；畏乡有鬼，愁蹙眉尖。

年神，人行年上神也。年上神克日上神，名不及；日上神克年上神，名失节，凶不可解。用神遥克贵人，名四闲卦。凶神同克发用，大凶。族内逢亲者何？式中见官鬼，可恶也，若遇亲戚，则无损害之意，乃可喜。以阳干生日为父，阴干生日为母，阳支生日为叔，阴支生日为婶，纳音阳干生日为外母[①]。今日比，阳干为兄，阴干为姊。今日生，阳支为侄男，生阴支为侄女，生纳音阴干为外甥女。今日克阴干为妻，支为妾。假令甲寅日，干上辰为发用，甲以辰为财，乃曰子孙，何也？为日上用事神，遁得丙辰，丙火，甲之子也，将六合木，与日比和。若乘虎阴克日为鬼，是才化为鬼也。凡克日之乡，上见鬼贼，名鬼并，则敛聚愁眉矣。假令庚辰日申将未时，胜光发用，作蛇临巳，遥克庚，为畏乡有鬼也。得救神可救，则愁而无咎。又十月辛亥日，午临亥用，亦与日为鬼也[②]。

宅日呻吟，蛇虎忌临于支上；传中副将，鬼贼恶集于宫端。

支为宅，宅逢蛇虎，日有呻吟矣。式中副将，与将同宫贼日，其灾必发。若无副将，其灾不能发也。白虎副将，正月申顺支，主道路丧亡。朱雀副将，正月巳顺支，主官灾口舌。勾陈副将，正月丑顺支，主斗讼。元武副将，正月亥顺支，主盗贼，阴私伏匿。螣蛇副将，正月辰顺支，主惊怪。天空副将，旬内纳音，不主事，其神主虚诞[③]。

武盗匿于孤虚，追收不捕；角星临于四仲，关格难言。

武盗，元武逆度四神也。孤虚，如甲子旬空戌亥为孤，其对神辰巳为虚，乃空亡与六虚也。捕盗逢此二煞，必不能获。余甲仿此。角星，天罡中星也。罡加四仲，为关格闭塞也。凡占遇之，为事或因地利道路关津涨隔，或因天时风雨所阻。卯酉门户，格非一端。三交罗网主格，斩关主格，从革主格，遇旺相气，与吉神将并，主改革更变，富贵之福也。若天狱与岁月破并蛇虎，主死丧兵革之格。若用干死亡，而有是兆，

---

① 疑作外公而错漏阴干生日为外母一句。

② 族内逢亲。甲寅日，辰加干，用重审。丙〈子〉辰〈才〉[六合子]；戊〈才〉午〈子〉[龙兄]；庚〈鬼〉申〈马〉[虎鬼]。◎畏乡有鬼。庚辰日，酉加干，蒿矢。巳上午作用。壬〈子〉午〈鬼〉[鬼蛇]；癸〈子〉未〈父〉[父贵]；空申[子后德禄]。右得壬水子救。◎蛇虎临支与日为鬼，辛亥日午临支用。丙午〈鬼官克日〉[贵父]；癸〈子〉丑〈父〉[白兄]；戊〈父〉申〈兄〉[朱鬼]。

③ 旬内纳音，如甲子甲午旬中见金之例。

从革为其格。有旺气，革而增进；带死气，革而出退。若巳酉丑革变而不顺，主格也。三传内战，内外不相和而革。若中传克始末，主首尾不相见而格。刚日昴星，道路关梁所格。柔昴与伏吟，则主潜藏伏匿，不欲见人而格。若涉害，视其深浅，皆主道途险阻而格也。

都哉天门地户，秉神符而逃匿；玉女杜门，作禹步而远逸。

夫论亡匿而知此，可通于鬼神，其理微哉。《经》云："六合为天门，太阴为地户。"若六合太阴所临，可随其神而出。天门地户，不可使克亡者年上神。夫六合太阴，天道也，故亡者得全。又一注云：九天九地，各有上下。夏，午为九天上，子为九地下；冬，子为九天上，午为九地下。太阴临九地下，六合临九天上，随杜门而去，亡者必免其祸。杜门者，八门之一也。休生伤杜景死惊开为八门。出休门，近八十里，远九百里，遇贵人得财。出生门，远三百里，近二里，遇贵官喜。出伤门，见血光，逢盗贼。出杜门，可伏匿隐藏，逃亡迷惑，则曰蹇，以行二百里则吉。出景门，主破财，无相利，八十里吉。出死门，主死丧哭泣疾病。出惊门，大凶，遇斗讼，拘执惊恐。出开门，远九十里，近八十里，逢酒食提挈也。补：春寅秋申为九天上，春申秋寅为九地下。假令十月寅将壬辰日戌时，得小吉为鬼，临卯发用，主门户动摇，因欺诈文字交加不宁而欲逃也。何则？中传登明作天空，是因欺诈而起也。甲申旬以午未为孤，下临孤而逃匿，乃终不获。末太冲乘太阴，下临日，辰上见传送，将六合，此为天门。壬辰日，秋冬日在七宫，太阴临生门，大善也。《六甲经》云："每出天门，入地户；或出地户，入天门，执神符而去。作神符法，以月蚀之夜，取牡荆木，或梧桐木，心阴方之木九寸，广二寸，厚三分，朱书神名于上。丁卯神，名九林，字音阴[亥]；丁酉神，名费，字子喁；丁未神，名屈，字玉；丁丑神，名梁立，字叔；丁巳神，名许威，字地道；丁亥神，名六戊，字凌音。凡书六神讳，锦囊盛之，逃时手持之而去，吉。玉女即六丁也。《经》云"玉女远行不可及"，登天梁者亦不可极，入地户者隐无形。三四乘青者一无里，三巽一神先者为帝所育。名玉女者，六丁所福也。禹步法者，天乙之正面，左足前，右足后，乃趋三步，或九迹是也。初出禹步，入地室之神所难见也。"《经》又云："亡匿者向其上，呼其神名，去则返我，来则藏我。以左手中指画地取二土，一置地上，又涂鼻人中。咒曰：'天翻地覆，九遁[道]皆塞，有追我者□[①]此而极，见我者死，追我者亡，吾奉九天玄女道母元君律令。'咒讫，因越而行六十步，解衣取草置地，此为门者，越而去。取其半草自障，左回旋入太阴中，无人见也。"《经》又云："四天者，功曹传送及胜光，各不欲见今日，是谓阴之阴中，

① 疑作至。

强亲者，必变妖殃，以知天门不获，天门不欲[①]。克亡人年上神，此神知地户不获，孤虚之神，不欲见亡人始日，以知岂不获其辰必之。其神六鬼之鬼，不欲见亡者始日之辰，乃建除满平定执破危成收开闭之地，亡人不获，余者皆败。”假令二月建卯，辰为除，未为定，戌为危，用所为相传得微审，下通至妙，秘要而神参也。

事用咸临建旺，举用亨通；干支上带休囚，心怀战慄。青龙虽吉，带囚鬼而资财成凶；白虎深忧，值生合而临丧罢泣。合不遇合，由旬末之低昂；财不近财，奈鬼途之阻拂。

如正月甲子日申时，申乘龙临巳发用，龙本财喜，奈乘日鬼，主有争讼事也。白虎主病，下乘生旺相气，与午相生三六合，则患者危而复甦。临丧罢泣，言复生也。凡占谒见，而式中遇三六合，主喜美。曰不遇者何？旬空或乘天空，主不见人也。财不近财，如八月丙子日辰将巳时，河魁［泄干］作天后［克干］发用，中从魁［泄用］乘阴［泄用］，末传送［泄用］作武［克干］，皆克干泄用。主有二女人，匿隐道路，财帛却被贼人当路阻隔，终不得到手，为鬼贼在传故也，阻拂之谓也。

乙庚喜合，惧巳午之为仇；庚辛逢财，畏丙丁之见嫉。

乙见庚为夫有阴私之喜，巳午脱乙克庚，则事无成。庚辛见寅卯，乃财乡也。若见丙丁火为木子孙，则受木之生而反制金，是财助鬼伤身也。

奇仪若见，枯木重荣[②]；光怪传来，烟皂防失。

皂，灶也，占者慎火。

凶将施灾何少，由贵顺而亨；吉神赐福何微，缘乙逆而屈。逢灾遇恼，上下皆凶。招利储祥，始终都吉。凶居生克之地，恋生解克而无暇害人；吉居德禄之宫，离隐出潜而发祥致益。恶神和合，逢灾而不致深危；良将刑伤，有庆而终非全实。吉神旺相攸宜，凶煞墓空无失。凶空凶内不凶，吉空吉中不吉。

注见前章，兹不复赘。

至于课象临路岐，足犯游门而烘墨突；天地见反覆，难量动静而遇波涛。途中进发而盘桓，以不见于路上。发用为期夫至日，论休咎之同条。

此下占行人也。课中何者主远行道路？涉害弹射游子也。涉害，主沉屈迟留。矢弹，主日月岁久，不然地里远阻，有交加之意。若日神遇三六合，三传始终遇吉，不内战，主远来信喜。若用神比日，或临卯酉辰，并不落空亡，见游戏神，行人必至。烘墨突者，言人已至门，而烘衣于窖突也。游神，春丑夏子秋亥冬戌。戏神，春巳夏子秋酉冬辰。又天驿二马并，行人至也。门者，卯酉也。足犯门者，末传为足，若动

---

① 原作敏。

② 注见前。

临门户，行人必至。翻天覆地，即反吟伏吟，主事不宁。行人遇之，动静不决，多荆棘也。途中进发，进谓进神，发谓发用。盘桓者，发用临日辰后也。足动临门为进发，路上不见，因盘桓也，盖不见进神耳。至于决行者至家之日期，以发用上辰定之。如前占事类，入祸福之期也。例如正月占，起太冲，则二月至，卯建也。起辰，三月至，仿推。

意惑两途，规日辰而左右得达；身迷三路，察孟季于罡下无淆。

若路遇两岐而不识，则运式以观。干上吉，则左道通，大道通；支上吉，则右道通，小道通。若三岔路惑，视天罡，孟左季右，临仲，中道通也。

昏迷失道，参角堪前；秦吴获膳，房井求泉。

若逢昏暗不辨而失路者，于传送下八十步，得左道。参者，申宫之宿也。于天罡下五十步，得正路。角者，辰宫之宿也，亦同[然]。小吉下八十步，去脚。若途中饥馁，大小吉下可以疗饥。秦，小吉地；吴，大吉地也。若渴而求饮，于太冲小吉下，必逢泉水。井者，未宫宿；房者，卯宫宿也。其义备见《兵帐赋》。

盗不侵财，用神伤夫日官；贼不同德，武游畏于更阑。

盗者，式中有鬼克日也，反被用神克之，其鬼不能作害而为盗也。若鬼克，必偷内财；神克，必偷外财。神[①]者，六甲旬前，第二位乙是也。假令甲子旬，大吉是贼神。又《经》云："春卯夏午秋酉冬子，若贼神同元武，主盗贼不同[②]官非。若武并德神者，为真武神。若武神乘日分之财为空亡，主遗失；若日下之财，主破财也。"游，游都也。甲己日丑，乙庚日子，丙辛日寅，丁壬日巳，戊癸日申。若加日辰，贼即至，可畏于更阑。若临后一辰，来日至；若后三辰，三日至。若游都临日前一辰，贼去不来也。

恶煞刑时，带白虎而防刃翻；贼神克处，乘天马而谨飞垣。

贼神元武，带煞相刑于日，而式中见勾虎，必斗杀人伤于财主。元武盗神同克日处，乃贼人之方，若同天符二马者，从克方踰墙而入。若不乘马，穿壁而入。若武乘天门，必从虚空入，与台阁入来。若入地户，从空穴水窟入来。若乘日游索、路檐神煞，从露檐窗牖索挂入也。

用察始终，可量胜败；武临生旺，逍遥自在。东西推穷，姓字认形容；南北远近，囚死归刑害。

假武临丑，在东北方，认颜色可知。《经》云："南北视盗所临处，与其数也。"数如神后九、河魁五，乘四十五之例。

---

① 盗神六乙也。

② 疑作问。

阴推岁建，阳发魁罡。君臣谋陷，夫妇情伤。四课联环，执吉凶而各动；三传缀玉，莫负侥而类详。阴合相扶，指禁户私门有喜；贵神用事，临方昴迁转无殃。凡所占求，须凭事类，有即秩秩，无则茫茫。

秩秩，谓有叙也。茫茫，谓无从也。有谓旺相，无谓囚休。

右《通天鬼翼赋》。

《括囊赋》曰：一气初判，两仪肇章。考日时以成象，布六壬而配方。吉凶本末之端，生于好恶；祸福推移之理，造用柔刚。原夫黄帝作孽于蚩尤，元女降灵于壬式。明月将，加于正时，用五行，论其克贼。加临地局，内外别于阴阳；运转天盘，顺逆分为南北。所卜稽疑，来方为谁，先立体得何象，次观神之是推。贵人小吉传中，皆云其吉；太乙螣蛇始末，咸谓乎危。如是则未索幽微之旨，推深肤浅之词。挟害太常，动止则尊亲有讶；乘德朱雀，谋猷而官吏无亏。青龙被克兮财寡，六合附喜兮婚良。虎作浴盆，抱病魂而归逝水；空持传送，望信仆以造回廊。

朱雀乘德与贵合，投书必听悦，望信必来也。用虎带浴盆煞克日，病者主沐浴冒风而起，不然则有沉溺逝水之厄。

太阴巳午兮恐及，天后辰戌兮孕防。月厌[①]六壬，往往家遭怪异；梦神[②]本命，频频魂主惊惶。次审金煞、值符、飞廉、天目[③]、日奇、光怪[④]、鬼游、月宿。天乘[⑤]人妖[⑥]兮死气，吊客天鼠[⑦]兮鬼哭。贵人刑处，作孟成妖。华盖到干，祟时起复。休囚死气，兄弟妻儿。旺相是人，休囚则物。干为长上，支云幼卑。支克干而长祸，干克支而幼疲。上下相生，立处而内外和睦。将神遇合，寻访而主客欢怡。莫不课象渊源，在于天乙。传居前，理悉显明；递于后，情多蹇窒。用立乙后，传归乙前，先昧而后昭；用在乙前，传归乙后，先白而后黑。或临斗罡，论讼而易换有司，复谐复冲。谒贵而动摇他室，式体既定，来情多猜。任信多主动静，反吟况是往来。元首尊神，所作仰为领袖；空亡阴鬼，加谋转耗梯媒。龙战不离乎洞户，元胎欲卜乎婴孩。不备无淫，必有阴私而起谤；拔茅连茹，何妨类象于求财。天狱囚禁，三交暗昧。昴星归[⑧]出[⑨]而防险，游子商贾而未回。斩关逃窜拟速疾，乘轩宠诏于衰衰。三奇六仪狡童，联绵喜矣；四煞五墓相冲，不久哀哉。爰及见机察微，赘婿乱首。见机取舍宜亨通；察

① 正戌逆支。
② 辰戌丑未三轮。
③ 正辰顺季。
④ 正戌逆季。
⑤ 天车，春巳夏辰秋未冬酉。
⑥ 八妖。
⑦ 正子逆支。
⑧ 刚忌。
⑨ 柔忌。

微暴进逢殃咎。日临辰位，招两姓以同居；支就干宫，寄一身而匹偶。必见灾生九丑，祸起二烦。得绝嗣兮防父母，见无禄兮少子孙。恹恹枕席难痊，奈逢魄化①；惚惚精神不定，必值飞魂②。其有曲直炎上，从革润下。遇吉将而朋从，见凶将而夭折。或主公讼，或遭难厄。内出外而己求，阳入阴而彼索。用神得墓，长生见以无忧；吉将入传，帝旺终而有获。及乎弹射日克，蒿矢神凌。望行人至已有想，求谋事成却罕曾。贵人顺治德扶，直忠臣子；天乙逆行煞动，便佞交朋。况乎课体极繁，究推奚尽。苟贵煞而可凭，乃神将之在紧。时逢土动，乘天后而失衣。气涉水休，带土神而伤肾。元武午未兮职转，白虎申酉兮讼争。天空临辰，奴婢乃非淳朴；朱雀加申，音信必达途程。螣蛇巳午而怪梦，六合寅卯而情亲。雀蛇遇水，被刑伤于夭杀；勾陈逢木，必栋折于三刑。阴作大吉兮僧愿，戌为白虎兮犬惊。勾陈寅卯兮论讼，寡宿子午兮孤惸。青龙临午，壬癸日妻妾怀孕；常携小吉，申酉辰首饰簪缨。丑到戌兮足病，寅加巳兮灶更。土克水兮潺潺，金伐木兮丁丁。相生相克之源，视于衰旺；有吉有凶之本，分于重轻。善恶有期，进退相度。占宅兮莫克人，问病兮怕入墓。论讼兮恶狱留，迁官兮须铸印。间隔遐阻，占行客而未来；阳少阴多，产男儿应不误。夺标望荐，卷册须合乎主文；步月登科，传末须逢乎帝祚。噫！术之至幽也，祗在乎心。心既达于渊妙，课亦通乎古今。无常德者不为卜，有正己者可与占。其卜欲求感应，其志在于精严。

《吴观秘法》曰：凡干加支作吉将，主进人口。若天喜加龙合贵常，或天喜加六合，或龙常加支同喜，俱以进口决之。支加干作凶将，不论入传不入传，皆主退口。凡丧吊作虎，主其家丧服，或外服入宅，加支尤的。如见三传中者，虽于有服人，占病必死。凡天后在三传日辰，而其阴神作虎者，即日克妻，或大凶厄，三合多是。如丙寅日子将辰时，戌加寅乘后发用，来占官事。半月前决其曾克妻，以后阴作虎也。若占妻病必死，占婚姻亦不久要克。申酉乘六合，不拘占事，先言子死，万无一失。六合为子孙，临申酉木绝之地也。子作虎亦然，亥作虎亦如之。亥为幼子，孩也。凡干之绝神作用，十有九死，生气作虎，传尸痨也。在三传日辰年命，的有此病，或曾死过人来。刑为官狱，只此便言在狱也。课传得刑，有官府刑狱事。岁前五辰为宅，上见寅巳申亥乘勾空常贵，主家有寡妇；上见辰戌丑未乘虎武龙蛇，主家有鳏夫。如见日鬼，主蹇滞凶。禄前一位是刃，三传日辰上见之，讼遭痛决，病主出血。月厌作虎加支，定主哭声，更有死气在传，必死三口，此乃周子明秘法。主常有死亡哭泣。己巳日反吟，两处置锅灶，作武者的。天空加巳，釜损，己日多验。戊壬二干，子午日反吟，主移床，或移房，子为房，午为床，以子午不安故也。干支上神相作刑害，

---

① 正未逆季。
② 正亥顺支。

或相克，或并凶将，上克下，主人事不和；下贼上，主内有不足，所求艰难，百事皆凶。神将相克，更用神有鬼贼，父南子北。责类取之，无有差也。阳日取绝神为验，阴日取墓神为验。已上诸法，课传既定，不拘所占何事，但先言其应，百发百中，无一失耳。

《壬髓经》曰：宅神加岁，卦内细推。魁罡之下，伏尸游尸。传逢四狱，囚系相续。占值往亡，道路惶惶。天车莫留，落车溺舟。将胜神兮煞胜将，好运诸神而占样。魁罡蛇虎，鬼在其户。天后神后，婚姻匹偶。勾陈元武，失贼占捕。举选得失，五马印绶。行年所度，及定迁位。求财视青，龙合□猜。看谒求合，与彼相生，万为上兆。酉戌之位，好占奴婢。占诸六畜，□以逐类。求财类得其气，详用神，决其事，决将类，观形气。将神所居，下视亲疏，将当课神，乘神紧慢，年月干支，而推必辨。斯经之义，幽趣尽周，以示凡徒，降于圣代。

《总诀》曰：凡人欲占求望，先寻类神。类神入课传之内，乘旺相气，不落空亡，与日神德合相生，所求必得，所望必成。又曰：类神入局，所求易得，主事紧速。类不入局，所望艰屯，主事缓慢。有气速而多，无气迟而少。若发用将善，龙合乘类立用，随求随获。若发用将恶，虎勾乘类立用，难求难得。然虽本类在传，而克害日辰年命，更乘旺相，立见倾败，忧患不解，求望无成。或类神不入传，谓之在闲地，更居无气空亡，乃为无类，应谋不遂，凡事宜退不宜进。若类神入阴，复有刑害，后必乖失。《经》曰："得不得莫相贼，成不成莫相刑。"此之谓也。如类神上乘神与日辰上神同者，即看下神生克取之。歌曰：吉神吉将不相生，喜事论之未必成。凶将凶神不克害，忧疑却得见和平。次看鬼入传课，不入勿论也。鬼作贵，公讼至。鬼作蛇，多吁嗟。鬼作雀，官事恶。鬼作六，子庸碌。鬼作陈，理难伸。鬼作龙，财业空。鬼作空，妄语恫。鬼作虎，死丧苦。鬼作常，孝服丧。鬼作武，盗贼祸。鬼作阴，老母沉。鬼作后，妻小疚。凡责课之旨，须先于占人本命上何神旺相，相生合比，断其来情，不离生克二字。月将为福德之神，能除一切灾咎。在日主福动，在支为龙德。临用临行年本命，皆喜美也。临元武，盗必败。乘空坐空，或作天空，光耀之象。临身，宜辨雪冤屈；临宅，主家宅辉煌。惟忌坐夜方入地无光。至于干有德合禄墓，破害刑冲，则视其生旺休囚，审其亲疏间隔。德为吉庆，合乃交亲，鬼主克贼，墓多蒙蔽，破为损害，刑主伤残，害主侵凌，冲则摇动，此其大概也。

日辰章六

阴阳消息，四象呈其休咎；动静得失，三元定其屈伸。子午列阴阳之路，卯酉为日月之门，太岁乃众煞之领，月建乃司令之尊。主政之官，日操其柄；递邮之驿，时

得其津。天乙为神神之主，太阳为将将之神。神将有尊卑之等，日辰有彼此之伦。非日辰何知远近，无彼此安识疏亲。日往克辰，所求皆遂；辰来克日，万事空奔。

干为己曰此，支为人曰彼。日为远为外，辰为近为内。彼为疏，此为亲。克辰则人听命于我，故事遂；反克则我受人制，故空奔，言无成也。

传制日干，凡谋骨鲠；日伤传用，诸障水沄。合旺相生，祯祥在迩；披荆带煞，妖孽速臻。刑辰则祸延家室，克日则灾及己身。此际幽微，阳课明而阴课暗；于中渊妙，男推日而女推辰。

干为男子，故逢灾厄，须于日上推穷；支为女子，凡遇屯邅，但向辰宫寻觅。

孟仲发用，事应尊亲，新鲜事理；季作初传，定应卑幼，故旧物情。用神验人事，比合为近为亲，不合为疏为远；神将断吉凶，衰则渐颓渐退，旺则日盛日新。

用孟，事应姻亲尊长，万事万物，皆属新鲜；季主卑小，发用必占卑配，事情亦属故旧。凡课中合处，为来之有路也。

贵神带印克今日，有位有禄之象。申午相加乘天后，为媒为保之因。

带印非生我之为印，乃巳加戌为铸印，又戌为印绶是也。《经》云“带印皆指遁干生贵人说”，尤有理。传送，象媒伐，午雀，凭口舌上生财。

虎克日辰，官灾痨病；勾刑卯酉，路死尸魂。白虎会旺相之金，而克制年命，难免一刀之厄。勾陈合太岁之神，而刑冲辰日，定遭尸解之臻。日遇阳官，明中致福；年逢阴鬼，魆地生瞋[①]。

白虎克日，主讼；克辰，主病。勾主死尸。卯酉为日月出入，亦主道路。虎主道路刀兵。金旺则虎旺，故主杀身。勾亦极凶极毒之煞，而岁统之以伤日辰，故祸惨。阴鬼，谓建干上遁来之鬼，为暗侵，为突来。

三元最紧，看干支日辰而已括；一式要全，推行年本命而尤真。是以机动神流，善恶明著，寸灵自握，万象俄分。

《疏解》曰：日上神生日，百事笑解。日将人佐助，夜将神护佑。神吉则声誉显达，岁命生日则尤吉，但忌乘空及传入空脱，则得不足以偿失。日上神克日，只利兵讼先人，余则病有鬼，讼有刑，且受人欺人负，口舌不宁。日将人相损，夜将鬼兴殃。旺相则舒，休囚立至。日阴克日，凡事抑塞，日生上神，虚费百出，冗事多端，谋望不遂，被盗费财，走失血气，人口衰残，休囚尤甚，又为子孙事，及脱漏被赚，更逢天将作脱作空，或乘天空，凡事虚诈。日克上神，吉将妻利财获，凶将财散妻灾。若传有鬼，财破鬼侵。日上见同类，要论刑合。以天将言之，日上生辰，辰上生日，或各自受上生，两家利顺，俱有生意。日上克辰，辰上克日，或各自受上克，人宅离散，

---

① 臻，音津，裂也。魆，许屈切，音训入声，谓猝然也。

两有所伤。日上脱辰，辰上脱日，或各自脱，我欲赚他，他亦弄我，东手来，西手去，彼此防失，乘武尤甚。《经》云：“脱人受脱俱遭盗。”日上见辰旺，辰上见日旺，或各乘旺，不利动谋，进罹罗网，坐谋坐用，必然通泰。《经》云：“干支旺气休谋动。”日上见禄马，主名荣，亦主摇动。日上见辰马，辰上见日禄，君子占之，升迁名赫；民占有灾，身动宅移。日之禄神，寄于支上，自不尊大，受屈于人[①]。日辰上见德神，进用大利，将吉尤佳。日辰上作六合，或日辰上神交互相合，神合道合之义也。交易交加而成，凡事和顺，惟忌占解散事，为蹉跎耳。日辰上皆墓神，人如处云雾中，宅舍亦悔[②]暗无光辉，凡事昧而不亨。盖掩持万物，隐匿阴私，无过于墓也。倘墓鬼加干，尤为凶兆。何也？明见其鬼，利害可善谋以御之；墓中鬼暗，依草附木，借姓假名，何以待之？病讼大忌。《经》云：“鬼墓加干生暗昧。”鬼墓者，甲乙日丑，丙丁日辰，戊己日未，庚辛日戌，壬癸日亦辰[③]。经又云：鬼在墓中危疑有。日辰坐于墓上者，尤甚于乘墓。何也？谓甘心自招暗，凡事取侮耳。宅亦尝假人，□损而难脱。占病死，占人失约，行人不至。日辰上戴刑害者，宾主不投，彼此嫉恶，怀妒谋残，不可同事，必生异戾。日辰上俱乘败气者，主身气衰羸，宅舍狼狈，意无所成。占得切不宜追讼首奸，必牵连惹罪。日辰上俱互值绝，惟宜结旧事，事以类神考之。日辰上逢二死，宜占休息，不可动作，空亡解凶，无救主哭。日上空亡，事不如意，虚声无实，吉凶同义。日上课不足，日阴为辰阳，心意反覆，忧愁憔悴，欲行不行，欲止不止。辰上课不足，辰阴即日阳，家宅不宁，或逢迁移，亦主阴小灾殃[④]。日辰上见魁罡，身不由己，凡事暗昧不利，离散，口舌蜂午[⑤]。日辰加六合发用，主欲身隐逃难，欺诈私门。若乘临蛇虎，或为发用，定有折伤之厄。日辰附卯酉，酉主失约，卯主阻隔。日与年命相生合，有喜事。日克命为财，病符克日主灾，空亡克日主走人失物。日与用神三合，进人口，忌逢金局三合，主有阴人离散。日辰上见丧吊，主死亡。天马克日临支发用乘武，主财破人散。日干落空亡，遗失印绶文书。日上见岁月破，主破才失脱。日克辰，利有攸往；辰克日，得救无咎。日克时为财，日上见死气主哭泣，囚气主囚系，休气事不顺，贞厉。日克年上神，大凶；克命，利求官。日克辰，我谋人；辰克日，人谋我。天上日在贵人前，事顺而速；在后，事逆而迟。辰上带休囚，事不顺。发用三合者吉，加刑煞加克，主骨肉灾病。辰上冲为用，乘凶神，阴小有灾。武空退损，蛇主怪梦，虎克日辰亦然。辰上见太岁，名太岁入宅，主家长灾。男视日上，女

---

① 或曰被支上神克。

② 晦。

③ 尤大忌，以其且作日墓也。

④ 刚日，日阳为辰阴，为阴不足；日阴为辰阳，为阳不足。柔日，辰阳为日阴，为阴不足，辰阴为日阳，为阳不足。

⑤ 疑通舞。

视辰上，虎克亦如之。干为人主动，支为我主静。若干加支，占人来，访人见，利静不利动，利入不利出，宜占内事，不宜占外事，常占无事。支为内主宅，干为外主人。若支加干，占人不来，访人不在，利动不利静，利出不利入，宜占外事，不宜占内事，常占主摇动不宁。干支相和不克，神将吉，谋事必成，寻人必见，望人必来。带吉将虽犯亦无大咎，见恶煞相叶亦为欠嘉。禄马同临，仕宦逢之迁爵位，庶民得此业兴隆。合后互加，男子遇此名淫逆，妇人值此号奸淫。鬼在墓中，危疑者甚，而课传年命之上有破墓子[①]神则解，占讼有理固顺，即无理亦不凶。

《乘神八法》曰：

一、干支上神互生互合，或互克冲害，或干投支墓，支投干墓，或干支各自投墓。注皆见上文。

二、干上神空亡，不受支上神克害；支上神空亡，不受干上神克害。或干上神克支上神，干上神业已在空墓之乡，虽有损害之心而其力不能施。支上神克干上神，支上神却自坐墓空之地，虽怀残暴之意，而其威不得肆。或反坐受克之地，早已受人牵制，自顾不遑，奚暇伤人？若坐旺相之乡，不惟来伤，更有助纣为虐者，其势尤凶，如虎而翼也。

三、干上神喜旬首，不喜旬尾。倘坐旬尾是倒置也，事主颠倒错乱，外受横逆之加，内受下欺之戾，其名闭口。不可干外事，问病更凶。支上神喜旬尾，不喜旬首。倘坐旬首亦倒置也，事主卑犯尊，下凌上，其名弹压。不可干内事，问讼尤凶。周遍格，不在此论。

四、干上神最忌土官，人命遇之，一主不能发运，即发亦不畅达，主抑郁昏昧，沉滞不舒之兆。病人遇之，十有九死，如墓更的，即不死亦不能脱体，纵愈未免带疾。惟壬癸日有之。若土财土子土父，皆喜美。土兄土鬼，最不宜也。如求官则不作此论。至于支上神，非关己土，惟家宅神，最忌太岁白虎土鬼。余无所忌，不论。

五、干上神不宜空亡死墓绝及克冲破害于干，或神将六亲忌刻于干，则我百凡受制，如何可以开我怀，放我眉耶？况又受其损害乎？惟喜其空耳。

六、干上神喜阳神，不喜阴神，且不喜后阴神将临之，何也？干主阳而反乘一派阴气，干不受衰乎？凡事主多阴小阻挠。如冲克，更防暗算。惟喜发用来克制其神，最妙而有解。若干上虽阴而生扶于干，又不喜初传来克，喜发用来生来合来助也。支上神阴阳皆宜，独不喜蛇虎武合丁马岁君，更不喜上下相克贼，又不喜空亡墓绝，主人无家无室，丧家狗，漏网鱼也。

七、干支上神，最喜德禄吉将太阳等临。太阳居干之上，为人正大光明；居支之

---

① 应作之。

上，其家屋宇光辉。

八、干之二课与支之一课上下相冲克，主骨肉攻击，离叛之象也。其谋事也，主为人唆起唆倒而不决。

卯酉乃日月二八出入之门。凡遇太阳加卯，名旭日始升，大吉之兆。加酉名日坠西山，不久之兆。若太阳投墓，名蔽日无光。太阳遇水，名水辅阳光。种种难尽其奥，此其大略也。效推之，思过半矣。

巳亥为天地阴阳之户。若巳遇水，则地户生波；亥遇土，则天门生霾。顾其义而逐类详之，则吉凶祸福之机燎如矣。且亥为乾缺之方，巳为坤陷之地，天地涉此，尚有不足，而人事又安能万全而无憾乎？

正时章七

凡课有八门，首以正时为先锋门。

谓正时为财，为鬼，为合，为刑，不待运式先见所主，故曰先锋[①]。以天上直时将为直事门，谓正时所乘之将，主所占之事，故曰直事[②]。以日为外事门，谓日与时合，为外和合；害则主外忧疑，故为外事[③]。以辰为内事门，谓时与辰合主内宁，冲则为内动，故曰内事[④]。以初传为发端门，心之所主，事之所向也。以中传为移易门，发用吉凶，因之转旋也。以末传为归计门，谓发用在初，决事在末，最紧切也。以人本命为变体门，谓传课虽同而人命不同，其占者命上所见神将各异，改变其体而灾福异也。然则八者凭一时发露，占者消息其精微，不可忽也。若思不一、择不当，毫厘之差，不啻千里。

盖闻先贤以时察来情，辨端倪，作先锋，泄天机。乘神直事，天上正，时遇空亡，必主侵欺诈伪。

时为日空亡，空亡者，虚寂无象也。若用时得之，主占无关事，或虚诈之事。若式中见三六合，龙常神后六合，主虚妄，喜事不成，惟讼病得之最喜。又二体至此皆空[⑤]，如失物，类落空亡，物必失；失婢，从魁空者，不获之例。如日支干落空带鬼，则相争之人不足畏，空而无力也。访人不见，亦不利于托人。始自落空，虽三传为鬼，上挟凶神而来害，无伤也。盖我既落空，彼将与谁争哉？然空中见太阴，主虚诈设谋，遇元武，主盗贼窥财也。

---

① 一曰惟行兵选先锋，以此门为切要，常占次之，其验偶然。

② 一曰天上正时。

③ 详后。

④ 详见后赋。

⑤ 一体，发用，正时。

时乘驿马，多主改动迁移。

马为传送之神，主道路出入。若不落空亡，不乘天空，定主出入也。马为日下财，因财出入也。马上见虎，发用休气乘之，主往来疾病。时与马带虎，式中见勾雀刑克日者，因出入有官事，或往他处衙门动官，不然紧速官事也。马为贵人，式中见雀常与日三六合，官员差除也，或驰递文字。或式中见关格，缘有格不能出入。伏吟近出，出而即归。反吟反覆，出入有千里之行。得游子卦，天涯地角之行。如斩关三交，更得凶将，主避罪而逃亡。

同日同辰，情事迟疑偃蹇；冲辰冲日，彼此颠沛流离。

日为占者人，用时冲之，必致外动。若壬戊庚日得四孟时，时为日冲，并马、财为附，主外动干财。甲日得申为甲鬼，主外动破财。丙日得之，亥为丙马，仕人迁官。五阴日仿此推。一气所冲，为物当风，岂有宁息？日为占人，辰为居宅，为卑下。辰为时冲，主内动。辰为他人，主与我争者。若卦得从革反吟，定主移宅。真八专课，日辰同处，若时冲之，主内外俱淫乱，男女污邪，逃离奔窜。其祸福变异，更取课式之圆机决之。

时日相生，迭为恩泽；日辰克害，互作疮痍[①]**。**

十二辰横而为六合，纵而为日害。若时与日干六害者，主外忧患也。乙辛二日，主因兄弟等辈在外相害而有忧。壬丙二日，主因尊亲挟势人相害而生外忧。庚甲二日，主卑幼人相害而忧。癸己二日，因外财而忧也。若丁日得之，主北面有破损之忧。戊日得之，慎攻劫战场之祸临也。更于式内审天将决之。时为日支害者，主内忧。若见武合临门，防盗贼蒙蔽窥财，或婢妾蒙蔽而生忧。蛇虎临门，主家宅不宁，更变迁徙而生忧。虎乘旺，必主家内人病。六害空亡，或乘天空，虚忧勿忧。若阴人占，式中见子，或嗣部上带蛇，产惊；男因子孙致忧。

时为日贵德禄，三神同体而异名，咸为官贵。

贵显，德亨，禄厚，一体也，皆为官贵之象。若三神带财，多主伤财，或托有官人干财也。若被刑害，传逢凶将，定入官府为财之事也。若上带吉将，传中吉神，龙合太常与六合，不见刑，仕宦加官，秀才及第，庶人见官得理，或有上人提携。或式中见昼夜贵人全，主两衙门。若卦中见遥克反吟，传中见天马，即主他处衙门动官也。

干逢劫煞之时，五行穷绝而攻劫，总属颠危[②]**。**

魏陵叟云：鸟穷则啄，兽穷则搏。五行穷绝，故生劫煞。劫煞之号，谓攻劫也。小人行攻劫，必迅速而起也。若劫煞带武，作日鬼克中传，更与刑害并者，常人定有

① 相与敌仇也。

② 凡事主速。

盗贼攻劫之祸。若日上救神旺，贼至，畏我威而不敢发。若劫煞落空，则盗贼虚惊之象也。若劫煞上得吉将，与日辰为合，而式中不见元武，而见日辰合者，主紧速和合事也。

时克日，为鬼为贼；日克时，为财为妻。

时为日下之财，乘旺气，得美将，上下相生，定主干财之事。若课得斩关游子发用，子午白虎，是出入求财。若见兄弟上，得吉神将，便言同类干财。日落空亡，或乘天空，则言财为等辈取也，或失财亦等辈人取。若上得勾虎雀鬼，便言争财人。见天空空亡，乃虚妄求财。财在日上，手内财也，亦是出门见财。若天后乘财，与日三合，是亲人处见财。元武临财，更为鬼，兆必失财。凡财乘旺气，为日下财；相气，是将来财；休气，是过去财，或索旧财，或从病家求财；囚气，无力少财；死气，死人财。欲知聚散数者，以神将上下相乘，不用支干，亦量旺衰生克，加减言之。

遇子遇午，时往时来情事；值卯值酉，为门为户根基。日暮时居，虽冲而终成蒙昧。

四季者，五行所钟[①]，万物所归，故曰墓。若正时得之，更在用传，定主坟冢之事。若带鬼与凶将并，定因坟墓争讼入官。若见财旺，不落空，主得坟冢古墓之财。用传俱土，虽无墓神，亦田冢事。有马丁，则为游子卦。若水日，乃古冢之象。土乘之，则是与众人相争。若木日得之，则为动墓之财，若墓神临日，占病见之，最为凶象。

夜时昼得，见贵而反起怨咨。

日入之后，阳气伏匿，阴邪盗贼聚于此时。若白日占课而得夜时，主事暗不明。更遇阴后，主蔽匿奸淫之事。式中见元武，有盗贼未明之事。日为墓象土，主田土不明之事。关财爻，财上不明之事。得三交，交加不明之事也。夫日课夜时，大忌占病。盖病症明，则医者易理，暗则难疗。式中见龙后，多因妇人得病。阴后为鬼，被人暗算得病。见朱勾，因官司文字，争斗口舌得病。传中见亥子，或润下卦，是北面水滨，或出路落水得病，否则伤酒而肾虚下痢，脚疼沉重也。妇人则经脉无水，为凝涩。见寅卯木神，是风虚，左肢病。木旺，合曲直卦，则胃气虚弱，以木旺而土伤也。见申酉，是右肢折隔，中寒筋脉挛搐，以金旺而伤木也。见土神，是蔽塞不通之病。水日见旺土，合稼穑卦，是小便不通，心腹虚胀，后传为肿病，妇人经脉涩，男子肾藏虚也。若水上得火者，定主下部虚寒泄泻，上焦假热而欲饮水，后传为血痢。若火上得水，因伤饮而为血痢也。或心腹痛，火为心包络也。若金上见火，定是上隔热，咽喉舌颊窄闷喘促而有疮。若水上有土，下部有积，土上见水，脾胃上有冷痰。若休气乘

① 应通终。

虎，为子爻，定是子孙病。为妻爻，是妻病。若临本命日上，自身病也。临占更于八门式内，取日鬼刑害，带凶煞位上，所乘临神将之休囚旺相以断死生，则其妙尽矣。

辰遇时刑，应讼狱之祸[①]。

刑者，寅巳申名无恩刑，丑戌未名恃势刑，子卯为无礼刑，辰午酉亥为自刑。若壬日得亥时，为日德禄；乙日辰时，为干三合[②]，多不以刑论。午酉子卯与干相配，亦非日刑。若甲日得巳时，则主外忧速动，以刑害全也。丙日申时，有外动和合事紧速，刑中有合也。庚日寅时，而寅木乘旺相气，定主东北上有紧速出行干事之财，以寅乘马而为财也。其时为支刑，主内事，亦效此推类而言之可也。

日逢时破，有走失之悲。

《连珠》云：占课有忌时。甲乙日忌申酉之例，即奇门所谓五不遇时者也。以时为日干正鬼，合破为禄，而与我战，故主破，为走失之事，尤忌占讼病。凡时破日，而天罡为用，名天罡卦，主病死讼刑，最凶之象。若中传鬼者，其灾稍缓。若为日破，而上带吉神，式中见武与日为财合者，虽失物而复见。若为日破而上见凶神，式中见武乘神克财爻者，则失物难寻也。若传见二魁，上并天空太阴，只主奴婢逃亡。若日上神或乘勾神有制武乘神者，主贼人自败。若武带旺相气，为日鬼，并刑害，主盗贼伤人。武克勾陈，捕盗人反被伤也。

外事和同兮，时干日干相合。

六合者，为月宿合神。三合者，为五行本局之神。日为阳，主外事，正时为日干三合六合，故定为外和合。若中带财，得吉神良将，主外财和合事，或妻妾和合事。若见后阴与日为鬼，而日辰三传叠见鬼者，必因南面阴人暗合事上起讼。若在空亡或见天空，是败露而无咎也。若合中见破，日辰传中复见破者，而更遇凶神，定主出外破失财物也。

婚姻和合兮，时支辰支合机。

辰为阴，主内事，故时支日支三合六合，主内和合事也。式中见子孙乘旺相气而带吉神，主添益子嗣，或子孙上有和合事。若支合中带鬼，上见勾朱，卦得乱首绝嗣，定主眷属相仇，而及为内动事。若仕人得此，主同僚不睦，公吏则同侪相欺。支合得贵德禄三神，式中见官鬼爻，因内事起官府词讼。若时日与辰俱合者，为两动，主内外和合事。若课式八门中所乘主来意，为外事，只言外事也。

日辰俱合明时，内外见一团和气；正时刑冲月将，顷刻有不测惊疑。时克其辰，灾神居第；时伤其日，暗鬼侵肌。更观用始及传末，洞瞩畏恶与欣怡。故曰日为人而

---

① 出入事速。

② 爵官，恩赦。

辰为事，一时定动静之位；小为家而大为国，六壬通变化之机[①]。

发用章八

壬道前知，其奥难思。橐籥造化，干旋气机。存亡消长，阴阳蕴斯。吉凶悔吝，发用宣之。是以发用妄〔旺〕**相，如虎啸龙飞而振；发用休囚，似猿哀鹤病而疲。神将比和，上下相生，吉兆；天地相制，内外刑害，凶基。用日两课为表兮，事远且大；用辰两课主内兮，事近而宜。干阳干阴，乙顺理而用在前，喜惧咸速；支阴支阳，贵逆行而用居后，休咎皆迟。蓦越用四，都为他人之卜；俄成倏失，凡事突忽而奇[②]。逼迫煞狞，地位天官来克，身难自主，受人驱迫侵欺[③]。上克下兮卑幼厄，事外来，宜丈夫，利先起。下贼上兮尊长灾，事内发，宜女子，利后施。内战兮事垂成而被扰，隔将兮谋主断而难追。**

夫用下贼上，而用神又克天官，曰内战。内战忧重。若天官入庙，而用神居中，上克天官，下克地神，曰隔将。隔将允凶，逢月将无毒。

用同类而受克，不由己也，惟鬼受克则喜。用禄神而比合，欲从心也，临危有救毋噫。长生事成；用死败而事坏；用绝事了，人信至而病悲；用墓凶去不兴；加长生，则冷灰复爇。用酉谓之不乐，乘吉将，则枯木生枝。用克贵而罹鞫凶，反制亦毒。用冲破而事难得，得究倾隳。用克岁，岁频灾咎；用克月，月有参差；克日，忧己及尊，更防公讼鬼贼；克辰，动摇家宅；克时，心悸惊痴；用克中[④]传，有头无尾。用害乘吉，犹阻且疑。用合日干，添人进口。用随死气，谋殆人危。用克行年，营干俱协。克财临命，只好谋资。

用克日财，临人本命之上，求财则吉，余事皆凶。

用二马而克日辰本命，手足防伤，大忌登舟驰马。用太阴而凡君子托人，私谋有欲，常人惊扰阴私。用丧吊，事干有服。

用月厌，举属废弛。

用带丧门吊客，非凶丧则涉有服之人。带月厌，则作事无成。

空亡作初，捕风缚影；用神入庙，得意忘机。

祸福皆平平也。

用日之阳，阳人占身；遇辰阴，则占妻事。用辰之阴，阴人卜己；逢日阳，则卜

① 如甲日得巳时，火为木子，巳为螣蛇，便知其为子孙忧疑事而来占也。

② 谓发用在第四课也。

③ 用下克上而天官又克用，曰逼迫煞，乃初遭夹克也。

④ 疑作终。

夫为。用在日前灾已往，用居日后未来期。

凡用在阴，主内事；在阳，主外事。若用刑害而乘吉神，用生合而乘凶将，皆主弃一事成一事，一悲一喜之象。

要之，日辰一定也，神变化兮凭正时。祸福倚仗也，舍发用兮其从谁？

附金锁玉匙诗诀[①]

子加丑用，鹊噪高枝[②]。丑加子用亦是。男女束发，女质桃莲。天云采女，和合当年。求谋皆遂，占职升迁［比］。

子加卯用，遇虎不猎[③]。卯加子亦然，病讼大忌。元武相逢丧孝事，白虎相逢灾病攻。若无解救传中见，官事刑身大有凶［井］。

子加辰用，敲冰取鱼[④]。亥加辰，亥加子同兆。登明神后到于辰，冬月求鱼欲破冰。鱼自逃藏深水窟，敲冰何事得从心［比］。

子加巳用，萱草生庭[⑤]。巳加子用同。庭前萱草立其身，妇合夫兮臣佐君。印绶两重加禄位，长生富贵且荣亲［需］。

子加午用，浮云蔽日[⑥]。亥加午用同。日上之虎号日星，那堪云锁雾交并。事则未成须在晚，直须云散月光明。

子加未用，春冰遇日[⑦]。午加未，子加亥，未加午，亥加子，亥加午用皆同象。日暖春冰渐渐消，逢人提携日偏饶。三冬若是求周望，必主辛勤口舌招。

子加申用，大石藏水[⑧]。申加子用同。大石藏水中，如虎马同群。小小须防慎，看看惹祸侵。若逢闲事了，又恐损阴人［未济］。

子加酉用，夜行失道[⑨]。子加戌用同。失道，一作失盗。酉为奴婢，有暗昧不明之事。神后之神居北位，却来酉戌误真踪。施为不免多阴暗，家中阴小主灾凶［坎］。

子加亥用，凿石见玉[⑩]。课无此式，事主先难费力。凿石方知玉，淘沙始见金。青云中有路，只恐不劳心［既济］。

---

① 凡无发用者无断。录备参考，勿可太泥。

② 蹇履◎合◎眼患。

③ 屯无妄◎刑◎缠缚。

④ 井姤◎坐墓◎怪现。

⑤ 井讼◎阳极◎雀角。

⑥ 既济遁◎冲◎丧明。

⑦ 比否◎害◎印书。

⑧ 比乾◎合生◎夜诵。

⑨ 节履◎坐败◎反目。

⑩ 需无妄◎比◎宅水。

丑加丑用，重载浅水[①]。伏吟课，皆同象。若有二神将吉，则不至于凶。重载浅水安能进，阴阳关塞却归家。求谋动作难成就，吉将羊肠却有涯［坤］。

丑加寅用，墓火滔天[②]。古墓龙蛇隐，蛟螭作祸祥。喜孕佳人见，深冬入病乡［复］。

丑加卯用，陆地行舟[③]。进退不通，官病不利。太冲位上丑相乘，陆地行舟诳用情。关梁门户虽迁动，纵使登途不进程［升］。

丑加辰用，车驾无輗[④]。天涯地角。欲进不能进，中途事执迷。若人逢此卦，凡事不能为［坤。］。

丑加巳用，背暗向明[⑤]。望见亨衢马骤来，天门久闭又重开。莫将野物藏头角，好展当时任重材。无式［泰］。

丑加午用，野马渡涧[⑥]。午加癸同象。涉危逢济难，忧困苦相煎。九夏灾犹可，冬三慎保全。无式［临］。

丑加未用，羝羊触藩[⑦]。课无此发用，课反吟也。进退不通，谋望难成。未加癸用则有之，同象。羝羊触藩，吊丧问孝。行人忧系，病者难疗。谋事稽留，亦防有扰［谦］。

丑加申用，事用再谋[⑧]。月应三回缺，花经两度开。眼前心下事，去了又重来。课无此用［明夷］。

丑加酉用，丝纶已布[⑨]。三合无此用，酉加丑用有之。六六春方半，芝书陇上来。丝纶今已布，平步见三台。戊寅昴星［师］。

丑加戌用，鸣鹤在阴[⑩]。庚申发用，戌加丑，亥加丑则有之。鹤鸣皋上，美材良将。病者得愈，囚徒得放。若逢凶将，恐生诽谤。上下相和，占宅新创。八专课有此式［坤］。

丑加亥用，矢射双雕[⑪]。更加贵人六合，尤吉。如弓方架矢，一发贯红心。百事皆成遂，求财主获金［复］。

寅加子用，否极泰来[⑫]。文事重重暗有期，只缘时下未开眉。相将拂袖朝金阙，折

---

① 艮兑◎伏◎丑裳。
② 艮革◎坐病◎人逃。
③ 颐随◎坐死◎顶秃。
④ 蛊大过◎墓破◎咒诅。
⑤ 蛊困◎合◎禽鸣。
⑥ 贲山◎害。
⑦ 剥萃◎冲刑◎关墙。
⑧ 剥夬◎生◎远游。
⑨ 损兑◎合败◎阴怒。
⑩ 大畜革◎刑下。
⑪ 大畜随◎争水利。
⑫ 蒙大有◎外婿。

取蟾宫第一枝[解]。

寅加丑用，车得新轮[1]。车且得新轮，灾退福神臻。行人方始动，旧事再重新。卯加申同[豫]。

寅加卯用，莺立春花[2]。无此用。卯加寅则亦无，凡事宜速图成。莺立春花喜正荣，秋冬花谢只闻声。谋事固宜成在早，若言太晚却无成[恒]。

寅加辰用，落花遇雨[3]。李为春风。寅为花果古阵名，每见天罡白虎并。白虎为风相聚起，傍人相毁事无成[豫]。

寅加巳用，猛虎入城[4]。主有惊厄，而虚，无咎。猛虎始入城，宜为众所惊。交逢凶恶将，必有合离情[大壮]。

寅加午用，驾车于载[5]。蒿用守旧为美。驾车于载，动则为害。用修福庆，方且有泰。戊戌日蒿矢[归妹]。

寅加未用，开花结果[6]。高人语清凉，消残心下火。一夜仙种桃，能结千年果[谦]。

寅加申用，岩松冒雪[7]。申加寅同。岩松覆冒雪，不改岁寒心。占婚逢此兆，真矿蕴真金[丰]。

寅加酉用，燧人钻火[8]。寅加申酉戌，凡事谋费力。火旺南方生在寅，钻从燧氏始分明。谋欲就时还费力，托人来作始能成[解]。

寅加戌用，龙战于野[9]。戌加寅同。《易·坤上六》曰：龙战于野，其血元黄。占女病必死。龙自出水，欺诈不实。举动稽留，事无配匹。男须杀妇，女守空室[豫]。

寅加亥用，元胎课象[10]。遥克课也。无诗。

卯加子用，遇虎不猎。其凶比于加卯用，稍轻[震]。

卯加丑用，巍峰枯木[11]。戌加丑同。枯木高高倚翠岑，众人欲砍作柴薪。外则干枯心内固，争奈三冬雪也禁[观]。

卯加辰用，腐鼠卧辙[12]。卧病苦呻吟，凶灾并祸临。退居无妄动，知命值千金

---

① 艮睽◎足目◎昏罢。
② 颐噬嗑◎争奸。
③ 蛊鼎◎争马争财。
④ 蛊未济◎害◎忧信。
⑤ 贲旅◎合◎追缉。
⑥ 剥晋◎墓◎后娶。
⑦ 剥大有◎冲刑◎伤身。
⑧ 损睽◎散乱。
⑨ 大畜离◎合◎犬出。
⑩ 大畜噬嗑◎合生◎豕入。
⑪ 小过归妹◎分田。
⑫ 恒恒◎害◎车冲水荡。

[观]。

卯加巳用，桂影新新[1]。紫府名先有，东堂桂影新。共成千载事，毋忘陇上人[小畜]。

卯加午用，风光易过[2]。一朵花开满院红，流莺飞蝶各匆匆。东君未放真消息，昨夜飘然一阵风。无式[中孚]。

卯加未用，鸡栖于埘[3]。立身多辅助，静动合于仪。报应无忠信，鸡栖于及时[渐]。

卯加酉用，白浪翻江[4]。反吟也，巳加亥同。卯酉相加最可忧，巳亥相乘似破舟。白浪翻江时反覆，三传有救始无愁[涣]。

卯加戌用，鹤唳于天[5]。主发解登第，同鸡栖于埘。形质天然异，声通四海间。富人复显贵，占孕必生贤[观]。

卯加亥用，大海得鳌[6]。历尽重山不见高，直寻大海见波涛。九牛何惜乘香饵，一钓还须得巨鳌。无式[益]。

巳加子用，龙投枯井[7]。质本苍龙体，安居不得时。雷霆有日震，百里见光辉[师]。

加子乘龙，春雷行雨[8]。丙子日夜贵有之。春雷行雨值天罡，冬月来于子亥方。更有青龙驱驾起，其声百里震威扬[师]。

辰加丑用，鲸鱼居涸[9]。癸日天罡丑上居，鲸鱼居涸事何如。虽则有心成大用，奈缘水浅未能舒[坤]。

辰加寅用，猿猴守石[10]。异姓同居事可疑，用神居旺克相持。居财积谷多忻庆，吉自天来福佑之[复]。

辰加卯用，龙龟出水[11]。龙龟游陆地，深防或有伤。难为谋事遂，退密且深藏[升]。

辰加亥用，丑妇照镜[12]。其形丑陋更无双，欲照容颜不可当。其妇自知容貌丑，退

---

① 恒解◎灶怒◎光影。
② 丰小过◎破◎官惊。
③ 豫豫◎墓◎炊臼。
④ 归妹◎反◎宅响。
⑤ 大壮丰◎合◎亡畜。
⑥ 大壮震◎生◎相尤。
⑦ 涣小畜◎合◎畜怪水道。
⑧ 涣小畜◎合◎畜怪水道。
⑨ 渐中孚◎破◎仇恶。
⑩ 渐家人◎贵中◎分爨。
⑪ 益益◎害◎不测。
⑫ 小畜益◎墓◎惊讼。

身不觉起惭惶［复］。

巳加寅用，瑞鹿怀胎[①]**。**瑞鹿怀胎，主卦之先。男身清洁，女貌桃莲。祸灾自退，孕妇生贤［无妄］。

巳加卯用，野云出洞[②]**。**乘云兴出洞，异重贵于贤。重患终无患，求谋主获全［姤］。

巳加午用，野火烧茅[③]**。**午加巳用同。野火烧茅火不多，假饶所得又如何。旺则一时无远救，劝君宜速莫蹉跎［履］。

巳加未用，贵人喜会[④]**。**未加午用同。云散长空雨乍晴，蟠龙洗出日精神。画工何处容其巧，一点阳和万物春［遁］。

巳加申用，枯木摇风[⑤]**。**枯竹摇风力太微，空身摇动恐根危。万事不劳求大用，有心无力又何为［同人］。

巳加酉用，龙蛇入庙[⑥]**。**龙蛇同乡，饮食高堂。夫妻并立，子姓繁昌。纵逢小厄，不饮虞哀［讼］。

巳加戌用，明月腾空[⑦]**。**戌加巳用同。利剑不难挥虎兕，晴天宁久困蛟螭。月中桂籍欣成茂，此去须攀第一枝［天地否］。

巳加亥用，闪电春雨[⑧]**。**闪电春雷惊百卉，若言求望有虚惊。还同声振传于外，次第他人必有成［无妄］。

午加子用，孤雁逐群[⑨]**。**孤雁无依止，闲居始合宜。所为多反复，远出未能归［困］。

午加寅用，蛟螭远穴[⑩]**。**昴星三合也。天空加仲六刑方，出入关阑道路旁。更有此时尢失脱，必是逃亡归远乡［随］。

午加卯用，龙蛇入屋[⑪]**。**泛舟乘大海，龙蛇入屋居。贵人当产贵，世路见更移。积善加禳庆，终身免见虞［大过］。

午加辰用，俊鹰逐兔[⑫]**。**俊隼飞空翅翮豪，寒林见兔走能逃。应时拟捉林遮蔽，欲

---

① 渐屯◎害◎闻誉。
② 益井◎蛇现◎妇疮。
③ 家人蹇◎招婿◎关节。
④ 观比◎争婚。
⑤ 观需◎擅权◎凌夫。
⑥ 中孚节◎合◎刑配。
⑦ 小畜既济◎墓◎文书。
⑧ 小畜屯◎反◎人求索。
⑨ 未济大畜◎反◎马死产灾。
⑩ 旅贲◎合◎名来。
⑪ 噬嗑颐◎妇人鞍马。
⑫ 鼎蛊◎文字交加。

应遭地禽类嘈。无课［萃］。

午加未用，满堂金玉[①]。慈道为人天所从，传名四海播清风。满堂金玉何须问，直上蓬莱第一峰［咸］。

午加申用，良马生驹[②]。庭前生宝贝，堂内出英贤。得之逢秋夏，应兆最无偏［革］。

午加酉用，兔眠于圃[③]。稚兔圃中眠，动静获安然。所作皆欢庆，登科必显迁［困］。

午加戌用，鸟噪于庭[④]。戌加午用同。鸟噪中庭首，切须防灾咎。求利与求名，番番成恶丑［萃］。

午加亥用，履霜坚冰[⑤]。火上交时水力微，直饶损害未能欺。百事有人相怪恨，不须用力更迟疑［随］。

未加寅用，羊遇虎狼[⑥]。群羊遇虎狼，福变灾将至。卑下事尤疑，阴人须产忌。盗贼难追寻，居官忧失位［颐］。

未加卯用，天马出群[⑦]。最利求官职，私居灾祸疑。若来占疾病，老与小儿悲［蛊］。

未加午用，枯木生花[⑧]。年来枯木复生花，病虎山前换爪牙。自有百弼阴力助，任从蠹贼论交加［损］。

未加申用，文书千里[⑨]。戈音来近月，衣冠改故风。文书应千里，何事两三重［贲］。

未加酉用，花发斯年[⑩]。凤衔丹诏下瑶天，复见岩廊擢上贤。霖雨未成天下望，紫薇花发在斯年。发原作开［蒙］。

未加戌用，忧中复喜[⑪]。无此用式。忧虑何须虑，逢亨未必亨。花开花复谢，花谢又还生［剥］。

未加亥用，新月初圆[⑫]。梦里南游亦偶然，重来客舍月初圆。袖中自有封侯字，行看毫端浪拍天［颐］。

---

① 晋剥◎合◎妹争首饰。
② 晋大畜◎反常◎金鸣。
③ 睽损◎破◎官灾见血。
④ 大有贲◎合墓◎信动。
⑤ 大有颐◎阴极◎心恙。
⑥ 谦明夷◎遇虎◎事废。
⑦ 复复◎合◎邀饮进才。
⑧ 明夷谦◎合◎女子持家。
⑨ 坤泰◎生◎妇生外心。
⑩ 临临◎后母◎妇嫁。
⑪ 泰明夷◎刑◎绝嗣。
⑫ 泰复◎合◎三女杀伤。

申加卯用，山猿跳涧[①]。改作从新里有殊，砍松冒雪意踟蹰。加官进禄来须速，不是金章即紫朱［鼎］。

申加辰用，白狩出山[②]。白狩加辰，悖子诤臣。事主不顺，定溃迷津。占病值此，往返频频。和人生怨，不亲其身［晋］。

申加巳用，韫玉待价[③]。韫玉于身内，逢时自显荣。运谋无阻滞，更变始通亨［大有］。

申加午用，野猪投火[④]。飞扬传远事，动静涉忧疑。吉将相临用，求财且待时［睽］。

申加未用，箭射羊角[⑤]。金乌玉兔事非虚，近水三年庆有余。两翦中归羊角上，一重文字到天衢［旅］。

申加酉用，事有定期[⑥]。万事青云路半梯，问君何事醉如泥。前程自有生涯计，有个人人指定期［既济］。

申加戌用，云卷瑶空[⑦]。式无此用。戌加申亦无，惟亥加用有之。传送为云戌亥空，纵逢凶将未为凶。除是青龙大吉并，得龙乘势始英雄［晋］。

申加亥用，遇贵方举[⑧]。未遂青云志，常怀弄玉心。贵人来举用，千里有黄金［噬嗑］。

酉加子用，覆水难收[⑨]。式中无此。覆水既难收，公门一主囚。若逢阴力助，方得事还周［坎］。

酉加寅用，猛虎陷井[⑩]。大石藏水底，舟航损不行。喜翻成恶事，无病亦灾生。虎遇方冲散，蛇逢始得惊。若无阴宰助，争免不阴更［屯］。

酉加巳用，凤栖梧桐[⑪]。世明出身现，居上有高梧。饮啄非常异，呈祥亦献书［需］。

酉加午用，少凤生雏[⑫]。旧毂得新轮，弼芝产异根。果肥因圃盛，黄豕渐成豚［蹇］。

---

① 复无妄◎合◎匠斫无儿。
② 升姤◎合◎客死军亡。
③ 升讼◎合◎灶鸣釜破。
④ 明夷遁◎自来◎刑伤。
⑤ 坤否◎负愿◎离乡。
⑥ 临履◎男女恶疾。
⑦ 泰同人◎旺方◎子恶。
⑧ 泰无妄◎害◎流横。
⑨ 困夬◎破◎阴私祸多。
⑩ 咸革◎藏刀◎女缢。
⑪ 大过困◎合生◎小人惹事。
⑫ 革咸◎宠登◎心疼。

酉加未用，征雁衔芦[①]。心中多恐惧，籍力有何疑。兄弟皆从顺，夫妻无背违［比］。

酉加申用，有望无危[②]。无望有望，有危不危。千山千里，贵客相随［既济］。

酉加戌用，密云不雨[③]**。戌加酉用，同兆同诀。**旬日加日本，夫妇合之因。吉将相临用，枯枝复见春。敌困当无害，虽囚不战身。贵人同得用，万事触皆新。若遇凶神并，奴婢欲潜行［比］。

酉加亥用，青云得路[④]。亥加酉用同。贵人执荐在青宵，千里相逢不待招。锦水溪边飞彩凤，桃花浪里转金鳌［屯］。

戌加子用，豺狼遇猎[⑤]。恩义生为背，交朋亦不亲。毫无阴骘助，怎免泪沾襟。为当作违［师］。

戌加卯用，采凤飞云[⑥]。文章扶圣主，衣锦拜高堂。夫妇多欢庆，尊卑无祸殃［坤］。

戌加辰用，紫燕离窠[⑦]。群居多聚散，成立各分居。春夏添财宝，秋冬灾祸吁［坤］。

戌加未用，路未亨通[⑧]。莫向重山下，行时路不通。几番方得语，理尽一场空［谦］。

戌加亥用，塞马嘶风[⑨]。亥加戌用同。塞马嘶风出塞时，行人在路可忧疑。止胎伤孕恙当死，孤独穷寒恐复悲［复］。

亥加寅用，六神藏没[⑩]。喜若梦中寐，暗昧非祥瑞。忧心［震］。

亥加卯用，花谢再生[⑪]。欲问天涯消息，好将名利而耕。有个人人自力，花开谢了重生［恒］。

亥加辰用，舟行风横[⑫]。桅樯隐隐耸池楼，步水游云不稳流。合主忧疑并失脱，洪波未息卒难收［豫］。

---

① 萃萃◎羊酒有庆。
② 萃萃◎旺◎兄妹欢会。
③ 夬革◎害◎酉地伏尸。
④ 夬随◎葬埋财喜。
⑤ 讼大有◎宅怪◎耗损。
⑥ 无妄噬嗑◎合◎官怪。
⑦ 姤鼎◎反◎兄弟分争。
⑧ 否豫◎刑◎贵禄。
⑨ 乾睽◎幼女通私。
⑩ 遁丰◎合◎楼台。
⑪ 无妄震◎合◎财偕。
⑫ 姤恒◎墓◎儿哭。

亥加未用，白虹贯日[①]。先否后喜，凶落空亡。远通开路，口舌施张。阴贼残害，毕竟成臧。事主中末，如月重光[谦]。

卯加酉用，巳加亥用，白浪翻空。皆返吟也，是以同兆。白浪翻空事若何，无端平地起风波。戊己占来却也无。

天乙贵人日前为用，壮似连珠。加临吉将吉相随，出南入北尽堪为。

首尾相见贵人青龙，国命天恩。求名得遂，求谋见贵，皆吉。主握兵权有大功，纵逢恶将不为凶。

天乙在传又同元武，鸡鹤[②]**同笼。**鸡鸭同笼有异情，要慎奸邪却见刑。

螣蛇加辰加戌为用，浪打轻舟。忧疑进退加惊恐，更有良宵邪梦悚。

虎或蛇加游祸发用，野遇横尸。诸神鬼怪皆为恶，忧压丧门孝服作。

螣蛇白虎加血忌用，三事齐光。三光血忌在南分，纵使闲居也被焚。

螣蛇白虎两两同传，风火腾空。事未做，先见祸。惟反吟伏吟有之。

朱雀加寅加卯为用，青鸟传音。宜望远信。寅卯传音到我家，首尾欢忻事有涯。

朱雀加辰加戌为用，天网四张。连遭公事看看到，口舌纷纷无避道。

雀临巳卯辰并勾虎，飞禽无翼。求谋无成，乃来意也。应主官讼疾不宁，传中有救事还怪。

六合加亥加卯为用，遇船无渡。动作求谋事事残，空亡相并更艰难。看天盘。

六合被天乙太阴压，佳期不遇。中被贵人折塞侵，纵然得就也分襟。

六合加辰加戌为用，犀牛失角。必主逃亡遗失虞，若言疾病在须臾[③]。

六合加天罡在未宫，戏荷鸳鸯。婚姻礼聘佳期会，高门庆贺有余类[④]。

六合在酉元武加戌，星光掩月。小人暗升阴贼名，家中奴婢欲逃形。

六合临辰临戌为用，龙衔瑞珠。妇人必是怀胎娘，更审传看弄瓦璋[⑤]。

勾陈到丑为用，游鱼戏水。田牛必进合家兴，若值空亡退势频。

勾陈临寅为用，将军失马。握手符权倚托人，到头诸计莫能伸。

勾陈到辰为用，出明入暗。必逢盗贼与遗亡，更研主客定柔刚。

青龙带天喜神为用，黄莺出谷。士庶得财多喜庆，求官高折月中枝。

青龙天后加天马用，鹊鸽送书。不问行人凶与吉，若求谋合喜相亲。

天空加四仲入传，猛虎入市。一名：闹市虎伤人。施为不免多惊恐，若逢神美即

---

① 否豫◎合◎羊豕散失。

② 疑作鸭。

③ 棺椁地狱。

④ 媒妁婚筵。

⑤ 随课吉凶。

欢忻。

天空加午为用，张弓断弦。须识舟车防走失，言词虚诞乱啾啾[①]。

白虎乘灾煞为用，山崩独拒。人口须禳度厄神，免遭时破病缠身。

白虎加死气为用，鱼在干池。人年加死气，亦如斯兆。鱼在干池死必然，岂得人间寿数延。占病大凶。

白虎加寅加卯为用，宝剑出匣。天盘得此有威权。白虎寅卯为用神，还逢威气射冲人。

白虎居申居酉为用，燕子南飞。行人在路君来问，将以田歌代櫂歌。

太常加四季煞入传，扶兔逐獐。必须扶力保千金，若无毕竟不能寻[②]。

太常临申见龙吉，鹤唳翔云。占利君子。家门荣庆喜扬扬，诸事如心万事昌。

元武六合相遇，逆旅独居。邸中照管财和帛，恐有无良为寇贼。

元武乘亥发用，飞鸟失巢。逃亡盗贼必相循，凡百求谋未称情。

太阴加亥加未为用，云笼半月。未加辰巳用同。课体吉时随事吉，厌翳传将事沉吟。

太阴为用后空在位，七夕临期。酒筵更有嘉宾客，月下风前饮饷浓。

太阴与白虎相见，舟楫济川。欲造桥梁舟已布，休临断绝事乖张。

天后神后相并为用，贵人在门。贵人在门多喜庆，若非孕喜即欢荣。

立用逢龙勾贵事遂，四神稽福。春宜卜事皆吉昌，贵人立亥喜居方。

卯戌巳全入传，将军受禄。太冲一位属厨神，望事须教有就成。

寅卯辰进连茹，茂草逢春。草木逢春得气新，斯时终见茂菁菁。

太岁加青龙太常用，剑遇张华。改职求名人荐扬，士庶求财百事良。

月建加二后用，鹊鸣报喜。女人必定怀妊娠，更审干支莫克身[③]

日干落空为用，猿啼叫月。猿啼叫月事多殊，遗失文书及印书。

论曰：发用者，初传也。为心之所主，事之所向，最为紧要。以岁月日时决其应期。若岁月日时不入初传，则以今日所生为吉期，所恶为凶期。又曰：初传所合为成期，末传所冲为散期。须要神将相生，上下比和为吉。逢福逢禄，凡事遂心，事危有救。用下克上，身不自由，受人驱策。用逢害气，百事不利，阻抑无成。用月厌，作事不就。用岁支，事干朝廷。三合有气，其事必成。用空，托人多诈，闻事不实。用带天牢天狱，主官司囚系。戌加亥发用，谓魁度天门，谋为被阻。辰加寅，不论入传，

① 武试大忌。
② 寻一作专。
③ 考试吉占。

为罡塞鬼户，使众鬼不能窥，占宜避灾躲难，阴谋死[①]祷，或吊丧问疾，合药书符，作用入传尤妙。三传临日鬼，而贵人临寅，为贵塞鬼户，亦任谋为。倘不在传，或年命在寅作贵，亦是。用自干上，传归支上，主人托我干事。初传财临中传库[②]，财利十倍。末传不克中传库，则永远可守。用得吉神，在庙乐宫，吉事固全喜；若得凶神，恋本家乡，凶事不为灾。初传遥克或昴星，又作空作武，必是走失脱盗，万千不失一也。引从干支，迁官迁宅。日生三传，多主费耗，谋为不成。初日长生，末传日墓，为事有始无终。初传日墓，末日长生，为事先难后易。干支课传六阳，利于公干。占讼狱，未入狱者，必入；已入者，必出狱。且宜占天庭事，动达高尊之象。但畏空亡，君子减力，小人反吉。课传在六阴，为暗昧，乃群小阴谋之象，凡事昏暗不明。三传不离干支，主物得谋遂，行人至，盗贼不出乡里，逃亡可获也。三传不离四课，为珠走盘中，谋事吉则成吉，凶亦聿凶，忌占病讼忧产四事。三传辰午申，塞鬼户，登三天也，有升高致远之象。三传申戌子，抵地足，入三渊也，有奔波费力之象。三传皆下克上，全课内战，凡占家法，不应为窝里犯，必然丑声竞争。传中有可用之神，而被年命上神克制，此是人心退懒，有好事恐不肯向前为也。三传皆作日鬼，却来生日干上神而生日干，谓之鬼神阴佑，反祸为祥。三传全鬼变成财，其财却自阴中来。谓三传克我为全鬼，若得我一位[③]财星克制其鬼，为变成财，得者须防一二灾也。三传丑亥酉为极阴，凡事多生灾变。若后中末空亡解释，则不入险地，虽无不测之灾，必有暗中消耗。三传寅午戌相集而为狂党，天后六合遇则为非。三传生日，百事大吉。四课阴阳不备，所事难成。三传受日之生为盗气。若克日为鬼，鬼多反不畏。干支拱定昼夜贵人，君子迁升，常人宜告贵用事。三传克日，亦主忧奴仆不良，若居官提防吏弊。若蛇虎临用，同来克日，主病讼连绵。传见白虎，主病讼争斗；若与日相生，反为美也。三传进宜进，三传退宜退。旺变衰，宜守旧。传吉莫逢冲，冲则破吉；课凶乃宜冲，冲为散祸。三传克日要冲破，破则无患。若年命上神制之，为救神。然一鬼须得救神，救多亦善。末助初传克日，须要年上神制其末传，方可言吉，无制乃凶。三传初生中，中生末，末生干，必主隔三隔四，有人举荐，终始成就。若遇空，虽有荐名而无成，实有口无心，久则遗亡也。三传初克中，中克末，末克干，必有人残害，谤讪告讦，众口铄金，积毁销骨也。若干克初，初克中，中克末，为递互之财，求财大获。此其大略也。

---

① 疑作私。

② 才归本库。

③ 或遁干或天将。

年命章九

若夫本命兆占人之应，同日干相为表里；行年象发动之机，与用神互作经纶。忌与岁月干支相妒，宜偕三元四象有情。克日心意不及，伤用谋干无成。忧悲兮初传相克，和顺兮发用相生。凶恶岂宜助合，日辰讵可伤刑。日害行年，谁来作美；年克辰日，自底不宁。课传有凶，年命迪吉，总伤而无大咎。年命所乘，能制彼恶，转祸而获嘉亨。欲悉否泰，须察上神。上见父母，动静自适；上乘兄弟，迟滞艰贞；见子孙，事情费力；乘妻财，财物日盈；冠官星而功名济会，戴鬼贼而讼病狰狞。遇太阳，凶厄消弭；逢月建，福德来迎。螣蛇惊怪非常，驰驱争逐；传送病疴徒作，医药始平。太岁作贵加临，有天庭恩泽文书之喜，大人超升爵位，或庶常横发得官之征。

岁贵倘值刑伤，君子大为不利，常人主官府忧疑事。

乘马逢吉迁官，奉诏出行尤吉。损害加破惶惑，不宜干谒公卿。驭魁罡，作凶神，败乃公事。载天喜，并吉将，庆尔攸行。见解神，惊危尽释；见火鬼，回禄须虢[①]。月厌作死气，病鬼侵而冤家逼。血忌临年命，非产育则车马惊。阴私淫泆兮后合，提防水厄兮登明。见天乙，非常吉庆，即克我，生讼亦轻。死气病符克命，不出一月而病，不过七七而倾。虎乘生气克命，人有传尸痨瘵，更乘金煞凶横[②]。见凶将，生合犹可，刑伤灾悔，故利其有制与失位。见吉神，旺相永好，休囚无恒，故喜其乘时而长生。

管子曰：命者，论占人之终身；年者，论占人之行年。如课传中不见财官，则视占人年命上财官与日干或生或合以定之。斯为课法。盖日上神克命上神为吉，命上神克日上神为不吉。此论命之神也。日克行年上神为凶，行年上神克日上神亦凶。此论年之神也。大抵课传年命，或生或比或合，斯为美数已[③]。

日干神克命上神，今日求财明日成。更带喜马与德禄，此身应可作功名[④]。

日财临命最可语，喜德兼之生与比。若去求财财谅得，喜上眉尖天佑汝[⑤]。

命上不宜逢见申，勾蛇武虎身生迍。朱勾官符讼见争，年上勾朱同此情[⑥]。

命上神克日上神，官符灾讼不康宁。病符宅眷兼身厄，丧吊家中孝服侵。耗破并之多破败，百般成事不能成[⑦]。

---

① 见角神，主火烛忧疑。

② 主杀伤也。

③ 生合比皆指干而言也。

④ 是财神加于命也，求财固无不利，若带喜马德禄加于命神之上，而命中再有官星，则可以功名断矣。

⑤ 日克命上神为才，是命中有才最可取也。更德喜并之，与日干或生或比，以之求才，又何不利乎。

⑥ 申金肃杀，若命上或日上见之，更乘蛇武，带二符，则有灾非。申为劫煞，乘勾朱，官值二符，主讼，年上见之亦然。

⑦ 命上克日上，是命带鬼贼也。故凡为不吉。

年上不宜逢酉处，关格勾玄凡事阻[①]。

年神不可日相克，总带吉神也不吉。害主骨肉有灾伤，刑败人家有破失[②]。

日上神合命上神，比年喜事自生春[③]。

日克年神带游戏，行人病在中途里。更加二死上头临，死在路中何以避。年带二死去克日，并见休囚病符入。不久须已见阴君，死在今年应速急[④]。

贵人年命入网罗，此身必有事差讹[⑤]。贵带吉神临我命，能解幽人抱孤闷。平空高处会昂头，不是终沉乖蹇运[⑥]。

螣蛇生年带喜德，尔身必有人扶翼[⑦]。凡事须成顷刻中，家得财兮人得益。螣蛇克年惊恐多，夜加惊梦果如何。是日讼争并破失，空劳心力有差讹。若带病符克年位，此时灾悔鬼来呼。忽入空亡返相制，有病终须解得苏[⑧]。

朱带吏神克年神，又兼劫谩两相侵。不系文书仍口舌，一片忧愁挂我心。朱克年神遇火鬼，提防火烛慎宵深[⑨]。朱乘鸡诏加今年，无害无刑丁马连。公文私信近来言，游神戏神仍的然[⑩]。

蛇加本命主心疑，进退焉能自决为[⑪]。

凡事初传嫌见勾，或值行年命上头。忽尔后勾见朱武，用破心身不遂谋。若见勾乘生年上，增田增产增坟丘[⑫]。

龙克行年因喜破，不遇破财无大祸。争亲争产反相磨，惟宜谨慎无差讹[⑬]。

天空负喜来合生，其年奴婢又添丁[⑭]。空克行年被人骗，必须破耗两相见。休囚方有旺相无，口里无言心里念。空克年神或丁马，奴婢小人怨情寡。必须逃走别随人，一例须防情义假[⑮]。

---

① 酉加行年乘勾陈元武关格，凡事阻滞而不通。

② 行年上神不可克日上神。若害干，主骨肉灾伤；刑干，主有损失也。

③ 日上神与行年，若并命上神相合，或三六合，主事吉。

④ 行年者，太岁之谓也。太岁克日，更见休囚病符死气，是岁君所不容矣，非死而何。

⑤ 贵临年上而下见辰戌，为贵人狱。干支无力，事有差讹。

⑥ 命上逢贵人，带皇书天诏青龙德喜，则能解忧闷，必然平空出头而不久困也。

⑦ 提携也。

⑧ 螣蛇，惊恐之神也。用乘蛇克行年上神，带光怪破耗，必主梦惊，其年不免讼破也。若用神乘蛇带病符来克行年上神，又带天鬼，主病厄，惟传入空亡，或又有制鬼之神，则病有解也。

⑨ 用乘雀带火鬼克年上神，必有火烛之灾。

⑩ 年乘雀带天鸡天诏丁马无制破害□，主其年仕宦有公文之喜，常人有私信之通，若带游神戏神更为的确。

⑪ 螣乃牵连狐疑之神，今加命上，则亦进退狐疑之人也。

⑫ 用乘勾来生年神，其年必有进田坟之事。

⑬ 用乘龙克行年上神，必因喜而破财。若带喜神成神，是为争婚而破。若临丑未之神，则是争产而破。

⑭ 用乘空带相负天喜生年神，其年必主奴婢添丁之喜也。

⑮ 用乘天空而克行年上神，带破耗，若年上神休囚，必有被人脱耗之事。旺相得地，则彼虽有心骗我，而其言不敢发也。又天空为奴婢，带丁马，是奴婢怒主而逃也。

白虎生年欲出行，假作空亡行不成[①]。白虎年神带劫煞，大祸灭门羊刃发。必有杀伤图赖人，预备防之免遭法[②]。

常克行年带破碎，必有争夺财亲事。预防不测免其伤，当与则与免灾悔[③]。

年上神受武用生，又加德喜合和成。旺进人口衰进畜，其年福庆自然臻[④]。武克行年入五盗，又兼等煞来相照。定然有贼来戕害，夜但防之免贼耗。若克年神并负迷，更兼谩语转无依。必有冤仇阴致诘，欲过东兮又过西[⑤]。

后生年神起妇人，或为喜合转相亲。时旺有和婚聘姻，休囚宠婢喜逢春[⑥]。后克年神带奸门，传中又带害和刑。必有奸情两斗争，累死人家又至贫[⑦]。

阴克行年带咸池，妇人相害事无疑。或西或东或阴谋，子其朝夕慎防之[⑧]。

干克年神入关吏，比年必定见争官。更带关迷并戏咒，缧绁之灾欲脱难[⑨]。

哭神不宜入命年，死气家中丧死缠。休病本身应有病，犯之未得太平年[⑩]。

浴盆丘墓加日辰，二死刑害我命年。须知我家不安状，不久应知入黄泉[⑪]。

丧吊全逢在课年，缟衣只在日边悬。不丧双亲丧骨肉，哭泣之声动彻天[⑫]。

虎蛇绳索入其年，更兼二死又来缠。不久须当缢作眠，须预防之免其颠。虎蛇二死入年命，二血兼之口吐涎。去脓跌蹼堪言决，血光二死不过年[⑬]。

火鬼二死入其年，日谨防之夜莫眠。若非加慎有熬煎，不然火死在其前。水鬼二死入命年，或刑或害有灾愆。孤桥不可苟淹延，公无渡河免其颠[⑭]。二血同虎，与年害刑。更官病符，灾讼及身[⑮]。

此专论占课既定，视人年命上所得神将，与后《占林·身命章》不同。

---

① 白虎为道路之神，用乘之而生年上之神，必有出行之事。若入空亡而不见游煞，则又不可以出行言也。

② 行年上神乘虎，带劫煞大祸灭门羊刃，必有杀伤图赖之事，或在课首传克行年亦然。

③ 用乘太常作破碎克行年上神，必有争财争婚之事，则当审中末传之制化，当与则与，可免其灾。

④ 用乘武带德喜六合成神以生行年上神，旺则进人，衰则进畜，而其年必获福也。

⑤ 用乘武带五盗劫煞阴煞克年神，更二耗若临夜位，须防盗贼，免其夜劫。用武带相负迷神谩语者，必有仇人阴谋巧诈，欲引东而西也。谩语，正午顺支。

⑥ 用乘天后带天喜生年上神，主女人相亲之事。得时旺相主有婚聘之喜，休囚则为婢姻之喜也。

⑦ 用乘天后带奸门刑害，克行年上神，必因奸致争。若带二死，必因人命而累于至贫也。奸门，正申顺孟三轮。

⑧ 用神作太阴，带咸池奸门煞，来克行年上神，主因奸谋害之事。若带相负人妖天机谩语等煞，主有阴谋之事，指东话西，不可不提防也。咸池即桃花煞，正卯逆仲三轮。

⑨ 干克年上神，带关神吏神，比年必有争讼，更带关隔迷神戏咒二狱，主有缧绁之灾。

⑩ 年命上带哭神死气，家中必有死亡相扰。休囚带病符，则本年有病，不得康宁也。哭神，正亥顺支。

⑪ 日辰年命相关，日辰上带丘墓，年命上加刑害，二死是干支年命，俱入空亡死墓之乡，其人安能久居于世。

⑫ 年命上带丧吊，丧服已不免，课传又见之，则生者为父母，比者为兄弟，哭泣应有也。

⑬ 年命上乘虎蛇，带绳索二死二血，主其人有雉经（点校者按：自缢）之厄。若带二死二血，主口吐血涎。带跌蹼，主蹶伤。

⑭ 年命上带二死并煞刑害，若见卯酉为桥，有水行之难；见丑寅为桥，有陆行之厄。所当慎也。

⑮ 用乘虎带煞，刑害年神。病符主病，官符主招讼。

遁干章十[①]

遁干遁甲，其义有三：一曰旬遁，本日干函；二曰真建，五子元谙；三曰复建，占时进探。以征休咎，以别女男。其机旋转，与天地参。

元象既陈，当审行年本命；建干同日，进退依乎贵人。

以本命上起[②]行年[③]，进退、顺逆也。建干，行年上建之干也。如甲日占，而占人行年午，贵顺，建庚午；贵逆，建戊午。效推。

四象建干日转，三元干遁时旬；流气行年顺取，战克眷别疏亲。

夫四象，四课也。四课配干，照行年法，从日干顺逆行取。时旬，如甲子时，则用甲己还加甲之例推之。流气，从天上出门行年数至本年得其支，为行年建干也。如上文说。盖日干为自身，年命三传支课，皆其眷属也。日克命上神，曰财临命吉，年命传反克日干凶，为鬼贼也，即有旁神克鬼相救，则曰自战亦凶。

阳将阳神建阳干，阳比男人之象；阴将阴神建阴干，阴比女子之身。

六阳将，临地盘阳宫，主男来相害。六阴将，临地盘阴宫，主女来相害。相救亦然。旺相者少壮，休废者老迈。此论克者，生合反观之。

或比不比，神从可因。

如天地盘阴阳不比，则以贵神比之。例如午将辛卯日癸巳时，可效推也。初元辰加卯，不比，神得朱雀，属午，比天盘辰，用癸巳时遁，遁得丙辰，丙火克日建辛金，主东南方一男子口舌来害。中元巳加辰，不比，天将六合[④]属卯［巳］，比天盘巳，遁得丁巳，虽癸水制丁，而火多水少。夫丙辰与辛日合德，夫妇相见相克，而六合[⑤]是阴，上下火克日干辛，主女人和合口舌。末元午加巳，不比，建丁巳，上下俱火神，得勾陈[⑥]比午，主夫妇和合官事也。

发鬼神气机，推迁消长；会天人征应，倚仗屈伸。是以尽欲六壬之蕴，须造十干之垠。甲为数始，冠万物以为尊，鼎新革故，重谋利用之门。

甲木为天干之首，性主正气慈祥，喜静而不喜动，畏庚金克，所以有遁甲法。甲己日庚在午宫，则甲木遁于子宫；乙庚日庚在辰宫，加甲木反遁到申宫；丙丁日庚到甲木之家，则甲木遁于午宫；丁壬日庚在子宫，则甲木遁于辰宫；戊癸日庚还本位，

---

① 参纳干。
② 又是一法。
③ 谓本命宫前一位神也。
④ 螣蛇。
⑤ 螣蛇。
⑥ 贵人。

则甲木亦归于本乡矣。此遁甲也。夫甲木无根之木，栋梁之材，虽有水而不能生，虽有土而不能培。最喜旺木衰金，则雕琢而成大器；金旺木衰，则斧锯而受伤残。更忌旺火，则泄尽甲木之气，而反致飞灰之象矣，此际须得亥水以制火而滋甲。家宅坟墓功名胎产，喜其甲，忌空亡；捕盗行兵运粮行人，忌其甲，喜空亡①

乙为阳精。

乙木性主和缓委曲，有根之木，凡卉之材，非水不能盛其枝，非土不能培其本，畏酉金戕，亦忌火泄。婚姻求嗣求财坟墓喜其乙，忌衰病；词讼疾病功名种作，忌其乙，喜衰病②

丙为月阴。

丙火性主刚明燥急，太阳之光，烟焰之火，畏土旺而蔽塞，喜水静而辅光。求财家宅坟墓，喜其丙，忌冲破；婚姻疾病词讼造作，忌其丙，喜克制。又曰：乙丙所至，妖邪伏匿，凶恶潜消，斯不行之神矣。故婚姻得之成，家宅得之安，逃亡得之脱，盗贼得之倾。大抵利明不利暗，利正不利邪者，乙与丙也③

丁玉女，时守门，能变化，能飞腾，能不老，能通灵，失之死，得之生。逃亡得之，万里潜形。盗贼得之，隐匿难擒。病讼得而幽冥难伸，婚姻得而聚散奸淫。大体利暗，不利光明。

丁火性主动而更变不常，灯火之火，灰烬之焰，畏水扑灭，畏土掩光。喜木生扶，喜金成锻。遇二马而助其奔驰，逢二后而成其暧昧。会元武而逃亡，得天空而隐避。百事利其私，不利其公也。又曰：丁神主动扬，蛇马定逃亡。朱雀远音至，六合远行将。勾陈兵远动④，青龙万里翔。天空奴婢走，常虎有忧伤。元武远逃去，太阴女走忙⑤

戊为阴伏兮隐逸之渐，逃名远迹兮遁世无怨。

戊土主迟钝而重浊，沙砾之土，顽燥之资。金木合而疏通，水土并而愈壅其性然也。行人功名词讼求财，忌其戊而迟滞；坟墓造作家宅，喜其戊而无损。然究为钝气，故主城陵道路。

己为一阴之首，用静安吉而久。

己土主迟缓，而卑湿污秽之土，谿涧之泥。遇癸水以疏流，逢乙木而滋生。婚姻坟墓求财家宅，忌其己，与甲合而克济；功名行人词讼种作，喜其己，遇丁动而皆成。疾病得己，怪朱雀螣蛇；求官得己，喜太常天乙。

---

① 癸复生甲，故象鼎新，贞下起元之道也。

② 乙为日奇，故曰阳精。

③ 丙为月奇，故曰月阴。

④ 来动也。

⑤ 丁为星奇。

庚辛肃杀之气，动则死伤，惟宜捕盗渔猎，不利翱翔。

庚金主刚强而暴戾杀伐之性，刀斧之金，须忧火以消烁之，更须忧土以埋伏之。遇木则欺，遇水则衰。婚姻词讼大忌，迁选六甲最速，造作畏冲，疾病畏克。辛金主聪明而修饰珠玉之质，柔顺之金。巳火陶铸成焉，乙木步位登焉。婚姻求财最喜辛金生合，功名疴恙最忌辛金制刑。身命遇之而勤劳，行人临之而久旅。

壬居乾位，透《易》之机。天一生水，地六成之。故《易》以乾为首，而式以壬为基。

壬水性主汪洋奔竞，江河之水，下流之象。喜其不旺不衰，太旺则泛滥淫溢，太衰则流竭源消。太旺而遇木土，则土泛而木漂矣；太衰而逢火土，则火煎而土塞矣。天后临壬，婚姻功名所忌，望赦求财所宜也。

癸值数终，效天地以为静；万化藏机，匿遁逃而无影。

癸水性主暗藏不测，雨露之水，污秽之流。忌土旺而渗涩，忌木旺而偷植。妇人遇之而暗昧不明，男子逢之而奸斜不正。疾病属肾经，坟墓属煞水。诸忌其多，占喜其少。总之水动而土静，木缓而火急，金兼迟速。十干之理，一以衰旺分断，则五行庶无舛矣。

岁月纳干奚肇，浑天体易始终。

浑天甲子，以甲壬配乾，以乙癸配坤，余配六子，丙配艮，丁配兑，戊配坎，己配离，庚配震，辛配巽。

命立世兮主日，身立应兮支宫。元运循夫节候，勿求于气，升降命有阴阳，何取乎同。爻交象变，变虽形也，而终不离宗。逢空体伏，伏又空也，而世应攸从。亲神得所贵造，神将失位孤穷。德合兮，定非凡品，身带贵神禄马。孤寡也，死亡卑命，体遭休废刑冲。损者宜虚假，益者尚真逢。夫壬之演易，不止论命，而万理皆然，凭此知充。

此三元化配易卦也。如丙子年①辛卯月②辛卯日癸巳时③，三元辰巳午，纳干与月建同行。丙辛之岁起庚寅，初元得壬辰，壬甲从乾，见为九四单爻；中元癸巳，乙癸向坤，见为六五拆爻；末元甲午，见为上九单爻。辰下伏卯，日遁丙辛从戊子，初元伏神得辛卯，巽第六爻辛卯，见为初九单爻。中元伏壬辰，见为九二单爻。末元伏癸巳，见为六三拆爻，体得离之睽卦，此其例也，效推之。《纳干歌》曰：壬甲从乾乙癸坤，庚归震木巽加辛。己离戊坎丙如艮，惟有丁神属兑金。每三元地支，须寻应值某爻，配合以成卦，而穷达见于世命，故世与日干同得失，系乎一身，故应与支神同其

① 或从甲午。
② 丙申未将。
③ 戌将丁酉。

大运，论节不论气，阳男阴女，顺数，三日为一岁，至未来节，成几岁行运；阴男阳女，逆数，亦三日为一岁，至已过节，成几岁行运。十年一爻，从世上起，阳爻升上，阴爻降下，逢空[①]则取伏神。故曰体伏，伏或又空。行到此限，寄于世应，有四柱冲起，及年命日填实，皆不空也[②]。

《天宝赋》曰：配之六气，变化生成，观其妙而又妙，验其灵而又灵。昼夜用贵人，分其黑白。吉凶逐卦象，合彼图经。以三传作规矩之门，包罗祸福；抽一爻为方圆之用，焕若丹青。岂不上握乎天机，下通乎地理，方寸可达千寻，目前能该万里。壬癸终于艮卦[③]，事若浮云。甲乙在于离宫[④]，花随流水。青龙［寅］**在二水[⑤]之上，鳝蚓成蛟；白虎**［申］**入丙丁**［逢制］**之中，貔貅化麀。天后**［子］**困于巳未**［害宫］**，青冢堪怜；太阴**［酉］**绝于甲寅，马嵬受毁。大耗[⑥]并于伏丘，资财尽失；杀伤临于丘墓，疾病其咨。青龙困于尘埃**［丑未］**，头角之刚不用；白虎化为儿子**［亥子］**，爪牙之利何施。天吏**［寅］**陷于败方**［子］**，忧心悄悄；驿马背乎生气，行道迟迟。吉神若失比和，行藏蹇滞；凶神如逢六害，进退危疑。甲乙坤**［墓地］**而带恶星，飘风摧朽；庚辛震**［胎所］**而多旺气，枯树生枝。天空六合甚悲啼，孕生蘭室；朱雀在丁为拂羽，巫信天涯[⑦]。天官神将，忌于毁辱。白虎沿山**［辰寅］**，贵人入狱**［辰戌］**。六合损身**［酉］**，青龙被戮**［申酉］**。天后裸形**［巳］**，太阴墓**［丑］**扑[⑧]。螣蛇入江**［亥子］**，太常致服**［寅卯］**。朱雀破头**［癸丑］**，元武折足**［申］**。丙**［巳午］**之勾陈狼戾，己**［未］**之天空犬伏。墓凶坦途，车险舟覆。生义出怖，郭璞号哭。甲乙终值太常[⑨]，后忧灾厄；庚辛在于天乙[⑩]，先笑号咷。天后到庚为敛容，颜色憔悴；朱雀登明为折羽，翅翮无毛。太岁犯于丘墓，千灾见免；德星临于生地，一曲高歌。太阴困于辛**［害］**干，损伤太甚；天空值于庚日，杀害尤多。日干怖悸空亡，魂消汉鼎；白虎忧惊系宅，魄丧秦莎[⑪]。丁壬立于东壤，动望俱成；甲戌**［己］**喜见乾方，运求计敛[⑫]。其死也，庚重辛轻；其绝也，寅深卯浅。朱雀丑言抱卵，甲课安巢；螣蛇曰午飞空，癸云福善。壬癸到于子地**［旺禄］**，财帛亨嘉；戊土煞于兑疆**［死败］**，尊亲偃蹇。艮神占于吉所，求事咸亨；恶煞峙于丘垅，灾迍莫免。**

---

① 六甲阳空阳，阴空阴。
② 卯月戌将，癸巳时宜作丁酉时合课。
③ 亥子受克。
④ 寅卯受脱。
⑤ 得生。
⑥ 正申顺支月破也。
⑦ 涯叶宜。
⑧ 扑一作磔，音窄，裂也。
⑨ 木墓于未。
⑩ 金墓于丑。
⑪ 二节不利出行行人。
⑫ 谓生方也。

辰并太阴，母有随车之兆[①]；戌加天后，子为姨母之形[②]。戊己曲直之占，逢木神而勾留不已；庚辛炎上之卦，运火将而厄难尤凝。丙丁见于龙合，人财散失；壬癸游于元武，运动淹停。年命所值空亡，危疑太甚；六亲当乎驿马，忧患复凌。岁煞六合相刑，凶徒蠢起；魁罡不能干事，何自追寻。甲日青龙居寅，喜中得病；辛日螣蛇加卯，旱地成霖。凶多吉少，庚辛移乎离兑；祸深福浅，戊己立乎艮坤。朱雀口舌文书，值安巢而事事未济；六合婚姻酒食，并天后而掩翳污淫。财帛问乎合龙，莫逢斗战；患疾值夫蛇虎，大忌纵横。

《中黄经》曰：五行真假莫执，先寻建合真机。

凡言五行建干合者，乃支中寻建干，或金化火，木化金，故言真假，此谓五行变化，情显鬼神，学者不可执一而论寅卯木、巳午火、庚辛金、亥子水、四季土也。盖论天地之遁干合，使用三传年命日上先寻建干，次用支辰本支中建干者，畏支相害也。

建干比日和同，自无凶灾生福禄。

凡占建干临支上，一要不相战，次要乘吉将，更要与日不相克，又要生日，是以所为吉庆，而福禄进也[③]。如所克不在日上，亦不为凶，谓克日干为本也，克用神亦凶。又云：十二支中寄干为真我，若建干运化伤我，则小滞，伤支，运则大不利财帛。若初传与建干两比和，则大吉；两战克，则凡事宜守旧。

五行建合难悟，建旺难逢合使支。

夫建干合者，取今日之鬼不敢来伤我。又言合者，甲与己合，化土；乙与庚合，化金；丙与辛合，化水；丁与壬合，化木；戊与癸合，化火。所以变换五行而化生为克，化克为生也[④]。

果园了变异经解，其理曰：日上之神，与今日合，即为己身；不合，则不是身。以建干合日干，就日上名合神。若神临合处，却有暗昧之事。若下贼上，即为凶；上克下，即为平平。若克战初传，取旺为主也。凡看合，使天上建干支合，使地下建支干，故取得胜者为我，无克我甚宜之吉，有克我者即凶矣。

建得一鬼来伤我，复来助救我无疑。

以上论建真鬼也。若建干得一鬼克我者即凶，即今日日干有克建鬼，是救助之神，

---

① 谓婢妾也。

② 庶出支子。

③ 假令乙巳，乙在亥，木生于亥吉，即建得癸，临初传，将得六合，主凡事和合吉庆，纵有中末传克癸，乙亦当用，若克乙，为伤我凶。

④ 假令十一月将，庚子日申时占，是得庚辰临亥上，地下辰上见乙酉，故曰乙与庚合，为建合，是夫妻相合，见单丙不克庚，故以一鬼不克夫妇二位，须二处见丙，丙始克庚，为有理。又一说：二处是二心，夫妇相见是一心，故不畏鬼。是以却取丙辛相合处为鬼，丙能克庚，辛能克乙，却取中传戌加巳，戌得丙戌，巳得辛巳，又初传巳加子，亦有辛，子中有建干丙，末传卯，中传戌，将得六合，其课乃建合日鬼，复克今日日干上下，必因酒食和合官事也。其理犹未尽，当依果园子先生说。

不成灾。

建合又复建合鬼，伤我今日救不止。

以下论复建真鬼也。若日遁与时遁，上下建得交加相合，即言伤我今日救不能止也[①]。若今日日干建鬼，与时上建鬼同一位，更有气克今日日干者，更无制以伤我今日，纵有救，亦不解凶也[②]。

纵得龙常，亦难作福消灾。

若依前有复建干得鬼贼者，更不取青龙太常化福，亦主破财官事也。

虽日旺生不救，屯邅病死。

虽今日旺相气，有难解重重之祸，故言日纵生旺，亦须死也。

《金兰赋》曰：三才有准，四课无差。断如金兰之臭，诚为趋避之嘉。甲乙动寅卯之间，丙丁发巳午之气。戊己四季追寻，庚辛申酉定位。壬癸发位乾坎，俱要审临何地。水土长生于传送之宫，官旺于亥子之庭，从魁却为败所，太冲化入幽冥，遇天罡而身入墓，逢太乙巳绝无生。金则长生在巳，申酉高强。若为丑土重逢，上临二火〔蛇雀〕**何祥。土**〔丑〕**虽生金，却入墓藏，又被火克，焉得儿郎？又如亥子之课，上临二土**〔空〕**焉详？辛金**〔戌〕**虽能生水，却主生子无娘。察祸福有气无气，看紧慢宜进宜退。刚干刚支来覆阳，阳人发意；柔支柔干摇动阴，女子生计。朱雀螣蛇官事，勾陈白虎讼丧。二八门中速急，只宜无克不妨。螣蛇朱雀文状，白虎定是血光。勾陈两头官事，元武失脱盗伤。太常酒食和会，六合公吏之场。太阴阴昧阴人，青龙财帛之乡。天后婚姻淫泆，天空虚诈诪张。胜光文状须忧，太乙阴人起怪。小吉定主酒食，传送奔波流外。从魁夫妇忧离，河魁定争坟地。骸骨失脱难寻，或是伏尸作祟。登明因家灾祥，或遭水溺。神后争淫佚望，大吉咒诅之事。功曹官事钱财，或因老翁之至。太冲盗贼之事，大忌金神，父母无缘早丧。天罡战斗文状，或坟墓争侵之伤云。**

此篇前半论十干生旺败死墓绝，后言十二神将克干之凶咎事因，而反之则吉。其大略也，宜入外传。

五变中黄经

嵩岳真人凝神子著

日为己身最要明，三传无系克无刑。上下吉神兼吉将，自然求遂得安宁。

---

① 假令十二月将，得己未日巳时课。以日遁干在己，巳加临戌，戌有甲，是今日建合为一处相合。又正时己巳时，巳中有己，巳上得子，子中有甲，故曰时建合，是以建合又复建合矣。故有巳支鬼，更不取为凶，名曰建合凶重，不吉无咎。◎假令戊戌日十月将未时课，卦名重审。天上遁戊，临地下亥，亥中有癸，名曰建合矣。又初传子临巳，将得螣蛇，时建子中有甲，巳中有己，故曰一重建合，克戊癸，主小儿惊恐。中传未中有己土，是戊癸一重合鬼伤我今日，救不止凶也。天上遁，解见下文注。

② 天上遁戊，解曰：子临巳位何以戊临亥位？盖戊癸起壬子加天盘子上顺轮到亥位是戊午，所以曰戊与癸合。此天上遁法，用五子遁也。假令十月将戊午日未时占，同前断论。

右第一章，释己身，先以日干为占事之人。如甲乙日占，以日干为占事之人，甲课在寅，乙禄在卯，视甲乙干上得何将以定吉凶，吉神乘旺相有气，更生扶今日日干者吉，若见凶神凶将乘囚死无气克日干者半凶，墓神带白虎克日者尤凶。例如六甲日上，甲禄在寅，便轮地盘寅上见何神将，覆墓克日干者即凶，更乘囚死之神尤凶。如白虎乘墓神就日克日者，必忧疾病死丧事。若用起元武乘囚死之气克日之财，必主损财。若元武临日克日者，必主因财牵惹口舌，谓元武为剥财之神也。例如六甲日，以建干戊为财，庚为元武，又为鬼贼，就日克日者，损财可决也。若三传中朱雀乘庚加寅，定主恶人口舌相争。若见六合太阴天后加日克日，主有阴私口舌相害之事。此三神克己，必主妻厄。例如六甲日占，以建干己为妻，以乙为兄弟，但三传中见乙，有太阴天后六合并来，主妻灾，不然破财。谓三传神有乙，为争妻财之神也。若乘朱雀螣蛇太常天空，只可论小儿事矣。若乘青龙得旺相气克日，主因财物官司破财。已上第一段，论天上日干所临，与地下支克者。若不相克制，所事宜立出入求财干事；若所临之地上下克制，所事宜守旧，不宜进用。例如六甲日占，以天上寅中甲为木，临地建干庚金之上，将又得勾陈，便忧官事起。若用起三传，或行年本命更有朱雀天空太阴，或有寅戌，更不取别凶，便是官事。建干地下是庚金克天上日，下若带白虎天后螣蛇，及日落于死墓病绝衰之地，即主自病。若天上三传见白虎乘建干克日者，占病必死也。若六合乘建干克日者，主和合中口舌事，更五行不正，必主奸淫事。若青龙乘建干，太常乘建干克制日干者，多主筵会酒食中口舌。元武天空乘建干克制日者，必主破财。若日干反克，此宜求恶人之财。已上第二段，又论天上日干与地下日干俱无克即吉，有克战如前。凡三传上下，若不克今日日干者，即吉；若克，即凶。又兼看行年本命上，有一处克日，并合凶将，亦凶。但三传上下勾制兼系，与将不和，名曰内战，虽克日干，亦不为凶也。例如六丙日初传建干是壬，乘白虎合凶，主死亡疾病。却得末传建干戊土解救，反吉；或见辰戌丑未，亦吉。若中传见金，金生水，为助鬼，末传旺土，即为自战，又上下所乘神将不和，亦名内战，虽病不死。《经》云："初来克末凶还盛，末克初传祸自磨。"依《宝鉴经》等皆言，三传为他人兄弟外亲事，不要克日即吉，若一传克日即凶。若三传克我为传凶，若一传生日，却与二传不和，即为救神。别云日干为己身，要三传中无克刑为吉，若天上日临处被克为系即凶。三传行年本命不克日吉也。要看天上日干所临，别书不论。更要三传上下神将俱不克日，且要天上日与地下神将俱生不战斗，所求皆吉。若三传不旺，兼克日干，或天上不得地，及落空亡，求事则凶。天上日干立有气，兼上下全无克制，求事吉矣。例如十一月丑将，六丙日戊戌时占，丙日课在地盘巳上，日干上覆见传送申金，为日之财帛，又天丙上干寄于巳，又为日之禄，临地下寅位，此下生上，亦有财禄，所求遂意。若天上地下有一处克日干即凶，不克即吉。看天上日是何辰将神，克与不克，旺相死绝囚休断之。上下吉神，三传中又无鬼贼，又无建合干鬼克日者，自然平安矣。

三传年命克我身，鬼来无路不相侵。克我无气身自喜，我复克兮不害人。

右第二章，释他人。《果园子》、《金花经》、《壬髓》、《金匮经》、《灵辖经》、《初基宝鉴》，皆言三传建干为他人兄弟外亲。凡占忌三传年命建干克今日日干者凶，兼今日天上日干所行之地被下克今日者尤凶。以今日地下日干为宅舍，以天上日干为己身所行，建干何干克日，视有气无气，依例断之。若课中地下日干所驻之地，被天上建干克，主宅舍不安。复见天上日干所临之处被地下建干克者，则己身有灾也。例如十一月将，六甲日甲戌时，丑将占事，天上寅日干临亥地，乃寅长生，为有气，下不克日干吉也。若落建干庚上，被下克则凶。若三传或行年本命有一神克日者，日无气则无救。若无克，宜求新事吉。虽有克日者，而无路不畏，维行正道者，而有损不安。以三传本命行年尽是他人，如有克日干者即凶，或三传行年本命及建干凶鬼立处，不在三合六合刑冲破害之处，名为无路，虽有克我，不能侵害，何足畏惧？三传年命克我者强众，救我者寡弱，即凶；克我者寡弱，救我者众强，即吉也。至若今日鬼无气，日干上補有气，虽有克亦吉也。例如甲日，用起传送为日鬼，或立午寅子位上，无气之地，勿畏其鬼，自身害也。我复克兮不害人者，看建干行年本命谁先克鬼，则鬼受制，不能害人矣。

莫执行年本命亲，建干合下地支分。干合支合为亲类，仔细推详认假真。凶神克害日辰上，与日何类辨元因。生我即宜寻父母，克我相商觅子孙。同类事从兄弟起，干合多在妻妾身。生他祸从远途外，生我须忧在比邻。

右第三章，释宗亲。凡四课三传，有一处是命年而克日干，便合亲人相害。其理未尽，全在支干相合六合刑冲破害绎之。若乘合神克我，乃敢言亲族相害。若干支不带合为外亲，不在宗党也。例如十一月将，甲戌日己巳时占。初传戌临寅，建干得甲戌，以地下寅建丙干，是天上戌中有辛，与寅中丙合，将得六合，是主亲人因和合中起口舌，以丙合辛，不能相害，又中传午临戌，建干得庚午，将得白虎，因亲人和合中得病难瘥，为五行入墓也，虽凶不死，为白虎自战。又天上甲在戌临寅，为有禄，故病重不死。其法论亲者，要日合干合支合在三合六合，兼有贵有德，只取外亲相害；若日鬼在干，干合三六合，只有德处，即非亲矣。论亲要今日官鬼在干支合三六合，兼贵有德，方说亲人相害。故论亲疏者，要今日之鬼所临，或在干支三合六合之地，兼有贵有德，只取亲人相害。若鬼临六合刑冲兼干中战，又在四煞生处，上下克制，为不亲之人相害也。例如六甲日占，以戌为日鬼，若戌临三合六合者，为亲人相害。若戌临酉，或建干得己酉，亦为不亲，谓戌立酉上为自刑六害，故不亲也。或建干得甲戌立于丑上，是甲干虽畏戌中辛克，然行年戌合亲也，谓甲至丑，见贵，辛克寅，有贵，是有德合，主因亲而有凶事，谓戌于丑是刑也。又辰未戌丑为四墓之地，虽有德贵神，鬼贼刑害冲破，当为不亲，故要认真。若不见今日之鬼，今日支上又无克制者吉也，亦恐有克日上之神之类，有是何宗亲有凶，取五行断之。例如六丙日占，三传年命不见水神吉矣，若见水神克日干则凶。夫论今日日干上见何神，若课传中有鬼，即便取鬼断之。若不见鬼，即取日干上建干断之。例如六甲日占，三传无鬼，即取日寅干建干断之，且如寅上得建干己者，或三传中见木为本类克己，即在妻之吉凶。又如寅上见建干戊，三传中见木为本类，即在父[①]之吉凶。且如寅上得建干庚，若三传中见旺火克之，主子孙之吉凶。又如寅上建得癸干，传中见旺土，即在父之吉凶也。余行效推。又论今日干支上兼建干，乃是我。以十二神将龙虎等为他人，且为外亲，即主远人。如三传神不克日，自剋将，亦主远人相害。若将克神，为近人相害。若日将生鬼，即为远人或远亲相害。故曰：生我言近，生他合远。又三传中有一鬼克今日，复见众神生鬼，即是远人来害也。且看今日日上神将，将生神，相害之人在比邻；神生将，损我之人在他乡。虽见克我之鬼，若化为他人，或在他处，即主相害之人近起为仇，而其势不长为近也。若三传中转生日鬼者，其势大，又日鬼临长生之地，害我之人必远来者。鬼贼无气，主官事近起；鬼贼无势，主行事不远。例如六甲日占，以庚为鬼，若甲干上见壬癸亥子水生日者，即是生我。以庚至子化水为无气，是鬼生日干上神，日上神生日干，或带三六合者，鬼贼起比邻是也。又《经》曰："鬼生势行远，其贼远矣。"又曰："鬼生势行远，其贼必远来相害。"若临死绝之地，虽有相害，不得起凶，近邻也。

寅居长生道士人，申临绝死行尼僧。天罡生旺为公吏，戌加四季左都军。贵人带印克今日，便是终身有禄人。申午相加作天后，用起天空媒保真。戌加亥子合玄位，铸印乘轩作匠人。天地医同入空亡，学论须看旺相神。有时得戌遥克日，绝败空亡是贼人。课中端的无差误，即把当时建一旬。

右第四章，释门类诸神，承上章而言邻人是何类也。若三传见寅作日建干，是甲临长生之地，行年入华盖，更初传是亥，又寅食入贵乡，或食落空亡，方外人道士相害也。例如十一月戊戌日，丑将壬戌时占，卦得弹射。初传亥临申，建癸干，癸临长生，将勾陈；中传寅，临亥，建干甲，亦临长生，将白虎；末传巳临寅，建丁干，亦临长生，将太阴。又天乙贵人未临辰，是空亡之地，又入狱。其占人行年是丑临戌，是华盖之位。其初传亥，亥中有楼台殿阁庄严之饰，又亥中有壬，至其中传日鬼寅，建干甲临长生，故谓复建旬中壬寅复建者，时遁干也。又天乙在辰为落空，行年丑坐日支华盖方，戊干惧中传寅鬼，故合一道士相害。乘白虎，立于室宿宫，主道士也。然要占人行年立寅亥上方确言之。凡建干得甲申，乘天空，行年乘天驿二马加今日财

① 一作兄弟。

禄之中，上又临死绝之方，或年命在华盖之方，或初传入今日孤寡之辰，或辰巳亥三传，即为僧人，或尼僧相害。例如丑将乙丑日，癸未时占，初传戌临辰，作朱雀；中传辰临戌，作太常；末传丑临未，作天后。又如行年本命皆在日辰临戊，其建干得甲申，又复建庚申，申绝在寅克乙，是申上建干，是甲绝在申，克今日日干。初传丁丑，是寡宿，以今日乙丑是寡宿，又年命是空亡华盖，主一僧相害也。若天罡乘吏神贵人克我今日，而年命上见财禄，为吏神，或乘天罡坐贵人之地，而行年见贵神，又初传是今日印，或建干在劫煞空亡刑冲之上，即可取有禄公人相害。若三传中建干克日，不在贵神地，为不食禄公人相害。若贵神乘建干克日带劫空，又被刑害来克日，亦为无禄公人。若依前建干克日，而带劫空，又乘二马，为奔走吏员公人相害也。若天罡加劫煞，行年食神，又贵人乘禄入空，此为军人相害。若辰戌建克今日日干，又鬼加劫亡羊刃，又行年带食神，若贵神与太岁更初传是悬针，而将得勾陈，亦为军人相害，最紧。例如乙亥日丁亥时，丑将课，三十一岁占，初传申贵临午，故曰重悬针。中传戌加申，名戌加四孟，又占人行年亦在申乘戌，且乙亥劫煞在申，则行年戌，亦居劫地。其申中庚是行年戌之食神，又是贵神之乡，名曰行年得食禄神。贵神更加孟居劫上，合初传悬针，主有一文面军人相害。依此取之，万无一失也。若初传见贵神为鬼克日干，又乘建干与今日为财，名曰贵神自战。又初传生日干，或贵神坐处生旺，必主有禄官又争财。或贵神克今日，三传无禄，或贵人入空亡，即是虚名官人来相害矣。例如六甲日，丑为贵神临申，建壬申，名贵人坐印，谓丑建乙丑，取申干之壬为印也。效此推。凡申午相加为媒神也。又申午为日鬼，兼日暗合，合中带克，此日鬼主相害人曾为牙人或媒人者，若初传是天空准此。例如丑将乙丑日乙酉时占，申临日上克干为鬼，申中有寄庚，同克乙干，乙庚相合，合来日上相克，的是媒人相害。若夫戌为万物始成，兼是功用之煞。《书》曰："魁，首也。"亥为始明之宫，子为迁流动变，元武最机巧之人。若戌加亥上处见金木，将得六合，主木金火银铁等匠。火土与金相加，主石匠；见水火，主杂巧匠。火主窑匠，纯土泥水匠，纯金铁匠。若得元武，机巧之匠人不能及；若得六合，终日游走合聚之匠。若戌如[①]亥子之处，上见合武应耳，若得铸印乘轩亦然。若天医加地医落空亡为鬼克日干，即主医人口舌相害也。例如丑将庚寅日戊寅时占，是子亥戌三传。其日干庚畏末传戌建干丙火为鬼，合凶，谓丙临亥地为绝，是主贫穷之人相害。若更三传临沐浴，或上下建干得一阳干一阴干，即主男为仆，女为妾之贱人相犯害也。总之用建干，复建时干，一旬之例，建所见鬼贼详细用，确乎其不爽也。

五行俱旺四时旬，莫指东方木旺春。夏火秋金冬贵水，自然都是一般春。用神旺

---

① 疑作加。

鬼鬼有气，便是鬼贼生旺身。主事旺我我亦旺，自然凶祸不成迍。莫把东方木作名，木能生火克金形。时至物类随时变，一物相合万物生。休道南方午火尊，火来土旺反伤壬。尽道亥子原是水，水性和柔动即止。若识五行真假位，除是建作真合鬼。莫执水火相刑克，是物皆能化五行。谁道西方体是金，金中建作火中禁。申酉能克四方物，火旺能伤申酉金。休言四季是真土，土旺能伤金木火。盖知变动不同情，后学之人多执误。

右第五章，释五行正形，谓四时五行皆有旺，毋执定春木旺，夏火旺，秋金旺，冬水旺也。如寅木加亥发用，虽七月求课，而三传专旺寅木，便是木旺，不言七月金旺木绝。故言五行四时皆有旺。知其旺，则知皆有死矣。然则五行之在四时，俱有旺败，不执定是神机也。例如春占得寅卯，建干甲乙，坐于申酉或建干庚辛之上，又三传年命多是金，剥木太甚，则金反旺，木不旺也。如夏三月，与秋冬二季，五行各皆旺皆不旺，且如日干生处被克即凶，若鬼不旺即吉，反此则凶。五行坐处得地即吉，不得地则凶。被克不旺即凶，生日者旺则吉，鬼旺则凶。若五行四时不执一言，临长生为旺，临死绝便凶。若凶神凶将，立吉地则吉；吉将吉神立凶地者，亦凶也。若初传生今日之鬼，鬼便有气；如初传克今日之鬼，生今日之干，便是我有气。又看生处同断。主事之神，乃初传也。生今日日干即吉，则我得旺矣。虽有克处，不敢害我，此乃反祸为福也。建干活法，随十二支循环而行。如甲日占，寅为用，即寅建干得丙火而克金，其例也。寅卯中亦有建水土木金者，随日而变，此不可执寅卯木而言也。曰时至者，是月将加正时，从子便复建，又如得申时课，随天上日干而行，名曰建合，又复建合者，以月将加正时用，故曰随时变也。例如十一月丑将，丙寅日壬辰时占，课名蒿矢。初传亥水，将天乙，遥克日丁丙火；中传申金生亥鬼，将得元武；末传巳火临申，为日干得地之处。又取时至，物类随时变迁，占事之人本命甲午，午上见卯，卯中有癸水，将得勾陈。日干上得寅木，将得六合，其寅又有壬水，此初传亥水，日上见寅，本命上见卯，其课亥卯寅三鬼，皆自立处无刑，故来克日，主官事起于和合，除非出外可解。谓天上干临申，申为日马，中有戊土，能敌三水，不敢相害。此是天上日干所行之道，解得三水，是合出外免其官灾。更课有巳亥，亦合出入则吉。又法云：若今日天上日所行之道，上克下，宜出外则吉；若下克上，则不能出入，亦不能去也。又曰：休以丙丁巳火只作火论，若建干重叠，见戊己巳偏旺，是火来土旺，反伤壬水。又更天将皆旺土，或初传又是土，即言干中土克水也。且不可执亥子为水，逐性而变，言天元乘建干者为化物。例如丁亥日占，于正二三四五六月，只言火，不言水；若七八九十十一十二月，只取水，不取火。更看亥子临处，在旺水，即取水；临于旺火，只取火。若临旺土，则只言土。若辰未戌丑土旺时，更坐土旺处，即为土。若寅卯巳午火旺时，更坐火旺处，即为火。若申酉亥子水旺时，更坐水旺处，即为水。

水性和柔，动即止也。五行真假者，建合金则金，木则木，土水火亦然，只论建干之鬼，建干作真合鬼者，上中下三等是也。例令丑将乙丑日甲申时占，干上酉，见乙酉临辰，辰中有庚，庚与乙合，故曰建干先合，取三传年命无建丙辛即吉。若无则虽有克乙干之鬼，不用其言未善。且如前占，寅临酉，不克今日；中传未临寅，亦不克今日；末传子临未，亦不克今日。若庚子年生人占课，本命上建辛巳，巳临子，是丙子。故谓本命上建辛克干，命下丙，却克庚，上下建干，各有合，交加相克制，谓之建合鬼也。是以圣人不执言克者，五行逐四时而变动，虽建干去鬼贼，是物皆变，即变有自战，从胜，从旺，从多，可取五者是谁，有克即凶，无克即吉。若吉凶力平，先取初传助谁。若得助者胜，无助者败矣。以今日干支先寻建干不自战者言，恐先有内战即凶。若无内战者，合取鬼即凶，不为鬼即吉。且如申酉中看建得丙丁，申酉属金，建干得丙丁火者，凶也。申酉中有所巡行建干得合，若建干得金克木，得木克土，得土克水，得水克火，得火克金，是以言申酉克得五行。若申酉建干落处，不得内战，从常可矣，以内战鬼可取则取之。又课十二支中，有逐时建真干，故曰丑辰未戌不是土也。若建干旺，则用建干；若不旺，逐时变也。例如三传俱是生，若建干得一壬，又立处复在土位，即不言水[①]鬼。若再建得壬癸，与先建同，虽居土，亦为火之鬼，旺相吉，休囚凶也。故曰随建干分五行，变动不同情也。宝鉴三百八十六卷乃世之大经，看一百六卷中相生相克之法，方信鬼贼。《五变中黄经》之奥妙，真有变动机也。

要知灾祸和休日，先将鬼贼分端的。次看初传发绝期，会者万中无一失。

右第六章，释主事。盖要知初传主一年一月一日一时，更上下加临，真箇干上支下，真箇年月时日，外初传在日之后，末传在日之前，只主末传，是过来月日矣，但传课以初终传后期日也。例如十一月丑将，丙寅日丙申时占，其初传子为日鬼临未，将得天后，主女人口舌，吉凶在一月应。中传巳临子，将得天空，脱日之气，主女子虚诈口舌。末传戌临巳，将得螣蛇，为救神，则凶并解，此主一月内应。忌月中子日，口舌添，壬日更重。若遇戌日，必定解。谓戌土克初传日鬼子水天后，脱中传天空巳火，故言解散也。又如十一月［丑］将，甲午日庚午时占，其初传酉为日鬼，将得勾陈，就日克日，主官事口舌，吉凶一日应之矣，更不论上下交加克战。又中传辰为日之财，将得元武。末传亥水，将得朱雀生日，亦无凶也。但勾陈克日，元武则因财惹起官事，取末传冲处为解期。亥冲巳，巳见上子，本日至子，则官事自解矣。所应吉凶同前丙寅断之，次看句言课有法度，宜详细之例。如丑将壬辰日庚子时课，初传丑临子，中传寅临丑，末传卯临寅。初太阴丑克日干，主东北一妇人，生得头圆眼大相害，主十二月二月之事。谓此日为勾陈主事，迟至二月节，官事散。盖末传卯，卯中

① 疑作火。

乙木克丑，木贵神为救，是合至二月了。若取了当日，合取庚申辛酉巳日最吉应。效推则吉凶无失矣。别云：用起太岁一年，用起月建一月，用起辰一日，用起时时内，例如甲辰旬中乙巳日为应也。得时不出时，如用起事时而落空亡，则不应矣。岁月日落空，皆准此论。

阳将阳神建阳干，上下比阳男子残。比阴是女言非谬，比与不比从将言。

右第七章，释辨男女相害。凡见日鬼，便看天上支干。若是六阳神为鬼，临地下六阳支，上下比阳，为男子。若得阳将，亦是男子。又视天上得五阳建干，临地下六阳支，亦是男子，更不取将也。例如十一月丑将，辛卯日戊子时课。初传辰临卯，上阳下阴，为不比，得将朱雀，其辰有丙火克辛金为日鬼，主东南方一男子口舌。中传巳临辰，上阴下阳，亦不比，将得六合，巳中有建干癸，复建得丁，虽水克火，却火多水少，兼水无力，下临辰中，又复建得丙火，是辰与丙合，与壬不合，故取生下火克亦为男，又生东南一女人相害，为六合，是阴将，即主其事因和合而来。谓巳中丙与辛合为夫妇相见，其中遁得一丁克辛，必有妻因和合中起官事。末传午临巳，上下旺火，更不见壬癸水，是以火克金，又是上阳下阴，故主和合，或夫妻二人因官事。效推。鬼乘天上六阴神，建阴干，更临地下六阴位，是女相害，有气为少，无气为老。例如上章十一月将，壬辰日子时课也，不复赘。凡鬼上阳下阴，上阴下阳，俱为不比，则当看将。若得阳将，是男子；得阴将，是女人。贵人螣蛇朱雀青龙元武白虎是阳将，六合天后太阴太常天空勾陈是阴将也。例如前文十一月辛卯日子时课，初传辰临卯，辰为阳支，卯为阴支，不比也。而将得朱雀，朱雀阳将也，比辰阳，故曰男子。辰位东南，故曰东南一男子相害。效推。

亥子体矮黑色分，寅卯拳面青白靥。巳午腰长兼红白，申酉肌柔方正面。辰吏面方耳轮厚，小吉头黄额尖签。天魁元武必胡须，丑目圆头如黑淀。

右第八章，释人形貌。其法有二，子主细长黑色，谓北方坎中一水也。亥主矮小身兼额大色黑，谓亥中有乾金能自旺，故黑色也。又云：子亥二神内遁干是木，主色青黑；是火，色紫；是金，色青白。余效推。更看旺相囚死之分。初传与临处俱旺，是支从支；若不旺，是干从干。又取克看是何支，若是支旺从支，干旺从干也。寅主青长，若受克制，兼初传是坐无气，主面目不完全。此细看恐是道士，亦不全也。卯依前，临处重克，主大破头目，是十二支重克，皆主带破。其卯主拳面青白色，骨高大。寅卯亦看遁干，遁得甲乙青长，庚辛体矮青白，丙丁红白，壬癸黑，戊己黄白色也。例如正月将己巳日丁卯时占，初传卯临未，卯中虽有建，重得二丁，内谓临未，其未中亦重建二辛，克卯中乙木，更未土旺，己怕卯克，主一人在东方红白色，或头目不全相害。又例丙午年生人，占其本命午上建寅，但午上建干有重庚［丙］，合主东北一人带破害我。虽寅中有丙克庚，是下克上，金死在午，无气不制，故令带破也。

午主红白色，肥满，多言语，有威力。巳主细长身材，腰骨大，黄白色。旺则善，若无气，必狡猾。若建得丙丁赤色，戊己庚辛黄白色，甲乙青白色，壬癸紫黑色也。申主细长身材，面黄白，骨大，肉弱。酉主面方身肥，好争。若建得庚辛白色，戊己黄白色，壬癸紫黑色，丙丁红白色，甲乙青白色也。辰为恶吏为鬼，主面方耳大，黄白色。若临今日劫亡，或作贵人之阴，又有寅亥为初传，其人曾为吏矣。又行年食禄，亦可取也。或建干上下克战，主贫乏之人，作事狡猾者。小吉未也，主身瘦小气弱骨薄，发黄面黄白色。若建辛干，复建丁在丙上，更丙与辛合，又临病衰之地，将得白虎太常天空旬空，即白首人矣。若所行之地有气，不受克制，主头黄。若未于建得二丁，或二乙克日，在长生之处，主头薄而有疮。若上下有比，是男子；不比，是女人。得阳将，是男子；阴将，是女人。例如九月将甲子日壬申时占，初传寅临未，无气入墓也。中传酉临寅，亦无气，克制也。末传辰临酉，亦无气，沐浴也。甲子生人，本命上见天空乘未，其中先有辛，复有丁，辛死，丁不旺，合主白头女子相害。盖日上见克，三传无气，故主老阴人。其未中丁火，被下克，又用神有金克日，亦防外人相害也。又例如十一月将丙子日甲午时占，初传子临巳，中传未临子，末传寅临未。甲子年生人，其本命见太常，乘未土。其中先建得乙，复建得辛，其用神建得金，俱无气，白头老妪相害也必矣。若初传克中传，末传即不用也。若独戌在三传中专克日，或戌中建干，亦主相害。又如戌中先建干得长住处，或先建干克日，更戌有气，在长生帝旺临官之处，主胡须人。其法如戌亥，亥主头尖身黄黑，其性急狡恶人，或主文面，或胡须。若乘元武，主面方，见前说。但戌中建干克日，更带长生旺相，亦主胡须人相害也。假令六壬日占，戌中先建庚，后建丙，立寅上，即主胡须人相害。若戌不旺落空，则主贫贱人，亦曾为走吏。又戌与元或俱在死绝之地，主白头人相害也。至于丑上建得水，主头圆；若建木，主额高；建火土，主眼大。

附别云：子主细长黑色分，丑主头圆眼睁瞋。寅为青白面记靨，卯面拳高青色人。辰更面方耳轮厚，巳目分明长细分。午主面长多肥满，未主头黄矮小身。黄白身材申上觅，酉兼方面眉带促。戌是头尖色黑黄，亥水身髭人性窄。又：占人形状细寻推，天乙端庄细小仪。螣蛇白亚瓜子面，朱雀白屐赤白资。六合青黄人谩善，勾陈黄白稍丰肥。青龙身细好髭鬓，天后清疏黑色稀。太阴骨细貌明白，元武黑丑亦何疑。太常额宽仪容雅，白虎项短鬓髭稀。天空老人面黄色，相克相生共断之。

蛇日相生喜庆随，战克惊忧在小儿。在初怪梦心无定，末传火烛课中推。朱雀相生印信权，克日口舌事难安。在初祸发官事急，末遇须来远信传。六合从来福遂加，相克夫妻见乖差。用在门户奸邪事，终于巳亥远还家。勾陈战斗福皆休，与日相生道路仇。中末二传俱吉利，也须禁系出身愁。青龙相生事皆和，更逢建旺宝财多。若与日辰亦相克，病恙伤财祸转过。天后相刑暗昧生，不战不克婚姻成。若与亥卯酉同位，

必为淫邪在狱庭。太阴克日主奸私，终有阴人挠讼词。更乘卯酉为合类，事同凶恶定无疑。元武相刑主盗伤，破财官事共逃亡。类与日辰无克战，凶中就吉却无妨。太常无克事欢宁，小吉同逢宾客迎。初与日克难聚会，事因酒食作官刑。白虎凶神岂见祥，男女分占共死亡。复见白虎临卯酉，冤死须归道路旁。天空上下俱刑日，讼出狱门病不轻。将立支神与日战，死亡奴婢小儿惊。贵神战斗莫论官，日克之[①]名为四闲言。若与日辰相生利，福禄加荣万事安。

右第九章，释来意十二将，总言十二将。先看日干如何，兼看伊所临之地如何，则知吉将所以吉，凶将所以凶，且吉将未必吉，凶将未必凶耳。

螣蛇是丁巳，主性燥急。若乘水支水干，为今日之鬼，转恶；若乘木干支而生火，主火害；若乘火干火支，多主小人忧，或小儿凶灾；若土干土支，主恶梦虚惊也。盖蛇主小儿凶，时性主不常，有小儿之灾。其发用则属火，性好炎上，内虚而外显，心多犹豫。如其神在末传，若带火木之神，更有天火之煞，可断火厄。若在日上宅上，日神无救，主身厄矣。以日为人，以辰为宅，宅神日前五神是也。若末传是螣蛇，更乘行年克日宅，即见火光之惊。若不克日宅，无咎也[②]。

朱雀乘木火土临干支，更有太岁贵神与日相生，主有擢握文字至身。不克日则吉，克日则凶也。但忌朱雀所乘建干克日，主官事口舌。若有自战，只主不安宁耳。若发用，是凶动。若克日，官事口舌速起。克支尤凶。在末传，谓朱雀飞腾，主道路有文书信息。更乘天马驿马，必远信也。谓朱为远信，亦主文字。

六合相加，不克日，所求和合。若克日，所求不成，主和合中有损，更详何神临之。若克才，主和合破才；若克禄，主官事忧。六合克日，主夫妻兼妇人口舌，或离神并之，主夫妇别离。若六合上带克今日日干，合有交加争战，必主分离之事。若临地盘卯酉，门户口舌。若乘天上子卯巳酉亥克日干，主门户有邪淫之事。如六合为末传，乘巳亥，或带二马，或行年天马驿马，脚踏当日之财，又有信神与日相生者，主有远行信至无疑[③]。

勾陈建干克日，官事凶，事忧疑。若乘二马而生干日，主远行。若克日干，虽行人在外，亦不吉于道路，在家必有远处仇人来侵害。若为初传带刑害克日干者，凶祸。虽课中中末二传有吉良生扶日干，亦只是凶。若中末二传克勾陈，方主平平。虽禁系出身，亦主愁。若二马克勾陈，与日相生为解神，斯不凶而反吉也。

青龙与日相生不战，所求皆吉。又有气，不落空，或立于德神之上，建干更无内战，利求财干事大吉。若克日，主破财。若带白虎阴神，更兼克日，必有疾病死亡之

① 疑无此字。

② 火光煞，同月厌，正月起戌，逆行十二支辰。火烛煞，同死神，正月起巳，顺行十二。

③ 信神，正庚二辛三壬四癸五甲六乙七丙八丁九戊十己十一庚十二辛是也。

事，凶也。而临空亡，所事皆不吉凶也[①]。

天后克日干，主妇人暗昧不明口舌之事。若不克干，宜占准亲，又宜干妇人之事。故无克战，宜求婚姻。若日干克天后，宜求妇人之财也。若天后或乘或临亥子卯酉，而三传年命日辰更见克干，必有官事，主牢狱不明。

太阴乘奸邪之煞克日干，必见奸盗之凶。若同元武阴神，主暗昧损财。更在末传克日，主妇人阴谋口舌，词讼更紧；不克日，不然也。若太阴上下乘卯酉克日，传中有六合，必有淫私官事凶。

元武克日，主破财。若元武横截，主盗贼逃亡。若带煞披刑，或并丝麻二血金神羊刃丧吊，必因孝服杀伤人命。若带恶神与日干不战克，则无畏也。若与日相生生日，宜求横财，却无妨耳[②]。

太常不克日，更同未上为用，必主宾客酒食之喜会相邀请，所事皆宜。如克日，则难聚会。更妨[③]酒醴戈矛，有官事破财之兆。

白虎庚申乃凶神也。占病忌之。若男病占得白虎阴神克日者，必死；女病占得白虎阳神克日，必死。若无病人占，而此神克日，亦主病矣。如加卯酉为门户，不见死亡之凶，必有出外之理。盖虎主道路，出外解死亡也。

天空专解狱讼，吉凶皆不成。占病忌其人命宫，命空，无命矣。主损人口。若天空上土重，下木重，主吐噎病凶。若上水重，下土重，吐痢病凶。若间病主不和，出外则平平。假令建干戊戌，下临癸亥，是上土重，下水重。若戊戌为天空，更见戊戌，是土上重也。依上文断之。

天乙贵神克日，主官灾口舌。与日相生，凡事利益。

卜人十件莫疑时，三传日辰并来期。行年本命与太岁，见其二字决凶疑。寅亥遇之身之病，寅辰逢之狱囚追。卯子当逢占盗贼，若见巳亥在路岐。丑午入传多咒诅，未酉加之姑嫂离。要知心中多犹豫，胜光传送事无疑。河魁行年临元武，身主胡须事不移[④]**。**

右第十章，释十事二字。十件，一本作十一件。日上，日下，辰上，正时，分四件；三传，为三件；行年本命，为一件；太岁、来方，二件也。此去日下为十件，凡占吉凶，不出乎此。其三传行年日干正时，六件最紧，外四件亦可用。又法曰：三传日辰并来时，行年本命与太岁，共说十件事，合取者用也。凡十件中，只二字，决定疑惑。例如寅辰二字，合主官事。若今日日干立处，名曰日道。若日干立处，是脚下

① 顺间虎作龙阴，逆间龙作虎阴。

② 乃不义之财，贼人之财也。

③ 疑作防。

④ 寅亥疾，未酉嫂离姑，卯子贼侵丑午咒，寅辰二字狱囚呼，犹豫午申多。

为行道。若乘勾陈朱雀，却见寅辰二字，主官事也。故言二字决凶疑。合取者，必应验也。

凡课内三传、日辰、年命、来时、太岁之上，若见寅亥有气，克日无救，即主身有疾病。今日日干行道，又遇白虎，或十处有处见白虎旺，且克日干，必应疾病也。若十处上见寅辰克日干，主官事。再论日干行道，及十件中有勾陈克日，有朱雀克日，宜言官事。使勾朱不克日，只初传与日在囚墓中，亦主官事也。若十处见子卯，主盗贼。更遇元武克日，必应盗贼，或武克日财，亦应。如不见元武克日克财，只见日财作空，下无制克，亦盗贼破财。又如不见元武克日克才，亦不入空，只见今日财所乘去就元武，及生地下元武阴神，必主有不明而损才之事也。若课中出入十处上见巳亥，主远行出入。若三传日辰年命六事中，遇武乘二马天丁游神或乘初传，是卯酉加日，必走他乡。使不见元武乘此等煞，却见行年乘丁马游神，或行年先取才在野，其人在外方，又天上时加二马，必主远行求事也。若十处见丑午，主咒诅口舌，谓丑中有咒神，午中有咒诅神，更十处见朱雀克日尤准。若十处上见未酉二神乘建干克日者，六亲离别，更有立隔角上即准。隔角者，未立辰，酉立午，未立酉，酉立未，未立戌，酉立丑，未立丑，酉立卯，皆名隔角解离之厄。而行年更立离神，必应。虽有吉神吉将，亦不敢取吉也。若十处上见午申，即主心中疑惑不决之事。谓午为胜光，中有市，申为传送，主买卖故也。若河魁为元武，先得建干被后得建干所生，更有气，若先建干克日者，即有胡须人相害。详形貌论中，已细说于前矣，不复赘。

凶神复行凶神位，带煞披刑有克制。救神不救却来伤，官灾流配死亡阳。吉神行来吉将助，更与吉煞同支住。解神不解吉相生，自是官迁福禄聚。

右第十一章，释通神集。如六甲日用申酉，或建干庚辛为白虎，在三传年命日辰上克日干，又临刑冲破害之上，转凶矣。若白虎加今日三六合贵神干合之上，虽凶亦减半。故以凶神复凶神位而言之。凡凶神恶将带煞，更值三刑六害四煞相冲之位，无克制不落空，主大凶。若凶神坐处受下克，为内制，其凶亦减半。例如六戊日用寅为白虎带煞，寅加亥，故曰带煞披刑，占病主死。若亥中建干却克寅木，即为有制，合减凶也。若虎披刑煞克日者，事大凶。而三传年命日辰上神有克虎者，即为救神。更看谁先到日上，救先到者即吉，后到者不用。例如六戊日用寅为虎，其寅行亥，亥复行有水必先到日上，必凶，虽庚申辛酉在传，被巳午中有丙丁能制金，亦有三合为有路，下克为后到。虽有救，谓后到，即为不救，但救神解煞，切要先到日上即用，后到日上者，即不用也。是以凶神恶将皆带披刑克日干，若克重，则主死亡，轻则破财云尔。凡青龙六合太常是吉将，更乘有气之神，不自战，不克日，更与日相生，虽是白虎元武，亦宜求财远行，见官迪吉，故何必只言龙常吉，白虎凶？《经》曰：“吉神吉将不相生，喜事求财未必成。”《初基宝鉴》云：“吉神吉将助今日，更坐处不克制，更无他克，即吉。若有制克，虽吉平平也。”盖吉神将，切忌有解神，凡谋事必无成也。只要吉神多，转吉也。吉神入空亡，即凶。故无煞神，复不克吉神，或日上下临有气之地，所求无不遂意云。

五行真假莫执一，先求五行建合真。建干五行与日比，自无凶灾福禄臻。五行建合少人知，建旺难逢合使支。建得一鬼来伤我，复来助救我无疑。

右第十二章，释建合真鬼。谓十二支之五行，固生成也。然学者莫执此言，何也？支中亦寻建干，或金化火，木化金之例。故言真假，勿执定一事，此五行情类，鬼神之机也。论天地之遁干合，便用三传年命日上，先寻建干，次用支辰本支十二辰中建干者，畏支相害也。凡占建干临支上，一要不相战，次要乘吉将，更要与日不相克，又要生日，是以所事吉庆，福禄进矣。例如乙巳，乙在亥，木生于亥，吉。即建得癸临初传，将得六合，主凡事和合吉庆。纵使中末传克癸乙，亦当用。如所克不在日上，亦不为凶。谓克日干为本，克用神为副，亦凶。若克日干乙木，为伤我，不利。又云：以十二支中寄干为真我也。若建干运化伤我，则小滞；伤支，运则大不利财帛。若初传与建干两比和，则大吉；两克战，则凡事宜守旧则吉。凡言五行建干合者，取今日之鬼不敢来伤我。又言合者，甲与己合化土，乙与庚合化金，丙与辛合化水，丁与壬合化木，戊与癸合化火。所以变换五行而化生为克，化克为生也。例如十一月将庚子日甲申时占，是得庚辰临亥上，地下辰上见乙酉，故曰乙与庚合为建合，是夫妻相合，见单丙不克庚，故以一鬼不克夫妇二合位，须两处见丙，却克庚，为有理。又一说：二处是二心，夫妇是一心，故二丙亦不畏，须丙辛相合处为鬼，却取中传戌加巳，戌得丙，巳得辛，辛克乙，丙克庚也。又初传巳加子，巳亦有辛，子亦有建干丙，末卯传，中传戌将得六合，其课乃建合日鬼，复克今日日干上下，必因酒食和合官事也。其理犹未尽，依果园子先生变异经解其理，日上之神与今日合为己身，不合则不是身。以建干合日干就日上，名合神。若神临合处，即有暗昧之事。若下克上，即为凶；上克下，即为平平。若战克，初传取旺为主也。若看合，使天上建干支合使地下建支干，故取得胜者为我，无克我甚宜之吉，有克我者即凶矣。若建干得一鬼克我即凶，即今日日干有克建鬼，是救助之神，不成灾。

建合又复建合鬼，伤我今日救不止。便是龙常作福难，日纵生旺亦须死。

右第十三章，释复建真鬼。谓日遁时遁，上下建得交加相合，即言伤我今日救不止。例如十二月子将，得己未日己巳时课。以日遁干在己巳，加临戌中有甲，是今日建合为一处相合，又正时己巳时，巳中有己，巳上得子，子中有甲，故曰时逢合，是以建合又复建合矣，故有巳支鬼更不取为凶。若建合凶重，不吉无咎。又如戊戌日，十月寅将己未时课，课名重审。天上遁戊，临地下亥，亥中有癸，名曰建合矣。又初传子临巳，将得螣蛇，时建子中有甲，巳中有己，故曰一重建合克戊癸，主小儿惊恐。

中传未中有己土，是戊中一重合鬼伤我今日救不止，凶也。若今日日干建鬼与时上建鬼同一位，更有气克今日日干者，更无制以伤我今日，纵有救，亦无有解，凶也。天上遁戊，解曰：子临巳位，何以戊临亥位？盖戊癸起壬子，以壬子加天盘子，一顺轮到亥位得戊午，所以曰戊与癸合。此天上遁法，要熟记五子遁歌。又如十月将戊午日未时占，同前段论。故知依上文有复建干得鬼贼，更不取青龙太常化福，主破财官事而已。虽今日旺相有气，难解重重之祸也。故言纵生旺亦主死耳。

行年本命亦行建，三传辰上神来战。内有救神亦主凶，伤不伤神看亲眷。

右第十四章，释年遁法。行年本命与四课三传日辰上下建干者，即从日建同论，更无别辰也。行年即小运干头复遁，复遁得天上亦是复建行年可取也。例如三十一岁，行年在申，却取天上申，行至地下申上是也。若三传在辰上为用神克日，不见解救即凶。若辰中复克三传，为自战，则凡凶事解为吉利。三传在辰上克日，内有救神亦凶。谓日干为本身，故言亦凶也。亲眷者，谓年命上所见何类神，主亲眷，故言看亲眷也。

占谓类因何事起，细看鬼贼神将理。三传本命动伤时，更克日干凶难止。来往相乘互战争，克伏交加用囚死。鬼贼当时更得地，传中吉将终无喜。日时吉将立于生，鬼犯绝空祸不真。战斗吉凶谁得地，祸囚福旺喜皆亨。吉凶力平神将等，切分远近路无程。路若有程时得正，加临魁正指之情。疾病万类断何事，龙虎玄常最要明。

右第十五章，释吉凶实意。凡课中三传年命上，各有异祥灾福，合取谁类为吉凶断之。有克我今日日干，即取凶事。无克我今日日干，即为吉事。三传内纵有白虎元武勾陈朱雀并干，亦平平无事也。若青龙克日无救，必损财；若生日，宜求财。朱勾克日，主官事口舌；不克日，有講定远行之喜。余将效推。凡三传行年本命上神当令克日干者，则凶甚。若当时之鬼不得地，凶事起必自休也。所动之鬼当时克日，看正时上所披之神，则须取凶事。若当时之鬼不克日，只克时，亦有小凶。故曰动伤时也。例如六己日上见酉，即生亥，亥上见丑，丑上见卯，卯来克己合凶，卯畏日上酉克之，不敢相害也。凡论官鬼克我者，内有扶助之神，必一旺一衰，且如庚日用丙为鬼，或复建壬，看丙壬谁得地。若壬得地，主平；若丙得地，主凶也。若占在四五月火旺之交，并临寅卯巳午为丙得地，庚大凶。例如九月将庚辰日癸未时甲寅命人占，三传得子申辰润下课，又名重审。言庚日还家吉，畏日遁之鬼，得丙子是初传，本命见丙戌坐寅，相冲有路，亦两丙克庚，合因小儿上合和起官事。其言未尽，戌中有丙，却有未时建癸，子中亦有壬，又子旺壬不旺，丙虽得二火，却被子败，此一凶一吉，乃可变卦为水局，二丙俱败，虽有丙不能胜也。其庚金势旺，乃丙就子中生辛随化矣。此克伏交加用囚死也。予谓庚日虽旺，既化成水局，则已泄庚金之气，不宜求财。若鬼贼有气，更立处生旺得时，不坐空亡及天空，无救助，立三刑六害相冲处，虽传中吉神吉将，更不言吉，仍是凶也。凡今日天上日干，并地下寄宫，日干上下所临之处，要长生，或旺相有气，内无克制，更与初传合当时，虽三传年命上鬼来克我，却鬼立在绝败空亡，或下有克制，虽有合凶，亦不为凶，所事皆言吉庆。故曰日与初将神，五干生旺，虽见鬼贼，而立空绝之乡，亦云吉也。盖论今日日干与鬼贼之神，谁得地谁有理，谁长谁短，得地不如得众，得众不如得气，得气不如当时，得当时不如得太岁。尊神生我得亲合合身者，万祸不侵也。例如十一月丑将癸亥日甲寅时，占人丁未生。戌为白虎作初传，酉加戌为天空是中传，申加酉为青龙，其末传也。其人本命上午加未，是六合，行年上巳加午，是朱雀，其贵人乘卯加辰上。其课干是癸，天上癸干与地下癸干，俱自喜旺，即为日干有气，揔有凶气则不敢来伤。又贵人卯与癸所立地，名贵神相会，更行年本命上见巳午火为今日之财。又中末传酉申金，更生今日日干癸水，可谓上吉之课。效推。《六壬金花宝鉴经》曰：财莫与日相冲，生旺莫犯四煞。又曰：吉神从我即吉，不从我反凶。鬼贼立空绝之地，则凶变不凶。由是推之，虽天上地下二癸并吉，奈巳午[年命]贼神，与亥子冲战，亥子癸畏初传戌，得巳午会火局坐起，转增势力，三合生旺，来克癸水。又巳午旺火，克中末传酉申不敢生日干癸水，故亦从戌也。又贵神卯加辰，却为入狱，为贵神不得地，却戌中有辛金，丑中有金库，克贵神卯木，是贵神不亲癸丑，而去合戌，戌是以兴旺。又戌为白虎，旺而克日，其课大凶。若占病合死也。故战斗吉凶，论谁得地，得地胜，失地者凶。此谓戌鬼旺也。予按十一月水旺木相之时，卯贵虽入狱，然戌土之鬼亦休，又戌建干是壬，而申酉又得庚辛联属，日干仍得旺气。且戌坐亥位，已不胜水势，而癸水生卯，则卯又克辰，不可为入狱。巳午之财，亦不能克金耳。是以凶神凶将，要临囚死自制之地则吉；若吉神吉将要生今日，不临克我之地，必作旺也。例如十一月将戊子日戊午时课，其日干戊畏末传寅乘螣蛇克日，合主小儿惊恐。癸丑生人，本命上见申金，却克寅木，故为救神也。寅鬼囚墓，申亦临囚墓，势力均平。天乙加大吉生申得助，攻破寅鬼，小儿安矣。盖制助二神力平，有路者先来，无路者不来，有路无路以正时定之。若时之所助所生来者，为有路先至，时所不助不生为无路，即如前课二神力平，有路者来，无路者不来。若鬼立处与吉煞齐至日上，则用时所居者，或先至助生日干者，故有远近之分，有路无路之说。凡有路者行，无路者不能行。若鬼煞救神俱有路，看谁远谁近，若救神远即凶，近则吉。盖行者为近，不行为远。鬼贼与救神俱有路而济，齐至日位，与所行之地皆平，所生处一般，故曰上下不相制克，以正时之法看矣。助为贵神之助否，则吉凶决矣。贵神顺，吉先行；贵神逆，祸先行。若天罡指福，福至；指祸，祸至。却有谁为有倚，有倚者喜而先行，无倚者惧而不进。倚者倚贵神之权势也。盖鬼贼与救神生旺，有倚者先来也。又论鬼贼有三四等克日，或俱一齐来到，须求谁为先到之神，正时所指者是也，不指不动。内有一鬼在三合，内有救神亦在三合，鬼贼救神齐至日，祸福同行，救神先至，则祸不来。若鬼先至，救亦不来，则凶矣。

又各要两情有德，便于为人祸福，己身能安。若先伤陷，何敢与人为祸福？己身既安，必自整顿修理。若他人齐有威权，须得朋友相辅，后方与人为吉凶。前言鬼贼与救神一般立生旺，一般有气，一般齐来，谁吉谁凶，得大人之势，要指挥者先来。何为势？贵神是也。将合加于正时，又要天乙顺吉为先，逆凶为后。至其言甚好，更不许与人传言，乃六壬正理。若以天罡指处祸至，依此推之，前言论祸福有[倚]断作何事。若指正时更得合吉，更得合凶，断作何亲，以十二天官主之。故言龙常虎武最要明也。

已上十五章如右，已下十五章分见占林，兹不赘录。

第十六章官讼　　第十七章疾病

第十八章亡盗　　第十九章逃走人

第二十章出入行人　　第二十一章杂占

第二十二章求官入试　　第二十三章妻财各异

第二十四章婚姻　　第二十五章风雨起有无

第二十六章地藏　　第二十七章求故井

第二十八章静中防害　　第二十九章课体

第三十章　己身、宗亲、他人、门类、五行正形、主事、男女相害、人形貌、来意将、十事二字、通神集、建合真鬼、复建真鬼、命年遁法、吉凶实意

搜元章十一[①]

赋曰：福生有基，祸生有胎。祸无门而不入，福无门而不来。故视其亲而后亲，倚其神而后神也。然神有邪正，格有重轻。基微则福薄，胎菲则祸轻。子午卯酉曰胎神，寅申巳亥曰基神，辰戌丑未曰五库。胎败基生而入墓，禀胎禀基曰正化，去胎去基曰偏化。如子加太乙，午加登明，卯加传送，酉加功曹，具四者而胎已怀。夫为妖为孽，则听其所变者而恶焉。若寅加太乙胜光，申加登明神后，巳加传送从魁，亥加功曹太冲，具八者而基已造。夫为祯为祥，则听其所化者而逢焉。至于大吉小吉天罡河魁四者，基于坤，胎于离，旺于季，死于震，逢善神而作福无疆，党恶将而造戾叠驾[②]。

四正阴生，五行败气，故为祸胎。四维长生，禄马合德，是为福基。四土五库，依神将以作威福，总不外乎旺相死绝乘临生克云耳[③]。

抑有有其基而无福，有其胎而无祸。何也？所得非其神也。所得非其神，福也自

① 出《玉册经》。

② 戾祸同。旺于季或作旺于坎。

③ 长，上声。

夭；所得赖其神，祸也自泯。又有有其基，有其神矣。有其胎，有其形矣。而福也不长，祸也不萌，又何也？有其神而无其因也。是以雾生则豹变，雷蛰则鹫腾。孤禄不福，独善难行。祸狱讼而恶于朱勾白虎，竟无知刑于癸[①]与登明；喜文书而羡夫龙常贵雀，殊不知命与巳午日生[②]。

癸，丑也。登明，亥也。雀临而投江损翅，虎临而溺水陷泽，勾土漂荡则无咎矣。巳午，文明之地，龙至此而飞天，常乘之而佩印，贵得生而喜悦，雀得旺而翱翔，洵大吉也。

午来酉上死地，吉曜难扶，进取猷图而先难且惧；申加巳上非刑，六合悬胎，内战子灾与媒妁婚姻。从魁为报信之鸡，年命门户生逢，千里音书可待；传送为递书之驿，天烛来临毕宿，关山雁杳难凭。子来加巳曰极阳，藏癸戊于合吉，将蛇虎［雀］**于乖张；午来加亥曰极阴，偶婚姻**［丁壬］**于德合，生疑惑于荧心。子丑相加曰进退，进望婚姻事美，退宜事搆阴人；午未相加曰虚悔，虚结空玄鸟聚，悔迎蛇雀非生。大吉戌土逢白虎，外丧入内；胜光卯用主托人，失节无成。斗魁当户，鱼雁也，丙辛戊癸承合；午马朝天，琴瑟也，丁壬德禄相亲[③]。**

申乘合加巳为内战，主子孙病，作生元胎，主媒妁议婚。天烛，卯也。毕宿，在酉宫。荧心，午宫星。子加丑曰退，丑加子曰进。午加未曰虚，未加午曰悔。户谓地户，巳也。天谓天门，亥也。

寅［申］**加卯上，勿用结归传墓；巳作初传，金命财喜相寻[④]。酉临寅卯，卯临四季，遇金逢木而关倾；巳上从魁，用临贵雀，干贵文书而事行。庚酉偶辛，庚日寅临栋折**［反制］**，卯到轮新**［德合］**；寅卯并辰，辛逢戌中酒食，虎病足筋。六庚申卯，卜子都因庶出；六辛戌巳，占妻骨肉离情。朱鸟南飞，丙丁日文书之兆；元武后用，壬癸日盗是阴人。六乙遁庚，用见天罡而劫夺；六丁传鬼，蛇雀门户而怪频。丙日午用本兄弟，临元武而化为官鬼；庚辛**［辛日］**兄弟用从魁，得龙合而昆变财星。壬癸日鬼化为财，天魁临于甲乙；戊己日老翻成少，太冲飞入庚辛。子用克丁，丁带辰而子救；庚缘害甲，甲以乙妹妻庚。干贵宜春，亥卯未而皆旺；姻谐三合，巳酉丑以钗分。冬迎炎上，雀唤老人之疾；季逢润下，虎惊小口之迍。三元一类，月建衡评；六位联茹，逆行同文。贵登天，朱掩目，龙蟠空，虎断室，神藏煞没，喜觐王而不喜廷策；子加巳，午加亥，卯加申，酉加寅，五行四绝，利解散而不利病人。问病先观白虎，年命立墓，泉下游魂，虎陷也，生之国手；占财紧视青龙，三财旺相，朱崇之位，身哀也，**

① 元作鬼。

② 长，上声。蛰，音直。

③ 张，音怅，触也，亦曰乖张。魁罡一作斗魁，斗谓斗宿。

④ 火克金为财，巳生金为喜。

富室贫人。庚申太阴作用而女病，天喜神后魁罡而产新。贵人临命，非常之喜；螣蛇缠绕，怪异之侵。空信直符逢吉将，廷献奏书之力；酉作天空临巳上，坎因婢走之因。妇女遭伤，天后死绝；百般留滞，命值勾陈。传包两贵并天德，仕由南北嘉臧；关钥持刑鬼用初，朱勾囚系凄惶。德禄扶官，龙马贵常荣仕路；龙常阴合，开危除定利逃亡。元武持刀，家防劫贼；螣蛇丑午，牛马遭伤。避寇出门相遇，占逢六合；遁逃邂逅奇人，龙德魁罡。觅逃则武阴须察，干贵则贵德宜详。

诸家但言将随神化，殊不知天官乘时得地，则神反随之而变。故丙用午为同气，临武则为鬼，酉贵顺治也。庚辛用酉，得龙合而为财。戌本壬癸之鬼，加甲乙而木制为财，五行神将皆然[①]。

类用空亡，近事须当换甲；天地两失，百为所作咸虚。身命空亡，僧道九流阅世；四孟空亡，义儿续祖安居。岁神不空万事，久病空则欷歔[②]。岁临宅命，廷拜天恩；岁破武空，八方兵乱。岁刑岁墓，祸蛇虎之凶占；天禄天马，福青常之吉断。月破者，乖和之气；月建者，持世之官。月将独能作福，前后进退皆欢。日为身，行年为副；用为主，神将须安。日命神合迪吉，日命残害防奸。时刑蛇虎，阴小灾生不测；日刑煞用，朱陈妻妾争官。日刑辰，身滞；辰刑日，外搏。岁刑日，建刑辰，灾生运逡；岁乘合，建乘德，福凑时完。千灾万祸，一德咸宽。天喜逢刑，只为栏杆照命；吏将勾索，多缘官鬼爻兴。火怪蛇雀，遘火神天灾回禄；泣神白虎，无吉将涕泪沾巾。宅上飞魂，行人梦返[③]；煞星悬索，自缢轻生。小寇也，元非劫贼；正贼也，嫌有都神。死气作鬼也，死人财损；生气日德兮，谋动高尊。虎蛇作鬼，入宅兮家生妖孽；祸居方所，大煞兮临处为真[④]。武阴乘马克日，盗蹠窥牖；病符虎蛇命用，庐医却走。故用神得地，相生相合，时雨滋苗；而元辰无气，相害相刑，秋霜摧柳。有形吉而不吉，难发于恩；有象凶而不凶，恩生于咎。是以行年立用而生，所望皆遂；日本元辰刑克，动为不利。日前见斗，其灾已过；日后居罡，事且徐冀。干支天乙之前为亟速，日辰阴[⑤]常发用亦非迟。忽在日辰，朝夕应之；年月旬朔，气日有稽。初候休言五日[⑥]，得时八刻思维。干支定数，应合有期。死囚减半，旺相倍差。遁干加算，休气凭支。干吉支伤顺意，干伤支吉逆刑。行年日辰交克，总为失节之名；用起若害贵日，魈闲祸本非轻[⑦]。时值交噬，五不遇行[⑧]。将克神兮忧易散，神克将兮祸偏盈。日鬼辰鬼，二

---

① 辛日且顺，酉作合，墓（疑作贵）逆，酉作龙。

② 必死也。

③ 宅上飞魂，旅人占之，屡梦归家；家人占之，行者客死。

④ 大煞加宫，其上下可搜可掘，得其怪物伏尸骸骨之属。

⑤ 一作阳。

⑥ 亦或半月。

⑦ 魈音消，一木直作消。

⑧ 时发用而克日，奇门五不遇时也。

女同居异志；偏印正印，母分嫡庶衷情。鬼动克兄，孙兴有仗；子来伤鬼，妻动无障。兄固克才，父爻绝利；才来损父，鬼泄无恙。合逢冲而合终败，刑遇合而刑相忘。旺相者能克制夫休囚，休囚者不能克制旺相。虽〔鬼〕气同仇〔才〕，为祸不渝；难〔鬼〕恩〔父〕并到，转孽而娱。元神空而身衰身墓，灾生克贼；克害多而且空且伏，明哲无虞。暗合暗冲，事起阴私之地；辰空日墓，彼此总属虚拘。上下相生，喜未至而福基；交加戕贼，忧将萌而祸胎。始被终伤，加吉将消磨其患；末为初克，遇凶神弥炽其灾。用死终生集庆，用生终死增哀。金加火上冶铸，鼎新革故无猜。土值水星，占病而昏迷不醒；木来水上，运动而正好更裁。金来木上，金多木折；土重埋金，才可疏开。水赖土而水聚，木斫金而成材。五运有奇，四时代谢；三元有偶，阴阳迁催。进为阳而退为阴，贵乎顺利；将为主而神为卑，司令恢恢。吉神吉将不相生，纵事可图，皆成画饼；凶将凶神无克战，虽爻可畏，亦属鬼胎。是故吉神加之庙乐，不啻云龙风虎；罗入囚墓，奚异病骥哀鹤。凶神蹲踞旺相，虎豹添翼而猛；坐畏制乡，支祁犬羊而眠。将有亲而神无亲，内顾之忧已深，仗外亲奚益也；神为内而官为外，阋墙[①]之变不作，则外侮不生焉。亥为乾缺之所，巳为坤陷之涯。涉兹天地，且有不足，而人事岂可望赊？知命达天，乘时御宇。万事莫逃乎数，三才消息根芽。捉管成篇，灯烬香残天未晓；孰凶孰吉，且随明月种梅花。

祛惑聚金诀

诀曰：太岁临支，人宅大灾。贵立须招两姓，如无进口添财。支上有鬼兮家宅移动，干若有鬼兮官病同谐。后丑临支发用，鬼交怪梦频来；三传内藏卯酉，两门出入通开。子午乘龙，妻妾怀妊，不然家藏孕妇，血支血忌同猜。武戌临支，有过犯隐迹之辈；虎罡丁亥，徒刑义子凶乖。

贵乘旺生临辰，非二姓同居，则添人才。鬼加日辰，恶将刑害，主灾发。大吉作后加支为用[②]，主梦与鬼交。卯酉反吟，或三交乘元六阴空，主两门出入而暗昧反覆。子午带生龙，怀孕尤准。武为盗贼[③]，戌为军奴，合而加支，窝藏之象也。丁亥日虎罡加支，巳加子为用，铸印课也。戌巳中传，两蛇夹墓主徒配[④]。

六害若逢啾唧，破碎相值亡财。空亡抵宅，门户虚隳。蛇虎临寅宅上，屋梁折坏。从魁同虎加支，孝人相该。白虎入命相临，内外与之同裁。若逢天乙[⑤]，贵客梯媒。常乘月破兮，有孝服人获财成事；酉猪丁亥兮，出患眼者妇女凶衰。日德空亡尊长厄，

---

① 点校者按：在墙内争吵。指兄弟失和。

② 乙己干酉亥未支旦贵逆治，辛干亥丑卯支暮贵顺治。

③ 甲戊庚干申子支。

④ 血支，正丑顺支。血忌，正月起丑二未三寅四申，单顺双冲。

⑤ 元作太乙。

支刑相值小儿灾①

六害加己带破碎煞，主耗财帛。常乘月破加支，与加行年同兆。丁亥日酉贵加支，家有眼疾者。乘太阴，妇人灾。占小口，忌支刑落空，见蛇虎。占长者，忌日德空亡，乘蛇虎，入网罗。

三位退金消神煞，空亡加之灾变。一而无事，慎防随身重来。巳［火热］**空加卯**［震动］**，生热躁分轻重。丑**［腹］**虎临卯**［金胎］**，主妇人腹怀痛胎。斗罡加午为白虎，昨夜寝归他室。申加午占病相值，因道路殇鬼为乖**②**。**

退连茹空，更带消神煞，吉凶多更变生灾。如壬午日亥上戌用例也③。凡占不遇美课，第二番占又不吉，当过旬再占。如未换甲，又来占者，其人主有凶难免。罡乘虎加午，亦主移居，以天将决其事。如三月五月占得，主三五夜不在家。申午皆主道路，故占病主道路惹来。

壬戌伏空，孕妇多凶。家出双生之子，又主丧祸重重。子［神后］**加酉**［私户］**位贵人，众婢围扰。辰卯蛇虎甲乙日，腰痛家中。尊卑不睦兮，六甲日魁罡临甲。若加卯用，妻久滞，灾厄奇凶。丑亥三一，男疾肾藏。若值二四为用，女病血风。**

壬戌伏空为用，四孟月占，主有孕；四季月占，主死亡。天乙子加酉，主妇女阴私口舌。甲乙日辰加卯用，传蛇虎，主患腰腋。甲日魁罡④临寅，主尊卑不和。若加卯上发用，主妻淹沉疴。三一，日阳辰阳也。二四，干阴支阴也。蛇虎主痨，后主风死⑤。

遥克占行人必至，昴星见虎而凶浮。元胎将吉，身乐心忧；涉害艰难，事主两头。天空在未，主井怪宿疾之恐；勾陈辰卯，主讼事四空之愁。螣蛇临酉火死乡，家藏盲瞽；贵临二八家不宁，必有迁修。白虎魁罡加巳午，占人守制；青龙六合临寅卯，都是亲俦⑥**。**

元胎，女占主有孕，病占主膈气。龙合寅卯，一本之亲也。

白虎乘亥，家中定有孕妇；六合归卯，便言小口灾迍。贵人临日受神克，宅内尊卑不协；天空在巳为发用，肚腹血痢缠身。龙虎四孟落空，义儿续祖。天后临罡，家必藏恶迹阴人。贵乘死气，进一口而出一口。若乘丧吊，有持孝服赠相亲。元武临年或日辰，主过犯图圄军索。勾陈见雀与六合，枷棒之屯。勾乘丑戌加卯兮，足疾必死。蛇居死气化子孙，堕胎杀身。死气为鬼兮，兹因死人财物。生气日德兮，动高尊整会谋新。

天后临罡，主妇人妒悍。若加六害，主女子宿疾。鬼乘死气，死人财物作祟。

丧吊虎临，哭泣之刑，凶并事中枯骨。伏连亥，缠绕居申。破气煞，逆申十二。

---

① 隳音灰，啾唧音秋即。

② 殇音商，此节论空亡。

③ 戌酉申，鬼父父，甲空空，退金煞。

④ 财克父。

⑤ 辰戌为甲日妻财，伤文书，戌卯合，辰卯害，故其占如此，卯兄克才也。

⑥ 盲音萌。

迷惑煞，季丑逆轮。虎蛇带鬼入宅兮，家生妖孽，祸居方所。大煞兮，临处为真。解名煞，正寅顺孟，勾虎恶，龙常善荣。解神煞，忧喜消停。忧神若动，孟仲季分浅深。喜神临处，所谋无不称情。死气神不利加墓，吉变凶征。地火光怪同蛇雀，宅须慎火。血忌血支伤日干，官必见腥。哭神乘虎临日，传无吉格而泪沾襟。大小耗神作用，财物散而岂有欢欣。直符天吏，县官勾唤。悬索煞，自缢轻生。信煞天鸡主信，会神临也逢迎。占避贼寇，六合周旋。出门相遇，久出无耗。飞魂临宅，梦内归程①。

枯骨［正未顺支］伏连［正亥顺支］缠绕［正申顺支］破气［正申逆支］迷惑［正丑逆季］大煞［正戌二巳三午四未五寅六卯七辰八亥九子十申（丑）十一丑（申）十二酉］方所［子房午堂卯门酉户寅申过道巳灶亥厕丑槛未井辰土堆戌浴堂仆房室］解神［正二申三四酉五六戌七八亥九十午十一十二未］忧神［春丑夏子秋戌冬亥］会神［正未二戌三寅四亥五酉六子七丑八午九巳十卯十一申十二辰］喜神［春戌顺季］地火［正戌逆季］光怪［正戌逆同月厌］哭神［春未夏戌秋丑冬辰］信煞［正酉顺支］飞魂［正亥顺支］六合［与亥戌对看］旅人占值飞魂，夜屡梦归家②。

天后辰子，阴人奶癖疾右臂；若乘丑卯，妇人多血脉相凝。丑加日本被人拘，身不由己。青龙日本兮必求财，所作通亨。魁罡加支，宅内隐伏尸柩。白虎入墓兮，传送动骨殖之灵。虎临日本兮，家有病人未愈。若临支忌，须知脓血灾生。天后乘子，兼作日鬼，主血腥女鬼缠萦。后临辰子，新妇殴婆之征。六庚申卯，占子多因庶出。六辛戊己，有骨肉离情③。

申加卯用，金之母，土也，土死于卯，而金胎于卯，母死矣，故主寄胎。六辛戊己，乃孤墓临头，故主骨肉分离，休妻之兆也④。

六合临季乘其卯，船停沙碛。若加申酉逢丁，线脱损坏之名。船尾船仓，分深浅于孟仲季。合若临辰，必然倒载而修营⑤。

六合卯，主舟车。此段论舟师家宅也。合乘卯加季，主搁浅。加申酉遇克，又逢丁神，则舟损。孟主头，仲中仓，季尾。合卯加辰，主覆溺，慎之。

壬癸日戌加为虎，须防猛犬相嗔。丙申日戌加卯用乘蛇⑥，犬怪宅庭。庚申日反吟天后，家出头风之妇。功曹临虎宅上，以三合取之更灵。丙丁二后为用，多血气冷患

---

① 称，去声。县，平声。

② 家人占凶。

血忌，正月起丑二月未三寅四申阳顺阴冲。悬索同桃花，正卯逆仲。天鸡，正酉逆支。大煞，正午逆仲。日干大煞，甲乙起亥未戌寅巳重。

③ 奶音那。

④ 戊己疑是戌巳。

戊己当作戌巳。以辛加巳，俯见其仇，以巳乘戌，仰见其丘。故其占如此。盖戌乃火墓而辛寄也。

⑤ 碛音即。

⑥ 壬日戌加卯作虎。

缠身。庚申神后临宅，出缺唇门屏。空[①]冲临宅三合取，生人好若雷[②]神。庚子日，辰加子用，走婢妾西北山林。

壬癸日戌为虎，虎鬼加干，出防犬噬。丙〔壬〕申日暮〔旦〕贵戌巳子，墓蛇临门发用，主家有犬蛇之怪。天后妇女，寅木加申受制，故有头风之疾。

穷英才之秘要，论达士之幽情。得之者海内播誉，明之者寰宇蜚声。

全章专论家宅，而身命谋为，理无不该。一以神将生克变化阐透玄机，课传虚实旺衰，尽一定数云尔。

泣鬼篇[③]

叙曰：泣鬼居士，姓名不著。隐僻野，通壬道，著书三篇。篇成而鬼泣，因以名其书。上篇止言其略，精义备载中下二篇，而今亡矣，惟青田刘氏尽其传也。昔有门人窃慕之，梯山航海，十旬始见居士，师事请问，但以口示，义难悉解。据其赋云，语凡三告，始晰其旨。兹仅初告，私记诸笔。忽闻雷声震耳，辄投弃笔砚，亦不著姓名，因雷而止，故曰雷，因注之初也，故曰初释耳。世传雷初为门人姓名者，误也，寓言十九。

曰：圣德无涯，既有天，即有地。神功莫测，定为四，复为三，有其体，必有其义，考其实，复按其名。

天，天盘；地，地盘；四，四课；三，三传；实体，克贼也；名义，九宗也。

一室而三家同处，岂可参差；四课乃上下相关，莫言轻易。譬诸草木，盘是根而课是干，开花结果在三传。若有疏虞，萼离本而蒂无芽，水月镜花何久远[④]。

一室，谓一宫；三家，神也，将也，六亲也。盘透课，故曰根；课入传，故曰干，是相关也。盘无课，不备八专也，犹蒂之无芽；传无课，昴星别责也，犹花之离本也。故《经》曰："自课入传者为有力。"若遥克，若昴星，若别责、八专，若杜传、井栏，为不入，则力微而暗昧。其吉其凶，骤而不能永应也。

势成凶象，恶煞乘权；体有祥征，吉神秉政。干为主，神为应，宜生宜合；神与将，将与亲，无贰无虞。克我之神，喜彼家之内变；我克之位，怕败类之相扶。贵失位，止云半吉；煞逢绝，未许全凶。

言神煞之吉凶虽定，然与大势相合者，则尤有力。故克我之位，其神将不相和，曰内变。假值刑冲破害，彼自救不暇，安能肆毒于我？若我克之神，值其神将相得，生扶比合，则有气势，我岂能敌之哉？至于天乙所临，或本入家，或坐胎养生旺吉方，为得气；反此失位，其力亦减。凶煞逢墓绝刑冲，虽得时旺相，勿云大凶也。

① 一作室误。
② 原作当。
③ 相传为诚意伯刘基所赋。雷初释，泣鬼居士授。
④ 参音叅，差音雌，萼音噩，蒂音帝，易去声。

辰透传而破害，此地非轻；旬逢到而同空，一衰莫振[1]**。**

凡天盘十二辰发用[2]，被日冲月破，则天盘已缺一辰，地盘所值之辰关系最大。如是德禄贵马，曰山中宰相，化凶为吉，倍于出现者。又与日辰比合相生，曰山人应聘，为福尤甚。遇吉神曰观音出现，遭恶煞曰猛虎出林，大系休咎。语云：山中宰相君王召，猛虎出林可奈何是也。凡旬空，忌遇天地盘俱空，尤甚凶者也。事无主脑[3]。

日月所照之神，天空无准；太阳所躔之次，地陷何伤。才逢赏鉴，相知在帘幕贵人；命缓须臾，躲避在逆旅之舍[4]**。**

凡日月建，天盘不作旬空；太阳所值，地盘不作空论。帘幕贵人者，旦占得幕贵，暮占得旦贵也。为闱中主文，考试者占逢大利。凡占疾病本命为重，而兼重日干，干支皆重也。如得凶象，而年命又逢空破，似无生理。如四课纳干生支[5]，决主有救。举三课以为例，在左。

十月将辛酉日占丁巳生病人得伏吟。

合 勾 青 空
巳 午 未 申
朱辰　　酉虎（支）
蛇卯　　戌常（干）
寅 丑 子 亥（月）
贵 后 阴 玄

虎　虎　常　常
酉　酉　戌　戌
酉　酉　戌　辛

兄　辛酉（丁）　虎
父　壬戌（戊）　常
父　己未（乙）　青

（巳命月破。子行年空。兑纳丁，丁长生。贵临鬼户）

命逢月破，年落空亡，本非吉兆，幸前二课戌，后二课酉，酉即兑，兑纳丁，丁巳长生于酉，养于戌，故有救也。

十一月甲子日伏吟占戊午病人。

朱 蛇 贵 后
巳 午 未 申
合辰　　酉阴
勾卯　　戌玄
（干）寅 丑 子 亥
青 空 虎 常
（支）

虎　虎　青　青
子　子　寅　寅
子　子　寅　甲

兄　丙寅　青
子　己巳　朱
官　壬申　后

---

[1] 同空一作同宫。地谓伏神也。

[2] 或在传中。

[3] 用神更重，鬼害则宜。

[4] 躲音睹。

[5] 命干。

（午命乘蛇。戊长生在寅。子，坎纳戊）

年命俱伤，凶矣。前二课寅，后二课子，子次坎，坎纳戊。戊长生寅，亦有救也。

甲寅日伏吟占丙午生人。

朱 蛇 贵 后
巳 午 未 申
合辰　　酉阴　　青　青　青　青　　兄　甲寅（丙）　青
勾卯　　戌玄　　寅　寅　寅　寅　　子　丁巳（己）　朱
寅 丑 子 亥　　寅　寅　寅　甲　　官　庚申（壬）　后
青 空 虎 常　　（艮纳丙，生于寅）
（干支）

四课皆寅，寅属艮，艮纳丙，丙火生于寅，虽凶决无咎。

他如见九宗四课全者，必先寻课中日月建辰，与月将所躔之辰次取看。看无冲克者，先纳日干辰，不能尽属长生，则木生人，取会成木局者有救。余四行如之。亦须无冲克者为佳。如占他事，以用神为主，用非发用，主事之神也。或临冲陷，亦以此法推之。其纳干亦加消息。

德能转祸为福，将可反败为功。宅纳岁君，君子犹堪晋接，笑［灾］彼黎庶；美课藏恶，目前虽不为害，后日宜防。

天月干支四德，占逢解凶增福。将或受制，而绝处逢生，或凶化吉，则仍为有用也。太岁入宅，主家长灾愆，而仕人占之，主天庭文书之喜。若课中藏恶，得生旺气，须防患发于日后。

莫开门而延盗，忌灌鼠之倾城。

忌神入墓，固已受制，或被日月冲开，是开门也。仍能作恶，勿轻视也。忌神入用，宜德喜生解之。如忌神受害，用亦随之则凶，是灌鼠也。

支上有干休放过，数中藏卦亦须知。彼此交冲，原有刚柔之别；合刑同位，当以凶吉而推。时无挑隙之奸，何刑何害；势处得为之地，畴克畴冲。

凡课每支上加干，与支五行一体推之。课中藏卦，见课传章。交冲者，如寅申，金刚木柔，寅受申克，且木绝于申，岂能并持乎？冬春则不然。合刑，如巳申，则金生在巳，巳又合申，且亦刑申，故加贵德禄马，则论生合，临蛇虎碎煞，则以刑推也。挑隙者何？如寅巳申，递生也。而递刑其隙起于申刑寅，寅，巳所生也。故顾其父，而不顾所生，反去刑申也。如寅申无涉，止以生合论冲克，固所忌也。然用临日月旺相，则无害矣。

参酌多方，始明虚实之理；毫厘不爽，乃能变化如神。

参酌者，谓一课既定其体，当以天盘、地局、四课、三传、所值神将六亲、司日诸煞，一一消息其旺相生克之理也。则既分轻重，决定取舍，而吉凶之变化，通复之气机，已往将来，晰其久暂，故曰如神。

门内之变化既繁，理惟一致；煞曜之神通莫测，妙尽三才。女子怕出头露面，丈夫期昂首扬眉。格局一定于地，谋为当听夫天。休追判败之兵，莫庇逃亡之客[①]**。**

夫终身、家宅、坟茔，三者课之所大者，不可漫视也。须参奇门以决之。占终身者，以其人生年月将加所生正时，而本命最重，其所坐之宫，不得独以在盘神将论，宜用奇门阴阳遁法，看其所生之时，遇何星符宫门，以定荣枯得失。占阳宅重向，占阴宅重山，二宅各以类神分配乎地局，而以天盘所加之吉凶消息之，亦以奇门例参定之。若占新造二宅，无山向可据，则以干为向，辰为山，仍用奇门，照前起例，以数内之吉凶，卜其运之消长可也。女子丈夫，寓言阴阳之理，凡占阳宜显动，阴宜静藏，反之则不吉也。休追者，谓如亥为用，而忌神临巳，水能制火，冲去固宜，或彼元辰旺相，与日用生合，则彼之元辰即为我之泄气，而亥水绝于巳矣，死伤实多。莫庇者，谓天盘十二支神，既被冲破，而用神命年，正立其上，地盘又去生之，则为泄气，福力大减。

勾武乘轩，如小人之窃位，不久终褫；贵常乱首，悲君子于穷途，德临有济。墓神覆日，事多枉而难伸，惟卜葬反为吉取；驿马临年，人得之而快意，惟占病反以凶推[②]**。**

勾武为小人，而卦得轩盖，是易所谓小人而乘君子之器，盗斯夺之矣，岂能久乎?惟利于夤缘干求，潜谋等事。贵常主君子，而卦值乱首，是下凌上也。遇德临之，庶几有救，否则凶。葬喜墓日，疾忌马年。

欲卜胎之男女，奇偶之分；要决战之雌雄，日辰为断。财多只忧身弱，印绶那怕官伤[③]**。**

占胎，以子孙为主。奇偶者，先天数也。首凭发用，次日，次辰，次凭天喜，归定于母之年命胎养，相为断也。奇数成男，偶数成女。决战，以日为主，辰为客，观其生克衰旺，而胜负决矣。求财而日克三传，即为财局，当以吉断。而或日值休衰，未为全美。印绶者，元辰也。元辰旺相，即有克伤，不为害，泄鬼气也，故不怕官伤也。

虎列衣冠逢驿马，朝廷获概世之雄；贵临沐浴在私门，郡邑有酣歌之宰。驿马回头，主出行之旅返；贵胎逢陷，怅十月之徒怀[④]**。**

白虎，凶将也。临金冠带之地，又加以福德，主大利。沐浴，败气也，又加以卯酉

① 昂首，印，仰也，日，升也。庇，音俾。

② 褫，音耻，夺也，又音稚脱也。

③ 奇音基。

④ 概音盖，酣音憨。

私门，贵人临，主贵而风月。驿马发用入传，或加六合，或与日或末传合日，或下临天罡，曰回头，主行不久远。天喜胎神，而或逢冲，或落陷，主得孕而不育，或堕胎。

攀龙附雨，当明与我之何亲；伏阙鸣冤，必赖家人而御寇[①]**。**

此寓言也。谓贵龙虽吉，亦须与我相关。如求财喜用财神，求嗣须用子孙也。若不与我相涉，吉也何济？至于用神受克，得日辰年命救之固美，然不如三传内救为速。盖日为君王，故曰伏阙。家人者，三传也。《经》云："日辰救之其事缓，三传遇救即安和。"其斯之谓与？

事伏周旋，务追欢于六合，惟行人出狱之非宜；用期广辟，莫轻慢夫勾陈，况捕盗缉奸之足取[②]**。**

出行喜动，合则留；出狱利散，合则锢。勾主田土，吉则进产，又为捕逃之主。

虎负剑而生灾，图南有制；雀投河而不济，有木堪凭。

《经》云："最畏衔刀白虎，若临离位受制，则灭其威。"雀嫌水位，若水势休囚，下临寅地受生，则长生，而文书喜美也[③]。

蛇假龙威，不贷功曹之狱；盗堪化德，用伸符鬼之冤。

蛇本凶神，而加寅受生，则功曹适足以助其虐也。德能化凶为吉，如带病符官鬼，即旺相亦无咎耳。

今日便知来日事，用在目前；恶人自有恶人磨，武临罡地[④]**。**

《经》曰："用在日前主事速，辰为水墓武无凶。"天罡，且为勾陈本家故也。

参六甲之玄机，配奇门之妙义。既晓三传之足重，岂知四课之匪轻。天盘灿烂于眼前，常人尽识；地局潜藏于不测，妙处难言[⑤]**。**

奇门取阴阳遁法，以日家阴阳贵人，加于本贵之支，冬至后用阳贵，数顺行；夏至后用阴贵，数逆行，不与六壬贵人，天地门户，旦暮一也。其诀曰：庚戊逢牛甲逢未，乙猴己鼠丙鸡地。丁猪癸巳壬兔儿，辛日逢寅阳贵是。甲是牛兮庚戊羊，乙在鼠兮己猴乡。丙猪丁酉辛逢马，癸兔壬蛇阴贵方。

仙人欲秘不轻传，聊且言其三之一。即一事而余可类推，偶言凶而吉无不在。泼玄机于四表，无日能穷；悟化理于寸心，庶几有得。

阴山道士口诀[⑥]

曰：凡应起课，要视三传。识来情而详发用，决休咎而在末传。论日论夜，分主

---

① 原当字上必字下各有一须字。

② 缉音七。

③ 申虎加午，亥丑雀加寅。

④ 元武不临辰宫，辰作武也。

⑤ 灿烂音粲滥。

⑥ 凡十五节与首篇多重，出录以参考。

客而知憎爱；视年视时，主立事而言成败。辨其神煞，趋地利而吉凶。上下相克，祸福灼然可见。

第一节，总论占法。

一者成败在于决断，二者胜负在于散合，三者见而莫疑，四者分明而有幽理，五者不可以人事而言，六者只须致诚用事，七者有吉将反凶，八者有凶神反吉，九者澄心默志，十者不可推求而乱用。此之十般，可以明心而识本，自然得其理趣。

第二节，论占者之理。

且夫天乙为百神之宗，登明为诸将之首。将克神兮神不和，神克将兮将不利。神将若合比和，百事皆能遂意。凶神囚死而作凶言，吉将生旺而作喜断。凶将得地而身旺，也是无妨。吉将休囚而身衰，反成大厄。吉凶神杂，言事非是一般。逆顺相交，祸福须知其审。

第三节，论神将之情。

神，天官也。将，地支也。支称月将，官为贵神之义，与全集天官为将，十二支为神者异。篇内皆然，占者勿误认也。先须明其卦体，复辨神将相参。卦凶神吉，终未为祸；卦吉神凶，遂从凶断。凶多吉少，始终且袛言凶；凶少吉多，大概须言其吉。

第四节，论卦体从神而变，不可执卦以定亨吝也。

日辰前后，辨神将可以穷通；主事一神，历来情方敢有决。日辰前逢蛇虎截，主客道路不通。日辰后有凶神住，身宅遭为患害[①]。

第五节，论日辰主事之义。

未分主事，在于占者正时。再视天盘，又看何神何将。来情决在于一时，断事须凭乎终始。假令天魁临于甲乙，壬癸日，鬼化为财；太冲飞入庚辛，戊己日老番成少。魁罡与六合相仍，其人妻妾怀妊。传送若见青龙，占者子孙财损。龙居巳上，号曰退伏。蛇处辰宫，名为进化。龙合加于寅卯，百事欢欣。若犯申酉之宫，多招祸患。勾陈位东，不觉而公挠。却见丑申，利交易［申］而望印信［丑］。胜光神后，乘天马而问行人。太乙登明，遇白虎而多疾病。女人婚聘，小吉与阴后相逢。男子求财，大吉与勾陈和会。天空若犯空亡，奴婢事因公讼[②]。

第六节，论天官美恶，因乘将以变吉凶[③]。

金加火地，变动而革故鼎新。土入水宫，占病而昏沉不醒。木来水上，动而正好更求。金遇螣蛇，宅基釜鸣而见怪[④]。

---

① 凶神蛇虎勾元也。

② 大半重出。

③ 大半可删。

④ 重出。

第七节，论五行生克休咎之例。金加旬，例下克上。土入旬，例上克下。木来旬，例下生上。金遇螣蛇，例神克将。

支干二德，主喜气而祯祥。三六合中，有和会而亨遂。冲为往复，事主重叠。破若雷轰，吉为凶怪。鬼受刑而反福，凶犯破而吉迎[①]。

第八节，论德合冲刑之美恶。

参日神而推内外，以阴阳而辨亲疏。日为自己，辰为他人。日克辰兮则我胜，辰克日兮则他赢。我胜而吉神助之，百事而不求自喜。他赢而更犯凶神，乃反遭我之所取[②]。

第九节，论彼我亲疏得失之义。

且甲乙之日，遇木则己身兄弟，见水则父母祖宗，逢土则妻妾财帛，遘火则儿女孙枝[③]。临发用为来情，日上神为亲眷。神将若加生旺，徐徐迁进兴谋。用起绝墓来临，便吉神也须凝滞。三传合兮事带众，孟加仲兮行人来。

第一十节，论六亲发用，以察来情定贞悔。

贵神临门[④]淫泆生，更加辰戌不治事。胜光重于朱雀骑，金马必定伤人。太冲或逐斫轮，犯水神财须损陷。老不占重审，恐长遇卑发仇雠；幼不占元首，虑幼为长来损害。知一则二事不成，见机则人情有变。官病则莫占蛇虎，求望则不爱八专。捕贼勿视反吟，远行休逢任信。魄化天祸，从吉将也则多凶；富贵龙德，使凶神也须成吉。冬占炎上，门庭烦乱之灾。秋逢曲直，公讼失理之枉。夏忧从革。春嫌润下。乃四季取背之占，惟恐日辰相辅[⑤]。

第十一节，论占忌。

财临旺地，身衰而病乃获财；身旺财衰，纵身安而财多损耗。财遇鬼兮欺诈生，身遇鬼兮官事起。或乃身旺鬼绝，无义而反成有理之词。鬼旺身衰，理明而反形被责之兆。或有救，视三传。来往交杂，祸福不常。

第十二节，论财鬼。凡占财喜其旺，鬼喜其衰。殊不知宜以己身之衰旺以决财鬼吉凶之倪。此发明之。

以日辰而审吉凶成兆，推之神煞好乐，探取上件百端。阴虎加于申酉，祸狱病而利问行人。蛇雀南方，宜干求而莫占公讼。久遭囚禁，要见天空。天空乃奏书之神，占朝廷而得理文信有应。天乙不居辰戌，论官而道理不伸。更见卯酉之辰，虑恐妨人

---

① 轰音烘。

② 更字宜作他字。◎疑后一句应作：他赢而我犯凶神，乃反遭他之所取。

③ 此举木神以例四行。

④ 卯酉也。

⑤ 宜作侮。取背一作反背。

不出。非干大吉，到故旺宫[①]。天乙顺行百事顺，天乙逆兮百事逆。

第十三节，论天官好恶，为占事宜忌。

虎阴到午则烧身，蛇朱亥子则沉溺。勾常寅卯，龙合酉申则责罚。

第十四节，论天官受制则占凶。总不外五行喜生合，忌克害耳。

先须明其神将，次看课体吉凶。察之日辰而知内外，辨之神将而知来情。明心考试，文法则穷于一篇，学者须凭以消息。

第十五节，总结全旨。止于神将日辰年命之乘临而已。

括隐章十二

大抵四课三传，克少则事一，克多则事横。一占六处，生多则事诞，生少则事明。

元首重审克少，主专一。涉害比用克多，主繁冗。六处，日辰用传年命也。诞，虚妄也。生多，则彼此推委而情不专。

三传有克日，子孙为救神，无克反成脱气。日辰交入墓，冲神作天恩，遇墓终多破意。

子孙能制官鬼，所谓至至而复也。故课中有鬼克日，须见子孙爻于六处，以制鬼而救干。若无鬼爻，则干之气反生子而脱矣。墓神喜冲，故冲作日辰之天恩。若日辰不墓，而冲动其库，则成破损之象矣。

天覆地载兮，惟其致中致和。阳舒阴惨兮，岂宜偏少偏多。

夫阴阳不宜偏胜，偏则一极备凶。一极无凶，故课惟得中和为喜美也。

鬼羁畏地兮，当忧勿忧；财陷鬼乡兮，闻喜弗喜。

鬼，我所畏也。而先坠于受克之方，不能害我矣。夫何忧？财，我所喜也。而临于克我之宫，则反生官而化鬼，每因财而致祸。又何喜？曰弗喜，戒之也。

神将互克，占及夫妻；同类相伤，事因昆弟。

鬼为夫，鬼动，事起于夫；财为妻，财动，事起于妻。同类者，比劫也。神多阻滞侵劫，因其同为生旺，而各欲自逞也。凡课兄弟动，则事干兄弟朋友。

财遇天中，产业其隳乎；鬼临旬尾，官灾其息矣。

天中，空亡也，则为倾颓之象。财而遇空，故产业俱伤也。若占求财，须出旬。旬尾，闭口也。鬼兴讼，讼尚多口，今其闭口，故官灾不起也。

吉凶凭夫神将，生死规乎课体。吉神来凶卦之中，不变秋霜。恶煞往吉象之内，难回春霁。

---

① 原作害。

谓吉神无咎争之道，恶煞无欢欣之理也。然而煞虽毒，生我则喜庆终逢。将虽良，克日则忧危不已。例如虎生我，占官必掌威权，占病必愈。勾生我，占讼得理，占宅必增田土。此言煞也。又如贵克日，则讼兴。龙克日，则病血。常克日，则丧死。此言将也。效推之。故曰虎勾生我，其力尤雄；龙合克我，其凶亦重。

凶神无吉也，合干则讼休；吉神无凶也，伤日则祸起。

合干，则虽朱雀之口舌，勾陈之斗讼，俱冰消瓦解。若吉神克日，则各以其性决其所致之殃。

理数定而万事莫逃。

天地人物，莫不有理，即莫不有数，理以立其体，数以形其用也。故数定而万事万物消长存亡，吉凶悔吝，皆莫能逾耳。

荣枯纷而三才可拟。

三传曰三才。凡课有凶有吉，先后不同，倚伏递变，孰多孰少，三传悉备其义也。

必贯万殊，乃归一是。漫成汇赋，犹未达夫星源。旷览前书，庶几通乎壬理。

大六壬寻源编卷之四

汇　歌

《毕法赋》正文[①]

前后引从升迁吉。

引从天干，兵宜为客。军威整肃，先声而敌夺气。引从地支，兵宜为主。人心归附，敷德而彼投忱。

首尾相见始终宜。

以此攻城，城必拔。以此众战，战必克。

帘幕贵人高甲第。

班超膺万里之封，韩信受筑坛之拜。

催官使者赴官期。

灭此会食。

六阳数足须公用。

扬兵于九天之上，在随六三，系丈夫，失小子。

六阴相继尽昏迷。

伏兵于九地之下，在随之六二，系小子，失丈夫。

旺禄临身徒妄作。

不战可屈人兵，强斗必致舆尸。

干禄为辰权摄歌。

不为邻国之游士，亦作幕府之嘉宾。

避难逃生须弃旧。

四面受敌，亦有无敌之处。乐毅奔赵，伍员奔吴。

朽木难雕别取资。

① 附《兵占疏略》。

宜休兵息战，革故从新，或衔枚卷甲，出奇取胜。

众鬼虽彰全不畏。

敌有乌合之众，我有虎视之威。秦人开关延敌，九国之师逡巡而不敢进。

维忧狐假虎威仪。

陈涉假扶苏而得众，自立则亡。乞儿向火，全仗他人之力[①]。

鬼贼当时无畏忌。

吴释越而终为越沼。

传财太旺反财亏。

汉黩武而海内空虚。

脱上逢脱防虚诈。

金以议和愚宋，宋以议合自愚。

空上乘空事莫追。

陈隋基业于李唐，五代权功于赵宋。

空谷传声宜退步。

兵宜班师。坎初六，坎，入于坎窞，凶。进连茹空也。

脚踏空亡勇进驰。

兵宜深入重地。退连茹空也。

胎财生气妻怀孕。

运筹帷幄，算胜庙朝之中；决胜疆场，取人掌股之上。

胎财死气损胎推。

勿击堂堂之阵，毋邀正正之旗。出有覆没之凶，入防心腹之变。

交车相合交关利。

临机匝变，或战或守，或退或和，视课体以行可也。

上下皆合两心齐。

上下一心，三军一力。

彼求我事支传干。

彼必有来干。递克加兵，递生请和。

我求彼事干传支。

传支克支，宜进讨；传支生支，利守和。受克宜避。

金日逢丁凶祸动。

海内方宁，不料盗贼蜂起。《书》曰：“儆戒无虞，宜思患而预防之。”

---

① 维原作虽，古音须，须、虽古文通用。

水日逢丁财动之。

因粮于敌。

传财化鬼财休觅。

不宜掠人粮草，不可受敌贿赂。

传鬼为财财险危。

致之死地而后生。

眷属丰盈居狭宅。

兵利先锋，据险出奇。

屋宅宽广致人衰。

为主后应，虚设营垒。

三传递生人举荐。

生干客胜，生支主胜。万姓悦服，四国咸宁。

三传递克众凌欺。

克干客负，克支主负。寡助之至，亲戚判之。

有始无终难变易。

前后互有胜负。

苦去甘来乐里悲。

不成功处反成功[①]。

人宅受脱俱招盗。

主客俱不利。

干支皆败势倾颓。

攻守两无成。

末助初传三等论。

视主客而分其利害。

闭口卦体两般题。

吉则衔枚袭人，凶则巾帼忍怒。

太阳照武宜擒贼。

不利伏路劫营，偏宜讨叛追比。

后合占婚岂用媒。

防有敌与臣下私谋通合者。

富贵干支乘禄马。

---

① 乐音洛。

功成受赏。

尊崇传内遇三奇。

凯旋荣封。

害贵讼直遭曲断。

虽有深谋密计，终归泄败无成。

课传俱贵转无依。

李广不侯，乐毅见疑。

昼夜贵加求两贵。

大宜连结诸侯。

贵人蹉跌事参差。

岂有权臣在内，而良将能立功于外者。

贵虽坐狱临干美。

乙辰辛戌，阴谋能取胜。年命魁罡，坐贵偏福已。

鬼乘天乙乃神祇。

当行反间，亦可得敌人之助。

两贵受克难干贵。

去鲁适周，不遇知己之主。

二贵皆空虚喜嘻。

咸之《象》曰：君子以虚受人，功无成而终不见用。

魁度天门关隔定。

譬驾舟楫以登剑阁，譬御辎重以过江津。易贲六五，贲于丘园，束帛戋戋，吝，终吉。

罡塞鬼户任谋为。

当用仁义之师。师，贞，丈人吉，利有攸往，利涉大川。

两蛇夹墓凶难免。

兵战流血，视其主客，孰先受焉。

虎视逢虎力难施。

项羽临垓下，淮阴入未央。易颐六四，颠颐吉，虎视眈眈，其欲逐逐，无咎。

所谋多拙逢罗网。

如纳瞽者于陷阱之中，庞涓倍道，夜死马陵。

天网自裹己招非。

霍光功在废立，卒招赤族之惨。

费有余而得不足。

四海虽服而寓内空虚。

用破身心无所归。

决志深藏，三军务劳。

华盖覆日人昏晦。

君有羁縻之令，将有无用之功。

太阳射宅屋光辉。

宜静而致人之来，勿动而为人所致。

干乘虎墓无占病。

不利交锋接刃，大宜以佚待劳。

墓虎加支有伏尸。

不利深沟高垒，而利陷阵先登。《易·大过》九三："栋桡凶。"

彼此全伤防两损。

鹬蚌持而渔翁坐利，犬兔毙而田父获功。

夫妇无淫各有私。

两敌私相图天，上下各怀异志。

干墓并关人宅废。

干乘师溃于外，支戴国颓于内。

支坟财并旅程羁。

钟邓终没于蜀。

受虎克神为病症。

虎克方隅，民流兵没。

制虎之位乃良医。

访贤求救，睦邻为援。求贤以德，致圣以道。

虎逢遁鬼殃非浅。

入巉岩之敌境，遇伏藏之勅兵。

鬼临三四讼灾随。

国有权奸内讧，负且乘致寇至。

病符克日全家患。

兵疲师老。为主将者，只宜深藏，大忌战攻。

丧吊全逢挂缟衣。

主帅丧亡，三军缟素。

前后逼迫难进退。

前有强劲之师，后有羁縻之事。

空空如也事休思。

不可受降盟会，毋追败叛之人。

宾主不投刑在上。

宋金和亲，其明鑑也。

彼此猜忌害相随。

威震人主者身危，功高天下者不赏。尔虞我诈，人各生心。

互生俱生凡事益。

南唐有顺正之忠，宋祖大褒封之惠。

互旺俱旺坐谋怡。

折冲樽俎，运筹帷幄。以饱待饥，以整待乱。击其犹犹，陵其舆舆。

干支俱绝凡谋决。

立三穴而欲晋室，终不能遂其谋。

人宅皆死各衰羸。

全师皆没，主客两败。

传墓入墓分爱憎。

主客孰利孰害，彼此何避何趋。

不行传者考初基。

守株待兔，时利舟师。

万事喜欣三六合。

民安物阜，君正臣良。巡候甸，抚万邦。四征勿庭，四海永清。

合中犯煞蜜中砒。

饵兵弗食，佯比勿追。

初遭夹克不由己。

指日克汴而班师之诏频颁。

将逢内战所谋睽。

不知祸起萧墙内，空筑防胡万里城。

人宅坐墓甘招侮。

鲁酒薄而邯郸围。

干支乘墓各迷痴。

战不前，守不固。

任信丁马须言动。

有仓卒之军旅。

来去皆空岂动移。

虚张声势，石火电光。

虎临干鬼凶速速。

克干客败，伤支主败。

龙加生气吉迟迟。

圯下之策，玉鼎之谋，定算既成，决胜自必。

妄用三传灾福异。

不知己，不知彼，长子帅师，弟子舆尸。

喜惧空亡乃妙机。

强敌宜落空方，我兵忌乘孤寡。

六爻现卦防其克。

伏间在前，勿入其彀中。

旬内空亡逐类维。

财空军储乏，鬼空贼人遁，救空谋策拙，比空费佐慵，生空防失意。

所筮不入仍凭类。

敌有可乘之机，好谋而成，军机也。

非占现类莫言渠。

我无必胜之势，临事而惧，胜算也。

常问不应逢吉象。

贵课利大人，不利小人。太平之时，虽有破敌之策，将焉用之。

已灾凶兆反无虞。

战比而谨，余勇可鼓，反败为功之道也。

《毕法赋》节解论例[①]

前后引从升迁吉。第一[②]。［八格］

论曰：前引后从，隔角课中之美者，虽墓覆而得冲则无咎，其大纲有二，分例有八[③]。

一、初居干前，末居干后。主升迁官职，元吉[④]。

① 古张沙壬隐握机子订定。

② 日进无疆，其益无方，与时偕行。

③ 《诗》云：“济济多士，文王以宁。”又曰：“虽则劬劳，其究安宅。”

④ 例如庚辰日，干乘丑贵丑，墓神覆日也。寅加酉为初，前引也；子加未为末，后从也。旦将为拱贵格，暮将为拱禄格，皆指日上地盘。中传未乃暮贵，冲开干上墓丑，且皆下贼上，故应迁官擢职。

两贵引从天干格[①]。必得上人提携，或两处贵人荐引成事，虽遇夹墓覆干不足畏也，吉[②]。

一、初居支前为引，末居支后为从。宜迁居修造，大吉。若不迁改，则反家宅有咎[③]。

旦暮贵莅干支拱人年命格，宜告贵用事，必得两贵人賛成美事也[④]。

两贵拱年命，得末助初财初德初贵格，宜告贵成事，助德助贵为上，助财者纳粟援例，或潜通关节次吉[⑤]。

干支拱定日禄格，占宜告贵求事，惟丁巳、己巳、癸亥伏吟为的[⑥]。

干支拱贵格，亦宜告贵求事，庚午、己酉、甲子伏吟为确。

干支并初中拱地夜贵格，亦宜告贵而成合[⑦]。

首尾相见始终宜。第二[⑧]。［四格］

论曰：首，旬首，甲也；尾，旬尾，癸也。列干支上，曰一旬周遍格，周而复始之象也。凡谋皆就，试宜代工，讼宜换司易局，交易用事，去而复来，亨利有攸往，利涉大川，但不宜占释散事，忧疑未决。其纲有二，其目有四。

一、干上有旬首，支上有旬尾[⑨]。

一、干上有旬尾，支上有旬首。非闭口，非倒置也[⑩]。

一、回还格。三传不出四课，吉不全吉，凶不全凶[⑪]。止宜守旧，不宜动作，占病难退。如女命占得干加支，男命占得支加干，来意占婚尤验，则当察其生克空脱刑墓害冲以断之[⑫]。

---

① 见龙在田。

② 例如壬子日干上辰，墓神，且两贵夹之，而初传巳为旦贵，加子，在干前为引，末传卯为夜贵，加戌，居干后为从。又如癸酉日，初传未加寅为引，末传巳加子为从，虽干乘午害气，无咎，利见大人，此系前条例。

③ 例如己亥日，初巳加子引支，末卯加戌从支，虽虎夹墓，盖支赖中戌冲辰无畏，吉。丁亥日，巳加子作用引支，卯加戌为终从支，支乘辰，旦暮天将皆虎，若不利迁居修宅，亦取中传戌蛇冲辰虎不能为祸，如得月将在辰尤妙，或占人年命在巳，二戌乘权，众凶皆散。甲午日，初传子加未引午支，末传戌加巳从午支，凡此必修迁家宅则吉也。

④ 例如丁酉日，酉加丁，亥加酉，占人行年或本命在申者。丁巳日亥加丁，酉加巳，年命午者。癸亥日巳加癸，卯加亥，年命子者。例推。凡干支拱夹在下层者，惟甲子、甲辰、癸亥、癸卯；在上层者，惟庚午、庚戌、丁巳、己巳、丁酉、己酉。

⑤ 例如癸未日，初巳加子，末卯加戌，年命在亥，是末助初财也。

⑥ 癸亥嫌其禄空。

⑦ 例如庚午日，干上戌，支上申；干酉支未；干午支辰。

⑧ 不耕获，不菑畬，则利有攸往。

⑨ 惟乙丑、辛未、丙寅、戊寅、壬申五日有之。

⑩ 惟乙未、丙申、戊申、辛丑、壬寅五日有之。

⑪ 一曰吉则永吉，凶不终凶。

⑫ 例如辛亥日，干上酉，支上戌，三传戌酉申，此以不备者言之。如干支自作三合者，不可以不备言之。如丁卯、丁亥、己卯、己亥，干上卯或亥者；甲戌、甲午，干上戌午之类。

一、天心格[①]。年月日时俱在四课，占乃非常之事，即日而成，或远大之事，或事干天庭，定然喜美成就。若占阴私之事，常用鄙俚，而得此象，虑反有咎，亦不宜占释散等事。

帘幕贵人高甲第。第三[②]。［十一格］

论曰：昼占得夜贵，暮占得旦贵，曰帘幕贵人。临占人年命之上，或六甲旬首临年命日干作帘幕官者，尤的。士子得之，高中必矣。庶人得之，有林下贵人提携。若已仕者值此，乃休归之象[③]。

一、真朱雀格[④]。朱雀乘午作夜贵，占春秋二闱，其文大洽上意，必得高中。占讼必达朝廷，罪必致死，惟申酉岁的[⑤]。

一、旦暮贵拱年命格[⑥]。试必中魁[⑦]。

一、斗魁相加格[⑧]。中必魁元。谓丑中有斗宿，未中有鬼宿，丑加未，未加丑，反吟课也，作人年命，或今日日干者，亦中魁元，以斗鬼二字，合而成魁也。

一、年命从魁格[⑨]。必中亚魁。酉为从魁、亚魁之象。故天盘酉临日干作人年命者，必捷。

一、旬首魁罡，临人年命，克日干者，元魁之象也。

一、德入天门格[⑩]。士人占之，必占巍科。德者，得也。日德加亥为用也。已上诸例俱忌逢空陷空。

一、雀伤帘幕格[⑪]。其文犯忌讳，不合主文意。谓朱雀乘神克帘幕贵人也。

一、榜随丁马格。言榜将发而朱雀乘丁，或作马者，落第无名。

一、帘贵喜忌[⑫]。《笺》曰：畏空畏墓也。甲日不喜未，庚日不喜丑，墓也。庚寅不喜未，丙寅丁卯不喜亥，己卯乙亥不喜申，壬子癸丑不喜卯，壬寅癸卯不喜巳，辛亥日不喜寅，空也。甲寅不喜丑，空也。六辛日忌午，六丙日忌亥，克干也。而空亡尤甚，使主司置卷不阅，徒自劳苦一番也。

---

① 含章可贞，或从王事。
② 大人虎变，未占有孚。
③ 旬首作帘幕官者，惟六辛六乙六己日有之。
④ 雀克岁凶。
⑤ 例如四季年，六己日，用夜贵逆行，午雀生文书岁日。
⑥ 两贵年命。
⑦ 例如丁酉日，干上酉，赘婿也。支上亥，年命在申，得河魁者。
⑧ 斗鬼合而为魁。
⑨ 从魁即亚魁。
⑩ 德入天门，公用亨于天子。
⑪ 雀忌伤幕。
⑫ 忌空忌墓。

一、弓矢象形格。占武举者，以巳为弓，以申为箭。申加午，必中红心[①]。申加寅申巳亥，为中脚花。以第几课发用，数其中箭之数，旺倍衰减，此定诀也。申加四墓，发矢脱垛，功名迟误。

一、源消根断格[②]。文武无成[③]。若人年命在寅，不作此论，偏宜占试，何也？只取二贵拱年命耳。但中后，恐以不摄致痨瘵而殒。

催官使者赴官期。第四[④]。［二格］

论曰：占上官赴任，见虎乘日鬼加日干，临年作命者，乃催官使者也，亦曰催官符。纵是远阙，必催速赴任。或作空亡，则为虚信，或被逼差。如官星临日干年命，其三传上神生官星者，亦然。

一、恩主举荐格[⑤]。谓行年日辰有父母爻也，亦为食禄之地，如值长生贵人者，亦然，空亡不用[⑥]。

一、四时反本煞格[⑦]。谓春占金局，秋占木局，冬占土［火］局，夏占水局，克象也，赴任极迟。得返吟者，都不满任[⑧]。

六阳数足宜公用。第五[⑨]。［一格］

论曰：课传位临阳，六阳具足，占利公干，不利私谋。公则明，明则受益；私则暗，暗则招损[⑩]。

一、悖戾格。倒拔蛇也。凡事艰辛，亦是明白公正事理[⑪]。

一、五阳备六格。课传五阳，以占年命所乘填足六阳者，亦名六阳。事亦主公明，不利阴私。其例不一，不暇多赘。即不填足，亦宜公，不宜私。

六阴相继尽昏迷。第六[⑫]。［一格］

论曰：课传遍居六阴之位，占利私谋，不利公用。若自昼传夜，昏迷更甚。占病必脱耗而渐销铄，如火煎膏，以致干亡。亦有课传五阴，而以占人年命填成六阴者，

---

① 巳弓申箭午红心。

② 小人弗克。

③ 例如癸卯日，干上卯，支上巳，值死绝。

④ 良马逐，利艰贞，曰闲舆卫，利有攸往。

⑤ 厥孚交如威如，吉。

⑥ 例如乙日旦贵，己日暮贵，皆长生也，元吉。而乙卯日子空，己卯日申空，勿用。

⑦ 君子以向晦入宴息。反本煞。

⑧ 春嫌润下，夏忧从革，秋逢曲直，冬占炎上，乃四季取背之占。

⑨ 先王以茂对时育万物。

⑩ 例如庚子日，干阳戌加庚，干阴子加戌，支阳寅加子，支阴辰加寅作初传，中传午加辰，末传申加午。六阳无缺，名登三天。宜占天庭事，动达尊高之象。君子占之，稍嫌初中空而力减；常人占之，赖初中空而力省也。然夜传出昼，虽常人亦公事。

⑪ 例如甲午日，干上子，课传皆处阳位，缘退间传，兼被初戌引入中末鬼乡，故事虽公而多滞。甲戌日，干上子，课传俱阳，事尤显白。甲午传戌申午，甲戌传午辰寅。

⑫ 系用徽纆，寘于丛棘。

乃阴谋奸私之象。用之于光明正大之事，必致败露[①]。

一、源消根断格。占事皆被脱耗，日趋销铄。占病因不谨而致，安能不危且绝哉[②]？

已上等例，除占病之外，凡占如坐昏黑之地，任其耗烁而不自知，纵知之而亦不自由也。

旺禄临身徒妄作。第七[③]。［五格］

论曰：日之禄神，又作日时之旺神。临干上者，占宜守其本分，素位而行，则身其康强，子孙其逢吉，切不可舍此而别谋。《书》曰："用静吉，用作凶。"

一、来往不如原处好[④]。

一、别谋易业致通亨[⑤]。

一、舍空禄而就艰难[⑥]。

一、碌碌无依终处宅[⑦]。

一、禄逢虎武不堪守[⑧]。

禄被支操权摄歌。第八[⑨]。［一格］

论曰：日之禄神，加临支上者，凡占不自尊大，受屈折于人。如占差遣，主权摄不正，或遥受职禄，止宜食宅上之禄，或将本身职禄替与男儿者，斯占也的[⑩]。

---

① 例如己卯日，干阳酉加未，干阴亥加酉，支阳巳加卯，支阴未加巳。干阴亥发用，中丑加亥，末卯加丑，六阴具足，课名溟濛。凡占必属奸私，兼天将后虎武，干支皆乘盗气，又是弹射，事由内起。发用坐于空乡，主作事费力而不吉也。己亥日，干上巳用占，课传一遇纯皆然。

② 例如癸卯、癸未、癸巳日，干上卯，课传五阴位，又下生上辰，迤逦脱去。辛卯，干上子，自干至支，及初中末，皆一往上授下生，尽被盗脱，虽不系五阴，其理亦同。占病必致死亡，占身终不见展舒荣活处。

③ 利贞，勿用，有攸往。

④ 例如乙卯日，干上卯，乘日之旺，更是神禄守之，吉也。乃舍而就初丑之才，每中末子亥之生，殊丑子旬空，亥则坐空，空则不免啰嗹，复归干上，就禄就旺乃妥耳。乙酉、乙亥，干上卯；癸巳、癸丑，干上子；辛卯、辛丑、辛酉，干上酉。亦然。己亥、己酉、己巳，干上午，禄神也。午虽非己土之旺神，亦可同前论也。

⑤ 贲其趾，舍车而徒。◎例如辛巳日，干上酉，日之旺禄也。奈是旬空，旺禄空亡，所得不偿所费矣，则反不宜坐用，则弃禄而就三传之财，改图以致亨旺，宜矣。三传卯寅丑。

⑥ 例如癸亥日，干上子，旺禄旬空，不免弃禄而就初传之戌，奈戌乘虎作鬼，又不免向前投中传之酉，酉又值败气，且坐鬼乡，迤逦至于末传申，始逢我之长生，凡值此例，宜舍空禄，历艰辛，猛力进为始得如意。此即踏脚空亡。

⑦ 例如乙未日，干上卯，缘是闭口之禄而不可守。遂投初传，又是昴星之才而不可见；再归干上，受其旺禄，竟不能守；至于末传午，弃禄而归于宅上，坐受干之墓乡。以此占之，乃食禄人把心不定，而终困厄于家中。乙长生于午。

⑧ 例如辛卯日，干上酉，旺禄也。奈且乘元武，暮乘白虎，遂不可守。就初传丑，又是日墓；就中传子，却逢脱气；至末传亥，乃是旬丁，乘虎而遥伤日干。自末传至干欠一位，终难投其旺禄也。辛未日，干上酉，夜乘虎，支上午，火鬼作用同。◎辛生于子。

⑨ 无攸遂，在中馈。

⑩ 例如甲子日，寅加子；乙丑日，卯加丑类。大都夫权妻擅。◎匪寇婚媾。

一、干禄加支受墓[①]克[②]脱[③]而亡其禄格。其由必因起造房宇而以禄偿债也，否则为妻家所耗也夫。

避难逃生须弃旧。第九[④]。［十格］

论曰：避难逃生，其格十则，其例五等。有就干之上生者，有就支上之生者，有干坐地盘之生者，有本命乘丁坐地得长生者，有日干下临财乡可投奔者。

一、三传无益而避逃，以就干上之生者[⑤]。

一、初遭夹克而避逃，以受支上之生者[⑥]。

一、乘神克绝而避逃，乃随支以受生者[⑦]。

一、课传尽脱而避逃，以受地盘之生者[⑧]。

一、镇静弭侮格。年命作丁神，杌陧不安，而赖坐长生之上，庶可避其动摇而逃归生安之所以自适也。

一、避难而终不能逃生者，权居中以受惊危之生[⑨]。

一、避难逃生而反得财者，或弃传而就干支，或弃课传而守年命，其例不一[⑩]。

一、舍益就损格。亦名不受福德格。易贲九三曰：贲其趾，舍车而徒之象也，吝无咎[⑪]。

一、弃而避，就而逃，皆不可者，谓见在者空，那有妄求之得也[⑫]。

一、墓作太阳覆干之上，主处难中而得上人提携，长者垂青[⑬]。

---

① 例如辛丑日，酉加丑。

② 例如乙酉日，卯加酉。

③ 例如乙巳日，卯加巳。

④ 损其疾，使遄有喜，无咎。

⑤ 例如甲子日，戌加子作初传。戌，日才也，而空矣；而中传申，逢鬼矣；向末传而午火，作脱矣。能不向干上子水之生而避逃乎。

⑥ 例如甲子日，辰加寅发用，辰日才，上乘六合夹克而不可得矣。中之午为脱，末之申为鬼，全无益矣。不免就子支以受生，矧上寅为俯就格，先难后乐，易之占也。

⑦ 贯鱼以宫人宠。◎例如丁卯日，干上亥，弃用未之衰脱，中亥之克绝，而就末卯之生。夫卯乃支，卯，干生神也。亥，丁之德也。

⑧ 例如庚子日，子加申，支神上门脱我，兼三传水局，为我脱气，更旦夕天将蛇龙武，皆水族，奋激其水，以脱庚金，遭迍而无逃矣。熟视天盘申坐辰上就生，子恋长生，不来食天上之申，可避难逃生。

⑨ 例如丁亥日夜占，干上戌，昴星课也。三传午戌寅火局，手足佐辅之象。弃干上之墓，以投初传之禄，禄适值旬空，难恃矣。乃弃去而投中传戌，戌同干头为两墓，安能受其久困乎？又弃去，不得已而投末传寅之长生，奈寅为白虎，入虎穴矣。居其地，以侥幸于万一，恒受惊险危疑云。

⑩ 频复无咎。◎例如壬午日，辰墓覆干作初，弃墓而就酉金中传之生，则旬空。舍空而向末寅，则脱矣。然后悉弃之，以从壬干加午而得财云。

⑪ 例如壬寅日，不就干上申为长生，而愿以壬干加寅而受脱。乙酉日，干上亥；己酉日，干上巳；辛丑日，干上未。

⑫ 惟庚子日，干上辰；庚午日，干上戌。皆生空也。丙寅日，寅加丙，而申才加亥乘武，三传亥申巳，禄申现成之才，且坐空乡，又焉能得外来之才乎。

⑬ 晕珥格。

朽木难雕别取资。第十[①]**。**［一格］

论曰：斫轮课。卯木空亡，故曰朽木，朽木不可雕也。若不改科易业，何以营生？故占宜革故从新，别求活计[②]。

一、斧斤不利格。占主凡为废弛，亦只改业。盖以申酉旬空，卯木来加，不能斫削之，故其占如此[③]。

众鬼虽彰全不畏。第十一[④]**。**［十格］

论曰：勿畏众鬼之占，其义有九。凡占可决其有人谋害，有事盘错，先值惊危，终不为祸，利艰贞亨[⑤]。

一、有备无患格。《书》曰："惟事事，乃其有备。"[⑥]

一、贵人救解格[⑦]。

前例又名家鬼取家人格[⑧]。支阴发用，引类为鬼，家鬼也。须赖干上有救神，有官人占病更凶。

一、引鬼为生格。谓初传日鬼，而生末传，末传来生干也。占主先凶后吉[⑨]。

一、传鬼为生格。谓三传皆鬼，而来生干上之神以育干也[⑩]。

一、传脱鬼生干格[⑪]。

一、家人救解格。必得宅中亲人解纷排难，弭灾理乱，持危扶颠，以致终吉无咎[⑫]。

---

① 旧井无禽时舍也。

② 例如庚戌日，卯加干；辛亥日，卯加干神旬空为的。癸丑日，干上申。

③ 例如丁丑日，卯加空申为用，虽非朽木，不受雕削，乃破斧难斫之占耳。

④ 履虎尾，不咥人，亨。

⑤ 凡吉事凶事，宜速成之，勿俟鬼衰时也。

⑥ 例如壬辰日蒿矢，初传戌加未，中传丑加戌，末传辰加丑，三传皆鬼，诚凶象也。而干上先有寅木，可散三传之土，以受壬水长生，实为救神，不作脱气。且用坐空乡，鬼势亦微，倘值夜将乘白虎，稍可畏，昼将则全不畏云。

⑦ 例如壬戌日，干上寅，三传辰未戌。丙子日，干上丑，三传申辰子。丙申、丙辰，干上丑，三传子申辰。己亥日，干上申，三传丑寅卯，如用暮将，必得贵人力。又例如己丑日，干上申，支上寅为用，三传寅卯辰，皆归木乡，叠叠作鬼，如用夜贵，必得贵人救解。凡值支上有鬼，引入鬼乡者，皆宜如是观。

⑧ 言若丙申日，干上丑，支阴子用，传子申辰。若丙寅日，干上辰，支阴子用，传子亥戌。

⑨ 例如丙子、丙午、丙寅、丙戌，干上子发用，是日鬼也，却生末传寅木作丙火之长生，反不畏干上之子水矣。亦以子日支上未救，午日支上丑救，尤美也。己丑日，卯加申用，传卯戌巳。甲寅、甲午，酉加寅用，传酉辰亥。

⑩ 例如庚午日，干上辰，三传戌午寅火局，虽全伤日干，而干上辰土反受其生以生庚金，生力厚矣。则庚得土育，又何畏哉？春占则辰死、金囚而火旺，凶。

⑪ 例如癸巳日，巳加酉为用，传巳酉丑金局生干，旦将贵勾常土生局，局生干，不能为鬼，反作福也。

⑫ 例如癸亥日，辰加癸作初，中未末戌皆土鬼伤干，兼夜将蛇虎勾三凶，而支上寅可救之，必得家亲以解其祸，亨。

一、贵德临身格[①]。伏诸煞消万凶[②]。

一、天将为救格。即所传制干，而将脱传，且生干也[③]。

一、脱气为救格。谓传将为鬼，或遁鬼伤干，则课传虽无明鬼，而子孙亦不可谓脱气，亦能消灾释祸[④]。

维忧狐假虎威仪。第十二[⑤]。

论曰：狐假虎威，羊质豹皮，不可动谋，动逢百罹[⑥]盖干受伤，赖支神以制之。干为人，支为宅，故动谋必离其宅，而招尤惹祸，自取之也。吝，不利有攸往，贞吉[⑦]。

鬼贼当时无畏忌。第十三[⑧]。

论曰：凡鬼乘时得令，贪恋荣盛，无意残物，至休囚时，其凶始发，作威肆虐，无忌惮也。占遇乘时鬼贼者，有灾咎事，便宜断绝，莫贻后患。厉无咎[⑨]。

传财太旺反财亏。第十四[⑩]。［三格］

论曰：财乘生旺之时，而我身衰弱，则不便与我作财，而强取之，恐反损己之固有者也。必待身旺而财稍衰时，方可取[⑪]。

一、取财反费格。前论是也，非讼则病[⑫]。

一、如网江鱼格。谓进退连茹财也，不宜坐财墓，亦不宜财加鬼墓。

一、财神履空格。求则反费己财，缘现在之财已空，而求莫须有之将来者乎[⑬]？

---

① 君子以自昭明德。

② 如乙丑日、乙巳日，酉加巳为初，中传丑，末传巳，金局克干，旦将合后虎，凶不可逃也。设夜将蛇龙武，水属脱传生干，既吉矣。矧初传酉鬼上蛇，下临巳，二火夹克，而且中丑墓之，末巳烁之，自救且不暇矣，何能肆毒于人哉？而干上之申作天乙贵人，又为合德，一德当头，前能祸万祸，贵德临干，众煞皆降矣。利亨。

③ 例如辛巳日，午加辛，败气鬼为用，中寅末戌，火局伤干，凶矣。而旦暮天官贵勾常土将，土脱火气以来生辛金，贞吉，亦能免祸。

④ 例如壬子日，未加卯为用，中传亥加未，末传卯加亥，三传木局脱干，而未受卯制，亦不为鬼，既无日鬼，岂曰众鬼章章乎？然用夜贵贵勾常三土，并伤壬水，则反赖三传木局制去土将，切不可以脱气论，而论其不应斯格也。五壬日，干上卯，皆如是观。壬戌、壬子、癸卯、癸亥，三传未卯亥，夜将，亦如之。

⑤ 眇能视，利幽人之贞。

⑥ 明夷以艰贞。

⑦ 例如丁未日，干上子，丁火甚畏子水克害，赖支未土同宫以制之，使不能伤。狐，喻丁；虎，喻未。土窃火气，故也。如一动用，则离未土，子随而克丁矣。辛亥日，干上亥，窃辛气，旦虎暮武，一劫一脱，尤倍。亥水畏戌土，不致辛金全脱，尤不宜动作。五辛皆然。

⑧ 勿忧，宜日中。

⑨ 例如戊子日，干上午，三传寅卯辰，皆鬼也。春日占，得木旺时，诚可畏。不知木当春荣，贪恋华盛，无意克土，故戊不畏旺木之克也。至夏而休，至秋而废，其祸仍发，发则毒耳。故凡事当占时，即宜结绝为美。凡传全鬼及三合为鬼者，俱如其论。◎戊干上相气午能脱旺木以生干，全无咎也。

⑩ 不节若，则嗟若。

⑪ 例如戊申日，三传水局子申辰，天将皆水物，当秋冬生旺之日，而求才乃反费，何也？缘水自贪生旺，不能与我为才，必至身旺财衰时，乃能入手。

⑫ 例如夏占，壬午日，干上未，三传火局，曰传才化鬼。

⑬ 例如辛亥日，干上寅，支上卯，寅卯财皆空，四课无形。

脱上逢脱防虚诈。第十五[①]**。**［三格］

论曰：日干生其上神，干上神又生天官。凡占尽被脱耗，都虚诈不实象[②]。

一、无依脱体格。凡占忧疑，不止一事。若否，则别项又来，的有大灾[③]。

一、脱盗格。干乘子孙，将作元武也[④]。

一、虚诈立见格。谓脱空墓并也[⑤]。

空上乘空事莫追。第十六[⑥]**。**［二格］

论曰：旬空乘天空临干者，凡占指空话空，镜中花，水中月，无中生有，色即是空，全无实际[⑦]。

一、脱空神格。干上脱气乘天空也。占皆无实迹，子虚乌有不足信。《诗》云："舍旃舍旃，苟亦无然。人之为言，胡得焉[⑧]？"

一、遥空克体格。凡占遥克为用作空亡，或坐空乡，上乘天空者，虚诬之尤甚者也[⑨]。

空谷传声宜退步。第十七[⑩]**。**［一格］

论曰：进连茹空也。向前既空，自当却足。凡占宜急流勇退，不利有攸往，以全身远害，百尔谋为，不可托人，占讼占病皆凶[⑪]。

一、脱空格。占事值之，虽有千金，不足以周旋也。讼则费而不直，病则脱而虚甚，终不能退步，以惶宁处[⑫]。

眢井随踪勇进驰。第十八[⑬]**。**［三格］

---

① 震索索，视矍矍，征凶。

② 例如六庚日，干上子，夜贵乘龙，三传水将，并盗干气，其遭虚诈也必矣。然内有庚子日，子支上门盗耗，三传又来脱之，天将蛇龙武，尽来窃取，无尽藏矣。乃熟视庚干坐辰土之上以受生，而子水居申恋生，终不脱尽，又不可不知也。六甲日，上乘巳，旦作太常。六乙日，干上午，旦乘天空。六丁日，干上丑，旦乘太阴。

③ 例如丁未日返吟，干上丑，旦将太阴。六己日，干上酉，暮将天后，主女祸。

④ 例如六辛日，亥作武加干。壬日癸日旦占，干上寅乘武，子破家。

⑤ 例如甲午日，午加甲，上门盗脱，传用火局，为泆女，为不备课，虚诈尤甚。辛亥日，支加干，求受课也，旦虎暮武，初传丑墓，坐脱乡，中传寅，末传卯，皆日才也，而属旬空，虚诈固甚，立见其凶。

⑥ 女承筐，无实，士刲羊无血，无攸利。

⑦ 例如甲申日，旦占，干上未，旬空也，将乃天空。甲寅日，暮占，干上丑，如之。乙卯日旦占，子加干（疑错讹，当作辛酉日暮占，子加干）。

⑧ 例如六辛日，旦占，子乘天空加干。六乙旦，午空加乙。

⑨ 例如辛卯日，干上子，蒿矢龙战，占病必死。凡占如坐昏黑中，任脱耗而不自由也。盖遥克用而中末空陷故也。

⑩ 贲于丘园，束帛戋戋，吝终吉。

⑪ 例如壬子日，干上子，培本格也。奈三传寅卯子孙属旬空，辰官星坐空，前进逢空，即宜抽身退缩，就干上之子，与辰丑作六合，乃有所得，庶使壬水不被空木全脱而无余也。甲午日，干上卯，三传辰巳午，既全空矣，奈又支干前后夹定脱气在内，尽被空脱无穷期。如遇丑为年命者，始堪作退步，就其禄德也。

⑫ 例如癸丑日，干上寅空，更传寅卯辰，使癸水生空木，旦将相负尤甚。

⑬ 中行独复。

论曰：退连茹全空也，亦名踏脚空亡。退则逢空，宜勇猛前进矣①。

一、寻死格。大忌占病，占讼失理，生我者空也②。

一、背后三阱格。凡占退则堕坑落堑，宜催督前往③。

一、踏空难进格。占事虚声而无倚籍，退后既无实际，深渊恐坠，向前又逢鬼贼，虎口恐噬，奈何奈何④。

胎财生气妻怀孕。第十九⑤。［十三格］

论曰：胎神作日之妻，又值月内生气而发用者，占妻必怀孕也。忌空亡⑥。

一、支之胎神作月内生气，占妻孕尤的，不必作干之才，惟此胎神临妻年则娠，或临支上，一同妻才作生气，纵不作胎神，亦可用此论也。空亡有损⑦。

一、妾婢妊娠格⑧。

一、私胎格⑨。

一、鬼胎格。胎神值空，乘死气，在六处作用者，必是鬼胎。

一、互胎格。干乘支之胎神，支乘干之胎神，又作夫妻之年命，妻必受胎，不必寻生气及才神也⑩。

一、悬胎格。三例。有生胎：寅加亥，巳加寅，申加巳，亥加申发用，怀胎之时，渐有生意，生下男女，以旺家门。有病胎：寅加巳，巳加申，申加亥，亥加寅作初，怀胎之时，母常有恙，生下子女，多病夭折。有绝胎：反吟也。在三例之外，占孕无胎不固。有衰胎：惟乙未日亥加丑昴星，怀胎之时，家道日渐消替，生下子女羸弱衰靡，全无生发，三传亥寅巳，产生男，柔昴，包阴阳故也。

---

① 例如戊申日，干上辰，三传卯寅丑俱空，幸鬼空也。不利官占，亦不利守旧，缘墓覆耳。向传前一步，便逢巳德禄矣。丁巳日，丑加卯用，退三间亦然。

② 例如丙午日，干上辰，三传卯寅丑。木神生气，不宜尽空，生意竭矣。占父母尊长病，必死。若子孙病，则忌神空亡，无咎。占讼，则上人不为我主张，必致不直而受枉法。

③ 例如乙卯日，干上卯，丑子亥。此诸例总名。

④ 例如甲子日，戌加子为用，戌为旬空，申加戌坐空，为中传，且后旬之空，末传午加申，又后旬之空，向后无一实意，何以成就？向前一步，丑上亥，合神乘空，反为鬼贼，又安能进？甲申日，午加申；乙卯日、丙辰日，丑加卯。

⑤ 二气感应以相与，天地感而万物化生。

⑥ 六壬日，七月占，干上午为用，壬水胎于午，午为壬妻，为七月生气。六庚辛日，四月占，干上卯为用。六戊己日，正月占，干上子，皆同。夫戊己胎神固在子，或有用午为胎神者，宜察也。歌曰：戊己当绝在亥垓，明知子上是胞胎。土宿长生申上寄，怀胎在午可无猜。

⑦ 宜占财，市价三倍，宜居积。

⑧ 六辛日、六己日、六癸日，胎神作生气，乃妻之娣姒有孕，最准。甲乙胎神在酉，十月占，临干作用，及六处用者。丙丁胎神在子，正月占，临干及六处发用者，皆非妻孕，乃侧室婢妾怀子也。

⑨ 例如六辛日，旦占，顺贵；六癸日，暮占，逆治。胎神乘元武，临干作用，必有私喜也。

⑩ 戊寅日，干上酉，支上午；甲申日，干上卯，支上酉；庚寅日，干上酉，支上卯。干支互得胎神。外有乙丑日，干上子，支上酉；乙未日，干上子，支上卯；己未日，干上午，支上午；癸未日，干上午，支上子；癸丑日，干上午，支上午；己丑日，干上午，支上子；辛未日，干上午，支上卯；丁丑日，干上午，支上子。若逢建将，可许双胎。空陷有损。

一、子恋母腹格。干支互加而相生也。利占孕，不利占产。产近占之，迟生则吉。又干加支而支为干之长生者。

一、支加干而克干者，则速产，不克亦产。盖支为母，干为子，支加干，乃母俯首已见其子也。干加支而克支，防产厄；生支者，迟产吉。

一、月厌作生气，加母年命者，占产最速[①]。

一、刚日昴星生女，柔日昴星生男。取俯仰之义也[②]。

一、胎坐长生之上，占孕吉，占产凶[③]。

一、丑为腹，加临胎神，来意为妻坐喜，以胎在腹内也。若天盘之丑作空坐空，占产速生，腹空故也[④]。

一、养血克胎格。养，谓养神；血，谓二血支忌。占产速生，不宜占孕[⑤]。

胎财死气损胎推。第二十[⑥]。［九格］

论曰：凡胎神作月内死气者，妇孕不育，小产堕胎。戊己子为胎财，七月子为死气；庚辛卯为胎财，十月卯为死气；壬癸胎财是午，正月死气在午；甲乙胎财是酉，四月死气在酉，及甲戌旬之鬼胎而作空亡者，其象如此[⑦]。求财反损。

一、胎空受克格。胎神作空逢克，临产当日即生，占孕必损[⑧]。

一、年命厌死格。月厌作死气加孕妇年命者，产凶[⑨]。

一、腹历胎空格。丑为腹，加临胎神作空陷空，占孕必堕。

一、年命伤胎格。孕妇年命上神或冲或克胎神者，纵为生气，必是小产。

一、支忌结胎格。养神二血克胎神者，占孕必损。血支血忌作胎神者，孕亦防损。

一、胎神受日克，或胎临绝受克，皆主伤胎堕孕[⑩]。

一、孕产分忧格。六合为子[⑪]，作月之死气，克六合，孕防损，产忧子。天后为母[⑫]，月内死气克天后，孕产忧母。

---

① 例如六月占，巳加妊妇年命；十二月，亥加母年命。

② 儿在母腹，子抱女负。

③ 丙丁戊己日，子加申；庚辛日，卯加亥；壬癸日，午加寅；甲乙日，酉加巳。

④ 甲乙日，丑加酉；丙丁戊己日，丑加子；庚辛日，丑加卯；戊己壬癸日，丑加午。

⑤ 例如丙丁戊己日，正月占孕占产，丑加子，产速孕损无疑。如在十二月占，支忌在子，作胎神，亦然。如支忌作坐空亡，占产孕皆无咎。

⑥ 利用祭祀。

⑦ 乙胎申，丁己胎亥，辛胎寅，癸胎巳，丙胎子。

⑧ 例如壬辰日，午加亥；癸巳日，午加丑；庚戌日，卯加申；辛亥日，卯加戌；戊午日，子加巳；己未日，子加未；甲戌乙亥，酉加巳午；丙辰丁巳，子加辰戌。此不必是死气。

⑨ 例如三月占，申加年命；九月年命寅。

⑩ 例如六壬癸日，午加亥；六庚辛日，卯加申。乃胎神临绝受克，占产孕俱畏之。六戊日，子加巳，如之。惟六甲日占产，不畏酉加寅。

⑪ 三月占，六合乘申加申；四月占，六合乘酉加酉。

⑫ 十一月后乘辰，五月后乘戌，八月后加丑，二月后加未例。

一、凡占孕，忌逢月内破胎害胎刑胎之神，及子爻冲动长生，或带凶煞恶神冲动养神，或孕妇本命纳音之胎神，被日用冲破者，皆损胎，占产则届其日速生。

一、干支夹定三传，或初末六合者，占孕喜美，占产子母俱不可保，缘气塞于中故也。如母之年命透出干支之外，可免母凶。

交车相合交关利。第二十一[①]**。**［十二格］

论曰：天地之道同流，干支之路交接，上下之机互协也。其例有十又二。

一、交车长生格。大利合本贸易[②]。

一、交车合财格。宜交关取利，以财交涉大美[③]。

一、交车合脱格。虽交涉，彼此各有私，我欲赚人，人怀脱我[④]。

一、交车合害格。不宜交相用事，彼此怀谋，用事多戾[⑤]。

一、交车合空格。又曰：四课无形，占事，始若相交和美，终成画饼。《诗》云："靡不有初，鲜克有终[⑥]。"

一、交车合刑格。与人交，正和美中，徒生争竞，两无礼也[⑦]。

一、交车克制格。谚所谓蜜中砒，笑里刀，匿怨而友其人，一相交必兴讼[⑧]。

一、交车冲突格。不论亲疏贵贱，主先合而后离。朋友姻戚固有，暨父子兄弟亦然。虽夫妻犹至于斯也，反目其恒耳[⑨]。

一、交车三交格。三交为传，凡百交关，必有奸私，否则二三事，互相交涉也[⑩]。

一、交车刁合格。三合为传，干支又作道合也。占主家和仁义，外人协辅，惟忌空亡，不利占解散忧病生产事。至如交车六合，除五日八专外，每日各有一课，宜视其神将，以决吉凶[⑪]。

---

① 有孚挛如，富以其邻。

② 例如庚寅日，干上亥，支长生也；支上巳，干长生也。戊申日，伏吟，干上巳，支上申；戊寅日，反吟，干上亥生寅支，支上申生戊土。

③ 例如辛丑日，干上子合丑，支上卯合辛；辛巳日，干上申，支上卯；壬申，反吟；辛卯，伏吟；癸未，子加癸，午加未。

④ 例如壬午日，未加干，克干脱支；寅加支，生支脱干。乙亥日，寅乙酉亥。戊辰日，酉戊申辰。丁卯日，戌丁午卯自脱。庚寅日，亥庚巳寅自脱。甲申日，巳甲亥申自脱。壬辰日，酉壬寅辰。乙未日，午加干，脱干合支；酉加支，脱支合干。

⑤ 例如辛酉日、乙卯日，伏吟课。丁丑日，午加丁，子加丑。己丑日，午加己，子加丑。癸未日，子加癸，害支；午加未，害干。

⑥ 例如辛亥日，干上寅，支上卯，寅卯旬空，午未陷空。

⑦ 辛丑、辛未、丙寅、戊寅、癸未、己丑，伏吟是也。

⑧ 例如庚子日，干上丑；庚戌日，干上卯，并支上巳；辛未日，午辛自克。

⑨ 例如丁丑、癸未、甲申、庚寅，伏吟。

⑩ 例如乙酉日、丁酉日，干上辰；丁卯日、己卯日，干上戌；子午二日，名三交不交。

⑪ 例如乙丑日，干上子，三传巳丑酉。辛未日，干上午，三传卯亥未。干与支上神作六合，支与干上神作六合，凡占必主交关交易交加交换，而成合好交也。

内有伏相会合格。凡事交关，主始多龃龉，似不能就，不必就也，而其后竟成好合者[①]。

外有交车墓覆格。见后章干支乘墓节[②]。

上下皆合两心齐。第二十二[③]。［七格］

论曰：其例有八。前四格占主，主客相顾，神和道合，何用不臧。若合内有一字空亡，反生不美，尤在察其课体神将以决之。惟第五格不美。

一、上下俱合格。谓干支天地盘俱自六合也[④]。

一、干支自合格。谓干支各自与上神六合也[⑤]。

一、干支相合格。谓干支相加，上下作六合[⑥]。

一、交互六合格。干上神合支，支上神合干，即前章交车合也[⑦]。

一、外好里槎芽格。谓天盘六合，外和美也；地盘六害，内忌刻也。《书》曰："静言庸违，象恭滔天。"谚云：佛口蛇心，太甘必苦。其占有焉[⑧]。

一、日辰邻近格。占主彼我恋换，共谋协济之事[⑨]。

一、干支相会格。谓上神相合，而不相邻近。占者亦可共谋同事利亨[⑩]。

彼求我事支传干。第二十三[⑪]。

论曰：支为人，支上发传，传归干上者，占主人以谋干托我，凶事吉事，无不成遂，行人至，求财得[⑫]。

我求彼事干传支。第二十四[⑬]。

---

① 例如辛未日，干上午，支上卯，干支受上克，三传卯亥未，因发用乘才，占交易必龃龉而始合。丙寅日，反吟如之。

② 庚寅日，干上未，支上丑；丁丑日，干上辰，支上戌。

③ 比之自内，贞吉。外比之，贞吉。

④ 乙酉、丙申、戊申、辛卯、壬寅五日，伏吟。

⑤ 例如甲申日，干上亥，支上巳；庚寅日，干上巳，支上亥；丁丑日，干上午，支上子；己丑日，同之；癸未日，干上子，支上午。

⑥ 例如乙酉日，酉加乙，或辰加酉；丙申、戊申日，申加干或巳加支；辛卯日，卯加辛或戌加卯；壬寅日，亥加寅或寅加壬。缘上下作合，故不以赘婿乱首概论，论其神将。

⑦ 例如乙丑，子加干，酉加支；丙寅、戊寅日，亥临干，申临支；戊辰日，酉加干，申加支；辛未日，干乘午，支乘卯；乙亥日，干上寅；丙子日，干上丑。

⑧ 例如壬申日，干上寅合壬，支上亥害申，寅坐空，亥作空，合则空矣。支既实，壬不作空，害乃实也。凡事因空喜而受害。辛酉日，干上丑，支上子，丑既空，独存酉戌。

⑨ 例如壬子日，子加亥，杜基格也。丑加子六合，干支相邻近。戊午日、丙午日，午支加干培本，未加支六合也。占皆主志同道合，宾主协和，择居仁里格。

⑩ 例如丙寅日，寅加巳，自在格，亥加寅六合，干支互合。丙戌、戊戌日，戌加巳，卯加戌。壬辰〔申〕日，辰〔申〕加壬，酉〔巳〕加辰〔申〕，反常墓覆。

⑪ 有孚盈缶，终来，有他吉。

⑫ 例如癸酉日，初传巳从支上发用，末传酉止干上，三传巳丑酉。辛酉、丁丑、己丑，伏吟同。甲申日，干上亥，支上巳。

⑬ 比之匪人，入于坎窞。

论曰：干为己，初传自干，末传归支者，占主我有事，俯求于人，为人抑勒，难自屈申，旺相尤吉，囚死不安。又主为卑下所驾，兼礼下求人之意。宜卑不宜亢，百事不举，家宅不和，行人未来，病讼难解。《诗》云："忧心悄悄，愠于群小①。"

金日逢丁凶祸动。第二十五②。［七格］

论曰：庚辛二干，课传年遇旬丁也。有官人占之，赴任极速。不欲干上神克去丁神；常人占得，有制丁之神在六处，则无咎，否则凶动矣。丁乘勾陈，必被官司追勾；乘月之死气，必有亲族在外死亡，闻讣而往；乘天乙，贵人差遣；乘武欲逃，或妻有血灾，乘蛇雀尤的，凶。

一、庚子辛丑，见酉是丁。因兄弟或己身有凶而动。庚主兄弟，辛主己身③，及禄有动摇④。

一、庚寅辛卯，见亥是丁。因子息之凶而动⑤。

一、庚辰辛巳，见丑是丁。又作墓神。因父母墓田而凶动。旺相为田，囚死为墓⑥。

一、庚午辛未，卯为旬丁。因妻而凶动，不然取财而生事致迍，或先财入手而后起凶。自庚子至庚戌，皆红炉鼓铸格。凡六条⑦。

一、庚申辛酉，巳为旬丁。因官鬼长上之凶动。庚日鬼动，辛日官摇。一曰：庚日官，辛日鬼。干支俱伤，更凶。亦曰顽金躍冶格⑧。

一、庚戌辛亥，未为旬丁。因父母长上而凶动⑨。

一、火鬼克宅格。更乘蛇雀，必遭回禄，伐而无怨。禳之之法，取井泥涂灶，省身修德，庶免厥辜⑩。

春占火鬼是午⑪。夏占火鬼是酉⑫。秋占火鬼是子⑬。冬占火鬼是卯⑭。

---

① 例如丁亥日，干上酉作初传，末归支上丑，三传酉亥丑，主退人口，或女出嫁也。

② 弗过防之，或从戕之。

③ 一作庚日兄，辛日弟及己。

④ 辛丑日，夜将顺行，酉乘虎，其凶动尤速。庚刃，辛禄。

⑤ 辛卯日，旦将逆行，亥乘虎，凶动尤速。庚害、辛败。

⑥ 辛巳日，旦贵顺治，丑乘虎，遥伤干，凶尤速。庚墓、辛刑。

⑦ 庚败，辛绝，俱合。

⑧ 庚生、辛死，俱克合。

⑨ 辛亥日，夜贵逆治，未乘虎，凶尤迫。庚冠，辛破。

⑩ 例如庚辰日，卯加辰，旦将初传卯乘朱，中传寅乘螣，朱螣火将，并寅卯遥克宅神，末传丑贵乘丁而遥克日干，回禄必然。卯为火鬼，加宅克宅害宅故也。

⑪ 甲申、戊申、庚申三日，午加申，夜将乘蛇。

⑫ 甲寅、戊寅、庚寅三日，夜将酉乘雀加寅。乙卯、己卯二日，夜将酉乘蛇加卯。

⑬ 甲午、戊午、庚午三日，旦将子乘蛇加午。丁巳，旦将子乘蛇加巳。辛巳，夜将子雀加宅克宅。

⑭ 甲辰日、戊辰日、庚辰日，旦将卯乘朱雀加辰克宅。癸未日，旦将卯加支克支，作朱雀。壬辰日，旦占，卯作朱雀加宅克宅害宅。

一、人宅罹灾格。亦火鬼克宅，而身宅皆凶。惟有官人占之，升迁赴任极速，宜乎旦将[①]。谓上神克干，辰上神乘丁，又克日也。辰为宅，日为人。

一、蛇虎遁鬼格。专论蛇虎二爻遁旬丁在六处者也。遥伤日干，占主至凶危，至怪异，虽逢空不能救解，以火空则旺也[②]。

一、凶怪格。谓月厌天目大煞墓神丁神，皆主怪异凶灾。并临年命日辰，主穷凶极异[③]。

一、马载虎鬼格。凡占凶来速速[④]。

一、蛇虎乘丁格。谓丁作螣白而克支辰，必因宅而有凶，不然屋宇塌倒，致损人口，或生口舌，尤凶者，蛇生怪异不止，病灾若虎[⑤]。

一、丁作虎鬼格。主本身凶动[⑥]。

水日逢丁财动之。第二十六[⑦]。［五格］

论曰：壬癸二干，三传年命日辰遇旬内丁神者，必主财动，或远方封寄财物到家付己之象。惟忌占人年上神克丁，斯财不动矣。否则未娶者，有燕尔之喜，吉占也。若其象凶，则有妻者，生别妻之忧，大不利占妻妾病。以水胜火格，凡六条如左。亦曰坎离既济格。

壬申癸酉旬丁卯。因子息动而有财。酉为门户之财，或作子嗣贤才[⑧]。

壬午癸未旬丁丑。因官鬼之财动[⑨]。

壬辰癸巳旬丁亥。因己身或兄弟财动[⑩]。

壬寅癸卯旬丁酉。因父母长上而财动。癸卯亦是门户之财[⑪]。

壬子癸丑旬丁未。因官鬼之财而动[⑫]。

---

① 例如六庚日，巳加庚。六辛日，午加辛。

② 甲日，遁旬内之庚作虎在六处者。例如甲子日，庚午加戌，三传戌午寅；庚午加支，反吟；又庚午加干，三传辰申子。此遁旬庚，旦将作虎而遥伤日干也。辛日，遁旬内之丁，乘蛇临六处者。例如辛巳日，丁丑乘蛇加巳，三传午寅戌火局；又丁丑加申，三传卯申丑，在末传；又丁丑加酉，三传酉丑巳，在中传，并前皆夜将。此遁旬丁乘蛇而遥伤干也。

③ 例如四月乙巳日，干上未。十月庚辰、辛巳日，干上丑之占也。

④ 例如甲寅日，申加午，旦占乘虎，作末传者；或伏吟；又申加戌，申加亥者。戊午旦占，寅加未；戊辰日同；又寅加酉者，或加亥者，并用夜将乘虎克干。

⑤ 例如乙亥日，丑加亥；辛亥日，未加亥。乃丁作白虎克支也。乙未，干上酉，夜占，乘蛇克干，凶。

⑥ 惟有己巳日，夜将卯加巳。

⑦ 或益之十朋之龟，弗克违，永贞吉。

⑧ 壬合，癸生。

⑨ 癸未日，伏吟，支中（干用）二丁，三传皆鬼，君子见利思义。壬衰，癸寄。

⑩ 癸巳日，丁马交加，动尤速。壬旺禄，癸旺马。

⑪ 壬败，癸养合。

⑫ 癸丑日，反吟，干上未，三传未丑未，干支初末皆丁，三传皆财在鬼乡，不可取用，取之恐生咎也。况癸墓于未乎？壬合，癸冲。

壬戌癸亥旬丁巳。因妻财而动。吉则娶妻，凶则离妻[①]。

一、财乘丁马格。财神乘丁作马，必因出入求财，或因妻动用。如丁马交加，必因妻财而有非细之动[②]。

一、常生临身格。谓太常作日长生临干者。来人必占婚姻之喜，或有锡予物帛之事[③]。

一、常生入宅格。谓太常乘干长生临支者。宅中必有嫁娶之喜，或开米段铺，或酒食店肆，后大进发为素封[④]。

一、牛女相会格。子丑相加也。缘丑中有牛宿，子中有女宿，相合乘常，占婚姻元吉[⑤]。

传财化鬼财休觅。第二十七[⑥]。[八格]

论曰：干支乘鬼，三传纯财，生起干上之鬼伤干者，必因财取，此其所以致灾，更防妻与鬼交而损夫。若生支上之鬼者，主破家损妻，其财断不可取。奈财在目前，争忍舍之，设贪取之，其祸立见。譬如虎口衔金、刃锋有蜜，识者见财与鬼邻，必不取之，庶得全身远害。然此例虽不利取财，反利以己财告贵成事，浼通关节，以致显荣。传曰见利思义，占者勉之。

一、弃财趋贵格[⑦]。谓天乙加干克干，而三传财局生之，嗜财则倾身家，若捐输告贵，纳粟充吏，则横发得官[⑧]。

一、利用宾王格。谓贵人合德临干克干，而三传全局生干脱鬼，故宜告贵受益，最利长上占之[⑨]。

一、饮食致祟格。谓太常作鬼加干，传局全脱也。占病因伤酒食，致邪祟侵缠，恐致不起。如占人年命上神有制鬼者，则稍轻无咎，大不利求财[⑩]。

一、利害两无格。谓干上有鬼，传才生鬼，天将制鬼，一生一克，致财既不可取，

---

① 癸亥日，巳为丁马交加，其财动也尤速。癸合，壬冲绝。

② 例如己丑日，以亥为才，乘丁驾马；甲辰、乙巳见未；丙申、丁酉见酉；及戊子日见亥；甲戌、乙亥日见丑。已上皆乘丁神，亦必因妻才而动也。

③ 例如六甲日，夜将常乘亥加寅。六己日，申作常加未。

④ 例如甲子，亥加子；甲戌，亥加戌。夜贵为太常，是日之长生，支受加，且交车合，占人来意必为家内婚姻之事无疑也。甲寅日占，夜将亥加寅；己未日旦占，申加未。

⑤ 例如乙丑、己丑、丙寅、壬寅，子乘常加丑为用是也。壬辰、壬午、壬申、癸亥，丑乘常加子。

⑥ 莫逆之，莫击之，立心勿恒，凶。

⑦ 革而当其悔乃亡。

⑧ 例如辛亥日，干上午，旦贵人也。三传未卯亥木局，为日才，呼朋引类，以生干上午鬼。取财则取祸，然生起旦贵，可以上交，利见大人。辛卯日、辛未日，干上午，如之。辛未日，交车合，尤得。

⑨ 丁亥、丁未、丁酉，旦占，干上亥，贵德为鬼也，三传亥卯未木局生干例。

⑩ 例如壬戌日，干上未，夜贵乘常克干，三传未卯亥全局脱干气，尊长病无咎。以土将生金，金，壬父母也。

祸不致于伤，始终无一成者[①]。

一、财生家鬼格。谓日鬼加支，三传全财生起，来伤日干，其祸必发自宅中，须年命上有神克鬼，庶不致深害。惟宜纳粟得官，或以财告贵，买恩泽以补授极美。已仕者占值之，必升擢官职[②]。

一、因财致侮格。谓干上生干，传财反克干上神也。谚云：为富多怨，铜臭兴讥。不然，则主惧内。若带恶煞，则被妻伤命，或恶妇忤亲[③]。

一、财乘遁鬼格。谓干乘财，却遁旬内干鬼也。占者有三愆，必居一于是矣。因财致祸，理然也。或因食丧身，或因妻致讼[④]。

一、借钱还债格。谓干支比和，不宜求财也[⑤]。

传鬼成财财险危。第二十八[⑥]。［四格］

论曰：三传全鬼，鬼能去比肩，是无劫财之神矣。其传内一财神出现，则其财安稳而不破耗。如三合鬼，两课乘空陷空，独存一字而为财者，名全鬼化财，而财终自危险中出，未可即取，纵得之不能常保也，君子知机不贪得也。如占人年命乘鬼，亦不为实财，其祸仍发耳[⑦]。

一、索还魂债格。谓三传全脱，而生起干财神也。或传虽全脱，而生支上财神也。可索远年之财[⑧]。

一、财来急取格。谓干克上神，是财来就人也。或被传墓之，或反克地盘上神，皆宜速取。稍缓之，反兴戎矣。匪徒无得云[⑨]。

一、财空格。惟宜索债，不可贸迁有无[⑩]。

---

① 例如丁丑日，干上亥，旦贵也，而暮占之，作太阴，生水以克干为鬼矣。三传酉丑巳金才，然不能生亥鬼，何也？中传丑空墓酉，末传又作天空制酉，而将贵勾常三土，克去亥水云。丁巳、丁酉，皆以天将言之。

② 例如乙巳日，支上申，传未戌丑；乙亥日，支上申，传丑戌未；丁亥日，支上子，传申酉戌；己干卯亥酉未四日，日才亥加干，三传曲直木，协力伤干，以脱其才，惟宜援纳。

③ 例如庚辰日，干丑，墓神也。初传寅木为才，乘虎伤丑土。丑乃旬丁，丁火伤庚，作墓覆日，必被妇谋殒身；必娶恶妻忤逆父母，而国人皆贱之。

④ 例如甲戌日，干上辰，遁得旬庚；甲辰日，干上戌，遁出旬庚；乙丑日，干上未，遁辛；乙未日，干上丑，遁辛；丙寅日，干上申，遁壬；壬戌日，干上午，遁戊；癸酉日，干上巳，遁己；丁卯日，干上酉，遁癸；戊辰日，干上子，才也，旬遁甲为鬼。

⑤ 例如辛酉日，干上卯，支上寅；壬子日，干上巳，支上午；丙午日，干上申，支上酉；乙未日，伏吟，旦将勾虎蛇，暮陈螣白。

⑥ 井谷射鲋，瓮敝漏。

⑦ 例如丙干申子辰三日，干上丑土，力可敌水局，独存申金为财神，吉占也。若旦贵青龙螣蛇玄武，又皆水将，一土能制六水乎？伊可畏也，恐成祸也。丙子，才空，鬼实。

⑧ 例如己丑日，干上亥，三传酉丑巳金局，脱金生水生干亥水之才。己巳日，干上亥，亥为旬空，尤验。丁丑日，酉才旬空加巳为用，夜占土将生空亡之才局者，亦从此论。壬寅、壬戌，支上午，传木局。甲午日，支上戌。

⑨ 例如乙未日，未加乙，财就人也，宜即取，迟则未能墓其乙木而发难矣。辛卯日，卯加辛，赘婿也，入手才也。宜即取，迟则卯克辛之寄戌土而生灾矣。

⑩ 例如丙子日，酉加巳，乃空亡才也。夜将土神生三传之财者。

一、龙颔取珠格[①]。谓干克支神以为财，制日也。而支上神乘日鬼御干者，是取财于惊险中耳[②]。

眷属丰盈居狭宅。第二十九[③]。［二格］

论曰：三传生日干，而脱支辰也[④]。主人口丰隆，而宅舍狭隘。占得此者，切不可迁居广厦，致招灾咎。何则？以造化使然，不可逆天理而妄为也耳。若常占，则我盛而彼衰，我胜而彼负云[⑤]。

一、人旺弃宅格。谓三传生干而克支也。主人虽兴旺，而居无正屋，纵为官吏，亦必寄居，甚或逃亡而弃其庐[⑥]。

一、赘婿格。支加干受克，其支上又乘克脱，必无正屋可居[⑦]。

屋宅宽广致人衰。第三十[⑧]。［三格］

论曰：三传盗脱日干，反生支神也。必宅不由人住，不然，则少人丁而屋广大也。致使人口日渐衰零，患难巉午。占身家者，宜速迁以免咎。若他占，则彼盛我衰，我负彼胜[⑨]。

一、润屋迫人格[⑩]。三传生支克干，占身家得此象，必典卖宅舍，以备灾患之费[⑪]。

一、狮兽冲宅格。谓支左为左邻，右为右邻，对冲为对邻。对邻狮子兽头冲家，或道路狮兽冲家，皆致家计日替，人口衰羸，惟空亡不足畏也[⑫]。

一、血后作厌泣制宅神格。谓天后乘二血作月厌，临支克支。凡占交易买卖开市店肆，皆忌逢之[⑬]。

---

① 悦以行险，当位以节。

② 例如甲辰日，以支辰作才，而辰乘申鬼者是。乙丑、乙未日，支上酉；丙申、丁酉日，支上子、亥；戊子日，支上寅；己亥日，支上卯；庚寅日，支上巳。至于甲戌日，支上申空；辛卯日，支上午空，似无惊危，不必畏之。

③ 自天祐之，吉无不利。

④ 鸣鹤在阴，其子和之。

⑤ 例如甲申日，干上午，传辰申子水局水将，合来生干，应人丁兴旺，子姓繁昌也。奈支辰申金，上乘子自脱，又生传将以尽脱。应屋宇狭隘，岂非天哉。

⑥ 例如乙酉日，干上申，三传申子辰水局，生干盗支；又干上巳，三传亥子丑。丁卯日，卯加未，三传卯亥未；又亥加未，三传亥卯未。癸卯日，酉加巳，传巳酉丑金局克支。甲午，子加丑。丙戌，卯加辰。

⑦ 例如丙申日，申加丙受克；亥加申，脱支。丁酉日，酉加丁，亥加支。戊子日，子加戊，未加子，克支。己亥日，亥加己，为干克；卯加亥，为支盗气。

⑧ 濡其首，厉，何可久也。

⑨ 例如甲辰日，传戌午寅火局，脱干生支；甲戌日，寅加戌；壬午日，未加卯。

⑩ 君子以慎辨物居方。

⑪ 例如癸酉日，辰加干用，传辰未戌。己巳日，卯加未用，三传木局。丙寅日，子加丑用，传子亥戌。癸酉日伏吟。

⑫ 例如壬辰日，申加戌，作虎冲支上寅。辛巳日，伏吟，亥虎冲支巳。甲午、庚午，伏吟，子虎冲支午。辛丑日，酉虎加未，冲支上卯。

⑬ 例如七月癸亥日，辰作天后加亥，克支，夜占，以七月月厌血忌俱在辰，又墓覆其支。惟七月然也，余月只有天后临血支血忌者。壬戌日，干上申，支上未土生申，申生干，勿畏未鬼，后反作福。

三传递生人荐举。第三十一[①]**。**［六格］

论曰：含章有庆，象主隔三隔四，有人于上位推荐，如为夤缘身事，及僧道注流，或官员请举，文字皆宜，得此必始终玉成。然宜详其初末，或一值空陷，则虽有推荐之心，究无成就之实，有口无心而已。其纲有一，于例则六。盖三传递生生干也，有递生生干上神以生干，则五行具显。

一、尊崇格[②]。末生中，中生初，初生干也[③]。

一、来誉格。初生中，中生末，末生干也。如遇空脱，则闻荐当速就成，恐久而遗忘也。凡事皆然[④]。

一、支上相生格。谓支上日鬼，生干上神以生干，鬼无咎也，而后反作福[⑤]。

一、将生财神格。三传财神，天将又生财神也。宜求财择妇[⑥]。

一、两面刀格。谓初生干，而末克干也。谚所谓成败萧何[⑦]。

一、传将叠生格。谓传生干，将生传也[⑧]。

三传互克众凌欺。第三十二[⑨]**。**［六格］

论曰：众口铄金，积毁销骨。占主有人互相谋害，后俾众口一词，以相欺凌，或常人自作，不靖暴戾恣睢，致邻党群攻告发。若在仕途，朝官占值，宜自检饬，以免台谏，飞章合劾。其纲有二，于例为六。

一、迭噬格[⑩]。谓初克中，中克末，末克干也[⑪]。

一、僭亡格。谓末克中，中克初，初克干也[⑫]。

一、求财大获格。谓自干克初传为财，初中末递克作财，此义深而妙[⑬]。

一、土将助财格。占宜求财，尤宜成合万事。忌占营生，尤忌占父母病，必死，

---

① 观国之光，利用宾于王。

② 有孚惠心，勿问，元吉，有孚惠我德。

③ 例如癸酉日，干阴酉加巳，作初生干，中传酉乘丑受生，末传巳临丑生中丑，金局生干，且将土又生金传，协力生干，主多人荐举。

④ 例如辛丑，卯加丑为初传，元首也。生中传巳，巳生末传丑，丑土生干辛金，迎阳课，交车合，如鸣高冈之鸾凤。惟嫌巳空，年命填之，事必成，否则迟久凌夷。

⑤ 例如壬戌日，干上申生干，支上未，日鬼也，生干上神，不必畏。何也？土生金，金生水干，后吉。

⑥ 六丙夜占，酉加巳例。

⑦ 例如六戊日，伏吟，三传巳申寅，干虽初受巳生，那堪受迤逦脱克，因末传助初生干，故其象如此。生杀并操也。占业必是工匠，占人必多阴险，占职屡有黜陟。

⑧ 例如六癸日，三传酉丑巳，或巳丑酉，且暮将贵勾常，土金水递生。

⑨ 拘系之，乃从维之。

⑩ 晋如硕鼠，贞厉。

⑪ 例如丙辰日，初传寅加酉，克中传未，未克末传子，子克丙干也。辛酉日，干上卯，三传未子巳。己巳日，伏吟，传巳申寅。

⑫ 例如丙子日，末传寅加未克中传未，未克初传子，子克丙干，递下贼上，故象僭妄，下讪上也。

⑬ 例如庚辰日，干上丑，第四课寅加酉发用，为日才，中传未为寅才，末传子为未才也。乙酉日，未加寅用。乙丑，干上酉，传寅未子。

兼其人不义，贪欺横发[①]。

一、朱雀作鬼格。凡朱雀克干加干，在朝官占之，防弹章，不宜上书献策，反受斥责。常人口舌，无为讼首[②]。

一、三传内战格。谓三传俱下贼上，迤逦克去，递相侵伐。占主家有窝犯，讼灾自门内而出[③]。

有始无终难变易。第三十三[④]。[三格]

论曰：此一节，宜分两端。有始无终者，初传日之长生，末传日之墓库[⑤]。占事谋始，如攒花簇锦，图终如缚影捕风。出有头无尾格[⑥]。

难变易者，变化也。初传干墓，末遇长生，占事始历艰辛，终就坦易也。出先迷后醒格[⑦]。

一、舍损就益格[⑧]。舍无益而就生旺，自微至著，人之情，天之道也。占者微之显，寿而康，更有兴发在父母没后者，占身则然，常占宜革故从新[⑨]。

苦去甘来乐里悲。第三十四[⑩]。[四格]

论曰：此一节，亦分两端。苦尽甘来者，初传来克，先被其苦，末制初而来生，始得甘也。先受挫折，后获安康，亦曰成败萧何。功罪相半，为否极泰来，不幸中幸格，一惧一喜之征也[⑪]。

有干上长生，月令无气，却喜中传见鬼，生起长生，亦名不幸中幸[⑫]。

末助初生生干者，日鬼也。须占人年命克制末传，方可言生日，亦不幸中幸也。

---

① 例如六丙暮占，酉加巳用，全局为财，而三土将生之也。五行皆然。

② 例如六丙，暮将亥加干。六庚日，夜占，巳加干。六甲日，夜占，干上酉，旦将逆行亦有之，但不临干，其凶稍减耳。不临干，临人年命即不利，若发用，亦如之。

③ 例如癸酉日，未加寅受克为用，子加未受克为中传，巳加子受克为末传，且天盘未克子，子克巳，地盘寅克未，未克子，尽相戕贼无穷，何又和气致祥也乎？危矣。戊辰日，寅加酉为初，如之。

④ 未济征凶，利涉大川。

⑤ 来之坎坎。

⑥ 例如乙未日，初传亥，日长生也；中传卯，日禄也，而闭口矣；末传未，未乃日墓。自生传墓，作事终无成合。乙丑日，亥加丑用，末传未。

⑦ 例如丙寅日，日墓戌加寅作初；中传午，旺神也；末传寅，乃丙之长生。壬子、壬寅日，辰墓加寅为初，末传申，壬之长生。乙卯、乙亥日，初逢未墓，末遇亥生，皆自墓传生，先难后易之象。一曰：难变易，属一条。易，入声。则于交乐里悲，不合，谬矣。

⑧ 樽酒簋贰用缶。

⑨ 例如甲辰日，干上丑，是支之破碎，支上卯，是干之羊刃，且作六害，宜弃此而就三传之子亥戌，全来生干，占者弃其无益以作有益，则日新月盛，康宁寿也。六月甲子日，日入时占，亥加甲，父母空亡，主父母灾，又作死气，然终为甲木长生，占者发于亲殁之后无疑云。

⑩ 有子考，无咎，厉，终吉。

⑪ 癸亥日，干上戌，乘龙，幸也，克癸，幸中不幸矣；支上申，乘虎，不幸也，生癸，不幸中幸也。癸卯日，干上申，乘虎，支上戌，乘龙。壬寅、壬子日，夜占，戌加干发用，三传戌酉申。

⑫ 如甲上见亥，月令无气，不能为生，中传见申酉，则生起亥水，而甲实受生矣。

如无克制，仍凶，忌之[①]。

有不幸中幸，幸中不幸格。虎作长生，龙乘日鬼，凡占皆然[②]。

乐里悲者，先遇长生，后遭脱盗。坐用待事，尽可得益；动干谋为，受赚而悲。或干支坐于鬼乡，或干支坐于脱地，初受递生之益，后却变生多故，为恩多怨深格[③]。

贪粟失粮格[④]。谓目见面前之生，心昧背后之害。谚云：贪他一粒粟，失却半年粮。占病必死，占讼受刑，占事不由己、不称怀[⑤]。

人宅受脱俱招盗。第三十五[⑥]。［五格］

论曰：干支遭脱气，财神逢武盗，更兼空陷，故其占如此。大纲有二，分目有五。《诗》云："我躬不阅，遑恤我后。"

一、负乘致寇格。谓干支上神各自为子孙也，虽为福德而实盗气。占家宅，主盗窃财物，或奸私脱赚；占疾病，因造宅费用而致心气脱弱，速服补元药而迟愈，无咎[⑦]。

一、虎狼同穴格。谓干上神脱支，支上神脱干，迭互耗窃，一相交涉，主我欲脱人，人怀漏我。谚云：天网恢恢，疏而不漏。占病，主吐泻；占财，则东手得来西手去[⑧]。

一、空武假道格。谓课无正用，为蒿弹昴星别责，乘空坐空发用，将作元武也。占者定主失脱[⑨]。

一、财室任用空武格。谓日财加支发用，值空乘武也，亦主失脱。其例不一，或自遗脱，或家人窃匿[⑩]。

一、鬼脱用武格。谓日鬼，或日脱，乘武发用者，来意必占失脱盗劫。

干支皆败势倾颓。第三十六[⑪]。［一格］

---

① 君子以立不易方。

② 六戊，旦占，伏吟，三重白虎作长生，不幸中幸也。夜占，伏吟，三重青龙作日鬼，幸中不幸也。外有戊己反吟三月占，生气克日，主死；死气生日，主生。

③ 己巳日，申加巳用，生中传亥，亥生末传寅，克干。乙亥、乙卯、乙未、乙巳日，午加亥为用。又如庚寅日，干上巳，乃庚长生；支上亥，乃寅长生。不知庚金逢亥，寅木遇巳，递互相脱，彼此虚赚。庚辰日，干上戌，生干；支上午，生支。庚午日，干上辰，生庚；支上寅，生午。又如庚子日，干上巳，长生也，不知巳火克金；支上酉，生支，不知水败于酉。癸干酉丑巳日，旦占，酉加癸，传金局生干，天将皆土来克干，奈何？

④ 无妄行，有眚，无攸往。

⑤ 庚辰日，干上巳，虽曰长生，被末生中，中生初，巳火克庚。丙申日，夜占，干上申，日才用也，既受上下夹克而无用，且生中亥，为日鬼矣；末寅长生乘虎，遁壬水克干，奈何？

⑥ 剥之，无咎。

⑦ 例如庚辰日，干上子，支上申。辛巳日，干上子，支上未。壬申日，干上寅，支上亥。

⑧ 例如庚午日，干上丑，支上亥。戊子日，干上寅，支上酉。即交车脱也。

⑨ 例如乙亥日，蒿矢酉武加亥为用，空神也。丙子日，弹射空申作武加子。

⑩ 如甲子日，戌空乘武加支，主房中失脱，或妾婢偷取云。

⑪ 其匪正，有眚，不利有攸往。

论曰：干支上两逢败气，占身血气衰败，占家栋宇摧坍，凡事狼狈，全无长进，慎毋捕捉奸私、告讦他人阴事。倘一到官，必被发我往过，同败露而各坐罪也。谚云：杀人一万，自损三千。又曰：含血喷人，先污己口。余占主彼此衰败，为满目萧然格[①]。

一、破败神入宅格[②]。谓支乘败气，又带破碎煞也。主家内有人不类，致日渐败残，家道凌迟。宜详类神何属，以决其人，天将何司，以断其为[③]。

末助初传三等论。第三十七[④]。［五格］

论曰：有末助初而生干者，有末助初而克干者，有末助初而作日之财神者，凡三等也，皆主旁人相助以成其事。然末助初生者官鬼，欲年命上神有制末传者，方可言吉；年命反生末者，凶。大不利求财，取才必致惹祸遭官，官占则吉。

一、遇人不淑格[⑤]。谓末传助初鬼伤身也[⑥]。

一、抱鸡不斗格。初传旬空，或坐空乡，本无意克干，而末来生之，枉做恶人，其奈初传无力，终不能克干何，则其教唆之人必自败露而已[⑦]。

一、干谒召祸格。支上神作财，生起干上鬼也。大不利谒贵求财，即有祸从中出[⑧]。

一、贪以致祸格。末助初传作日才，反克干上神者。因贪而败之象也。若年命上助初传而克干[⑨]者，自招其祸也，讼则失理，病由不谨，自取侮耳[⑩]。

一、外财资身格。末助初财，必有人在暗中以财相助。占博弈者最宜，占婚姻者尤的[⑪]。

闭口卦体两般题。第三十八[⑫]。［七格］

---

① 例如甲申日，干上子，支上午。庚寅日，干上午，支上子。丙申、丙寅日，干上卯。

② 妇子嘻嘻，终吝。

③ 例己亥、己巳二日，干上酉，干之脱气，支之破碎煞也，总名曰破败神。惟其类神，旦占乘六合，子孙也，酉又为己之子，主家有败子耗损；夜将乘天后，则因妻妾以致败。戊申、戊寅日，干上酉，如是占之。壬寅、壬申、癸巳、癸亥，干上酉，为婢妾，为酒，主因酒色而败其家。

④ 无妄之疾，勿药有喜。

⑤ 不宁方来，后夫凶。

⑥ 例如庚午日，支加干，上门乱首也。传午辰寅，寅加辰生起初传午火而克庚金，寅乃唆讼之人也。以类推之，寅为吏曹，为道士，为鬍子，为属虎人，或从木边姓氏，视天将决之。尤忌求才，反取其祸。

⑦ 例如己亥日、己酉日，蒿矢卯丑亥为传。庚寅日，午辰寅为传。癸亥日，丑卯巳为传。三例皆末助初克干，而初空陷无力，直无畏耳。庚戌日，午辰寅，遇鬼来，引入鬼乡，喜寅才空，不生鬼。庚子日，午辰寅，寅陷空乡，无力教唆，皆不成咎。

⑧ 例如甲午日，干上酉，支上丑生酉。甲子日，干上酉，支上未生酉鬼。

⑨ 疑失脱上字。

⑩ 例如甲子日，干上子，三传戌申午。壬申日，干上酉，三传午辰寅。

⑪ 例如甲辰日，末传午加申，助初传戌，是日之才神。甲寅、甲午、癸未日，干上子。甲，戌申午。癸，巳辰卯。

⑫ 利御寇。

论曰：《心镜经》云：阳神作元武，度四是阴神。闭口卦，只宜捕盗贼，追逃亡。其体非止两般，有财禄作闭口者二格。

一、地盘旬首上神乘元武者，以元武不落地盘寅卯辰巳午[①]也[②]。

一、旬尾加旬首而发用，更初末上下六合，气塞于中，临干支三传者也[③]。

旬尾加首而发用者。惟甲申、甲寅、甲辰三旬有之。辰旬[④]寅旬[⑤]甲申旬[⑥]。

已上三旬四例闭口，乃旬尾加旬首发用尤的也。其课更逢中末上上下六合，则气蔽在中。占病是喑哑，或噤口痢寒，不则咽喉肿塞，或痰厥不得饮食。占产必生哑子。占失脱纵有人见盗，亦不肯言。凡浼人说事，俱结舌而不言，余占更详天官，言其事类。如乘天乙，告贵不允；乘朱雀，占讼有枉难伸；乘白虎，使人不明遭罪。皆应闭口。效推。

一、禄神闭口格[⑦]。不利占病，病无禄则死；不利占官，官无禄则黜[⑧]。

一、财神闭口格。或食神空亡亦如前论[⑨]。

太阳照武宜擒贼。第三十九[⑩]。［十二格］

论曰：元武盗窃，惟喜昏暮，可以隐形。今坐月将之上，太阳郎照，自见其形，不捕而坐缚矣。若太阳作空坐空，或乘天空，则昊日当空，不被云翳雾蒙，尤利擒贼。不宜占时值夜，或太阳坐于夜方受制，贼反幸矣。是当季推日出日入之时，若拟定卯酉，则元止有地盘之上申为昼也。若究节气，则长夏之酉戌，元武经临之，尚有时可作太阳照武之格[⑪]。

一、天日照武格[⑫]谓元武不临太阳之位，但加于天盘辰巳午卯之上，亦易捕获。

---

① 疑脱未字。

② 甲子、戌、申三旬有之。

③ 甲子旬，酉为旬尾。甲子日，酉加子临支也。亥加甲合，三交午卯子，是尾加首，由尾酉上神作用，闭口也。甲申日，巳加支用。丁亥日，申加支。

④ 惟乙巳者，干上丑，三传丑戌未三刑。

⑤ 丙辰日，干上寅；丁巳日，支上寅，皆蒿矢，寅上亥发用，三传亥申巳，及己未八专，亥辰辰。

⑥ 甲申日，干上巳，三传巳寅亥，旦将勾螣阴，暮贵朱青常，中害末冲，初末自合。又丁亥日，申加支，支墓覆日，支阴申上巳用，旦贵空合贵，暮贵常青朱。

⑦ 小人勿用。

⑧ 例如辛未日，酉加寅，禄神闭口矣；又四上克下，无禄课。此只论禄神，不必加旬首也。又不在课传，并非旬首，止以天盘言。乙未日，夜将，卯作虎，加戌亥。辛未日，夜占，酉加戌，乘虎。丙戌、戊子日，巳为闭口禄，但不作虎。壬戌日，亥禄闭口。内不必乘虎，乘武亦如前论。

⑨ 例如丙寅日，干支上酉。甲戌日，干支上未。癸巳日，干支上巳。庚子、辛丑日，干支上卯。甲辰、乙巳日，干支上丑。戊午、己未，干支上亥。

⑩ 利用侵伐，无不利。

⑪ 例如十月壬申日，寅将日晡时，反吟，支上寅盗气乘武，主家人为盗，后必败露，以寅为月将，炤破元武也。辛亥日，亥将戌时，干上亥，盗气乘武，初传又是日墓，中末日才属旬空，则虽太阳炤武，奈戌将属人定，日沦地中，贼必难获。详炤字义，谓太阳在元武对宫也，不必乘武。

⑫ 师贞，丈人吉，无咎。

照，谓弔照。日，一作目，谓天目，春辰夏未秋戌冬丑。

一、丁马卫武格。谓元武乘天马六丁，更临酉戌亥子丑上，其贼远去，终不能获。

一、物类生全格。谓失才物，其类神坐长生之上者，其才物终不失。

一、天网四张格[①]。其发用并正时同者，占贼必获。

一、贼笑破网格。有神克破其初传者，贼反难捉。

一、贼防连坐格。谓元武所临，有神作六合也[②]。

一、都将擒贼格。谓元武去所，当于游都之下捉之，必获。

一、丁神作武格。元武带丁，占主失脱无获。

一、捉贼不如赶贼格。获则反受其费也，谓遭官耳[③]。

一、以贼捉贼格[④]。

一、鬼劫生气，贼来不已[⑤]。

一、贼家献贼格。谓鬼贼之本家，与元武之本家上神，有乘太阳者，其贼自露，或其家人出首，擒之必得。

后合占婚岂用媒。第四十[⑥]。［一格］

论曰：干为夫，支为妻，占婚主之，岂宜干支双双天后六合，以应私情耶？更有女行年居干上，男行年居支上者，必主先相交通，而及嫁娶之期，先奸后娶之象。其于媒妁，不亦赘乎[⑦]？

一、望门空想格[⑧]。干空是女怀虚意[⑨]，支空乃男作妄想[⑩]。真伪可辨，即前例也。《诗》云：“士之躭兮，犹可说也；女之躭兮，不可说也。”占者有焉。

富贵干支逢禄马。第四十一[⑪]。

论曰：支上得干禄，干上带支马，真富贵格也。君子占之，加官进禄，富贵双全。

---

① 不利为寇，利御寇。

② 例如子作元武，加临丑上。

③ 例如甲申日，以申为贼，不可便以丙火去克之，何也？虽擒其鬼贼，而窃甲气，反受其费。以此观之，不如以壬水暗脱其申金，而生甲木，并力以逐其贼之为得也。

④ 例如壬癸日，传丑戌未，自相冲刑，所谓以凶制凶也。若内有四金，尤可化鬼，又武本家上神制武者，亦获。

⑤ 日之劫煞也，作武乘生气，故其象如此。占主失脱才物频频。

⑥ 勿用取女。

⑦ 归妹以须，反归以娣。◎例如丁卯日，旦占，干上寅乘合，支上戌乘后；夜占，干上子乘合，支上申乘后；又干上戌乘后，支上午乘合者。癸巳日，干上寅，二十八岁行年在巳，上乘后，巳为妻，二十岁行年在丑，上见合。

⑧ 密云不雨。

⑨ 凡事不利攸往。

⑩ 凡事刲羊无血，承筐无实。

⑪ 大车以载，有攸往，无咎。

常人占之，身动宅移，病讼俱起[①]。

尊崇传内遇三奇。第四十二[②]。[二格]

论曰：三奇有二，一全遇乙丙丁，一全遇甲戊庚。其法亦有二，一遁旬中之干，日遁也；一遁五子元建，时遁也。占值此者，君子官居一品，贵入岩廊。常人富寿康宁，消灾免难。《诗》云："乐只君子，邦家之光。"占者似之。

一、建干奇格[③]。遁旬干也[④]。

一、复建奇格。遁时干也[⑤]。

害贵讼直遭曲断。第四十三[⑥]。[三格]

论曰：凡占讼狱，不宜贵人受制，一遇刑害，则理虽直，必致枉勘也。即占他事亦弄巧成拙。得此象者，须识时务，庶无大咎，悔亡，为贵人怀怒格[⑦]。

一、曲直作鬼格[⑧]。必遭枷锢。卯加亥，先曲而后直；卯加未，先直而后曲。木象也[⑨]。

一、白入荧格。申，白虎也；午，朱雀也。申加午，是虎投雀也。主讼犯刑。

一、雀投罗格。罗，天罗，勾陈也。午加辰，雀投勾也。二格皆主讼，不论空亡，必遭责罚。《孟子》曰："夫人必自侮，然后人侮之。"

课传俱贵转无依。第四十四[⑩]。[一格]

论曰：遍地贵人也。夫贵多则不贵，占事事不归一，反无依倚，占官在任，或差或摄，所委无成，托事不一，占试大吉。

一、咄目煞格[⑪]。贵多而夜贵用事也。曰咄目专视，不利告贵，大忌占讼，必反坐也[⑫]。

---

① 例如丙寅日，申马加丙，巳禄加寅。

② 由豫，大有得，勿疑，朋盍簪。

③ 我有好爵，吾与尔靡之。

④ 己卯日，干上午，第四课丁丑加寅发用，中传丙子，末传乙亥。己巳日，丁卯加辰为初，中丙寅加卯，末乙丑加寅。壬申日，初传乙丑加子，中传丙寅，末传丁卯。戊辰日，初传丁卯加辰，中传丙寅，末传乙丑。

⑤ 辛巳日，初传甲午加戌，中传庚寅，末传戊戌。己酉日，初传乙亥加戌，中传丙子，末传丁丑。己亥日，初传乙丑加子，中传丙寅，末传丁卯。丙〔寅〕午日，初传戊戌加寅，中传甲午加戌，末传庚寅加午。壬辰〔申〕日，初庚子，中戊申，末甲辰。

⑥ 过涉灭顶，凶，无咎。

⑦ 例如甲申日，夜贵未加干，墓覆受克，仰丘俯仇也，又作空亡，而初传子害之。丑为旦贵，临支横冲者是。余五甲日，夜将，未加寅用，皆如其说。乙酉日，第四课未加寅用，害中传旦贵子，其象如之，占亦如其说。

⑧ 终凶，讼不可成也。

⑨ 如六乙日，逢曲直课。

⑩ 田无禽。

⑪ 先王以至闭关，商旅不行，后不省方。

⑫ 例如丁酉日，第一课，干上酉，乃夜贵；第二课，亥加酉，乃是旦贵；第三课，酉亥相交；第四课，又归亥乡。三传又逢酉亥丑者。外有三传皆是贵人者如之。辛巳日，干上午。丁卯日，干上酉。乙亥日，干上子，又干上午。

昼夜贵加求两贵。第四十五①**。**[三格]

论曰：课传年命六处，有旦暮贵人相临者，告贵求事，必干涉两贵人而乃成。如占谒贵，必不得见，以贵人往见贵人而出，纵然在家亦必宴会贵人，而不暇出见也。盖贵临贵位，官官相见，惟同官占之反宜谒见。何以知其然也？以贵会贵，如其象耳。是以值两贵相加，视其合用之，贵值空陷，则勿如前说，为两君相见格②。

一、贵覆干支格③。干支皆乘贵人，必得两贵周全其事，始得亨嘉而无咎也④。

一、两贵空害格。主家庭神位不齐，尊卑邪正同处，以致人口灾难，最不利告贵。《诗》云："薄言往愬，逢彼之怒⑤。"

一、夜贵待旦格。暮贵加于旦贵之上，宜暗求关节，利亨元吉。

贵人蹉跌事参差。第四十六⑥**。**[二格]

论曰：旦贵临夜分，暮贵加昼方。曰蹉跎蹶跌，占告贵趋谒，多不归一。谚云尖檐两头脱格⑦。

一、人定国格⑧。谓贵人顺治，而旦暮全无逆贵也。利见大人，宜催督频进，直前无阻，如转圆物于千仞之上也。若贵空陷，仍为失利。若贵人临辰戌地上，曰：不治事。例惟巳为月将，甲戊庚三干则然。

一、人横行格⑨。谓贵人逆行，十二时无一顺贵也。告贵不允，宜勇退，勿奋进，进则遭挫，空亡不然。例惟亥为月将，甲戊庚日则然。

《笺》曰：昼贵在夜，开眼作暗；暮贵居旦，自暗向明。贵在干前，事不宜迫，迫则干怒；贵在干后，事不宜缓，缓则相漫云。

贵虽坐狱临干美。第四十七⑩

论曰：辰罗戌网，贵人不临之疆也。天盘天乙临地盘辰戌，曰"入狱"，又曰"贵病不治事，干之反怒"。惟乙日临辰，辛日临戌，则为贵人临身，反宜干投贵人，周旋成事，又曰履狱⑪。已牢即释，曰狱清平，讼者得理。余八干贵人至此，真坐狱，忌见贵，讼遭囚。惟宜私谋阴祷，亦名贵人受贿。至于辰戌二支占之，则名贵人入宅；辰

---

① 拔茅以其汇，征吉。

② 例如六丁日，旦占，亥加酉。丁巳、丁丑、丁卯，夜占，酉加亥。

③ 有孚，在道以明，何咎。

④ 例如甲申日，丑加干，未加支。庚寅日，干乘未，支乘丑。己卯日，干上子，支上申。占家，不利于子；功名词讼，须干两贵。凶吝。

⑤ 己卯日，夜贵空申加宅克宅，旦贵子乘勾居干害干，占宅损子。

⑥ 日昃之离，何可支也。

⑦ 例如甲子日，丑加酉，未加卯。

⑧ 系丈夫，失小子。

⑨ 系小子，失丈夫。

⑩ 坎不盈，祗既平，无咎。

⑪ 先王以明罚勅法。

戌年命人占之，亦为贵人临身。王明受福，不作入狱论，然惟临干为尤美，贞吉。独不利于占病，为地狱之象，干支年命，俱不宜逢。盖地狱之贵，乃冥王也。

鬼乘天乙乃神祇。第四十八[①]**。**［二格］

论曰：日鬼乘天乙临干，占病主神祇为殃；临支则是家堂神像不整肃而致病患，宜修功德，作善事以安顿，庶得无咎[②]。

一、贵作空亡格[③]。亦是神祇扰害降灾，占讼大凶。又谓之闲贵人，尤忌作墓加干[④]。

一、贵人脱气格。主被贵人脱赚，亦主神祇脱耗，暮将或招阴贵人及林下贵人欺脱[⑤]。

两贵受克难干贵。第四十九[⑥]**。**［三格］

论曰：旦暮贵人，皆坐受克之域，切不可告贵用事。缘二贵自受克制，必自怒自伤，而无暇玉成我事，非惟不暇，亦不能此。无论在传与否，凡得此课，不如不告。贵人无阻无怒，如告而谩，被其阻怒，有何益哉[⑦]？

一、白狩乘临丑贵格[⑧]。乃贵人作威之象，干贵值此，必受谴责，占讼惟宜解和。缘丑乃天乙本家，不宜见虎[⑨]。

一、贵人忌惮格。谓朱雀临神克制天乙也。占告贵求文书等事而得此，贵人忌而不宜用命[⑩]。

一、真朱雀格。朱雀临午也。惟宜求文书，干朝廷或达至尊之前。尤宜戊己及辰戌丑未年占，乃真朱雀生太岁。士子占得，可占巍科。忌申酉年，雀克岁君，常庶值之，口舌官讼之魁云。水岁得之，则财求也夫。

二贵皆空虚喜噫。第五十[⑪]**。**［二格］

---

① 君子以恐惧终省。

② 例如六辛日，旦占，干上午，虽日鬼临身，缘是旦贵，勿作鬼观，乃神祇也，临支亦然。六丙日，旦将亥加巳，或临支。六丁日，旦将亥加未，或加支。六乙日，干上申，或申加支。

③ 先王以作乐崇德，殷荐之上帝，以配祖考。

④ 六甲日，夜贵未墓加干，甲申尤的。六庚日，旦贵丑墓加干，庚申日尤忌。戊午日，旦贵；戊子日，暮贵，加干，皆神也。

⑤ 例如六壬癸日，夜将，卯贵加干支。六乙日，子贵，旦占。六己日，申贵暮占。切不交贵人，而受其暗脱。

⑥ 遁尾厉，勿用有攸往。

⑦ 例如六乙日，申加午，子加戌。六丙丁日，酉加巳，亥加未。六辛日，午加子，寅加申。六壬癸日，巳加亥，卯加酉。甲戌庚日，无之。

⑧ 即鹿无虞，惟入于林中，君子几不如舍，往吝。

⑨ 此惟甲戌庚日为的。虎临十干旦暮贵宫次之，各以占时定。

⑩ 例如甲干，丑加寅，旦贵临身也。而占文书反不吉者何？缘朱雀乘卯克天乙之丑土也。六乙日，申，暮贵人也，临干，而朱雀临午克之；子，旦贵人也，而朱雀乘戌制之。

⑪ 失得勿恤。

论曰：旦暮贵人落空陷空，干投贵人，事蒙允后，却被人搀越。凡占他事，亦所不免，终于成拙，或人来报喜，事属子虚，切勿遽信，空误认同姓名人，后察非已，喜则成虚，反多所费云。《诗》云："枝叶未有害，本实先拨。"

一、贵人食言格[①]。先则已许，事终不决，此象告贵，多为贵人所误[②]。

一、过旬湴事格。谓天乙旬空而后旬生合今日日干，事有成就。此论占常琐近事，非论远大之事。凡事不关久重者，换旬，则空者已实，始有望也。然克类神用神，百无一就。

魁度天门关定格。第五十一[③]。[二格]

论曰：亥为天门，戌为天魁。凡占事理，遇戌加亥，上克下为用者，谋为多阻节间隔。又曰：河魁度亥失登庸。以地足加天头，黜革之征也。

一、虎魁度亥格[④]。仕宦占之，主失登庸。谓戌乘白加亥，占病主隔气，或食积，或邪祟为灾[⑤]，捕盗难获，访人不见。余占大率关格不顺利云[⑥]。

一、地足加天格。凡亥上戌发用，元首课也。其吉凶之兆，宜察昼夜天将以决之[⑦]。

罡塞鬼户任谋为。第五十二[⑧]。[三格]

论曰：寅为鬼户，辰为天罡。凡卜事情，逢辰加寅，下克上为用者，入传者，并不发用入传，皆名罡塞鬼户，众鬼不敢觊觎，宜躲灾避难，阴谋私祷，吊丧问疾，合药书符，甲戊庚日尤的。缘昼贵登天门，凡占亨利之萃。

一、天网张而罡塞鬼户格[⑨]。谓辰为月将而填鬼户，使万鬼潜藏，任意谋为，无所障碍[⑩]。

一、贵塞鬼户格。虽三传皆鬼，亦可任意谋为。合上二格，或不在传，占人年命在寅亦妙[⑪]。

一、神藏煞没格。惟甲戊庚日丑临亥为的，未加亥次之。余七干贵临亥，有吉凶

---

① 天地闭，贤人隐。

② 例如丁丑日，酉加未，暮贵旬空；亥加酉，旦贵坐空。庚寅日，干上未，暮贵游空；支上丑，旦贵乘天空，互墓格也。

③ 执之用黄牛之革，莫之胜说。

④ 君子以慎言语，节饮食。

⑤ 服药下之为佳。

⑥ 若壬申、壬午、壬辰、壬子、壬戌及癸亥六日，旦暮天将皆作虎。

⑦ 例如乙亥、丙子、丁亥、戊子、己亥、庚子、辛亥七日。

⑧ 田有禽，利执言，无咎。

⑨ 有厉，利己，不犯灾也。

⑩ 例如己丑日，卯加丑为用，是日鬼；中传巳加卯，入鬼乡；末传未空，诚为凶象。而辰作月将加寅，大吉亨贞。

⑪ 如壬戌、壬辰、癸干丑亥未酉六日，巳加寅，传辰戌未、未戌丑，如用旦贵，贵人临寅，鬼门杜塞万事宽。

焉。夫贵登天门，百煞拱服，凡谋利亨。孟月占之尤妙，以四维为月将故也。六神藏者[①]，螣蛇临子地，曰坠水；朱雀临丑地，丑有癸水，曰投江，奇门有破脑之喻；勾陈临卯地，曰受制；天空绝体于巳乡；白虎焚身于午域；元武现形于申界。四煞没者，辰戌丑未，五行之库，五行五墓煞也。四维，为五行长生，墓神至此，自陷没矣。是以乙丙丁己辛壬癸七干，贵登天门，但藏神而不没煞云。

两蛇夹墓凶难免　第五十三[②]。［七条］

论曰：两蛇夹墓，见水火四干，独丙日戌加干为的。谓昼夜天将皆乘螣蛇，而地巳属蛇，作螣蛇本宫，戌为火墓，故其象如此。占病主腹有积块，以致不起。年命属值戌者，死迫迫；年命居亥，则辰乘虎破墓，庶几稍解。占讼必被囚禁，占事虽已见凶祸，尚未脱免，转昏转晦，不能亨利。病难痊，产凶死[③]。

两贵夹墓。不利占官，亦不利干贵朝臣，弹劾并黜[④]。

两雀夹墓[⑤]。口舌暗生[⑥]。

两合夹墓。阴私不明[⑦]。两武夹墓。

两勾夹墓。大利占坟，大忌占讼。毋乱田制，以兴田讼[⑧]。

两空夹墓。防诈防赚[⑨]。

两常夹墓。为白衣会[⑩]。

两后夹墓。妻妾病灾，婢妾私阴[⑪]。

虎视逢虎力难施。第五十四[⑫]。［二格］

论曰：柔日昴星曰虎视，俯首之义也。而天将又乘白虎，在干支用传，是前后皆有虎也。勇如贲育，亦难施力。占主惊危[⑬]。

---

① 例如甲戊庚日，丑未贵人居亥。

② 困于葛藟，于臲卼，曰动悔。

③ 丙干子寅辰午四日，干上戌，而占人年命居亥冲之。如论丙戌日，戌为支脱干；丙申日，辰空无力冲蛇。二日凶剧。六丁日，戌加巳。壬癸日，辰加巳。巳为蛇，水库辰作螣蛇夹墓。火墓戌作螣蛇居巳位，旦暮蛇聚会，故曰夹。

④ 六庚伏吟，以下可删。

⑤ 拂颐，贞凶，十年勿用，无攸利。

⑥ 六乙日，午加巳，夜占。

⑦ 六戊日，伏吟。

⑧ 六己日，伏吟。

⑨ 六甲日，未加戌；六庚，夜贵，丑加戌。俱作伏吟者是。甲旦贵，庚暮贵。

⑩ 六己日，夜将，辰加未。

⑪ 六壬日，辰加亥。已上七条可删。

⑫ 飞鸟以凶，不可如何也。

⑬ 例如丁亥日，夜将寅加亥，作白虎，在末传。辛卯日，夜将，子加卯，未作虎临干，传中传。

一、白虎伤身格[①]。三传五虎，值者惊天动地，魂飞胆碎，而凶祸诚难免[②]。

一、四三朋虎格。亦主惊危。年命值之，其凶尤炽[③]。

所谋多拙逢罗网。第五十五[④]。[二格]

论曰：干前一位曰罗，支前一位曰网。乃羊刃也。干支各自乘前一位，曰罗网兜身格。占者守己，则为干支乘旺，坐获亨嘉；倘一动谋，则罹罗网，直作羊刃，伤身毁宅。更兼凶将，灾祸深重。如占身，则视年命上神冲破支上网者，始无咎，或遇空亡，则名破罗破网[⑤]。

一、网罗交施格[⑥]。谓干乘支网，支乘干罗。凡占事情，我欲罗人，人已网我，递互暗昧，有为则祸起[⑦]。

凡罗网格，有官人占之，干乘罗网，丁外艰；支乘网罗，丁内艰。常庶如之[⑧]。

天网自裹己招非。第五十六[⑨]。[二格]

论曰：谓墓神覆日也。占者必自作不靖，自取其祸，非人亏算，如处云雾中，常被揶揄，乃命衰，星辰不利，多有靖灾，宜醮谢本命星位，庶免前殃。若时用同克日课，或命作日墓神者，尤甚[⑩]。

一、丁乘厌目临身格[⑪]。占主夜多怪梦，身体灾衰，事伪多拂，谋虑成乖，亦宜禳星，以免奇凶。

一、丁乘厌目入宅格。主宅中多祟，现形作声，怪异百出[⑫]。

费有余而得不足。第五十七[⑬]。[三格]

论曰：见生不生，无生反强。生空鬼实，贪粒失粮。望梅画饼，饥渴曷尝。

---

① 壮于頄，有凶，君子夬夬，独行遇雨，若濡有愠，无咎。

② 辛未日，旦将，亥加戌作虎，虽是空亡，缘加干上，故并上辛卯日课，皆为白虎临身，而此课中传干上是两重虎，且支上乘申，及初末申，申乃白虎本位，干支及传并五虎云。

③ 己巳日，昴星，干上申，三传申申午。其干并初中，阅历四虎。戊寅日，旦占，丑加酉，三传丑午酉，虽属刚日，亦如是观。己酉日，第四课白虎未加申，三传戌午申，则值三虎者也。癸未日，初传申，中传寅，末传申。寅，亦虎也，从四虎格。乙未日，寅加辰，亦如虎视象。

④ 困于石，据于蒺藜。

⑤ 例如甲申日，干上卯，支上酉。

⑥ 臀无肤，其行次且，牵羊悔亡，闻言不信。

⑦ 例如庚寅日，干上卯，支上酉，于四绝课中甚多此式。进连茹也，五阳日有之。

⑧ 丁丑日，干上寅，为互网；干上申，为皆网。癸未日、己丑日，干上寅，干上申。庚寅日、甲申日，干上卯，干上酉。丙申日，干上午，支上酉。庚申日，酉加干支。戊申日，干上午，支上酉。壬寅日，干上子，支上卯。日辰得时，吉将，不与此例，但言其吉，戒其妄。当令，勿同此论。

⑨ 不恒其德，或承之羞。

⑩ 例如未命人，甲申日占，未加寅。

⑪ 旅琐琐，斯其所以取灾。

⑫ 如四月甲辰旬中，占身家，遇未加支，都如上文之说。宅内必有怪妖现形。盖未为丁神，带天目、月厌等煞故耳。

⑬ 大往小来，否。

一、得不偿失格[①]。

一、虚生鬼脱格[②]。

一、剜肉做疮格[③]。

用破身心无所归。第五十八[④]。[三格]

论曰：财禄虚华，鬼脱空夸，宠辱若惊，何乐何嗟？谚云：争似不来还不往，也无欢喜也无愁。

一、前禽无获格[⑤]。

一、密云不雨格[⑥]。

一、心力徒罢格[⑦]。

华盖覆日人昏晦。第五十九[⑧]

论曰：辰之华盖，作日干之墓神，临干用事。占身事多昏晦，卒难明白，或遭冤枉，难以分诉。占行者，则尚未归，在彼乡，亦不如意[⑨]。

太阳射宅屋光辉。第六十[⑩]。[二格]

论曰：太阳照户格，不论辰戌网罗，四季五坟，但作月将加支，占宅必向阳明，常有上人光饰[⑪]。

一、贵阳生宅格。宅有宝藏出贵人。若属旬空，乃中天悬照之象，更加光辉，谓

---

① 例如丙午日，干上寅，支上卯。干支全生，岂宜俱空？且二四亥子，全现鬼贼。壬午日，干上申，长生旬空，见生不生矣，不免寻初传巳火为才，又陷于空，兼为破碎，反来破碎。又不宜就中传寅为脱气，并支上卯狠脱壬水，是所谓得不偿失也。◎君子以永终知敝。

② 癸未日，干上申，长生入空；支上寅，脱气结实。戊子日，干上午，生气旬空，那堪传卯辰皆鬼，引起干上午，反为羊刃凶将。惟占人年命亥子，犹可宽解。又癸未日，巳上丑，三传巳丑酉金局。叵耐初末空亡，只留中传丑土，并旦将贵勾常纯土官来克干乎？乙巳日，干上卯禄，旬空，情愿以干加支受脱。已上皆生我者空，而脱我贼我者实也。

③ 甲寅日，干上卯，旺神也，三传辰巳午，被此引入初传辰，与干上卯六害。夫辰，日才也，卯贪之而进，进为羊刃，自入网罗矣。中巳末午，尽为盗脱。且卯受辰害，寅亦受巳之害，岂特贪人粒而失己粮乎？乃剜肉而为疮也。

④ 否，终则倾。

⑤ 戊申日，干上未，三传子寅辰。初传日才，奈坐戌畏乡，夜将作虎，恋此惊危之才，引入中末鬼乡，忧幸寅鬼旬空耳。丁卯日，酉加丁，旦乘雀，夹克才爻，向中末鬼亥亦空亡。丙寅日，申加丙，夜乘蛇，夹克初才，而亥鬼空于中，寅生陷于末云。◎旅人先笑后号咷，丧牛于易。

⑥ 癸未日，巳加干，才神也，传用酉丑巳金局生干，传墓入墓，中传丑鬼贪墓其酉金，故亦不能为鬼克干也。己酉日，亥才加干，受干制矣，而作用，三传亥卯未木局，全鬼克干。

⑦ 壬寅日，伏吟，旦占，干上禄乘天空，中脱，末才亦空。其反吟则弃干上空才，受初末脱气，幸中申克寅生干。

⑧ 迷复凶，有灾眚。

⑨ 壬申日、壬辰日，辰加壬为用。乙亥日，未加乙为用，华盖而闭口且作墓神，旦将夹克，三才何益？乙未日，华盖墓未覆日发用，课名赘婿。诀曰：重山难得路，望尽一场空。

⑩ 包蒙吉，纳妇吉，子克家。

⑪ 例如丙午日，戌为干支火墓而加干，占宅似不亨利，乃二月戌将得之，则室辉润为高轩过格。

贵人作月将加支也。若常占则支为人，利人不利己，虽坐夜方不掩光也[①]。

一、太阳临身格[②]。谓临占人本命或行年或日干也。宜辨冤雪耻，试必中，官必迁，事利财阜，察其类，视其将而决之。

干乘虎墓无占病。第六十一[③]。［三格］

论曰：墓晦虎噬，占病必死，占事凶恶、昏迷，占身防人暗执箠楚，冤枉不明。又曰合下文二节，如墓作月将，不在此例，辰墓尤凶，辰中有尸也。

一、虎墓加干格[④]。

一、墓虎年命格[⑤]。

一、虎鬼占日格[⑥]。

墓虎加支有伏尸。第六十二[⑦]。［六格］

论曰：墓者，干支归藏之地，其神蔽匿昏黑。虎者，西方凶恶之兽，其将搏噬兵丧。神将并临干支，故其占主宅影响伏尸。其纲有二，分目一十。

一、干墓作虎临支者。宅有伏尸鬼祸，或有形声，克支尤确[⑧]。

一、支墓作虎覆支者。占宅主孝服动，或并丧门吊客，其年内必有停丧，须详其墓属何类，而决其死何眷属[⑨]。

一、虎鬼克支格[⑩]。

一、鬼呼格。谓天盘鬼加地盘墓也。其格分家亲、外鬼，凡二等。

家亲为祸[⑪]。

外鬼为祟[⑫]。

一、墓门开格。谓干墓乘蛇虎加支，主重重死丧，频频怪异。占病死两三口。乘虎者，恶甚于蛇[⑬]。

---

① 例如乙卯日，子将加卯，属旬空，或子年占之，其年必生贵子，并不忌子卯相刑。

② 君子之光，其晖吉也。

③ 睽孤，见豕负途，载鬼一车。

④ 六辛日，旦占，丑加戌，冬占稍轻，缘丑至冬旺，作库论也。乙未日，伏吟，墓虎临支。

⑤ 六乙日，旦将，未临占人年命也。余干无此例。夏占稍轻，以未于夏为库，不作墓论也。

⑥ 六己日，卯加己，夜贵。六壬日，旦暮戌加亥。六癸日，旦占，戌加丑。余干效推。

⑦ 龙战于野，其血玄黄。

⑧ 乙亥日，旦占，未为干墓，乘虎加支克支。乙未日，伏吟，及乙酉日，未加酉，不克支，稍轻。庚子日，丑加支克支。辛未、辛酉，丑加支，不克支。墓作月将不然。

⑨ 丙子日，旦占，辰加子支作虎。丁亥日，辰加亥，旦暮同虎。

⑩ 壬子日，旦占，戌加子。丁丑日，夜占，寅加丑。壬寅，夜将，反吟。癸卯日，夜将，申加卯。壬午日，旦占，反吟。己未、乙未日，夜占，卯加未克支。丙申日，旦占，午加申克支。癸亥日，旦暮将戌作虎加亥克支。

⑪ 甲午，旦占，申加未。戊辰，旦占，寅加辰。丙戌日，亥加戌。庚申日，午加丑。壬戌、壬辰日，伏吟。

⑫ 甲午日，申加丑。丙辰日，亥加辰。庚戌日，巳加戌。

⑬ 卯酉日，多逢此格。

一、蛇墓克支格。谓干之墓神作蛇，加支克支也。其不克支，则祸少微，而终见怪异[①]。

已前诸例，须请法官行遣，或符篆安镇始吉，然惟修德正行为上。

彼此全伤防两损。第六十三[②]。

论曰：干支各被上神克伐，占讼两造俱刑，诸占各有所亏，占身被伤，占宅颓坍，利有救神以制之。交易等事，犹后见龃龉，或先尴尬而后和合[③]。

夫妇无淫各有私。第六十四[④]。[二格]

论曰：干为支上神贼，支为干上神克，曰无淫。既曰无淫，何私乎尔？夫干为夫，支为妻，男女人之大伦，宜好合无相戕也。今无室家之好，必怀桑濮之私。然当究其奸私于何而决。凡占家室婚姻，不宜逢之。常占得此，彼此不相顾，似乎无情，殊不知先各有所怀，而至于斯也。甚则尔诈我虞，胥包藏祸心。盖课专言夫妇，寓言人已上下尊卑云，代阴阳二字义。

一、夫妇无淫格[⑤]。歌曰：甲将就子受申克，子遇河魁势必侵。妻怀外喜私情有，申子相生水合金[⑥]。

一、真解离格。干克支上神，支贼干上神，而夫妇行年值之也。占人都有解离事[⑦]。

干墓并关人宅废。第六十五[⑧]。[二格]

论曰：干之墓神作四季之关神而发用。用干二课，人衰事堕；用支二课，栋蠹垣颓。如墓辰盖日，而作月主之生气，宜占库务差遣，勿作墓论。

一、鬼门关格[⑨]。

一、墓关障户格[⑩]。

支坟财并旅程羁。第六十六[⑪]。[一格]

---

① 丙子日，夜贵，戌加子。壬子日，暮将，辰加子。

② 鼎折足，覆公餗。

③ 例如丁丑日，干上子，支上辰。丙寅、丁卯、丙子，并子加干。己未、己巳，并干上寅者，务去其所克。若辛未，干上午，支上卯者，则始克而后合也。

④ 舆说辐，夫妻反目。

⑤ 例如甲子日，干上戌，支上申课。

⑥ 外有癸巳、壬午，干上子。庚子、乙亥，干上丑式。◎积不善之家，必有余殃。由辨之不早辨也。

⑦ 甲子日，午加干，夫命在寅，而子支克之；辰加支，妻年命在子，而甲克之。甲戌，干亥，支未。庚戌，干子，支寅。丁卯日，干上丑，支上酉。

⑧ 夫征不复，妇孕不育。

⑨ 例如乙干，丑未酉亥四支，占于秋季，未墓作关，加干发用，主人口灾衰，甚则死丧。◎点校者按：以未中有鬼宿作关神云尔。

⑩ 例如冬占丁卯日，干墓戌，并关加卯支，主宅倾圯昏暗。

⑪ 鸟焚其巢，旅人先笑后号咷。

论曰：谓支之墓作干之财，而加干用事。占主商贩折本，在路阻程。凡占谋为蹇滞，思虑不亨，不利有攸往，吝悔亡[①]。

一、疑惑格。谓卯酉日占事，人年立卯酉上，主行人进退疑惑。凡占犹豫，具载心镜龙战课。又备课传章，最忌天车煞，煞同关神[②]。

受虎克神为病症。第六十七[③]。［十四格］

论曰：诀云：金神乘虎肝受刋，治肺能平毋治肝。水神乘虎心家病，救心平肾无他论。木神乘虎病侵脾，法须治肝脾自夷。虎属火神肺有伤，宁心补肺即无殃。其虎属土病其肾，伐脾扶肾方除疢。五虎受克坐乘空，无妄之疾勿药康。其格一十有三，为条二十有二。

一、禄粮神绝格。凡占病，专视干之食神，行年值之，名用粮神不可空。干之禄神同名，亦忌陷空，及作闭口，或值受死，占久病必绝食饿死，占食禄事亦忌之。冬蛇掩目卦同论[④]。绝体卦，是柔干之禄神受绝也；反吟卦，是刚干之禄神受绝也；绝嗣卦，是先亡为祟也。

一、气操生死格[⑤]。占病遇生气克死气，吉兆也。或生气空而死气实，可畏矣。得行年神制死气，则可医而愈也。如死气克生气，危兆也。值空亡，是幸也，而行年上神生起死气者必死。若二气不相克，病虽无妨，亦迁延而不即瘥[⑥]。

一、虎鬼空腾格。占家必有病久未愈，占病无咎而恹恹，不快瘥[⑦]。

一、虎穴大冢格。谓干墓作虎，在干支阴阳、占人年命者，病乃积块，宜以五积散调治之[⑧]。

一、虎乘丁鬼格。宜细推丁虎乘类。丑为脾疼，为腹痛；卯为手痛，为目疼；巳为齿，为咽喉；未为胃，为痞瘕；酉为大肠；亥临戌子丑寅卯为头，临辰巳午未申酉为肾。如日鬼临于六处，非虎亦为病症，若前虎神乘五行之论同。惟鬼受克及逢空陷空，则勿药有喜。又曰辛日丁虎，占病必知患处[⑨]。

蒿矢卦有金，占病亦有痛处。金加火上，痛属筋骨[⑩]。

---

① 例如甲子日，子墓辰加甲作才发用。甲午日，戌加寅用。

② 春丑夏辰秋未冬戌。

③ 突如其来，焚如，死如，弃如。

④ 辛未日，酉禄坐寅绝乡，作闭口，名无禄卦，病必死，官夺俸。

⑤ 二吟纯加有此格。

⑥ 例如正月生气子，死气午，生克死，吉也。甲寅旬中占之，则生空死实，可虞也。行年上有亥水，则可医。

⑦ 不宜岁月日时填实。

⑧ 例如六乙日，旦将顺行，未作白虎。内酉日，未空，非积易疗。六辛，旦顺，丑作白虎。内酉日，丑空易治。

⑨ 辛卯日，旦将，亥作丁乘虎加丑，在中传，主真头痛，以致不救。

⑩ 庚辛日，申加巳午尤的。

连茹卦，日支作财，乃伤食而病以致不治。惟行年上神能制财神，尚可医疗；年命上神又生财神，必死无疑。

斫轮卦，病必手足不举，有伤[①]。

一、六片板格。谓申作六合乘申临卯，曰身入棺。申者，身也。三月占申为死气，则为尸上有六合，下有卯木为棺，是尸入棺也。占病必死。须详其类神以决之。若申加卯不作合，占于九月，但病在床，卯为床也，不能痊可，而申终为生气，无咎。详其类神，谓六亲，以父母妻妾为例，如左，父母爻入棺，癸卯日申加卯，占父长上病，必死，三月占尤的。下同。妻财爻入棺，丙戌、丁卯，旦将，申乘合加卯，占妻病，必死。

一、虎入丧车格。占病独畏。申加巳发用为的。申为虎，巳为丧车也。

一、人入鬼门格[②]。寅为鬼门，申为身，申加寅也。

一、浴盆有水格。占病大忌，尤忌占小儿病。浴盆煞者，春辰夏未秋戌冬丑。地盘见之，忌乘亥子；天盘见之，忌将武后。亥为婴孩，子为子息，故小儿尤忌。见水天后亦子，元武亦亥也，且属水神将。

一、收魂神格[③]。

午来加于亥子，病患寒热。如克日干，则主痨怯。十干反吟，痞痈之结。

一、常未毁室格。谓未为太常克干，居于宅上发用，病必因喜事，或宴饮或往亲戚及婚嫁家，带恙而归。若大官占之，必因赴筵得病，别占亦必因等事而生戎致愆[④]。

一、因妻致病格。谓壬子、癸丑二日，未遁旬丁，加干支为用者，必往妻家得病。占人年命，惟有卯木则能救，若乘寅木，须祈神护，宜速命法官治之，少缓焉，寅木反为未墓，不得救也。

一、血厌病虎作鬼格。虎乘病符克干者，尤可畏。或年命上乘二血，主血痘。若占女病，虎鬼带月厌作血支、血忌，主血崩，或堕胎，尤准。

制鬼之位乃良医。第六十八[⑤]。［五格］

论曰：良医制鬼格。制鬼之神加亥子，宜服汤饮；加寅卯丑辰未戌，宜服丸散；加巳午，宜灸艾[⑥]；加申酉，宜针砭；加支，宜本家亲人作医者治之。如属空亡，有医无救。然巳午作火[⑦]鬼禁灸，申酉作虎鬼禁针，制鬼神临支，又为家堂神宗祖先保护。

---

① 卯加申，戌加卯。

② 庚日，反吟卦，及申命人病。

③ 戊日，辰为元武，旦逆暮顺有之。十一月占，辰作死气，其死尤的而速，辰为土墓故耳。甲能制，庚受生，故无咎。

④ 癸干，亥酉丑支，干上未，作常为用。壬干，戌子寅支，太常乘未，加支为用，皆夜将。

⑤ 履虎尾，愬愬，终吉，志行也。

⑥ 巳上虽如是言，不可太执。

⑦ 疑作虎。

夫虎鬼在诸占，皆不做美，惟仕官占职，妇人占夫宜之[①]。

一、名赶禄神。谓制鬼神居支也[②]。若干上之鬼空亡，不足为畏。支上制神坐墓，其医言症，虽甚的确，其实不能速疗，然毕竟能制空鬼，不则空鬼摇扬也[③]。其余救神不在支，而临年命在用传，亦可为救。

凡占病，虎鬼临旺为畏期，医神所生为瘥期，所克为死期。医神，谓天医。虎鬼交于天医格，是医为虎鬼也，不宜医。谚云：不药为中医。虎乘干鬼，必有不明之人作祸，不可轻信，不相好之医。

财多无贮格。占病三传全财，无制财之神在六处者，不救，是病体难荷财也；有制，无咎，可疗也[④]。

制鬼，一名赶禄。不祇占病，良医，盖寓言也。最宜者乃捕盗。他占值之，虽罹危难，必得人解救。如占人年命乘之，宜雪里辨枉，自解其祸。若贵作制鬼，必获上人除释罪过。若现被囚禁者，必原赦而免也。若制鬼神或作蛇虎，当有神护，更详类而还谢，祷禳之，吉。

虎逢遁鬼殃非浅。第六十九[⑤]。[一格]

论曰：虎翼遁鬼格者，谓白虎临旬内遁干为日鬼也。凡占畏其咎，咎弥层深，其应如神，难以消弭。虽遇空陷，亦不能救[⑥]。凡占皆主先和好，而后有异谋。虽属外例，亦曰虎乘遁鬼格。

鬼临三四讼灾滋。第七十[⑦]。[二格]

论曰：鬼瞰其室格也。谓干鬼临支阴阳，主官司病患缠绵而至。惟宜修德作福而归正道，庶得祸轻，犹未免病讼。惟空则免，亦必先见而后无虑[⑧]。

岁破临支克支，主灾讼，不临支见余处，稍轻[⑨]。

一、鬼鬼乘机格。谓天鬼作鬼在六处也。占病主疫。更带生气，主全家瘟。天鬼

---

① 乙丑日，酉加乙，是鬼赖支上午火制之，午火便是良医，主家亲作医也，或家堂宗亲佑之，以类而推可也。

② 己丑日，干上卯，支上酉。壬辰，干上戌，支上卯是。

③ 甲戌日，干上酉空，支上巳坐墓者是。

④ 例如丁巳日，干上申，传申酉戌，俱才。占病必因伤食而得，以致不治。缘丁逢死墓耳。占于秋冬，必死无疑。如占求才，春夏却有，以干临旺也。若空亡，则忧喜两无。丁干，丑亥未支。丙午日，干上酉。如之。

⑤ 君子以懲忿窒欲。

⑥ 甲子旦占，午虎遁庚，或临干，或加支，或临戌为用。乙丑旦占，虎临辛，未加戌。戊辰夕占，虎临甲子加戌。外六甲日，申加甲，庚加支。六癸日无此格。六丙日，亥加丙，壬加支。六丁日，子加丁，丁加亥。六戊日，寅加戊，乙加支。六己日，卯加己，乙加支。六壬日，未加壬，戊加支。六乙日，酉加乙，寅加支。

⑦ 小人用壮，君子用罔，贞厉，羝羊触藩，羸其角。

⑧ 乙未日，申加未为支阳第三课，酉加申为支阴第四课。甲戌日，酉加戌，申加酉，虽日鬼加临三四，皆空无患，但虚损而已。

⑨ 遁奇可以解祸。

作空，则似疫而无事，但头疼发热而已。天鬼[①]。

一、朱勾相合格。谓雀入辰，勾入午也。主有非细之讼[②]。

病符克宅全家患。第七十一[③]。

论曰：病符者，旧太岁也。若临支克支，主合家患病。更带天鬼，一户染疫，无有免者。若乘虎尤凶。或逢月内生气，亦主合家病。或作死气，必损人口。涉害深者，久病无疑。此占身宅则然。

占成合旧事者，宜逢旧太岁。若病符临宅，乃来生宅，或生日干，或作日财，或作天乙，皆勿以病论。凡残缺未了之事，久远疑惑之谋，可以成就，利有攸往，亨。须察神将，逐类推之。一曰：宜占在上半年月，病煞轻勿论。

丧吊全逢挂缟衣。第七十二[④]。［四格］

论曰：丧门者，太岁前二辰。吊客者，太岁后二辰也。干支上两逢之，主凶丧。如临年上命宫，其年必哭送姻亲，身被麻缟。三合传见，则视生克。干支全逢者，六旬中惟十日。甲午、丁亥、己亥、庚子、癸巳，干吊客，支丧门；甲戌、丁卯、己卯、庚辰、癸酉，干丧门，支吊客[⑤]。

推内外孝服法。日鬼带死气乘常加干，主外服至[⑥]。

死气太常、死气白虎入宅，空虎羊刃入宅，主内丧孝[⑦]。

一、孝白盖妻头格。妻占夫病夫必亡[⑧]。

一、墓门开格。谓岁后五辰，曰岁墓，适为干墓，临卯酉门户，作螣蛇并月厌，必主重丧[⑨]。

一、死常临支克宅格。占主家中丧祸[⑩]。

前后逼迫难进退。第七十三[⑪]。［三格］

论曰：前后逼迫有二，纲四目一。三传皆空，而不可进，欲退后一步，又逢地下

---

① 正五九月酉，二六十月午，三七十一月卯，四八十二月子。

② 如庚辰日，午加辰，乃雀入勾也。

③ 艮其限，列其夤，厉薰心。

④ 斯其所以取灾，志穷灾也。

⑤ 例如岁在子，秋九月庚辰日，反吟，寅加申作白虎，带死气为丧门，又为绝神，申，身也，绝神临身，身主死亡，致宅中挂孝，吊客入宅也。

⑥ 六辛日，正月夜占，午加戌为死气，作太常。六壬日，二月夜占，未加亥，八月旦占，丑加亥。二月六癸夜占，未加丑。辛亥日，常午加干支。死气作虎逢旬丁而克支，亦然。

⑦ 三月壬子日，常未加干，申作虎带死加支，死虎入宅也。壬戌，常丑临干克干，子虎加支作空亡，为羊刃入宅也。

⑧ 癸干，亥卯未三日，于酉年二月夜占，干上未，而丑为年命者是。妻之年命上乘华盖，作常为鬼，且是月内死气，且为岁中吊客者。若八月内占之，未为生气，虽有孝服尚未也。

⑨ 如子年四月，乙酉日，未加酉，夜乘蛇，作月厌。若午年十月，辛酉日，丑加酉，夜乘蛇，作月厌。

⑩ 九月辛未旦占，寅常加未克宅。十月戊戌夜占，卯常临戌克支。

⑪ 羝羊触藩，不能退，不能遂，无攸利，艰则吉。

盗脱，再退一步，又逢日鬼，乃不能前进，不得勇退。惟有干上之禄可守，切勿妄动，动则虚耗百出①。

一、初传被下克，归本家又被上克，是遇难回归又受害，勇如贲育亦难当也②。

一、顾祖格。午辰寅也。一回环，传不离课也。皆止宜守旧，不能进退。

一、全伤受厄格。干支各受上神所克，又坐于克方不能展，谋为不利有攸往，不利涉大川，贞吝无咎③。

空空如也事休思。第七十四④。［一格］

论曰：课传俱空也。进连茹、退连茹，往往有之。三合课，一传乘空，一传坐空，一传不空而作天空。占事皆指空话空，全无实际。衹宜解散忧疑，而祈成合，则必不得也。若轻事小事，须过旬谋之，乃可成就。惟鬼空则妙，占病值之，新病即安，久病即死。凡鬼空亦宜有制，否则有虚挠之咎，盖为我难见彼之象。谚云：明枪易躲，暗箭难防。

四课无形格。事不出名，虽然出名，也是虚声，为人为己，总属无成⑤。

宾主不投刑在上。第七十五⑥。［九格］

论曰：刑有三等。一字刑，自暴自贼；二字刑，尔骄我慢；三字刑，不仁不义。凡占忌见，最不利词讼，必责禁。乘凶恶尤甚，惟遇空亡可解。带皇恩大赦、天赦，则视罪犯之重轻，而决其减宥。重刑从轻，眚灾肆赦。夫课得四上克下而主赦宥者，以阳动于天德也。《诗》云："思我小怨，忘我大德。"

三字刑格⑦。寅巳申主恩反成怨，丑戌未主恃势凌弱。宜察其上下神生旺不空，乘将吉良，乃能刑于他人⑧。

二字刑格。干子支卯，干卯支子。占主两家无礼⑨。

一字刑格。干支阴阳全见辰午酉亥。凡占未免有相凌之意，所谋交涉，各有异心。占讼本家自争中藏妒忌，为人则自大自尊，眼底无人。格外另分四格。其克干支，墓

---

① 例如壬寅日，干上子，禄也。三传辰巳午皆空，退于寅则脱，再退于丑逢克。

② 如癸干，丑卯巳亥四日，午加癸为初，受下癸水之厄，及归午本家，复乘亥水之伤，是午火去住不能安也。夫午为癸妻才，主才聚散。夜将武，主失才，午逢亥亦是，则重重失才，又主妻常病。午亦为马，或有马而被人扰。午又为屋，主屡徙而多费。亦为心目，主心病目患。◎凡子加戊，卯加辛发用皆然，而戊子、辛卯赘婿更的。

③ 甲午、甲寅、丙午、丙寅、丙辰、丙戌、癸卯、癸巳诸日反吟。

④ 振恒凶。妇丧其茀，勿逐。

⑤ 例如乙巳日，干上寅，旬空也；第二课，入空乡矣；支上卯，亦旬空；第四课，亦陷空地。若占人年命又空，则为己为人，有何实哉？初传遥克，尤无力。

⑥ 拂经于丘颐，征凶。

⑦ 君子以作事谋始。

⑧ 三传寅巳申，申寅巳，巳申寅，申巳寅，丑戌未，未丑戌，未戌丑。

⑨ 乙未、丙申、戊申、壬寅、辛丑五日，干上子，支上卯。乙丑、丙寅、戊寅、壬申、辛未五日，干上卯，支上子。子水生卯木，子母相刑，故曰无礼。思其故，子为木之败神，卯为水之死地然耳。

神覆日，干支重刑，伊可畏也[①]。

木落归根格。以亥为木之父母也[②]。

火烈自焚格[③]。

金刚自戕格[④]。

水流趋东格。以辰为水之墓库也[⑤]。

一、助刑伐德格。六处有神作支之自刑，且作干鬼，又结连三传为鬼者，穷凶奇毒，惟夜将贵临本身，可以解凶[⑥]。

一、四胜煞格。乃支上午，干上酉，或酉加支，午加干。各逞其能，邀功夺隽[⑦]。

彼此猜忌害相随。第七十六[⑧]。［七格］

论曰：害有五等。上伐下，人嫉己；下贼上，我亲人。在干外事，在支内事。

一、干支上下各自作六害。占者彼此猜嫌，宾主不协，尔诈我虞，胥有悖戾，为同室操戈格[⑨]。

一、干支上神遥作六害。亦主各相猜妒。为慜阳格[⑩]。

一、干支天地盘交互六害。害戾尤甚，为敌仇不息格[⑪]。

一、干支三传咸作六害。占主全无和气，为朋家作仇格[⑫]。

一、干支上下交错作六害[⑬]。主我立意害人，不知人先立意害我。以胥戕胥虐，罔中于信，为两藏祸心格[⑭]。

---

① 例如甲辰日，第一课酉加寅，第二课辰加酉，第三课亥加辰，第四课午加亥。乙酉日，干阳亥，干阴午，支阳辰，支阴亥。壬午日，干上辰克干，支上亥克支，此例更凶。己酉日，辰墓覆干，午加酉克支。甲子日，支上辰，三传辰申子，刑在干支上。乙丑日，支上酉，三传巳丑酉，其支重逢自刑矣。丙寅日，干上酉，三传酉丑巳，则干重逢自刑，皆深可畏也。

② 三传卯亥未，惟亥不能刑人，故干支复见有亥在上，则归于本根而自刑也。不能刑人者，以卯能刑子，未能刑丑云。

③ 三传寅午戌，支干之上复见午，午不能刑人，故自刑其南方也。

④ 三传酉丑巳，干支上已有酉，酉无所刑，故自刑于西方也。

⑤ 三传申子辰，辰无所刑，而见干支上又辰，则自刑于墓也。

⑥ 例如庚午日，午加申发用。

⑦ 如乙丑、丙寅、戊寅、辛未、壬申五日，酉加干，午加支，在前。无恩刑中，甲子日，寅刑干上巳，子刑支上卯。丙子日，干上申，巳刑干上申，子刑支上卯。此等乃干支相刑其上神，又是子卯无礼之刑也。惟年命能制其刑，则无咎，不则吝凶。

⑧ 拂颐，贞凶。

⑨ 例如甲申日，干上巳，与寅相害；支上亥，与申相害。《诗》云："不我能畜，反以我为仇。"占者有焉。

⑩ 例如乙亥日，子加乙，未加亥。

⑪ 如辛酉日，干上辰，支上卯。

⑫ 辛卯日，干未支子，传子未子。

⑬ 小人道长，君子道消也。

⑭ 例如乙未日，子加干害支，卯加支害乙辰。其干支上子卯又相刑，深可惧也。甲申日，干上亥害申，支上巳害甲。庚寅日，干上巳，支上亥。丁卯、己卯二日，干上辰，支上子。即交车合害格也。

外有自身煎熬、他人逸乐格①。

一、干支全值元辰格。亦主两相矛盾，妒忌猜嫌，或家人频作嚣闹，都不亲逊。各自恋生，无相好，式相尤也。若冲，若脱，若克，则更甚。

互生俱生凡事益。第七十七②。［八格］

论曰：互生俱生，占主彼此迪吉，各饶生意，或两家合本营生，日新月盛，如更逢月内生气，尤妙。

一、交车生格。干上神生支，支上神生干也③。

一、自好生格④。干上神生干，支上神生支也⑤。

一、互生空闷格。虽交车互生干支，而却作墓神、作败、作空亡也。是当审其人宅之盛衰，彼此之废旺⑥。

一、名生实败格。空有生旺之形，反招耗败之实⑦。

有利己不利物，利人不利宅，干吉支败也⑧。

有利宅不利人，利彼不利我，干败支生也⑨。

有人宅物我皆吝格⑩。

一、自在格。支加干而生干，有恢拓之象⑪。

互旺俱旺坐谋怡。第七十八⑫。［二格］

论曰：互旺格⑬。干乘支之旺神，支乘干之旺神。宜于两相投奔，各有兴旺，客旺主而主旺客，人利宅而宅利人，父子兄弟夫妇朋友，上下四旁，彼此皆然⑭。

俱旺格。干支各自乘其旺神。凡谋顺利，不烦劳力，惟宜静俟，慎勿动求。宜就本身之职，以为迁转，或已遭失而欲复旧事，皆吉亨利。倘兴意外之营，或远动求干，

---

① 干为己，支为人。例如辛丑日，酉加干，与干寄宫戌自作六害，乃自受其刻削也。子加支，与丑辰自作六合，不来救解，乃他人自暇豫也。乙未日，干上卯，支上午。乙丑日，干上卯，支上子。辛未日，干上酉，支上午。

② 往吉，无不利，有庆也。

③ 例如辛卯日，干上亥生卯支，支上辰生辛干。互生也。

④ 时止则止，时行则行，动静不失其时，其道光明。

⑤ 例如壬寅日，干上申生壬，支上亥生寅。俱自生也。

⑥ 例如庚子日，干上酉，虽生子而却败支；支上丑，虽生干而却墓庚，可乎？辛亥日，干上酉生支，实败支；支上戌生干，自克支。壬午日，干上寅，坐支脱干；支上酉，生干而空，又为败气。

⑦ 丙寅日，干乘卯生，支乘子生，而败气实甚。

⑧ 己巳日，干上巳生干，支上卯生支，反败。

⑨ 乙卯日，干上子生乙，而空而败，支上亥，卯真得长生。

⑩ 辛卯日，干上未，生干而作空亡；支上子，生支而为败气。

⑪ 甲子、乙亥、丁卯、戊午、己巳、庚辰、辛未、壬申、癸酉，并支加干。

⑫ 贞吉，受兹介福，于其王母。

⑬ 鸿渐于磐，饮食衎衎，吉。

⑭ 例如甲申日，酉加干，卯加支。庚寅日，干上卯，支上酉。

则变为罗网缠身绕宅作羊刃煞也，反生灾咎。惟其静镇，则人通泰，宅兴隆，无心中得人扶助玉成，所占端的，只惧空亡。

干支俱绝凡谋决。第七十九[①]**。**［五格］

论曰：干支皆乘绝神也；干支互乘绝神也；干支俱坐长生而乘绝也。凡财物交涉，词讼牵连，皆宜即日结绝，或自决断，或告贵人，察神将以施为。独不利占病恙、胎产、婚姻[②]。

一、散灾释讼格[③]。干支上俱冠绝神，宜结绝凶事，解销讼狱，不利病产、婚姻[④]。

一、法言画一格。干支上乘天乙，凡吉凶事理，皆告贵干全结局，不宜占食禄事[⑤]。

一、会计告成格。绝神作日财，宜结绝财物事。然禄神亦投于绝，不宜食禄事。若遇天乙，告贵了局财事极速。若逢月内死气，占病必绝食而死。财同于妻，占妻病大凶。逢死气，死更迫[⑥]。

一、绝归长生格。绝神坐于长生，最不宜占结绝事。凡事卒未了，当止了又发，不拘在干支，临于年命亦然。

一、递互作绝格。最宜两相退守，不可两相进取，或告免差遣，交代职任，贞吉[⑦]。

人宅皆死各衰羸。第八十[⑧]**。**［一格］

论曰：互乘死气格。不宜吊死问疾。更乘月内死气，占病必死。谓干乘支之死气，支乘干之死气也[⑨]。

全乘死气格。万事宜息，不可动谋[⑩]。

传墓入墓分爱憎。第八十一[⑪]**。**［五格］

论曰：须详类神，以决吉凶。日鬼、盗气、破碎，中传墓，末入墓，其所爱也。日禄、日财、日德、日官、日贵，中传墓，末入墓，其所憎也。

---

① 君子以见善则迁，有过则改。

② 身家名利俱不宜逢此象。

③ 见险而能知止矣哉。

④ 反吟课多遇之。若甲申、甲寅、丙申、丙寅，反吟。

⑤ 丙干辰戌日，旦占反吟。乙未日，干上申，乙木之绝也；支上亥，未土所绝。辛未日，夜占，干上寅，辛金所绝；支上亥，同上。癸未旦占，干上巳，癸水绝，支上亥。丁未、癸丑日，干支皆乘旦贵亥或巳。

⑥ 戊庚壬干，寅申反吟，财神作绝神居课传干上者。壬辰、壬戌，旦占，反吟，旦贵乘财作才，亦告贵结绝投乡而速也。凡占病即不逢死，亦凶。财禄既绝何以为生？占财占病大忌。

⑦ 例如甲申、庚寅，伏吟。癸未日，干上亥，支上巳。

⑧ 不出门庭，凶。

⑨ 例如戊申日，干上子，支上卯。庚申日，同庚寅日，干上午，支上子。

⑩ 庚寅、庚申、丁丑，并干上子。

⑪ 或鼓或罢，或泣或歌。

一、不利占生计及二亲长上之事，为长生墓格[①]。

一、不利占求财帛及妻妾之事，为财神传墓格[②]。

一、不利占食禄及兄弟之事，为德禄传墓长生入墓格[③]。

一、不利官占，利常庶占者，为鬼入墓格[④]。

一、行人阻程格。为长生[⑤]脱气[⑥]入墓也。

不行传者考初基。第八十二[⑦]。[三格]

论曰：凡课中末皆空，只以初传决其休咎。其于事物也，吉则半吉，凶则好事无闻，恶事实然。若遇蒿弹，淑慝俱泯。

一、守株待鬼格[⑧]。

一、鹧翔鼓舞格[⑨]。独足课也。万事皆不得行，惟商贩水利或逃亡河海，利舟行也。占病必死[⑩]。

一、夔神在山格。己未日伏吟也。虽有三传，无异独足。占事难前，无一成就[⑪]。

万事喜欣三六合。第八十三[⑫]。[三格]

论曰：《经》云"万事欣喜三六合，纵然带恶不能嗔"。带恶者如金日得火局，逢丁神之例也。盖言三合课中干支上神，有一字与传作六合者，虽三传克干，不为咎，祗成合，纵忌施为，尚亦有就。况三传生日，或作日财乎？故曰三六相呼，凡谋皆遂，何障何碍，若有人助，得人中辅也。占行人豫悦而来，惟不宜干解释忧疑事。占病必笃。

一、三六修和格。如寅午戌火局，干支上见未字；亥卯未木局，得戌字；申子辰水局，得丑字；巳酉丑金局，干支上有辰字也[⑬]。

---

① 辛未日，干上巳，长生也，作用神，岂宜中传戌墓，末传卯，入戌墓乡乎？己干，丑卯巳未亥日，并巳加子为初传，中戌末卯，占生计长上事，大凶。

② 丙戌日，申加卯用。庚辰日，寅加酉用。壬子日，巳加子用为例。

③ 丙子日，巳加子用。癸未、壬子，巳为才；戊子，巳为德，并加子用。庚戌日，申禄加卯用。例推。

④ 辛未日、庚子日，并巳加子为用。戊辰日，寅加酉用。

⑤ 己未日，巳加子发用。

⑥ 戊戌日，申加卯为初。

⑦ 贞吉，有攸往，见凶。

⑧ 例如甲子日，干上巳。初传申，日鬼也；中传亥，长生也，而属旬空；末传寅，德禄而坐空。只存申鬼，则美利从何来。

⑨ 不事王侯，高尚其事。

⑩ 七百二十课，止有己未干上酉，支上亥，八专逆三，三传酉酉酉，并干支皆居未上，故象一足。

⑪ 未丑戌三传，中传丑作旬空，不能刑于末传之戌，戌得自全，何复刑初，初传干支并居一位，夔一足也，而未有山林之象。

⑫ 孚兑吉，悔亡，志信也。

⑬ 例如乙酉日，申加干为用。三传申子辰水局生干，支上丑合子。元吉象也。兼旦暮天将贵常勾土作财神，大利求财。然大忌占尊长事及作生计，何也？土神克生气故也。

一、三六捍艰格。一曰姑缓燃眉格[①]。

一、天人作合格[②]。三六合课，又逢天将六合也。若六合者，支上神若单逢天官六合，其力称少衰弱，亦可云吉[③]。

合中带煞蜜中砒。第八十四[④]。

论曰：三合犯煞少人知，提防好里定相欺。笑里藏刀谁会得，事将成合又更移。言三合课，干支上有刑之、害之、墓之、冲之也。在干为紧，支次之。凡占恩内成仇，合中有破。虽属我事，被人中阻。煞即入室，徒为冤憎。后纵图就，不免先阻。

初遭夹克不由己。第八十五[⑤]。[三格]

论曰：发用下受神克，上逢将制，乃夹克也。凡占身不由己，受人驱策，细详何类克我，以为之断。夹克日财，财不由己而费用，或妻常卧病。夹克同神，身不自由，或兄弟不协。以属推之，思过半矣。惟夹克畏爻，当忧勿忧焉已，然占官不利。

一、诞邻胥伐格[⑥]。

一、家法不正格[⑦]。

一、俯丘仰仇格[⑧]。

将逢内战所谋睽。第八十六[⑨]。[十一格]

论曰：初传坐克地，而克天官也。凡事将成而被扰，或自窝犯，甚而家法不正，丑声出外，由闺而达堂，达乎闾里，以致争执讼狱，甚而死亡。

夜贵内战格。必因贵人而致内乱，切勿交林下仕宦[⑩]。

螣蛇内战格。多凶。怪梦不祥。家宅虚惊[⑪]。

朱雀内战格[⑫]。鼠牙雀角，大都自内致外[⑬]。

---

① 丙申、丙子、丙辰三日，干上丑，三传鬼，水局来伤干，势甚可畏。然为三六相呼，恶不成嗔之体，兼子水既合干上丑，能敌传水，凡谋皆有成绪也，其终有畏忌，且顾目下成合，余则察类而拨置其事云。乙丑日，干上子。

② 入于穴，有不速之咎，三人来，敬之，终吉。

③ 辛未日，干上寅，传亥卯未。壬午日，干上卯，传未亥卯。辛亥日，干上午，传未亥卯。壬寅日，干上未，戌午寅。戊申日，干上丑，三传子申辰，才局，合丑。

④ 有孚，不终，乃乱，乃萃，若号。

⑤ 贞，疾恒不死。

⑥ 六甲日，戌加寅为用神，乘六合，辰加寅亦然。才遭夹克也。六壬日，午加亥作初，将逢元武，亦才爻也，或将天后。甲辰日，辰加卯用。甲戌日，辰加卯用。二者皆乘六合，卯为六合本家，其克更切。庚子日，戌加卯用，夹克父母文书爻也。◎东邻杀牛不如西邻之禴祭，实受其福。

⑦ 惟乙干，丑卯酉亥日，旦寅加酉用，上乘太阴。

⑧ 甲子日，夜将寅加未，未为木墓，寅俯遇丘矣；寅为土鬼，未仰见其仇也。效推。

⑨ 君子以言有物，行有恒，闲有家，悔亡。

⑩ 天癸日，卯加申为用例。

⑪ 丙辰日，旦将，子乘支为用例。

⑫ 君子以除戎器，戒不虞。

⑬ 丁丑日，夜将，雀乘亥临丑用例。

六合内战格。凡为已有成意，被人搅散[①]。

勾陈内战格。帷薄牵连暗昧[②]。

青龙内战格。耗散财物，由不谨[③]。

天空不必言内战[④]。

白虎内战格。内乱以致凶丧[⑤]。

太常内战格。内讼相萦[⑥]。

玄武无内战。

太阴内战格。奸窝由婢妾[⑦]。

天后内战格。帷箔不修。常受妻闹不足，妒悍无忌，或妻妾多病，察神将意以决之[⑧]。

一、五内滋毒格。言干支三传五处俱下贼内战也。占事全无和气，讼被刑，病必死，吉祥不臻，凶灾鲜至。惟宜占官从微而迤逦转迁，大有权势也[⑨]。

人宅坐墓甘招晦。第八十七[⑩]。［二格］

论曰：墓乃昏晦之神。天盘干支出居地盘墓上，乃自甘心受其暗昧也。凡事咸自取侮耳，何得怨天尤人？盖本身甘处困室宇，甘假于人作践，欲免赁典，而终不能自由云。

一、人宅守墓格[⑪]。

一、干支互踞其墓格。干临支墓，支临干墓。凡事彼此各遭昏晦，不宜两相投奔[⑫]。

二格，传内虽有神可喜，而年命克之，乃心多退懒，不自向前云。

干支乘墓尽迷痴。第八十八[⑬]。［四格］

---

① 己丑日，夜占；癸巳日，旦占。六合乘申加巳用例。

② 丁丑日，旦将，卯临申用例。

③ 壬寅日，旦贵，申临巳用例。

④ 丁丑，天空乘卯加申。

⑤ 丁亥日，旦占，午乘白虎临亥用例。

⑥ 例如丁酉日，旦将，卯乘常加酉用例。

⑦ 壬辰、壬戌，反吟，夜贵例。

⑧ 丙寅日，旦将，戌乘天后加寅发用为例。

⑨ 例如癸酉日，午临干，寅临支。癸水克上神午火；酉金克上神寅木；初传未加寅，下木克上土为用；中传子水加未受下土克；末传巳火加子受下水克。己酉、辛酉日，未加寅用，中子末巳。戊辰日，寅加酉用，中未末子。

⑩ 巽在床下，丧其资斧，贞凶。

⑪ 例如壬寅日，亥加辰，寅加未。壬申日，亥加辰，申加丑。刚日四绝体，比比有之。◎君子以思不出其位。

⑫ 其例如戊寅日，巳加未，寅加辰。

⑬ 丰其屋，蔀其家，闚其户，阒无其人。

论曰：干支两两本墓盖之，则人如坐霾雾中，宅则颓摧尘暗，彼此占来皆不如意。《经》云："墓神覆日辰，人宅尽昏沉。"又云："干支墓全逢，所为皆不通。两处欲克害，遇合更蒙凶。欲解离迷暗，须教两处空。"

一、墓蔽人宅格[①]。

一、干支互墓格。言干墓加支，支墓加干，互相遮遮掩掩，我欲蔽他，他却先为障我[②]。

一、出谷迁乔格[③]。言欲置房也。占值干加支，曰人入宅，求之必得，或被支克、支脱、支墓，则目下虽强得，得后无益。占值支加干，曰宅就人，得不费力，亦不可受支脱气墓克。

一、避凶弃宅格。言欲卖舍也。占值干加支，曰人恋宅；支加干，曰宅留人，皆不得脱。若干支相加而支生干，决不可弃，后有长进化凶为吉也。更被支脱克墓害，是终受屋之累矣，不如变置。

任信丁马须言动。第八十九[④]。［五格］

论曰：伏吟之课。五阳日名自任，尚识任人；五阴日名自信，取信自己。其体伏匿不动。若课若传乘二马，遇旬丁，则静而欲动矣。占访谒，则其人必出外干事。事先许后改。

一、任信丁马格[⑤]。

一、任信年命丁马魁罡格。四课三传无马丁，占人年命值魁罡，乘丁马，其主动尤速[⑥]。

一、丁马中阻格。伏吟年命乘魁罡丁马，而中传逢空，不能刑至末传，故前后不能进退。占行人知其必被阻于中路。余占必先有许诺，而后无实惠[⑦]。

一、任信胶固格。伏吟课传无丁马，如欲谋事，伏匿不得启谋，至于凡事，先有所约，其言必践也。盖动中求静终是动，静中求动终是静。诸课不易之诀云。

一、天马禄丁互加临乘坐格。占者必有非细之动。言天马加临旬丁之上，或六丁乘坐天马之辰也。亦有非伏吟而遇丁马，亦主身动[⑧]。

---

① 例如壬申日，干上辰，支上丑。己未日，辰临未。庚申日，丑加庚。若甲申，夜将，干上未，支丑天空，两空。

② 例如戊寅日，干上未，支上辰。甲申日，干上丑，支上未，丑实未空。庚寅，干上未，支上丑。

③ 需于沙，小有言，终吉。

④ 君子以独立不惧，遁世无闷。

⑤ 壬辰、戊辰、丙辰、甲寅、癸丑、癸未、庚申、己酉、辛亥。◎升，元亨，用见大人，勿恤南征，吉。

⑥ 乙酉、己丑、癸巳，辰戌在传，年命在亥。乙卯、乙未、癸未，年命在巳。二例皆丁马交加，占行人身动极速。

⑦ 癸酉、己未、丙子、戊寅、辛巳、丁亥、甲午、庚戌。

⑧ 例如十一月占事，甲午日，卯加申，若占人丑命，名本命恋宅，殊无动意，极验。非伏吟例，如癸未日，干上巳，为马丁，必因才而身动。

按：伏吟卦，六丙日吉，但忌空亡。何以言之？以用德禄中财神，末长生也。六戊日凶，何以言之？以巳克申，申克寅，递刑克而寅克干，且不可作甲戊庚三奇论。以初传天盘巳火，地盘乃戊土也，不可不知云[①]。

来去皆空岂动移。第九十[②]。［三格］

论曰：来去者，反吟课也。反吟体主动，其内有三传皆空陷，虽有动意，实不动也。则宜晰其所用以决之。大率电火风声，起灭无实，总归乌有云。

有宜占难中解祸，余事属子虚者[③]。鬼空也。

有宜占病，不宜求财问婚姻。占妻妾病者，财空墓空也[④]。

有不利占长上之事，不利占尊长之病。病主死，死事瘰废者，生气空也[⑤]。凡六甲旬中戊巳日，都若此。

一、德丧禄绝格。刚日反吟，柔日四绝体也。

一、移远就近格。罡乘青龙六合沴日，真斩关卦。占时发用，名动中不动，寻远在近，逃遐从迩。如初见太岁，中末见月建日辰，亦移远就近，将缓为速。若真斩关，确然移动而中末空亡，欲动不能。若魁罡覆墓，柔日昴星，皆主伏匿万状，能动移乎[⑥]？此格专论斩关课中之一义，非反吟也。

一、似反吟格。占事虽若往来交通，下稍无益。癸未日，干上寅，支上申。三传往来于干支之上，故曰似反吟。始末皆空。柔日昴星，所以伏匿也。如用旦贵合武合，则尤阴私万状，兼之干支上乘脱气，占事不出旅寓。

按：反吟卦体，虽不逢空，望事难成，成而复破。访人多差迭，复被诱差遣。

虎临干鬼凶速速。第九十一[⑦]。［六格］

论曰：白虎作日鬼，不拘临干支、加年命、在三传，一或遇之，穷凶极恶。若不空，若无制，若不恋生，占讼被刑，占病沉重，作二死必死，万事祸不免。惟有官人占得，赴任极速，名催官符使，反不宜受制，不宜空陷。

一、身罹鬼虎格。日鬼乘虎临干也[⑧]。

二、虎鬼飞噬格。虎乘日鬼，在五处遥克干也。二例凶祸极速[⑨]。

三、虎鬼蹈坎格。虎值空亡，鬼坐克方。或乐生乡，或虎鬼阴神，反制虎者。目

---

① 子午日作三奇。

② 贲如，皤如，白马翰如。

③ 己酉日，反吟，卯酉卯例。

④ 乙丑日，戌辰戌例。◎改邑不改井，无丧无得。

⑤ 戊辰日，巳亥巳。庚戌日、甲寅日，并传寅申寅例。

⑥ 例如己丑日、庚寅日，但干辰，支上戌。

⑦ 虎视眈眈，其欲逐逐。

⑧ 注：六己日，夜将卯加未例。

⑨ 注：六甲日，旦贵例。

前灾祸，后却无咎。《经》云："虎之阴神还制虎，生者安宁病者愈。"故其占如此[①]。

四、鬼虎遇猎格。夫鬼虎如小人，稍得势即张爪牙。一受制伏，随即灰飞烟灭，不能为害也。《经》云："鬼坐鬼方［乡］无所畏[②]。"

五、虎鬼乐生格。虎鬼坐长生之上，自荣自得，无意伤人也。《经》云："鬼自就生不来侵[③]。"

六、马载虎鬼格。虎鬼乘日马，凶祸尤速，占讼必远戍[④]。

龙加生气吉迟迟　第九十二[⑤]。

论曰：青龙乘干之生神，作生气加干，目下虽未得峥嵘。日后却徐徐发福。譬诸君子施恩于人，不宣于口，缓缓作吉，绵绵不绝，耐岁寒也。

飞龙利见格。元亨贞吉[⑥]。

妄用三传灾福异　第九十三[⑦]。［四条］

论曰：不备课，干支已乘是神而生比。干两阴克贼，则不可以之发用。何也？以其既为干支之神，而主吉凶，又妄目之以为用神，将以别其休因乎？爰布四例于下。《诗》云："舍旃舍旃，苟亦无然[⑧]。"

辛酉日，干上亥[⑨]。

午	未	申	酉		
巳			戌	亥戌子亥	父　　丑◎⊙
辰			亥	戌酉亥辛（不备阳也）	子　癸亥
卯	寅	丑	子		子　癸亥

既是辛日，亥已为干阳神矣。又安得亥戌作初传耶？宜从别责门，以第四课不备故也。

乙酉日，亥加乙[⑩]。

---

① 注：甲子日，虎乘申加戌作中传，可畏也。申坐戌戌旬空。空矣。其阴神午克申例。

② 甲子日，申虎克末传，可惧也。赖申金坐午火上而受制。

③ 戊寅日，夜将虎乘寅鬼加亥作中传，干上虽有甲子，不能制旬空也，诚凶矣。然寅坐亥恋生，不思害物云。

④ 例如戊辰日，夜将寅马作虎加未为终传，又寅加酉加亥。戊子日，夜贵，寅加未。甲寅旦将，申加午，又寅加戌，又伏吟。甲午日，申加支。若甲申、甲戌虎鬼空不论。◎亢龙有悔。

⑤ 君子以裒多益，寡称物平施。

⑥ 例如戊辰日，夜将三月占之，干上寅，内丁未日亡而不用。九月六戊日，旦将，干上申，内戊寅日，空而无益。六月六己日，旦将，干上巳，内己亥日，空用无益。

⑦ 无妄之灾，或系之牛，行人之得，邑人之灾。

⑧ 又昴星刚日，中干末支，柔日，中支末干，时师，皆误。

⑨ 一说柔日起支，干阳不备。用亥子丑者，是重审宗也。

⑩ 同前说宜作亥午丑。以亥既作支阴，则干阳乃不备耳。

子丑寅卯　　　　　　　　子　　午◎
亥　　辰　　亥辰午亥　　财　己丑⊙
戌　　巳　　辰酉亥乙（不备）　　官　甲申
酉申未午

亥既作日生干，则第四已不备，故不宜作比用门，宜宗见机，以干阴午加亥为用。

甲辰日，子临辰，戌临甲。

丑寅卯辰　　　　　　　　父　壬子
子　　巳　　申子午戌　　官　戌申
亥　　午　　子辰戌甲　　财　甲辰
戌酉申未

时师作涉害论，三传戌午寅，递生递脱，谋望无成，忧疑亦散。不知择比为用，非涉害也。缘戌土畏甲，不敢尚比，甲木比子，得生而和，乃用子申辰。传用递来生日，占事成合喜美，不利释灾，灾福不亦异乎[①]？

乙巳日，干上卯[②]。

辰巳午未　　　　　　　　财　甲辰
卯　　申　　卯辰寅卯　　兄　　卯◎
寅　　酉　　辰巳卯乙　　兄　　寅◎⊙
丑子亥戌

此课亦不可用支阴卯加辰元首宗，用宜从遥克门弹射格。以支辰作初传，传卯寅。

喜惧空亡乃妙机。第九十四[③]**。**［八格］

论曰：喜见空亡者，克也，盗也，墓并神遥克日之属；惧见空亡者，生也，救也，天德生气也，日财日禄日官也，月德日德也，及日遥克神之类。凡天盘空曰游行空亡，十空其七；地盘空曰落陷空亡，其空无余矣。其喜其惧，其格惟五。

一、见生不生，不如无生。或自入庙；乐贪恋生乡，不来生我；或生[④]坐克地，自顾不暇，何能生我？一入空陷，大空之象。占父母病，必主不治。占干上位，亦属徒然[⑤]。

一、见克不克，徒为鬼贼。鬼居克境，自救犹难，何能伤我？若坐生方，恋荣躭乐，无心克我，不能为害。然临日辰年命而无制伏，则空鬼猖狂，虚费百出，或失人

① 甲戌日，干上辰，支上子，亦取用子。
② 亦同前论，三传卯寅丑元首宗也。
③ 天地盈虚，与时消息。
④ 疑无此字。
⑤ 例如甲乙，以亥为生。若居申，则恋生不动；居四季，则受制伏，纵日辰行年逢之，亦不得来生我。

口，或犯官司[①]。

一、见财无财，虚耗乃来。财居未[②]地，不可取。作空坐空，反多所费。不利婚姻，忌妻妾病[③]。

一、见救不救，灾还自受。贪生受克，俱不为救，或空或陷，反为愆咎。况四课三传本命行年不逢日鬼，则救我者，即脱我者也[④]。

一、见盗不盗，荆棘风萑。盗气之神居克乡，履空陷，皆不克[⑤]盗窃我气，反灾成福[⑥]。

一、德贵合局生身临身格。主消除祸患，阴集祯祥[⑦]。

一、生空忧亲格。长生空亡，须忧二亲及长上之灾，以类将定其何亲。月内生气空亡，如之[⑧]。

一、一喜一惧格。谓干上长生，三传皆鬼也。若乘时，则无惧而有喜。

六爻现卦防其克。第九十五[⑨]。［十五格］

论曰：干支上或年命上所现六亲，若三传全局克制而无解救，则灾患随之；有解无咎。若三传所克者，四课年命不现，不在论也。其属有五，外格有十。若六爻相生课年而成类者，乃三传生起日干年命上象也。

一、财爻现卦，必忧父母。歌曰：三传都作日之财，得此须防长上灾，年命支干官鬼立，可知父母不为灾。然必四课年命上无官鬼爻，方可言父母灾，亦必干支上、年命上先有父母爻，后被传财克之，方可言长上二亲灾[⑩]。财旺之月，忧及尊长；财值休囚，只为财耳，或求财而有妨生计，或被恶妻逆其舅姑[⑪]。

一、父母现卦，必忧子孙[⑫]。歌曰：父母现卦子孙忧，日辰年命细推求。同类比肩

---

① 鬼无形，空类也。空鬼莫测。甲乙日，申酉居巳受制，临四季则恋生例。

② 疑作鬼。

③ 例如甲乙日，四季财神加寅卯上，自耗我才；居申酉乡，彼生我畏，反有所失。财入空亡，得不偿费。

④ 例如甲乙，传内先见申酉金于日辰上，则巳午火为救神而居生地克地空地陷地，亦不能来救矣。如无金鬼克木，则火子反盗木云。

⑤ 疑无此字。

⑥ 例如甲乙日，见巳午盗气者也。而临亥子，或作空亡，则为福德也。

⑦ 如乙酉日，旦占，干上申，三传水局生干，缘旦暮天将皆土，使水局不能生乙木。如用夜贵，尚赖贵临本身，犹得靠倚贵人以求其生计。

⑧ 戊寅日，申空。庚子日，巳空。壬午日，申空。甲子日，亥空。

⑨ 噬腊肉，遇毒，小吝，无咎。

⑩ 二段，六亲同论。效推。

⑪ 例如辛未日，干上午，传亥卯未木局，日才虽忧父母，然而干上先有午火生上（疑无此字）父母，窃才之气，为从传才化鬼格，则父母无害。如占才，仍有灾祸。丁丑日，干上卯木父母，岂应三传金局来伤？若此者，断其二亲灾，才妨生计，悍妇逆亲为的。己丑，干上午。庚辰，干上未。丁酉，干上卯。戊戌日，干上午。同论。至若乙亥日，丑加乙，下克上发用，三才丑戌未才局，伤父母，欲倚支上申金生水父母而脱传才，孰意申空不能生，此亦不能脱，乃伤父母，奈何。

⑫ 天下雷行，物与无妄。

居上头，男儿昌盛不逢仇[①]。

一、子孙现卦，必忧官职，亦忧申雪鸣冤官事。歌曰：子息现时官事无，古法流传定不虚。岂知六处财爻见，官迁讼罪病难甦[②]。

一、官鬼现卦，忧己身、忧兄弟。歌曰：官星鬼贼作三传，身宫昆弟不宜占。父母爻透在云端，己躬兄弟总平安[③]。

一、兄弟现卦，必忧妻财。歌曰：干之同类偏传中，钱财耗散蓄妻凶。枝干上神乘子息，妻房无恙货财丰[④]。

一、传财化鬼格。前曰：传财化鬼财休觅[⑤]。

一、传官化父格。诀曰：传鬼为文官烦恼[⑥]。

一、传父化兄格。语曰：传文化比文书滞[⑦]。

一、传兄化子格。传曰：传比化脱身衰耗[⑧]。

一、传子化财格。记曰：子孙为财后嗣吝[⑨]。

已上五格，举占病以例言。须逐类现卦，虽有不吉，其类乘时得地，带天月德合，则反不为凶。如值死绝，坐克方，其死无疑也。

按：六爻每言五者，何也？以官鬼有二说。妻占夫，不宜官爻隐；自占身，不宜鬼爻现。占病尤切。总宜视天将而决其休咎死生。

一、见类自墓自克格。乃午［克申］丑［墓申］申作三传也[⑩]。此格有官人占之，不可，主黜革降罚。常人占之，反解难除祸。缘末传申金为官鬼，被初传午火遥伤，中传丑辰逼墓，而申甘心自投于墓，全无气象故也[⑪]。皆由中墓初克，不得展舒条达云。

一、趋利闚墙格。缘干支自相争夺也。惟十有二日。《经》曰：“干支同类难求财[⑫]。”

---

① 例如戊寅日，丑兄临干，戌加支受克，发用三传戌午寅火局伤金子，以火乃土干之父母也，故其象如此。却赖干上丑生子息，脱父母之气，并力生之，又何伤哉。

② 例如己巳日，三传得酉丑巳金局子孙，须忧官职。而干上亥才生官爻，窃子气。余悉如上论。占官讼疾病忧患事，则大忌。

③ 例如乙丑日，干上子，三传巳加第四课酉，蓦越元首发用，中传丑，末传酉，反射金局，全鬼克干、身及兄弟，能无忧乎？而干上先有子水盗官气以生干、身及兄弟，夫复何危？反妨妻才。

④ 例如丙寅日，干上丑，子生才脱比，虽三传戌午寅火神，而不伤妻才。

⑤ 例如辛未日，干上午鬼也。三传卯亥未木局来生火午。

⑥ 例如乙巳日，干上子，父母也，三传巳丑酉金局生水父。

⑦ 例如戊午日，干上丑兄，三传寅午戌火局，从丑而化。

⑧ 例如丁亥日，干上戌子，三传午戌寅火局，同类生之。

⑨ 例如甲寅日，戌才加干，三传戌午寅火子，从戌土化。

⑩ 乙干，卯巳未酉亥五日，午加亥为用例。

⑪ 例如丙辰、丁亥二日，午丑申，是才爻死气。己亥日，长生无气。庚戌日，人宅无气，申丑午。庚辰日，德禄无气。辛亥日，同类无气。六壬日，长生无气。

⑫ 甲寅、乙卯、丙午、丁巳、戊辰、戊戌、己丑、己未、庚申、辛酉、壬子、癸亥。

一、白蚁食尸格。占值父母爻作虎坐墓，必父母墓中生白蚁，入棺嘬尸，而致家宅祸滋，端绪不一。如父母在，亦主病灾，更作月内死气死神，占父母病，必主死亡[①]。

一、懒去求财格。凡干上见同类，若传中见财者，宜求财也。自心退悔而懒去求之，恐致争夺也。余逐类以决其事[②]。

一、德丧禄绝格。阳日反吟，柔日四绝也。

旬内空亡逐类推。第九十六[③]。[七格]

论曰：旬内空亡，亦各有所属，则亦各有专司。虽曰吉凶无成，然所专司，则尤为甚。若占非其类，则犹可察其事类云。爰按日分类如左。

甲子旬中戌亥空，天倾西北也[④]。甲子、乙丑[空墓]日，空妻财，空父母、文书。丙寅、丁卯日，空子孙、官鬼、墓、贵人。戊辰[空墓]、己巳日，空兄弟，空妻财。庚午、辛未日，空救神、生气。壬申、癸酉日，空官鬼、同气。

甲戌旬中申酉空，金空则鸣也。甲戌、乙亥日，空官鬼。丙子、丁丑日，空妻财。戊寅、己卯日，空子息。庚辰日，空德禄、旺神。辛巳日，空禄旺。壬午、癸未日，空父母。虽申酉在干在年，亦不中也。

甲申旬中午未空，离中虚也。甲申、乙酉日，子空、墓空、财亦空。丙戌、丁亥日，兄弟、子息空。戊子、己丑日，父母、兄弟空，戊空暮贵，己兼空禄。庚寅日，鬼空，暮贵、生气亦空。辛卯日，旦贵、父母、官星皆空。壬辰、癸巳[墓空]日，妻财官鬼空。

甲午旬中辰巳空，地缺东南也。甲午、乙未日，才、子空。丙申、丁酉日，子、兄空。戊戌、己亥日，墓空，比我、生我亦空。庚子、辛丑[墓空]日，父母、官鬼空，长生亦空。壬寅、癸卯日，鬼墓空，旦贵无为，妻财亦虚。内丙戊日，德禄空。辛癸日，德空。

甲辰旬中寅卯空，木空则折也。甲辰、乙巳日，己身、同类空，禄旺空，甲德亦空。丙午、丁未，父母文书生计空。戊申、己酉，官鬼空，合害亦空，己更空德。庚戌、辛亥，妻财空，辛空暮贵。壬子、癸丑，子孙空，止宜脱祸。

甲寅旬中子丑空，牛女孤也。甲寅日，旦贵空。乙卯日，刑空，二日并空父母、妻财。乙日，旦贵亦空。丙辰、丁巳[墓空]日，官鬼、子孙空。戊午、己未[墓空]日，旦贵空，妻财、比肩空。庚申日，旦贵空。辛酉日，破合空。二日并空子孙、父母、

① 壬癸，夜将申父加丑乘虎。六戊日，旦将午乘虎加戌。六己日，旦将巳加戌。余以类推。

② 例如六甲日，干上寅，或卯加干。

③ 甘临，无攸利，既忧之，无咎。

④ 君子以常德行习教事。

墓神。壬戌、癸亥，兄弟、官鬼空。

按：空神不在干，不发用，或在支上、年命上者，亦无用。《经》云："所救神空者，即子孙爻空也。"

十恶大败格。惟十日，日禄神空，无禄者也[①]。

所筮不入仍凭类。第九十七[②]。

论曰：凡占事各有类神，类现课传年命，则见其得失美恶。如不在六处，何以决之？亦寻其类神。占文书责雀，占病责白虎之例。不可不知。如占失脱而元武日鬼六处不见，亦必凭鬼武而言其方所色目也。效推。

非占现类莫言之。第九十八[③]。

论曰：神将所司，虽不一事，顾有专职，不能以一神一将而贯万物万事也。是以六处所现非所占，则不得据以妄断其休咎。如白虎临寅在支发用，与寅加申作初传，主有栋折榱崩之惊，而来人占财占官，宁可以是决之？不可不察也。

常问不应逢吉象。第九十九[④]。

论曰：管子云：官自为官，民自为民。官占与民，民受其迍。言官民有尊卑之分，天地生物非混然也。故数有前定，有官数，有民数。若龙德，若铸印，若高盖乘轩，若斫轮，若富贵，若三光六阳诸吉课，有官君子占之，则迁升觐奏，庶常黎民占之，反招灾致吝，甚则因讼罪而名达朝廷。占疾病，则死亡而面见冥王，苟幸而远干出外，或赴谒亲贵任，庶几可得免灾脱讼。《书》曰："人用侧颇僻，民用僭忒。"

已灾凶兆反无虞。第一百[⑤]。[二格]

论曰：凡占者灾讼之后，又占逢丧魄、魄化、天狱、天寇、网罗、殃狱、二烦、六阴、五虎诸凶象，则灾祸丧讼已见而销熔，不足为虑也。若未见，则主病讼丧祸骈至，须戒慎恐惧。《诗》云："虽则如毁，父母孔迩。"

一、天罡临身年命格[⑥]。天罡辰，辰加干，若本命、若行年者，静者主动，动者主静。占讼必入狱也。而已狱，即释宥宁家。余占吉反凶，凶反吉。

六丙日，干上亥。反吟也。天门加地户。占主病讼，已见过者，反宜结绝旧事。又作旦贵，宜告贵绝除凶事。天倾地陷格。

一、以凶制凶，凶散无咎格。

六癸日，辰加干。夜将辰乘蛇加丑，墓干克日，最凶兆也。不知末传戌乘虎冲辰

---

① 甲辰、乙巳、丙申、丁亥、戊戌、己丑、庚辰、辛巳、壬申、癸亥。

② 其亡其亡，系于苞桑。

③ 括囊，无咎，无誉，慎不害也。

④ 或锡之鞶带，终朝三褫之。

⑤ 需于血，出自穴。

⑥ 有孚血去惕出无咎。

破辰，为破墓冲鬼，无咎。况在已灾之后乎？内癸丑、癸卯、癸巳、癸未四日，旦将戌虎加干，更惨毒也，亦赖辰蛇冲戌破戌制虎，可以解。凡若此例，所谓以凶制凶格也。

右百章，凡三百八十九格。

大六壬青钱赋正文

主客会分灾福应，类神的当理通灵。三传夹定分为事，四课盘珠谋事成。

财墓加干财未出，干乘鬼墓鬼阴凭。三传朝日分凶吉，始末回环反覆频。

入墓由财财耗烁，财归本库足丰盈。医人欲得逢生气，病者何宜见死神。

用事欣逢三六合，散忧偏喜破神鸣。传中有墓遭囚狱，传用冲神囚出因。

白虎伤干忧损重，青龙加日所谋亨。干加支上人归宅，支到干头出怎寻。

支上逢空寻觅滞，支头和比主宾迎。逃亡但求玄本位，盗贼当求玄武阴。

干上空亡空里实，空亡何类辨其情。玄藏贵顺财非盗，十二支神逐处评。

用起贵前人可望，三交关格未回程。支加干上胎生易，时下阴阳男女分。

枝干相加分五等，传神关隔有三论。遥神两煞分为四，神煞纷纭以理明。

六墓入传犹有救，三宫真假式中呈。九家别责归三乙，五日八专干遁真。

子至巳头阳已极，午加亥上极阴凝。岁乘天喜天书赦，天喜居空喜未能。

四课三传形隐匿，年命逢真意外兴。

干支长生十二位图二。

古张沙壬隐叙录

大六壬青钱赋疏解[①]

主客会分灾福应。

六壬之法，大要先分宾主。宾主者何？日辰是也。日为宾，为长；辰为主，为幼。此定法也。若我干他人，则日为我，辰为人；人来干我，则他为日，我为辰。盖以干为动，支为静故也。若占讼、博弈之法，以先起者属干为客，后应者属支为主。干伤支吉，则主胜；干吉支伤，则客胜。干上受克，客不利；支上受伤，主不利。如久静思动者，则得支传干；久动思静者，则得干传支。反此者，祸福不应。

① 壬隐集注。

类神的当理通灵。

世间万物，虽无穷尽，取类于十二支足矣。故六壬紧要，则惟类神[①]。邵康节八段锦中，已自理备，更有未尽，则依经以断。夫课有限，世间万物，触类则该。申为僧为舅，寅为道为叔。巳中蟋蟀[②]，酉中昴鸡[③]。若论毛色之禽，视朱雀；走兽猫狸之属，视白虎。今有赌赛遏云集者，占以太乙歌唱之神主之。相扑胜负场者，当以大吉角触之神主之[④]。至于人伦事物，动用所需，包藏十二字中，三传仔细消息。如占骑射，巳弓申箭。占物方圆，天空太冲[⑤]。占试对策，亥子为周易志略，巳午为二礼文章，寅卯为诗经语录，申酉为尚书春秋，三传辰戌丑未为策论。推之。

三传夹定分事类。

课如日辰夹定三传，则视天将吉凶，凶固难逭，吉亦必臻，惟喜占成合诸事，若占忧占病占讼占行人，皆不利也。外有透出支干外者，则先紧后慢。更看所夹何如，若夹财，利求财，忌病讼；若夹官，利求官，忌病讼；夹脱，利忧病而忌用事，利占产而忌占孕；夹生气，利用事，不利散忧；夹兄弟，百事不利；夹空亡，则事多虚，枉用其心，竟无实效[⑥]，外有日辰虽然夹定三传，如日辰上或乘空亡，则遇之不遇，夹犹不夹，始勤终怠，有名无实，过后失时，失于机密，反成不足。透支，有凶不致死亡，有吉不成大庆。又有三传虽在日辰中间，而欠前一位，或失后一位，谓之夹定虚一。此例占事，多小节不圆。更看何虚，若虚财，因财不足，不能成事；虚官鬼，因官事外生不足；虚同类，则手足不足；虚子孙，则卑幼不足，作挠不足；虚父母，长上不足，文字不圆。更参以天将吉凶断之[⑦]。有一等名透关鬼格，号曰“当时不时，过后失时”，致使已成事反破[⑧]。盖透者，是干上传出支外。《经》云：“夹住不住，富中有去。所透者鬼，反凶成吉；透出财爻，反吉成凶[⑨]。”若是退数透出，因进用太过，反成不及。至如干透出支，不利外事，主有回环之意，先动后静。支透出干，不利内

---

① 例如占人在外存亡，不知年命者，即寻其类。戊寅日丑将寅时，占一道士在外，不知存亡，不知年命，即以寅为道士，乘龙加卯，在东方木旺之地，此人当在东方无事，春首必回。数日，遇其诸徒，询之。答曰：往绍兴干事，正月下旬方回之类。

② 斗促织者用之。

③ 斗鹌鹑青雀黄头斗鸡之属用之。

④ 偏不用天罡，以罡嚚讼也，故用大吉福神。

⑤ 天空主空虚之物，太冲主方圆之物。

⑥ 乙丑日。干上巳，三传寅卯辰（同气）。癸酉日，干上寅，三传亥子丑（同气）。庚辰日，干上酉，三传午未申（才神）。甲午日，干上卯，三传辰巳午（子孙）。壬申日，干上戌，三传子亥戌（同气）。甲戌日，干上丑，子亥戌（生气）。癸巳日，干上子，三传卯寅丑子孙。

⑦ 例如丁卯日，干上申，三传辰巳午，欠一未字，乃子孙爻也。暮将朱雀，则卑幼文字、口舌不足；旦将勾陈，主子孙旧事牵连未了。辛卯日，干上申，三传丑亥酉；壬午日，干上酉，三传寅子戌；乙酉日，干上寅，三传未巳卯；丙戌日，干上卯，三传丑亥酉。斯则日辰夹定三传，间传虚一格，如逢年命填实，不在此论。

⑧ 例如甲子日，三传子亥戌（才），此等成吉。

⑨ 主破才。

事，惟宜出外动也。若支朝干，干朝支，比支透支者，吉凶尤紧，盖不能透出于外也[①]。

四课盘珠谋事成。

三传不离四课，号曰如盘走珠。占吉成吉，占凶成凶，惟忌占病讼忧产四事[②]。《经》云："阴阳关隔传藏课，内外营心成虚破[③]。"

财墓加干财未出。

才墓，甲乙日，辰为土库；丙丁日，丑为金库；戊己日，辰为水库；庚辛日，未为木库；壬癸日，戌为火库。皆日才也，而加干，多主旧远之才、田宅之才，或不明之才，有名无实，指空话空之才。如传课年命有破墓之辰，方可去求财，不然，急切未有，更或墓空徒劳心力[④]。更详所乘天将，以定才之名色。尤看冲神，以推所托之人[⑤]。

鬼墓加干鬼暗兴。

鬼墓者，甲乙日丑，丙丁壬癸日辰，戊己日未，庚辛日戌也。掩持万物，隐匿阴私，无过于墓。鬼墓加干，其凶愈炽。何也？明见其鬼，犹可防御，墓鬼暗昧，倚草附木，借姓假名，卒不可治，病讼大忌。鬼谷子云：鬼在墓，危疑者甚[⑥]。

三传朝日分凶吉。

朝日有二：有支用传归干上者，有他处传归干上者。若吉神传吉，主成合事，不求自至，无心中得；凶神传凶，则祸来不测，占忧占病，生产行人，并不喜见。谚云：闭门家里坐，祸从天上来。支传干例[⑦]。干传支者，如臣使君，子使父，不免俯就于人，为之抑勒，不得自由，旺相犹可，死绝更凶，利卑不利尊，利静不利动[⑧]。又或有他处发传朝支朝干者，同例。

始末回环反覆频。

日辰三传，互换三合，递相牵连，卒未了当，占事翻来覆去，且看全脱全鬼全生

---

① 庚午日，干上未，三传午巳辰；癸卯日，干上子，三传丑子亥；乙巳日，干上卯，三传卯寅丑；辛亥日，干上酉，三传戌酉申；癸酉日，干上卯，三传丑卯巳；戊子日，干上未，三传辰午申；庚辰日，干上戌，三传申戌子。

② 例如辛亥日，干上酉，三传戌酉申。及戊子日，干上子，三传子未寅者。

③ 此类极多。庚申、甲申、庚寅、甲寅、癸丑、癸未，反吟皆然。

④ 例如庚寅日，干上未，乃才库，支上丑冲未，如锁得钥，才方可出也，其如空何。

⑤ 如年命上冲墓破墓，则自己可向前也，刑墓亦得。

⑥ 例如甲子夜占，丑加申，若课传年命得子孙，则不凶。

⑦ 如丙寅日，干上午，三传辰巳午；庚子日，干上午，三传戌申午；壬寅日，干上戌，三传子亥戌；戊寅日，干上午，三传辰巳午；甲戌日，干上辰，三传子寅辰。

⑧ 例如甲午日，干上辰，三传辰午申，甲木传入死地，何缘得吉？行人未来，病者必死。丁亥日，干上酉，三传酉亥丑，被才贵人引入绝墓，大不利与贵人交易财物，反有所屈。庚辰日，干上午，三传午辰寅，此则支上寅助午鬼，反害尊长，大不道也。余仿此。

合则，以定其事。全脱例[①]。全脱，多主互相脱赚，卒无了当，用事不成，卸事不免，求财费力，疾病迁延。全鬼例[②]。全生例[③]。全财全比者并无。已上诸例，更视天将以断其事，总不出窟穴。惠迪吉，从逆凶，惟影响。生我者益我，脱我者盗财。若三传全鬼本凶，年命日辰见子孙，即能制鬼；有父母，夺其杀机。当日旺相，鬼气休囚，皆无畏也。脱气，要见父母；全生，莫遇妻才。更详三合之中，有一字空，则为空合[④]。

随财入墓财销铄。

日财随入干之墓，是才入鬼库也，反不能聚，烁财折本。更看墓上天将，决破财之因。或被人就库内移易其才，亦看天将，定其乏财之由、耗财之人。虽墓空墓破，并不中用，才之不聚，消折殆尽[⑤]。

财归本库足丰盈。

三合课受日克者也。丙丁日遇巳酉丑，戊己日遇子申辰，庚辛日遇亥卯未，壬癸日遇寅午戌。亦宜日干旺相有气，才可求财。日干死气，乃成虚话，终不可作课中之才[⑥]。夫此例，不特三合课有之，亦效此推[⑦]。

医人欲得逢生气。

医以救人为本，故喜生气。占病，全要生气、福德、解神、天地医、天月德也。但生气有二，有正月起子顺行者，为岁月生气；有日辰生气，日本父母也。福德，子孙脱气也。更考生气之类，入传而落空亡，或克日，依然无用。生气克日，则病反增。解神克日，主病再发。医神克日，其药无效，或不肯服药，或错用药，被医所误。三者占病，皆当易医求福则可。

病者不宜见死神。

病畏棺椁，寅卯是也。若乘二死、丧车等煞，则死。如乘天月德解生气，则不然。

---

① 如庚申、庚子日，干上子，三传辰申子；庚子、庚辰日，干上辰，三传子申辰；甲午、甲戌日，干上午，三传寅午戌；甲寅、甲戌日，干上戌，三传戌午寅。全脱也。

② 己卯、己亥日，亥加未，三传亥卯未；又未加亥，三传未卯亥。

③ 如丁亥日，未加亥，三传未卯亥；丁卯日，未加卯，三传未亥卯；癸酉日，巳加干支，三传巳酉丑；丁卯日，卯加丁，三传未卯亥；丁亥日，卯加丁，三传未卯亥。

④ 辛未日，干上寅，其三传亥卯未；戊辰日，弹射，子申辰；戊子、戊申日，辰申子；六丙日，酉丑巳。皆全才也。壬辰日，支上子，全比也。丙寅、丙午，干上丑，三传戌午寅，亦全比也。

⑤ 例如丁巳日，干上申，三传申酉戌；辛巳日，干上酉，三传卯寅丑；庚辰日，干上未，三传卯寅丑；丙午日，干上午，三传申酉戌；丁丑、丁亥，并干上申，三传申酉戌。申酉，才也，戌，火库也，火为申酉金之鬼。忌占身命、疾病。

⑥ 例如戊辰日，子加辰，三传子申辰。润下水局作日才，似乎才旺生鬼，不中用，而喜自旺传归本墓，才有依归，聚而不散。若日干无气，则水众土寡，反被所溃。又如辛卯日，未加亥，三传未亥卯，墓入才也，作今日全才，但不合自墓而传向长生，其财主先聚而后散。此例大觉费力也。

⑦ 辛未日，干上寅，三传亥卯未，阳贵，因才而生祸；阴贵，有女祸，或先得才而后凶也（比用，曲直，纯才。三六相呼，外内逢才）。

又有六合乘二死者，同论。讼为枷棒，病为棺椁，亦必乘凶将，值无气，方可言之。乘吉神而有气，未可言也。

用事当逢三六合。

用事求谋喜三六合，然有喜有畏者。寅午戌合，有始无终，各恃已见而合也，唆人上屋，拔了梯子。申子辰合，虽初差迭，后却归一事，多附下折腰之象。巳酉丑合，人心不齐，事多更革。亥卯未合，或是或非，有头无尾。更看与日成何物类，若见鬼局，势不可遏，须得日辰年命，有子以制，有父以窃，则其凶缓小[①]。如遇日财，则要身生，日辰年命有神生我，则不畏其众，未免艰辛用力，可以得之；不则，恐因财致争，更防长上之灾。或作今日脱气，乃众口脱一人也，虽明脱于我，不知暗义，则此其索债博弈取才。或作今日之比[②]，则要身旺。若日夜作今日之父母爻者，尤宜用事，但三传中有一字空，则成画饼，或有刑害相冲中间一字者，主因喜而生忧，不可托人[③]。又看天时、地利，损益之理言之尤妙。六合者，子丑、寅亥、卯戌、辰酉、巳申、午未相对合也[④]。

散事何忧见破神。

成事喜合，散事喜破，理必然也。破神有三：岁也，月也，日也[⑤]。

传中有墓囚遭狱。

病墓为冢，财墓为库。占讼见墓，非狱而何？三传年命逢之，囹圄之兆著矣。破墓传生，囚乃释放[⑥]。

传用冲神囚出因。

凡人入狱，必有出期。若魁罡加日，出矣。若关神入传，用破关日出；不入传，用三传冲处出[⑦]。

白虎伤干忧损重。

白虎，动神也。乘吉克日吉事成，乘凶克日凶事炽。利占官问信，不利病讼。若日辰行年制虎，或虎空亡，则不在论。

青龙加日所谋成。

---

① 例如庚寅日，辰加庚为父母，三传火局之戌午寅克庚，辛庚上先有辰土，窃其火气，而生庚金，则莫予毒也已。

② 比一作才。

③ 例如寅午戌，甲申旬中，午字空，或日辰年命又见一午字，则为三合刑，见子则为三合冲，见丑则为三合害，皆不成三合也，则鬼不能克，脱不能盗。

④ 例如壬戌日，干上丑，支上子，乃干支作合也。殊不知甲寅旬中，子丑空，乃成虚喜，或年命见未冲丑害子，正为喜内生忧也，反多不足。此类甚多，举一为则。

⑤ 例如庚午年正月乙亥日，三传申戌子，初传月破，中传日破，末传岁破，三破皆全，宜散事，不利用事。

⑥ 例如戊辰年五月丙寅日，申将丑时，三传子未寅，行年在卯上，见戌乘蛇，乃日墓，又作狱神，其人占狱，真牢狱，必入于狱也。

⑦ 如壬戌日，干上戌，三传戌酉申。至于丁卯日，上见寅，冲末传申，出日疏放，或用破墓日，亦同。

白虎遇金为右掌，主刑狱死丧征伐之事。青龙属木为左掌，主礼仪出纳王命之事。故虎为廷尉，龙为丞相，三传年命遇龙乘吉生日，事成谋遂，占利财官婚姻和合。若六处有克龙者，不中。

干加支上人归宅。

干为人，主动；支为宅，主静。若干加支，占人必至，访人必见，利静利入，并利内事，不利动出，不宜占外事①。又有日才加支者，乃进才象，宜求才，或内财内妻妾才皆美，不利出才。常占无事，有干作鬼加支，主有外事相扰②。

支加干上出难寻。

支内，干外。支往加干，占人不来，访人不在，利动利出利外事，忌静忌入忌占内事，常占主动摇不安。若支来克干，乃上门乱首，君不利占。尊长遇之，主有子孙逆忤之事③。上例赘婿也，尤凶，不利卑幼。

支上逢空寻觅滞。

访人成事，要支上有气相生三六合，则去必见，求必成。若支上见空刑破害，多主不利，或不在家，纵见得，求事不允，十有九应④。

支上相和主客迎。

我欲干彼，喜支上见生气三合六合，去必见，见必喜，倘相克刑害，不中也。我去干他，他藏不出，他来干我，我亦喜颜⑤。更看天将，害之者皆凶。外有来人占人在家食与未食例，用旬遁干之六合食神加支者，其人在家方食⑥。或见太常临酉加宅，其人必饮食，或去有酒食⑦。

逃亡但寻玄本位。

元武主盗逃之事，何必他求？若逃亡，专看玄武本位，便是存着之处。如值空亡，则难寻，或死于外也⑧。或看类神⑨。若传课内不见游都，都贲勾陈制武，若都勾与武相生，纵知着落，亦不可捕。如日辰上见太阴六合，三天俱动，辰戌斩关，子午三交，登天门，涉三渊，皆不易寻也。

---

① 例如辛巳日，干上卯，戌加巳，辛课寄戌，乃人归宅也。缘辛金怕巳火克，再归本位，受卯木之才也。所谓不恋故乡生处好，受恩深处便为家。

② 以天将定其事因，如庚寅日，申加寅例。庚寅日，反吟。旦占，隔将，因财而搅；暮占，为外战，蛇鬼外来而祸由内起，妻女灾。

③ 例如辛卯日，卯加干，又遭阴神申克，末传又见金墓，此主伸展不得，利人不利己，主摇动不安。

④ 例如庚戌日，卯加戌，是财落空亡，我去干他，反被所误，兼亦投空也。

⑤ 例如甲戌日，卯加戌，为支来刑干上未，卯为日之羊刃，去必凶。

⑥ 如甲子日，寅加子，寅中有丙火，为食神加支也。

⑦ 食神：甲丙，乙丁，丙戊，丁己，戊庚，己辛，庚壬，辛癸，壬甲，癸乙。

⑧ 例如辛未日，巳加午，三传巳辰卯，占逃，缘自支传出，又元武加亥为空亡，下临子水，投河死了。

⑨ 例如乙未日，卯加未，三传亥卯未，占婢走，元武加巳，亦是空亡，下临酉，乃本位，故不作空亡，却用酉为婢，加丑，次日北关门捉获。缘游都子水加日克巳火元武，天目在卯加支，故难去也。以酉为婢位，故不论空。

盗贼当求玄武阴。

《经》曰："亡人随武溺，盗贼往终擒。"如占贼，当往玄武三传尽处寻之。若乘六合太阴，或反伤勾陈游都，则不可捕，必然拒捕。乘生气未败，近日支者近，远日支者远，日辰年命有制武之神，天目入传，游勾制武，或元武三传自战，或乘太阳，皆自败易获。更看其临何处，为获方。看第二传神，定其颜色人物。若日辰上见除定危开太阴六合辰戌卯酉，皆难获。武传有气生武者，不败[①]。

	青	勾	合	朱	
	丑	寅	卯	辰	
空子					巳蛇
白亥					午贵
	戌	酉	申	未	
	常	玄	阴	后	

玄	青	勾	贵
酉	丑	寅	午
丑	巳	午	辛

官	壬午	贵
财	戊寅	勾
父	甲戌	常

	空	白	常	玄	
	卯	辰	巳	午	
青寅					未阴
勾丑					申后
	子	亥	戌	酉	
	合	朱	蛇	贵	

后	蛇	勾	空
申	戌	丑	卯
戌	子	卯	丙

子	丁丑	勾
官	乙亥	朱
财	酉	贵◎

此课元武乘午火，当初竟奔寅木三传之尽藏身。岂料寅为游都，是飞蛾投火也。妙哉。元武居申折足，中传朱亥克之，贼必得矣。

空亡干上空中实。

空本无形，一加日上，虽空不空。若占散事，尤不脱；若占成事，却不肯成。故为进退之象也。月将亦不论空亡[②]。若是壬申日占，壬课在亥，地盘在亥，不可言空；天盘日禄，则空论之矣。而亥将，则皆不空也；十月占，如之。

更审空亡何类神。

空有喜畏。若新病、散事、占产，喜空亡也；旧病、占孕、成事，何可空亡？鬼脱凶将要空，鬼空不克，脱空不盗，凶将空而反美，财禄生比忌空。德禄空，禄难求；财神空，财难守；同类空，我亦空；生气空，生何益；吉神空，遇吉亦虚；墓库空，

① 辛巳日，午贵加辛式。干上午鬼发用，三传全鬼，自日上传入火墓之蛇以藏其身，如何得败？兼之元武加酉，化成金局，生起武本癸水，故不败。◎丙子日，干上卯空式。占贼败否。元武加午，三传尽处见寅，为游都乘马，支阴见申，为鲁都克干上卯木，贵登天门，贼隐无形也。辰为盗神乘虎，主凶恶之人为盗。丁丑日败。

② 例如正月亥将，甲子旬戌空而亥不空，以月将故也。

才尽人亡。占后嗣，不宜子空；占长上，不宜父空；官鬼空，不利求官；妻才空，不利占妻问利；兄弟空，不利占兄弟，占病大忌。《经》云："空亡能救人，亦能杀人。救人者，克贼盗贼入空也；杀人者，救神吉将落空也。进茹空，不宜进而宜退；退茹空，不宜退而宜进。占病大忌，占事无伤[①]。"

贵顺玄藏物非盗。

失物若见天乙顺行，元武不入传课年命者，物非人盗，乃自失也。或年命日辰若见所失之类，可寻；类落空亡，则失矣。若天乙逆，元武入传在亥，则被盗也。

十二支神逐处分。

物既非盗，看所失之类在何方，不落空亡，皆可寻觅。子在房，丑在园，寅左廊，卯在前门，辰在积壤，巳在厨灶，午为庙堂，未为井，申为右廊，酉在后门，戌为仆室，亥为坑厕。柔日昴星、伏吟，皆在房[②]。

用起贵前人可望。

占行人，法多而应少。但以发用在天乙前必来，在天乙后未来，更以天干加处为到时日[③]。又看去人年命，如在生方，则脚犹未定，主未回[④]。

三交关格未回程。

人知子午为三交，不明何以谓之三交。盖阳建正月起寅顺行，阴建正月起戌逆行，至五月阴阳建会于午，十一月会于子，二八月对立卯酉之门。又刑德者，刑自十一月从乾［戌］上九变［初九］至二八月间在门，德自十一月从坤［申］初六变［上六］至二八月间会于门上。会者，交也。阴建乃月厌，隐匿之神，与刑同。阳建，月建也，为福会之神，与德同意。今建厌会于子午，故为之三交。卯酉谓之关格台土也。与夫戌为阴关，辰为阳关，加日名斩关，占行皆未来。

支加干上产生易。

干为子，支为母。干加支，是子恋母，难生，更干克支母，有凶[⑤]。支加干，易产也，更上生下，尤易[⑥]。若支空，尤妙。

时下阴阳男女分。

定产男女，其法颇多，鲜有的验。独用正时下是阴是阳，阳即男，阴即女[⑦]。又产

---

① 如甲子乙丑日亥空，岂利父母？安能生我？只许心迷。

② 例如己丑日，昴星子辰戌，亥将顺行，占金银饰。贵顺行，元不见，柔昴传归支上，不失也。酉主金银加子，房内求之，必得。

③ 例如乙卯日伏吟，亥将逆行，用起辰卯子，在天乙之前。日干加支，则当归。盖三传伏吟，又乙加日也。

④ 例如丁巳日，亥将未时，三传酉丑巳，行人年庚亥为绝神，日马加本干主动，缘本命午加寅上为生，则脚未定而未回也。

⑤ 例如甲戌，甲加戌。

⑥ 戊午日，午加戊。

⑦ 例如癸丑日，午加癸为胎神，月将河魁加巳时，巳加子为阳男。

候，用子午下取之，乃阳生阴始之辰也[①]。

支干相加分五等。

一等支生干[②]。干加支曰俯就格。是不能自生，上门俯就于人而求生也。以尊下卑，折腰之象，亦不自由。看日上何将，以定折腰之由[③]。支加干曰自在格，行己卑幼，奉承尊长，凡事顺溜，上门生我，上门惠我，不求自至。亦看支上何神，以定其因。一等干生支[④]。干加支曰历虚格。上门生人，将我之心力精神倾倒尽付与他，则我日损日衰，而他日兴日旺。占宅，宅则颓，占人不利。病因用心过度而脱元气，常用无气，求事不辨，利卑不利尊，利守不利动。支加干曰偃蹇格。上门耗我之财，脱我之力，竭我之神，终无补益，而主虚耗，凡百不利。不偿男女债，即偿妻家债，不力尽，即暗失也[⑤]。一等支干比和[⑥]。干加支曰培本格。主本身自有，又能营运，展转滋生，丰盈未艾也。支加干曰壮基格。他上门助我，则基本强壮，而凡事有人扶持，家道渐成，本身自旺。一等干克支[⑦]。干加支曰求凌格。上门求托人才，未免先难而后易。又看支不在空亡，方可言。支加干曰自来格。上门受我克为财，有何不可？名之赘婿，利尊不利卑。一等支克干[⑧]。干加支名乱首格。自不尊大，有失体面。上门被他无礼，受卑下所屈，用事凶甚，不可些小作事，不利尊利卑，占讼不利先起。支加干名上门乱首格。此例尤凶。卑下犯上，忤逆之兆。臣背君，子害父，妻背夫，奴逆主，少凌长，吏民犯官。凡事不利，多主家法不正，不能齐家制下，所以受其无礼。已上例，更视传将，以决事因。如更发用，吉凶尤重；不为发用，则吉凶缓慢。

传神关隔有三论。

一等曰隔假[⑨]。隔者，隔七隔八之谓也，兼之是元辰七煞用事，主反覆隔手求谋，或隔州隔县，一人托一人也[⑩]。一等进间传[⑪]。一等退间传[⑫]。在阳，则隔涉阻滞；在阴，则暗昧不明。诸例多主隔涉隔阻，不能进顺之象。故反吟前后一辰，名隔七隔八；

---

① 如乙未日，丑将，亥加乙，午时，天时加亥为阴，为女子，午（疑应作子）下取产期，至乙巳日生一女，此法灵验之至。

② 甲子、乙亥、丙寅、丁卯、戊午、巳巳、庚辰、庚戌、辛丑、辛未、壬申、癸酉。

③ 若见天罡，主势逼迫不得已例。

④ 甲午、乙巳、丙辰、丙戌、丁丑、丁未、戊申、己酉、庚子、辛亥、壬寅、癸卯。

⑤ 此十二日，名偿债不了，尽偿尽脱，大不利占身与尊长，又名暗消格。

⑥ 甲寅、乙卯、丙午、丁巳、戊辰、戊戌、己丑、己未、庚申、辛酉、壬子、癸亥。

⑦ 甲辰、甲戌、乙丑、乙未、丙申、丁酉、戊子、己亥、庚寅、辛卯、壬午、癸巳。

⑧ 甲申、乙酉、丙子、丁亥、戊寅、己卯、庚午、辛巳、壬辰、壬戌、癸丑、癸未。

⑨ 如午丑申、子未寅、卯戌巳、酉辰亥、未寅酉、丑申卯、子巳戌、申丑午、寅未子、申（疑应作亥）辰酉、寅（疑应作丑）午亥、辰（疑应作巳）戌卯，已上皆脱根数至七位。

⑩ 子加未，鼠忌羊头上。丑加午，牛田马不耕。寅加酉，虎憎鸡嘴短。卯加申，猴悲兔不平。

⑪ 辰午申，午申戌及丑卯巳之例也。

⑫ 寅子戌，亥（疑应作卯丑）亥之类。

伏吟前后二辰，曰进间退间。皆主动静进退不能自由也[①]。

遥克两煞分四项。

日遥克神，名弹射。神遥克日，名蒿矢。如第二课发用，乃是日上两课自战，作事无力，多是外事，不干内，凡事不可出头。第三课为用，乃日阳辰阳相战，两阳相克，事主凶重，有力不可先动。至用第四课，尤无力也。蒿矢利主不利客，利后动，不利我而利人，利小不利大，行人来，访人见。弹射利客不利主，利先动，不利他而利我，利上不利下，占人不来，访人不见。矢带金，弹带上者，尤凶。不利占讼。用起空亡，弹遗矢折。用起日比，蒿弹知一，尤为无力，不可用事，凶亦无畏[②]。

煞神数百类难寻。

六壬岁月日时神煞吉凶，何啻千数，用只百余。如占行人，只用二马、游戏、会神、天车、六丁之类。占出行，只忌天车、游煞、四激、往亡、直符、飞廉、游鲁二都之俦。占病，只看二死、二生、二德、二解、二医、丧吊、丧魄、天鬼之属。占官，只视二马、皇恩、天诏、天喜、生气、金堂、玉堂、奇仪之班。占讼，只详关、钥、解神、二血之侣，其余月厌、六丁。梦看梦神、飞魂，阴私责奸门，成事责成神，买物责买神也。

六墓入传犹有救。

《心镜》云：次看六殺来入墓，细推端委始分明。火日用神传见戌，恶见天罡覆丙丁。戊己[③]木神居未上，壬癸水神辰上停。申酉二支逢丑位，行年三合梦魂惊。此法非一课全逢，六墓只犯一二，便非吉课也。一、身入墓。甲寅乙辰，末传见未；丙巳丁未，末传见戌；壬癸亥丑，末传见辰；戊己巳未，末传见辰；庚申辛戌，末传见丑[④]。二、魂入墓。未加寅辰，戌加巳未，辰加巳未，丑加申戌，辰加丑亥[⑤]。三、鬼入墓。申酉加丑，亥子四土加辰，寅卯加未，巳午加戌[⑥]。四、日入墓。寅辰入未，巳未入辰，丁[⑦]未入辰，申酉加丑，亥丑加辰。五、支入墓。子亥加辰，巳午加戌，申酉加丑，寅卯加未，四季加辰；辰加子亥，戌加巳午，丑加申酉，未加寅卯，辰加四季。

---

① 更看天将吉凶言之。

② 二课，戊辰日亥加申；三课，丁卯日子加卯；四课，癸酉日未加申之例。余效此推之。

③ 或作寅卯。

④ 已上八专末传遇者是。

⑤ 已上与前墓倒置是也。

⑥ 此为日比是鬼者言也。

⑦ 应作巳。

六、行年入墓。寅午戌加戌，亥卯未加未，申子辰加辰，巳酉丑加丑。例如①。墓门开法。以日墓加卯为外丧之墓，加酉为内丧之墓。加卯为内丧出外，惟宜迁葬以禳之。日墓加酉为外丧入内，惟宜合寿木以禳之，不可纳人。今具于左②。已上三十六日，甲戊庚己日无贵人以卯酉为二八门故也③。缘支卯酉，名真墓山开也，或见丧门、吊客、死神、死气在上尤的，却细审类神以定何人。

三宫真假式中明。

六壬之妙，全在三时。今人便以登明加仲为绛宫时，神后加仲为明堂时，大吉加仲为玉堂时，谬矣。今予依经作歌，画图以悉之。其歌曰：六壬玄妙立三时，明贤演究有谁知。天乙深宫今宴寝，登明入仲绛宫时。天乙居先喜赐庆，大吉居方曰仲离。四游四野诛凶恶，神后当临仲位推。欲知其法深渊处，掷将起子到占时。退一天罡依顺数，三神入仲始相依。更审吉凶生与杀，并遵经旨逐时思。乃以四月酉将午时占，立图于左以为例。

退一天罡数捷诀：天罡加孟绛宫时，加仲玉堂时，加季明堂时。按月加时。

四月酉将午时硬例

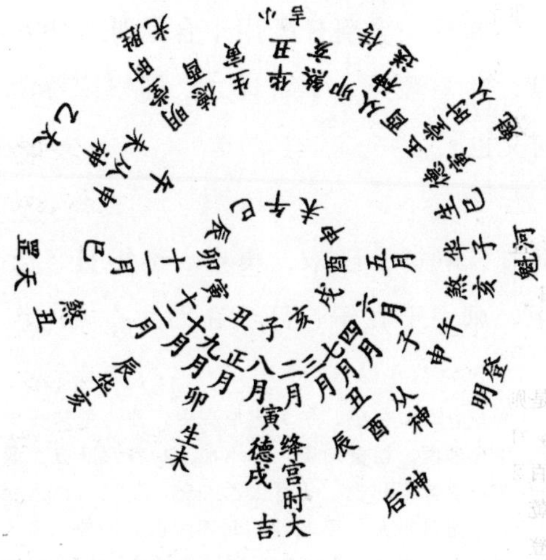

① 甲戌日占病，或三传巳午未，乃是一身入墓，若非丑戌未辰日，无此一墓。或未上加申，是二魂入墓。或三传内有申酉之鬼加丑上，是三随鬼入墓。或寅加未上，是四日入墓。或支辰戌上加辰，或未加支，是五支入墓。或占人行年在三合上，则化气入墓也。六墓虽如此说，犹未尽。或有破墓者，皆可救。假令丙寅日辰将已亥时占病，日上见戌作蛇夹入墓，支上见未墓，本命上见戌墓，适年在申上，见丑墓，三传之巳戌传见，乃日入墓也。占病不死。缘子中有甲，谓旬中有甲子也，为今日生气，寅上见未墓，乃八月生气，不死也。又如甲寅日，辰将酉时，三传酉辰亥，己巳生人，如占病，三传虽无墓，缘本命巳火加戌入墓，行年申金加丑入墓，寅加未为日辰入墓。甲寅八专之日，为日干见未，特贵人为生气，故有救也。此两例末传有空、后、生，新病自愈。有凌先生毕法内一项墓门开法，未曾详，邵先生所以谓日墓作蛇虎加卯酉上是，余今细具。

② 六丁日，干上戌，酉申旦贵，酉寅夜贵。六乙日，干上未，酉寅夜贵。六辛日，干上丑，酉寅夜贵。六壬日，干上辰，卯子夜贵，酉午旦贵。六癸日，干上辰，酉申旦贵，卯寅夜贵。六丙日，干上戌，卯子夜贵，酉午旦贵。

③ 外有乙酉、乙卯、丁酉、丁卯、辛酉、辛卯、癸酉、癸卯八日。

四月占，即以天盘戌上起子时，至辰上是午占时，即退一位，卯上起辰，乃天罡加仲，顺数去至辰上见巳，巳上见午，到子上见丑，乃玉堂时也。其吉凶依大经断之，无有不验，亦无差错。

诀曰：正九寻牛五月鸡，二月八月鼠为期。三七但从猪上起，四六还从狗位推。十月十二寅宫始，十一寻来兔位推。退一天罡为正诀，秘传勿使俗人知。

此三宫之法，课内不载，而万汇事理，皆莫逃此，中间华盖之下，为逃灾避病良方，事鬼不见，事神不知。故云：登明入仲寅方去，大吉神居子下藏。神后临仲丑下避，百神万鬼尽消亡。外有一等月将之成法，乃逐月四大吉时，太阳登天门，除定危开加在四利时上，此时亦可逃灾避难，谋用百事[①]。其法只用月将加乾，更合日贵登天门也。天盘上起除定危开，合地下之时是也[②]。

别责九课归三乙。

古本无此例。后世明师定法曰：四课不全三课备，无克无遥别责例。刚日日干合上神，上神便是初传第。柔日日支取三合，相次相合前一遇。便寻天上用为良[③]，阴阳中末干中寄。今代法古，即用三合上神，有此之异，或非或讹，具列于后[④]。细推此法，惟用古法地盘三合上神者是。盖刚日既用干合上神为用，则柔日亦可用支三合上神。今有用蜀本，用地盘，灾福恐异，学者详之。即曰阳尊阴卑，阳动阴静，用地盘亦近理，而蜀本又不知何义也[⑤]。

八专五日干从真。

八专五日，丁未、癸丑、甲寅、己未、庚申。惟甲寅、己未、庚申三日，可用五子元遁天干。甲己还加甲，则甲干在子，己干在巳。乙庚丙作初，则庚干在辰，可以

---

① 正月将登明，子加壬，是则卯为除加在甲，午为定加在丙，酉为危加在庚，子为开加在壬。此乃除定危开各归甲丙庚壬之上。卯木加甲，午火加丙，酉金加庚，子水加壬，各归旺方。或是丙丁日旦贵人亦乘太阳登天门，六神交制，四煞伏藏，谋用百事，去无不利也。七月太乙加乾，壬癸日贵人在巳尤妙。四月传送加乾，乙巳日贵人子加甲尤妙。十月功曹加乾，六辛日贵人加甲尤妙。此四孟也。四仲二月天魁，八月天罡加乾，即是除定危开在艮巽坤乾之上，却无贵人登天门。如五月小吉加亥，更甲戊庚日暮贵；十一月大吉加乾，更甲戊庚日旦贵。无吉。四季三月从魁加乾，六丙六丁夜贵；九月太冲加乾，六壬六癸夜贵；十二月神后加乾，乙巳日旦贵；六月胜光加乾，六辛日旦贵登天门除定危开合地丁乙辛丁癸。如寅申巳亥将，用甲丙庚壬时；丑未辰戌将，用艮巽坤乾时；子午卯酉将，用乙辛丁癸时。号曰三成法。如正月登明加亥，寅上起建，则卯除午定酉危子开之例。

② 正月壬癸日贵在巳，起建除定危开，在甲丙庚壬，四月传送加乾同。乙巳日贵加申将到乾同。七月功曹加乾，月建申，亦合甲丙庚壬。四月、十月例果妙。天罡、天魁加乾，天盘卯酉上起建，小吉乃五月太阳，甲戊庚日又为贵人登天门，天盘起建除定危开，合艮巽坤乾。

③ 今用地下。

④ 戊辰日，干上午，三传寅（生）午午（旺）。丙辰日，干上午，亥（绝）午午（旺）。戊午日，干上午，寅午午。巳上三日，用干合上神为用，古今无异法也。辛未日，干上未，亥未未，古法申未未；又干上丑，三传亥丑丑，古法寅丑丑。辛丑日，干上丑，巳丑丑，古法申丑丑，蜀本亥丑丑；又干上未，巳未未，古法寅未未，蜀本亥未未，又一本子未未。丁酉日，干上巳，丑巳巳，古法亥巳巳，蜀本未巳巳。辛酉日，干上酉，丑酉酉，古法子酉酉，蜀本卯酉酉，亦作辰酉酉。巳上四柔日六课，有此异同。

⑤ 内只有六癸日上克下，六乙日下克上，余用别责论。

借用，以定祸福。至如癸丑，戊癸生壬子，癸干即在丑。丁未，丁壬庚子居，丁干即在未，不可分也。

子来加巳为阳极。

阳生于子，终于巳。邵先生以子配乾之初九，以巳配坤［乾］之上六［九］。子来加巳，阳临于终位也，则主动中有阻，唯戊日吉。易乾初九，潜龙勿用，则隐也，失时也。上九亢龙有悔，则高而极变也。今则阳极矣而生阴，动中有阻也，夫何疑①？

午加亥上阴气停。

午为一阴，亥为六阴，以一阴来加六阴之上，阴极变阳，事主长久，求谋非但岁月也，若更遇午丑申三传，午丑六害，其事又久且远，未有生动之兆。放坤之初六曰：履霜坚冰至。乃君子防微恐惧之象也。上六曰：龙战于野，其血玄黄。乃物穷则反，兽穷则搏，鸟穷则啄也。唯壬日吉。

岁乘天喜天书敕。

天喜居空喜未成。太岁为人君之位，若乘天喜，更见朱雀，必有皇恩诏书颁至也。占用主应皇恩大赦诏勅文书之事，君子有面君之喜。若在夏季四月，与皇恩煞并尤的，不则亦有干动天庭之征，是作今日吉将也。以类推之，万无失也。或太岁并在太阳、贵人、天喜之上，尤必有赦恩之妙也。若天喜墓日，天喜休囚，则喜内生忧，忽作丁神，亦无事矣②。盖天喜乃最吉之神，若天盘自作空亡，或地盘坐落空乡，皆主有名无实，空而乘丁，喜犹迟也。若冬月解神在未，天喜与之偕行，亦主虚喜耳。

四课三传形影隐，年命逢真意外兴③。

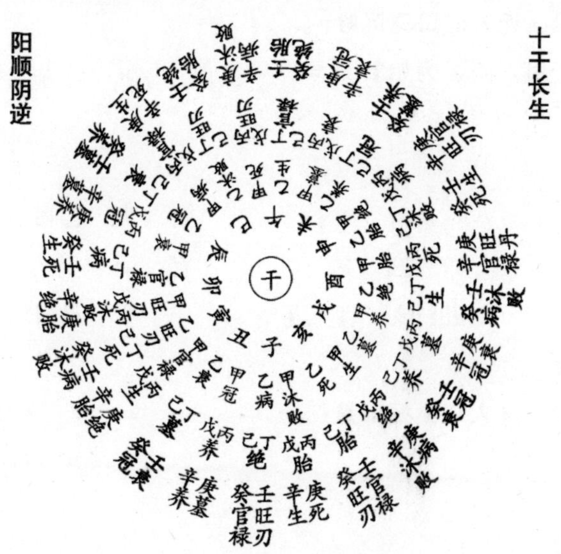

① 坤之上六，宜作乾之上九。

② 例如甲辰日，十二月占，未加甲，天喜乘囚覆日，又是解神，其喜解矣，却作丁神，主丙午日吉动。

③ 谓干支四课皆空，或三传皆空，是无形影，而年命实而吉者也。

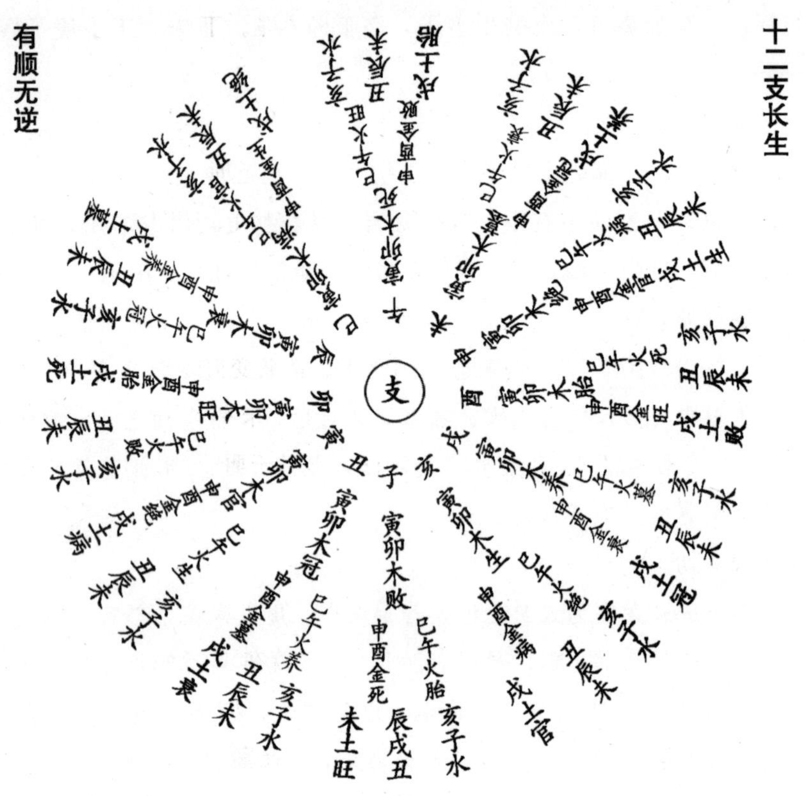

来意真妙诀[①]

始日终辰传入阴，讬人退口莫沉吟[②]。

丁亥日，酉加丁用入阴，为始日终辰。日为他[③]，辰为我[④]，主我托他人用事，主退人口，或嫁女也。

初干

未 申 酉 戌　　　　　　　　　　财　贵　乙酉　朱

午　　亥中传　　卯　丑　亥　酉　　官　阴　丁亥　贵

巳　　子　　　　丑　亥　酉　丁　　子　常　己丑　阴

辰 卯 寅 丑末支

支用传干阴入阳，进人讬我好筹量[⑤]。

---

① 古张沙壬隐握机子参述。

② 无妄，元亨利贞，其匪正有眚，不利有攸往。

③ 疑作我。

④ 疑作他。

⑤ 复亨，出入无疾，朋来无咎，反复其道，七日来复，利有攸往。

甲申日，巳加支作初，干作末传，支为己[1]，干为人[2]，主他人托我用事，主进人添口，或亲属至也[3]。

中传禄

寅 卯 辰 巳支用闭
丑　　　午
子　　　未
亥 戌 酉 申

干末生

德	闭	绝	生	子	朱	癸巳	勾
寅	巳	申	亥	兄	青	庚寅	蛇
巳	申	亥	甲	父	常	丁亥	阴

支干上下休藏鬼，定是凶灾人宅起[4]。

壬午日，干上辰鬼墓，支上亥鬼克，为上下藏鬼，人宅俱不利。乙丑日，酉加辰，作六合，木被金制，主灾。

支鬼

戌 亥 子 丑
中酉　　　寅
申　　　卯
未 午 巳 辰干鬼

初

干克支		墓克干	阴不备	鬼	后	庚辰	后
辰	亥	酉	辰	父	空	空酉	勾
亥	午	辰	壬	子	蛇	戊寅	元

日阴害日日带墓，暗塞所为多龃龉[5]。

戊午日，干上辰。庚寅日，干上丑。凡谋为，占值此例，主拂乱所为，抑塞否闷之象，暗昧钝滞，屈伏之征也[6]。

干禄	害	墓	阴不备	官	勾	乙卯	雀
辰	巳	卯	辰	鬼	青	甲寅	螣
巳	午	辰	戊	兄	空	空丑	贵

				夕			旦
害	墓	害	墓	子	青	戊子	蛇
子	未	午	丑	官	阴	癸巳	常
未	寅	丑	庚	父	合	丙戌	合

① 疑作人。
② 疑作己。
③ 俱生互害格。
④ 大过，栋桡，九三，栋桡之凶，不可以有辅也。
⑤ 汔至，亦未繘井，羸其瓶，凶。
⑥ 干支覆墓坐胎，男女占病皆死而投胎之象也。

辰阴刑日罡处孟，定知长幼惊惶横①。

甲子日，辰加甲。用第四课，同神克支而为鬼，乃天罡加孟，煞在内，定兆主家中卑小不宁，暮将淫污。

辛未	壬申	癸酉	戌
庚午			亥
己巳			甲子
戊辰	丁卯	丙寅	乙丑

辰　寅　午　辰
寅　子　辰　甲

支墓　财　合　辰　六
支冲　子　螣　午　青
支合　鬼　后　申　白

阴阳互克兼不备，六合天罡多私意②。

甲子日，干上戌。辛丑日，干上寅。干上神克支，支上神克干。占主夫妻失礼，奸私暗昧，家法不正之象。

　克干　　克支
辰　申　午　戌
申　子　戌　甲

财　合　空戌　六
子　后　庚午　白
兄　虎　丙寅　后　禄马

酉　巳　午　寅
巳　丑　寅　辛

兄　龙　丁酉　合
父　蛇　辛丑　虎
鬼　武　空巳　后

阴阳间隔传藏课，内外荣心成败破③。

甲子日，干上卯。隔克也。日阳克辰阳，支阴克干阴，此名杂滥课。占主内外不足之兆。间隔，宜作间克。

末午	未	申	酉
中巳			戌
初辰			亥
卯	寅	丑	子

寅　丑　辰　卯
丑　子　卯　甲

财　合　戊辰　六
子　雀　己巳　勾
子　螣　庚午　青

正课用神伤日辰，家间长幼不安宁。

例如［庚辛］申日，午发用，若炎上课。寅日，酉发用，若从革卦。戊己日，卯发用，若曲直数。甲乙日，酉发用，若从革局。丙丁巳午日，子发用，若润下格。皆主父母不宁，加支亦然，并阴小灾咎④。

吉课遭制凶神伏，忧喜两占虚祸福。

---

① 艮其背，不获其身，行其庭，不见其人，无咎。

② 姤，女壮，不利取女。

③ 明夷，利艰贞。

④ 归妹，征凶，无攸利。

例如庚日，申作青龙。丁日，午作白虎。占主休咎无征[①]。

传凶末喜惊无实，传吉终凶喜虚饰。

例如甲日，初传白虎，末传螣蛇为救，主惊，无事。若初传六合，末传太阴，主喜事空[②]。

顺喜当观母用儿，救忧何异课扶持。

凡课初传母，末传子，为顺，有鬼贼，乃为救神。反此为逆[③]。

魁罡化鬼冲临宅，魑魅家藏丧服白。

例如子亥壬癸，辰戌临支，或冲支，为用传也。夫魁罡为坟墓，今化鬼入宅，是藏彪伏尸也。占主家有鬼怪为咎，否则有持服之人[④]。

从魁太乙墓同虎，临支家有衣麻侣。

太乙，巳也，为丧车。从魁，酉也，为白虎。若五墓虎煞死气哭神交加支上，必主家有守制之人[⑤]。

虎同丧吊临年课，挟墓殃人情思堕。

虎临丧门吊客，或太岁临家长行年与干支课位，必主年内有悲泣之事。太岁克行年干支也。

元武魁罡临年上，下贼侵临暗倜傥。

魁罡，奴仆凶恶之神。元武，盗贼之煞。及日鬼并加行年之上，主遭连累不明之事。倜傥，一作惆怅。

刑害两加忌为鬼，谋间逢盗人财毁。

三刑六害作日鬼，加支宅上，主官府损财。如临日干上，主损人退口，哀哭之事。临支更有阴贼。

鬼乘阴鬼入财乡，密意私谋畏播扬。

鬼为阴气，更乘阴后等将，必主私阴失财，畏露之兆。不然，吉则妻怀孕也[⑥]。

用空传从支与干，旧事重新废却完。

空亡本无气，为用何益？而中末复传日若辰者，主往事复新，废弃而复全成也。吉凶皆然。

比合河魁两用同，用事谋为干众侬。

---

① 大过，九五，枯杨生华，老妇得其士夫，无誉，无咎。

② 我仇有疾，不我能即。

③ 丰亨，王假之，勿忧，宜日中。

④ 齊嗟涕洟。

⑤ 见恶人。

⑥ 来兑凶。

比合则同心，河魁司众，凡占事若结局，必干于众，意决不实[①]。

岁月为用兼天乙，来占必定干王敕。

太岁月建作贵人为用，若乘神后定干君恩；若乘凶神无气，遭刑兆也，不然，闻奏朝省[②]。

用贵卯酉两家户，意欲安居难守故。

卯酉为门户，天乙居此，或为用，主门户不宁[③]。

后合玄阴罡卯酉，加临课位遭贼寇。

卯与六合，为私门，酉与太阴为蔽匿，武为盗，后为奸，加临日辰，主盗脱阴谋[④]。

除定开危卯木方，龙常阴合为逃藏[⑤]。

正月将，甲戌日巳时。太冲乘太阴合危，治西方酉位，入兵，不伤身；逃遁，人不见、鬼不知。

朱平 蛇定 贵执 后破

亥 子 丑 寅

六满戌　　　卯阴危

勾除酉　　　辰元成

申 未 午 巳

龙建 空闭 白开 常收

合	武	后	龙
戌	辰	寅	申
辰	戌	申	甲

丙	兄	寅	后	戌
壬	鬼	申	龙	空
丙	兄	寅	后	戌

青龙传送反伤财，白虎遭擒祸不灾。

青龙木乘申制摧残，主讼破财。白虎金乘火制焚身，主虚恐无咎。一美一恶，事皆不成也[⑥]。

将神有类干支悒，莫言内外情拘执。

占者概言日为外，辰为内，殊不知类神亦有内外。例如甲子日，以青龙为外，外谓干；以天后为内，内谓支。若青龙临支二位，主外事，主进人口；天后临干二位，主内事，主退人口。前人宁未之悟耶？何其言词不少概见也。

罡乘天后行年忌，有妇切虑伤胎气。

天罡属土，为水墓，乃东南卑湿之地，天后厌翳，天罡土墓克制，如妇人行年值

---

① 观颐，自求口实。

② 豫，利建侯行师。

③ 未济亨，小狐汔济，濡其尾，无攸利。

④ 负且乘，致寇至。

⑤ 习坎，维心亨，行有尚。

⑥ 密云不雨。

此，主孕未足而伤胎。若老若幼，则主病脾病肾[①]。

血神挟虎同刑害，日本年逢官病会。

血支血忌，会虎加年，或临日本，主官府，疾血光凶[②]。

传逢两贵并天德，见君干贵任南北。

贵德相生，利见大人，宜见君子，贵动则吉[③]。

关籥持刑鬼用初，囚拘更视虎勾朱。

关，季神也；籥，孟神也。若披刑作鬼，乘雀虎勾陈发用，定主囚禁讼事，占讼大忌[④]。

发用并时两生日，百事有求从意密。

例如甲日亥子时，及亥子作用，乘吉旺相元吉，利有攸往[⑤]。

用时害日多晦钝，欲谋定为灾讼闷。

例如甲日申时又为用，更囚死，乘凶将，谋望不成，反召凶咎，有救无咎[⑥]。

岁后临初年将良，讼狱遭囚得赦扬。

太岁为人君，天后为后妃，若临人年、日辰为用，占狱囚，定遇恩赦[⑦]。

财须分别内与外，求用休令鬼好会。

日财为外，支财为内。如日财临支阴阳，名外财入内，谋用决称意；若支财临干阴阳，名内财出外，宜出财为吉，或婚喜费用，或放债。若神将吉，得旺相气，不囚死，则废财必遂意。如乘太岁前二及鬼值休囚死，则不须用意，皆元亨利贞。

三传亥子丑初终，阴小惊惶抑郁重。

甲乙日寅卯为新气之阴，丙丁日巳午，庚辛日申酉，壬癸日亥子，戊己日四季同然。假如六乙日，寅加酉用寅，乙之新气也，今自负酉金一克，上负太阴，又上戴丘墓，此等之课，必然暗昧不明，主屈伏晦钝之灾[⑧]。

传化为阴分事端，两途切要细心看。

例如巳日占事，功曹为用，主尊者不合。何以知其然也？以寅中有生火，克巳中之金，虽曰木神生火，而寅刑巳害巳，刑害之气动也，不可不察焉。天罡加甲上，主上下不和。何以知其然也？夫木克土，本以为财，殊不知辰为水库，克下甲所生之火，

---

① 有孚，血去惕出，无咎。

② 眇能视，跛能履，履虎尾，咥人凶。

③ 中孚，豚鱼吉，利涉大川，利贞。

④ 讼，有孚窒，惕中吉，终凶。

⑤ 益利有攸往，利涉大川。

⑥ 明夷于飞，垂其翼，君子于行，三日不食，有攸往，主人有言。

⑦ 革，己日乃革，元亨利贞，悔亡。

⑧ 贞疾恒，不死。

故其占如此。此凡一生一克，须自裁之，不可不察焉。

空亡四绝下闭课，病隔气填胸胃饿。

空亡为气穷之煞，若四下贼上，绝禄格也，皆主患饿之疾，疾主不食。寅为金绝，申为木绝，巳为水土绝，亥为火绝，是为四绝神。癸为闭[①]。

将空符更同刑日，月厌乘丁寻怅怿。

符，直符、官符、病符、飞符也。但寻类神并生旺，贯遍群经无理障[②]。

附周敦颐太极图说

无极而太极。太极动而生阳，动极而静，静而生阴，静极复动，一动一静，互为其根，分阴分阳，两仪生焉。阳变阴合而生水火木金土，五气顺布，四时行焉。五行，一阴阳也。阴阳，一太极也。太极本无极也，五行之生也。各一其性，无极之真，二五之精，妙合而凝。乾道成男，坤道成女，二气交感，化生万物，万物生生而变化无穷焉。唯人也得其秀而最灵，形既生矣，神发知矣，五性感动而善恶分，万事出矣。圣人定之以中正仁义，而主静，立人极焉。故圣人与天地合其德，日月合其明，四时合其序，鬼神合其吉凶。君子修之吉，小人悖之凶。故曰："立天之道，曰阴与阳。立地之道，曰刚与柔。立人之道，曰仁与义。"又曰："原始反终，故知死生之说。大哉易也，斯其至矣。"

几先百问

握奇子作歌

何晰人家妇不正，八专狡泆昴星定。

课得三交、泆女、狡童、八专、昴星，则知妇女不正。

何晰人家子为盗，子乘武合寻消耗，玄阴又踞支辰道。

子孙爻作武合、武之阴神，又入第三第四课上，知人家子息为盗[③]。

何晰人家曾被盗，武闭盗神三恶傲，入传临课干支罩。

元武、闭口及盗神临课传干支者，其家必被盗。

何晰人家恶妇人，戌乘白虎克干真，或者奴逃婢走因。

戌乘虎克干，其家主有大恶阴人，不然，则奴婢逃亡[④]。

何晰人家井作灾，未作天空临戌来，作丁克制日辰乖。

① 浚恒，贞凶，无攸利。

② 恒其德，贞。

③ 带咸奸则主淫泆荡产也。

④ 作支，主妻妾妒悍，带合犹的。依废，奴婢走也。

未为天空加戌，或作丁神克干支，知其家井为祟[①]。

何晰贵嗔莫谒见，丑乘白虎克其干。

干，日干也。丑虎克之，主贵人怒。

何晰贵人身欲动，加申卯酉天马从。

天乙加卯酉，及申见天马，主贵人有出入之事[②]。

何晰人家多啾唧，支干六害兼刑克。

自害互害上下害同占，自刑相刑并克干支者尤甚。

空亡蛇虎若加支，空武乘丁克宅时。乘寅克宅屋梁折，丑辰带厌壁坍弛。

空亡带螣白加支，元武天空乘丁克支，乘寅主屋梁折，更带月厌而遇丑辰相破，主墙壁倒压。

何晰人家妇有为，生武乘龙并忌支。

午乘青龙，并血支血忌生气者，主妇人有为。一曰有怀，谓怀孕也。

未为朱雀加支卜，临卯犯门眷不睦，午雀加支妻反目。

未作雀作勾临卯，主眷属不睦。午作雀加支，主妇不睦，或因妇人而生非也。

何晰有人上门詈，巳作朱勾居日二。

太乙在干之阴阳而作朱也。

何晰人家病必死，用午乘辰加在子。

死气克支克生气，虎克日干克命是。或逢五墓临课传，死绝又为行年主。或为闭口课相占，传中无救生何倚。

何晰人家内乱深，二课四课六合临。

武后在传支干败，子午乘玄子女淫。六合作干支之阴神，武后在传，或干支上乘败气。子乘元武，子不正；午乘元武，女淫奔。

何晰男女作尼僧，丑常加子空丑申。

丑作常加子，天空乘丑临申，及见申，主男为僧，女为尼。

何晰人家有孝服，常乘破碎吊丧伏。合虎同入课传知，酉虎干支孝访逐。

太常并破碎煞，丧吊合虎入课传，主有孝服。若酉作虎加干支，主有服人来访也。

何晰公事涉死人，甲乙土财乘死神。

甲乙日以四季为才，乘死气也。如九月庚辛日，以寅为才，寅乃九月死气也，知占人有公事，涉死人。

贼上酉戌空与阴，支上神克干上神，奴犯主兮卑犯尊。

---

① 甲戌庚日有之。甲辰、戊申、庚戌日，旦贵。

② 贵加申曰移途；卯酉私门，贵人人之不宁。

下克上，见酉戌天空太阴，或支上神克干上神，知奴犯主，贱妨贵，卑忤尊。

寅卯乘虎丑上蹲，墓中棺椁白蚁生，因知家出痨瘵人。

改葬则免传尸痨。

何晰栋梁折与倾，寅虎加支克日神。

重出而逸其大半，详空亡蛇虎条。

何晰人家子旺兴，日干之禄生子孙。

何晰学术真与伪，卯为术士玄空晦。卯作龙常术必真，六合隐形能魇魅。

卯为术士，乘龙常者真，乘空武者伪也。六合为隐匿，有邪术。

何晰人身刀刃伤，申并羊刃加处详。加亥伤头戌损足，丑腹伤兮卯手伤。

欲知人之被刀伤也，专责申，申加卯，伤手；加戌，伤足；加亥，伤头；加丑，伤腹。然必带羊刃为的。

死气知人骨肉亡，子占父母死逢常。龙死伤夫后死妇，合乘死气子孙殃。

谓占病也。

奴隐婢兮婢隐奴，酉戌相加奈若何。

带咸奸，背主而逃；作武合，窃物而遁。

丁亥虎罡支上逢，家出刑徒义子凶。

知人家有恶子也。

何晰人家婢作妻，酉合加午酉后支。

酉加午上，为宠婢登堂。

何晰人家幼作长，子星乘合居干上。

六合，幼子也。

何晰鼠怪咬衣裳，天鼠虎丁传见常。

天鼠煞，正子逆支。乘白虎，传见太常，或带丁神，知人家鼠啮衣服。

何晰人家小儿灾，子乘白虎加宅哀。

大吉加卯发用逢，四土克宅克干同，天后乘罡恶妇雄。

丑临卯作用，或辰未戌丑克干支，壬癸日占，是天后乘辰，知人家有恶妇牝晨。

何晰人家有宝玩，太阳加宅龙常冠。

月将乘龙常临支作用也。

巳蛇被破恰临支，发用知人分灶期。

主分爨。

寅加巳也或在宅，发用人家更灶实。

天鬼克日又乘凶，作死加支疫死重。

天鬼乘凶将作死气临支，知其家瘟疫，多丧亡事。

何晰门前树朽久，天空寅卯临门口，遁逢甲乙天空偶。

子作元武临宅坐，或克干兮人好赌。

月下敲门月出时，庚辛发用金加支。

申未旬中太阴酉，虎神加亥扣门私。若得亥子时亦是。

贪色丧身何以知，酉为白兽恋姣姿。比顽童兮常驾酉，交临死碎丧身期。加支乘败须倾产，未作青龙亦主斯。

酉乘虎，贪女色；乘常，贪男色。带破碎煞死气，主丧身。若临宅乘败气，主破家。未作龙，亦是。

何晰舟中得物由，亥子乘冲［卯］**乃大舟。见辰申酉湖池美，若在支兮比旺求。**

龙合加亥子申酉辰上，有人送物。太阴女，乃鱼鲜。龙合乃果木，太常乃酒食。旺相相生，生气物。旺相则新，死囚则旧。只看日支发传，上得魁罡，主无气之物。天空加巳亥在日支，主送孩儿。若从魁加支旺相，人送女使。六合乘戌加支，人送奴仆。若旺相，诸物可食；囚死刑煞，死物不可食。何以知舟中得之？以卯为船，加亥子为大舡也。

妇人把火推年貌，从魁老妇神后少。胜光中年小吉娼，天后子丑巳年妙。

若然发用遇螣蛇，出入妇人举火照。遥见之也。

支之左右两邻当，虎蛇旺相哭声扬。死气丧车丧吊死，阴辰女死阳男亡。

支左右乘螣白，旺相有哭声，带死丧，阴日辰女，阳日辰男，主死亡。若巳亥，主在第四家，或四家，辰戌五，卯酉六，用先天数推。

色目人呼发用明，旺相克日上人征。比和则善不比恶，支上迟迟旺速情。

六合太冲和尚呼，勾陈功曹秀才呼，青龙传送道士呼，白虎天罡兵卒呼，太常小吉贵人召、尊长白头人呼，天后神后女子呼，从魁太阴婢妾请。发用旺相克日，主上等人呼。比和则美，不比则恶。支上见之即缓，旺相速，死囚缓。一用日旺速，用支衰缓。

胡须人会事谐和，用与干支取比和。天将克刑方见此，劝和休和自解和。

从魁为胡，太阴为须，寅午戌三位为赤须。天罡为恶人，大吉为善人，登明神后为肥人，太乙为短人，传送阴险人，为僧道。以初传与干支取比和用之，其天将刑克，方是比和劝和事、休和事、解和事。

欲知斜目人来往，日辰发用冲从晃。贵常六合吉事来，虎蛇恶煞忧疑广。

太冲加胜光，从魁加神后，为斜目人，发用见日辰二位上者是也。有贵人六合太常，主吉事至；若蛇虎恶煞，则凶事来也。

孕妇临门用日辰，亲人怀孕议婚姻。

小吉乘后常发用，或加干支也。或加亥戌，则夜至；申酉上，日下至。发用在日辰上，主有亲人怀孕，临门言姻事。

姻亲会别审日辰，囚休者远旺相亲。

太阴天后胜光小吉神后，为姻亲来。旺相者近，休囚者远。魁罡加后阴者，为老阴人。若在旬空，则为会而相别也。

米食小酌巳未辰，常合日辰旺相迎，传送神后卯酉评。

太乙为米食糍果，小吉为酒浆腌藏糟盐物，须遇常合在日辰上，旺相主得物。惟传送太乙相加，是米食。小吉加神后，小吉加卯酉，卯酉上有小吉，并是米食少[①]酌。

大风大雨凭丑未，子巳登冲虎武意。

子为风雨，未为天阴变，大吉主大雨，神后为阴度，登明为晦暗，小吉为风，太乙为狂风，太冲为雷电。登明并元武小吉天后，有风雨。太阴加亥子，主天阴暗，及风大作。虎加，一日三变。更看风煞雨煞[②]。

何晰人家婴儿啼，小吉为母登明儿。生气旺相天空用，或临日干干克之。

未母子儿加生气，旺相发用，上见天空，或日克，或临干，主儿啼。

鸦鸣犬吠岂无因，螣蛇见戌犬狺狺。从魁六合天空会，太常见也必鸦鸣。占见登明休出外，魁罡忧事己身萦。

从魁六合天空太常，主鸦鸣声异。天魁见螣蛇，主犬吠音恶。占见登明，主出外见怪异之事。日干为己身，看其上逢魁罡，必有忧事干连。从魁发用，主见奴婢在门下，或路遇鸦，防有恶犬伤人。若戌加丑发用，主桥上逢狗。

灯下会人何所主，请筵求托相商语。

传送加临于戌，主有人持灯会见。六合，请人筵燕求托。遇青龙，常合加戌亥，登明加日辰上发用，巳午蛇雀，主灯下会人议事。

何晰姬姜发齿歌，弦管贞淫神将罗。

小吉加神后太阴［乙］，上见常合，主淫妇歌曲之声。小吉加功曹太冲见阴后，主妇人歌管之声。龙合加小吉在日辰上，主丝竹之声。

梁柱起凶宅有灾，亥柱寅梁克日乖。

功曹主梁，登明主柱，占宅灾异起怪。或克日，或值行年身命，其凶至甚急。如白虎加寅卯亥在日辰上，主白蚁蚀梁。若勾陈加寅亥，主柱崩，或屋生灾。

瘿顶迎门观大吉，加神为用或辰日，瘿顶来家或路值。

大吉为瘿，加四仲发用，或居日辰上，有瘿顶人来见，或相逢于路。

缺唇相见大吉推，或者天空空上为。太冲子用逢玄虎，用神旺相日辰随。

---

① 疑作小。

② 风煞正寅逆支，雨煞正子顺支，风伯正申逆支，雨师正子顺仲。

大吉又为缺唇，或天空临空，或太冲子加虎武发用旺相，或日辰上见，俱主缺唇人来见。太冲卯，卯兔缺唇，而子刑之尤的。

乐声响亮马嘶风，吉常喜庆白螣凶。

太常司音乐，克日，为吊客，蒿藿之乐。凡日干支见旺相气，是喜事之乐。若虎加干支用神，是迎丧之乐。日辰二位上见天后，发用大吉小吉，娶亲之乐也。日辰寅卯亥临支发用，见太常小吉，庆宅之乐也。遇生气，则庆子孙之乐。见太岁月建，是官中之乐。逢二死白虎，送葬之乐声也。胜光为马，有岁月日时马，马在发用[①]日辰上发用，传见胜光朱雀白虎六合，主有马嘶。若克行年日干，而乘马出入，主恶马咬人。凡占出行值此，频闻马鸣。

孤孀无子从魁空，上见后阴死绝宫。日干发用值孤寡，胎神死绝克伤凶。

酉作空亡见阴后，又值死绝无气，是孤孀。又值日干作用，是孤辰寡宿，胎神落死绝受克之地，主寡而无子。

以婢作妻问从魁，合贵子荣否则弟[②]。

从魁为侍婢，日本旺相相生，临日辰上，加常合天乙，以婢为妻也。若从魁克日辰上二位，又见生气相生，本命贵人，因婢生贵子。若反此，生子败家[③]。

偏生乞子及螟蛉，从头一一问登明。

登明，无子神也。天罡登明从魁胜光，四位来刑，主偏生螟蛉。如日支上见太阴常后在从魁登明上，主偏生绍嗣。若稼穑孤寡之课，主螟蛉乞子。如日支上见天后太阴，别见后常，主无子。

何嘶老小不相和，魁罡加日暗操戈。阳属老男阴少妇，干支不比奈伊何？干克支兮上不恕，支若伤干下怒诃。或遇日辰俱不比，只言上下不均和。空亡走失勾兴讼，若克行年破死多。

魁罡临干，阳为老男，阴为少妇。若日干不比，干克支上神，上不睦下；若日支不比克干，下不睦上。或日辰俱不比，但不和上下无咎。带勾陈因讼不和，带空亡走失不和。若克行年，主破业死人。

妇寡无夫守子女，男孤无子谁为侣。

空亡中见天后，名无夫神。神后从魁小吉胜光，俱为妇。若日辰二位见之，却生干，日在空亡中生，生子守男。若用神生日干，守男；生日支，守女。须是用神空亡，见天后生日辰者，的也。男孤无子者，天空在日干，犯太岁月建，主老而鳏。更若日辰二位俱空亡，主出孤老，老死无子。凡孤寡之课，主孤，占宅大忌。

---

① 点校者注：疑无此二字。

② 音隤，败也。

③ 克日辰或作在日辰。

何断人家子过房，未为眷属六亲行。眷属之亲还是丑，大吉神后生干光。天空六合日辰上，定主嗣招别姓郎。若酉日辰男庶出，克日倾家生日昌。

未为眷属六亲，丑其眷属之亲也。若大吉神后生日干，而日辰上六合天空，主有子也，乃过房别姓者。若酉日辰，主生男乃庶出者。若克日，主败家，生日则成家。

孝服重重叠叠殃，登明太乙主重丧。死气虎加同上断，虎蹲辰日克年伤。常白若加未与巳，虎旺逢之吊变裳。

太乙登明主重丧，又见虎在日辰，克行年，主人有灾。死气又逢虎加太乙登明，主重丧。常虎加小吉，及太乙遇白旺相，主吊客变服。若在支上主外服[①]。

死鬼呼生凭克取，克日伤男支损女。

空亡在日辰克干支，为死鬼也。太阴天后从魁胜光小吉，是阴人，不比，则非亲，乃克鬼，魁罡是恶鬼，又克干支，又是空亡，真死鬼呼生也。不是空亡是活人，有克主呼生人，克日干呼阳人，克支辰呼阴人，克行年本身灾，旺相少壮，死囚老耄。

雌雄二煞加日辰，宅灾恶死害相亲。死神死气干支上，克日男灾辰女迍。旺相日近囚死远，克左左邻右右邻。

阳煞阴煞在日辰，主宅有灾害，人有恶死。死气死神二煞在日辰，克干，阳人灾；克支，阴人灾。旺相近速，死囚远缓。在支左，克左邻；在支右，克右邻[②]。

何断冤家来报仇，传送冤家罡复仇。克日干支生事扰，更看发用克干头。朱白伤干官讼起，勾空喧闹斗争由。更将支上发用审，审其为恶若何谋。午辰亥酉自刑也，克日干防害我愁。

传送是冤家，天罡是报仇者，辰申若克干支，主冤家生事。若发用克日干，又见白虎朱雀，主官讼。若见勾陈天空，主喧斗。更取支上发用，看见其所作恶。若辰午酉亥自刑神来克日干，主有冤仇人相害，君子慎之。

三阳改名课更奇，发用支阳识者稀。用神子午当生旺，斯人三次改名时。若遇吉神膺景福，如逢凶煞祸相依。命年三破事情恶，改名犯破益伤悲。发用克年亦主是，那堪归罪旧名非。

凡第三课支阳，三阳发用，在子午二将，若生旺，主三次改名。遇吉神，主福；凶神，主祸。遇本命年月日破事，因改名犯破。若发用克年，亦主之。问吉则善应，问凶则恶应，不可全归咎于旧名云。

何断其人睡与未，专察功曹孟仲季。孟未仲神将卧时，睡鼾必定寅加季。

何断人之得与失，日德所合斯为得。论失须推日所刑，刑虽无破亦多忒。君若欲

---

① 变服，谓更吉服也，人死而复甦。

② 阳煞正亥顺孟，阴煞正巳逆支。

知所得期，合与所生期准的。欲省失期迩若遐，失事日辰逢鬼贼。

得视日德之所合，失视日刑之无破，亦不可用。欲知得失之期者，得视日合与所生为期，失视其鬼。

吉凶八煞诀[①]

管　辂[②]

天月支干德，干支德最祥。忌空并刑绝，化鬼却为殃。

化鬼者，如乙德在申，而酉为鬼，申加酉入传课，申亦化鬼。又辛德在巳，午为鬼，巳加午。己德在寅，卯为鬼，寅加卯。丁德在亥，子为鬼，亥加子是也。

干合并支合，三合俱和同。其情各有在，吉宜凶莫逢。迟滞且关众，刑煞可相容。合鬼乘凶将，喜中有害攻。

刑煞可容者，课中遇刑冲空破及鬼，而值六合者，刑害减力，反凶为吉也。

日鬼莫入传，官讼多主愆。占贼冲则美，乘德有官权。

乘德，乙日申，或酉加申；辛日巳，或午加巳；己日寅，或卯加寅。一谓遁干之鬼。盖鬼乘则为官用，可以求名，居官者握权要。

五墓多暗昧，闭塞而不通。作用畏无气，传中进退穷。合则晦尤甚，冲破则成空。日辰若入墓，人宅皆朦胧。长生莫投墓，墓亦莫来同。身投旺照此，俱忌与墓逢。刚柔并迟速，更分昼夜宫。

墓神发用，不用，无气，传中遇之，主事进退，大忌占病，余见墓神章。

破义凡有六，宜散不宜成。逢吉艰难得，婚亦不能亨。

六者，午破卯，辰破丑，酉破子，戌破未，亥破寅，申破巳也。一曰：岁月干支年命。

六害相加害，阻隔而不通。凡事宜守旧，恐有祸来逢。

主阴阳不顺，事多阻抑。

衰谢为正刑，制御即日鬼。不逊刑有四，用之生不韪。吉凶分善恶，干支辨男女。还以迟速详，日阴刑即阻。时中三等看，月建讼不举。鬼贼不可兼，乘吉少可许。

主上下不协，刚柔不济。发用逢之，多生灾害。刑干男伤，刑支女病。生福者，旺刑衰也；祸起者，死刑旺也。善刑恶兮无虞，恶刑善兮有患。月建受刑，不可以讼人；日阴受刑，不可以远出。干刑者速，支刑者迟。若上下相刑，又值日鬼者，则气

① 重出而逸其三。

② 字公明。

象乖戾、反覆，公私之扰，不少缓矣。

冲亦看相加，天官以类断。日辰及岁月，皆不宜冲乱。有得必有倾，犹将吉卦判[①]**。**

主虽初有得，而后必倾覆。日逢冲，或冲在日上，主身有往；辰逢冲，冲在辰上，主宅有动。乘凶将，主动而有损也；乘元武，逃亡走失；乘后阴，阴私暗动；乘武合，盗失淫泆，出入改动；乘勾陈，私邪争竞，改动勾连。各以类推，思过半矣。

神煞直图歌解

年　煞

岁君	子	丑	寅	卯	辰	巳	午	未	申	酉	戌	亥	剑锋、伏尸。年煞。
太阳赶煞	丑	寅	卯	辰	巳	午	未	申	酉	戌	亥	子	天空。月煞。
丧门	寅	卯	辰	巳	午	未	申	酉	戌	亥	子	丑	日煞。
六合	卯	辰	巳	午	未	申	酉	戌	亥	子	丑	寅	太阴也、勾煞、贯索亡神。
官符三台	辰	巳	午	未	申	酉	戌	亥	子	丑	寅	卯	五鬼、将星。
岁宅小耗月德	巳	午	未	申	酉	戌	亥	子	丑	寅	卯	辰	死符、支德、攀鞍。
岁破迫煞月	午	未	申	酉	戌	亥	子	丑	寅	卯	辰	巳	阑干、大耗、驿马。
岁墓龙德紫微	未	申	酉	戌	亥	子	丑	寅	卯	辰	巳	午	暴败、天厄、六害。
白虎	申	酉	戌	亥	子	丑	寅	卯	辰	巳	午	未	飞廉、华盖。
福德天德	酉	戌	亥	子	丑	寅	卯	辰	巳	午	未	申	卷舌、福星、劫煞。
吊客太阴	戌	亥	子	丑	寅	卯	辰	巳	午	未	申	酉	人煞。
病符	亥	子	丑	寅	卯	辰	巳	午	未	申	酉	戌	右四利三元、地煞。
驿马[②]	寅	亥	申	巳	寅	亥	申	巳	寅	亥	申	巳	
六害	卯	子	酉	午	卯	子	酉	午	卯	子	酉	午	
华盖黄旛	辰	丑	戌	未	辰	丑	戌	未	辰	丑	戌	未	
劫煞	巳	寅	亥	申	巳	寅	亥	申	巳	寅	亥	申	

① 吉卦宜吉凶。

② 按：司天氏《王政秘录》曰：马前神煞其例以太岁对宫上加驿马逐位顺去。盖马有十二位，今人只用四马，非也，马即冲破是也。如申子辰马居寅午戌，寅午戌马居申子辰，亥卯未马居巳酉丑，巳酉丑马居亥卯未也。余神煞次序皆然。

灾煞	午	卯	子	酉	午	卯	子	酉	午	卯	子	酉	
天煞岁煞	未	辰	丑	戌	未	辰	丑	戌	未	辰	丑	戌	
地煞	申	巳	寅	亥	申	巳	寅	亥	申	巳	寅	亥	
桃花	酉	午	卯	子	酉	午	卯	子	酉	午	卯	子	即咸池。年煞。
豹尾	戌	未	辰	丑	戌	未	辰	丑	戌	未	辰	丑	月煞。
亡神	亥	申	巳	寅	亥	申	巳	寅	亥	申	巳	寅	
将星	子	酉	午	卯	子	酉	午	卯	子	酉	午	卯	
攀鞍	丑	戌	未	辰	丑	戌	未	辰	丑	戌	未	辰	右马前神煞。
岁刑	卯	戌	巳	子	辰	申	午	丑	寅	酉	未	亥	
将军	酉	酉	子	子	子	卯	卯	卯	午	午	午	酉	
年干	甲	乙	丙	丁	戊	己	庚	辛	壬	癸			
天庭	丑	寅	辰	巳	辰	巳	未	申	戌	亥			
死符	申	申	亥	亥	寅	寅	巳	巳	辰	辰			
德	甲	庚	丙	壬	戊	甲	庚	丙	壬	戊			
德合	己	庚	辛	壬	癸	甲	乙	丙	丁	戊			

歌曰：岁君阳赶及丧门，六合官符小耗宅。破迫墓龙白虎神，福德吊阴病符测。

太岁为天子之权，主事干朝廷及岁内吉凶，应在一年。太阳至尊之神，士人得权贵显，又为青龙，凡事有喜无忧。又为赶煞，若克干支，死人败家。六合主会合，凡事有成无破。丧门主死丧，占病凶。官符主官非勾连。小耗主破耗财物，又为岁宅，占家宅用之，若并鬼，主灾病。岁破为宰辅、主司，又主半年事，又为大耗，主破耗财物，又为迫煞，若克干支，死人败家。岁墓主坟墓，病讼宅灾，又为龙德，加吉神将生干支，功名诸事吉，反此诸事不成，又为朱雀，主文书口舌。白虎主凶灾，血光惊恐。福德，贵人难中有救。吊客主吊送姻亲，初传见主骨肉灾，中末见主外服，又为太阴，大将宜居之方，作吉神将，主婚姻，作凶将神，主阴谋口舌。病符主疾病，又主去年旧事。

驿马六害华盖幡，劫煞灾兮天岁看。地煞桃花兼豹尾，亡神将星迄攀鞍。

岁干禄后号天庭，死符申亥寅巳辰。岁刑太岁所刑者，亥子丑顺酉将军。

马主行动，害主阻滞。华盖作事昏晦。黄旛，兵占用。劫灾天三煞，凶速，诸事不喜。豹尾，大将宜居之方。兼地煞桃花三者，诸占不美。亡神，病讼大凶。将星，兵占用。攀鞍，婚姻喜见。天庭主朝廷事。死符占病多凶。岁刑主官非刑责。大将军主头目兵权，占行人用。

月　煞

月煞	正	二	三	四	五	六	七	八	九	十	十一	十二	
天喜天耳	戌	戌	戌	丑	丑	丑	辰	辰	辰	未	未	未	
返魂刀砧	亥	亥	亥	寅	寅	寅	巳	巳	巳	申	申	申	天目。
返魂刀砧	子	子	子	卯	卯	卯	午	午	午	酉	酉	酉	
寡宿三丘	丑	丑	丑	辰	辰	辰	未	未	未	戌	戌	戌	关神、管神、入狱、五墓。
皇书战雄	寅	寅	寅	巳	巳	巳	申	申	申	亥	亥	亥	吏神、旺日、天解、出狱。
贼神奸盗[1]	卯	卯	卯	午	午	午	酉	酉	酉	子	子	子	天转、地转、丝麻煞、官日、暗狱神、占难产喜见。
浴盆天目	辰	辰	辰	未	未	未	戌	戌	戌	丑	丑	丑	龙神同、沐浴煞、讼忌。
喝散孤辰	巳	巳	巳	申	申	申	亥	亥	亥	寅	寅	寅	梁神、钥神同（一作锁神）、相日、天耳。
旌旗煞	卯	卯	卯	子	子	子	酉	酉	酉	午	午	午	占病不日即死。
火鬼	午	午	午	酉	酉	酉	子	子	子	卯	卯	卯	
哭神五墓	未	未	未	戌	戌	戌	丑	丑	丑	辰	辰	辰	地狱同。
绝气战雌	申	申	申	亥	亥	亥	寅	寅	寅	巳	巳	巳	煞神也。
四废丧车	酉	酉	酉	子	子	子	卯	卯	卯	午	午	午	天车煞。
月建小时[2]	寅	卯	辰	巳	午	未	申	酉	戌	亥	子	丑	青龙、天虎、木煞、文昌
天龙游煞	卯	辰	巳	午	未	申	酉	戌	亥	子	丑	寅	草蛇煞、吉期、活曜星、产速病痊、天医。
天医雌虎[3]	辰	巳	午	未	申	酉	戌	亥	子	丑	寅	卯	瘟煞、天巫、福德、螣蛇副将主惊恐、勾陈煞。

① 旌旗煞。
② 青龙。
③ 螣蛇。

天医	卯	亥	丑	未	巳	卯	亥	丑	未	巳	卯	亥	
厄杖死神①	巳	午	未	申	酉	戌	亥	子	丑	寅	卯	辰	电煞、鸟煞、火烛煞、朱雀副将主官灾口舌、天刑②。
死气官符	午	未	申	酉	戌	亥	子	丑	寅	卯	辰	巳	孝服、谩语、花煞。
井煞枯骨	未	申	酉	戌	亥	子	丑	寅	卯	辰	巳	午	小耗、天印、天羊、福神、地解、虚方③。
月破兵煞④	申	酉	戌	亥	子	丑	寅	卯	辰	巳	午	未	虎煞、大耗、道路神、飞廉、阳年缠绕、白虎副将。
书信天机	酉	戌	亥	子	丑	寅	卯	辰	巳	午	未	申	天钱⑤。
天书地医	戌	亥	子	丑	寅	卯	辰	巳	午	未	申	酉	愿神、天喜、大吉上日产动尤吉。
飞魂伏诏⑥	亥	子	丑	寅	卯	辰	巳	午	未	申	酉	戌	病煞、儿煞、刀砧、哭忌、天恩、元武副将主盗贼阴私伏匿⑦。
生气雨煞	子	丑	寅	卯	辰	巳	午	未	申	酉	戌	亥	地医、天合、主无中生有得才得喜。
血支佛煞⑧	丑	寅	卯	辰	巳	午	未	申	酉	戌	亥	子	天坑、天牛、坟墓、勾陈副将主斗讼、天牢孤方。勾陈煞，辰逆十二。
神猪月合	亥	戌	酉	申	未	午	巳	辰	卯	寅	丑	子	
天鼠天视	子	亥	戌	酉	申	未	午	巳	辰	卯	寅	丑	
天怪	丑	子	亥	戌	酉	申	未	午	巳	辰	卯	寅	天贼、出行求才忌。
风煞⑨	寅	丑	子	亥	戌	酉	申	未	午	巳	辰	卯	

① 朱雀。
② 月德、支德。
③ 月德。
④ 白虎。
⑤ 天德。
⑥ 元武。
⑦ 恩诏、天德。
⑧ 勾陈。
⑨ 雷火煞。

烛命	卯	寅	丑	子	亥	戌	酉	申	未	午	巳	辰	
厌对血光	辰	卯	寅	丑	子	亥	戌	酉	申	未	午	巳	勾陈煞、少阴。
月害阴煞	巳	辰	卯	寅	丑	子	亥	戌	酉	申	未	午	空竹煞、勾陈仗剑。
破器化神	午	巳	辰	卯	寅	丑	子	亥	戌	酉	申	未	地咒。
阴奸邪神	未	午	巳	辰	卯	寅	丑	子	亥	戌	酉	申	床煞。
阴绕天猴	申	未	午	巳	辰	卯	寅	丑	子	亥	戌	酉	风伯、天解。
轩辕天鸡	酉	申	未	午	巳	辰	卯	寅	丑	子	亥	戌	折伤。
天狗四足	戌	酉	申	未	午	巳	辰	卯	寅	丑	子	亥	月厌、石煞、火光、地狱、火煞。
驿马	申	巳	寅	亥	申	巳	寅	亥	申	巳	寅	亥	
天鬼天吏	酉	午	卯	子	酉	午	卯	子	酉	午	卯	子	长绳、天咒、天魁。
光影黄旛	戌	未	辰	丑	戌	未	辰	丑	戌	未	辰	丑	火怪、天赦、讼大吉。
天狱墓门	亥	申	巳	寅	亥	申	巳	寅	亥	申	巳	寅	酒煞、天网、女灾、雷煞。
坑坎山魈	子	酉	午	卯	子	酉	午	卯	子	酉	午	卯	灾煞、镜煞、披麻煞。
五盗小煞	丑	戌	未	辰	丑	戌	未	辰	丑	戌	未	辰	天煞、迷惑煞、月煞。
天盗雷公	寅	亥	申	巳	寅	亥	申	巳	寅	亥	申	巳	占讼与日辰旺合为用，主消散。
桃池悬索	卯	子	酉	午	卯	子	酉	午	卯	子	酉	午	大时煞、咸池煞。
邪鬼	辰	丑	戌	未	辰	丑	戌	未	辰	丑	戌	未	
月德亡神	巳	寅	亥	申	巳	寅	亥	申	巳	寅	亥	申	游祸。

大煞伏骨	午	卯	子	酉	午	卯	子	酉	午	卯	子	酉	
下丧月鬼	未	辰	丑	戌	未	辰	丑	戌	未	辰	丑	戌	秽煞、丧魄、病大忌。
天哭煞	未	申	酉	戌	未	申	酉	戌	未	申	酉	戌	
天旺成神	巳	申	亥	寅	巳	申	亥	寅	巳	申	亥	寅	卯加为梯煞、天巫。
天破火鬼	午	酉	子	卯	午	酉	子	卯	午	酉	子	卯	
炉煞丧门	未	戌	酉	辰	未	戌	酉	辰	未	戌	酉	辰	
天赦	戌	未	辰	丑	戌	未	辰	丑	戌	未	辰	丑	
奸门	申	亥	寅	巳	申	亥	寅	巳	申	亥	寅	巳	
天信①	酉	子	卯	午	酉	子	卯	午	酉	子	卯	午	
地耗	酉	亥	丑	卯	巳	未	酉	亥	丑	卯	巳	未	
反激	戌	丑	辰	未	戌	丑	辰	未	戌	丑	辰	未	
年飞廉	戌	巳	午	未	寅	卯	辰	亥	子	丑	申	酉	
阳煞	亥	寅	巳	申	亥	寅	巳	申	亥	寅	巳	申	五富。
邪怪天火	子	卯	午	酉	子	卯	午	酉	子	卯	午	酉	雨师、狼籍。
月奸	丑	辰	未	戌	丑	辰	未	戌	丑	辰	未	戌	
釜神产煞	寅	巳	申	亥	寅	巳	申	亥	寅	巳	申	亥	天厕、奸私。
盗神	卯	午	酉	子	卯	午	酉	子	卯	午	酉	子	
天械上丧	辰	未	戌	丑	辰	未	戌	丑	辰	未	戌	丑	

① 飞煞。

天耗	子	寅	辰	午	申	戌	子	寅	辰	午	申	戌	
天马	午	申	戌	子	寅	辰	午	申	戌	子	寅	辰	
皇恩	未	酉	亥	丑	卯	巳	未	酉	亥	丑	卯	巳	申未巳午子亥申未巳午子亥
天财金柜	辰	午	申	戌	子	寅	辰	午	申	戌	子	寅	
天刑	寅	辰	午	申	戌	子	寅	辰	午	申	戌	子	阴煞、产忌、蚩尤日忌出兵。
阴煞二	寅	子	戌	申	午	辰	寅	子	戌	申	午	辰	主阴冤债病患。
怪煞	卯	巳	未	酉	亥	丑	卯	巳	未	酉	亥	丑	小煞。
兽煞	戌	子	寅	辰	午	申	戌	子	寅	辰	午	申	
圣心	亥	巳	子	午	丑	未	寅	申	卯	酉	辰	戌	

玉宇	卯	酉	辰	戌	巳	亥	午	子	未	丑	申	寅	
金堂	辰	戌	巳	亥	午	子	未	丑	申	寅	酉	卯	
受死	戌	辰	亥	巳	子	午	丑	未	寅	申	卯	酉	
罪至	午	子	未	丑	申	寅	酉	卯	戌	辰	亥	巳	
血忌	丑	未	寅	申	卯	酉	辰	戌	巳	亥	午	子	主产难、针灸忌、即血刃煞。
天德	丁	坤	壬	辛	乾	甲	癸	艮	丙	乙	巽	庚	
天德合	壬	巳	丁	丙	寅	己	戊	亥	辛	庚	申	乙	
月德	丙	甲	壬	庚	丙	甲	壬	庚	丙	甲	壬	庚	
月德合	辛	己	丁	乙	辛	己	丁	乙	辛	己	丁	乙	

天月恩	丙	丁	庚	己	戊	辛	壬	癸	庚	乙	甲	辛	
地解	申	申	酉	酉	戌	戌	亥	亥	午	午	未	未	病者安。
外解神	子	巳	辰	申	子	巳	辰	申	子	巳	辰	申	灾病消。
解神	申	申	戌	戌	子	子	寅	寅	辰	辰	午	午	
皇恩大赦	戌	丑	辰	未	酉	卯	子	午	寅	巳	申	亥	恩赦煞，恩赦事皆吉。一曰赦文，诸事吉。
会神	未	戌	寅	亥	酉	子	丑	午	巳	卯	申	辰	
信神	申	戌	寅	丑	亥	辰	巳	未	巳	未	申	戌	
大德	午	午	午	辰	辰	辰	子	子	子	寅	寅	寅	时德。
天赦		戊	寅		甲	午		戊	申		甲	子	
天解	申	戌	子	寅	辰	午	申	戌	子	寅	辰	午	恶事解。
游神	丑	丑	丑	子	子	子	亥	亥	亥	戌	戌	戌	
戏神	巳	巳	巳	子	子	子	酉	酉	酉	辰	辰	辰	
泰神忧神	丑	丑	丑	子	子	子	戌	戌	戌	亥	亥	亥	
天罡	辰	巳	辰	巳	寅	卯	辰	酉	寅	卯	寅	卯	主渔猎得财
天车	巳	巳	巳	辰	辰	辰	未	未	未	酉	酉	酉	
死别	戌	戌	戌	未	未	未	辰	辰	辰	丑	丑	丑	
奸神	寅	寅	寅	亥	亥	亥	申	申	申	巳	巳	巳	
飞祸	申	申	申	寅	寅	寅	巳	巳	巳	亥	亥	亥	

朱雀衔物	酉	巳	丑	子	申	辰	卯	亥	未	午	寅	戌	主婚姻财喜。
时盗	巳	巳	巳	卯	卯	卯	酉	酉	酉	子	子	子	
朱雀开口	巳	辰	午	未	卯	寅	申	酉	丑	子	戌	亥	主争非口舌。
破碎金神	酉	巳	丑	酉	巳	丑	酉	巳	丑	酉	巳	丑	占产忌、嫁娶忌。
槌门官符	寅	子	戌	申	午	辰	寅	子	戌	申	午	辰	
白衣	未	辰	丑	未	辰	丑	未	辰	丑	未	辰	丑	一本辰未丑四轮，主丁艰。
隔神	亥	酉	未	巳	卯	午	亥	酉	未	巳	卯	午	忌占失物、事多阻。
归忌	丑	寅	子	丑	寅	子	丑	寅	子	丑	寅	子	
飞廉	戌	巳	午	未	寅	卯	辰	亥	子	丑	申	酉	
天狗	卯	申	丑	午	亥	辰	酉	寅	未	子	巳	戌	凡事忌。
往亡	寅	巳	申	亥	卯	午	酉	子	辰	未	戌	丑	
暴败	亥	未	戌	巳	子	辰	申	酉	丑	寅	午	卯	婚姻大忌
月刑	巳	子	辰	申	午	丑	寅	酉	未	亥	卯	戌	
天贼	辰	酉	寅	未	子	巳	戌	卯	申	丑	午	亥	
五鬼	午	辰	寅	酉	卯	申	丑	巳	子	亥	未	戌	
相负	亥	亥	丑	丑	卯	卯	巳	巳	未	未	酉	酉	负鬼神食凶，忌逼索苛求。
枉屈	巳	巳	未	未	酉	酉	亥	亥	丑	丑	卯	卯	
退悔	未	未	未	丑	丑	丑	巳	巳	巳	戌	戌	戌	主事不成。
瓦煞	巳	子	丑	寅	卯	辰	亥	午	未	申	酉	戌	

门煞	戌	酉	辰	卯	戌	酉	辰	卯	戌	酉	辰	卯	
梦神	辰	戌	丑	未	辰	戌	丑	未	辰	戌	丑	未	
天嗣	水	水	水	木	木	木	火	火	火	金	金	金	
旬煞	甲	子	甲	戌	甲	申	甲	午	甲	辰	甲	寅	
三奇		丑		丑		子		子		亥		亥	
六仪		子		戌		申		午		辰		寅	
盗神		丑		亥		酉		未		巳		卯	
响动		午		辰		寅		子		戌		申	
五亡		未		巳		卯		丑		亥		酉	
旬丁		卯		丑		亥		酉		未		巳	
闭口		酉		未		巳		卯		丑		亥	
孤辰寡宿	戌	亥	申	酉	午	未	辰	巳	寅	卯	子	丑	

干煞	甲	乙	丙	丁	戊	己	庚	辛	壬	癸	甲乙丙丁戊己庚辛壬癸
	甲	庚	丙	壬	戊	甲	庚	丙	壬	戊	
干德[①]	寅	申	巳	亥	巳	寅	申	巳	亥	巳	红艳午申寅未辰辰戌酉子申
	己	庚	辛	壬	癸	甲	乙	丙	丁	戊	
干合	未	申	戌	亥	丑	寅	辰	巳	未	巳	火翻子亥卯未寅卯午巳丑未
	辛	庚	癸	壬	乙	甲	丁	丙	己	戊	
日官	酉	申	亥	子	卯	寅	巳	午	未丑	辰戌	天福贵人。
日禄	寅	卯	巳	午	巳	午	申	酉	亥	子	月盲申申未未寅寅午午辰辰

① 喝散。

长生	亥	午	寅	酉	寅	酉	巳	子	申	卯	地跷午午酉酉卯巳寅寅巳戌
恩赦	寅	辰	巳	未	巳	未	申	戌	亥	丑	墓开金金水水木木火火土土
干奇	午	巳	辰	卯	寅	丑	未	申	酉	戌	
	亥	申	丑	未	辰	亥	申	丑	未	辰	解脱神
日解	亥	申	未	丑	酉	亥	申	未	丑	酉	

十二天赦	卯	亥	酉	未	巳	卯	亥	酉	未	巳	主解百忧故曰天赦。
日医	卯	亥	丑	未	巳	卯	亥	丑	未	巳	
日解神	巳	申	寅	丑	酉	巳	申	寅	丑	酉	病痊讼散。
贤贵	丑	申	寅	寅	午	丑	申	寅	寅	午	
内解神	巳	巳	申	申	寅	寅	酉	酉	卯	卯	
福星	子	丑	子	子	未	未	丑	丑	巳	巳	甲乙丙丁戊己庚辛壬癸
文星	亥	亥	寅	寅	午	午	巳	巳	申	申	武曲亥午寅酉寅酉巳子申卯
举主兼务	戌	酉	申	未	午	巳	辰	卯	寅	亥	天财午未辰巳辰巳寅卯寅卯 戌亥戌亥申酉申酉午未
进神	子	子	子	子	子	卯	卯	卯	卯	卯	地财丑未辰戌酉申子亥卯寅午巳
	午	午	午	午	午	酉	酉	酉	酉	酉	唐符酉申子亥子亥卯寅午巳
退神	丑	丑	丑	丑	丑	辰	辰	辰	辰	辰	
	未	未	未	未	未	戌	戌	戌	戌	戌	国印戌未丑戌丑戌辰丑未辰
日鬼	申	酉	亥	子	寅	卯	巳	午	辰戌	丑未	墓开杀占病忌七杀 甲乙丙丁戊己庚辛壬癸
	庚	辛	壬	癸	甲	乙	丙	丁	戊	己	
日墓	未	戌	戌	丑	戌	丑	丑	辰	辰	未	干支合寅辰己未己未申戌亥丑
日刑	巳	辰	申	丑	申	丑	寅	未	亥	戌	天乙丑子亥亥丑子丑午巳巳 贵人未申酉酉未申未寅卯卯
日冲	申	戌	亥	丑	亥	丑	寅	辰	巳	未	
飞符	巳	辰	卯	寅	丑	午	未	申	酉	戌	

	乙卯	甲寅	丁午	丙巳	巳午	戊巳	辛酉	庚申	癸子	壬亥	天福贵人寅丑亥子戌酉申未午巳辰卯
羊刃	卯	辰	午	未	午	未	酉	戌	子	丑	
飞刃	酉	戌	子	丑	子	丑	卯	辰	午	未	蛇马猴鸡猴鸡猪鼠虎兔 文昌巳子申卯申卯亥午寅酉
日下大煞	亥	亥	未	未	戌	戌	寅	寅	巳	巳	学堂巳巳丙丙戊戊辛辛甲甲 福人亥亥寅寅申申巳巳申申
游都	丑	子	寅	巳	申	丑	子	寅	巳	申	科名木木火火土土金金水水
鲁都	未	午	申	亥	寅	未	午	申	亥	寅	天厨巳午巳午申酉亥子寅卯
日贼	辰	午	申	亥	寅	辰	午	申	亥	寅	
日盗	子	亥	卯	申	巳	子	亥	卯	申	巳	
日奸	亥	酉	辰	申	巳	亥	酉	辰	申	巳	
日淫	午	午	未	未	戌	戌	寅	寅	巳	巳	
重丧	一	二	四	五	三九	六十二	七	八	十	十一	此以月言、丧葬忌、并婚嫁

支煞	子	丑	寅	卯	辰	巳	午	未	申	酉	戌	亥	
支德	巳	午	未	申	酉	戌	亥	子	丑	寅	卯	辰	月德
支合	丑	子	亥	戌	酉	申	未	午	巳	辰	卯	寅	月合
三合	申辰	巳酉	午戌	亥未	申子	酉丑	寅戌	亥卯	子辰	巳丑	寅午	卯未	
支仪	午	巳	辰	卯	寅	丑	未	申	酉	戌	亥	子	
支破	酉	辰	亥	午	丑	申	卯	戌	巳	子	未	寅	
破碎[①]	巳	丑	酉	巳	丑	酉	巳	丑	酉	巳	丑	酉	
六害	未	午	巳	辰	卯	寅	丑	子	亥	戌	酉	申	
三刑	卯	戌	巳	子	辰	申	午	丑	寅	酉	未	亥	
支冲	午	未	申	酉	戌	亥	子	丑	寅	卯	辰	巳	
支鬼	辰戌	卯	申	酉	寅	亥	子	卯	午	巳	寅	丑未	
支墓	辰	辰	未	未	辰	戌	戌	辰	丑	丑	辰	辰	

① 月建同。

死神	卯	辰	巳	午	未	申	酉	戌	亥	子	丑	寅	
病符[①]	亥	子	丑	寅	卯	辰	巳	午	未	申	酉	戌	
勾神	卯	戌	巳	子	未	寅	酉	辰	亥	午	丑	申	
绞神	酉	辰	亥	午	丑	申	卯	戌	巳	子	未	寅	

驿马	寅	亥	申	巳	寅	亥	申	巳	寅	亥	申	巳	
华盖	辰	丑	戌	未	辰	丑	戌	未	辰	丑	戌	未	
劫煞	巳	寅	亥	申	巳	寅	亥	申	巳	寅	亥	申	
灾煞	午	卯	子	酉	午	卯	子	酉	午	卯	子	酉	
四煞	未	辰	丑	戌	未	辰	丑	戌	未	辰	丑	戌	
孤辰	寅	寅	巳	巳	巳	申	申	申	亥	亥	亥	寅	主婚姻无子年月同即桃花
咸池	酉	午	卯	子	酉	午	卯	子	酉	午	卯	子	
寡宿	戌	戌	丑	丑	丑	辰	辰	辰	未	未	未	戌	同孤辰
支亡	亥	申	巳	寅	亥	申	巳	寅	亥	申	巳	寅	
雷电	辰	辰	未	未	戌	戌	丑	丑	寅	寅	卯	卯	
雨师	申	酉	戌	亥	子	丑	寅	卯	辰	巳	午	未	
晴朗煞	午	未	申	酉	戌	亥	子	丑	寅	卯	辰	巳	
白衣翰林	酉	未	巳	卯	丑	亥	酉	未	巳	卯	丑	亥	

月煞歌解[②]

春夏秋冬神煞家[③]，戌丑辰未喜耳加。春随亥子夏寅卯，巳午秋冬申酉夸。

返魂叠叠刀砧煞[④]，丑寡三丘关管嗟[⑤]。寅拜皇书雄吏至[⑥]，贼奸卯盗转丝麻[⑦]。

---

① 岁月同。

② 三十有二。每一神管一季，以戌至酉，各依孟仲季顺行无逆。

③ 此四时神煞也。

④ 亥子、寅卯、巳午、申酉。

⑤ 丑辰未戌。

⑥ 寅巳申亥。

⑦ 卯午酉子。

浴盆天目龙辰位[①]，巳喝孤神梁钥查[②]。火鬼伤支蛇雀午[③]，哭神狱墓未为遮[④]。殺神绝气雌申败[⑤]，春酉丧车四废呀[⑥]。

天喜主喜庆恩泽，官迁才喜，又主一切急速，见贵、求官、占讼吉。天耳主信息，察探追捕。返魂，病复生。刀砧，六畜忌。寡宿，信虚，忧喜无成，失物亡，婚娶忌。关神，动处身灾滞。管神，讼遭禁。皇书主拜命，功名词讼喜之。战雄，战胜。吏神，并吉神将吉，并勾朱蛇，主追呼急速。贼神、奸盗，主奸私贼盗。旺连，天干为天转，春乙卯，夏丙午，秋辛酉，冬壬子。旺连纳音为地转，春辛卯，夏戊午，秋癸酉，冬丙子。百事凶，出行大忌，君子赴朝则可。丝麻煞，主缢绞。浴水，堕水，病凶，产吉，地盘忌亥子，天盘忌乘辰，主小儿病死。天目主鬼祟，宜捕盗寻人。龙神占地用。喝散，讼散、事不成。孤辰，同寡宿占。梁神，行人阻。钥神，囚释。火鬼，克支，乘蛇雀，主火厄。哭神，作虎，有哭声，亥子上见，为哭神下泪，大凶。五墓，坟崩、病凶。地狱，并朱勾，主囚系。煞神、绝气，病凶。战雌，战败。四废，百事无成。丧车，克日病死。

正起顺行[⑦]

寅顺十二。月建小时龙虎木。

月建主月内休咎，应在一月。小时煞主阻滞，忌行师。蛇加，惊恐。龙加，为青龙煞，吉。天虎，虎狼害。木煞，主树木怪。

卯顺十二。天龙游煞草蛇伏。

天龙，利求名禄。游煞，忌出行，入传年命，主行动。蛇加，为草蛇煞。

辰顺十二。天医雌虎并瘟巫。

天医，病用。雌虎，虎狼害。瘟煞，主丧。天巫，宜作福。

巳顺十二。厄杖死神电鸟烛。

厄煞，家事损。孝杖，忌见子孙传内。死神，病凶，并虎，曰衔尸，大凶。电煞，有电。朱加，为鸟煞。火烛，并蛇雀克日，身灾；克辰，宅毁。

午顺十二。死气官符孝谩花。

死气，病产大忌。官符，主官事。孝服，有孝。谩语，并天空，言不实。朱加，为花煞。

---

① 辰未戌丑。
② 巳申亥寅。
③ 午酉子卯。
④ 未戌丑辰。
⑤ 申亥寅巳。
⑥ 酉子卯午。
⑦ 五十有四。

未顺十二。井枯小耗印羊福。

井煞，并虎克害，主谄。枯骨，病凶。大小耗，忌开库、求财、入宅，加墓，葬用，百事不利。天印，主升廷。天羊，主羊。福神，吉。

申顺十二。破兵虎耗路阳缠。

月破，主破耗，离散，亦可解忧事，产易生，婚娶忌。兵煞，主兵事。虎加为虎煞。道路神，主道路事。阳年占为缠绕煞，病讼忌。

酉顺十二。书信天机钱聚卜。

书信并雀，有信临门，并贵，有信来。天机，主口舌是非。天钱，主钱怪，更有钱堆积。

戌顺十二。戌顺天书愿地医。

天书，官迁财喜。愿神，占病，有愿未还。地医，病用。

亥顺十二。飞魂伏诏病儿哭。

飞魂，临年命或日辰发用，主神魂不定，夜多凶梦，鬼祟相侵。伏连，诸占忌。天诏，并二马，受恩。病煞，忌同墓虎。儿煞，小儿灾。哭忌，有哭声。

子顺十二。子正生气雨频来。

生气解凶增吉，成就新事，乘后合，有孕，乘龙，财婚。雨煞加旺相主雨。

丑顺十二。支坑坎[①]牛坟墓矗。

血支主血光、产孕，病忌针灸。天坑，忌出行，主损踬轮。佛煞，主佛像事。天牛加丁，牛怪病。坟墓加宅，宅有尸，未葬。

正起逆行[②]　正亥逆支装

亥逆十二。神猪月合方。

神煞，主神像事。天猪，加六丁，猪怪病。月合，有吉庆。

子逆十二。[③] 鼠视捕追良。

天鼠主鼠耗。天视之下，可捕贼盗。

丑逆十二。天怪天垂变。

天怪主天变。

寅逆十二。风倾风煞飏。

风煞有风。

卯逆十二。忧焚看烛命。

烛命，防火。

---

① 疑当作佛。

② 三十有一。

③ 次由子上取。

辰逆十二。厌对血光殃。

厌对，忌婚姻。血光，有血灾。

巳逆十二。月害阴空竹。

月害，忌婚医、纳财畜。阴煞，主阴人口舌病凶。空加为竹煞。

午逆十二。化神破咒防。

破器，主破器为怪，病忌。化神，主消化，诸事不喜见之。地咒，主咒诅。

未逆十二。阴奸邪床卯。

阴奸，主私通。邪神，有邪气。卯加为床煞。

申逆十二。猴绕解风详。

阴年占，为缠绕，病讼忌。天猴，出行损轮蹄。风伯，有风。天解，化凶为吉。

酉逆十二。辕乱天鸡折。

轩辕，主兵戈。天鸡，主信息，行人至。折伤，主六畜走失，忌见。

戌逆十二。足龙厌石光。

天狗，孕产忌。四足，主四足怪。月厌，嫁娶百事不成，加武盗，加蛇梦，加虎克日，病死，加朱勾，忧禁，逃者忌此方。石煞，主石怪。火光，并蛇雀刑克日，身灾；克辰，宅毁。龙，狗也。

逆[①]：正五九、二六十、三七十一、四八十二

申巳寅亥。正申驿马孟神逆。

马临初传，又逢生旺，人至、行利、名吉。中传稍迟，末传又迟，其吉凶决于天将。

酉午卯子。鬼吏长绳天咒接。

天鬼临年命日辰发用，为伏殃，主兵亡产死病患。天吏，谓吏神。长绳逢鬼，有缢死鬼。天咒，主咒诅。

戌未辰丑。光影黄旛火怪神。

光影火怪，主火光鬼怪。黄旛，即华盖，覆日，主人昏暗。

亥申巳寅。狱门酒网女雷劫。

天狱，并朱勾，主囚系。墓门，主坟动。酉加为酒煞。天网宜捕猎。女灾，阴人病。雷煞同雷公。劫煞有劫盗，病凶灾速，诸不喜，占士人应举占魁。

子酉午卯。坎魈灾煞镜披麻。

坎坑，主坑坎怪。山魈，主山怪。灾煞，诸占不喜。镜煞，主镜怪。披麻煞，主孝服。

丑戌未辰。五盗小天迷惑月。

五盗，主盗。小煞，小口灾。天煞，凶速。迷惑煞，主痴迷失记。月煞，忌移造、

① 四十。

病患。

寅亥申巳。天盗雷公正逆寅。

天盗，主盗。雷公，作后，阴雨；并贵，空晴；并蛇雀，雷电；并常勾，不定。

卯子酉午。桃花悬索大时煞。

桃花咸池，主淫乱口舌。悬索见鬼，主缢死鬼，占贼必自屋而下。大时煞忌出、行兵，捕必获。

辰丑戌未。正辰邪鬼逆三轮。

邪鬼有迍灾。

巳寅亥申。月德亡神游祸说。

月德化凶为吉。亡神防失脱。游祸，动有灾祸。

午卯子酉。大煞午正伏骨同。

大煞，灾速，家长凶，君子加官，小人凶事。伏骨，病凶。

未辰丑戌。下丧月鬼秽丧魄。

下丧，主下人服。月鬼，病讼凶。秽煞，主污秽物。丧魄临年命日辰发用，为丧魄卦，主病死，若并虎，健人亦衰。

顺[①]：正五九、二六十、三七十一、四八十二。

巳申亥寅。驿合旺成梯。

天旺，官迁进。成神，旺相生合作事成。卯加为梯煞。

午酉子卯。病占天破宜。

天破，占病吉。

未戌丑辰。丧门炉煞狱。

香炉煞，主香炉怪。丧门，占病忌。狱神，占讼忌。

申亥寅巳。申孟奸门移。

奸门，主奸淫。

酉子卯午。酉顺占天信。

天信，主信息。

戌丑辰未。戌正反激为。

反激，仇怨互报。

亥寅巳申。亥轮阳煞孟。

阳煞，主阳人口舌。

---

① 二十有三。

子卯午酉。邪怪火雨师[①]**。**

邪怪，阴灾。天火，忌同蛇雀。雨师，加旺相，有雨。

丑辰未戌。月奸丑顺季。

月奸，阴私内乱。

寅巳申亥。釜产厕奸私。

釜神，锅鸣。产煞，见后阴，立产，见勾虎，产难。天厕，尊卑不正。奸私，主隐匿。

卯午酉子。盗神卯顺仲[②]**。**

盗神，防盗。

辰未戌丑。天械上丧诗。

天械，官事凶。上丧，主上人服。以上五章，俱依顺逆行支位。

正七、二八、三九、四十、五十一、六十二［六］

午申戌子寅辰、未酉亥丑卯巳。午未天马受皇恩。

天马，正七起午，主朝廷印信之喜，加大煞，尤速，见迁动更改，加传送白虎必动，克日主失脱。皇恩，正七起未，主诏命迁转。

辰午申戌子寅。天财正七辰阳遵。

宜求财。

寅辰午申戌子、卯巳未酉亥丑。天刑怪煞先寅卯。

天刑起寅，忧囚系，行阳顺。怪煞，起卯，有凶事，行阴顺。

戌子寅辰午申。兽煞戌宫以例推。

主走兽。

正二三四五六七八九十十一十二［六］

亥巳子午丑未寅申卯酉辰戌。圣心正月起亥宫，单月顺行双月冲。

和合福神，最宜营运。

卯酉辰戌巳亥午子未丑申寅。玉宇卯正依例取。

二神更逢龙贵，元吉。

辰戌巳亥午子未丑申寅酉卯。金堂辰上亦正逢。

日德更妙。

戌辰亥巳子午丑未寅申卯酉。受死戌正行斗忌。

一切大凶。

午子未丑申寅酉卯戌辰亥巳。午正罪至讼招凶。

---

① 原作怪火雨兴（成）师。

② 原作卯顺盗神仲。

占讼忌之。

丑未寅申卯酉辰戌巳亥午子。

丑正血忌毋针灸，单透双冲法亦同。

血灾、产难。以上七轮载圆图内。

天德正丁宫，二坤三壬同。辛乾甲癸艮，丙乙巽庚从。月德逆行孟，丙甲壬庚询。二德合俱良，凶消而福进[①]**。**

天解正申逆十二，地解申申酉酉次。戌亥午未俱重临，申申顺阳解神是[②]**。**

皇恩大赦戌丑罡，未酉卯兮子午当，寅申巳亥是其方[③]**。**

会神春占未戌寅，亥酉子为夏月神，丑未巳兮卯申辰[④]**。**

信神正二申戌立，寅丑亥辰半年率，巳未巳未还申戌[⑤]**。**

壬占须识四时神，大德午辰迄子寅。天赦戊寅夏甲午，冬甲子兮秋戊申。

游神丑子亥兼戌，巳子酉辰戏视临。丑子戌亥忧泰决，巳辰未酉天车惊。

春戌逆回为死别，春寅退孟是奸神。申寅巳亥为飞祸，巳卯酉子时盗寻[⑥]**。**

金神破碎鸡蛇牛，未辰丑上白衣愁，归忌丑寅子便休[⑦]**。**

飞廉起戌巳午未，寅卯辰兮此法最，亥子丑兮申酉畏[⑧]**。**

正寅五卯九天罡，隔二顺行小往亡，军行还娶悉为殃[⑨]**。**

产婚官病月刑忌，巳子辰申午丑值，寅酉未亥卯戌记[⑩]**。**

满破开兮天贼逮，辰酉寅未子巳在，戌卯申兮丑午亥[⑪]**。**

五鬼之星忌出行，午辰寅共酉卯申，丑巳子亥未戌寻[⑫]**。**

正二登明三四丑，依例顺行人相负，冤枉屈情冲位有[⑬]**。**

阳日瓦煞阴冲出，正巳子丑寅卯辰，七亥午未申酉戌[⑭]**。**

---

① 天德，百福助佑之神。月德，五行生气之神。天德合、月德合，干神五合者，是俱改祸成福。

② 忧喜无成，诸恶逢之皆灭消，诸吉遇之亦闲退。

③ 主有恩宥。

④ 婚成、行至。

⑤ 主有恩信。

⑥ 此十一位以四时例起之。大德，迁官求望大吉。天赦，灾散百事吉。游戏二神，加孟行人未来，加仲在途，加季即至。忧泰二神，加季信实，加孟信虚，旺相信实，空亡信虚。天车，忌出行，车败、马亡、舟覆。死别，不利四季。奸神，并后合，主淫。飞祸，所为皆忌，不利。时盗，主有盗贼。

⑦ 此三位，孟仲季起例。金神、破碎，即红沙，财损、病、凶速，占坟并空，子孙败绝，凡物破损不完。白衣煞，忌子孙六亲上。归忌，家神为祟，忌出行还家。

⑧ 求事迅速，行人立至及非常不测事，凶速。

⑨ 百事不利。

⑩ 月建所刑，诸占不吉。

⑪ 举动招盗。

⑫ 出行大凶。

⑬ 相负煞，被人负，枉屈煞，有冤枉。

⑭ 此阳日之瓦煞，阴日冲位取之。

正五九兮三合轮，戌酉辰卯煞曰门，辰戌丑未梦神论[①]。

旬　煞[②]

丑子亥为日月星，甲旬之内三奇名。六仪用起旬中甲，二者解凶化吉神[③]。

旬乙盗神庚响动，丁神动处六亲详。旬辛便是五亡煞，癸闭空为孤寡方[④]。

干　煞[⑤]

阳德自居阴在合，克偏为鬼正为官。长生顺逆宜详取，禄墓须教此处看。

天月干支四德，佑福之神也。临日入传，转凶为吉，干德尤良，俱宜生旺，不宜休囚、墓空、逢空、神将外战。干合者，甲己中正，乙庚仁义，丙辛威制，丁壬淫泆，戊癸无情。干合为主，支合次之，行合又次。凡德合同入传，百事吉，若乘凶神，毫无吉助，则反凶。昼鬼公讼是非，夜鬼神祇妖祟。凡鬼受制、恋生、陷空，皆不为害。若鬼空无制，则大凶。日官，功名喜。长生，诸事吉。日禄，主食禄。墓，主暗昧不通。辰未为日墓，刚速；戌丑为夜墓，柔迟。逢冲则吉，逢合则凶。若年命上神能冲制，亦可救。

广按火生寅，金生巳，水土生申，木生亥，有顺无逆，此五行长生也。甲生亥，乙生午，丙戊生寅，丁己生酉，庚生巳，辛生子，壬生申，癸生卯，阳顺阴逆，此十干之长生也。五行家，土寄于坤，故土行与水行同也。六壬家，丙戊同宫，丁己同宫，故土干与火干同也。土干既与火干同位，而复袭水行之生败墓绝，可乎？且临官即禄，顺逆得之，既为壬式所用而墓绝等项何独不然？今改正如前图内。

干奇甲日午行逆，庚日还于未顺行。飞符甲日巳逆转，己日胜光复顺征。

干奇，消祸增福。飞符，百事莫举，出行忌，走避出入不可抵向。如日德入传，凶中生吉。并朱凶甚，并勾凶尤甚。

游都牛鼠虎蛇猴，游都冲处鲁都求。亥申未丑酉日解，亥卯丑未巳医流。

游都，主逢盗贼。加大煞，来速，占贼来路，出行忌之。鲁都，不可漏税，占贼去路，出行忌之。日解，解凶。日医，医病。

亥酉辰申巳奸言，子亥卯申巳盗伍。日贼辰午申亥寅，贤贵丑申寅寅午。

奸淫、盗贼，俱不吉。贤贵，立天门，其人可传道业。二章以甲己同例起之。

---

① 二位以正五九起例。门煞，主门户事。梦神，主梦寐事。以上诸煞载方图内。

② 九。

③ 子旬戌旬丑奇，申旬午旬子奇，辰寅二旬亥奇。外有遁奇，三传全值甲戊庚，或乙丙丁也。旬甲即旬仪。奇仪发用或入传，为三奇六仪之卦，逢凶化吉。惟仪克行年反凶。

④ 旬乙为盗神，主贼盗。旬庚为响动，官病忌。旬丁视六亲，如壬癸见丁卯，因子动而生财例。旬辛为五亡七煞，出逢盗贼，并空武，主走失。旬癸为闭口，主机关莫测，病不食，人不言。空亡，十干不到之地，主失脱，忧喜不成。以上九位载圆图内。

⑤ 二十有五。

大煞亥辰未寅巳，日淫午未戌寅巳。文星亥寅午巳申，两两言之此法是。

此章以甲乙同例起之。日下大煞，凡事忌。文星并龙加子，大贵。

甲乙福星子丑取，子未丑巳双双语。刑冲支位寄宫论，癸子亥逆兼务举。

福星，求望吉。刑主人情不美。冲主反复不宁。举主兼务，官职双行。

恩赦之星本十干，禄前羊刃对飞安。进神子午卯兼酉，丑未辰戌退莫难。

恩赦吉。羊刃血光，静吉动凶。飞刃，血光凶事。进神，事莫退，退可惜。退神，为莫进，进多阻。以上干煞载方图上列。

支　煞[①]

支德解凶巳顺支，六三合事有成期。支仪子日午行逆，午日未宫又顺之[②]。

酉子卯午门户败，丑辰未戌墙坟坏。亥寅申巳破终忻，鸡孟蛇中季午碎。

寅巳巳申申刑寅，丑戌戌未未丑寻。子刑卯上卯刑子，辰午酉亥自相刑[③]。

穿心六害暗相伤，对位支冲散事良。戌火丑金木墓未，辰坟水土顺支详[④]。

阳克阳兮阴克阴，明伤支鬼宅中侵。死神卯顺病符亥，绞即破兮勾对神。

雨师申顺滂沱落，晴朗午宫日影灼。辰未戌丑寅卯排，双双雷电空中作。

驿马诸神同岁月，白衣入翰情欣悦。从魁逆转六阴方，庄氏图歌掌内诀[⑤]。

岁月日煞，壬式所需，然百家异同，赜驳尤甚。予因博访青囊，详搜秘史，删芜就简，去谬标真，复参稽之星家历纪，选卜阴阳，期在合符有征，斯能用之不爽。如天喜为四季养神[⑥]，大煞为三合旺气[⑦]。雷公风伯，位起先天之震巽[⑧]；雨师晴朗，位起后天之坎离[⑨]。雷动风散，自下及上以逆行；雨润日暄，由上及下而顺转。又娵訾次

---

① 一十有之。

② 支德，解凶增吉。支合者，寅合亥破，亥合寅就；卯合戌新，戌合卯旧；辰合酉合，酉合辰离；巳合申刑，申合巳疑；午合未虚，未合午晦；丑合子空，子合丑实。刑合者，亥卯未繁冗驳杂，巳酉丑矫革离异，寅午戌党侣不正，申子辰流动无滞也。凡合临日入传，和合成就，惟不宜占病讼，又当视其传进利进，传退利退。支仪，解凶增吉。

③ 支破，人情暗中不顺，事多中败，宜散凶，忌成吉。破碎见前。寅刑巳，官灾动阻事复起；巳刑申，仇将恩报事终成；申刑寅，人鬼相残各不宁。丑刑戌，尊伤卑贱忧囚桎；戌刑未，少凌长上妻财畏；未刑丑，大小不和丧孝有。子刑卯，门户败淫尊卑扰；卯刑子，水路不通子不轨。四自刑，自逞其才妄改更。

④ 六害，暗相伤克。子加未，官非口舌；未加子，阻塞有殃。丑加午，官病不睦；午加丑，不就不明。巳加寅，口舌疑阻；寅加巳，进滞退良。申加亥，先得后阻；亥加申，谋事不长。卯辰相加，虚诈争财有阻；酉戌两害，病凶阴小逃亡。支冲：子午道路奔驰，卯酉门户改易，寅申人鬼伤残，巳亥反复无实，丑未兄弟相持，辰戌奴婢离异。冲日身动，冲辰宅移。墓主暗昧不通。

⑤ 支鬼明伤相克。死神病凶。病符主病。勾绞主缢绞。申为水母，故起雨师，与月煞异，雨晴雷电天时占用。驿马岁月日时同。白衣入翰林，天下吉祥之星。以上支煞载方图下列。

⑥ 春戌顺四季者是，顺十二者非。

⑦ 正午逆四仲者是，正戌逆四季者非。

⑧ 雷公正寅逆四孟者是，风伯正申逆十二者是。余非。

⑨ 雨师正子顺四仲者是，晴朗子日午顺十二者是。余说非。

有霹雳雷电之星，析木次有南箕好风之宿，此雷风二煞所从起也[1]。然雷公风伯，神之号也，是以居乎先天之位；而雷煞风煞，化之行也，是以占乎有象之星。坎，阳陷阴中，故天耳起先天坎位而居支；离，阴丽阳中，故天目起先天离位而居干。此耳目二司所由附也[2]。然坎离正卦，虽定例于东西，而耳目傍官，不得行乎仲位。转煞云者，言物极则必反也[3]。四废云者，言囚死而无用也[4]。秦野有舆鬼尸气，故枯骨起焉[5]。赵次有卷石天谗，故天机生焉[6]。四孟元胎逢三合绝地，非女之灾乎[7]？登明幼子作哭忌飞魂，非儿之厄乎[8]？四土之神，令人昏暗，故日逢之而迷[9]，夜逢之而梦也[10]。狴犴之司，不敢当阳，故天狱居三合绝位[11]，地狱居四时墓乡也[12]。驿马不同天猴，吉凶异焉[13]；天车不同关锁，占候殊焉[14]。以至于天鼠起子，天牛起丑，莫不各以类相从。然鼠畏缩，猴柔贪，故退而逆行[15]。牛驯顺，羊刚躁，故进而顺转[16]。聊举数端，可推其概，斯理既合，厥数亦符。此皆天地万物自然之化，非有牵强附会于其间也。考订十稔，始获小成。爰次第为韵语，既可运轮于掌上，复层叠作旋图，更可瞭彻乎目中，虽不免金根之诮，或可辟三豕之讹，其于壬式，未必无小补焉。

云岳山人庄广之再识。

圆图转法

如子年正月甲子，自甲子日，先将上位圆图以太岁加子，岁驿加寅，仪神加子，奇神加丑，次将下位圆图以天喜加戌，月建加寅，月合加亥，月驿加申，成神加巳，天马加午，圣心加亥，而圆图所不能载者，则于前列方图内视之，即此时之岁月旬煞也。其日煞，则于后列方图内视之，此即日之干支煞也。余仿此。

---

① 雷煞正亥逆四孟者是，风煞正寅逆十二者是。
② 天耳春戌夏丑秋辰冬未，天目春乙夏丁秋辛冬癸，相对。
③ 春卯顺四仲者是，顺十二者非。
④ 春酉顺四仲者是，正申顺十二者非。
⑤ 正未顺十二者是，正申与正辰俱非。
⑥ 正酉顺十二者是，正丑逆十二者非。
⑦ 正亥逆四孟者是，正未顺十二者非。
⑧ 儿煞正亥顺十二者是，正巳者非。
⑨ 迷惑正丑逆四季者是，逆十二者非。
⑩ 梦神辰戌丑未三轮者是，正丑顺十二者不用。
⑪ 正亥逆四孟者是，余说误。
⑫ 春未顺四季者是，余说皆不用。
⑬ 驿马正申逆四孟，天猴正申逆十二。
⑭ 天车春巳夏辰秋未冬酉，关锁春丑夏辰秋未冬戌。
⑮ 顺行者非。
⑯ 逆行者谬。

<table>
<tr>
<td>喝散 孝杖 月害 游祸 天车
孤辰 死神 阴煞 天旺 时盗
梁神 电煞 空竹 成神 月刑
钥神 鸟煞 月德 梯煞 相日
厄煞 火烛 亡神 戏神 肆令</td>
<td>火鬼 花煞 伏骨 五鬼
死炁 破器 天破
官符 化神 天马
孝服 地咒 罪至
漫语 大煞 大德</td>
<td>哭神 小耗 邪神 丧魄 会神
五墓 天印 床煞卯 香炉 白衣
狱神 天羊 下丧 丧门
井煞 福星 月鬼 狱神
枯骨 阴奸 秽煞 皇恩</td>
<td>煞神 绝气 阴缠 地解
战雌 大耗 天猴 解神
破神 道路 天解 信神
兵煞 阳缠 驿马 飞符
天虎 风煞 奸门</td>
</tr>
<tr>
<td>浴盆 瘟煞 天械 天贼
天目 天巫 上丧 枉屈
龙神 厌对 天财 瓦煞
天医 血光 金堂 福德
雌虎 邪鬼 梦神</td>
<td colspan="2" rowspan="2">正月神煞孟春建寅
天德在丁
天德合在壬
立春晨卯正初日出卯正三日入酉初一昏酉初四
雨水晨卯初四日出卯正二日入酉初二昏酉正初
月德在丙
月德合在辛</td>
<td>四废 轩辕 长绳
丧车 天鸡 天咒
书信 折伤 天信
天机 天鬼 破碎
天钱 天吏</td>
</tr>
<tr>
<td>贼神 游煞 悬索 吉期
奸盗 草蛇 大时
天转乙卯 烛命 盗神
丝麻 桃花 怪煞
天龙 咸池 玉宇</td>
<td>天喜 天狗 光影 受死
天耳 四足 火怪 恩赦
天书 月厌 黄旙 死别
愿神 石煞 反激 飞廉
地医 火光 兽煞 门煞</td>
</tr>
<tr>
<td>皇书 龙煞 雷公 天刑 文昌
战雄 天虎 釜神 奸神
吏神 木煞 产煞 往亡
月建 风煞 天厕 旺日
小时 天盗 奸私 出狱</td>
<td>寡宿 天坑 天盗 月奸 归忌
三圻 佛煞 小煞 血忌
关神 天牛 天煞 游神
管神 坟墓 迷惑 泰神
血支 天怪 月煞 忧神</td>
<td>返魂 天视 披麻
刀砧 坑坎 邪怪
生炁 山魈 天火
雨煞 灾煞 雨师
天鼠 镜煞</td>
<td>返魂 病煞 月合 女灾 雷煞
刀砧 鬼煞 天狱 劫煞 阳煞
飞魂 哭忌 墓门 圣心
伏连 神煞 酒煞 相负
天诏 天猪 天网</td>
</tr>
</table>

二月神煞仲春建卯

天德在坤

惊蛰辰卯初三日出卯正一日入酉初三昏酉正二

春分辰卯初一日出卯初四日入酉正初昏酉正三

月德在甲

月德合在己

煞神 小耗 天鸡 天网 成神
绝炁 天印 折伤 女灾 梯煞
战雌 天羊 天狱 雷煞 天马
井煞 福星 墓门 劫煞 地解 解神
枯骨 轩辕 酒煞 天旺 飞符

哭神 孝服 天解 上丧
五墓 谩语 光影 血忌
地狱 阴绕 黄播 花煞
死炁 天猴 火怪
官符 风伯 天械

火鬼 鸟煞 天鬼 天财
厄煞 火烛 天吏 大德
孝杖 阴奸 长绳
死神 邪神 天咒
电煞 床煞 盗神

喝散 雌虎 地咒 奸私 时盗
孤辰 瘟煞 驿马 怪煞 破碎
梁神 天巫 釜神 圣心 飞廉
钥神 破器 产煞 戏神 往亡
天医 化神 厕煞 天车 枉屈

四废 大耗 月厌 灾煞 玉宇
丧车 道路 石煞 镜煞 天贼
破神 阳缠 火光 披麻 门煞
兵煞 天狗 坑坎 天破
虎煞 四足 山魈 皇恩

浴盆 草蛇 月鬼 受死
天目 月害 秽煞 厕煞
龙神 阴煞 丧魄 白衣
天龙 空竹 月奸 吉期
游煞 下丧 月刑

天喜 神煞 灾煞 金堂 月煞
天耳 天猪 迷惑 会神
书信 月合 香炉 信神
天机 天盗 丧门 梦神
天钱 小煞 狱神 死别

贼神 小时 血光 雨师
奸盗 龙煞 大煞 文昌
天转 乙卯天虎 伏骨
丝麻 木煞 邪怪
月建 厌对 天火

返魂 天鼠 相负
刀砧 天视
天书 天盗
愿神 雷公
地医 奸门

返魂 病煞 咸池 罪至
刀砧 鬼煞 悬索 月刑
飞魂 哭忌 大时 瓦煞
伏殃 天怪 天信
天诏 桃花 兽煞

寡宿 雨煞 游神
三圻 风煞 泰神
关神 邪鬼 忧神
管神 反激
生炁 恩赦

皇书 佛煞 亡神 旺日
战雄 天牛 游祸 出狱
吏神 坟墓 阳煞
血支 烛命 奸神
天坑 月德 归忌

煞神 孝服 天盗 奸私 月厌
绝气 谩语 雷公 天财 石煞
战雌 花煞 釜神 金匮 火光
死炁 天狗 产煞 飞祸
官符 四足 天厕 往亡

哭神 死神 五盗 月奸 折伤
五墓 鸟煞 小煞 怪煞
地狱 火烛 天煞 罪至
厄煞 轩辕 迷惑 枉屈
孝杖 天鸡 月煞 电煞

火鬼 福德 坑坎 邪怪 飞廉
天医 阴缠 山魈 天火
雌虎 天猴 灾煞 雨师
瘟煞 风伯 镜煞 天刑
天巫 天解 披麻 大德

唱散 游煞 邪神 天网 金堂
孤辰 草蛇 床煞卯 女灾 戏神
梁神 相日 天狱 雷煞 天车
钥神 吉期 墓门 阳煞 时盗
天龙 阴奸 酒煞 五富

四废 天印 月合 盗神
丧车 天羊 桃花 地解
井煞 福神 咸池
枯骨 神煞 悬索
小耗 天猪 大时

天喜 大耗 邪神 死别
天耳 道路 天马
月破 阳缠 天械
兵煞 天鼠 上丧
虎煞 天视 解神

天德在壬　天德合在丁

清明晨卯初二日出初三日入酉正一昏酉正四

三月神煞季春建辰

谷雨晨寅正四日出卯初二日入酉正二昏戌初初

月德在壬　月德合在丁

浴盆 龙煞 地咒 玉宇
天目 天虎 光影 恩赦
龙神 木煞 黄幡 月刑
月建 破器 火怪 门煞
小时 化神 反激 文昌

贼神 佛煞 阴煞 天咒
奸盗 天坑 空竹 天信
转煞 天牛 天鬼
丝麻 坟墓 天吏
血支 月害 长绳

返魂 天怪 成神
刀砧 月德 梯煞卯
书信 亡神 皇恩
天机 游祸 受死
天镜 天旺 驿合

返魂 风煞 归忌
刀砧 大煞
天书 伏骨
地医 天破
虎神 圣心

寡宿 伏殃 烛命 炉煞 破碎
三丘 天诏 下丧 丧门 白衣
关神 病煞 月鬼 游神 相负
管神 儿煞 秽煞 泰神 瓦煞
飞魂 哭忌 丧魄 忧神 梦神

皇书 雨煞 兽煞 天贼
战雄 厌对 血忌 五鬼
吏神 血光 会神 出狱
旺日 驿马 信神
生炁 奸门 奸神

四月神煞孟夏建巳

天德在辛

立夏晨寅正四日出卯初二日入酉正三昏戌初一

小满晨寅正三日出卯初一日入酉正三昏戌初一

月德在庚

天德合在丙

月德合在乙

喝散 厄煞 火烛 亡神 血忌
孤辰 孝杖 神煞 游祸 月刑
梁神 死神 天猪 阳煞
钥神 电煞 月合 五富
相日 鸟煞 月德 天刑

浴盆 瘟煞 月厌 恩赦 枉屈
天目 天巫 石煞 死别 梦神
龙神 福德 火光 白衣
天医 天狗 邪鬼 飞廉
雌虎 四足 反激 天贼

贼神 天龙 天鸡 天信
奸盗 游煞 桃花 圣心
转煞 草蛇 咸池 折伤
丝麻 吉期 悬索
官日 轩辕 大时

皇书 龙煞 风伯 受死
战雄 天虎 天解 出狱
旺日 木煞 天盗 文昌
月建 阴绕 雷公
小时 天猴 奸门

火鬼 天鼠 天火 金神
死炁 天视 雨师 五鬼
官符 大煞 怪煞
谩语 伏骨 地解
花煞 邪怪 破碎

寡宿 佛煞 邪神 迷惑 大德
三圻 天坑 床煞 月煞 天车
关神 天牛 五盗 炉煞 天牢
管神 坟墓 小煞 丧门
血支 阴奸 天煞 兽煞

哭神 小耗 下丧 天才
五墓 天印 月鬼 金匮
地狱 天羊 秽煞 玉宇
井煞 福神 丧魄 解神
枯骨 天戍 月奸

返魂 化神 镜煞
刀砧 地咒 披麻
生炁 坑坎 天破
雨煞 山魈 时盗
破器 灾煞 门煞

煞神 虎煞 驿马 金堂
绝炁 大耗 釜神 会神
战雌 道路 产煞 奸神
月破 阳缠 天厕 往亡
兵煞 风煞 奸私

四废 烛命 盗神 忧神
丧车 天鬼 天马
书信 天吏 游神
天机 长绳 戏神
天钱 天咒 泰神

天喜 厌对 天械 归忌
天耳 血光 上丧 相负
天书 光影 皇恩
地医 黄播 罪至
愿神 火怪 信神

返魂 病煞 空竹 女灾 飞祸
刀砧 儿煞 天狱 雷煞 瓦煞
飞魂 哭忌 墓门 天旺 驿合
伏殃 月害 酒煞 成神
天诏 阴煞 天网 梯煞

喝散 天医 天鼠
孤神 雌虎 天视
梁神 瘟煞 驿马
钥神 天巫 奸门
相日 福德 罪至

浴盆 吉期 下丧 丧门
天目 草蛇 月鬼 死别
龙神 神煞 秽煞
天龙 天猪 丧魄
游煞 月合 炉煞

贼神 月建 天狗 大煞 月刑
奸盗 小时 四足 伏骨 文昌
转煞 龙煞 月厌 天破
丝麻 天虎 石煞 兽煞
官日 木煞 火光 金堂

皇书 佛煞 天鸡 成神 折伤
战雄 天坑 月德 梯卯 出狱
吏神 天牛 亡神 玉宇 文昌
旺日 坟墓 游祸 破碎 驿合
血支 轩辕 天旺 金神

火鬼 鸟煞 长绳 枉屈
厄煞 火烛 天咒
孝杖 天怪 天信
死神 天鬼 恩赦
电煞 天吏 会神

天德在乾

芒种晨正二日出卯初初日入酉正四昏戌初二

五月神煞仲夏建午

夏至晨寅正一日出寅正四日入戌初初昏戌初三

月德在丙　月德合在辛

寡宿 雨煞 邪鬼 白衣
三坵 阴绕 天械 梦神
关神 天猴 上丧
管神 风伯 大德
生炁 天解 天车

哭神 孝服 黄幡 门煞
五墓 谩语 火怪
地狱 花煞 反激
死炁 风煞 天刑
官符 光影 地解

返魂 病煞 床煞 盗神 五鬼
刀砧 儿煞 桃花 皇恩 相负
飞魂 哭忌 咸池 血忌 瓦煞
伏殃 阴奸 悬索 时盗
天诏 邪神 大时 往亡

煞神 小耗 天狱 雷煞 奸神
绝炁 天印 墓神 阳煞
战雌 天羊 酒煞 五富
井煞 福神 天网 怪煞
枯骨 烛命 女灾 信神

四废 大耗 坑坎 邪怪 受死
丧车 道路 山魈 天火 解神
月破 阳缠 灾煞 雨师 游戏
兵煞 厌对 镜煞 天财 泰忧
虎煞 血光 披麻 金匮 天贼

天喜 月害 天煞 圣心
天耳 阴煞 迷惑
书信 空竹 月煞
天机 五盗 月奸
天钱 小煞

返魂 破器 釜神 飞祸
刀砧 化神 产煞 归忌
天书 地咒 天厕 飞廉
地医 天盗 奸私
愿神 雷公 天马

六月神煞季夏建未

天德在甲　天德合在己

小暑晨寅正二日出卯初初日入戌初初昏戌初三

大暑晨寅正二日出卯初四日入酉正四昏戌初二

月德在甲　月德合在己

喝散 天龙 天狱 雷煞 五鬼
孤辰 游煞 墓门 天旺 驿合
梁神 草蛇 酒酉 成神
钥神 吉期 天网 梯卯
相日 天怪 女灾 兽煞

浴盆 龙煞 光影 圣心
天目 天虎 黄幡 死别
龙神 木煞 火怪 文昌
月建 天鼠 天械
小时 天视 上丧

贼神 血支 神煞 长绳 往亡
奸盗 佛煞 天猪 天咒
转煞 天坑 月合 盗神
丝麻 天牛 天鬼 受死
官日 坟墓 天吏 天牢

皇书 雨煞 驿马 皇恩
战雄 天狗 釜神 天贼
吏神 四足 产煞 出狱
旺日 月厌 天厕
生炁 石煞 奸私

火鬼 福德 镜煞 门煞
天医 风煞 披麻
雌虎 坑坎 天破
瘟煞 山魈 血忌
天巫 灾煞 枉屈

寡宿 伏殃 轩辕 下丧 天车
三丘 天诏 天鸡 月奸 瓦煞
关神 病煞 丧魄 天马 折伤
管神 儿煞 秽煞 信神
飞魂 哭忌 月鬼 大德

哭神 死神 五盗 炉煞
五墓 电煞 小煞 丧门
地狱 鸟煞 天煞 地解
厄煞 火烛 迷惑 梦神
孝杖 烛命 月煞

返魂 阴绕 伏骨 时盗
刀砧 天猴 邪怪 相负
天书 风伯 天火
地医 天解 雨师
愿神 大煞 恩赦

煞神 孝服 天盗
绝炁 谩语 雷公
战雌 花煞 奸门
死炁 厌对 玉宇
官符 血光 奸神

四废 天印 空竹 天信 游神
丧车 天羊 桃花 天刑 戏神
井煞 福神 咸池 金堂 忧泰
枯骨 月害 悬索 解神 归忌
小耗 阴煞 大时 会神

天喜 大耗 地咒 破碎 金神
天耳 道路 邪鬼 月刑
月破 阳缠 反激
兵煞 破器 怪煞
虎煞 化神 白衣

返魂 阴奸 游祸 罪至
刀砧 邪神 阳煞 飞祸
书信 床卯 五富
天机 月德 天才
天钱 亡神 金匮

七月神煞孟秋建申

天德在癸

立秋晨寅正三日出卯初一日入酉正三昏戌初一

天德合在戊

月德在壬

处暑晨寅正三日出卯初二日入酉正二昏戌初初

月德合在丁

皇书 小时 天盗 奸私
战雄 龙煞 雷公 奸神
吏神 天虎 釜神 出狱
旺日 木煞 产煞 文昌
月建 风煞 天厕

寡宿 佛煞 五盗 月奸 天牢
三圻 天坑 小煞 皇恩
关神 天牛 天煞 金堂
管神 坟墓 月煞 天车
血支 天怪 迷惑 白衣

返魂 天视 披麻 玉宇
刀砧 坑坎 邪怪
生炁 山魈 天火
雨煞 灾煞 雨师
天鼠 镜煞 天马

返魂 病煞 月合 女灾 飞祸
刀砧 儿煞 天狱 雷煞 相负
飞魂 哭忌 墓门 阳煞
伏殃 神煞 酒酉 五富
天诏 天猪 天网 信神

贼神 天龙 桃花 罪至 往亡
奸盗 游煞 咸池 戏神
转煞 草蛇卯 悬索 时盗
丝麻 吉期 大时 破碎
官日 烛命 盗神 金神

天喜 天狗 光影 血忌
天耳 四足 火怪 死别
天书 月厌 黄旛 飞廉
地医 石煞 反激 门煞
愿神 火光 三才 金匮

浴盆 瘟煞 邪鬼 泰神
天目 天巫 天械 天贼
龙神 福德 上丧
天医 厌对 兽煞
雌虎 血光 忧神

四废 轩辕 天咒
丧车 天鸡 天信
书信 天鬼 怪煞
天机 天吏 折伤
天钱 长绳

喝散 厄煞 火烛 亡神 地解
孤辰 孝杖 月害 游祸 游戏
梁神 死神 阴煞 天旺 枉屈
钥神 电煞 空竹 成神 瓦煞
相日 鸟煞 月德 梯卯 驿合

火鬼 花煞 伏骨
死炁 破器 天破
官符 化神 皇恩 大赦
孝服 地咒 大德 时德
谩语 大煞

哭神 小耗 邪神 秽煞 归忌
五墓 天印 床卯 炉煞 五鬼
地狱 天羊 下丧 丧门 梦神
井煞 福神 月鬼 受死
枯骨 阴奸 丧魄 会神

煞神 绝炁 天猴 天刑
战雌 大耗 风伯 圣心
月破 道路 天解 解神
兵煞 阳缠 驿马 月刑
虎煞 阴绕 奸门

八月神煞仲秋建酉

天德在艮

白露晨卯初初日出卯初三日入酉正一昏酉正四

秋分晨卯初一日出卯初四日入酉正初昏酉正三

月德在庚　月德合在乙

皇书 佛煞 月德 天马
战雄 天坑 亡神 圣心
吏神 天牛 游祸 奸神
旺日 坟墓 阳煞 出狱
血支 烛命 五富 天牢

寡宿 雨煞 信神
三丘 风煞 天车
关神 邪鬼 梦神
管神 反激
生炁 受死

返魂 病煞 咸池 皇恩 大赦
刀砧 儿煞 悬索 会神
飞魂 哭忌 大时 瓦煞
伏殃 天怪 天信
天诏 桃花 天才 金匮

返魂 天鼠 怪煞 相负
刀砧 天视 飞祸
天书 天盗 破碎
地医 雷公 金神
愿神 奸门 五鬼

贼神 月建 厌对 天火 月刑
奸盗 小时 血光 雨师 文昌
转煞 龙煞 大煞 皇恩
丝麻 天虎 伏骨 戏神
官日 木煞 邪怪 时盗

天喜 神煞 天煞 天刑
天耳 天猪 月煞 死别
书信 月合 迷惑 白衣
天机 五盗 炉煞
天钱 小煞 丧门

浴盆 草蛇 下丧 血忌
天目 吉期 月鬼 泰神
龙神 月害 丧魄 忧神
天龙 阴煞 秽煞
游煞 空竹 月奸

四废 大耗 月厌 灾煞 天贼
丧车 道路 火光 镜煞 门煞
月破 阳缠 石煞 披麻
兵煞 天狗 坑坎 天破
虎煞 四足 山魈 罪至

喝散 天医 破器 产煞 飞廉
孤辰 雌虎 化神 天厕 枉屈
梁神 瘟煞 地咒 奸私
钥神 天巫 驿马 地解
相日 福德 釜神 游神

火鬼 鸟煞 天鬼 兽煞
厄煞 火烛 天吏 玉宇
孝杖 阴奸 天咒 大德 时德
死神 邪神 长绳 往亡
电煞 床卯 盗神

哭神 孝服 风伯 天械
五墓 谩语 天解 上丧
地狱 花煞 光影 金堂
死气 阴绕 火怪
官符 天猴 黄旛

煞神 绝炁 天鸡 女灾 解神
战雌 天印 天狱 雷煞 归忌
井煞 天羊 墓门 天旺 折伤
枯骨 福神 酒酉 成神 驿合
小耗 轩辕 天网 梯卯

九月神煞季秋建戌

天德在丙　天德合在辛
寒露辰卯初三日出卯正一日入酉初四昏酉正二
霜降辰卯初四日出卯正二日入酉初三昏酉正一
月德在丙　丙德合在辛

皇书 雨煞 天才 金匮
战雄 厌对 金堂
吏神 血光 奸神
旺日 驿马 天贼
生炁 奸门 出狱

寡宿 伏殃 烛命 炉煞 相负
三垢 天诏 下丧 丧门 瓦煞
关神 病煞 月鬼 怪煞
管神 儿煞 秽煞 玉宇
飞魂 哭忌 丧魄 天车

反魂 风煞 地解
刀砧 大煞 月刑
天书 伏骨
地医 天破
愿神 天刑

返魂 天怪 成神 飞祸
刀砧 月德 梯卯 驿合
书信 亡神 血忌
天机 游祸 会神
天钱 天旺 信神

贼神 血支 月害 长绳
奸盗 佛煞 阴煞 天咒
天地转 天坑 空竹 天信
丝麻 天牛 天鬼 戏神
官日 坟墓 天吏 时盗 天牢

天喜 大耗 邪鬼 往亡
天耳 道路神 天械 梦神
月破 阳缠 上丧
兵煞 天鼠 解辰
虎煞 天视 死别

浴盆 龙煞 地咒 天马 文昌
天目 天虎 火怪 罪至
龙神 木卯 光影 泰神
月建 破器 黄幡 忧神
小时 化神 反激 门煞

四废 天印 月合 盗神
丧车 天羊 桃花 圣心
井煞 福神 咸池
枯骨 神煞 悬索
小耗 天猪 大时

喝散 天龙 邪神 天网 皇恩
孤辰 游煞 床卯 女灾 游神
梁神 草蛇 天狱 雷煞
钥神 吉期 墓门 阳煞
相日 阴奸 酒酉 五富

火鬼 福德 坑坎 邪怪 归忌
天医 阴绕 山魈 天火 飞廉
雌虎 天猴 灾煞 雨师 五鬼
瘟煞 风伯 镜煞 大德 枉屈
天巫 天解 披麻 时德

哭神 死神 天鸡 迷惑煞 折伤
五墓 雷煞 五盗 月奸
地狱 鸟煞 小煞 破碎
厄煞 火烛煞 天煞 金神
孝杖 轩辕 月煞 白衣

绝气 孝服 月厌 釜神 受死
煞神 谩语 火光 产煞 恩赦
战雌 花卯 石煞 天厕
死炁 天狗 天盗 奸私
官符 四足 雷公 兽煞

十月神煞孟冬建亥

天德在乙

立冬晨卯初四日出卯正二日入酉初二昏酉正初

天德合在庚

小雪晨卯正一日出卯正四日入酉初一昏酉初四

月德在甲

月德合在己

返魂 病煞 空竹 女灾 天刑
刀砧 儿煞 天狱 雷煞 受死
飞魂 哭忌 墓门 天旺 瓦煞
伏殃 月害 酒煞 成神 驿合
天诏 阴煞 天网 梯煞

天喜 厌对 天械 相负
天耳 血光 上丧
天书 光影 信神
地医 黄旛 白衣
愿神 火怪 往亡

四废 烛命 盗神
丧车 天鬼 地解
书信 天吏
天机 天咒
天钱 长绳

煞神 绝气 驿马 皇恩 大赦
战雌 大耗 釜神 奸神
月破 道路 产煞
兵煞 阳缠 天厕
虎煞 风煞 奸私

返魂 化神 镜煞 天车
刀砧 地咒 披麻 破碎
生炁 坑坎 天破 金神
雨煞 山魈 怪煞 门煞
破器 灾煞 圣心

哭神 小耗 下丧 兽煞
五墓 天印 月鬼 罪至
地狱 天羊 秽煞 解神
井煞 福神 丧魄 戏神
枯骨 天怪 月奸

寡宿 佛煞 邪神 迷惑 金匮
三坵 天坑 床煞 月煞 金煞
关神 天牛 五盗 炉煞
管神 坟墓 小煞 丧门
血支 阴奸 天煞 天才

火鬼 花煞 邪怪
死炁 天鼠 天火
官符 天视 雨师
孝服 大煞 会神
谩语 伏骨

皇书 小时 天猴 奸门 飞祸
战雄 龙煞 风伯 血忌 月刑
吏神 天虎 天解 游神 五鬼
旺日 木煞 天盗 泰神 出狱
月建 阴绕 雷公 忧神 文昌

贼神 天龙 天鸡 天信
奸盗 游煞 桃花 天马
转煞 草蛇 咸池 时盗
丝麻 吉期 悬索 折伤
官日 轩辕 大时

浴盆 瘟煞 月厌 皇恩 天贼
天目 天巫 火光 玉宇 枉屈
龙神 福德 厄煞 死别
天医 天狗 邪鬼 归忌
雌虎 四足 反激 飞廉

喝散 厄煞 鸟煞 亡神 大德
孤辰 孝杖 神煞 游祸 时德
梁神 死神 天猪 阳煞
钥神 雷煞 月合 五富
相日 火烛 月德 金堂

十一月神煞仲冬建子

天德在巽

大雪晨卯正一日出卯正四日入酉初初昏酉初三

冬至晨卯正二日出辰初初日入申正四昏酉正二

月德在壬

月德合在丁

返魂 破器 釜神 玉宇
刀砧 化神 产煞 皇恩大赦
天书 地咒 天厕 会神
地医 天盗 奸私 飞廉
愿神 雷公 信神

天喜 月害 天煞 五鬼
天耳 阴煞 月煞
书信 空竹 迷惑
天机 五盗 月奸
天钱 小煞 地解

四废 大耗 坑坎 邪怪 解神
丧车 道路 山魈 天火 天贼
月破 阳缠 灾杀 雨师
兵煞 厌对 镜煞 兽煞
虎煞 血光 披麻 血忌

煞神 小耗 天狱 雷煞
绝炁 印神 墓门 阳煞
战雌 天羊 酒煞 五富
井煞 福神 天网 奸神
枯骨 烛命 女灾 破碎 金神

返魂 病煞 卯加辰煞 大时 瓦煞
刀砧 儿煞 阴绕 盗神
飞魂 哭忌 桃花 金堂
伏殃 阴奸 咸池 天车
天诏 邪神 悬索 相负

寡宿 雨煞 邪鬼 往亡
三圻 阴绕 天械
关神 天猴 上丧
管神 风伯 天刑
生炁 天解 游神

哭神 孝服 火怪 门煞
五墓 谩语 反激
地狱 风煞 圣心
死炁 光影 戏神
官符 黄旛 白衣

火鬼 鸟煞 长绳 月刑
厄煞 火烛 大咒 枉屈
孝杖 天怪 天信
死神 天鬼 皇恩
电煞 天吏 受死

皇书 佛煞 天鸡 成神 泰神
战雄 天坑 月德 梯煞 飞祸
吏神 天牛 亡神 怪煞 折伤
旺日 坟墓 游祸 罪至 出狱
血支 轩辕 天旺 忧神 驿合

贼神 月建 天狗 大煞 文昌
奸盗 小时 四足 伏骨
转煞 龙加龙煞 月厌 天破
丝麻 天虎 火光 天财 金匮
官日 木煞 石煞 时盗

浴盆 草蛇 下丧 丧门
天目 吉期 月鬼 死别
龙神 神煞 秽煞 梦神
天龙 天猪 丧魄
游煞 月合 炉煞

喝散 天医 天鼠 大德 时德
孤辰 雌虎 天视 归忌
梁神 瘟煞 驿马
钥神 天巫 奸门
相日 福德 天马

十二月神煞季冬建丑

天德在庚

小寒晨卯正二日出辰初初日入酉初初昏酉初三

天德合在乙

月德在庚

大雪晨卯正一日出卯正四日入酉初初昏酉初三

月德合在乙

返魂 阴奸 游祸
刀砧 邪神 阳煞
书信 床煞 五富
天机 月德 兽煞
天钱 亡神

天喜 大耗 地咒
天耳 道路 邪鬼
月破 阳缠 反激
兵煞 破器 地解
虎煞 化神 梦神

四废 天印 空竹 天信
丧车 天羊 桃花 解神
井煞 福神 咸池
枯骨 月害 大时
小耗 阴煞 悬索

煞神 绝炁 雷公
战雌 花煞 奸门
死炁 厌对 皇恩
官符 血光 罪至
孝服 天盗 奸神

返魂 阴绕 伏骨 天车
刀砧 天猴 邪怪 飞廉
天书 风伯 天火 相负
地医 天解 雨师 瓦戌
愿神 大煞 受死

寡宿 伏殃 轩辕 丧魄 月刑
三坵 天诏 天鸡 月奸 五鬼
关神 病煞 下丧 圣心 折伤
管神 儿煞 月鬼 信神
飞魂 哭忌 秽煞 游神

哭神 死神 五盗 炉煞
五墓 电煞 小煞 丧门
地狱 鸟煞 天煞 天马
厄煞 火烛 月煞 会神
孝杖 烛命 迷惑 戏神

火鬼 福德 镜煞 门煞
天医 风煞 披麻
雌虎 坑坎 天破
瘟煞 山魈 金堂
天巫 灾煞 枉屈

皇书 雨煞 石煞 奸私 出狱
战雄 天狗 驿马 皇恩大赦
吏神 四足 釜神 忧神 泰神
旺日 月厌 产煞 飞祸
生炁 火光 天厕 天贼

贼神 血支 神煞 长绳 时盗
奸盗 佛煞 天猪 天咒 归忌
天地转 坑煞 月合 盗神
丝麻 天牛 天鬼 天刑
官日 坟墓 天吏 血忌

浴盆 月建 光影 怪煞 文昌
天目 小时 黄旛 死别
龙神 天虎 火怪 破碎 金神
龙煞 木煞 天械 白衣
天鼠 天视 上丧 往亡

喝散 天龙 天狱 雷煞 金匮
孤辰 游煞 墓门 天旺 玉宇
梁神 草蛇 酒煞 成神 大德
钥神 吉期 天网 梯煞 驿合
相日 天怪 女灾 天才

十七不相室，二五归东壁。十七半奎阑，十三娄下觅。胃言十四半，十一昴全算。二八毕如初，一觜河边劝。参九在其方，三十一井郎。鬼星为二度，二六柳星强。星宿只六度，十六转张旁。翼原归十九，轸宿十七守。角宿有十二，亢宿度行九。十六是氐星，房心五度零。尾宿二九度，箕宿二五裘。斗原二十四，牛金七夕酬。女土原十度，虚日宿九行。危行十五度，宿度细推求。——《二十八宿度数歌》

六甲旬神煞合图

<table>
<tr>
<td>甲戌旬五亡　甲寅旬丁
甲申旬闭口
甲午旬寡
甲辰旬盗神</td>
<td>甲子旬响动
甲申旬孤
甲午旬仪</td>
<td>甲子旬五亡　甲辰旬丁
甲戌旬闭口
甲申旬寡
甲午旬盗神</td>
<td>甲戌旬孤
甲申旬仪
甲寅旬响动</td>
</tr>
<tr>
<td>甲戌旬响动
甲午旬孤
甲辰旬仪</td>
<td colspan="2" rowspan="2">申晋　实沈
未秦　鹑首
午周　鹑火
巳楚　鹑尾
酉赵　大梁
戌鲁　降娄
辰郑　寿星
卯宋　大火
六甲旬神煞合图
亥卫　娵訾
子齐　玄枵
丑吴　星纪
寅燕　析木</td>
<td>甲子旬闭口　甲寅旬五亡
甲戌旬寡
甲申旬盗神
甲午旬丁</td>
</tr>
<tr>
<td>甲子旬丁　甲寅旬盗神
甲申旬五亡
甲午旬闭口
甲辰旬寡</td>
<td>甲子旬孤
甲戌旬仪
甲辰旬响动</td>
</tr>
<tr>
<td>甲申旬响动
甲辰旬孤
甲寅旬仪</td>
<td>甲子旬奇　甲午旬五亡
盗神　甲辰旬闭口
甲戌旬奇　甲寅旬寡
旬丁</td>
<td>甲子旬仪　甲寅旬孤
甲申旬奇
甲午旬奇
甲午旬响动</td>
<td>甲子旬寡　甲辰旬奇
甲戌旬盗神　甲寅旬奇
甲申旬丁　甲寅旬闭口
甲辰旬五亡</td>
</tr>
</table>

四时前孤后寡附
六甲旬孤虚人年
虚者无也即寡也

白羊　金牛　阴阳　双鱼
巨蟹　宝瓶
狮子　摩羯
双女　天秤　天蝎　人马

甲戌旬孤　夏孤
甲辰旬虚
甲子旬生人女一岁逆
甲午旬生人男一岁顺

甲申旬孤　秋寡
甲寅旬虚
甲戌旬顺　甲寅旬逆

甲申旬孤　春孤
甲寅旬虚　秋寡
甲辰旬生人男一岁顺
甲戌旬生人女一岁逆

甲午旬孤　春孤
甲子旬虚

甲戌旬孤　夏孤
甲辰旬虚

甲午旬孤　夏寡
甲子旬虚
甲申旬生人女一岁逆
甲寅旬生人男一岁顺

甲子旬孤　冬寡
甲午旬虚
甲申旬生人男一岁顺
甲寅旬生人女一岁逆

甲辰旬孤　夏寡
甲戌旬虚　冬孤

甲子旬孤　秋孤
甲午旬虚　冬寡

甲寅旬孤　春寡
甲申旬虚　秋孤
甲戌旬生人男一岁顺
甲辰旬生人女一岁逆

甲寅旬孤　春寡
甲申旬虚

甲辰旬孤　冬孤
甲戌旬虚
甲子旬生人男一岁顺
甲午旬生人女一岁逆

日刑 日解 飞符 内解 文昌 天厨 节度贵人	干奇 地跣 进神 红艳 日淫 天财 太极贵人	干合 天官贵人 鲁都 退神 暮贵 日墓 阳贵 天地财 学堂	日鬼 截路空 干刑 月盲 日冲 七杀
日贼	双女（太乙 螣蛇） 狮子（胜光 朱雀） 天秤（天罡 勾陈）	巨蟹（小吉 太常） 阴阳（传送 白虎） 金牛（从魁 太阴） **甲日神煞**	日官 福禄贵人 飞刃 截路空 唐符
日医 羊刃 天赦	天蝎（太冲 六合） 人马（功曹 青龙） 摩羯（大吉 贵人）	白羊（河魁 天空） 宝瓶（神后 天后） 双鱼（登明 元武）	举主兼务 国印
干德 福星贵人 日禄 天福贵人 恩赦 喝散	贤贵 旦贵 退神 阴贵 游都 干支合 天财	福星 天福贵人 进神 火謦 日盗 太极贵人	长生 日奸 日解 文星 日下大煞 解脱 武曲 学贵

<table>
<tr>
<td>干奇 内解
天财
学堂贵人</td>
<td>长生 文星 日贼
进神 太极 日淫
鲁都 截空时
武曲 天厨 地跳</td>
<td>退神 截空时
国印
学堂
节度</td>
<td>干德 月盲 贤贵 唐符
干合 红艳 暮贵人
日官 阳贵 福禄贵人
日解 喝散 日解而脱</td>
</tr>
<tr>
<td>恩赦 羊刃
日刑 干支合
天地财
飞符
天官贵人</td>
<td colspan="2" rowspan="2">乙日神煞</td>
<td>兼务举主 七杀
日鬼
干刑
日奸</td>
</tr>
<tr>
<td>日禄</td>
<td>日墓
日冲
飞刃
地财</td>
</tr>
<tr>
<td>刃星</td>
<td>福星贵人
退神 天福贵人</td>
<td>进神 旦贵人
游都 阴贵
文昌 太极</td>
<td>日医 福星贵人
文星 天赦
日下大煞 火謦
日盗 学贵</td>
</tr>
</table>

<table>
<tr>
<td>干德 日禄 恩赦 天厨
日喝散 截空时 干支合 天才 节度 学堂 天官</td>
<td>进神 羊刃</td>
<td>日解 退神 日下大煞
日淫 月盲</td>
<td>举主兼务 日刑 鲁都 日贼
内解 文昌 文星</td>
</tr>
<tr>
<td>干奇 日奸 天才
截空时</td>
<td colspan="2" rowspan="2">丙日神煞</td>
<td>暮贵人 阳贵 地才 太极
天赦 地跷</td>
</tr>
<tr>
<td>飞符 日盗 太极
火嚮</td>
<td>干合 日墓
福星贵人</td>
</tr>
<tr>
<td>长生 贤贵 文星 学堂贵人
游都 天福贵人 日解 武曲 红艳</td>
<td>日医 退神 国印
解脱</td>
<td>日官 福星 进神 干刑
飞刃 福星贵人 天福贵人 唐符</td>
<td>日鬼 日冲 七杀
旦贵人 阴贵</td>
</tr>
</table>

<table>
<tr>
<td>游都
学堂贵人
刃星</td>
<td>日禄
进神
天厨</td>
<td>恩赦 火鬻 羊刃 月盲
日医 红艳 日下大煞
兼务举主 天赦 解脱
退神 干支合 日淫 节度</td>
<td>日盗 内解
日奸
地才</td>
</tr>
<tr>
<td></td>
<td colspan="2" rowspan="2">丁日神煞</td>
<td>长生 暮贵人
武曲 福星贵人
天官 文星
地跷 太极 阴贵</td>
</tr>
<tr>
<td>干奇 截空时
文昌 天才
太极</td>
<td>国印</td>
</tr>
<tr>
<td>贤贵 截空时
文星 学贵
飞符 天才</td>
<td>日解 日冲
退神 飞刃
日墓
日刑</td>
<td>福星 七杀
进神
日鬼</td>
<td>干德 鲁都
干合 喝散 日贼 阳贵
日官 唐符 旦贵人
干刑 福星 天福贵人 禄</td>
</tr>
</table>

<table>
<tr>
<td>干德 日盗
日禄 日奸
恩赦 干支合 日喝散神
日医 学贵 天赦 节度</td>
<td>贤贵 羊刃
文星
举主兼务
进神</td>
<td>福星 暮贵人
退神 阴贵
刃
太极</td>
<td>日刑 福星贵人
游都 天福贵人
天厨 文昌
学堂贵人 文星</td>
</tr>
<tr>
<td>天才 解脱
太极 红艳</td>
<td colspan="2" rowspan="2">戊日神煞</td>
<td>日解</td>
</tr>
<tr>
<td>日官 禄福贵人
天才 地跷
沐浴</td>
<td>日墓
日下大煞
日淫
天官 太极</td>
</tr>
<tr>
<td>长生 鲁都 七杀
干奇 日贼 武曲
日鬼 内解
干刑 月盲 火謦</td>
<td>干合 旦贵人
退神 截空时
飞符 阳贵
国印 太极</td>
<td>进神 截空时
飞刃
唐符
地才</td>
<td>日冲</td>
</tr>
</table>

<table>
<tr><td>兼务举主 刃星 七杀
日解 地跷</td><td>日禄 文星 飞符
天福贵人 福星贵人</td><td>恩赦 福星 羊刃 鲁都
福星贵人 天福贵人 干支合 太极 节度</td><td>暮贵人 截空时 阴贵</td></tr>
<tr><td>退神 日贼 太极
红艳</td><td colspan="2" rowspan="2">己日神煞</td><td>长生 进神 武曲 天厨
截路空亡 文星</td></tr>
<tr><td>日医 进神 日鬼 干刑
天赦 火鬻 文昌 天官</td><td>退神 月下大煞 日淫 天才
太极 国印</td></tr>
<tr><td>干德 干合 日官
福禄贵人 内解 喝散 月盲</td><td>干奇 贤贵 日墓 日刑
日冲 飞刃 游都 太极</td><td>日盗
旦贵人 阳贵</td><td>日解 日奸 天地财 唐符
解脱</td></tr>
</table>

<table>
<tr>
<td>长生
文星
日鬼
武曲
七杀
学贵</td>
<td>日官
干刑
鲁都
日贼
火譬
月盲
福星贵人
天福贵人
福禄贵人
截空时</td>
<td>干奇
飞刃
暮贵人
截空时
阴贵</td>
<td>干德
日禄
恩赦
日解
文星
贤贵
解脱
唱散
干支合</td>
</tr>
<tr>
<td>干合
举主兼务
退神
国印
地才</td>
<td colspan="2" rowspan="2">庚日神煞</td>
<td>进神
羊刃
日奸
内解</td>
</tr>
<tr>
<td>进神
飞刃
唐符</td>
<td>退神
天才
学堂贵人
红艳</td>
</tr>
<tr>
<td>日刑
日冲
日下大煞
日淫
太极
地跷</td>
<td>福星
日墓
旦贵人
阳贵</td>
<td>游都</td>
<td>日医
日盗
天才
天厨
节度
天赦
文昌
天官
太极</td>
</tr>
</table>

<table>
<tr>
<td>干德 干合 日官 干刑
七杀 火礬
文星 福星贵人 天福贵人 喝散
学贵 截空</td>
<td>日鬼 文昌
旦贵人 阴贵 月盲</td>
<td>日解 日刑
七煞</td>
<td>干奇 飞符 鲁都 日贼
天才 刃星 文星 天官</td>
</tr>
<tr>
<td>退神 日墓 日冲 飞刃
日奸 截路空时</td>
<td colspan="2" rowspan="2">辛日神煞</td>
<td>日禄 进神 天才
天赦 日解 红艳</td>
</tr>
<tr>
<td>兼务举主 进神</td>
<td>恩赦 退神 羊刃 干支合
学堂贵人</td>
</tr>
<tr>
<td>贤贵 日下大煞 游都 日淫
太极 地才
暮贵人 内解 唐符 阳贵 地跷</td>
<td>日医 福星
解脱 国印</td>
<td>长生 武曲 天厨</td>
<td>天厨 天官 节度贵人 太极</td>
</tr>
</table>

<table>
<tr>
<td>福星 太极 日淫
日冲 七杀 旦贵人
日下大煞 阴贵太乙
游都 地跷</td>
<td>飞刃 福禄贵人
唐符</td>
<td>干合 天赦
日官 解脱
日医 国印
地才 天厨</td>
<td>长生 天禽
文星 学堂贵人
日盗 武曲
日奸 太极</td>
</tr>
<tr>
<td>退神 福星贵人
日鬼 天福贵人
日墓 月盲
干刑</td>
<td colspan="2" rowspan="2">壬日神煞</td>
<td>干奇
进神
飞符
天才</td>
</tr>
<tr>
<td>进神 暮贵人
内解
截空时
阳贵</td>
<td>退神
日鬼
干刑</td>
</tr>
<tr>
<td>贤贵 截空时
举主兼务
学堂贵人
文昌 天官</td>
<td>日官 火讐
日解 刃</td>
<td>羊刃 红艳</td>
<td>干德 鲁都
日禄 日贼
恩赦 喝散
日刑 节度 干支合</td>
</tr>
</table>

<table>
<tr>
<td>干德
干合
日医
福星
唐符
阳贵
福禄贵人
七杀
地才
日下大煞
喝散
日盗
旦贵人
日奸
天赦
日淫
太极</td>
<td>贤贵
天才
天官</td>
<td>日鬼
日墓
干刑
日冲
飞刃
天赦
火罊
天才</td>
<td>文星
游都
学堂贵人
太极
红艳</td>
</tr>
<tr>
<td>日官
退神
国印
解脱
月盲</td>
<td colspan="2" rowspan="2">癸日神煞</td>
<td>日解
进神
文昌</td>
</tr>
<tr>
<td>长生
进神
武曲
天厨
文星
暮贵人
福星贵人
内解
阴贵</td>
<td>日官
干奇
退神
日刑
飞符
地跷</td>
</tr>
<tr>
<td>鲁都
学堂贵人</td>
<td>恩赦
日鬼
干刑
羊刃
天福贵人
截路空亡</td>
<td>日禄
截空时</td>
<td>兼务举主
干支合</td>
</tr>
</table>

<table>
<tr><td>支德 破碎 劫煞</td><td>支仪 支冲 灾煞 晴朗煞</td><td>六害 四煞</td><td>三合 雨师</td></tr>
<tr><td>三合 支鬼 支墓 华盖
雷电</td><td colspan="2" rowspan="2">子日神煞
太岁
月德 月空 龙德 紫德 地解
地煞 指背
劫煞 阑干 大耗 灾煞 天哭 破碎 囚狱
的杀 死符 小耗 暴败 天煞 岁煞 天厄 白虎 飞廉 大杀
三台 天德 天喜 福星 福德
黄播 华盖 飞符 咸池
披头 五鬼 官符 卷舌 年煞 披麻
太阴 红鸾 解神 天解 八座
寡宿 天狗 豹尾 血刃
贯索 六害 勾绞 辛暴 吊客 月煞 吞啖 浮沉
驿马 玉堂 岁合 太阳 鞍攀 将星 陌越
天空 太岁
孤辰 丧门 地丧 晦气 阴煞 剑锋 伏尸 亡神 病符 天官符</td><td>支破 绞神 咸池 白衣輸林</td></tr>
<tr><td>三刑 死神 勾神</td><td>支鬼
寡宿</td></tr>
<tr><td>驿马
孤辰</td><td>支合</td><td>日建</td><td>病符 支亡</td></tr>
</table>

<table>
<tr>
<td>三合
支仪</td>
<td>支德
六害
咸池</td>
<td>支冲
晴朗煞
白衣输林</td>
<td>支亡</td>
</tr>
<tr>
<td>支破
支墓
死神
绞神
四煞
雷电</td>
<td colspan="2" rowspan="2">丑日神煞 太岁

紫微 龙德 天喜 月德 地解 月德 三台
二六神天厄 天官符 暴败 月煞阑干 岁破豹尾 岁破大耗 咸池 小耗 年煞 死符 五鬼飞符 地煞天哭 官符指背
天解 将星 八座 解神 太阴
浮沉血刃 白虎 飞廉大煞 卒暴 岁煞 天
天 福德 福星 攀鞍 贯索 勾绞
阴煞 寡宿 卷舌 披麻 披头 灾煞 囚狱
驿马 丧门 地丧
玉堂 陌越 岁合 太阳 红鸾
华盖 黄播 太岁 孤辰 劫煞 天空
吊客 天狗 六害 病符 剑锋 的杀 伏尸 吞啖 晦气</td>
<td>三合
雨师</td>
</tr>
<tr>
<td>支鬼
灾煞</td>
<td>三刑
勾神
寡宿</td>
</tr>
<tr>
<td>劫煞
孤辰</td>
<td>日建
破碎
华盖</td>
<td>支合
病符</td>
<td>驿马</td>
</tr>
</table>

大六壬寻源编卷之四

<table>
<tr><td>六害 三刑 死神 勾神
支亡 白衣翰林
孤辰</td><td>三合</td><td>支德 支墓 雷电</td><td>支冲 支鬼 驿马 晴朗煞</td></tr>
<tr><td>支仪</td><td colspan="2" rowspan="2">寅日神煞
太岁
天地解神 月空 驿马八座 月德 天喜 攀鞍 三台 将星 太阴
浮沉破碎 岁破阑干 大耗血刃 阴煞 死符 小耗 五鬼 飞符官 贯索勾绞 卒暴孤辰 天官符
龙德 紫微
地丧丧门 天哭 月煞豹尾
天厄 的煞 六害 暴败
华盖 黄幡
太阳
年煞 天空咸池 晦气
白虎 飞廉 大煞
红鸾 陌越
玉堂 天德 福星 岁合
太岁
吊客 灾煞 天煞 岁 病符 披头地煞 剑锋指背 伏尸
披麻 劫煞 卷舌 天狗 囚狱 寡 吞陷</td><td>破碎</td></tr>
<tr><td>咸池</td><td>三合 华盖 雨师</td></tr>
<tr><td>日建</td><td>病符 四煞
寡宿</td><td>灾煞</td><td>支合 支破 绞神 劫煞</td></tr>
</table>

<table>
<tr><td>破碎
驿马
孤辰</td><td>支破
死神
绞神</td><td>三合
支墓
华盖
雷电</td><td>支德
劫煞</td></tr>
<tr><td>六害</td><td colspan="2" rowspan="2">卯日神煞
太岁

日德 地解
死符 小耗 劫煞
月空 地解
岁破破碎 灾煞大耗 阑干囚狱
龙德 紫微 玉堂岁合
天煞厄 岁煞暴败 吞啖
地 大煞 飞廉
白虎 指背

天解神 三台 八座
播盖 官飞二符 血刃浮沉五鬼
天德 福星 红鸾
咸池卷舌 年煞披麻

太阴 天喜
贯索 勾绞六害 卒暴
豹尾 吊客 月将
披头 寡宿 天狗

驿马
孤辰 的煞 地丧丧门
太阳 攀鞍
阴煞 天空 晦气
将星太岁
天哭 剑锋 伏尸
陌越
病符 亡神 天官符</td><td>支冲
支鬼
灾煞
晴朗煞</td></tr>
<tr><td>日建
支仪
白衣輸林</td><td>支合
四煞</td></tr>
<tr><td>病符
支亡</td><td>寡宿</td><td>三刑
勾神
咸池</td><td>三合
雨师</td></tr>
</table>

大六壬寻源编卷之四

劫煞 孤辰	灾煞	死神 勾神 四煞	三合
日建 自刑 自墓 华盖	太阳 天喜 劫煞 天空 孤神 晦气 太岁 华盖 吞啖 黄幡 剑锋 伏尸 陌越 六害 病符 驿马 天哭 天狗 吊客	天解 解神 八座 囚狱 浮沉 天煞 地煞 血刃 地丧 丧门 太阴 卒暴 贯索 天煞 岁 勾绞 **辰日神煞** 太岁 天德 福星 攀鞍 指背 卷舌的煞 披头 将星 披头 白虎 飞廉 大煞	三台 飞符 官 地杀 五鬼 指背 岁合 月德 玉堂 地解 咸池 年煞 死符 小耗 月空 岁破 破碎 月煞 豹尾 阑干 大耗 龙德 紫微 红鸾 暴败 亡神 天厄 天官符	支德 支合 咸池
六害 病符			支冲 雷电 晴朗煞
支仪 支鬼 驿马	支破 破碎 绞神 白衣输林 寡宿	三合 雨师	支亡

日建	咸池		支合 支破 三刑 死神 绞神 支亡 孤辰
病符 四煞 寡宿			三合 破碎
灾煞			支德 支墓 雷电
六害 勾神 劫煞	三合 支仪 华盖 雨师		支冲 支鬼 驿马 晴朗煞 白衣翰林

巳日神煞

太岁

太阴 岁合

卒孤亡 贯索绞 天官符

豹尾 丧门 月煞 地丧

太阳

天空 年煞 咸池 晦气

天解 解神 太岁 八座

锋刃 浮沉 指背地煞

陌越 天喜

三台 将星 地解

五鬼 的煞 飞官符

寡 岁天二煞 病

红鸾 月德 攀鞍

阴煞 死符 小耗

天狗 吊客 大煞

吞啖 囚狱

月空 驿马

玉堂 紫微 龙德

天德 福星

幡盖

岁破破碎 阑干 披头大耗

六害 天厄 暴败

飞廉 大煞 虎哭

卷舌 劫煞 披麻

破碎　病符　支亡

日建　自刑

支合　支仪

驿马　孤辰

寡宿

支破　绞神　咸池

死神　勾神　白衣輸林

三合　支墓　华盖

三合　雨师

六害　四煞　雷电

支冲　支鬼　灾煞　晴朗煞

支德　劫煞

午日神煞

太岁

驿马　太阳　玉堂　岁合　鞶鞍　将星　陌越

孤辰　地丧　丧门

阴煞　天空　晦气

太岁　剑锋　伏尸

亡神　的煞　病符　天官符

太阴　红鸾

天解　解神　八座

六害

豹尾　浮沉　吊客　血刃

贯绞　卒暴

寡宿　天狗　月煞

三合　地解

天喜　天德　福星

华盖　黄旛

咸池　年煞　卷舌　披麻

五鬼　披头　官飞符

月德

月空　大耗　阑干

龙德　紫微

指背　白虎　飞廉

劫煞　死符　小耗

岁破　破碎

灾煞　天哭　囚狱

天厄　岁煞　暴败

地煞　大煞　吞啖

驿马	支合 病符	日建 白衣輸林	支仪 劫煞 孤辰
支墓 勾神 寡宿	(中宫)	(中宫)	灾煞
三合 支鬼 雨师	(中宫)	(中宫)	支破 死神 绞神 四煞
支亡	破碎 日冲 三刑 雷电 晴朗煞	支德 六害 咸池	三合

中宫：太岁未日神煞

太阳 红鸾　太岁 华盖　岁合 玉堂 陌越　驿马

孤 晦气 空 劫　剑锋 黄播 伏尸　六害 病符　天狗 吊客

披头 囚狱　天德 福星 攀鞍

丧门 地丧 灾煞　阴煞 卷舌 披麻 寡

太阴 地解　天解 解神 将星 八座

卒暴 天煞 岁索 绞　血刃 浮沉 飞廉 大煞 白虎

三合　月德　月空　紫微 龙德 天喜

飞符 地杀 官符 哭 指背 鬼　年煞 咸池 死符 小耗 池　岁破 破碎 大耗 阑干 的煞 豹尾 月　暴败 亡厄 吞啖 天官符

<table>
<tr>
<td>支合
支破
绞神
劫煞
白衣翰林</td>
<td>支鬼
灾煞</td>
<td>病符
四煞
寡宿</td>
<td>日建</td>
</tr>
<tr>
<td>三合
华盖
雨师</td>
<td colspan="2" rowspan="2">
申日神煞
太岁
玉堂 岁合
天德 福星
劫煞 披麻 卷舌
华盖 黄幡
大煞 白虎 飞廉
龙德 紫微
六害 天厄 暴败
月空驿马 天解 解神八座
岁破破碎 血刃阑干 大耗浮沉
灾煞 吊客 天狗
囚狱
天喜 月德 攀鞍
阴煞 死符 小耗
陌越 红鸾
岁煞 天 病寡
将星 三合
飞符 官符 五鬼
太岁
背剑 披头 地煞 伏尸
太阳
天空 咸池
年煞 的 晦气
地丧丧门 豹尾月煞 吞啖天哭
太阴 地解
卒暴亡 孤索绞 天官符
</td>
<td>支仪
破碎
咸池</td>
</tr>
<tr>
<td></td>
<td></td>
</tr>
<tr>
<td>三刑
支冲
驿马
雷电
晴朗煞</td>
<td>支德
支墓</td>
<td>三合</td>
<td>六害
死神
勾神
支亡
孤辰</td>
</tr>
</table>

三合 破碎 支鬼
雨师

绞神 咸池

寡宿

病符 支亡

支合 四煞

日建 自刑

酉日神煞

太岁

天德 福星 红鸾

陌越

指背 飞廉 白虎
大地煞 的

年煞 卷舌 披麻
咸池

豹尾 披头
月煞 天狗 吊寡

亡神 病符 天官

将星

太岁

紫微 玉堂 龙德 岁合

天厄 暴败 天岁煞

剑锋 天哭 伏尸

月空

太阳 攀鞍

天空 吞啖

阴煞 晦气

大耗 阑干 囚狱
破碎 岁破 灾煞

天解 解神 台座

太阴 天喜

驿马 地解

月德

华盖 黄旙 浮沉

孤神 地丧门

六害勾绞

劫煞 死符 小耗

血刃 五鬼 飞符 官符

卒暴 贯索

支冲 灾煞 晴朗煞
白衣輸林

支仪 六害

支德 劫煞 雷电

三合 支墓 华盖

支破 死神 勾神

驿马
孤辰

支亡

三合 雨师

支破 三刑 绞神

驿马

支冲 支墓 雷电 晴朗煞

戊日神煞

太岁

驿马
天狗 哭 吊客
越陌
六害 病符
太岁 华盖
尸 播 锋
太阳 天喜
天空 劫煞 孤晦

天德 福星 攀鞍
阴煞 卷舌 披麻寡

地解 将星
大煞白虎 飞廉 披头

龙德 紫微 红鸾
暴败 天厄亡神 天官符
月空
岁破 破碎 阑干豹尾 大耗月煞
月德 玉堂 岁合
年煞 死符 小耗 池咸

三官 飞符 台 指背
太阴 天岁 杀 的
解神 天解 八座
地丧丧门 沉狱 血刃
地煞 吞啖 五鬼
卒暴 贯 勾

六害 病符

支德 支合 咸池

日建 华盖

三合 支鬼

破碎 死神 勾神 四煞
白衣輸林

灾煞

支仪 劫煞
孤辰

冲神　驿马　晴朗煞

三合　支鬼　华盖　雨师

害神　勾神　劫煞

德神　墓神

破碎　灾煞

三合　雷电

四煞　寡宿

亥日神煞

太岁

天德　福　福星　披麻　卷舌　劫煞　大煞　飞廉　天哭　白虎　黄播　华盖　天狗　吊客　囚狱　的煞　灾煞　陌越　天喜　病符　天岁二煞　寡宿　解神　八座太岁　天解　指背地煞　浮沉伏尸　血刃剑锋　年煞　天空　晦气　咸池　太阳　丧门　地丧　月煞　豹尾

龙德　紫微　地解　六害　天厄　暴败　驿马　月空　大耗　岁破　破碎　披头　阑干　红鸾　月德　攀鞍　阴煞　死符　小耗　三合　将星　飞　官　符　五鬼　太阴　玉堂　岁合　吞啖　天官符　贯索　孤亡神　卒暴　勾绞

合神　破神　死神　绞神　支亡　孤辰

支鬼

仪神　咸池

日建　自刑　白衣輸林

太阳逆宫顺度一日行一度。子宫却有三十一日，亥宫三十二零六时，戌宫三十一日八时，此则有空白之日故所多也。酉宫凡三十一日，申宫二十九日零八时，此亦有空白，故日多而度少也。未宫二十九日零七时，此亦有空白故多日也。午宫三十一日零五时，巳宫三十二日零十时，辰宫三十一日零九时，卯宫二十九日，寅宫二十七日，丑宫二十七日零七时。

太阳行度不虚行，大寒五日子相迎。雨水五日居亥上，春分初七戌分明。谷雨九晨临酉位，小满十日便过申。夏至九晨归未上，大暑八日午运行。处暑当加九日巳，秋分十一始来辰。霜降十三乌卯卯，小雪十二始居寅。冬至八日来丑位，十二宫中不暂停。

欲识太阴行度时，正月初一起于危。一日常行十二度，五日两宫次第推。二奎三胃四从昴，五井六柳张居七。八月翼宿以为初，龙角季秋任游立。十月房宿作元辰，十一箕上细寻觅。十二牛女切须知，周天之度无差忒。

太阴行度迟疾不同，逆宫顺度。子丑卯未申酉六宫，只有二日零六时二十六度，则过一日止行十二度零三分。寅亥戌辰四宫，只有二十[①]零二时二十七度，则过一日止行十二度。巳午二宫只有二日三时，一日止行十三度。

若论疾迟，其理甚难。盖日太阳逢罗火而致缩度空白，太阴赖其光而随，又有太阴逢土计而莫前，太阳留恋而不行，故空白，此乃迟之说也。

有人来问周天数，二十九年原是土。水星周行十二年，火星二年始毕所。金星太阳只一年，孛星九年方过度。太阴一月一周天，二十八年柴气取。计罗二星皆十八，只将此法真为祖。八十年前论火躔，孛星六十有三年。金星九载土六十，炁星二十九年然。惟有水气六十六，计罗九十四无偏。八十四年加木德，日月分明二十年。

天德月德日德，一生吉利。天福福星贵人，主得禄享福。日禄天厨，一生食服。龙德紫微，主近贵化凶压众煞。三台八座玉堂，主科甲显位。天喜喜神，主有喜庆。将星驿马攀鞍，主贵少年腾达。月空天地月解，化凶为吉。岁合，合吉星为福，合凶星为祸。太阳太阴，能压诸凶。红鸾，有喜则免血光之灾。太岁，至尊之神，诸煞不敢犯，命限遇，辅吉则禅，比凶则不测生灾。华盖，至吉之神，少年遇之懵懂，老遇则福。天空空亡，凶逢则吉，吉逢则凶，不住财，凡财田官福宫不宜逢，子宫刑子。天地年月煞，主官非丧孝，横招官非。的灾煞，丧讼破财命宫逢之，祖业飘零。飞廉大煞剑锋，横事恶死。阴煞大小耗，暗耗破财财不聚。官符飞天官符，忌日时同到，主官灾横事。病符死符，主争讼，否则病。破碎，官事破财。披头披麻丧门地丧天哭吊客，幼失父母主孝服，家事不宁损血财。卒暴晦气，主人急躁顽拙有灾，吉多不害。

① 疑此字当作日。

暴败，官事破家，凡身命田财宫忌犯。血支血忌血刃，男灾血光，女患疾厄。天啗六害，妨害六亲，难为骨肉，六亲无恩，朋友无情。亡劫，盗失忌出行。浮沉，忌行舟，有水厄。阑干勾绞贯索，徙流笞杖伤残自缢。伏尸产星，脓血落胎产厄。卷舌指背，主非横，有子不育。白虎大煞，讼病破财。天狗，入五宫主无子，流年限主刀斧血光。黄旛豹尾，病缠绵，损六畜，破财。

六甲日呼人生命图

甲子［辛丑］	乙丑［辛巳］	丙寅［丙午］	丁卯［甲午甲戌］	戊辰［癸未癸酉］
己巳［甲辰乙未］	庚午［壬戌］	辛未［己亥］	壬申［丁巳］	癸酉［辛丑］
甲戌［戊子］	乙亥［乙未］	丙子［丁丑］	丁丑［癸未］	戊寅［甲辰丙午］
己卯［丁亥己未］	庚辰［戊辰戊戌］	辛巳［己未］	壬午［壬寅］	癸未［甲申］
甲申［壬戌］	乙酉［丙子］	丙戌［甲子］	丁亥［丁巳丁亥］	戊子［乙卯］
己丑［丁未］	庚寅［丙申］	辛卯［辛未］	壬辰［壬申］	癸巳［甲午］
甲午［丁酉庚子］	乙未［丙子丙申］	丙申［乙丑］	丁酉［丁酉］	戊戌［癸亥］
己亥［辛未］	庚子［乙未］	辛丑［壬子］	壬寅［甲辰］	癸卯［丁巳丙辰］
甲辰［庚辰］	乙巳［丙子］	丙午［丁巳丁亥］	丁未［己未］	戊申［庚戌］
己酉［庚申］	庚戌［辛丑］	辛亥［辛亥］	壬子［己亥］	癸丑［丁亥甲寅］
甲寅［癸巳癸未］	乙卯［戊子丙辰］	丙辰［甲辰甲申］	丁巳［庚子］	戊午［辛未］
己未［丙戌］	庚申［辛巳辛酉］	辛酉［庚辰］	壬戌［辛酉辛丑］	癸亥［丙寅］

右所呼人命，双呼十九，三呼三，四呼五。

六甲生命受呼日图

甲子［丙戌］	乙丑［丙申］	丙寅［癸亥］	丁卯	戊辰［庚辰］
己巳	庚午	辛未［辛卯己亥］	壬申［壬辰］	癸酉［戊辰］
甲戌［丁卯］	乙亥	丙子［乙酉乙未乙巳］	丁丑［丙子］	戊寅［戊午］
己卯	庚辰［甲辰辛酉］	辛巳［乙丑庚申］	壬午	癸未［戊辰丁丑甲寅］
甲申［癸未丙辰］	乙酉	丙戌［己未］	丁亥［癸丑己卯乙亥丙午］	戊子［甲戌乙卯］
己丑	庚寅	辛卯	壬辰	癸巳［甲寅］
甲午［丁卯癸巳］	乙未［己巳庚子］	丙申［庚寅乙未］	丁酉［甲午丁酉］	戊戌［庚辰］
己亥［辛未壬子］	庚子［甲午丁巳］	辛丑［甲子癸酉庚戌壬戌］	壬寅［壬午］	癸卯
甲辰［己巳戊寅壬寅丙辰］	乙巳	丙午［丙寅戊寅］	丁未	戊申
己酉	庚戌［戊申］	辛亥［辛亥］	壬子［辛丑］	癸丑
甲寅［癸丑］	乙卯［戊子］	丙辰［癸卯乙卯］	丁巳［壬申丁亥癸卯丙子］	戊午
己未［乙卯辛巳己丑丁未］	庚申［己酉］	辛酉［庚申壬戌］	壬戌［庚午甲申］	癸亥［戊戌］

右受呼日，十九生命无呼。

大六壬寻源编卷之五

占林上

原　占

曰若稽古，黄帝得上天旨，将上天次，乃召其三子，告曰：咨，吾昔受此经于玄女，经章传义，十有二绪。盖吾口受不传者五，今日告汝，汝能行乎内以自辅，外修黔首，术与贤者，能明是理，若不能研，埋之名山三泉之下，慎毋妄泄使不神，吾将为汝参会其中，遂其终始，要正之本，同之一首，阴阳有四之用，万物俱具一理，义不相干，事不相扰，敬修其神，以为天宝。天乙常居太渊之宫，春游玉堂，夏游明堂，秋游绛宫，冬游生死之场，其居一也。

天乙，至尊之神。太渊宫，在北斗斗维之中央，神后之左右。玉堂，丑加四仲时；明堂，子加四仲时；绛宫，亥加四仲时也；生死场，河鬼所也。皆在子地，故曰其居一也。

右玄冥，左明光。背太阴，向太阳。翳华盖而乘玉衡，回璇玑而临八方。

玄冥，少阴也，向南面，西方也。明光，少阳也，向南面，东方也。太阴，亥子也，则背之。太阳，巳午也，则向之。华盖，斗名。玉衡，大小吉。璇玑，七皇名也。

将四七，使三光。通八风，定五行。令六壬，领吉凶。使六旬，将五兵，二神受命。或主阳，或主阴，各居其正，以处五乡[①]。

四七，二十八宿也。或曰前五后六。三光，日月星也。八风，八节风炁也。五行，木火土金水也。六旬，六甲之始也。凡数旬始，以五子元遁起甲子青龙将，在神后所立。次得丙子朱雀将，在神后执法所立。次得戊子勾陈将，在神后威勇所立。次得庚子白虎将，在神后敦家处。次得壬子玄武将，在神后捕兵使使处。此谓使旬使，将五

① 使六旬，一本作使旬使。主阳主阴，一本作处阳处阴。

兵，随六甲五方兵将下所在见处也。二神，罡魁也。言魁罡，主处阴阳也。

金木水火土，上下相当，死生之决，前后相更。子且识之，思念勿忘，口授贤士，无传泄其章。三子拜受而起。龙忽腾翥，三子仰瞻，尚见龙首，遂以名其经。

◎《肘后经》。七十二占。

粤昔甲辰年三月己酉日，丑加亥为支阴，又兼本日亢金龙值日，乃吴真君赴天皇之召，嗣自郭景纯得遇骊山元君曾传妙诀，其人号犀华真人。混沌之始，浩浩渊渊。清浊二气，万物生焉。日月循环，开辟二天。禀乎秀气，三才绵绵。大经云数，达升天仙。百章妙诀，愚者莫传。

须要天门，要贤贵。贤贵，甲己在丑，乙庚在申，丙辛在寅，丁壬戊癸在亥。甲年己日，丑加亥，故云贤登天。又曰天上有召。

理极穿杨，刘子百章；玉田精蕴，玉册中黄；指南心镜，载歌载飏；摭华薙蔓，汇辑成缃。

古之人有言曰："人耻一事不知。"诚哉是言也。一事不知，何以涉世？矧当切己之事，而无先见、无定识，则祸福之来，何知趋避？《洪范》所以有"稽疑"之畴也。虽然，吾人立身两大间，枯菀行藏，其吉凶悔吝，变迁不常，使事事而占焉？事事而趋焉避焉？将畏首畏尾，身其余几，且亦不能一一详其说也。于是提纲挈领，发其肯綮，先其当务，次以眚灾，循此而化裁，循此而引伸，则简焉易焉，而天人之理，其庶几乎贞夫一云。

原　仪

祝以乡贯姓名，敬于某年月日时，兹为某事，疑谋未决，不知从违，上启：九天玄女、黄帝大圣、天星地象、月将贵神、四庭功曹、六壬参两，信手拈时，天上正时，物数字样，闻声睹形，飞神走将，禄囚旺相，上下加临，制化克生，吉凶影响，莫负下民，俯鉴愚诚，醒迷辟障。

汇辑群书

《精蕴》　《心镜》　《指南》　《集要》　《中黄经》
《金匮》　《玉田》　《雕科》　《节要》　《灵辖经》
《兵帐》　《阴符》　《玉册》　《灵枢》　《神枢经》
《风觉》　《观月》　《曾门》　《捷要》　《海底眼》

天时占

余读箕畴八庶征，曰岁月日时无易，百谷用成，乂用明，俊民用章，家用平康。日月岁时既易，百谷用不成，乂用昏不明，俊民用微，家用不宁。又曰：雨旸燠寒风，五者来备，各以其叙，庶草蕃蒸。曰：一极备凶，一极无凶，于是叹征之休咎，由于下土之得失也。然于朝廷则有省，于民庶惟卜用焉。呜呼！久晴则欲雨，久雨则祈晴。天之道，民之情也。天矜于民，民欲天从，顾天难谌，斯而天心不可不察也。于是有晴雨之占焉。占之何先？曰稽之类神，准之课传，考诸水火神所临辰，以定晴雨之天。有正占焉，有附占焉，有推类之占焉，作天时占，以冠占林，次第一。

何谓稽之类神？类神维二，曰支神十二子也，曰天官十二贵神也。

以十二辰而论，子为阳云，为华盖星，为江湖水神。丑为雨师，为牵牛星。寅为青龙，为风伯，为三台星。卯为雷。辰为水库，为哭星，为海，为雾。巳为风门，为虹电，作阴后为雪。午为电母，为霞，为晴。未为风伯，为酒星。申为白虎，主风，为水母。酉为阴，为虹，为文星。戌为天河，为雪，为兑泽，为斗魁星。亥为江湖天河，为微雨，为霹雳[①]。◎以贵神论，天乙为阴晦。螣蛇为虹电，为雪神。朱雀为晴，为行火招风神。六合为雷，为雨师。勾陈旱风，为晦与云师。青龙为行甘雨神。天空为霁，为尘雾，为晚晴。白虎为暴风，为震雷，为冻，为雹，为大风雨。太常为养物之雨，淑气之风，亦主晦。玄武为苦雨之神。太阴为雨，为霜，为风雪，为水冻。天后为雨母，为霖，为雾，为霾，为雪，为雨，象主阴，为雨母，以水旺也。

何谓推之课传？炎上本主晴明，空亡却变作雨。润下本是水局，倒生或空反晴。久雨得润下，阴极阳生，必然晴明。久晴得炎上，阳极阴生，定主淋漓。曲直生风，值空则木朽而火焚[②]，主无风而杲杲出日。稼穑乃晦，值空则土崩而金见，乃不雨而飒飒终风[③]。从革生日主雨，金空鸣则反风。日上神与贵神皆火，必晴，为干克者反雨[④]。日上神与贵人皆水，必雨，日制神者转晴[⑤]。伏吟无马丁，阴晴照旧。反吟不空墓，明晦变更。午戌传寅必晴，寅午传戌则雨[⑥]。子辰传申决雨，子申传辰乃晴[⑦]。三传未济

---

① 兑泽宜属酉。

② 生日者准。

③ 金，风类也。

④ 日上午又乘雀，主晴。而日为亥克之者雨。

⑤ 日上子又乘武，主雨。若日为未土则土能制水而反晴。

⑥ 寅，火长生；戌，火墓也。

⑦ 申，水长生；辰，水墓也。日辰反制申子亦晴。

日当空[①]，三传既济膏原野[②]。三传属火，而或火或土贵人，大晴而且热。三传属水，而或金或水贵人，大雨而且霖。日克传主晴，传土亦晴；传克日主雨，传金亦雨。水空则日，火空则阴，水火并见传中，坐空者无气，并空则半阴晴，纯阴纯阳传课，阴雨而阳晴，值空雨旸未定。初巳午乘蛇雀，旱魃为妖；初玄阴坐子亥，商羊起舞。螣蛇属土而入水乡，则雨之期。青龙归庙而居湖海，则晴之日。

何谓以火神所临之辰为晴期，以水神所临之辰为雨期？盖久雨欲晴，课传有晴占矣，乃视巳午加临之辰而定其日，为久为暂，则视火神之旺相休囚。久晴欲雨，课传有雨占矣，仍视子亥所临之辰而拟其期。或少或多，又视水神之生合畏伏[③]。

何谓正占？传纯阳，在天乙前，而水神不见，龙武不入传，虽久晴，终未雨而旱也。传俱阴，在贵人后，而火神隐伏，蛇雀离传课，虽久雨，犹无日而涝也。大概螣朱勾空与火神得地，不受制者晴；虎龙阴合带水将发用，更刑冲者雨[④]。"

何谓附占？时师专责虎龙，则失之偏；独视魁罡，则失之拘。其失之巧者，则曰雀［午］飞龙［辰］潜者晴[⑤]，龙翔雀伏者雨[⑥]。其失之奇者，则曰穴居知雨，武乘亥者雨[⑦]。巢居知风，雀乘午者风[⑧]。他说尚频，皆所不取。若夫早晴而晚雨者何？以发用火土，而末传龙乘水神故也。早雨而晚晴者何？以初传金水，而终遇空临土将云耳。日出而不晴者何？以发用雀乘午为地下神所克，或中末传制之。云族而不雨者何？以发用后乘子，为坐宫神所制，与中末传胜之。风雨大作者何？龙虎互乘，寅申交加，而子丑亥相临也。雷电陡发者何？丑午递见，雀合双显，而子卯亥相加也。至于类神偏胜，有其一而无其二者，卯多雷震，子多云腾，皆不雨也。类神交并，欲乎此而得乎此者，午雀并晴，子龙并雨，无愆期也，以类充之，思过半矣。

何谓推类之占？白虎乘申酉者，雪占也，而阴勾虎并则主霰，必视三传，子加辰蛇则雪微，太阴并寅则雪厚，专观发用。抑寅申临日辰者，风占也，而太常乘未则风和，亦视初传。虎乘寅卯未申旺相者，风烈。虎乘天罡八妖克日，为怪风，并观中末。若申酉旺相而子巳相加者，霜占也。子酉乘玄而火少水多者，冰占也。水少火土胜而发用乘虎者，雹占也。用土乘六合而土上火下者，雾占也。从革或申酉而乘太阴者，寒冰占也。亥子乘元后而被下胜者，阴晦占也。

---

① 火在上，水在下。

② 水上火下也。

③ 如巳午加寅卯，则寅卯日晴。假亥子临巳午，则巳午日晴（或当作雨）。

④ 《经》云："酉辰上见龙虎，所乘之辰有气，主大风雨。龙乘金，主阴。

⑤ 雀在上，龙在下也。

⑥ 辰在上，午在下也。

⑦ 亥为元武本家曰入穴。

⑧ 午为朱雀本家故曰巢。

有岁占焉，问何月雨？以月将加太岁，视亥子临地盘何辰，是雨月也。有月占焉。问何日雨？以月将加时，视亥子临地下何辰，是雨期也。有日占焉。问明日阴晴？以月将加时，视明日支上神，火晴水雨。例而求之，时刻可定。晴雨之占，无余蕴矣。夫孰谓天道远而难知也哉。

《集要》云：云从龙，风从虎。龙乘有气，升天布泽。若加申酉，虽为病死，然能生水，主淋漓。虎在东方，出林动啸，如临小吉，愈得生扶，但入课传尤猛烈。巳作六丁，安于卯上，乘蛇乘雀，电掣金蛇。旺地虎龙，不为空陷，披刑带煞，风雨即来。虎居天乙前，视小吉下为风起之候。虎在何神地，观其神为风从之方。罡居阳而蛇伴，霖霪霹雳狂风；魁在阴而雷并，传入日辰大雨。

《节要》曰：龙虎入传克日，或临日辰，则有风雨[①]。类神更并劫煞，或遇风雷，其来迅速。若亥子加巳午未申四位，即日有雨。巳午加戌亥子丑之乡，累日成霖[②]。子午为紧，巳亥次之。

《心镜》曰：占风候雨看龙虎，用起兼看临日辰。有气带刑来必速，休废空亡略洒尘。子卯相加救枯槁，玄合入传滋涸鳞。白虎若来乘亥子，雨发漂流百姓迍[③]。久雨何神用即晴？巳午螣蛇朱雀并。三传皆土云应散，天空雾卷映山明。龙若乘金为阴雾，火神临处计辰晴[④]。

《指南经》曰：天象先占大角星[⑤]，指阴为雨指阳晴。贵登绛明[⑥]时雨沛，预卜阴晴此法精。龙入庙［寅］晴升天雨［辰巳午未］，虎出山林［寅］主烈风。水运乎天叹霖泽，火离乎地仰晴空。风雨之方看龙虎，风雨之期寻羊鼠。螣蛇朱雀加卯丁，雷电霹雳空中睹。壬癸亥子临寅卯，甲乙之日见淋漓。若加季位寻戊己，巳午丙丁依例推。课传不见亥子临，或见空亡可类寻。子乘神龙丑上准，青龙合处雨期臻。衰旺空刑须细辨，克日有气滂沱见。无气空亡微雨来，如响应声真可羡。风雷煞动大风起，云雨神临骤

---

① 克日，所乘之神克日也。

② 即刻有雨。

③ 龙虎乘旺相带煞立日辰，雨掣速，反此虽雨亦小。虎煞临刃发用，雨在传，亦雨。雷煞为贵人，有雷，作太常，地动天空，霖雨崩城。元武久雨，勾陈主晴。龙合昼昏风暴。子云，卯雷，互临，雷雨并刑，更乘武合入传，必雨。癸日元青白，雨。申子辰作虎加亥子，雨。亥子乘虎武龙加申酉上，有气带刑，过三日必雨。罡乘虎武龙加孟临日辰，雷雨大作，龙升天雨。巳午未乘蛇雀，加申，克水母，无雨。龙入江河，不雨。

④ 阳备阴不备，晴。四土制水，晴。午加寅、倒润下，晴。子加辰，不乘龙蛇玄武亥子，晴。水神空，晴。蛇入江湖化龙，不晴。正时是辰，用起火土神将，晴。日辰三传中勾空制武，晴朗煞入传，晴。金神作龙，阴寒。火神临处为（疑脱晴）期。

⑤ 辰也。

⑥ 亥也。

雨来。猛烈惟丁真足畏，飞符迅速雨无涯。雨师[①]会毕[②]雨满天，风伯[③]会箕[④]风满谷。干在贵后雨倒河，干在贵前风拔木。罡加四季天无云，去日几位见其候。月将加时再一看，丙丁之下晴光透。金为水母巽风从，震为雷兮兑为泽。更加神煞旺相推，晴雨掌中端可测。阳备晴兮阴备雨，曲直生风炎上旱。从革主晦润下阴，稼穑是土晴可断。占雪之法何以云，太阴寅卯属用神。青龙暂时天后久，未戌白虎六合真。太乙翼蛇头有雪，天干遁起丙辛加。雨水入传无克战，玄后龙阴布六花[⑤]。

风云雷雨，各有灵神。太岁为首，以察其情。

以太岁加月建，酉下为风。若课传见者，当有。又若见白虎，有风，在旺，风必大，囚死，风小。以生风神并白虎神，为风起时；以克风神并白虎神，为住风时。

以太岁加二三四五六七月建，卯下为雷公。春夏见之，必有雷。带煞传入日辰，必损人物。以月建加岁，辰戌上所见之为电母，传中日辰上见之，若非有阴、天昏，亦主雾。

以太岁加月建朔，亥子下为雨师。课内见，主有雨。若三传日辰上见火神，雨大不久；无火神，独雨师并青龙，亦主雨。若日辰上水多，雨必久。以合雨龙为阴日，以克雨师青龙日为晴，龙合日为雨。

合用神煞：神将十二辰　八妖：子日起辰顺支。　晴朗：子日起午顺支。　风煞：正月起申逆支。　雨煞：正子顺行四仲。　雷煞：正巳顺行四孟。　月符：春辰夏未秋戌冬丑，主阴。　电煞：正巳顺支。

占年内何月何日雨。以大吉加正月朔，次以卯上神加子，视神后下为雨月。即以大吉加雨月，亦以卯上神加子，神后下为雨日，太冲下为小雨[⑥]。一法以大吉加月朔，神后下大雨，太冲下小雨日。一以月朔加时，天上辛癸下为雨日。一以月符加月建上，壬癸下为雨日，丙丁下为晴日。月符[⑦]。一以日加月朔，见木多风，水主雨，金雨不多，火土晴。其晴雨时，视用神之地盘[⑧]。一法正时加月将，天罡临季，晴。日辰发用，见巳午蛇雀与四土神、勾贵常空四土将，晴。水犯空亡，或陷亥子，亦晴。四季三传日辰上，阴沉未霁。从革见天后，主雪霰。太冲劫煞，迅雷风烈。昴星占天，风雷霜雪[⑨]。

---

① 丑也。
② 酉也。
③ 未也。
④ 寅也。
⑤ 大角星，一作天角星。
⑥ 盖卯为雷，子为云，以雷加云，故知雨。
⑦ 春辰夏未秋戌冬丑。
⑧ 如巳是晴神，临地下未则未时晴。
⑨ 黄帝七十二占。

汇　歌

云从龙兮风从虎，虎龙信可占风雨。有无轻重欲调和，二将所乘为默睹。
金为水母巽为风，风电为破考其踪。震即为雷兑是泽，丑为雨师未主风。
六合更能作雷震，武亦雨司真可信。传课之中有类神，更向其间消息认。
龙王升天雨骤作，虎旺出林风力恶。如乘囚墓死兼休，风定雨收仍寂寞。
青龙若也入江湖，不然在庙自安居。龙虎潜藏而不用，任汝尘寰祷舞雩。
虎在东方为出林，动啸生风孰可禁。更乘小吉为生难，拔木摧禾祸太深。
龙若加临申酉方，休言死绝气消亡。焉知万派藏申酉，得此当言雨霈雾。
巳作六丁上蛇雀，太冲位上来安着。忽然狂电见灾殃，迅速时时光闪烁。
朱雀蛇逢又遇丁，传用遭之更卯刑。加在天边尤怪异，雹电终收霹雳声。
铸印西归深雪厚，班神东转猛风靡。雀蛇丁巳生狂燗，亥子勾陈作大滋。
戌亥子丑巳午临，火为下降水为升。立用何须观气色，忽然雨泽骤如倾。
巳午未申水神在，莫忧久旱为禾害。片云头上霎然生，在在田畴蒙灌溉。
从革若还来生日，甘泽倾盆水盈溢。炎上空亡比并看，润下空亡晴可必。
曲直生日即生风，霹雳徐闻雨未通。稼穑克干招旱魃，巳戌光明厥位同。
阴阳不备雨多空，古语虽云未必中。旺相休囚须体案，有气成霖泽却浓。
亥子为传虽主雨，一怕空亡二怕土。辰戌丑未四维间，密云漫有终何补。
亥子丑入江湖居，入庙寅兮莫浪图。若还腾上甘霖沛，顷刻之间济槁枯。
阳课备兮阴不备，何须求验责他神。只此便为晴朗兆，阴全阳缺雨还霖。
龙潜在下雀翔上，火土之局顺流行。润下水神虽倒转，是为晴信值千金。
亥为天河坎为水，居上霖霖何日已。忽然就下居江河，从此何须问霪止。
水升火降雨须霖，丙旺丁生时下霁。

黄帝占月宿何星法：常以月将加卯，为地上乙所得，右行，如今日所止，即月宿也。正月一日当在室，二壁，三奎，四娄，皆以次逆行至月尽日，月宿在壁。二月一日月宿奎，至月尽日在娄。三月一日月宿胃，四月一日月宿毕，五月一日井，六月一日柳，七月一日张，八月一日角，九月一日氐，十月一日心，十一月一日斗，十二月一日女。若闰月，朔宿后一宿是也①。

占始举事时，有风雨否法：常以始举事正日辰，功曹临今日日辰，在天乙前，风即起矣；传送临今日日辰，在天乙后，雨即至矣。一法：得阳凶，逢风；得阴凶，逢

① 假令正月闰，则一日壁宿。例如二月五日，以魁临卯乙上见奎星，当唱言奎一娄二胃三昴四毕五，则为月宿星日在毕也。十二月皆将月将临卯，取乙上神所得星右行数准。正月独卯上所星右行不从乙，假令正月三日，登明临卯，一上见室，壁二，奎三，得奎是也。

雨。日辰上阳神将恶，为阳凶；得阴神将恶，为阴凶。若天旱欲知何时雨者，以问时占之，其用神传终有水神，即有雨气，无水神，无雨气。欲知何时雨者，例如传得登明神后者，即雨，传见其阴何神，而知其时也。假得胜光，以丙丁日雨；得金神，庚辛日雨；得木神，甲乙日雨；得土神，戊己日雨，然得土神，虽雨犹旱；若得水神，壬癸日雨。传中无水神，得土神者，并为旱也。欲知旱几时当有雨，以九九数算之[①]。欲知今月雨多少何如，以问时占之。用神终有水神，即雨多，无即雨少。一法：以月将加时，龙在后三前五者雨，在前二后四者风而旱。虎在前，亦风。寅龙申虎，虎风龙雨，卯雷子云。龙虎所乘神有气，必有风雨。龙虎与云雷并者，必有大风雨。一云：传送功曹加日辰，在天乙后皆雨。又法占雨何时止：正日时，视魁罡，加四季，不雨；加申，雨正止；加子，为阴；加巳午，为旱；加神后，雷雨后有风；加寅卯，见白日。又法：以月将加月建，辛癸下加地下辰晴，求雨亦然。又法：魁罡加季固止，加孟不止，加仲不已。又法：以月将加月建，视天上壬癸下加地辰，是雨日，壬子所临亦雨也。

《百章歌》曰：寅申龙虎至日辰，风起云屯遮世昏。勾陈支兮风必起，南关倾倒十座门。寅申作龙虎临日辰上，主大风，候在丑也。亥为雨师子云起，丑雨寅风辰雷喜。太阴六合上推寻，此法分明先哲旨。问雨，当以青龙下求。

中黄经

云起山头看正时，日辰之上可寻思。登明神后太冲下，有雨今朝应不迟。

云起时，占有雨无雨，看日辰上，见亥子卯三神，主有雨。

勾虎为风龙为雨，交时有雨恶神披。互换见取三重水，子卯相加云雨随。

龙乘上截风化雨，受制日辰是雨期。中传立处云来地，末传上将是晴时。

此言久旱而占也。盖勾陈为旱风，白虎为狂风，青龙为雨。以月将加正时，视三传寅申龙虎互乘，而子丑亥相加，主风雨大作。若龙虎遁五子元建干交战，则有雨。亥子丑壬癸为水，子卯申酉为水母，为江河，壬子为阴雾真雨，丙子为闪云，卯为雷，丁卯为霹雳。若白虎乘甲乙，即先风后雨。青龙乘戊己庚辛，定先雨而后风。三传内，中传立地盘处，便为云起之方；末传天盘上将，为雨后晴时。以上中黄经。

晴雨风雷各有神，加用干支决断因。云龙风虎从三处，有气披刑速且频。

空亡庙墓俱无雨，如龙入海以无陈。

久雨何神用即晴，三传阳位以晴评。皆土密云终不雨，雀蛇巳午并生[②]明。

---

① 例如用神传将大吉，大吉临子，丑八子九，八九七十二也。效此。

② 疑作主。

太阴寅卯值用神，定知飞雪乱纷纷。青龙暂时天后久，戌未加乘虎合真。

断　粹

炎上本主晴明，空化[1]却化为雨；润下自成水局，倒生反转为晴。久雨得润下，乃阴极阳生，必然晴霁；久晴得炎上，乃阳极生阴，定主淋漓。螣蛇属火而入水乡，则雨之期；青龙居庙而归湖海，则晴之日。

气运占

元亨利贞，贞下起元。用九用六，倚伏干旋。圣功王道，气运持权。次第二。

岁德干当，且发用光，三传胥匡[2]。元首明哉，股肱良哉，庶事康哉。岁刑日附，发用则误，三传递妒[3]。内丛脞哉，外纳侮哉，万事堕哉。课传日辰，旺相吉乘，上下相生，民和年登。传课辰日，彼此相疾，休囚恶逼，灾眚饥溺。初传朕躬，末传青宫，中传股肱，生吉克凶。故新太岁，乘吉发用，新令颁也。临德发用，恩赦布也。天罡加酉，而乘太阴，赦命宣也。岁马乘吉，而入课传，御制章也。若魁若罡，乘虎狰狞，加卯加酉，军旅兴也。以类推之，休咎昭也。

黄帝占云：君欲拜署五官，以计吏当谒时，毋以所谒之官伤君年上神。如伤，到旺相时，为君忧患，以君年上神将为所忧形状。当谒水官曹吏，无令火神临君年；谒木官曹吏，无令土神临君年；谒金官曹吏，无令木神临君年；谒火官曹吏，无令金神临君年；谒土曹官吏，无令水神临君年。功曹庭椽为土官曹，库吏为金官曹，狱官财仓部皆为水官，工曹为木官，户曹为火官，外部吏及内不属五官曹者，皆属功曹，为土官。

占臣吏心善恶法：以问事时占之。日辰上阴神得吉神旺相休气，上下相生，与日辰上神不相克，则臣下忠孝，常怀爱上敬教。日辰上阴神得凶将，有旺相休气，下贼其上，又今日之辰自贼其日，及辰阴上神贼日上神，此臣下不忠，奸猾难制，矜骄常有，或怀篡逆之心也。阴上神登明天后，贪污慢欺；朱雀，巧言令色；天罡勾陈，持上罪过；魁居白兽，欲为大乱。

① 疑作亡。

② 岁德临干发用，三传递生生干。

③ 岁刑加干为用，三传递克克干。

家宅占

家宅之占，占其人之祸福，占其宅之慝淑，要主人以为卜，合而言之，以观其人宅之德禄，定其事因，验其人畜，究其兴替，察其倚伏，视其鬼祟之有无，推其类神之分属，作家宅占。次第三。

日为人，辰为宅，而占其人之福、宅之吉。如日上神生辰，辰上神生日者；日辰各自受上神生者；日上见辰之旺神，辰上见日之旺神者；日辰上神见德禄；日辰上见贵人；日辰上见三合、六合、互合；日辰上加太岁月将，皆乘吉将，不犯空亡，而无刑冲破害者；日临辰受生者；辰临日生日者；三传不离日辰，日辰化三传者；贵合龙常乘日辰上并发用者，凡此者，人之福厚，而宅之吉尤也。

干为人，支为宅，而占其人之祸、宅之凶。若日上神克辰，辰上神克日，或日辰各受上神之克者，则人灾宅坏。日上神墓辰，辰上神墓日，或日辰各受上神所墓者，则人昏宅晦。日上神乃辰之败气，辰上神乃日之败气，或日辰上各自败者，则人损宅圮。日辰上神刑冲破害者；日辰上神空亡破碎者；日临辰受克，辰临日克日者，则下犯上，外侮内，宅广人稀。三传无气，空亡发用者；勾玄蛇虎乘日辰并发用者，皆人祸宅凶也。

占之以观其人之福，则日上乘吉神，若德，若禄，若贵人；或日上神生日者；辰上神生日，并辰生日之乘神者；日上神为生气乘龙者；日上神克辰，及日临辰克辰者；辰生日上神者；日上神为福德月将又乘吉神者；课体吉，如奇仪、三阳、富贵等类，而三传生日者；三传生日而天官克日，或三传克日而天官生日者，是为官印显赫人富贵荣达也。三传递生日干者；三传旺相发用者；日德乘吉神者；初传乃日之前辰，末传乃日之后辰，为引从日干者，皆福也，而人向用之矣。《书》曰："向用五福。"

占之以观其人之祸，则如日上神乘凶神，若日破，或刑，或害者；日上神克日者；辰来克日者；日上神墓日者；辰煞墓日者；日上神为死气乘虎者；辰上神克日，或临辰受克者；日上神或空亡，或盗气，或败日，又乘凶神者；辰克日上神者[①]；课体凶，如孤寡、绝嗣、无禄、无德等类，至三传克日者，有官者不忌，无官或克日者；三传递克日干者；发用空亡或日墓者；发用克日又乘凶恶者，皆祸也，而人威用之矣。《书》曰："威用六极。"

占之以定其事因，则察日上天官之生克。天乙生日，贵人提携、委托，本身近贵

① 克才，退才、克妻，以类占之。

荣华；克日，贵人嗔人侮弄；日克天乙，惹是招非。螣蛇生日，忧疑散释；克日，人病火灾；日克螣蛇，失力惊虚。朱雀生日，文书喜事；克日，是非口舌；日克朱雀，喜自文书财物。六合生日，和合婚姻；克日，提防哭泣；日克六合，添人进口。勾陈生日，田土进益；克日，因田致讼；日克勾陈，修造动土。青龙生日，财喜恩荣；克日，家堂不安；日克青龙，为财为喜；天空生日，奴婢得力，克日，下人欺己；日克天空，添丁修筑。白虎生日，精采发达；克日，孝服血灾；日克白虎，反有横财。太常生日，人送财帛；克日，伤食致病；日克太常，酒食召请。玄武生日，小人助力；克日，脱诈遗亡；日克玄武，鼠窃远遁。太阴生日，阴人助财；克日，阴人僧道戏弄；日克太阴，金银财帛自来。天后生日，婚姻有喜；克日，妇人争斗；日克天后，喜事临门。

占之以验其人口，则考三传纯者之生克。如三传全财，则忧尊长，而日上见官者反吉。三传全印，则忧卑幼，而日上同类者转昌。三传同类，伤财克妻，日上子孙，妻财安向。三传全脱气，伤官损禄，日上财爻，官禄迁加。三传全鬼，本身兄弟堪忧，日上印绶，兄弟自身获福。又当视其空亡，如文书空，则虑父母之不测，以类推之可也。又当视类，主六合作兄，则视乘神之虚实，年神决之可也[①]。允若兹，祸福无爽矣。

占之以明宅之吉。辰上神为岁君、福德，又乘吉神，无克神者；太岁天乙加辰上者[②]；辰上神生辰者；辰上神作生乘龙不克辰者；辰上神为支德，或与喜神并者；辰上神与日上比合，或三合六合德合，乘吉神者；辰上辰旺相，或辰自旺者；三传旺相乘吉神，而发用、支德不克者；日之长生发用乘吉神者，宅元吉，惠迪吉也。

占之以明宅之凶。辰上神囚墓绝，又乘蛇虎诸凶者；辰上神虽作生，而仍克日者，辰上神为盗，为墓，为败者；辰上神空，或辰自空者；辰上神作刑冲破害者；三传囚死，乘凶发用，支德空亡者；太岁乘虎加辰者[③]；辰上神作死气，或月厌，乘凶神，三传尽为辰之鬼，与发用为辰鬼，而不生日者，宅皆凶，从逆凶也[④]。

占之以察其兴替，其理在辰上之天官。若天乙加宅，宅兴隆，生贵子；乘吉神，出仕宦，贵人钦敬；乘凶神，灾小口，屡有虚惊也。螣蛇加宅，忧惊怪异，乱梦火光，有鬼祟，损阴小，乘伏吟课，宅有伏尸也。朱雀加宅，求亲作书，人患眼疾，内外喧哗也[⑤]。六合加宅，主进小口，婚姻眷属入门，亦主修造，人馈物[⑥]，且主添丁进口。勾陈加宅，倾颓修葺，小口宿灾，且出风疾之人，若传见雀虎，雀致田讼不已，虎永妇人血疾。青龙加宅，骨肉欢娱，子孙富贵，光辉室宇，横入赀财，传用六合，进人

① 年神，家长年上神也。

② 庶人忌之。

③ 有官者反吉。

④ 三传神将，每传各司四个月，大象吉，则内者不毒，大象凶，则吉亦吝。

⑤ 如午酉占，则因妇人不和，而起口舌，咒诅争哗也。

⑥ 戊己应。

口，传用三合，获宝珍。天空加宅，人忧愁，财散失，下人不足，阴小兴灾，渐见凋零，宅神空废。白虎加宅，灾祸丧亡，传用雀勾官讼，天乙病侵，传陈罡，小口病损。太常加宅，宅常修整，丝竹欢歌，外家人主张，亦得外家财物，而店库丰盈，传见蛇虎六丁，须防内外孝服。元武加宅，宅恒失脱，盗贼侵，逃亡起，少女堕胎，宅水不吉，以致阴人小口恒灾或损，且来水鬼。太阴加宅，女承恩泽，异姓承嗣，财帛私匿暗助，小口多生福禄，如乘囚死，则孕生女，小口削弱，老阴病亡。天后加宅，女受皇恩，传见太常，家有孀居，如逢天乙，损家长，或遇螣蛇，频灾厄，六合青龙传来，和合婚姻，元武六合递用，愆生阴小，传见三合六合，主多淫泆也。

占之以觉其未来，其机伏传课之旬丁。丁乘天乙贵客来，丁乘螣蛇人失走。朱雀临丁远信臻，合丁子孙好外耦。兵卒勾拜丁乘勾，龙宜速行丁在首。天空奴婢丁逃亡，白虎加丁孝服有。丁乘太常父母忧，丁乘玄武财难守。婢妾私通丁在阴，人口遁逃丁倚后。又曰：日上马丁，人眷不宁；辰上丁马，宅必移动。

占之以覈宅中鬼祟之有无。夫日鬼、天鬼、天目既加辰上，月厌、厌对、丁符更见用传，且以家长行年加神后位，而视太岁日辰并年命上，见魁罡蛇虎小吉，又将月将加时，察宅辰地，而审火鬼、天目并天鬼，上逢蛇虎，则鬼瞰其室，祟形于堂。以占鬼之老少男女，则覘虎乘休旺阴阳。以占祟之匿踞何方，则睇天罡所临之掌，一以日支加时。定鬼所在，专责魁罡，甲门乙户丙堂丁灶戊亭己磨庚井癸厕辛鸡栖壬猪圈[①]。若宅伏尸，何以测之？《灵辖经》曰：以正时视日辰上，见魁罡蛇虎勾陈，又以家长行年加月建，若罡魁[②]临本命，宅有伏尸也。

占之以明类神之分属。以子为房，丑为厅，为院落，寅申为前后左右过路，为书院，卯为前门，辰为积仓墙垣粪堆，巳为厨皂，午为堂，未为井，申亦为坑，酉为后门，为婢舍，为窗，戌为浴堂，为仆舍，亦为厕，为粪壤，亥为厕，又为楼阁台榭。此皆以地盘论。上得生神吉将吉，如遇凶神恶将凶，兼以家长本命上神配之，生命相生尤佳，相克克命甚恶。又云：日上神为旧宅，神将旺相旧宅臧。上神克日，自不欲往矣。辰上神为新宅，将神有气新宅妙。上神制辰，虽居不久也。辰左神，左邻，右神，右邻，视神将以分善恶。辰冲，为对门邻，乘空者无，坐空者空房。

占之观其神将以分淑慝。天后乘龙加辰，宅有井水。传见太乙乘空，宅灶须修。辰加日乘青龙，宅乃寄居。庚子日子加申，宅入外人。火煞临辰乘虎克日，宅防火灾。血忌临辰乘虎克日，宅防血光。天后太乙临辰而阳不备，宅长是阴人也。子午蛇龙临辰而见血支，宅有孕妇。子午丑未相加而乘六合，宅之子嗣螟蛉。午丑辰卯相加而乘

① 天罡所掌，子房之类。

② 罗网。

朱雀，宅之兄弟相尤。墓加日作鬼休囚，宅坟不安。辰加午乘龙临合，宅床有怪，或有毒蛇在下。龙乘生气临辰生日，宅渐兴旺，且悠久。虎乘生气临辰生日，宅必骤发，但虑不久。此皆附占也。父视贵常，母视太阴，妾亦视之，妻视天后，子女视六合，奴仆视天空，婢视从魁，兄弟视日比之阳，姊妹视日比之阴。

若夫占修造之法，书多不经之言。有为黄黑道之说者，其法以辰为青龙。曰：正七加子二八寅，三九加辰四十午。五十一月自加申，六十二月加戌数。青明刑朱匮德并，白玉牢武司勾妥。遇青明金德玉司为黄道，可取其所临之方以修造，余为黑道，所临之方忌修。有为五姓音宅之说者，其法以宫羽姓子，商姓酉，徵姓午，角姓卯。如角姓人欲修造，看卯上神是子午寅申则吉，魁罡则凶，余不利。有为黑龙加寅之说者，具法以丑加于月建之上，如十月占，即以丑加亥，看寅上何神。若逢亥子，是黑龙也，不可修造。此三说，皆涉幽僻，不可信从，惟当视日辰旺相休囚生克何如耳。如辰上神不犯天月灾劫四煞；辰上神与辰不克日，更奇仪天德青龙诸吉临辰生日，则可起造。更视家长行年上神与辰上神不相克，又视岁支上神与行年上神不相克，修造任为。

其向方日时，则当与堪舆家裁定，看通书以消息，则鲜有误矣。此又占家宅之所当知者也。

黄帝曰：安不安，与神言。日辰上神，日辰阴阳也。见后六，奴婢虚灵之宅。前三五，后二四，富贵之宅。前二四，后三五，凶恶之宅也。日辰上神神阴得吉神将，有旺相气休气，上下相生者，可居。更以家长行年加宅神，视太岁上，见天空，岁中官事；见二吉，岁中有病；见天魁，岁中有客鬼害人；余将俱吉。《灵辖经》曰：天罡加日，有客寄居。胜光加辰，身寄人居。魁罡加干支，急出不可居。干伤人病，支伤多怪。干支俱伤，多病不利子孙。《节要》曰：支上将，雀官事，虎死丧，空虚耗，蛇火怖，勾讼争。此论克干支者，非谓生比也。日上神生支，宅不振动。三传俱克支，卑下有灾。又支上见生神，木火子孝臣忠，金神孝义好施，土神迟重，水神贤智。又以六合决之，与支合则吉，克则凶。若日并虎加支，主逢盗贼。辰并魁罡克日，不能久居，田蚕不利。

合用神煞：生克：卯辰巳午未申为日之阳，阳神为人；酉戌亥子丑寅为日之阴，阴神为神为鬼。旺相为神，休囚为鬼。　天德　月德　日德　日禄　日贵

三奇：甲子甲戌旬丑，甲申甲午旬子，甲辰甲寅旬亥，此旬奇也。甲日午，丙日辰，乙日巳，丁日卯，戊日寅，己日丑，庚日未，辛日申，壬日酉，癸日戌，此日奇也。丑为玉堂，鸡鸣丑，日精已备；子为明堂，鹤鸣夜半，月精已备；亥为绛宫，斗转亥，星精已备。三者日月星精，为自用之奇。乙丙丁为天上三奇，甲戊庚为地下三奇。

六仪：旬首空也。　支仪：子日午，丑日巳，寅日辰，卯日卯，辰日寅，巳日丑，

午日未，未日申，申日酉，酉日戌，戌日亥，亥日子。　支德：子日巳顺十二。　天鬼：正月酉逆四仲。　光怪：正月戌逆四季。　火鬼：春午夏酉秋子冬卯。　破碎：孟酉仲巳季丑。　岁煞：正月未逆四季。　月煞：正月丑逆四季。　劫煞：正五九月亥，二六十月申，三七十一月巳，四八十二月寅。　大煞：同光怪，正戌逆季。　灾煞：正月子逆四仲。　丧魄：同岁煞，正未逆季。　血忌：正丑二未三寅四申五卯六酉七辰八戌九巳十亥十一午十二子。　死气：正午顺十二宫，生气对宫。　游魂：正月亥顺支。　五鬼：正午二寅三辰四酉五卯六酉七丑八午九子十亥十一未十二戌。伏殃：正月申，二月酉，顺十二支。　伏尸：子年在子，丑年在丑，挨推[1]。

白虎并生气生日辰[2]，龙生旺气生宅[3]，贵常雀乘生带天月德与天盘比和[4]，加长生学堂[5]，青龙遇才[6]遇官生[7]，六合乘鬼[8]，螣蛇作鬼[9]，天空元武[10]，天后加卯[11]，天后六合[12]，太阴天后勾陈三神[13]，丁神[14]。

占宅居所近：以宅长加宅神[15]，本命上见神后[16]二吉[17]功曹传送[18]太冲[19]魁罡[20]太乙[21]从魁[22]登明[23]。

汇歌一

动者为人静作家，干人支宅那能差。惟爱欢欣互来往，最嫌仇敌两交加［总纲］。

---

① 八专课，九丑与三交，乱首反常残下属，德刑龙战福迍包，度厄二占謕。独足象，天狱意摇摇，稼穑尽占家宅事，姓音宅墓日辰标，绸缪户牖昭。

② 横发财产，不可久住，生气一退，如汤泼雪。

③ 虽不如白虎之速，然子孙长久。

④ 阀阅声誉，名家之兆。

⑤ 主出贵人。

⑥ 发财。

⑦ 发贵。

⑧ 外人入宅私通。

⑨ 出颠狂非横。

⑩ 主虚耗。

⑪ 阴人管门户。

⑫ 淫荡。

⑬ 萎靡不振。

⑭ 主动，土役，宅上忌见之。◎天乙贵，门户任逍遥，宅墓行年克辰日，魁罡蛇虎不相饶，家宅虑飘摇。

⑮ 命前五位。

⑯ 宅中有水，坑石灶庙。

⑰ 聚土粪堆或塚。

⑱ 近流水或大路。

⑲ 近造车舡竹木。

⑳ 近山阜。

㉑ 近城池窑灶。

㉒ 近庙神或江水。

㉓ 官宇神庙。

干若生支情况恶，岂能平等无乖错。虀盐朝日苦煎熬，走北奔南常不乐［凶］。

支生干处福骈集，夏清冬温常自给。百般佳况动中生，一切不虞潜里戢［吉］。

支上干头两处神，彼此交攻必作迍。干克支兮残畜产，支伤干也损人居［凶］。

旺相临官为官带，辰里逢之多吉泰。破财灾患为何因，宅上刑伤日上在［吝］。

官非口舌事多端，日辰克宅宅难安。人财进退浑无定，患难常生不测间［凶］。

辰上害刑日定表，不立居人屋庐小。门墙焉得有嘉宾，更忧死事来相扰［吝］。

日支今朝逢脱气，建造之后日衰替。资财耗散每伤情，人口灾残岂如意［凶］。

宅值绝神防家长，牛羊犬马难生养。墓覆日干真可畏，阴云烟雾相蒙蔽［吝］。

万般千件众多条，其间焉有可人意。宅上若还遭破碎，资财缦积虑潜退［凶］。

骨肉团阕绝间言，不久乖离须怨怼。死神死气支辰上，门馆应须多阻障［凶］。

岂惟仆减婢仍衰，奚止财消畜亦丧。青龙旺相支日临，家道兴隆绝祸淫［吉］。

芝兰馥郁祯祥满，若乘破碎耗财因。将星乘支主权擢，总戎阃外建功岑［吉］。

白虎乘时旺相气，立用之间君莫悸。不久当作大家翁，进既不艰退亦易［贞吉］。

太常天乙及朱雀，二德之中坐安若。往返其间莫战争，阀阅交驰光闪烁［吉］。

若乘长生号学堂，临滋于宅庆源长。仙桂时时争馥郁，金章处处耀辉煌［吉］。

青龙所主多不一，逢凶则凶吉则吉。若还乘鬼克辰阴，家中时有痨瘵疾［吝］。

青龙来乘死墓绝，疾病延淹经岁月。不然滞困久难晕，满目愁烦谁可说［凶］。

龙作财神支内藏，千斯仓兮万斯箱。若也为官三课上，貂蝉代代佐明王［元吉］。

鬼为六合日支中，闺阁潜踪有信通。若使螣蛇来克损，恐惊时作内多凶［凶］。

天后持合支上止，所乘遥作日之鬼。牝鸡纵若不司晨，女掌权衡故作美［厉亨］。

天空元武并加临，作鬼支头祸患深。藩篱徒有如城固，盗跖生心岂可禁［凶］。

雀乘旺相无乖异，又作长生与支比。门多君子擅词章，班马真堪为伉俪［吉］。

死囚休绝害克刑，朱雀凭之不称情。官灾时复来相扰，百绪千头日绊萦［凶］。

太阴天后勾空过，此等奚关有其数。生王之时尚可安，一朝囚死真难度［吝］。

天后六合[①]同传课，夫妻鸳侣须分破。或然元武又来并，家道淫风当大播［凶］。

阴阳不备切须推，一番全盛一番衰。阴亏人与宅须动，阴全宅难被人亏［悔］。

天驿马来支干里，螣蛇还又相依倚。久常活计即生为，居人不日还迁徙［吝］。

凶作丁神支上歇，灾迍瘟疫人频孽。门庭时日作惊惶，若欲平安寻别业[②]［凶］。

三六合神多吉庆，从事变迁弗一定。润下虽然一作流，家道偏能极昌盛［利贞］。

黄帝占岁月利道吉凶法：阳岁以大吉加太岁，阴岁以小吉加太岁，视天上甲庚所

---

① 子卯相刑故也。

② 寻别业言当迁居也。

临下，为天道；天上丙壬所临下，为人道；魁罡为拘检。架屋起土买卖田宅入官舍，使时在天道，利百倍；在人道，利十倍；在拘检道，县官大凶[①]。若岁在子午卯酉四仲，天道人道皆在四维，难可以移徙。阳岁者，子寅辰午申戌，皆以大吉临之；阴岁者，丑卯酉未巳亥，并以小吉临之[②]。

阳月以大吉临月建，阴月以小吉临月建，皆视天上甲庚临处为天道，丙壬临处为人道，魁罡所临为拘检。阳月为奇月，阴月为偶月，移徙吉凶皆如太岁法。月禁又忌，不可犯见[③]。

支来干位宅就人，干到支宫人入宅。刑冲克害生旺看，二者因之决损益[④]。

干人，支宅。干支生旺，人宅俱吉；干刑冲克害支者，宅必倾颓；支刑冲克害干者，人多损否。此为置房迁居要占。

初末引从支贵神，肯堂肯构气维新。周遍循环宜守旧，外战内争动有迍。

三传脱支生日干，人多屋少从兹断。若还盗干生支辰，屋旺人衰何足算[⑤]。

三传生支克日干，卖屋偿人免灾悔。若是脱干克支辰，屋假他人弃家退。

三传生才克两鬼，官非疾病一时生。支干相加被脱克，居无正屋自然明［凶］。

两鬼，内鬼也，谓鬼临三四。

内助外顺三合格，最嫌蜜里暗藏砒。神合道合六合局，切忌孑义为害之［凶］。

合中带刑冲破害，为蜜里砒，亦曰孑义煞。

日禄加支被脱克，造房修屋防耗厄。墓神临宅少欢娱，如逢月将高明宅［吝］。

太阳生辰显者至，宝藏麟儿喜庆来。干支禄马如逢吉，身动家迁事事恢［吉］。

罗网来乘身宅下，颓垣败栋不堪居。干支乘鬼伤人宅，遇日刑冲凶岂虚［吉］。

三四遇官灾讼起，若逢岁破少安宁。干支上神如互脱，防脱防偷事不停［凶］。

虎入宅兮蛇冲吉，龙乘生气家日昌。居金谷兮龙虎拱，卧陋巷兮邻兽伤［悔］。

虎伤寅木栋摧桡，常死加支孝服招。死虎丧绝阴司去，火鬼带丁天火烧［凶］。

丧吊干支两处逢，姻亲啼哭恨无穷。旧岁[⑥]更乘天鬼煞，克支灾疫一家中［大凶］。

三交九丑防白发，远在三年近三月。全财化鬼亲无妨，无鬼父母眉寿竭［凶］。

传官太旺伤兄弟，透印之时方得安。兄弟重逢妻财损，子支出现反成欢［吝］。

父母乘传子息忧，比肩若透反多子。传中盗气本伤官，六处有才偏美喜［悔］。

---

① 例如太岁在寅，大吉临寅，视天上甲庚，临地乙辛，为天道；天上丙壬，临地丁癸，为人道；魁罡临巳亥，为拘检，魁为拘，罡为检。效此。

② 魁临亥为拘，罡临巳为检。

③ 凡上官移徙出军远使上梁竖柱修造，须宜向、利道举事。

④ 总诀。

⑤ 吉凶兼。

⑥ 病符也。

支之左右是旁邻，辰上正冲是对门。金见螣蛇釜鸣怪，木逢白虎栋桡论。

卯为门也酉为户，须防官讼盗神侵。未为井泉巳为灶，要得平安吉宿临。

震巽木星为梁宇，艮坤土宿作墙垣。乘凶乘吉须先动，安宅安人嗣后论［总诀］。

干克身凶忌见蛇，丁伤文动须防虎。支忌厌神如入宅，更防呕血堕胎苦［凶］。

血支、血忌、月厌，皆煞名。以上《指南经》。旧岁者，旧太岁，谓病符也。

岁临本命事堪详，辰逢家长不安康。常占官府事乖张，君子天庭有吉昌［吝］。

太岁临支，主家长灾。太常，官位也。太常占宅，主官府忧疑[①]。如有贱人命逢之，有天庭文书之喜。

岁前五位岁宅真，后五须知岁墓神。蛇虎临来有灾迍，问灾阴小不安宁［凶］。

例如寅年，未为岁宅，酉为岁墓。螣白加之，主门户不宁，阴小有灾。

三传克日鬼为侵，卯酉居上辨其神。螣蛇朱雀应六丁，户后门前怪异频［凶］。

日人，辰宅。传克日为用，更临卯酉，见蛇雀丁神，主怪异事。

胜光克日作螣蛇，阴人离散事堪嗟。若不休妻或淫邪，不然孕妇在其家。

支辰三合乃姻亲，假令子日见辰申。惟见巳酉丑三辰，岁中必定别阴人［皆凶］。

支神三合发用来，受克加刑骨肉灾。天后阴小事萦怀，定知年内必遭乖［凶］。

午，属阴，故主女人离散。子日见申辰，未日见卯，皆进人口之象。惟金局从革，主阴人离别，以金寒玦离也。支合为亲，乃为用而遭刑害交克，是骨肉灾病之象也。将得阴后，灾在阴小，若见武空，必有逃亡。

支破临支支上初，阴后妻妾不安居。空元退损谋无就，乘蛇脱失奴婢欤［凶］。

支破乘阴后，妻妾不宁。乘空武，主退损。乘蛇，惶惑怪梦失脱奴婢逃。

朱雀临辰克日支，定知日下火灾随。不然门户讼官司，此法渊微奇又奇［大凶］。

胜光为贵加支神，宅中发愿赛神明。辛日临亥最为亲，哲圣传机事的真［悔］。

雀乘克支加支，非火则讼。午贵加支作用，非赛愿则求选之象。

子临四季虎来并，小口频频灾病生。岁为丑未戌加辰，卑下年中命见迍［凶］。

子临季，神后受制，主小口灾。四季并岁克神后，年中主小口死。

申加巳上六合神，元胎生处用为真。六合内战子灾迍，不然媒妁议婚姻［吝］。

长生为玄胎，六合为子息，乘金为内战，主子灾。合申加巳，又合，婚必成。

酉作天空巳上临，次位须知传太阴。走婢失财不称心，阴空一位理幽深［吝］。

辛酉者，乃太阴本家，天空乘之，为阴空同位，象主走奴失财。又酉加巳为天空，中传酉本位丑作太阴，为空阴见阴，亦谓之阴空一处。

---

① 点校者按：常，常人，非太常。

白虎乘神克命宫，假未生人见太冲[①]。更兼恶煞又来同，须知目下病灾重［凶］。

虎克命，命克虎，皆主灾。乘金煞，则凶速而炽。日月同。

元武传来暗退财，盗贼淫泆事须乖。惟见功曹定和谐，寅亥相合事不灾［吝］。

武家癸亥，乘功曹，为神临合，主进小口。

天后受克死绝乡，母及妇女灾病伤。若不离死病在床，巳加亥位未卯当［凶］。

巳火临亥绝地，又亥水克巳火，未临卯死地，又卯木克未土，若是天后乘之而受克，临死绝之乡，主阴人灾。

病符常来岁后居，支上逢之宅不虞。若临年上咎难除，蛇虎尤凶法不虚［大凶］。

病符，旧太岁也。若加支，主门户不宁，更逢凶将临命，有凶祸死亡之兆。

若值病符必见灾，灾病仍防哭泣来。又克日辰凶转乖，吉来旧岁事和谐。

病符乘凶将，主哭泣，乘吉将，主有去年和谐之喜，今成。

丧门吊客两凶神，日辰年上用为迍。白虎更兼死气并，岁内频频见哭声［大凶］。

岁前二为丧门，后二为吊客，与死气并，必有死丧之哭。

丧吊初传白虎乡，辰日逢之骨肉伤。若在他传有外丧，复寻年命细推详［凶］。

丧乘虎用加日辰，主骨肉死亡。若在他位，或中末传，主外丧。年命逢之，己身灾重。如丁巳命人，寅年十月辛丑日卯时占得，主五月丧妻，至八月身丧。以东北墓煞入也。

病符临命用为初，悬胎病处亦同途。事之未定病未除，重叠艰难后乃甦［凶］。

天马克日复临支，得此须知失脱时。后阴元武又来期，破财人口走东西［吝］。

天马乘元克日，在支为用，乃失脱之兆。　以上《百章歌》。

周遍循环内外战，占逢此卦莫更移。前空后盗同魁度，迁动家中悔吝随［总］。

不利移居是何课，初生末墓罗无破。墓刃临身若动移，吉庆无兮有大过［凶］。

旺禄不空宜守旧，返吟空动亦如之。昴星如遇传蛇虎，旧宅迍遭新不宜［凶］。

干支乘旺莫图迁，迁遭罗网祸忧连。两仪但乘死绝气，最利更新获福全［吉］。

贵坐乾宫罡入艮，自墓传生新宅良。伏吟丁马迁居吉，九丑移居未免殃［吝］。

斩关发用远移近，众虎入传守旧安。两蛇夹墓无冲破，毁旧更新作咎看［吝］。

右六条专论迁移。　《指南经》。

天乙乘鬼断神祇，天空作官评佛位。绘画诸真当看元，塑成众圣土星类。

木将见金雕刻像，金神见火炼镕成。相生相合祯祥断，逢克逢冲祸患明。

右二条附论香火。　《指南经》。

---

① 乙巳日申加子作将。

汇歌二

占宅宅见休神克，梦里生涯醒又惑。人口啾啾多病磨，无明事绪使心恻［凶］。

囚神克宅又克传，又行休囚可谓迫。人将离散财帛无，百计千方没一策［凶］。

死神克宅宅无气，干贵求财皆不利。不是屋古不堪居，便是建辰星辰异［凶］①。

日克死神恶运退，万般纵有斯涯际。宅克死神有变新，干谋求宅人相济［吉］。

旺神生日居安息，大小人口俱生色。纵有凶来也不妨，见人欢喜凡谋得［吉］。

宅生旺神鼠畏猫，所费百端无虚日。不是儿孙债未完，便是债贷偿未毕［凶］。

常占家宅不要马，马主迁移宅不宁。宅带生旺添人口，若带囚死宅又零［吝］。

日本今逢太岁加，宅舍天灾决不差。若还更见勾陈立，大煞尊亲破乃家［凶］。

阴后主阴私，雀蛇刑囚咨。大煞尊长死，劫碎破家基。

占宅但得日本看，雀舌虎痾事不安。六合青龙加上位，婚姻喜庆得新欢。

雀，口舌。虎，疾病。大煞劫煞并死气加宅，防人死。龙合与日辰合，主婚喜。武空马，主逃。

魁罡宅上伏尸基，加子房帏忧更疑。巳上逢之锅灶损，贵人临戌告神祇［凶］。

月厌临宅，亦有伏尸。天空加巳，亦主釜破。天乙临戌，神祇不安。

贵人日上主添丁，支逢财喜遇婚姻。无克招财进人口，有克须防官贵嗔［吉］。

行年支上太岁同，白虎加之宅改容。行年太岁，若白狞加支，主改门户。

害神为用值魁罡，宅上忧心多口伤。破神勾雀生啾唧，支神喧闹虎为殃［凶］。

伏吟刑月且刑岁，刑月月刑岁上决。此名倒乱主家惊，恶煞并加家渐灭［大凶］。

伏吟数，日刑岁，岁刑月，月刑日，主家中内外尊卑倒乱。虎蛇羊刃二血大煞劫煞并之，主合家人口相杀。例如六月癸丑日，丙戌年占，伏吟，岁月刑勾，主同室操戈。

月将乘刃见贵人，占君不见克奸神。大煞同逢身不吉，争知下妒上尊亲［吝］。

月将者，华盖也。刃见贵临，奸神相并，太乙煞，极凶。羊刃大煞临支宅，主有人谋杀我，又主下犯上。

巳午雀蛇为用凶，更兼火曜满天红。如在支辰求渭水，救得高楼烧了蓬［大凶］。

火曜，寅午戌月在巳午，卯亥未月在寅卯，申子辰月在亥子，巳②丑月在申酉。

唐高宗遇武后之年，庚辰日，午加酉，见天后，是沐浴方，逢五客心。

太乙披发圣人惊，常人恶妇伏辛金。克支最怕临支上，学得高儒献帝心［大凶］。

---

① 干谒求才，一本才气干人。建辰，一作建造时星异。

② 此应脱酉字。

太乙披发，天后为用。如唐高宗辛亥年三月武后立，占得罡加于亥上，主犯斗名。

龙加天罡若临支，月厌妖巫符挂时。卯酉门户休逢鬼，贤师垂教后人知［凶］。

青辰同厌加支，主妖巫挂符箓于门上，万验。

卯木青龙宅有泉，冲曹未虎庙庭前。人龙丑子逢桥住，紫微书里认天官。

冲龙，主有泉。寅卯并虎临未，主本处近庙作殃。丑子见龙亦然，或有独木小桥也。

贵乘卯酉宅不安，死气人口远家看。克日但言尊长怒，支干同行财物间［凶］。

干支同行，财物无气，主走一人出外。克日者，主贵人怒。日克贵人，如之。若干支合贵，主贵人喜美事。

用起遥克夫日干，救神制鬼却为欢。用子克丁残害例，丁上居辰吉可安［吝］。

凡事尽然，不止占宅。

白虎初传丧吊乡，支日逢来骨肉伤。若在他传有外丧，复寻年命细推详［凶，重出］。

丧吊乘虎为用在日上，主骨肉死亡。在中末传，乃外孝也。年命逢之，宜同。

太阴作用何所宜，阴私得罪暗相持。常人见处有忧疑，君子托人干事奇［凶］。

主心事阴相谋画，不欲人知。若士子占之，乃干事托人，亦阴私之事，常庶人私扰惊灾疑惑之兆。

空亡克日事多端，失逃人物有欺瞒。安闲守分免伤残，干事求财难上难［凶］。

例如癸亥日，丑加子用。癸巳日，未加午用。皆有两位空亡。

官魁有禄作占人，转官迁职喜欣欣。常人病患及官刑，莫使庸流取次闻［吝］。

课分官鬼，人分贵贱。

三传内藏卯酉神，两门出入是其因。子午乘龙妻妾娠，血忌血支生气并［吝］。

占以立春日、元旦日、上元日，定一岁之吉凶。或以四立日、孟月朔，定一季之吉凶。或以月朔，定三旬之吉凶。

阳宅秘书

刘日新著

凡占家宅，以干为人，以支为宅。单占宅，则责支上下。

一看支上一神为主，其吉其凶，以神将定之。夫宅之吉凶，一本于地气风水是也。宅乘风水，得其吉气，则宅必发富贵，旺人财；若乘其凶气，则宅必多败破，人逃移。居不久而绝，或三五十年而绝。盖将相公侯，胥由宅出，枯菀永短，咸因宅基，岂可忽哉？是以首将宅字看起。

一支来生干，其屋必旺人发福。夫妻父子兄弟奴仆，孝义和睦，好基址，风水佳也。

一支就干生干，其屋必人孝义出常，发福尤异，大为美也。

二看本支字。若得旺相之气，就是风水正兴，人家正盛，气运上好之地基也。

子支是阳龙落下壬癸，带行西北，相生迤逦活动，其穴合作上局申辰山向，次作丁丙山向。丑支是阴阳混杂，理气不全，或自北转东，或自东转北，上宜作巽巳山向，次作庚酉山向，又次作丁坤丙向。寅支带艮龙，或东入首，或北入首，上宜作丙午辛戌向，次宜作坤申庚酉向。卯支则东龙入首，乙甲夹行，上宜作乾亥丁未向，次宜作坤申庚酉辛向。辰支出面巽巳丙入首，上宜作壬子坤申向，次宜作庚酉辛向。巳支自东南入首，上宜作庚酉丑艮向，次宜作亥辛向。午支自巽南来，上宜作艮寅辛戌向，次宜作壬癸艮向。未支或从亥来入首，或西转南，上宜作乾亥甲卯向，次宜作亥壬艮向。申支未坤落脉，上宜作壬子卯乙向，次宜作寅申向。戌支来龙不清，阴阳混杂，上宜作艮寅丙午向，次宜作卯申巳向。亥支就是阴龙落脉，西北杂行，宜作亥气入首，上宜申卯丁未山向，次宜作巽巳丙丁山向。酉支[①]。

以上皆以旺相者论，若休囚死者，不以此论，不可用也，用必不美。

又法：以干与支三传中，有三合六合旺比生者立向。

如甲干与亥六合，午戌三合，亥子为旺生，寅卯为比和，取旺立向妙。

又法：以支合旺相比生者立向妙。若不合此二法，则从前论。良法也。

向背既定，则责龙脉砂水。

龙是后山之来龙，专视元武。元武所乘之本神，是本来出面。

如子为大水星，旺相则为正体金水，高耸端丽。若临长生，则来龙踊跃，体势清美。临败则出面破碎，体势欹斜。临冠带临官帝旺，则峰峦香丽，入首有仪。临衰病死墓绝，则懒缓衰低而屈伏。临胎养，必怀抱圆堆，或凸肚伸脚，或大小不齐，三五森列。乘丁马，则奔驰，或分枝臂于东西左右，或断续相连于前后环抱。带刑，则金头更脚，或火或石，巉岩煞重。带冲破，则两势如斗，彼断此缺。带害则割坏尖射，杀气侵人。空陷，则作缺断凹风，或起或伏。

以元武之阴神，点来龙之后事，并龙上景象。

如子加旺相长生冠带临官丁马，则后来龙，必有平坡水湧之体势，或大溪涧水长流；休囚空陷，则消长不一，旱溢不常；若来刑克破其支，必有洪水冲宅，并水来伤击，或流破长生。

如亥则为小水，或塘，或井，或水窟，在后来；刑冲破害其支，则塘井窟不宜，

① 兑龙入首，庚辛夹行，上宜作丑艮山向，次宜巽巳山向，又次宜作辰丙山向。

主生灾发祸；又亥为楼，带生气喜神并龙合，其上必有楼屋，乘六合如传入丁马，楼前后有竹木梅花。

如丑必来龙坦伏，中有窝地，或田或园，带吉则吉，带凶则凶；带丁马路神，其后必有桥坡；乘贵人死气，必有古庙一所；乘龙贵生气又旺相，必有寺观庙庵，古今圣贤神祠。

如寅必有木星，旺相尖秀，休囚平伏，或歪邪，乘生气喜贵龙常，必有书院庵观。

如卯必有低小木星过峡，或竹木丛柴，乘贵常丁马，必有鹿兔。

如辰主后龙高峻，带死气坟冢墓煞，必有古墓；旺相与干支生比，坟发财福；休囚与干支克害破冲刑，主坟生灾发祸；带井煞乘天后，有井泉池塘。

如巳来龙平伏，或勾连宛曲，带生气喜常会合神，主妇人作勾引，或有酒店。如午乘朱，有火木飞扬之势如奔马，生气又为屋。

如未主后龙平软，有土屏之势，生气井煞，必有井泉，死气则为墓。如申主金形，带道路神，后主有大路一条；贵人死气，主有庙。

如酉主来龙圆净，大小相连，并生气喜神太常，必有果树。

如戌主高竦冈岭，二死坟墓，必有古冢也；带火鬼有窑灶；空陷有坑坎。

已上论来龙，余类散出，前后可以类推。

以青龙论左边之砂水，其所乘神本位，点龙身上之形状。

子加子，是比，其龙势活动扭摺；若乘旺相，其青龙止处，必有水涧池塘界水之类。

子加丑，是下贼而上合，青龙边必开有田与园，或修理得成形体也；如丑带愿神月鬼，龙边必有庙；若旺相，必有寺观。

子加寅，上生下，带道路神，必有大路；带月鬼愿神咒诅月符，为寺观庵堂。

子加卯，上生下，又带刑神，为泾为木为舡为雷，值无礼之刑，若生气闭口，则被竹木遮蔽；带井煞，有宅作水泽；带雷煞劫煞，则有被雷惊；带丁马天车道路，主有舟车往来。

子加辰，入墓又克上，二死坟墓，前必有冢；带丁马乘龙，龙边有水，今被人改了，此间无水，或筑作池塘。

子加巳，上克下，巳为窑灶，为泥滞；带劫煞金神，龙边必有崩塌；带火鬼，又逢窑灶；带丁马破碎煞，必有掘作泥。

子加午，上克下，又冲，为田为店为花；带丁马破碎，必有开作目；带成喜生气，必有店射；光怪，为有花。

子加未，为害，又克上，为井为酒店为坟墓；带丁劫马井，为井；喜仪生气，为酒店；坟煞二死，为坟；上下相害，彼此皆不利。

子加申，为合，又下生上，为渡为祠寺为路为碓磨；带丁马乃陆渡；道路，为路；愿神月鬼月符，为祠堂庵庙寺观；带天车回环三交，为碓坊也。

子加酉，下生上，为酒店为婢舍为石塘；带开眼，为塘；石煞，为石；生气喜会，酒肆估屋也。

子加戌，下贼上，青龙边有乞而为坟，或被伤或塘。

子加亥，为比，带丁马有津渡；带生气喜神会神，有楼屋；带愿神，有神庙也。

青龙带破碎，是破体面。带劫煞刑害，若不昂高拭泪衔矢，必主生灾作祸。带丁马有走窜奔逃之势。带空亡，必有空陷缺破。有风煞，有四风。以本位断龙之本位，以阴神断龙之第二重，以神将定其吉凶。

以白虎论右边之砂水，本位断其出面，阴神定其第二重。

以朱雀论前山，本位断其出面，阴神定前案之第二重，皆同青龙例推。

以勾陈论明堂，本位断其内明堂，阴神断其外明堂。

勾陈乘亥子，上得生气喜神吉神，其明堂周正，好水上堂。子为长流大水，亥为池塘涧溪小水。带丁马凶神，则明堂斜侧，水或倾流。上生下为卷帘旋泻，下生上为穿胸射穴，上克下为水不到头，下克上为乱箭无情。亥加生气，有屋应之也。

勾陈乘寅卯，系明堂长阔，势曲而直。带吉神，则为有情；并破碎，则明堂崩破，磊磊块块，或长直如枪，弯曲如刀；并生气喜神愿神，主有神庙，或房屋遮蔽；并闭口，则树木遮蔽；见丁马，则明堂直走；若刑冲克害，则明堂反射也。

勾陈乘丑辰未戌，旺相带吉神，则明堂方整，四角光明，众水聚会。若带凶神，则磊落欹斜，彼高此下，又云方幅，东障西堆，或有土堆如圆峰，或有砂堆如龙窜，或岩石而巉巉，或古墓而垒垒，或凶砂，或恶石，或池塘，并沟涧崩塌，以神将点之。

勾陈乘巳午，旺相吉良，则明堂如砥，光明圆润。带火鬼常，有火烟神像。带破碎煞刑冲克害，又并生气喜会禄神，主有酒店。带空亡而作火鬼，主有窑灶也。

勾陈乘申酉，旺相喜吉，则明堂圆坦有情。金神上托，带道路神破碎煞，主有路冲破。带劫煞，主有恶石箭射。丁马奔走，天车回环。神愿月鬼，主有寺观庵堂，或碓磨，或近城郭。

已上俱论屋基外面之势。

论宅之吉凶

宅之吉凶，以支之乘神为主。如课吉、神良、将美在支上下，又旺相带禄有德作月将乘二马，并皇恩圣心天诏天印，得青龙主出文贵，得太常主出武贵，旺相为宰相将军一二三品之官。无月将，有禄无马，有马无禄，吉神不全，则出四五六七品之官。再有不全，死囚休气，亦出八九品并杂职之司，大小不同，总为贵宅。若支乘财神德

禄月将福德龙德贵合龙常吉课，成神天喜生气，则为富宅。得旺相气吉神全则大富，吉神不全乘休囚死气则小富。至于课不吉，神不良，将不美，而带成神生气吉煞，无刑冲克害者，则主衣食自有，财福不缺，居之安而已。是以支乘丁马会神成神财喜生气，致足乐也。而无吉课吉神吉将，则不可以大富论，主出为商贾，为艺术，为经纪开店之人。迨夫支乘空破，丁马游神戏神，则主出僧道梨园乞索之流。

支乘子，带病神病符作勾陈，则出驼背屈身矮人。带盗神二都天目元武，则出不正胡为贼盗脱骗。带谩语天空迷神，则出奸诈颠邪不守分人。带罗网生气渔煞，则出渔者。带刀砧白虎金神绳索二死，则出屠夫。得元首课并仪神太常天网墓神喜生丁马，则出染匠网巾匠网罟司。带闭口休囚邪神，则出柔佞。带白虎丁马劫煞禄神，主出人有配军者。

支乘丑，带岁月贵龙禄马德诏天印皇恩，旺相为当道之官。带太常劫煞为将军。带德合青龙值三阳三光课，为贵人贤孝。带天空，出矮子，为孤寡。作天空而闭口，则为秃头。空陷孤寡关神闭口，出和尚。

支乘寅，作朱雀，旺相出文章之秀才。若休囚死，出艺术之巧人。寅作元武加巳支，为炼丹道人。带空并雷法咒神月符，为缁衣黄冠。作贵带德禄二马书诏，为贵人。乘吏神入休囚为吏。带二医主为医人。

支乘卯，空加孤寡见机独足等数，出和尚。作朱雀谩语游神戏神，出术士。作朱旺相德喜，出秀才。作财神丁马乘生气会禄喜，为客旅。作六合带二死关神闭口，为棺椁匠。带丁马休囚道路游神，为脚夫。作元盗，为贼。作丁马玄神，为船艄子。

支乘辰，遇禄马丁神吏神直符为吏。入空亡值元首独足昴星等课，乘天空符咒月鬼，为僧为道。作白虎刀砧金神二死，为屠宰。作勾陈三六合会成神课交车，为牙为媒为保。作勾陈并关神索绳劫煞六害，为缉捕勾追。

支乘巳，作太阴并奸门咸池，为淫娼。作龙合为财神三六合成会神而休囚，则开铺店。

支乘午，作天后，当出成家聪明之妇。

支乘未，二医为医。带生喜成会为酒店。作空孤寡，出女巫僧道。

支乘申，并道路神，为走路替代。二医为医。天狗劫煞，为猎。德禄喜成，为传度师长。加丁神成神禄神劫煞二马，为军。休囚成合神，亦为医。

支乘酉，作太常并成神合神，主为绢缎店。并劫煞，为木匠。带咸池奸门而三合六合，主为娼家妓馆。

支乘戌，带天空孤寡符咒，为僧道。带天空，为奸诈恶人。带白虎天狗，为打猎人。吏关禄马，为公吏人。

支乘亥，作财神生气喜神，为贩畜人。作元武盗神，为贼为盗。

论天官加临支宅休咎

天乙临支发用，旺相与支干相生，出贵人；休囚，主宅有两姓同居。一曰旺相主富贵出文章之士，不必发用，亦有此休征。

贵加子，胎喜生气，主得贵子。加丑，愿神喜合，得贵人田土，亦主土地作祟。加寅，带喜合，得木植之类。加卯，门上神符能怯瘟灾。加辰，带忧神惑煞，主家长上人有怒。加巳，灶神主事赐福。加午，内有家长憎怒卑下，外有豪贵憎恶其家。加未，二死枯骨，主神祠古墓。加申，出秘法异人，得贵人眷顾，送赠财谷，亦主神佛旧愿动。加酉，带咒巫，主女子不和咒诅争詈。加戌，光怪，主恶神追罚。加亥，曰贵登天门，百凶退，万事安。

螣蛇临支发用，又丙丁日炎上课，带月厌月鬼天目光异，主宅出怪异，响动现形，人多不宁，梦寐颠倒。若乘龙[①]而加干，赘婿入。

蛇加子，有鼠怪。加丑，蛇入园。加寅，蛇上屋。加卯，主卯上响动，人昏乱灾疾，木生火，主风劳寒热，乘土神加卯酉亦然。加辰，主凶，又主邻不和，有冤仇。加巳，灶不安，慎火，有怪。加午，有怪。加未，井灶神不安。加申，生气，有蛇入碓磨。加酉，谩语隔角，主阴人嗔怒，妒忌生心。加戌，如辰占有邻仇。加亥，蛇入厕。

朱雀带火鬼光怪飞廉劫煞加课传者，每六十年一被火灾，或常发火，加太岁乘朱火煞入宅，主年内见火灾。

雀加子，带劫煞，主鼠咬人衣。加丑，财聚。加寅，家有五通神，又门户有庙，亦主信至。加卯，带火鬼，有火灾。如造房，雀加寅卯支，主跌蹼打破物，加寅稍轻。加辰，有吏神，主讼狱，克日主官事。加巳，带火鬼火灾，灶不安。加午，带火灾，下见水亦然。加未，财聚，如乘未加午支，主二姓兄弟归宗扰乱。加申，口舌，妄生是非。加酉，带谩语天机阴煞阳煞，主口舌妄生言语，又主无端孟浪之口。加申酉乘临卯，带金神劫煞，主有人伤手足，带天鸡诏敕，主官中文字更改。加戌，主讼狱。加亥，并死天鬼，主瘟死。

六合乘德合加支，带生气喜神，主生双子。

合加子，带喜生，家有孕。加丑，并二死，主墓不安。加寅，生旺喜神，宅有美梁柱。加卯，临辰，主兄弟因才生妒争斗。加辰，大小口舌是非。加巳，加午，主病亡。加未，二医，有医人。加申，失才，主男子不顺，人口多病。加酉，失才，阳不如意。加戌，姑姐口舌多。加亥，带生气，其家楼阁边有猪栏。

---

① 宜作蛇。

勾陈。如甲寅日卯作勾陈，或朱加寅支，主身及兄弟斗伤口嘴。乙酉日，勾寅加酉。甲辰日，勾卯加辰，主邻舍斗伤手指口舌。日鬼加宅侵人口，以修造时犯土鬼也。火鬼，有火灾。若勾陈带合，朱雀入传，带吏神讼神，主讼干众。乱首入课，勾陈羊刃带二死金神劫煞，宅有杀伤，不利长上。

勾加子，带病符二死，主子病。加丑，带劫煞关神二狱，主争田墓。加寅，狱有追呼。加卯，并元盗，勾捕人受盗贿。加辰，劫煞金神，主争斗。加巳，带咸池奸门，有人引妇淫奔。加午，带成合喜，主有文书之喜。加未，带喜戏二马，主酒食。加申，带金劫，主伤人。加酉，带刃劫，伤手足。加戌，带劫，从军徒也。加亥，并武盗，主党贼。

青龙乘申加丑支，申为传送，龙为物，物入宅也。更带病符二死加寅支，则申为车，寅为虎，占病多死。戊子日占，主有过房之子。若天乙发用逆行，主因财喜破。若乘空碎，主破财。夫龙加支，得旺相气，主富贵文章财货，元吉，娶三姓女，主迁官。

龙加子，屋有水死人，并家中有孕妇。加丑，屋近田园。加寅卯，拆神坛木作楹柱，宅不安。加辰，进财。加巳午加［乘］丑，富贵吉庆，亦主火灾产光。加未，进财。加申，田宅未遂，或新旧灶宅未安稳。加酉，同申。加戌，主三姓人居，若一姓损三人。加亥，同子。

天空临支，主宅荒废，人怀奸诈，亲属不和，阴人病痛，又出孤寡，语言不实，作事浮沉。

空加子，水道壅塞，墙壁垔填，门户不便。加丑，泥水聚。加寅，柱栋破损。加卯，门窗损坏。加辰，主梦寐不祥。加巳，主家有空灶，或破釜锅。加午，堂屋不整。加未，带光怪，井物为妖。加申，碓磨有损。加酉，同申。加戌，如辰有污堆。加亥，家神不安，真武不怿。

白虎临支盗支，主丧病耗，加支生支吉，乘戌犬怪伤人。

虎加子，小儿病。加丑，临二八门，老幼病。加寅，梁柱折。加卯，上丑未，家老幼有病，又主失才走婢。加辰，光怪，主怪；飞符劫煞羊刃，主斗伤杀死人；二死尤毒。加巳，灶破，小口灾。加午，加亥，作鬼，阴人不安。加未，加二八门，老幼病。加申酉，带破加干支，主孝服；乘丑未，老小病；乘日鬼，家有自躁自害，死鬼生灾。加戌，带二死，主自死；带二血，主奴婢灾；克日支，内人病；落空亡，主外孝。加亥，带女灾，主女人病。辛亥日，加隔角喜神，主妇人再嫁。

太常临支，旺相主爵禄，囚死刑害带破碎煞，主孝服。

常加子，带喜合，主酒食。加丑，并贵诏，迁官吉。加寅，吏神直符，主为吏。加卯，如甲申日卯上申，木绝于申，主父母灾；二血，见血光。加辰，带谩语劫煞，主争酒食。加巳午未，俱为酒肆。加申，带戏神，主出行。加酉，有酒食。加戌，带天狗，主犬咬人。加亥，宜求财。

元武临支，在二八，贼入门。在戌辰亥子，宅遭水浸。

武加子，主人口进退；带二耗盗神二都，主失脱；乘天马，主走失；若日辰上见德合，主妻灾；子加卯酉，主盗贼入门；子加午，主女灾。加丑，主人有忧患，常梦死人。加寅，失物。加卯，带盗神二耗，主失才；带咸池奸门，妇人有私通。加辰，加酉，对门必有神庙；盗神带丁，贼在眼前不识。加辰，主宅居近水；带破碎，主宅有水，人口退离，遗失难获。加巳，主厨房下有失而不知。加午，并马游戏，有走失，或有灾，吉则迁官。加午未，临卯酉，皇恩喜生禄马德成会局，主迁官吉。加申，有石磨。加酉，乘辰，对神庙居。加戌，有堕胎；带二血，有血光；并迷惑，主宅有不明之事。加亥，有盗贼。

太阴临支。

阴加子，阴私。加丑，坟不安。加寅，带吏狱，吏人作扰。加卯，带病符，有灾。加辰，在日辰，妇有外通，主口舌，亦主阴人管家，而子亦不利。加巳，主哭主灾。加午，妻乃淫娼。加未，坟墓不安。加申，并道路神，主女人出路。加酉，并咸奸，女人淫。加戌，在日辰，同辰。加亥，主奸淫。

天后临支发用。

后加子，临酉支，主婢子出人，壬癸日不实。加丑，并二血，有血崩气块。加寅，并喜生，得吏人意。加卯，并奸咸，主淫。加辰，妻有灾，阴人为主；六害病符，主家有两妇人宿疾。加巳，带病符，主灾。加午，淫娼。加未，血病血气。加申，并二血，主血块。加酉，婢妾为妻。加戌，病符六害，有宿疾两妇人。加亥，主下肠痢，女人不安；若合支冲干，主男子有灾。

论宅所加

支乘神生支，此宅气运复兴，加进屋宇，换旧添新。更见长生旺相之神，则绵绵发福，愈昌尔炽，见冠带亦吉，若见旺财，其宅主暴发而易退，记曰：一发如雷，一退如灰。

支上乘良神吉将，财发人兴，都主富贵。

支上见绝神，主家长死亡，或带疯疾颠蛊之症，财退畜散，久后必绝，传干中带吉神良将，则先必大富贵，而后退败绝。

支上覆墓，带丁马，主造后必拆。更值四废二死，若非毁坏，必主死人贮此房。若带病符，主人病，身有残疾。带迷闭，则前后有阻，宅昏暗，人不宁。

支上见二死，主损畜去财，逃亡人口，不然有带病人。

支上见破碎克支，主财畜耗散，人口不安，且必分居，否则拆毁。

支上见丁马，主宅不宁动摇。

支上见旺相刑，是元造不利；死气刑，是内有鬼祟。

支上神克支或用，或干上神克支，其宅必变卖拆毁。见光怪则出怪，而人移徙。

支上见空亡，主渐渐凋零，人财不旺，或宅不完备。

支上自脱泄，主财物虚耗，六畜伤损，田产典卖。

支上见旺相害，破财在先，损人在后；囚死之害，则损人而后破财。休气害，则出子孙懦弱，不能撑持门户。见天鬼刑害，主合门病。

伏殃乘逢白虎劫煞，有虎咬人。凶神乘月建作蛇，有蛇伤人。天狗乘凶神劫煞风煞，有风狗咬人。白虎乘丧吊，有外孝；有吊无丧，亦外孝；丧吊不全在干，或在三传者，皆外孝；在支者，家有孝。太常加丧门破碎煞，为有孝服。二网加丁，主孝。二网丧吊全，不问课传，皆家孝也。官符加二狱二网乘太岁，主有狱灾。白虎乘死气克日，或克宅，或虎元克日，俱主人死。螣蛇光怪，宅有怪；带病符官符，家长有非横之扰，小口灾。朱雀咒神，有咒诅；带天机，主口舌；带地火，防火灾；带官符，主文书或官灾。太阴闭口迷惑，主有暗昧。勾陈乘建，主多事牵连；带破碎，主事如麻；带天煞，主杀伤；带缠绕伏殃伏连，主争讼。元武破碎，日间[①]主失脱，事十无一成；夜[②]主失财。天空破碎，多事扰乱虚费，又被人欺。青龙乘破克支，主虚喜，公事不利。六合乘破克支，婚姻虚费，小口灾。太常二死，死人不脱；带破碎，因食善破。天后脱胎二死，堕胎；带病符，女子灾。

论宅内神

假如子为屋，则子上神为屋神，此其例也。

宅内神生支，传入生比，其房多深邃；传入鬼贼，其家有鬼物；月厌，有怪有伏尸；月将带死气，有孝；病符，主病；带羊刃，有杀伤；带二血，有血光；传入日财，主有福赖；传入日贵，家有贵子；传入克害，必破家。

屋神传入刑冲克破，则其房浅近隘小，余占同上。

第四课，支阴也。如作子孙爻而刑克宅者，则将来必有不肖子孙破家荡产。比为兄弟，财为妻妾，官鬼文书。效此。

① 旦将。

② 暮将。

论用传神

传用带破神破碎，主家产破伤。用将与支神生比，主动作更改之象也。支神刑克用神，主家不和。反吟，主产舍散荡。四绝三交九丑反吟岁月支破，主淫奔灾咎。上见天空空亡，主屋破漏。日鬼用，主病讼。日支破宅，人财破耗。日墓支墓用，主人宅死气，阴暗不明，或阴私牵连，及作事不振起改作。

用外合刑支，主女人忧；用内合冲干，则男子惧。

如庚辰日，辰为用，三传辰申子，是辰刑辰支也。为外合干刑支，则主女人与财不安而忧也。如庚午日，午为用，午合寅[①]，冲干庚，主男子异，外人灾。

庚辛日，巳午作勾，人灾。寅卯日，申酉作虎，宅灾。卯酉日，反吟，宅不安，门户动摇。癸卯日，反吟，干支俱伤，人宅皆灾。壬寅日，申加寅，得龙合，宅主怪兴。甲日反吟，凶，甲寅日更甚，常占主人离财散。

蛇虎乘土神加卯酉发用，主家宅不宁，人灾财散。蛇巳午作父母，火烛、光怪；乘兄弟，怪梦；乘财，多财；乘刃及木鬼，有吊死人作祟。

勾朱同传，主斗讼干众。

勾值乱首乘羊刃死气，有杀伤，不利长上。如申日，卯加申，主斗伤。

勾乘罡加支逢死气，屋住不得。勾神克日，官非公事牵连。勾神克日支作用，主刑斗。日克勾神，主干事。

太常临支宅，旺相相生，主爵禄，君子迁官，小人婚喜；囚死刑害破碎，主孝服及财帛不安，货物有失。绝乘常，二亲灾及兵戈之难。带血忌，火怪。

甲申日，卯加申，木绝乘常也。甲戌日，巳加日，带三刑，主武官，或父母身。血忌，主犬怪咬人。他效此。

元武加日辰，德合乘午，主妻灾。

如壬申日武乘午临申，退阴人口。丙子日[②]，午加酉乘武，主堕胎。

太阴临支，宅近寺观。囚死刑克，主产难，小口患病，亦主口舌。

朱雀乘二火入冬，冬主天火焚宅。

天目临支作用，主宅内有鬼神、伏尸，加干最凶。丧魄加干，有飞祸。

飞魂加支，主宅大小乱梦不祥。若乘蛇，主怪异。火鬼临支作用，又天上火星加巳午鬼上，主火烛。天火月厌光怪逢蛇，主怪异。丧吊罗网全在传，主人死孝服。

已上俱论宅之吉凶。

---

① 点校者按：反常课，末传之寅。

② 一作丙日。

论宅之福荫

宅所以安居人者也，干为人，如支生干，或支就干生干，或干上神自生干，及发用与末传生干，皆主宅大旺人，百子千丁，大利之基址也。

宅中人口衰旺，当分其类，逐一推详。干为男子，为家长，为父。若乘吉神良将旺相得时如前者，定其人品富贵，否则断其贫贱。

大体既好，又必看其家长眼下时事，则以干传入在何位上。

本时旺相之神作病符，临于干支之上下者，主家长有病。讼神主有讼事。丧吊两见在传课中，主有死人。太常乘二死，亦主有死丧。武盗，主失财有盗。贵诏禄马等吉，主迁官。丁马游戏，主远行。胎生德喜，主添人口也。

更须详看其三传，有何神来克干刑干冲干害干，则以本位定其人与事，且以其阴位定后来之成败。

例如甲干，传内见申，则克甲刑甲破甲，内有三事。上乘朱雀，主争讼。效推。又申为军为吏为医为匠。

再将神将点看，以定时下事。

如上甲干例。若吏神狱神直符在申本位，是吏；丁马劫煞在申，是军；二医生气，是医。来与我争官司也。申阴丑作白虎，丑为吴为田，则是姓吴姓田者，为我对也。如课传年命上有制申者，我当胜彼；若无制，则我负。此家长时下事也。效推。

若支克干，支就干克干，或干上神自克干，或用上神克干，此宅基要伤人口，退财物，丧家长，出孤寡。看何者所克为重，传中与何者相克定之。

例如甲干受克，带元盗，是家长被贼害也。甲生午为子，看传中若有亥子克害刑冲带白虎病神克午，是子息有灾也。其课主家长被贼，子孙有灾，其休咎，则用阴神定之。如上法效推可也。

凡占宅，干为家长，支为妻，干所生者为子，子所生者为孙，干所克者为妻妾，子所克者为媳，干所比者为兄弟，子所比者为子之兄弟，谓我之侄也，以断其事，效推。

已上取生克二字，为吉凶之断例。

论生克

干上神生干，支本位生干，皆主百事吉。干就支上生，虽失体却得宅，福气大耗，辛苦中有利，亦可就宅作经营。三传生干百事成，人情顺。本季与前季生，应在将来眼下又旺人。

干生支，为儿孙婚喜破财，揭债以供衣食，谋为乖睽，欠少人债，倚富干谒过活。干上神生支，屋美而人灾。支上神生支，屋宅新润。三传生支，屋宅广阔。支就干受干生，婚姻建造，揭债而穷。日生传，破才破耗，事劳无成，或因婚姻多债，贫苦者难度日，富贵者亦多耗。

干上神克干，人带残疾，作事有阻。支上神克干上神，人灾，刑主有忧，害则有病。支克干，人口不旺。支加干克干，宅不旺人。三传克干，以下犯上，奴婢不忠，无头官事相扰，君子居官有恶吏坏事，常人防子侄欺凌，长上有灾。日克三传，才多化鬼，助起官星，求名为急，劫伤父母，而尊长不安。

干克支，要卖离其居。支上神克支，其宅不完。三传克支，主不久而改动。刑冲不和，多招外姓同居，主卑幼下人灾。

干支俱被上神克，或互被上克，上人多灾病，受人欺凌，宅多毁坏，不贮财物。传有救神能制鬼，方免受凶到底。若救神入空受克，则不能救，反被误事，不可倚也。

阳神不备，主男子有伤，骨肉冷淡。父占子，则子不足；子占父，则父不足。一心两意，身有暗疾，在外出入，求望公事皆不成，有凝滞之象。

阴神不备，主屋宅狭隘，或有损漏，阴人小口奴婢多啾唧之灾。

墓神盖支，宅运阻滞。若休囚，家室昏暗；带鬼煞，主宅前后茔墓作祟。

墓神覆日，主出人昏晦，事多懵懂。生旺来墓，主时运星辰不济，宜保禳以解之。死囚带墓煞，主坟墓生灾，宜改坟。

论宅左右邻舍前后对门坐向并本宅近所

支前一位为左邻，后一位为右邻，对冲为对门，各以位上神将定吉凶。位上乘辰戌二神，极凶，其恶不可当。旺相其人富而豪暴，休囚其人贫而刁险，不落空亡，乃恶邻也。

以其位上神之地，点景之妙，乃古人《金英玉藻》之妙论。

如贵人乘甲乙，带生气，则有树木，不临空绝，以木断之。如上下木神多，则有茂林，不尔，但言有树。甲木条直，乙细曲，带凶劫，则为荆棘也。贵甲乙临子亥，下水上贵，夏占荷花，余占松柏，水为清寒，贵物象君子，松柏后凋也。贵甲乙下土，为桑柘；下木，为槐柳；下火，为榴葵牡丹；下金，为梅桂。螣蛇乘甲乙，花木之贱者，为藤刺荔。龙合乘甲乙，为榧核桃银杏芙蓉花。朱雀青龙乘甲乙，花之贵行，为带花之木，为石榴柞楢。勾空乘甲乙，为芭蕉漆树杜鹃花。白虎乘甲乙，为椒樟梅花。太常乘甲乙，为荔枝枣萱花。元武乘甲乙，为枇杷林檎海棠花。太阴乘甲乙，为楸橘柚梨李葡萄桃花。天后乘甲乙，主其家位有桑柘有麻。

丙丁，为燄火并花。若值闭口，则为窑灶；带道路，则有岗岭小路。

戊己，带墓煞二死，则为坟墓，并破碎金神，为土堆，为墙垣。

庚辛，为道路，为碓磨。庚为大路，辛为小路。带道路，则为路也。乘武虎朱雀，则为兽头。带愿神而作天空贵常，则为寺观神庙。武为真武庙。带丁马天车石煞，作白虎太阴，则为碓磨，为花山菖蒲奇山石。

壬癸，为水。壬水大，癸水小。并井煞，有井。带丁马，长流水也。带闭口，则为湖池水。带六辛盗神二都，则为暗沟，并冲射之水也。

贵人，旺相，为贵人之家；休囚，带咒巫，为僧道神佛看经好善人家。

螣蛇，旺相，为轻薄狂妄横行之辈，及不安分小人，女子淫奔；休囚，为艺术匠作之家。

朱雀，旺相，为文章口舌，讲读之人，教唆之流；休囚，乃巧艺画工描写书算递报文书之人家。

六合，旺相[①]**。**

勾陈，旺相，为富农田夫土工；休囚，为公门差捕，并勾引媒保首领。

青龙，旺相，为仁富君子；休囚，为看经买卖作善事人家。

天空，旺相，为文书；休囚，为出家僧尼，孤寡走报奴婢。

白虎，旺相，为军伍；休囚，为僧子凶徒，渔人屠猎卒伍，为丧亡。

太常，旺相，为武贵，为富商；休囚，为经纪开店。

元武，旺相，奸诈不正，阴谋掇弄之人；休囚，为贼。

太阴，旺相，为富女并阴谋；休囚，为淫妇之家。

天后，旺相[②]**。**

太常又为酒店。太常月将，为米店盐店。太常丁马，为染铺。二医，为医家药肆。

子为房，丑为庙，寅为廊，卯为门，辰为坟，巳为窑为灶，午为有店书院，未为店井，申为路，酉为婢房，戌为仆舍，亥为楼台，有猪栏。

欲知本居近何所，同邻神论。欲知邻家时事，如本居占，决以神将。

若所乘神生干并干上神，则邻家与我和顺，凡事扶持有益于我。

若日干上神及日干生邻神及上神，是我去提携他，有恩泽及之。

若所乘神克日与日上，彼必肆为欺凌，有害于我，以神将决其事状，雀谩为辱骂口舌是非之例，类推。

若日辰上神克他，是我欺他，余皆同日被刑害，有害我意。课传年命上有克制他神，并邻家自乘空，则有心而无事也。如害我是雀，则主讼，并有挑唆暗算，以类效

---

① 点校者按：下无文。

② 点校者按：下无文。

推。**如我克害他，是我算较彼也。**

左右对冲，若见空亡，则无邻舍，俱以空缺论。休囚死绝四废，以无人论。

论宅休咎在何所亦责神将

子为房。元武盗神劫煞加鬼，有贼入房偷物伤人。六合咸奸，房中妻女有外通。雀鬼天目光怪，房中响动无常。勾陈劫煞飞廉二死，房有吊死人。太阴天后带忧哭，主妇心下日夕不足。朱雀带飞廉劫凶，主飞鸟作怪。勾蛇带凶神，主蛇入房生祸。子胎二死与支干刑害，主儿不长成病。天鬼伏殃，主有时气瘟疫。光怪天火，有火灾，火光见于房中。飞魂丧魄天目蛇虎病符，房中有鬼神作怪。二血二死胎神，房中有产厄，并主血崩。天目光怪天鼠，房有鼠怪，加太常，咬衣；加天鸡，作鸡鸭叫；加忧哭神，作悲泣声。器煞加光怪凶神，主器皿作怪。哭神克日干并孤寡煞，主妇人难招夫子。天寡又加凶神哭神，死子悲泣。迷惑加天猴寅狐，必有兽怪迷惑其妇。咸奸丁马，淫奔象。风煞加月鬼，房中有中风而死者。加关神，谋事不遂，中心萦闷。

丑为厨院落偏厅堂。螣蛇加逢丁马光怪，有蛇入厅院，或厨堂。元武盗神，有贼。天空空亡加孤寡，有看经念佛离俗人。二死光怪枯骨，其下有伏尸生祸。月厌咒愿，有咒死鬼。带刑害，有冤家作仇暗算。二死劫煞武盗，有人盗牛，不然者牛死也。

寅申为道为路，为书房，为过路。白虎破碎，屋柱俱坏，或白蚁蛀蚀。勾陈吏曹符谩天机劫煞，其家争斗相侵。德禄马会戏神，贵客入室。寅下有水，丁马会神，为有桥对房柱。寅加破碎，将乘武后，主柱边漏水。寅加吏神直符，有吏追唤，或公私里役钱粮。寅带皇书天诏丁马吏神直符月符，有恩赠诏诰到家。寅带迷惑煞并劫煞天鸡，有狐狸入庙道食鸡，猫食小鸡作怪。

申见天驿马丁神，有大路主吉。申带飞魂丧魄道路二死，必有人死于宅旁路上，并野鬼野兽入家。天火光怪，怪现火光。申见丁亡，有人远去。金劫羊刃丁马加申，主出军徒绝狠之人，又有斩手足破头面之人。

卯酉为门户。劫煞飞廉元武盗神加之，主有贼劫财杀人。卯酉乘水青龙，主门开得好发才。乘火鬼二死，主开门不好，出人火死。乘蛇作生气，有蛇上门窗。乘贵生干支，带月将皇书，门户出贵。乘井煞二死，此门开得不美，出人溺死。乘天鬼病符，此门招疾。乘绳索死气魄化，此门招吊死。乘亡神游子丁马，主离乡过继。乘病符关锁，主出残疾。作直符吏神二狱，主常有官讼。作关隔退神，主伤六畜退才。

卯上朱雀光怪，有飞鸟集门作怪。碎劫飞武，主门窗破损。恩诏禄马与干支相合，主有封赠，或贵人车马临门。死煞枯骨加二血，主其常倚死人。

酉带隔角忧神并刑冲，主夫妇生离死别。

再点门户上景。例如乙丑日，初传武卯，其门是油漆，玄是漆也。中传朱戌，门上必有符篆，朱为文书也。末传白巳，主边镶有铁钉兽篆[①]。其家一招口舌，而朱为教唆人；二有恶犬，戌也；三有小口之灾也。又如乙丑日，巳丑酉三传，初青巳，则是雕青采画门。中传螣丑，有路中蛇入田园过路。末传武酉，酉为石，武为动，必有动石[②]。其宅一主添小口；二主得田园，又破耗；三主招贼与骗赚财物。

辰为廊厩墙垣，戌为仆舍墙垣。带破碎，主墙垣坍损。带空亡，主无廊厩，墙垣颓圮。带刑冲，主墙垣不正，头冲射过屋。带墓二死枯骨，主墙下有古墓。带光怪二死，主垣有怪。

再点墙垣景。例如壬申日，戌酉申，初虎戌，白为石为兽，此墙是石筑者，又有石物。中常酉，为白石。末武申，为沟[③]。此墙元是石砌好，今有漏水沟[④]。一主奴仆不得力，或逃或恶；二主墙边有酒店，不然有妇屋；三主有贼来盗，反益其家也。又如壬申日，子寅辰，初子乘虎，廊厢边有石砌水沟。中寅乘武，屋柱不坏，亦漏水。末辰乘后，辰为秽为粪土，不停粪则堆恶土也[⑤]。一主小口灾[⑥]；二主出吏与奸诈人[⑦]；三主妇人有堕胎之厄[⑧]。

巳主锅铫厨灶。巳作蛇，主有蛇蟠灶。作朱带火鬼，常有火发之惊。带空亡破碎，主灶破。

再点灶景象。例如癸酉日，巳丑酉，初传乘天乙，灶上有贵人所用之物，巳为灯台，必雕画贵象在上也[⑨]。中传乘勾陈，丑为泥，灶边必有泥一堆[⑩]。末传乘太常，酉为酒，灶边又有一酒坛，是酒店中来者[⑪]。一主灶神得力，益人才[⑫]；二主旺进田土[⑬]；三主荫出开酒店发才者[⑭]。又如癸酉日，卯戌巳，初雀乘卯，厨房边有树，树上有鸟巢[⑮]。中戌乘虎，有空缺窟一个[⑯]。末巳作贵人，厨边有牡丹一本[⑰]。一主兄弟口舌[⑱]；

---

① 武漆、雀文、虎兽篆。

② 龙青采、螣路、武动石。

③ 虎石兽、常白石、武沟。

④ 石墙漏水，壬水长生，贼来反益。

⑤ 虎石沟、武柱漏水、后秽堆。

⑥ 小口灾。

⑦ 出奸吏。

⑧ 主堕胎。

⑨ 贵灶灯有画。

⑩ 勾灶边堆土。

⑪ 常酒肆。

⑫ 才灶神益才。

⑬ 鬼进田土。

⑭ 父因肆发才。

⑮ 雀灶房边有鸟巢。

⑯ 虎灶边有空缺。

⑰ 贵庭有牡丹花。

⑱ 子兄弟口舌。

二主奴仆骗诈[①]；三主得贵人提携[②]。

午为厅堂书画酒店。带空陷休囚，无厅堂；旺相者，有厅堂。若旺相而带破碎，为破塌。作闭口，堂虽有而常关。午作雀作阴临酉，主因设宴坐是非。朱雀金神破碎，主兄弟不和。光怪枯骨，主其下有枯骨伏尸。占在何所，以地下午数至天上午，得一位，即一步内；得二位，则于二步内，挖之则见。其分左右上下之法：贵顺在左，逆行在右，上克下在下，下贼上在上。

再点厅堂景。例如丁丑日，初子作蛇，堂边有细沟[③]。贵亥中传，沟内养金鱼四个[④]。末戌乘后，此鱼乃小女子所爱[⑤]，使仆将来畜此沟中，亦主堂屋有漏水也。一主子息多脚疾，不能行之象[⑥]；二主人多有下血病[⑦]；三主仆淫主母[⑧]。又如辛巳日，初六合在卯，堂屋上有窗六扇[⑨]。中勾陈加寅，主柱上有勾曲横连砖墙[⑩]。末青龙乘丑，丑为浮梁，加龙桥象自高浮，又浮板为桥也[⑪]。一主得舟舡江河之才[⑫]；二主作吏，得公门之才[⑬]；三主进田土才[⑭]。已上单占各类，故合以三传占之，是一法也，俱以吉凶神煞点之。

未为井院。带三六合会神，此井与人相合。带空破，此井井栏并石砌崩塌。带二死井煞，有小儿投溺死者。带枯骨火鬼，有鬼怪现。带枯骨而空亡，是眢井无水，或无井也。

再点井景。例如辛未日，伏吟，未上有未，是两井也。乘天后，一清一浊。盖一后不能湿两井也。其井前有申，乘太阴，申为石，阴为妇人，带丁马，必有碓臼，乃妇人所用也。其井后有午，作贵人，午为马，带二马生气，此必有二马，贵人所用也。井边必有马槽，或槐柳树，马常系之也。此点伏吟之象，不主祸福[⑮]。又丁卯或丁亥日，三传未卯亥，亥为猪，乘朱能咬人，带劫，猪在井边咬人衣服，或咬鼠雀也[⑯]。亥

---

① 官仆诈。
② 才主贵人提携。
③ 蛇为细沟。
④ 贵为金鱼。
⑤ 后为小女。
⑥ 堂有漏水幼脚疾难行。
⑦ 人主下血。
⑧ 仆淫主母。
⑨ 合六窗。
⑩ 勾柱曲连墙。
⑪ 龙浮桥。
⑫ 才得水利。
⑬ 才公门才。
⑭ 父进田土才。
⑮ 伏吟不主祸福。
⑯ 未井边猪咬人咬衣服鼠雀。

卯乘阴，亥居北方，卯为布车，阴为老妇，常有老妇在井边纺车[①]。卯未空，卯为东，未为死气枯骨，有空墓，带咸奸劫煞，有空穴也[②]。此为三合井景，亦不干休咎[③]。

亥为园楼，为后阁，为厕，为猪圈。亥带生气，为猪栏。上下乘克，带天鬼，必瘟死。带刑冲破害二死，为死。不旺，带丁马亡神，为逃走。带武，贼偷。宜移置生旺之处。

再以方位占猪圈吉凶景象。例如癸亥日，亥上丑乘常，是上克下，丑为牛，常为亲眷之牛，其阑曾寄亲眷之牛，故捐也。又丑上见卯乘阴，卯为树，阴为果，带桃花煞，是桃柳影倒覆阑门。卯上巳，作天乙，卯为树，见巳为花，贵为桂槐，阑边有桂槐花树，从而推之。巳上未作雀，未为园，雀为射角，近南有园牚射阑，如朱雀之势。未上酉作勾，未为井，井边酉带天鸡，有足疾之鸡也。酉上亥乘空，亥为水沟，乘空则常停恶水，其阑宜移在南方，免损其猪，此方位占也。

亥带死气休囚，为厕。带病煞风煞，主人犯搅厕煞而死。带狱煞九丑，则臭不可当。带咸池，必有人于此行淫。带元索长绳，必有人缢死。

再点厕景。例如甲日得申亥寅，寅加亥乘天后，寅亥相合，带咸奸，后为小女，寅为吏，主少女与壮年吏于此通私。寅上巳乘常，常为酒店，主东南有一酒店。巳上申作龙，厕边有古木，今砍去了。推申上朱亥，是猪阑边立厕，朱为花，带桃花煞，为桃花入厕，主人生是非，并家下灾败，急宜砍去桃花免惹祸耳。已上数神，得生比吉，从吉论，且做得奇美完全；若相克刑破将凶，则不美，做得败坏不完，不宁也。

论各人房内之事

以房本方位所见神上传出，为房上边事。其下传入，为房下面器物事也。凡乘贵人青龙太常六合太阴天后，则其物奇而不破，发福旺人；乘螣蛇白虎天空元武勾陈朱雀，则其器破而不完，旧而不美，生灾作祟。详各神煞以类推之，吉凶昭昭也，以贵人为例效推如左。

贵子，上面镜有衣，与灯台，下面空，有破水器，吉神为酒坛酒罍。

丑，上为冠中，下为升斗，并土器。

寅，上面帐挂文书，下面倚屏花烛扇。

卯，上面纺车、门房，下面小儿戏具、床凳。

辰，上面有笼缸，下面有罩网瓦器屈物。

---

① 阴有北方老妇在此纺。

② 空东有空穴。

③ 三合亦不干休咎。

巳，上有弩乐器歌曲花卉，下面有笼筐香炉磁器。

午，上面有文书纸旗衣画，下面有笼床盒碗汤瓶。

未，上面有布缎升斗草器，下面有酒器磁盏。

申，上面有丝文皮毛绵絮首饰，下面有骨剑铁石皮鞋。

酉，上面有镜皮物冠帽窗，下有尖曲器皿磁铁药具。

戌，上有印枪鞋履朝服灯台，下面有磁瓦铁锁及兵器。

亥，上面文章园屋，下面有水木伞笠篦器具。

细论眼前时事

凡宅基见丁马，则主动摇。丁马临火类，并火煞，主宅经火焚造作，地势宽平，平阳高燥。丁马带水，屋中有水湿而带泥，润而不燥。丁马带土金，是开挖出来，或填高塞低，或移高就下。丁马带木，地基屈曲高低，或直长，时常修改。丁马临水而空，有空窟，或挖破不平。

一论井。课中有水神，有神后青龙加辰巳，带吉神，则有井，井水好，以吉断之。若与日辰生比合，则主两家有合井，若空亡，又不见水神，乃无井也。旺相水多，休囚水少，其凶其吉，以前章所云井神决之。若带旺相井煞死煞杀人，小儿煞，则主小儿堕井之厄，宜修改为美。

二论灶。课中有火，又带烟火二火，其灶必有火灾也。旺相为新灶，修理之灶，休囚为旧灶，空亡有空破，其休咎，亦具前巳灶下。

三论床箦。以本位定之，或以卯定之。本位上自相生比，则利人。旺相为新床，休囚为旧床，空亡为无床，或有床而空破也。自带刑伤克害二死，则此床主不利，常有死丧，出孤寡，夫妻离，小口损也。带二耗，损六畜，退田才。带空亡旺相乘太常，则主破衾，床席破坏损败。带血光，主出怪异。带绳索，主此床曾有吊死人。

再看床之形状。上生下，下生上，招好子。上克下，是床脚床庁破损。下克上，是顶盖上极破损。

再推床上何物。乘子作常，床上安果子瓶；休囚为盛水之器。乘丑作贵旺相，有贵人冠服；休囚为神物，为死人物。乘寅旺相为文书，休囚为木器。各以类神效推。

四论门户。以本位定，或以卯酉论。旺相为新，空破则破碎。上克下折坏，下克上上必碎。带木丁马，门前有树木花竹。火有采画，水为油漆，金为白屋粉墙[①]，土为石灰土墙，休囚旧漏。

五论栋宇。旺相为装饰新屋，休囚必破损旧屋。乘木神，上有柳板，下有花木。

---

① 一作采墙。

土石灰土墙壁。金则粉饰白屋。水则油漆房屋。火则画梁斗拱，采饰者也。以类神推之。

六论墙壁。旺相为美而固，休囚则故而颓，空亡无墙。

一宅长。以干定之。其上神定其形状人品。人品如前论，不复赘，只论形状。子面紫，黑青装饰。丑方幅，旺相丰满，休囚清瘦。寅面条长而青，眉目秀采。卯面紫青而屈曲不正。辰丑厚唇。巳紫红面凹。午红紫而麻。未黄红方厚。申白圆硬。酉白麻斑点，员削下尖。戌丑恶怒容。亥色不正。

二宅母。以支定之。其上神定其形状人品。其形如上论，不赘，只论人品。带丁马蛇雀，行步蛇窜，性不端严。带谩语符咒，常骂人，终日闹吵。乘天乙，出自大家，身容端整。乘龙合富而有福，清秀仪容。带长生，善书能算。乘勾陈，心生凶狠，好勾引人，中多争妒。乘太常，大有才福，慈祥好善。乘元武，爱盗好淫，走东游西，不惜行止。乘太阴，口虽不言，心怀暗阴毒，旺相行正，休囚阴谋。乘天后，主心性柔慢，慈善温良。

三兄弟。以干比位定之。

四子孙。以子孙位定之。

五奴仆。以酉戌天空定之。已上三者，其形状心术，俱同上二条论。

论买宅舍

买宅而欲知其美恶，则视四课。见青龙与家长本命相生者吉，其宅可居，相克则凶，其宅不利。又人克宅者吉，宅克人者凶。人宅皆有气者吉，皆无气者凶。家长命前[①]五辰为宅，见天乙龙合者吉，余将凶。

论居宅吉凶

以月将加宅长行年，视宅神上，见寅申可住十年，见子午可住十二年，见卯酉忧害宅母宅长，辰戌殺家长，巳亥伤六畜，二吉损牛马，必有官事起。

黄帝占曰：正日时，视日辰上神、神阴，得旺相气休气，上下相生，可居；反此，不可居。其尤者，虎丧，空耗，雀舌，勾讼，蛇灾，武盗也。

论家长以上坐位

以大吉加巳，太冲下为父位，从魁下为母位，天罡下为家妇位，天魁下为长子位，

① 元作合前。

登明下为中子位，六合[1]下为中妇位，神后下为少子位，胜光下为少妇位。诸位犯宅上神克者不吉，坐触犯宅神者凶。

论分宅

上克下，利他人；下克上，利自己。上下相生无可否，主和合。或曰：此言人来与我共居也。例如子加丑，不可容人住；丑加子，可容人住。效推。

论新旧宅吉凶

日上神为旧宅，辰上神为新宅。日上神将旺相，旧宅美；辰上神将旺相，新宅好。日上神克干，宜改向址作吉方可居也。日克日上神，自家不欲住旧宅。支上神克干，新宅害人，不可居也，不如仍旧。日干克支及支上神，虽欲移新居不可久住。欲识宅之生咎，以天将言之。见武因盗贼，逢蛇因虚惊，朱勾由争讼，白虎由死伤。

论宅内鬼祟有无

以家长行年加神后，视太岁日辰行年上，见魁罡并小吉胜光蛇虎，宅有鬼；见天目与螣蛇并加宅本命上者，宅有鬼；逢正时与白虎鬼星小吉魁罡并，为三鬼，不与小吉并，为一鬼；又白虎与日辰并，为两鬼；与月朔并，为三鬼；与岁神并，为四鬼；不与并，为一鬼。虎在阳，为男鬼；在阴，为女鬼。虎旺相，为少壮鬼；休囚，为老稚鬼。不逢此者，无鬼。

论入宅后否臧

以月将加正时，视辰上神决之。惟辰上神生日，及生家长行年本命者，为和益。如年命并日神生辰，虽无咎，亦无益。日克辰上神，辰上神克日者，不利。年命见刑冲破害鬼墓空亡者，不利。如有救者，无咎。辰上见贵生宅，得贵客光顾。如太岁作贵并吉良神将临宅，必来天子之宠命。如月建日时作贵加宅，必有贵人枉驾光顾。

天乙乘神与上下相生比合，此宅必出科第功名，旺相显宦，休囚微职。贵克支，此宅常有官司连累，口舌是非，为贵强豪之家人所侵害。

螣蛇生支，其宅必有内外人牵连，多事如麻，不问大小人户，并大小事来干犯。螣蛇神受支生，此宅常出人好事，并干谒希求，大小事务常有营运。螣蛇神比支，宅必有怪异惊恐不安事。螣蛇神克支宅，其宅必有怪异害人，人口不利，或有天灾之惊

---

[1] 一作太乙。

恐，或有冤仇构结之惊恐，或有水火伤身之惊恐，或有蛇虎之惊恐，或有残疾之惊恐，或有无子之惊恐，事多如麻，殆无宁晷。其惊恐之来也，各以神煞分类决之。

朱雀生支宅，旺相带吉神，其宅有科第文章之人；休囚，有艺术设教之人，或做词状之人。朱雀神克支宅，主家多是非官司争讼，上下不和，日夜咒骂，出人不务生理，专狂为无中生有，漂泊不定，有火焚凶灾。

六合神生支宅，主内外和协扶持，进人口，旺田财，买卖利，益子孙，婚姻喜美，凡事皆来生我吉宅也。六合神克支宅，主内有兄弟乖争，子孙不肖，夫妻不睦，财物退败，外有朋友欺凌，豪暴赚害，才畜消耗，或买卖求才中起祸，或婚姻和合上兴戎，或胎子生灾，或亲交召患。

勾陈神生支宅，得外人引进，得田产屋坟，山林屠沽之才，及公门谋干。勾神克支宅，主勾引人来生事，或公门，或屠沽，或缉捕，或出外盘诘，退田财坟宅。

青龙乘神生支宅，主有文官，或亲姻朋友文人相携，得赐授之才物，进口添丁，家出善人，才谷大遂。龙神克支宅，外因喜事买卖中生机，赚脱己财，内因子息求名利，与捐债虚费，以致人口退损，财产败亡。

天空神生支宅，主欺骗诈谋，得田地财宝，尊长美庆，又有出家好善之人，或得僧道田土之才。空神克支宅，主内外有欺诈之事，或尊长骗害，或僧道抄化害骗，或田坟争讼，奴婢逃走，或离乡出外，或男孤女寡。

白虎乘神生支宅，主军伍，得军人凶恶，或丧家之才，有豪强害众之人，出外，并卖猎犬。虎神克支宅，主有人死于道路，并家常伤人口，又有杀死人命，出军徒绞斩血光兵革产死，主出人不法，取人怨悔，料理无能，不知世事，不思治生，以致贫苦，且生八难，一生瘫疾，二生水灾，三生蛇虎，四生跌蹼，五生横祸，六有鬼侵，七生疾疫，八主无子诸难。

太常神生支宅，出武贵，或买卖酒坊起家，或得祖上遗荫，或因亲眷相扶。常神克支宅，主外因亲眷破才，或有药毒死者相害，出浮肿脾腹病人，内有家长不公正骗害，又因有酒筵中生祸，又为求名中生祸。

元武神生支宅，主得横财，或得妇人，或阴谋田产，或得盗贼江河才利。武神克支宅，宅常损才损畜，退钱粮，恒招盗，并被人阴谋暗害。

太阴神生支宅，主阴人掌家以致富足，或得阴人之财，阴谋成事。阴神克支宅，主内外阴谋相害，或因奸私破家，或有阴人杀伤男子之事。

天后乘神生支宅，主得妇人内助成家，或被恩泽，或因妇人致贵。若后乘神克支宅，主得妇人破家，或因妇人花酒败产，或妇人杀害男子，或妇人随人走，或妇人是非不和。十二神皆决吉凶于官煞。

论修造宅产

凡修造迁移宅居者，以家长行年加太岁，视本命上见魁罡蛇虎，不可修造，余神将不忌。欲造宅舍门户，若行年及太岁上神克今日日辰者，吉。又以家长行年加太岁支，视姓墓上见三煞入来，不可修造。

姓墓［宫羽辰商丑角未徵戌］岁煞［孟酉仲巳季］月煞［正月丑逆四季］劫煞

黄帝占架产举百事：正日时，无令今年太岁阳神，临今日日辰，及所欲治地，即十二岁灭门。又无令魁罡蛇虎临今日日辰，大恶大凶。惟欲大吉胜光功曹在日辰阴阳中，与日辰相合为元吉，非此者皆凶。欲入庐舍者效上，以日辰上神将言其吉凶。虎多死丧，武多亡遗，勾多斗讼，雀多口舌县官，蛇多怪异，天空衰耗，治生不成，畜不蕃息。朱雀与登明天乙并，合宅见诛，直用神传中有救，为后起者当避之。

假令今年太岁在卯，八月甲戌日日出时，天罡加卯，欲架屋及盖屋，太冲为太岁阳神，临甲，将得朱雀，戌为元武，临酉，日辰阴阳中无大吉胜光功曹，又太岁下阳神临日，以举百事大凶。

如上日时欲治寅地为居，则在太岁阳神，大凶也。他效此。

凡阴阳二宅，皆以太岁加宅龙头神，视胜光神后所临以决之。阳宅以巳为龙头，亥为龙尾；阴宅以亥为龙头，巳为龙尾。

《灵辖经》以阳宅亥为头，巳为尾，占视神后所临；阴宅巳为头，亥为尾，占视胜光所临。

阳宅以太岁加巳，视胜光所临。

临未，居八年后，损小子；临午，主九年后，先失火，长子死，五月中死马；临丙，居七年，四月有火伤人口从东南来；临丁，居六年后，中子死，赤色蛇咬死女，五月中失位①；临辛，居七年，九月中子死，夫妇不和。

阴宅以太岁加亥，视神后所临。

临丁②，居六年，必死；临癸，居十五年，中子得上气病，兼与外鬼作祟；临子，居九年，长子有水厄，出行及盗贼；临卯，居六年，八月女死，十月中男自投井；临乙，居八年，女自从夫去，又主长子死丧之事③。

又以家长行年加太岁，视地年上。

见寅申，大利；见子午，中利；亥未，次利也④；卯酉不利；辰戌杀人，魁三年，

---

① 丁灵辖作子误。
② 灵辖作壬。
③ 必死一作母死。
④ 七十二占亥上有巳字。

罡六年见之。《七十二占》曰：丑死丧。

又以月将加正时，视所造之年上神生日，并家长行年。

本命为利年，加克害刑冲破者凶。若无此数者，及有救神者，无咎。月日时同此论。若欲知何事妨害，以所克害刑冲破位上神决之。日辰年上见空亡墓神，主人无长进，作事无成，虚空不决。凡三六合干合为吉，年月日时上神与长幼本命无克害刑破凶神为吉，见辰戌蛇虎为凶，有救无咎。

论修造吉凶

以黄道方主吉，黑道方主凶。阳年以大吉，阴年以小吉加岁支，视天盘上之甲庚下，为天道，吉；壬丙下为人道，次吉；乾巽下为兵道，丁癸下为鬼道，乙辛下为地道，坤艮下为死道，并凶。若修方向从天道，元吉；人道，亦吉。推黄黑诀如左。

正七以建加龙子，二八加寅三九辰。四十青龙临午位，五十一月建加申。六十二月戌上起，黄道诸凶尽隐形。又诀如左。

天罡黄道建青龙[①]，太乙明堂除可从[②]。胜光黑满天刑地[③]，小吉平为朱雀宫[④]。传送临之定金匮[⑤]，从魁天德执消凶[⑥]。上见天魁破白虎[⑦]，登明危下玉堂道[⑧]。神后临成天牢位[⑨]，大吉居收元武踪[⑩]。功曹司命能开吉[⑪]，勾陈闭在太冲中[⑫]。黄道主方向之吉庆，黑道主方犯之灾殃。二诀如左。

青龙寿命长[⑬]，明堂子孙良[⑭]。金匮财昌后[⑮]，天德合家康[⑯]。玉堂招仆畜[⑰]，司命人安昌[⑱]。黄道宜举事，向之降百祥。

---

① 建天罡青龙黄道。
② 除太乙明堂黄道。
③ 满胜光天刑黑道。
④ 平小吉朱雀黑道。
⑤ 定传送金匮黄道。
⑥ 执从魁天德黄道。
⑦ 破河魁白虎黑道。
⑧ 危登明玉堂黄道。
⑨ 成神后天牢黑道。
⑩ 收大吉元武黑道。
⑪ 开功曹司命黄道。
⑫ 闭太冲勾陈黑道。
⑬ 身其康强，子孙其逢吉。
⑭ 长子孙而贤淑富贵。
⑮ 得财生子。
⑯ 全家安享福禄。
⑰ 畜蕃息仆忠良。
⑱ 人之司命也主康宁。

天刑害家长，损畜疾颠狂[①]。朱雀斗刑伤，官灾口舌扬[②]。白虎凶祸妨，冲临牢狱丧[③]。天牢人口戕，贼害及才亡[④]。元武货物荒，损胎奴婢藏[⑤]。勾陈败田产，长妇斗刑当[⑥]。六神黑道位，向之降百殃。

人或误犯黑道凶方，家下不安，可用法禳修以消灾致福。其法如左。犯天刑，从天德方禳之。犯朱雀，从青龙方禳之。犯白虎，从明堂方禳之。犯天牢，从玉堂方禳之。犯元武，从司命方禳之。犯勾陈，从金匮方禳之。以上修禳之法，能令人消灾祸，增福寿。

凡人居住宅不安，多盗贼鬼雀之耗者，可于月厌方取泥泥壁，或泥灶，能弭耗。

凡人家退败，以月将加太乙，视天魁下为亭部煞，即于亭部煞方，取土泥泥灶，或涂壁，使登时可发财。

天魁，一作天罡。若涂月厌方上，盗贼绝无。

建　除　满　平　定　执　破　危　成　收　开　闭

青　明　刑　雀　金　德　白　玉　牢　武　司　陈

身命占

参天地，赞化育，此身也。有命焉，君子修之吉，小人悖之凶。天时人事，相为表里。精于壬学，修身立命，其犹乾龙乎？其犹乾龙乎？居观其象，动观其变，作身命占。次第四。

① 常损六畜人病颠狂。

② 斗讼是非。

③ 凶祸损家长兼牢狱事丧其家。

④ 贼害失才并伤人口。

⑤ 失才堕孕奴婢逃亡。

⑥ 退田宅损长妇斗刑伤残。

大要以占人生年月将加正时[①]，以占人生辰干支，定其四课，从克贼比涉之例，定其三传，乘以贵神，审其休咎。用初传为初限，中传为中限，末传为末限，而一生之枯菀明。每传上下相乘，得数而减半，复加地本数，而三限之岁年定[②]。其流年也，则以岁合加月将，而以太岁干支作四课三传[③]。其流月也，则以月合加月将，而以月建干支作四课三传[④]。若课传上下，彼此相生旺相，将吉神良，则为福；课传上下，彼此相克休囚，神凶将恶，则为祸。而其三限年月祸福之取应，则以神将类神之所符决焉，吉从吉占，凶从凶断[⑤]。所喜者，德禄贵合、长生生气与财官印绶、喜神奇仪、乙合龙常之类。所忌者，刑冲破害、病符死气及死绝胎墓、破败三煞、勾蛇虎武之俦[⑥]。触类引伸，以意消息，此固与视本命行年者互相发明也。若十二宫之说，则与五星相矛盾，而先贤遗验，亦不及此，可以不用，此其占法也。其详则见于年命章中。

一法：凡子午丑未寅申生人，以天魁加本命；卯酉辰戌巳亥生人，以天罡加本命，咸顺数，视生月上，见寅申子午丑未者，主富贵。

又法：以天罡加本命，视生月上，见亥为大贵，未为次贵，子午寅申亦贵，魁罡贫贱。此二者，亦可参订也。

起立命。男女皆以正月起子，逆数十二位至本人生月止，月上据本生时，复顺数至卯止，逢卯为立命。一命宫，二财帛，三兄弟，四田宅，五男女，六奴仆，七妻妾，八疾厄，九迁移，十官禄，十一福德，十二相貌。

起行年。自立命宫，逆行十二位，遇当年太岁止，即为行年，是谓小限[⑦]。术家以日干为主[⑧]。

起小运。男一岁起丙寅，顺行数至年庚止；女一岁起壬申，逆行数至年庚止[⑨]。

起大运。某日生人，数三日为一岁，男命阳年生，女命阴年生，皆为顺行运，以生日数至后［月］。节止[⑩]；男命阴年生，女命阳年生，皆为逆行运，从生日逆数至前

---

① 月将，生月太阳也。

② 例如未加申，申七未八，相乘七八五十六，减半作二十八数，仍以地盘申七加之，共得三十五年，为初限。三传皆然。

③ 如壬午年，午与未合，则用未加于月将之上，每传管四个月。

④ 如十二月建丑，丑与子合，则用子加于月将之上，一传管十日。

⑤ 例如天乙临课入传，则仕宦荣显，常人近贵。朱雀加日辰或临用传，则仕宦文书，常人口舌。驿马天马则仕宦迁转，常人远出。类推可也。

⑥ 三煞，岁煞月煞劫煞。

⑦ 例如己丑年，太岁在丑，亥生人立命在申，从申宫起亥逆数至午宫，得丑是也。

⑧ 例如甲乙遇戊己年，为才年；丙丁日生者，为伤官食神；戊己日生者，为比肩劫才；庚辛日生者，为正印枭神；壬癸日生者，遇戊己为正官偏官。

⑨ 例如五十九岁人，男行年在甲子，女行年在壬（当作甲）戌，是小运也。

⑩ 顺数凡三日为一岁。

节止[①]。

起大限。于百中经量天尺上，看所生之日，某星躔某宫几度即得。

五星五行。申巳二宫属水，辰酉二宫属金，卯戌二宫属火，寅亥二宫属木，子丑二宫属土，午宫太阳，未宫太阴。

占平生课命法起例。看生年太阳，以月将加时，用生日干支，起四课三传，大小运并依三命推之，十二宫悉依五星指南分之。以时加太阳，遇卯为命。一命二兄三妻妾，四子五财六田宅，七奴八疾九游行，十官禄兮十一德，十二便为父母乡，又名相貌从逆得，其天将从旦暮行，顺行逆为少异耳。然必以成书为准，十二宫各详其所乘神将吉凶以为占断，亦重天地盘与日干生克刑冲破害空耗有无论之。三传分三限，加数在内[②]，亦看行年小限与十二宫相加有无生克，以决一生之吉凶。

占年课[③]。

占月课。如已占四课，即就式盘勿动，但换逐月干支，用月合为将，取旦暮贵人天将传课，以定一月吉凶事理。三传分三旬，亦重命上神，类神从月起配命，分生克吉凶，庶人忌见官鬼，僧忌见月厌[④]，逐旬断祸福[⑤]。

占日课。以用神下辰为至日，看神将吉凶言其事[⑥]。又法：看月以三传定三旬，随日看日。又法：看本命上神吉凶日墓加日用道忌，何日吉凶，看日上。如青龙加胜光午，马有化龙之名，本命逢之，超凡入圣。

占神将加日所主事。日为我，贵生日，有人提携委托；克日，贵人嗔，人亏算。蛇生日，忧疑；克日，则人病火灾。雀生日，文书喜；克日，为是非；日克雀，反有文书财物之喜。合生日，和合婚孕；克日，则哭声生；日克合，进人口。勾生日，田土进益；克日，主官司；日克勾，主动土。龙生日，主喜财；克日，家堂不安；日克龙，亦有财喜。空生日，奴婢益家主；克日，主下人亏算虚惊；日克空，无事。虎生日，人精采；克日，孝服血光灾；日克虎，有财气。常生日，有人送财礼来；克日，主酒食过度，伤身失事；日克常，人请召。武生日，有小人财；克日，主失脱；日克武，反有喜。阴生日，主得阴人助财；克日，主失脱，因奴婢僧行亏算；日克阴，有财。后生日，婚孕喜；克日，妇人争吵；日克后，有吉事[⑦]。

占十二将身命吉凶。看天乙天喜加临命宫，甚吉。天驿二马入命，主迁官，承诏

① 如九日则三岁起运，十八日则六岁行运之类。

② 如甲己子午九之例。

③ 录占尾。

④ 一作月鬼。

⑤ 何月灾看月上。前失占年课在后。

⑥ 例如太乙作白虎为凶课，主巳日有死亡。吉课龙乘火神，巳午日为至期。

⑦ 此条见家宅占，稍异。

出行，皆有庆喜。歌曰：岁临本命事堪详，辰逢家宅[①]不安康。常人官府事乖张，君子天庭有吉祥。年命上逢传送临，传送临时灾病侵。更加凶将转昏沉，庚辛白虎位属金。贵人临命喜非常，有吉无凶百事昌。凶中尚也免灾殃，百事占来尤吉祥。螣蛇所主告君知，本命逢来大险疑。十分事干九分时，尚怀忧豫事迟迟。占人命上见朱禽，象主文书及信音。相生旺相作加临，合处须知事称心。白虎乘神克命宫，如未生人见太冲。更兼恶将又来用，须知目下病瘥钟。病符乘来岁后居，支上逢之宅不虞。蛇虎尤凶法不虚，若临年上咎难除。若值病符必见灾，灾病宁防哭泣来。又克日辰转凶乖，吉来旧岁事和谐[②]。丧门吊客两凶神，日辰年上用为迍。白虎并于死气发，岁内频频见哭声。丧吊初传白虎乡，辰日逢之骨肉伤。若在他传主外丧，复寻年命细推详。占人命上见魁罡，来情必欲往他方。天驿马临发用当，须知此去最为良。用乘命上见勾陈，百般留滞屈难伸。不然事有雨[③]头心，诸家秘法尽同云。来占既定见灾祥，却来命上见平章。命上见财财道昌，逢官官病见乖张。天狗逆行四季神，被刑带煞虎相侵。加人本命犬来惊，加宅左右对门寻。聚[④]殺临年大凶神，亥卯未传申生人。润下巳生从革寅，炎上亥中不妄陈。墓神忽来覆命年，病人缠体命难全。官方牢狱事迍邅，出行万里自回旋。小吉忽来加命宫，太常一处贵人同。婚姻有象酒食逢，必定谋成喜气浓。天马加临本命宫，驿马须知事亦同。迁官承诏喜重重，出行远动自西东。天喜加临本命来，忧疑须见不成灾。君子迁官百事谐，小人财利称心怀。孤鸿叫月意何如，干落空亡万事殊。仔细向君言不尽，失却印绶及文书。

日干上见劫煞，多应官事。见亡神，乃主病亡。天空之阴作元武，盗贼之家相凌侮。天后阴神见白虎，月中弦断应须补。日辰上有墓神，主暗昧不明之象。墓作用主凶，若陷空乘空，事亦无成也。

平生课。假得十一月丁亥日酉时，寅将加酉，夜贵，三传巳戌卯，流年庚午。则用未将加寅[⑤]，夜贵，三传辰酉寅也。其法颇极灵，更圆融。邵彦和先生占平生课法，妙不可言，录其三条于后以为例。

一占：乙亥日午时戌将。初传未加卯[⑥]，中传亥加未[⑦]，末传卯加亥[⑧]。

---

① 宅一作长。
② 吉将并，已往事了。
③ 疑作两。
④ 疑作劫。
⑤ 午与未合也。
⑥ 二十七年。
⑦ 廿一年。
⑧ 十六年。

	合	朱	蛇	贵	
	酉	戌	亥	子	
勾	申			丑	后
青	未			寅	阴
	午	巳	辰	卯	
	空	虎	常	玄	

青	玄	贵	勾
未	卯	子	申
卯	亥	申	乙

财	癸未	青
父	乙亥	蛇
兄	己卯	玄

邵先生曰：予见传送落空，谓其人曰：传送落空，有四不可为：一者鹅不得地，二者不宜为医，三者不宜碓磨，四者不宜为道士。彼应之曰：吾自二十七岁父亡，买一水碓，里边亦有磨房，自此与人争竞十余年，屡得屡失，是吾命不招乎？予劝曰：汝命不得磨力，莫徒劳也。命中止有卯临亥地为长生，一为骡驴，二为竹木，三为术士沙门，斯三者汝之前程，必有所得。其人遂弃碓磨，多种竹，养二骡，二年生五驹，竹大盛。予一日过其门，其人再三谢予。予谓之曰：卯为舟车，汝可兴贩。彼又从之，不数年大发。乡人问予曰：向者我丈指他数事，今大如意，可见神术灵验。予曰：不然，造物与人，自合兴旺耳。向者是人乙亥日来占，戌将午时。日上见申作勾陈，支上见卯作元武。初传未加卯为青龙，中传亥加未为螣蛇，末传卯加亥为武。乙日木局，全旺在卯，卯木生于亥为得气。玄武入庙，又就本家生卯，所以大全也。初限卯六未八，乘得四十八，折为二十四，又加地盘卯木三数，共二十七数，将是青龙，居沐浴地，荫下雍容向福。至二十六岁限足，二十七岁交中限，父母便死。而其父先死者，亥加未，亥为老阳，属乾，见蛇凶将，亥为乙木之父，加未受克，所以丧父也。二十九岁买碓磨，争十七年犹未已耳。日上申加辰，辰五申七，乘得三十五，空亡减半，故十七年。甲戌旬中申酉空，空加身上，是平生所不类也。兼乙日申为官，春令申衰为鬼，君子得之为官，常人得之为鬼，故买碓磨乃费十七年之财。若不是鬼，亦不至于讼而多失，可见空亡非我所有也。后予相见时，其人已年四十八岁，遂令改业，竹木舡只驴骡，今已年五十三四矣。中限二十四年，五十一岁交末限，末传卯加亥，乘得二十四，减作十二，加亥地四，共十六数，尚有十六年一限。遇亥与武水，并来生卯木，乙日禄在卯，木又旺在卯，三传曲直木局并来生于亥上，故主五十三岁凡百尽如意也。或曰：初传过后，交中父亡之后，累讼何也？予曰：是螣蛇也。申亥又是六害，害我也。或又曰：初有未，何不可以养羊卖酒？中是亥，何不养猪，而独取卯，又何也？予曰：曲直全在卯，乙禄卯，生于亥，故取全盛之地耳。若未卯加为木所克，何以养羊卖酒？亥加未，为土所克，何以养猪？神之受克处，皆内战，大不利也。

凡日上所见者，生我即利。为我生者，平生为其所苦。

我克者为财。克我者，文武职人得之，则变吉，为官星也，常人得之为鬼。同类临，则是兄弟助我。

一占：丁巳日子将申时。

朱 蛇 贵 后
酉 戌 亥 子
合申　　　丑阴
勾未　　　寅玄
午 巳 辰 卯
青 空 虎 常

阴　朱　常　贵　　　财　辛酉　朱
丑　酉　卯　亥　　　子　　丑　阴◎
酉　巳　亥　丁　　　兄　丁巳　空⊙

邵先生曰：日上见亥，作贵人，辰上见酉，作朱雀，甲寅旬，末传坐于空亡之地。且丁日见亥是鬼，贵人切不宜近之，当为贵人所害，丁火绝于亥也。支为宅，见破碎，又作阴贵人乘朱雀，作丁巳二火夹克，皆以酉为财，财犯破碎，又是阴贵人，切忌与贵人交财，后日田房财物将为人所有，当主为阴人所坏。中传丑作太阴加酉上，是空亡中间家资必丧尽。有老阴人中寡，田地皆尽。末传上下空，宅之人临丑，下是空亡，田园屋宇焉能留存？后果悉应。予与此人占时，乃宣和四年壬寅岁辛丑年十二月廿一日立春，乃十二月廿七日也。来人廿五岁，行年在寅，见午，午为日之禄神，并干支旺相，故无恙。至二十八岁，其人为本土徐参议兜尽家财田宅，是年行年在巳，巳上酉，乃破碎，雀乃文书，必是阴贵人文书兜罗拎尽也。三十岁，其人身亡，乃靖康元年。其母守寡，予于其年冬，过其地，见其屋宇廖落，不久必卖。何也？丁为日干见亥，是绝气；宅上见酉，又是支干之死神，故主此人不寿。况三十岁行年在未，又见亥水，是身与年俱绝，所以死也。

凡为人占身，不见死墓绝，未可言死，既见休囚死墓绝，行年又临此地，鲜有能逃者矣。

一占：戊申年正月初一日丙戌，子将未时，支墓覆日作蛇，下临巳，有两蛇夹墓之象。

蛇 贵 后 阴
戌 亥 子 丑
朱酉　　　寅玄
合申　　　卯常
未 午 巳 辰
勾 青 空 虎

合　常　常　蛇　　　财　甲申　合
申　卯　卯　戌　　　子　己丑　阴
卯　戌　戌　丙　　　兄　　午　青◎

邵先生曰：日上见戌作蛇，是支上神墓于干也。巳本属蛇，与螣蛇夹一墓在中间，人腹中必有疾病，戌土定是块疾。答曰：其人腹有一块。予曰：原来感风而起，因入丧家，遇食不化，遂成痞块，其所感风气，久不医治，命不能长矣。问何故，曰：初传卯上见申，作六合，合亦卯，两卯夹一申，卯为风，申为肺，风传入肺脏也。卯为申金所克，遂奔居戌上，戌上有太常，常为丧吊家。卯为风为食，因食素食，久伤脾胃矣。戌支为卯所克，走来墓于干上，二巳又夹一墓，墓又坚牢，此病所以不能脱也。是年占人年三十四岁，行年在亥，三十五岁遭官灾，大破费。盖丙即巳，巳即丙，行年到于丙之同类，受官鬼厄，兼又作天空，乃被虚诈财物。丙禄在巳，禄即财，子水为地拌之鬼，天空克耗之故也。此年行年又遇巳，八月随丧尽。八月火死土旺；前面又是戌，戌作墓，九月建是戌，所以过不得也。噫。

占年课[①]**。**平生课既定，就式勿动，换流年太岁支干，用岁合为将，取旦暮天将，课定一岁吉凶。重命上神。凡德合刑冲等，俱从岁煞起看，与命上分生克。又每传值四个月，随月看月将，又看命上神将吉凶，亦自春至冬，每看月建上神将吉凶[②]。

行年。男，阳也，取丙。女，阴也，取壬。例如甲子旬生人，男一岁起地盘寅，顺行；女一岁从地盘申，逆数。其上遇吉星，发福兴隆；逢凶煞，八难三灾。干支日辰相生，德喜命马相和，吉并为吉。天喜在本命行年上，君子迁官，常人财喜。若其上见金煞丧吊，主凶丧，病符亦凶。辰戌二马并临，主身动迁。干年相生者吉，相克者凶。行年旺相者吉，休囚衰而合日主喜，落空不利。若行年值死神者死。发用与年命相生吉，克制凶。其定寿数财产，以先天数推之，旺相倍增，囚死减半。其论子息弟兄，则以五行定之，旺相倍，休如数，囚减，死绝无嗣。如课传无子爻，则以六合所乘五行决。

一法：行年不拘六甲何旬生人，男皆起一岁于寅，取人生于寅之义也。女子一岁皆起申上，取阴盛于申，且与寅对也。男顺女逆，其吉其凶如前。

子妇女淫泆逃亡盗贼。丑举荐谒见车牛田宅仓库。寅文章征召谒见诚信棺椁。卯行往水陆舟车私门棺椁。辰欺诈战斗杀伐疾病死丧。巳赏赐炉灶管籥非横。午宫室道路文书口舌音信诚实。未羊酒婚姻祭祷井泉田芦。申刀兵道路冤仇市贾边远死丧。酉少女婚姻妾婢私门口舌。戌印绶牢狱奴仆欺诈。亥天门秽厕忧溺。

---

① 例在占月课上。

② 看何年吉，取岁上吉德合。

六甲旬生人男女行年顺逆式

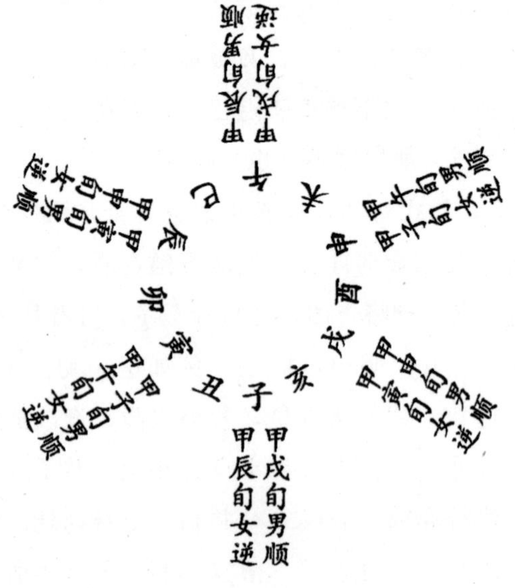

甲子	乙丑	丙寅	丁卯	戊辰	己巳	庚午	辛未	壬申	癸酉
甲戌	乙亥	丙子	丁丑	戊寅	己卯	庚辰	辛巳	壬午	癸未
甲申	乙酉	丙戌	丁亥	戊子	己丑	庚寅	辛卯	壬辰	癸巳
甲午	乙未	丙申	丁酉	戊戌	己亥	庚子	辛丑	壬寅	癸卯
甲辰	乙巳	丙午	丁未	戊申	己酉	庚戌	辛亥	壬子	癸丑
甲寅	乙卯	丙辰	丁巳	戊午	己未	庚申	辛酉	壬戌	癸亥

甲子旬，男起丙寅，女起壬申。甲戌旬，男起丙子，女起壬午。

甲申旬，男起丙戌，女起壬辰。甲午旬，男起丙申，女起壬寅。

甲辰旬，男起丙午，女起壬子。甲寅旬，男起丙辰，女起壬戌。

汇　歌

月将太阳福祉神，能除灾咎祸无侵。忧事不成喜事成，本命逢之的的真。

月将，月宿[①]也。月宿[②]出，奸盗息，恶兽潜，鬼神伏，疢疾除，祸转福。

日上神与命上神，相生合喜福来亲。六害相逢事不成，三刑相克亦为迍。

日命相合为福祥，日来克命利财乡。命还克日见灾殃，反覆推穷理最长。

日上神克命上神，是日财临命也，财喜之兆。反此则不和，凡事都不顺，惟士子求官占得之，贞吉。

巳火初传加命支，象为宽大法堪依。自用难成事迟疑，托人求干再相宜。

巳位东南，百川流归之地，宽大象也。贵人龙空物也，所以利托人。

酉命初用年命基，酉为不乐有忧疑。为财为息忌凶期，吉将占来百事宜。

酉司仲秋，秋气肃，象彫零而愁也，故主不乐。若为才为文，忌乘凶将，其忧其惑尤甚。必得吉将，主先忧后喜，凡事有望。

岁命相合岁里欢，三刑六害主凶残。建边有福月内安，干上逢祥日下端。

二马同用见贵龙，三传活法上无穷。忽然更作今岁破，翻家荡产即时中。

贵龙得马则升腾获福，马作岁破则[③]。

囚神若见行年上，如被人系又如牵。争知造物教无路，使尔沉吟过一年。

囚神日上犹是可，年上囚神最可忧。日上只忧时上事，年上逢之几时休。

死神克日还魂格，死不死兮活不活。有气死人不能为，斯乃造物暗中括。

时中生计是青龙，用起或来加命宫。加临旺相生处逢，一生财利喜从容。

若克行年因喜破，因喜破才无大祸。争亲争产或相磨，惟能谨慎何差错。

人品占

《书》曰：“惟圣罔念作狂，惟狂克念作圣。”生安困勉，及其知行一也。《中庸》曰：“人一能之，己百之，人十能之，己千之。虽愚必明，虽柔必强。”《孟子》曰：“居移气，养移体。”《传》曰：“不学无术，学古有获。盖言人品由于学养，非占所能限也。”《语》曰：“桐实生桐，樗实生樗，智种生慧，拙种生痴。”孔子曰：“惟上知与下愚不移。”作人品占，次第五。

天乙乘龙加支巅，岁合同行帝目前。奏文共结为宰相，承察深机圣帝宣。

贵人在亥，又为日支，太岁又与支合，主目前卜者乃天子也。

龙乘亥子若临支，生气罗渊共一时。天下神仙未有见，目前立者更为谁。

---

① 此讹，当作太阳。

② 太阳。

③ 点校者按：下佚。

生气生日生支合罗渊贵人，乃仙人见于目前也。

天马为德抱黄符，经于支上得天书。夜来犹是清庄客，今朝去作殿头儒。

黄符，岁朱雀也。天马乘之，加临支上，主赴召。

亢金值日见金龙，五月寅时到震宫。倾国之人同砚水，浪起龙争见玅容。

龙天卯酉见娇人，忽行四孟亦为真。观者多因是龙女，东宫要出聘高人。

青龙临卯酉乘亥，名姣女出世，忽临寅巳申亥为真。

太乙披发圣人惊，常人恶妇伏辛金。克支最怕临支上，学得高儒献帝心。

太乙披发，天后为用，例如辛亥三月，武后立罡亥子，主犯斗名。

天门罡路问天机，斗柄相加合后奇。金火更来龙虎立，紫微登世也须知。

亥上辰加或交加，主绝人寿，更戊加亥，尤凶。

婚姻占

男女居室，人之大伦，婚姻之所系重矣。而男女未必其何如，成否未必其何如，于是有男女之占，有成否之占，有性情妍媸之占。然婚姻之求，必先于男，故择妇之占，更宜详慎焉。作婚姻占，次第六。

何谓男女之占？一以龙后而占。青龙，男也，夫也；天后，女也，妻也。日为阳，男家也；辰为阴，女家也。如青龙旺相，则男为佳儿；天后旺相，则女为佳妇。青龙之阴神，上乘天乙，则男为贵客；天后之阴神，上乘太常[①]，则女为贵眷[②]。青龙所乘神生后，或与后比合，则男益女；天后所乘神生龙，或与龙比合，则女助男。如课传中见此等例为贵。男家择女而见后，女家择男而见龙，亦用此例。

以日辰而占。日上神旺相，则男吉；辰上神旺相，则女吉。日上神乘天乙，则男贵；辰上神乘太常，则女贵。日上神生辰上神，或比合，则男与女相得。辰上神生日上神，或比合，则女与男相得。日之阴神旺相，则男家富；辰之阴神旺相，则女家富。年命旺，寿长偕老；休寿短刑伤。

若夫男女所不当议者，龙后[③]乘神刑冲破害而不相合，或落空房[④]而带孤寡，天空临日辰发用，必主孤寡。日辰上神刑冲破害而不相合，或落空亡而乘恶将者，皆不吉。龙乘神克后，与日上神克辰者，则为妨妇之男；后乘神克龙，与辰上神克日者，则为妨夫之妇。

---

① 太常元作天乙，疑误。

② 如申将卯时庚申日，龙乘申，申上丑，是龙化贵也。又申将巳时丁酉日，后乘子，子上卯，是后化常也。

③ 一作合。

④ 疑作亡。

何谓成就之占？日辰上其神比合，而三传三合、六合、德合[①]暗合[②]；龙后所乘神与日上辰上之神比，而无刑冲破害者；男占重辰上，女占重日上，六合所乘神与龙后乘神比合，而无刑冲破害者[③]；男占重后，女占重龙，发用龙合乘卯寅者；初男末女中媒，欲比合相生也；发用子乘常者；三传比合相生而非空亡刑害者；三传成神喜神并见，又乘龙合后常者；课传俱吉，男女行年上神比合或三六合；课传俱吉，而斗罡加季加仲者；天后神后与日支干为三六合者；或日克合，或辰克合者[④]；日克合则男着紧，辰克合则女着紧。此皆婚姻成就之占也。其成就之期，以远近论。远者男以龙之阴神为成年，女以后之阴神为成年。近者视龙后之阴以定其月。又近者以龙后之阴定其成日。至于出嫁日，则大吉所临之辰是其期矣。

何谓不成之占？日上辰上神刑冲破害而不相合；龙后六合所乘神与日辰刑冲破害者；干支上下神相克者；或日上神克支上神，支上神克日上神者；三传相克而白虎发用者；天空空亡发用者；日干克天后，或天后克日干者；日干克后[⑤]女不肯，后克日干[⑥]男不肯；日生三传，后合不见者；男女年上神刑冲破害或相克者；男家占而日才空亡，女家占而日官空亡者；男以日才为妻，女以日官为夫也。此皆婚姻不成之占也。若夫课传不甚吉，而斗罡加孟者[⑦]。

何谓详于择女？其义有五：一占女之邪正。盖女处乎深闺，传闻不能尽实，一误于始，终身莫追。四课俱全，辰上神旺相，三传神将吉良者，正也。四课不全，传见武合，乘卯未亥酉，与天罡乘太阴者，邪也。女子命上神为日德神[⑧]乘天后[⑨]太常与日德支德者，正也。若女子命上神乘神后作武阴与桃花煞者，邪也。支上乘卯酉亥，主女不正。

一占女之性情。责女命上神，属水，则智慧；乘恶神，或下克，则轻浮巧［诡］诈。属火，则方直，乘恶神，或下克，则暴猛无终。属木，则仁慈；乘恶神，或下克，则执拗散乱。属金，则断制；乘恶神，或下克，则好杀贪欲。属土，则持重，乘恶神，或下克，则愚顽自用。若不知女子之年命者，则以天后所临地盘之辰，照例推之。

一占女之妍媸。责女命天官，乘贵，则贵重美好；乘蛇，有病，面多红色；乘雀，有目疾，乘雀而临巳午，能文，在亥子，麻面，在寅卯申，发少，在四季，雀子斑；

---

① 如甲德寅发用者是也。
② 如己日寅发用。
③ 六合为媒。
④ 二句以六合所乘论。
⑤ 天后克支。
⑥ 支克天后。
⑦ 黄帝曰：成不成，莫相刑。谓四课中有二后与日辰也，与日相破，必为人破。
⑧ 一作日官。
⑨ 一作天乙。

乘合，姣好；乘勾，粗短；乘龙，美而清秀；乘空，肥而丑；乘虎，丑而恶；乘常，好而能饮；乘武，黑而逸；乘阴后，俱美而和。如支上神为支之六害，必有残疾。面目四肢，以类神言之。加亥为头，加戌为足之例。大概知其妍者，二后入课而旺相；知其媸者，发用子加巳或加季，或命上魁罡也。

一占女子入门吉凶。以月将加女子入门之时，视天后所乘之神。伤日之本，则公姑病。日本者，日之长生也。伤青龙乘神，则夫病。后旺克龙，主损夫。伤六合，则男女少[①]。伤六畜之本，则六畜灾[②]。伤财财退。反此而相生，亦逐类而得其助也。他如日上乘后，支上乘合，是未娶而先通也。传课循环三六合，是因亲而致亲也。辰临日上，女就男家也。日临辰上，男就女家也。子加申，戌加寅，男有二妇。申加子，寅加戌，女有二夫。巳亥相加发用，主两心不定。六合乘神克后，主强横夺妻[③]。

一占女子有子无子。以太乙加女之本命，而生日上神为阳，则有子；如生月上神为阴，则无子。六合与命相生者有子，相克者无子。三传为日之伤官者有子，为日之父母者无子。子加命上，则先女而后男；午临命上，则先男而后女。正日时，六合旺，乘寅卯，多子；六合休，乘申酉，少子。

如有二三女子而占孰吉者，以月将加时，而据诸女所住之方，视天后所乘之神。例如女居西北，则属亥水，天后乘申则宜，否则不宜[④]。

如疑媒议涉虚而占者，亦以月将加时，而据六合所临之辰，以孟仲季察之。合临孟实，临仲半实半虚，临季则全虚矣。婚姻之占尽斯也。

课体喜忌。三奇、六仪、元胎、三阳、高盖、连茹，喜而取也。狡童、泆女、无淫、八专、孤寡、绝嗣，忌而寅也。亦当消息而神察之，则婚姻之占备矣。

神煞喜忌。神将贵人。将神十二辰。日为男，为舅；辰为女，为姑。成神[⑤]德合[⑥]六合[⑦]三合[⑧]喜神[⑨]，其所喜而宜逢者也。谩语[⑩]忌六合乘之，主媒氏虚言。孤辰[⑪]寡宿[⑫]桃花[⑬]，其所忌而莫逢者也。

---

① 以上要查旺相休囚。

② 如酉鸡亥猪午蚕寅猫类。

③ 一作夫。

④ 如皆吉，取天将吉者。

⑤ 正五九巳，二六十申，三七十一亥，四八十二寅。

⑥ 正五九月辛，二六十月己，三七十一月丁，四八十二月乙。

⑦ 子丑相合之类。

⑧ 申子辰相合类。

⑨ 春戌夏丑秋辰冬未。

⑩ 正月起午顺行十二支位。

⑪ 春巳夏申秋亥冬寅。

⑫ 春丑夏辰秋未冬戌。

⑬ 巳酉丑日午，亥卯未日子，寅午戌日卯，申子辰日酉。

黄帝占求妇法：正日时，视日辰阴阳中有天后[①]神，上下相生，不克贼，则即可得也。若日神阴阳中无天后，日上神与辰上神相贼者，不可得也。

占夫妇相使安否法。正日时，各以其年上神，相生即吉，相贼即凶。夫年上神贼妻年上神，妻有咎；妻年上神贼夫年上神，夫有咎。

占男女邪正。以月将加时，天上乙加地上甲，男有二妇；天上甲加地上乙，女有二夫。

《金匮经》曰：得与失，制异物[②]。又曰：神在内，求不得。神在门，受礼后不成。神在外，必即成。又四课阴阳中，得神后旺相，与干生合，即成。反此不成。又寅戌相加，曰龙战于野，主男杀妇，女杀夫。

《节要》曰：干为男家，支为女家。用传为妆奁，青龙[③]为媒妁[④]，天后为妻妾。支干上神相生王合必成。支生干，用传生日，奁资必盛。日生用传，主退散。若龙后乘神相合，而不乘日辰，传中又兼[⑤]六合，主男女自合，不须媒妁。若后合空亡临辰，则女家贫乏。若天空空亡发用临辰，无岳丈岳母。若天后临午，风尘女子也。子加丑乘吉，兼秋冬占，最吉有成。朱后发用克日，必不成。蛇乘午用，亦不成。

占夫妇宜否。以夫命加妇命，若二人行年在魁罡二吉下，名六绝，不相宜也。次以传送加夫命，若妇行年加夫行年上，亦不相宜；若夫行年加妇行年上，大吉利。又以妇本命加卯，天罡临夫命者，杀夫；临妇命者，杀妇。又登明加妇命者无子，卯酉加之难产，胜光多男，神后多女，功曹传送多子孙。又小吉临夫命，夫家遭官事。大吉加妇命，妇数有疾。又辰胜日，阴得阳，时胜日，主杀夫，反此杀妇。

占媒妁意向。集要曰：初传为媒妁，气旺相乘吉良，有力，反此无力。若用神生日，意向男家；生辰，意向女家；生日辰，两家俱可托之。若三传生日，所言皆夫喜。合乘空为用，皆虚美也。又六合为媒，乘阳向男，乘阴向女。夫集要以合为媒，节要以龙为媒，大抵用合者为是。

占女子邪正。以从魁加女命上，视生月，上乘神后，其女孝顺；天罡，不正。又以传送加女命上，视生月，见心星贞洁，乘寅亦然，见奎娄张为奸淫。又角加奎者[⑥]，兄弟不正。天后见六合，妇随人奔。六合见天后，男诱人妻。天甲加地甲，神后加妇年者，有奸私。大吉传送加日辰，妇妾欲奔。出《灵辖经》。《节要》曰：支上见午合

---

① 神后。

② 如甲子日，河魁临午，河魁制子，甲又制魁，干上午也，干阴制辰也。制日不为制物，要辰被制，所求必得。

③ 六合。

④ 宜为夫婿。

⑤ 一作无。

⑥ 辰加戌也。

六丁马或发用，主淫奔，当在家时也。

占女子年貌。黄帝曰："妍与丑，视旺衰。天后乘旺，日辰上下相生美少，反此丑。"《初中经》曰："以天上支神及所乘天将言之，若旺相，有姿色，囚死，丑陋。又以天将为面容，支神为形体，合上下言之。《节要》曰：天后乘神旺相，与地盘相生，貌美。后乘金，白净性刚，旺相果断，休囚陋而性硬。乘木，清秀而长，休囚黑。乘水，肥黑[①]，旺相华美，休囚性急而陋。乘火，发少性躁，旺相红美，休囚性急[②]。乘土，黄色拙重，旺相端庄，休囚黄瘦。若有数女，而欲占其性情年貌，各以行年上神五行决之，断同上。

黄帝占月吉日嫁娶祠祀：欲令魁临月厌，以魁顺数左行，登明神后大吉功曹太冲天罡为阳也，以魁逆数右行，从魁传送小吉胜光太乙天罡为阴也。阳将五干，阴将六属。五干，谓甲乙等为日也。六属，谓子午等为辰也。阳将日杀男，阴将日杀女。阴阳不将，乃为吉也。日辰若得阳中之辰、阴中之日，举百事，福及子孙也。

占行嫁年月。七十二占曰：年月否泰，必有妨害。若四孟生女，行年入四孟；四仲生女，行年入四仲；四季生女，行年入四仲，皆宜行嫁。反此凶。

黄帝曰：阳命女，以大吉加本命，功曹下为行嫁月，利女家。传送下为行嫁月，利男家。太冲下妨首子，从魁下妨媒人，天罡下妨男家叔伯，太冲下妨女家父母，胜光下妨夫，小吉下妨女，大吉下妨女兄弟。

阴命女，以太冲加本命，功曹下为行嫁月，利女家。传送下为行嫁月，利男家。大吉下妨首子，小吉下妨媒人，神后下妨翁姑，登明下妨女父母，魁罡下妨夫，太冲下妨女。

占迎娶吉日时。《龙首经》曰：凡娶妇，切记许嫁之日相克、克日，害翁；克辰，害姑；俱克，不利一家。纳妇之时，不可令克夫家门上神伤妇年上神，伤则妇殃咎，亦不可令妇年上神伤夫门上神，伤则夫不吉。又贼日害夫，辰中有微气助之，则夫死；贼辰害妇，日中有微气助之，则妇死。

《连珠经》曰：纳妇若妇命在四孟以登明，四仲以神后，四季以太乙，加本命，功曹传送所临之方，可以迎娶，大吉。

占婚后有子嗣。《七十二占》曰：子有无，察夫妻，以二人年上神决之。如夫年午，妻年寅，春占木旺火相，岁中有子，看女年上神，以生月为怀孕之期，行年上见太乙，七月有子，见天罡，八月有，皆以所临之月为有子时。

占孤独否。《曾门经》曰：四上克下名无禄，妨害子嗣；四下贼上名绝嗣，儿为孤

---

① 面瘢痕而不长。

② 貌陋。

子。《神枢经》曰：占遇孤神寡宿，主孤独妨父母[1]。

汇　歌

干为天兮支为地，天即夫兮支妇位。欲卜婚姻问所宜，支干地位求深意。

干若克支女相却，支若克干男背约。合和旺相正当谐，囚死害刑须阻隔。

支若生干婚美喜，妇道无亏甘若荠。安然坐享益家人，反此骄奢淫佚起。

后克干时夫不利，来伤日本翁姑忌。婚占得此便非宜，当莫漫从媒妁议。

龙残支上妇多苦，疾病常生力难努。救助无关后所乘，早离人世归泉土。

三传生日婚都吉，媒妁有言皆的实。奁资丰盛行清廉，此妇聘归真有益。

日若生传事必乖，费力徒多不克谐。纵然勉强相从允，聘嫁之时也作灾［已上总论］。

喜乘空亡为用始，上头六合为居止。媒妁言他富且饶，切莫为之诱到底［吝］。

干上支头作六合，青龙天喜偷相约。用中若也有空亡，他日断弦难再接［吝］。

妇有正邪当早辨，支上淑神为吉善。卯酉亥未太阴并，是为不正生淫乱。

六合元武传上临，六丁天马又相寻。便莫误为贤媛论，当知在室也乖淫［凶］。

天后乘来如旺相，得时生气仍依傍。此女轻盈世所稀，貌赛西施情稳当［吉］。

囚死之神为天后，昔年破碎仍逢凑。媒妁如言美貌都，若非狂惑甚虚谬［凶］。

姻缘已定在支干，容色贤愚看妇年。年上之神司形相，水神飘泆暗情传。

金见行年躁而白，火临年上见红颜。土主魁肥木青色，此是先天数所然［已上总括］。

子嗣歌

干生出见子星明，不见须凭六合情。旺相吉临多国器，休囚凶并少迎馨。

难招克破刑冲害，易育龙常德喜生。天狗天罗孤寡煞，空亡无禄绝嗣评。

课传有子孙爻，上下相生和比，用天将五行定其数目，上克下亦如之，下克上以地盘五行定之。课传无子孙，则取六合加临五行决其多寡。皆视旺相休囚以决倍减，或用先天数亦可。

不利婚姻数十四，反吟从革飞魂逝。孤辰寡宿反常名，无路那堪兼绝嗣。

泆女不佳九丑声，三交化魄灾伤沸。门中龙战网从天，知一纵横俱不利。

《中黄经》曰：四仲魁来亥子立，子午卯酉戌亥未。陈阴合后决龙媾，鸡羊兔鼠猪媒谓。

此七神，若得天后太阴六合，一曰元武青龙勾陈，乘此七神，而被日克，主得美妻。勾龙阴后合乘天上，主媒妁初动，决女人卦，一体占之。

二后与日旺干支，不相刑克罡加季。若然四支连三将，必有二夫争匹配。

[1] 旬尾在天为孤神，在地为寡宿。

论婚姻，日辰与二后相生旺，吉而可成，克即可止。四支，亥未卯酉也。三将，六合太阴天后也。

颜色凭建干，火木是赤青。遁支相克制，带破是其情。

《心镜经》曰：凡卜婚姻成不成，须知二后莫相刑。日辰上得凶神将，克下如何合聘盟。天后畏干女不允，支克天后男悔情。斗罡加季催花烛，加孟礼函徒自营。加仲许之为配偶，媒人六合辨其行。支伤干兮阴胜阳，干胜支兮女有妨。忽而男家强欲娶，定是初传门上伤。夫之本命加女命，两家年上看邪正。若是魁罡有损伤，大小吉兮忧多病。虽有恶神成不怡，两家年上互相推。忽然相喜还中变，若也相冲可用为。日辰上下无刑克，天后相生便合亲。忽然支被上神克，干又遥能制此神。传中六合青龙在，阴阳有气美婚姻。

设或三方有女儿，辰申与午各相推。方上有神看善恶，天后相生即可为。

九月寅时甲子日，子乘天后与谁宜。午上土兮辰上火，两处相伤莫娶之。

申上从魁金水会，此女于归家室宜。

辰申午，三女所居之方，惟申与子相生，择其善者而娶之。此论择妇也。一法以年上神，亦可。

从魁太冲兼亥未，为用之神是太阴。元合悉皆为不正，若非无室必邪淫。

天上甲来临子位，功曹加戌两夫心。神后处伊年命上，采桑逢客也留金。

此占女子邪正也。酉为私门，为宽大，未为邪奸，亥卯阴贼，皆主不正。太阴，私昧神也。或曰：天罡亦主奸邪，何不言之？曰：天罡恶，人不敢近也。

天后神后加旺相，此女轻盈貌若仙。居遇凶神又囚死，媒人说美是虚言。

斗罡加孟当为长，仲即为中季少年。年上见金应白色，火来临炤必红颜。

木主青兮土黄色，水来似黑不虚传。吉将相生清白性，阴神旺相美婵娟。

此占女妍媸，须视二后。乘旺相与日辰相生，女必美。又以天罡加女行年，则知女子颜色。

妇入门来何否臧，只于天后所居详。伤于日本公姑病，若克青龙夫必尫。

六合畏之男女少，丑午遭刑牛马伤。

刑克午，不宜蚕，此言入门后也。

《指南经》曰：夫卜妻姻成不成，财居旬后总无情。女推夫婿将何断，鬼坐天中同此评。传将生合百年配，干支刑克朝夕背。男女年命兢相加，欲其事遂两相对。欲知谐老是何术，全凭财官虚与实。才乘旬后凤孤飞，官落空亡鸾配失。中不虚兮初末虚，冰人骗脱两相欺。递生干兮旁人赞，末传合处验成期。

旬后、天中，皆空亡也。

财常日本必占婚，水逢丁马吉祥新。河魁渡亥风波动，牛女乘常合晋秦。传财生

鬼必贪淫，财克生爻侮悍情。财乘暗鬼官讼起，财克明生夫命倾。日辰逢刃两不良，后合支干丑行扬。龙伤支兮妇先殒，后克干兮夫早亡。

财乘太常，或太常乘日长生，占婚也。侮悍，谓背逆公姑。暗鬼，遁鬼也。

印绶公姑安可犯，子孙嗣息忌刑临。女貌妍媸寻后次，男才修短看龙阴。四课无遥婚必舛，九丑有克定忧深。无淫解离心腹病，外争凶浅内争森。阳课不足女争夫，阴课不足男兢女。孤辰寡宿多刑克，狡童泆女奸淫许。

后次，后阴也。无淫，即阴阳不备。解离，干上神克支，支上神克干也[①]。阴阳课不足，必有词讼。

传将见妻复入空，中年断弦无续姬。空于其妻又见妻，初虽有伤后复娶。

《百章歌》曰：子丑相加事必成，更逢吉将转相忻。旺相又临神合神，进娶婚姻两称情。三传俱合是加临，支上皆同上下寻。或合喜事或婚姻，最好相宜望信音。

丑加子，戌加卯，卯加申，为三传皆合例。

胜光临亥德合乡，婚姻有象不相当。申加巳上六合神，元胎生处用为真。六合内战子灾迍，不然媒妁议婚姻。

午中有丁，亥中有壬，德合也。然午加亥为阴极，故婚姻不成。长生为元胎，六合木，子息也，乘申酉为内战。申临巳六合，又作合，占婚姻必成。

魁罡临日是何因，六丁天马更为亲。卯酉登明与小吉，太阴元武作传神。传内若遇诸神在，此女心邪总不贞。

魁罡凶恶，丁马助其淫邪，四辰秽污，阴武滋其暗昧。

娶妇须详许嫁日，娶时克之亦主忧。夫家门上妇年上，彼此刑伤更用筹。妇求天后婿从魁，都来命上定其规。

《海底左眼》曰：婚姻本体看弹蒿，八专九丑与三交。曲直元胎并狡泆，今合乘用是财爻。青龙六合三传应，支合为龙事理昭。

支合乘龙者，如子日龙乘申乘辰乘丑例也。以上课中传中，见龙合阴后相应者，皆主占婚姻之事也。

汇　歌

占婚二后忌刑伤，子逢天后女贤良。丑为天乙男清俊，婚姻占得喜非常。

假令寅卯日占婚，亥卯未局生传神。必是连枝带叶亲，两姨姑舅作来因。寅卯日占得木局，巳午日火局，亥子日水局，皆主亲上成亲，吉兆也。

若逢巳酉丑三传，婚姻频异隔山川。五行三合有此嫌，须知入格不同然。

从革占昏难成，众中分离之兆。金气主杀，主革，占昏最忌，凶兆。

① 此芜淫。

六合青龙日要逢，旺相婚姻喜气重。天空并兮言未准，勾虎加之岂庆丰。

妻财发用，见后合龙，主婚喜。如并虎勾，主事牵萦。并阴武，因妻斗讼。若言之虚实，孟实季妄仲活，天空多诳。

娶得妻儿要异奇，莫逢月厌怪神随。若然为用防妻怪，便好寻思咲语微。

但遇月厌并蛇乘妻为用，或支上，或传中见之，防妻怪。若太乙天罡立才，是邪人也，怪夫，则喜他人也，凶兆也。

厌神天后并魁行，须防妻妾有私情。若临妻上言欺诈，或问婚姻不可成。

厌神后合阴武并魁临妻上，主有奸私事。妻犯二鬼，其妻作讹，占昏见此，不可成，凶兆也。

胎产占

乾道成男，坤道成女。胎欲其安，产欲其易。其于占也，始为占其孕之有无，既焉占其娠之男女，终焉占其生之日时，与母子之喜忌。作胎产占，七。

凡占生产，支母干儿。丁马刑冲，断定此时欲产。空临旺相，必然眼下临盆。天喜最宜，生盆龙合。先空后实，近日将生。冲破胎支，时下定产。次辨子女，再详吉凶。天后临辰，伤胎宜保。魁罡加孟，产必多凶。天乙逆行，勾陈入用，三传克支，六合卯寅，一定母身有难。逆转连珠，时伤天后，妇命难保。须臾时克干，又伤子发用尤凶。六合临寅卯之神，见申酉之天后，伤儿有准。甲乙日以火为儿，巳午加戌为用，儿基难当。

何以占其孕之有？日辰上神相合旺相而发用，为今日之子息者；虎后合入传课而加干支者；发用辰戌乘后武，与血忌乘六合，或蛇生气者；发用子加丑乘虎者；夫妇二人行年上神为三合六合德合，更值天月二德与生气者；二人行年上神为今日之子息，而上下无空亡六害者；太乙临妇人之行年，而乘六合者。因是以知孕之有也。

何以占其孕之无？四课日辰上下刑冲，三传休囚空亡，而子爻不见者；课名四绝无禄绝嗣，而三传丑亥酉，夫妇行年上神相刑害，乘恶煞，而子息不见者，如有子息，则在胚胎而害母。因是以知其孕之无也。

何以占其孕之有而无？发用寅未相加，乘蛇虎作日鬼，或天鬼临支克日者，孕虽有而为鬼也。若后乘罡加日辰，与子息爻乘武空，或三传克日，传见天目煞者，虽有而必堕也。子爻乘死气空亡，与元胎课乘武蛇虎者，孕必死。巳亥日反吟，与子爻乘蛇勾而非空亡六害者，孕必动。

何以占其孕之男女？男女之占，其法甚多。以理推之，惟以孕妇行年上神决之，斯为的确。年上神是阳，则孕男；年上神是阴，则孕女。课传四上克下是男，四下克上是女。课传六阴是男，阴极阳生也；六阳是女，阳极阴生也。夫取课传，止此二说，明白简易，外此勿取①。

何以占所孕男女之贤不肖？如贵合龙常，课中并见者；三传生日者；日辰上下相生旺相，又得良将吉神者；太岁与日辰相生入传者；青龙加正时发用者，则男女贤淑。其或日上神吉，生男必佳；辰上神吉，产女必正。若空勾元虚并见者；日生三传者；日辰上下刑冲破害，又得恶将凶神者；太岁与日辰不入传，或入传而相刑者；虎加正时发用者，则男女不肖。

何以占其产之速而易？干上神脱支上神，或三传脱支者；三传逢大煞空亡及传退者；发用子加戌，又作血支血忌者；传内白虎乘子爻者；日辰入传而辰克日者②；酉未丑三传者；天空乘日，日生三传者；龙乘酉为产门而逢冲者③，则生期速而易。

何以占其产之迟而难？干上神合支上神，或三传合支者；传逢三六合及传进者；发用二血冲动浴盆而无水者；勾陈乘子息爻者；日辰入传而辰合日者，课传循循而不见刑冲空脱者，则生期缓而难。

何以占其孕之生期？以发用之三合，定其月期④。以发用之刑冲，定其日期⑤。以发用之后一辰，定其时期⑥。若夫天空白虎乘日干之克神发用，今日辰克今日干，作大煞而无羁绊者，不见合而无绊，则主当日生。其生时，则以今日之长生定⑦。如以胜光天罡之法，执一求之，鲜不误矣。

何以占其孕之吉？日辰上神各旺相相生乘吉神者⑧；日辰上神不相克害者；三传六合传见青龙者；辰生日，辰生三传者；或三传递生而不乘恶神者；妇人行年上神旺相，乘吉神而干上神亦吉者，吉也。

何以占其孕之凶？干上神克支上神者；或六合所乘之神克天后者；或墓神覆支，而不见刑冲者；或三传克支，蛇虎入传，而支乘死气者，则损母。或支上神克干上神者；天后所乘之神克六合神者；或墓神覆日，而不见刑冲者；或三传克日，蛇虎入传而干乘死气者，则损子。或干支互克，后合相刑，而日辰上下四课三传并无一吉者，则母子俱损。

何谓孕生期之附占？曰：更有三传俱旺，末传乘天后，与课不备，而日克辰者，

---

① 黄帝占，单取时下辰与日比为男，不比为女。

② 如丁酉日伏吟。

③ 如卯酉相冲，酉酉自刑者。

④ 如用神亥则卯未为生月。

⑤ 如用神子则应卯午日生。

⑥ 如用神子则亥时必生也。

⑦ 如甲子日，则亥时是也。

⑧ 吉神即龙合贵常阴后也。

不足月而生也。发用空亡，传归入[①]地，与柔日昴星，反伏吟无丁马者，必过月而生也。贵神乘子午卯酉加寅申巳亥，及辰戌伏吟乘天空者，双生也。传顺贵顺，或戌加亥者，顺生也[②]。传逆贵逆，或亥加戌者，逆生也。伏吟不动，干支刑克，神将俱凶者，产不生也。课体伏吟，元武日辰者，生而残疾也[③]。庚辛日神后乘虎，与卯加辰作天空者，生而缺唇也。以是附占，胎产庶几备矣。

合用神煞：贵神　十二辰：日为儿为子，辰为母为女。　生气　天德　月德　旬丁　喜神　天鬼：正五九月酉，二六十月午，三七十一月卯，四八十二月子。　天目：春卯夏午秋酉冬子。　血支：正丑二寅顺十二支。　血忌：正丑二未三寅四申五卯六酉七辰八戌九巳十亥十一子十二午。　浴盆：春辰夏未秋戌冬丑。　月厌：正戌二酉逆十二支。　驿马：主胎动　天目煞：主堕胎，同浴盆。　大煞：正戌二未逆轮四季，又戌逆十二正月戌。　产门：正五九寅，二六十巳，三七十一申，四八十二亥。

课体所忌无禄[④]　绝嗣[⑤]　伏吟[⑥]　昴星[⑦]　四绝[⑧]　正时为命[⑨]

黄帝占天一[⑩]游所在，妇人产避法：天一日游，以戊戌上天六日，以甲辰日下地中宫居东室五日，以己酉日徙居东北维六日，以乙卯日徙居东方五日，以庚申日徙居东南维六日，以丙寅日徙居南方五日，以辛未日徙居西南维六日，以丁丑日徙居西方五日，以壬午日徙居西北维六日，以戊子徙居北方五日，以癸巳日入中宫居西方五日，又以戊戌日上天游，不在中宫。乳妇要出，须当避之，所在之方，莫之向也[⑪]。凡产忌法，以月将加正时，登明下为咸池，神后下为丰隆，大吉下为日大将，功曹下为女蓐，太冲下为宫星，天罡下为天侯，太乙下为招摇，胜光下为轩辕，小吉下为女天，传送下为雷公，从魁下为月殺，河魁下为日刑。

占神月空创乳妇庐法。常以璇玑加三合孟，谓寅午戌月加寅，巳酉丑月加巳，申子辰月加申，亥卯未月加亥。天罡下为天侯，太乙下为招摇，小吉下为轩辕，从魁下为月殺，河魁下为雷公，登明下为咸池，神后下为丰隆，又为吴时。时刑者，寅巳申无恩刑也，丑戌未逆刑也，子卯互刑也。孟月以功曹，仲月以神后，季月以魁临，加

---

① 或作日。

② 戌为足，亥为头。

③ 聋喑不具体类。

④ 四上克下。

⑤ 四下贼上。

⑥ 辰居本位。

⑦ 四课无克无遥俯仰酉为用。

⑧ 四立前一日也。

⑨ 与干支三处最紧要详。

⑩ 疑脱日。

⑪ 即鹤神也。

月建，视天上丙壬所临地下皆空，吉可居也。皆避雷公、招摇、轩辕、咸池、吴时、丰隆、天侯、时刑。

孕辨男女。《连珠经》曰：以传送加夫命，妇年上得阳神为男，得阴神为女。《金匮经》曰：奇与偶，皆在斗。谓天罡所加辰，与今日比阳为男，比阴为女，不比为凶也。又天乙加孟生男，仲季女。又阳局生男，日二课为用，更上克下也。阴局生女，支二课为用，更下贼上也。又天罡临阳神有气，或时与日比，或阳神临日，皆生男，反此生女。又用起龙常多男，阴后多女。又功曹加阳生男，加阴女。又干有气生男，支有气生女也。《节要》曰：日上所得之神，刚日比生男，不比生女；柔日比生女，不比生男①。又曰：凡用得元首为男，重审为女。又元胎课必生男。

孕子吉凶。《龙首经》曰：生子必记始初娶妻之日，若甲乙日娶妇，庚辛日产子则凶。克日伤父，克支伤母，尽克日辰，父母皆伤。

产子吉凶。日为子，辰为母，时下为命，各要上神相生为吉，相克为凶也。三传生日则育，日生三传不育。又天罡乘天后临母年，堕胎。若上神并用神克害日，伤子；克害辰，伤母；克害正时，伤命②。

凡临产时，要见空亡脱气退传，皆不劳力而生。反此而子恋母腹，则难生。若辰上神生日，天乙顺行，龙合在传，或见血支血忌天喜，则易生。若日上神生辰，天乙逆行，蛇虎刑克日支，是合，难生。

《集要》曰：何识人家产欲分，天喜为用立当门。青龙元武在逡巡，六合加子庆佳辰。白虎加未乘旺气，妇人有患或产子。更兼血支并血忌，不久将生君切忌③。未为鬼宿，寅为鬼门，太阴加之，是为鬼胎。亥加巳，绝胎。申加巳亥辰戌，为天盘地结，主产凶。三传克日，难养；克支，不利母。

产子迟速怪异。罡加地孟迟，仲将，季速。又支干临孟作三传者，生迟。课见飞廉月破月厌支忌冲破空亡下脱浴盆，即生④。又视天上子午下为产候，胜光下为生时。凡占孕见干支重出，并日建月符者，主双生。产母行年上见天后，本命上见神者，亦双生。胜光太乙作龙，临传送者，定亦双生。若三传逆连茹，主倒生。

占子贤愚善恶。若子属子午丑未寅申生者，以天罡加本命，属卯酉辰戌巳亥生者，以河魁加本命，视其生日上见功曹传送胜光神后二吉六神者，皆主富贵，见魁罡贫贱。又曰：天罡加本命，若天罡临生日者，其子幼孝性聪；功曹传送加生日者，主孝。又以用神终始言之，若将得龙常主富，太阴保家，六合平安，天乙贵显，天后好色，朱

① 此法最验。

② 出《灵辖经》。

③ 宜作记。

④ 详见第三卷旺孕德孕二卦注。

雀病讼，勾陈争斗，元武下贱，天空性诈，白虎短命。若日辰上得青龙传送有旺相气，主多材艺。《连珠经》曰：男始以天罡，次以功曹，末以大吉，加本命，三复视其生月上，俱不吉者微贱。若前吉后凶，或中吉前后凶者，否泰中人也。女先以从魁，再以传送，终以小吉，加本命，视其生月上，见功曹富贵，登明狱讼，小吉平平。又以大吉加女本命，视生日上见太乙胜光，主诰封。

占三等灾厄。《灵辖经》曰：定分三等灾厄者，男以天罡加本命，视寅上；女以天罡加本命，视申上。合数为初厄，次以前见神倍之为中厄[①]。又以天罡加本命，视生日上，见金神三殺者，主伏法市曹。若止于生月上见殺者，主被人残害也。金神三殺，即破碎煞也。孟年酉，仲年巳，季年丑。

《心镜经》曰：罡为天后加年上，合主伤胎善护持。或值时伤忧更重，支为母兮干为儿。支伤害母干伤子，螣蛇刑并命必危。旺相吉神居位上，子母俱欢不用疑。又看三传神将次，六合青龙喜气随。行年之上无刑煞，莫信妖巫说是非。

凡时伤天后，大凶。《曾门经》曰：例如辛未日，胜光为将，占于申时，月将加申，则伤时矣。且伤辛干，干为子也。未支为母，又乘螣蛇。至癸酉日卯时，子死母腹中，以月将伤申时与干故也。

妇人怀孕既经时，未辨所怀雄与雌。传送且来加本命，即向行年支上推。

阴神本是生女子，阳神必定是男儿。更明胜光推产日，所临之处算无疑。

又将月将加时上，时日阴阳比也非。比即是男应不错，不比是女理如斯。

假令甲子日占产，午时占得是男儿。若是未时当生女，未甲不比阳寻思。

斗罡加孟胎犹未，纵使生时亦主难。临仲产期今已近，加季即生如等闲。

奇偶天罡所系神，与日比阳男子身。比阴是女言非谬，不比难生惊吓人。

时将日上同为决，俱阴是女不虚陈。用神克下生男子，范蠡三更奏越君。

此言天罡所临下神，与时今日比不比也。昔越王于四月辛巳日子时诏范蠡问郑妃产是男是女。蠡对曰：课中胜光克下，当生男。妃果生男。

孟月功曹仲神后，季以天罡加建看。丙壬临处为虚地，产妇居之得保安。又将传送加年上，魁罡之下见伤残。

此一段论产妇居方。

《指南经》曰：受胎之期长生看，妻年上神此处算。月归生年日归月，时又归日再一观。

例如妇人乘木为胎神，看木长生落何地盘，即知其月叶孕。又看月长生落何地，

---

① 例如子加寅，子数九，寅数七，共十六数，则十六岁为厄之初。次即以寅子倍作三十二岁。末乘六十三也。

以知其日。又看日长生落何地，以知何时叶孕也。

妇孕申加夫命上，妇行年上一推详。阴神生女端可必，阳曜生男却莫疑。

一乳二子理自约，年命课传须审确。重逢建将是双胎，男女阴阳再思索。

男女须观日上神，刚干阳比是男身。若是阴比知为女，不比阴阳两处寻。

传合西北为弄瓦，传合东南是弄璋。二阳包阴女衣裼，二阴包阳男衣裳。

纯阳之课多生女，课传极阴复生男。罡加比日为男子，不比端然作女参[①]。

阴阳昴星两课举，阴俯是男阳仰女。不备何能十月全，阳备为男阴备女。

建阴为女建阳男，卦象阴阳一法参。男女双生何处断，干支胎位两重探[②]。

欲识产期何者善，胜光所临最为便。又有冲胎一法看，女命纳音冲处验。

生养之下究产期，胎乘鬼死堕胎推。年命冲克胎神者，生儿不育令人悲。

怀胎吉凶古今难，全凭落处地盘看。生旺比和祥可决，害刑克绝不为欢。

子母平安最为要，须用干支细参照。支伤损母干损儿，两处无伤子母笑。

又审盘中后合神，死生克制细详论。合受下克伤儿命，下制天后母命迍。

生儿顺逆理通玄，卯戌相加细细研。卯加戌上手指地，戌加卯位足朝天。

干加支上子恋母，支临干位儿生速。胎坐生方生子艰，两仪夹传产门塞。

罗网日墓母多忧，蛇夹月厌亦同求。年命乘神若冲破，转凶为吉又何尤。

贵传俱逆生颇难，贵顺传顺生顺易。魁度天门阻滞多，煞没神藏应快利。

胎逢偏鬼及元神，种子私娠断却灵。天乙发传名富贵，可知儿是石麒麟。

元胎五等宜详细，寅加亥上家禄利。临子为败巳病推，申辰衰绝君须记。

《百章歌》曰：螣蛇元武用初传，专主胎神事必然。午加亥上亦同缘，五行受气不虚言。

螣蛇丁巳火，元武癸亥水，皆为胎神，妇占得之主孕。午加亥上，火在亥上受气，亦主孕。子加卯，卯加申，酉加寅，其义一也。

夫妻年命上神论，旺孕德孕俱见真。干子支母无逢鬼，正时为命莫生嗔。

支上神生干上阳，克干之上必生灾。支上却喜干上克，若生支上未离胎。

干支得地皆云吉，岂宜日鬼临干支。上下合支应难产，发用冲合更详之。

龙虎魁罡各有说，六合勾陈难易分。后乘罡将临年畏，死亡年上以凶云。

胎气天空临日近，胜光之下定其期。年上三传忧大煞，血忌临传是产时。

欲知临产分男女，正时与日比中寻。日时更分阴阳看，用神上下是佳音。

三宫四季定生方，太岁日神两莫伤。更以日辰较长短，发用乘神论否臧。

---

① 润下从革为西北合，曲直炎上为东南合。

② 例如酉胎，酉属兑，兑少女也。卯胎，震属长男，以此参诸卦象，则得矣。

《海底左眼》曰：占人来意问妊娠，见机长幼察微门。度厄地烦蛇掩目，悬胎之课乃来因。四仲为初看中末，虎若还乘孕喜神。后阴龙合乘胎喜，魁罡武合并同真。长生若作虎蛇后，卜时入墓亦宜陈。

胎

占孕夫妻行年看，两个行年一处断。三合六合相会来，得子兴荣名禄冠。

得时三合势丰隆，占孕将来子息丰。假令春占夫在寅，妻年六合午头逢。

孕子兴家家再发，三合相逢官孕雄。紫微月将吉神并，龙常传入是三公。

夫妻行年并六害，得孕冤家欲害人。不是生时即克母，便是将来败产因。

即如夫年寅上会，妻年到巳是六害。二人年上更刑伤，害为有克刑相碍。

甲乙值日夫妻金，或然合起从革刑。孕中多病必伤身，甲乙合水大安宁。

孕乃长生多帝旺，天德月德旺生气。怀在母胎已无忧，将来显达荣家势。

占孕若见进元胎，所占之子是真孩。前生作福今生受，或富或贵是梯媒。

占孕传来是今日，此子利益吾家门。传为嗣也今日长，长阴德兮利后昆。

日辰中末并相生，此孕生来显祖宗。不是生前少我债，定然方便起门风[1]**。**

占孕怕见空亡神，将来孤寡不旺人。不是财散及家破，便为无势主伶仃。

占孕若见生日传，此是今生取债人。前世负他今世取，知命之人为汝伸。

三传还与日辰刑，相刑上下不堪亲。不是幼冲克父母，却也伤残有疾人。

日上三传多自刑，此子短命终无情。不是遭刑须恶死，先贤留此炤人心。

占孕六处皆虚废，空家无识须研细[2]**。**

子午后龙妻孕宜，沐浴胎养便言之。子立孟神胎未长，或逢季土必无疑。

后龙子坐午加亥子上，定有胎孕。例如戊子年癸亥月壬寅日丁未时，午加亥乘后一课，主虽是男而有伤，何也？支上有鬼也。

日合为用亦占胎，龙后相加应此才。发用浅时胎未满，如遇日养出月胎。

日合为用，并乘龙后，应主占胎。用日浅，胎未足月。立用遇日[3]，主出月生也。例如甲辰六月甲子日寅时，午作后加寅，主生女，不死。更要看生气月厌子上阳男阴女。临克处，必损胎。子临生处，母子俱吉。

岁贵临支或占胎，亢金值日紫微孩。辰特[4]**生时眉入鬓，丑寅火气小奴灾。**

龙并文星加子上，宰执为胎未遍刑。天门乘者都堂位，万朵高花出世琼。

白虎月将临支上，占孕英雄振世威。忽然又作今日印，所获边疆贺圣机。

---

① 吉占。

② 出《龙首经》。凶占。

③ 疑脱养。

④ 元作时。

天门生气见青龙，孕育贤师朝太空。更遇罗渊来生体，尘世皆离上净宫。

金玉满堂临日辰，日德逢之必定真。若是更乘龙贵立，日后为官作贵人。

占孕诸神旺相逢，此胎生下旺家风。若有学堂须大贵，如无只是富家翁[1]**。**

占胎得太岁作贵人临支，亢金龙值日者，主生大贵。青龙文星加子，主宰相执政之胎。文星者，日长生也，惟戊已日午时真。又甲午年八月辛亥日，丑加子，为辛金生水，子上丑乘龙，文星在丑，其例也。白虎月将临支，占孕怀将军。例如六月丁亥日，午加亥用之占也。罗渊者，甲年得寅之例。天门生气并生龙，主怀僧道高士之胎也。金堂并文星，乃侍从胎。玉堂并文星，是宰弼之胎。玉堂：正卯二酉三辰四戌五巳六亥七子八午九未十丑十一申十二寅。金堂：正辰二戌三巳四亥五午六子七未八丑九申十寅十一酉十二卯。

鬼乘妻后主占胎，妻上同行结孕来。妻临鬼上同欢庆，鬼在妻兮子孕乖。

龙后乘鬼，主占胎。妻上临鬼，妻有孕。

欲将所孕卜阴阳，先看发用在何方。一二当前主弄璋，四三贵后女推详。

阴人年见阴女占，那堪传送复加年。三传俱阳女不愆，纯是阴神男有缘。

用神月建母行年，三处同将一法占。阴即是女阳即男，三处二空胎尽然。

用日二课，在天乙前，是男胎，反此是女。妊母行年上，见阴是女，见阳是男。三传俱阳，阳极怀女；俱阳[2]，阴极反男。例如甲日阳，阳旺在卯，卯上见子，子为阳而弄璋也。盖阳日取日干旺处，阴日取日支生处。用年月建三处，见两重空亡者，又加墓地，是胎也。

产

临产之课不要生，三传进生生定艰。子在腹中须作梗，要产千难并万难。

占来或值进悬胎，不则连如又进材。子恋母腹不肯下，莫教子母一时灾。

占产传顺生下易，传逆终于产子难。日辰之上并六害，生时犹隔万重山。

课见空亡是生时，三传退脱最为奇。若还传进并寻旺，纵使生时亦主危。

占产占孕两不同，孕要固生胎气隆。产逢退脱方为吉，孕带生神旺却通。

鬼临子上子生殃，虎勾无乳定身亡。亥子夜啼逢元武，龙常饮食鬼神伤。

鬼加子上，并死气空亡，主死。勾虎主缺乳。武临主夜啼。龙常作鬼临子，主伤食。

月将加于产母年，数至今日日辰看。若值空亡无命年，三合四煞望生艰。

月将加年，数至占日之辰，若空亡，及生命及四煞或三合，凶。

---

① 出犀华真人。

② 应作阴。

螣蛇白虎若重逢，更带儿传两个同。三传大煞虚空武，须臾立产喜颜浓。

蛇虎两重者，假令巳作蛇，蛇在巳本位也。申为巳之子，故云带儿，又传带儿子，主双生。例如己巳日午将巳时，冬蛇课体，初中两申，申即虎，本神是两重白虎也。占者果于申月申日申时生二子应。若三传中逢大煞白虎天空元武，主立时坐草无虞。

死生龙虎患伤憔，争奈传尸血染胞。血支血忌同为诀，妇人怀孕怎生逃。

死气生气并白虎，名憔悴之疾，主病在产后，更同恶煞，必致产死。

	勾	青	空	虎	
	子	丑	寅	卯	
合亥					辰常
朱戌					巳玄
	酉	申	未	午	
	蛇	贵	后	阴	

青	阴	蛇	空
丑	午	酉	寅
午	亥	寅	己

父	甲午	阴
兄	辛丑	青
子	丙申	贵

六月占，日禄月将胎神临支为用，主双胎而子若得有旦贵。干乘天空，支乘旬首，主本日亥时生。

	空	虎	常	玄	
	午	未	申	酉	
青巳					戌阴
勾辰					亥后
	卯	寅	丑	子	
	合	朱	蛇	贵	

虎	空	玄	常
未	午	酉	申
午	巳	申	己

子	壬申	常
子	壬申	常
父	庚午	空

昴星。白虎本家。禄加支。双子之象。

大六壬寻源编卷之六

占林中

岁运章

火暵水潦，木穰金饥。成功者退，将来者徯。五行代嬗，以课年时。

法以正月朔且天腊日，以月将加时占之，至诚感神。次第八。

丰亨歉匮，专重太岁。日与发用，两两相对。生合有年，克破荒岁。

日上与太岁相生合，则物阜民安；相克害，则岁凶。

课传太岁，生合何神。木宜枣栗，秬秠芑穈。火宜小豆，桑麻丝纯。土宜五谷，麻豆蓁蓁。金宜货卖，贵粟贱银。水贱四足，鱼盐豆珍。

更视课传与太岁生合者何神，火宜小豆油麻丝绵，水宜鱼盐麻豆之属，四足物贱。

何神克害？木多风霾[①]。火旱土灾，金兵盗慨，水神怀襄，民迁无奈。

更观日辰与太岁克害者何神也。

最喜龙常，寅龙入疆，太常临酉，入传吉祥。

龙乘寅，常加酉，入鞫穷大有年。

忌岁陷空，空加岁翁。蛇虎刑德，克岁刑德。岁上乘罡，罡月建逢。

谓辰加岁月建也。灾荒洊臻。

已上种种，见则年凶。

更稽岁禄，以介景福。禄所临方，其方大熟。此大概也，后学勿忽。

黄帝占：常以月将立春正时，以立春日辰定四课三传，视太岁上神为五谷类神，仍消息之。以三传生克，定其丰歉。以十二辰加临神将星煞，定九有之盈虚。

① 叶去声。

列星分野

向以列星分列国等处，未若分别各府州之可据，以便推灾祥，定食禄也，定丰歉也，定灾变安康也。

角亢　开封府

亢氐　汝宁府

房心　徐州

尾宿　永平府　隆庆府　保安府

尾箕　顺天府　保定府　河间府　辽东都司

斗宿　应天府　苏州府　松江府　镇江府　池州府　宁国府　徽州府　常州府　太平府　扬州府　淮安府　庐州府　凤阳府　安庆府　滁州　和州　南康府　南昌府　饶州府　广信府　建昌府　抚州府　临江府　瑞州府　袁州府　吉安府　赣州府　南安府　杭州府　嘉兴府　处州府

斗牛　潮州府

牛女　严州府　金华府　衢州府　绍兴府　宁波府　台州府　湖州府　温州府　泉州府　福州府　延平府　汀州府　兴化府　漳州府　广州府　韶州府　南雄府　肇庆府　高州府　琼州府　梧州府

女宿　建宁府　惠州府

虚危　济南府　登州府　莱州府

危室　东昌府

室壁　大名府　彰德府　卫辉府　怀庆府

奎娄　兖州府

胃宿　顺德府　广平府

昴毕　真定府　大同府

觜参　平凉府　泽　州

参宿　汾　州　东川军民府

参井鬼　太原府　潞　州　成都府　顺庆府　西安府　青州宣慰司　凤翔府　汉中府　平阳府　巩昌府　庆阳府　延安府　宁　夏　文县守尉　云南府　大理府　临安府　楚雄府　徽安府　保宁府　叙州府　重庆府　州　府[①]　嘉定府　雅　州　泸　州　眉　州　泯州卫　曲靖军民府

柳星　河南府

张宿　南阳府

翼轸　桂林府　柳州府　庆远府　平乐府　浔州府　南宁府　武昌府　汉阳府　襄阳府　德安府　黄州府　荆州府　岳州府　长沙府　衡州府　辰州府　永州府　柳　州　沔阳府　安陆府　夔州府　廉　州

轸宿　平凉长官司　宝庆府　靖州卫　施州指挥使

农事占

语曰：民之大事在农。上帝之粢盛，于是乎出；民之蕃庶，于是乎生；事之供给，于是乎在；和协辑睦，于是乎兴；财用蕃殖，于是乎始；敦庞纯固，于是乎成。又曰：食为民天，农占重焉。次第九。

日为农，辰为田。

日辰上下彼此旺相相生，而财神临家长行年上，则农登十分。如课传有财神，而家长行年上不吉，则五分。若辰生日，辰上神生日上神者，十分。日生辰，日上神生辰上神者，五分[②]。

视类神所属，以察何种为今岁所宜。

木神主禾苗[③]，火神主黍稷小豆，土神主麻[④]，金神主麦[⑤]，水神主稻与乌豆[⑥]。

视课传日辰，以察何田为今岁所宜。

伏吟宜近田，返吟宜远田。辰上神卯辰巳午未申宜高田，酉戌亥子丑寅宜低田。如三传财神旺相，高低皆宜。发用在日上两课，宜早种；在辰上两课，宜晚种[⑦]。

---

① ①点校者按：此处佚一字，当作洮州府。

② 日上有气，熟；无气，不收。

③ 寅早卯晚。

④ 丑大未细。

⑤ 申大酉小。

⑥ 亥稻子豆。

⑦ 初传吉，宜早种；中传吉，宜中田；末吉，宜晚。

一视田郎。

以太岁加家长行年上，看寅卯二辰临于何方[①]，课传中见此神，亦主大收。田郎者，寅也，主高田，早种。卯也，主低晚田。

一视虫神。

如辰戌巳未为虫神，三传见之，主虫伤鼠耗，惟人年上神能制之，则无妨也，而占田之法明矣。

《灵辖经》曰：以登明加寅上，视家长行年上。

见辰遭旱，丑未蝗，午人分，巳亥因官事不收，卯戌半熟，惟寅申子酉下熟。又以月将加月建，视类神上，见卯酉子大收，亥半收，巳苗不秀。凡欲营此，用传阴阳中有气，类神与太岁上神相生吉，天乙所乘之神生其类神者吉。

干为农，支为田。支上神为禾稼，并视类神。

干日将吉生合，农人乐。类旺并吉，禾苗茂。干与日辰上神比和旺相，大有年。若日干克支上神，耕耘不如法也。上神克干，将并勾朱，必争疆界，以起田讼。

汇　歌

欲向田畴卜所丰，品类区别始及终。辰畆日农支美种，耕耘干主物宾从［总纲］。

支若生干六并宜，干益支兮一也亏。日克辰兮田耗散，辰克日兮主残衰［吝］。

两相生旺田丰足，定然平稳还生福。日干若更克初传，报本亨嘉禾黍熟［吉］。

两头或害或克刑，蹙额何心作讼声。相生旺相神尤可，囚死为之室若倾［凶］。

贵神六合青龙将，凭依生喜传辰上。住在支间更得良，真为五谷丰登象［吉］。

克刑害在支辰表，蛇虎勾空依作扰。朱阴武亦是凶年，以上参详又当晓［凶］。

蟊蜚螟螣是金侵，浅薄稀疏水作淫。蒠腐内烂水为咎，禾苗槁旱火仇临［凶］。

良田亦死土为灾，丁与飞廉病亦乖。空亡碎破支头见，秀而不实空伤怀［凶］。

传若生干大段奇，从来粪治亦相宜。日若生传徒费力，何以休耕负耒归。

支上神将皆祥吉，支干破碎空亡立。秋成所获漫盈宁，酬负偿补无进入［吝］。

禾品分三早晚迟，初传是早二中宜。三为晚稻不须审，三传命上悉参惟。

孰禾孰比孰乖异，命亥用寅称畅备。六种孰俭孰为丰，命合火红黍豆利。

金宜二麦丑未麻，亥子黑豆稻堪夸。禾苗荣达木神协，农人祸福此中查。

禾生下土欲蕃茂，天干惟怕墓神就。传用逢来总一般，定多萎损劳营救。

从墓传生后有灾，传生入墓先葱蔚。三传纯粹始终佳，一处不同便为疾。

参　考

今岁营农问丰歉，五谷之神各类推。木主禾苗金是麦，黍并红豆火为持。

---

① 例如临子丑，则子丑即为田郎。

丑未为麻分大小，稻兼乌豆水应知。四课三传有其物，岁上之神和合宜。

土并朱雀争疆域，亥子勾陈竞水池。更将室宿［亥］**加寅上，家长行年看所临。**

传送功曹为大熟，辰未都遭蟊螣侵。巳亥收时对官口，卯宿应知半称心。

胜光原与他人共，不然还债折租金。

以登明加寅，盖室宿在亥故也。视家长行年上所见之神决之，见天罡遭旱，大小吉遭蝗，寅申子大熟，见午与人平分，巳亥遭官不收，辰卯远行不收。◎以上《心镜经》。

金宜二麦不宜他，水本稻粱须种禾。火防亢旱宜黍豆，土生万物自温和。

早中晚田三传别，旺相空亡刑害科。◎《指南经》。

日为主兮辰为地，主与地兮彼此筹。其次却详类神境，岁上相生大有收。

最忌魁罡大小吉，寅申卯酉并为优。

蚕桑占

仲春之月，吉日庚午。既差我马，惟蚕之祖。编使童男，作以童女。温室既调，蚕母入处。陈布说种，桑和得所。晞用清明，浴用谷雨。爰求柔桑，初若细缕。起止得时，燥湿是候。逍遥偃仰，进止自如。仰以龙腾，伏似虎跌。昏明相推，日时不居。是月也，天子以太牢之礼献玺于寝庙，皇后亲缫三盆，然后辨于夫人世妇，至于百辟卿士，下及兆民，咸趋缫事。尔乃丝如凝膏，其白伊雪，以为衣裳，冠冕服饰，礼神纳宾，各有分职，以洽百礼，罔不斯服。夫功也，起于绵绵，成于翼翼，殷斯勤斯，爰作占式。次第十。

日为蚕妇，辰为蚕。

日辰上下彼此旺相相生，而财神临家长行年上，则收成十分。课传有财神，而家长年上不吉，则五分。辰生日，或辰上生日上者，十分。日生辰，或日上生辰上者，五分。

视蚕命所属，以究其所临之何如。

午为蚕命，未为桑叶，申为绵絮，酉为蚕僵，戌为蚕黄，亥为蚕死，子为鼠耗，丑为眠化，寅为蚕茧，卯为蚕丝，辰为蚕箔，巳为蚕筐。如蚕命临寅上，则收成可喜，其余以意消息之。大段乙合龙常乘之则吉，勾蛇元虎朱空不吉，最忌与太岁相刑克，皆指蚕命。

视蚕年所属，以详其生克之何如。

亥子丑年居申，申酉戌年居巳，巳午未年居寅，寅卯辰年居亥。蚕年上神生蚕命上神则吉，如克则不实，最忌蚕年蚕命落空，命空尤忌。蚕妇行年与午上神生合喜神吉，刑克者凶。

一视蚕室。

以蚕行妇年加太岁，惟天上寅卯午未申方利，乘吉神者尤利。

一视蚕桑。

雀乘朱虎勾阴加子，主叶贵。午加未，主叶贱。盖桑，属木也，备矣。正时与蚕桑，须要得吉良旺相有气，大怕三阴蛇虎。

三传与蚕命相生得合者，有收成。

干上及用传见酉戌亥子丑者，少收也。午加酉，或加戌，或皆亥子丑，大不利，空亡破碎更忌[①]。

《连珠》曰：三传为三伏三起，其吉凶视神将。

凡课传中要见胜光并吉将，又天乙太岁上神与蚕命及蚕妇年命相生者吉，课传无类神者凶。

黄帝占人欲带制新衣吉凶法：正日时，欲令日辰上得吉神将有旺相气，又欲令青龙太常在日辰阴阳中，阴阳所居神与今日日辰相生者吉，非此者凶。纵有青龙太常不在日辰阴阳中，亦宜视青龙太常所居神与日辰相生者，亦吉也。

占田蚕种五谷好恶法：正日时，欲令今日日辰上神多旺相气，与所为物类相生。又欲天乙所居神与太岁上神相生物类神，即大吉。日辰阴阳及传用中有其物类[②]，必成熟也。无令魁罡蛇虎与囚死之气临日辰，临者凶。假欲占蚕，日辰阴阳及传用中有胜光，因而三传胜光皆得吉神将，得天乙，所居神与太岁上神相生胜光者，即大吉也[③]。若物类神与太岁上神相贼，天乙所居神克日辰，阴阳中无其事类，则为大凶败也。

占今年举百事商贾田蚕法：皆以日辰及家长行年上神将言之。得传送、青龙及旺相气，可以商贾，皆宜田蚕，亦以所欲为类神上得吉凶所主，元武亡遗之例。

午为蚕命未为桑，寅为茧兮巳为筐。卯是丝兮辰是箔，申为绵絮酉为殭。

神后鼠盗亥多死，丑当眠伏戌为黄。传用凶神知不保，吉加时日定高强。

未为朱雀忧争叶，白虎临年人必尫。四课中神逢见马，以马三传看否臧。

岁上有神相允协，欲得青龙及太常。◎《心镜经》。

胜光蚕命忌见子，太阴加午忧自殭。戌黄亥死三则忌，寅茧卯絮申为丝。

辰箔相生本是吉，妇命伤午凶随之。◎《指南经》。

蚕年蚕命互推详，蚕命愁加墓绝乡。更得蚕妇年命看，相克生蚕俱有伤。

---

① 蚕属阳，故喜西南神将，不喜西北也。

② 蚕与胜光火以功曹之属。

③ 例如太岁在辰，四月戊辰日日中时传送临午，占蚕善恶何如。胜光临辰，此为有其物类矣。太岁上神自得胜光，将得青龙，神将相生，天乙在大吉，则太岁日辰上神皆有旺相气，不与胜光相害，则利十倍。诸物类等皆效此推也。

虎忌行年叶忧雀，岁喜青龙及太常。无虎无蛇固为美，得年得命更祯祥。

蚕行年，亥子丑岁在申，寅卯辰年在亥，巳午未年在寅，申酉戌岁在巳。午为蚕命，年生命上神蚕旺，命生年上神蚕衰，相伤失利，比和有收。

选试门

选举之占，占其名之有无，中之高下而已。然必明其类神之所属而后占，明其主文之所属而后可占，明其神煞之喜忌而后占也。则若廷试会试乡试小试越武举，其有无高下，瞭如指掌矣。作选试占，次第十一。

类神所属者何？以日辰言，日上神，主文也[①]，场屋也；辰上神，试者也[②]，题目也。以三传言，用上神，初场也，亦为应试人；中传，二场也，亦为文章；末传，三场也，亦为主文。以十二辰言，子易，申诗，亥书，卯为春秋，巳为礼记，午象文章则显，若武，则酉为七书，申为矢，巳为弓[③]。

主文所属者何？太岁为人君之象，廷试之主文也。月将为部院之象，会试之主文也。岁破为外省宪臣，遥对天子之象，乡试之主文。月建为督学府州县官，取四时循环之象，小试之主文也。

神煞所喜忌者何？神天乙青龙六合螣蛇朱雀太常，煞天喜皇恩五马印绶，所喜者也。神勾陈白虎天空玄武太阴天后，煞死气病符月厌，其所忌也。课喜奇仪、龙德、富贵，忌空墓休囚刑害。

明上三者以占名之有。若日辰上下相生乘吉神者；日辰上禄马互见者；三传旺相相生乘吉神者；三传递生及生日者；三传克日而天官生日者；龙雀乘日上神与发用作日德日禄日官，不陷空亡者；日上仪奇，而用蛇末龙者；年命乘魁［戌］而帘幕贵人见课传者[④]；随所试而主文生日，或乘吉立日上及年上发用者，咸可以必其名之有也。

何以占名之无？日辰上下相克乘凶神者；三传刑害无气乘凶神者；三传递克而克日者；勾玄阴乘日上神，及发用作日刑日害日墓而无吉神者；墓辰覆日，与辰传用者；空亡临日上及传用者；死气病符月厌见三传而无吉神者；雀空者；龙墓者；天空发用者；玄武乘神克日上神者；白虎乘神伤日者；年命上神煞凶恶，而课传俱陷者；随所试而主文空亡，若克日或乘凶神居年命上者，皆决其无名可也[⑤]。

何以占中之高下？太岁乘吉生日，或作日贵临干发用，五马交驰，诏恩并见，六

① 一曰日士子也。

② 一曰辰场屋也，辰题目也。

③ 岁干，主文。岁支，场屋。日干，举子。日支，题目。

④ 日用夜贵，夜用日贵。

⑤ 初传丁马，头场贴出，二传，二场贴出。

阳数足者，状元也。太岁乘吉生干，或作日贵临于中传，三四马交驰，印绶德禄天喜并见，六阳缺一者，榜眼也。岁吉生干，或作日贵临于末传，交驰四马，六喜并见，六阳缺二者，探花也。日辰传课俱吉，而吉神并于初传者，一甲；并于中传者，二甲；并于末传者，三甲也。以上论廷试。若论会试，则视月将，乘吉神生日干，或作日贵临干发用，传见德禄五马天喜者，元魁也。吉神同上，而月建见于中传者，房魁也。见于末传者，后魁也。若论乡试，岁破乘吉生干，或作日贵临干发用，传见德禄五马天喜者，元魁也。吉神同上，而岁破见于中末者，后魁也。至于小试，专责月建，月建乘吉生干，或作日贵临干发用，传见德禄者，批首也。龙朱旺相，月建乘吉作贵，见于中传者，一等也，见于末传者，二等。盖以发用让批首耳。若禄神旺相入课传者，主帮补。若龙朱休囚，月建乘吉作贵，不入传者，三等也。以类推之。何以知其冒籍？元胎吉将，六合加子卯未辰者，外处得也。何以知其夤缘？天后太阴乘日贵生日者，阴私得也。

何以知其不录？朱雀乘神克主文者，主文嗔也。朱雀乘日气，无文失则也。朱雀乘亥子内战，防点污也。元武发用，虑涂抹也。三传皆空，卷疎失也。

《心镜》云：天乙求官应举宜，太常天马要相依。更临巳戌为金印，命入天门及第归。帘幕乃试官之位，酉戌为正从之魁。

德禄入墓，功名不久。天喜临命，文气雄豪。禄马若不空刑，必然高第。小试先寻月建，最要相生。会试须推太岁，不宜空破。德禄青来五马会，定当发解。魁罡年命日罡同，必作经魁。

《指南经》曰：帘幕贵逢皇榜策，魁罡将遇青云客。鬼斗临干魁可论，文章克岁犯时责。从魁生扶亚魁中，辰未来临解首逢。万里风云看龙奋，一生泉石有蛇封。六阳月将生光辉，两贵拱来荣名进。墓神覆日文理差，罗网缠身书旨晦。德入天门中必崇，河魁度亥失登庸。旬首冠军详五甲，真朱超众忌三凶①。格见天心贵异常，源消根断②费商量。雨露润泽③中无虑，刑害空亡取次详④。

若夫武举之中否，何以占之？视日上发用与年命上，遇大煞月煞乘天空太岁白虎入传者，中也。巳为弓，申为箭，午为马，三者并见，又乘吉神，不犯空亡者，必中也。三传克日，禄马羊刃并见者，中也。其文同文举例。

《指南》曰：蛇蚓[巳]**象弓空最忌，觜参属矢**[申]**要如意。仲为中垛孟角花，午贯正鹄季落地。一课一矢二课二，三课三矢四课四。发用箭数课中详，旺相休囚加**

① 克太岁；克帘幕贵人；榜将出，见丁马也。

② 四下克上也。

③ 四上生下。

④ 六甲元作五甲，戊子寅辰午也。

减记。

合用神煞：日德：阳日本干，阴日干合。为一日之喜神，诸事之吉象，而访谒亦视其阴。　日禄：甲日寅，乙日卯，丙戊日巳，丁己日午，庚日申，辛日酉，壬日亥，癸日子。　天喜：四时季神对冲。　皇恩：正七申，二八月未，三九巳，四十丑，五十一子，六十二亥。　五马：年马月马日马时马并天马而有五马。　六仪：本旬首。　天印：正未二午逆十二支。　天德：正亥顺十二位。俱利求名干禄。　三奇：乙丙丁，甲戊庚。　太岁：乃天元一气，号令四时，为五行之标，岁功之本，众煞之主，至尊之神，是为朝廷。若作贵人，不论入传与否，大利名禄、救助，惟不救病。

月建：阳刃[①]、死气[②]、病符[③]、月厌[④]、大煞[⑤]、月煞[⑥]。红心[⑦]、四角[⑧]、二煞，武试用之。龙德课：太岁作月将乘贵人发用也，或岁乘贵人传中见月将也。富贵课：天乙发用乘旺相临日辰人年，传中有气也，又干支逢禄马也。

月将乃幽明之司，静动之机，祸福之始。福德之神[⑨]，临用临年命皆吉。临支神，宅生光。临元武，贼必败。乘天空空亡，为光耀之象。其属为台省部院，带天马为使命，乘龙为公卿，乘常为武职为权臣，乘勾为大将军，乘雀为羽林，乘蛇为车骑也。

汇　歌

文章紧要看朱雀，惟嫌西北安居着。住在东南匪替神，语意新奇文入格［吉］。

天空癸畏文疏失，武克辰伤涂污密。白虎伤干语犯时，后阴立用文曲郁［凶］。

死气病符并墓鬼，或临用首或传尾。饶君才学并欧苏，主文应不相欣喜［悔］。

下克上兮上克将，日后为传乘旺相。阴阳不备德曜空，三刑六害俱休想［吝］。

日里为官无捍格，更还向贵光尤赫。命年吉将又相逢，管作蟾宫折桂客［元吉］。

占科试，太岁干为考试官，太岁支为场屋，日干为举子，日辰为题目。若四位有吉神，带旺相相生则吉，反此者凶，文不得意。若用神克干，举子有灾；克支，题目不得意。干克支举子畏，支克干场屋忧。若皇恩天喜天乙青龙乘马传入，或临日辰年命，不落空亡，必主高中。若日辰上下无克，更得吉神者，必中。三传生日者，必中。若朱雀乘旺相入传，则文词奇异。天罡临亥子，天后太阴为用，则文词曲蔚。日德临亥，为德入天门，其中必高也。若天空元武入传，或克日辰，则不中。白虎克干与辰

① 禄前一位。
② 正午顺十二辰。
③ 太岁后一辰。
④ 正戌逆支。
⑤ 正五九戌，二六十未，三七十一辰，四八十二丑。
⑥ 正五九丑，二六十辰，三七十一未，四八十二戌。
⑦ 午也。
⑧ 寅申巳亥也。
⑨ 在日为福德，在辰为龙德。

并，则不中。死气病符墓鬼入传者，不中。若下贼上，内战，日后为传，阴阳不备，德神落空，三刑六害等兆，皆不中。若课传无禄绝嗣天网飞魂魄化伏殃四绝反吟乖违等象，亦不中也。若帘幕贵人发用，临年命日干传课，必登第。

黄帝占弟子始事师得成达否：以今日之辰占之，日为弟子身，辰为所学者，时下辰为师。欲令其子加母时，必见其受成于师，又顺天道。又欲今日辰上所得神将有旺相气，上下相生，其用神终于吉神将，有旺相气者吉。毋令辰上神上下相贼，其发用神终于辰支上之墓而无气者，忧学不达也[①]。

	朱	合	勾	青	
	丑	寅	卯	辰	
蛇	子			巳	空
贵	亥			午	虎
	戌	酉	申	未	
	后	阴	玄	常	

常	贵	贵	勾
未	亥	亥	卯
亥	卯	卯	丁

子	辛	未	常⊙
父	丁	卯	勾
官		亥	贵◎

身带长生造化全，吉神扶助若神仙。更逢天马并天德，金榜名标不浪传。

前面生长若得地，云雨龙腾须显贵。空亡值遇又刑冲，有名无实终不济。

长生前面又贪生，生处或前或后迎。生在日前名易得，生居日后慢能成。

长生落陷值空神，只是终身一士人。纵尔文章如锦绣，奈因里面没官星。

长生也有带空亡，立处还宜细细详。有气虽空终显达，休囚无气枉心忙[②]。

官星有气催官急，无气奔驰且慢停。居在生方登上第，临官帝旺占高名。

禄神便是受官神，有气峥嵘福自生。揔有官星无禄气，得官之后又逡巡。

上书献策凭神后，加仲周旋孟见机。入季慢劳空费力，更防触怒被嗔时。

太岁从来是太君，若占朝见指临云。紫微在子玄穹丑，不值空亡足听闻。

向午须朝背午非，天门临处万邦归。若居本处名躭乐，临克临空闭紫微。

天贵龙常太岁前，日传生合便经筵。岁值空亡刑克处，瞻天仰圣岂无缘。

传来生日事皆宜，静动行藏任所为。仕路功名若努力，等闲平步上天梯。

三传俱是日支鬼，炎上庚辛官况美。否极泰来正是时，万里鹏程声势伟。

子孙爻见鬼爻无，却怕官星也见迂。若是财爻干位立，官星仍动鬼难驱。

《中黄经》曰：府试先寻月建神，省下宜求岁破真。御前太岁与天乙，行年朱雀喜求新。若有行年相制克，要识从前次第分。太岁破建空亡恶，本是科场下第人。

行年日干与主司，本命天乙莫相欺。日干怕与行年克，龙朱印马旺生奇。

---

① 例如正月丁卯日日出时，登明加卯，丁为弟子身，卯为所学者，时下辰为师，丁加卯，子得其母也，卯上神上下相生，用终登明，将得贵人，不相刑，又有旺相气，此为学者必达也。

② 巳上长生。

汇百章歌

朱雀来临旺相宫，行年月建命相同。驿马加临日辰用，高名先达荐书中。

朱雀加临旺相中，上下相生不落空。更乘有气吉神将，名登科甲喜重重。

解试占，喜雀乘旺相气，加年命月建，又乘马加日辰，亦妙。未试取官视天乙，已试朱禽文字司。朱与贵官相协吉，克害刑冲最可悲。

预卜科名何所宜，官文须视试临时。夏占秋试寻金水，冬问春闱木火咨。

德喜命年禄马见，不空不陷贵维扶。巍科高占前程远，淡墨萦书知在兹。

若人岁首卜求名，岁日官文贵旺生。得协行年名可必，刑伤空陷枉劳营。

断　粹

帘幕乃试官之位，戌酉为正从之魁。德禄入墓，功名不久。天喜临命，文气雄豪。禄马若不空刑，必然高第。小试先寻月建，最要相生。会试须求太岁，不宜空破。德禄贵朱五马会，定当发解。魁罡本命日干同，必作经魁。

天乙求官应举宜，太常天马要相随。更临巳戌为金印，命入天门及第归。

官禄占

学古入官，量能授禄。行举言扬，何疑而卜。在任吉凶，升迁迟速。差委何权，荐主何族。外转内除，分野何属。天官职司，神煞倚伏。闻报实虚，何祸何福。作官禄占，次第十二。

官禄之占，所用于天官者，文视青龙，武视太常。天乙为贵神之首，朱雀为文书之司。白虎为催官使者，且主威权也。

官禄之占，所用于神煞者，太岁为至尊之神，朝廷象也。太阳月德为福德之神，台省部院象也。二马出入皆吉。寅为天吏，申为天城。余具于后。

所取用于十二辰者，日之官，日之禄，戌为印，未为绶，卯为乘轩。

所主者，本命行年。所忌者，空亡冲墓。

因是以占在任之吉，则视日上与发用。为日德，为日禄，为日官，上乘吉神，与中末传不空不陷，安且吉也。

因是以占在任之凶，亦视日上与发用。若神将并凶，或神将吉，而空冲入墓，干上天罗，支上地网，即以罗网发用①，而年命上乘丧吊诸神者，则为丁制之凶。干发用，丁外艰；支发用，丁内艰。

① 例如甲申日，干上卯为天罗，支上酉为地网类。

日上与发用，系日墓乘虎，或禄神作闭口[①]，或神将不吉，而三传为折腰，为空亡，与年命之神乘病符诸凶煞者，则为疾病不测之凶。轻疾病，重不测。

三传自下克上，递克日干，或自上克下，递克日干，而无日德救解，与朱雀乘闭口者，则为论劾之凶也。

德官禄三者落空亡，年命上神又乘凶将，则为去位之凶也。

日干之禄或寄支上[②]，日干之禄或寄支投墓[③]，而无官禄德救解者，则为屈折逊避之凶。

因是以占升迁之迟速。课传既定，文视青龙，武视太常。视龙常所乘之下神，或作今日之日辰，则佳音可翘首而待也。不然，视其神与日隔几位，以定其升迁之年；视其神与辰隔几位，以定其月；视其天盘上神长生之地为何神，以定其日；视其地盘上神，以定其时。

例如三月酉将，甲戌日未时占文官何时升。断曰：当赴任之第三年七月戊寅日辰时得升报。

	空	虎	常	玄	
	未	申	酉	戌	
青	午			亥	阴
勾	巳			子	后
	辰	卯	寅	丑	
	合	朱	蛇	贵	

蛇	后	青	合
寅	子	午	辰
子	戌	辰	甲

财	庚辰	合
子	壬午	青
官	申	虎◎

何以言之？文视青龙，龙乘午，午加辰，甲戌日寅为禄，隔辰三位，故为三年，所谓视龙下神与日隔几位以定其年也。戌为支，戌与辰隔七位，故为七月，所谓视龙神与支辰隔几以定其月也。龙乘午火，午火长生在寅，寅上乘辰，辰中有戊，故知其为戊寅日，且旬遁亦戊寅也，所谓视龙天上神长生之地而因以定其日也。龙所坐下之神是辰，故知其辰时，所谓视龙地盘神而因以定其时也。此为例，武视太常如之。

其龙常所乘之神生日干者，内除也；其日干生龙常所乘之神者，外转也。其禄神下之神，即食禄之方也。

升迁之占视发用。发用太岁，且乘龙常，或系德禄，又作二马[④]，与课值天地三奇，前引后从，干支禄马，铸印乘轩，官爵龙德，年命上神皆吉者，或乘皇书天诏喜神天马天吏天城，不空陷也。

---

① 旬尾加旬首为闭口。

② 如甲子日，寅加子例。

③ 如辛丑日，酉加丑例。

④ 如庚日申为德禄，又为驿马，二八月占之又为天马例。

差委之占，亦视发用。用带二马，上乘龙雀，或传内旬丁与二马并见，或日上乘丁马，皆加吉神，又不空陷，而行年驿马临之者，是吉庆之占也。

荐举之占，视夫三传。传自下生上，递生日干，又乘吉，不落空陷者，或发用奇仪，乘天乙朱雀等神，而本命行年上喜神临之者是也。

所报虚实之占。何谓实？课传既佳，而式内太岁在日之前，又日上或乘天乙，或乘旦贵，或乘朱雀者，实也。课传佳而日上乘夜贵者，方推陪点也。何谓虚？谓传不佳，而岁居日后，日上乘元空，或喜神朱雀空亡，虚也。他如太岁临干发用，并月将，官印显赫，禄马扶身，贵登天门，神藏煞没，传中官将生年命协吉。例如甲子之伏吟者，皆主官尊德厚，悠久无疆。

至如郡邑之别，则视禄神下神之所分，又视二十八宿中之生本命者，而细分之也。例如壬生人，壬禄在亥，亥加辰，当寻辰宫之分野，然辰宫内有角亢轸氐四宿，则取亢金龙为用，金能生水命也，故知亢宿之分野为其食禄之所也。又行年所临之方为任所，以五行参之无不验。

十二宫分野：子女虚危，齐分青州。丑斗牛宿，吴分扬州。寅尾箕宿，燕分幽州。卯氐房心，宋分豫州。辰角亢宿，郑分兖州。巳轸翼宿，楚分荆州。午柳星张，周分三河。未井鬼宿，秦分雍州。申觜参宿，晋分益州。酉昴胃毕，赵分冀州。戌奎娄宿，鲁分徐州。亥室壁宿，卫分并州。盛京古辽东奉天锦州冀青之城，星躔箕尾[①]。

北京自尾十度至斗十一度，为析木。于辰在寅，燕之分野，属幽州。顺天[②]保安延庆入尾度，河间保定入尾箕度，惟大同真定入毕昴度，顺德广平昴度，无为定州大名入室[③]。

江南自斗十二度至女七度，为星纪。于辰在丑，吴越分野，属扬州。江宁凤阳苏松常镇平庆徽宁徐德[④]入斗度，淮扬庐州九江入斗牛，惟丰沛入房[⑤]。

山东自女八度至危十五度，为玄枵。于辰在子，齐之分野，属青州。登莱青济入危度，惟德泰属虚危，胶属虚女[⑥]。自奎五度至胃六度，为降娄。于辰在戌，鲁之分野，属徐州[⑦]。自轸十二度至氐四度，为寿星。于辰在辰，郑之分野，属兖州。今兖州属奎娄度，东昌入危室度，辽等处入箕尾度。

---

① 角亢开封府，亢汝宁府，氐属河南，房心徐州永平府保安府万全都司。

② 永平。

③ 尾箕顺天保定府河间府辽东都司。

④ 房心。

⑤ 斗应天庐州凤阳淮安扬州徽宁池太苏常安庆滁州和州广德南康南昌饶州广信建昌抚州临江瑞州袁州平安赣州南安杭州嘉兴处州等府。◎牛九江湖州府。

⑥ 女严州金华衢州绍兴台州明州温州泉州福州延平汀州等府汝建宁惠州。◎虚危青济登州莱州。◎危室东昌府。◎室壁大名彰德卫辉怀庆府。

⑦ 奎娄兖州。

山西自胃七度至毕十一度，为大梁。于辰在酉，赵之分野，属冀州。大同[①]入昴毕度，辽州[②]入参井度，平阳汾沁泽潞[③]泾[④]解入觜参度[⑤]。自室十二度至奎四度，为娵訾。于辰在亥，卫之分野，属并州。

陕西自井十六度至柳八度，为鹑首。于辰在未，秦之分野，属雍州。陕西都司及西平巩凤翔延宁夏诸处入井鬼度，惟汉中入轸翼度[⑥]。

河南自氐五度至尾九度，为大火。于辰在卯，宋之分野，属豫州。许入房，归庆睢入房心度，开封汝宁等府入角亢度，卫辉怀彰德入室壁度，南阳入张度，河南潞阳入柳度。

浙江古扬州，于辰在丑，躔星纪之次，属牛女宿，吴越之分，惟嘉处属牛，衢徽金绍宁台温湖属牛女，杭州属斗，温台斗兼牛女。

江西古扬州，于辰在丑，星纪之次，属斗牛吴越分野[⑦]。

湖广自张十七度至轸十一度，为鹑尾。于辰在巳，楚之分野，属荆州。武昌等处入翼轸度[⑧]。

四川自毕十二度至井十五度，为实沈。于辰在申，晋之分野，属益州，又曰梁州。今重叙成保四府并都司入井鬼度，松藩叠溪诸处入参度，顺庆府入参井度，惟绵属觜，忠属鬼，夔州府入翼轸[⑨]。

福建古扬州，于辰在丑，星纪之次，吴越分野。福泉牛女，建宁等府属女。

广州古扬州，于辰在丑，星纪之次，吴越分野[⑩]。

广西古荆州，于辰在巳，躔鹑尾之次，属轸翼，惟梧州入牛女度，楚之分野。

云南于辰在未，躔鹑首之次，属井鬼，秦之分野。

贵州自柳九度至张十六度，为鹑火之次。于辰在午，周之分野，属营州。今贵州诸府司在午未，鹑火鹑首之次，属井鬼星度[⑪]。

合用神煞。天德　月德　支干德：旬内三奇六仪神。　天喜：天诏皇书等，圣心天马定迁升。　催官：飞符皆言速，天地转煞利求名。　岁合：生命同天印，天城天吏福星临。若并官爵乘传课，贵常龙合朱后神。岁月课传无冲破，生干生命望君恩。

---

① 并州。

② 太原。

③ 参。

④ 井。

⑤ 胃顺德广平。◎昴毕真定大同。

⑥ 井凤翔汉中平阳巩昌庆阳延安宁夏文县守尉。◎鬼云南大理临安楚雄徽安候宁叙州重庆嘉定雅州泸州眉州岷州洮州曲靖。

⑦ 南昌翼轸，南康属斗，九江等斗牛。

⑧ 翼轸桂林柳州庆原平乐浔州南宁武昌濮阳襄阳荆州岳州长沙衡州辰州沔阳安陆夔州。

⑨ 觜参平凉泽州汾州东州军民府。◎参井太原潞州成都顺庆府贵州宣慰司。

⑩ 广东牛女，韶州斗女，潮州牛分，肇庆牛女。

⑪ 柳星河南。◎张南阳。

若遇休囚乘蛇虎，四时返本阻前程。官禄遭刑身无气，课传克陷反遭迍。　天德：正丁二坤三壬四辛五亥六甲七癸八寅九丙十乙十一巳十二庚。　月德：正丙二甲三壬四庚，周而复始，岁凡三轮。　干德：甲己同寅庚乙申，丙辛巳癸戊为真。丁壬得亥名干德，阳唱阴随理自亲。　支德：子日巳，丑日午，顺十二辰。　四德：干支最重。若临于干支年命之上，或作发用，皆吉。若临亥上，名德入天门，求官起试，名达帝京。奇神，六甲旬首，亦名仪神。若天罡在年命上发用，原为凶恶，如在甲辰旬为奇神，反凶为吉。《观月经》云：有罪不危险，愁容作笑颜。　旬奇：甲子与甲戌，大吉两旬奇。甲申与甲午，神后正相宜。甲辰甲寅旬，登明若本支。如进退连茹，三传亥子丑、丑子亥者，元吉也。　天奇：传内全逢乙丙丁也。　地奇：传内全逢旬遁甲戊庚也。　仪神：甲日午，乙日巳，丙日辰，丁日卯，戊日寅，己日丑，庚日未，辛日申，壬日酉，癸日戌。凡遇奇仪发用，大利功名。　天诏　游魂：二煞皆正月起亥顺行十二支。　皇书：春寅夏巳秋申冬亥。　圣心：正亥二巳三子四午五丑六未七寅八申九卯十酉十一辰十二戌。庶人利动，仕宦迁期。　天马：正午二申顺六阳。主朝廷动，求事速，望信至。　驿马：如在日辰年命四处见之，举动求望出入皆亨吉。　天地　转煞：春卯夏午秋酉冬子，四时盗同。君子赴朝，常人大忌。　岁煞：正五九未，二六十辰，三七十一丑，四八十二戌，与下丧门同。与吉神吉将并则吉，凡事主速。

太岁：若加临年命，或发用生日生命，有动达天廷之喜。　月建：略次于太岁，与小时同。月合：正辛二己三丁四乙，周而复始。主有喜庆。　催官符：谓本日官星上乘白虎也。主催官赴任。　天吏：功曹寅也。　天城：传送申也。　天印：正未二午逆十二支。　福星：甲丙丁日子，乙庚辛日丑，戊己日未，壬癸日巳。　四时返本煞：春酉夏子秋卯冬午。凡事滞涩，三合局同。　天刑：春酉夏子秋卯冬午。　旬丁：旬中丁神也。　月将：太阳也。　日禄：甲禄在寅，乙禄到卯，丙戊禄在巳，丁己禄居午，庚禄居申，辛禄在酉，壬禄在亥，癸禄在子。　日官：克日者也，阳见阴，阴见阳。　吊客：正子顺十二辰。　四废。

黄帝占诸吏吉凶迁法否：以月将加时，日辰及人年上得吉神将，上下相生，即大吉，其神又有旺相气，时加旺相之乡，为得迁，非此皆不吉。得休气且克官，罢职。囚气且系，上下又相贼者，有罪。死气凶恶神，传得吉神将，有救、为忧。外日辰上旺相吉为迁，年上神将旺相吉亦迁。日干年上神俱凶，辰上神虽善，亦不迁。日辰年皆吉，为迁不疑也。欲知迁期，以魁离今日辰上神为期①。

占诸官吏吉凶法：将大小吏始入官临政视事时，慎无令人年上神贼初拜除日，又

① 假令今日之辰是寅，魁加年为在向后五日或五月之例。

无令所出门上神贼人年上神。文官欲得青龙，武将欲得太常，与日辰相生，不欲相刑克[①]。慎毋令魁罡蛇虎武临日辰人年立地并恶其加墓，不可用也。

占诸吏安官否法：日辰人年上得吉神休气，上下相生者为安，官其有旺气者迁。其神将凶，有旺相气，上下相生亦安宁，上下相贼不安宁。吉神凶将皆有气，又上下相贼者，弥不安也。得传送，有行来事；得朱雀，口舌言讼事；得元武，亡遗盗贼忧疑事也。

占诸吏居安官舍：欲知家内吉凶法。日辰之上阴得吉神将，有旺相气者吉，休囚者凶，次其将言其形状[②]。欲知丧是谁，以年上神言之，阳为父，阴为母，例推。

占诸吏谋对计簿：当见上官知喜怒法。正日时，视日上得吉神将，有旺相及休气，与所欲见事类神将相生即吉[③]，所言并见听说，非此者即凶[④]。

占人奏文书劾事解否及何时来报法：日辰上得吉神将，有旺相相生为吉，功曹与吉将并，青龙与吉神并者皆吉，又直用神终见子有救者为事解，无救者为不解[⑤]。

占赴选求职：要七等驿马入课传，又要见功曹传送二神[⑥]，文武职任虽不同，须得日时二马同来克日，急往求之必得，日克二马不得，课中无此二神，不可往也，空亡亦不得。欲知五官，以五行断之。

占求官成否：正月[⑦]时，用上见龙常魁贵二马，或在行年日辰上者，皆得官也。若遇刑冲克战，徒为虚名。凡求官，用起官星[⑧]，更岁月日时四驿马，得官最速，忌传见子孙。若不见官星，却要青龙或太常及天乙河魁传送功曹二马等临用或行年太岁日辰三传，亦得官也，更要用神旺相相生则得。已上诸吉神，皆忌下贼。

官爵得失：视年命太岁月建今日正时发用七等，在日辰阴阳传用中，即得。官符又魁印常绶为用传日辰神，主得官。行年太岁见城吏，主得官。以月将加月建，四马并城吏而临年者，得官。又云吏临天门，魁罡临人门，天乙临日辰，所求皆得。

文武官序得官年月日时：[⑨]。文龙武常，专主日辰，喜与相生，即不相生，勿令相刑。得官以日干数至龙常乘神，一位为一年。又以支辰数去龙常乘辰，一辰为一月。

---

① 其文武升迁之例悉同前条。

② 假魁为虎，主死丧；为武，言遗亡例。

③ 假欲见王以天乙，诸侯以太常之例，与人年上下相生即喜悦。

④ 如见将军，勾陈所居神贼日辰人年上神，即怒。日辰人年上神贼勾陈临神，则将军不肯见人，虽不相怒，不欲相见。

⑤ 假令望文章所在之乡在南方否，功曹登明若有青龙在北方下为且至，以功曹登明临日辰为至期，法以传中救神为至也。

⑥ 功曹为授，传送为拜。

⑦ 日。

⑧ 甲日酉，乙日申之例。

⑨ 与迁转同。

以龙常乘神长生处为日，所克处为时[①]。

十二月戊子日日出时，文武得官例式：

蛇朱合勾
寅卯辰巳
贵丑　　午青（文一年七月）
后子　　未空
亥戌酉申
阴玄常虎　（武四年九月）

占得何官：三传纯财，财赋钱库之官。带殺，刑狱之官。岁乘天马带冲入传，朝野使臣。月建日辰入传，守土州县。传见金，炉冶之职；带刑殺，主兵刑。传木，风宪之职。传水，按察盐场河泊。传火，为司刑，或主宫门之贵。

官职品次：用起太岁，主仓卒得官，出自诏旨，不然则利见大人，宜往干祈用，用起太冲，则外戚之属也。太岁［天子］月建［诸侯府郡］太阴［皇后］殺阴［常侍］坐岁［侍中］岁刑［司徒］阴殺［太尉］阳殺［司吉］小时［九卿］天后［尚书］天殺［中丞］地殺［都丞］日殺［丞］轩辕［长史］青龙［左制］元武［游击］朱雀［骠骑］厌殺［护军］生气［领军］大殺［御史］大时［都督］天机［长史］荧惑［诸侯］天雄［司马］啸忌［府丞］血忌［中都］日辰［长官］天刑［丞尉］岁德［主府］日德［录事］时德［礼曹］地刑［户曹］月刑［职曹］日刑［曹事］时刑［仓曹］月宿［砲曹］日宿［土曹］天狱［罪系］天午［卒首］飞廉［廉察］解狱［断狱］五寅［星吏］子［王侯］丑［将军］寅［从事］卯［民市］辰［二十石］巳［火官］午［后妃］未［市曹］申［人民］戌［都尉］酉［大官］亥［府丞卿］。

拜除赴任吉凶：文龙武常，上下相生，与行年不克大吉。龙常克日辰，主失官。日辰克龙常，任中有大灾。日辰龙常彼此相生者悠久。龙常克日者，事废于十日之内，克支应一月之内，克岁月建行年，应一年之中也。下贼上，刑日克支，主疾病在月内。若不克行年，虽只克支，重病不死。上克下又伤干，主失官于旬日之内。此二段谓龙常发用也。

占年中升迁否：阳岁以大吉，阴岁以小吉，加岁视日辰行年上，得功曹传送，则有迁期。一以登明加寅，行年上见功曹小吉必迁。《经》曰："迁不迁，问何官［文武］。"日辰上有旺相气则迁。若文视阴神有旺相气则迁，武视日辰阴阳中俱有旺相气重迁。若日辰阴阳俱带囚死休废气，当失职。又斗加孟内迁，加季外转。《七十二占》曰：人年在天乙前则迁，在天乙后不迁。又天乙立二八，阳立于前，阴立于后，主贵任将迁，

① 例如文占，十二月戊子日卯时，午为龙，戌课巳，去龙一位，主来岁得官。子去午七位，顺数至六月。午生于寅，寅上亥，亥中有壬，壬寅日也。水克午火，亥子时也。

小吏免罢。又用岁加贵人，其人为尊上所知，仓卒超擢，必自诏旨。以功曹加月建视行年[①]；又以功曹加迁年，行年上所见神为迁月；又以功曹加迁月，行年上所见神为迁月[②]；又以天魁为迁期。《连珠经》曰：视今日日辰上龙常为迁岁，次以龙常为迁日[③]，终以龙常为迁日，所贼为迁时。

外方上官：四课阴阳传中见马在后，龙在前，主吉庆，官任不绝。如无龙有马，亦有小庆。不宜见当路误神，谓辰巳也，及劫灾三煞，若见一位，主被害，灾劫盗死，没其官。又看旺相休囚以为断，又以正时为己身。

新授现任旧官吉凶：四课阴阳中，取身上禄鬼为现任官，更于四课中取青龙，无青龙则用六合为新官，以五行化类言之。若旧官是水，龙合是金，则新官尊贵佐强。若旧官金，新官水，其官剥前，取新官旧官定贵贱。如遇土官，则不离旧处。

授官任数。欲得知岁任官者，以禄为言。如甲禄，以金为第一政，火为第二政，水为第三政，土为第四政，木为第五政。五行官并于生月上有旺相气，则官不绝。若逢死墓，又是空亡，则休官。更看寿数长短，人命若不绝，有官禄亦不绝。而干自克，己身即亡，男女官职不绝。

诸官吏欲知新旧授任早晚上官消息者，先课前占命禄看是何色，以五行为期以断之。若土为官，三六九十二月下旬为期。水为官，七月上旬、十一月中旬、三月下旬。火为官，正月上旬、五月中旬、九月下旬。木为官，十月上旬、二月中旬、六月下旬。金为官，四月上旬、八月中旬、十二月下旬。俱从占时日数期看岁日。其数未至，即第一期有信，第二期得书，第三期必至，此授官早晚之占也。

汇　歌

求官先论官为禄，官旺禄生先发福。失时囚死便堪忧，任汝营求应不足。

官禄当分日与命，两处相生为决应。用起遭逢旺相神，有求遂意官荣盛。

干乃占人支官品，官品生人福相准。何须有意苦营求，爵职升迁如骑敏。

干若生支当偃蹇，调迁居选亦期远。如云此日已升关，举剡难求徒宛转。

岁为天乙马乘驰，二德官星禄马齐。屈指升腾因旺相，飞黄准拟着天飞。

天驿马临年命上，用起又还乘旺相。顺传岁位却归宗，日边数近非虚妄。

支干递互克相刑，得此须防失或嗔。传送更逢丁马动，当知易地不如情。

传用有神日本忌，父母如存当不利。凶神恶煞更居中，殃咎之来难以避。

干若蒙他月建生，上官临任日加亨。支益干时须益美，任从驱使不纷争。

---

① 例如见太冲则主卯年迁。

② 疑作日。

③ 疑作月。

岁支月支来命位，干头和协无乖戾。政声籍口四方闻，不久应须作朝贵。
日墓如临传上路，不然用向其间赴。阴神恶煞又朋来，政绩庸庸人嫉恶。
超部先观日与支，来生干上始相宜。吉将日前为用起，升任还同永有期。
贵常蛇雀与青龙，更为阳德作传踪。空亡破碎无相值，顺动何忧选不通。
丹诏今朝促觐忙，封章或欲见君王。天空立用三传碎，顷刻应须见上方。
占时日上逢日禄，吉神为用欢欣足。迁期纵有数年遥，忽然逢吏来相促。
日命二神堕空亡，用神无气逆行藏。元合阴空仍参会，失职亡官见祸殃。
前程官爵有兼无，全在日辰实与虚。帝旺临官长生位，峥嵘禄位步亨衢。
虽有长生在日辰，传归囚墓反埋身。得官不禄空嗟叹，不第方延遐算龄。
生旺临官虽到身，怕逢破克与冲刑。最喜青龙生喜庆，空亡落陷不成勋。
寅申巳亥虽学堂，忌遇刑冲破害方。好处恰如花值雨，文章不显路茫茫。
印是天罡[1]绶太常，怕逢克害在何方。日前遇官官须显，日后逢金仕罔张。
金神七煞不堪逢，多败多成少见功。纵是锦标皇榜上，为官降黜数重重。
长生带马任他刑，差遣临时不自由。无马安然居职任，前程远大乐无休。
太岁临干生又和，居官帝里替赓歌。日前太岁京官好，日后为官在外多。
太岁临年又克干，须求远处莫京衔。若居京任遭刑责，外处为官得便安。
太岁临干被干克，在京之任多遭责。外方犹遇上官嗔，带丁带马他州客。
太岁克干在日前，只宜宽后少迁延。若还急进遭刑责，退后还知无异言。
干克太岁日居前，急则生灾缓可延。岁君若克干居后，异日还遭劾者言。
州县官居月建询，生干却喜始终亲。克干终久不安稳，月建遭伤是散人。
月建加干生此身，上官一见喜欣欣。更兼生气兼丁马，委任频繁不少停。
月建克支加在干，上司磨勘事相关。干前致责生刑念，干后伺寻免祸难。
月建来加却被刋，所行偏触上官颜。在前谨守须防祸，在后他时恐剥官。
先墓后生终有庆，初问只怕末冲开。吉时若是加临后，任满终须得意回。
他处发传临日神，京官终始喜相亲。支干上发传他处，出外方知履任真。
旺墓犹堪段段除，缠绵休墓意难如。行年坐墓须依旧，自墓传生事可舒。
在朝之官怕六丁，凶将谪迁吉外巡。丁带凶神来克日，弹章败斥外方行。
跨马乘龙须带秩，更逢二德为良日。日辰太岁更传年，际遇风云诚可必。
巳亥权兼职不专，官微亦有事来兼。盖言神主双双义，吉固成双凶不单。
朝官乘马事趋朝，别职相逢主动摇。除事监司并监使，诸人迢递枉徒劳。
朝官专以太岁看，岁居干后与干前。太岁在前迁必速，岁居日后定迟延。

[1] 应作魁。

今日若逢太岁生，不拘前后自然生。岁君立在克方上，喜里成嗔却变更。

太岁遥来克日辰，更伤月将反遭屯。多思君子须休退，恋禄还朝祸及身。

太岁乘空莫望迁，类神空陷亦冤愆。凶神若又来相并，贬窜他乡且隔年。

贵人亥上立天门，生日升迁端可言。更有吉神同荐引，褒封功业个中存。

三传生日自然昌，旺相临身立贵方。指日轩昂承宠渥，风云际会庆明良。

食禄何方视禄神，北行在子西南申。若临死绝何能给，禄位之方不可刑。

驿马六丁一处逢，禄神生气远方通。次详畏处当回避，喜处居官可建功。

禄马生方喜会逢，利临官地喜多功。无气四般须慎择，更托中传是禄宫。

忽然喜报是升迁，未审真音或浪传。太岁日前君必用，岁居日后恐虚言。

太岁生干事可详，龙常加喜喜非常。贵朱喜德官勤动，宠擢真真不漫扬。

课体休囚刑克多，空亡武合事传讹。冲刑破碎成虚语，干后禄居莫信他。

贵人日上是真诚，夜贵难推未出名。朱雀临干传报实，武空勾虎是虚情。

空元浪语最无根，合后狡童诳诈生。阴后同传相并见，虽存此意未曾行。

盗神加日是虚传，全盗偶由得转迁。前后空亡宜守旧，刑冲破害且随缘。

致政休空废可求，旺生禄马未应休。阴阳不备还宜退，昴宿身閒可免忧。

岁君岁对尚来生，上下相留去未成。禄陷空亡并死绝，急宜退步保长生。

欲知起谤是何神，看验天空是日辰。生旺比和犹自可，刑冲破害显遭迍。

奸邪辰未逢欺弄，申子贪污致怒瞋。丑戌假公私暗济，鸡蛇相配罪明陈。

无故时时惹是非，只因破碎苦相随。若临日上还居外，辰上家中自己为。

元空谗贼更无疑，阴贼后合虎相欺。寅逢午戌来脱日，十事托之九又非。

心疑僚友起谗骂，且看日辰两上神。无谤子寅须会吉，贼阴亥卯谤临身。

解替须用支戴干，支居干上退辞难。旺相发传神在外，得此方能咲挂冠。

《心镜经》曰：**夫卜求官成不成，须逢印绶马相迎。龙常天乙居传内，城吏太阴俱显荣。**

天魁太常为印绶。马，天马也。申为天城，寅为天吏。欲知所任何方，则以用神分野方隅决之。木东火南金西水北土都。

文武位殊各分别，文要青龙武太常。日辰并下生其将，此选居官得久长。

上克下兮遭罪累，下贼上兮忧疾殃。日去龙常迁岁限，辰至龙常月可量。

二将所生为上日，若克龙常为不祥。

日辰并龙常所临处相生吉，龙常所临处上下相克则凶。若下生上吉，武常文青所生日为到任日。夫文取龙，武取常，如得旺相相生、日辰相生，久后远大，相克不吉。

择日上官何取从，年上神遭官克凶。兵法二曹金是主，工曹为木水司空。

户属火官仓任土，水来伤火祸期冬。将是朱禽忧口舌，神为白虎病龙钟。

年上又能遥克日，值此之时祸必重。门上伤年归未得，年上伤门遥役踪。

求替支伤干吉允，斗罡加季也相容。

火官上视行年上神，或被官克，即主其冬有灾，例推天将决之。年上神克上官日，亦凶。年上阴神所合神为凶月。例如甲乙日上官，年上见传送，传送本位登明，登明合寅，寅建正月，正月内有凶也。又看克之阴神，阴神在亥属水，主戊己日有祸也。任官之方为门，门上神克行年上神，则未得归本乡。若年上神克门上神，主被差使。

印绶龙常战克日，干旺支伤官替日。勾虎见来多争斗，六合天后喜转职。

此论解任也，亦文视龙，武视常。喜转职，一作得内职。

《指南经》曰：欲问前程有与无，日辰虚实定荣枯。临官帝旺干支遇，爵禄尊嵘任帝都。六阳数足功名显，前引后从卿相荐。传神互克防诤章，课传递生声誉遍。三传退间蛇倒拔，三传引进龙飞天。将逢内战官超转，德禄天门名显传。鬼曜逢虎号催官，旺禄临支当替役。凶丧罗网返遭迟，富贵日辰丁见疾。魁度天门龙化蛇，贵临鬼户蛇成龙。吉课情殊分仕庶，大格异用别贤庸。天乙卯酉蹉跎微，朱雀值鬼防黜落。六处生旺远大推，凡占墓绝亏官爵。蹉跎微服二格皆贵人居卯酉，视阴阳而定格也。全见课传章。武视太常文视龙，二神紧切怕逢空。龙常克下鸳斑憎，下克龙常灾疾蒙。帝旺临官日辰上，城吏龙常仕途畅。迁期干年支月推，内外日用生克量。龙常生日比日克日，除在内；日生龙常，克龙常，除外任。

《凤髓歌》曰：文看青龙武太常，先观二象立何方。若与日辰生旺美，居官之后总应昌。三传年命日辰上，二象临之主显扬。更有二马并印绶，城吏天乙在何方。太岁太阴并官禄，来加七处并为祥。十神虽俱为要紧，驿马相加更有光。日生主象宜除授，主象生日近君王。主象落处为方位，五行宫分更须详。方与年神莫相克，年上不可使官伤。日去主象为岁期，辰去主象为月期。主象生处为迁日，主象遭克是其时。行年上神到任日，彼此相克亦为疵。日辰更看休旺气，斗罡加季也相宜。

《海底左眼》曰：求官占见三交卦，六仪龙德并天恩。官爵斫轮同铸印，乘轩之课主呈文。太岁月建天城吏，印绶龙朱后贵人。诸位若逢同入卦，常乘干合望天恩。

汇歌拾遗

岁月将克日辰年，更为传用是占官。若逢天乙坐生旺，日辰蛇虎却昂然[①]**。**

太岁为吉将克辰年，值天乙者定得官。

前程官爵有兼无，须把日辰辨实虚。帝旺长生冠带位，临官值也佩金鱼。

青龙与禄只一般，求事求官出入欢。二者若还不得地，徒然虚诈致心酸。

印绶天乙临门上，加干干合天庭将。承恩庶妇圣君宣，幼子平居官敕降。

① 一本作徒然。

卯酉为门，或干上得印绶天乙，主有天庭恩命之喜，阴主妇，阳主子，亥为天庭。

日禄合支请天粮，须寻真用号名彰。更有贵龙朱禄上，天降劳赐有祯祥。

日禄合支，主有天禄请赐，或劳赏之喜。若月将为禄，断可求赏。若犯朱雀勾陈更克，则主有争斗。

卯若加临庚酉辛，名成利遂两如心。寅加三位木遇金，庚辰[①]申[②]日病来侵。

庚酉辛乃申酉戌也，卯为太冲之木，木受金斫则成器，况卯以申为天德合，以酉为官，戌则道合，故功名成而财利遂也。又卯为车，车能任重致远也。夫寅，亦木也，而加于三位，独不福者何以言之？盖寅为天禄栋梁之材也。见金，则有栋折榱崩之象，故寅木临于三位，或庚日占得之，有何喜美？故主病。而所求名利，百无一遂。且仕宦占之，防黜降；商贾占之，防损折。其病若因求官求财劳耗而得者尤甚。

断　粹

文主龙，武先常。龙德正中，前程远大。禄马归命，万里飞腾。先推本命，次论日辰。太岁月建发用，求之不难。城吏印绶入传，何忧不得。最怕空亡玄武，独喜龙贵乘常。欲知迁转之期，亦以龙常为准。去日一位为一年，去辰一位为一月。至于龙常所属五行，时日各从其类。

如土为龙常，应在戊己，木应甲乙之例也。太阳为天子，月建为诸侯。寅为天吏，申为天城。酉为印，戌为绶。品秩高卑，五行内定。旺相加，休囚减，水一火二之类是也。

附诏勅文书占

欲知丹诏发京华，传内岁君月建加。天马一处并交加，此为天子信无差。

天马却来厌煞乘，传中不与水神并[③]。旺相更没空亡煞，殿头内职信分明。

殿头内职，置邮传命。

贵人冲处是天空，常人虚诈的难容。君子文书有始终，利占奏对必遭逢。

天空为值符，又为奏书神，故其象如此。此外不可托人，诈伪之尤也。

朱雀文书时上居，或求信息与同途。丙午巳丁又相会，秘密传文法不虚。巳午类神主文书，用起或来命上居。更逢朱雀莫踟蹰，吉见龙常皆可图。

占时逢朱雀丙丁巳午者，专主文书消息请乞事情。若巳午乘贵雀常龙，占文书必应。

---

① 疑作酉。

② 一作甲。

③ 无盗气也。

请问文书何日降，朱禽合日求马上。合处绝处用为真，不见逢空休请望。

雀马合处，发用绝处，可定文书之期。

罡为天后支干上，此为衣物送来时。朝罡有合同为诀，此智寻思世罕稀。

罡作天后加支，定主馈衣物者至。

谋望占

夫人欲为而期遽为，为无所为而思有为，则有谋。欲得而理在可得，欲得而不可必得，则有望。始焉占其可否。即可则占其成败，有成则占其迟速，此其大概也。

可否之占如何？如所望之类神，见于课传者，干支上神比和，复乘吉神者；发用所乘之贵神吉，而与日相合，不落空亡者；三传具进，而不落空亡者；年命上神，与类神相合，而不见刑冲，不落空亡者；贵登天门，神藏杀没者；贵神覆日，三传吉者；是则可谋望之占也。

如所谋望之类神，课传不见者；日上神与支上神，刑冲破害，而不相合者；初传与日干，冲破刑害，不相合，而天官复乘害神者；日上神与初传，具空亡者；发用空亡，又乘天空者；三传空陷者；干支坐墓，或互墓，与墓神覆日及发用；而不见刑冲者；日辰命上所乘之神皆凶，而初传复凶者，是不可谋望之占。

成败之占如何？如发用是日德日合，又乘吉神者；干支虽凶，三传则吉者；类神见而不空亡，不刑冲破害者；类神发用，神煞无害者；太岁月将，作贵神发用者；命上年上之神，或为日贵月将，而与发用相生比和者；日命相合上神；或日上神来克命上神这；子来加巳，是戊癸合。子加丑，是牛女配，三传末克初者；三传见类神而旺相者；三传皆吉，而见成神者；日上发用；乘龙常而不克日。是为可成之占也。

如发用关格，复乘恶神者；干支皆吉，三传独凶者；所谋之类神见而落空亡，与刑冲破害者；破碎发用，复乘恶神者；岁破月破，并见三传，而类神或为月破岁破；勾空玄虎作类神，而日上与初传并乘者；太阴蛇雀非类神，而来乘发用，来克日者；三传乘神先见玄武，后见勾陈者；命上神克日上神者；三传初克末者；三传见类神而休囚者。是为不成之占。

迟速之占如何？如类神旺相者速，休囚者迟，驿马发用者速，劫杀发用者迟；成神乘初者速，乘末者迟；日德作类神而发用者速，巳亥作类神而发用者迟；类神临卯酉者速，临辰戌者迟。因卯酉为日月二门，辰戌为罗网，又天涯海角之故也。三传不离四课，而末传归日者速；三传离四课，而末传空陷者迟。更以发用之神，参之岁月日时，而迟速了然矣。

然谋望有宜于公者，课传六阳也；有宜于私者课传六阴也。所图而得其实者，三合六合，而类神现也；所图而得其虚者，天空叠空，而类神伏也。宜动而不宜静者，丁马并见也；宜静而不宜动者，干支乘旺也；自干传支，则我当求人；自支传干，则人来就我；先刑后合，初难后易；先合后刑，初易后难；三传递生，复来生日，事虽难而必成也；三传递克，而复来克日，事纵易而终阻也。太岁月将发用，大事宜也；三传平淡神吉，小事可也；干事宜托何人？视类神为何。如天乙，求有职者；太阴勾空，则托吏卒；天后责阴人；太常为尊长，或孝服人，然当视支上辰，盖辰为人也。败事系于何人？宜视类神也。类神旺，则图现在；相则图将来，休则图迟久。来鬼在孟，尊长之事皆虚妄；来鬼在仲，己辈之事莫当求；来鬼在季，阴小之事成空言。此皆谋望之附占。智者潜地而潜天。

若上克下，事起男子而自外。若下克上，事发女人而由内。知一事属比邻，别责事来匪类。辰克日则言真，日克辰则言伪。传贵皆顺，事顺而明。传贵俱逆，事逆而晦。求荣贵实贵生，去辱喜空喜退。随所谋望以消息，其诸琐碎不复赘。

合用神煞：贵神　类神　成神　劫煞　驿马　破碎煞　关格　日德　日合　岁破　月破　喜神　旬丁

黄帝占诸欲行求事者：以所行正月时，无令今日日辰上神伤行事者年之所立地辰，所立地辰亦勿令伤辰上神。若伤辰上神，是为相刑，其事不成也[①]。法欲求作者，欲令今日日辰阴阳及用传中，有其事类[②]。《式经》云："辰上神伤其地年，所求难得，后自遗亡。"

占人所造谋事成否者：视其事类，在日辰阴阳中，与日上神相生者成吉。若日辰阴阳中无其事类，又与日上神相克者，不成。欲宅视丑午之例，丑其基，午其堂也。

汇歌一

谋望先须看类神，合神有气必然成。切忌刑冲并破害，成神不入枉劳心。

日上神能制类神，干能制日亦堪求。神制辰兮辰制日，吉神内战反成仇。

辰传出日人求我，日传到辰我托人。交车生克明生旺，类神有气喜欣欣。

支上神克日上神，犯此虚情不可听。阴虎空蛇立辰戌，如是真为妄诞人[③]。

彼有使来何伪真，加时先看日兼辰。辰上之神伤日上，来者言词不妄陈[④]。

日为来使辰为我，干若伤支是妄因。阴空蛇虎魁罡立，五者相逢必诳人[⑤]。

前言阴空蛇虎加于罡魁之上，或临于其地。此言阴空蛇虎魁罡立在日上也。凡传

① 如年立巳，而今日丙寅，神后临寅，此辰上神伤人年所立地辰也。如神后临寅，而人年立辰，为年所立辰伤辰上神也。

② 谓求财欲得青龙，求綵繒欲得太常，求蚕丝欲得胜光之比也。

③ 人不可托。

④ 可以信任。

⑤ 断勿听言。

吉事，视青龙，传凶事，视白虎，与今日比合为实，否则虚。

相气初占日为财，定知财上事开怀。将遇后阴并六合，便于妻妾类中猜。

传中相气与日为才，占才也。后阴为日才，妻妾占也。为脱，则占子孙事。

三传先看克日神，次看日克又为真。神将见处吉凶门，此法渊微理通神。

克日日克，总以日为主。

春占润下家忧煎，夏乱夏月炎上占。秋逢从革惊更改，冬占曲直父母刊。

水盛漂木，木盛耗水，火旺则烁，金刚则戕。故《传》曰：春怕润下夏炎上，秋逢从革冬曲直。此般太旺主忧疑，学得至人人钦仰[①]。

汇歌二

旺神生日人得时，凡事行为皆喜随。官人必定迁官禄，常人财利立如思。

日生旺神大费力，小图大用俱无益。他既旺时何必助，我助他时空我必。

生旺有要有不要，求谋有气病可疗。若问行人卒未来，占讼支蔓应不了。

类不逢空旺相乘，传生支合事须成。见类日鬼空刑害，所幹无成类里明。

凡干事，三传上下相生，支神六合三合干合者必成。见类与今日为鬼，或为刑为害或空亡，传见刑害则不成。类者何？用事之神也。

四仲加临克日支，此课名为乱絮丝。用事艰难多阻隔，武空忧带小人私。

月将前支或后支，二位占来作此时。或进或退事多疑，退保无灾进吉期。

此课不系三传，例如登明为将，戌为前支，子为后支。前主进，进则有庆；后主退，退则无咎。

天倾西北日月随，地陷东南江海归。巳亥歉然不用疑，重求轻得告君知。

天倾亥地，地陷巳隅。天地尚有不足，所以为歉。凡求事值巳亥作用，三事二遂，十求五得之兆。

子来加巳为阳极，戊癸合逢则吉昌。若乘蛇虎无祥瑞，合成不遂事乖张。

子一阳，至巳六阳则极。子中有癸，巳中有戊，戊癸合乘则吉，反此或并螣白则凶。

寅卯并辰上见鬼，戌加三位酒食推。故事有财新事悲，白虎仆逃足病咨。

寅龙卯合，木也，为食物。戌带辛金，金加寅卯乙辰，酒食也。白虎主病，戌为足为奴，乘虎，非仆逃则足病。

巳火加临子上初，戌居巳上丙为炉。君子迁官及文书，常人官府事忧虞。

铸印格也。仕者迁擢印信之喜，庶民官司牌票之扰。

巳亥相传作用初，阴阳不备亦同途。交克用神事不殊，事先不足后有余。

---

① 谋望，弟兄多耗剥挠争，父母多阻。

巳为双女亥双鱼，用起须知两事宜。或望或动或音书，他人别处吉相扶。

反吟也。宜占两事。又凡用巳亥，皆主两事，信息他人皆成吉。

午火临亥德合乡，婚姻有象乃相当。立名四绝病人亡，结绝旧事可商量。

午加亥上酉加寅，子加巳位卯加申。诸经命此四绝名，结绝旧事却相亲。

亥中壬，午中丁，为德合，主昏有成，克日则凶。凡四绝发用，主信息来，行人至，旧事了。又发用在六合处，则专主结绝旧事。

午加亥上见极阴，胜光为火火为心。心神恍惚疑惑深，纵然灾害不相亲[①]。

午一阴，至亥而极。午属心，亥水克之，故有疑惑之象。

天上地下作空亡，财物占来最可伤。忧散病[②]除病安康，传言不实事乖张。

天地二盘俱空，故其象如此，然久病不宜。

五行逢合或德乡，贵人合处两相当。癸辛弹矢太乙方，动望须知有吉祥。

癸日，日遥克神，辛日，神遥克日，皆用太乙，丙辛戊癸皆合。

空亡用起喜无成，忧灾虽有不为迍。占人虚诈不实情，要遂除非过此旬。

旬空，出旬始实，然可小事，若远大者，终无成。

螣蛇元武会青龙，三传全见不为凶。玄武象龟与蛇同，龙蛇成类喜重重。

若甲戊庚日，秋冬令占，遇金水旺相，转祸为福，吉兆也。

朱禽克日事纷纷，财斡须知望不成。妇人为扰不知情，刘子歌中见得真[③]。

雀乘神克干，主财帛求望不成，妇人为之阻挠。

丑为天乙六合龙，贵求举荐两相同。左阳道消阴治中，用神此理主父凶[④]。

丑为贵人，六合为私门，利暗昧私祷。青龙为贵客喜神，阳既消，以阴为主，故占不利于父位。

汇歌三

常占支上见囚神，家室拘煎百不宁。不是人口常有病，便是支吾窘迫人。

囚神在传又日干，凡百所为皆不得。吉作凶兮喜作嗔，万事求谋成鬼贼。

常占有马多不定，马更多时事白头。岁马元来主大事，日月只是有些忧。

有马若在空亡地，或为死绝及休囚。不如无马却为妙，徒然相值反为愁。

岁神发用须长久，催捉玉成六分有。末传如或遇空亡，有头无尾空奔走。

月建发用用一月，更须传末吉相逢。末传若也凶神至，到了无终事蔽蒙。

今日支神又在传，吉凶二事可速言。此名旦夕无他远，占陷空亡却又延。

---

① 一作侵。

② 疑此字讹。

③ 朱禽一本作胜光。

④ 左阳、阴治，一本作在阳、阴合。主父凶，一本作事变凶。

正时若还作初传，吉凶即便在眼前。且如今日当时干，干来发用岂留连。

常占日上遇魁罡，定有不足要关防。若带吉神犹是可，凶神必定有余殃。

生旺行坐谋咸利，休囚徒费身心意。不但空劳强费心，抑且失财兼失计。

日辰忽见墓神加，徒然往反意何佳。不如守困宁身意，纵然出去不奢华。

劫刃相逢天后乘，须忧恶妇不安宁。斗讼皆因欢喜得，不是姨娘外嫂征。

谋望为妇人阻挠，占身家必有女祸。

贵合自然成就，武空必见乖张。勾虎愁居年命，朱禽喜有文章。青龙有事反覆，太阴主定参商。三合六合亲人帮助，天空蛇虎延滞诪张。日辰神将生扶年命，风云际会。若皆囚死刑克干支，猿雀争伤。谋逢驿马，心难画一。营见来神，图则成章。时逢贵而通利，命向阳而辉煌。太乙加命，似成就而却泄泄。登明克用，后方睐而前遑遑。

天空地陷，故不喜巳亥。

访谒占

访谒有由，行与彼谋。枚卜协吉，乃可以求。或见或否，孰咎孰休。投书贡物，何喜何愁。次十有四，谒访好逑。

大要以日为己，以辰为彼。日加辰上，己欲谒人；辰加日上，人来谒己。如日上空亡，我必不往，往亦不见。辰上空亡，彼必不来，来亦不见。辰生日，访之有益；辰克日，访之徒劳[①]。

访之必见者，日贵日德发用也。斗罡加孟必见，加仲可待，加季不出。小吉临辰必见。巳亥加日必见。用神与所谒之方上三六德合，无有不欢会者也[②]。

又当视所谒者之类神。类神临日辰或发用，必见。落空亡，不入课传，不见也。见大贵视天乙，见都院台省视太常，二千石视青龙，将军视勾陈，长史视朱雀，妇人视天后之类之推。

又当视贵人而决见否。若天乙与日辰相生作合，贵人喜悦；相克刑空，贵人嗔怒。若天乙乘子，可待而见。乘丑，在家不出。乘寅，远出。乘卯，舍北舟车去。乘辰，有病不出。乘巳，近出明日归。乘午，可待。乘未，饮酒。乘申，远去。乘酉，在家或遇途中。乘戌，出吊。乘亥，可待而见也。如日贵临日辰或发用，必见。如日夜贵人相加者，贵人之家有事，难见。

① 辰上神旺相生日或与日三六合，则出必见，事必成。辰上天空刑冲破害，人不见，事不成。

② 如往寅方谒见，而用是亥，为六合；用神是午戌，为三合；是未，为德合。

又当视日德之阴上乘何神[①]**。**如乘天乙贵人，喜悦。乘蛇，贵人口舌。乘雀，彼必有文书之事。乘合，彼必有交易之事。乘勾，须防争斗。乘龙，我可求财且求无不得。乘空，有虚诈。乘虎，彼有孝服远信事。乘常，彼有饮宴，我当登席。乘武，彼有失财事。乘阴，彼有阴私事。乘后，彼有婚姻之事[②]。

又当视课体。如遇伏吟、柔日昴星，往而不见；元首转蓬三交知一始入弹射，皆主访谒之占。

贡物而不知受否，则视日辰。辰克日必受，反此不受。

投书而不知达否，则视朱雀。雀乘神与贵乘神比合则达，否则不达。

有求而不知遂否，则视类神。所求财物视青龙，所求文书视朱雀，求酒食视太常，逐类推之。若类神所求与日辰相合，加临日辰或发用，求必遂，否则必不遂也。此数者，皆因占而先知者也。贵人临二八门，魁罡加日辰上，皆主动出访谒也。

黄帝占欲上奏书记及见贵人法：欲令所见事类上下神将自相好生临，上下相生，即大吉得福，非此者凶[③]。

凡欲献宝物以遗富贵和胜吉凶法：今日之日辰旺相，又欲令所遗者神好辰上之神及其所奉物类神，即见物喜而爱敬也[④]。所事者类神[⑤]、物类神[⑥]。

欲出门庭访谒人，看他居处是何神。方神若与初传合，三六相呼见必忻。
假使他人居戌方，用神喜午喜寅乡。天头地足来临日，一见欢忻定异常。
子午立门待少时，从魁路上遇相知。若逢亥未酩酊饮，醉卧方浓不动移。
丑到日辰在酒家，太冲舍后作生涯。魁罡疾病家中卧，子午门前且候他。
太乙出门将欲回，功曹承使木工催。登明吊问难相遇，传送征衣冒远埃。
人来呼召审时真，月将加时看日辰。日上相生逢吉将，欲言好事意相亲。
魁罡必是人谗譖，蛇虎当遭彼怒嗔。就里因由详事类，三传四课细排轮。
请客天加地下时，看其用处合神机。天罡干上并支上，千里为期到不移。
天罡若在日辰前，远近应须来赴筵。若是天罡加日后，纵然隔壁也无缘。

---

① 如甲日德，寅为德，而地盘之寅上乃日德之阴神也。

② 辰上神克日上神，不出见我。辰上神克日上神或日上神生辰上神，虽见而无实惠。

③ 例如欲见王者、上书者，天乙居金土而加金火土之上。见诸侯以太常，见将军以勾陈，见二千石以青龙，见令长以朱雀，效此推，必在日辰阴阳中。又宜视其事神将，观其所喜怒善恶也，所喜应归母子。

④ 例如三月辛卯日食时，从魁加辰，遗二千石以璧玉，功曹为太常临酉，传送为朱雀临卯，登明为青龙加午，青龙为所遗者神，传送为奉物者，又为辰上神，而龙所居之神好二千石必喜所奉物，必得福报也。

⑤ 多与《见贵》同，而皇后夫人以天后，至于庶人，妇女亦皆视之。

⑥ 曰：犬以天魁豕登明，羊雁酒食小吉亲。奴婢飞禽从魁掌，狼虎功曹兼野禽。舟车貉兔太冲职，璧玉刀兵传送情。天罡水族蛟鱼物，太常布帛及衣巾。丝绵胜光布神后，皮格还以白虎神。火炬太乙田大吉，田蚕亦向胜光陈。辰上天空物损失，辰神受物福祥臻。◎谒人来意遇转蓬，元首三交知一同。始入或逢弹射卦，日加辰上欲求通。天乙来临卯酉上，魁罡加在日辰宫。

欲谒尊官何所期，青龙小吉可投依。斗罡加孟所求获[①]，临季空回仲许［待］之。

◎已上《心镜经》。

干谒之利三六合，彼我两仪欲相洽。六阳公事和谐看，阴私谋事六阴狎。

舍益就损忌动用，根断源消防耗失。逼迫旺禄守旧宜，周遍循环所求得。

舍益就损格[②]值此者，不宜动用。根断源消格[③]值此者，不惟无益，且防耗失。逼迫旺禄格[④]值此者，惟宜守干上旺禄，切不可往谋，动用则虚耗百出。◎以下《指南经》[⑤]。

初空末吉终有获，尾加首上干何益。度亥塞鬼二者推，有阻无阻此处缉。

引从谒告往必晤，任信寻访必难谐。二贵合害分轻重，六亲生克吉凶排。

日德阴神见长短，末传合处是成期。斫轮空亡须改图，昴星蛇虎安旧宜。

旬尾加旬首为闭口，不利干谒。河魁度亥则多阻，罡塞鬼户任施为。

《百章歌》曰：贵人用起卜时逢，干贵图谋百事通。常人官事见重重，求位求迁事尽容。五行遥和或德乡，贵人合处两相当。癸乙弹射太乙方，动望须知有吉祥。三传亥卯未相期，曲直为名春旺时。讬人干贵见相知，暗祷私求事事宜。

亥为天门主征召，利见大人。用卯私门主私匿，阴祷成事。

胜光太乙主文书，用起或来命上居。更逢贵雀莫踌躇，若是龙常皆可图。

午加酉上及相逢，进取求迁事足图。逢凶恐怕有忧虞，先是疑难后得甦。

酉加巳上用朱禽，青龙贵位要加临。干贵求财有信音，三事占来必称心。

天魁为用象何如，旧事从新灾自磨。不然希众事皆和，干求长者福祥多。

午火死于酉，先疑之兆也。后吉者，谓轩盖隔于中道也。酉加巳作雀用，宜占信；作龙用，宜占财；作贵用，宜干贵。分论则然，合而言之，无不宜也。乾为老阳，戌发用，利占旧事及众事，又戌为长者，利见大人。

登明忽来传上居，干求贵位必悬鱼。卯未同传事不虚，私祷求人福有余。

贵人临命喜非常，有吉无凶百事昌。凶中尚可免灾殃，吉事占之尤吉祥。

求贵先须看所乘，贵上神详命上神。三刑克害事事迍，德合相生便可亲。

昼夜贵人临命宫，夜得昼贵亦云同。壬癸最紧用太冲，大宜干贵事相从。

三传空亡干不利，日上空亡我不遇。支上空亡莫见人，行年空亡问无据。

---

① 人必见。

② 例如壬寅日，申加亥，壬干不就干上之申金受生，愿以壬干往加寅木，生寅木受脱。

③ 如癸卯癸未癸巳，干上卯，课传在五阴之位，又是下生上神，迤逦而脱去。

④ 如壬寅日，干上子，三传辰巳午，皆空而不可进，欲退后一步，又是寅木盗气，再退一步，逢丑为干鬼，乃前既不可进，后又不可退也。

⑤ 舍益就损例，四月壬寅日人定时。逼迫例，十二月壬寅日人定时。求贵先须看贵乘，贵上神乘命上神。三刑六害求难获，德合相生便可亲。

出走访人日怕空，自家要动动无从。若还辰上空为用，彼人他出不相逢。

螣蛇太乙莫临支，干谒之事任多疑。贵人不喜遭刑责，若来占课报君知。

又云：蛇巳午临命上，有非常怪异或怪梦。

用神合日号干求，龙合相加必应周。四孟同行多反覆，小人元武在传愁。

用合日干并青六，主干求事。若用四孟，主再主三。若传见元武，主有细人破阻。

欲访其人看斗罡，斗罡加孟见人时。加仲访人须待出，季上看来没定期[①]。

虎临日有阻。

太常持刃请佳期，高人宴饮必难归。休道百章无妙诀，将军占此也分尸。

太常持刃，人请赴宴，决不可去，定被人谋也。若将军占此，防有国使至。例如辛亥日午将未时，戌乘常加亥，戌为辛刃也。元首斩关返驾不备。

	朱	蛇	贵	后	
	辰	巳	午	未	
合	卯			申	阴
勾	寅			酉	玄
	丑	子	亥	戌	
	青	空	虎	常	

玄	常	阴	玄
酉	戌	申	酉
戌	亥	酉	辛

父	戊庚戌	常	日刃
兄	丁己酉	玄	日禄
兄	丙戊申	阴	日旺

元首课，大忌斩关，斩之于首，义不美也。

求财占

天地生财，莫之予夺。拙者不足，巧者有余。负乘致寇，深藏若虚。放利多怨，占之伊何。得之难易，求之有无。其人其物，孰寡孰多。或索或货，趋向何途。作求财占，次十有五[②]。

求之有也何以知？取日干所克者为财，而课传俱有财现[③]。如日上神或支上神或命上神，俱以下克上而为日辰命上之财，所谓求财紧切视三财之诀也[④]。或发用是暗财，而贵神作青龙[⑤]。或课传无一财而三传为伤食[⑥]。或旺财临于行年之上[⑦]。或龙乘日上

① 重出。

② 叶平。

③ 如甲乙日课传中有四季土例。

④ 如日上是寅，上乘辰；支上是午，上乘申；命上是戌，上乘子之例。◎五月甲午日食时戌生人占。

⑤ 如酉以寅为财，而初传是亥，亥本水也，而寅生于亥。酉以寅为财，而初传是未，未本土也，而寅库在未，皆为暗财临龙例。

⑥ 如丁日以金为才，课传无一金，三传皆土，土为丁之伤官食神，反能生金，亦暗财例。

⑦ 如行年在酉，加寅卯龙是也例。

支上之神而系日本[①]。或日克初传而三传递克，占财皆必其有。

求之无也何以知？盖虽有前项之吉神吉将，而落空亡者。或三传俱日财而财多化鬼者[②]。或发用是日财，而神作天空者，若取奴仆之财非所论。或课俱无财而青龙入庙入墓者[③]。或青龙空陷而日辰比肩劫财者[④]。以上占财，皆决其无。

得之难易何以知？曰：支来生日易，支来克日难。财临卯酉易，财临关格难。财为发用易，财作末传难。财临干则易，干临财则难。日德日禄为发用易，伏吟返吟为课体难。支传干则易，干传支则难。日辰上神比和将吉则易，背驰则难。其先难而后易者，初用克日，而中末被日克也，求之宜缓。其先易而后难者，初用为日克，而中末来克日也，取之宜速。

财之多寡何以知？曰：财逢旺相者多，财逢休囚者少。发用为财则多，中末为财则少。类神见则多，伏则少[⑤]。太岁作财神而乘青龙则多，日时作财神而乘别将则寡。定以先天之数[⑥]，加以倍减之法[⑦]，则多寡之得明矣。

日之财，支之鬼，外人可得。日之鬼，支之才，乃我所宜。随才入墓才销铄，鬼库堪嗟。才归本库以丰盈，犹宜身旺。才墓加干才未出，必须破墓乃堪图。若然远去求财，末传必须旺相。支上神生[⑧]干上，往必大获。辰上[⑨]神克干上，远且有灾。

四课不入传为远财，入传为近财。又子午卯酉近，寅申巳亥中，辰戌丑未远。式中无才星才神，以生才墓才，亦可断也。故课传不见才，不可便言无。看龙合入局，旺相有气，亦可有得。若又临空，乃成画饼。

财为何人所与？视其类神而已。若财神乘天后，主女人妻妾之才；乘天乙，主贵人尊长之才；乘青龙，主公门贵客或黄冠之才；乘六合，主士大夫或术士沙门商旅之才；乘勾陈，主二千石或鱼盐与恶人之才；乘螣蛇，主妇人或医匠之才；乘朱雀，主使君亭长宫妃或善士之才；乘太常，主贵人老者或女亲之才；乘白虎，主兵卒僧医或孝服市贾之才；乘天空，主官吏长史或仆从之才；乘太阴，主妇人姻亲或婢妾之才；乘元武，主小儿牙人或盗贼之才。

财为何等之物，视其类神而已。若财神乘天后，是水利或酒醋丝帛之才；乘天乙，是田宅牛畜或桥梁之才；乘青龙，是公中书籍或柴薪钱帛之才；乘六合，是车船木行

---

① 如龙乘寅临干支之上而是丁日例。

② 如金以木为才，而三传寅卯辰是才多而虑其生火，化为日鬼，反不美例。

③ 龙在寅，伏而不动；在未，入墓而不出。

④ 龙乘旬空而日上神为同类也。

⑤ 如求金银，欲见申酉；求衣，欲见未太常例。

⑥ 子午为十八或八十一例。

⑦ 如子水在冬则倍，在夏则减之例。

⑧ 作克恐非。

⑨ 作日上非。

买卖之才；乘勾陈，是水物田土或文书印信宝货鱼鳖之才；乘螣蛇，是赏赐炉灶或管籥弓弩之才；乘朱雀，是六畜或文字交易之才；乘太常，是衣服段疋或婚姻饮食之财；乘白虎，是田园大麦或河池道路丧具之才；乘太阴，是金玉银钱或小麦五谷之才；乘天空，是坟墓宅舍或印信狱具之才或空手求财也；乘元武，是鳞介楼台仓廪或畜类之才。引而伸之，万物备矣，此皆求财之要占也。

亦有空手而求之者，财逢旺相，适值旬空是也，或乘天空亦然。

亦有无心而获之者，则太阴乘神适作日财者是也。

至于论求财之方向，视青龙所临地①。

至于论得才之时日，视财爻神所临②。

其以索债，占者宜视其日辰时。日为财，辰为债主，时为欠债人。如时上生日，日上生辰，俱比合，俱吉将；或辰上克时上；或以类神发用，索之必得。

其以借贷，占者当辨其刚柔日。刚视日上神，柔视辰上神。丑寅乘吉将，主借得；巳午将吉，迟缓终得；酉戌，目下即得；亥子，妇人阻；卯辰，男子嗔；未申无望。若类神见财爻旺，则不必拘此例，求无不得矣。

其以博戏求者，占视支干。支为主，干为客。干克支利客，支克干利主③。

其以不正求者，占责三传。先鬼后才，或传鬼化才，或元武附才神者，皆不义之得也。此附占也。

若夫日上财为外才，辰上才为内才，临丁马为远才。视何者之才为旺相，而或内或外，或远或近求之，是求有益于得也。虽然有义命焉，不可倖而致也。

至有占取伏藏之财者，以月将加正时，看本日地盘下，见财神旺相，或太阴青龙，掘下必见。如上建干得庚辛，必有石版盖之。

合用神将：类神　贵神　十二辰④

合用神煞：岁破：即太岁对冲之神，或加月破上。主财物再空。谩语主不实⑤。墓神：日墓也，主经营失脱。旬丁主迅速，水日逢之为财动，尤准。　关神：主阻隔。春丑夏辰秋未冬戌，又子为天关，午为地关。　天马：临支克日，主人财走失。专责青龙一将，旺相有气大利，无气空亡不利，即出行求财亦视龙居方，有气无害，乘辰又生日辰岁上必利，反此不利。

《中黄经》曰：我克为妻亦主财，传中相气类相猜。龙常合主无刑克，从冲午未位来咍。

---

① 龙居寅卯，则利东求；居申酉，则利西求，居巳午，宜向南方；居亥子，宜向北方。

② 才临太岁，以年计；月建，以月计；临日，本日；临时，本时。以推之也，庶几矣。

③ 皆视上神。

④ 皆见前。

⑤ 正午顺支，与死气合。

凡龙常合乘午未卯酉，而被日克，主得财，财可求也。

《心镜经》曰：求财须向龙行地，欲得青龙居有气。所临之处无刑克，更要龙生日辰际。岁上有神年所畏，年克青龙必济贫。行年先看青龙旺，所往求财当遂成。

《百章歌》曰：求财紧切视三财，日辰命上细推排。三传克上旺相来，定知凡事得和谐。求财紧切视青龙，用起或来加命宫。加临旺相相生处，须知财利喜重重。

三财者，例如春占庚子日反吟，亥生人得之[①]。庚上见寅为日财，子上见午为辰财，亥上见巳为命财，又值旺相，占财如意。

占时卜里有灾祥，诸煞天官亦共详。克日为凶必祸伤，占时吉将喜能昌。

《指南经》曰：财明休旺生官忌，彼我干支合害论。旺禄受克[②]名偿债，干方传助号还魂。顺克非凶递生吉，妻防生计兄争力。末助初传暗多助，支干相加彼我益。艰难避难详坐末，塞户杜门验发端。贵坐生合求财吉，财逢空墓最为难。

旺禄受脱，谓干之禄神，加支生支也。妻财大旺，则妨生计。兄弟大旺，财求费力。艰难谓初中空陷也，要末传见才德长生。避难谓财坐空绝克脱处也，如是则看日干下坐财，此乃避难之财坐于身下也。

交车十法损益配，喜遇生合愁破碎。财乘丁马忌庚辛，壬癸见丁看事类。鬼才险出须急求，绝财了结入墓忧。元武防失内争畏，龙生值喜徐徐收。奇仪周遍枯木荣，闭口昴星皆不成。罗网空劳任信力，成期传末何时详。

《碎锦》曰：财神旺相不逢鬼，龙生干支且得斐。青龙更被年神伤，三者求财生韡韡。太岁上神及青龙，来克行年总是空。青龙立处求财地，再看神煞定其踪。

夫欲就人求借物，月将加年看日辰。上见功曹并大吉，吉将并之宜请陈。太乙胜光迟缓得，酉戌如今便得成。妇女隔之因女子，男作艰难为卯辰。申未若临虚举意，类在三传不阻人。更看三传不相克，发言如意顺人情。

《海底左眼》曰：如何见得是求财，弹射重审及元胎。稼穑六仪龙战卦，正爻旬遁也为财。如甲子遁得戊己，亦为求财也。

索债占逢知一卦，三交四逆与蹉跎。始入转蓬兼弹射，赘婿还同重审歌。才爻若也逢元武，上下空亡相遇附。日辰若见天空者，债负相将欲索他。已上为初命上金，用才临命法幽深。求财得遂喜相寻，财物无烦别用心。

汇　歌

日财临命是来情，必得钱财喜事临。假令巳午克申酉，日上酉申命卯寅。

日时之上要财临，莫犯空亡亡劫神。贵人龙雀乘干克，二马带财须还寻。

---

① 春二月庚子日庚辰时求财占，占人亥生。

② 疑作脱。

初末传有气，怕犯空亡。贵雀等乘日受克为才者，喜美。若贵等带马加才，主隔州县，出外远财如意也。

年财临岁月主经，吉蛇营运及妆奁。武僧虎孝屠公吏，雀謄勾合关田园。

此分言财自何类人来也。

占财时里有灾祥，诸将天官亦共详。克日为凶必祸伤，日辰吉将喜能昌。

青龙如在长生宫，求财如意事从容。壬癸日占申上龙，火日功曹龙亦同。

财龙为用斡才情，贵人临才并为真。雀勾用在财神上，便言争斗讼灾嗔。

求财须是责青龙，龙丧身亡的是凶。入水求之百倍丰，纵然出水也非空。

青龙受克利难图，龙克天官利有余。财加生旺意自用，用起空亡财自除。

财求一法看青龙，青龙失理财不中。若遇此才当舍却，且寻生旺好收功。

长生宫，日之长生也。才并龙贵，主斡才之兆。若才并朱陈，主因才起斗争。丧身，龙加临未，为入墓也。巳午乘龙，亦曰丧身，求才气无。亥乘龙曰入水，主才多。乘临曰出水者，子也。子沐浴败神，故虽得而少。

四孟为用占两事，龙后蛇和虎四神。假龙阴为发用者，自是占财第四人。

隔一相加占事阻，更见关神必定迟。凡事求财隔手取，天后相加是女儿。

三间课也。求才占，见天后乘才，才在女人手。

后阴妇女与金银，太常衣服自官人[①]。天空争夺最不仁，贵人尊长赐时新。

占时带阴后，金银钗钏之才也。太常，官长衣服之才也。天空之才，争夺而得。贵人之财，尊长赏予而有。

收拾财主欲贩藏，墓库死绝可相当。若逢生旺难收拾，此法从来贤智详。

此言趸物及收积也。财入墓死则物贱，故可居贵多。财生旺则物贵，积之恐反损利。

求财专论日克，类神尤心推详。青龙有气来生我，必能大获。玄武多情命作空，还防失脱。何知来意求财，弹射重审悬胎。稼穑六仪龙德正，支旬遁和谐[②]。

放债生息

放债问可与不可，未放犹豫欲经求。生旺或马宜放去，死绝囚墓且潜收。

初求初放宜生旺，已求须要死绝临。若还依旧传时旺，无边无岸海中针。

索债死绝债可追，生旺追财财便飞。三传回到日辰上，公人赍到更无疑。

营生只要逢生旺，生旺经营有势况。生旺克我自送来，我克主债宜求望。

---

① 一作行人。

② 如甲子日，旬中巳上有己。甲寅旬中见午，午中有戊。皆为日克作财，故名曰旬遁。

交易占

日中为市，交易道兴。懋迁有无，通功易事。自古有然，于占为烈。支干俱吉，货卖得时。干支俱伤，市贾失利。支吉干伤利少，支伤干吉宜迟。蛇虎魁罡，被人阻难。盗神元武，失脱宜知。资葛资裘，资车资舟。孰得孰失，作交易占。次十六。

大要以日为人，以辰为物，占之何如。买物则辰为我，日为彼，用神为物；卖物则日为我，辰为彼，用神为物。日传辰，则买物成；辰传日，则卖物成。日辰俱吉，则物贵，宜于卖也；日辰俱伤，则物贱，宜于买也。日财旺相，物虽滥恶，亦必售也。日辰[①]上乘青龙，而日辰克之，物虽珍贵，而必获也。日吉辰伤，物虽售而利少也。日伤辰吉，售虽迟而利厚也。类神乘蛇而带休囚，价虽贱而不中也。若物类与日辰相生，三传旺相，更得吉神良将或见成神，其物易卖而有利。类神与日神比合，三传旺相，更得吉神良将或见成神，其物易买而可居。若物类神不见，虽见而空亡入墓，休囚无气，与日辰相刑害者，则买卖俱不得也。得不得，莫相贼[②]。

至其交易所宜之地，则视青龙所临之方，与驿马长生所临之方而往，必获利三倍也[③]。

若夫三交、元首、无依、赘婿、重审、不入、知一，与正财爻发用，及财爻六合发用，将得朱青勾六相应入卦，来情必为交易之占也。

更以物类定之。钱财财帛视青龙。竹木器物视六合，棺木亦附之，更视太冲。奴婢视天空太阴从魁河魁，文书亦视天空，金银首饰亦视太阴。皮革刀器与丧孝之物视白虎。绢帛丝绵视太常。纸墨文书飞禽视朱雀。土谷米麦视勾陈。油盐酒糖醋视元武天后。牛羊视丑未，马鸡视午酉，猪犬视戌亥，骡驴视太冲，鹅鸭视传送，其余各推其类。若在年命日辰传中，有旺相吉神，买得中用。

或只以月将加行年，视日辰上，见丑寅酉戌即得。见巳午，迟缓方得。见未申不得，见亥子女人为难，见卯辰男子为难，皆不易得之数也。

黄帝占诸市贾求利吉凶法：正日时，欲令今日之时辰上神及人年上神与所欲市贾物类神相生者吉。又欲今日日辰阴阳中，有小吉青龙，龙所居神与日辰上神相生吉。太岁上神不克人年上神，人年上神不制青龙者吉。又欲令所往至之地上有吉神旺相气

① 一本无辰字。

② 谓三传也。

③ 卖者欲使今日之辰旺相，买者欲使今日之辰囚死，皆欲物类神在四课用传中与日辰相生，买者可得，卖者可售。

与人年不相贼，市估有利①。

占诸畜集何者好法：正日时，各以其事类。在日辰阴阳及用传中有其物类，类又与人年上神相生者吉，有利，可为畜积也。直用神始于无气，终于旺相，即前利少，后利多。非此者皆凶。所言物类者，粟以木神，黍与小豆以火神，麦以金神，麻以土神，稻与大豆以水神，丝绵以太常，布帛以神后，皮革以白虎，田蚕以胜光之属②。

欲买舟车，视日辰阴阳及传用中，有六合太冲与吉将并合，又与日相合，为利主，可乘；与凶并贼日，损主，勿乘之③。

《心镜经》曰：拟欲求财向日中，三传有类可成功。物与日辰无克害，买卖皆成索必通。物状太常为绢帛，鱼盐属辰复天空。金银刀剑珠传送，木器舟车竹太冲。有之旺相宜商贾，若是休囚必不从。

求财须向龙行地，欲得青龙居有气。所临之处克刑无，日辰复要龙生济。有物廛中见鬻时，支干俱吉大为宜。干吉支伤应少利，支吉干伤不厌迟。时下无伤犹获宝，支干俱损却携归。

凡买物得否，以月将加行年，视月④辰所见神言之。大吉功曹天魁从魁即得，太乙胜光缓得，小吉传送不得，登明神后女子为难，太冲小吉⑤男子为难。

占求钱物。以月将加正时。一千以上，月将为我身，六合为他人；一千以下，时辰为我身，青龙为他人。比和相生即得。我克宜再求，小吉迟得。一丑未，他克我，难得。

《指南经》曰：交车生合动无疑，末助三般递生奇。互相生旺愁罗网，如逢死墓怕关妻。进步艰难喜未吉，病符遇生旧更新。生涯遂意两贵拱，禄神乘旺静无迍。登天度门分善恶，内战外战察重轻。生气青龙财叠叠，常乘财印喜盈盈。龙背兴舟独足利，虎头觅利九丑忌。闭口源消自不佳，天心周遍财如意。传进当行传退止，有妨生计为财多。损耗资财因劫众，财爻空绝必蹉跎。

《百章歌》曰：四季之中得一气，出入买卖皆如意。且如春占寅卯辰，巳午未兮荣夏季。秋占宜见申酉戌，冬逢亥子丑为利。但来生日生年命，管取生涯多富贵。若能为比助身强，头头利汇心安慰。

---

① 例如九月戊子日日昳时，太冲加未，欲为估市，贾人年立巳，太岁在寅，大吉为天乙临于戊，传送为青龙临于子，此为有其物类，其日辰与人年上及青龙所居神相生，大吉临人年，魁罡太岁不与人年上神相而北出传送下大吉利虽不备二吉一凶，可用也。务今日辰人年上神相生物类者，可用也。

② 例如七月甲子日鸡鸣时，太乙加丑，谋欲收麦。天罡加子，阴上神得传送，传送金神为麦类，在用神阴阳中，人年立申，申上得神后，与传送相生，为物类与人年上神相生也，是为可收也。用起天罡，天罡休老，传终皆得相生之气，为后多利。

③ 假冲与武并，乘而亡之；与虎并，数载死人，宜丧事。他将效推。

④ 疑作日。

⑤ 一曰辰天罡，非小吉。

交易财爻六合神，二神得地乃真为。日干年神与六合，彼此相贼有艰辛。买物亦须看类神，空亡刑害总为嗔。太岁更视行年并，不相克贼始相亲。类神旺相诚为美，若还支吉利中论。

来情交易是三交，元首无依赘婿爻。重审知一皆不入，勾陈来时交易饶。青龙六合加日辰，兄弟化财理自昭。勾陈龙合来入卦，则并吉用必无逃。

勾陈入课，是交易事。初比中财，亦交易象。以上诸卦乘财爻，其才必多。

汇　歌

为商为官大象同，亦看其方那处通。长生旺相寻其地，若居其处可加功。

马生之方宜远去，若欲坐贾马莫逢。追寻反被马使走，或得身心事反蒙。

禄神生旺有财禄，买卖多才才本足。官吏须将官禄言，商人财利富人福。

支干之上两相生，主客相投货物行。干伤支吉物难货，干吉支伤大通亨。

日为客兮辰为主，日克未辰客货昌。辰乘凶将反来克，允识主人性不良。

天驿二马加年日，坐贾行商出入益。若能出去且身安，欲坐无缘当出入。

一看生气在何方，背死向生最为良。又看本季生何处，不犯空亡利自强。

进茹逢时宜进买，退茹且缓后商量。

阳局入内不宜卖，好买好收庶得赢。阴局出外阳局上，货物将来却称心。

三传相就宜速卖，三传隔远有迟延。末传还归日辰上，行市即此便周旋。

贵人在内宜细物，贵人出外粗货强。日贵市日应去手，夜贵延迟物未强。

贵人传顺宜先卖，逆行即向后时沽。不识后先空费力，全在明人细揣摹。

元武螣蛇来支住，只宜贱卖不宜赊。若还贪利赊人去，十分之上得些些。

年命上头来克干，仔细商量未可欢。天后太阴行市滞，纵然得利不能完。

店中兴旺，须凭贵合龙常。兆若不祥，必见蛇元阴后。勾朱噪闹有官非，空武必遭盗失。经商必向马生方，须防入墓建夜。但看年命得地，荣禄来归。传中多鬼，买贵而卖必贱。贵人顺治，宜早而不宜迟。

出行占

出行何占，跋涉山川。以名为马，以利为鞭。寻师访道，其风蔑然。开山晋谢，游学汉迁。方外术士，采药求仙。熙熙攘攘，孰却孰前。次十有七，作出行篇。

大要以日为人，以辰为行意。如辰上克日上，主不行。辰上生日上，必行。

何谓必行？日临辰者，魁罡临日辰年命者，天驿二马及丁神临日辰或发用者，日上旺相魁罡加季者，巳亥加卯酉发用者，反吟见丁马者，必行。

何谓不行？墓临日干者，二马值合或值空亡者，马临长生者，日上休囚斗罡加孟者，日辰上下相克而用起贵人者，墓作用而无冲破者，伏吟无丁马者，不行也。

何谓附占？白虎加子午，二马在传，传在天乙前者，急行也。魁罡加日本者，不得已而行也。日上神吉，宜行陆路也。辰上神吉，宜行水道也。

何谓出行有阻而当慎者？台土[①]关格[②]管籥[③]发用者，出行阻滞。辰戌乘六合加卯，官鬼乘玄朱阴加财爻，行人私遁也。发用辰子午申，命上凶神刑克者，行不得也。传见太冲乘蛇虎，舟车坏也。发用天盘地诘[④]，防剽剠也。虎武乘日鬼发用，惊盗并也。凡此者，皆在所当慎也。凡传中阳多则明，阴多则暗，暗生不测，明则无虞。惟戌加申，辰加寅，临日辰年命上作发用，则利有攸往矣[⑤]。

至于寄宿而占，则视日辰。日为客，辰为主。若辰上凶恶克日者，辰上加蛇虎魁罡者，辰上登明乘空者，辰上加酉午者，与行年本命上见二后者，俱不可宿，宜急去之。无此数者，方可住。

至于忧家而占，则视天官发用。乘天乙龙常阴合，则家内平安。如雀口舌，蛇惊火，勾争斗，虎灾祸，武失盗。要日辰上下旺相相生为吉。

至于迷路而占，则视天罡。罡加孟，路在左；加仲，路在中；加季，路在右。如不明，但于申未下求之，即得路矣。巳亥下可宿也[⑥]。

至于饥渴而占，则视丑未。求食向大吉下，求饮向小吉下。

至于见人来而占，则视神后。加孟，良人；加仲，商贾；加季，奸恶人[⑦]。

至于见舡上人来而占，则以天罡决之。加孟，吏人；加仲，商人；加季，奸恶。

至于见执刀杖人来而占，则以日辰决之。亥子巳卯相临为贼，辰戌寅申为吏，午酉逃亡，丑未送丧，若神后乘卯，则冤仇也。

至于闻鼓噪而占，则视闹方上神。贵常则尊贵拥呼，龙合是歌乐喧哗，勾陈争闹，朱雀官吏口舌，天空文学，白虎相杀或举丧，太阴祭祀神庙，天后阴私争讼。

至于路上有送酒食来者，其占也视日辰。若辰戌子卯加于日辰之上者，不可饮食，内有奸诈恶人起心，余支无妨。

至于行往探机密事之占，则以天目酉下，地耳卯下察之，必得其情也。而出行之占尽矣。

若夫课传阳顺，日辰俱吉，水路皆安。太冲为舟车，在旺相乡，舟车完固；在囚

---

① 日建也，又辰加辰。

② 天罡加子午卯酉。

③ 巳亥也。

④ 申加巳戌，申加亥辰。

⑤ 言罗网受制脱，罡塞鬼户。

⑥ 一曰不可宿也。

⑦ 合下参观。

死地，舟车破损，行防落后。切忌直符，主口舌公事。若与凶将恶煞并尤甚，且不宜逃遁。

若夫渡江河而占，视登明加孟，有风；加仲，半风；加季，无风，可渡。又视神后临太岁，舟行溺水。又丙子癸未癸丑三日，为触龙日，忌渡，防覆溺。

黄帝曰：欲知入深水，渡江河，正日时，日辰上得吉神将，有旺相气，上下相生者吉，反此大凶。以风波为败，谓阴阳也。

黄帝占诸远行使出吉门法：始行时，欲令今日日辰人年上得吉神将，有旺相气，而小吉传送下即大吉。慎无令所出门上住魁罡，又不可令门上神伤行者年上神。门上神者，所出入门也[①]。门伤行者之年，道必有殃。年伤门，行者不安，必有疾病而还。又到日，无令贼初发之时[②]。若到时贼初发之日，咎及先君。又勿令阴阳中绝其类，谓日辰阴阳中，欲有传送，上遇吉将则吉，有凶将则行者凶也。若行时，传送不在日辰阴阳中，直视传送上有吉将亦吉，不可有恶将也。若遇凶将螣蛇为惊恐，朱雀为口舌拘留，勾陈见斗战，元武主遗亡，天空耗病，所求不在，白虎死丧。凡官吏出使奉差同。

又法：将帅出行，欲令天罡临辰戌丑未，为神在外，百事吉。

占失伴不知前后，视胜光所临。在天乙前，在前宜追及；在天乙后，稍俟则来矣。又胜光在天乙左，在前；右，在后。

占涉险疑前后，则视日辰。日伤弗直前，辰伤勿落后，时伤勿居中。

又视斗罡所加。加日辰，大凶；加孟，勿在前；仲，勿居中；季，弗落后。

望信之时得见机，弹射转蓬兼察微。不入虎视眈眈卦，润下还逢铸印时。天魁功曹乘朱雀，常乘戌未有文书。

《心镜经》曰：拟出行时当去否，须看行年与日辰。太冲传送魁罡立，或在时前定涉尘。日辰年上逢旺相，斗罡加孟往无因。干吉去时宜陆路，支安水道往无迍。太冲[卯]若也为蛇虎，车破舡翻必损人。

在事闻差作使行，住行犹未决里情。日辰上下无刑克，传送天罡必见征。支干上下相残害，用神太乙复还停。贵人背却干支位，天马传阳并计程。行年立用为关钥，托故犹能据本厅。若值天车来入卦，前路忧遭车马惊。春巳夏辰秋在未，冬酉行人畏此并。

天乙背者，谓干支在贵人后，谓入阴，犹住未行也。天马主行，又传出天乙前，为出阳，必主行也。

---

① 例如八月甲申日卯时，行者年立戌，戌上得登明，欲南行也。上得小吉，伤登明，谓门上神伤行者年上神也。

② 例令始行之日得甲乙时加寅卯，慎勿以庚辛申酉日到时也。

《指南经》曰：出行先看天干踪，务求地道五成逢。中末两仪玩其义，七战当须断是凶。

天干踪，天上日干所临处也。五成，谓天干临地盘，生旺德合财五处也。七战，谓刑冲克害空墓绝，七处也。

中末逢空初不空，游人半路欲回踪。初中空陷末传助，在此艰难在彼丰。更忌驿马居天中，劝君不必似萍踪。若逢抬土及关格，道途阻塞何时通。逼迫令人难进退，干前之神测何因。狐假虎威休妄动，若还强动有忧辛。远行虽不渡江河，发用干支要和合。干逢生旺宜行陆，支上无伤听棹歌。河井相加不可往，卯辰覆立死不爽。太岁遭虚宜避之，登明加季须放桨。干乘元劫克命年，陆路提防盗贼连。白虎临干克命年，断然抱病客中眠。年命加支三与六，吾爱吾庐乐潜伏。驿马居夜静中看，必俟天明方驾輶。灭没飞符去不宜，长生日德遇合奇。方神最忌年相克，丑未酉寅一探之。

抬土，谓月建也。天罡加四仲为关格。虚者，子宫之虚宿也。驿马加夜六时，主不行。灭没，四季旺方也。丑加酉，未加寅，俱主有风雨阻。

干乘凶将支上吉，急往他处应有益。支见恶煞干上无，若安本分忧疑释。斗系日本利家栖，天网张时急避宜。庶人占得大吉课，出门有益在家危。初传旺相末传否，前去行藏叹不偶。初传囚死末传旺，彼处机缘真个有。丁马加季奔走苦，传阴传阳两法该。传阳宜动传阴静，须求里数不须猜。

谓二阳包阴，二阴包阳也。

丧亡道路死绝临，羁绊旅程财墓见。善恶课体细推详，神煞乘之吉凶验。旺禄出门罗网加，墓空登路雾云遮。虎蛇遁鬼凶重至，贵德登门吉事夸。灵文曰：出行看日与行年，二神临坐喜生全。日即陆兮辰是水，日吉陆兮辰吉舡。小大道路宜此玩，舟车俱在卯中悬。吉凶卯内分休旺，若乘蛇虎岂完全。渡江日辰是端的，子加太岁总为愆。客行不识主人意，日辰生克互参求。主客相和主顺利，主上乘凶必有忧。行人失伴甚为艰，胜光临处是其端。在天乙前向前见，若居乙后后边看。

《海底左眼》曰：出行之课见无依，自任三交天网时。弹射乘轩及游子，高盖斩关龙战推。稼穑斫轮刑励德，魁罡加处在干支。辰来临日须出外，车马临于道路知。

马，胜光也。车，太冲也。入传，为道路之象。加申为斫轮，亦出行之象。

欲卜行人来问神，见机游子察微亲。弹射转蓬蛇掩目，斩关狡泆细区分。常合干合冲白虎，行人在路恐灾迍。若太常乘神合干，如乙日太常临申，白虎临寅也，主行人灾阻途中。

汇　歌

占出宜逢旦昼神，夜将逢之动不成。更若夜神居夜地，不测忧危喜见嗔。

常阴武后犹堪怕，若居夜地夜支神。暗中不测生疑事，非灾即盗两相亲。

魁罡日上还须动，吉神相并动为强。凶将若加动不吉，不如守旧且多良。

四季之中得一气，坐家生疾多牵系。且如春得寅卯辰，巳午未方营夏季。

季上若得旺相神，未可目下便云云。或是申酉秋方到，若居巳午夏方薰。

上章言宜动用，宜出行。下章言宜静谋，未宜即出行。

立用马青经纪动，传中朱雀斗禽行。未乙送官迎亲眷，蛇劫逃冤避难征。

用并龙马为经纪，煞动加虎，亦出行也。中传并雀，或后阴合，主因妇人而行。未并贵人，主送官或迎亲。如并螣蛇及劫，则是逃难避仇之役云。

马后一辰号往期，并马逢虎去无疑。如无天马当前立，半路人来邀早归。

马后一神，往期神也。并虎，主出行。然前如无天马，主到中途遇事追回也。

支上有鬼家宜动，劫亡半路受凄惶。天支刃殺逢死气，争奈身红临血潢。

血潢，血腥煞也[①]。支上有鬼，主宅移动。临劫煞，空亡亡神，至半路也。并天上日支羊刃死气，又带血腥煞，主半路逢盗劫杀。

巳加申兮申加亥，亥加寅上寅加巳。若见天马又来临，此人身动无碍滞。

龙寅在支为用神，四马或临出入行。忽若更加天马位，此主江河海内生。

龙乘寅加亥，又并四马占者，主江河上行运。龙无加亥之课，一曰加子，一曰寅即龙也，寅乘马加亥。

卯酉为格子午关，天罡加处细追攀。加于子卯多艰阻，午酉河津道路难。

辰加卯为天格，酉为地格，加子为天关，午为地关。天，为天时风雨冰雪所关格；地，为路险沙涨崩决关津关格。占得忌出行。

涉害为用得火神，下临壬癸隔关津。土神若见甲与寅，出遭险阻在山林。

涉害并火神为用，下临壬癸，水路出入有阻。若土神下临寅卯，从山林出入有阻。

木神在于庚辛上，道路兵戎阻隔人。若还用起金神也，下逢巳午散财因。

更以式中刑害空亡官鬼休旺消息之。右三章占行人同。

行人占

简书行役，服贾牵牛。或则避难，或则壮游。关山杳远，道里阻修。室家悬望，何日归休。远迩久暂，安乐悲愁。或即返辔，或尚稽留。作行人占，第十八筹。

占暂出而的知其归者，以其人出门之时，加于今日之支上，视天罡所临下神为至日时[②]。

① 正月起亥，顺十二支。

② 例如去人是昨日巳时出门，今日是癸丑日占，即以巳加丑，顺数前去，天罡临于子上，断其子日到，或当日夜子时到。

占出虽久而地近又的知其归者，以月将加正时，视天罡下神，是孟未发，是仲半途，是季即至[①]。若天罡乘马，则其至尤速。

占远行人久而疑其归否者，则视四课内，墓神覆干或覆支，或二马乘支，是马入宅也，或类神乘支，或日辰上见天罡者；其视三传内，得行人本命临初传，是日之绝神，或初传是日之官鬼，或初传是日而末传是辰，或末传归日辰上，或末是日之墓，或末是二马之墓，或末传戌加卯若酉，或三传内见类神，或传见游神临墓绝者；其视贵神，或类神发用，或类神乘马临辰之墓，或白虎乘二马者，皆主归也。其归期则以游神下决之。如游神是子，下坐寅，则断其寅月或寅日为归期也。效此。

占行人久出，绝无音耗，课传内又不甚了了者，则视行人之行年与本日之干，要天盘日归地盘日辰，其归之顺逆，准于贵人，贵顺顺转，贵逆逆回。若从门上转过[②]，门上之神不克日，不克行年及地盘日上之神不克日，不克行年，则其人必归矣。其归期则三千里外，视将军煞下神[③]。千里外人，视岁支下神。五百里外人，视月建下神。五十里外人，视正时下神。十里以下，视天罡下神。无不应也。

占行人久出，不知去向。视其人行年之下，乃知其何处去；视其行年上神，则知其从何处来[④]。

占行人久出，不知其程。视其命上神与年上神，以甲己子午九先天数，合定其程数。意其近，则一进十，十进百；意其远，则自一而进至于千。若年命上神皆旺相，则又当倍而进之，否则但进无倍，而程途之远近见矣。

占归而断其病者，末传是墓而虎乘之也。

占归而断其无财者，年命三传皆无财，或见才而空，或才乘元武也。

占归而断其不如意者，年命上乘败神，或贵人落空亡，或成神喜神见而空陷也。

占行人而决其不归者，如课传内，日克初传者，初传为日墓者，初用空者，类神空者，二马空亡者，马临长生[⑤]，马被合者[⑥]，与天盘上日要归地盘日家而卯酉门上神克日克行年者。

占有稽留而不归者，视类神上乘神，以定其何等人留[⑦]。

占以所至之方为乐土而不肯归者，则类神临长生或旺乡，与驿马临长生也。

占其中道而止不能归者，乃刚昴发用，戌加亥发用，与发用阴关，或犯天车煞之

---

① 假令酉将加午时，则辰下是丑，为季，主其人即到也。

② 卯酉为门。

③ 例如巳午未年，煞在卯，卯加子，则子月归。

④ 例如年在卯，上加从魁，则知其从东方去，卯也；自西方来，酉也。

⑤ 在厩也。

⑥ 合则不动。

⑦ 上加天乙，贵人留。天后太阴，妇女拌。

类也。

占其病死而不归，行人本命上值墓神乘凶将，马临死绝或犯空亡是也。

占行人而推类以尽其余，则有人虽未至而信先至者，信神发用也[①]。有远人虽寄信，而不得到者，则信神现而空亡也。

有远人无书而忽闻口传之信，视课传不犯谩语煞，或类神作信书，或日上神不伤支上神，然后可以为吉凶迟速之实信也。其若阴虎空蛇四将乘辰戌加日上者，则口信亦不实也。

请人而占其来否。其人近，则以月将加正时，而决以天罡，罡加日辰上，如期而来，加日前亦来，加日后不来。其人远，则如占行人之例，而视类神，要天上类神随贵顺逆转至地盘类神，过门上下之神及地盘类神上乘神，不克类神者必来，有一处克类神者不来。其来日时期，则以戏神决之[②]。

与人期会而占其遇否。以月将加正时，亦决以天罡，罡加日辰准遇，加日前则已去，加日后则未来[③]。

呼唤下人而占其来否。以月将加今日之辰上，视正时上所得之神而决之。正时上见辰戌子午，即来。见寅申巳亥，少顷必来。见卯酉，中路而转。见丑未，必不来。

自寅至未，为东南行人，以酉为度限中路，以子上神所临为到期。例如望寅地行人，功曹在东，为在旧处。若在南方，为始发行。在西方，为度限中路。在北，为已到。看子上是寅卯，则是甲乙寅卯日到。

自申至丑，为西北行人。以卯为度限半路，以午上神为到期。若行人去路不知方所，则以地下行年，亦如前例占之。有如行年在未，小吉度限，酉[④]为半路，如北方为已至，如子[⑤]上神为土，则在戊己丑辰未戌日至家。皆视所至地之阳神也。

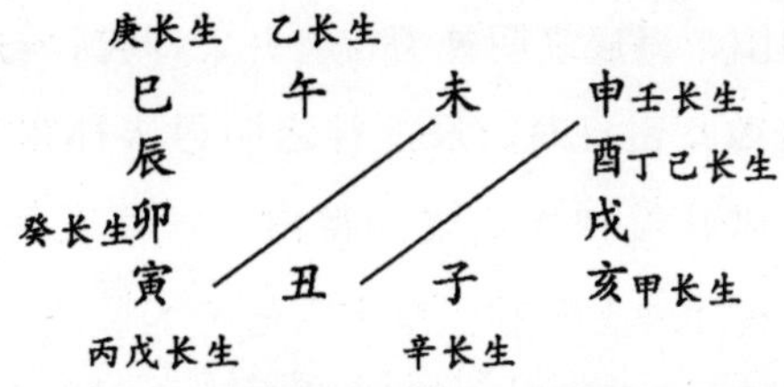

合用神将类神。贵人视天乙，朋友视青龙，官吏视寅与青龙，军吏视勾陈，僧道术士视太冲，医巫视传送，仆人视河魁天空，婢女视从魁太阴，妇女视神后天后，媒

① 如信神是戌，加巳上，远则巳月至，近则巳日至。

② 戏神是巳加子，远子日到，远近或并当日子时到，此例效推。

③ 详见日用占。

④ 一作卯。

⑤ 一作午。

妁牙侩视六合，子孙视六合太冲，小儿亦视之，兄弟姊妹视太阴太乙。生今日干者父，生今日支者母。日干生者，阳子阴女。日干克者，正财妻，偏财妾。日干比者，兄弟姊妹。若定几位，以甲己子午九先天数例分之。

合用神煞：天马　驿马　阴关　游神：春丑夏未秋戌冬辰。　戏神：春巳夏子秋酉冬辰。　成神：正五九巳，二六十申，三七十一亥，四八十二寅。　会神：正未二戌三寅四亥五酉六子七丑八午九巳十卯十一申十二辰。　喜神：春戌夏丑秋辰冬未。　信神：正申二戌三寅四丑五亥六辰七巳八未九申十戌十一寅十二丑。　病符：太岁后一位，旧太岁也。　往亡：正寅二巳三申四亥五卯六午七酉八子九辰十未十一戌十二丑。　谩语：正午二未顺十二位。　天车：春丑夏辰秋未冬戌。　将军煞：寅卯辰年在子，巳午未年在卯，申酉戌年在午，亥子丑年在酉。　天罡乘马：不论入传，即当日至。　墓神居干：行人此日即还，干坐墓上同。

黄帝占诸望行者吉凶来否：居外望内人，以夏至辰之阴神，居内望外人，以冬至辰之阳神，临今日日辰，与太冲临未，为皆来也[①]。假令夏至以卯，卯之阴神太冲，今日丙丁，太冲临寅为本，临午为中，临戌为末，皆为来也[②]。冬至以午，午之阳神胜光，今日甲乙，胜光临亥为本，临卯为中，临未为末，皆为来也[③]。

一法望行者视天罡，罡顺系今日日辰，今日至；逆系今日日辰，不至也。天道左游，天罡为逆，天罡临日辰人年，凭望西方北方行人，以卯为门，午上神为至期。望东方南方行人，以酉为门，子上神为至期。凡所望入其门，即至。凡望而不至，皆云刑人以刑。望吉人得吉将，凶人得凶将，即来[④]。

占诸欲知行者凶吉：审知行者年所立之阳神，与吉神将并，临有气之乡，上下相生，即吉无过。与恶神将并，临囚死之乡，上下相贼，又临年墓日墓者，皆凶也。若不知行者年，视日辰之阴阳，得辰之阴神为吉将并，即吉，与凶将凶神并，即凶也。

占诸行者欲知家内吉凶：正日时，辰上神之阴得吉神吉将，有旺相休气，上下相生吉，得凶神凶将即凶。以其类神而论之，得白虎，死丧事，得大吉及休气为耗病，各察其恶将也。余效此。

占人亡所在吉凶法［附］：正日时，视所问人乡上神，与今日比者在，不比者不在也[⑤]。

---

① 外谓在客也，内谓家中也。

② 如太冲临午，当以丙丁至，月期五月。

③ 临亥以壬癸亥子至，月期十月。

④ 留者，如望寅地人，寅上将凶，以凶事留。白虎为丧死，勾陈为战斗，朱雀为口舌对吏之例。寅上将吉，以吉事留，龙常为钱财酒食之例。

⑤ 例如今日甲也，若问午地人在否，午上得传送，与甲为比，比，谓有甲申也，则所问人在矣。若午上大吉，为不比，问人不在。

一法欲谒人诸人家知人在否。正日时，神后临日辰，其人与妇人饮酒。天罡临日辰，在后家欲讼钱。太乙加日辰，其人作小车或木器。小吉临日辰，其人在床上卧未起。功曹临日辰，在吏家与长者客语。传送临日辰，出行不在家。天魁临日辰，其人病。登明临日辰，其人在土上数钱。大吉临日辰，其人往吏家，须臾即还。从魁临日辰，在后门。太冲临日辰，见在门中。此条宜入访谒。

《中黄经》曰：要知久出在何方，即把行年临处详。有制兼刑须改动，迁移财下得身康。出外多年不知在何方，并不知存亡，当取去人行年所临处为去者方位。若行年立处下克上，更今日入空亡又绝墓，必死矣。无克战者，身安吉也。若问远近过期与不来，以行年上下干支四位相乘道里数目。依神还家，谓门上神先克行年，即不敢还家。若克立处之神是月建，必身将动移，向行年天财上下行去。若初传行年下立合神，更不敢动，只在此处。若改动，则立处有财相生合，更动别处。若立处有剥克损害，有天马临者，再用身移今日于天上财下去二位便是，其下更有才生旺，亦主未来，谓移行年元干于所寄定之干，又以行年天上合神临处为去住。若天上合神下却克行年，后改移身于元行年立处也。至诸方更不改移，渐渐还家之意，为此处不合自初行住处，干支若比，更太岁生日，便是还家，要见日分，看游戏神天驿临处，是来者的日分也。

若四神有克处不用，无克处用，要知日期，本人行年或日前四神立巳亥，必难还家，须太岁生立处合来也。却太岁来克剥门上神，未来，更生立处去方，再寻克剥门上神来克太岁，必还家也。

要知作客何方去，行年上下看临处。下神为去上神来，里数相乘加干数。言远去人方位里数、还家月日、有无财帛也。例如癸丑生人，行年丁亥，十一月将甲午日寅时课。本命丑乘子，行年亥临子。其人正北作客去，却自西北还家。问曰：何以言之？《经》曰“行年临处为方位”，子合正北方也。何知西北还家？以行年亥上见戌也。至夫财之有无，则其人年命三传日上俱无财，又被元武克行年日上，必无财也。

问在外安否？看行年立处，不见虎克行年则安，见虎克行年则有病也。

又问多少远近？行得一千六百里还家。谓行年上下干支相乘得五十三。若占远人，以十言百，五百三十里。谓亥加子，冬至后水旺加倍，得一千六百里。又虚加入一千，通得二千六百里。

若问有甚阻隔？谓合行年日上不见间阻之神，则无阻；见间阻神，有阻。见武，主河水之阻；见勾陈，官事之阻；见合后太阴，妇人阻；见虎空，疾病阻；见贵人，山岭之阻；见太常，道路之阻也。

又问甚年月日还家？乃戌年二月还家，不然四月决来也。谓十一月天马在寅，乘信煞临卯，卯主二月有信来。其人未来，谓卯主日出之门，后辰临巳，为十一月游神入巳，主行人必动，故主四月建，巳月内定到也。若问甚日还家，看今日干临处，即到日之期也。

若问行人堂野路，最忌行年有畏惧。日干行年难还本，必主中路有违误。

言堂野之神主慢，行人作客，最忌门上神克行年，次怕年神克门神，而又怕今日天上日干还临地下日干有制克，必是行人不来归家。若如是前神不克，则敢还矣。却有人行年立今日日干前四神，为行人中路，看来看为甚不来，便去看日上神得何神将。若得太阴六合天后，主忧家宅口舌淫乱之事。若得青龙元武，为财帛不来。得太常贵神，因酒食勾连不来。得勾陈朱雀螣蛇天空，因小儿或官事琐挠不来也。其前四神无战克，更无阻隔，便得归家也。

欲知来家月日期，先寻日干还旧支。战克未来相生至，游戏二神月日宜。

问远行久者，何年月日归家。假令十一月将，甲午日午时占，初传酉作勾加寅，是日上，中传辰作武加酉，末传亥作雀加辰，其人行年寅加未。问元出行人来与不来，其课主不来。谓天上日干寅临未，建干辛克寅，为不得地。又地下日干见酉，酉能制甲，是日干还本位难也。谓贵神逆行，门上神是戌，戌中有辛，辛克行年上寅，此乃门上克行年上神也。凡卯酉二辰，为行人门户。但天乙逆行，须要天上行年支逆还地下支；若天乙顺行，须要天上行年支顺还地下支，其谓天上寅为行年，此天乙逆行，其寅待过卯上，卯上得戌，戌中有辛克寅，是为门上神克行年上神，故不归也。为日上下与行年门上俱有战克，主行人未归，故不论月日。

例如正月将甲子日丑时占，初传戌加子，中传申加戌，末传午加申，其人行年辰加干，无战克。又行年与门上神不相克，虽则天上还与地下贵人逆行，乃不过门，亦虚取门上有无战克也。此课门上神是丑，行年上是辰，其建干支与门上神不相克战，行人必还家。看何年月日还家，或取游神戏神天马驿马临，为还家日，他效推。

父母临年觅子孙，不知危苦与安身。日上发用望行人，年无克制必回门。

凡论六亲走失，各取其类。或父母在家，男孙子女出门，问何年月日来，便用行年初传相生，兼行年立处，便起发用月日也。依众经书，合用六合与日干相生或临之处，便是来者月日也。一曰：用行年上相生，初传兼行年立处与日干相生，看临处，便是来者月日也。

父母望子孙，视六合。假令六合加卯，二月归，或卯日归。加辰，三月或辰日归。若子孙望父母，太常下取来家月日。夫望妻，天后下取之。妻望夫，青龙下取之。兄弟朋友，亦取青龙。主望奴，戌临处取之。望婢，酉临处取之。奴婢望主人，贵人下是来期也。最要紧者，日干与所望行人与日干上下不见制克为佳。又紧要，望者行年天上支与地下支无克制，行人必归。合用者，游戏二马临处为月期，视日干先寻生旺者，便是日期。若他处初发起待还家的日也。若行年立处不在日前四神，计程取生日上辰，便是还家日也。若行年立日前，上下有制克，必中途别有阻。又计行年天上地下看上克下支是几数，若下克上支是几数，又有因何事为中途阻神。若行年虽在日干前四神，上下相克，合有气处更乘青龙天乙六合太常天后，为亲戚兄弟留连阻滞而未回也。

望行人，要今日日干上神与去人行年上神并作课发用，去人行年不相克，又不见门上神若中路阻滞神，即还家也。例如八月将，甲子日午时占，四十岁男望二十六[①]岁妻远行何日来。此课九月还家也。谓初传建甲戌，又喜男行年四十，巳乘卯，遁丁卯，是行年上下相生，与初传戌六合，此发用行年合，来一也。又巳建己巳，为妻行年，却与中传申相合，主其人望妻必还，二也。又门上不克行年，而天乙顺行，己酉为门，酉上得未，不克行年，主人回家，三也。且行年立干前四辰，为中路上立行年，合中路有阻滞，谓女人行年上下无克，是以取下支不克，中路有和合，或亲人留住，五日却行，主九月内丙日必至家也。何知九月？谓夫望妻者，太常临处为日期。今常加戌，合主九月。何知丙日？谓行年己巳中得丙，又甲日喜丙也。若过此期，十二月必来。何也？谓八月亥为游神，亥临丑故也。此课若母望子，其子不来。何也？谓甲日占以丙为子，甲上见神后克丙，便言不来也。六亲效推。

何谓半路复还家？日财行制财在家。日上妻合当远去，必须千里在天涯。

日财一作日前。言今日财加日上，凡占谓以行人行年前一辰为行人地道，克天上行年支干，其人待前去，又却财在日后，是半路又不敢行，复还家也。凡行人来则初传是天上日与行年俱在日前有制克者，财加日上，主中道复回也。凡日上是行年妻，又建得妻干，与行年相合，谓家中有淫乱之事，反复不还也。例如十一月将，甲戌日亥时，甲以辰为财，顺贵，其人三十二岁，行年是酉，酉加未，建乙酉，辰财加日上，其人欲往，前有申金克乙，是日财行制也。又己财在日后，财在家也，主行人在半路回家矣。何谓日上妻合当远去？例如八月将，甲子日卯时，三十岁人占。以甲日遁得行年壬申，日上见丁卯，行人回来。又地下丁卯，遁壬寅，谓妻与他人相合，主家内淫乱。又天上行年壬申，加地下得丁未，是合，主私邪而还，是以久去不复还家矣。一曰更复还家。

万里回还到家门。

《心镜》云：若问三千里外行人，用大将军下为来期月日。三千里以下，用太岁支临处为来期。千里至五百里以下，用月建为来期月日。五百里以下至百里，则日支临处为来期。百里以下至十里，时支临处则是来期月日也。若三五里视时下决应。将军者，非勾陈也，月将军煞也。临日加门，主行人至门，全注见后[②]。

---

① 原作八。

② 一曰：千里外看岁支，五百里看月建，百里视日辰，五十里视正时。

门上相逢妻克身。

人久出欲到家至门时，切莫日上是行年。若问妻不得下合，合是不正神将，妻内剥克行年，更兼刑害，故云门上相逢妻克身。

三传更是争妻美，欲入宅时复千里。

若日上是行年，妻虽下合，尤云慢也，紧怕三传中有一处相合日上神，或两处合，名曰争妻。若三传中生妻，主其人行年见日上妻虽合，故有回心也。凡三传争妻，行年虽至门畏战克，欲至宅门，复行千里矣。争妻美，一本作生妻美。例如九月辛丑日巳时占，初亥加丑，中酉加亥，末未加酉，其人三十二岁，行年丑加卯为本命，是至门也。奈人年建丙申，合辛卯妻喜，欲待至门，妻临处却有壬辰，其行年丙亦怕壬克，故不敢还，却远千里外也。

有财有禄兼乘马，至家三日去郊野。

例如六甲日占，其人行年立酉上得辰，又酉却临寅上，欲还家，畏日上丙丁克身，故虽到家，思东方之财而复去也。效推。

使去数朝忧未回，百般思虑动疑猜。月将加时视罡下，此日应知必返来。

若近出，视天罡下是来期。又法：以去时加在日支，看罡临下是归期也。

《心镜经》曰：思望行人久不归，须凭运式以占之。日月二门为发限，阴阳二至算来期。东并南起酉为速，将西转北卯非迟。假令行者身居戌，天魁临亥始装衣。何名半道因相会，转在东方立卯基。午上功曹甲相见，大吉立午己合宜。又取用神三合至，子午上见相配支。应来必至日前四，前四上神看是谁。或不知方千里外，即取行年度限推。更辨其人详物色，神将为名皆可知。太常衣物娘兼父，六合媒子孙与儿。青龙朋友财夫婿，天神二后是妻姬。太乙太阴兄弟位，勾陈兵吏甲毛皮。天空酉戌鸡奴婢，白虎病人丧柩悲。元武阴私奸盗者，朱雀官吏辨征追。功曹狸豹贤明道，传送刀兵僧及医。太冲驴兔舟车木，胜光獐鹿马兼麋。小吉雁鹰羊酒食，登明必定豕熊罴。此例悉皆求限至，课中逢类到无疑。度限为来看二至，课中加季到无疑。

天后为妻，神后为姬，卯酉为限，子午为至。

前术虽谈限与期，存亡远近未曾推。有人一去无消息，乃捉行年定所知。立在寅申意不返，巳亥本乡心尚依。处季已为他邑鬼，居仲前程抱疾羸。临北临南知所在，相生相克辨安危。三千里外将军下，千里须令看岁支。五百里应求月建，百里干临五十时。其下悉皆为至限，日月还须意决疑。更课游神春在丑，秋亥冬戌夏子为。加孟未来加仲发，季上相逢不久归。复有亲情不相见，欲得他来日夜思。乃用戏神看立处，冬辰夏子用取之。春当在巳秋居酉，临处依前辨速迟。

推将军法：孟以胜光仲以未，季将传送加太岁。常于罡下访将军，动土修营都不利。占行人看将军法以推到日。如度限了用此法，未度限勿用也。如三千里外行人，看将军加临何处，则为至期。将军煞，三年移一辰，寅卯辰年在子，巳午未年在卯，申酉戌年在午，亥子丑年在酉。如未年占，卯在子，即子日到也。效推。

有人暂出何时逢，从出门时加日时。亢星之下人应到，或见贵人临亦归。

天罡加季门前待，占值伏吟相见时。此节论近出归期。亢星，辰宫宿也。

《指南经》曰：行人占法实多门，学者还当仔细论。二马年命入传课，归期有法后诗存。传逆贵逆日用前，白虎催程反故园。更求末足抵辰日，干支互驾又何延。支上传干人固来，干传支上亦同测。干若克支离彼方，反此卜归归未得。刚日伏吟丁马见，立刻行人到草堂。柔日丁马逢刑战，关河虽远亦还乡。初传若是逢空陷，有阻还当逐类推。末遇天中邻近滞，仍详神将为何迟。中传空陷路途阻，详察何神知为谁。反吟四绝人必至，虽见天中亦不羁。四季元临法最奇，六三合用地盘宜。元神乘季传末入，更在支神下位知[①]。正时天乙入支干，湖海行人会不难。久去不知踪迹处，行年分野仔细看[②]。天上行年遇陷空，行人染患客帏中。行年加孟他乡吉，加仲为灾加季凶。年居生旺德合喜，刑克墓绝悲哀擬。吉凶好向课传看，此法从来为正理。遥遥年命离支辰，地角天涯几度春。巳亥若临归日近，无期因是在寅申。不识行年何以分，又当辰上致殷勤。相生旺相俱为吉，恶煞刑冲作悔云。日与年神生合吉，日上年端刑害凶。支水干陆宜乘吉，元劫井河祸事重。年临三四来期速，日之二课到时迟。书信几番人未至，支前四位上神知。孟迟仲中罡速季，用神墓绝日归来[③]。游神加孟归期远，仲在途间季速回。所占若入课传中，宜于逐类天盘探。神将之司各有门，子父财官须一勘。发用前于本日支，便观天上日临期。若还发用居他处，旅次盘桓未动移。须度限门循二至，未度何须望远征。更逢游戏二马到，生日之神定回程。传墓入墓不须疑，征途扬辔归心迫。间进间退两课名，他乡阻隔分明白。末传与支合日干，三合归时早晚间。魁罡二将乘二马，虽不入传反故园。天罡加在日辰前，千里迢迢必着鞭。若还居在日辰后，纵然咫尺不思旋。卯酉为隔子午关，魁罡加处事多艰。津梁风雨时时阻，中路行人未得还。朱雀天鸡及信神，课传乘马信音频。三神若或逢空陷，鱼雁寥寥尺素沦。克日生合书必来，干克用神书不寄。天目临时有便鸿，逐类求之识何事。循环周遍两课名，旦夕游人抵家下。初克末兮旆已还，末克初兮车未驾。传将若合三六中，眷恋他乡资斧丰。支干上逢罗网罩，淹留客邸叹飘蓬。游子斩关退作传，丁马再动归旧处。游煞丁马游不停，退则来兮进则去。更详年月节旬候，日辰正时鳞次透。应期再向此中求，诸法精奇无注漏。

《百章歌》曰：日辰上见墓神加，病者无痊事可嗟。行人失约路途赊，若当时日便

---

① 以用神合处断归期，近用六合，远用三合。元武乘季末传。

② 以行人天上行年所加之分野决之。

③ 阳日墓临之下来，阴日绝临之下到。

归家。寅加酉上为初用，中末子来未上居。行人远至及音书，传墓为来有矣夫。午亥卯申酉加寅，子加巳位最为亲。隔面人来问信音，有象逢之见喜欣。酉加功曹共太冲，卯逢四季皆分同。此名关格主难通，逢金逢木却可通。

酉加巳上用朱禽，青龙贵位要加临。干贵求财有信音，三事占来必称心。天上从魁酉作鸡，鸡能报信法堪依。上临本命事相宜，信息须知早晚归。戌来加卯是合乡，传中支干理最长。丙辛戊癸最相当，信至人归见福昌。朱雀来乘临卯申[①]，多为信息在途程。三传和合期有成，日门信也有来真。登明卯上用朱禽，占者须知望信音。支干合处喜合临，望人望信法幽深。占人命上见朱禽，象主文书及信音。相生相旺若加临，合处须知事遂心。远信月将在正时，日辰上阴是信期。信建临官并帝旺，家神死气信方归。

日上阴神是信神，带官旺即至，休囚空死则无信，信神进旺处，则信至之期。家宅上神旺者无信，休囚乃至。

卯占早近卯阳临，阴局晚迟远处寻。二月中气分离卯，酉居八月亦斯音。

酉初天上又作鸡，能传信息固堪依。加临本命事相宜，信息须知早晚归。

卯居阳局主朝信、明信、早近信。卯日间临阴局，主晚信、远信、迟信、暗信。在春分时，主分离信。酉临阳局，主晚远迟信；临阴局，主近明速信。在秋分时占，亦分离信主之。

武来克信信随归，信来克武尚延迟。更有元武入墓时，此是信来端的期。

信来传内害兼空，信伪期诬不可从。信为日鬼复刑害，语定侵凌用意凶。

信神带六害空亡入传或陷空地，为诈虚之邪。若神带刑害，是侵凌之恶音也，远行者无好音。

马动临支占远信，忽然合日行人应。但将立用墓归期，百发百中无错认。

远信行人归期，看马临支，或马合日，或以用神定，或以墓绝处为人归信至期。

白虎螣蛇并马行，须防目下有忧惊。此时不可占远信，只有空书不见形。

此象忌占远行信息，纵有亦是空书，人不可问也。虎主凶惊，蛇主虚惊。

望信之时得见机，弹射转蓬兼察微。不入虎视眈眈卦，润下还逢铸印时。

天魁功曹成朱雀，常乘戌未有文书[②]。

右占行信及音书。

欲问行人来未来，但将飞伏二神猜。第三第四不用催，飞即临门伏未回。

传上神克日干为飞，日干克传上神曰伏。若更辰上三四课为用，来尤迟。

---

① 乘卯又临申。

② 出《海底眼》一条。

行人若要问来期，传课行年八处推。辰上二课立归时，干日阴阳到尚迟。

行人行年入四课发用，在辰来速，在日归迟。若在传，传退则来，传进未来。

传送为用即时来，三传俱顺却徘徊。阳日伏吟传内归，行人带马不须催。

正时为用即至，正时反吟未至。阳日伏吟，如丙寅日自干传支，为自外而内，立至。戊寅日主至，以中传传送路神带马，其来速也。辛未日伏吟，自支传干，自内而外，主未归也。干为外，支为内。戊寅日申亥寅，以初传日上辰为用，职神又乘马，故来尤速也。

白虎行年遇路神，贵人太岁本命尊。家旺路衰归骑奔，家衰路旺未回门。

白虎为路，岁贵为家。

路在空亡败墓乡，家神克路路人亡。行年白虎会今日，便是归期不用详。

行年上神与白虎上神，二神合日即归。

传用中视克岁君，行子忧灾与病侵。

岁君被克，用克重，传克轻，主行者有灾有病，以将决之。

游神加孟尚迟迟，仲季乘之不久归。贵人加日至勿疑，天罡加季不移时。

春游巳，夏游子，秋游酉，冬游辰。

白虎加临在戌宫，用神卯酉亥相逢。定须即日解归骢，二马临于墓亦同。若是信音犹未通，雀阴楼处访来踪。

卯，天马主也。八月丁卯日辰将卯时，罡加冲为用，上见白虎例。又天马临日上，当日巳时必归。何以知其然也？谓中传巳，巳与干上申天马合。当日者，以丁寄未，末传午，午与未合也，故不嫌传进。

行踰千里贵前寻，倍此还须倍此乘。前去后归刃殺论，彼此无来带五辰。

近行远路月为家，路克家回家克赊。反吟为用月复加，望人立至定无差。

乘神家克路未回，是太阴克青龙神也。反吟为用，克太阴加神立至。夫反吟占行人多未来，虽二马传在大殿，亦不来也。然反吟今日为用，与月建相害，其占行人，乃立至也。

天马乘龙加亥子，水路经商莫有疑。不要空亡并劫煞，犯者其人未即归。

所用克期去几时，各于合绝上推之。行人行马在巳上，合申绝寅是定期[①]。

所用刻期，各于所克处必应。如行人行年马到于巳上，取申为定期，寅为决期，二日必至。

数载不归见天马，天马空亡休心挂。大煞血忌与刃逢，方知身在幽冥下。

多年不归，看天马入传，则有信临门当还。若天马空亡，主死。加二血羊刃，必

① 一本作望申，申与巳合，可望其归也。

伤在外。一曰：天马陷空，带生气生神，主羁于旅邸，或病或事或无资，不能归也。

子临四马遭天车，千里迢迢不见家。占者忧忧休问卜，空亡有信是乌鸦。

天车，煞名，死亡之象[1]。

行人未到看三传，三传传顺未回程。刚日伏吟会时间，三传退逆见团圆。

三位相联作三传，占者须知进退间。出行千里见回还，退则不久再还迁。

如丑加子，退中之进，进则回还。子加丑，进中之退，退则必迁。乃进退之象，未定之占也。

行人要诀视天罡，日马相乘六合乡。再看类神相合并，次详道里辨来方[2]。

加支传送作龙常，有人送物到门墙。不然妻合同为诀，龙是妻财酒太常。

申临支并龙或常，主有馈物者至门。财是青龙，酒是太常。

虎乘日墓与魁罡，齐衰者至不为殃。如是克支同作鬼，须防怪梦有相伤。

白虎乘辰戌与日墓并，主有孝服人来访也。如虎为鬼克支，防夜梦怪异，神鬼相伤，致生灾祸。

日用占

会心不远，触物兴思。未测虚实，可信可疑。人口进退，诚吕诚欺。挈瓶沽酒，候俟相知。心惊眼瞤，谋害阴私。叩门声急，鸦鹊音奇。人来寄物，水暴涨时。虚传音耗，忧喜难持。日用种种，运式占知。次第一十九。

人情虚实未知因，即有使来何伪真[3]。辰上之神伤日上，来人言语信堪亲。日为来使辰为我，干若伤支是妄陈。阴空蛇虎魁罡立[4]，五者相逢必诳人。若传凶事须看虎，与日[5]合比实伤神。吉事青龙乘可据，日神比合笑欣欣。虚传音耗蓦然来，须将妙诀日辰裁。日若加辰端的有，相生虚诞莫忧猜。忽尔日辰相克制，言无妄发实佳哉[6]。

进退人口课何如，日辰二者作机枢。日加辰上作吉将，进口之征喜不虚。辰若

[来] 加日为凶将，俄然退口贵踟蹰。

因人请召生疑卜，日上乘加分祸福。旺相龙常酣乐回，魁罡蛇虎詈声逐。日乘小吉足欢娱，太乙加之口舌辱。罡季作辰临日上，盛筵莫赴防遭毒。

---

[1] 空亡一作恐防，音转误也。

[2] 罡临孟不来，仲中路，季即至。又看罡五行，罡临木，甲乙日至之例。罡同类神合二马即至，或临日辰亦即至。

[3] 使者传言察。

[4] 立日上。

[5] 干类。

[6] 假令丙午日有信，便将丙加午相合比为虚，甲辰日以甲加辰相克是实。辰刑日上亦真。

我有嘉宾欲觥沽，闻他有酒又疑无。从魁加孟今方酿，临仲醇香季必枯。更将大吉加时看，子未临支酒半壶。加木清酸火赤苦，水神味淡色如乌。加金色白味辛辣，加土甘香桑落模。龙合若居今日上，定然有酒不空过。不识主人藏酒所，用神起处求之妥。子初北面贮房中，以例推之无不果。

待人而占视类神，类神加孟不相亲。加仲半途来尚缓，加季临门喜气新。与他同约经游此，为当已过未曾来。斗系支干及加仲，待之相见不烦催。斗在日前兼系季，斯人前去赴难回[①]。更值昴星伏吟卦，在家不出莫疑猜。

心惊眼瞤而占者，日上行年神主也。蛇虎魁罡厌厥巅，须防奸细含沙射。寅卯巳午主欢欣，子亥酉申烦恼惹。四季临之灾病绵，将神消息吉凶解。人心惊动欲豫知，凶吉临时月将期[②]。若见功曹太冲将，必有文书与阴私。太乙胜光或各见，惊忧口舌事来疑。传送从魁兵器客，远行将至去非迟。登明神后哀声泣，有客相呼召见伊。天罡河魁疾病速，二吉须知咒诅为。旺相将良相并吉，闻忧勿畏莫思惟。反此即为忧事起，须加防备切无疑。前三前五为元吉，后二后四喜相依。心身不安目瞤动，正时当视岁中神[③]。若逢旺相方为吉，囚死临之忧事真。除却龙常与阴合，此外相逢尽恶因。

初觉人谋运式寻，辰他日己费沉吟。魁罡蛇虎真凶恶，日上逢之谋已深。加临辰上他谋败，最喜辰阳生日本。辰生日上或比合，因祸致福气森森。日上神如制辰上，虽谋无损暗无侵。

静中忽听叩门声，月将加时休咎征。年神为主日辰辅，上下相生始出迎。反此为凶休管待，恐为灾祸近欺陵。登明征戍貔貅士，天魁州吏府公人。从魁女来求借物，传送行人欲问津。小吉欲来求饮食，胜光邀请宴筵情。太乙乞儿思乞索，天罡官吏欲勾人。太冲客人傭力至，功曹吏谒觅寻评。大吉贵人相召请，天后相逢奸盗宾。传送更为僧道请，魁罡复作暴凶星。

忽聆神鸟[④]噪高枝，便将月将按鸣时。只看上神何属下，善恶之时以将知。上见魁罡论讼起，登明太乙吏来追。大吉大人铜铁至，小吉妇人羊酒随。功曹在家宴宾客，传送出门逢乞儿。子为师巫午口舌，酉为文状卯阴私。皆以鸣方决其事，所事用神无所疑。翱翔好鸟若多情，来往干支德上鸣。必有欣荣喜信致，不然征召酒餚迎。

有客来投或寄物，占观此客后何为。谨将第四支阴省，凶克日神必败危[⑤]。更视支神所临处，此处辰伤日不宜[⑥]。问其事发缘何故，将逐天官以决之。已上数端防后累，

① 此皆在道占之。

② 人年上占之。

③ 行年上神。

④ 鸦鹊也。

⑤ 辰阴上神乘恶将克日上神或克日。

⑥ 如七月丁巳日子时，支神太乙加子水克丁火之例。

物须勿寄人当辞。天空空亡内无物，诡赚包藏莫受欺[①]。

博戏三传吉将居，两人俱课就年推。年上吉神须主胜，遭被凶神克也哀。三人以上皆详此，同属[②]须明主客知。先呼为客后应主，客是干兮主属支。支干上下论凶吉，克被之时便可为。对敌从何称胜负，干支年上定赢输。相克择其强者胜，龙常旺相并难争。

忧喜君家要自详，传中有救吉昌昌。或忧不忧君须记，母子无忧金水勷[③]。

水涨伤禾欲害民，进退加时看日辰。支伤干吉退犹速，干伤支吉退因循。辰日俱损须更退，并不相伤照旧平[④]。辰若伤日还应涨，日去伤辰渐退宁。

访人只看用与方，三合六合可相望。辰有气兮彼有在，头足[⑤]加日辨行藏。斗罡加季应须见，踪迹天官定厥祥。欲谒尊官何所期，青官小吉可投依。斗罡加孟所求获，临季空回仲许之[⑥]。

久旅忧家意楚酸，日辰传用破疑端。朱禽口舌兼忧火，元武阴私盗贼奸。勾陈刑斗虎衰病，螣蛇惊怪太阴安。六合青龙欢庆集，太常天乙客相看。支辰乘恶家灾异，将吉神良宅内欢[⑦]。

征途日暮前途远，欲寄安宵恐主谋。辰是主人日是客，辰上来生吉可投。年命神良遇长者，年逢恶将不宜留。登明天空将诱我[⑧]，蛇虎魁罡暗作仇[⑨]。从魁胜光宜速去[⑩]，莫住临年天后头[⑪]。日上神凶将不良，遥克支乘要主张。自是客人怀恶意，主人切莫漫留藏。辰上将神怀狠毒，遥伤干日不亲睦。应知地主是强梁，行旅加鞭莫借宿。◎此皆日用之所当占者也。运式潜玩，庶几无咎。

黄帝占居处去留所宜法：日辰上神将无旺相休气，上下不相生，宜去。日辰上神之阴神得吉神将旺相气，上下相生，宜留[⑫]。

---

① 黄帝占曰：内寄者无令五行加其所忧，及今日之辰阳神所临之地辰贼今日之辰，皆为害主人。

② 二人同年也。

③ 如忧不忧，传中自救也。月中囚死又临囚死乡，忧闯忧乡即忧，反此即虚。传中有救谓初传用木临吉处，传得木神或遇木将或在木乡终也，皆为有救。若用金，得水为母子也，用木得火，用火得土，用土得金，用水得木皆然。

④ 一作稳，平水无进退也。言日辰皆无相克也。

⑤ 戌天头，巳地足。

⑥ 凡谒人须明彼我，干为彼，辰为我，相生会喜，相克见嗔。天罡加孟在内，加仲在门，加季在外。见六合太常吉，刑害不吉，所求无。

⑦ 以日为占者身，以支辰为宅内。

⑧ 支上亥戌乃盗贼之家，不可宿。

⑨ 蛇虎凶将，魁罡恶神，若临支上，断勿投宿。

⑩ 支上酉午亦不可住，酉司八月肃殺之令，万物被伤。午为惊恐之神也。

⑪ 天后厌翳之神，临我行年之上，宜急去之。

⑫ 例如白虎在阳以去，去死丧，不在阳，可留。

渔猎占

粤自庖犠，作网罟以佃渔，殺机始开，鸟乱于上，鱼逃于渊矣。延及后世，一发五豝，载味于驺虞，南有嘉鱼，烝然夫罩罩，至于钓而不网，弋不射宿，虽圣人亦不免焉。作渔猎占，次二十编。

日为人，为网罟，为弓弩。辰为物，为鸟兽，为鱼鳖。如课内日上克辰上，则得。辰上克日上，不得。辰上生日上，则得。日上生辰上，不得。辰上旺相长生入墓带生气皇恩大赦日德支德，则无获。辰上休囚死绝刑冲破害犯死气刀砧破碎血支血忌，则大获。日干加午，不得；加卯，则得。

其所得以类神详其何物。如类神作日财日禄伤食日印者是，又视其生旺死绝何如。子为鼠属，丑为山牛，寅为虎豹，卯为鹿麂狐貉，辰为蛟龙鱼介，巳为飞鸟蛇虫，午为马獐，未为山羊，申为猿猴，酉为鸡雉，戌为山犬，亥为猪属鸟鱼鼋。

若伏吟加本位，或不加本位而加亥子，则不可得也。作空亡，得之宜速，缓则逸矣。知此则渔猎庶不空行也。

渔猎太冲为宰神，若来加午虎狼嗔。临丑中刀遥走失，伏罡空回不利人。餚支为鱼鸟干为网，支伤斗季获毛鳞。占时受克为多得，营室宜加日与辰。

黄帝占捕前禽得否法：行时欲今日日辰上神与人年上神贼所求物神，即得。若物类神贼日辰上神，又害人年上神为凶，即不得也。

入山取物：[日辰上神阴得旺相休气初传吉，为得物多矣。阴得凶神将囚死上下相克为凶，必为阴泥涂所败，此为阴凶逢雨也。传得白虎，逢恶禽兽，得元武为贼盗，日辰上凶者尤甚。辰上阴神凶可恶，俱凶大恶，日辰俱吉者元吉，俱凶者大凶]

奴婢占

伊臧与获，孰去孰取。赤脚长须，百子之侣。桃叶柳枝，贞淫杂处。作奴婢占，以章弃举。次二十一。

日为主人，辰为奴婢。而奴属戌，婢属酉。如辰上神生日上神，又乘吉神龙合阴常之类，而三传支德发用，不空陷刑害者，则奴婢忠良，宜纳之也。辰上神克日上神，又乘凶神勾蛇朱武元虎之类，而三传日鬼发用，又传空刑害者，则奴婢奸恶，勿畜之也。

酉戌乘青龙，则奴婢可托。乘六合，则奴婢将逃。作空亡，则奴婢不久。

酉戌所临之辰生我日干，吉也；克我日干，凶也。

酉戌临干克干，彼必犯主，不可留也。临支克支，彼必无成，不可留也。

若走失奴婢而捕捉之，大略与捕盗同。如四课不见类神者，走远。三传不见类神，不获。类临干，外获也。临干之阴，藏邻里家也。类临支，自归也。临支之阴，藏亲人家也。余义详捕盗占，兹不复赘。

黄帝占奴婢下贱利主否法：正日时，视其日辰阴阳二魁，与吉将并，有旺相休气，与今日日辰相生，宜主。直用神上克下，皆为吉。深利亲附，甚蕃息。从魁不在日辰阴阳，安用使令，又与恶将并而贼今日，又用神下贼上，其为慢諂，欲害其主[①]。

汇　歌

天空奴婢共为名，酉戌分占庶得精。河魁是奴从魁婢，六合加之有隐形。白虎并时忧疾病，吉将来时即保真。不审行年求月朔，朔上之神辨事情。干即为主支为仆，神将吉凶支上详。旺相生干乘吉美，伤干带殺总成殃。还用二魁分仆婢，更以阴空定否臧。岁上莫同奴婢克，月朔即仆行年乡。走失亦将类神看，隐形来克主身藏。

《海底左眼》曰：知一蒿矢及八专，虎视眈眈天寇烦。玄胎鬼呼占贼盗，决因失脱细推研。元武却乘辰戌动，或乘旬首亦须言。六合在初天后末，初中元武又牵连。财爻元武天空将，并是来占失脱缘。

八月壬子日日昳时，吉。

　合 朱 蛇 贵日阴
　寅 卯 辰 巳
勾丑　　　　午后
青子　　　　未阴
　亥 戌 酉 申
　空 虎 常 玄

后　常　贵　玄
午　酉　巳　申
酉　子　申　壬

财　丙午　后
子　　卯　朱◎
兄　壬子　青⊙

比用轩盖外战，上克下用辰阴。

十月乙卯日黄昏时，凶。

　蛇 朱 合 勾
　酉 戌 亥 子
贵申　　　　丑青
后未　　　　寅空
　午 巳 辰 卯
　阴 玄 常 虎

合　后　勾　贵
亥　未　子　申
未　卯　申　乙

财　己未　后
父　癸亥　合
兄　乙卯　虎

涉害内战

---

① 例如八月壬子日，日昳时，天罡加未，占奴婢吉凶，传送为元武临壬，从魁为太常临子，从魁与壬为旺相相生，又在日辰阴阳中，胜光为用而临酉，上克下，此时占下贱者，皆好。如十月乙卯日，黄昏时，功曹加戌，上贼下起，从魁为六合加巳，不在日辰阴阳中，则贼日小吉为用临卯，下贼上皆为慢诞，欲害其主，不可畜也。

六畜占

鸡豚狗彘之畜，无失其时，此王政也。先王是以教民畜牧，顺时宣气，蕃阜庶物，蓄足功用，如此其备也。作六畜占，次二十二。

日为主，辰为畜。辰上生日，则畜易长大。日上生辰，则人多劳苦。辰上克日，则喂养有伤。日上克辰，则百物难养。三传财神旺相则吉，休囚则凶。

详辰上之天官，以参人事。辰上神刑干带破碎煞者，有妨于人事，所乘之天官更凶尤验。乘蛇主非横，勾主争讼，朱主口舌，虎主死亡，空主虚养，武主盗失，阴主暗昧，以物买日正时占之审矣。生日合日乘吉生气吉。

详本属之所临，以定衰旺[①]。

若属值空亡，或乘天空，或临空地，必当损失。最喜者，属临生旺，而神将俱吉。最忌者，属临死绝，而神将俱凶。乘武走失，乘虎灾病。子为屠神，寅为脯师，巳为灶，卯为砧，酉为刀，课传三者并见，又血支血忌死神并之，或死气，必为人所屠杀。

若走失者，亦视本属所临而追之[②]。

若本属乘元空，主贼偷去。乘合阴，主人隐藏。乘乙朱，在贵宅。临日辰，即自归。其走远者，以天盘上本属去地盘上本属几位数之。如六位则去六里，旺则六十里，相则三十六里，休囚减半，此占畜养之大较也。

黄帝占六畜放牧自亡，不知所在：各随其类，以亡时占之。东西南北，各随其临。在所胜之地，为放纵。在所畏之乡，为拘系。在所生所喜[③]之地，为人盗匿。天乙顺责螣蛇，逆责元武。日辰上神有制蛇武及物类神者得。

占诸畜美恶，牧养利益。正日时，日辰上神无魁罡蛇虎即吉，可畜牧。视其类神旺相，临有气之乡，乘吉将，居所生之地，则多利益。若物类与凶将并残贼之所，不宜畜也。各以乘将言其吉凶之深浅，最忌魁罡加类。

畜马，视胜光。与龙常等临木火辰生旺之地，即吉，乃良马也。若临金乡，即咬人。临踬戾，丑喜走。并武，因牧而亡。虎并且死。蛇并败事。不可乘。

畜牛，视大吉。临木为病。临火且惊，亦得卖。临金，且欲卖之。临水，耕牛也。临十，畜牛也。若天地吟与天乙并临有气之乡，且入县官。与虎并，为自死。并勾为抵触。并蛇时时苦惊。并武且亡遗。

---

① 例如牛属丑土，则长生在申，败于酉，禄于亥，旺于子，病于寅，死于卯，墓于辰，绝于巳，胎于午类。

② 例如失牛，看丑临何神，临午则丑土相生，寻之必得，其临寅卯非系即屠矣。

③ 六合太阴。

畜羊，视小吉。加金，欲畜之。加木，欲杀之。加火，可畜。加水，为衰耗。与吉将并临有气之乡，即吉。并凶将，虎主死，寅戌数逢狼，加辰入墓亦死。

畜猪，视登明。加巳午，即放。加水乡，溷豕也。加金木，可畜。加土，为病死。加旺相乡与天乙太阴并，为祀豕也。与凶临囚死为凶。登明并虎主走失。失而欲知死生，以气言。生气生，死气死，并蛇惊，火加日辰人年入墓辰亦死。

畜犬，视河魁。加子，能捕鼠。加卯，能走猎。加巳午，善声。加未，能斗。加辰白虎，自死。加亥，卖之。加寅，狂走。加戌，啮人。与太阴并，为用祷祀也。

畜鸡，视从魁。加木，能斗。加金水，可畜。加丑为自死或被杀。加辰为子。加未欲用祀。与吉将并临有气之乡即吉。与凶将并，又临囚死之乡即凶。如与蛇并，为好惊，作怪祟。与朱雀并，非时好鸣。并勾陈，雌鸡坐鸣。并元武，且亡走。并白虎，为狸所食矣。鹅鸭如之。

猫视功曹，其睛可以定时。诀曰：子午似线卯酉圆，辰戌丑未枣核尖。寅申巳亥如杏子，纵有千金也不传。

《心镜经》曰：六畜占须逐类详，胜光为马未为羊。元武并之忧走失，白虎同为疾病殃。地上属辰为本命，恶神临制不能强。午并朱雀加金上，马欲咬人宜慎防。

占牛，丑与勾陈并加戌上，主牛斗。

《指南经》曰：楚鱼周鹿伏星稽，宋兔秦鹰暗曜棲。捕捉熊狼分卫鲁，猎田狐雉看东西。戌为狗兮寅猫虎，鸡是酉兮马是午。丑未牛羊喜逢龙，卯骡亥猪怕见虎。假令牛病先看丑，上见神畴来覆临。魁罡作虎应难治，有木加之亦是侵。神后为屠太乙灶，酉为刀剑卯为砧。刀来砧上屠临灶，四仲相传太不仁。

凡占百物以类求，类若空亡万物休。

《玉册经》曰：六畜亦看支上神，次将本类定其因。天上地下须兼玩，旺相相生以吉论。类上克日须难养，魁罡白虎忌临年。子屠巳灶酉刀别，卯砧寅是铺师传。砧上加刀屠主灶，师临年命总难全。

《心镜》又曰：牛马放时亡所在，胜光大吉立何方。东西南北看临处，神将相生不损伤。下支陵上遭拘系，不克何忧被绊缰。元武天空贼盗去，六合太阴人匿藏。贵人朱雀官家隐，加在支干归本乡。远近去阴为里数，获所加临辰日详。贵人顺转螣蛇值，若也逆行元武当。日辰克盗寻还易，不克谁神知去场。

下支凌上者，午加子亥，丑加寅卯。类神加干支，主自归。远近里数，假失牛，大吉加申，在西南方，其阴在丑，去申隔六位，为六里或六十里或三十六里，须临时消[1]之可也。获所加临谓临申，申日得之之例。天乙顺行，螣蛇为盗；逆行，元武为盗。此以牛马例六畜也。故玉册云：六畜放时是所在，须知本类在何方。拘放两般分喜畏，加上支干归本乡。

疾病占

生老病死，相催成世。夭寿不贰，修身以俟。亦有不辰，占之无戏。六沴七情，感之为属。何以占之，大要有四。一曰死生，二曰症系。三曰医药，四曰鬼祟。作疾病占，惟慎而备。次二十三，七恶附识[2]。

大要日为人，辰为病。日上克辰吉，辰上克日凶[3]。

何谓生？若年命入墓，而四课中有生气；三传俱绝，而年命有生气者；课传俱凶，而类神在生旺之乡者；课传恶煞，而不来伤日者；白虎乘神克日干，而干上神反克白虎者；白虎乘神克日支，或支上神者[4]；白虎乘神生日，或日乘神生白虎，与白虎作今日之德神者；白虎虽入墓，而加午上者[5]；白虎克日，而虎之阴神能制虎者；日德日禄发用而不空亡者，皆生也，虽危而不死。其病愈之期，则以日干之子孙定之，夫子孙能制鬼者也[6]。

何谓死？如四课日辰俱墓，发用墓而无刑冲者；白虎乘死神死气克日，而年命上神无救解者；白虎临日克日，或辰作虎克日者；年命俱墓，复乘死气者；月厌大煞飞魂丧车哭神同二死填满课传，而内有克日者；课传中诸煞并，复有二三为日鬼者；龙乘驿马，与武乘浴盆煞加命上者；若日德日禄发用，及加年命上而空亡者[7]；魁罡加日，龙合阴入传者，皆死也。虎阴克日，反乘生气者，十岁下、五旬上得旺相气俱死。为人占病，而类神值空亡者。占父与尊长而日及天乙空，占母而辰及太阴空，占叔伯之类而太常空，占兄弟朋友而青龙空，占妻而天后空，占妾而从魁太阴空，占子息而六合空，占奴婢而天空戌酉空者，皆不吉也。若四下克上，与三传俱才，则忧父母。四上克下，三传俱印，则忧子孙。各以类推。至其决死之期也，则以干之绝神定之[8]。如临太岁，不出一年；临月，不出一月；临日，不出一日；临时，八刻之中也。一法

① 疑脱息。
② 音志。
③ 日有气，人强健。辰有气，病吐逆。
④ 凶神克去其病反吉。
⑤ 若乘水神临午为最凶也。
⑥ 例如甲乙日占病，则丙丁日愈。
⑦ 居辰上空，是病空，为吉兆。
⑧ 如甲乙绝辰申，则看申临何辰。

男取功曹，女取传送，加行年上，以魁罡下辰为死之期[①]。

何谓病症？日为人，辰为病。辰上之神，则受病之症也，察辰上之神而知之。登明为颠，为湿风，元武乘之，则眼目流泪。天魁为腹痛脾泄，天空乘之，则行步艰难。从魁为咳嗽劳伤，太阴乘之，则发肺伤痹。传送男为唇破，女为孕厄[②]，白虎乘之，则疮痈骨痛。小吉为番胃吐逆，太常乘之，则气噎痨嗽[③]。胜光为心痛目昏，朱雀乘之，则伤风下痢。太乙为齿痛呕血，螣蛇乘之，则头面疮痤。天罡为遗漏风瘫，勾陈乘之，则咽喉肿塞。太冲为胸膈多风，六合乘之，则骨肉酸痛。功曹为目痛腹痛，青龙乘之，则肝胆胃疾。大吉为气促伤残，天乙乘之，则腰腿痿痹。神后为伤风肾竭，天后乘之，男子精绝，女子血绝。

定其十二辰所专属。亥子属肾，巳午属心，寅卯属肝，申酉属肺，辰戌丑未属脾。日辰上神：子午[④]，卯酉[⑤]，寅申[⑥]，巳亥[⑦]，辰戌[⑧]，丑未[⑨]。

推其十二辰所变通。子膀胱也，巳亥头面也，寅申手足也，辰戌顶门也，丑未腰肾耳也，卯大小肠也，午营卫也，酉肺与肝胆也。

详其神煞所加。白虎加天罡，痞疠痞乱吐泻也。元武居神后，肾衰也。辰戌乘后雀，痁瘧等证也。白虎乘卯酉，吐血痨怯也。太乙[⑩]守魁罡，虚肿也。勾陈乘辰戌，咽喉塞也。太阴乘神后，腰肿也。白虎乘丑，腹疾也。巳亥相加，腹有疾癖也。神后作血支，痈疽血痢也。太阴乘阳刃血支，臂腹有血疾也。丑加亥乘虎，与课为天市传曲直，女经不通也。勾绞煞作蛇虎入传，小儿子吊也。反吟带白虎，翻胃也。伏吟作日鬼，水蛊也。

究其得病之源，以日上神决之。乘天乙，则思想劳苦中得也。螣蛇，则惊恐忧疑中得也。朱雀，则苦心咒诵中得也。六合，则喜庆婚姻中得也。勾陈，则纵情绪牵绊中得也。青龙，则经营财物中得也。天空，则欺诈隐忍得之也。白虎，则丧吊问病得之也。太常，则饮食醉饱得之也。元武，则祭祀或因盗贼得之也。太阴，则奸私暗昧得之也。天后，则闺阁酒色得之也。自巳至戌，白虎乘之，病在表也；自亥至辰，白

① 以长生下为愈之期。
② 儿女如男。
③ 一作劳瘦。
④ 病在头。
⑤ 病在口腹。
⑥ 病在眉胫股。
⑦ 病在肋足。
⑧ 病在股胫。
⑨ 病在肩目背。
⑩ 一作天乙。

虎乘之，病在里也。

医药何以占？男以天罡加行年上，功曹下是医神；女以天罡［魁］加行年，传送下是医神也[①]。此医神若能克支及能制虎乘神，则善矣。否则于今日课传第二辰下求之[②]，其下辰能制虎乘神，能克支，则亦善。又或不然，则于天医对冲下求之，为地医也[③]。其神能克支，能制虎乘神，则亦善。或又不然，则宜于制虎乘神下求医[④]。当分阴阳也，鲜不善矣。其医神属木宜丸药，属土宜散药，水宜汤药，火宜灸，金宜针砭。

鬼祟何以占？凡课传无日鬼，则无鬼祟。有则以鬼所乘决之。乘天乙，庙社土地也。螣蛇，淫祠真武也，在东南方，先有怪梦。朱雀，灶君火神也，或经咒、愿心。六合，家先祠神也，或当换眠床。勾陈，道途孤魂也，先分男女，次列方隅。青龙，香火口愿也，在初传天愿，中传家堂愿，末传卷轴星辰安不洁处。天空，古庙神师也。白虎，横死凶身也，在申酉尤的，否则是岳神。太常，新化先灵也，或许香愿未完。元武，斗圣不安也，如加亥子为水神。太阴，女姑阴降也，或灶损宜修。天后，水亡老妇也，如加旺相，乃观音愿。而白虎太冲，则坊街隔禁忌也。虎合乘四季，则丧家煞神也。螣蛇乘寅卯，则自缢伤鬼也。勾陈四季，则土神作祟也。

他如死气所乘，亦可参观。死气乘贵人，为香火。乘蛇，为沉废而死者。乘合，为有尸柩。乘勾，为阴府。勾陈乘白虎，为痛亡者，不得解脱或有伏尸。乘阴乘后，为妇女阴灵。

附：占避病之方。男以辰加日上，巳下吉。女以戌加日上，亥下吉。而以今日伏吟时避之，鬼遁病除。

占闻远传凶讣虚实。罡临孟阳则虚，季阴则真。更以类神察之，鲜不中者。

合用神煞：类神　十二辰　生气：正月起子顺支。　死气：正月起午顺十二支。天医：月日建前二位辰。　死神：正月起巳顺十二支。　地医：正月起子逆十二，又正月起卯是。　浴盆：春辰夏未秋戌冬丑。　哭神：春未夏戌秋丑冬辰。　解神：正二申三四酉五六戌七八亥九十午十一十二未。　丧车：春酉夏子秋卯冬午。　白衣煞：孟未仲辰季丑。　大煞：正五九戌二六十未三七十一辰四八十二丑。　月厌：正月起戌逆十二。　勾陈：正卯二戌三巳四子五未六寅七酉八辰九亥十午十一丑十二申。飞魂：正月起亥顺十二。　绞神：正酉二辰三亥四午五丑六申七卯八戌九巳十子十一未十二寅。

---

① 例如行年在寅，功曹在子，男病延医于正北。传送在午，女延医正南。

② 例如甲日占，干居寅，第二辰，乃辰下也，即为天医。

③ 天医在寅，则申为地医所。

④ 例如虎乘申，则于午下求之。

黄帝占诸欲知病人生死法：当以初得病日占之。蛇虎罡魁克初病日及占日日上神、人年所立辰辰上神者，皆为死。白虎所居神旺相，而贼初病日及病人年，白虎阴上神有气，佐白虎去克病日人年者，死必不起，立死也。白虎所居神为死气克人年者，死。又魁罡为白虎加人元辰者，立死。白虎非必在日辰阴阳中也，但视其所居神与病日人年相克与否耳。如不知初病日时，以今日日上神决之。今日日上神克病人行年及行年上神者，死。阳命男，阴命女，以前八后六为元辰；阴命男，阳命女，以前六后八为元辰[①]。白虎所居神贼今日及人年上神，亦死。独贼病日之辰，不克今日为愈。记者云：白虎所生初病日，初病日生白虎者，皆为病愈。白虎贼病日行年，一一皆病。白虎与病人年日辰相生，皆愈。与病日同类，疾久。白虎居神金，时秋有气，若以甲子日占之，虽年及甲上有火神火将，亦死。谓火至秋无气，不能制有气故也。效推。不知病日人年所立之辰，以今日用决之。三传终于白虎，若日入墓者，为死。欲知吉凶期，以用神言之[②]。一法不知病者，以人来问时占之。日辰人年临其墓，亦死。人年所立辰之阴阳入其墓者，亦死。日墓还临其日辰者，亦死。年墓还地年者，亦死[③]。辰墓，效日墓之例。

又一法：用神始终得日墓，皆凶。天罡掣今日日墓，为墓门开，亦死。

贵人惟不救病，而丙丁壬癸四干，以死绝之辰作贵人，尤凶。昼夜二贵皆在传，其凶难当。白虎乘神与日相生，即瘥。与占时相生，或与初病日相生，皆可治。虎上克下，下生上，病在外；下贼上，上生下，病在内。阳神作虎，病在左；阴神作虎，病在右。

《中黄经》曰：要知生死看蛇虎，阴神阳神分宾主。阳命阴伤见死亡，阴命阳伤必见鬼。

男子有病责虎，女人有病看天后。小儿有病责蛇，小女看蛇阴。阳命男，阴命女，病逢白虎阴神克日必死；阴命男，阳命女，病逢白虎阳神克日必死。

白虎天后与螣蛇，克日须知病转加。阴与阳神看得地，行年被克死无差。

男病忌见白虎阳神，妇病怕见天后阴神，儿病怕逢蛇阳，女病忌逢蛇阴。若遇之而又克日干，日干又无气，或逢空病，必添重。各看阴阳神将，合用阴阳之将得地，克日干必死。不克日，克行年上，亦死。年克日，亦死。

五行时日俱入墓，绝败空亡逢自遇。总有救神亦主凶，吉凶应期日上助。

---

① 假令男阴命未，即以未至子，为前六后八。

② 如功曹立用，丙丁日愈，庚辛日死。太乙立用，生气立丑辰未戌之日。螣蛇为用，死在巳亥日之例。他效此。

③ 如甲乙日得病时，天上甲乙临未，为日入其墓，小吉加甲乙，为墓还其日之例。又如病者年在子，问事时神后临辰，为年所立神阴阳入其墓也。若天罡加子，为墓临其年，皆死之例。

凡推病，切忌今日干与正时入墓，或合用白虎天后螣蛇入墓，虽不克日，亦主死亡。若不入墓，却合日干，加临死绝之地，亦凶，即见救神无用。若一岁至十五岁小儿，忌螣蛇克日，小女忌蛇阴克日，主死。十五岁后至五十岁男，忌白虎气衰转凶，妇忌虎阴与天后气衰，亦凶。五十一岁至八十岁男，忌虎旺，则死，妇忌天后虎阴气旺，则死。有合死墓白虎，壮年则畏。老者无畏，白虎入墓矣。例如己巳生人，甲午日丁卯时未将课，系小儿。中传虎得庚午克干，主死。又行年上见螣蛇，时遁得庚子，亦克干，故儿病主死。其凶日，以日上见午，于五月庚日丁丑时死矣。效推。

丧车锹镬临门户，孝服死神兼旺位。总有救神生复解，也应沉滞灾难度。

丧车[①]一曰巳为丧车，申为锹，酉为镬，病忌此三煞。若临卯酉为辇子临门，大凶。孝服煞，亦名白衣煞，为孝服神[②]，切忌加六亲。一曰加六害。死神[③]若死神加日，主哭泣。课中虎克日，更行年入墓，又见丧车，有救稍减。若天乙坐处，复有克制，名复解，病大凶。

日上救神正当时，白虎阴阳自战持。更有凶神立衰败，夭年灾难瘥无疑。

占病虽有虎等凶煞克日，若日上神制虎，谓之救神，虽重不死，更日上当时有气，百事不畏。更虎临地上下相克，又虎阴亦自相克，虽克日亦不凶。若白虎阴神阳神上下相持，更恶煞凶神立衰败处，夭年灾患，不久自瘥。例如丁酉生人，十一月将癸丑日壬子时占。本命酉上得戌为虎克日，主死。却日上见寅，相气当时克戌虎，故不死。又戌虎遁得壬为内战，虽有丧车在行年，其巳至辰为伏，更孝服死神临门，其辰至卯，则不动，故日上甲寅，敢克诸凶。此谓救神有气，虎克日，亦不死也。又凶住衰败地，虎自战持。《经》曰："日上救之病不忧[④]。"

初传重土噎哽喉，重金目痛泪交流。重水心滞小肠急，重木腹胀似牯牛。

重火即须主咳嗽，若无重数虎当头。五行五脏须同用，俯仰白虎一般求。初传为受病日，若重数不见于受病日，只责白虎。如临重土，咽喉之症也。最怕克气，用之凶矣。气者，日之长生也。占病形状，若初传是比重，先怕克气，后怕虎克日，主死。若虎为用，克气必死。若只初传重比克气，虎不克日，病重不死。初不重，虎主不重，则有别论。重有气灾重，重无气灾轻。若初重一般，白又重一般，传主五藏之内，虎主皮肤肋骨之外。五行入五藏相害，天上与地下是重，故曰：俯仰一般求也。例如壬子日，戌虎克日，主死也。其病何症则取初传克申上支，若不克申上支，则取虎与申

① 春酉夏子秋卯冬午。

② 孟月在未，仲月在辰，季月在丑。

③ 正月起午顺支。

④ 丁酉生人病于癸丑日壬子时丑将占例，有救不死。

上支何类，有无损害，后别有说。如生气为气，则今日干长生处是也。

用神蛇与巳，占病却居头。元武登明上，眼疼泪滴流。天空戌土上，行步不能游。发动是勾罡，多因患在喉。青龙功曹上，肝胆胃相仇。传送为白虎，须知肢体忧。太阴从魁上，腹痛肺中愁。卯合胃胁痛，闺人肌损柔。太常从小吉，噎吐气难抽。子用天后位，男女本根由。◎此章专以用神为主。

太乙螣蛇二火，火炎上，其病在头，旺主咳嗽，衰主目赤，口舌生疮，重则咽喉疾也。元武登明二水，水润下，旺则病小肠腹肾，衰则水逆上，主病头目，重则心中痛。天空临土，旺主腰脚之疾，衰则骨髓疼痛。勾陈在辰，纯土，旺则克水，本原无水，故亦主咽喉噎塞之病。青龙功曹属木，旺生风疾，衰主损胃气、减饮食。白虎传送重金，旺主流血，损折伤骨，衰主皮肤疮疡。太阴见酉，旺则喘嗽，衰则肾病。卯合主骨肉，亦主胃主心生也，故曰胃胁痛，旺则主之，衰则心苦之厄，男病则然，女病则旺主外风黄肿，衰主患恶疮。太常临未，俱酒食之神也，故旺患噎吐，衰病痨嗽瘦弱。天后临子，旺病腰肾，衰则水逆上，病头目，重亦心痛。盖子是十二支万物之元，故云本根，男子病肾，女子本[水]绝，故病也。

男用天罡女用魁，加临年上法堪依。功曹之下男求药，传送之下女觅医。

男病以辰加行年，于天上功曹下寻医。女病以戌加行年，于天上传送下请医。若医神临火宜灸，临申宜针。若天医克日，主医人用药不善。若日克天医，主药未精当。月当值天医，月建前二辰是也，对冲为地医。今日前二辰为当日当值天医，对冲是地医也[①]。

《心镜经》曰：占病如何定死生，先推白虎与谁并。假令今日干是水，土神为虎病难惺。次看六煞来入墓，细寻原委始分明。火日用神传见戌，恶见天罡覆丙丁。戊己木神居未上，壬癸水来辰上停。申酉二支逢丑位，行年三合寐魂惊。带煞虎并来入卦，值此之时不减平。白虎所乘兼旺相，遥克行年命必倾。凶期鬼日当为准，甲乙占忧庚与辛。支干作鬼忧今日，若在他辰数计移。

凡占病，见虎乘神克日者死。次看六煞入墓。一身入墓，例如水日用传见辰类也。又曰戌日用神传见火，如九月建戌，用传火，火墓在戌也。二魂入墓，例如丙丁干上见戌也。三鬼入墓，如属戊己土见木鬼，木居未上也。又曰假令六月见木神，木是土鬼，在六月未为入墓也。四日入墓，如水日水上加辰也。五支入墓，如申酉至丑上也。六行年入墓，如寅午戌行年加戌上也。六煞并虎入卦主病凶，更虎乘神旺相克行年必死。若虎并死神并克年神，必死。若凶期，则甲乙死于庚辛申酉例。

---

① 当，一声。魁罡之宫，谓行年后二辰也。

丑是墓田寅卯椁，浴盆加季四时终。魁罡又主锹镬煞，轸宿丧车不要逢。

元辰本命加年上，与虎并临是大凶。虎与阴神伤病日，鬼使来追更不容。浴盆煞[①]、轸宿[②]、元辰即毛头退煞[③]。虎之阴神与虎同克病日，或克占日支干者，主必至死。又天上死神临墓并行年及日辰上，大凶。元武临浴盆为有水，大凶。白虎阴神自克白虎乘神，病必不死。死神，子日在卯，顺行十二辰。

用金终木伤流血，用木终土肿痈疽。用水终炎[④]瘧热疾，火金尫瘦成疮痍。土水非淋当腹急，五行相克逐情推。本命上神依次辨，如逢亥子肾虚疲。支有气忧频呕吐，干同虎类久淹迟。元武体虚为水疾，天空下痢更无疑。

占病形状，先取用神，次取命上神决之。木神患风，火患寒热吐逆，土主痈疽沉重，金主四肢不举，水主心腹胀满。占病所在，子午临日辰，病在首；卯酉临日辰，病在胁足；魁罡在日辰，病在腰足；寅申临日辰，病在眉脑；巳亥临日辰，病在肋足；二吉临日辰，病在胸。

传中有鬼伤今日，看是何神作祸殃。木主绞刑修造得，金为伤鬼佛神堂。火并五道城隍灶，水即河神溺[⑤]北方。土犯宅神须祭祀，朱雀螣蛇道路亡。虎为兵殁勾陈吏，天后女姑为怪详。贵人神庙并先祖，新化鬼来属太常。传中逢见鬼长生，婆神五道祟分明。沐浴河宫水神祸，冠带宜修功德神。临官论讼因留愿，帝旺家先土地并。衰犯木下山林鬼，病即须求故墓灵。死墓先亡翁伯叔，绝为流浪客伤惊。胎由产死养神庙，此法刳推课复精。

此论入卦鬼神也。鬼长生者，如巳日用水伤，传见金是也。

日辰月建同前二，此是天医对地医。今日救神同克虎，当因减退必无疑。

医神木土宜丸药，水即膏汤火灸之。金为砭针看其类，勿向魁罡下唤毉。

求医神后加太岁月建，功曹下为天医，宜求之。传送下为地医，宜回避。又云：寅加月建，亥下为天医，从魁下为针神，午下为灸神，未下为药师，天罡下为石精。若此神披刑煞并恶将来克日辰行年者，其病不可治也。

医疗如何辨瘥因，行年之上看何神。天乙所居乘旺相，伤于鬼虎不成迍。

假令白虎伤其日，天〔太〕乙宜临日与辰。虎落空亡或有德，与日相生不损人。干〔子〕日作期为退散，还如戊己瘥庚辛。用神生日为瘥期，克日为死期。

《指南经》曰：病症之原寻鬼虎，沉疴之际看生龙。须防虎鬼驾马恶，死墓绝空为

① 四时本季季神也。

② 太乙也。

③ 阳男阴女破前一位，阴男阳女破后一位。

④ 元作寒。

⑤ 元作测。

最凶。福德加临名解厄，贵医年命病安全。丧吊死常分内外，病符亡鬼死生看。引鬼为生忌收魂，因妻致病嫌冢墓。全然脱败身尫羸，鬼死两逢症愈痼。鬼户宜闭人恶入，天门魁忌贵登嘉。生空退茹寻死格，逆间迟痊倒拔蛇。身尸入棺亡可断，两蛇夹墓疾难除。支忌血症多崩呕，常后婚筵起病初。

生龙，龙乘生气也。福德，子爻也。元武乘日墓为收魂。日干年命加寅为人入鬼门。空亡退茹，死格也。逆间难痊。庚日申加卯为身入棺。

金水遇丁须两论，新旧病症验空亡。岁墓干墓并蛇虎，加临卯酉犯重丧。

新病应上空字，空病也；旧病验下亡字，亡人也。

网罗日墓覆支干，喜神冲克危即安。闭口绝食忌合绝，华盖孝帛命中难。蒿矢见金亦甚凶，浴盆有水还须忌。自墓传生危可安，初生末墓多忧事。虎头蛇尾重还轻，龙末虎初凶变吉。庸医杀人官鬼乘，子爻丸散能疗疾。德丧禄绝最为凶，贵临福集祸转福。循环周遍二课名，占病逢之多反复。卯加戌逆主风搐，子临巳位定死亡。六亲还当逐类看，课占大吉两端详。

大吉卦，斫轮铸印类也。占官则宜，占病则凶。轩盖官爵课亦然。

《百章歌》曰：年命上逢传送临，传送来时灾病侵。更加凶将转昏沉，庚申白虎位属金。管子曰：年命不宜逢值申，日逢虎武螣生迍[1]。《海底左眼》曰：来占疾病如何别，九丑三阴魄化源。天狱察微蛇掩目，五坟四殺地天烦。龙战鬼呼兼死绝，河魁元武日辰传。斗月加临是常合，蛇虎魁罡病未安。

斗者，罡也。月者，太阴宿度也。乘常与合，皆占病来情。

汇　歌

囚神占病临于干，长卧床中卒未痊。凶将乘之须说死，吉将扶持亦久延。

久病末传要逢德，初凶不畏后须亨。末忌空亡并入墓，其人面向九泉行。

暴病初传怕绝墓，墓形绝见入空惧。若得空亡及解神，朝醒墓绝无他虑。

占病禄马须要见，又怕禄马入空亡。忽然临在囚克死，不如无马最为良。

病者不必禄马见，见有生旺不为良。生气天乙等神会，纵有凶神也不妨。

忽然马陷禄逢绝，生者无成病者休。出入求谋不必问，纵然喜乐也生忧。

太岁加传又带马，病者迁延犹未解。行人千里未遑休，凡有饮望难收把[2]。

虎岁临支是病期，鬼加支上亦如之。蓦然又见勾蛇戴，死气空亡必定危。

死气空亡支上行，占病都应是死人。忽尔又逢今日鬼，力壮三朝七日生。

---

① 年上、日上、命上逢申，皆主灾祸。

② 二条不止占病，专言禄马。

虎岁，太岁乘虎临支，主病。如死气空勾蛇等并，必不起也。死空日鬼并加于支，号催魂卦。例如己丑日[①]、壬申日，戌加亥，占病必死。

传见神后乘死气，因色相交疾蓬厉。男看龙兮传内息，不善修身致病疲。

后罡卯用恶阴人，为鬼为孙子患迍。

子午更逢日月并，勾虎同为奈体筋。天罡为鬼卯为子，天后临支主恶妇。

害子不止疾病。

庚申白虎作初传，便言占者病联绵。太阴多因女子缘，金将庚申取类言。

庚申白虎太阴，皆金也，主其人久病。

退金三位见空亡，占病忧死迋来伤。天鬼同兮兼丧魄，恶梦相加入鬼乡。

未虎发用与日辰，脚疾腰灾必见迍。顺者右疼逆左痛，天下张名必见君。

三传俱作日之才，得此须知长上灾。金日曲直必见乖，木丧克土不和谐。

日本空亡与支刑，其占家长不安宁。虎勾加也防奴死，争奈红衣化白衾。

白衣临支兼日鬼，定其家小犯丧门。甲乙登明为用时，须明子痛父衰低。

勾陈更在三传内，争奈尊亡甲第离。

土为庚辛之父母，庚辛日占曲直木局克土，故云长上灾也。甲乙日稼穑，丙丁日从革，壬癸日炎上，戊己日润下占同。日本为家长，占值空亡，主家长长上灾，并虎勾主死亡。白衣煞[②]：甲乙日用亥，亥，甲乙日本也，忌落空亡，主尊长死丧或宅舍移动。

申雀为用至德神，欲求病愈请医人。参求方道德神下，死者多言不顺情。

参水猿居申宫，能识病，申并雀临支为用，占者欲请医也。

休气行交日墓并，披刑带煞病来萦。老幼休逢死气灵，如用官爻讼必兴。

传中休气动，与日墓披官鬼，主占病。以日类定其何属人，为日父母，尊长病；为日子孙，小儿病。占小儿病，见父动则死，遇生气则生。

传死占日为鬼病，死乘丧吊墓煞憎。虎蛇合武家丧定，披刑带煞停官任。

传来死气克日，更见丧门吊客等煞，若白虎螣蛇元武六合等将，虽在任官长占之，必丁艰而归。

白虎更逢死气并，丧门吊客两凶神。日辰年上用为迍，岁内频频见哭声。

例如寅年十月卯将辛丑日酉时巳命人占，主二月病，五月丧妻，八月丧煞东北墓殺入，殺人未宁也。

① 点校者注：疑作月。

② 子年起巳，顺行十二支。

已上来人见死亡，亡人年命在何方。不系三传辰日藏，魁罡归处可消详[1]。

　合 朱 蛇 贵
命 亥 子 丑寅
勾戌　　　卯后
青酉　　　辰阴
岁 申 未 午 巳行年
　空 虎 常 玄

蛇	虎	勾	阴
丑	未	戌	辰
未	丑	辰	辛

子	己亥	合⊙
父	乙未	虎
父	辰	阴◎

七恶占[2]

《中黄经》曰：落井投河有死疑，逃亡盗贼共同推。天河地井相加见，捉贼应须近水池。

此言水行之恶也。未辰相加为天河，卯加子为地井。又辰为天河，未为地井，谓辰为龙宫水库，未中有井宿也。

河井相加日与辰，日辰又在水中存。三传并金无土类，行者须知溺水冤。

日建干得水，辰脚踏水神，三传或巳酉丑或申子辰，更见天河加地井之上，定主厄水亡矣。

元武若乘卯与子，临辰加未河中止。若教此煞克日辰，必主身亡深井里。

日建脚踏水神，三传中旺水重金，更见河加井上，定主水溺死。若元武乘卯或子，下临辰河未井之上，若煞克日辰，必身落井而死。但河加于井，传中水旺金重，更日加河井之上，干更落空亡，定水中死无疑也。例如乙酉日，辰加未，是河覆井也，又日干落空亡，三传金旺水重，将得元武在传，定是水死也[3]。已上皆水恶。

火恶从戌逆十二，火烛从巳顺十二。蛇雀相加克日辰，火克身宅与谁是。

此言火行之恶也。此等神煞克干，身有灾厄疾病；克支宅，有火灾。火鬼春酉夏子秋卯冬午。

三传年命纳音木，建者相兼寄宫宿。日干一元是土神，凶灾落崖并塌屋。

此言土行之恶也。若三传本命行年皆木神，今日日干是土，更立在空亡之地，定主土恶，必落崖堕岩，墙屋塌压，更见蛇虎，可言死矣。

日辰衰木见真金，三传无火却成迍。用起煞居亥地上，倒树折枝压体侵。

---

① 华盖覆日五坟井栏射反吟无依金被土埋。

② 附二十三。

③ 乙酉日河覆井例，辰为天河，未为地井。然三传皆土而元武不在传中，疑此例讹错。

此言木行之恶也。若三传年命皆金，日干一木，更立空亡之处，定主木恶，为树木压死。

行年本金共三传，俱在煞亡丧吊全。带木带金生神煞，有刃应知血留连。

此言金行之恶也。凡今日本[①]干有鬼贼克干，带劫煞亡神，更乘血支血忌，行年本命又乘丧门吊客，定主血光凶灾而死也。

山神正月起于辰，白虎交加克我身。行年又入雌虎煞，为刃须教虎咥人。

雌虎煞，正月起辰，顺十二支，若与白虎并克日者，必应虎咥人，此言虎咥之恶也。

天地勾绞两相乘，虎带丝麻来系身。更若空亡来会合，悬头应日在腰绳。

天地勾绞煞，在今日支前后三辰。天绞煞与雌虎同，丝麻煞，四季仲神，各主本季。以上等煞，若与白虎并克日，必主雉经，此言自缢之恶也。

合用神煞歌

传送死神死气尊，二丧天鬼并游魂。三丘五墓丧魂煞，吊客丧门共浴盆。
伏殃枯骨形骸瘦，发见支亡梦鬼侵。乘虎哭神加在日，传中无救泪盈襟。
火鬼乘朱回禄死，勾陈绳索自经身。产伤月厌或支忌，井怪临来水厄真。
病煞病符详善恶，女灾煞遇病人轻。天地二医宜服药，天巫天祝祷神明。
医神治虎医药效，白虎乘医药杀人。生气若还来入课，病人将死更甦醒。
惟怕落空兼受制，见救不救反成迍。

地理占

地理占者，占茔墓之吉凶也。何者为陵墓大象，何者为墓傍物色，何者为来脉结穴，何者为葬后吉凶，葬何等人，出何等人，所属何神，所荫何代，所应何时，贵贱美恶，不可不察也。作地理占，次第二十四。

以支阴神为墓。若径占墓，以支为墓，支上阳神为坟，主阳男阴女，又为坟山，两支为围抱，下克上为高，上克下为低。葬坟上临今日之墓，此地先年已有人葬过。若支墓加支，定是坟上筑坟。全要上神旺相，此地发达；休囚死绝，子孙消耗绝后。

以发用看葬后吉凶，并视何类之坟。支神上下刑克日干，定妨家长。相克才爻，必定伤妻。墓克子孙，葬后麒麟梦香。如伤兄弟，埋来荆树花催[②]。又视四山，完固旺

① 一作木，一本无此字。

② 阳为兄，阴为弟。

气，且观四兽，朝迎有情。一有休囚，何位主残，何类空亡，死绝何方，定损何房，主山值之，子孙无继，或出僧道尼姑，左右遇陷，左绝长房，右主仲季无嗣，细察五行休旺，以知祸福刑伤。

以日辰定吉凶。日为生人，辰为亡者与墓地。传生日吉，传受日生为凶征。辰生日，辰上神生日上神，何吉如之。辰克日，辰上神克日上神，其凶烈矣。

以辰分已葬未葬。已葬之地责辰阳，欲安和不欲刑害。未葬之坟视辰阴，忌破败最喜生扶。莫见二死支破，蛇虎加临。尤忌克日、日上神被辰伤。

以天官定其所属。亥为天柱，子为水流，寅为青龙，申作白虎，元武乘神为主山，所对为案山。课传全见者为佳，有缺者不足[①]。缺寅龙短，缺申虎亏。龙虎为上神克者主凶，寅申受上神生者大吉。又以青龙上乘神为来龙，以日鬼之墓辰为墓穴，龙乘神与墓生合则美，龙下辰与墓刑克为尤［忧］。

以天官定其所荫。若贵人顺治，传见孟，荫长房，仲荫次子。天乙逆行，日辰季，荫末子，仲亦次房[②]。

以辰上神定美恶。人生年马、造葬日马、所占时马、并天马或丁神，一临辰，主徙迁无定。飞廉蛇雀破碎空亡天鬼伏殃若天煞或日鬼，一临支，主怪异荡覆。合武作辰鬼，一临辰，主门户不洁。惟吉神良将旺相生气临辰，日辰上下不制不害，则人鬼咸享，富贵两全。

以辰阴为陵墓。以日支所得之神地盘本位为陵墓，乃第四课也。上得寅申巳亥为上地，相生有气，则地脉肥厚，岗阜朝迎，出入蕃衍。上得子午卯酉为中地，有气生合，则地局平正，珑畆宽大，出人真诚。若得辰戌丑未，乃下地也，斜侧地形，反跳沙水。墓上神气旺相与吉将并，或生干者，福禄绵绵。墓上神气休囚与凶将并，或克日干，孤贫碌碌。若干生墓上神，是盗气也，人丁希少。日克陵上神，是殺机也，坟穴迁移。若天喜日德，若生气乘旺气，并吉将临陵上神者，子孙荣显，人财俱优。若休囚破碎，若空亡并刑害，乘凶神临墓上神者，子孙败绝，出人横死[③]。

以课体决吉凶。大象三阳三光龙德富贵高盖乘轩，吉课也。天烦天狱伏殃泆女狡童天网地冠无禄绝嗣二烦魄化，凶课也。吉则吉，凶则凶。

以三传为来脉结穴。初来龙，中聚处，末传止落穴场，因以决目前之物色。传木，多有林木或故棺；传水，多有流泉及沟涧；金，多居道路或石垒或骸骨死尸；火，多

---

① 谓上数者也。

② 日辰，日辰上神也。传见四仲，亦次房。

③ 墓地形势：占得三木，其地多林木园果，下有棺椁谷麦。之灾（点校者按：当作三火）其地曲长有坑坎砖瓦死穴。三土其地平正安稳，不问四时但用土为大吉。三金，其地多高岗土厚，地下有骸骨死尸金宝珠玉铜铁。三水其地下湿，下有硝石葬之吉。

临窑冶或火坑或赤土瓦砾；土，多冈阜。三传之神将，旺相者全美，贼死者残缺，用传带吉生日，其坟兴旺可知。

以干支知穿地物色。月将加时，刚干柔支，用陵墓位上推之是也。诀曰：穿地知何物，月将加正时。刚日柔辰用，陵墓位上推。功曹杂物色，卯木水泉微。午雀多赤土，未为枯木基。申多砂及砾，巳蛇窑灶赤。太阴酉白泥，戌土有砂石。子水鼠穴真，亥空泥水湿。辰戌丑骨尸，贵人黄土必。太常器盂类，六合棺和木。青龙宝物钱，重土知地脉。土见金穴嘉，土见水泥沙。土火砖瓦砾，二木根苗赊。土木朽木灰，火木有劫灰。木金骸骨准，木水芦根推。生木有树根，二水通泉脉。火水有伏尸，水金泥沙积。二火赤土皂[①]，金火奇器好。吉将安坟稳，凶神岂可为。神将空无物，为坟绝后危。一曰：视课传五行所胜以决之。如金胜，则知其多高岗太原，下有骸骨瓦砾金银也，余以类推。若墓旁之物，则视丑未卯酉之所临。大吉下有伏尸，小吉下有腐木，从魁下有磐石，太冲下有涌泉。

以五行之发用，定葬后之吉凶。喜旺相相生，与吉将并，忌休囚死废，与凶神偕。用木，出仁义文明之士，情性宽容。若遇龙常贵并，出郡县文武官及多才之胄。如逢休囚凶将，亦出木匠工人。至与阴后元武交加，男思贼盗，女或淫奔。用火，旺吉，出文章才学之子，爵禄显荣。若并凶将或休囚，子孙谄佞，诡诈虚浮，为窑冶银铁等匠。用土，吉，主富足。子孙敦厚，性情温良，出州县之官。凶则出人败产，残废痴呆。用金，吉，主出武职，主杀伐，主刑曹，富而且贵。凶则主兵伤，主屠宰，主军旅，贱而且恶。用水，吉，子孙多智谋，肥胖富贵。凶则子孙多淫泆，出人死水。夫用主定寅为青龙，四季为用，则皆克制，当以寅上神为来龙，与日鬼墓视生克，定吉凶为宜。

何以知葬何等人。诀曰：相塚之法少人传，月将加时视地盘。日上阳神为男子，日上阴神女子迁。螣蛇产死囚血病，朱禽家内是文贤。六合匠工多艺术，勾陈斗死病瘫残。天乙贵君若富长，天空孤塚绝嗣男。天后妇人痨冷疾，太阴病属嗽劳寒。白虎凶亡青龙吉，太常酒病元武奸。水冷火热木风患，金痨土肿空虚元。丑未老阴卯酉少，寅申阳老辰戌顽。子午男君巳亥女，旺相休囚死再看。

何以知出何等人。诀曰：占地决课看贵神，刚日柔辰发用分。青龙有气家豪富，水秀山灵出贵人。天乙侯王圣贤地，螣蛇怪异毒生频。朱雀文明多艺业，六合匠工巧术真。勾陈厚工多争斗，白虎军徒带杀屯。天空孤寡僧道出，太常富贵武威臣。元武生人多盗贼，太阴妇女好私淫。天后女人当家计，更兼传课决斯坟。

① 灶也。

以葬时初传决其应时。凡安葬出时往何方，以月将加其时，于各方上得神将为应候，是路途迎望应役也。以用时初传决之，不用中末。若用空，则无应。神后为云雨，或鼠燕。大吉为牛车，或井田。功曹为文吏，为道士，为猫，为虎，为青衣人。太冲为风雷，为舟车，狐兔竹木，为武人，得天空为云雨。天罡为风雨，带刀凶人。太乙为赤云，若晴霞，若绯衣客。胜光属南方有赤云，有骑马人。小吉酒食羊雁，或老人。传送白云，或弓矢，或白衣人，或猿猴。从魁飞鸟，或白云，或白衣人携酒肴。河魁晦暗，奴仆驴骡犬争斗。登明为黑云，或天阴雨，若皂衣人，或猪犬应之也。

以天官定其所应，以休旺决其有无。天乙主五色云，或贵人官吏，或异服尊长。螣蛇主惊恐事。朱雀主南方鸟鸣，或南方有人持文字来。六合主风云，或色服亲友，或美丽佳人。勾陈主争斗喧哗，或衣褐人。青龙主送钱赠币，或喜庆人。天空僧也，或奴仆将物，或欺诈之事。白虎病人也，或凶服人。太常主武官送酒食，或儒衣礼人。玄武主黑云阴晦，有皂服人，或遗失物件，或奸邪之辈。太阴主白衣老妇，巫尼婢妾，送物人。天后主有命歸，及异服内人或微云①。

《指南经》曰：辰阴主山看坐落，生合刑冲定吉凶。冲位对山防克害，旺生德合最宜从。上下皆合风气踞，干支受克沙水去。青龙左辅空陷忧，白虎右扶刑破虑。伏尸支上临墓虎，朱雀空刑山案差。土神旺处龙不错，螣蛇落处穴应佳。玄神乘水水之玄，土宿临山山势抱。阴后水口蛇罗城，勾陈明堂阴阳考。甲乙木神树株森，丙丁火宿岗峦叠。庚辛冲克路歪斜，戊己古冢休旺别。壬癸加临水不谬，旺相休囚存细详。祸乱相见为祸乱，祯祥如遇断祯祥②。

《灵辖经》曰：占墓，得功曹、传送临姓墓、门陌、冢穴、丧亭上者，出富贵，神灵安。姓墓：宫商角徵羽③。门陌：［宫羽］商角徵④。冢穴［宫羽］商角徵⑤。丧亭：宫商角徵羽⑥。

葬得伏吟吉，反吟凶。得六神藏于十干，四煞没于四维，次吉。得功曹传送蒿里黄泉，得前三［六］五［青］后二［阴］四［常］吉，前二［朱］四［勾］后三［玄］五［白］凶，以神将言之。

玄女曰：葬地以天柱加太岁，得功曹传送临姓墓者，吉。天柱，登明亥也。

天上坤　天上艮　天上巽　天上乾　天上丁　天上癸

---

① 如甲子日未将申时，丑加寅发用，乘天乙，贵人至也，课连茹，主贵引妇人连络也。

② 龙神春辰夏未秋戌冬丑。勾之阴神为内明堂，阳神为外明堂。

③ 辰丑未戌辰。

④ 壬庚甲丙。

⑤ 庚丙壬甲。

⑥ 甲壬丙庚甲。

地传送　地功曹　地中甲　地中庚　地中壬　地中丙

丧葬其上为大吉，利子孙。若魁罡蛇虎临之，下有伏尸，不宜葬。

合用神煞： 飞廉：正戌二巳三午四未五寅六卯七辰八亥九子十丑十一申十二酉。　破碎：孟月酉，仲月巳，季月丑。日同。　天鬼：正酉逆行四仲。　大煞：正戌逆行四季。　伏殃：正申顺十二支。　天喜：春戌夏丑秋辰冬未。　生气：正子顺行十二。　死气：正午顺十二支。　月厌：正戌逆十二支。　天德：正丁二坤三壬四辛五亥六甲七癸八寅九丙十乙十一巳十二庚。　八妖：正辰顺十二支。　白衣：孟未仲辰季丑。　伏尸：子年存子之类。　月德：正丙二甲三壬四庚，周而复始。

送葬所忌者，破碎煞也。以姓墓加月建，看人年命在煞下者，不可送葬至墓，名魂魄入墓，大凶。以从魁加月建，人年本命在天煞下者，不可当丧作孝。以大吉加月将，行年本命在魁罡下者，不可送丧也。

汇　歌

葬埋送死当大节，卜择乌容不精切。布式寻推莫浪说，只向山陵求曲折。

欲知何者是山陵，第四课中窥势形。旺相休囚能勿误，吉凶休咎始堪凭。

课传紧要在纯全，若还混杂便迍邅。寅申巳亥无睽阻，地品之中此据先。

回生顺动无怪异，此等寻常不足计。龙常贵雀更兼并，不久魁名须及第。

中则子午及卯酉，下乃戌辰兼未丑。仲全富贵两中平，上备资财富贵有。

阴阳混杂作三传，此地从无福可言。饶君悉力增形势，也出人为非自然。

埋葬存亡均有觊，两如无补曾何利。日若生辰大可忧，福既不来祸乃至。

辰如生日事相宜，子孙后嗣固希奇。欲知富贵区分处，责问天官便可知。

占时葬日亡者命，驿马更将天马并。有一或来支上居，迁徙转移浑不定。

蛇雀飞廉与六丁，辰阳之上或来停。怪异门庭当百出，居人惶惑复他茔。

辰阳之人所为主，害刑表里殊难御。祯祥吉庆杳无闻，论讼灾殃凭作楚。

自刑之殺伤支里，更与日干不和美。子系天年勿永长，时复有为非命鬼。

破碎空亡支上居，日干还又厌增渠。冑裔既去无依倚，坟茔不久亦丘墟。

天鬼作本作殃曜，辰阴惟怕他临到。乖争日日必相逢，疫疠年年常感召。

破碎伤支虽大恶，其间更看何神作。二金伐木响丁丁，两木催出山塄塄。

辰戌锹锄相侵损，亥子祸逐浸淫混。丑未故旧伤范围，巳午事随烟焰烬。

已用之墓忧动荡，未用之墓贵生旺。发起定是旺生坟，一朝囚死人须葬。

阴阳不备事难定，四课之间多不正。人言腾沸是非交，主意二三龙[①]常[②]病。

阳神既多且有气，埋葬之余多吉利。阴阳无气弗加祥，非止人衰家必替。

润下儿孙必委靡，从革变迁无定止。三交人逐见奔波，九丑风声传远迩。

丑未从来为故旧，辰戌生暂久宜究。用与二吉向魁罡，昔日之茔今复又。

生气天喜诸吉曜，日辰燦燦当临照。上为龙贵往生干，后嗣昇腾处权要。

日旺时旺并月旺，天月二德相倚傍。卦如得一已为祥，稠叠逢之慬可望。

六合来为支上鬼，家道衰微难振起。传中元武又来并，大播淫风闻者耻。

雀乘长生传用终，面前文笔耸高峰。其间若也无冲对，班马词章起并踪。

长生之地实本原，传如冲破岂安全。任汝资财攉北斗，也须荡散见屯邅。

若乘子午为传者，水结乱流有所据。空居子午向前来，行路径中无绝处。

替年替月替辰日，死气羊刃皆同律。其间一或损辰阳，多是凶穴岂为吉。

葬地伏吟最为通，返吟之课是元凶。功曹传送临其墓，昌盛荣华富不穷。

黄帝占知死人魂魄出否法：正日时，时下辰为死。如辰上神胜日上神及时下辰者，为复煞。天罡加阳，男坐之；加阴，女坐之。加孟为家长，加仲伤宅母，加季忧小口。天地伏吟，煞不出。天地反吟，虽出复还。魁罡临日辰为重复煞。非此者，皆为出也。欲知所牵，雌为魁，雄为罡也。欲知凶鬼在家处所法。视天上鬼星临下，即是鬼所居处也。又法：欲知死人家有余殃也否。正月以将加死时，魁罡加日辰，重有死者。欲知在何日有祸至，视所日月为阳，取男；为阴，取女。又一法：欲知雌雄所起。雌随午，雄随罡。

占葬事法：必先定五行。若胜光时下辰与今日不比，及推式，慎毋令魁罡临今日日辰，又勿令白虎临有气之乡，即大吉，法乃无咎。不如法者，祸起之始。

阴宅秘旨

刘日新著

来　龙

首看干为来龙。分地之大小，势之强弱。得时旺相，则地大势强；失时囚死，则地小势弱。若旺相入空，此山来龙，其势尽好，到中间必有空缺损跌，再起大峰作祖

① 体。
② 虑。

过脉。如休囚入空，此山来龙，平地起泡，又跌断空陷，而或再起，不然平伏出面。若带丁马喜神生气，则其龙活动，奔驰如马，头面之精神血脉贯通，令人喜爱。若带死气忧神，其则龙斓缓四散直仆，或尖小而来，或直死而来，或摊脚摊手而来。至于干上自带刑冲克害，则本身不吉，是凶龙也，宜另寻地。

细审课中，青龙阴神或与龙刑冲克害，则其左边之龙山，与此龙上下不安和，或窜或射，或不包，露形，以伤本龙。如白虎有之，则断其右边，其不美如前论。若龙虎带水神，则以水神射击断之。

木神旺相，则断其山是木星得体。带天诏皇书，为贵人卷帘，殿试，飞蛾穿帐出来。如休囚，而带吉神，则断为贵人立体。又入丁马，则其龙如芦花三袅，梧桐杞梓。乘阳神，是左边旷阔；乘阴神，是右边丰腴也。木带太阴天后女煞旺相吉神生气，则为美女姮娥之势。乘青龙螣蛇，则为美女铺氊展坐之势。木带龙蛇生气丁马，则为龙蟠，并龙形之势。木带金劫丁马，则有将军真武大坐之形。木带朱雀，则为凤皇飞鸟禽雁之形。木带雀蛇生气破碎，则为莲花并花木之形。木带天空，则为仙人真武僧佛之形。木带虎武，则为虎狮龟鳖鱼虾蜈蚣之形。木带太常，则为渔翁醉翁之状。金为金星，若水若火土同上推。

上木[①]下金火，为孤曜出向，主出人孤寡，为僧尼出家看经念佛，子孙犯徒配离乡别井，又为木工。上水下水为扫荡，上火下火为燀火，同上凶。

论入穴出首之龙

二看支为入穴出首之龙。以干生克定吉凶。以第四课为亡人之穴，合三四课以定穴情，其向生合时比与干支有情者论之，又不可拘泥于三四课上也。

例如甲子伏吟，其穴就本身龙上而下子支去生干龙，是到穴山，借东方之气，来结壬癸之穴，作子山午向，是与甲干有情也。假卯行龙，则来龙是阴入首阳龙[②]，虽阴阳剥杂，而子卯相刑，是子不受卯气。如子旺相，则收子气而作午申辰向。如卯旺相而子气休囚，则弃子取卯气而作丁未乾亥向。效此。

如穴相克刑害破干龙，或干龙克破刑害，则其穴后龙不与穴合，则作旁城，借主脱龙就局，或偏于左右之后落。如干上阳，其龙从左落；干上阴，其龙从右落。使后不脱龙，前不失向。

---

① 一云水。

② 一作阴龙。

辨阴阳龙向

乾甲坤乙子癸申辰午壬寅戌为阳龙，以后干上神定之。艮丙巽辛酉丁巳丑卯寅亥未为阴龙，以后干上神定之。阳龙宜作阳向，阴龙宜作阴向。

如乾亥行龙，亥上同论。若亥龙旺相，与入首穴生合比，无空陷破碎刑害，则以亥龙而论，宜作甲卯丁未向，次作巽巳丙向。如干上亥入空亡休囚破碎下克，则从乾阳论龙，宜作甲乙坤午向。子同壬，纯阳龙也，宜作乙辰坤申向，次作午向。丑同癸，癸阳丑阴，如前先定向[①]，气为主，宜作巽巳庚酉向，次作丙丁未向。寅同艮，宜作丙午辛戌向，次作坤申向。卯同甲，宜作乾亥丁未向，次作庚辛酉向。辰同乙，龙宜作壬子坤申向。巳同巽龙，宜作庚酉癸丑向，次作亥向。午同丙，宜作艮壬辛戌向，次作壬子癸向。未同丁，宜作甲卯乾亥向，次作艮丑向。申同坤，宜作乙辰丙子向，次作寅申向。酉同庚，宜作巽巳癸丑向，次作甲卯向。戌同辛，宜作庚寅丙午向，次作卯甲乙向。

论穴上星体

再以支上神定穴上星体，以推荫庇浅深，长幼宜忌，克应年月。

支上木，为贪狼星出面，旺相带吉神，出人聪明孝义，因公进田，财帛成熟，登科喜庆，荫三六九房人得福，更用传中季神与干支合为的。若与干支刑克害，则得祸而不得福，乃是葬期有失，故此不得福荫。荫亥卯未生人，应在亥卯未年月。

支上火，旺相为火星得令，主生人文章艺术福寿有施为。荫长房二房。寅午戌年月得福。要传中三合，否则穴逼，浅深有差。上克下宜浅，下克上宜深。

支上土，旺相无空陷为土星，结钳口犁头巨门得令，出人多能而长寿，又带长生学堂，并禄马皇诏等吉，则出神童长老，君子得官，小人得富，田税多招，衣食充足。辰戌丑未年月荫二八五房火土生人，要传中四仲与干支生比，否则不应。不然，水穴上下差，尺寸不如法也。若用下生上宜，进上生下宜作下也[②]。

支上金，无空陷克破，又旺相为武曲星。结钳得体，月将临之，为太阳金星。太阴临之，为太阴金星。带诸吉神，则生人清贵福寿，及第登科，应二八五房，巳酉丑生人，申子辰年月福至。要用传中四仲，旺相，干支生比有准，否则不应。是葬左右不得其位，如阳神宜过左，阴神宜过右。

---

① 向一作龙。

② 点校者按：疑此句有讹。

支上水，旺相亦吉，主生人聪明伶俐，江河商贾，慈祥孝友，世代作守牧，男驸马，女宫妃。一四七房中，申子辰年月得发。其断同前[①]。

上金下火，带破碎凶神为破军天罡。巳酉丑年月，一七四房，出人凶狠，投军打劫好讼，瘟疫风疾，肿足缺唇，口哑耳聋，陋形亏体，欠债产厄，雷惊水厄，兵死绝嗣，出画工木匠。

上火下水，休囚带凶神煞廉贞燥火，应一四七房，寅午戌年月发祸，生人狂戾拗执，凶恶欺诈，无礼无义，悖逆劫刺，好勇斗狠，出师巫术士，瘟病大疯，足目之疾，自缢产亡，远配虎咬，雷打树压，绝嗣过房，男盗女娼，遭官入狱，失火退财。

上水[②]**下土**，为扫荡文曲，应一四七房，申子辰年月发祸，主人淫乱虚诈，巧技好赌，贪酒食，健词讼，染痨，病足癫痫，眼坏疮瘰，跛痪中风，水死路亡，兵厄雉经，男孤女寡，离乡失火，退财欠债。

上土下水、上土下木[③]，为禄存孤曜，应四季土年月，三六九房先得祸。心性顽钝，行事狂妄，出家僧道，离祖过房，绝嗣孤寡，淫乱产难，缢亡娼尼。

上木下金[④]，为孤曜出面，出人僧尼，出家孤寡，子孙离乡别井，充军远配，又为木工应。

论亡人之穴

以第四课为亡人之穴，上下相生，辰良将吉，则主亡人黄金如茔，紫茜绕棺。若上下相克，又带凶神恶将，乘贵则土神见弃，死土塞棺，蝼蚁侵骨。乘蛇，蛇蚁食尸，草根木藤穿椁。乘雀，狐鼠作穴，蛛网盖户。乘合，木根缠裹，面貌反盖。乘勾，尸聚一团，虫蚁争食。乘龙，木根穿椁，翻棺覆尸。乘空，尸首灭没，蛇蚁穿骷。乘虎，白蚁食尸，狐鼠藏穴。乘常，泥塞满棺。乘武乘后，泥水满棺。如乘太阴，尸骨颠倒，丁马风煞，必主翻棺。

穴上带风煞，或作空亡，则有暗风，用传同断。

子空，子上有风冲，又主溺水。癸主淫乱，乙辰坤乾寅申山向不忌。

丑未空，徒配作贼，劫死财退。亥艮巳巽己未庚丙丁山向不忌。

寅申风空，出小壮瘟死，师巫事乱，并虎豹伤人，带虎煞也。甲主路死，以旬遁看。坤申戌乾乙辰壬子山向不忌。

---

① 谓支上得火也。

② 元作火，非。

③ 元作水，误。

④ 元有木字。

卯空，主眼昏。丑艮巳巽丙丁亥向，吉，不忌。

乙空，长房头风。甲寅辰向，吉，不忌。

辰巽空，男病女淫。午坤甲乙壬子乾戌山向，吉，不忌。

巽空，小房男女头痛。巳丙丁未丑艮卯山向，吉，不忌。

巳空，蛇伤。丙丁卯艮未山向，吉，不忌。

丙空，蛇虫入屋，火灾作。巳巽丁未向，吉，不忌。

午丁未空，火灾瘟疫。未空，痨瘵。坤空，官事口舌。巽丙巳丁庚辛酉山向，不忌，吉。

申庚空，退才贼劫。午丁坤戌山向，不忌。

酉辛空，贫苦少亡。辛酉未戌乾空，龙胸鳖背，贫退。蛇腰跌足，人丁吐血，宜作坤申壬子癸向。

亥空，退才损畜贱俭。壬空，贫贱。戌乾子癸甲乙坤申山向，吉，不忌。

论蛇形名

以第三课上神定其形名。月将太阴太岁加之，为日月星斗云霓之形。辰子白虎带网罗，为渔人撒网。天乙则为贵人武公将军美女织女仙女胡僧波斯仙人。天空申为禅师坐禅或说法。酉未亥乘太常为醉翁倒卧。亥加太常为胡人献宝。亥贵带丁马为蛮王出阵。申寅贵为观音大座。巳午丁马为观音坐莲。螣蛇带月建生气，是蛇形。蛇带丁劫破碎，为蜈蚣形。朱雀旺相德禄马，为仙人跨。雀休为禽形，鸡鹅鹤鹚群鸟。朱雀天鸡临丑，为金鸡下田。朱未丁马，为飞雁凌关。朱带凶禝，为乌鸦泊地。朱雀亥子，为鸳鸯下水。朱加戌卯，为飞鹰狡兔[①]。朱卯为乌兔拜月。朱巳带闭口，为燕窠之形。六合乘巳午加水生气，为莲花形。合酉带碎，是梅花形。合乘生气带绳索胎子，为瓜藤形。青龙带丁马皇书恩德，为龙形。丁龙休囚，为鱼形。丁龙贵吉，为蛟螭形。白虎加劫吉神，为虎豹形。虎劫带吉神，为狮形。白未遁丁传常，为象形。白马为天马形。白天牛为牛形。白天犬为犬眠形。白常乘未为眠羊形。白辰加劫并贵德，为獬廌形。虎丁贵常财，为橐驼献宝。天空乘马丁，为葫芦倒地。太常乘禄比，为鹿，如传入巳午，为麋鹿衔花[②]。常带天猴乘仲入金劫，为猿猴摘果。常天鼠，为老鼠投仓。常酉丁劫金神，是宝剑形。常乘六仪丝麻，为风吹罗带。元武带丁加辰，为灵龟朝北斗。武丁加水生气戏神，为仙虾戏水。武带绳索，为投丝钓鳖。武闭入金，为老蚌吐珠。

---

① 一作苍隼。

② 一作泥。

武金加土，为海螺吐肉。武作闭口，为金茧。武酉带麻索网，为蜘蛛纳网。武带游戏，为螃蟹夜游。太阴天后加土，为皇恩敕诏，为玉诏形。阴后加[①]带德仪，为玉笏形。阴后加土带梦神，为玉枕之形。贵木带奇仪，为玉笏。贵金带奇仪，为席帽。贵丝麻，为循环格，玉带形。丝麻首尾相见，玉环形。丁马木加水，为浮牌之形。六卯加水带丁马，为舡形。合木加金奇仪戏神，为金盘。月将天马天车，为棋盘。丑加金土空，为金斗。长绳带勾绞，为金钩。木德禄马丁仪神，为玉尺。金上下相合，为覆釜。木丁仪常入贵，为琴形。木丁破碎带戏，为琵琶。巳丁带劫索麻，是弓形。巳午带丁，是旗形。后阴金奇仪喜生，为钗形。木甲空亡乘天后作丁神，为梭形。形以理生，理由将得。

论原葬何人

形穴既定，再以今日纳音之墓，定原葬何人在内。如墓神与日干比合生，则以墓之阳上神定之。若刑冲克害破，则以墓之阴上神定之。见阳为阳人，见阴为阴人。

例如甲子乙丑海中金，金墓于丑，看日[②]上神以定之。丑上见子为阳男，丑上见未为阴女。其吉其凶，则凭神断。

阳神乘贵，带禄德皇诏，此必生前贵受封赠。无刑冲克害，因病而死，葬日风光。

阴神乘贵，乃富贵家女，或为贵人妻，非此则为福德之人。不带诸凶神，葬日风光。

若阴阳神带坐，则是夫妇同穴，不可以男反为女，女反为男，执泥而论。贵人无自经投死狱死之理，然势出无奈或自作不靖得罪朝廷，不得已而求自尽，事情或有，亦在所当推也。

螣蛇带破碎，主下贱轻贫之人，旺相，虽不贫苦，亦贱。

朱雀旺相，为官贵有势，休囚，为文书小吏，馆艺术士。

六合旺相，主富贵商贾，休囚，为经纪九流技艺之人。

勾陈旺相，为官吏书生富农，休囚，为徒丑屠宰及凶恶人。

青龙旺相，为富贵，休囚，主好善或寺观出家念佛者。

天空旺相，主幹当出家，休囚，主疯瘫癫癞病人。

白虎旺相，主兵卒，休囚，主凶病外死者。

太常旺相，店兴九流善人，休囚，药石打死呕吐病者。

---

① 应脱土。

② 应作丑。

元武旺相，主阴谋，休囚，为不正贼人，刀兵血光而死。

太阴旺相，为长者，休囚，九流出家，奸私暗昧而死。

天后旺相，为财人，休囚，妇人产死，男子水病而死。

上文所乘十二天官，若带二绳索二死，则因犯罪自尽，主吊死。带天鬼光怪，则受天瘟疫死。带井坑二死，则因事投水。带二血，主出脓血而死。带德禄空脱，不食而死。带二狱二死，死于狱。带天诏劫煞亡刑勾绞，主弃市或赐死。带劫武二死，死于盗谋。带虎劫二死，死于途遇凶人。带奸咸风煞，主因行淫冒风而死。带月厌迷惑，为鬼祟迷魔而死。

论葬后吉凶

以支上阳神为墓，四课支阴神为亡人，决其葬后何如。凡坟墓亡人所乘之神生日干，主元吉大旺人，而干上神得长生冠带临官帝旺胎养，主各房人口兴旺。若衰败病绝等神，虽云此地旺人，而房分不能拘也。

如带德禄皇恩等吉，主出贵。带生喜成财龙合，主出富。带破碎二耗，家才退落而后再起。带狱神讼煞，与人争官讼，而坟亡生干或生支，主胜得才。带病神而为生气，不带二死者，灾虽有而无事，病虽大而不死。带喜胎生气，主生贵子。带元武贼神，主得横财。

若日干上神生墓上神，为盗气。葬后人丁伤损，才物耗亡，六畜死败，干事不成。

若带病符，人多灾病，家长不安。丧吊二死，家长死亡。罗网关狱朱雀，争官事必败。勾陈劫煞，家下不和，官府事扰。破耗，才产退败。元武，不时遭贼。墓败迷惑，人家昏蔽，作事懵懂。丁马亡神，男女奔逃，离乡出外。破碎刑害赘婿受克，过房入赘，人事不通。寅卯吏神，传入破碎二耗，主有人为吏而败家。天后丁马亡神，与六合并，主妇人随人走。太常酉入破碎败绝，酒色败家。天后咸奸二耗破碎，主妻妾与人通奸，破败人家。天后咸奸劫煞，亦主妻与人通奸，反杀犬夫。绳索二死，主吊死。阴后同子入六合胎喜，主妇人带胎子嫁人。井煞大煞，主投水。天车天坑，翻江谋劫。天空谩语，出狂骗诳诈子孙。天空丁马破碎，主家人盗才而走。天空咸奸与宅母合，主奴奸主母。天空劫煞，主奴婢杀人而走。天空贼神，奴婢做贼。天空天巫直符，出为僧道子孙。天空带绳索二死，主奴婢吊死图赖。太常作闭口二死，主有服毒而死者。贵人刑害破碎，有贵人破其家。螣蛇贼神二死，主贼扳累而死。蛇并狱神二死，为牵连官事而死。蛇碎二耗，为人牵连破财产。朱雀讼神，有官事。雀讼破碎二死，官司破财累死。雀并火鬼丁马劫煞，焚宅而死。雀讼碎作鬼祟，主为人讼师被累破家。六合破碎二耗，因为客买卖而破才。六合并喜合碎耗，主婚姻破家。阴后加巳作咸奸劫煞，主二女争淫。

若乘六合带迷神作闭口，主出聋哑之人。天空丑作碎耗，主出跎子。天空戌加申酉劫煞，出伤手足跌踦之人。贵人加丑孤寡雷巫，出僧道。太常临丑未申加二医，出良医。太阴临寅马亥丁加金神，出木匠。朱雀谩语加卯，出术士。元武盗神，出盗贼。朱雀天目亡神加卯，再并病符，出患眼人。武后加武病神，亦出患眼人。元武天车天坑丁马迷惑等神加卯，出舡艄子。加申，出执鞭之子。天空墓神天目，出患眼子孙。勾陈加刀砧金劫二死临辰，出屠人。白虎临辰加死地，亦出屠人。勾临辰带天吏直符索神，出缉捕勾追人。虎加巳病符入废，出残疾人。雀加巳丁马，出画工。陈巳铸印火鬼，出铸金冶匠。太常加巳天巫，出巫医。天空加申临巳雷煞直符，出道士。武加巳亥破碎，出坏头面人。白虎加巳临酉丁马劫煞，出徒配军人。天乙乘巳加辰合干支禄马，出吏典公门人。巳作白虎加申带天狗，出猎户。虎巳加申子午带枯骨二死，出路死人。武巳加申酉为干支刃金劫煞，出斩手足人。武巳加戌带生气，出六指人。武带巳加子并咸奸，出女不正。虎乘巳带迷神光怪月鬼，出狂颠人。虎加巳临辰带病符，出腰脚病人。虎巳加戌病符，出矮脚病人。虎巳加亥病符四废，出秃子。武巳加丑作闭，出耳聋人。若初传吉，中末凶，主先发后退。初传旺，末传空绝败，先旺人丁，而后败绝。初传平，末传死破碎，主人财后败。

日上神克墓上神，若旺相，带丁马，主穴道有差，宜于本山改移上下前后，看吉神在干支前，宜移前移上；吉神在干支后，宜移后移下。

洵良法也。若休囚空亡，则此地不美，宜迁别处。凡丁马，宜改。从革，主改。空亡，主改。墓上带凶神恶煞，上下自相刑克冲破，主改。此以日干克墓者，一定移改，不则为灾为祸，退财流亡，离乡败绝，房分不拘，甚不美也。

墓上神克干，大则破家绝嗣，小则灾讼破贫，不可久葬于此地。若传入后去，有制克者，而后传生旺之处，则初年灾祸权且抵过，后又发福不忌。

墓上神刑干，大则出人斩绞流徙，灭门绝户，小则出人忤逆，外凌内侮，此地不可安也。若初传平而后传入吉神，生干助干，吉神良将，虽出犯官司奸私忤逆，而久后犹能发福，以末传神将定其吉，而且宜权守，过后必济，不必信时师之言而妄改作也。

墓上神害干，重则伤人败财，受人凌害，轻则灾祸官讼，口舌不宁，亦未为大害也。但末传又入空绝败亡之乡，克干，则此地不可不改。若传入生旺，并带吉良，生扶其干，久当再发，亦作美地，不可劝其改也。

总决久后大体休咎

久后大体，专论用神。用神空亡，出僧道出家。

用带木神，生比干者，久后出子孙宽宏仁善，多文雅，喜仁义孝顺廉贞，修长翳鬒，眉目清秀。若旺相相生，与龙常吉将并者，出州县之官。若休囚凶将并，及后玄咸奸，女随人走，又主出木匠，棺椁匠。

用带火神，生比干者，久后出子孙读书好学，肯作肯为，面紫，上尖下阔，性刚直，多才学，应爵禄，其地有五色采土。若休囚与凶将并，主子孙性狂躁，多言语，能谄佞，有奇计，漂浮无定，出火工铸冶匠。

用带土神，旺相与吉将并者，久后出人宽弘大度，有仁义，性诚实，主富贵，多田宅，积宝物，子孙敦厚忠良，出守土之官。若休囚并凶将，出人离乡失土，家财退散，出水土冢墓之工匠，叠砌匠。

用带金神，旺相与吉将并者，出子孙刚果有为，仗义施仁，主富贵，出武官吉。若休囚并凶将者，出子孙奸贼刚狂，好斗杀，田产退，兵斗死，或徒配凶勇，又出屠宰畋猎，好刀枪之人。

用带水神，旺相与吉将并者，出子孙多谋计，有思虑，好宾客，多酒肉，出守水杂职。若休囚并凶将，多水厄，投河溺死，子孙游荡飘零落外，妇女淫奔，不顾名节，出鱼盐茶酒，水傭杂役。

论荫庇房分绵历代数

以天将定房分之荫庇，以三传定代数之绵历。寅申巳亥四孟为长房，上乘吉将，下临生旺之乡，则断其吉，主富贵，旺人丁。如上乘凶将，下临败绝克害之地，传中无救神助者，主长房败绝。此言长房，以传入者论之，不拘初中末之三传也。夫长房，又有一四七之名。盖以传入者为第一房，再传者为第四房，再传或出传外者，为第七房，依前论断之。是巳子午卯酉四仲为中房，辰戌丑未四季为三房，效上推断①。

若夫三传，以初用断初代之吉凶，中传为二代，三传为三代，各以其传将神煞，断其菀枯，但遇空亡而无生气，败绝而无救神，便断其代数败绝，宜改迁别处可救。如不迁改其地，则止如此，后必零落。如三传俱吉，则再以末传在式中者，细论一遍，至数尽则休。

① 论年月命同，如子午丑未入传，有吉将，应之以吉；有凶者，应之以凶。

论穿地物色

地自有也，中或有物，必先知之。定其吉凶，则以第四课上神考之。若其上得子，下有鼠穴。丑带枯骨，有伏尸。寅为杂色之土。卯有水泉木根。辰带枯骨，亦有伏尸。巳有赤土，窑窖之土。午有赤焦之土。未有腐木。申有白色土或砾石。酉有白色土或石块。戌有石、臭烂之土。亥内无物。

若神将得二土，主下有黄土，肥腻之土。丑与未，辰与戌，是一边土硬，一边土软，直冲斜界。丑见丑，辰见辰，未见未，戌见戌，是一线直界之土，上面深而带硬结，下面浅而带轻鬆。丑加辰，丑加戌，辰见未，戌见未，是戌辰为刚硬之土，丑未为和软之土。上神得辰戌，是上面土色硬块，下神得丑未，是下面土色软细。类推之，思过半矣。其有横界线纹，带生气者，主硬而和软，有润色，或中有蟲物[①]，生气之物，不然，有活动之土石也。带死气破碎，主土色不光润，或破碎如臭焦，死而无力之土。带枯骨光怪，有骨怪异之荧色土。余效推之可也。

上下土金，主下有石块，或破罈，并灰旧瓦石之类。上下土水，有泥沙。上下土火，有斑石瓦砾。上下土木，有枯木。

上下二木，有草根。卯草根横曲，寅木根直生。上下木火，有石灰炭。上下木金，有尸骨枯骨，光怪尤的。上下木水，有芦竹枝根，并蛛网。

上下二水，或黑，或湿，或水泉。上下水金[②]，有泥沙。上下水火，带枯骨，有伏尸。

上下二火，有焦尺硬土，或焦炭。上下火金，有金采炉底之土，带天喜月将，有金银铜铁石器。

上下二金，有白石，或金银铜铁石物。

已上五行，若带空亡，其下内中无物，天空亦然，只言其本色亦可。

乘贵人，有细腻土。螣蛇，有焦赤窑灶土。朱雀，有赤土。六合，有草木根。勾陈，有坚曲土或蟲。青龙，有铜钱木根。天空，内无物。白虎，有死沙。太常，有金石之类。元武，有水泉泥淖。太阴，有白土。天后，有蛇鼠穴，一曰有蛇鼠入。

一曰新梸者，以山上所得论。已成者，用罗经置冢上，视穴在何字而论。

论克应

以用时与初传定克应。如时上见子作天乙，而用又见子贵，与时比而生干，为益

① 一作艮物。
② 一作金水。

我之兆。若刑克冲破干者，为损我之兆。天时，旺相有五色云，带煞作雨，休囚黑云。人物，旺相有贵人服，冠带休囚有尊长异衣服人，或公门九流。鸟兽，则鼠燕。

贵丑蛇生比，有牛马车盖牵连；刑冲克害，有官府勾追牵连，绳索惊恐之事。天时，有长直怪异虹霓云霞。鸟兽，有鳖蟹牛过。

贵朱生比，有冠带官人，或文书自公门传过；刑冲克害，有神佛旌旗赤紫物过。天时，晴，有紫赤云。鸟兽，有马鸣，羽毛鸟雀。

贵六合生比，有色服亲友，美丽佳人；休囚，有经纪买卖或公人术士。天时，带劫煞，有风云。鸟兽，有兔驴飞虫鸟过。

勾陈生比，加巳午，有老人过；刑冲克害，有屠牙勾追兵恶事用或衣褐人喧哗。天时，阴晴。鸟兽，惟鱼盐过。

青龙生比，有文人贵客；刑冲克害，有医僧道吏或人送财物至。天时，有风或阴晴。鸟兽，有狐驴鱼鸟飞虫。

天空生比，有奴婢送物，或与乡农长者，或报信僧尼道姑过；冲害刑克，为凶恶兵盗贼人贱工过。天时，晴变暗而雨又变晴。人事，有欺诈事。鸟兽，有驴马狼狐蜂过。

白虎生比，有贵吏僧道医客师人；克害刑冲，有猎户凶事军卒医辈并道路边人，或凶服，或病人，残疾者过。天时，风或有白云。人事，有持枪杖者过。鸟兽，有猿猴狸蟲过。

太常生比，有贵人亲眷儒医，或赠酒食；克刑害冲，有酒店人，热识师巫女妇过。天时，阴晴。鸟兽，有羊酒雁鸿鸠鸽蝗虫过。

玄武生比，有小儿客人至，饮酒人过，衣皂衣；刑冲克害，有盗与奸诈娼婢，或失脱物件。天时，带劫煞，有风雨。鸟兽，有猪马鱼兔过。

太阴生比，有老妇白衣，或送物人至；刑冲克害，有巫尼妾婢，或淫奔过。天时，西方白云，带劫煞，阴雨。鸟兽，飞鸟。

天后生比，主命妇及异服人至。刑克害冲，主僧尼妓贱婢妾渔户过。天时，带劫煞，有风雨，或天变，或微云。鸟兽，鼠鱼蚕虫燕。

已上十二贵神，若入空亡休囚，置勿论。

亥子为雨，带风雨劫煞，有风雨。寅卯（疑无卯字）为风，带风煞，有风。卯为雷，带雷廉劫煞，有雷。四季为云雾，带迷关，起云雾。巳午为虹霓，带丁马光怪，有虹蜺。申酉为雹雪白云，带丁马光怪，冬主雪，春夏主雹，有丁马无光怪，则只为云起也。

人物克应

凡遇皇恩诏印奇仪德马诸吉，乘贵合龙常旺相，主有贵客，休囚，为儒，为吏，入空亡，则为神佛及九流人。谩劫勾白，相争斗人，咒愿喜会加寅申，贵人还愿过也。亡劫羊刃金神加申酉，持刃杀伤人过也。

蛇带丁光魄化二死，主有蛇，或蜈蚣咬人，不尔带戏神，有美蛇乞子过也。

朱雀带哭神，哭泣人过。朱雀谩语巫咒，有咒詈人过。朱讼索吏勾陈，有勾捉人过。朱雀白虎带拘劫，有犬咬人，临生气谩语，则犬吠声也。朱丁印空喜会二马，有鼓乐吹笛等事。

勾陈刀砧飞廉加辰申天犬刑害，打猎人过。

月将龙常贵人当旺，有人挑榖米过。喜会贵龙，有轿马鼓乐声。

天空寅申直符巫咒，有法术僧道尼姑过。天空加木带火鬼，有人挑柴炭过。天空火鬼劫煞，有火炮声。天空丁马加巳午旺相皇书，有书客过。

白虎临酉带喜会，有开店人过。伏殃白虎二死，必有虎伤之家人过。太常劫煞勾陈，有人服毒事。太常生气仪神喜神，有人挑酒来。四仲太常喜会，有人挑果子过。酉仪太常成合，有人挑盒过。

子有小子过。

丑有牧牛小子过。

寅有青衣人，或木器过。寅丁成合，人负树木过。

卯有风云，卯为鼓加雷煞丁神，有打鼓声过。卯丁带刑怪成合，有拿竹过。卯丁遁才，经纪人过。卯午加丁马仪神，有人挑伞过。

辰有凶恶人过。

巳有绯衣客过。天气晴明，有赤云。巳午釜鸣，有提锅铫人过。巳午丁马生喜游戏，有插花人过。丁马在巳亥铸印仪神，有作画人过。

午有赤云，或驴马，绯衣人过。

未老人携酒食羊过。

申白衣人持送礼物。申酉劫丁，人持枪棒过。申酉丁马作才，有将金银铜铁财宝人过。

酉有白衣人，并西方有飞鸟白云之应。

戌有官吏驴犬争讼之应。

亥有驴犬猫猪黑色等物，黑云皂衣人过。天猪丁马临亥，猪过应也。

天马生气喜神会神，有马，带二死，有木马戏马过也。天鬼光怪，有奇怪。天火火鬼丁马旺相，有火烧之事也。井煞二死，有投水人过。索煞二死，有吊死人过。丧吊太常，有孝服人过。天鸡天喜，有信至。飞祸上下丧门，亦有孝服人过。邪神光怪迷惑，有发颠男女过也。天鼠光怪，有走兽过。咸奸喜会，有淫女娼妓过。戏神谩语，有唱戏子弟过乞也。喜生闭口，有笑哄声过。绳索戏神，有做马戏，并持绳索人过为应也。

孟月小吉下天丧，大吉下天尸埋葬。忌之。

论新葬

葬新死者，以天魁加月建，孟月天上甲下为天德，小吉下为地吞，季月天上丙下为天德，登明下为地吞。葬天德吉，地吞凶。

穴上见空亡，有空陷，或曾葬旧穴，旺相新开，休囚古有。穴见刑冲破害，带寅申白虎，并风煞，主有风吹，葬则翻棺倒尸。申子辰带玄蛇，主有水。白虎劫煞并，主有蚁。

大六壬寻源编卷之七

占林下

兵戎占

军帐阴符秘略

大将临戎，察式战攻。方圆动静，奇正雌雄。运筹决胜，草偃风从。平定安集，铭勒鼎钟。作兵戎占，次二十五。

维造物之两仪，培生气于杀机。诞御世之百王，敷文德于武威。然后华尊彝化，七政时行，军宾嘉会，列土应星，授旄授钺，命脉元戎。运经权于奇正，测奇偶而守攻。曰中曰外，辨邪正于刑德。若抚若剿，分主客于雌雄。岁刚柔之旋转，月干枝以研穷。首举合神，加月建于南北。复推日宿，立用时而西东[①]。

以日月五星七政，推南北政，而后时令不差。以二十八宿分野定列土，而后征讨不爽。德，日德，德为中华；刑，支刑，刑为外国。德胜刑，则正胜邪，主胜，比合宜和，德旺宜剿。戌亥子丑四辰为战雄，辰巳午未四辰为战雌。背雄击雌，则大捷。又曰：正月[②]时占之，春寅夏巳秋申冬亥为战雄，其冲为战雌，击雌必胜。黄帝初占云：阳年以大吉加岁支，阴年以小吉加岁支，常以岁四课三传，占十二邦国各得神，吉凶将之主事。子寅辰午申戌为阳月，丑卯巳未酉亥为阴月，以十二天官所临宫，配前后天官所临刚柔之月建，每月月建临日之辰用，用日上神。假令己丑阴年为用立课，以小吉加丑支，是返吟，为四柔。用对冲井栏射上神为初传，巳上登明，将得螣蛇，中传支，丑上小吉，将得青龙，末传干己上大吉，将得天后，此旦占天官也。如宋分在卯，卯上从魁，为隔将，虽得六合，反不合而纷争。暮占天官合后青，则赵分酉位，见太冲作白虎，为夹克，五子遁得丁卯，为中梗，二月忌，灾自乱而破。其十二邦国分占，皆视所临神将以决其吉凶。奇，谓阳。偶，谓阴。合神，谓甲己乙庚丙辛丁壬

① 干枝，干支也。

② 疑作日。

戊癸也。月建用五子遁，甲己之年丙加正之例也。加支法，以岁月神加月建，以占十二分[①]神将吉凶。日宿，月将也，加正时为法，自后行宿度差，宜从中气以求，即得所治之神。立用时者，观四立后七日，用月将正位，更在明哲算的过宫日时耳。

大将军，居元帅之疆。绛明玉，庆三将之房。除定危开，岁建太阴豹尾。六丁最吉，昴房明后青常。勇退兮大吉加日，安营兮孤雄胜场。莫屯兵于蛇虎，更忌刑墓魁罡。心动喜常青，将来信使。目瞯嗔冲后，急徙高岗。

大将军，寅卯辰在子，巳午未在卯，申酉戌在午，亥子丑在酉。三年一移，大将宜居之。亥加仲为绛宫，利中军。子加仲为明堂，利前行。丑加仲为玉堂，利后队。主帅按三宫时居之吉。岁，太岁。建，月建。建后一辰为除，四辰为定，七辰为危，十辰为开。岁后三位为太阴。申子辰年在戌，巳酉丑年在未，寅午戌年在辰，亥卯未年在丑者，豹尾也。其冲为黄旛。以将加时，又取天上亥为大将军，酉为右将军，卯为左将军，午为前将军，子为后将军，五将各因时移居吉方者胜。青常登神冲从为六丁神，主将宜居之吉。安营扎寨，丑加干支，不可住，宜速退。孤雄，即上文战雄。日辰上见蛇虎魁罡，偏裨战死。见三刑五墓，或日辰俱墓，兵士恐怖不宁。太乙太冲天罡为三刑，临日辰上，贼急至，宜回避。下营未定而心动，正时占，见龙常临日辰或发用，必有使来，及使者信至也。目瞯，亦以正日时，日辰上见子卯罡魁虎蛇，有暴雨，防贼至，宜就高陵置营。

忽闻变起，天罡是瞻。孟虚仲缓，季则实然。神后加时，角孟讹传。临季速至，仲路盘桓。其行其止，知之贵先。精圆视处，必见心田。井角贵人，覆干支而贼兵急切。武虎制日，庚入丙而城垒宜坚。

正日时，视天罡。一法以神后加正时，视大角，即罡也。加孟，不来；仲，中路而迟；加季，即至。精圆，天目煞也。井宿，未也，秦分。角宿，辰也，郑分。未辰临日辰，贼必来。若辰加季，天乙临日，贼必来。辰加孟，天乙临日，贼去，虚声不至。闻贼至时，如元白乘神克日，贼强猛，宜准备。若日克元白[②]。庚神，太白；丙神，荧惑。白入荧，贼必来；荧入白，贼不来。又六甲旬，庚辛为白，丙丁为荧。天上庚辛加地下丙丁，是白入荧也。

复察游都，干支伤吉。戴虎并蛇，师徒败绩。前支三舍，一日二日。都将囚死，日神不克以无惊。或加干支，上下相制而来疾。孟仲季所定虚真，总类乎天罡。耳目神居探消息，皆从于地室。

游都煞，甲己日丑，乙庚日子，丙辛日寅，丁壬日巳，戊癸日申。皆以合神取用，

---

① 疑脱野。

② 必胜。

看旺相休囚死。若临辰覆日，立见贼来，克干支尤凶。并蛇虎，军士惊恐。在囚死之地而克日，更毒。不克日辰，无咎。临支前一辰，后一日至。二辰，后二日至。前四辰，方远，未来。游临孟，虚信不来；加仲，迟疑未至；加季，必来。罡加孟，忧畏；加仲，两持；加季，出战。耳，地耳。目，天目。大小吉为目，冲从为耳。地室，地耳所临十二支位也。凡闻贼不知其处，使骑向天目下察之，必得其住止行动。若听人机密，向地耳下。

不临干支，忧合贵人。好乡不战，畏所交尘。若在东方，猛杀兮固坚壁垒。或当南面，威强兮，速渡关津。在西迟疑，可赏犒夫将士。临北事退，得游玩夫良辰[①]**。**

游都作天乙，虽不临日辰，贼亦必来。游都相生，丙丁临寅卯，寅卯临亥子，亥子临申酉，申酉临戊己，戊己临丙丁，为好乡，必不战。丙丁日忌子亥，甲乙日申酉，庚辛日巳午，戊己日寅卯，壬癸日四季，曰畏所，临之则父子不相保，中外不相信也。凡游都天乙并在日辰前一位，则一日至[②]，二日至，三四位，不来矣。凡游在东，贼势难当；在南，贼锋难近；在西，迟缓未进；在北，贼自退避。亦须看其旺相死囚休。

天罡天阳，地阳月建。动偶天魁，静阴岁见。若交相覆，君臣惊备于奸谋。或自重临，水火提防于灾变。功曹加甲，阳火居日以无忧。旬首乘箕，阴水在干而逆战[③]**。**

《玉帐经》云："罡，天阳也。月建为地阳。魁，动偶天阴也。太岁为静阴，地阴也。用兵者，察地阴覆阳，臣欲害君，子欲害父，妻用害夫。若天阳覆阴，君父夫欲害臣子妻。若值重阳重阴俱凶，重阳时有火惊，重阴时有水惊，宜速备也。凡罡建一神临戌或加岁，为阳覆阴，上凌下之象。魁岁或加罡建，为阴覆阳，下犯上之象。罡建相加曰重阳，魁岁相加曰重阴。闻贼占不论月将，只以功曹加六甲旬首，看本日上巳午火，贼不来；亥子水，贼即至。"一曰："干上见阳神不来，见阴神必至。"

遁鬼兮潜奸，鲁刑兮剽劫。未巳卯子辰，临日神而猖獗。天罡友二都，一加季而来烈。不备疏虞，外犯中都。白武制干，贼神合贵，两神旺相而庚呼。勾陈克武，荧惑入庚，年命胜都而献俘。劫竿伤军，游鲁依乎胜地。搴旗降将，地利不若人和。带剑勾陈克日，乘白金而行刺非诬。月将日辰年命值空亡，而避害欢娱。

日遁遇鬼，宜防奸刺潜藏左右。游鲁刑克干支，主有剽掠。元白有一克干，或贵人是游都，虽远日三四辰，贼必来。值鲁都，则零贼来。疏虞不备，谓八专别责也，占贼必由不备方入。例如乙亥日，亥上午，乙上亥，亥被辰占，贼由亥地入也。凡得勾陈或年制二都者，大捷。都神与所临辰相生者，主有降人来。勾乘申酉克干，须防刺客。白阴二神乘申酉而入，亦刺客也。若主将年命及日空亡，则不能行刺也。

---

① 末句一本作宠玩大佳人。犒一作符。游都不临日辰而与乙并也。

② 二位。

③ 一本无火水二字。

伊元戎之年命，制玄游与白獍，得乙合青常，或贵压勾獍，传檄可定。取日辰之阴阳，分主客与参丞[①]，若干为陈怒，或勾克乘神，按兵勿进。

主将年命及其上神克武游白虎者胜。或勾陈克游武者胜。如勾居贼地，助贼为虐。须贵人或年命遥克勾所乘地盘者胜。勾属我用制虎者胜。贵常龙合得之，宜为客，客胜。日阳为客大将，日阴为客参将。辰阴为主副将，辰阳为主大将。勾陈克日干，或克我乘神者，切勿战。

若夫敌命使临，正时占察。支神制干，即为真说。比和生合兮半虚，阴虎蛇雀兮全脱。将推课理，朱空日上而言有奸欺[②]。时制日辰，阴角行年而情多诡谲[③]。时生日上[④]，知诈诳以休行[⑤]。干叶支神[⑥]，谓阴谋之罢绝[⑦]。寅巳申亥，天耳四时。年上见者，来使潜机[⑧]。后乙冲曹，在日神而诈约。贪狼奸贼，临枝干以虚期[⑨]。外使觐天，天乙岁害而祸至[⑩]。他兵入境，日干阴制而愁滋[⑪]。

日上神为传事人，辰上神为主人。辰克日，则客畏主，其言诚实，反此则情伪。日辰生合，半虚半实。日辰上见阴蛇雀虎天空空亡者，无情虚诈。角，谓天罡，凶神也。阴，太阴，蔽匿神也。时，谓四时，月建也。生上神者，时上神与日上神相生也，必输实情。曰休行者，无伪也。凡辰巳酉加日辰，及主将年命上者，俱不可信。干来生支者，求和罢战也。如占敌人相约可往与否，见子巳寅卯临日辰者，情虚且诈，决不可往。四时天耳，春寅箕夏巳轸秋申参冬亥壁。加日辰行年者，来使有奸机，不可信。申子为贪狼，辰未为奸邪，亥卯为阴贼，乘凶将加日辰，诈妄不可听。外使来，正时占，见太岁上神克天乙，主不祥。支阴神贼日，防敌阴谋。例如太岁在申，五月壬子日卯时占，主人殃，不可信也。四课壬上卯，卯上未，子上辰，辰上申，乘朱空后合，而神后作虎，加申太岁之上，巳为天乙加丑，为岁上子所克也。阴神贼日者，例如七月丙午日申时占，丙上寅，寅上亥，亥水克丙火，是为阴自胜其日也，主受贼败。

其或遣使迈征，谕告不庭。年路干支，四处魁罡而不返。无依任信，两吟伏反而灾生。门伤年而将凶，招魂传舍。年克门而将吉，抱恙邮亭。日忌岁伤，进干而到时

① 叶去声。
② 一本日将朱空而言有欺诈。
③ 一本年角阴行而推穷奸宄。
④ 一本下生上神。
⑤ 一本知信实而论无猜。
⑥ 一本干生于支。
⑦ 一本支合干生来情解结。
⑧ 一本箕轸参壁使者沉潜。
⑨ 一本日神作干支，枝干作辰日。
⑩ 一本外国人来，岁神克乙而祸至。
⑪ 一本他兵情异，阴神克日以愁滋。

预选。初宜参觜，入传而吉将堪凭[1]。

出使外国，年路干支四处，忌见辰戌。伏吟反吟，行者不利。门上神克年上神，道必有殃，将吉可救，将凶丧亡。年上神克门上神，吉神祸浅，亦病而归。凡行者发时，日干五行，勿令太岁所伤，而又勿令到日伤原发之日。参觜，申宫宿，晋宋分，传送也，启行初传见之，大吉，否则中传见申，并吉将者吉。凡出行，三传中遇申带吉，皆喜美。

尔乃顺刚柔之岁运，任丈人而师贞。天道人居利往，玄武克处毋征。前四可攻，后二可拔。开星行遁，符乞遭擒。忌者宜避，喜者宜亲。

阳年以丑加太岁，阴年以未加太岁，视丙壬之下为天道，甲庚之下是人居。四干临处元吉，余干皆凶。出兵择路，正日时，看玄武受制，所往之方不利。例如午作武，不宜北行。盖行兵，诡道也，故以玄武为我，至于讨贼，则得日辰上神或大将行年上神制武，其贼不敢格斗，即前四也。如有急难，寻开星下奔吉。开星，春房夏张秋娄冬壁也。须避太乙直符，犯之被执。若攻人，不可以破攻建，囚对相，死当生，不可以阴攻阳，青向白，黑抵黄。将攻盗贼，以胜光加四时旺神，出勾陈下以走。将攻四面围守，以将加时，出天上六癸下吉。以天魁加正时，斗罡在孟可入，季可出，仲宜守。

日干乘吉，陆行生色。欲渡江河，支伤莫入。罡冲日畏，加日刑马而驹瘏。神后冲嫌，临支克时而舟溺。水龙三日危臻，戊己寅卯恶迫。天河覆井兮波翻，太岁遭虚兮祸急。登明加季兮安康，干支辰卯兮勿泊。泥陷之地，天罡指处以堪行。支吉伤干，水面通船而宜立。

日吉利陆行，辰吉利水行。罡加日，斩关格也。若刑二马，则斩不过，大凶。冲，卯也，为舟，故忌子水覆之。尤防子加支上克支克时，主风涛。虚，子也，加太岁，支上下，舟行有沉覆之灾。水龙三日，丙子癸丑癸未也，不可渡水。戊寅己卯，亦不可渡。天三河，壬癸子也。地三井，卯酉辰也。以将加时，有一河覆井，不可渡。登明加季，风恬浪息，加孟仲不利。若陆行遇泥淖，视罡所指，乃干地也。一云罡孟勿前，加仲勿中，季勿后行。

昏迷失路，执式天盘。天参大角，识三径而意安。功曹传送，晰两岐而心宽。辰小日大，分阴阳于左右。孟左季右，仲中行而达观。虚井兮险同虎视，螣蛇兮不利斩关。行戴天罡与地户，举兵何误而何艰。

天参，申。大角，辰也。三岔路不知所从。正月[2]时，申辰下有路。罡加孟，左

① 进干下一本有干字，入传一作非传终。

② 疑作日。

行。加仲，直走。加季，右往。两極路，正月[①]时，日吉左达，或大道，辰吉右通，或小径。罡加六阳位宜左，六阴宜右。若蛇虎魁罡加日辰，前途闭塞。虚位多池，井星险道。魁罡壁立高岗，昴星关梁间隔。凡出师远行，常以天罡地户之式，头带而行，则不迷失。

贵人出兵，开地千里。螣蛇见阵，惊惶将士[②]。太常贞吉，知军士之安营。六合元亨，获美利与锦绮。青龙大胜，得府库之图书。朱雀多尤，虑军戎之辱耻。太阴中止，元武失物以忧深。天后无威[③]，白兽自败而祸起。空亡失众，勾陈则士卒摧残[④]。囚死损人，天空乃君臣被毁[⑤]。

已上论发用也。用太阴，士卒怯弱。用天后，不战自败。初传虽吉，若遇旬空，兵多败逃。如逢囚死，将损被擒。

罡加巳岑，行获我心。纵横建马，坐帐调琴[⑥]。未曰小通[⑦]，谓声名之远著。申曰争迫[⑧]，言灾祸以弥深。转向从魁，天地关而车伤马毙。反来戌上，主人乖而将蹶兵沈[⑨]。天窄登明兮数伤惊怖，地迫[⑩]神后兮半路难任[⑪]。丑向通途，三十里宿。来晨任意，神助功速。每居寅首，龙见天罡兮情欢[⑫]。时到卯宫，天地塞门兮气郁［熄］**。伏吟辰地，关梁闭塞而潜通。若守城营客将，忧虞而自缩。**

此论行兵，须布式视斗柄所指。斗罡指巳，为天地初开，出军辟地千里。指午，为天地纵横，不可出兵。加未，为天地小通，行吉。加申，为天地争迫，又为地闭，不可出兵。到酉，为天地闭，必有隔绝战凶。到戌，返吟大凶。亥为天窄，子为地迫，主军悸半途不宁。丑为小通，出军行三十里可止宿，明日任意而行，若有神助。临寅，为龙见天罡，战必胜，行者有喜。临卯，为闭塞宜藏匿。入辰，伏吟宜伏藏，近边掩袭则吉，若远行则凶。凡乘斗罡，不可一视，须加察焉。

间关险阻，虞有埋兵。参轸虚房兮速备，干支蛇兽兮频惊[⑬]。子卯亥巳申，日覆辰而前伏。白螣辰戌墓，支覆干而后侦。支潜窄路，干遁周行。时也摧残急退，罡加孟

---

① 疑作日。
② 一本事失目前。
③ 一本天后内荧。
④ 勾陈兮军折士伤。
⑤ 天空兮将凌兵疲。
⑥ 一本斗罡指巳，行若天兵。指午纵横，中军作好。
⑦ 道通。
⑧ 地迫。
⑨ 一本无天、主二字。
⑩ 遁。
⑪ 一本半路游移。
⑫ 一本寅为龙，见天乙贵而上下欢怡。
⑬ 一本句有参宜休卒四字。

上勿迎。斗季损支，邀绝我后。克干匿前，阳左阴右[①]。带刑披煞兮，旺相而猛将来争，休废刑囚兮，空亡而庸夫退骤。三刑五墓，日辰遇而夜防。蛇虎魁罡，支干遭而宿候。

军行次山林陂泽城壕间，恐有伏兵，正月时占，申巳子卯临日辰，必有伏兵。四神旺相带凶煞，主战斗凶。与刑煞并而日能制，伏兵不敢动。无刑煞，或有煞而空亡，或休废，伏兵自退。斗加季，伏兵近。临阳伏左，临阴伏右。亥子临日，伏大路；临辰，伏小路。干伤支，或干加支，临太乙等，伏在前。支伤干，或支加干，伏在后。日辰卯刑墓，夜宜徙营避劫，不则大凶。辰戌作蛇虎，有伏，防其夜从寅上至。与蛇克日辰，有猝惊。干支俱损，大凶，预察而备之。以将加时，斗在孟勿前，季勿后，仲莫居中。干伤勿前，支损勿后。干支生合无妨，日辰时下遭伤，宜速退避。

开疆辟界，戊己神良称快。后二前三，禁户私门满派。大吉紫房，神后华盖。万卒能藏，急行无碍。太冲千骑，从魁可遁百人。牛鬼参回，天驷潜之不败。青常阴合，大梁大火同居。除定危开，主将得方而喜届。

除定危开，地禁户也。若卯龙常阴历其地者，元吉。潜行掠地，入水不濡，入火不焦，受天乙之禄故也。以本日六甲旬次占，地下戊己之位得吉将，出兵利。若天上戊亦得吉将，尤佳。前三六合，后二太阴，私门禁户神也，得其扶助，元吉。凡避恶及伏兵，可从丑上立，向未回，向申立定，向未上去[②]，追者不可得，取丑牛未鬼也。黄帝占云：凡遇逃亡战斗，当避太乙，向之主败。太乙神，正月在子，顺十二生气也。

潜起掠地，玄神须旺。能制干支，戎兵必壮。若乘四季，忌甲乙而东征。冲曹二神，虑庚辛而西向。龙头莫犯，察干支以休囚。背腹宜攻，要日辰之旺相[③]。

欲掠敌境，潜伏军谋。正时视武乘神旺相克日者，必捷。武乘丑辰未戌，忌甲乙日发兵，并向东方并凶，木克土也。冲曹木神，武乘之，忌庚辛日发兵及西征，金胜木也。余效推。龙头背腹，凡阳城，头亥尾巳腹申背寅，阴城，头巳尾亥腹寅背申。何谓阳？我在南而城在北也。何谓阴？我在北而城在南也。我东而城西，少阳也。我西而城东，少阴也。日辰旺相可攻，囚死勿击。知此者虽深入重围，亦无患矣。

挥戈日转于九天，子孙鼓前。卷旗阴后以自北，父母金旋。致寇兮财章六位，倾身兮勾虎刑连。兄弟将星兮得令，比肩六害兮刑愆。

子孙制鬼，以战则胜。九天，孤雄也。日上乘九天者胜。父母为旗帜，能制子孙，并太阴天后者败。六位者，日辰年命三传正时也，不宜一处见财，财旺生鬼，并勾虎三刑，则大凶。财神得地旺相，占贼已近。兄弟能成事，亦能败事，并将星克武都，

① 一本左伏也阳乘，右隐也阴象。

② 一本凡避兵，可向丑未，回向传送立定，复向太冲下潜行避匿。无咎。

③ 旺相并去声，察一作嫌。

或制贼方上神，皆吉而胜。将星，驿马后二位也。大将军年命临六害者，大败。《经》曰："败不败，视六害。"并白虎者阵亡。

天狱丘仇，九丑天寇，二烦罔祸兮吝悔。月建生孤，罡雄旺相，八门奇仪兮击对。

罡加日本曰天狱。辰为斗，斗加日本者，如甲乙，辰加亥也。未加寅为墓，受寅克为仇，是仰丘俯仇也。乙戊己辛壬五干，临子午卯酉四仲日，又遇丑加日本干支上曰九丑。天寇者，太阳加分至前一日之支也。四仲上，遇大吉，又带大小时，或入传，亦曰九丑。太阳加仲，罡加丑未，曰天烦。太阴加仲，罡加丑未，曰地烦。阴阳加仲，罡不加吉，曰杜传。俱不可举兵。正时支并用神两克日干，曰天网。四立前一日为绝，四立之干临其上，曰天祸。已上种种，即常占亦主兵寇凶灾。生，生气。孤，孤虚。罡，斗罡。雄，战雄也。每月开日为生气，对冲为死气。以上七神当背之以击其冲，大捷。兼八门奇仪则尤善。奇，三奇。仪，六仪也。

发用五行，得敌方名。金西水北，南火蛮丁。后见土神，不意从于四维。初当本位，其谋必自东溟。金兴泉涌，水神水将，驾武后兮知水营。木动风生，火神火将，乘蛇雀兮防火兵。火落而水不猛，水遇土而不狞。合干神兮制支，水火皆我干城。并辰位兮刑日，金木亦我棘荆。

占寇来方，各因初传以定之。为我用者，要传课用神旺相得地，不克年命日干。日为我，辰为彼，故喜合干制辰，忌并支刑日，五行皆然。

爰瞻天目，以察敌情。其来其止，大吉追寻。天地返伏，太乙是斟。吴秦子午，太冲可任。巳亥见牛，于星纪而排阵。辰戌遇井，向营室以加心。卯酉牖聪，可掩袭于太簇。寅申值耳，当备战于实沈。

天目者，春乙夏居丁，秋辛冬癸名。四时鹑火日，临处贼潜形。对冲天耳，上言来方，此占贼屯所也。《玉帐经》曰：大小吉临丑未，必应于轸星巳上。吴秦丑未临于子午，贼屯太冲下。大吉临巳亥，贼还停于丑地。大吉临辰戌，贼伏营室亥上。大吉在卯酉，贼潜太簇酉神下。大吉临寅申，贼兵定居参实沈申上。反吟远，伏吟近，咸以大吉推之。

审寡众以支干，凭登神而可晓。干见兮贼多，支逢兮寇少。若皆占来，国分大小。辰加克日，奇兵应备其后攻。日覆于辰，勍卒须防夫前剽。朱蛇临日，白勾制而血光。虚轸加辰，元蛇会而反狡[①]。

正日时，视亥子二神。临日贼多，临辰贼少。游都亦然。凡占巳亥上，贼四万四千四百四十数，子午九万九千九百九十数，辰戌五数，卯酉六数，寅申七数，丑未八数。看其国分野大小，旺相必众，休囚必寡。支克干，贼在后应。又云：支若克干，

① 原作皎。

贼必袭我后，速宜防备。干加支，贼必在我前。又云：干加支，贼当道伏藏，宜准备之。又云：天罡太乙神后太冲四神临日，贼兵在前，临辰在后。朱雀值日，兵必惊怖。虎制勾临日，必有兵。如加辰，贼立其方，有贼相怖谋功，亦预备敌之。虚，子宫宿。轸，巳宫宿。正时占备敌法，见子巳临日辰而克日辰者，其贼急畏，未可攻，宜依险，从太岁备之。

猝遇贼酉，来处研求。轻兵神后，步卒牵牛。猛健功曹，车骑长锵于兔腹。息旗［伏兵］**角亢，卫兵**［太乙］**变阵于龙头。马队胜光，秦宫伏将而坐甲**［作甲］**。骁捷传送，大梁**［天明］**赵次以运筹**［机筹］**。天空猛壮而难击，登明灾迫而莫留。**

时下见贼，正时视其来方上神。子上先锋轻骑。丑将坚强。寅将雄健。卯上车马。辰有伏兵急速。巳曰龙头能变化，宜神御之。午马队将勇。未有伏兵，宜用奇兵待之。申方将猛兵锐。赵次，酉也，其将知天道。从戌亥上来者，多有锐兵，出奇暗伏。

太乙天罡，遇必争先。夜防贼至，兵刃宜专。体生克兮百胜，应子孙兮万全。甲乙闻忧，烟怒可除夫寇乱[①]。庚辛知事，壬癸定靖烽烟[②]。土木东愁，金火南输于夏日。甲庚西惧，丙壬北败于冬天。

闻贼，正时占，见巳辰卯，不论生克，贼先至矣。若作刑临夜，贼必来劫营，宜固备之。闻警，取其相生之时，以子孙战之必胜。即如甲乙日闻寇，宜丙丁巳午日时，择吉门而出，必胜。烟怒，帜也。当见贼，以五色制之大胜。若庚辛日，宜取壬亥子时出军，是皆子扶母前行也。凡四时旺方，不可用其所胜日，向其旺日取败。如四季月，不可以戊己壬癸往征四维。壬癸，其所胜也。戊己，其旺日也。向攻败绩。余效推。

变化阵形，参差五色。制象神机，金来火逆。刀兵相将，勾陈是的。勾刑压日，两军合战以雄争。斗井来临，彼此收戈而怒息。年逢六害，凶神必并乎斗伤。日值孤雄，吉将堪迎大阵击。

假贼从西方，我以赤旗火阵应之胜。四方如之，此其例也。战视勾陈，争神也。勾克日，或与刑并，即战。如申酉作勾，临甲子为刑，申克甲，必战。战在门，主两伤。四季神在外，必逢大战。井斗，大小吉也。临甲子日辰，兵自解。如大吉加干，小吉加支者，不战。申日丑作游都，不在此例。上将本命上见六害，与凶将并者，当日战，战必败。克日大凶。孤者，岁月后三辰也。雄，战雄也。临年命日辰者胜。背孤雄，击虚雌，皆大捷。

是以武都受制于勾陈，官军克敌而功成。为主坐败兮支损，为客行输兮干倾。翼

① 一本烟怒作丙丁。

② 一本壬癸作斗击。

轸箕毕，乘四煞而瞻变天庭。罡辰冲卯，莅日辰而徙避山陵。丙壬憩息，房井泉清。土压水源兮，井枯河竭。空亡作诡兮，囊土运畏。好劫他粮，日丽秦宫而支陷。我粮彼劫，玄腾井上与干刑。元用空而谋兮不举，勾制武而行者被擒。太常旺相兮粮多，小吉生方兮备森。

官军出战，正日时，勾陈制武者胜。主将年上神克武虎者胜。一说始终三传，前三合五龙，后二阴四常，有气而天乙临将军行年及用起天乙，居有气之乡，元武陷囚死之地者，战必胜。若元武临日辰，逢克时上勾者，勿战，战必败。天乙勾陈乘神遥克游都者，贼必败，反此必自败。干上神克支上神，或干克支，上克下者，客胜主败，故曰坐败，反此则客输。箕毕翼轸，好风好雨之星也。四煞：风煞正寅逆支，雨煞正卯顺仲，雷煞正巳顺孟，月符四时本季神也。辰卯加干支，必大雨水，当移营高阜。欲劫他粮，向秦吴之太庙，大小吉下，因粮必得。房在卯，井在未，二星可以求泉及河，不出三百步，亦天道路也。凡劫粮，要小吉在贼分野，生我日神者可劫。辰神气无，可劫。若旺相有气，小吉又克日上神者，不可劫。若武临未，生彼刑我，须防彼来行劫。若勾制武，劫粮者必被擒获。

偷营兮捷至，日胜辰神辰不备。虚砦兮被欺，辰神空天与陷地。

辰上神值空，乃空营。辰神游坐孤寡，亦空营。须防其赚。

被围年命，日辰阴阳。交争兮重围受困，和好兮围解无伤。三方有路，二吉靡忙。突围寻斗罡而随击，破阵须勾陈而取强。初当贵后，锐卒急出于传送。用在乙前，吾军可动于龙骧[①]。

被围而日辰上神相生，与年命天将无克者，其围自解无妨。若天将重克日辰者，凶甚。《经》曰："兵围数重，斗到必通。"然天罡临方，有山水之阻。破围得吉神将临日辰行年，勾陈制所出之方必胜。三方值绛宫时，出传送从魁下；明堂时，出太冲下；玉堂时，出河魁下。即三宫时也。二吉，丑未下也。亦可出。发用在天乙前，向天罡下出，即破军也。在天乙后，向传送下出，用阴传出阳者，必免难。

来人否臧，神后推详。季恶宜避，孟善仲商。若或乘舟，天罡是求。孟为官吏，仲良季仇。持器目色，占凭辰日。乘亥子兮强徒，冤家卯兮巳贼。卯酉逋客逃殃，辰戌寅申官职。

来人不止敌人，行道者亦在其内。军中防有奸细，故并占之。有三法：

蓦闻鼓噪，喧方检校。喜庆兮未申龙合而歌吹，官事也朱勾刑斗而控告。白虎凶丧，螣蛇怪暴。太阴乘兮，俎豆升降之音，天空见兮，羽籥诗书之好。

正月时占，视喧方也。已上二节，遇凶恶刑克墓害日干将年，防有寇讧，以神将

① 一曰：审察其情，内神主出于天乙。深知其义，吾军可动于龙骧。

定其吉凶。

贼兵来去疾徐，日宿加时思。且太阳也，战迫，太阴也，不虚。金木营机静息，水土诈诡恣睢。火宿提防见阵，穿营失散郗皾。干头丑即，夜亡逋贼。孟未仲行，季奔绝迹。

以历上值日之宿，加干闻报时。数至本日之支上，以本日日月五星决之。知其来也，占贼去否。丑加干，主夜遁。视斗罡加孟，来去；加仲，已行；加季，已去远，不可追也。

曳兵弃甲，年运时逢害压。雌弱雄强，辰日先几勇怯。抽军九地可藏，莫近旺乡。追逋二门得胜，须索生方。

歌曰：六害加来年命上，此时攻战自遭刑。假令将军年在酉，天魁立酉败纵横。以将军年命看小运上，见六害及凶将相并者，战必大败。又曰白虎若临凶更甚，日辰还忌切须明。谓虎加命，或日辰凶，若作六害加命凶甚。战雄，本季孟神也。对神为雌。日干得雄，客胜；得雌，客败。日支得雄，主胜；得雌，主败。小运，行年也。六甲旬，男一岁起丙顺行，女一岁起壬逆行。十岁则会，零年又接干下数去是也。九地，天罡也。避寇宜伏其下。罡加孟，贼在前在左，宜从右后隐。加季仲，宜向左匿。卯酉为螣蛇，天上甲加之，为吉方。月将加时从冲吉。旺方须避者，春莫东、夏弗南、秋毋西、冬勿北也。歌曰：卜贼行程渡彼关，行年岁月日冲难。日辰上将休囚恶，旺相相生去即安。看主将与去人之年命何如，若数者冲破之下，不可往。将军与去人同占。故曰：凶不凶，视破冲。又云：欲入贼门入二门。天罡六合常冲胜光临之，可微密出入。朱蛇勾虎勿行，行必见擒。

申曰：玄女透天关，执印符以排阵，至地何星。天罡加月建，看神覆以择日，迪吉提兵。

元女透天关法：五符天曹地符风伯雷公雨师风云唐符国印天关地钥天贼十二星，惟五符唐符国印吉。法以月将加时，寻本日干禄上起五符，顺行至所往方，看何星临之，断其吉凶，定战守也。

《择日歌》曰：择日天罡加月建，看其神覆用宜军。岁对登明神后下，岁前头下酉兼申。河魁临处为天府，岁后仍须仰见寅。天仓大吉皆堪取，余外相逢不利人。

出兵择日：法以天罡加月建，申酉下为岁前，戌下为天府，亥子下为岁对，丑下为天仓，寅下为岁后，已上日辰吉。卯下为偏俾，辰下为岁冲，巳下为折冲，午下为掩冲，未下为败死，已上日辰凶。

透天关例：如甲子日申时子将，甲禄寅居戌，即于戌上起五符，唐符临巳，国印临午，占得戌巳午三方大吉，不忌凶神恶煞。凡上官见贵、远行求财、出兵对阵，皆元吉。

天地风云，龙虎鸟蛇。知者不疑，象而滞形。休生伤杜，景死警〔惊〕开。仁者不执一以废经，故胜负司乎代谢，而贞淫会于时乘。

阵虽名八，智者体变化，察人心，岂沾沾于八象哉？门亦有八，人知避五趋三，殊不知得位者，小人亦能作福，退位者，君子亦无奈何。仁者爱人，宁执一而反害人哉？全见奇门专征赋。

《经》云：“怖不怖，视五墓。败不败，视六害。斗不斗，刑相凑。”于法式之昭昭，知军情之陶陶。渊矣哉！阴符之秘也。大矣哉！军帐之标也。

兵帐钩玄[①]

［汉］张留侯著　［后汉］诸葛武乡侯演　［唐］李卫公著

野宿安营

日晚行疲欲建营，支干逢墓不安宁。

《三元经》曰：五墓并日辰者，其夜必有贼兵至，宜密备之。五墓者，春未夏戌冬辰秋丑，四季亦忌见辰。

卯辰巳兮宜防贼，兵书说此忌三刑。

法以卯辰巳为三刑，日辰上逢之，本夜贼兵至。《兵法》曰：三刑五墓日辰逢，夜防贼至[②]。

但遇魁罡为恐怖，将兼白虎重遭惊。

不分四季，但见辰戌临日辰者，斩关也。或贵神蛇虎临日辰者，皆主本夜贼兵至。

大吉临干宜急去，不逢斯将即堪停。

正月时占，大吉临干，不宜安营，急去之吉，不则有损。若大吉不临干，任意立营利亨。

行择吉道

遇寇途中择路行，木神作武忌西征。马蛇为武休如北，南向庚辛莫用兵。

元武畏方为忌地，军师须要会其情[③]。军行择路实多途，更以阴阳作岁模。

阳岁大吉来加上，阴岁还将小吉铺。丙丁之下为天道，人居之上甲庚呼[④]。

惟此四方临处吉，其余方所并凶乎[⑤]。

---

① 一十三条。

② 太冲太乙盗神，天罡凶神也。

③ 兵以攻伐为事，犹武盗也。故兵书言武所畏方，不宜行兵。

④ 阳年以大吉加太岁，阴年以小吉加太岁，寻甲庚丙丁方，行军吉。

⑤ 甲在寅，庚在申，丙在巳，丁在未，阳以岁支加丑上，阴以岁支加未上也。

察贼所在

闻贼未知其所在，加时春乙夏居丁。秋辛冬癸名天目，贼当此下伏其形。

途中前后疑逢贼，大吉所临知贼程。临于子午太冲下，如加辰戌伏登明。

寅申贼居参宿下，丑未必应藏轸星。卯酉却于从魁伏，巳亥还于大吉停[①]。

兼行旺相难冲击，设法抽军别路行[②]。

疑贼前后

贼近我军推后先，正时占测用防奸。巳申子卯临支后，立在干头已在前。

干若临支寇当路，支若临干随我轩[③]。

疑贼伏兵

恐贼埋兵踞要程，支干上诀最通灵。子卯巳申来复立，敌寇奸邪佈伏兵。

旺相带刑逢必战，休废空亡不敢征[④]。干伤前伏支伤后，支干俱损莫冲惊[⑤]。

抽兵避寇

贼势凭凌我未强，抽兵避锐问天罡。系孟直须后右隐，仲季偏宜向左藏。

从魁太冲为胜地，天罡申加为好方[⑥]。

渡关占贼

觇贼行程渡彼关，行年岁月日冲难。日干上将休囚恶，旺相相生去即安[⑦]。

占贼来否

贼欲相陵切要知，游都作阻用占之。不见游都视天乙，临处还同都法推。

庚临丙兮贼迅至，丙若临庚贼退时。

---

① 《神枢经》曰：欲知贼在何所，以月将加正时，视大吉所临之方，则知贼所在也。大吉临子午，贼在卯下；临辰戌，贼在亥下；临寅申，贼在申下；临丑未，贼在巳下；临卯酉，贼在酉下；临巳亥，贼反在大吉。

② 占贼必察刑旺之方。◎大吉住子午卯宫屯，丑未巳兮寅甲申。卯酉酉兮辰戌明，巳亥丑埋兵。

③ 子卯巳申四神，不临干支前后，无贼。若干支俱逢，前后俱有贼也。

④ 巳申子卯临日辰，有伏兵。不临日辰，无伏也。旺相，例如春占，甲戌日申时，酉将，卯临甲，旺相，主有伏兵。带刑者，如巳临寅之例，伏兵必战。若带刑空亡，主无伏。

⑤ 干上神克干，伏兵在前。支上克支，伏在后。干支互伤俱克，前后有伏。至如丁卯日申时亥将，干上戌，支上午，干支俱无伤，是无伏兵也。

⑥ 此论途中逢贼，他强我弱，正日时视天罡，罡加孟，避于右，加仲季，避于左。

⑦ 探贼以为进止者，岁月建日辰行年冲破之下，不可去。凡日辰上神遇休囚者，恶之勿去。日辰上见旺相神，则渡关安妥无虞。

贼去果否

传闻贼去尚疑奸，却把天罡占试看。加孟未行加仲去，加季行行已出关。
大吉临干将出界，不然犹自固留难[①]。

突围出处

或被兵围不要忙，即寻出处要天罡[②]。若值绛宫申酉地，明堂时往太冲方[③]。
玉堂宜突天罡下，利若锋芒八极张[④]。日辰上将相生吉，相克如今见损伤。

今日战敌

两军相守已经时，今辰忧战欲占之。勾陈克日刑并斗，不克无刑各护持。
大小吉临支干上，两军俱自解其围[⑤]。斗加罡孟须坚守，加仲相伤彼此疲。
加季出兵攻击胜，若能知此合天机[⑥]。

欲战审刑

六害加临年命上，此时攻战自遭刑[⑦]。白虎若加更凶恶，日辰还忌切须明[⑧]。
战雄用起春寅胜，夏巳秋申冬亥并。冲破为雌值凶恶，此术标题龙首经[⑨]。

决定胜负

两军交战谁当胜，主客后先看日辰。先起为客后应主，将若明之不陷军。
干克支兮利为客，支克干兮利主人[⑩]。本将行年须制虎，不然须见克勾陈[⑪]。
无此即须勾克虎，勾陈利克贼方神[⑫]。贼方之上勾陈立，天乙遥能制下辰[⑬]。
遇此敌降天灭寇，佑我行师得大勋。蒿矢缀瑕兼弹射，斩关乱首反常愆。

---

① 天罡，注已详赋中。又专视大吉临干，贼必启行，已出我界；不临干，尚未也。

② 太公曰：兵围千重，斗到必通。法以月将加正时向天罡下出走，元吉也。

③ 正月时，若亥加四仲，为绛宫，宜向申酉方出吉；若子加四仲，为明堂，向卯方出吉。

④ 丑临子午卯酉为玉堂，宜向辰方出吉。凡兵历险，猝逢劲敌，宜向天罡下走吉，此为八极张开之地，避人走势宜由之。八极者，人极也。

⑤ 勾陈克日必战，并刑尤的。

⑥ 正日时，视天罡所临也。

⑦ 将军年命上见六害，与凶神并，当日当时出战必败。

⑧ 日辰上亦忌见白虎。

⑨ 干为客，支为主，雄主胜，雌主败。

⑩ 利为客，宜先举兵；利为主，宜后举兵。孔明曰：干为上，支为下，看上神以论生克。

⑪ 将之本命能克白虎，师行有功，反克则凶。不能制虎而年命制勾，亦吉。

⑫ 既不克虎，更不制勾，又忌其次，勾陈克武，亦可。勾乘神克贼方之神，亦胜。

⑬ 勾陈立贼方之上，是助贼也。何以制之？若天乙乘神遥克贼方，则贼易败。

凌犯德刑龙战式，必欲兴兵竞鄙边。武克日辰或加制，日辰克武凯歌旋。元神白虎相刑克，干德支合作虎连。

兵占度载[①]

寻贼消息[②]

丑未贼名大小分，传闻两耳贼非轻。若人探觅寻卯酉，消息从来只此真[③]。

来使虚实

敌使欲分真与伪，支干生克细详推。天空朱雀为奸诈，辰酉逢时主蔽戏[④]。

来人善恶

遥望人来未测详，神后加临孟是良。仲是商人季奸恶，欲逃正位去天罡[⑤]。

兵将多少[⑥]

国家兵数预先知，旺相相生千万基。休百囚死十自散，先知一局候兵机[⑦]。

方性强弱

发用何神方性依，假如子动北方知。性情定是多奸诈，急早提防用力宜[⑧]。

出军择日

择日天罡加月建，看其神后可移军。岁到登明神后下，岁前头上酉兼申。

---

① 一十五条。

② 诸葛武侯。

③ 正月时，看天上丑未卯酉四字，凡六法。丑为小贼，未为大贼，丑为地耳，未为天耳。如差人打探密事，看天盘卯酉方出，可得真消息。

④ 月将加时，专看日上神与支上神，相生为实信，若支干相克，主来使虚言。又看日干上或支辰上有朱雀天空二将临之，主变诈不信。黄帝占，则以使来时占之，时胜日上神，如其所言。日胜时上神，所言不实。若辰上神胜日，亦如所言。时与日辰相生，欲来和合。又云：辰阳神与日上神相生，亦欲如其言也。太阴天罡临日辰，克将军年上神，其言不信。传送为朱空加日辰，其言反覆，口舌来为奸诈。若不自奸，其左右乃奸诈人也。

⑤ 黄帝占曰：正时视日辰上，见功曹传送登明，是吏。若神后太乙，奸人盗贼。魁罡，主丧若病人。从魁胜光太冲小吉，白衣人。神后临卯，冤家贼兵也。又云：支伤迳前行，干伤不可前行也。一法：视神后落处，四仲客人，孟良，季奸细。

⑥ 以先天数相乘、加减。

⑦ 我比为旺我生相，生我自休君莫乱。克我为囚我克死，可载千军无更变。

⑧ 此专看用神，亥子水神主北兵，巳午火神南方兵，金木效推。若论其性，申子奸邪，亥卯阴贼，寅午勇猛，丑未公正，巳酉宽大，辰戌亦为奸邪。

河魁临处为天府，岁后仍看仰[①]见寅。天仓大吉加其日，余外相逢不利人[②]。

出军吉时

吉日还须择吉时，神藏设[③]没自然宜。天门贵坐凶灾散，兵出功成奏凯归[④]。

起黄道时

正七加子二八寅，三九原来却向辰。四十须知午上始，五十一月起于申。

六十二月寻戌起，黄道为祥黑道迍。

择日出门

吉日从门更欲宜，子孙为父报仇时。假如甲乙方有警，巳午临门莫避之[⑤]。

大将居方

大将居方取亥宜，左为卯将右酉随。胜光前处为前将，神后临方是后推[⑥]。

方分岁占

岁占方分莫狂嗟，阴岁须将小吉加。阳岁却从丑去并，传中机泄鬼神夸[⑦]。

---

① 一作仰非。

② 择出军日，专以天罡加月建上，看传送从魁下为岁前，魁下为天府，登明神后下为岁对，大吉下为天仓，功曹下为岁后。此上日辰并吉，再逢上下相生尤吉。如卯下为佚俾，天罡下为负冲，太乙下为折冲，胜光下为绝冲，小吉下为致死。已上日辰大凶，不可出军，再值上下相克尤凶。黄帝占星宿吉凶法：春三月东方七宿为岁位，南方七宿为岁前，西方七宿为岁对，北方七宿为岁后。孟夏二星为负冲，季夏二星为掩冲，余效推。又曰：以罡为月建，大吉下二星为天仓，魁下为天府，小吉下二星为致死，仲月无天府及负冲星，孟月无致死及折冲星，季月无天仓及为英星。仓府举事大胜，致死负冲奄勾芒星举事致死丧大凶。岁位负冲折冲掩冲岁前挟毕致死皆凶，岁对天仓天府皆大吉。日辰虽凶，不能为害也。

③ 疑作煞。

④ 专为甲戊庚日论也。丑未临亥，为贵登天门，蛇子坠水，雀丑投江，勾陈卯折足，空巳绝地，虎午烧身，武申见形，是神藏也。四煞没于四维，时出兵大吉。

⑤ 例如甲乙日有事，用火命人，举红旗，或用巳午时，从南门出兵。只忌金命人，及金时金方不利。丙丁日，宜往辰戌未三方吉。庚辛日，子亥方吉。戊己日，申酉方吉。壬癸日，寅卯方吉。并看月建方，背之吉。诀曰：甲乙用兵先举红，丙丁黄色最为功。戊己白旗庚辛皂，壬癸惟堪青色冲。

⑥ 春寅夏巳秋申冬亥，谓动于九天之上。如亥方不便，即春以寅为雄，背之吉。夏巳秋申冬亥皆雄。如四位又不便，再以年支天盘上背之吉。又甲日用兵先举红例。此专论大将下营所居方分。正日时，看天盘上亥字在何方，如在酉上，西方安营吉，十二支皆然。

⑦ 如甲寅子上加青龙，即将贵人加在丑上，丑放在亥上，看月德临何地支，此时煞没。又看月将临何支，如在申上，对宫是寅，寅申二时吉。效此推。

迷路寻出

山野林中忽觉迷，便将月将正时推。天罡百步还投未，投未前行路可知[①]。

渡河涉水

天河覆井渡河惊，水用寻罡水道通。支伤水湧前难渡，支吉不逢龙日亨[②]。

觅水求粮

丑为粮草未为泉，卯未之临水道间[③]。

藏形遁迹

紫房华盖可藏兵，卯木从魁莫自惊。月将加时投此处，自然遁迹可成名[④]。

黄帝占诸贼被围邑陷阵客主胜负法：正日时，斗加四季，利为客，可先起兵。斗加四孟，利为主，宜后起兵。兵当背神后，击胜光上吉也。斗加四仲，不可起兵，主客俱败。若时迫不得不战，即背小吉，击大吉，此为逆兵也。天地吟，无举兵行伐，必见围也。若日暮欲休息者，兵将常居今日，小吉时前三辰是也[⑤]。

占诸郡县有盗贼否法：正月辰时，蛇临今日之辰，若元武在日辰之阴阳，皆为有盗贼。欲知何党贼，以用上将言之，用得白虎，杀人贼。朱雀，烧人贼。元武，小盗。在阴已有在阴也。传得六合，为不法。若用神为囚气所胜，狱囚且队[⑥]亡。君欲谋下言吏者，皆以用用处其福奇所在。假功曹为用，而得勾陈，当有贼在东北角。他效此。

占诸攻雠报谋陈隙法。无令谋事类神，贼诸事者年上神，及地下辰，皆凶[⑦]。令数人谋，系在各方，各以其所立之辰，有旺相气，与白虎所居神不相贼，则吉。谋杀人者，以勾陈。盗人，以元武。谋烧人屋，以朱雀。匿罪人，以太阴六合。谋娶妇女，以天后。诸所造为事类神，三传之终于旺相，为有福；终于囚死，为有贼也。他效推。

---

① 正月时，专看天盘上辰未二字。例如乙丑日，申将酉时迷路，以月将加时，辰加巳为东南，即往东南百步为止。此时辰在巽，未在坤，又从东南转向西南，三百步，乃见天盘上未字加在申上，八十步方有路。

② 正月时，专看天盘辰未卯子四字，为天河。若天盘四字，加临地盘子卯辰未，为天河覆井，此时主沉溺。又水在週回，看天罡加处为水道。孟勿前，仲勿中，季勿后。又丙子癸丑癸未三日，水龙日，不宜渡水。若支不受伤，安吉。

③ 天上卯未酉三字为水，丑粮草，卯水道，皆以其字落处向方三百步为则。

④ 正月时，看天上子丑卯酉四处，可藏兵于山林沟壑之间，以掩袭敌兵必胜。

⑤ 假令正月中大战，暮欲宿兵，将军常居卯辰巳，宽坐，不可伐，小时常与月建居也。余效推。

⑥ 疑作坠。

⑦ 假诸欲报谋者，年立寅，白虎在传送上，是白所居神贼人地年也。若谋者年立辰而功曹临之，虎所居神贼功曹为贼人年上神，皆凶不可行。

戎政论玄武释贼法[①]

孙子膑

功曹若临玄武，其人东北沟渠。道旁大树若无虚，必是潜藏之处。

欲见其实端的，身穿一套青衣，跟寻急急用心机，必是大眼男子。

太冲若临玄武，其贼必在东方。多因大水土坑藏，齿面赤唇模样。

身大头尖脚细，赃物来取声扬。跟寻上面喜徜徉，必见其贼所向。

天罡若临玄武，只在东南一方。更兼有向水边厢，破井底中的当。

其贼面黄白色，褰唇凶恶容庞。公人且莫慢心肠，意慢心难捉望。

太乙若临玄武，其贼必在东南。先知窑灶影形潜，模样且看赤面。

长大更兼鼻锐，寻人着意推探。不过三日自扬言，赃物并无失算。

胜光若临玄武，正南之上行藏。落西古墓窟穴旁，自是潜身之向。

可以周回四察，不得怠慢声彰。见时面色及肌黄，小眼是其形像[②]。

小吉若为玄武，其贼藏在正南。必然岗岭灶窑间，须发面圆形状。

身分多应轻健，手中武艺难当。若还力取必遭殃，令人智赚为上[③]。

传送若为玄武，西南是贼居乡。鸡鹅栖下必潜藏，赃物随之隐放。

此贼身白面紫，性情是不狷狂。一生伎俩更优长，休似平人错放。

从魁若临玄武，其贼必在于西。陵阜之下定应栖，赃物也知端的。

此贼身长黄面，这般像貌无移。平生好骂少人知，免强他人之礼。

河魁若临玄武，其贼西北潜藏。楼身必在墓边旁，古井之中所向。

面貌淡黄色白，褰唇颜色斯当。跟寻在意用心肠，莫作泛常轻放。

登明若为玄武，其宅西北楼台。园中坑墓莫疑猜，听取语言宽窄。

公人急须力取，慢时湿透尘埃。其人必是小身材，面上青黄三色。

神后若临玄武，其贼正北跟寻。歌欢作乐在园林，靠水限涯无论。

更有一堆新土，周围都是微尘。贼人黑色是身形，逢公吏人更问。

大吉若为玄武，其贼正北潜形。落东破屋器中停，身小之人以定。

此贼更兼大目，公人急急搜寻。此时意欠即停身，必是难寻难问。

---

① 一十二论。◎此法用占贵人之例。即是天乙论游都所临之法。又法以本日贵神寻玄武落处，即某为玄武。武一说皆通，故及凡占盗，常以月将加正时，寻本位贵神起处支地某字，就如例递数至玄武落处是也。假如五月未将丙申日巳时占，本日贵人是亥，以月将加巳，亥加酉，就于酉上起贵人，逆数至子上是玄武，寅加子，知贼在东北也。寅本仕，上加辰，乃玄武之阴神，建干丙辛生戊子，庚寅落在寅位，辰字上知贼藏在崖土坡之下，身穿白衣是也。

② 宜作小吉。

③ 宜作胜光。

游都鲁都歌[1]

游都鲁都法最玄，穿井寻尸见九泉。鲁都临处逢白虎，戊己原加辰戌间。

常加月将分地数，两位相逢远近看。此是孙膑真妙诀，千金莫与世人传。

甲己之日丑为先，乙庚神后不须言。丙辛常向功曹上，丁壬之日在巳边。

戊癸传送游都位，游都冲处鲁都安。要知贼伏藏人马，游都之法计推千。

出入鲁都临定处，依前法式可通仙。贼欲相凌切要知，游都作限用推之。

游都甲己常在丑，乙庚在子丙辛箕。丁壬在巳言非谬，戊癸同申更莫移。

游都覆日今将到，前支一日在明期。二三依次须防御，若逢前四不侵围。

游都旺相支干畏，贼势凭陵难守持。游都合处喜降卒，畏下难侵大战时。

居在东南灾稍重，临之西北祸当微。不见游都视天乙，临处还如都将推。

子辰巳卯［未］加今日，贼盗猖狂疾似飞[2]。

论贼所在之方

寅为大树花春发，见卯移门桥一边。辰为麦地曾争竞，巳为临水在渊泉。

午为鹊巢茂树上，未为田野是乡间。申为石道纡环曲，酉为小院碾房前。

戌是粪堆及脏土，亥为有水地基连。子作田园坑下匿，桑园桥道丑宫传。

月将加时从顺数，四位周围远近看。十二宫中贼寇隐，真诠莫与小人言。

论贼所去方路

甲寅乙卯丙巳宫，丁午戊辰巳戌中。庚申辛酉壬亥上，癸子十干定吉凶。

天地相合为去路，暗藏人马捕奸雄。若人会得鲁都法，擒纵雀符掌握中。

金凤战干歌[3]

占贼之法妙如神，排开四课自分明。要知贼寇藏人马，游都鲁都两方寻。

方为贼居将为寇，贵人为我主人兵。干是我军为里数，更知贼数百和零。

又言我才为我利，干若受克利须倾。四课之中神克将，不须努力用心勤。

若还行兵谋计策，寇兵一扫化为尘。课爻神将来克贵，我当谨备莫攻征。

方来克贵主奸细，必有机谋诱我军。贵人不克地方位，将军攻战莫消停。

将若刑方贼移动，晚间逃走是飞云。方若克将贼守寨，安然不动计难行。

干克将兮兴人马，厉兵戎士鼓先登。神将刑干贼癸[4]胜，我当隄备不宜争。

---

① 袁李合。◎此《璧经》也，专明游鲁之法。游都为贼寇之主，鲁都为贼寇之居。其贼潜隐，前后左右，有无伏卒。可以占防，彼胜我，我以隄守；我胜彼，我以进敌相机而动。无不中矣。

② 日干 甲乙丙丁戊己庚辛壬癸◎游都 丑子寅巳申丑子寅巳申◎鲁都 未午申亥寅未午申亥寅

③ 孙膑。

④ 疑此字讹，或作须。

方起伤干坚贼垒，干若刑方我得赢。神若克干军宜使，干反克贵军不听。

贵神为我干为使，将位二爻是贼兵。我克他时生战斗，他来克我不须征。

地方名为游都将，对冲鲁都是寇军。有人学精游都法，不须学念略韬文。

千卷万卷惟此验，捉将擒人在掌心。

论贼多少

人元［为我兵］、贵神［为我将］、月将［为贼兵］、地分［为贼方］

天罡河魁数居五，登明太乙四为真。神后胜光元数九，大吉小吉八成群。

功曹七数联传送，从魁数六太冲遵。将神乘旺人十倍，相气为蓰休气匀。

死气减半囚应少，万千十百此中分。又云甲子巳午九，乙庚丑未八须明。

丙辛寅申皆是七，丁壬卯酉六相因。戊癸辰戌五无异，巳亥应知四数成。

心惊眼跳

或然目瞤心惊动，便察占时立等科。亥子丑时亥作主，寅卯辰当辰作歌。

巳午未兮未上取，申酉戌兮戌来过。

《中黄克应歌》曰：四课须凭三传定，天盘克应更无移。用得申酉临戌上，亥子即观丑上期。寅卯不离天罡位，巳午未上会须知。四季土神看位次，辰应在未未戌思。倏尔暴风何以知，便将月将乃加时。

须详太乙所临处，善恶分明必见机。

贼　方

俄闻贼至稽虚实，月将加时元武立。正七从鸡二八猪，三九牛兮卯四十。

五十一月在蛇乡，六十二月羊为毕。

都天六壬

十二星次：一五符、二天曹、三地府、四风伯、五雨师、六雷公、七电母、八唐符、九国印、十天关、十一地龠、十二六贼。此法乃主将防身秘术。凡干所在，切须认定方隅以占之。如往来人信，鸟雀风云，虚实吉凶，无不验者。其起例以月将加时，寻天盘上日干建禄处起五符，顺行十二宫。诀曰：

星列五符万事通，天曹所作主从容。地府多见阴人遁，若得雷公祸便逢。

遇着电母宜唤客，更临风伯信全凶。雨师忧贼唐符喜，国印加临福禄宫。

若遇天关宜捕盗，地龠为事必遭穷。更逢六贼为贼害，仔细推详神鬼通。

凡值五符、唐符、国印，元吉，不忌百六十家神煞。

透天关歌

李卫公

五符应合五天星，最喜其方好用兵。欲识五符形胜地，顺风旗帜鼓金声。百万雄兵营四路，凯歌获胜报军情①。

天曹方上本平平，敌强主弱少威灵。报来信息皆公正，进献文书乃嘉［吉］亨。奏表祷祈宜此道，战斗须教莫出兵②。

地符方上恐忧惊，战斗伤残不可征。戍军此地宜埋迹，虎豹豺狼正纵横。将军可速移营去，别选良方莫暂停③。

风伯方上莫先征，百为退悔固营兵。狂风突至传凶兆，主贼相侵客败征。人来报信皆诬诈，三军妄动虑忧惊④。

雷公方上勿延长，先凶后吉有留殃。更有风云并雷电，宜鸣鼓角应灾伤。将军举事难称遂，战阵无功好隐藏⑤。

雨师方上走逢霖，战溺人倾马嘶鸣。祈福祷雨天昭应，争斗风闻择道行。军行抵处宜穿井，汲饮龙泉气倍增⑥。

风云少雨有飘扬，飞砂迷路罹征殃。夜信忧疑怀不利，贼寇冲开解吉祥。冬遇成灾或怪异，事减半废总虚张⑦。

唐符天上吉星辰，百胜貔貅得利兵。恢疆拓土成勋业，大将平胡如扫尘。上官出使承天诏，信语来时报喜临⑧。

国印雄师孰敢当，一封丹诏下重光。推轮坛拜黄金印，奏凯回来觐帝王。奉表奏书多得地，开疆定土获休祥⑨。

天关方上路不通，马跌车伤不可征。妖魔挡路多惊怪，妄出提师惹祸生。深池高垒封坚固，勿令弛防贻害人⑩。

地龠之方地道危，三军一去半难回。人来报喜皆虚妄，事至兴时亦不常。此方神煞多凶恶，乖逆缘之见血光⑪。

天贼奸宄忌内藏，偷营探贼此为良。出阵行兵皆自败，遣间知机自主张。人来必是为奸细，杀敌从此外谨防⑫。

---

① 此方出战，人马勇骁。风从此方起，有信，乃天人应变。

② 此方刚柔不等，出入平平。风从此方来，主公家文字。

③ 此方不利伏兵，虚信不可轻信。

④ 此方人马惊恐，不利有狂风，宜固守勿战。

⑤ 此方军马不利，多风雨，不宜出行请谒。

⑥ 此方军行，先到开井，汲水饮之益膂力。

⑦ 此方出兵，有狂风迷路，不可行战，只宜坚守。

⑧ 此方出入百事吉，若有人来，非公事则喜信。

⑨ 此方出入多吉信，从此方来，非皇诏恩赦，必表奏公事。

⑩ 此方人马出入，不利战，必折兵，大凶。

⑪ 此方凡事不吉，谋为不成，不可出入。

⑫ 此方不宜用兵，惟可遣人间彼虚实。

（以月将加时寻本日干禄上起五符，向天曹顺行）

（正七子上起青龙，二八寅，三九辰，四十午，五十一申，六十二月起戌）

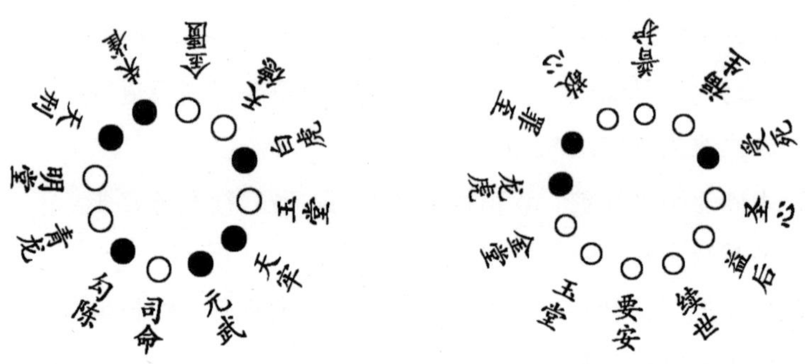

兵家择日枢要

出军攻伐，当择岁月日时为先，忌冲太岁金神为主。候太白、辰星东见之月，主利；西见之月，客利。宜天德月德黄道天仓等吉日，避冲旺之方，出兵忌月建[1]大败受死往亡黑道四废等凶日。

月	正	二	三	四	五	六	七	八	九	十	十一	十二	
天德	未丁	申坤	亥壬	戌辛	亥乾	寅甲	丑癸	寅艮	午丙	辰乙	巳巽	酉庚	主解百祸，又主尊长贵人大喜。
月德	丙	甲	壬	庚	丙	甲	壬	庚	丙	甲	壬	庚	主贵人尊长和合，亦解百祸。
天仓	寅	丑	子	亥	戌	酉	申	未	午	巳	辰	卯	
生气	子	丑	寅	卯	辰	巳	午	未	申	酉	戌	亥	青龙方同，对冲为死气。塞中有顺，绝处逢生。所为皆美，死气反是。
天马	午	申	戌	子	寅	辰	午	申	戌	子	寅	辰	主动，行人即至。逃遁远去。走失难寻。求事迍邅。他皆吉顺。

① 损大将。

驿马	申	巳	寅	亥	申	巳	寅	亥	申	巳	寅	亥	求官望事出入迁移行人书信迅速可得，但逃亡走失去远难获。主移动。占官喜，捕捉凶。
华盖方	午	未	申	酉	戌	亥	子	丑	寅	卯	辰	巳	
孤方	丑	寅	卯	辰	巳	午	未	申	酉	戌	亥	子	
虚方	未	申	酉	戌	亥	子	丑	寅	卯	辰	巳	午	
黑神日	初六	初七	初八	初九	初十	十一	十二	十三	十四	十五	十六	十七	即天乙绝气，不宜出军。
禁凶日①	亥	子	戌	申	午	辰	亥	子	戌	申	午	辰	兵家禁忌。乙巳、丙辰、丁巳、癸亥四日不可出兵。
三不返	申辰			寅未	卯午	辰巳未	辰巳申	卯酉午	戌未寅	戌亥申	酉	丑亥戌	
障光	乙丑	丙寅	甲子	乙丑	丙寅	甲子	乙丑	丙寅	甲子	乙丑	丙寅	甲子	不可出兵。
月厌②	戌	酉	申	未	午	巳	辰	卯	寅	丑	子	亥	禁出兵。
蚩尤日	寅	辰	午	申	戌	子	寅	辰	午	申	戌	子	忌行阵冠笄。
飞廉	戌	巳	午	未	寅	卯	辰	亥	子	酉	申	酉	忌行兵、取纳六畜，宜张铺合酱，求事速，行人至。主非常惊恐不明之事。
天地争雄	巳午	亥子	午未	子丑	未申	丑寅	申酉	寅卯	酉戌	卯辰	戌亥	辰巳	
天火狼籍	子	卯	午	酉	子	卯	午	酉	子	卯	午	酉	
日干	甲	乙	丙	丁	戊	己	庚	辛	壬	癸			
日德	寅	申	巳	亥	巳	寅	申	巳	亥	巳			主百事吉
干禄	寅	卯	巳	午	巳	午	申	酉	亥	子			主食禄事
日支	子	丑	寅	卯	辰	巳	午	未	申	酉	戌	亥	
支德	巳	午	未	申	酉	戌	亥	子	丑	寅	卯	辰	解凶增吉
伏断	虚	斗	室	女	箕	房	角	张	鬼	觜	胃	壁	
孤虚方	丑未	寅申	卯酉	辰戌	巳亥	午子	未丑	申寅	酉卯	戌辰	亥巳	子午	出兵择日法以天罡加月建上顺行
唐符国印	未申		酉戌	戌亥		子丑	丑寅		卯辰	辰巳		午未	天盘禄上数起至第八位为唐符，第九位为国印。
驿马	寅	亥	申	巳	寅	亥	申	巳	寅	亥	申	巳	主行动

① 天德如之。
② 光怪殺。

反支日　戌亥日为月朔，则初一初七十三十九廿五；申酉日为月朔，则初二初八十四二十廿六；午未则初三初九十五廿一廿七；辰巳则初四初十十六廿二廿八；寅卯则初五十一十七廿三廿九；子丑日为月朔，则初六十二十八廿四三十[①]。

六穷日　每月初四十九廿八。

四绝日　春月庚辛庚申乙亥，夏月壬癸丙寅丁亥，秋月甲乙辛丑辛亥，冬月丙丁壬辰癸亥[②]。

五穷日　八龙［春甲子乙亥］七马［夏丙子丁亥］九蛇［秋庚子辛亥］十虎［冬壬子癸亥，忌出兵］。

八绝　庚辰、辛巳、丙戌、丁亥、丙辰、丁巳、庚戌、辛亥[③]。

八专　甲寅、丁未、己未、庚申、癸丑。

猖鬼　丁卯、戊［辰寅戌子午］、己［丑亥］、庚戌、辛巳、辛丑、壬戌［不止行军，凡事不宜］。

五不归　己卯、辛巳、丙［戌申］、壬［辰子］、己酉、辛亥、丙辰、庚申、辛酉［不宜陈兵上官赴任出行］。

五帝死　青帝甲戌，赤帝丁巳，白帝戊午，黑帝庚午，黄帝甲寅，为五帝死日。不可出兵。又云：壬戌己卯乙卯壬午辛酉壬子。

四废　春庚申辛酉，夏壬子癸亥，秋甲寅乙卯，冬丙午丁巳。

四离　春秋分、冬夏至前一日是也。

四绝　立春立夏立秋立冬前一日。

九鬼煞　乙卯、乙酉、戊子、戊午、己卯、己酉、辛卯、辛酉、壬子、壬午[④]。

---

① 不可出军，主覆没。

② 不可出兵。

③ 出师忌。

④ 即九丑日也。

五不遇 时干克日干，阴见阴，阳见阳者真，遇此值时百事不吉。

六不成 四孟起建四季破，四仲天败起平轮。此为天败六不成，出兵求婚百事迍。

截路空 壬癸二干是日时同，忌出兵。

大小空 初一每从月建首，周数掌支皆顺走。数至木局为空亡，遁至辰戌名赤口。亥卯未支三个空，小空先至大空后。出行谋利皆忌之，赤口文书定可否。

旬空 甲子旬空戌亥，甲戌旬空申酉，甲申旬空午未，甲[午辰寅]旬空[辰巳、寅卯、子丑][1]

往亡 立春[后七日]，惊蛰[后十四日]，清明[后廿一日]，立夏[后八日]，芒种[后十六日]，小暑[后廿四日]，立秋[后九日]，白露[后十八日]，寒露[后廿七日]，立冬[后十日]，大雪[后二十日]，小寒[后三十日]。忌行兵嫁娶出行求财拜官上任远归占病。

灭没 弦日虚晦日娄望日亢朔日角盈日牛虚日鬼。

天地转煞 春卯正莫逢，夏午正忌用。秋酉八月忌，冬子仲冬凶[2]。

十恶大败 [庚戌辛卯]年[甲辰乙酉]日，[壬寅癸巳]年[丙申丁亥]日，[甲辰乙未]年[戊戌辛丑]日，[甲戌乙亥]年[庚辰辛巳]日，[丙寅丁巳]年[壬申癸亥]日。

无禄大败 甲巳年[三月戊戌、七月癸亥、十月丙申、十一月丁亥]日，乙庚年[四月壬申、九月乙巳]日，丁壬年无，丙辛年[三月辛巳、九月庚辰]日，戊癸年[六月巳日。巳演武，凡事不吉]。

黄黑二道 正七起子二八寅，三九元来却在辰。四十须知午上始，五十一月并莅申。六十二月起于戌，黄道为纯黑道迍。诀曰：道远几时通达，路遥何日还乡[3]。

要安遁 正寅二申三起卯，四酉五辰六戌先。七巳八亥九在午，十子十一未上传。十二月从何处起，丑上要安任回旋。

年孤虚 每以旧年太岁为孤，对冲为虚。

日孤虚 以日前一辰为孤，对冲为虚。

时孤虚 子东、丑寅北、卯辰西、巳午西、未酉南、申戌北、亥南为孤，对冲虚。

伏断 自正德元年牛金值年至嘉靖卅七年值心月、崇祯九年值翼火。盖太阳值年，年内惟巳日犯暗金房。太阴值年，年内惟子未二日犯虚张。火宿值年，年内只酉觜寅室二日。水值宿年，年内只有辰箕亥壁二日。木宿值年，年内只一日午角。金宿值年，年内只丑斗申鬼二日。土宿值年，年内卯宿犯暗金女胃。以日时同此[4]。

日宿子寅酉，火宿戌卯丑。金申水未时，木宿辰亥有。月宿午时凶，巳时土宿偶。

---

① 阳空阳，阴空阴。

② 忌壑土修筑。

③ 之远者为黄道，如择日，寅日子上起道远，卯日在寅，如例。

④ 假如金星值年，遇申日值鬼宿是伏断也，大凶。推时伏断例如左，以日宿定。

《七元符头诀》曰：一元虚张室轸同，二元奎亢胃房中。三元毕尾参斗见，四元鬼女星危宫。五元翼壁角娄是，六元氐昴心觜从。七元箕井牛柳宿，甲己符头四仲雄。

凡出兵择日，须用贵登天门，黄道吉时，六神藏于十干之位，八煞没于四维之宫。孟月甲丙庚壬，仲月艮巽坤乾，季月乙丁辛癸，此时出必登先[①]。

月	正	二	三	四	五	六	七	八	九	十	十一	十二	
金神	酉	巳	丑	酉	巳	丑	酉	巳	丑	酉	巳	丑	一名破碎煞。日同。孟日酉，仲日巳，季日丑。
小煞	卯	巳	未	酉	亥	丑	卯	巳	未	酉	亥	丑	
大煞	戌	酉	申	未	午	巳	辰	卯	寅	丑	子	亥	光怪煞同。[②]
月厌	戌	未	辰	丑	戌	未	辰	丑	戌	未	辰	丑	一名月厌，一名天狗，主吠嚎釜鸣之怪。
石煞[③]	戌	巳	午	未	寅	卯	辰	亥	子	申	丑	酉	一名石煞，石块之应。一名火光煞，主天灾。
劫煞	亥	申	巳	寅	亥	申	巳	寅	亥	申	巳	寅	三煞凶速，诸占不利，行人阻，走失无，相冲曰望门劫煞，主忧疑妄想奸淫妻妾之事。
灾煞	子	酉	午	卯	子	酉	午	卯	子	酉	午	卯	
天煞	丑	戌	未	辰	丑	戌	未	辰	丑	戌	未	辰	一名四煞。
天地煞	辰	辰	辰	未	未	未	戌	戌	戌	丑	丑	丑	天煞，主狐疑惊忧。
	卯	子	酉	午	卯	子	酉	午	卯	子	酉	午	地煞，主道路阻隔。
天狱煞	子	卯	午	酉	子	卯	午	酉	子	卯	午	酉	忌官讼。一名亡煞，儿女病。邪怪煞，宅怪灾。一名长索煞，盗贼悬索行凶入取财物。
天猴煞	申	未	午	巳	辰	卯	寅	丑	子	亥	戌	酉	主车损舟没。
天车煞	丑	丑	丑	辰	辰	辰	未	未	未	戌	戌	戌	一名关神，讼忌。[④]
血支	丑	寅	卯	辰	巳	午	未	申	酉	戌	亥	子	一名勾陈煞。
血忌	丑	未	寅	申	卯	酉	辰	戌	巳	亥	午	子	男子血光，女人堕胎，老妇血崩。
阴阳煞	子	亥	戌	酉	申	未	午	巳	辰	卯	寅	丑	阴年，女子口舌。一名天鼠，主虚耗鼠怪。
	亥	寅	巳	申	亥	寅	巳	申	亥	寅	巳	申	阳年，男子口舌。逆行四孟，即墓门煞。

---

① 以月将加正时，如辰巳日辰上再见龙，利行赏；再见蛇，动内财。戌亥日辰上再见虎，利行罚，以顺天心；再见后，争内财。午日终上不见阴，子日终上不见合，故子午为经，不可逃亡，阴阳之始也。卯日终上不见武，酉日终上不见雀，故卯酉为纬，惟可攻盗，阴阳之终也。虽有吉神良将，勿用。如木日闻警调师，用火命将火日时出火门胜，盖用子孙，勿令克日。

② 点校者按：以下两煞与上一行大煞同。

③ 点校者按：已上两煞为侧补之字。

④ 点校者按：丑边注巳，戌边注酉。

天罡煞	寅	巳	申	亥	寅	巳	申	亥	寅	巳	申	亥	逆行即雷火煞也，主事速。一名产煞，主产，主上下失和。
奸门煞	申	亥	寅	巳	申	亥	寅	巳	申	亥	寅	巳	主奸乱，对冲即产煞，一名天吞煞。
奸神	寅	寅	寅	亥	亥	亥	申	申	申	巳	巳	巳	主奸淫。
迷惑	丑	戌	未	辰	丑	戌	未	辰	丑	戌	未	辰	凡事昏迷，一名天煞，并雀克日主怪异。
喝散	巳	巳	巳	申	申	申	亥	亥	亥	寅	寅	寅	钥神同，讼解不由人。

直符　甲日巳，乙日辰，丙卯丁寅戊丑，己日午，庚日未，辛申壬酉癸戌。逃亡值此，必遭吏执。

二耗　大耗，岁前五辰，死符也。太岁对冲为小耗，岁破也。皆主耗散。

钥神　巳　巳　巳　申　申　申　亥　亥　亥　寅　寅　寅

辰　辰　辰　未　未　未　辰　辰　辰　未　未　未[①]

月忌　每月初五十四廿三，不可出兵出行求财。

词讼占

《易》曰："讼有孚窒，惕中吉终凶，利见大人，不利涉大川。"《彖》曰："讼，上刚下险。险而健，讼。讼，有孚窒惕，中吉，刚来而得中也，终凶，讼不可成也。利见大人，尚中正也。不利涉大川，入于渊也。"《象》曰："天与水违行，讼。君子以作事谋始。"壬占有四焉，课传既定，先决其胜负何如，次察其刑责何如，观其囚禁之有无，详其罪名之轻重而已。作词讼占，次第二十六。

凡占官讼，干我支人。先看日辰，再详年命。见勾陈与雀，定应讼狱相欺。用白虎刑克，必是状词两诉。神传官旺，词讼必成。空与休囚，有形无影。传有青龙六合，必因财聚交关。若逢元武勾陈，定是阴贼产斗。贵旺则文书宝物，理复官文。贵休则神佛坛场，墓田楼屋。螣蛇惊怖，非牵连则缢劈火空。天空奴逃，或文书并虚空惊害。朱雀里役私约，官文巫术，文贵相挠。白虎杀死行人，军勇徒囚，大事猝至。太常婚姻旧识，酒货事腾。阴后阴私妇妓，淫奸使斗。传中两贵两官，官府多而事情难断。若或空文空鬼，文书匿而终久无成。见太岁，事干台省。克岁贵，身犯刑名。岁贵生而事蒙赦宥，逢月建则事涉按司。月将生而事情有理，凶建克则到底还输。才化鬼，则用财托官。兄化鬼，而破家坏产。三刑全备，非军则徒。二刑一刑，不应纳纸。若虎卯血入天罗，棒责枷杻之厄。加关神蛇勾二狱，牢房囚禁之灾。传墓加年命日辰，以墓传生者放，以生传墓者囚。二死在课传年命，时值伏吟者囚，斗魁临日者放。勾

① 囚必出。

陈克日，有罪难逃。日克勾陈，诉翻得雪。勾虎不旺，日辰有气，讼宜再诉，以得辨明。

何谓占其胜负？日为起讼人，辰为对讼人[①]。干克支，尊有理，客胜；支克干，卑有理，主胜。或用神上克下，先起者胜；下贼上，后应者胜。日吉辰凶，尊者与原告胜；辰吉日凶，卑者与被告胜。支干上下生合无克害者，讼不成。日辰比和，有解散休和之意。此其概也。

如无对理者单词，以日为官，辰为己，视其日辰克制吉凶而胜负自明。当其投状则视朱雀乘神，与天乙生合比和，而初干生干者准，反是不准。及其准状，则视勾陈乘神，如日克勾，词得理；勾克日，词失理。

视传用而审衙门，如遇太岁朝廷，月将部院，日课月建司道，辰课月建府州县。

何谓占其刑责？凡末传上见休气，主遭刑；见囚墓气，刑多且重；见死气，主丧身。又看人年命上与进狱之日，带天刑天坑飞祸岁刑等煞，非亡则病也。

何谓占其禁放？如关神临日辰年命及在末传上者，或末传是本日之墓神，或传内见天狱卦、天牢煞，俱主囚禁。又或破岁煞，更乘金木神，加年命日辰者，亦主枷禁。又曰天空乘日辰年命上，而关神入传，与墓神覆干支年命上，又自生投墓者，主监禁。曲直作传而克日者，亦主枷杻。如钥神临日辰年命、末传上者，或初传是日墓，末传又生日者，或传内见解神贵人天空，不值刑冲破害者，或天罡加日辰者，或自墓传冲墓者，俱主出狱。又曰：天罡加孟未放，加仲在旬，加季三日内放。或占得伏吟卦，脱禁必迟。若吏人得之，其刑罪尤的。此可以察其出禁之迟速也。

何谓详其罪之轻重，专责之勾陈而已。勾克日干者，客败，尊失理有罪；克日辰者，主败，卑难伸有罪。或日与辰并克勾陈者，两和。或日干单克勾陈者，讼得伸。或勾陈与日辰同类，主留连。或勾陈之阴神作天乙，带生气而生日者，主释放，必遇长者宥罪。如罪名已定，或欲辩豁，则当视勾陈之阴阳二神俱休囚死墓，更立无气之乡，不能为害。更视日辰有旺相气，方可陈情伸雪。若朱雀临年命者，克日辰，虽准诉，罪亦难免。

勾陈乘木克日与白虎，入狱[②]杖责。卯乘合为用，亦主责。勾阴神化虎带凶神破碎煞天煞等类，而伤日者，主重罪。勾陈并克日辰者，主两败。勾比日辰者，主不决。视日刑而定罪。

勾陈既审，所刑宜察。日忌正刑，月刑杖责，岁刑囚病。一刑笞罪，二刑徒流，三刑弃市。正刑者，本日三合之刑也。寅午戌日，见午为正刑。巳酉丑日，见酉为正

① 家讼，日为尊长，辰为卑幼。外讼，日为原告，辰为被告。

② 亥为狱。

刑。申子辰日，见子为正刑[1]。亥卯未日，见卯为正刑[2]。午日用午，酉日用酉，亥日用亥，辰日用辰，皆为自刑。如克日辰年命者，必犯刑名之罪。又曰：午为火刑，酉为金刑，辰为水刑，亥为木刑，以类消息之。又曰：十干刑，甲刑在申，乙刑在酉，丙刑在亥，丁刑在子，戊己刑在寅卯，庚刑在午，辛刑在巳，壬刑在戌，癸刑在未。忌克日辰年命，必犯重刑。又云：官星带刑来克日辰年命者，亦犯刑名。乙用庚为官，甲用酉为官。壬用巳为官，丑未为偏官。癸用戌为官[3]。其余三字刑，二字刑，犯之乃是常刑，不及前刑之重也。此可以决其罪之轻重矣。

论曰：词讼所喜神，贵龙常后也。所忌神，勾朱蛇虎也。朱雀闭口[4]，讼枉难伸。白虎开口，讼亏遭罪。魁罡临日，子孙在传，与贵人决狱[5]，囚禁立出。若临门[6]而加日辰，与三传作日之印，重辟犹苏也。吉神乘太岁与吉煞并[7]，而临日辰与发用者，恩赦至也。天乙传六合太阴者，嘱托宜也。乙顺至而加日，理可恃也[8]。乙顺治而交加[9]，多疑暗也。贵人入传而克日，宜改换也[10]。贵人传勾而克日，被拘收也。贵人空亡，不结案也。贵人克害[11]，遭曲断也。首尾纡回[12]，初绝末生[13]，防再发也。刑害日辰，凶恶发用[14]，讼大负也。元武乘神，教唆鬼也。神后所临，避罪方也。至于决大事，而欲得囚之真情者，则以日为己，辰为囚，坐己于制囚之方，则彼当吐实。若日辰上见天空，囚忍痛必不吐情也。斯亦理之足据者，故附志之。勾陈朱雀贵人，若与日辰克战，及克人行年，并主官讼。

黄帝占诸贵人欲救罪人得否法：正日时，以直用神言之，传得其母，即有救。例如用木，而传得水，火在其上也。传得其胜，其子为将，但许人耳，而心欲相赚也。例如用木，传得土神，而火神在上也。

若夫元武临亥，入狱枷禁。天空发用，讼终解散。太阴入卦，偏宜首罪。白虎刑辰，号曰血光。太常乘子，主有枷锁。朱雀贼日，讼见嗔责。螣蛇乘申，官非口舌。

---

① 子，一作辰。

② 卯，一作亥。

③ 例如癸酉日，午加酉，戌加丑，戌是癸之官。癸合在戊，戌中有戊土，是两重官星带刑来克今日。又戊癸犯火刑在午，午加酉，是日辰上交互官星带刑来克，其犯罪必不轻。

④ 乘旬尾也。

⑤ 辛日贵临戌，乙日贵临辰也。

⑥ 卯酉也，指上三者。

⑦ 皇恩天喜德马之类。

⑧ 直者胜，曲者负。

⑨ 旦占得暮贵，辰占得昼贵。

⑩ 换官府则胜。

⑪ 贵克害日，传克害贵。

⑫ 旬首旬尾共见日辰。

⑬ 初传日鬼害绝，末传日鬼生旺。

⑭ 三刑六害凶神恶将临日辰用。

勾陈乘申，官司反喜。六合内战，兄弟口舌。青龙贼日，又为凶将。天乙克日，贵人见责。此乃贵神之妙奥，所当细推者也。以此占讼，又何遁情之有。

黄帝占囚徒情实：正日时，四面有席，疑欲令今日之辰自制其辰。问者吏居青龙及功曹下，置囚于勾陈及白虎下，必令元武居无气之乡。即武所居神畏日辰及龙所居乡，囚即输首，无词不败。更言假辰上得天空，囚忍痛怀慢；得朱雀，囚空言自诬；得白虎，囚自杀。

合用神煞：月建：发用事涉州县。　天罡、月将：传见之，事涉院道。　太岁：事经朝廷。　天乙：临辰戌主移司换狱。　青龙　天后：作太岁月建乘天喜天赦皇恩天德二马发用临日辰生合或临门，赦宥立至。　关神　钥神：春秋辰冬夏未春巳夏申秋亥冬寅。　飞祸　月刑　天刑　天坑　天牢：正月起丑顺十二支。　天上勾陈：同上。　岁煞　散神　天狱：正五九未，二六十戌，三七十一丑，四八十二辰。　解神　天马　驿马　天罡：正寅顺四仲者煞也。　天德　皇书　天喜　天赦　天上朱雀：正月起巳顺十二支，同死神。[①]

黄帝占囚系罪轻重法：正月时，视用神终于旺相之气，有贵人救之，无罪；终于休气，罪重；终于囚气，加罪；终于死气，先重后轻。终于螣蛇，罪重无疑，必死。终于朱雀，数见掠笞。终于勾陈，有所勾连。终于元武，置词而亡。终于天空，无所有。终于白虎，披罪得死。终于吉将，传得其子，为有救，讼得解。传入狱为有罪，传入他狱为移狱。狱者，墓也[②]。

一法以初系日占之，各以其所犯为坐。斗伤以勾陈，杀人以白虎，窃盗以元武，相告罪以朱雀。如斗伤以勾所居神，则系日即论也，系日贼勾陈者不论也。勾陈与日同类为系，又传神得其狱者必论。假令甲乙日，系天乙居小吉系日，丙丁天乙居戌系日，戊己壬癸天乙居辰系日，庚辛天乙居丑，为必离讼狱。传勾陈之阴神得白虎，虎所居之神与勾陈并贼系日者死，传勾之阴得天乙，乙生系日，则贵人放之也。传勾得

① 黄帝占刑戮举事。人君及部吏欲得行刑推问，当事时无令天乙吉神将及旺相气临今日之辰。吉神谓功曹胜光传送大小吉也，吉将谓天乙六合龙常阴后也，皆不可使临今日之辰与辰之阴，又辰阴上之神不可使克官人年上神也，若见君吏年上神必还害身殃及子孙也。

② 如太冲功曹，以小吉为狱。他狱者，谓起于功曹，终于河魁，为移狱。

系日之子母，人将衰之上，可为上书也[①]。

罪有赦宥：勾陈之阴上得天乙，又生所系之日辰者，必有长者宥之。若青龙及天后与日干相生，主有恩赦。龙与太岁并月建者，有恩赦。天后生日辰者，天乙太岁并皇书者，传见皇书天喜，皆主有恩赦。

凡太岁月将作天乙，不论入传不入传，皆为救解恩赦。

讼何日毕：官鬼四绝或官鬼囚休死日，为毕期。天乙临卯，官不理。官旺相，事速了。若用见太岁，经年；月建，历月。若日辰比和者，看四绝，主了。

监禁固释《经》曰：出不出，斗系日。[②]

占人有忧事解得否：以有事时占之。正月辰视日辰上及人年上得吉神将，有旺相气，直用神传得其子，为忧解。用神为旺相气，传得其子无气，虽解犹难，无气不能制有气也。用神为囚死，传得其子囚死，但俱有气可解，其子旺相为忧两解[③]。欲知解

---

① 假令七月己未日食时，传送为太常临己，神将不相刑，又有旺相气，谓金土也。天罡加卯为勾陈，传得其母，与日同类，法为安久，不然蒙听令。知吉凶之期者，以用神传终有救神期也。又上日酉时，天乙顺治，神后加于辰，太冲亦加今日之辰，神将不相刑，有旺气，传得其母，与日同类，法当系久，然蒙得出，出传而传送天乙为移狱也。

占闻人获罪而未知真否。正日时，视日辰阴阳中有其所犯类神与日比则真，不比则非也。类神杀人视白虎，盗贼视元武之例，各以其所乘神比也。

七月己未日食时

空 虎 常 玄
午 未 申 酉
青巳　　戌阴
勾辰　　亥后
卯 寅 丑 子
合 朱 蛇 贵

玄　常　玄　常
酉　申　酉　申
申　未　申　己

兄　己未　虎
子　庚申　常
子　庚申　常

七月己未日日入时

青 空 虎 常
丑 寅 卯 辰
勾子　　巳玄
合亥　　午阴
戌 酉 申 未
朱 蛇 贵 后

合　虎　合　虎
亥　卯　亥　卯
卯　未　卯　己

官　乙卯　虎
财　癸亥　合
兄　己未　后

② 斗加日辰人年者，必出。与今日比者，必出。传入狱及伏吟，不出。

十月丁亥日昳时

　　中　日干
子　丑　寅　卯
亥　　　　辰
戌　　　　巳
酉　申　未　午日支
　　末　　初

四月丙寅日丑时

日干　　末
初子　丑　寅　卯
亥　　　　辰
戌　　　　巳
酉　申　未　午
日支　　中

③ 例如十月丁亥，寅加未，占忧疑，胜光临亥，下贼上，为旺相所克，传得大吉，为得其子，其子囚死，为忧有解之意，然亦难。若四月丙寅日丑时，神后临丙，上克下，为囚死，所贼为用，火怀忧，传得小吉，小吉，火之子，而有旺气，为忧两解也。

期，视所用神所生为吉期，所畏为凶期，以用神所临地辰，所生为吉期，所畏为凶期[①]。

《中黄经》曰：尊卑先后彼我同，日辰上将所克凶。日上尊兮宜先起，辰上卑兮先自通。尊卑见官是谁合，谁合理伸先诉公。

谓尊卑先后见官，谁合先起，谁合得理，是谁先来克有亲，尊者卑者谁得胜。若干上神克支上神，利先起，尊者胜，无亲者占人胜。支上神克干上神，利后起，卑者胜，无亲者占人败。若干支上神比和，以时建干为他人，以日建干为自己，又复遁干为他人，又如日辰上建如支一般，便以遁时干为他人，先遁日干为己身，又复遁干一同，更求十二将为他人，以遁干为己身，又如将与遁干一同，无法取胜，官事经日，宜和解休矣。

害我是男或是女，克我上下看四主。阴盛还知是女人，阳多即是从男子。

论克今日之鬼，天上六阳支临地下六阳支，是男子相害；天上六阴支临地下六阴支，是女子相害。若天上阳临地下阴，天上阴临地下阳，不比，则得阳将是男，阴将是女，便不用建干也。贵蛇朱勾元白为阳将，合常阴后空龙为阴将。一曰青龙亦属阳，阳七阴五。

欲知带破不完全，鬼贼相冲内战看。若得申鬼有丙干，即须头目不堪看。

凡今日鬼贼上下所乘之处，反覆冲克，或重叠交战，则主其人不完全。干战主头面，支战主手脚腰背病也。例如二月将，辛未时课，初传申作龙加巳，克甲干，主一阳人带破，从西南来要害我财帛，兼讦搆官事。何以知其带破？谓甲被申来相克，而巳中戊土长生，申金来夺我己巳妻财，甲以己为妻，兼乘青龙，故因争财物而起官讼也。巳中寄丙，时遁得丙申，申却受丙克，金生火旺，及上下交战，是合其人手足带破。何知夺财更见官事？谓申立害我地，而来刑我也。然甲干上乘己巳，而壬申为初传，壬水生干，己土克之为财，虽立三刑害我，终不能损我财也[②]。

干支俱败身入墓，又复身绝体不完。自刑自制生不起，必逢貌陋起无端。

鬼贼并遁干在墓上，更遁干支相加纳音五行，并以天上干入死绝之地，主其人身体不完全。例如癸日以未为鬼，遁得乙未，纳音金，却天上庚辛，下临寅卯，即为死

---

① 假令胜光临水为用，以戊己日为吉期，壬癸日为凶期。胜光临金为用，壬癸为吉，丙丁为凶期。

② 戌将甲子日辛未时

日阴

用申　酉　戌　亥中

　未　　　　子

　午　　　　丑

　巳　辰　卯　寅末

日干

绝之地也。此论纳音五行。又一变法：若日下生上，却在自刑自制之地，更身败气绝，主害我者丑人。例如正月将，丁亥日己酉时占。初传丁干上酉，中传亥加酉，末传丑加亥。丁干怕中传亥，亥中有壬水，将太阴为日鬼，主阴谋之事。更主西北方有一邪淫妇人，生得黑丑，更引东北方一圆眼俊丽妇人，同来害我。何也？谓中传亥克干，临酉户，主淫邪，兼坐沐浴，将得太阴，故主阴谋淫邪。何谓黑丑？亥水，水，黑色，临酉得生，而遁得己酉，己制亥，生不起也。且亥酉皆自刑，亥临酉身败，合言妇人丑黑也。末传丑，丑中寄癸，癸亦克干，丑位东北，从亥传来，故曰引东北一俊丽同来害我也[①]。

四神俱旺多壮智，反此刑伤是老年。诸处不取用鬼贼，鬼位乘临上下传。

日鬼临处二干二支俱有气，必年少有形势之人也。若无气，则害我之人老矣，不则柔弱之人，又不则必任人驱使者也。只取日鬼贼临处上下干支四位断之。

欲知笞杖几时休，祸兴须旺鬼勾忧。解神旺日初传吉，事故临年在夏秋。

笞杖之发与休，只责勾陈。陈克日则凶起，俟日有气，是休日也。勾陈克日鬼，亦事休期。若勾生日鬼，其事缠绵未得休。更看初传为事起，末传为事终，日有气，凶解矣。春夏秋冬官事何日起？何日止？只看初传与日旺处，其事决绝。若鬼旺勾陈克日时，官事终发。例如乙巳生人，十一月将，辛酉日丙辛[②]时占。初传未加寅，未中虽寄丁鬼克干，却是解神能化吉也。解在初传，先用为吉，又未土来生辛金尤吉，是以解神与初传旺日，虽有笞杖，却不见责，其官司起在六月，不利夏秋，直至来年正月，方可决绝。然夏秋合有讼扰者，终嫌未中丁鬼作蛇为初传，主小儿惊恐。又命上戌为勾，带关神，末传巳作后加子，克日干辛，故因阴小起官事，终不自解，却不见刑责，以初传解神带旺生日也。又云：初传解神旺日吉，纵是凶恶自潜匿。又云：解神偏解凶灾祸，课中有勾陈刑杖之神，白虎是旺方。若解神为贵神生日或加日，虽徒

---

① 亥将丁亥日己酉时。

　朱 蛇 贵 后
　未 申 酉 戌
合午　　　亥阴
勾巳　　　子玄
　辰 卯 寅 丑
　青 空 虎 常

空　常　阴　贵
卯　丑　亥　酉
丑　亥　酉　丁

财　乙酉　贵⊙
官　丁亥　阴
子　己丑　常

贵人怕中亥末癸双克，然起于西北丑女引东北，初传酉来丁干，两女来害。太阴主阴谋，坐沐浴主邪淫。亥加酉得建己酉，克水生不走且自刑。中传亥酉。太常。水黑色。末传丑亥，支丑中寄癸，亦克干，丑属东北。

② 当作申。

配亦休矣，况杖笞乎？故课有解神，虽不在日上，亦重减轻，轻原宥也[①]。

有无笞杖看勾陈，白虎无刑旺贵神。用起龙常兼救解，自然欢会福无迍。

青[②]与不责看勾陈，白虎克日则凶，生日则吉。又勾陈生日干者，官事大吉。更勾陈阴神作白虎生日，更吉也。不见勾陈克日，而用起青龙太常六合，更为救解之神，虽三传中有鬼克日，亦不为凶也。例如甲申人，十一月将乙卯日辛巳时课，初传白虎乘未加亥，而干子贵生日，为见喜，是白虎无刑旺贵人也。本命上辰为勾陈，虽遁得庚辰克干为鬼，而乙庚夫妇相合，主事平平。又庚到申为家，遁建甲申，是庚至家有财，夫妻有财，自无争斗，与勾陈自合，更中传六合卯加未，复有妻财，虽课名天乙囚，发也，五行入墓，乙见未也，便见官事，亦不凶也。于身无害，惟占病最凶，问出行则吉[③]。

勾陈带木壬虎旺，贵龙克日及刑冲。三传有克身下鬼，定是杖流笞罪中。

勾陈乘寅卯甲乙，为棒杖之神。白虎乐旺合，主官事有杖责凶祸，更兼贵人克日更凶。传中有克身下鬼，定笞责也。官事最忌贵人逆行，例如壬子人，十一月将，癸卯日乙卯时占，初传丑作勾加支，建得癸丑，是勾陈带木克日也，主官事凶。中传亥作天空加丑，末传酉作太常加亥，又本命子上戌作白虎，遁得壬子落旺，又贵人冲日，此课正合前言，必受刑责，大凶之象也。谓癸丑初传是天上日神，主十日内见，戌日更甚。

要识课中刑责数，勾陈四位减加寻。于身欲责又无咎，贵人初解克凶神。

前课丑勾加癸卯遁癸丑，癸五丑八，五八得四十，临地下卯得乙，乙八卯六，五八八六，共得二十七数，其官法必判四十，饶减而为数不定也。若贵人或太岁为今日

---

①
勾 青 空 虎
戌 亥 子 丑
合酉　　寅常
朱申　　卯玄
未 午 巳 辰
蛇 贵 后 阴

蛇 常 朱 玄
未 寅 申 卯
寅 酉 卯 辛

父 己未 蛇
子 　子 空◎
官 丁巳 后⊙

② 当作责。

③
蛇 朱 合 勾
丑 寅 卯 辰
贵子　　巳青
后亥　　午空
戌 酉 申 未
阴 玄 常 虎

虎 后 常 贵
未 亥 申 子
亥 卯 子 乙

财 己未 虎
兄 乙卯 合
父 癸亥 后

解神，或贵人喜今日，故欲责且饶，必不成凶也。例如壬子生人，十一月将，乙辛[1]日辛巳时占，初传遁得癸未[2]，是今日之解神，又贵人遁得丙子，在日上为救神，虽本命有申凶，不敢来害我也[3]。

日上行年天乙立，三传并皆克今日。勾虎元阴克贵神，事发身须忧刑戮。

日上是贵神，行年上勾虎武阴克日上贵神，其三传俱克今日，其官司必忧死罪。或勾阴作虎，或虎阴作勾，二将反覆俱克日干，或克贵神，与三传同，必忧死罪。又初传囚死休者，必主死罪。若虎勾乘刃更带支忌，大凶。更与太岁贵神不化吉神，必定凶祸。

勾陈白虎同伤日，得罪须忧诛戮及。

勾乘刃金神或劫煞亡神或作初传，坐二血，主斩。若日干上带勾绞，更初缠绳索丝麻，主绞罪。例如辛亥人四月将庚午日丙戌时占，课中第一贵神逆行，其中末二传见寅乘龙来克贵神，又卯中勾陈亦克贵，其辛亥人劫煞在申，临行年戌上，内见辛金，建得丙申，是劫煞在申，又坐羊刃，申上丙来克庚，故曰大凶。如四月申为血支，又带刃劫，支上又有血忌，其罪必斩首。若事未发时，必免其死，谓行年乘马走得脱也[4]。

天乙顺行为不背，太岁生日终无罪。虽有勾虎阴同克，减死须教作流配。

谓贵人作解神而顺行，更日干在贵人前曰不背，凶神须解。若太岁生日干，则重罪减轻，而轻罪必无也。若见勾陈白虎阴神克日，或勾陈白虎克贵人，主死罪。却见天乙为解救，更顺行，与太岁并生日，大吉，减死罪作徒流也。如五月将庚寅日丁亥

---

① 当作亥。

② 时遁乙未。

③

蛇朱合勾
丑寅卯辰
贵子　　巳青
后亥　　午空
戌酉申未
阴玄常白

合 白 常 贵　　财 癸未 白
卯 未 申 子　　兄 己卯 合
未 亥 子 乙　　父 乙亥 后

④

勾合朱蛇
卯辰巳午
青寅　　未贵
空丑　　申后
子亥戌酉
白常玄阴

青 合 合 蛇　　官 庚午 蛇
寅 辰 辰 午　　父 戊辰 合
辰 午 午 庚　　财 丙寅 青

时占，初传戌临寅建丙戌克日合凶，即因和合中起口舌官事，以戌中辛与丙合也，却为解救。又中传午临戌，将天后，克日干，主阴谋事。便得死罪，却贵人与太岁及初传并生日，初传更作解神，虽事大罪重，合减死作流配之例也①。

天乙太岁皇书同，来往相生道路通。纵有虎勾临血刃，临身须得免灾凶。

若天乙太岁同位而坐皇书②者，大吉。更初传见二马，或临地下二马，一处贵神，一处皇书，并来生日，必有恩命合赦也。要岁贵与日来往有路，不相制害则吉，故白虎勾陈血支血忌见金神，名血刃，来克日，更见天狱，凶死无疑也。而太岁作贵人来生日干者，必减死罪，而为小厄耳。

二马初传为救利，复教马克勾虎位。便是死罪也宜逃，纵有递配亦可避。

二马坐太岁，天乙生日干，亦为救神作初传，或干上见二马，今见官司，宜出入避之吉也。故岁贵生日发用，二马克勾虎，一切大小官事俱可避之课，前例宜作客远去，祸可免也。假令丁巳十二月子将，甲午日壬申时课，初传天后乘寅加戌，中传白虎乘午加寅，末传六合乘戌加午，本年酉加巳将勾陈克日，深畏也。主官事重大，谓丑为贵人，上喜丑为贵人窠，若生日，又天马加驿马，克中有合，是以宜避，出外可以免也。

《心镜经》曰：论讼四般看胜负，尊卑先后各区分。干克支神尊有理，支克干神卑得伸。用神伤下宜先起，下还凌上对无迍。上下相生和解散，传终休气隶深因。末传囚墓皆遭罪，死气终传害罹身。若见太阴来入卦，与日相生可首陈。式内凶神何者是，魁与罡兮亥与巳。日辰行年若相逢，定知囚系遭箠笞。

《灵辖经》曰：占讼视日辰行年所见之神，上克下，先讼者胜，下贼上，后讼者胜，相生则两和。又曰：日胜辰上神，少贱者有罪；辰胜日上神，长贵者有责。

讼事未休忧被系，四气须征关钥神。关居季后钥前孟，如夏关辰钥在申。关即为囚钥即放，传用临年加日辰。传终入墓还遭狱，初墓传生不系身。斗罡临日须臾出，时值伏吟犹滞人。

传终入墓，非必三合有之，凡用神五行末逢本库也，自墓传生亦然。凡斗罡系日，主释囚。

---

①

　勾 合 朱 蛇

　酉 戌 亥 子

青申　　　丑贵

空未　　　寅后

　午 巳 辰 卯

　白 常 玄 阴

后 合 合 白

寅 戌 戌 午

戌 午 午 甲

兄 壬寅 后

子 甲午 白

财 戊戌 合

② 春寅夏巳秋申冬亥。

既系须知罪重轻，勾陈系日便分明。勾陈克日难分雪，日克勾陈讼必听。

勾陈系日为同类，姜里多因见久停。勾因[①]作虎同伤日，获罪须当至戮刑。

勾阴若也为天乙，生其系日放踈情。勾虎二神俱不旺，日辰辰[②]有气献书呈。

朱禽带殺伤年命，或克支干罪亦成。事关朝勑神同[③]同岁，事值州司月建并。

日刑遭罚月刑杖，岁刑囚病不惺惺。三刑弃[④]弃市二刑递，一刑惟是有鞭刑。龙并岁月建同用，恩赦来宣放汝生。

凡讼以初讼日占之，否则用占日日上神占之。一云天后与日干相生，有恩赦，又岁月同用，即有赦。

《指南经》曰：占讼日辰分主客，课传官鬼断输赢。勾陈带木虎壬并，庭询须知犯律刑。子孙制鬼患有救，父母化官祸无伤。害合区分窥解结，仍观旺败定灾祥。空亡喜惧推亨患，墓库欣憎分结散。传互克干有众欺，用神内战窝相犯。

日为客，辰为主。先动为客，后应为主。日上有鬼，不利客；支上有鬼，不利主。用克日，客输；克支，主输。干支乘神受克及干支上下交互相克亦然。虎壬并者，白虎带旬遁五子元遁之壬也。害事结，合事解，旺则祥，败则灾，凶墓事散，吉墓事结。

末助三般仔细论，将传间逆祸难伸。贵罡杜户知殃退，虎鬼乘骐识祸频。

朱勾克日莫兴词，妄动轻为自投死。二将若也生日干，勘官昭雪人欣喜。

虎头蛇尾祸不最[⑤]，雀入勾乡讼为最。若犯岁君坐死推，螣蛇夹墓小翻大。

丁动刃逢遭缧绁，龙阳生遇祸消时。五刑决罪明天将，二赦解凶分地支。

末助三般，独忌末助初鬼。虎鬼乘骐，即马载虎鬼也，大凶。雀入勾乡，午加辰也，事情重大。龙阳生，青龙太阳生气也。五行决罪，木主笞杖，火主流血，金主刺刃，土主徒禁，水主流罚。

兔犬相加防吊拷[⑥]，鸡蛇发用定成徒[⑦]。循环周遍日缠泄，根断源消终罄无。

勾陈白虎同克日，犯法之人遭刑戮。太岁贵人作恩星[⑧]，罪虽至重还轻逐。格凶定当以凶断，课吉还须作吉推。鬼贼绝处讼了结，末传冲处定散期。凡官鬼绝处上乘辰，定其绝期。又于末传冲上乘辰，定其散期。

汇　歌

占讼岁君入用传，便欲结绝也半年。缓则不至他翻诉，急则监司台部言。

---

① 疑作阴。

② 原书多一辰字当删。

③ 当删此字。

④ 当删此字。

⑤ 当作凶。

⑥ 卯主手，戌主足。

⑦ 酉合巳成配字。

⑧ 生日也。

旺气与日为官鬼，勾陈共会讼官司。相生不陷于涉害，支干三六合为奇。

占讼见传中来克为官鬼，更见朱勾贵人，事因官府，且神将上下不空陷，不历害，与日干支三六合，官司必成，对讼神空必胜。忌老阴病，死无疑。

相气日鬼入传时，吉神生合干官司。雀勾刑害日财为，落空事理自便宜。

传中相气克日为鬼，得吉神良将，上下相生三六合，或干合者，主谋生百反干官理事。若刑害，与日为才，主争才落空不成。

休神克日报君知，切防官讼受官笞。常占心下多惊怕，梦中神鬼也来欺。

囚气岁月并飞廉，煞上朱禽天赦兼。官事终须见赦原，囚与日和藏避占。

囚神作鬼二狱逢，传墓勾蛇雀虎丛。官灾牢禁系狱中，化空凶里反无凶。

传中囚气动，并岁月二马飞廉大煞，或大煞之上得朱雀天赦，定承赦宥。若囚气与日辰比和，占人乃欲藏避者也。

传见囚气克日，又加天地二狱，或传入墓，并遇勾朱螣血等凶，则有牢禁之灾。

囚神临狱与墓同，有讼防闲忌见公。他处发传归日上，出头囚禁的无容。

行年日上见囚神，拘留迟滞吏官嗔。更若凶神相并也，研穷其罪岂能伸。

本日本季遘囚神，占讼图圄队里人。日上发传他处去，名为脱狱任逡巡。

囚神克日有两般，阳日官司事不欢。阴日病灾相绕缠，债主追才绪百端。

墓神墓上号为权，虎勾动土损辛乾。加临蛇雀用为用，竞疆讼土若争田。

遇土日，墓上勾虎，主开地动土；若逢雀蛇，主田讼产讼。

关神虽有落空亡，官事无忧不用防。若见死神不可当，如生逢旺[①]未须忙。

不问已囚与未囚，墓里空亡狱不留。钥神还入空亡里，再四拘留未肯休。

未禁最嫌初绝墓，墓绝囚神又坚固。若得破冲名出囚，出囚绝是无惊怖。

已囚而怕末逢墓，墓末图圄恐长卧。初墓即名为出狱，时师仔细研其故。

天空乘未并为妖，家内兴灾非一朝。勾陈辰卯讼相招，血忌来临罪不饶。

占讼马多官吏众，才如东馆又西亭。长生只移公案了，马落空亡却驻停。

蛇勾朱雀同干鬼，临于[②]辰日讼争起。六害劫煞并刑空，此煞灾滞难禁止。

天吞劫煞犯螣蛇，临于支上奈身邪。更兼克日为支鬼，此场囚系怎拦遮。

天吞煞并鬼劫勾辰加日辰，非囚系即自缢，及投水诸祸。天吞煞，正月起申顺行。

血光蛇鬼若临支，须防血出染红衣。若是更兼羊刃煞，刑在市曹断却尸。

大辟之象。

三刑斗打怕勾陈，六害朱禽口舌生。血支羊刃临支用，官灾刑系致身倾。

---

① 疑当作如逢生旺。

② 原作丁。

狱㱙之象。

勾陈克日致身灾，白虎鬼兴狱禁来。破碎在时金木器，此神枷锁狱门开。

破碎煞加于时，与金木相并，木主枷，金主锁镣。关神克支，狱囚亡神劫煞同并，主牢中被搥拷。若见羊刃，罪重死刑。遇日德，罪轻或减释。日德克日，及有破关之神，则出狱之日也。

亥来刑克虎朱勾，狱讼争伸未得休。此用加薒诚不侔，欲动求人疑不周。

亥为自刑为极阴，若作白虎朱雀勾陈，争讼有狱之象也。亥为十月小春之令，万物临此，根复萌芽，生气尚浅，故用求人，随进随退，不能自决。

行遁占

惠吉逆凶，天道不二。横逆之来，免爰雉罹。羲画轩壬，示人趋避。逊荒微子，朱家髡季。微服过宋，能权且智。岂曰莫逃，行遁占次。次廿七。

天罗地网欲何之？塞鬼登天可遁驰。传上见凶干上吉，逃生无困不须疑。

干上子孙传鬼贼，患门有救便无伤。丁马最喜加年命，虎鬼临身祸急防。

有墓昏迷忌两蛇，无遥混沌防蛇虎。长生月德避之佳，天目直符逃者苦。

塞鬼，寅为鬼门，贵人加寅，或天罡加寅，万鬼藏，万祸消也。登天，亥为天门，贵人居之，吉。又辰午申三传曰登三天，逃者安乐难获。

暗鬼克日灾患侵，明犬当门祸自深。斩关游子天涯去，内战天心途路禁。

远近发用凭休旺，传将最嫌逢墓空。天地两仪须细玩，避凶趋吉用无穷。

发用休囚，宜远行；旺相，近避。

欲逃须避直符方，却来神后下边藏。或将神后加支上，小吉之下可逃亡。

《百章歌》曰：登明入仲寅方避，大吉居兮子下藏。神后仲兮丑辰立，六经八册上言章。

即三宫法，日德下藏吉也末句一本作“百神万鬼尽消亡”。

诀曰：正九牵牛午畜鸡，二八须教相鼠叽。三七牧猪循绛帐，四六嬉游走狗堤。亥丑月初观虎变，十一无亡得兔蹄。退一天罡渊妙诀，勿为一二俗人题。

例如正月初三日卯时子将占，从丑上起初一，初三到卯，即于卯上起子时，卯时到午，退一位巳上起天罡，午太乙，未胜光，申小吉，酉传送，戌从魁，亥天魁，子登明，登明入仲即绛宫时也。天罡加孟，华盖寅，寅加卯，卯下避病逃灾，事鬼不见，事神不知，谋用百事吉。

逃亡占

曰逃曰亡，名义有别。占人人殊，二三其说。与其辨名，宁若精业。业何以精，三日近程。君子考德，小人责刑。远出三日，类神是绳。窃物而遁，元武堪问。遐迩行藏，三义罗尽。作逃亡占，以泄其蕴。次二十八。

何谓君子？尊长善良也。尊长善良，何以有逃亡也？或罣诖，或行志，或远害以全身，不得已也。与小人异，故当考之以德。德者何？日德也。甲己在寅，乙庚在申，丙辛戊癸在巳，丁壬在亥。阳德自处，阴德从阳。日德阳也，君子道阳，或有遁亡，则以月将加正时，视德所临之方而求之可遇也。

何谓小人？凶恶下贱也。凶恶下贱，则责元武足矣，何以责刑？以其非有所窃也。非有所窃，则非盗逃，故不得责武而责刑。刑者何？支刑也。丑刑戌，戌刑未，未刑丑，寅刑巳，巳刑申，申刑寅，子刑卯，卯刑子，辰午酉亥自刑。支刑阴也，小人类阴，其有逃亡，亦以月将加正时，视刑所落之方而索之可得也。已上二条论三日内之近者也。

何谓各属之类神？尊长视太常，父视日德，母视天后，兄弟子友俱视六合，妻视神后，孙视登明，女视神后，姊妹视太阴，佣工人视朱雀，奴视天魁，婢视从魁。一或逃亡，亦以月将加时，视类神所临之方而寻之可见也。此一条论三日外逃亡事，远之占也。

何谓有所窃而逃者责元武？元武，盗也。有所窃，则盗矣，故责武。武分阴阳，分之奈何？以人有男女而捉获异也。若子寅辰午申戌六阳神为武，则从武逆数四辰[①]，谓之元武之阴神，曰盗神。捉男子者，于其所临地位捕之。捉女子者，即于武坐之方捕。如丑卯巳未酉亥六阴神之武，武本位为阳，捉女子者，于其临方捉之斯得。武第二传之神为阴[②]，捉男子者，于其落处捕之即获。此论有窃而逃者也。

何以察其去之远近？考德者，取德之上下盘。责刑者，取刑之上下盘。稽之类神者，取类神之上下盘。责之元武者，分取武阴阳之上下盘。以逃主之家为主，用先天数合而乘之。何谓先天数？子午九，丑未八，寅申七，卯酉六，辰戌五，巳亥四是也。旺增相倍，死囚衰墓减半，休本数，则其道里远近昭然矣。

何以知其藏匿之处？以其方向，推其天官，而匿于何等人家，可决也。以其方向，究其将类，而所匿地面之前后左右如睹也，而匿处明矣。

---

① 如子加亥，逆四，酉加申之例。即旬尾，即闭口也。

② 如武乘卯加寅为阳，第二传辰加卯为阴之例推之。

凡德刑类神，元武阴阳，所主八方四维同例。加子，正北方江湖水泽之处。加丑，北方近东桥梁墓田之中。加寅，东北方山林寺观之中。加卯，正东方大树舟车之处。加辰，东方转南岗岭坡池之间。加巳，东南方窑冶炉灶之所。加午，正南方城门马路之旁。加未，南方偏西陶冶酒肆之际。加申，西南方驿铺大路之间。加酉，正西方水边私门之处。加戌，西方落北坟墓土灶之中。加亥，西北方楼阁厕厩之中。

凡以天官消息藏匿之家，须合所乘将之类神详之，则如目睹云耳。

乘三合六合，亲戚朋友之家。天后，妇人之家。天乙，富贵之家。螣蛇，凶徒之家。朱雀，官吏之家。勾陈，公吏豪家。六合，牙侩之家。天空，狱吏之家。青龙，豪贵之家。白虎，死丧之家。太阴，阴私老妇之家。太常，善人宴乐之家。元武，奸盗之家[①]。

然则四课三传勿用乎？奚而不用也。类神临干，外人获来；临支，则自来。发用作日德，或与支神三六合者，自来。三传日传归辰，辰传归日者，亦自来。类神在课传不空者，可得。三传不离四课，中见类神者，可得。如类神见而空亡者，不得，可见亦不来。课传俱不见类神者，不可得，得亦费力。类神上有旬丁者，乘二马者，乘龙阴而非类神者，皆不可得。类神作死墓，而将又恶者，其人纵欲来，或病，或不测，而不可得。课传斩关游子者，不可得。则课传奚而不用也。

然则奴婢逃亡，同此占乎？大同而小异者也。奴视戌，婢视酉，临于干，亦外人获至；临于支，亦自至。临干之阴者，匿邻里之家。临支之阴者，伏亲戚之家。四课不见类神者，去远。三传不见类神者，难获。余则同前。然则奴婢共逃者，亦有占乎？奚而不有也。发用阳，或天魁，或戌，或课名狡童，俱属男诱女，可用捉男之法。如发用阴，或太阴，或酉，及课值泆女，是女为谋主，宜用捉女之例。其得与否，亦同前例推之，靡有失者。虽然，彼逃亡者，诚出于不得已，且无所窃也，仁者悯焉。吾人亦安必求捕乎哉？不占而已矣。

《中黄经》曰：五阳德自处，阴来言合干。德克支刑物，走者路逢冤。支刑刑[②]反克德，逃亡要见难。刑德不相克，元武别求传。

五阳干德者，甲在寅，丙戊在巳，庚在申，壬亥，谓自处也。五阴干德者，从阳干合处为德也。己合甲，德在寅。癸合戊，辛合丙，德同在巳。乙合庚，德在申。丁合壬，德在亥，谓来合干也。凡十干之支，皆从四支。故在寅二干，便是木；在巳四干，便是火；在申二干，便是金，在亥二干，便是水。此论德是木火金水，单论四支，不问十干也。歌曰：甲己德寅乙庚申，丙辛戊癸德巳真。惟有丁壬德在亥，四生之地

① 假如寅加子，子是北方，此地有水泽之名，东是桥梁墓田，西有楼阁亭台，前有井或有牧羊之场。以子之左丑，右亥，前未故也。余准而推。

② 宜删此重字。

德神营。刑者支刑也。子刑卯，丑刑戌，寅刑巳，卯刑子，辰刑辰，巳刑申，午刑午，未刑丑，申刑寅，酉刑酉，戌刑未，亥刑亥。凡德克刑，走奴婢小人，必捉得也。例如正月将，甲戌日丁卯时占，其甲德在寅临午，若追贤士上人，在正南午地上去也。要问贤士远近，以德神临处上下支干四位各数地里多少。若课走奴婢小人，往西北亥地去了，谓支戌刑未未加亥也。此日甲德在寅，寅属木，戌刑在未，未属土，木克土，乃德克刑。若走奴婢小人，易捉得也。若论地里远近，以刑临处四位加减得二十七里，擒之必获。其人近酒务楼台，要合近水处寻问，谓亥是水，未为酒食之神，亥中有楼阁之象，故言酒楼上获也。反是而刑克德，逃人难获。《经》云："刑若克德捉不得。"例如正月将，己巳日甲戌时，若问贤士，往东北方丑地去了。己德在寅，寅临丑也。问走奴婢小人，往西来未地去也。巳刑申，申临未，主西南。其地里数，申七未八，二支相乘，七八五十六数。又取干数遁得壬申辛未，壬六辛七，七六十三数，并入前数，共六十九里，是人逃往西南方去六十九里，避在平地近寺观处[①]，往捉不得，谓德畏刑也。若三传年命日上有旺克刑支，则逃者无门，可捉得也。问甚日捉得，则必在克支刑之日也。若夫刑德不相克，建干与时又不相克，便依闭口卦中寻捉，即不能捉，后有刑德同处一位法例也。假令甲申日，德在寅，申亦刑寅，是刑德同一处也。是为例，或藏德不藏刑，或藏刑不藏德。且如寅临午，是藏德不藏刑，何也？谓刑根于申，申至午则受克。德本于甲，甲至午则相生，而甲又喜午，故藏德不藏刑也。设寅临酉，则甲德至酉为酉克，是不藏德也。申刑寅，至酉临旺地，是藏刑耳。法曰：藏德则捉得逃亡，若藏刑则逃亡难捉。又如德刑根本一体，更依闭口卦捉贼。凡德刑卦不相克，见连珠经注，又见后《心镜经》课逃中，是以德刑不相克，便用元武立处去寻捉。地里远近方所，则依前后二干支取之。

阳神元武位，武阴退四度。女逃元武下，男走退四度[②]。阴神为元武，男走复还住。女逃元武下，男走元阴路。要知行远近，四位相乘数。

注曰：阳神元武位，男走退四度。女走元武下，追之必得。盖刑德不相克，方用是法。若子寅辰午申戌为元武，此是阳神。若走女人，便从元武下方去也。若是走男，却从元武退四神位上，是男子去方也。例如十一月将甲子日乙丑时占，贵人立未逆行也，后三辰得戌，是阳神，女人逃走西北去也。若男子逃走，往西南去也。谓元临亥，故女走西北，逆四辰得未，是元武阴神临申，故男走西南。问远近里数，则依上下干支四位取之可也。若阴神作元武，男子走往元武阴神方上去，女子走往元武阳神下去也。如丑卯巳未酉亥为元武，是谓阴神。若女逃，则往武临之方去了，即为武阳神。

① 元作甲申有寺处。

② 下男句疑衍。

男逃，则往元武阴神方去也。例如卯为元武，临子，若女人逃走，便往正北方；男子逃走，往正东方寻。若捉得捉不得，看三传年命上日干上有克元武支干者，必捉得。若反被元武克及无克者，必捉不得也。例如正月将乙卯日甲申时占，初传酉加午为六合，中传子加酉为天乙，末传加子为元武。若走去男子，正东去了，正南住家。此元武支干上下四位，合共得三十里，在正东有林木，后有窑处获得。以中传子克武阴神午火，合败也。若是女子走，元武阳神下去，卯加子为阳神，亦得以初传酉克元武卯，故亦合败也。里数在元武上下支干乘之，则知之。问甚年月日捉得，则看三传日上更有克元武之神，便是月日之期也。

私遁逃亡已出门，课中无例克行人。日上勾合刑德喜，不须追捉自投门。

凡三传年命日上不克走，人兼无刑德相克，又不见克捉之神，是不许捉他。若今日日上与走者德合，若元武行年刑与日上神相合，即主自回来也。例令走人遁得庚，日上建是乙，将得六合勾陈朱雀，主自来，不用追捉云。

《心镜经》曰：运式占逃须辨人，男女良贱位中分。闭口德刑前两卦，仔细推之应若神。假令天魁作元武，元武便是逃者身。天魁去戌知遐迩，三里还离三个神。上下并因都合数，三十五缘魁在寅。

欲寻逃者，皆责元武。假占逃，遇戌作武，则以天魁去戌辰为一里，魁加寅，魁五寅七并言之，七五一十二里，相乘之，五七得三十五里。

贵神顺治初玄检，天乙逆行终武巡。反吟逃远玄冲地，伏即非遥责武邻。

元武临处为初，其第三传为终。反吟责武冲处，伏吟责元武居所前辰。

武在南方近窑灶，若居北方藏水滨。西为垄墓东林木，未是平田丑墓榛。

未近坤为平田，丑近艮为墓榛。盖坤为地，艮为山也。

武能生日自归舍，武若生辰问友亲。三传元武并今日，逃者当回莫告神。

传中元武与今日逃者并，又曰终传元武与今日逃日辰相并，主逃者自回归也。

三传元武贼居处，刚日在中柔末神。

凡走婢看武之阴神来生日干，主自归。走仆看武之阳神，以地盘定处受日干克，必获。

欲觅逃人初走时，还将月宿以加之。男藏室宿离宫下，女隐女星神后追。

又法今辰三合墓，以墓加时此法奇。魁罡临处藏其下，便往擒之更莫疑。

以逃亡初走时，加以月将，如不知初走时，用初觉时，以月将加之，离宫下即胜光午下也。后法日墓，例如今日卯日，亥卯未，即以未加时，男寻天罡下，女寻河魁下。

《百章歌》曰：贵人顺治责元武，逆行即以武阴论。三传见武有归意，日上空亡何处寻。

武有归，论生合日辰也，或在辰上传用。

玄武魁罡盗贼来，卯酉为用小奴灾。切忌天空同马上，逃亡走失自心哀。

辰戌作武加亥子为用，或为支，或天空并马传上见者，宅内主逃亡走失。

未子戌自三辰用，见马欲动更无疑。后武并兮为日鬼，奴婢逃时捉亦迟。

《指南经》曰：追寻达士详日德，捕捉逃奴看支刑。德克刑神必易获，刑克日德定难寻。父子夫妻属六亲，还将逐类细详因。酉婢戌奴观异姓，空阴两魁落处真。盗贼奸淫论贼邪，伏吟主近无依遐。里数多寡测魁坐，谁格喜恶定凶嘉。

《海底左眼》曰：三交狡泆并龙战，游子元胎及斩关。知一魄化连天网，此是逃亡出外间。阴空武合加门户，定有逃亡事暗奸。太阴六合并常虎，乘神申酉胜光班。日辰更同天将出，辰加日上走关山。

日辰同天将出者，如甲日寅卯作青龙例也。

君子贤良凭干德，小人愚贱责支刑。难寻刑胜德，易获德伤刑。

神类各分，因人区别。长幼男女，丑未子午。刚日仰求，柔日俯视。

一法：以今日支神墓下求之，不若以墓神加正时，往天罡下求之最为神奇。小儿无知，以螣蛇落处为依。父母寻子，卯上加神便是。

捕盗占

萑苻肆横，捕之斯靖。有五要焉，元武操柄。贼避何方，贼藏何径。丑类何俦，形色何订。捕之之人，谁为顺令。宜纵宜擒，孰凶孰庆。朱雀报信，勾陈用命。作捕盗占，次第二十九。

凡辰戌立于干支之上，而课名斩关者[①]，三传见日鬼，而鬼乘龙合太阴，发用丁马者，元武之三传皆比和相生者，武第二传乃盗神，而盗神上乘吉将[②]，盗神遁旬丁，而天地盘比和者，元武所乘神是日刃，又临卯酉者，或又克日者，皆不可捕也[③]。

至于可捕者，一当详贼人避于何方，则视武之阴神，谓盗神也。

盗神是子：贼在北方水泽江湖之所，东有桥梁坟墓，西有水畔楼台，前有神庙，其家有女儿悲啼，盖有不明之事情也。

盗神是丑：贼在北方近东州邑之旁，或风伯雨师坛庙内，或前贤将军祠内，或仓库之侧，若旷野，则桥梁平田及坟墓所。

盗神是寅：贼在东方靠北木林之中曲堤之所，或大木枯竹，沽卖之家，或在寺观

---

① 在庚辛申酉日是真。

② 合阴龙也。

③ 捕之反伤。

之旁，如作六辛日贵人，则在吏家也。

盗神是卯：贼在东方有大林木竹丛之中，屈曲水边，前有舟车近寺观，其家乃竹木之工、车舡之匠，索之则罪人斯得。

盗神是辰：贼在东方隔岗岭之处，穴冢之中，东有池塘，旁有积骸之伤，或潭沼渔猎之所，丹青采画之家可见其行藏。

盗神是巳：贼在东南方窑灶之所，其东有林木，夏秋蝉鸣其上，春冬马嘶其下，其家有恶妇人主事。

盗神是午：贼在南方炉窑铁匠门侧，有牛马之物藏其中，或其家作牙侩贩马驴，或巫家也。

盗神是未：贼在南方近西隐伏土塚内，向东四步或四十步，或有井田，常有人歌唱，或其家牧羊，奉鬼神，沽卖之处。

盗神是申：贼在西方近府州县门墙城关之所，远则村野冲要之地，及大路之口，或邮亭马舍之侧，其家削磨金石之工。

盗神是酉：贼在西方或地名金坑酒务之所，或近娼女之处，或胶漆工匠之家。

盗神是戌：贼在西北州郡营寨之所，聚众之场，村居垒土岗陇，猪犬在门，或坑厕前，奴仆兵卒之家也。

盗神是亥：贼在北方偏西居近水边，或点水旁地名池名，双溪之港，其家曾为狱吏，内有楼台亭阁，门前有一小儿赶猪，可问而取之。

此以十二将类神消息而用，仿此细推，无不中者。然必盗神天地盘比和者，方能以此为据。若上下相克，则贼不留此，再视元武第三传可也。

若其道里之数，亦以盗神上下盘，用先天数合乘而定之[①]**。**

然必须因盗之久近，以定其方向道里，或以失家为主[②]，或以官司之主也[③]。

二当详贼赃藏于何处，则视盗神所生之神而决焉[④]**。**

其方向，亦以盗神所生神之所属而决焉[⑤]。如寅为盗神［物藏厨灶炉冶中］，卯为盗神［物藏窑灶窠柜中］，辰为盗神［物藏古碑磨碓石下］，巳为盗神［物藏近厕浴堂廊庑墙垣之下］，午为盗神［物藏墓田桥井之中］，未为盗神［物藏城墙神祠毛羽之间］，申为盗神［物藏楼柱廪厕之间］，酉为盗神［物藏沟渠水泊石灰笼匣之间］，戌为盗神［物藏门户石穴之中］，亥为盗神［物藏柱梁神树之下］，子为盗神［物藏竹木车船之间］，丑为盗神［物藏花槛城库之侧］。

---

① 例如盗神是子加亥，则子数九，亥数四，相乘旺则四九三十六里，相则二十六里，休则十三里，死囚则六七里也。仿推。

② 被盗未久，在旬内者，以失家为主，视其方向道里。

③ 被盗日久，在旬外者，则以捕盗之官司为主，以视其藏身何所，道里几何也。

④ 细详于左。

⑤ 例如盗神是寅，寅生巳，巳属东南，则索之于东南炉冶厨灶之家所。

此亦以十二将类神消息之，然要当知其阴生阳，阳生阴之义，不可贸贸以从事也。

三当详贼为何等人，奚以明其然也，视元武所乘本位之神而决焉。元武乘寅［贼为吏人，或为道士］，乘卯［贼为经纪人或尼僧］，乘辰乘戌［贼为凶徒恶辈军人或仆隶下人］，乘巳［贼为手艺人或舍店炉冶人］，乘丑乘午［贼为旅中客人或曾为巫为军官过人］，乘未［贼熟识或道人］，乘申［贼为过犯或兵］，乘酉［贼为金银匠或赌博花酒之人］，乘亥乘子［贼为水旅船上人或惯贼及曾相私妇人］。旺相则为少壮人，休囚则为衰老人。阳即男盗，阴即女贼。吉神并者，豪纵之子。凶神并者，贫贱之徒。皆以将类贵神类求之则知矣。

若其伴数，则视盗神隔元武之位次而数之[①]。然亦必视盗神之旺相休囚而或加增损，或称本数，则更精也。

四当详贼为何等状，奚以知其然也。亦乘元武所乘本位之神而已。元武乘子［贼是眼小轻细人，女面相，着黑衣，其下淡黄有青］，元武乘丑［贼是大肚阔口人，颜丑多髭，身雄壮，着皂衣，下黄］，元武乘寅［贼短矮美髭，手把班毛，爱骑马，着青，有装裹］，元武乘卯［贼骨瘦快走，着深青，假作医人术士之状］，元武乘辰［贼目大眉粗鬍长凶相，着黄衣，中绛衣，爱渔猎］，元武乘巳［贼瘦长，会歌曲语言，试以贼字羞，触便交手］，元武乘午［贼斜视方长，若捕时，先见一匹赤马，后遇着青，头戴紫堂色物便是］，元武乘神未［贼眼露，头白，持服，其妻能作酒，若说张三，尤的］，元武乘申［贼身长白，而有瘘病，少头发，爱把弹丸，着黄色与淡白衣］，元武乘酉［贼身材篦长，面上有瘢点，声响，着雪白衣，黄裘肚］，元武乘戌［贼颜恶多鬍，黑色少发声，着半黄半白衣］，元武乘亥［贼肥大丑貌，青黑色，驼背，着破衣，手把伞］。此以十二将消息，若贼多则为首者肖其形状也。

若欲知姓，则亦以元武所乘神考其类神，与其所属五音而辨之[②]，则亦无所遁矣。

五当详捕人之中用与否，不可不察也。视三传中之末传与勾陈所乘之神而决焉。然不可并视也，并视则惑矣。如三传中见勾陈，则视其所乘之神。若勾陈乘神克武乘神则捕得。勾陈乘神作日德，或作日刃，或作天乙，或是天罡，则捕得，皆中用也。

若勾陈勾[③]神生元武乘神者，或与之比和者，主受贿私通而不得。或元武乘神作日刃，又克勾陈乘神者，主为盗所杀害而不得。或勾乘为武乘所克者，主为盗所扞格而不得。或勾乘与武乘同类者，主盗系亲族，以情纵而不得。或勾乘虽克武乘，而彼值旺相，此值休囚者，主贼势大党众而不得。彼作太岁，此作日时者，主贵贱尊卑不敌而不得。彼值生旺，此值墓死，主捕人病亡而不得。彼辛此丙，彼丁此壬，彼乙此庚，彼己此甲，彼癸此戊，彼子此丑，彼申此巳者，主捕人之妻党，或捕人亦党与之合伙做贼而不得。凡此皆不中用也，或改捕，或添捕而后可。

---

① 例如辰将酉时，辰加酉为武初传，第二传亥加辰，亥是盗神，自亥至辰，隔六位，则知为六人，此所谓盗去本家知伴数。盗者，盗神也。本家者，元武也。诸书解差，惟集要例是。

② 例如子属商音，姓点水旁字姓，与孙齐谢耿之类。

③ 当作乘。

若三传中无勾陈，则当视末传[①]。必捕人中用而后可差委。又当明制元武之法[②]，则可捕之盗万无一漏也。然必审天时、明地利、察人情，三者备善而后可擒亦难矣哉。至于远年大伙贼徒而不得其方向者，则以天目所临之方而索之[③]。占捕盗而遇地盘是月将，天盘乘元武者，当急捕之[④]。元武作太岁者，京师捕得之。月建作武，州府勾拦捕得之。武作日禄本处，市井捕得之。若夫克应之说，捕盗者亦宜取，与前法参用，犹并行而不悖，神应而不讹者也。

元武加酉：其贼内中有陈首者，住西位，有冲岩石出金银坑，有寺观庵院六处，见一小儿骑牛，有数只鸦噪报信良久，有人打刀砧自败。

元武加戌：其贼往西北大路开店，行五里，见牧羊人问之，见女人知信，贼欲出亡，为恶犬所伤而止，贼形有胡须，贼性狠毒，与六亲不睦，贼情爱田猎。

元武加亥：其贼好养猪，后门有恶狗，前门有女子，官府公文贴在门下，见一人于四里内手执两鱼，问而知信，贼亦能渔，获时有猪突来。

元武加子：其贼方在庙还愿，亦有女同行，九里见女子欲哭而立，手把饼子，问而知信，其贼轻盈似女人也。

元武加丑：贼在东北平田之所，有数头牛，与残疾人同居丧祸之家，行八里内有一阵旋风，有龟鳖。

元武加寅：其贼在东北方奉道，或看书籍，在大林木之间，行七里见一班猫儿，又遇一道士，问讯知信方的。

元武加卯：捕人乞火种知信，行六里见人持伞来行者术士，相问知信，时有雪雨，或见一兔子走，或见新造船车。

元武加辰：其贼裹红巾，着青鞋，自岗岭而来，项上亦有须，行五里，见一人持秤而来，问之则知信。

元武加巳：贼方烧香，往铁店持铁器，行四里，见二女人哭泣，问之知信。

元武加午：贼在窑灶中，与善人说驴马事，行九里，见人骑马举鞭而知信。

元武加未：其贼园林边住，三人共一妇，门前有柳树，前门有石块，后门有窑，行八里，见人手把柳枝牧羊，问之知信。

元武加申：其贼住深源边，造弓弹，行七里，见贫子手把竹枝，问之知信，有猎师见知去处，良久兵马至，贼就擒矣。

---

① 盖初贼，中赃，末吏，此古法也，故兼用之。末传克中传，捕得。如末传与中传比和或相生者，捕不得，其消息之法与现勾陈同例。

② 如元武是酉，则用丁命人，取火克金，又被丙火巳酉合也。

③ 例如春占，天目辰，辰加子，即于子方索之得矣。

④ 所谓太阳照武宜擒盗也，若日入时不用。

此亦以类神看，乃克应之善之善者也。

外有盗自首自败，相竞相告，则事在不疑，何以占焉？其以子午为来方[①]寅申为去方[②]者，说亦杳茫，且不必占也，故皆略而不载。

类神：水［满地溪涧］火［窑灶］木［树林竹木］金［山岗］土［墙垣平地］子［大河菜园］丑［坟墓庙土田］寅［山林茂树］卯［树木］辰［岗岭小河衙庭］巳［炉冶］午［窑灶］未［菜野平地井泉］申［火坑驿铺道路］酉［水渠水堰门窗］戌［堤坡垒土］亥［流水厕池塘］未卯相加［井］辰未相加［井上曲木］午加辰［庙］午加丑［庙］申加亥［寺］寅加亥［宫观］午卯相加［神堂］辰丑相加［神堂］子［房］丑［厨］寅［穿廊过道及书院］卯［门］辰［祠堂］巳［灶］午［堂马厩］未［井墙垣天井］申［碓磨过道］酉［后门窗婢妾舍］戌［仆舍］亥［厕园楼阁］寅［桌凳木器］卯［车舡门］巳［弓弩乐器铜铁］未［布帛］申［军器］酉［金银首饰］戌［印］亥［伞盖］

合用天官：勾陈［捕人］朱雀［报信］元武［盗贼］武阴［盗神］忌见官煞［青龙六合太阴旬丁二马］

神煞：天目：春辰夏未秋戌冬丑。　天网：春寅夏巳秋申冬亥。　天关：春丑夏辰秋未冬戌。　亡神：正五九巳二六十寅三七十一亥四八十二申。　天盗：春巳夏午秋酉冬子。　天梁：寅为天梁卯为天关。　长绳：正五九酉三六十子三七十一卯四八十二午。　急窜天盗：正月起亥顺行四孟，逢元武即以之为真盗，辨盗真伪用此煞，又一说也。

黄帝占被盗无名盗可得否：法以其亡时占之。若不知亡时，以人来言时占之。正月时以元武阴上神为盗神，日辰及年上神有制盗神者，可得[③]。

占闻盗吉凶亡人所在欲捕得否：法以闻知之时射之。今日日辰上神有克元武所在居神者，即得。日辰及其上神无克元武所居神者，不得[④]。假令五月甲寅日禺中时，小吉加巳，魁为元武，甲寅木，日辰也，并制元武，贼必不敢斗也。法背水攻火，又连今日日辰起其后二，攻其前四。今日甲子后二戌，当从戌攻辰。又无令日对旺相气相攻，言夏壬癸不可向四维也。他效此。为囚死当王，如秋甲乙，不可西向攻盗贼也。

---

① 以二将所临下方为贼来之方，阳日午下，阴日子下。

② 以二将所临下方为贼之去方，阳日申下，阴日寅下。

③ 例令十月甲子日，功曹加亥，此时射盗，太乙为太阴临甲，太冲为太常临子，天罡临丑作元武，法以元武阴上神为盗贼，小吉为天罡阴上神，小吉即盗也，家在西南方，为人黄色羊目多须好出行。今日甲木也，为能制盗神，子上得太冲，冲亦木也，亦克盗神，凶盗不出必得之。若或反此而日辰年上之神无一处能制盗神及元武，盗必不得也。他效此。

④ 例如九月甲午日日昳时，太冲加未，闻贼在其家，河魁为六合临甲，功曹为天后临午，天罡临元武临申。天罡，土也，甲日，木也，支上功曹亦木也，并克武所居神为得贼不败格，战当将兵马围贼家，时兵马当居神后上击胜光下也。假令到贼家时，神后临酉，宜居贼家东南击卯地必胜获。

必以阴攻阳，背子亥登明神后向胜光太乙攻。此当慎之。

占诸杀人亡命可以得否：法以其杀人时正月日辰，以元武为主，日辰及其上神有制武者为得，日辰上下不制元武所临神为亡人。

《中黄经》曰：上克下兮多自失，下克上兮盗贼将。上下相生看得地，元武初传两位当。

凡元武克日，主破财。更看元武坐处，上克下，主自失财。元武克日，虽主破才，而武坐处，又下克上，则主盗失。下生上，亦主自失。上下相同，亦主偷去。上下相生亦然。初传同元武克日，必主破财，不许救解，贼已将财物去也。

占盗阴阳男女分，玄武三传辨得真。克处不行生处去，少荣老败自其身。

凡元武立处，上下俱阳，是男子。上下俱阴，是女人。若元武阳加阴，阴加阳，上下不比，亦是男子作贼。至于武三传，各看合用，武立处俱阳男，俱阴女矣。而其三传见克处，则不行。无克处，即是贼人去处也。如卯为午[①]临戌，戌中有辛，其武本来西北，怕戌中辛克，不敢回去，向阴神下去。申临卯为武之阴神，往正东卯地去也。至如武立处下生上，或初传生旺，主贼少年。若下克上，或初传见剥，主贼老年。例如乙亥生人，十一月将，乙未日己卯时占，四课无克，是昴星卦。合天上亥加丑为初传见天后，中传寅加辰见朱雀，末传巳加未见青龙，主财帛事。其巳中建辛，主破，更本命亥上见酉，是元武克日。其课元武青龙克日，主盗贼破才。末传巳火克得元武酉金，合其贼被东南一女人及投告而败，却谓初传亥水旺，反克巳火，又元武是酉加亥上，是金入水中，其贼不得败也，故难搜捉。问其何方住家，何方老少，则依课断之。其贼自西北方戌上来，何谓从戌上来？以元武为来路，戌生酉也，故知西北方来。向西北方去，谓元武临亥，亥上是贼住家，且武是酉为正西方，则偷藏出西北亥地去。贼人年得中岁，或属酉，以武乘酉也。若问贼多少远近去处？其酉临亥地，亥主四，酉主六，计十。酉中建得乙，亥中建得丁，丁六乙八，计十四，加前共二十四里。为酉亥无气，合正西二百四十步寻之。问其贼住处，有何物近其住处？曰：院前林木，院后有水。取元武所临为干前，玄武支为后也。此酉临亥，亥是水，水生木，故言林木。又酉是金，金生水，故言后有水也。又解云：建得乙，乙是木，木生火，火主阜冶。又建得丁，丁是火，火生土，土，平地也。土却生金，金主岗岭。若五行衰败又

① 当作武。

别论。假令元武是木，木衰为草地也。效推[①]。

年命三传克元武，更兼内战勾朱虎。纵教元武生更旺，也须贼人自败露。

凡三传年命日辰此六处，有一处克，或二三处克武者，其贼必败。若六处都不制武，贼不败，难获也。若元武立处上下相克战，更三传行年本命见勾陈朱雀，其贼决败，或白虎阴神克武作勾，其贼必自败也。更看年命三传日上内有一处能克元武，或勾雀制武，则武虽得生且旺，亦必自败自露也。

元武阴生为伴数，物在前神取克处。假令火神五人伴，申酉为贼有其度。

凡元武阴为贼神，合言阴神生处为贼伴数，故曰：元武阴神生处取为伴。又云：今日之财被贼盗去，则云贼人取我之才，只合言物在今日克处，不合言物只在神前克处取。例如卯加子为元武，午临卯为元武阴神，午是火，火生土，主贼五。又论初在今日所克日处，不言前神所克非也。例如乙日用己为财，看元武有路先去得己，元武立处相去近，却日干去己远，或无路，是被元武先取了。若财与元武不和，或财中却有去克元武者，其贼不能取我之财，即不畏也。

日生元武无神败，三传年命复无害。吉神良将贼自宁，贼盗相乘去无碍。

元武与今日相生，或更日上神相生，贼无由败。又三传年命不克元武，有贼盗取家之财。无复克者，兼元武上下无剥制，其贼难捉也。若三传年命不克元武，有吉神吉将，与贼相生有气，乘旺相生，贼不败也，主贼无碍。若捉事人值空亡者，见贼即放也。若捉事人与日不和，见贼不捉也。若捉贼神与贼暗合，虽见有如亲戚，必言不见贼人也。

二上来临下，隐匿在比邻。要知藏物处，只在粪中寻。近河并近井，窑冶覆棚堙。在家与在外，元武有无亲。

谓藏物处，寅为林，卯为树木，辰为岗岭小河，巳为窑冶，午为窑灶，未为平地为井，申为水坑井，酉为水沟水堰，戌为堤坡，亥为大河，子为池沼，丑为墓冢。又未加卯为井，卯加辰为曲木，未加午辰为庙中，申亥相加为寺，亥寅相加为观，卯午相加为神堂，辰未相加为井，又上有曲木，又戌午相加为窑，卯酉相加为基茔。若白虎加今日，午为相隔，其贼是隔道人[②]。若见官鬼，主官事[③]，亦主隔道人相害，或财

---

① 丑将乙亥生人，乙未日己卯时占。

合 勾 青 空
卯 辰 巳 午
朱寅　　　未白
蛇丑　　　申常
子 亥 戌 酉（金入水中遥克寅日）
贵 后 阴 玄

合	青	贵	朱	父	己亥	后
卯	巳	子	寅	兄	壬寅	朱⊙
巳	未	寅	乙	子	巳	青◎

② 一曰白虎与今日相隔加酉。

③ 一曰官司人。

物在水中，或井内、覆棚或粪土内培藏，寄人家，只随金花宝监经逐类寻之。若物在家，子为房，午为堂，丑为厨，申为窗林[①]过道，卯为前门，辰为败籍，巳为窑灶，未为井，酉为后门仆舍，戌为厕，亥为圂[②]，又为楼阁，依此详之。

元武无气盗易获，物在高强亦须得。盗神有气贼难求，财入空亡亦沉没。

捕盗要元武无气，捉人有气，其贼必获也。又喜今日之财不落空亡，即有财不失。若日财无气，又落空亡，却难得。故财有气，武无气，先就日财，或先到财乡，其贼必[③]败其财，必还本主也。倘若元武与盗神俱处有气，其贼难获。盗神者，武阴也。立处无气必易捉。若则无气[④]，贼确乎不败也。至于日财落空，虽捉其贼，难以获财，财要有气，贼要无气。若财与贼俱无气，则二事俱败耳。

元武无气盗易缚，物落空亡财难索。两生物贼宜求贼，贼物俱旺俱寂寞。

元武立绝处无气，主贼自败。财落空亡，则不得；无气，亦不得。若贼有气，物亦有气，则得物而不得贼也。贼物俱旺，谓如六乙日，以戌为财，卯为元武加戌上，即取我财。戌是今日之财，六甲日天上戌加卯，是为元武，是财贼都不获也。亦曰：财贼俱败财难索。又曰：天上卯临戌，即为元武。

欲知远近何方去，元武相乘上下当。午临寅地为元武，出于东北往南方。

要知贼家住远近，自何方来去，地里数目，则用元武立处取也。例如丑临子为武，家住东北，从东南来。谓午临巳以生元武，前为贼来路，盗得财，却向正北子地上去。盖元武临处是去路，其贼头额高大，以丑为元武故也。又问几人为伴？则元武阴神丑上见寅，寅木生火，火主二人为伴。若无气减半，只一人。气平为本数，气旺加倍。以五人已上为重倍一。若元武立劫煞之地，主贼伤人。又曲折里数，其元武丑临子，子九丑八，得七十二里，并甲子乙丑，甲九乙八，先用二支相乘，八九得七十二里，又将二干合得八九十七，共得八十九里。若三传本命行年上神有克元武处有气，必捉得贼人也。例若胜光为元武临寅地，本家住在正南，却向东北方上去也。

元武还乡避贵衙，不行收捉位中夸。上下无妨须进路，再行克路必还家。

元武不行有克之路，以有克者为收捉之人。若玄神临长生之地，为还家也。若元武前有天乙，则不敢行，欲复还家，又前见克绝之路，亦不敢行，故取别有曲折回还，则归以别路也。例如三月将辛酉日己丑时占，其初传巳为元武临酉，其贼往东南偷得他财，出正西，先行三十里，不旺减半十八里，便待往东南还家去也。其元武前一辰午，是昼贵人，住西北戌上，其贼欲还家，怕西北不敢行，今往何方去？看放得财处

① 一作穿堂。
② 元作园。
③ 当加未。
④ 疑当作若贼有气。

先行，其贼出门，往正西行六里外，定放财物。谓元武临绝，虽已行前，不敢行绝处，行畏贵神在处，却将财往西南，过正南还家，与西北贼藏赃。五日，其贼再行，若捉贼神克元武藏处，只在藏处败。若藏处不得，则至家而败也。若元武下临道欲前行，有若贵人，则不敢行。又怕克绝之地，亦不敢行。须还家也。若行至建旺之地，其贼在路上下无碍，不得擒也。

《心镜经》曰：占盗先须元武看，老少休旺定两班。阳即是男阴是女，神将比和贼永安。

凡家内有小失物，则看男女老少定之。若大，贼则不然也。若元武所居神不克贼，则不相告发也。

元武内战分赃竞，日上朱陈自首言。

元武水遇土将为内战，若所居下克上，亦为内战。旺相告讦。土神更临木上，主被人告发。若日上见朱雀勾陈白虎魁罡者，主自首也。

元武之阴须识取，名为盗神审斯奸。

元武阴神为盗神。盗神者，阳神为元武，逆行四度是也。阴神为元武，乃元武所居神本位上是也。

年上有神伤武盗，发使追收事不难。盗去本家知伴数，亥生于木树林间。

例如八月将甲子日癸酉时占。天罡为元武，登明为盗神。从登明数去一辰为一人，二辰为二人，此是先贤立法。《经》云："盗贼所生为藏处。"登明亥属水，水生木，旺相，即林木中；休囚，在柴草中。加土为盗，即瓦石磨砻中，加金为盗藏水中，加火为盗藏土中，加木为盗藏炉冶间，各于所生处寻之。

盗神朱虎勾蛇合，不死遭擒被吏缠。更将元武三传算，上下俱伤是败端。

三传者，元武所加之三传，如俱相克，贼必败也。

克处不将赃物寄，生处其方是隐藏。

元武三传中有一传不相克，则是贼止处也。

传之顺行贼游走，逆转仍知贼伏跧。里数但看元武立，上下相乘总若干。复视亡神天目星，贼居其下莫教惊。亡神旬内居其乙，还如甲戌在登明。

甲子旬中乙丑，甲戌旬中乙亥，甲申旬中乙酉，甲午旬中乙未，甲辰旬中乙巳，甲寅旬中乙卯，是亡神也。

天目春氐夏居柳，秋奎冬女下潜形。

天目星所在，为盗贼之处，万不失一。

干若来伤支上将，莫问偷人何处停。支上阴神伤日上，追求缉捕事须成。

太阴六合来加日，冥福佑之登远程。

第四课克日上神，贼可捕也。太阴六合二将阴昧遮藏加日神，贼难缉捕。

三传元武克螣蛇，即是囚徒丧祸家。十二支辰皆有例，以例推之无有差。

旺相相生求不得，死囚欲走被人遮。

见朱雀，在吏长家。见六合，在贾人妇人亲情家。见勾陈，在将军家及故吏家。见贵人太常，出入宫禁时相家。见青龙，在吏及寺观。见天后，在妇女贵人家。见太阴，在长者家及邻人家。见白虎，在丧子寡妇家。见天空，在奴婢下贱人家。

此人在处好非求，而我亡财疑尔偷。且将太乙加年上，其次便看生月头。

虚星立也为真贼，参宿加焉莫谩尤。用神若此亦云是，无此何须枉结仇。

欲知失物何人取，阳是男人阴是女。老之与少看日神，旺相休囚将类举。

其物贵贱若为之，此时专心寻武时。吉神并者豪家子，凶神临者是贫儿。

子宫，有虚宿。申宫，有参宿。旺相休囚，谓元武也。一家之内十人居，一人失物十人呼。本知物是何人取，欲占先以将加时。若有人年元武下，此人行窃定无疑。

《指南经》曰：占贼行藏须视鬼，玄神生克看加临。卜赃得失凭财断，子孙休旺定追寻。元守来方看所伫，地支临处知贼去。穿窗越牖是悬绳，凿壁逾墙因马御。元居夜地越关梁，武往昼方身莫藏。丁马交加遁必远，太阳照耀捉还乡。

悬绳，煞名。

旬首乘玄度四获，河魁度亥隔难捕。游都之下访贼人，公胜盗时官克武。

宅逢盗脱家人窃，鬼乘生气去来频。子孙出现为赶贼，鬼遇刑冲自败擒。

发用为偷即贼身，赃在中传末捕人。一数至阴详数目，五行生处物藏真。

岁月克玄弥岁月，日时伤武日时期。首尾相加问不说，财爻空陷失难追。

六处武藏难妄拟，贵顺玄潜自失忧。课见螣蛇乡邑寇，年乘元武室人偷。

循环周遍去复来，网罗破败失资财。鬼脱乘玄遭盗窃，伏支前后返冲排。

伏吟贵顺，支前一位捕；贵逆，支后一位寻。返吟贼在元武对冲处缉之。

贵人顺治终玄捉，天乙逆行初武寻。神将比和贼安处，武神内战分赃争。

岁勾朱虎应自首，龙合阴丁助有神。元武三传日辰上，贼人还归莫告陈。

元神三传贼居处，初中有克末传寻。行年上神伤武盗，发使追求早见擒。

盗神朱虎勾蛇合，不死遭官被吏缠。更将元武三传算，上克下贼即败旋。

《玉册经》曰：捕盗将来得法穷，三传年命日干中。六处之间频克武，勾虎魁罡贼可攻。其次复以日辰看，凶神恶将不相欢。元武休囚并克贼，若此遭擒反此安。元武之阴为盗神，其说两般俱可论。须观盗神坐何将，凶恶临之获有因。追捕三传可细详，传顺在途传逆藏。里数但看元武位，上下都将休旺量。更察亡神天目星，二神之下贼来停。欲知少壮及男女，元武乘神辨彼形。

黄帝占无名盗例，甲子日人定时寅将，汇歌如右，盗可得也。

	蛇	朱	合	勾	
	申	酉	戌	亥	
贵未					子青
后午					丑空
	巳	辰	卯	寅	
	阴	玄	常	虎	

后	常	蛇	阴
午	卯	申	巳
卯	子	巳	甲

官	壬申	蛇
父	亥	勾◎
兄	丙寅	虎⊙

盗失占

郁离子曰：人，天地之盗也。天地善生，盗之者无禁，惟圣人为能知盗，执其权，用其力，攘其功，而归诸己。非徒发其藏，取其物而已也。庶人不知焉，不能执其权，用其力，而遏其机，暴殄其生息，使天地无所施其功，则其出也匮，而盗斯穷矣。故上古之善盗者，莫伏羲神农氏若也。惇其典，庸其礼，操天地之心，以作之君，则既夺其权，而执之矣。于是教民以盗其力，以为吾用。春而种，秋而收，逐其时而利其生。高其宫，卑其池，水而舟，风而帆，曲取之无遗焉。而天地之生愈滋，庶民之用愈足。故曰：惟圣人为能知盗，执其权，用其力，非徒取其物，发其藏而已也。唯天地之善生，而后能容焉。非圣人之善盗，而各以其所欲取之，则物尽而藏竭，天地亦无如之何矣。是故天地之盗息，而人之盗起，不极不止也。然则何以制之？曰遏其人盗，而通其为天地之盗，斯可已。作盗失占，次三十。

岁冲名为岁破神，天空元武莫相并。遗亡走失怪物频，支干逢之尤的真。

岁冲，太岁对宫神也。又岁破，正月起申顺支，同月破，与空武皆退神也。并临日辰，主走失误事。

岁破加临月破中，上下相逢财劫空。吉将逢来犹可容，若见凶神凶更凶。

月破，破碎煞也，孟酉仲巳季丑。又正月起亥逆支。二破相加者，财逢失散，一事无成，将凶尤甚。

月破人情主不和，凡事不成争奈何。失财疾病扰求多，惟于解隙事销磨。

月破，一名白虎煞，主病患失脱，独宜解冤仇，而忧事不成。

日辰传送两破神，破才失物自纷纭。恩人断绝亲不亲，事多乖错不和情。

传送，一作传逢。甲日反吟有之。

破碎之煞并亡才，克支之上有天灾。如逢宅破都难信，胜光独会自心开。

破亡二煞，并主失财。

五亡戊土遇勾陈，克干为用盗贼侵。

五亡煞，旬中辛也。刑克年命，主盗亡。例如辛卯日，戊加卯乘勾为用，遇盗无疑，此克干也。

天空马上莫传之，鬼伪同行婢走时。酉戌共谐一夕话，谁知百日见来期。

天空乘马，不可作用神，天空为奴仆，主奴婢走。酉为婢，戌为奴，并白虎，应逃去远也。

天空加酉巳上临，次位须知传太阴。走婢失财不称心，阴空一位理还深。

酉乃阴之本家，天空乘之，阴私之象成矣。婢妾奔，财帛失之候也。又酉加巳遇克作空，中传复见太阴，亦阴私之象，亦主走婢妾，失物大都婢窃而逃也。

螣蛇元武兆初中，传知末处见青龙。用临支上定真踪，失才失物应灾凶。

蛇元龙三传发用自支，主失脱。

白虎天罡立日辰，出入弗同人竞争。茶肆酒亭休暴怒，切忌凶顽盗贼侵。

二凶并处，藏机劫夺，生事谋人，故其占如此。

反吟元武有阴神，驿马奔逃奴婢身。勾虎空亡官事起，占病多因是死人。

反吟卦遇武马，主奴婢窃逃，见虎勾空，主官灾病死。

乙庚用［遁］**起是**［见］**天罡，地上辰居**［皆］**同此方。象主劫**［争］**夺须预防，或于失脱见乖张。**

乙庚日，遁到辰宫见庚辰，辰中原有乙，庚乃乙之夫也，或一庚二乙，或一乙二庚，皆为争夺之象，故主失脱，并元劫，则主贼盗。

壬癸占来元［后］**武初，失脱遗亡事不虚。天后阴人看何如，水将须详水将居。**

壬癸，水干也，得后武水将，与日同类，主劫灾祸紧切。用武，失盗；用后阴，主阴人失脱。

劫勾马用并日辰，切忌阴谋盗贼通。更作今支鬼贼逢，身挂白衣血染红。

劫煞并勾陈，加于日辰，主阴谋，暗通盗贼。若作支鬼，主见血光。春占见土，不宜更改房产。夏占通盗，更防离隔事起。秋占防家有猝死之人。冬占家有凶乖之子。

寅亥辰初至日辰，欲占求干有三人。忽然失物因逢武，亥子之处必难寻。

寅亥辰为用，凡事主三个人。若并武，则三人为盗。勾虎雀三人斗征，后龙阴主三子三婿也。若元加亥子之位，则其盗难获，其物难寻也。

天盗二煞遇元武，偷我粮财千万所。天空若并佞臣侵，劫煞同行为苦楚。

天贼盗神并元武为用，加日辰年命及传见者，必主失盗。天空主谗佞，大煞羊刃主身灾盗死。

后元罡上后兼天，斗柄为殃灾祸邅。更防失物难寻觅，右邻偷去见心坚。

虎罡亥上病猪羊，元武临兮盗贼伤。忽然更罹血支煞，被人毒药降灾殃。

例如丁亥年丙午日巳将，辰加亥见虎并劫，主猪羊见伤死也。若逢血支血忌，主人来伤畜。《经》曰："凡百占物以类求，羊须寻未丑看牛。猪是亥神犬是戌，类若空亡万事休。”元武克类，失贼偷物。羊寻未，此言亥者，亥未三合，丁壬相合也。一曰亥上宜作亥未。

从魁有战斗飞禽，临于旺相必为赢。忽落休囚并死绝，此禽怯战失银金。

酉并禽临旺相，则胜而得金，临休囚则负而失金。

贵顺以蛇为盗，贵逆以武为盗。失脱兼参白虎，太阴亦主窝藏。勾陈为捕盗巡司，制武还须有力。游都亦缉逃之宿，临空枉用心机。六合太阴，包藏难见。若问失脱，自己遗亡。

若蛇虎上见阴合，主自遗，非人盗去也。

黄帝占：盗亡可获，贼不敢格斗。占捕盗亡例，卯将甲午日昳时。

	贵	后	阴	玄	
	丑	寅	卯	辰	
蛇	子			巳	常
朱	亥			午	虎
	戌	酉	申	未	
	合	勾	青	空	

合	后	虎	合
戌	寅	午	戌
寅	午	戌	甲

财	戊戌	合
子	甲午	虎
兄	壬寅	后

失物占

失者遗也，人自遗也。非劫非窃，有何尤焉。人失人得，又何求焉。玄珠之失，罔象独得。蕉鹿之讼，千古未白。作失物占，以释其嫌。次第三十一。

日为自已，辰为他人。所失之物，则视类神[①]**。**凡类神见课传而不乘元武，不落空亡者，当于类神所临之地寻之[②]。类神不见，即见而乘武，主为人盗。如武乘卯辰巳午申，则白日盗去；临酉戌亥子丑寅，则夜间盗去。或见类神，而落空亡者，则遗失不获。若辰上天空空亡，而不见元武，则家人隐藏。日上乘太阴，隐藏之人不密而可寻。若太阴六合与类神作三合，可寻。类神作日贵人，虽匿而终还。类神见勾陈，人勾收而终返。类神作长生或入墓，失必得也。类神临日辰，未尝失也。贵顺元常，得自遗也。贵逆武传，斯被盗矣。若疑家人为盗，而不知谁，则人年乘武者是也。

若知物为贼所盗，而不知何等人，则视元武之阴阳旺相可也。武乘阳，是男子；乘阴，是女人。旺相者少壮，休囚者衰老。

---

① 类神见交易占内。

② 例如失金银，类神是酉。若酉加子，子为房内寻之。子加卯，则当于房内东方寻之。得卯属木，在东也。效推。

若知物为贼所盗而不知获否，则视元武之克制何如。如日上神制武所乘神，必获。为太岁制者，必年内获，月建制者月内获，否则不获。行年上神克制元武，亦可获。

至于以课体占者，则知一邻家取，见机家内寻，伏吟盗未出门，龙战家人寄邻，赘婿可见，斩关难觅之类。占失物者，亦可参观也。

怪异占

问骇见殊，疑有疑无。或思或咢，何实何虚。运式而视，凶避吉趋。作怪异占，以备壬书。次第三十二。

课传蛇见，日辰月厌。大煞直符，怪异真面。其怪何其[①]，何物云变。

神后所临，宫辰可辨。参以蛇阴[②]，怪情悉现。蛇阴生旺[③]，活物堪验。

死气休囚，死物赚闪。

占人年命，将吉神良。且自检点，虽怪何伤。年命神将，克战不祥。

怪斯咎也，修德可禳[④]。

庭内无端暴风异，布式而观风所自。天乙上来贵出游，螣方蛇虎防惊悸。

从雀官灾口舌兴，六合小口不安利。勾陈宜避恶人侵，龙上贵人征召意。

天空卑小讼狱繁，白虎疫疴丧吊忌。酒食当慎常上来，盗失须忧武风至。

太阴事起为奸私，天后方来女灾替。日上神将究何如，吉凶悔吝能知细。

虹蜺入宅异非常，握定干支细细详。刚日只凭干上主，柔日支上将神商。

良神美将加乘也，不出三年弄瓦璋。上是阳神生贵子，若然阴将女荣昌。

日辰之上逢凶恶，死墓刑冲害且伤。近则逾年远三载，人离财散罹灾殃[⑤]。

井泉自溢真堪怪，专视干头何所戴。暴富身荣加吉良，凶临日上离居害。

贵龙加日且相生，贵子钟祥家世赖。

树木何因忽自枯，行年日上将如何。双双美喜浑无碍，凶者分居或病魔。

日上若逢元武立，暗害明侵是贼徒[⑥]。

---

① 此字或讹。

② 螣蛇之阴神也。

③ 生气旺相。

④ 见怪之后课犹静，沉静之时事不生。刑冲克害休灾咎，天将研来可见情。怪后课体坐旺相，此怪吉祥无蔽障。若然囚死有灾迍，修德祈禳贞静尚。

⑤ 岁神为鬼忤天神，香火庙神月建询。日建灶君并道路，时逢家先是死人。怪落空亡怪自销，吉落空亡怪是妖。三传辰日皆生旺，百怪千殃付海潮。

⑥ 器用作怪是类并，家先香火两相成。生旺只是些见怪，囚死将来定死人。飞鸟人家云怪到，乃是飞游横神道。酒果香茶好送之，免使飞殃来作暴。

什物无知何自动，日辰旺相休惊恐。加乘得地将神良，财喜常人官益宠。

日辰之上逢囚死，疾病恹恹迁徙冗[①]。

怪哉飞鸟粪污衣，省察天罡事可知。加仲失财孟口舌，季宫反庆获财资。

日辰上或乘凶恶，蛇虎相逢掛缟衣。

异也螣蛇当大道，祇将日上神查考。制蛇制巳吉无虞，反被蛇伤生懊恼。

乘后乘龙乘贵人，须添喜庆人情好。乘常酒食乐犴犴，乘虎提防尸横道。

朱雀争惊慎火灾，勾陈斗打血光扰。余神六合武空阴，无事安闲开怀抱。

蛇行顺去喜盈盈，倒拔蛇凶忧悄悄[②]。

倘见蛇交视斗罡，孟罡官病两相伤。仲罡同姓妇人厄，加季应知事吉昌。

如在水火交界处[③]，定生口舌有乖张[④]。

大鼠往来观日用[⑤]，虎丧武盗朱灾讼。太阴加日上临辰，邻里有人暗算弄。

细察用神日上神，吉凶依类应多中。

静里俄然闻异声，日上神同年上神。吉则为财为喜美，凶兴火盗惧軿臻。

蝼蚁群聚视所聚，年命日上吉无虑。若加凶恶有惊疑，聚门聚户盗何御。

聚井聚灶及聚床，沉疴湿病安能去。聚庭家散主人稀，火光将动栋梁聚。

聚于刀砧主血灾，若聚柜中囚禁遇。衣中聚集防死丧，聚在舟车忧苦楚。

甑釜锵鸣物理奇，行年日上细寻思。将良乘贵乘龙旺，贵客临门事事宜。

勾虎蛇玄年日上，宅龙不靖隐惊移[⑥]。

鸱枭鸣异审鸣方，方上之神决眚祥。时来官吏登明下，神后师巫女至当。

大吉天空酒食至，故人亲戚手承筐。太乙之下吏人至，胜光诏命喜非常。

小吉妇人酒食事，从魁女子馈一浆。传送乞墦或索债，如冠天罡论讼狂。

无端官事凭空起，官符文书欠主张。

从魁主异牝鸡鸣，天乙乘酉吉庆评。传将空亡属虚妄，如逢恶煞太无情。

春秋冬月鸣忧苦，夏叫男鳏女寡成。非时鸣者[⑦]课用查，怕见五墓并螣蛇。

加辰加卯[⑧]祸犹浅，加酉加戌祸如麻。提防灾病并火盗，更主凶丧发叹嗟。

---

① 专责日辰上神，刚日柔辰。

② 专责日上乘神。

③ 蛇乘临也，或交所。

④ 怪期月厌在家庭，螣蛇日鬼路亡行。故名怪异曾见否，家长为先自己评。天乙卯酉触神祇，或临巳亥有灵祇。戊日木神加巳上，戌亥天空犯灶祇。月厌飞魂共日支，须防怪梦恶神祇。贵人天子羊刃割，蛇雀绯衣病有疑。

⑤ 白日鼠行。

⑥ 宅龙不安，时有暗惊，主移徙。

⑦ 此论雄鸡。

⑧ 一作酉。

禳之之法，各循其方。丑未贵乡，祭社祭土。魁罡二后，告星告斗。不若修德，可免天殃。

犬吠如狂声怪异，日辰乘将灾祥系。天罡登明有虎过，传送生人[①]僧道至。

太冲树倒石岩边，风吹草木声相暨。大吉虚声或人来，小吉客来求食意。

河魁行者反门间，功曹端的生官事。不然亦主小人临，其余四将名空吠。

忽闻嚎咬为何因，月将加时看日辰。日辰所临何将下，吉凶善恶断斯真。

天罡有人持兵器，太乙来临贼盗人。胜光忽尔闻风起，小吉因为觅酒醇。

从魁天魁并传送，神后皆为惊鬼神。若遇登明规虎豹，大吉无因时刎频。

更有天冲相见处，倏然木折得其真。

暴风无故起天来，善恶加临日上排。太乙临之官有罪，白虎勾陈兵阵开。

天空百姓多疾病，元武相逢贼盗乖。风上为期当细审，假令有法亦须该。

飞鸟忽然鸣高枝，即以月将加鸣时。看鸟落在何方所，神将加临以卜之。

功曹忽尔奇忻事，太冲酒食及阴私。天魁官吏相萦苦，补入枭鸣一体思。

有怪惊人须决忧，三传神将辨其由[②]。又看怪是何神物，三十六禽依次求。

巳作天空水禽物，酉乘六合釜鸣鸠。魁并合也神惊犬，罡附螣蛇井沸流。

太乙武兼蛇入厕，传送光明大吉牛[③]。

黄帝占怪祟恶梦法：正日时，视日辰人年上神将，有旺相气，上下相生者吉，非此者凶。魁罡蛇虎临日辰人年者凶。其用在阳为忧外事，在阴为忧内事。各以其家长年上神决之。假令年俱立恶将下，未必俱恶。以天罡所临别之。加阳忧男，加阴忧女。加孟为家长，加仲伤宅母，加季忧小口。

凡见星飞练色长，正时式运落何方。假如值巳逢天贵，必是迁臣出外乡。

吉将使星诚不谬，凶神兵起定为殃。中天若是来飞落，使出兵凶发处详[④]。

还将正时加月将，日辰之上用参商。看逢何将加分野，十二邦郊兵使当。

卯上将神若见午，周邦使到宋封疆。秦齐燕赵依斯例，使命兵灾各自彰。

地震多荒民主饥，灾侵分野俗流离。东从震巽来干兑，不顺为殃户口移。

大动有忧忧在上，如逢小动下流携。正时改易当为忌，初动何方神将知。

动观日上来方并，怕鬼金神向上窥。勾玄空白同临此，兵革纷纭田不耔。

雷声初发恁方闻，运式加时察将神。六合青龙天上岁，四维大段没烟尘。

螣蛇玄武雷声上，此处当年小患生。百姓灾殃田薄熟，忽然摇动八方惊。

---

① 面生人。

② 看雀武等。

③ 野兽忽然来作怪，家先土地不安快。宜求两处保身康，消病消灾消疲息。

④ 看发端。

灾在一方鬼贼磨，只为百里内无过。登明位下闻雷震，亥地为灾可奈何。

九天玄女式通灵，运动几微理最精。看取五行初发处，便知岁月有何征。

地上之神是应期，显然经说不差疑。正西酉上如闻响，八月惊忧定不移。

师临敌上一声雷，我军不胜破军灾。己营若被克其寨，胆怯心疑欲走回。

非常雷发有何因，黄帝经中备载陈。多是久淹刑狱滥，屈冤横扰故天嗔。

《海底左眼》曰：见怪元来视转蓬，天狱天祸鬼呼同。八专虎视并龙战，冬蛇掩目怪须逢。日辰鬼并加蛇虎，干上长生蛇虎通。用得休囚或在死，朱阴蛇虎武乘中。墓门岁月支干合，定是家中怪作凶。

梦寐占时是鬼呼，天后三阴魄化徒。冬蛇掩目求其类，螣蛇但向日中居。

支干阴课为用起，正时二四六丁符。干上空亡为发用，空亡或与螣蛇俱。

一课三课，为干支阳神，不成梦寐。第二第四是阴神，故尔成梦。若传课旬遁逢丁则应也。

察微蒿矢及无亲，虎视转蓬云昴星。冬蛇九丑遭天狱，元胎炎上二烦惊。

龙战并为惊恐课，螣蛇月建鬼爻并。白虎日辰横战克，武蛇但向日辰停。

贵人若也临辰上，蛇虎魁罡卯酉行。更若日辰年上见，定是惶惶有惧情。

邀候占

邀候何故，干求眷慕。事出偶然，两弗相顾。不值于家，索之于路。邀欲其来，候欲其晤。遐尔方隅，遇违早暮。法射覆占，作邀候课。次三十三。

匪期匪访，弗拟斗罡。亦匪失路，无关胜光。不责刑德，曰匪遁亡。阳日日上，阴日辰方。天官乘将，两两胥匡。佐以发用，先锋敢当。邀来候晤，又何匿藏①。

子贵候逢有死者，不然有妇争讹也。丑贵双牛带花马，持铁器人蹲道旁。丁马动时有逃女，禽鸣树上候相当。寅贵官鬼游道人，直符咒巫天怪神。卯贵逢医术士晤，或是推车客相遇。辰贵官兵牛倒死，巳贵牵牛骑马拟。午贵定迎送官马，此处邀之当得也。未贵羊酒话婚期，此际邀人最得宜。申贵官兵甲队追，邀候如期贵客归。酉贵邀候贵人谐，奴婢随求上任来。戌作贵人犬争格，路候牛骡接贵客。亥贵花珍幼女人，或为孕妇候逢真。

子螣乞索并小子，水里生涯水物迩。丑螣候人不喜老，园边二女心悄悄。寅螣邀候禽鸟闹，直吏吏胥游燕咲。卯螣小子逐群游，蓑笠农工邀候求。辰螣邀候妇人遇，

① 此法如射覆，而单重十二神将，专责发用，乘加地盘勿用。

丁开嬉笑语欢呼。螣蛇伏位邀何畔，蛇鹊空中争散乱。午螣禽鸣游女逃，候人须向酒筵邀[①]。未螣女至接迎人，申螣军士乞徒邻。酉螣悲哭女儿曹，不啼有索带缠腰。戌螣骡驮一小童[②]，邀人此处候须逢。亥螣燕鼠邀中途，不然乞子前头遇。

子朱邀候寻人赴，禽噪高枝兽引路。丑朱妇嫁及担匮，担盘虽晚邀必会。寅朱有人随父母，书册吏官邀候睹。卯朱刺绣女温存，床券车舡兔或奔。辰雀逢人相斗夺，巳雀飞禽小女问。螣雀马丁骑马过，娼优游戏却如何。未朱尼女急忙行，申朱雀闹鸦喧争。酉朱邀候逢堪悚，口舌生疮头面肿。戌朱刑害主纷争，光怪月厌兽驮禽。亥雀途逢禽啄兽，戌亥同惊妖鸟兽。

子六竹笼把拈竿，丑六担笼盘匣看[③]。寅六上梁新盖屋，卯合担盘担床续。辰六邀逢载草车，巳六携瓶挈瓻查。午六妇人去担水，或观乘马及推车。未六乐声祈赛社，申六群车军伍籍。酉六邀逢铁器过，钗环刀镜欠相和。戌六伤人因习射，亥六逢猪担瓦壶[④]。

子勾狐兔死鼠刚，破物五鬼不相当。丑勾载柜鹰车牛，携瓮人来邀候求。寅勾妇人陈状立，卯勾鸟闹鬼风急。辰勾屠畜并血肉，巳勾鸟鸣人不测。午勾皮毛殺四足，未勾犬羊驴来及[⑤]。申勾牛马驼石炭，邀见逃生死伤难。酉勾邀候得何情，门前狞狗噬人惊。戌勾两犬逐人奔，亥勾屠户石磁尘。

子青买马树神许，一番好事天边语。丑青蟠泥滞一朝[⑥]，神佛画金铁作邀。寅青贵人乘马逝，卯青草车逢术士。辰青公吏争迎送，巳青二女带花从。午青贵人发重妇，未青虫伤羊病楚。申青官员边[⑦]信息，酉青军乐散筵席。戌青猫犬色黄青，亥青军马水边迎。

子空九里穴流泉，丑空车翻八里前。寅空七里僧乘马[⑧]，卯空六里车瓮罢[⑨]。辰空五里驴三五，巳空四里担盆瓿。午空邀遇是非争，未空八里羊孝僧。申空七里闹车声，酉空六里口信迎。戌空五里驴骡僧，亥空乞索边塞音。

子白鼠来天怪系，马丁爻见远行至。虎入虎林见血滓，孝子军都逢七里。卯白贼伤潜不起，孝子丧车金木理。辰白五里人斗讼，巳白四里脓血痛。午白九里花马遑，未白八里孝俎羊。申白异兽逢兵队，酉白六里送犯配。戌白斗打烧稻田，白遇登明无

---

① 管子曰蛇午女禽分上下。

② 或曰小童持送马。

③ 匮匣担笼担斛铁铜盘。

④ 罂类也。

⑤ 狗逐群生骡负米。

⑥ 一作节。

⑦ 一作迁。

⑧ 耕驴药瓮。

⑨ 车有破瓮。

定言。丑白候邀毋执定，若来若晤也虚传。

子常小儿游戏来，丑常牧子跨牛来。寅常虽遇犹不遇，卯常六里兔羊住。辰常邀候不宜行，巳常绢帛不相迎。午常道见贫家妇，未常求子佳人聚。申常不遇为远游，酉常赏赐出车求。常戌犬衔破衣走，孀妇礼坟来处候。常亥边军并乞索，亥加小吉邀难度。

子玄九里鹊鼠龙，丑玄八里水溺殇。寅玄七里树边駹[①]，卯玄六里瞎唇缺。辰玄五里持猪屠，人邀饮酒切莫呼。巳玄邀怪家不宁，四里乞丐及军人。午玄九里惊马斗，未玄八里师婆就。申玄死贼并奔军，亥玄四里见九人。戌玄有犬吠[②]贫子，争战军人遇五里。

子阴九里逃妇投，丑阴八里妇牵牛[③]。寅阴七里人伐树，卯阴六里粟车游。辰阴五里逢屠户，巳阴四里丧孝忧。午阴九里风迅起，未阴八里三孝子。申阴七里军凶队，酉阴六里二女喜。戌阴五里卒兵过，亥阴涂妇坐四里。

子后汪汪好如意，邀着师婆碎酒器。丑后逢见瞎眸婆，不扶见搅弄风波。寅后贵女七里邀，卯后私盐外妇姣。辰后井煞邀园水，巳后妇人心痛委。午后出门女见悲，未后井畔女群依[④]。申后小女随妇行，酉后逢丁财妇争。戌后难离路次立，逢担瓦器邀相值。亥后猪花邀见逢，高上山来喜事重。

邀候何方，城市村庄。东西南北，发用神详。柔辰刚日，亦可参商。用旺用相，克下生上。仰视所乘，定其方向。用死休囚，生下贼上。俯依所临，地盘住将。两两比和，一定可谅。天空空亡，不备堪怅。润下水滨，北面而行。炎上炉冶，南方火明。曲直林木，东路邀迎。从革西道，亦有甲兵。稼穑游子，冬室春城。逢秋遇夏，踪迹难凭。伏吟伏匿，在家不出。如遇丁马，远游不觌。反吟无克，去来不一。邀之云来，中途而息。丁马相逢，兼之克贼。若弗云来，须臾到宅。劫煞会成，邀候速亨。关格隔角，迟滞之情。道里远近，神将是征。神而明之，存乎其人。

此邀候之大较也。出门刻应，亦依此法。方向备载汇占，兹不复赘。神煞必用者如左。

仪神［主采床赤衣衣冠］	雷煞［神仙过］	圣心［神过］
食煞［主酒食果子］	丁马［主妇逃兵马送迎］	二医［医人药物］
谩语［术者］	合神［圆物］	枯骨［骨殖］
劫煞［官兵凶贼］	二死［死丧］	生气［生物］

① 黑色马也。

② 一作咬。

③ 黄牛。

④ 不然夯菜抱麻行。

天牛［牛］	井煞［投水人］	天马［马］
月将天乙［宝玉贵物钱五谷公吏］	书诏［文书官评］	天喜［婚姻喜庆］
成神［成就喜事成物］	戏神［嬉笑戏］	禄德［贵客］
石煞［瓦石］	天目［孔窍伤刑为瞎眼］	女煞［女人］
光怪［主花草］	破碎［细碎物］	奸煞［不善人泆狡］
相负［冤仇］	火鬼［火烛］	木煞［香木竹木］
绳索［绦带］	蛇卧［蛇］	直符［文书符箓］
绞神勾神［主勾连物与事］	飞廉［飞禽燕］	哭神忧神［哭泣］
缠绕［主缠绵］	瓦煞［砖瓦］	天鼠［鼠］
毛禽怪［毛羽物山魈］	天耳［寻人者］	天车天坑［舟车］
天寡宿［女尼］	会神［喜事人会］	器煞［主器］
讼神［主词状官符］	风煞［鬼风起也］	二血［血骨血症人］
刀砧［屠宰剜剐］	道路神［行者］	天猪［猪］
白虎［虎伤犬咬］	天狗［犬］	跌蹼［主仆跌］
巫祝［僧道术士九流师婆］	盗神［盗贼］	丧吊［孝子丧柩］
二血亡刑［血光逃亡］	死神［死亡］	丝麻煞［主丝麻帛带］
病符［病人］	元首［头面金银］	闭［哑子］
金神羊刃［军卒凶人］		

射覆要略

蕌谷定解，取类之法，大率本诸五行，而区别之例，则有数等。

《鬼撮脚》云：金旺为金玉珠宝，相为铜铁利刃，死为锅釜，囚为铅锡，休为锹针。

木旺为林木，相为竹苇芦草，死为棺椁，囚为栋梁船车，休为朽木柴薪。水旺为水露江河，相为山涧流泉，死为死水沟渠，囚为地坑池湖，休为厕地湿处。火旺为炉冶，相为灯烛，死为光明，囚为灰炭，休为烟尘。土旺为山岳，相为丘阜，死为坟冢墙壁，囚为沙土泥，休为犀中基地。此取于五行之物类，惟以旺相死休囚区别，不分阴阳也。

有取三合五行者，如午为火行之正，而寅亦为火炬。子为水行之正，而申亦为池湖，辰又为陂池为海。酉为金行之正，而巳亦为赏赐解之之属。若课得三合全局，则以类相从。如炎上为狂党，为性急，为口舌，为炉冶。曲直为持橐[1]，为桴筏，为栽植。从革为解离，为改易。润下为沟渎，为渔网。稼穑为艰难，为开田筑室之属。

有取方旺五行者，如申酉属金，而戌亦为印，为剑锋。午为妇人，而巳亦为阴人，未亦为眷属。亥子为雨，而丑亦为雨师之属是也。

《壬髓经》曰：寅为萌木，方出艮土，其木未全也。卯为全木，居震位上，在甲乙之间，故卯为舟车成器也。巳为暗火，凡火欲然，先起其烟，烟灭而始焰，以烟下有火，火被烟昧，故为暗也。午为炎上之火，居离位上，在丙丁之间，阳极之位，火势太盛也。申为小金，初离坤土，金才出矿也。酉为大金，居兑位上，在庚辛之间，金势全也。亥为浊水，戌土在后，闭塞不流也。子为大水，居坎位上，在壬癸之间，故为江湖河海，水深蓄藏之所也。以阴阳而分，利用之物，莫如水火；成器之资，莫如金木。其间每以阳为大体，阴为成物；阳属自然，阴属人工。如申金为刀枪兵，为劫攻，为田猎，以白虎之家，参伐所在，惟取肃杀为义也。酉金为钱，为小刀[2]，为金环，为镜，为鼎，则皆成器矣。寅木为木丛、栋柱而已。卯木为舟，为桲，为车，为床，则皆成器矣。午为重离，太阳之火，不言所属。巳为窑冶厨灶，皆利用矣。子为天河之水，为雨为云。亥为江湖会通，亥作天空为缸瓮，亦取其盛水利用也。惟人反覆参伍以求之，其义尚各有所在也。

玉质坚密，金之属也。显悟云：申酉为珠，为珎宝。《龙首经》云："申为璧玉。"《管辂书》云："申酉带月将丁神二火光怪加亥子，其体圆光而动，射物是珠。显悟申为枪，酉为刀，卯为砧，阳金主杀伐，阴金柔钝，足以试诸禽兽而已。"

射覆占

支柔干刚，上神颉颃。勿用中末，初传参详。近法袁李，远宗东方。绝疑去贰，作射覆章[3]。

日辰作用，堪食者众。火气火神，土产土从。水养水中，金伤金重。果食木生，五行团弄。支乘用神，旺相生新。囚死无物，刑克死真。用孟圆物，用仲方邻。物尖或缺，用季之因。旺则圆软，嫩长相陈。死僵且直，细碎囚辰。物轻而缺，休气攸臻。

① 主侍从官。

② 别于战攻之刀。

③ 其法阳日视日上神，故曰干刚。阴日视辰上神，故曰支柔。兼以发用神合而决之，不用中末传也。次卅四。

值旺值相，新完且珍。遇囚遇死，旧破堪瞋。长生嫩小，沐浴滑好。冠带朽枯，临官新巧。帝旺急需，贵重珍宝。自衰至养，废弃可考。日辰入传，物有表里。天空空亡，物无可拟。用月将前，过时物体。将后用兴，未来物尔。发用太阳，时哉物喜①。

神后坎邦，旺水汤汤。物有爪窍，石沙中藏。生自水泽，音乐用张②。或为妇用，首饰宫装。大吉杂金，其物皱纹。如眉如目，艮土之群。或产堆土，或来墓坟。功曹柔木，物杂而族。五色花纹，似乎手足。木类纖长，花果旺熟。震木太冲，水陆用通。似有口腹，物从化工。丝纶盘络，门户用中。天罡巽合，土水相杂。有角有皮，方圆周帀。或近水池，烟火相答。成质成形，坚刚之甲。逢囚遇死，焦皮［破］是洽。太乙生金，土火中驯。其物未足，手足如林。弓轮锁钥，炉冶工深。或来山野，羽虫如壬。离火胜光，采色辉煌。头有孔窍，偏斜相将。文书器物，或出蚕桑。坤墓小吉，余用酒食。细碎器类，尘土灰石。或锦或绵，幣帛段匹。女子造成，庖丁用及。传送金柔，铁石磁求。有心则使，心空器俦。或有四角，寻常之流。兑金从魁，金钱刀锥。或多头绪，尖圆亦推。形有耳目，其物可窥。河魁居乾，金火杂干。五谷铁石，细碎刚坚。大半土物，火冶金刊。登明柔水，物都近水。或匾或圆，饮食余委。亥作孩儿，为儿戏垒③。

天乙神司物白黄，文章珍宝两明光。亦司女子钟情物，首饰钗环若珥珰④。变异偏为水木类，谷麻麟甲蟹堪尝⑤。

子贵文书，笔墨相须。采妆水物，女手分区。丑贵泥土，金石贵古。翠羽飞红，铁器俦伍。寅贵瓦器，珍宝奇异。卯贵竹木，为物中空。亦主水生，细碎之踪。旺相用食，囚休无庸。辰黄土石，圆物质密。旺相磁铜，否则骨殖。巳贵花草，丝麻贵宝。文印朱丁，器物财宝。午衣绯紫，珍物神祀。德合皇书，诏勑之喜。未贵黄流，铜铁酒卤。香珍果食，须弃休囚。申类牛猴，形黑而黝。金钱药石，五行细搜。酉贵土像，黄白窍圆。钱刀镜盏，金石刚坚。戌黄丹腊，医临为药。生作钱财，死作灰殺。亥锡磁器，碗碟之系。幼女花珍，圆刚眼异。

螣蛇红赤物文华，火金毒物状如蛇。变异甘香及豆粟，鳞介之余射可夸⑥。

子蛇水精，其物龙形。尖细而软，花纹上呈。丑蛇物妙，有孔有窍。五谷铜钱，石块密料。寅蛇屈曲，花锦衣服。色白或赤，丁动花木。卯蛇斫削，花草绰约。果食

① 此以日辰发用言也。

② 一作膏药奇方。

③ 此以日辰发用十二辰占也。

④ 其于人也，骨秀神清面厚性浸重。

⑤ 以下分序天盘十二支神主物，弗用地盘，用则差谬。

⑥ 其于人也，头尖眼面赤性狡。

甘香，木器长逴。辰蛇石砖，瓷器瓦兼。为索为带，皮丝是占。下生上动，作药及钱。双蛇其逢，丝蚕女工。青青花木，索带蛇虫。长绳蟠结，屈曲形容。午蛇衣帛，布持手中。绯红翠羽，符纸书空。未蛇文物，丝麻谷粟。米帛钞钱，酒器相属。申蛇坚刚，金石怀藏。铜铁武器，或曰锄戕。酉蛇灰屑，土块刀铓。钱针镜钮，酒器刚方。戌蛇泥淖，泥土打团。骨殖切磋，瓦砖可观。亥蛇烂枯，乞索画图。怀藏匙铁，交互之模。

朱雀司物赤与黑，网罗捕缚攸宜得。晶明毛羽并文章，变异火烟烧灼责。

梨枣羽毛及衣裳，能行火烛豆黍谷[①]。子雀文具，黑灰毛羽。丑雀灰尘，鼠窠羽根。寅雀羽毛，花草赤袍。嘴尖器皿，飞禽嗷嗷。卯木雀主，果食堪取。文书草色，青新可许。辰雀绳论，破瓦赤盆。尖刚有嘴，毛腹森森。巳雀药石，杖物龙式。软曲牵连，紫赤其色。午雀衣衿，怀内飞禽。未雀文契，赤衣果味。申雀钗刀，铁石坚牢。酉雀所司，铜铁无疑。旺生宝册，财现钱赀。戌雀鸟窠，骨角器多。或为瓦器，文书规模。亥雀上器，维梳及篦。形尖且细，非常物事。

六合光华夸采色，为竹为木为金石。其物金戕木石伤，变异羽毛盐粟食[②]。

子将合佐，物贮水火。形细质柔，堪尝花果。丑合伤破，挑空空妒。匣笼盘根，铜铁斗度。寅合雕漆，毛物果食。竹器枝条，或云刀尺。卯合果品，竹萝盛之。木器青物，柳松之枝。辰合土瓦，竹器枯梢。巳合木器，竹筒更饶。或为炉冶，曾经火烧。午合木磁，红物果时。未合腐烂，甘果青干[③]。申合铸陶，钗环纸包。酉合刀尺，镜钗剑戟。戌合器硬，雕力骨劲[④]。亥合四足[⑤]，纸绵木竹。竹器枯削，把之盈匊。

勾陈木植黑青呼，其象勾连足罔罗。变异铁铜同瓦石，金钱麻谷兔盐徒[⑥]。

子衣花陈，刚物破痕。丑陈花纹，砖石云云。寅陈瓦石，有土圆黄。木根物坏，土色行藏。卯陈相疏，梁柱之余。或为瓦器，笔毛自如。辰陈捕具，砖瓦相遇。黄土或然，圆物之序。巳陈衣旧，弃物无偶。土中炉冶，物中红瘦。午陈印篆，果食裹卷[⑦]。小吉勾连，粟帛丝绵。甘鲜果食，瓶壶类言。申陈铁器，炭石无异。酉陈磁铁，钱镜之列。衣服戌陈，土内沙尘。怀藏磁骨，罗网灰盆。亥陈香味，尘磁石器。

青龙黄赤草木类，悬空可食之物瑞。变异文华炫羽毛，怀内钱财印信贵[⑧]。

子龙蝉形，花果堪烹。丑乘青龙，器属铁铜。销金图画，神佛仙踪。寅龙矫揉，

---

① 其于人也，嘴尖面削身轻性躁急。

② 其于人也，色秀身长骨清性迟慢。

③ 一曰带青根。

④ 一曰卯骨。

⑤ 匹疋。

⑥ 其于人也，眼大睛黄否粗而丑性钝而凶。

⑦ 一曰皮毛器包果食。

⑧ 其于人也，神清腮赤眉目分明美鬚髪性淳美。

铁衣青浮。卯作青龙，木器果穗。青红花木，故钱财从。辰龙瓦器，曲木自生。六畜文字，因之启争。巳蛇逢龙，双合物华。的真椒果，否亦枝花。午龙烧身，食物烧成。文书花果，缕衣允轻。未龙烂木，茶食衣服。申龙腰带，金石尖碎。酉龙刀伤，金宝银藏。戌龙物割，刀环印合。亥龙瓜果，水生物补。

天空物状尚空虚，印绶其逢金铁居。变异臭虚诚恶物，空神终是物虚无①。

子空砖陵，如镜如瓶。丑空铁土，铜铁器伍。寅空没底，木器破矣。破瓶破盘，毬瓶怀里。卯空木石，刀成圆物。辰空砖瓦，瓮盆破者。若见二医，药方书写。巳空生气，有脚窑器②。午空废物，的真无物。未空物甘，味美堪餐。申空角好，金器窑造。酉空磁本，圆物破损。如珠铁光，怀里深藏。戌空土装③，骨器糇粮。亥空污泥，水物可思。乞索财物，登明主之。

白虎金玉剑刀兵，铜铁器类尽伤形。变异麻麦属堪凭④。

子虎瓦物，丑虎刀尺。寅虎刃锉，金宝衣裳。卯虎割裁，金钱可猜。辰虎铜环，铁器铁环。丝麻瓦布，射覆之关。巳虎刀钱，金类帛连。符券斧铁，刀砧是专。午虎药石，尖破花物。未虎镕像，方圆物想。申虎斧钳，锦丝金环。酉虎镜锹，刀石金标。戌虎印钮，兽物之丑⑤。惟骨惟灰，土烧所有。亥虎毛虫，刑伤其客。文爻生旺，蔡日其逢⑥。

太常黄物味中尝，形圆珍类变文章。金石文华有耳目，有毛有窍异寻常⑦。

子常衣花，盘尖红霞。丑常旧絮，寅常文契。或僧或道，其物须意。卯常文书，花果食需。辰常土石，药钱物食。巳常花装，故破其装。钱财果食，绢帛衣裳。午马太常，女子衣裳。头面首饰，文书是将。未常服物，自家财物。申作太常，钱物商量。酉常毛羽，头面钗侣。戌印常绶，破衣独透。亥将常神，曰带曰绳。

元武之物出水中，勾连鳞甲文章工。变异虚中女子物，俄然为豆也非空⑧。

子武类鳞，文书可欣。为物堪食，鹊鼠何因。丑武角金，水土思恩。寅武帛文，勾动物云。或竹或木，帛缠其根。卯武瓜菜，文书具载。曾栽竹木，毛发草芝。辰武瓦砾，砖瓶盏及。瓯盂与壶，药物可觅。巳武物破，瓶瓮具布。禽鸟石灰，驮弄无误。

---

① 其于人也，老大冷面头黄性诈。

② 一作冶器。

③ 泥土物也。

④ 其于人也，眼圆项短额阔形肥发短鬓稀性恶。

⑤ 类也。

⑥ 《金口诀》曰怀藏蔡日堪传看。

⑦ 其于人也，身大面圆肉腻肌肤香润性淳厚。

⑧ 其于人也，面小身微日斜色黑形丑性偷淫。

午武心空，瓦心悬风。文章毛羽，管城子庸。未武土喜[①]，盆中果子[②]。申武飞虫，灰石铁镕[③]。酉武金帛，石盆色黑。戌武花斑，毛裘其斓。亥武归哉，美物外来。一草一木，青黑其胎。

太阴黄白金刀针，变异野外水中菱[④]。

子阴物香，麦食中尝。怀内潜藏，五谷文章。丑阴女衣，铜铁是稽。寅阴司物，刀斧伤之。有宝金铜，窑冶锻之。卯阴钱仪，盏托竹丝。辰阴钗钏，花朵金绚[⑤]。巳阴物奚，刀尺巫衣。射为钱铁，缸盏为磁。午阴物尖，白色铁占，金亦可拈。未阴黄食，或为金帛。女器阴申，龙形虎形。羽毛及麦，为石为金。酉阴羽金，物镜中青。刀环钱物，色色生新。戌阴虫称，钱药镜兵。亥阴物类，刀锥聿锐。

天后物洁女用透，变异草木食稻豆[⑥]。

神后天后，青黑衣覆。细细碎碎，色青而秀。丑后神器，或瓦石器。寅后司庖，香木味饶。亦曰草木，或采花袍。卯后土泥[⑦]，竹木纯丝。辰后污浊，刀具礶杓。巳后故物[⑧]，午后残物[⑨]。未后带伤，凶毒之物。申后鼠形，金镜磁瓶。酉后白衣，白色物题。戌后黄浊，红碎物驳。瓦器药钱，其毛犖犖。亥后水生，酸物是登[⑩]。

润下水产，或近水生，形曲而皖。炎上火烟，物经火气，心虚体尖。曲直曲屈，色青形长，草木之物。从革刚方，雕文刻缕，金铁其章。稼穑圆厚，泥土生成，味甘色黈[⑪]。或用伏吟，水边伏匿，物属近深[⑫]。返吟道路，物自远来，反覆伤破。阴阳不备，物不完全，阳寄阴替。以课体占，惟此八者，入射覆参。

用孟物卓，有棱有角。四仲物式，为平为直。季用物良，为圆为黄[⑬]。

水上见火，物环水土[⑭]。水上见木，轮转反复。水上见金，生物可寻。水上见土，土器故古。水上见水，好走之汇。

火上水呈，故物残形。火上火明，其物好行。火上木见，花果物件。火上金现，

---

① 泥土中产可吃之物。
② 一作盆果。
③ 铁器。
④ 其于人也，声清肤腻性柔媚而妒。
⑤ 一作金石。
⑥ 其于人也，身清音爽大似太阴而不妒遇克刑则淫。
⑦ 泥土之物。
⑧ 一作故衣。
⑨ 一作伤破。
⑩ 此以十二神及乘辰占也。
⑪ 他口切音，偷上声，黄色也。
⑫ 近，近处之物。深，深藏之类。
⑬ 变占。
⑭ 一曰用起水神，日辰上见火神，半虚之物。

陶冶锻炼。火上土装，砖土相将。

木上水加，生物带花。木上火焰，残焦枯片。两木相契，花竹木器。木上金雕，陶冶刃刀。木上土居，凶事之余①。

金上水障，生金石上。金上火炎，炉冶物占。金上木宅，物从雕刻。金上金盈，贵美器成。金上土即，物必瓦石。

土上水泛，桑丝物艳。土上火行，为物光明。土上木绵，物质牢坚。土上金出，物为瓦石。土君土弼，物来墙壁。

春木旺色青，火相色黄，土死色黑，金囚色红，水休色白。夏火旺色赤，土相色白，金死色青，水囚色黄，木休色黑。秋金旺色白，水相色青，木死色黄，火囚色黑，土休色红。冬水旺色黑，木相色红，火死色白，土囚色青，金休色黄。土寄旺于四季，而各有气序不同。正二月土死，三月初五至十二旺，已后墓，四月冠带俱旺，五月上旬戊土相，下旬己土相，六月上旬戊土旺，下旬己土旺，七八月衰阴阳，九月生，十月杀阳，十一月土始有气，十二月己旺。四季土旺色黄，金相色黑，水死色红，木囚色白，火休色青②。

金色清白，木色青碧，水色黑绿，火色红赤，土色黄褐。

水：生平柔弱嫩抬头，冗杂纷纷不自由。恬淡修为清净节，倏然功利一时休。火：温柔性格有文花，生长炎炎富贵家。落在贫寒禁不得，雄才端的向谁夸。木：本来形貌自柔绵，矫柔难为意罔然。异日成功长几许，昂然端不负苍天。金：头角峥嵘得自由，频装体貌弄风流。若将方正终身待，回禄同来一旦休。土：形体团圆变化妆，层层包裹定非常。若君识破其中意，只好呵呵咲一场③。

旺：形体周全气象新，成材何异掌中珍。东君收固身无恙，莫向人前乱惹尘。相：器具修成体貌方，生成水土近山岗。主人少失些儿意，辄为人前说短长。死：扪形已觉身如削，惆怅王孙乖后约。首尾燎焦已不堪，谁人肯与年年乐。囚：此物从来本不稀，棱棱块块自相依。只因顽钝刚如铁，久向人前说是非。休：行藏坦坦腹空虚，年貌尫羸孰似渠。莫道伛偻人不取，也曾终日伴名儒④。

子午：不匾不方又不圆，歪歪拗拗易中难。休将头脑人前出，空窍丛丛孰忍看。卯酉：生意真从树上来，味中清粹最为魁。食余留得些儿在，好向园中取次栽。巳亥：手足丛丛有许多，不圆不扁任吹呼。休将气局归无用，好向闲中战睡魔。寅申：四角

① 事宜作具。

② 旺从本色，相从子色，死从妻色，囚从鬼色，休从母色。此五行衰旺色占也。

③ 此五行物类所主也。

④ 此五行衰旺所主也。

方方缟素身，不论高下总相荣。而今骨体如柴瘦，只为多情乱识人。辰戌：杳杳从来未可为，崭然露出更追维。纵教皮肤当牙里，矫柔徒为惹是非。丑未：画眼描眉亲不扬，纹纹皱皱却颠狂。腹中几句斗文字，漫向人前说短长[①]。

功曹：君身林麓有声名，作用全凭柯斧成。半富半贫人不解，巧排四柱作枯荣。形色苍苍扁且圆，漫将丝缕腹中穿。上青童子君知否，一见教人守不坚。可堪万物转头空，不见生芳不见丰。终日庖丁来役使，盛言终日热烘烘。

太冲：圃内生来气象圆，清芬滋味是天然。谁知青帝生生意，反以肩行口有残。朱门[②]锦帐得身游，功业曹萧不足俦。老发为今虽不用，迷闲终日见人羞。头焦[③]发秃但心存，力尽尘埃不复论。记我当年曾贵重，贤人拥抱立柴门。当时得意气填心，一曲君前直万金。今日不知庭下竹，风前犹自学龙吟。

天罡：陶冶场中几度难，而今始得列仙班。酸咸滋味皆尝尽，只是空虚吉腹干。毛类生从玉坂坡，苍松採取用心过。只因性格刚如铁，舂碾成膏理外科。昔时曾在十丘田，资用于今不记年。半俭半丰从子便，也应今日到花筵。

太乙：住近炎炎岗后宅，终朝烦恼看蒸蚊。迩来形体尤狼狈，欲要为时不得为。形圆身上着青裳，贵贱相亲意不忘。文字腹藏能几许，终朝开口论苍黄。拔毛来从渭水滨，贤愚不论总相亲。只因颜色惊人眼，致使王孙逐后尘。

胜光：贵重得君宠内收，有时卓上乐优游。机关用尽犹闲事，是恐收丝太孟头。碧干青枝叶更花，发荣处处竞芬芳。而今结果成何事，只好吟风任簸扬。

小吉：裸体匆匆入上都，暂为家内作奚奴。主人退礼嫌生硬，好与殷勤问大厨。纹纹皱皱逞姣情，运转全凭上内成。知味迎欢人不害，交人不亚孔方兄。

传送：征衫蓝缕久生尘，不近人君不近神。看尽世间兴废事，朱门虽富不如贫。来历经营咲语频，不相亲处也相亲。将身才入东邻富，舍吾西邻却又贫。

从魁：轩后洪炉独铸成，瘢痕磨落月轮星。澄澄表里虚明体，一放台前鬼怪惊。山川精蕴气偏荣，合浦曾教[④]为改成。堪咲宋人怀燕石，却嗟赵璧匪连城。

河魁：体貌全由泥土成，曾居窑内费柴薪。迩来得用人珍重，不记从来在水滨。蒲葵也解归掌握，纨素未应损箧中。莫把暗尘浣明月，好驱大暑来清风。生随毛虫住大坡，角端好似战场戈。若还落在文人手，正好虚心受切磋。

登明：家住名园本姓桑，身从蚕女任颠狂。迩来变化真无比，福寿绵绵自永长。

---

① 天官月将别也。

② 华颜。

③ 茗蒂。

④ 一作交。

春归阆苑绿阴生，极目扶疏来见情。几度斜阳新雨过，蝉鸣聒耳不堪听。

神后：微眇修长软且娇，黑身细体怕风飘。凭太手段虽成器，到底还应被火烧。身在田园已有时，拾来贫土可充饥。而今有些腌臜病，形体尫羸不可医。说尔从来未用初，赤身无倚近郊墟。而今得意从青眼，便把亲朋白眼疏。

大吉：园林深处是家乡，今日身从鼓刀郎。性躁心虚身不检，被人弄得大难当[①]。

占以数目，巳亥四局。辰戌五言，卯酉六族。寅申七真，丑未八足。值子值午，九数相逐。旺乘而进，乘十作百[②]。相乘而加，得一倍一[③]。死气减之，以半为则[④]。囚气何如，本数乃实[⑤]。休气亦乘，乘数端的[⑥]。刑害空亡，并三为一[⑦]。

由是而占，物之死生。何知生物，旺相长生。何知死物，囚死墓刑。

射物方圆，用孟则圆。仲为方物，季则碎尖[⑧]。

射物左右，天罡领袖。加孟左盈，加仲右茂。天罡加季，左右皆就。

射物有无，日用同科。天空空亡，其物子虚。舍此二神，皆有所须。

射物覆仰，天罡所掌。加仲中正，季覆孟仰。

射殺何设，鸟兽鱼鳖。三十六禽，备载渔猎[⑨]。

射蔬值子，白芥菱苔。丑为野菜，瓜姜蒿菜。寅卯圆果，蔓菁是排。辰菠薐也，巳蒿苣哉。午为茄子，未兰荷才。申属猴头，莪菌可怀。酉葱与韭，莱菔和谐。戌主马苋，胡芹备猜。亥冬葵子，亦有芸苔。

若射姓氏，始用三传。中传刚日，柔视末传。佐以五音，十二辰专。子属商姓，齐氏十七。孙范郝江，杜耿聂漆。沈孔奚汪，谢贺任沐。丑商吴王，赵蔡刘唐。徐田牛董，孙丘龚黄。寅宫姓苏，韩鲁乔林。卯属角音，其姓祝张。宋柴樊乐，房柳朱杨。辰宫郑郭，高陈龙马。巳亦角音，姓赵方舒。荆楚石陆，何毛水余。午姓商音，周葛冯贾。华李包罗，许施及马。未乃徵音，高张杨秦。申为宫姓，车金侯袁，戴白邹晋。酉角姓石，梁余曹尹。戌羽娄倪，魏邵鲍盛。亥亦角姓，曰蔡安胡，梅卫诸俞。

以类神占，全备汇占。神将所主，纤细无淹。自成一册，此不复拈。

右皆射覆之足凭者也，融会贯通，存乎其人耳。

---

① 此月将所主也。

② 如巳加辰，巳四辰五，相乘二十作二百也。

③ 如巳辰相乘二四（疑作十）则作十（四）四（十）也。

④ 如巳四辰五共九减作四数半也。

⑤ 如巳四辰五止九数也。

⑥ 如巳辰上下相乘得二十数也。

⑦ 如巳四辰五共九，则作三数。

⑧ 与前条相反且重出。

⑨ 全见渔猎占，琅不复赘。

连环射覆歌

刚日柔辰覆射机，五行定物用神思。休囚失位非堪物，已过将来问四时。旺相日辰无故旧，刑伤不备体须亏。传成五卦虚尖火，远近皆从返伏知。乙碧甲青丁色紫，戊黄丙赤己虹霓[①]。庚白辛缥壬黑色，癸绿须知仔细推。春夏蛇长冬盘曲，方圆天地覆尊卑。锐钭水火尖长季，孟角方圆仲上为。虚实坎离空亦论，刚柔生死只从支。龙常合旺初临日，堪食牛羊虎要知。土水加火生陆地，日辰从革出山岐。亥临卯木多居水，虎武神章物在溪。数目日辰兼用看，旺多囚少半中窥。初传阳左空亡没，覆仰刚临看偶奇。眉目虚张与参尾，日边口腹见东西。猪蛇面目牛羊窍，辰戌从来手足持。阳发加阴多只字，重刚乃漫变双基。五行有象能生物，死克显乘鬼上推。金旺金银铜铁相，休囚砖瓦石兵随。火煤烟炭灯明羽，旺土尘沙死作灰。流转曲形浆汁物，水晶珠蚌朔方归。草衰缯帛林荣物，咸苦酸辛目共规。阴未龠楼定稻亥，印兵塑画土形奎。铁兵药碓申绵骨，仓麦钱刀玉兔鸡。祀酒神壶桑耳味，绣书午豆饭裳丝。金珠巳灶音弓弩，斑点文书行木箕。鱼网井书坚土亢，盐刀盖印管舟回。瓦桥木石号良吴，绣女永神布虎齐。天乙方圆五色异，日辰黄白实文衣。光明女饰生鳞角，水木丝麻龟鳖泥。虚象螣蛇金赤色，斑华甘黍豆蛟螭。朱文赤黑烟毛羽，罗网衣裳马粟题。合采豆丝盐竹栗，音声柔杂木金仪。陈戈青黑勾连网，草木坚金瓦器余。青龙衣青黄黑宝，钱财脔脯草精遗。后粧缯帛佳人喜，稻豆林丛实白微。二甑鞍针并野马，刀钱金器白黄衣。玄虚鳞甲勾连女，水转文章白豆肥。常华硬召珍耳目，又为黄服药圆医。虎素龙蛇刀剑物，主金伤死反无疑。空虚臭秽金成结，加日辰为印绶奇。将临支干别颜色，若论禽虫逐位移。妙诀日辰兼发用，将神八卦五行依。

覆射之法，阳日先看日上，阴日先看辰上。各取所得之神，次兼取初传之神，合而决之，更不取中末传。若定其物，当以五行论之。凡发用见金神，主金银铜铁兵石砖瓦方形之物；见木神，主草木绢帛曲直之物；见水神，主珍珠浆汁流转曲形之物；见火神，主文明毛羽烟炭煤烬灯烛炎上之物；见土神，主尘砂土坯圆厚之物[②]。更须详其神将，兼推四时旺相，合而言之，万不失一。若发用得旺相[③]，是近贵可用之物。发用休囚，更在休囚位，为不堪用之物。又若发用旺相，加在囚死气位上，其物今不堪用。又春用木用火，加东方南方，此等皆为近贵可用之物。四时效推。若春得金土水加在西方北方，夏得金水木加在东方北方，秋得火土木加在南方东方，冬得土火金加

---

① 绛色。

② 例如正月甲子日酉时占，天罡临甲，土被克为用，主尘土沙泥之物。又如是日子时占，神后临丑为用，主浆汁近水之物。余效此推可也。

③ 及旺相位。

在南方西方，皆为不堪用过时之物。

广姓字占

子午宫姓丑未徵，寅申亦徵卯酉羽。亥巳角音辰戌商，五音姓氏斯为主。传中姓亦类为推，不徒射覆专家取。

子主点水偏傍，刘曲之姓。或丑停曲阜姓。子加寅为翟。加卯为郭。午加子为冯。未加子为孟为姜。子作天后临子为聂。六合加子为孔。子加卯亦为兰蔺。神后水为曲阜，临卯亦为陈。丑主孙田牛岳及土旁之姓，或为吴。丑加巳为纪。丑未加亥子为王。六合加丑为苗为黄。寅主木旁走脚，高赵杜杨韩苏鲁乔之类。寅加亥为季。寅加卯为林为柳。寅加巳为杞。太阴加寅为程。朱雀加寅卯为李。辰加寅为霍。天后加寅为翟。卯主木旁草头丝竹千里之类，孙董茅柳朱房之姓。卯加申酉为刘。酉加卯为关[①]。六合加卯为霍。卯加未为纪。辰主土旁山岳，丘田龙郭之姓。辰加酉为岑。辰加卯为孙。辰加巳为龚。神作勾陈为庞。寅加辰为崔，青龙加之亦同。巳主火旁，土陈石田张楚荆之姓。螣蛇加巳午临亥为冯。六合加巳午为郝。午主火旁，萧朱张周之姓。朱雀加午为许。上合为霍。午加亥子为冯。午生旺则为马。未主土旁，羊田井秦魏之姓。子加未为傅。未加酉为吉。申主金旁之土，张韩袁侯郑邓之姓。申加子为傅，为弓为长，配合张姓。酉主口旁金旁，为金刀。太冲临之刘也。贵人加酉为郑。六合加酉为闫。太阴加酉为吕。酉加辰为周。酉加卯为钟。戌主土旁之姓。加午为狄。酉加戌为伏。戌加寅为杜。天后加戌为汪。太阴加戌为周。亥主水旁真边之姓。六合加亥为邓为危。太常加亥为常。亥加丑为汪。

拟字解略

甲子青龙六合乘卯子，为梁字。青龙六合属甲日丑在卯子水象之旁，是梁字也。未加子，为姜字。未为羊，子为神后，女也，上下配合而成。午加亥子为冯字。午为马，亥子属水。神后加寅为翟。天后神为子，乃羽音，寅为佳故也。天罡加酉为岑字。辰乃山象，酉为金，与今同音。午加酉为许字。酉位兑，兑为口，口为言也。太阴加酉为吕为回，二口也。六合加丑为苗字。六合卯主草，丑遇合为田也。丑加日上为朱字。日，卯也，丑为牛，日为人，相合也。戌临巳午为狄字。戌为犬，巳午属火，犬傍火也。卯上见千里，遇六合，为草头董字也。卯临酉，酉为金刀，刘字也已。神后

① 一曰辰加卯酉。

为曲阜，加卯，卯方位东，陈字也。传送为弓，为长，张字也。

五音姓氏所属

宫为君，商为臣，角为民，徵为事，羽为物。

角音①属木②。

高［渤海］	宓［平昌］	虞［陈留］	周［汝南］
孔［鲁国］	曲［陈留］	岳［冯翊］	侯［上谷］
赵［天水］	曹［谯国］	申［属商声，齐郡魏郡］	
国［下邳］	萧［河南］	索［武威］	金［彭城］
秋［天水］	和［汝南］	乐［南阳，徵音］	雍［京兆］
密［太原］	郜［京兆］	印［冯翊］	华［武陵］
裘［宫音，渤海］	敬［平阳］	从［东莞］	戢［东平］
虑［会稽］	廉［河东］	董［陇西］	家［羽，京兆］
邹［范阳］	乔［商音，梁国］	弘［宫音，太原］	崔［商音，博陵］
陆［徵音，河南］	衙［江夏］	药［汝南］	俞［河间］
刘［彭城］	朱［沛国］	洪［敦煌］	焦［中山］
濮［鲁国谯国］	晁［京兆］	荆［广陵］	艾［天水］
虢［卒平］	怀［羽音，河内］	车［京兆］	革［洛阳］
钟离［商音，会稽高阳］		澹台［商，太山］	姚［吴兴］
杜［京兆，商音］	暴［魏郡］		

徵音③属火④。

云［琅琊］	史［京兆］	郑［荥阳］	陈［颍川］
滕［南阳］	薛［河东］	晋［平陕］	秦［天水］
管［平昌］	蔡［商音，济南南阳］		终［南阳］
郏［武陵］	郝［太原］	官［中山］	宰［西河］
曾［天水鲁国］	荀［河内］吉	［冯翊］	尹［天水］
纪［高阳］	季［渤海］	贲［宣城］	翟［南阳］
莘［天水］	辛［河南陕西］	罗［豫章］	毕［河南］
施［宫音，吴兴］	窦［扶风］	练［河内］	智［鲁国］

① 声出于肝，五十五姓。

② 配春，乐书三曰角为民。

③ 声出于心而齿合吻开，一百二姓。

④ 配夏，乐书四曰徵为事。

李［陇西］ 唐［晋阳乐安］ 厉［范阳平阳］ 师［太原］
巩［宫音，山阳］ 石［武威武陵］ 卓［西河］ 赖［颍川］
慎［天水］ 庄［天水］ 东［平原］ 齐［汝南］
咸［汝南］ 贡［下邳上谷］ 祭［河南］ 别［京兆］
宣［始平］ 姜［天水］ 时［陇西］ 尤［吴兴］
支［宫音，鄱阳］ 米［京兆］ 单［济阳南阳］ 邓［南阳］
甄［中山］ 钱［彭城］ 栾［河西］ 宁［济郡］
丁［洛阳］ 廖［武威］ 黎［京兆］ 易［太原］
祁［太原］ 连［上党］ 闻［吴兴］ 边［陇西］
经［羽音，范阳颍川］ 昝［平昌太原］ 钟［宫音，颍川东海］
瞿［松阳］ 芮［平原］ 田［雁门］ 訾［渤海］
聂［河东］ 鄘［新蔡］ 戴［谯国］ 蓝［汝南］
娄［商音，谯国］ 刁［弘农］ 干［颍川］ 皮［天水］
池［西河东平］ 乞伏［陇西］ 屈突［河内］ 呼延［盐官］
斛斯［武陵］ 坎弟［京兆］ 尉迟［太原］ 独孤［高平］
司空［顿丘］ 司马［河内］ 诸葛［琅琊］ 司徒［赵郡安平］
纥于［魏郡］ 信都［济阳］ 屈男［武陵］ 申屠［京兆］
东门［济阳］ 西门［晋阳］ 北门［京兆］ 员［天水］

宫音[①]属土[②]。

沈［吴兴］ 宋［徵音，京兆］ 明［徵音，吴兴］ 公［羽音，括阳］
陶［潘阳］ 魏［钜鹿］ 幸［雁门］ 逢［长乐谯国］
林［西河］ 丘［商音，河南］ 岑［南阳］ 欝［太原］
严［徵音，天水］ 范［陇西高平］ 充［赞皇敦煌］ 蓉［徵音，敦煌］
农［雁门］ 阎［太原］ 殷［汝南］ 计［京兆］
沙［汝南］ 水［吴兴］ 阴［商音，始平］ 封［渤海］
韶［太原］ 景［羽音，晋阳］ 贡［广平］ 郁［黎阳］
双［天水］ 阙［下邳］ 游［广平］ 红［平昌］
简［范阳］ 牛［河西陇西］ 钦［太原］ 凤［郃阳］
敖［谯国］ 桂［天水］ 栗［黎阳］ 熊［豫章］
任［乐安］ 彭［陇西］ 耿［角音，高阳］ 寇［羽音，上谷］

① 声出于脾，合口而通之也。居中央，畅四方，唱始施生为四声细，九十九姓。

② 配季，乐书一曰宫为君。

暨［渤海］	广［丹阳］	孙［乐安］	冯［始平］
倪［千乘］	谈［广平］	鄷［京兆］	鲍［上党］
屈［临海］	闵［陇西］	应［角音，济阳汝南］	降［南阳］
蹇［山阳］	奄［内黄］	薄［雁门］	藺［角音，中山］
权［商音，天水］	相［商音，谯国］	童［商音，雁门］	蒙［安定］
异［商，渤海］	仰［汝南］	晏［济郡］	仲［中山］
甘［渤海］	酒［江陵］	鹿［河南］	宫［太原］
勾［平阳］	屠［陈留］	鞠［羽音，汝南］	乜［晋阳］
隗［余杭，京兆］	糜［商音，汝南］	司［顿丘］	空［顿丘晋昌］
麴［吴兴］	蓟［内黄］	松［东莞］	融［南康］
丰［括阳］	公孙［高阳］	问弓［太原］	豆卢［范阳］
东方［平原］	大兄［陇西］	折中［京兆］	仲孙［高阳］
间丘［顿丘］	水丘［吴兴］	第伍［陇西］	公冶［羽音，鲁国］
太淑［东平］	南门［河南］	戈［临海］	欧阳［渤海］

商音①属金②。

元［河南］	白［宫音，南阳］	全［京兆］	张［清河］
王［太原］	骆［内黄］	文［雁门］	章［河间］
温［太原］	刁［东阳东莞］	通［西河］	解［平阳］
韩［南阳］	柳［河东］	能［太原］	方［河南］
柯［洛阳］	叶［羽音，南阳］	荣［上谷］	谢［陈留］
介［河内］	况［卢郡］	安［武陵］	藏［东海］
危［晋昌］	里［丹阳］	益［冯翊］	拔［琅琊］
盖［济郡汝南］	铎［鄱阳］	万［扶风］	苍［武陵］
靖［临清］	殳［羽音，武功］	茅［东海］	路［内黄］
奚［谯国］	尚［上党］	丹［汝南］	黄［江夏］
緱［中山］	山［河内］	邵［博陵］	牧［弘农］
江［济南］	村［京兆］	成［角音，上谷］	梁［安定］
庆［河内］	贺［广平］	庞［始平］	寿［京兆］
商［京兆］	党［冯翊］	麻［安定］	桑［黎阳］
徐［东海］	暴［角音，魏郡］	巫［平阳］	祝［太原］

① 声出于肺，一百六十二姓。
② 配秋，乐书二曰商。

惠［扶风］　湛［角音，豫章］　平［河内］　康［京兆］
长［河南］　卿［内黄］　贾［武威］　傅［徵音，清河］
嵇［谯国］　阮［陈留］　潘［荥阳］　杨［弘农］
雷［冯翊］　阚［天水］　伊［陈留太原］　葛［顿丘］
何［庐江高阳］　戚［东海］　柏［魏郡］　房［清河］
狄［角音，天水］　伏［太原］　郭［太原汾阳］　鄂［角音，武昌］
巢［彭城］　籍［广平］　樊［羽音，上党］　羊［太山］
向［河内］　衡［雁门］　南［汝南］　附［南阳］
俞［角，会稽］　斛［平阳］　谯［京兆］　匡［晋阳］
班［角音，扶风］　邢［河间］　颜［鲁国］　滑［下邳］
花［东平］　席［徵音，安定］　裴［河东］　郎［中山］
郗［山阳］　申［魏郡］　郤［济阳］　蒯［襄阳］
卢［角音，范阳］　佘［雁门］　莫［钜鹿］　昌［汝南］
勤［汝南］　留［南安］　查［汝南］　过［高平］
苌［魏郡］　蒋［乐安］　程［安定］　杭［余杭］
柴［平阳］　关［天水］　汤［中山］　邴［平阳］
邬［颍川］　项［辽西］　欧［平阳］　常［平原］
鲜于［太原］　相里［西平］　贺兰［河东］　青阳［荥阳］
令狐［太原］　拔也［乐安］　上官［天水］　竺濮阳［博陵］
拓跋［颍川］　托拔［黎阳］　轩辕［邵陵南阳］　东乡［清河］
去斤［京兆］　慕舍利［渤海］　立发［河内］　公羊［宫，顿丘］
万俟［兰陵］　司寇［平昌］　端木［兰陵］　乙［齐郡］
千秋［彭城］　赫连［渤海］　贺拔［下邳］　长孙［济阳］
夏侯［谯国］　吐刀［河东］　库［内黄］　介绵［咸阳］
夙勤［内黄］　章丘［河南］　东平［河东］　汪［平阳］
左［范阳济阳］　强［天水］　郜［平原］　乔［梁国］
后［东海］

羽音[1]属水[2]。

夔［京兆］　龙［武陵］　古［新安］　穆［河南］
夏［角，会稽］　禹［角音，陕西］　燕［商音，范阳］　胥［琅琊］

① 声出于肾而齿开吻聚也，九十七姓。
② 配冬，乐书五曰羽为物。

来［河内］ 牟［平昌］ 饶［平阳］ 富［济阳］
盛［汝南广陵］ 贝［清阳］ 庾［宫音，齐郡］ 储［河荣］
詹［河东河间］ 顾［武陵］ 祖［范阳］ 武［商音，太原］
宗［宫音，京兆］ 孟［平昌］ 卫［河东］ 余［下邳］
羿［济阳］ 费［江夏］ 缪［兰陵］ 扈［京兆］
旅［西安］ 伍［安定］ 戎［江陵武陵］ 须［渤海］
鲁［扶风］ 马［扶风］ 于［河内］ 卞［济阳］
包［上党］ 越［晋阳］ 凌［角音，河间］ 吴［渤海延陵］
许［高阳］ 吕［东平］ 喻［江夏］ 霍［太原］
汲［清河］ 褚［河南］ 毛［河西］ 胡［安定］
龚［武陵］ 羽［盐官］ 韦［京兆］ 卜［清阳西河］
苗［东阳］ 苏［角音，武功］ 蒲［河内河东］ 鱼［冯翊］
袁［汝南］ 涂［豫章］ 梅［汝南］ 茹［河内］
符［琅琊］ 楚［新水］ 突卢［安南］ 慕容［敦煌］
乙弗［高平］ 吒于［辽西］ 单于［千乘］ 宇文［赵郡］
端木［鲁国］ 斛律［雁门］ 淳于［河内］ 於丘［广陵］
僕固［同安］ 宗正［商音，彭城］ 吒罗［豫章］ 南宫［河南］
皇甫［京兆］ 羽弗［荥阳］ 沙陁［辽西］ 士孙［河南］
颛孙［高阳］ 伊祁［咸国］ 朱耶［范阳］ 於［京兆］
谷［上谷］ 扶［京兆］ 堵［河东］ 乌［颍川］
弓［太原］ 浦［京兆］ 步［济阳］ 蔚［琅琊］
璩［黎阳］ 养［山阳］ 母［钜鹿］ 靳［西河］
闻人［河内］

补宫遗文

桓［谯国］沃［太原］仇［南阳］蓬［长乐］满［河东］居［渤海］斜［河南］冉［武陵］都［黎阳］

商遗文

慕［敦煌］宗

补徵失文

逯［广平］劳［松阳］利［河南］禄［扶风］冷［京兆］谭［弘农］舒［京兆］

钮［吴兴］段［京兆］巴［平阳］姬［南阳］井［扶风］宿［东平］那［天水］诸［琅琊］终［南阳］宦［中山］欧阳[1]乙［齐郡］[2]。

檇李汇水后学周氏协吕彲汇录[3]

五子遁时

日干	甲己日	乙庚日	丙辛日	丁壬日	戊癸日
时建子	甲———乾初九	丙— —艮六五	戊— —坎上六	庚———震初九	壬———乾初九
丑	乙— —坤六四	丁— —兑六三	己— —离六二	辛— —巽初六	癸— —坤六四
寅	丙———艮上九	戊— —坎初六	庚— —震六二	壬———乾九二	甲———乾九五
卯	丁———兑九二	己———离初九	辛———巽上九	癸— —坤六三	乙— —坤六三
辰	戊———坎九二	庚— —震六三	壬———乾九三	甲———乾九三	丙— —艮初六
巳	己———离上九	辛———巽九五	癸— —坤六二	乙———坤六二	丁———兑初九
午	庚———震九四	壬———乾九四	甲———乾九四	丙— —艮六二	戊— —坎六三
未	辛— —巽六四	癸— —坤初六	乙— —坤初六	丁— —兑上六	己— —离六五
申	壬———乾九五	甲———乾九五	丙———艮九三	戊— —坎六四	庚— —震六五
酉	癸— —坤上六	乙— —坤上六	丁———兑九五	己———离九四	辛———巽九三
戌	甲———乾上九	丙— —艮六四	戊———坎九五	庚— —震上六	壬———乾上九
亥	乙— —坤六五	丁———兑九四	己———离九三	辛———巽九二	癸— —坤六五

五虎遁月

岁干	甲己年	乙庚年	丙辛年	丁壬年	戊癸年
月建寅	丙———艮上	戊— —坎初	庚— —震二	壬———乾二	甲———乾二
卯	丁———兑二	己———离初	辛———巽上	癸— —坤三	乙— —坤三
辰	戊———坎二	庚— —震三	壬———乾三	甲———乾三	丙— —艮初
巳	己———离上	辛———巽五	癸— —坤二	乙———坤二	丁———兑初
午	庚———震四	壬———乾四	甲———乾四	丙— —艮二	戊— —坎三
未	辛— —巽四	癸— —坤初	乙— —坤初	丁— —兑上	己— —离五

① 共二十四姓，通共五百三十七姓。

② 明末乙邦才，字奇山，山东青州人，为队救黄得功于淖中，为材官。马士英为六安使邦才与张衢突重围，取六安守结状，领二百骑人，出贼围，取状反报不失一骑，升副将。史可法以为总兵驻扬州，战没于我兵。

③ 凡二册计三百有一十页。

申　壬———乾五　甥———乾五　丙———艮三　戊— —坎四　庚— —震五
酉　癸— —坤上　乙— —坤上　丁———兑五　己———离四　辛———巽三
戌　甲———乾上　丙— —艮四　戊———坎五　庚— —震上　壬———乾上
亥　乙— —坤五　丁———兑四　己———离三　辛———巽二　癸— —坤五
子　丙— —艮五　戊— —坎上　庚———震初　壬———乾初　甲———乾初
丑　丁— —兑三　己— —离二　辛— —巽初　癸— —坤四　乙— —坤四

大六壬寻源编卷之八

影壬入易

轨限照心神鉴入式

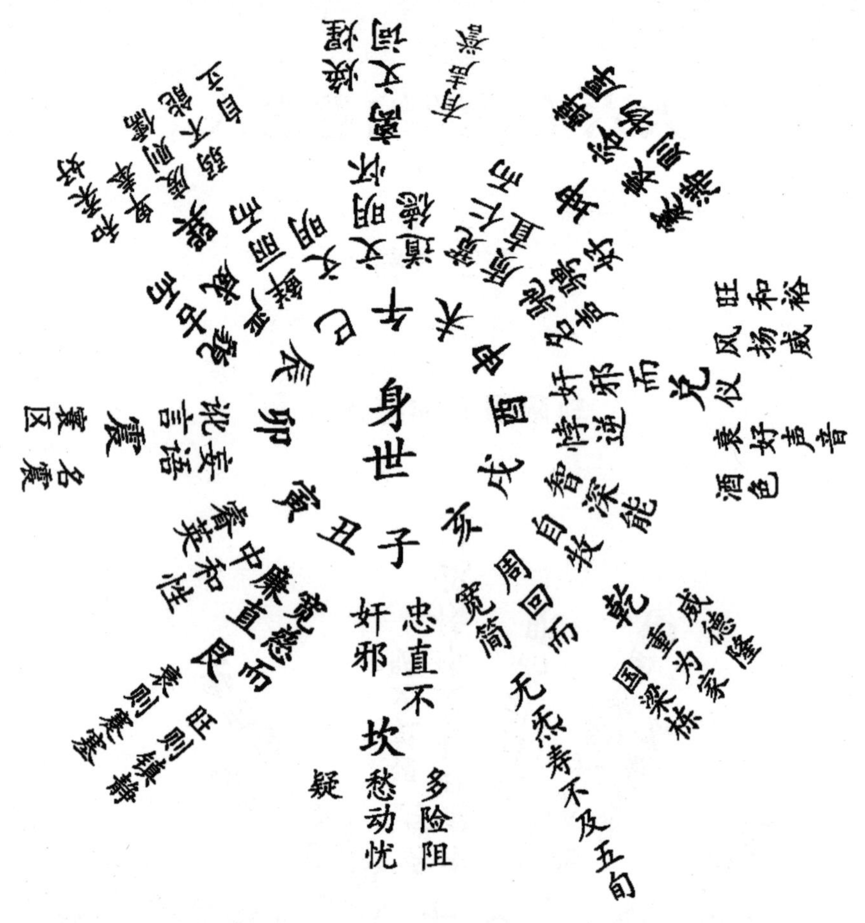

参壬透易歌解

六壬大易理相通，四课阴阳古今同。发用三传为悔卦，如寻贞卦下临宫。须知外象依年建[①]，内象还从日上穷[②]。立位[③]既成庚甲见，乃归八卦认其宗。世为命兮身依应，吉位居来定显荣。内外遵练配纳甲，昭昭贵德破刑空。阴阳同体呼为少，异体阴阳老变踪。假令丙辛各七数，相加老少见其功。阳年象昼阴年夜，天乙之神旦暮从。大限阳升阴则降，定于命上起初终。搜研小限升沉理，身应爻间周复攻[④]。

---

① 五虎遁月。

② 五子时遁。

③ 一作六位。

④ 阳年生人用旦贵，阴年生人用暮贵。大限从世，小限从应，升降从阴阳命。

穿壬透易入式歌

壬法合易要精通，四课阴阳旧例同。发用三传为外卦，如寻内卦下临宫[①]。须将上象依年遁，内象还从日遁穷[②]。六位既然庚甲见，即归八卦认其宗。世是命兮身是应，若居吉位类尊崇。四柱将来配纳甲，或逢贵德破刑空。阴阳同体呼为少[③]，异体应须作老翁。假令丙辛言七数，相加老少见其功。大限阳升阴即降，便从命上起初终。小限升沉反乎此，周而复始出身中。阳年为昼阴为夜，天乙之神依此庸。鄙语应知达者笑，编为入式起童蒙[④]。

大六壬揲蓍轨革合卦传影壬入易歌[⑤]

先求四课理明明，便取三传细细评。甲子纳为天上卦，应知乙丑外番行[⑥]。六刚日自高临下，柔日须翻下卦升。依此推爻毋孟浪，玄玄至道得心灯。

先求四课切须明，便向三传仔细寻。甲子[⑦]内为天上卦[⑧]，乙丑[⑨]翻为外卦因。刚日先从高下起[⑩]，柔日须当自下伸[⑪]。此上推求合作卦，分明六画见天心。

天上三传遁由月上，地下三传遁由时上。阳日以天上三传为内卦，其爻是上而下，天覆之理也[⑫]。地下三传为外卦，其爻自下而上，地载之理也[⑬]。天上三传视月建，地下三传视时建，各视其建干支为何卦何爻所纳，仍以建干并纳爻，较其阴阳以定老少动静。先将天上传顺排定，又将地下传亦顺排定。刚日由天上传末中初，地下三传初中末行爻成卦。柔日由地下传末中初，天上初中末行爻成卦。

---

① 三传从四课传出，宜乎为外；三传从地下潜伏，宜乎为内。

② 外卦用年干起遁，内卦用日干起遁。

③ 不变之卦。

④ 凡老少之分，以传中之干支入卦爻之中看卦象之阴阳。阳入阳宫为少阳，阴入阴宫为少阴。阳卦之爻化入阴卦之爻为老阳，阴卦之爻化入阳宫为老阴，加天干纳甲数为大限数。

⑤ 袁天纲撰。

⑥ 原本：乙丑番为外卦吟。

⑦ 阳卦。

⑧ 天三传。

⑨ 阴卦。

⑩ 天上三传为内，自上而下。

⑪ 地下三传为外，自下而上。

⑫ 天为主为内。

⑬ 地为客，为外。阴日反是。

此不止占身命，概诸事而言也。例如丁未年正月亥将甲子日寅时占。

元首、三交、轩盖

丁卯勾陈　○　辛卯木兄应身（月贵）

庚午螣蛇　——　辛巳火子（年马、时德禄）

癸酉太阴　— —　辛未土财（日贵、太岁）

丙午螣蛇　╳　庚辰土财世命

癸卯勾陈　— —　庚寅木兄（日德禄、日马、月时）

壬子白虎　——　庚子水父（日建）

巽上震下

蛇	阴	后	常
午	酉	申	亥
酉	子	亥	甲

地轴				天轮
庚	（震四）	午	（艮二）	丙
丁	（兑二）	卯	（坤三）	癸
甲	（乾初）	子	（乾初）	壬

阳日天上三传作内卦震，从上而下，午卯子；以地下三传作外卦巽，从下而上，酉午卯。

壬寅	癸卯	甲辰	乙巳
[己巳]	[庚午]	[辛未]	[壬申]
癸丑			丙午
[戊辰]			[癸酉]
壬子			丁未
[丁卯]			[甲戌]
辛亥	庚戌	己酉	戊申
[丙寅]	[乙丑]	[甲子]	[乙亥]

（注：[] 内为地盘）

此入式一例也。其日甲子属阳，以天上三传作贞，自上而下，以年建遁得丙午爻，得艮之六二，阳干阴爻，为老阴，二十四策，拆动变交。中遁癸卯，得坤之六三，阴干阴爻，不动为拆，少阴也，三十二策。末遁壬子，得乾之初九，阳干阳爻，少阳也，为单不动，二十八策。单拆交属震。次以地盘三传为悔，从坐下神，用日建遁，午下酉为癸酉，得坤之六二，阴干阴爻，少阴不动为拆，三十二策。中传遁庚午，得震之九四，阳干阳爻，少阳不动为单，二十八策。末传遁丁卯，得兑之九二，阴干阳爻，为老阳，单变重，三十六策，属巽。合成风雷益之水火既济[①]。

甲为阳日，以天上三传午卯子为内卦，丁年月正起壬寅，午遁丙午为艮六二爻，是阴爻，干乃阳干，是为老阴，得交╳，为第三爻。中传癸卯为坤六三，阴爻阴干，纯阴为少阴，不变为拆，为第二爻。末传庚子为震初九，阳爻阳干为少阳，得单，为第一爻。内为震。次以酉午卯为外卦，甲子日起甲子，初传癸酉为坤之上六，阴爻阴干为少阴，得拆，为第四。中传庚午为震之九四，阳爻阳干为少阳，得单，为第五爻。末传丁卯则为兑之九二，阳爻阴干为老阳，为重○，为第六爻。外为巽。巽震合为风雷益，三六爻动变为水火既济。

风雷益之水火既济[②]

丁卯白虎　○　兄弟辛卯元应身（月贵、日刑）

庚午勾陈　——　子孙辛巳白（月时刑、年马、日劫煞）

癸酉螣蛇　— —　妻财辛未蛇（益主日贵、艮财）

丙午螣蛇　╳　妻财庚辰勾世命（匿刑、坤财）

癸卯勾陈　— —　兄弟庚寅朱（日马、月时建）

壬子白虎　——　父母庚子青（日建）

《象》曰：益道如然，小人刑愆。君子善迁，利往斡旋。御风鸿鹄，舟楫济川。

阳日以天上三传为外卦，其爻自下而上（末中初也），地下三传，其爻自上而下（初中末也）。天上传视月建也，地下传视时建，各视其建之干支为卦。

庚寅年正月乙丑日丙子时。

— —　三　　四　╳

╳　二　　五　○

○　一　　六　╳

内卦震　　外卦坎

乙为阴日，以天上三传子亥戌为外卦，庚年遁戊寅，初传子得丙子，艮之六五，阴爻阳干为老阴，得交╳，为第四爻。中传丁亥得兑之九四，阳爻阴干为老阳，得重○，为第五爻。末传丙戌得艮之六四，阴爻阳干为老阴，得交╳，为第六爻。作外卦坎。次以丑子亥为内卦，乙日起丙子，初传丁丑，兑之六三，阴爻阴干，纯阴为拆，

① 如后身命例查之，当作山风蛊之离。

② 巽宫三世。爻六害、内外和、应克世、伏恒、互剥。

为第三爻。中传丙子，艮之六五，阴爻阳干为老阴，得交╳，为第二爻。末传丁亥，兑之九四，阳爻阴干为老阳，得重○，为之初爻。作内卦震。坎震合为水雷屯。初二四五六爻俱动，变为火水未济。

总而言之，阳日以天上卦为内卦，地下卦为外卦。阴日以地下卦为内卦，天上卦为外卦。凡卦不拘阴日阳日，俱内卦以末传下爻，外卦以末传为上爻而已矣。

求运限法解

夫行运限者数也，老阳三十六策，少阳二十八策，老阴二十四策，少阴三十二策。得老少数各并之，所得为限，所零为运。自初爻顺身卦法，命卦为身卦也。自身一年行一卦，又视太岁行年在初爻，主一年事也。逐岁灾福，一岁一爻，至上爻，却从下再变，数至岁数何卦何爻主事，依影象所求灾福是也。阳年从下升上，阴年从上降下。阳年阳世为少阳，阴年阴世为少阴，阳年阴世为老阳，阴年阳世为老阴。假令地水师，世在第三爻。拆数少阴，三十二策，二因之，得六十四策，以六十除去，余四数。比卦第四爻，为初限也，起四岁运。再将四数，二因得八，去六余二，第二爻为二限。将二再因得四，第四爻为末限也。每限主十年大运也，周而复始。

凡起大限，不问男女，皆从所革卦之世爻上起，世即命也。若世位值阳年生的，即就世位从下上升。其纳甲如值甲子初爻，则从先天数，甲子皆九，合十八，其限管十八年。十九升于二爻甲寅，甲九寅七，其限管十六年。共三十四年。三十五升于三爻甲辰，甲九辰五，管十四年。三合四十八，内卦主限也。四十九升外三爻，依此而上升。阴年生的，从世下降，如前法。就大限内，又有飞限，一年行一爻（升降同）。小限从应爻上起，应即身也。一年一爻，阳命上升，阴命下降，周而复始。小限内亦有飞限，一月一爻，其升降同小限。

水地比

— — 戊子水财，十四年，应身［小限一岁、七岁，周而复始］

——— 戊戌土兄，十年［二岁］

— — 戊申金子，十二年［初限，末限，三岁］

— — 乙卯木官，十四年，世命［四岁］

— — 乙巳火父，十二年［二限，五岁］

— — 乙未土兄，十六年［六岁］

归卦入爻立成法解[①]

凡革卦，取占人当生年月日时，以生月将加生时，布四课，以六壬九宗门例，定三传为法，将为主限神，神为六壬主。以天盘上三传辰，用当生年五虎遁元建法，干为纳甲，作爻定外卦。以地盘坐下三传辰，依生日五子遁元建法，干配纳甲，作爻定内卦。

装卦式：上[②]五[③]四[④]三[⑤]二[⑥]初[⑦]。

假令辛酉年辛丑月丁亥日丙午时，丑将加午，以胜光加亥为用，三传：

日地　　年天

［辛亥］　甲午（白虎）

［丙午］　辛丑（朱雀）

［辛丑］　丙申（元武）

卦名重审，革得火雷噬嗑之未济例。

巽五世，火雷噬嗑之未济[⑧]

火雷噬嗑

丙申、艮三、玄武　——　子孙己巳火青龙（日马、日冲、时德禄、月空亡）

辛丑、巽初、朱雀　— —　妻财己未土玄武世命（天喜、皇恩、月冲、日空亡）

甲午、乾四、白虎　——　官鬼己酉金白虎（日时贵、连珠、年月禄、岁刑、大煞）

辛丑、巽初、朱雀　— —　妻财庚辰土螣蛇（天马、年月墓）

丙午、艮二、白虎　×　兄弟庚寅木勾陈应身（年月贵、劫煞、岁德）

辛亥、巽二、天乙　○　父母庚子水朱雀（月合、空亡、时破）

丑　午　酉　寅

午　亥　寅　丁

天　　地

---

① 重立此例以为入式之定法、捷法也。

② 末传天盘。

③ 中传天盘。

④ 初传天盘。

⑤ 三传地盘。

⑥ 中传地盘。

⑦ 发用地盘。

⑧ 应克世、内生外、伏巽、互蹇。

兄 虎 甲午 辛亥
子 雀 辛丑 丙午
财 武 丙申 辛丑

子	丑	寅	卯
亥			辰
戌			巳
酉	申	未	午

（用生年五虎遁建法，天轮三传，辰为悔卦。用生日五子遁建法，地盘三传，将为贞卦）

乾卦立成[①]

——— 父母壬戌，十一年，世命
——— 兄弟壬申，十三年
——— 官鬼壬午，十五年
——— 父母甲辰，十二年（当作十四年），应身
——— 妻财甲寅，十六年
——— 子孙甲子，十八年

《经》曰："乾者，万物之先。"故爻称六龙，功全四德，其体则天，其用造化也。在人为君父，在物为龙马。夫阳生于子，盛于巳。故初九，干纳甲，支配子。甲为初生之时，子为阳生之首。天行健而不息，其用不测，而成造化之功。甲木旺于春，休于夏。辰者，春之末也。阳升则阴降，阴升则阳伏。阴生于午，极于亥。故外之始，纳壬午，终于壬戌。午者，阴之始生。壬者，阴之终聚焉耳。盖天地之用，一燠而万物生，一肃而万物死，春生物以和气，秋杀物以阴风。天道之自然，其功莫大于乾也。纯阳用事，内卦起于甲子，外卦终于壬戌。故甲子年为乾首。

甲子岁［九五、上九］乙丑岁［九四、九五］丙寅岁［九三、九四］
丁卯岁［初九、九二、九三］戊辰岁［初九、上九、九二］己巳岁［九五、上九］
庚午岁［九四、九五］辛未岁［九三、九四］壬申岁［九二、九三、初九］
癸酉岁［九二、上九、初九］

坤卦立成[②]

— — 子孙癸酉，十一年，世命

---

① 纯阳属金。
② 纯阴属土。

— — 妻财癸亥，九年

— — 兄弟癸丑，十三年

— — 官鬼乙卯，十四年，应身

— — 父母乙巳，十二年

— — 兄弟乙未，十六年

《经》曰："坤厚载物，其体顺，其德静，其用虚，其居贞，无物不载，万物之母也。"夫天轻清而动，动而流，轻清而利物者莫如水，故乾之初配甲子。子者，水也。地重浊而静，静而安，浊而重者莫如土，故坤之首生乙未。未者，土也。水流趋东，故乾自子而辰；木落归本，故坤始未而终酉。夫坤六阴用事，内纳乙未，终于乙卯，生生之道也。地生金石，天地有金石，犹人有骨肉。此坤外生于丑，终于酉，纳干以癸。癸，揆也，万物终归于土也。此坤之义也。

甲戌岁［上六、六五］乙亥岁［初六、上六］丙子岁［六二、初六］

丁丑岁［疑当作六二、六三、六四］戊寅岁［六四］己卯岁［六五］

庚辰岁［初六、上六］辛巳岁［六二、初六］壬午岁［六四］癸未岁［六五］

震卦立成[①]

— — 妻财庚戌，十三年，世命

— — 官鬼庚申，十五年

——— 子孙庚午，十七年

— — 妻财庚辰，十三年，应身

— — 兄弟庚寅，十五年

——— 父母庚子，十七年

《经》曰："乾一索而得男，故震为长男。"震者，动也。其象为木，在物为雷。其威惊远惧迩，天地之号令也。夫父之生子，传体相续，乾首甲子，震得庚子，肖其父也。甲生乎乾，位西北，故甲配乾。金孕于卯，震位东，故震纳庚。内肖其父，子寅辰，与乾同体。外合其母，午申戌，与坤合德，午合未，申合巳，戌合卯。此震之义也。

甲申岁［九四］乙酉岁［六三］丙戌岁［六二、初九］

丁亥岁［上六］戊寅岁［六五］己丑岁［九四］

庚寅岁［六三］辛卯岁［六二、初九］壬辰岁［上六］癸巳岁［六五］

巽卦立成[②]

——— 兄弟辛卯，十三年，世命

① 一阳始生二阴之下，属木。

② 一阴伏于二阳之下，属木。

——— 子孙辛巳，十一年

— — 妻财辛未，十五年

——— 官鬼辛酉，十二年（当作十三年），应身

——— 父母辛亥，十一年

— — 妻财辛丑，十五年

《经》曰："坤一索而得巽，巽为长女。"其象属木，在物为风，位乎东南，得贵行权，以柔为道，乃巽之体。夫壬生于庚，故乾生震而纳甲起于庚子。癸生于辛，故坤生巽而纳甲起于辛丑。此天地生生之道，五行相生之理也。子丑六合，阴阳之始，阳尊而升，阴卑而降。震巽二体，阴阳定位，震男生子，乾道成男也。巽女生丑，坤道成女也。于干同气，于支合道，逆顺行异，爻位则合。震自庚子，顺行六阳，终于庚戌。巽自辛丑，逆行六阴，讫于辛卯。无支不合，阴阳之道。巽之义也。

甲午岁［六四］乙未岁［九五］丙申岁［上九、初六］

丁酉岁［九二］戊戌岁［九三］己亥岁［六四］

庚子岁［九五］辛丑岁［上九、初六］壬寅岁［九二］癸卯岁［九三］

坎卦立成[①]

— — 兄弟戊子，十四年，世命

——— 官鬼戊戌，十年

— — 父母戊申，十二年

— — 妻财戊午，十四年，应身

——— 官鬼戊辰，十年

— — 子孙戊寅，十二年

《经》曰："乾再索而得男，坎为中男。"坎，险也。其象属水，在物为水。阴阳异体，各从其类，故长男而纳庚子，坎为中男而得戊寅，艮为少男而得丙辰。此阴阳从类，长幼之序也。戊为土干，旺于北方，坎所以配戊。本在上，末在下，所以始于寅而终于子。此坎卦之义也。

甲辰岁［九二］乙巳岁［初六、上六］丙午岁［九五］

丁未岁［六四］戊申岁［六三］己酉岁［九二］

庚戌岁［初六、上六］辛亥岁［九二］壬子岁［六四］癸丑岁［六三］

离卦立成[②]

——— 兄弟己巳，十三年，世命

① 阳陷阴中，属水。

② 阴丽于阳，属火。

— — 子孙己未，十七年

—— 妻财己酉，十五年

—— 官鬼己亥，十三年，应身

— — 子孙己丑，十七年

—— 父母己卯，十五年

《经》曰："坤再索而得女，离为中女。"离，丽也。其象属火，在物为火。乾为父，坤为母，震巽继体，男女肇生，阴阳之道，各禀其性，而分子丑。此巽为长女，纳甲始于辛丑。离为中女，纳甲则起己卯。卯，木也，火非木不生。而纳己土者，火非土不成。此离卦之义。夫男女敌体，气类同本，故坎男得寅，离女得卯，男得戊，女得己焉。

甲寅岁［上九］乙卯岁［初九、六二］丙辰岁［九三］

丁巳岁［九四］戊午岁［六五］己未岁［上九］

庚申岁［初九、六二］辛酉岁［九三］壬戌岁［九四］癸亥岁［六五］

艮卦立成[①]

—— 官鬼丙寅，十四年，世命

— — 妻财丙子，十六年

— — 兄弟丙戌，十二年

—— 子孙丙申，十四年，应身

— — 父母丙午，十六年

— — 兄弟丙辰，十二年

《经》曰："变极则止，故乾三索得男，艮为少男。"艮，止也。阴阳之变，至三则穷。老子云：一生二，二生三，三生万物。夫两仪生四象，四象生八卦，兼三才而两之，故六画而成卦。六位交错，七变数穷，而成六十四卦、三百八十四爻，是以道散为气也。阳生于子，而极于巳，盛于辰，男为阳，至辰而尽，故艮纳甲起丙辰，而终于丙寅。此艮之义也。

甲己岁［上九］乙庚岁［六四、六五］丙辛岁［九三］

丁壬岁［六二］戊癸岁［初六］

兑卦立成[②]

— — 父母丁未，十四年，世命

—— 兄弟丁酉，十二年

① 一阳止于二阴之上，属土。

② 一阴进乎二阳之上，属金。

——— 子孙丁亥，十年

— — 父母丁丑，十四年，应身

——— 妻财丁卯，十二年

——— 官鬼丁巳，十年

《经》曰："阴极则生离，故兑之初九起丁巳，为本宫之官鬼，而克其本宫，穷则反本，而终于丁未，丁未为本宫之父母也。夫艮得辰而兑得巳，亦阴从阳之义也。自乾坤至坎离，各值一旬，而六甲尽矣。故艮兑二卦，独分十干而例于六。"

甲己岁［初九］乙庚岁［九二、六三］丙辛岁［九四］

丁壬岁［九五］戊癸岁［上六］

卦位分定贵贱解

《经》云：世爻为命，应爻为身，大象为基本。此三者，乃贵贱性情、寿夭善恶之主也。故以大象论生死之根基，以世命论贵贱性情，以应身论善恶刑克，详推罔有不尽。盖象有旺衰，爻有阴阳，位有安危，辞有险易，时有穷通，但本盛者难衰，本弱者难发，得位者多誉，失位者多惧。《易》曰："二三多誉，四五多惧。"在上而治人者得位也，在下而治于人者失位也。夫火性礼而明，金性义而刚，木性仁而裕，水性智而藏，土性信而厚。五君位，二臣位。位阳主聪明，阴主愚钝。阳遇德，尊高明显。阴遇德，恭俭谨饰。阳遇刑，强暴非横。阴遇刑，暗昧奸私。阳木好文，阴木奸佞。阳火文章情识，阴火轨物固陋。阳土信厚，阴土拙钝。阳金刚勇，阴金好音。阳水尚智，阴水尚诈云。

世应主本解

世在内，宜居二。世在外，宜居五。居四多惧，居三多凶忧。在上太过，在初不足，非得位也。初则进后多复，上则动与时违。三世进退狐疑，四世疑惧稽迟。二为在下之大人尊贵为媒，五为在上之大人往来无阻。世在乾，德望俨然。世在坤，度量无伦。世在震，名声远振。世在巽，丧志失分。世在离，焕然文辉。世在坎，险阻多艰。世在艮，退缩难进。世在兑，温悦和粹。故曰：世爻者，性之质也。而应爻者，性之原也，贵贱之体也，得丧之宗也①。

---

① 《管子照心神鉴》云：《归藏》曰：六为朝廷五天子，四是侯伯三公卿。二应五爻为大夫，初体最卑象民庶。发必后期困井市，虽膺福德难显荣。上位最高身世值，恒成高尚匿泉林。盖三为内卦之太过，故履公卿而多忧。四为外卦之不及，故居侯伯而多惧。一世四世同为下体，而初犹卑下也。

世犯三刑两破，壮年必死于兵刑。命逢岁月德扶，衰老犹全于余庆。世命空亡，利禄莫求于朝市。德贵扶空，养道好棲于云水。然则镃其固在乎世应，而其贵贱则凭夫神煞。贵人为吉福之先，驿马为利名之主。贵德会世爻，位崇一代。四马聚官位，职埒三台。天马自下升高，劫煞徒劳无益。亡神巇险，大煞权雄。华盖徐缓而善终，将星辅尊而依贵。鬼无贵煞为世，而惧犯刑殃。兄弟为身囚死，而于时不利。子为福德，妻乃利源[①]。阴神切忌自刑，阳位亦宜旺相。五行之义，相制相生。六属之亲，为祯为孽。大抵子孙制爵，兄弟伤财。官鬼临身，兄弟少义。妻财持世，父母离恩。父母当爻，子孙羸弱。六位刚柔相制，五行衰旺相刑。精穷五气，厥理自明已[②]。

三限主神解

《经》曰："神之所临，喜旺相，畏死囚，好得位，恶失位。"故因其神所临爻，有得失，有旺衰，而主限之数，有增有损。旺相得位者增之，死囚失位者损之。若吉神旺相得位，贵人四马扶之，则名福备，故主限之数，增之又增。岁贵岁马，增损之外，一位更益其二年。月贵马一位，益其一时。日时不益。凶神死囚不得位，刑破空亡所犯，岁刑损二年，月破、月刑损一年。如或贵煞合益，刑破合损，则如原数，不增损。大率吉神同贵煞遇德合，宜为中限，主皆在二五也。

夫贵人乃众神之首，得位在旺宫旺爻，主限数三十五[③]年，贵神四马，随数益之；死囚墓绝，主限二十六年，岁月刑破，随数损之。太常、天空、勾陈在旺宫旺爻，主限三十年，贵马益之；死囚墓绝，主限二十四年，刑破损之。太阴、白虎在旺宫旺爻，主限二十八年，贵马益之；囚死墓绝，主限二十四年，刑破损之。天后、元武在旺宫旺爻，主限二十四年，贵马益之；囚死墓绝，主限二十二年，刑破损之。青龙、六合在旺宫旺爻，主限三十二年，贵人驿马随数益之；死囚墓绝，主限二十八年，岁月刑破随数损之[④]。

右主限之神，贵人前五位，后六位，凡十有一，有吉有凶。或吉神不能为吉，凶神不能为凶者，衰旺刑德所变也。故遇益，凶或为吉；遇损，吉或成凶。祸福之应，皆从限神之性占之。假令贵人为福，尊贵扶擢，朝廷征召，利见大人。青龙为福，财源盈溢，婚姻得会也。白虎为殃，疾病死亡。螣蛇为祸，惊恐怪异。详见壬书。

---

① 元失此句。

② 飞宫财下伏兄，薄艺聊生也。土财月建，店业营生也。子世伏父，老必孤也。财世伏兄，一生贫也。兄世伏鬼，多劳苦也。父世伏财（财能制父），百无成也。财世伏父，多寿促也。

③ 旁注六。

④ 朱雀、螣蛇如虎阴，六合、青龙如勾常。

行限增损解

《经》曰："阴阳奇偶，各有动静。静则察其象，动则观其变。"来爻何住，去爻何之。奇动为老阳，偶动为老阴。老阴少阴，数在六八。老阳少阳，数在九七。并五行纳甲生类相乘，则为轨限之数。阳卦之爻化为阴卦，阴卦之爻化为阳卦，则为动。阴阳变化同体，则为静。故以乾坎艮震为阳卦，巽离坤兑为阴卦。

假令壬遁中得甲子，是乾宫初九爻。化为庚午，为震宫九四爻，曰同体，为少阳；化为辛酉，为巽宫九三爻，曰异体，为老阳。取老少之数，与纳甲相乘，得其轨数。因其爻象成数，视其七吉五凶。相加衰旺德刑破合相反，有增有损，所以人行限有不画一者。限爻旺相，得岁贵，增一年，岁马增一年，月日马增一年，月贵人不增，日时带马不增。岁月之支刑，损一年，时日行有气，损一年，无气损二年，岁月日破，损一年，时不减其数，空亡损其支数，无气全损。大抵福庆康强生于旺爻，灾危蹇滞来自衰限。胎墓死绝之爻，四凶限也。更犯凶神恶煞，乃死期也。如并吉神合德，或有救焉。限入空亡，其爻凶。曰天赦，其爻吉。曰天废，限至其时，福不能成庆美，凶亦不致于死亡，但主沉滞不快，若任事居尊，则不利阴小。

夫五行有喜畏。如子孙之限，财星所喜，不利职名，大吏升擢，小吏更职，庶人则安裕行止，官讼大畏。仍察中变限所制之爻，有刑破，则其祸炽矣，有德合，祸不发也。余属仿此断之。若土克水也，限行在丑，得子爻，则子与丑合，无害也。木克土，限行寅爻，卦中有未，未寄己，己德在寅，亦无害。木畏金，限到申爻，卦中之寅，受刑且克；或大限到酉，卯爻受煞且冲，祸难解矣。其卯限酉爻，少轻。酉限卯爻，子限午爻，破克冲并，其忧必重。巳限申爻，则克害最轻，以申生合于巳也。总之，大限处有气爻，更扶以德合贵煞，应数而得荣庆，无伤害也。如吉旺之爻属兄弟位，则兄弟先得荣达，而后福力始及于躬。惟妻财、子孙、官鬼三爻，得位有气，并贵煞，则福力全荫于身，仍与世应不相制，元吉尔云。

行限轨数解

《经》曰："卦有内外，支有六时，因时兴谢，故圣人审象观爻立辞。"辞有吉凶险易，易理渊密，幽微不测，且词有常有异，不可臆度，而祸福孚应，其理昭昭如宿契，天道险隙，此所谓至圣之书也。

如坎，纳约自牖，婚姻非正理也。小畜，舆脱辐，夫妻反目，内失其恩，主乖离也。家人，妇子嬉嬉，失家节也。困，入于其宫，不见其妻，将丧偶也。大壮，羝羊触籓，进退不顺也。此近而可推者。爻之纳甲，其远而玄微者，圣之爻辞也。故孔子曰：辞有阴阳者，吉凶也。以是知影者，因象而见之。吉凶者，因词而见。圣作于前，贤述于后。管辂、京房、郭璞、关朗皆述圣言，作抽爻之影象，以闻于后世。《经》云："象者，吉凶之标表。影者，吉凶之微机也。"圣人前知，故能斡旋挽回，转祸为福也。

假令辛卯生人，五月甲午，甲寅日乙丑时，用四月将。革得天火同人，三传酉辰亥[①]。

辰　酉　辰　酉
酉　寅　酉　甲

	地	天	
官	丙寅	丁酉	勾
财	癸酉	壬辰	玄
印	戊辰	己亥	朱

年遁丁酉〔兑五〕壬辰〔乾三〕己亥〔离三〕。日遁丙寅〔艮上〕癸酉〔坤上〕戊辰〔坎二〕。

子	丑	寅	卯
亥			辰
戌			巳
酉	申	未	午

天火同人之既济

己亥朱雀	○	子孙壬戌玄十一年应身（岁合，日月华盖，时刑）
壬辰元武	———	妻财壬申白十三年（日月马、时贵、月德、日冲）
丁酉勾陈	○	兄弟壬午蛇十五年（年贵、月建、匿刑、年空）
戊辰朱雀	———	官鬼己亥勾十三年世命（日合、时空、时马、匿刑）
癸酉元武	— —	子孙己丑朱十七年（天喜、时华盖、日月贵、旬空）
丙寅勾陈	———	父母己卯青十五年（太岁、月德）

《经》曰："同人，亲也。"轨限之法，以卦词意定之。主其人性和同，知礼节，为有月德、岁合时为之主也。其世命己亥爻自刑，其人生下大限至此爻十三年[②]，一岁后自身灾蹇，家道凌替。十三年间，父母死，亲族离。十四入己丑爻，见天喜、贵人，

① 将勾武雀。

② 己九亥四，合十三年。

扶其福德，主因妻得财，遂成家业。三十之前，必生五子，以限入子孙爻。与妻德合相会，妻爻得位，上有日月二马，故得妻财成家也。三十年后，家宅不利，惊恐不宁，然后自身至壬申年四月感疾，七月终。为甲木生在五月木死，此名四凶爻，上无贵煞相扶，故难逃厄。盖木气病于四月巳，绝于七月申，又限岁游大限之绝也。《经》曰："吉限主福，或主登荣。凶限主祸，或主死亡。"皆限爻衰旺之势使然。若贵贱，则基所定也。

壬寅年丁未月丙子日戊子时小吉将，革得晋卦，三传子未寅。

火地晋乾宫游魂之未济

寅　未　未　子

未　子　子　丙

癸巳　壬子　廿四年

戊子　丁未　四十五

乙未　壬寅　四十六

子　丑　寅　卯

亥　　　　　辰

戌　　　　　巳

酉　申　未　午

壬寅青龙　———　官鬼己巳十三年（年贵、年刑、月马、日德禄）

丁未太阴　— —　父母己未十七年（时贵、月建、太阴、岁德）

壬子六合　———　兄弟己酉十五年世命（日月贵、匿刑）

乙未青龙　— —　妻财乙卯十四年（年贵、日时刑）

戊子太阴　　╳　　官鬼乙巳十二年（年贵、日马）

癸巳六合　— —　父母乙未十六年应身（月建、时贵）

其人当生四柱，四干贵人遍行六位。岁干贵人在卯巳，晋卦以乙巳、己巳为官，乙卯属财。月干丁，日干丙，贵人在酉，晋卦以九四为世命位。时干贵人在未，晋卦以乙未、己未为父母。是四干贵人遍行六位也。仍须贵人立卦要紧处，与旦暮取治不相背，则为福坚固绵远。惟己未爻得时干贵，似福少轻，却有主阴[①]限太阴立旺处爻上居尊位，故太阴为福之主也。当得人主厚眷，尊贵冥助，其人必得官爵，发在二十岁辛酉年也。其大限阳年顺行，起自十六岁大限到六五己未爻主限得位，岁德、贵人同

① 当无阴字。

行，爻秉火旺之气，游年太岁与神煞相扶，大小限并在己未，轨限以父母为印绶，太阴主限与岁德扶之，太阴属金，岁支酉亦属金，为太岁扶神，故当二十岁辛酉年登第也。此则福旺之爻，发福庆厚云。

《经》曰："木[①]旺则形盛，物衰则形劣。"故限旺则基福，限衰则胎祸。祸胎矣，福基矣，乘时则发焉。盖旺爻旺限，吉德交应曰吉会，其福来悠久也，身安气逸，有喜无忧。衰限刑破曰畏途，则多忧少喜也，家道乖离，身丁疾苦。故曰：道有消长，时有兴亡，皆系于限之衰旺，神之吉凶也。须知旺极者易衰，相生者渐盛，胎墓死绝为四凶，只宜见德合、贵人、天马、四马加之，不宜刑破、丧吊、亡神、劫煞会之。吉加则凶销其势，凶会则祸增其威，以至于死亡。其次休咎之爻，虽犯凶煞，灾危亦轻。如爻带休气，限入其中，必多病。爻带囚气，限入其中，遭讼狱。吉神主限，其凶自轻。凶神主限，其祸难免。察其主限之神，自知祸福从何来。如在二三月，勾陈入辰爻，限行此，主因战斗杀人，以至入狱。朱雀入戌爻，主文书口舌。腾舌[②]惊恐，怪异失火。各随神性定之。福看合生旺气，祸详刑克衰处，则皆以流年太岁论之。

游年小限解

《经》曰："命卦为平生祸福之基，太岁为之吏神。"其间衰旺相因，德刑相戾，而人生之吉凶无常，可发吉，亦可发凶者，游年太岁为祸福之吏也。吉爻隐福，凶爻藏祸，不触则不动，故祸福之发由太岁也。

假令丁酉人，七月革得雷天大壮（坤宫四世）。

— — 兄庚戌　十三

— — 子庚申　十五

——— 印庚午　十七　世命

——— 兄甲辰　十四（匿刑空）

——— 官甲寅　十六

——— 财甲子　十八　应身

大限从世逆行，自三十二岁限入九二甲寅官鬼爻也。申月木气绝，此限名曰伏刑之鬼，在于四凶之爻。其人巳年之后，岁岁有不测之忧，申酉必重危也，象死复生，为大限入绝支，游年太岁到申逆限之绝气处，至酉年则大限在胎处。夫轨限之法，限入四凶爻，太岁游年至大限爻之胎绝处者，更不逢贵煞为救，死更无疑也，而不死者

① 当作物。

② 当作螣蛇。

何？申年驿马在寅，为限中有救，故危极不死。余效推。

六亲分属解

《经》曰：“敬敷五教在宽。”夫圣人敷五教以厚人心，父子有亲，君臣有义，长幼有序，夫妇有别，朋友有信。人在天地间，不问贵贱，皆有五常。是以圣人画卦考象，陈布纳甲，以支为主，以五行生克之理求其类。生我为父母，我生为子孙，克我为官鬼，我克为妻财，同类为兄弟。错综其五行，分布其神煞，阴阳奇偶，尊卑定位。男女既分，以时推之，其盛其衰，吉凶贵贱之主也。其亲属之贵贱，各有准则。父母为尊亲，在我身之前，因彼而有我也。妻子为卑亲，在我身之后，因我而有彼也。兄弟为同气之亲，在我之前后。出于我先者，多合其正类；出于我后者，寿夭贵贱，与我相契。故属其类，与其爻象，或有差异。《经》曰：“父子之伦，天性也。”而有顺逆者何？协祥则顺，反经则逆。斯盖德合刑破之所主也。

假令有命得乾宫卦，以辰戌土为父母，仍分阴阳奇偶，阳奇为父，阴母[①]为母。其爻若不犯刑冲克害，则父母之命，其属与爻同体。父爻得辰，父必属龙。母爻得戌，母必属狗。或岁月刑忌，则多不利，三合本支辰也。假令父爻属午，犯岁月刑忌，或父之命在未，为六合，在寅，为三合。为其父能生我，母能育我，出于我身之先，故父母之属，多与其爻支干同体。子孙者，因我生而后生者也，故子孙之属，上有贵煞德合，不犯刑忌，若数少则得正属，多则或于其三六合。各于五行之类，与其爻象支干相类，或限行子孙妻生合之爻，小限行年入于子爻，方生长嗣。若其年岁来与子爻相扶合，为天性之顺，乃成协祥之福也。若与子爻相破，为天性之逆，乃成反经之祸也。酉年六月得坤宫四世。

雷天大壮（坤宫四世六冲）

⚋ 兄弟庚戌十三年

⚋ 子孙庚申十五年

⚊ 父母庚午十七年世命

⚊ 兄弟甲辰十四年

⚊ 官鬼甲寅十六年

⚊ 妻财甲子十八年应身

轨限阴命逆行六五庚申爻为子孙。自十五[②]之后[③]，入甲辰爻，大限来午合子爻，

---

① 当作偶。

② 当作十八。

③ 世庚午，午九庚八，合十七年。

寅年小限入子爻，太岁驿马亦临子位，其年合气长生，必有长生之子。庚申之爻纳音属木，首生寅命之子也，亦应其木。如此之类，为天性之逆。以申刑寅、破寅、克寅，而小限入子位，是为反经。自生此子之后，家道渐衰，父子之恩，难相保守，非福德协祥，谓之逆性反经。若夫震巽二卦，咸以午爻为子孙，而大限行至妻财、子妻生合之位，游年小限入于子位，其年太岁干支与子爻在三六合，而卦中贵煞聚在子爻，或太岁干支与子爻同体，故生聪明起家之子，为协祥之福，天性顺也。虽子孙爻遇自刑，往往归于合处，或在寅午戌之年，或在午未年，乃三六合，无害也。惟阴爻恶其自刑，酉亥二爻是也。更不问旺相衰败，皆于子孙不利。夫六亲以兄弟、子孙为有性体相同之属，妻妾性体有相异之属。故妻爻得位，有德合贵煞相会，则主财货丰盈，妻妾姝美。若值空亡刑破无气，自当受贫乏乖离之事，由内而起。更带凶煞来刑世命，终有大祸累身，起自妻妾也。又如卯命人得山火贲[①]。

——— 官鬼丙寅（岁合）

— — 妻财丙子（岁相刑）

— — 兄弟丙戌应身（合）

——— 妻财己亥（岁三合）

— — 兄弟己丑

——— 官鬼己卯世命（太岁）

取初九己卯木持世，遇太岁爻，得丙子妻财位带凶煞来刑世，主其人夫妻有异心，终有阴谋之祸，累及身家。《经》云："妻财之爻，吉德所聚，多归正体。凶刑相加，亦归正体。"故卯命人得贲卦，其妻命必子生[②]，为其刑凶皆归正体也。此为性体异属，而吉凶必归正体。若夫兄弟爻得位有气，兼聚贵人，主其人有富贵兄弟。视爻之奇偶，以辨男女。奇为兄弟，偶为姊妹。在上者兄姐也，下者为弟妹。又曰：得位者为尊长，不得位为卑幼。在二五为得位也。又云：得位者贵，不得位者贱。轨限之法，以人行大限到兄弟生合处，或行兄妹之爻，而游年小限始入兄妹爻。奇生弟，偶生妹，兄姐则在我生之先也，不必究。《经》曰："命卦六爻，因时而见衰旺，因神煞而见贵贱，以处位而见尊卑。"夫人之生也，不论通塞，亲属之间，各有修短。六位贵煞德合，要临三聚，子孙也，妻财也，官鬼也。生时德合贵煞聚三位，则主福德美庆全及于身。若贵煞德合聚临父母兄弟爻，则主富贵必在亲属，纵得其力，不见受荫之恩也。故中人之命，先看子、财二爻，后看官鬼也。要知父兄，各以贵煞德合自飧，波及我者，其余福耳。

---

① 艮宫一世六合。

② 疑作命必生子。

《海底眼》轨限歌解

轨限玄兮玄复玄，轩辕风后祖宗传。

此乃玄女降真，授黄帝以定蚩尤之乱。风后因而演七十二课，归于三百六十四爻，以尽吉凶之变。

但以六位推其类，祸福之机自显然。五主八宫[①]分大象，大象因而见衰旺。六位高卑位自陈，卑在下兮尊处上。

六爻以五行生克，配为六亲，因其当生本命有衰旺，神煞有吉凶，更以刑破德合加之，而祸福昭昭已。五主，五行。八宫，八卦。大象，卦之世也。分定大象所属，以画八卦。卦因四时往来，而有盛衰。春震、夏离、秋兑、冬坎，皆旺时也。八卦得位，以镇方隅。立春艮、春分震、立夏巽、夏至离、立秋坤、秋分兑、立冬乾、冬至坎，其旺相胎没死囚休废相嬗也[②]。

贵贱人皆有六亲，皇天因此定人伦。生时衰旺神凶吉，贵贱其间有类分。上五卦中为君位，四为侯伯与公辅。二士三爻卿大夫，初体最卑象民庶。更将本生神煞推，万事因之见其序。

人皆有六亲，父母妻子各因其衰旺合德合刑，则分贵贱等差。更看其立何位，一足，二身，三门，四户，五人，六宗庙。又一庶民，二大夫，三公卿，四侯伯，五天子，六高士、宗庙朝廷。若贵人驷马临庶民之爻，纵有福德，亦难贵达，必非庶人。故五世、八绝，贵人多遇之。一世、四世之卦，皆居于下位，四犹胜于初，初爻为命弱宫也。本生四主[③]干支，各有德禄贵马，破合刑害，因之见贵贱之序。

卦中三体要推详，祸福研之理自扬。世命应身兼大象，生居时旺最为良。德扶合应当高位，贵命于斯自发皇。

命也，身也，大象也，是为三体，切忌空亡死墓。若生时居有气之乡，不犯空亡，无贵煞，亦主福厚。若居空，必贫贱。假甲辰旬中空寅卯，而世属震宫庚寅爻，为重犯空亡，以震卦居卯故也[④]。

大象生逢王[⑤]旺宫，生时家道必丰隆。妻财福德逢生旺，福主康宁寿永终。印绶爻中多贵煞，祖宗官显世称雄[⑥]。

---

① 一作五行八卦。

② 如立春艮旺、震相、巽胎、离没、坤死、兑囚、乾休、坎废。效推。

③ 疑作柱。

④ 水雷屯卦。

⑤ 当作生。

⑥ 大象者，八卦所属之五行也。

大象气旺，生时家必富。父母爻上见贵煞，主前人科甲显扬。

更看持世居何属，亲类之爻分祸福。父母持世抑不扬，子孙持世羡励勤。兄弟持世顺而良，官鬼持世逆且殃。妻财持世害父母，若到旺处富荣昌。贵人持德人咸敬，驷马雄豪主权柄。忽然遇德不逢刑，富贵人间谁可并。

父母为屈抑之神，作事多受钳制，屈而不伸，不得自专也。贵人有德威，主好学善道，不狂佞。驿马主权柄，奋迅即至，更与德合相扶，不犯刑破，必主富贵康宁，世人莫与并也。

次将神煞推贵贱，煞性有凶还有善。贵人驿马最为先，身命爻中宜聚见。六爻神煞有尊卑，须向当年主命推。驿马贵人尊太岁，年月还须胜日时。四辰煞聚为殊绝，德合相扶人俊杰。居官勋业致荣迁，他日随爻看阀阅。天马来临贵煞并，或典刑名或典兵。若临传送功曹位，职近烦难亦掌刑。魁罡旺相为军卒，纵有官衔亦晚成。

神煞、贵人、四马聚爻将位，居旺相乡，必为贵人，伟杰出众。在官爻，必得高爵，名振朝野。若在亲属，则随类断之。假令在父母爻，则贵在父母，在子孙，则子孙贵。效推。天马，正月在午，顺行六阳。郭景纯曰：有岁月天马，月胜于岁，二煞临有气之乡，或持世命，主为典兵刑之官，职近烦难。若值魁罡旺气，每为兵卒，得官爵。

世居五爻为君位，驿马贵人宜聚会。忽然印绶煞相当，名高德重为人瑞。玄玄八体最幽微，世立其间各有仪。若更其间同德合，即论其福事同归。刑临其上更无象，凶否之繇[①]看所之。世在乾宫威德重，官崇与国为梁栋。离宫焕燿足文词，坎宫险阻多愁动。震宫名誉振寰区，巽位和柔好卑奉。兑宫和容好物情，坤宫厚重性宽平。艮宫旺合多镇静，衰刑蹇塞不通亨。

五爻最尊，当旺相，贵人二马临其上，主位极人臣，功名盖世人也。天元八体，体有吉凶，世立其间，各有所主，故祸福亦各有其由也。命爻立八体内外，在乾，虽不并德合，亦富贵中人，更居旺相，有德合贵煞，主居极品。离宫得位，有贵煞，主文词声誉。坎多险阻忧苦。震主名声远闻。巽好卑奉和柔，若无气，见刑破，则邪佞懦弱，不能自立。兑主和裕，风物威仪，否则好声音酒色。坤体醇厚容物。艮镇靖。坤艮衰刑则蹇滞。

更有身世类何属，刑德煞神详祸福。更将立品推其情，禀性参差皆洞烛。申爻驰骋好名声，寅位中和性睿英。亥水周回性宽简，巳爻鲜丽性文明。世在午爻怀道德，天文地理皆能识。子爻忠直不奸邪，性好清高通道释。辰戌貌古有严威，若遇空亡多横逆。卯酉之人慎不惠，丑未宽慈性廉直。卯爻妄语及讹言，酉位奸邪足悖逆。

---

① 繇作由，象气作气。

身命所属所亲，以五行推其性情。例如震宫卦，得寅爻持世，为兄弟，木性怿悦情厚，形神苍秀，主人秉性温良，气宇轩昂，其兄弟亦然。效推。申爻旺相有气，贵煞佐之，为文官，司馆殿，无气亦主性情敦雅，尊贵见用，作文吏，为功曹。亥性周流，与物和同，有气文章声名，无气废贱，寿不及五旬。巳修饰鲜华，性快不为隐匿事，旺相佐贵煞，则富贵腾达，无气则性乖暴，平生多挠歇减。午性强敏好胜，为事急速，有气扶贵煞，怀道德，通天文地理，无气性暴多灾。子爻有气得贵煞，主智深虑远，藏修蕴德，终获富贵。无气则深根不实，所为有始无终。戌见贵煞，则智虑渊深，卑以自牧，为傧御，为近侍，尊贵之人，可致富贵。若无气值刑冲，主为狱吏，或为屠，为庖丁，支性多酷故也。此依世命干支纳音言之。

煞居好乐［位］**最为良，还似金神入兑方。旺相贵尊同贵煞，官极应须佐庙廊。白虎入乾申戌位，主为元帅镇边疆。青龙震巽当寅卯，侈伟英才号智囊。朱雀巳午皆当位，贵煞扶之必显贵。五行神体看刑生，举一自然推万类。太岁原为地上君，总持诸煞属高尊。立于身命当尊位，贵煞扶之世绝伦。子孙福德人难比，妻位财丰高出世。婚姻联贵致光荣，克害双亲祸难避。**

主爻限神，各有所好者，同类相生也。若白虎入乾，内外二体中同贵煞，乘旺相，当世命官印之爻，必操生杀为帅领贵显，不为清高之官。若青龙则为木天之官，例以神性言之也。即如玄武，盗贼神也，得位生旺同贵煞，主获盗贼得官禄，若有刑害，主自为盗，而后失神犯刑也。驿马在寅爻，为天马学堂。在艮宫，为学縠馆，在丙寅爻也。在内外皆同。岁君立本用，会在身爻，必主有文章声价，振于海内，志气傲物，禄享万钟，视衰旺而断其增损。驿马有四，得位相生，寅巳申为有气，福亦雄，亥上位卑，故次于三马。寅马为上驷，福最。巳马为中驷，次之。申马为下驷，又次之。亥马为牝马，不并贵煞，不能为福。太岁为神煞之首，世爻得之，值旺相与贵煞得位，居阳爻，偕马同行，配本宫官爻之类，主忠良勋业，正直守节，奸邪莫犯。子孙爻，主福德康宁，子孙富贵，自身不达，艰难险阻。为妻财，主财物丰殷，旺相有贵煞，主婚联贵族，因妻富贵。多主克二亲，看其刑破之爻属阴属阳，知克何亲。

人生切忌犯三空，世命身爻及本宫。德合吉神难作福，破刑凶煞必兴凶。第一忌逢子孙位，纵有营图多不遂。暮景茕茕不自由，悽惶客走他乡寄。魁罡力旺性刚直，节操坚贞行出群。寅申二马来相辅，才行权谋世所闻[①]**。丑未尊严遵道义，子爻智巧最多能。卯爻力健性骁锐，酉耽酒色性刚论。巳午文章怀六艺，亥爻周密深沉智。六位之中以类看，贵煞相扶福力完。更得莅阳当世位，又并德合配为官。忠良禄位崇功业，神鬼奸邪不敢干。妻财空亡主贫困，有妻多病晚年婚。旺相家资多聚散，死囚财物不**

---

① 二句属魁罡下，原在丑未下。

能存。贵值空亡多贵煞，贵终难作帝王臣。不为处士真君侣，必作空门掌教人。六亲内外谁宜二，宜在子孙宜兄弟。旺合吉神主数多，奇男偶女须分谛。命卦妻财两位居，旺衰神煞各分区。卦见二妻男两妇，女逢二鬼亦双夫。爻象宜居于克位，爻逢巳午入乾兑。子爻生子必英雄，若在官爻佐威势。妻临克位号重财，恰似金神入震来。贵煞会同当旺相，因妻受禄比公台。卦中贵贱分其类，时有泰兮还有否。时中否泰时内占，轨数推排看世位。旺逢德合作休祥，衰犯刑冲为吝悔。

盖大象也，身所主之宫也，世爻也，三者一值空亡，纵有德合，不生吉福，若遇凶神，必生灾咎。切忌子孙临空当世应上，主福德薄劣，一生不遂，晚年丧子，或离乡土。魁罡贵旺，宽洪容众。寅申机权，见二马则才略盖世。卯爻勇壮。巳午智慧杂学，扶以贵煞，则清高博学。酉耽酒色，性暴无常，旺相则好议论，恤人孤寡。子巧慧，多闻强识。亦杂学也。亥则深沉周密。总以六爻察其何属。若岁君相扶，更乘旺相气，合德贵，必富贵，福力多。妻财与世应相克，主困穷，有妻多病，不能偕老，少时难婚配。若王[①]旺得贵煞，虽主有财，而多紧散，空亡固然。有官落空，虽有贵马而主有福，然多为空门长老。德合贵人无马，主清高不仕，应蛊之上九也。其余各就亲类中刑克断其吉凶。内外卦中六属，必有重者，有宜有忌。子孙、兄弟，不嫌其重，旺相有贵煞德合，以纳甲五行决其数，旺相倍增，死囚减损。财为妻，官为夫。衰墓刑破，相克相害。从五体三象之中，看有几重妻财，则克几妻妾。若旺相或自刑，有财重，则再娶。如二三爻自刑，几见生离，夫妇不睦。女命亦然，忌逢二鬼。若夫神入胜宫，得位有气，则增其势，子生跨鼋之英，官主近君迁擢。假令青龙入艮，为官爻，逢妻财，有旺气贵马扶之，主因妻得禄。若与太岁相扶，当得贵族之妻，有公侯福力也。盖凡贵贱，以命卦分定，或先否后泰，或先通后穷，皆以其时耳。时者，衰旺德刑所主。时至旺相合德有贵煞之爻，虽根基不厚，而所为快利，安乐无事。至衰刑无气之爻，根基虽厚，亦主蹇塞。

大限初从世命行，阴阳顺逆数相乘。死胎墓绝凶无敌，刑害相加死可凭。

凡阴阳年男女命，皆从世命为限。以老阴老阳与纳甲相乘，遇空亡刑破有损，旺相贵马有增，增则吉，损则凶。假令正月命，得坎宫革卦，九四丁亥爻持世，为兄弟。坎卦大象属水，丁亥亦属水，水到正月寅上皆病，故其人生下多疾，禀性虚弱，兄弟亦然，不出此限，兄弟先有淹延之疴。至死胎墓绝四凶之爻，虽有贵煞，犹不免。于太岁相刑之年，有重灾厄，若更冲克，其祸无疑。

更用游年寻六位，祸福年中看太岁。刑破衰亡主忧殃，旺相生合多称意。太岁游年有吉凶，岁中诸煞细研穷。丧吊岁破大小耗，来入何爻亲属中。丧吊衰爻应哭泣，

① 当作生。

更看爻内属何宗。二耗临妻财失散，或妻反目失和同。

游年，看太岁为主，并其前后之神。假大限在寅，太岁至戌，阳爻有气，其人虽有衰刑之爻，亦主无事。若生旺德合，而游岁并贵马入限，则奋发财禄。若在四凶爻上，游岁入限处衰，立见其灾。在死墓绝爻者，必死。更看太岁游年到处之限，与世应生月无刑破，有合神者可度，无合不可度也。令大限在申，其爻属四凶位，游戌[①]在戌。若世爻在辰位，是谓有刑破，其人必主三四月有灾疾。以四月建巳，巳刑申，世应属土，四月土绝故也。又大限在申，爻在四凶，更看属大象何亲类。如父爻属水，木则其兄弟也。先看其爻当生之时，有气无气。有气并贵煞，其人与同气俱荣盛亨达。若无气，遇凶刑，其人先有兄弟之忧，后必有自身之灾患，临父母则先忧二亲。夫游年太岁，与大限相扶，更遇太岁干支二马入限旺爻，主其人奋扬升举。爻凶，则减福。如人大限在寅，其马无气，或见父母、官鬼入此限，当生忧危灾祸。然自亥至巳数年内，虽有衰限，不决危险，止于每年四月或七八月间，有小灾。以游岁与限相合，未至死绝之地也。至午［死合］申［绝冲］酉［胎克］三年，其祸危极，而限中无贵煞德合相扶，必不可度。何也？寅死于午，绝于申，胎于酉也。未［德合］戌［三合］之年，不致身危者何？以寅德合未，三合在戌，为有救助也。更看游岁之前后，有何凶煞临于世应大限，或二耗，或丧吊，随其性，定其孽。察其爻属，即知何亲属之灾危矣。例如大限在午，太岁在申。吊客在午，申为午病爻，若属父母，主父母灾，必在七月后。又有游年之神，常在太岁后三辰，到其世应大限，看其神与世应有何刑克，即十二辰之属，以断其事因。假令世应在酉，太岁在卯［胎冲］，游年之神在午［败破］，则岁与神皆与命身刑害及破。其人至五月，有坠马之灾，或为马伤，或为午生所累，以致灾咎。至夫游岁神煞吉凶临限爻有气处，带贵马，岁中定有福庆。更视属何亲类，其人之福庆亦自其属而发。若在衰限，岁又临限衰处，其灾亦从类应。例若大限在申，太岁在戌，岁后二辰申为吊客，属子孙位，其人在四月前，先有子孙之忧，后又自见灾也。假令二耗临妻财爻，主财帛耗散，或夫妻反日，自身乖离之象。岁冲为大耗，岁前五辰为小耗。

更有天宫十二辰，太岁干头同日类。阳年象昼阴夜同，逆顺轮排依次配。凶神刑克必凶殃，吉数相生为吉瑞[②]。

六壬天官贵神十二位，天乙居中，前五后六。常以岁干阳年为昼象，用旦贵人治，阴年为夜象，用暮贵人治，亦逆顺而数之。只看在大限世应爻上，凶神入凶爻为祸，吉神入吉爻为福，仍以生克随属类断之，祸福昭昭已。其吉凶皆先见于属类，而后及

① 当作年。

② 此贵神依太岁干定，亦必如壬式天地盘。

身也。

贵人前五，一螣蛇，二朱雀，三六合，四勾陈，五青龙。后六，一天后，二太阴，三玄武，四太常，五白虎，六天空。

卦限先贤谨秘藏，传于比匪必遭殃。君子得之顺天道，小人背道逆阴阳。精妙天心自可见，归藏之义更推详。

斯道也，古人信好，不妄传于世。得志，则致君泽民，兼善天下。不得志，则独行其道，示人趋避。惟禀性忠孝者，可以传之。精其理，可以见天地之心，况于鬼神乎？况于万物乎？《归藏》，殷易也，夏曰《连山》，周曰《易》。孔子曰：《易经》三圣人，有不测之玄机。故限爻行数，当以易之爻辞，观其变易之道，则入幽微之室云尔。

卦象歌解

	立冬	冬至	立春	春分	立夏	夏至	立秋	秋分
乾金姤遁否观兮，剥后继晋大有益。	旺	废	休	囚	死	没	胎	相
坎水节兮屯既济，革丰明夷师卦利。	相	旺	废	休	囚	死	没	胎
艮贲大畜损属土，睽履中孚渐亦母。	胎	相	旺	废	休	囚	死	没
震木豫解恒相追，升井大过泽雷随。	没	胎	相	旺	废	休	囚	死
巽木小畜家人益，无妄噬嗑颐蛊出。	死	没	胎	相	旺	废	休	囚
离火旅兮鼎未济，蒙涣讼及同人议。	囚	死	没	胎	相	旺	废	休
坤土复临地天泰，大壮夬需比亦在。	休	囚	死	没	胎	相	旺	废
兑金困萃泽山咸，蹇谦小过归妹连。	废	休	囚	死	没	胎	相	旺

神煞入爻灾福解

天乙贵人 天乙者，神煞之主也。所临之爻，得力定分，无不降福。年月日时四干聚于一爻，以合宫亲属论其类，主必当极贵也。年之力大于月，月力大于日，日力大于时，仍须分昼夜所治，纵有刑破，不减其福，更遇德合，尤加余庆。若在世应，以类省之。阴干取暮贵，象夜也。阳干取旦贵，象昼也。

驿马 马有牝牡。牡者寅申，健而疾，能致远；牝者巳亥，驽且钝，不能致远，而巳犹胜于亥。如四马聚于一爻，为福无极。在官爻，官必台鼎。第宜在太岁后，为福逐于己。不宜在太岁前，则命逐其马也。命逐其马，我劳己殆，彼且去矣。马逐其命，彼或未至，可徐而待之也。又有所谓牝马者，寅午戌，戌年马在申，申子辰，辰年马在寅，为牡马，为马逐其命。午年申马，子年寅马，为命逐其马也，为福终有歇灭之时。申年寅马，岁刑其马，寅年申马，马刑其岁，若持世为官鬼，更犯刑破，虽主贵位，有重祸，显达时，必遭刑，或服毒。是寅申，乃死凶之马也。又癸干，亥卯未年见巳，谓之贵人乘马，又为马入旺乡，而无刑破空亡，为福殊常，贵当清显。又亥为绝马，夫马本属火，至亥而绝。又亥为自刑之马，多不得力，纵当世应乘旺相气，福亦浅薄。故寅马胜申，申马胜巳，巳马胜于亥马也。

按：马逐命、命逐马之说，当以世命爻之支，分前后为的。如以子年之寅，午年之申，卯年之巳，酉年之亥，为命逐其马，非通论也。

太岁　太岁至尊，当旺相，配官印，主极贵，声名盖世，奋发疾速，威德服众。切忌临旬空，月日时刑破之爻。宜得贵煞相扶，其福终无亏损，纵逢墓绝，亦能降福，但不甚显荣耳。假令癸巳昼生，癸卯夜生，则为贵人扶太岁，福德尤胜也。丁亥、丁酉生人亦然。

天马　天马不及驿马，亦主权贵之煞也。所临之爻，主富贵荣显。有气即速上达，休囚自下升高。在孟月，天乙相辅，可作文吏，先任烦难，后方赫奕。若在仲季，天乙不临，先贱后贵，绵历患难，多为兵卒，幼涉艰辛，中末之年，方亲仕禄。

大煞　大煞，权贵之煞也。文官得兼武柄，武职常操杀权。与贵人二马德合相扶，入世应官爻者，一日千里遂行，多不次迁擢，立大勋业而成美名。若与刑会兼无气，同世应，主其人凶危性恶，死于兵刃。若与刃煞并者，主为寇盗。与玄武并者，亦为盗贱[①]。

大煞　正月起戌逆行，与连珠月厌同。或曰：正戌二巳三午四未五申六酉七辰八亥九子十丑十一申十二酉。

华盖　华盖，至吉神也。并德合贵人，管身命爻，主人和裕裕有德，积问学，有道德，为人推服。即在士庶，亦富亦贵，多与利名相疏，洞晓清虚之道。若在空亡，则贵于德学，而不贵于官爵。空在官爻，则居释道门中，为掌教之人。虽有刑破，亦不为凶险之徒，生平决无倾危横祸。以华盖之性，大吉祥也。更看临爻亲属，以类主之。

天喜　天喜[②]天之福佑神也。与贵人德合相并，凡大小限行至此爻，主有喜庆事。若临身命，生平多欢悦和豫，众人敬爱，不为人憎。在他爻，各随亲属论。与华盖贵人并，尤加喜庆。

劫煞　劫煞[③]至凶神也，亦为贼神。在身命爻，居有气乡，贵马同行，主先阅艰辛，而后以微至著。若在寅申爻，居本命前，与贵马并，亦主富贵，但其人性刚愎，

---

① 当作贼。

② 春戌夏丑秋辰冬未。

③ 正月起亥，逆行四孟。

心酷烈。他爻随亲属论之。若在无气爻，无贵马，犯刑破，并勾玄，必为盗贼，死于刑戮，白虎恶疾，勾陈斗死。若犯岁破立身命，其人奸狡，不可亲敬，而其所为，亦必有始无终。

亡神 亡神最凶，若无贵德而会刑破于身命者，必遭无辜之刑。临亲类爻，更犯自刑，必多凶咎。若无刑破而贵马德合相会者，主操生杀之权，然必自贱至贵，其终身仍不免有歇灭之祸。若无贵煞，但见德合，而犯岁月空亡者，却主艺术，空有声名者耳，或为缁衣黄冠。切忌并虎，主恶疾。并勾，主斗死。并武者，盗贼也。

裸形桃花煞 沐浴而犯岁刑，乃阴邪之煞也。若太岁在卯，世爻在子，生月在酉者是也。或岁在子，世在卯，十一月生者同其类。若当身命之爻，犯岁破，处阴位，更同六合、太阴、天空、玄武，必为佞倖淫污之品，亲戚避之，行若狗彘。妇命得此，必主淫荡不正，终死奸刑，或落风尘也。

天乙贵人为德神之君。居乾宫，曰金阙。在壬申爻，名玉堂。在壬午爻，名绛宫，虽次于玉堂之福，亦主尊高好学，清雅博识。玉堂主词翰藻丽，声名震俗。居巽宫，曰地极。在辛卯爻，名励德，一名涉怪。在辛未爻，名升化。皆减其贵力。居坤宫，曰黄庭。宫在丑未二爻，名宫阙。皆主其人有大福也。

青龙，天子之相府。入巽宫，名威助。得位与德合并，主聪明才智，机变超群，有声名威德。居坎宫，曰乘云。得位遇德合贵，皆主早达骤进。在午爻，多财宝。戌爻，则有权。寅爻，则好子孙。居坤宫，曰潜蛰。在乙未爻，名隐伏。在癸酉爻，名制钻。皆福不厚，减威力也。

太常，天子之少卿府监兼太常也。居乾宫，曰天庭。在壬午爻，名侍[①]节。壬戌爻，名佩剑，贵煞扶之，主武权威德，镇守方隅。居坤宫，曰喜位。在癸亥爻，名财府，并贵煞，婚联贵戚，妻多产业。居巽宫，曰泣雠。在辛卯、辛巳爻，皆不得力。居震宫辰［庚辰］爻，曰鬼墓，不为福德。

六合，天子之光禄大夫也。居艮宫，曰财室。在丙子爻，名财府，扶以德合贵煞，主家富敌国，资财巨万，主得贵妻，因妻食禄。居兑宫丁酉爻，曰伏鬼，刑更无气，必主男犯奸刑，女为倡优。

太阴，天子之侍中，兼御史中丞。居乾宫，曰御龙。在壬申爻，名德权，旺相得贵煞，主贵近至尊，受君宠渥。或凶刑犯之，亦主有亲戚贵人荫辅，常有阴力冥助。居艮宫，曰灾域。在丙寅、丙午二爻，犯刑破无气，则主昏滞沉溺，平生多难，虽进而无名位也。

天后，天子之彩女嫔妃象也。居乾宫，曰振边。在寅申爻，有德合扶贵煞为福。

---

① 一作持。

在壬申爻，女有贵夫。在甲寅爻，男有贵妻。居艮宫丙辰爻，曰鬼穴。若无气，犯刑破，男多阴邪之病，女为鬼魅所欺，或作巫觋之类。居巽宫辛卯爻，名奸刑。更犯刑破，上并裸形煞，则主男多淫讹不道，携女逃匿，女多秽迹，甚而淫奔也。

白虎，天子之廷尉也。居坎宫，曰陷阱。在戊寅爻，名中机，纵有贵煞，亦失其威，犯其凶刑，则为灾尤甚。居巽宫，名曰御风。在辛未爻，遇贵煞德合，主人生平多得横财，有性急之妻，亦主因妻得财，终至富贵。在辛酉爻，有贵煞，无刑破，则主因兵革战斗，武功得食天禄。在巳爻，主多病，更犯刑破无气，则主患疾而死。

勾陈，天子之大将军也。居震宫庚寅爻，曰报仇。在庚辰爻，名刑墓，无气犯刑破，主人生平好斗讼，多遭刑禁。居乾宫，曰登天。在壬申爻，名生德，合贵煞，年有战勋，或获益受赏，有勇名，食天禄也。司兵革、斗讼、流血、勾连之事。

玄武，天子之后将军也。掌盗贼、亡遗、奸恶、逃伏、牢狱、分离之事。居艮宫丙辰爻，曰抵刑入墓，更犯无气之乡，主人多病夭折。居兑宫丁巳爻，更同亡神劫煞，主人一生行寇盗，死于极刑之中。

朱雀，天子之羽林军也。掌文书、词辩、口舌之事。居离宫，曰明堂。在己巳、未爻，而德合贵煞相扶，主人性识聪明，作事显白，不匿怨，不怀憾。居震宫在庚寅爻，曰学馆，而四马贵煞并之，主人有文章声誉出于常伦。居坎宫，曰蒞阴，犯刑破，主人生平多忧苦，危亡口舌，禀性急暴，无为不常之事，多主仇怨。

螣蛇，天子之车骑尉也。掌鬼怪、惊恐、不安之事。居艮宫，曰在山。在丙辰爻，名入穴，为人德善，虽见刑亦不为恶。居巽宫辛巳爻，曰合类，遇德合，主人性疾速，有辨才，而好怪异。居乾宫二五爻，曰变化，见德合，并贵煞，主人骤发，得贵人提挈。居坤宫癸亥爻，曰破首，更无气、刑破，主人为怪物所惊而死，或为恶物所食，更看卦中来刑之神，是何物类，则知为何物所伤。

天空，天子司命之吏也。主欺诈、不实、亡遗之神。居巽宫，曰入狱。在辛巳爻，名灭没。在辛卯爻，名禁制，若犯刑破恶煞，主人性好诈，妄诞无实，人亦不任信之，常主官讼，处贫乏。

《洪范》曰：日月之行，有冬有夏。月之从星，则以风雨。谓星有好风、好雨也。神煞之类，宁无好乎？故天官十二，以青龙、贵人、太常为上吉神，六合、太阴、天后次之，以白虎、玄武、勾陈为大凶神，朱雀、螣蛇、天空次之。夫吉神不得其位，或落空亡，或犯刑制，则减其福力。凶神得位，同其贵煞，则主清职重权。故欲居神制其位，不欲居制神之位。

亥子丑寅卯辰顺行，巳午未申酉戌逆行。

右看其神，见对何爻。岁中何神，来临其上。相生、同类为最吉，神克其限则次之。假令六辛阴年，贵人在寅，其人大限在未爻，青龙入限，名神就其德，亦神克其限，最吉也。

又曰：神就其刑，则吉神不能制福，凶神必致其凶。假六癸阴年，贵人在卯，其人大限在申爻，前五青龙入申，名神就其刑，不美也。

又有神与煞会者，吉神同吉煞则吉，凶神并凶煞则凶。假令人大限在寅，游年太岁在丙午，阳年贵人在亥，游年六合入戌限，午年天马在寅，此为贵人吉煞同会也。岁中灾福，但以游年入限之神本性，占其灾福所生，察其生克，言其轻重。大约吉神受刑克，止不能为祯祥，必不作妖孽。凶神受克就限，必肆噬啮矣。极深研几，方尽其玄奥也。

轨限福极考解

洪范次九，享用五福，威用六极。五福，一曰寿，二曰富，三曰康宁，四曰攸好德，五曰考终命。六极，一曰凶短折，二曰疾，三曰忧，四曰贫，五曰恶，六曰弱。五福者，吉之徒也。虽贵为天子，富有四海，惟尧舜禹汤文武成康，得全享之，嗣是或有未备者，况臣庶乎？故有生逢富贵，猝遇夭折者，有居上位而不修者，有秉重权而不悫者，有蕴道德而不得禄位者，于以知五福之已罕全，六极之凶多犯也。《经》曰："善莫善于德，凶莫凶于刑。"富寿康宁考终命，则德合之所致。短折恶弱，则刑破之所致。爰辑吉凶之命论断焉，以备考证云。如左。

文武为宪格 人有位居台鼎，出将入相，君信其忠，民怀其德，书勋太常，终而庙食者，其故何也？唐汾阳王，生于甲申年九月建甲戌庚寅日壬午时。以月将天罡加午，胜光临申为用，将得青龙，中传天罡，将得六合，末传功曹，将得螣蛇，元首卦也。革得天泽履，艮五世。

元　后　六　青　　　食　日　财　财

戌　子　辰　午　　　壬　庚　甲　甲

子　寅　午　庚　　　午　寅　戌　申

合官

地　　天

（乾五）甲申勾　庚午青（震四）

（乾四）壬午青　戊辰六（坎二）

（震三）庚辰六　丙寅螣（艮上）

卯　辰　巳　午

寅　　　　　未

丑　　　　　申

子　亥　戌　酉

丙寅螣蛇 ——— 兄弟壬戌（月华盖、日华盖、月建）

戊辰六合 ——— 子孙壬申世命（太岁、月马、日德、日马、日禄、时马）

庚午青龙 ——— 父母壬午（时建、旬空、自刑）

庚辰六合 — — 兄弟丁丑（年贵、月贵、日贵）

壬午青龙 ——— 官鬼丁卯应身（月合、年日德合）

甲申白虎 ——— 父母丁巳（年劫煞、年合生、时贵、日刑）

《经》曰："履，德之基也，君子之卦也，小人不能胜之。君子得之，其理相称。"《海底眼》云："世在乾宫威德重，官崇与国为梁栋。"又云："世在五爻为得位，驲马贵人宜聚会。忽然官印煞当权，功高德重为人瑞。"汾阳王之命，福德旺气入五宫世位，太岁统领三马聚扶，官爻见岁月德合，临身应，而世属阳爻，不犯刑破，内外二体，各分旺相气，不落空陷，至贵命也，是以位极人臣，声震中外。

聪明才干格 人有学问则该博古人，文章则经纬天地，志凌云，气傲物，草芥同觨，僚友万乘，布衣而谒君王，蓬门而来侯伯，绝世无伦，飘然出尘者，其命何如也？唐李青莲，是庚[财]子年孟秋甲[印]申月丁亥日戊[伤]申时生。以午将加申，日遥克神为用，弹射卦也。三传酉为初，将得太阴，未为中，将得太常，巳为末，将得天空，课名励明。革得艮宫三世。

常 阴 勾 空　　伤 日 印 财

未 酉 卯 巳　　戊 丁 甲 庚

酉 亥 巳 丁　　申 亥 申 子

害合

地轴　天轮

（巽二）辛亥贵　乙酉阴（坤上）

（离四）己酉阴　癸未常（坤初）

（兑上）丁未常　辛巳空（巽五）

卯 辰 巳 午

寅　　　未

丑　　　申

子 亥 戌 酉

山泽损（艮三世）

辛巳天空 ——— 官鬼丙寅应身（月德禄、月刑、岁月时马）

癸未太常 — — 妻财丙子（太岁、将星）

乙酉太阴 — — 兄弟丙戌

丁未太常 — — 兄弟丁丑世命（岁月时贵、岁合）

己酉太阴 ——— 官鬼丁卯（岁刑、将空）

辛亥贵人 ——— 父母丁巳（岁空、时德禄）

《海底眼》曰：驿马临身入艮宫，文词声价振寰中。寅为学馆宜逢丙，志大才高禄万钟。又云：贵人临丑名临阙，驿马临寅号学堂。谪仙之命合此格也。三马会身，三贵聚命，故进发迅速，平地青云，为清朝词客，天子嘉宾，文焕星斗，气截虹霓，为一时之豪也。但其生时日月两重刑破空亡，方得志时，捉月沉江云尔。

威德正直格 人之正直足以安社稷，谋略足以定祸乱，德拒奸邪，行威鬼神，利害不渝其心，威武不屈其志，竭忠节，断大事，作天子柱石，立大纪纲，其命何如也？唐狄梁公，生于甲[官]寅年丙[印]寅月己巳日甲[官]子时。以亥加子，三传卯寅丑，将龙空虎。革得泽天夬，坤五世。

青	勾	六	朱		官	日	印	官
卯	辰	巳	午		甲	己	丙	甲
辰	巳	午	己		子	巳	寅	寅

刑穿

	地轴	天轮	
（坎二）	戊辰	丁卯	（兑二）
（兑二）	丁卯	丙寅	（艮上）
（艮上）	丙寅	丁丑	（兑三）

辰	巳	午	未
卯			申
寅			酉
丑	子	亥	戌

丁丑白虎 — — 兄弟丁未（年墓、年时贵）

丙寅天空 ——— 子孙丁酉世命（月贵、匿刑）

丁卯青龙 ——— 妻财丁亥（月贵、日马、年月合、日刑破空、劫煞）

丙寅天空 ——— 兄弟甲辰（刑）

丁卯青龙 ——— 官鬼甲寅应身（太岁、月建、年月禄、日干德、时马、日害）

戊辰六合 ——— 妻财甲子（旦贵、时干）

《海底眼》曰：太岁居阳当世应，更逢德合配为官。忠良重禄崇功业，神鬼奸邪不可干。消息云：太岁得位，同贵煞，当旺相，干支属阳，主神威严重，节行正直，奸邪鬼神，所不敢犯，性刚果，能裁大事，为天下一人。故当时武后欲移唐祚，中外臣无一敢言者，惟狄梁公独拒之，有回天之力，此忠良正直之命。《经》云："夬者，决也，刚决柔也。"

依亲附贵格 人有才不能任事，勇不足兼人，无功而居显，不学而成名，服用则穷奢极侈，豢养则水陆毕陈，不任要权，不居烦冗，终身安养者，此何命也？唐武三思，甲辰年壬申月戊申日壬子时生。以太乙将加子，三传卯申丑，将常蛇空。革得泽雷随，震归魂。

后　空　常　六　　　财　日　财　杀

午　丑　卯　戌　　　壬　戊　壬　甲

丑　申　戌　戊　　　子　申　申　辰

合

地轴　　天轮

（乾上）壬戌　丁卯（兑二）

（坤三）乙卯　壬申（乾五）

（震五）庚申　丁丑（兑三）

戌　亥　子　丑

酉　　　　　寅

申　　　　　卯

未　午　巳　辰

丁丑天空　— —　妻财丁未应身（日贵、年贵）

壬申螣蛇　———　官鬼丁酉（岁合、月日拱、匿刑）

丁卯太常　———　父母丁亥（月德禄、月日害、匿刑）

庚申螣蛇　— —　妻财庚辰世命（太岁、华盖、皇恩、匿刑）

乙卯太常　— —　兄弟庚寅（四辰马、旬空、岁德禄）

壬戌六合　———　父母庚子（岁月日合、时建）

《海底眼》曰：四辰煞聚为殊绝，马贵临之人位竭。居官勋业致荣迁，他类随爻看阀阅。四辰者，年月日时之支也。其贵人禄马，聚于一处，必主极富殊贵，然惟官鬼为己分所有。子孙则出于己身者，更有佳儿，成名成利。至于父母、兄弟、妻财，必自彼属富贵，而己之利禄由彼致也。故武三思因武后而致富贵，非有道学功勋也。盖随之六二阴爻，四辰之马会其上，可知极贵在姊妹也。按：世属阴柔，二[①]犯太岁自刑，阴行不当其位，当有兵刑之祸。

倖进格　人有官非进取而得，不劳王事，逸豫私家，禄过大臣，自奉奢侈，其命何如也？陈徐德言，生于癸未年己未月辛卯日甲午时。以未将加午，卯上天罡为用，中巳，末午，将朱蛇乙。革得水泽节，坎一世。

巳　辰　子　亥　　　　　　　　才　日　枭　食

辰　卯　亥　辛（重审、升阶）　甲　辛　己　癸

　　　　　　　　　　　　　　　午　卯　未　未

　　　　　　　　　　　　　　　　　破合

地轴　天轮

（巽上）辛卯六　丙辰朱（艮初）

（乾三）壬辰朱　丁巳蛇（兑初）

（坤二）癸巳螣　戊午贵（坎三）

午　未　申　酉

巳　　　　　戌

辰　　　　　亥

卯　寅　丑　子

戊午天乙　— —　兄弟戊子（日刑、时破）

丁巳螣蛇　———　官鬼戊戌（时华盖）

丙辰朱雀　— —　父母戊申应身（时马、年空、世刑、月贵）

癸巳螣蛇　— —　官鬼丁丑（岁月刑冲、时害）

壬辰朱雀　———　子孙丁卯（日建）

辛卯六合　———　妻财丁巳世命（岁贵、年月日马）

《海底眼》云：妻临克位曰重财，金兑宫中火入来。贵马会同当旺相，禄同妻位比公台。又云：朱雀巳午名当位，贵马相扶当显贵。今德言得节卦初九妻财持世，当火旺气，贵马聚于上，故尚天子女乐昌公主。其爻与身相合，而克而刑，所以亡国之后，祸亦由妻起也，公主为杨素所夺。然巳生申，终与申合，合而离，离而复合，五行之玄理也。夫内卦之尊者二，卑者初。外卦之尊者五，卑者四。五为君，四近五，为近尊之卑。二为臣，初近二，为近卑之卑。德言妻在初爻，此乐昌公主，始为帝女，后

① 当作而。

为臣妾，失位之义也。

高贵而无禄位格 人有以名利为缰锁而却之，居浊世而不能污，达玄奥之真，洞阴阳之蕴，出入金门，躬亲万乘，辞爵禄，远荣名者，命何如也？唐一行禅师，生于戊寅年甲寅月丙寅日辛卯时。月将亥，河魁加寅作初，将合天后，胜光加戌为中，将白虎。功曹加午为终，将六[①]合。革得火风鼎，离二世。

白 后 勾 乙　　才 日 枭 食
午 戌 酉 丑　　辛 丙 甲 戊
戌 寅 丑 丙　　卯 寅 寅 寅

地轴　天轮
（震二）庚寅　壬戌（乾上）
（坎五）戊戌　戊午（坎三）
（乾四）甲午　甲寅（乾二）

丑 寅 卯 辰
子　　　巳
亥　　　午
戌 酉 申 未

甲寅天后 ——— 兄弟己巳（时马、年月日刑、日德禄）
戊午白虎 — — 子孙己未应身（年月贵、月德、时空）
壬戌六合 ——— 妻财己酉（时禄、日贵、时冲、岁空）
甲午天后 ——— 妻财辛酉（时冲、时禄、岁空）
戊戌白虎 ——— 官鬼辛亥世命（年月时合、日贵、旬空）
庚寅六合 — — 子孙辛丑（年月贵人、月空）

《海底眼》云：官位空亡临贵煞，贵应难作帝王臣。不为处士真君侣，定作空门掌教人。又云：得位身爻处阴位，洞晓玄机寰度外。忽然得位是阳爻，德泽功名垂后裔。解曰：身世为德合神煞会其上，阳爻主盖世功名，阴爻主道德深蕴。若身命空亡，则棲身物外，不染利名。今一行得鼎卦六二[②]辛亥爻持世，生日在甲子旬中，亥属空亡，身应己未得位，岁月日德会临，年月贵人并之，第系阴爻，不当于五，故禅师学造高明，德行清洁，恒近至尊，而无禄位，为世命妻财，俱犯空亡故耳。

① 后。
② 当作九二。

高尚格 夫道德充裕，放志泉石，而至尊屈己下交者，其命何如也？严子陵，甲戌年甲戌月庚寅日戊寅时生。以辰将加寅为用，将六合，中传午，将青龙，末传申，将白虎，重审宗，登三天课也。革得天山遁，乾二世。

午 辰 子 戌　　枭 日 财 财

辰 寅 戌 庚　　戊 庚 甲 甲

　　　　　　　寅 寅 戌 戌

地轴　天轮

（坎初）戊寅　戊辰（坎二）

（震三）庚辰　庚午（震四）

（乾四）壬午　壬申（乾五）

未 申 酉 戌

午　　　亥

巳　　　子

辰 卯 寅 丑

壬申天后 ——— 父母壬戌（日华盖、太岁）

庚午螣蛇 ——— 兄弟壬申应身（日德禄、年空、四辰马）

戊辰六合 ——— 官鬼壬午

壬午螣蛇 ——— 兄弟丙申（日德禄、年贵、年空亡）

庚辰六合 — — 官鬼丙午世命（日空亡、三合、将星）

戊寅青龙 — — 父母丙辰

子陵之命得遁，是乾宫二世，得将星持之，四马聚于身爻，主身崇道德，学贯三才，奈俱犯空亡，是以泥涂轩冕，不事王侯也。

论曰：命有官爵贵者，有货殖富者，有道德内蕴者，有声名外著者，其四体，皆身命、煞神、大象三体之所致也。然有均此煞神聚其上，而或则身命洁清，抱道怀德，或则才多身夭，或则禄重行卑，或则厚于学而薄于禄，或则富于道而贫于财。异乎？同乎？曰：非异也。考其类则各有所合耳。是以例其贵贱如右，复例其刑德如左。

凶刑格 《经》曰："阳气积德，阴气流行。刑主杀，德主生。德为福祥，刑为祸殃。德并贵煞，富寿康宁。刑合凶神，忧贫夭折。"夫岁日天月干支，皆有德也。如岁在甲寅，身世己未，曰德合相会。值夜生人，名贵人扶德也。庚申岁，身世在乙丑，如之。乙丑岁，身世在庚申。己未岁，身世在甲寅。亦如之。尤多喜庆，谓之阳德。若生月日时更相符合，不犯空刑破败，则主享用五福，垂裕后昆。其次者，年在丙辰，身世在辛酉，亦名德合相扶。年在壬戌，身世在丁卯，亦名贵人扶德。但卯酉为孤德，天德、干德不临也。辰戌为弱德，贵人、驲马不临也。又辰酉为匿刑之爻，遇德，名刑德相合，谓辰酉皆自刑也。故辰戌卯酉四爻，纯遇岁月之德，犹不为大福，纵有官爵，亦不致显达，或犯刑破，尤为凶咎。其子午巳亥四爻，其德互处，午亥亦为匿刑，惟辛亥、丙午二爻，遇德合蓄世应者，方可得福，而官爵亦不雄豪，一犯刑破，掩抑难进矣，但可依附尊贵而求仕。子巳二爻，若壬子岁，丁巳为世身，己巳岁，甲子为世身，曰贵人扶德合，而无匿刑之凶。若德位居阳爻，主福永远，无歇灭也。善莫善于德合，恶莫恶于刑破。爻犯匿刑，尚不致福，况有刑无德乎？周颜子，生于壬午年甲辰月癸丑日己未时。穿壬轨限，革得地山谦，兑五世。

贵　阴　贵　阴　　　　　　　杀　日　伤　劫
巳　卯　巳　卯　　　　　　　己　癸　甲　壬
卯　丑　卯　癸（元首、迎阳）　未　丑　辰　午
　　　　　　　　　　　　　冲午　　　　丑害

地轴　天轮
（坤四）癸丑常　癸卯阴（坤三）
（坤三）乙卯阴　乙巳贵（坤二）
（兑初）丁巳贵　丁未朱（兑上）

朱　合　勾　青
未　申　酉　戌
蛇午　　　　亥空
贵巳　　　　子白
辰　卯　寅　丑
后　阴　玄　常

丁未朱雀　— —　兄弟癸酉（空亡、自刑、岁破）
乙巳贵人　— —　子孙癸亥世命（劫煞、匿刑、年日德）
癸卯太阴　— —　父母癸丑（月贵、时冲刑、日建）
丁巳天乙　———　兄弟丙申（空亡、岁马、时贵）
乙卯太阴　— —　官鬼丙午应身伏财（太岁、匿刑、日害、将星、时禄）
癸丑太常　— —　父母丙辰（月建、匿刑）

《经》曰：“谦，德之柄也。”又曰：“谦，尊而光，卑而不可踰。乃修德之卦也。凶人小人，不可得此。”以颜子而逢斯，故十八孝闻天下。是卦象之所主也，有王佐之

才，亚圣之德，其道具体而微。盖世有岁德，身见太岁故也。不幸短命死者何？盖大象无气，身世皆匿刑胜德。其五爻癸亥水为命，遇太岁支德，其爻上匿刑入墓，丙午为身，其爻犯太岁自刑，三月水爻入墓，是为身命二爻皆匿刑入墓也，此所以遭夭折而死于壮年也。又谦卦六爻皆不见妻财，其爻为抵刑入墓，故不出此限而卒耳。夫孝行道德者，德之所主也。箪瓢夭折者，刑之所主也。此类之命，为刑胜德。

疾厄格 周冉伯牛，庚子年辛巳月壬子日庚戌时生。申将加时，子支上戌作初，将青龙，元首课也，戌上申为中，将白虎，申上午为末，将元武，斩关悖戾格也。革得风雷益，巽三世。

虎　龙　常　空　　　　　　　枭　日　印　枭
申　戌　未　酉　　　　　　　庚　壬　辛　庚
戌　子　酉　壬（元首、斩关）　戌　子　巳　子

　　地轴　　天轮
（震初）庚子合　丙戌青（艮四）
（震上）庚戌龙　甲申白（乾五）
（坎四）戊申虎　壬午玄（乾四）

卯　辰　巳　午
寅　　　　　未
丑　　　　　申
子　亥　戌　酉

壬午元武　———　兄弟辛卯应身（年日刑、时合、旬空）
甲申白虎　———　子孙辛巳（日贵、时德、月建德、空亡）
丙戌青龙　— —　妻财辛未（年时贵、连珠、大煞）
戊申白虎　— —　妻财庚辰世命（华盖、空亡、匿刑、时破）
庚戌青龙　— —　兄弟庚寅（年马、月刑、旬空、日马、虎）
庚子六合　———　父母庚子（天马、太岁、日建、龙）

《经》曰："云从龙，风从虎。"虎入巽，为从风。龙入震，为从云。若得位相生，有贵煞扶之，则早有誉于天下，风云际会矣。在刑克爻，必生恶疾。伯牛命得益卦庚辰爻持世，其爻自刑，四月土绝于巳，上有玄武，抵刑入墓。上九辛卯木为身爻，犯太岁与生日两重刑破，又四月木病乘元，故恶疾而亡也。然有华盖、日德、岁合扶命，所以诣造大贤，列德行科。

酷刑菹海格 汉大梁王彭越，是癸巳年庚申月庚申日甲申时生。以胜光将加申发用，元首课，得午辰寅顾祖，将龙合蛇。革得山天大畜，艮宫二世。

辰	午	辰	午		财	日	比	伤
午	申	午	庚		甲	庚	庚	癸
					申	申	申	巳
					生	破	刑	合

地轴　　天轮

（乾五）甲申虎　戊午龙（坎三）

（乾四）壬午龙　丙辰合（艮初）

（震三）庚辰合　甲寅蛇（乾二）

卯	辰	巳	午
寅			未
丑			申
子	亥	戌	酉

甲寅螣蛇 ——— 官鬼丙寅（月日时马、岁刑、劫煞、时德）

丙辰六合 — — 妻财丙子应身（岁禄、旬空）

戊午青龙 — — 兄弟丙戌

庚辰六合 ——— 兄弟甲辰（月日时华盖）

壬午青龙 ——— 官鬼甲寅世命（月日时马、时德禄、岁刑、劫煞）

甲申白虎 ——— 妻财甲子（岁禄、旬空）

《经》曰："三刑聚于身世，贵贱死于非命。"又曰："三刑两破，死于无辜。"彭越生年太岁在巳，月日时俱在申，得九二甲寅为世命，为本宫官鬼，来刑太岁巳，巳复刑日月时，日月时复刑世命甲寅爻，岁月日时交互相刑，故方当旺年，亨[①]富贵，而不免于极刑也。然其贵至侯王者何？以其官鬼爻得位，聚三马之所主也。又巳为阴命，限从逆行，自世而初而至上九，聚三马发其官爵，主升迁疾速，而限爻属木，七月气绝，三刑之凶，勃然而发，致死于奇刑，乃刑会之行凶也。夫人之世命遭刑，须假子孙有气，为之救解，可免非刑。今梁王命，六爻之中不见子孙，虽有岁德在寅，而终不能救官鬼之刑。艮为鬼门，逢官曰鬼吏当门，故限至上九而遭厄。

邪秽奸佞格 周卫弥子瑕，生于壬子年壬子月壬辰日丁未时。以功曹将加未，胜

① 当作享。

光临干，重审发用，将天后，大吉临午变计，将勾陈，传送临丑归结，将玄武。革得地泽临，坤二世。

午　亥　丑　午　　　伤　日　比　比

亥　辰　午　壬　　　丁　壬　壬　壬

　　　　　　　　　　未　辰　子　子

　　　　　　　　　　合　子　未　穿

地轴　天轮

（巽二）辛亥空　丙午后（艮二）

（艮二）丙午后　癸丑勾（坤四）

（巽初）辛丑勾　戊申武（坎四）

子　丑　寅　卯

亥　　　　　辰

戌　　　　　巳

酉　申　未　午

戊申元武　— —　子孙癸酉（岁月日败、时贵、匿刑）

癸丑勾陈　— —　妻财癸亥应身（时贵、匿刑）

丙午天后　— —　兄弟癸丑

辛丑勾陈　— —　兄弟丁丑

丙午天后　———　官鬼丁卯世命（岁月刑、沐浴、年月日贵）

辛亥天空　———　父母丁巳（劫煞、时马）

《经》曰："命逢沐浴而犯岁月来刑，名裸形煞。女命万万不可得此。男子犯之，其秽迹丑行亦为人贱恶。"今子瑕得临卦九二以安命，官鬼得位持之，并太岁日月贵人，何其宠荣也。奈其爻属木，十一月其沐浴乡也，既名八败，又犯岁月刑破，身又匿刑，故以邪佞受宠于灵公，而奸污丑恶著于当时，特闻至今也。

匿刑克身格[①]　里人有丧妻受难，求卜于炤者，里人是丁酉年戊申月甲午日己巳时生。月将胜光加巳，天罡临卯为用，三传辰巳午，将得合勾龙。革得雷天大壮，坤宫四世。

申　未　辰　卯　　　　　　　才　日　财　伤

未　午　卯　甲（重审、升阶）　己　甲　戊　丁

① 以下五条皆通限假令例。

巳　午　申　酉

巳申刑　午酉破

地轴　天轮

（兑二）丁卯朱　甲辰六（乾三）

（坎二）戊辰合　乙巳勾（坤二）

（离上）己巳陈　丙午青（震四）

午　未　申　酉

巳　　　　戌

辰　　　　亥

卯　寅　丑　子

丙午青龙　— —　兄弟庚戌（月墓）

乙巳勾陈　— —　子孙庚申（日马、时贵、月马）

甲辰六合　———　父母庚午世命十七年（岁时禄）

己巳勾陈　———　兄弟甲辰十八（当作十四）年（月华盖、匿刑空）

戊辰六合　———　官鬼甲寅（月马生、日禄德、时德）

丁卯朱雀　———　妻财甲子应身（时贵、日冲）

炤曰：进退不亦难乎？里人曰：何也？炤曰：羝羊触籓，不能进，不能退。解曰：九三进，惧其犯上，而下亦无所用也。夫大壮大象属土，以甲辰为兄弟，甲子为妻财，土能克水，今子限入甲辰，辰为水墓，二十六岁大小限并在甲辰，大限自刑，小限并刑，此世爻，自破其妻，故先有克妻之忧，后有破财之事，狐疑犹豫，进退不能，此限逢其匿刑克身，故有如此之灾也。

刑害临世格　宋人丧子，求卜于太原公，是甲申年甲戌月甲申日甲子时，三传申亥寅。革得火泽睽，艮四世。

寅　亥　申　巳

亥　申　巳　甲（生元胎、四生）

比　日　比　比

甲　甲　甲　甲

子　申　戌　申

合

地轴　天轮

（离上）己巳阴　壬申螣（乾五）

（乾五）壬申蛇　乙亥陈（坤五）

（坤五）乙亥勾　丙寅勾（艮上）

申　酉　戌　亥
未　　　　　子
午　　　　　丑
巳　辰　卯　寅

丙寅白虎　———　父母己巳卅三至四五
乙亥勾陈　— —　兄弟己未十六至卅二（四干贵人、旬空）
壬申螣蛇　———　子孙己酉世命十五年（匿刑、时破、月害）
乙亥勾陈　— —　兄弟丁丑六七至一八（当作七八）（四干旦贵人）
壬申螣蛇　———　官鬼丁卯五六至六七
己巳太阴　———　父母丁巳应身四六至五五（劫煞）

公曰：死者多矣。宋人曰：何也？公曰：先张之弧，后脱之弧，见豕负涂，载鬼一车，睽离极矣，当必有丧子之祸。且睽卦大象属土，以金爻为子孙，犯自刑，生月六害时破。先在己未限中，必生四子。限入己巳，当死绝尽。夫五行之生克，各候其类，盖克金者火也。轨限阳命，法以顺行。三十五之外，限入己巳火爻。四十之外，岁岁有凶。四十九岁，骨肉尽丧，独存一身。此限名父母爻持世，卜身来刑太岁，世命匿刑受害，不能为救，故致此祸。名曰刑害临世。阳年一丧，阴年二丧。

其三例　亳人有妻病，求卜于郭景纯。亳人之生，是甲戌年丁丑月癸酉日己未时。轨限革得雷泽归妹，兑宫归魂[①]。

未　寅　亥　午　　　杀　日　财　伤
寅　酉　午　癸　　　己　癸　丁　甲
　　　　　　　　　　未　酉　丑　戌
　　　　　　　　　　酉戌害　丑戌未三刑

日　　　年
己未　　辛未朱
壬子　　丙子白
丁巳　　己巳乙

戌　亥　子　丑
酉　　　　　寅

① 此又一例自上而下，不同诸占，用十二月将。

申　　　卯

未　午　巳　辰

辛未　— —　父母庚戌应身十三年四七至五九（月刑、太岁、华盖）

丙子　— —　兄弟庚申十五年卅二至四六（岁马）

己巳　———　官鬼庚午伏子十七年十五至卅一（月时禄、匿刑）

己未　— —　父母丁丑世命十四年（月日华盖、年贵、月建、时刑冲）

壬子　———　妻财丁卯七十至八一（岁合、日破、日贵）

丁巳　———　官鬼丁巳六十至六九（日贵、时马）

景纯曰：妇人之病，在于四肢。亳人曰：何以知其然也？曰：限行死鬼，妻入病乡。六位之中，不见子孙。互体有坎，亦为子象。妻爻旺相，贵煞德合扶之，必丁卯之妻，而生丁酉之男、癸卯之女。平生父子相违，或失恩义。六十五之后，父子分离，骨肉背散，去其乡土，流于别境，祸莫大于此也。亳人去后，果如所言。此命世刑太岁，生月助之，太岁临身，世复来刑，故主其性为关寡合，至限入身命绝处，而罹此祸也[①]。

己巳　———　官鬼丙寅十四年（岁德禄、时德）

丙子　— —　妻财丙子十六年（时贵、日禄、旬空）

辛未　— —　兄弟丙戌应身十二年（年匿）

壬子　———　妻财己亥十三年（月德）

己未　— —　兄弟己丑十七年（岁贵、月日华盖、旬空）

甲寅　———　官鬼己卯世命十五年（日贵冲）

身破其世格　渭人，乙未年壬午月癸酉日己未时生。月将传送加未，登明临戌为用，将得天空，亥上神后为中，将得白虎，末传子上大吉，将得太常，重审宗也，课名龙潜。革得雷火丰，坎四世。

亥　戌　卯　寅　　杀　日　劫　伤

戌　酉　寅　癸　　己　癸　壬　乙

　　　　　　　　　未　酉　午　未

破合

地轴　天轮

（乾上）壬戌青　丁亥空（兑四）

（坤五）癸亥空　戊子白（坎上）

---

① 宜作山火贲之未济。

（乾初）壬子白　己丑常（离二）

蛇　朱　合　勾

午　未　申　酉

己巳　　　　戌青

后辰　　　　亥空

卯　寅　丑　子

阴　元　常　白

己丑太常　— —　官鬼庚戌十三年（月华盖、旬空）

戊子白虎　— —　父母庚申十五年（岁贵）

丁亥天空　———　妻财庚午世命十七年（年合、月建、匿刑、时禄）

壬子白虎　———　兄弟己亥十三年（月德禄、自刑、旬空）

癸亥天空　— —　官鬼己丑十七年（月害）

壬戌青龙　———　子孙己卯应身十五年（月贵、日贵、岁禄、日破）

管公明曰：不利于江河行舟，商贾行货。求名利者，有逃奔之灾。盖妻财为命匿刑，乘旺气而不得位。父母田产，非因人废而自废。此时用静则吉，逆动则凶。渭人愀然而去，踰岁方返，财货俱罄矣。乃复求见于公明，拜而言曰：不听先生之言，以致于此。愿请解之。曰：坐。我明告子。你之命属庚午，妻财爻不得其位，且匿刑。今大限行至己丑，丑为午害。水利其舟，陆名其车。今子所为，与命相违，岂得不凶？渭人曰：已往之凶，既闻命矣。嗣后得失何如？公明曰：辛未年必骨肉离散，奔逃千里之外。曰：何也？曰：三凶并矣。曰：何谓三凶？曰：太岁破刑大限，一凶也。游年六月后螣蛇入身，二凶也。畏其凶，三凶也[①]。三凶既足，若灾止于是，犹轻也，子往慎之。后果如其言。盖身破其世，三匿其凶也。

逆德遇凶格　陈氏有子七岁，生而聪慧，神气颇秀。因以其子之命，求卜于关子明。其子是甲寅年己巳月壬辰日乙巳时生。传送加巳，神遥克日，蒿矢课也。三传戌丑辰，将得青常后。革得火地晋，乾游魂。

戌　未　巳　壬　　　食　日　官　伤

未　辰　寅　寅　　　乙　壬　己　甲

　　　　　　　　　　巳　辰　巳　寅

　　　　　　　　　　　　刑害

① 畏疑作会。

地轴　　天轮

（兑上）丁未朱　甲戌龙（乾上）

（震上）庚戌龙　丁丑常（兑三）

（巽初）辛丑常　戊辰后（坎二）

	合	勾	青	空	
	申	酉	戌	亥	
朱未				子白	
蛇午				丑常	
	巳	辰	卯	寅	
	贵	后	阴	玄	

戊辰天后　———　官鬼己巳十三年（日贵）

丁丑太常　—　—　父母己未十七年（旬空）

甲戌青龙　———　兄弟己酉世命十五年（日合、匿刑）

辛丑太常　—　—　妻财乙卯十四年（日贵）

庚戌青龙　—　—　官鬼乙巳十二年

丁未朱雀　—　—　父母乙未应身十六年（年贵、旬空）

子明曰：子之妻，非乙未生乎？陈氏曰：是也。曰：酉戌年间，此儿必丧其母。陈氏曰：何谓也？曰：子之子生日在甲申旬中，空亡其午未。晋卦以乙未阴爻为父母，处空亡之宫，属应身，又犯空亡，将逢酉戌之年，必有此祸。陈曰：重犯空亡，理当克害，何止于酉戌年？曰：辛酉、壬戌，太岁刑身命，游年吊客入身加于乙未，其理灼然，岂有不孚乎？又问曰：害母之祸，固难逃矣。异日此子贵贱如何？曰：自丧母之后，汝之家道亦凌替。甲子、丁卯之间，必多灾厄。庚午之际，此子必为非道，以玷尔世风，自是父子离间。若能度过癸酉，可保再合。此乃逆行而遇凶限也。后一一符其言。

明卦分爻管限例

天以七政为纬，二十八宿为经。璿玑运转，寒暑往来，将分十二名，时分二十四气，一气分一十五日，一日分十二时，故年以月为用，成其上象，日以时为用，立其内基。八八六十四卦之中，纂成一卦。三百八十四爻之内透出六爻天地轨数，各正内外其本出于八元，其数为三百八十四爻合为一体，一体既成，乃视其象，其象既立，乃分其属，其属既分，遂定修短，修短既定，吉凶始显。观天察地合以轨数，爻有衰旺，时有否泰，岁有日时，有刑有合，故分善恶天地，神煞性有吉凶，类有贵贱，故善莫善于德，恶莫恶于刑。贵德聚而高贵尊崇，刑煞会而贫贱夭折。

庚子年丁亥月戊子日壬子时，卯将，三传蒿矢，卯午酉，将常后朱。革得泽雷随，震归魂。

午　卯　亥　申　　财　日　印　食
卯　子　申　戌　　壬　戊　丁　庚
　　　　　　　　　子　子　亥　子

（乾初）壬子　己卯（离初）廿九年
（坤三）乙卯　壬午（乾四）卅一年
（坎三）戊午　乙酉（坤上）卅六年

申　酉　戌　亥
未　　　　　子
午　　　　　丑
巳　辰　卯　寅

朱雀　— —　妻财丁未土应身小限起一岁十四年卅六至四九（岁日贵、龙德）
天后　———　官鬼丁酉金十二年廿四至卅五（月贵、福德、匿刑）
太常　———　父母丁亥水十年十四至廿三（月建、时禄、匿刑）
朱雀　— —　妻财庚辰土世命起限十三年八二复始（岁日时三合、华盖、匿刑）
天后　— —　兄弟庚寅木十五年六七至八一（岁马、日马、时马、三合）
太常　———　父母庚子水十七年五十至六六（日时、太岁、将星）

卦内独有兄弟爻当旺气，聚三马，其人必二兄一弟二姊。寅、午命之兄，必受七品职禄。戌、卯命之姊，必为五品命妇。生下有父母财荫，娶二妻。辰［自刑］类者死，未［岁贵］类者存。先断者性刚［天罡］，后续者性善［小吉］。前妻自娶后，而妻家门户渐消。后妻出自贵势之家，体微肥，容黄色，中年多病，父母早亡者也。余皆仿此。

附：透易发用配合命爻看法

阴阳同体为少，阴阳异体为老。用阳入阴爻为老阳九数，用阴入阳爻为老阴六数，用阳入阳爻为少阳七数，用阴入阴爻为少阴八数。俱四因之去成数，算零数，算干支照甲己子午九之数，未成卦时单看阴阳爻，分老阳、老阴、少阳、少阴以成卦。

六壬六甲阳爻真[1]，庚逢子午丙寅申[2]。戊见辰戌阳爻定[3]，巳亥卯酉丁己辛[4]。六癸六乙是阴爻[5]，戊逢子午共寅申[6]。庚见辰戌寅申是[7]，丑未配于丁己辛[8]。

此八句单看起爻阴阳，或阳或阴，如定卦用爻、世爻。起大限多少数不论此也，论发用支入卦爻支，以阴阳老少定之。

起大限十几岁法：如自发用阴入命爻阴，为少阴八数，俱四因之，四八三十二，除去三十，用二零，命爻己亥，甲己子午九，连上二零数，共得十一起命宫大限也。干天数二十五，支地数三十，故支用三十也。起小女，发用爻阳支入命爻阴支，亦为老阳九数，四九三十六，除去三十，零六数，加命爻丁干，丁壬卯酉六，故十二岁起命限也。阴神同体为少阴，阴阳异体为老阴也。

用爻与命爻起大限法：止用发用支，不论干也。如阳爻发用，即为阳，阴爻发用即为阴。故小女命阴，戌发用即阳命支，丁亥为阴，以支亥也。如自命发用，己未即未，为阴支，命爻属己亥，支亥亦阴也，不必看干支与卦爻也。如伏吟，内外卦同，即纯卦。反吟亦从下卦爻定内卦。如少阳七，四七二十八，除二十，用八，加己干九，亦十七岁起大限也。其童限，看小限太岁本支胎墓死绝。

一起卦法：上卦从年干遁起[9]，下卦从日干遁起[10]定爻，即用遁定八卦。

一起上下卦法：上卦从发用三传天盘定，下卦从三传地盘定，不必看三传三位也。如起卦，三传未酉亥天盘，其地盘即巳未酉也。

看月建，从流年小限起正月顺数，不论阴阳逆顺也，男女一盘而起。

起大限顺逆数爻法：止论阳支阴支，不论阳年命、阴年命也。但男命爻阳升阴降，女命爻阴升阳降也。

一论：男命阳年阴支[11]，阳升阴降，阴年反是。女命阳年阴爻，阴升阳降，阴年阳爻，阳升阴降。余按：阴下降而阳上升，此子半午半之定理也。恐阴可以分顺逆，不可以言上升，当以女降男升为正理也。

起流年太岁十二宫，贵人从地盘定。如己亥年阳贵人从地盘子上而起，太常轮该在申也。阴贵人从地盘逆行从申上起，太常轮该在子也。盖大象者，主宫大象，不论

---

① 纯阳也。

② 阳干阳爻也。

③ 阳干阳爻也。

④ 阴干阳爻也。

⑤ 纯阴也。

⑥ 阳干阴爻也。

⑦ 阳干阴爻也。

⑧ 阴干阴爻也。

⑨ 天上三传用年遁。

⑩ 地下三传用日遁。

⑪ 当作爻。

飞宫。凡大象空亡，如坎宫之卦，即论坎宫为大象，今水火既济，离为内卦，不论离卦空亡为大象也。假如大象空亡，震宫卦爻，震属木，寅卯二爻。离为火属，午巳二爻。坎为水属，亥子二爻。兑为金属，申酉二爻。乾亦金，申爻真空，酉半空。兑卦酉真空，申半空。分阴阳爻[①]。真者，八卦真支也。假者，八卦旁支也。巽为木，亦属寅卯二爻，寅半空，卯真空。震，寅真空，卯半空。如遇空亡爻，又爻逢死绝衰墓为真空也。若逢长生旺合爻遇空亡[②]，特达骤发，究然富贵，不嫌空亡也。遇水火之爻，还有水空则流，火空则发妙诀存也。有贵命，年月日时四柱在一旬之内，或爻是长生德合旺相，若遇空亡[③]，反功名震赫，骤发一时者有之。

起长生六爻法：用生月起本爻五行定长生，从月建定临官帝旺死墓等也。如寅月生人，申金爻为绝，火爻为生，木爻为临官，水爻为病爻者也。

大凡大限爻生命爻则吉，克命爻则凶。至于命爻刑克大限爻[④]，则亦凶[⑤]。若太岁帮扶命爻去克大限爻，亦凶。譬如自己失算克剥招祸，此时祸自败家资[⑥]也。如一人寅命辰限，交庚寅、辛卯，游年克了大限，此亦凶甚。辰土长生申，病在寅年，克在卯年，二月卯日为穿心六害，到此凶不可救。若至申限，印绶爻生命，吉矣。如遇亥限，交丑官鬼爻克命，未免难过耳。

游年卦爻从身爻起一岁，周而复始。如自身在六爻，一岁从六爻而起，二岁初爻，三岁二爻，四岁三爻，上下周流，数至六十一，仍在六爻，六十七还在身爻。其爻每年止看本爻神煞，而其关之吉凶祸福处，专重本年游年太岁[⑦]。或刑克破害身命、大限爻，即为其凶年，或生旺德合身命大限爻，即为其年吉利。如身命己亥，游年亥刑命爻亥，又与大限爻申亥为六害，因此一年不得顺意，作事难就，或游年太岁干属己，乙己鼠猴乡，身限二贵人之乡，得救无大凶也。

附：六壬秘旨

课传神式遁干奇，天地人元上下推。四课三传大不准，干神将位更差池。错认日躔为月将，误加天乙乱神祇。个中纲领俱非法，局外行藏必要知。取旺因时明发用，披神带煞可推移。真飞伏藏传消息，年月日时运动机。德合刑冲虽一理，空亡应验不同期。圆通活泼真奇妙，刻究人间万事疑。壬课须知类是谁，却将出现伏藏推。凶中

① 坤不言空者，辰戌丑未四土一旬无俱空者也。

② 长生旺合遇旬空者仍实。

③ 此种或补实，或发而不久。补实者，行本气补实也。

④ 凭何属便知刑克何人。

⑤ 壬遁之日主克命，命克日主，亦当如此断之。

⑥ 损伤骨肉。

⑦ 游年在一年之中，止能及一爻之内。若大限十年一爻，则大限中之十年即分为小限之年游遍六爻将及二周，此大限内之吉凶，所以有关于大象内也。

获吉神有救，吉内藏凶彼上欺。若彼上欺宜坐吉，如逢坐坏费维持。因时取旺明生救，壬数虽深尽得机。

卯酉干德不临，辰戌贵马不到。贵人扶德合，第六位乃大天德合，第七位乃天克地冲也，本位数起。凡克中遇德，其祸稍轻，有刑无德，其祸不少。

疾病诀 身世用爻命爻得鬼，一生之疾终身。加破碎、天刑来刑冲克害身命爻者亦然。身世命爻用爻伏鬼，胎里带来之疾。身世用爻命爻俱鬼，后来新染之。分八宫六爻五行六神内外上下表里。

天乙贵人沐恩谐，身命逢之雨露来。得此名成山岳动，风光玉节位三台。天乙贵人众所钦，身命全带福弥深。飞横腾踏人争羡，博雅通明贯古今。贵是天喜喜非常，变凶为吉大祯祥。富贵多禄福寿多，飞横腾达姓名香。禄名天禄自风光，福寿难量不寻常。贵命得此多爵禄，常人逢之有田庄。天禄临官吉田肥，堪羡福禄自来临。生成驿马是超群，更逢贵禄生官真。君子成名加爵禄，庶人营运是宝珍。

五行驿马最超群，贵禄生逢爵有尊。四值一爻逢吉聚，进发疾速步登云。驿马逢空禄不多，无守未免受奔波。饶君纵有家资富，到老无间命难何。天德原来大吉昌，若临身命最为良。修文必定登科甲，庶俗谋营事事昌。天德贵神卦遇之，若逢此运最为奇。成家立业皆缘此，富贵之中仔细推。自命若还逢自德，百事所为多利益。士农工商各相宜，兄弟妻儿无破克。天月二德身命逢，贵比汾阳富石崇。生下应世承祖业，不然少年步蟾宫。病饥禄马空亡，士庶营谋半吉昌。更有工商持艺，慢劳心力走忙忙。身命若还逢驿马，大利求名求利者。求名名遂公卿位，求利利饶为事宜。女命何须带贵人，空亡驿马不堪闻。五行更忌逢生旺，偏爱休囚死绝神。六害须忧损六亲，只宜僧道可安身。若逢沐浴及羊刃，百岁定为一世人。六害煞临不堪闻，月上逢之损弟兄。岁害父母先损克，时日妻子更妨刑。华盖聪明号吉星，大宜执卷主科名。更逢天德同官印[①]，位至公卿佐圣明。身命华盖主文章，艺术偏多智庐长。女命从然多欲色[②]，也须享福坐高堂。华盖空亡僧道身，更兼羊刃在其中。纵饶技艺多能干，百为终无一事通[③]。华盖空亡名曰孤，男克妇兮女克夫。男人游手[④]为僧道，女人闲嬉作尼姑。劫煞为灾不可当，徒然奔走名利场。须妨祖业消亡尽，妻子如何得久长。劫煞凶神最不祥，去则还是雪和汤。身命值此多劳役，更主离乡死路傍。劫煞遇吉会官星[⑤]，旺主兵权佐圣明。不怒而威人仰慕，须令华夏亦安寝。亡人七杀祸非轻，用尽心机一不成。克妻刑子无祖业，士人空自有虚名。财禄逢得旺相气，其人高贵比陶朱。禄忌重见为争禄，

① 旺相方应。

② 旺相方应。

③ 值四凶爻应。

④ 主持艺。

⑤ 劫煞乃五行混浊之神。

更怕休囚死绝途。刃逢将星镇压，封疆之士。马值孤寡飘零，异国之人。禄不宜破，破则贫穷，主衣食辛苦。皇恩贵人天喜同行，六处逢之发福超群。天福贵人号文星，身命官印主科名。妻位财丰子贵显，如临比劫福稍轻。文昌聪慧知科名，最宜官命身轻，无气化爻虽不显，也应知识过常人。若贵人遍历六爻，更世命爻旺相得位而无刑破，则文举台阁，武镇边疆，乃非常之福也。

大六壬寻源第一编内传

玉册启钥

太始无形，自月将加时，则天运乎上，地承乎下，而两仪是判。

月将，日宿，太阳也。正月雨水后[1]，入亥宫，躔娵訾，登明将。二月春分后〔六日〕，入戌宫，躔降娄，河魁将。三月谷雨后〔八日〕，入酉宫，躔大梁，从魁将。四月小满后〔九日〕，入申宫，躔实沉，传送将。五月夏至后〔八日〕，入未宫，躔鹑首，小吉将。六月大暑后〔七日〕，入午宫，躔鹑火，胜光将。七月处暑后，入巳宫，躔鹑尾，太乙将。八月秋分后〔十一日〕，入辰宫，躔寿星，天罡将。九月霜降后，入卯宫，躔大火，太冲将。十月小雪后〔十一日〕，入寅宫，躔析木，功曹将。十一月冬至后〔七日〕，入丑宫，躔星纪，大吉将。十二月大寒后，入子宫，躔元枵，神后将。已上十二月将，每以值月将，加占时之上，顺布十二宫[2]。

取法于干支所临之辰曰阴阳。干上之神曰阳，支上之神曰阴，干神上之神曰阳中之阴，支神上之神曰阴中之阳，而四象是分，刚柔是定。

干支，课之本也。干曰日，支曰辰。干二课，支二课。支课各从本位，所易知也。干则甲课居寅，乙课寄辰，丙戊居巳，丁己寄未，庚课居庚[3]，辛课寄戌，壬课居亥，癸课寄丑。每以月将加时，布成式，视干上何神为第一课，再视干上神本位上何神为第二课，支二课亦如之。

彼一交而辟天元，曰初传。再交而定地元，曰中传。三交而得人元，曰终传。三才自肇而立也。

六壬课法，道之最玄。造式三层，天地人行焉。月将占时，递加为用。既明四课，爰定三传。欲定三传，五行须审。传者，取五行相克者为用。用者，取五行下克上为先。甲乙寅卯东方木，木克土。丙丁巳午南方火，火克金。庚辛申酉西方金，金克木。壬癸亥子北方水，水克火。戊己辰戌丑未居四维，旺四季，中央土，土克水。法取下贼上者为发用初传，中传以初传本位上乘神为之，终传取中传本位上乘神为之。如无上贼，方取上克下者为动用之爻，亦递为中末也。

---

① 自四日，迟至八日。

② 月将每以中气过宫。

③ 当作申。

统三才变化，合于图书。曰贵人，巳亥列贵人左右之途，旦暮分日夜阴阳之位[①]**。**

贵人居紫微门外，乃天皇大帝，主持征伐，以行令人间，居己丑斗牛之次，执玉衡，均同天人之事，有止戈之武，统驭十一神。在天门亥之前，地户巳之后，则顺行；地户前，天门后，则逆行。歌曰：贵螣朱六勾青，空白常元阴后。从亥至辰顺行，自巳至戌逆走。又曰：甲戊庚牛羊，乙己鼠猴乡。丙丁猪鸡位，壬癸蛇兔藏。六辛逢马虎，旦暮贵人方[②]。

岁月日时之序，君臣父子之伦，主客事物之理，吉凶休咎，兆各有司。

玉册日辰体用

课有阴阳之体，有彼我之殊。干上之神曰日神[③]**，支上之神曰辰神**[④]**。岁干曰君，岁支曰后。月干曰诸侯，月支曰小君。日神曰大夫，辰神曰夫人。时干曰士庶，时支曰妻孥。岁月日时，例虽四科，惟日辰为要领。日神曰主，曰君，曰尊长。辰神曰客，曰臣，曰卑幼。日为夫，辰为妻。日为居人，辰为国宅。日为所占之人，辰为所占之事。日为官吏，辰为百姓。占名，日为广文、举子，辰为场屋、题目。求望，日我，辰彼。战斗，日我军，辰彼将。仕宦，日占人，辰品职。疾病，日病人，辰病症、医药。商贾，日贾者，辰货物、地头。交易，日我物，辰彼物。坟墓，日亡者，辰墓地。生坟，日看所用之人年月。天庭求事，日为举主，辰为臣、为我、为身。出行，日为陆、为车、为出、为往、为既往、为左、为南，辰为水、为舟、为入、为行、为至处、为右、为北。动静，日动而求，辰静而应。干常动而不静，支常静而不动。取其动者为来为去，静者为应也。**

元象消息

阴阳生克，机动则知。时人不识渊微，妄议生克，不知有五等遇而不遇。

见生不生，不如无生。

不生，恋生受克故也。如空则不宜占父母上人，占官长亦徒然。

见克不克，从其鬼贼。

---

① 甲戊庚旦丑暮未，乙己旦子暮申，丙丁旦亥暮酉，壬癸旦巳暮卯，六辛午午旦暮寅。

② 上一字，牛鼠猪蛇马，为旦贵人，自卯至申时为旦昼。下一字，羊猴鸡兔虎，为暮贵人，自酉至寅时为暮夜。

③ 第一课。

④ 第三课。

鬼作空亡，无制极凶。失人口，犯官司，百费蜂起。受克恋生不然。

见财无财，枉费心怀。见救不救，灾须自受。见盗不盗，根本可保。见劫不劫，财兮丰实。

同类见，而子孙临干以泄其气，反主丰盈。

干有德合鬼墓，支藏破害刑冲。看其生旺休囚，审其亲疏间隔。德为吉庆，合乃成期。鬼矣伤残，墓终蒙昧。破须倾败，害必侵事。刑分强弱，冲则动摇。比我者旺，克我者囚，我生者相，我克者死，生我者休。月将非时不发，吉凶无故不空。子午为关，卯酉为格。命为身，所占与日干一体。年为用，不得与日用相伤。太岁主天元一气，月建镇八煞提纲。理简易明，为式中关揵也。

三元体用

用有阴阳庙乐，喜忌初终。老阳少阴为用，曰事远。老阴少阳为用，曰事近。一课二课，天乙顺而事速。三课四课，天乙逆而事迟。第四名曰蓦越[①]，凡事起于蓦然而莫测，占者阳见其象而归于阴[②]。初为事始，末乃终期，中为事体。母传子则顺，子传母则逆。鬼主事坏，墓主事害。末克初，逢凶化吉。初克末，鲜克有终。卜凶事，取末冲处所临神为散期。占吉事，取末合处所临神为成期。初发干前，末传干后，或初在支前，末随支后，为前引后从。从干，职位升迁。从支，家宅摇动。三元自干发而传支，主我去觅人。自支发而传干，主他来倩我。三元朝日，事不谋而自至。干若朝支，每多就下而不自由。

丙寅日，干上午，三元辰巳午。戊寅日，干上戌，三元子巳戌。朝日格也。病产忌占，行人亦忌。甲午日，干上辰，三元辰午申，甲木传入死绝地。行人来，病者死。丁亥日，干上酉，酉亥丑。财贵引入绝墓，大不利于干贵，交易用财反危。庚辰日，干上午，午辰寅。支助刑鬼，反害尊长。此朝支格也。凡朝干朝支，俱如例推。

三元不离干支，诸谋皆遂，惟不利于逃亡[③]。三元不离四象，福灾咸应，忌病讼而忧产。阴阳间隔，内藏外索，心成虑破。三元日辰互合，事涉淹淹未了。详看全脱全鬼，以定其吉凶。全脱兮被赚，全生兮恩深，全鬼兮祸起，全财兮妻歉，全兄兮比劫。脱气要见父母，全生不可逢财。课传六阳兮，利天庭而动达高尊。传课六阴兮，有瞑朦而事多暗昧。三元印绶，旺相则谋作咸休。三元食神，诸气为之盗泄。鬼多则祸变非常，财多则反生不足。兄弟重重，祸延林木倾家。鱼贯生生，事必成乎推荐。叠逢

---

① 蓦越用于课，稍大半为他人之占，即占亦必因人。

② 捕盗，取武阴。访人，德阴。求财，龙阴之例类。

③ 行人困，贼在乡。

克贼，名必挂于弹章。初生墓末，有始无终。初墓末生，先难后易。传合逢冲可动，凶课刑克灾衰。鬼本凶神，年命日辰有子孙则救，见父母蠲灾。三传全逢下贼，一家衅起萧墙。传进宜前，传退宜藏。旺可乘时，衰宜有待。日用末并，百事迟留。三元远日，一事无竣。四象朝元，格内逢之必应。

日辰夹定三传，曰四象朝元格。乘凶将，凶不可逃。乘吉将，吉不可迫。宜成合诸事，忌病讼、忧产、行人。

三元虚位元虚，小节不圆，透关非时，过而不改。上克下，事起男子。下贼上，事起妇人。将克神，神克日，祸从外来。日克神，神克将，衅由内起。伏吟事近，返吟事远。比涉邻明，权宜自释。刚昴远去于稽留，柔昴伏藏而匿出。色艳八专，奸生别贵。

四象体用

日逢印绶，所为百事咸昌。空化枭神，得不足以偿失。日将兮人将相助，夜将兮阴福护持。年将则声名显达，岁命生日尤吉[①]。日临官杀，有气为先。讼狱者不吉，患病者鬼缠。日将人损，夜将神愆。为人口悔兮囚死立至。日阴贼日兮抑塞多端[②]。日上子孙，虚费百出。被盗走失，人口也衰残。休囚尤重，作空信难。日上妻财，忌传逢鬼。将吉则妻贤财利，神凶则祸衅内仇。日同比劫，刑合推详。吉将兮比助，凶神劫夺。日神生辰，辰生日神，或日辰各佩印绶，两家利顺。日神克辰，辰神克日，或日辰两逢官杀，彼此参商。日神脱辰，辰神脱日，主互相赚脱，乘元武尤甚。日神临辰，为辰所贼，主我不合去，为卑犯尊，事体稍轻。辰神临日，为日所克，乃他自来取，为上凌下，谓之不恕。日神加辰，同类曰培本。辰神加日，同类曰壮基。遇凶不至极凶，逢吉须云大吉。干神临支受生，格曰俯就。以尊从幼，初虽难而终为逸乐。支神临干脱干，格曰偃蹇。以臣欺君，主虚耗而终难济事。干神临支生支，格为历虚。俱自败自耗，其谋拙而神疲。支神临干生干，格为自在。俱从我趋我，其理顺而心清。干神临支克支，名求受格。事虽费力，而却得其力。支神临干贼干，名上门乱首。悖恶凶甚，而遇解庶免。日乘辰旺，辰乘日旺，或日辰自旺，不利谋动，而坐作皆吉[③]。日逢辰马，辰逢日禄，或日辰上皆禄马，君子荣迁，而小人动宅。日辰上见德，利进发，乘吉将尤佳。日辰上作合，多和顺，但不利散事。日辰刑反，彼此皆怀嫉妒。日辰害侵，主客各有积谋。辰逢败气宅倾，日逢败气身弱。绝神宜结旧事，死气遇解无

① 日上生日。
② 日上克日。
③ 动则即为网罗。

妨。日神冒墓，人多朦昧。辰神立墓，宅舍无光。鬼墓加于夜贵，灾生不测。如四象三元与年命，有子孙破墓，无殃。日上课不足，自心反覆而多忧。辰上课不足，家宅不宁阴小咎。日辰上见魁罡，动不自由。见卯酉，凡事阻隔。又为日辰上位空亡，事每虚而不实。干为人为外主动，支为宅为内主静。干加支，占人必来，访人必见，利静不利动，利入不利出，宜占内事，常占无事。支加干，占人不来，访人不在，利动不利静，利出不利入，宜占外事，常占摇动不宁。

占　神

九天玄女，天神地祇，十二宫神将，时日功曹，黄帝大圣，六壬类应尊神。

占　祝

乡贯、姓名，敬于年月日时，为某事，上启：玄女黄帝、天星地象、四庭功曹、六壬参两，信手拈时，飞神走将，上下加临，休囚旺相，制化克生，吉凶如响。

占　式

法以枫木为天盘，广四寸，象四时。枣心木为地盘，广九寸，象九州。择十一月壬子日吉时，刻神将之属，占时，朝向南，暮向北，左手捧盘，右手运斗柄，用月将加正时云云。

心镜释课[①]

四课之中一相克，便是初传立用神。上下相参而克贼，取其下贼为初因。

二三或四交相害，择其比者立群分。或有俱比俱不比，涉害深者为用真。

有时涉害交相似，刚从日上寻辰起。从前便即作三传，学者求之须达理。

比者，阳日与阳比，阴日与阴比。俱比俱不比者，取地盘寅申巳亥上，涉害深者为用。无孟取仲，取季。比相似者，阳日取干二课上克者，阴日取支二课克者为用。

阴阳上下无相克，其中采取遥神贼。贼日之神为初传，去其日克切须识。如无神贼于今日，被日克神用为则。有时日克于两神，复有两神遥贼日。看其比者用为良，依此课中情不失。

四课皆无相克，以遥相克为用。先寻二三四课上神克日为蒿矢，次看日克神为弹射。克多亦论比涉，俱比俱不比。亦如克贼例。

四课又无遥相克，须当俯仰视昴星。刚看酉上神为用，柔视从魁何处停。假令从

---

① 指南入式：六壬如入，先明日辰。以月将加占时之上，视阴阳为四课之分。贼克为发用之始，相因作中末之身。克多比用涉害，无克是以遥嗔。夫昴星当俯仰于酉上，若别责取干支之合神。伏返以刑冲为定，八专以顺逆为真。

魁临亥地，用神当即是登明。中传乃附日辰上，刚日先辰日后呈。柔传日上终辰上，虎视如何独免惊。

上下不相克，以昴星为用，从酉字中寻。甲丙戊庚壬刚日，仰视酉上所得之神用，为虎视转蓬。乙丁己辛癸柔日，伏视酉下所得之神用，为冬蛇掩日。刚日中传辰，末传日。柔日中传日，末传辰上。

伏吟之课见相克，便从克处为用神。或视课中无克贼，刚看日上柔取辰。迤逦三刑传中末，此依玉历识其真。若也用神当自刑，次传还与日辰并。次传刑者将为末，如此课占最有灵。次传更复自刑者，冲神为末得其情。且如乙丑为天罡，天罡自刑将此方。因之大吉将为次，刑及河魁为末详。乙未为缘下贼上，所以终传向丑乡。余即自刑俱日上，阳日次传辰上张。

伏吟有克，取克处为用，尽刑为中末之传[①]。有克自刑，亦以克处为始，次传冲，末传刑[②]。若无克，刚柔只取于日辰。刚用日[③]，柔用辰[④]。中传刑，末传冲。六乙日伏吟有克，中传冲，末传刑。辰午酉亥，用起自刑。起辰，以日上辰为次传。起日，以辰上神为次传。次传复自刑，取冲为末传。不复自刑，以刑为末传。取冲为末传者，以冲中传者为末传也。

反吟课传有相克，比用涉害为用初。次传须与初神对，末将却来初上居。来去相冲初共末，此课通灵人未知。假令辛巳遇返吟，太乙加亥作初时。冲着登明为次将，末复还冲太乙司。返吟为何无相克，唯有阴柔六个神。六个阴柔何日是，丑未丑干丁己辛。须以神冲井栏射，受敌头上为用真。六用对冲作传将，传将所刑为末神。占事就中多反覆，更在聪明用意寻。

有克是返吟，无克曰无依。无克惟六日[⑤]，辰冲敌上神，名曰井栏射。丑日冲巳，巳上亥为用。未日冲亥，亥上巳为用。次传辰上神，末传日上神。

八专之日是无淫，有克比用涉害深。无克常须顺逆数，数时还解布阳阴。刚日便从阳顺数，柔日当从阴逆寻。皆取三辰为发用，传终日上合天心。有时数到日辰上，三传飞散墓重临。

癸丑、甲寅、己未、丁未、庚申，五日八专，阴阳共处。有克，如常课比涉。外无克，刚日从日上阳神顺数三辰为用，柔日从辰上阴神逆数三辰为用，中末皆传日上[⑥]。八专天将后合武，三传若遇一将，便是帷簿不修，女子淫泆。

① 如丑至戌，戌至未也。
② 如亥至巳，巳至申也。
③ 寅巳申，巳申寅，申寅巳也。
④ 丑戌未，卯子卯。
⑤ 丁丑、己丑、辛丑、丁未、己未、辛未。
⑥ 甲寅干上亥，顺数三辰丑，乃丑亥亥也。丁未辰上巳，逆数三辰丑，乃丑巳巳也。

四课不全三课备，无克无遥别责例。刚日日干干合用，柔日支合前一位。皆以天上作初传，中末两传干上寄。刚三柔六九课名，此法先贤俱谨秘。

三课无克无遥，别责一神为用。刚日初传，以干合上辰[①]。柔日，以支三合前一辰为初传[②]。俱以日上神作中终传也[③]。古本支合前一位辰，亦取上神为用。

大六壬三元正体课解

元首尊为领袖神，贵治贱兮惠迪陈。明月未圆[④]。

《观月经》曰：起岁年华问，逢蟾月里寻。传辰旬日应，值日目前辰。气动蟾分体，候来旬拆身。诸卦从此断，万类若通神。旺气言官职，妻财相气论。死言丧者起，囚动见官刑。休来忧病患，诸家卦备陈。细旨从天降，毋迷后学人[⑤]。

《心镜要》曰：四课之中一克下，卦名元首是初神。臣忠子孝皆从顺，忧喜因男非女人。上即为尊下卑幼，斯为正理悉皆真。官词先者方能胜，后对之人理不伸[⑥]。

元首体乾[⑦]，首出亭然。《象》曰：天地得位，品物咸新。事用君子，忧喜俱真。君臣和合，父子慈亲。婚谐鸾凤，孕育麒麟。用兵客胜，语讼先陈。市贾出色，名利超群。官职首擢，柱石元勋。门庭喜溢，利见大人[⑧]。

《笺》曰：日辰用神年命，值旺相气，乘吉将，更逢富贵、龙德、时泰、三光、三阳、官爵、轩盖吉课，则有乾之九五，飞龙在天之象。或得凶神恶将，或传不顺，反主下虽顺上而上不从。又如上气休囚死废，下却旺相德合，或逢岁月建，则主上虽制下而下不受也[⑨]。

重审皆逆臣叛君，从逆凶兮祸妇人。鸽鹞同笼[⑩]。

《观月经》曰：一下贼其上，重审卦本庸。父子相离析，夫妻不敬恭。顺行犹自可，逆去患来丛。入墓应难避，逢生可易容。太常与阴后，合乙及青龙。用并生身处，

---

① 如戊日合癸，癸寄丑，即以丑上神为用，中末俱并日上神。

② 如未日三合前一位即亥也，中末亦并日上神。

③ 干合，甲己、乙庚、丙辛、丁壬、戊癸。支三合，亥卯未、巳酉丑也。

④ 少者忌占。

⑤ 此章通论诸用传，非专指元首卦之断也。

⑥ 元首事多顺，利客反为尊。自外忧男子，重审反此因。凡课俱取克，犹将休旺论。

⑦ 乾，健也，刚也。乾，元亨利贞。初九，潜龙勿用。九二，见龙在田，利见大人。九三，君子终日乾乾，夕惕若，厉无咎。九四，或跃在渊，无咎。九五，飞龙在天，利见大人。上九，亢龙有悔。用九，见群龙无首，吉。元首最忌斩关，斩首之义也。最喜连茹，进顺之义也。发用喜贵龙，贵首、龙头也。忌武后，贼头、鼠首也。占利阳日，贵尚顺行。

⑧ 包容广大，六龙冲天。◎元始人，万汇得咸亨。事自外生忧喜字，行兵词讼贵先声。婚遂产麒麟。

⑨ 亢龙有悔。

⑩ 老者忌占。

恩来祸不从。空蛇并虎武，勾雀墓末逢。喜事翻成恶，亲者也成凶。诸卦皆如此，学人莫乱攻[①]。

《心镜要》曰：从下贼上名重审，子逆臣乖弟不恭。事起女人忧扰重，防奴害主起妻蒙。万般为事皆难顺，官病相侵恐复重。论讼对之伸理吉，起讼虚张却主凶。惟有放债收花美，重往重来利更浓。

重审体坤[②]，有终利贞。《象》曰：承天厚载，柔顺亨贞。一下逆上，岂无忧惊。贵顺福至，贵逆乱兴。事宜后起，祸从内生。用兵主胜，受孕女形。诸般谋望，先难后成。君子厚德，中道而行。应坤六五，黄裳元吉[③]。

《笺》曰：重审利下不利上，或一下贼上而休囚，上旺相，则下虽乖违，不能为害。如生金旺木，岂畏死火囚金也哉？以类推之。

知一比涉两无得，见机察微反覆忒[④]。

《观月经》曰：课中知一卦，体是相比邻。二上来陵下，贼盗在逡巡。小心须准备，看看惹祸迍。若言失脱事，闭口卦中寻。

《心镜要》曰：知一卦何如，用神今日比。婚姻失谐和，事因同类起。逃亡不远离，失物邻人取。论讼和笑好，为子狐疑葸。

知一体比[⑤]，亲贤远媚。《象》曰：比却为喜，不比为忧。词宜和允，兵利主谋。祸从外起，事向朋谋。寻人失物，近处堪求。如下克上有嫉妒，日辰贵后有狐疑。度厄无禄称无路，上六比之无首题。或上克下有嫌疑，日辰贵前顺利期。二克贞固须择一，比之六二贞吉宜[⑥]。

《笺》曰：舍远就近，舍疏就亲。恩中有害，亦名比邻。众星拱北，水行地上[⑦]。

《观月经》曰：欲知比用卦，四课里头生。二体原来别，分身是两名。甲壬庚戊丙，比阳子戌呈。申午辰寅类，可应五阳精。乙丁己辛癸，比阴卯酉成。登明丑未巳，

---

① 此章亦总论众课。

② 坤，顺也，柔也。坤，元亨。利牝马之贞。君子有攸往，先迷后得。主利西南得朋，东北丧朋。安贞吉。初六，履霜，坚冰至。六二，直方大，不习，无不利。六三，含章可贞，或从王事，无成有终。六四，括囊，无咎无誉。上六，黄裳，元吉。上六，龙战于野，其血玄黄。用六，利永贞。载生万物，博厚无疆。重审主重，婚姻、词讼忌见之也。功名谋望，利于再也。六甲双胎，疾病重发。

③ 重审人，下贼起忧惊。贵顺生祥逆作梗，事宜后应内戎兴。谋望得终成。

④ 知一则二事不成，涉害则两求艰阻。

⑤ 比，和也，乐也。比，吉。原筮，元永贞，无咎。不宁方来，后夫凶。初六，有孚，比之，无咎。有孚，盈缶。终来有它，吉。六二，比之自内，贞吉。六三，比之匪人。六四，外比之，贞吉。九五，显比。王用三驱，失前禽，邑人不诫，吉。上六，比之无首，凶。知一者，从一也。求嗣艰难，一夔也。谋望不通，执一也。空亡则一事无成，刑克主一身狼狈。仕途见忌于人，蒿弹中之知一也。营生不免于乖，涉害中之知一也。涉害，阅历已深，老成谙练，仕贵明哲，居必择邻。坟墓龙陷沙枯，疾病往来潮热。婚姻反目，谋望艰贞。元阴发用，堕其壳中。空后加临，潜身害外。

⑥ 原知一，和喜不和愁。克下嫌六五黄一顺（此句有讹），访寻在速事明谋。为主利兵筹。

⑦ 知一寻亲近，作事贵和同。因恩起谗妒，犹豫在其中。虑逃防盗贼，主客更须穷。

可应五阴精。要用求相克，不比亦得行。下克先取用，无下上神凭。二下双逼上，比者是亲情。俱比俱不比，涉害卦详明。双上来凌下，亦依此路行。

涉害卦相争，还从比用生。前头看同类，路涉阿谁亲。有克量重用，偏多得用情。忽然涉害起，先举莫相争。卦入谁家体，相随灾福分。

《心镜要》曰：神有两比两不比，上天垂象见人机。涉害发用为初传，作事稽迟多忧疑。患难消散经几日，占胎伤孕是当时。失物定知家内窃，逃亡亲隐岂遥之。[①]

《涉镜体》曰：心机微显。《象》曰：风波险恶，渡涉艰难。谋为名利，多费机关。婚姻有阻，痾疾难安。胎孕迟滞，行人未还。船渡重滩，外虚中实[②]。

《笺》曰：如神将凶，三四克贼，灾深难解，乃坎[③]初六，习坎入坎之象。或我克他，日辰旺相，将吉克浅，忧浅易解，事虽先难，终必有成，则应坎卦词，有孚心亨之象也。以是而行，必有功矣。二上克下为知一，二下贼上为比用。上下互克为涉害。

《观月经》曰：卦上双克下，卦二分两名。见机起四孟，求事后须成。用起季兼仲，察微产妇惊。魁罡临四孟，必定举哀声。

见机《象》曰：利涉大川，有孚贞吉。动作知机，不俟终日。名利难遂，胎孕未实。疑事急改，犹豫有失。神将吉凶，得失乃定。多算者胜，少算不胜。语曰：将涉水，不轻进，其象似之[④]。

察微《象》曰：笑中有刀，蜜中有砒。大人利见，旧德微施。人情浅薄，世事难欺。防范机密，物欲必齐。少算犹胜，无算者迷。《易》曰：尚中正，不利涉大川。察微象之[⑤]。

缀瑕《象》曰：两雄交争，经延岁月。人众牵连，灾耗必绝。君子宜亲，小人可辙。胎孕逾期，行人失约。建吉入传，日辰有气，则事虽延，而有成意。涉害相等，则刚用日，柔用辰，为缀瑕。吉祇既平，凶寘丛棘[⑥]。

《笺》曰：涉害主疑难迟滞，欲行而不复行，事有两而取一，历尽风霜而后已，乃苦尽甘来之兆。上克下忧轻，下贼上忧重。二克，神将吉，忧轻。三上克，神将凶，忧重。察微恐人不仁，计算谋害，必预思虑提防，可无患也，乃思患预防之兆。若魁罡加日辰，主妇人产难。见机主事有忧疑，急须改变，守旧则稽而难解，趋安避危，

---

① 涉害多艰阻，机浅察微深。缀瑕无首尾，总忌魁罡侵。

② 原涉害，名利费机关。婚阻病淹胎产滞，风波险恶渡艰难。行旅未能还。

③ 坎，陷也，下也。习坎。有孚，维心，亨。行有尚。初六，习坎，入于坎窞，凶。九二，坎有险，求小得。六三，来之坎，坎险且枕。入于坎窞，勿用。六四，樽酒簋贰。用缶，纳约自牖。终无咎。九五，坎不盈，祇既平，无咎。上六，系用徽纆，寘于丛棘，三岁不得，凶。

④ 见机迟遂，而取舍自宜变通。◎见机孟，祸福在初萌。守旧愈羁宜速改，先难后易避趋明。辰戌召官争。

⑤ 察微，暴进逢殃。临季，阴小多惊。◎察微浅，思患预提防。辰日魁罡虞产难，凡为有备乃无妨。人害自消详。

⑥ 缀瑕锦，人众有牵连。惟利士人占甲第，才能压世喜多端。屏恶贵亲贤。

先难后易之象。若魁罡加日辰，主官事欲起。缀瑕主两雄交争，经延岁月，才德出众，可以服人。亲君子，远小人，则吉，否则凶自召耳。

长度厄兮老者拙，幼度厄兮儿童厄[①]。

《观月经》曰：三上来凌下，根源长幼推。子孙先发用，小者必低豨。父母相临用，凶神入墓悲。此看三传末，诸卦总如斯。

三下制其上，六亲竟不虞。事还同长幼，凶即暗嗟吁。生气逢欢乐，休囚下泪珠。五行皆如此，消息要工夫。

度厄体剥，冰炭九族。《象》曰：事忧长幼，患病重来。家门不吉，骨肉尤乖。出军失利，行者多灾。类神旺相，祸去福来。去旧生新，群阴剥尽[②]。

《笺》曰：发用阳神值凶将，伯叔尊长有灾。阴神，姑姨幼小有灾。应剥不利攸往之象。日用旺相，值吉将，主幼得长力，长得幼力，应剥上九，君子得舆之象。若仕占之，主事从邻邑发动，吉则山鹊合群，同气相亲之兆也。神将吉，因动成喜。神将凶，面合心离，或反有暗害。与刑煞并，及旺相气，凶易散。若与德合并，则不能为害[③]。

无禄孤独少子孙，绝嗣茕茕妨二亲[④]。

《观月经》曰：四课俱临下，男鳏女寡孤。三传如有救，子必胜于吾。首尾俱相制，临年子失途。切须看用类，到老有如无。

《心镜要》曰：四课上神俱克下，法式严时不可论。臣子受殃从此起，无禄如何独自尊。占人孤老谁扶侍，空室穷烦岂得存。官门竞讼必当罪，对者应知理不伸[⑤]。

《观月经》曰：四下贼其上，名为绝嗣凶。中年多子息，暮岁减先宗。有救用前例，无依断后宗。专看发用类，年月日时逢[⑥]。

《心镜要》曰：四课下神俱贼上，绝嗣如何保二亲。妻背夫兮奴叛主，子弑父兮臣弑君。孕长为男刑克父，定是孤茕失业人。讼官切忌于先起，却被翻兮难诉陈[⑦]。

无绝体否[⑧]，僭乱解体。《象》曰：上克无禄，下贼绝嗣。君臣悖逆，父子分离。求谋不遂，动作多疑。三传有救，方免灾危。神恶将横，应否六三，包羞凶。神美将

---

① 长幼与无禄，祸皆从上施。度厄与绝嗣，由下逞其私。上下俱不利，主客皆有迷。

② 两度厄，骨肉恣尤乖。行者遭殃军覆没，家门病患去重来。旺相喜无灾。

③ 剥，落也，烂也。剥，不利有攸往。初九，剥床以足，蔑贞凶。六二，剥床以辨，蔑贞凶。六三，剥之，无咎。六四，剥床以肤，凶。六五；贯鱼以宫人宠，无不利。上九，硕果不食，君子得舆，小人剥庐。

④ 上凌下不恕，下犯上不忠。

⑤ 无禄忧当散，绝嗣转加疵。总是孤茕意，传中尚细推。

⑥ 元云：四上克其下。

⑦ 中年多子息，老暮主孤独。

⑧ 否，塞也。否之匪人，不利君子贞，大往小来。初六，拔茅茹，以其汇，贞吉，亨。六二，包承，小人吉，大人否亨。六三，包羞。九四，有命无咎，畴离祉。九五，休否，大人吉。其亡其亡，系于苞桑。上九，倾否，先否后喜。

良，应否上九，先否后喜之象也[①]。

《笺》曰：绝嗣四上克下，不能容下，而下难自存。占主在上无礼，卑小不利。孕伤胎，病易死，占子病必不起，奴婢逃，骨肉散。若旬空发用，来人必主独身而已。事起男子，兵讼先起者胜，凡事动而必静。无禄四下贼上，以下犯上，上夺其禄。占主孤独失业，多刑伤，病必死，事起女人，兵讼后应者胜，凡事静而必动。原曰：四下贼上，乃为绝嗣，小人无礼，暗动损殃，病死，逃匿，长灾。

日往克神事内起，弹射谟谋成罕矣。神遥贼日事外来，蒿矢行人望有谐[②]。

《观月经》曰：欲知弹射卦，日克卦中神。求财合吉将，凶害遇仇人。刑动阴谋窃，相生各自伸。谋刑劫盗贼，合来喜事频。分明是两卦，体段一般陈[③]。

四课俱无克，须看日本因。三神何地类，日内得谁嗔。俱比俱不比，先举用为真。吉将朝天去，凶神祸到身[④]。

《心镜要》曰：神遥克日名蒿矢，射我虽端不足畏。日克课神名弹射，纵饶得中也无利。贵神逆转子无良，天乙顺行臣不义。家有宾来不可留，每忧口舌西南至。婚姻出往多无良，六甲行人立刻至。

蒿弹体睽[⑤]，狐假虎威。《象》曰：弹射二克，己谋他斯。箭中双鹿，祸从内施。兵用客利，事宜后为。访人不见，行者未归。空亡发用，动作尤虚。神将刑害，贵人逆治。多冤不睦，招盗须隄。神将德合，天乙顺施。亲朋和气，万事能持[⑥]。

虎皮羊质，蒿矢力柔。小事云吉，大事多忧。始有凶势，逾久乃休。忧喜未实，文书虚谋。外务于己，有客为仇。兵利为主，不利他求。神凶贵逆，日用休囚。载鬼一车，盗贼阴谋。日用有气，贵顺将优。干贵有喜，行来访投。祸微渐息，事成而周。应睽上九，婚媾遇雨，吉象也。

《笺》曰：蒿矢客来不可纳，小人口舌，忧在西南，喜在西北。西北乾，天门也。遥克二课，俱主远事，虚名无实，带金土煞，蓦然有灾，空亡不能成事，大端祸福俱轻。如乘阴武天空，欺诈祸起。弹射在春为破弹，蒿矢遇夏为槁矢。猛虎陷阱，二女

---

① 天地不交，人口不圆。

② 二者带金土，始能伤人。占得祸福俱轻，求事难成。第二课发用无力，主外事，非内，宜静。第三课有力，主内。第四课又无力。◎遥克者，矢弹也。矢遇金则有镞，弹逢土则成丸。用第二课，近射也。用第四课，远射也。戌亥子丑寅，夜射也；卯辰巳午未，旦射也。仕宦占之，防弹章之射影。螣空加酉，作杯影之弓蛇。弹春碎而空遗，矢夏槁而空折。刚日旺相，强弓劲弩。柔日休囚，断弦秃箭。

③ 日遥克神，名弹射。日出克，祸自己攸为，行者来访不见，多尤多怨亦空施，遇吉则逢时。

④ 神遥克日，名蒿矢。神来贼，事久渐干休。有客为仇兵利主，文书忧喜半虚谋。不利有他求。

⑤ 睽，乖也，背也，外也。睽，小事吉。初九，悔亡，丧马，勿逐，自复。见恶人，无咎。九二，遇主于巷，无咎。六三，见舆曳，其牛掣，其人天且劓。无初有终。九四，睽孤遇元夫，交孚。厉，无咎。六五，悔亡。厥宗噬肤。往，何咎？上九，睽孤，见豕负涂，载鬼一车。先张之弧，后说之弧。匪寇，婚媾。往，遇雨则吉。

⑥ 遥克俱无力，谋事总难成。日辰分二课，金煞有灾惊。刑来奸宄起，合则喜庆生。金煞：孟酉、仲巳、季丑，以月论。

同居。

昴星见虎灾尤棘，虎视转蓬沉病疾。刚去柔归险途程，转蓬掩目异名晰。

阳日，虎视转蓬，蓬游无止。阴日，冬蛇掩目，蝙蝠遇昼。春虎，夏蓬，秋昴，冬蛇①。

《观月经》曰：四课无遥克，神仙立此门。五阳看酉上，见发卦基根。辰作中传用，末传日上论。出行遭禁系，淫乱暗乾坤②。冬蛇交掩目，万事不相从。五日柔为用，从魁坐下宫。中传在日上，末传辰上蒙。伏罪何须出，无劳西与东③。

《心镜要》曰：用起昴星为虎视，秋分在酉知生死。出入关梁日月门，举事稽留难进止。刚日出身身不归，柔日伏匿忧难起。女人淫泆问何因，此地名为难禁止④。

昴星体履⑤，如蹈虎尾。《象》曰：关梁闭塞，度越稽留。行行作禁，孕男勿忧。事恐惟外，祸起无由。家居守静，方免闲愁。罡乘死气，用死用囚。传见蛇虎，讼狱雠仇。见龙亦恶，病死须忧。应履九三，履虎尾，咥人凶象也。日用旺相，龙虎魁罡，科举高中。视履考祥，上九元吉⑥。

人情失意，进退无凭。女多淫泆，内有忧惊。事蒙暗昧，潜藏其形。访人不见，作事难成。行者淹滞，逃亡隐沦。如遇螣蛇，怪梦疑神。或申加卯，倒斫车轮。传见虎武，其凶愈深。惟午加卯，是为明堂。午离卯驷，万事隆昌。纵遇衰凶，亦主吉祥⑦。

《笺》曰：刚日本乎天者亲上，传终归干，从天类也。柔日本乎地者亲下，传终归支，从地类也。以天道言昴星，阴气用事，微霜始降，枯槁皆死，此决断万物，收敛精神之时也。以人事言昴星，于行为金，五常为义，当其言不必信，行不必果，惟义所在，然后决之。故以昴星作课，断之以义，归责于己，斯可矣。故终末从日辰也⑧。

伏吟自任返来人，自信顺致未归程⑨。

---

① 昴星俯仰，力亦微矣。婚姻有昧旦之求，捕获有逃亡之兆。刚日仰遇其后，雉雊于飞之征。柔日俯遇其丑，鸡口牛后之诮。太阳加支主屋润，冬蛇掩目主失明。

② 阳日稽留于外。

③ 阴日伏匿于内。

④ 刚柔分二课，蛇虎定其名。刚日稽于外，仍恐有灾惊。柔日主伏匿，少豫阴私情。课体多闭塞，将亦病患成。

⑤ 履，礼也，不处也。履虎尾，不咥人，亨。初九，素履，往，无咎。九二，履道坦坦，幽人贞吉。六三，眇能视，跛能履。履虎尾，咥人，凶。武人为于大君。九四，履虎尾，愬愬。终吉。九五，夬履，贞厉。上九，视履，考祥其旋。元吉。

⑥ 以上论刚日昴星。刚者，阳也。阳性从天，男子气浮，仰而视之，如虎视之转蓬而动也。如履虎尾，安中防危。

⑦ 以上论柔日昴星。柔者，阴也。阴性从地，女子气沉，则伏视之，如冬蛇之掩目而潜也。二课大端惟潜藏吉。酉为天狱，刑狱最忌。

⑧ 七星昴，失意事无凭。有内忧惊因女泆，逃亡暗昧显难成。轩盖得阳明。

⑨ 隔山照水。

《观月经》曰：天地伏吟卦，阴阳归在家。刚以日来用，刑处作中涯。末在初冲处，三传立爪牙。居者将离析，逃亡路不遐[①]。

自任《象》曰：任己刚暴，必成过愆。行人近至，逃亡眼前。胎孕聋哑，祸患连绵。干谒不出，株守吉言。

《笺》曰：甲日春占，丙戊夏占，庚日秋占，壬日冬占，三刑有气无克，传逢驿马劫煞，主守己待时。或不得已而动，动中有成。则应吉象。

自信伏吟体，同前分两名。六辰柔日用，刑处作中程。末在刑冲处，三传为弟兄。忽然值恶将，破散别离情。刚日刑中正，柔日宅内惊。

自信《象》曰：潜藏伏匿，身不自由。逃亡近觅，盗贼内搜。病人喑哑，行者淹留。检身谨恪，无不优游。

《笺》曰：病产盗逃，俱同自任。讼俱田土，梁关俱塞。惟行人则自任立至，自信难期，出行中止，自信不出。若有丁马，不获己而协动。

《心镜要》曰：任信伏吟神，行人立到门。失物家内盗，逃者隐乡邻。病合难言语，占胎聋哑人。访人藏不出，行者即回轮。

伏吟体艮[②]，自任自信。《象》曰：科举高中，求名荣归。病忧土怪，讼争田庐。春冬灾浅，秋夏势危。律身谨慎，动作无虞。凶应艮九三，危虑薰心。吉应艮上九，敦艮吉[③]。

《笺》曰：日辰阴阳，伏而不动。自相克贼，独陷呻吟。游鱼避网，积小成高。静中有动，守旧待新。刚日庚寅，三传申寅巳，末传太乙作勾，刑克日干，惟秋占则凶甚。柔日三刑有气，日用旺相则吉，日用休囚，神将凶恶，则凶剧。二者用静吉，用作凶。

杜传中画，改求则获。《象》曰：居者将移，合者将离。道由中止，事宜改为。传阳人至，传阴未归。占人求物，不出庭除。

《笺》曰：将乘天乙龙常，则身吉，坐而获喜发祥。乘虎合二马，静中有动，人信到门。勾陈沉屈，动止稽留。太阴阴私，天空虚诈。六合孟传阳，生男子。或子午全，主道路及望信事。卯酉全，主门户事。四季全，争讼田产事。四孟全，主不得已与人协动事。

---

① 伏吟课，逸举得荣归。疾病呻吟逢土怪，春冬灾浅夏秋危。争讼自田庐。

伏吟不利病，呻吟而难痊。返吟不利商，往返而多滞。坟墓忌返，水走砂飞。家宅忌伏，门阖户塞。家宅返而干支常贵，名门巨族之占。坟墓伏而支干虎龙，龙蟠虎踞之势。返吟生合，忙里偷闲。伏遇冲空，静中思动。伏嫌新病，返怪沉疴。逃亡则伏避返逃，贸易则伏沉返速。图谋成事，返伏皆空。

② 艮，止也。艮其背，不获其身，行其庭，不见其人，无咎。初六，艮其趾，无咎。利永贞。六二，艮其腓，不拯其随。其心不快。九三，艮其限，列其夤。厉，薰心。六四，艮其身，无咎。六五，艮其辅，言有序，悔亡。上九，敦艮，吉。

③ 伏吟为伏匿，凡事皆主迟。吉凶无定在，家宅不相宜。行动安能速，遗亡勿远追。

井栏六卦返吟陈，得失由来未可凭[①]。

《观月经》曰：己未连丁未，返吟无两般。臣背明君意，子欺怨父心。无端须绝后，有罪自相擒。更若逢凶将，乖绞祸尤深[②]。

返吟居易位，坎户入离宫。返吟有不克，柔日以辰冲。冲处初传发，临辰却作中。虽然看日上，所见乃为终。此是课家法，学人莫乱攻。凶卦盗贼起，去者路难通。父子不和睦，亲情无始终。三传如有救，翻祸见青龙[③]。

《心镜要》曰：无依是返吟，逃者远追寻。合者应分散，安巢别改林。守穷须易位，结友也分襟。臣子俱怀怒，夫妻有外心。所为多重覆，占病两般侵。

返吟体震[④]，去来悔吝。《象》曰：高岸为谷，深谷为陵。得物乃失，败物反成。安营离散，出陈虚惊。得生于外，害人自承。事带两途，远近系心。往反不定，事从下生。来者思去，去者复存。改官易位，病症两侵。动久思静，动亦无凭[⑤]。

《笺》曰：巳亥巳，改动取索财物文章事。卯酉卯，家宅门户道路事。寅申寅，远行移动争讼事。遇神将凶，主损失，虽动无益，有重重惊恼，应震六五，往来厉亿，凶。遇吉神良将，主赴省求恩，转官之喜，应震初九，笑言哑哑，吉。如来去皆空，勿以动论[⑥]。

井栏射惊，亦名无亲。《象》曰：行人阻遏，盗贼相攻。内外多怪，上下不恭。旁求事就，直求道穷。三传救护，喜见青龙。占休占咎，神将吉凶。

《笺》曰：井上架木，易欹易斜。涣散不久，动则宜，静则扰，事无凭依。一身两用，速成易破。虽遇吉神，亦是半遂。

又有无依别责取，捕贼莫视卑踰尊。

《心镜经》曰：戊午戊辰与丙辰，干上皆午是为亲。辛丑辛未各二课，干上皆是丑未真。丁酉当为巳丁是，辛酉原来是酉辛[⑦]。

别责《象》曰：谋为处正，财物不全。临兵选将，欲渡寻船。求婚别娶，胎孕多延。损而能益，事遇神仙。神凶将凶，日用休囚，应凶象也。神吉将吉，日用旺相，应休征也。

---

① 失中有得，得中有失。震惊百里，有声无形。

② 反吟象，沧海变桑田。得失无常军聚散，吉凶意外往来迁。无克更屯邅。

③ 白浪翻空。

④ 震，动也，起也。震，亨，震来虩虩，笑言哑哑，震惊百里，不丧匕鬯。初九，震来虩虩，后笑言哑哑，吉。六二，震来厉，亿丧贝，跻于九陵，勿逐，七日得。六三，震苏苏，震行无眚。九四，震遂泥。六五，震往来厉，亿无丧事。上六，震索索，视矍矍，征凶。震不于其躬，于其邻，无咎。

⑤ 反吟主事速，乖戾事多端。出行多不利，走失已难完。用兵防溃散，占病有两般。无依岂当久，吉体更须看。

⑥ 午子午，道路不通。未丑未，拖泥带水。戌辰戌，地网天罗。

⑦ 占别责，事事不能全。娠产延迟婚别娶，渴来掘井渡寻船。弃去遇神仙。

别责体恒[①]，倚人以行。四时不忒，日月长明[②]。

《笺》曰：凡事不备，谋为欠正。倚仗他人，借径而行。吉凶由人，不干己也。家宅夫妻，当以淫断。吉则悔亡，凶则承羞。

一神二神号八专，妇贪花月外人传。阴阳不备纲常乱，帷簿不修名义嫌[③]。

《观月经》曰：日辰同一位，便是八专门。五日阴阳配，三传顺逆存。阳干顺数去，阴支逆行奔。伏睹日辰上，中末此处论。奸邪惊怪起，淫欲乱乾坤。逆到日辰上，三传别起根。神仙隐秘法，此课少人温。

《心镜要》曰：日值八专为两课，阴阳并杂不分明。不修帷簿何存礼，夫妇占来意各凝。厌翳合门元武袭，嫂通于叔妹淫兄。人间密事难推测，玄女留传鉴此情[④]。

八专同人[⑤]，诸侯会盟。《象》曰：二人同心，其利断金。阳进男喜，阴进女淫。兵资众捷，物失内寻。成功异路，显逐士林。阴阳相并，事主乖零。

《笺》曰：阳日尊长欺卑幼，主事超进迅速。阴日妻奴背夫主，主事退缩迟缓。婚姻人口，口舌分离。占忧占喜，事俱重叠。凶应同人九五，三岁不兴。吉应同人九五，大师克相遇。龙常天乙天月二德入传临日辰，吉。游鱼从水，管鲍分金。

帷簿不修，后合玄傍。《象》曰：重门树塞，以限内外。讲堂设帐，以别男女。男女混杂，阴阳共处。后合阴私，内失其礼。同人于宗，戎伏于莽。

《笺》曰：外不隔而内不遏，干涉内人，久而反背，淫乱必矣。男不知礼，女不知节。门墙生茨，父子聚麀。尊卑不分，姑嫂共夫[⑥]。

《象》曰：独足何求，止利行舟。烟霞泉石，山人优游。守贞抱一，胎息凝眸。心期荣显，立见休囚。石中蕴玉，守璞归休。

《笺》曰：课中惟己未日干上酉，其阴亥，三传酉酉酉。旦贵乘合，暮贵乘后。暗

---

① 恒，久也。恒，亨，无咎，利贞。利有攸往。初六，浚恒，贞凶。九二，悔亡。九三，不恒其德，或承之羞，贞吝。九四，田无禽。六五，恒其德，贞妇人吉，夫子凶。上六，振恒，凶。

② 别责不备，好事多乖，家宅房舍不完，坟墓欹斜不正，词讼别生枝叶，婚姻夫妇不伦。问行人，行李立费。问商贾，货物未周。生命遇之，一生缺陷。

③ 八专课，顺逆任阴阳。将吉神良家务理，凶神恶将丑声彰。守己获祯祥。

④ 八专为淫乱，合后莫入传。占事主不正，独足更迍邅。

⑤ 同人，亲也。同人于野，亨。利涉大川，利君子贞。初九，同人于门，无咎。六二，同人于宗，吝。九三，伏戎于莽，升其高陵，三岁不兴。九四，乘其墉，弗克攻，吉。九五，同人先号咷而后笑，大师克相遇。上九，同人于郊，无悔。

⑥ 八专同处，忿阴伏阳。男命遇之，奔驰不息。女命值者，帷簿不修。甲寅日丑亥亥，干支皆系长生，诸事尚有佳处。其申午午，干支皆乘死地，谋为大抵屯邅。丁未、己未日，四课相同。卯午午，死败举用也。丑巳巳，刑冲发用也。亥辰辰，亥戌戌，发用受克深也。皆非吉课。庚申日，酉未未，用刃。卯丑丑，用胎。丑亥亥，用墓。亥酉酉，用病。皆凶课也。总之八专，百事不取。

无妄，刑德课同卦，天灾也。无妄，元亨利贞。其匪正有眚，不利有攸往。初九，无妄，往吉。六二，不耕获，不菑畬，则利有攸往。六三，无妄之灾，或系之牛，行人之得，邑人之灾。九四，可贞，无咎。九五，无妄之疾，勿药有喜。上九，无妄，行有眚，无攸利。

昧奸私，孤阴不生。用静吉，用作凶。惟水利，庶可求也。

八专独足

暮贵　　旦贵

武　后　蛇　合

亥　酉　亥　酉

酉　未　酉　己

（酉：日长生、支败。亥：辰临官、干胎）

癸（闭口）　后（沐浴）　酉　合（纳彩）　辛（干长生）

癸　　　　　后（倚户）　酉　合（私窜）　辛（支沐浴）

癸（病）　　后（水败）　酉　合（木胎）　辛（禄）

法从支阴逆三作初传，中末俱用干上神。逆三者，从亥连根逆数三位也，是酉。干上亦酉。故然。

一层地盘，一层旦贵，一层天盘，一层暮贵，由外而中。

夏秋占，贵不治事，凶吉事冰释。冬春占，脱气太重，病沉讼屈。

透易得天地否之讼

伏酉　———　戌父　勾　应身

伏亥　———　申兄　雀

伏丑　———　午官　龙

伏辰　— —　卯财　武世　命

伏寅　　╳　　巳官　虎

伏子　— —　未父　蛇

传神三叠曰独足，七百二十只一课。星光掩月小人昇，六合从魁阴贼名。

管子九宗略

入不入，事最急[①]。课得元首，事可永久[②]。课得重审，凡事宜谨[③]。时若克干，天网自张。墓网加干，自取其祸。出克入克，贲育难当。后空后鬼，进退不得[④]。知得比用，免得人弄[⑤]。知得涉害，所事不败。不知涉害，为害必大[⑥]。纵有千金谢，不教作弹射[⑦]。死与不死，要明蒿矢[⑧]。成与不成，须看昴星[⑨]。行与不行，楼潜伏吟[⑩]。自己无策，专看别责[⑪]。课见返吟，先破后成[⑫]。内外宣淫，课得八专[⑬]。官自为官，民自为民。官占与民，民受其迍。不论官庶，时逢富贵。将得时临，平民得志。

大六壬三元支课体解

元胎利卜于婴孩，身喜心忧四壮裁[⑭]。

《观月经》曰：五行受气处，四孟是怀胎。寅中金受气，火生从此来。水从申上起，木产五行摧。金生于巳上，水土却栽培。登明上生木，火因此路开。欲知怀胎妇，因此卦中推。要知此端的，女人必有灾。或然无产妇，占者为求财。正月丙申日，申时卦作陪。孟秋申发用，寅亥俱一垓。学人依此语，求发不迟回[⑮]。

正月丙申，申时。赘婿、悬胎、不备、重审。

合	朱	蛇	贵								
申	酉	戌	亥	玄	贵	贵	合	财	丙申	合	日时
勾未			子后	寅	亥	亥	申	官	己亥	贵	月将
青午			丑阴	亥	申	申	丙	父	壬寅	玄	月建马
巳	辰	卯	寅								

① 课以克为入，其应速；昴专别责无发用，缓。

② 顺也。

③ 逆也。

④ 事起女人，先顺后逆。

⑤ 恶者远之，喜者依之。

⑥ 轻者缓之，重者防之。

⑦ 处以仁义。

⑧ 反吟最急，不入缓死。

⑨ 刚吉忧惧，柔吉忌行。

⑩ 凶事宜守，吉事宜动。

⑪ 同人善事，自用罹咎。

⑫ 来复往，散复聚。

⑬ 家不齐，事不成。

⑭ 春曰元胎，夏曰励阳，秋曰四牡，冬曰全福。顺玄胎。

⑮ 春亢毓，夏洪钧，秋合义，冬待庆。逆悬胎。

空白常玄

《心镜要》曰：三传俱孟是元胎，五行生处立婴孩。所占百事皆新意，或卜怀妊结偶来①。

元胎家人②，花果森森。《象》曰：三传长生，胎孕成形。官加恩爵，婚耦娉婷。病讼淹滞，财利叠兴。行人敌贼，恋生不行。入海求珠，开花结子。

《笺》曰：吉应家人六四，富家大吉。凶应家人九三，妇子嘻嘻，终吝。婴孩隐伏，利上不利下，事主远而多伏，暗昧不通，触则成祸。

若临四仲名关隔，三交伏匿有勾綦③。

《观月经》曰：四仲来加仲，发用阿谁先。其中若有克，三交得此篇。男子逆其罪，女人外勾连。占人当六月，丁卯卯时占。仲秋加仲夏，被克是因缘。有救除华盖，非此罪迷天④。

六月午将丁卯日卯时。蓦越、败交、重审。

合朱蛇贵

申酉戌亥		朱	青	阴	蛇	财	癸酉	朱
勾未	子后	酉	午	丑	戌	官	甲子	后
青午	丑阴	午	卯	戌	丁	父	丁卯	常

巳辰卯寅

空白常玄

《心镜要》曰：昴星房宿加日辰，太阴六合并来臻。今日复当逢子午，三传四仲类相因。三交家隐奸私客，不是自逃将避迍。螣蛇防火勾陈斗，元武亏财虎杀人⑤。

三交体姤⑥，风云泡沤。《象》曰：家隐奸私，或自逃匿。谋事不明，求财无益。讼犯刑名，兵逢贼敌。更乘凶将，病患尤极。

《笺》曰：四仲纯全，无父子相扶，是谓四正四平，互刑互破。前无四孟之可隐，后无四季之可奔，如遇贼兵，纵欲逃奔，而不及矣。如值凶将，男犯重法，女犯奸淫。阴合，门户不利，阴小隐匿。空武，虚诈遗失。蛇雀，火惊口舌。勾陈斗战，虎杀伤丧。六阳日为交罗，主阴私上下，带凶将有惨祸。六阴日为交禄，主以禄求私，乘武

---

① 悬胎有伏匿，传生主有胎。或乃新营建，凡占事可猜。逢凶必有咎，不育更多灾。

② 家人，内也，同也。家人，利女贞。初九，闲有家，悔亡。六二，无攸遂，在中馈，贞吉。九三，家人嗃嗃，悔厉吉。妇子嘻嘻，终吝。六四，富家，大吉。九五，王假有家，勿恤吉。上九，有孚威如，终吉。

③ 逃隐不及，失节害阻，凡事被人阴隔。

④ 顺交：春关隔，夏观澜，秋四平，冬匿阳。逆交：春陷阱，夏正烦，秋失友，冬出淅。

⑤ 三交主蔽匿，凡事有羁縻。不交与不解，灾祸更甚之。二烦高盖课，吉凶又各差。

⑥ 姤，遇也。姤，女壮，勿用取女。初六，系于金柅，贞吉。有攸往，见凶。羸豕孚蹢躅。九二，包有鱼，无咎，不利宾。九三，臀无肤，其行次且。厉，无大咎。九四，包无鱼。起凶。九五，以杞包瓜，含章，有陨自天。上九，姤其角，吝，无咎。

为阴私失禄。午加酉为死交，酉加午为破交，反吟为反目交，皆不能成合之象。应姤九四，包无鱼，起凶。课无阴合，为三交不交。或年月日时皆仲，则名三交不解。二者过与不及，祸更甚于交也。若年命有吉神将，日用旺相，传逢午卯子，正七月为高盖乘轩，大吉，占官大贵，不论三交也。应姤九五，会章，有陨自天之象[①]。

四季地角游子同，稼穑五墓病重重[②]。

《观月经》曰：何类名游子，五坟稼穑同。三传皆四季，恶事亦相攻。病者应难愈，逃亡走西东。破财三年内，官灾在岁中。三传如有救，反福却为通[③]。

《心镜要》曰：三传四季有六丁，不然天马也相并。占身终出名游子，逃者天涯地角停。中见天魁为天马，末于大吉利斯成。若值墓神并煞害，恐有冤家来逼刑[④]。

戊己日传用土神，三传四季合斯文。此名稼穑皆缘土，筑室开田墓宅因[⑤]。

游子体观[⑥]，聚散无端。《象》曰：丁马加季，奔走西东。出行吉利，坐守困穷。疾病难瘥，官事多凶。天阴不雨，婚事胡从。春花竞发，云卷晴空。

《笺》曰：支二课加干为用，或传送、白虎为用，主行更的。未丑戌，阴传阳，则在家欲出。丑戌未，阳传阴，则在外思归。丑加辰为破游，戌加未为衰游，反吟为复游，传值墓神煞害为冤迫游。传值合龙戏驿，主万里奋飞，壮游也。斩关并，为绝迹课，范蠡泛湖，张良归山，姚平仲入青平也。淫泆并，则阴私欲逃。天寇并，因为盗欲逃。行年并，主身欲出行。占遇五墓四煞并，神将凶，主邅迍破败，行藏出入，恶祸相攻，主年内应见破败。应观初六，童观凶象。若遇奇仪，神将吉，六处有冲克、救神，可解祸为福。行人必来，出者顺利，事多遂意。应观之六四，观国之光吉象也。《中黄经》曰：五墓游子皆同体，传中用季最为详。

亥卯未名曲直卦，始屈终伸事有化[⑦]。

《观月经》曰：三传皆是木，其位名曲直。利为舟车事，修造觅材植。震动虽然有，求财无窒塞。百事悉皆通，春占尤妙极[⑧]。

《心镜要》曰：曲直东方是木形，三传亥卯未相并。占人桴筏栽培木，病者因风致有萦[⑨]。

---

① 华盖，三交有吉神。

② 春稼穑，夏游子，秋地角，冬五墓。

③ 三传皆季神，墓煞不宜亲。龙合戏驿显，万里有攸行。传阴将伏匿，传阳欲远征。课体多不顺，吉将喜斯成。稼穑主土地，占事惟艰难。若遇雷神见，物害不能言。

④ 夏游子，如丁乘天马，其人必欲远行，或逃亡捕逃难获。

⑤ 春稼穑，戊己日逢之，土气太重，事艰难不由己。逆四季，春越库，夏转魁，秋杀墓，冬伏阴。

⑥ 观，观也。观，盥而不荐，有孚颙若。初六，童观，小人无咎，君子吝。六二，闚观，利女贞。六三，观我生进退。六四，观国之光，利用宾于王。九五，观我生，君子无咎。上九，观其生，君子无咎。或与或求。

⑦ 三合情非一，从革多更革。六合在干支，润下防淫泆。炎上以虚看，曲直终须直。

⑧ 木旺于卯，卯属震，故有震动。

⑨ 巽为风，亦属木，故占病有此象。

炎上之卦寅午戌，事明反为暗所抑[①]**。**

《观月经》曰：三传皆是火，炎上热冲天。利为窑冶事，又明炉火燃。五姓看宅上，切怕见行年。若计火炎上，火起主坟田。

《心镜要》曰：寅午戌为炎上卦，三传皆是火之名。日上众人为性急，釜鸣炉冶卜天晴。占人欲行忧口舌，妇人怀子是男婴。

巳酉丑兮从革名，战斗兵家罹毒横。

《观月经》曰：三传皆是金，从革卦生心。兵家为大忌，恐见血光临。求财获珍宝，远行利相寻。求财多反覆，百祸亦难侵。

《心镜要》曰：三传巳酉丑相将，行兵远近被其殃。惟是求财多所获，春占毒炽夏占常[②]。

润下三元申子辰，阴私口舌彻外人。

《观月经》曰：三传俱是水，润下水因由。后合奸情起，元武盗贼愁。天后并六合，奸情必有忧。忽然盗贼起，元武倍添愁。万般皆有忌，壬水任追游。纵有阴私事，救神立便休[③]。

《心镜要》曰：立用传中申子辰，卦名润下水根因。占者必缘沟渎意，不然舟楫网鱼新。占孕定知是女子，疾病为殃谢水神。

全局大畜，如金如玉。《象》曰：三方会合，得成秀气。吉事必成，凶事难弃。尊上恩荣，常人财喜。利合婚姻，谋为大利。积小成高，龙潜大壑。

《笺》曰：求财得财，求官得官。日用旺相相生，神良将美，吉无不利。应大畜六四，童牛之牿，元吉[④]。若日用衰，水主迟逆。火并火鬼，主火灾。金并二血，忌行兵。木并木怪，上木压。戊己日，用丑未，田宅事。丑未日乘虎，疾死讼狱。应大畜九三，舆脱辐咎征也[⑤]。

辰临其日日克辰，寄居赘婿不由身[⑥]**。**

《观月经》曰：欲知赘婿卦，将身就妻家。辰惟临其日，被克妾称邪。上下相勾引，待年作爪牙。假令正月卜，甲戌卯时加。辰来临日上，被克更无差。此名赘婿卦，仔细自吁嗟。妇人携子嫁，次后没荣华。

正月亥将甲戌日卯时。狡童、炎上、坐堂婿。

---

① 主炉冶。妊生男。事多虚少实，火属离，离中虚也。

② 头绪多端，先阻后成。宅更改，阴人离，讼换官，事求阴人。

③ 人有口舌，官事不成。

④ 原文缺，据意补。

⑤ 大畜，时也，聚也。大畜，利贞。不家食，吉。利涉大川。初九，有厉，利已。九二，舆说辐。九三，良马逐。利艰贞。曰闲舆卫。利有攸往。六四，童牛之牿，元吉。六五，豮豕之牙，吉。上九，何天之衢，亨。

⑥ 日临辰住，招两姓以同居。支就干宫，寄一身而匹偶。

	贵	后	阴	玄								
	丑	寅	卯	辰		后	白	白	合	财	甲戌	合
蛇	子			巳	常	寅	午	午	戌	子	壬午	白
朱	亥			午	白	午	戌	戌	甲	兄	戊寅	后
	戌	酉	申	未								
	合	勾	青	空								

《心镜要》曰：赘婿日干加克辰，辰来加日制其身。如男寄在妻家住，若女携男再适人。意欲自为全不肯，抑勒衷怀何以伸。凶灾吉庆皆生内，且察天官决事因①。

赘婿体旅②，求财客邸。《象》曰：屈意从人，事多牵制。胎孕迟延，行人阻滞。财名可成，病讼未济。兵利为客，先动得计。如鸟焚巢，乐极哀生。

《笺》曰：寄居，身不自由，凡事不快，故象为客求财也。盖干为夫，支为妇。干临支，以动就静，男子身赘妻家，谓坐堂婿。支临干，以静就动，妇人携男就嫁，谓随娘儿。二者皆舍己从人。干临支克支，利尊利动，兵用为客。支临干被克，以卑凌尊，尊上不容，兵亦利客。如日用休囚，乘凶将，主病缠染不脱。遇虎杀伤，逢勾斗讼，朱口舌，蛇惊恐。甲戌日，支临干，为女子衣服事。甲辰，辰临寅，主斗讼事。乙未，未临乙，酒食言语事。癸巳，巳临干，争衣惊恐事。己亥，亥临己，女子惊逃事。丁酉，酉临丁，分离事。壬午，午临干，田宅相连事。戊子，子临戊，女子疾病、就人财物事。丙申日，申临丙，有言他人事。辛卯，卯临辛，木器伤财事。应旅九三，丧其僮仆，占厉。若日辰旺相，乘吉将，求望利名可就。将得六合，主招婿婚姻事。遇天后，主恩泽降。天乙官长，六合阴私，太常酒食，应旅六二，得僮仆贞。干临支克支，乘囚死，作阴合，名赘婿。若乘旺相，作勾虎，则名残下，不利卑小。皆主仗人势成事。支临干，如支上神原受艰难，为不得已而出，随人受折。如支上原有存处，岂可轻从人也？君子于此审之，可免失身之咎。若支乘脱气，必居无正屋，终非自植之兆。若中末有救神克日，年命有吉神将，乃名赘婿当权，任意可为矣。

日临其辰辰贼日，乱首老人多疾厄③。

《观月经》曰：日为尊者父，辰作少年儿。尊者来加子，少年反克之。因名为乱首，老者必低黗。家内应无礼，官司岂有仪？先祖是外祖，上宗别人儿。纵使家和顺，官司亦被欺。

---

① 赘婿主寄居，家室应有疵。当权稍许吉，为人谋则宜。

② 旅，客也，亲寡也。旅，小亨。旅贞吉。初六，旅琐琐，斯其所，以致灾。六二，旅即次，怀其资，得童仆，贞。九三，旅焚其次，丧其童仆，贞厉。九四，旅于处，得其资斧，我心不快。六五，射雉，一矢亡，终以誉命。上九，鸟焚其巢，旅人先笑后号咷，丧牛于易，凶。

③ 白虹贯日。

乱首体临[1]，反常败伦。以上临下，凤入鸡群。

《心镜要》曰：日往其辰辰克日，发用当为乱首名。臣弑君兮子弑父，妻背夫兮弟伐兄。奴婢不从主委任，将军出寨愤其兵。日为尊长辰卑小，犯上之时忌此刑。正月酉时庚午日，传送初传午克庚。略举一端君记取，他占仿此理分明[2]。

正月亥将庚午日酉时。知一、涉三渊、不备、自取乱首。

	贵	后	阴	玄										
	未	申	酉	戌		玄	后	白	玄		兄	壬申	后	
蛇午					亥常	戌	申	子	戌		父	戌	玄◎	
朱巳					子白	申	午	戌	庚		子	甲子	白⊙	
	辰	卯	寅	丑										
	合	勾	青	空										

《笺》曰：少害长，下犯上，家门皆逆，不利举事，故又曰反常卦。自取乱首者，上自失礼，为支所犯，其事稍轻。事发于内而起于外，兵不利客，亦不利攻，惟可固守而解围。上门乱首者，尊不慈卑，卑下敢来犯上，其事尤重。事发于外而起于内，兵不利主，贼来格战。总之来人迟滞，营寨多忧，刑伤立见，卯酉后合，男女讹杂，不分长幼。自取乱首，若四下俱贼上，不免有窝丑之声，祸自内出。又云：或主祖宗别姓，将得青龙，本意为幼小不知别籍异居之事。三传年命克制乱我之神，名曰患门有救[3]。

干临支生支曰偃蹇，《笺》曰：泄耗甚也。受生曰俯就，《笺》曰：先难后乐也。同类曰培本，比和相助也。支临干生干曰自在，《笺》曰：坐享也。受生曰求受，《笺》曰：反竭我力也[4]。同类曰壮基。《笺》曰：并力相济也。已上诸格，备详汇赋课传章中。

凌犯，《笺》曰：干克支，上凌下也，却得下贼上为用。支克干，下犯上也，却得上克下为用。互相凌犯，故名凌犯。占主尊卑不分，君骄臣逆，有篡弑之事。若初传官鬼，其祸尤速。上克下，事外起。下贼上，事内起。

无淫阴阳不和合，奸私口舌女淫说[5]。

《观月经》曰：四课如不备，其卦号芜淫。五月乙卯日，未将午时寻。辰阳作天

[1] 临，大也，与也。临，元亨利贞，至于八月有凶。初九，咸临，贞吉。九二，咸临，吉，无不利。六三，甘临，无攸利，既忧之，无咎。六四，至临，无咎。六五，知临，大君之宜，吉。上六，敦临，吉，无咎。

[2] 乱首凡三等，俱见欺于卑。残下害贼下，凌犯而有危。

[3] 自取乱首，甘临也。无攸往而不知忧，祸淫之来，又何咎哉？患门有救，则既忧之矣。

[4] 求受，指南作归福，主福履之来荣。盖以辰为我所履之境，加我干上，而与我合体也。故然。

[5] 阴阳不相合，奸私在其中。上下分男女，多寡更须穷。

罡，太乙是阴神。日上无阳类，二女竞男心[①]。或作申时卜，日阴无处添。辰上功曹处，双男竞妇兼。主有奸淫事，逢时心意嫌。有救应无事，凶神刑狱淹。戊午龙宫课，丙辰丁酉占。金鸡皆一例，丑未二辛添。

五月未将乙卯日午时。重审、升阶、不备。

空 白 常 玄
午 未 申 酉　　青 勾 空 青　　财 丙辰 勾
青巳　　戌阴　　巳 辰 午 巳　　子 丁巳 青
勾辰　　亥后　　辰 卯 巳 乙　　子 戊午 空
卯 寅 丑 子
合 朱 蛇 贵

《心镜要》曰：阴阳不备是芜淫，夫妇奸邪有外心。二女争男阳不足，两男一女共耽淫。上之克下缘夫过，反此诚为妇不仁。阳为阴将阴处合，合来阳处为刑临。欲知其例看正月，甲子时加卯课寻。甲见天魁子传送，甲阳夫也子妻阴。甲将就子忧申克，子近甲时魁必侵。十干上神交互克，事乖夫妇失调琴。妻怀内喜私情有，申子相生水合金[②]。

正月亥将甲子日卯时。重审、狡童、就燥、交车克。

贵 后 阴 玄
丑 寅 卯 辰　　玄 青 白 合　　财 戌 合◎
蛇子　　巳常　　辰 申 午 戌　　子 庚午 白⊙
朱亥　　午白　　申 子 戌 甲　　兄 丙寅 后
戌 酉 申 未
合 勾 青 空

芜淫小畜[③]，琴瑟不睦。《象》曰：阴阳不备，交克最嫌。利名碌碌，病狱淹淹。阴微晴久，阳少雨添。行人未至，兵战愁占。匣藏宝剑，密云不雨。

《笺》曰：阳不备，用兵利为主，贼不来。阴不备，兵利为客，贼来不战。射物必缺。凡得三课不备，又遇日辰交互相克，最凶，乘凶将尤甚。应小畜九三，夫妻反目，凶。或四课不备，神将吉，兼有救神，及课不备，无克不凶。事有延迟，夫妻拆散，终复团圆，应牵复吉。

---

① 假令乙亥日，子将巳时占。午为辰之阳，丑作午阴瞻。日阳知有亥，日阴无处添。此名阴不备，双男竞妇兼。

② 课不备，交克是芜淫。阴缺二男争一女，阳亏两妇竞男衾。夫妇有他心。

③ 小畜，寡也，塞也。小畜，亨。密云不雨，自我西郊。初九，复自道，何其咎，吉。九二，牵复，吉。九三，舆说辐，夫妻反目。六四，有孚，血去惕出，无咎。九五，有孚挛如，富以其邻。上九，既雨既处，尚德载。妇贞厉，月几望。君子征凶。

解离夫妇不贞良，夫妻年命克交相。

《观月经》曰：夫妻天匹配，有难解离频。年命交相克，终始亦同陈。妻年行至午，夫年立于寅。六月申时数，妻逢配反嗔。夫年上逢子，妻运仰观辰。辰遥克子水，的有解离迍。夫年反有克，与此一般伸。递有淫情起，暗地使媒人[1]。

六月申时：辰遥克子。

	妻年		
卯	辰	巳	午
寅			未
丑			申
子	亥	戌	酉
	夫年		

《心镜要》曰：解离之卦看行年，先须察地后观天。夫妻终始互相克，二月寅时课请看。妻年立子夫年午，水来克火胜光嫌。午上功曹子传送，木受金伤亦可怜。神后本来先克午，子上申宫怕胜光。午上功曹畏传送，此为终始互相伤。金贪覆水皆同类，玉轸音悲弦断痗[2]。

二月寅时：地盘子克午，天盘申克寅。

	夫年		
丑	寅	卯	辰
子			巳
亥			午
戌	酉	申	未
	妻年		

《笺》曰：夫妻行年冲克，或上下神互相克制，解离卦也。不悲断弦，亦忧反目。天地解离，各有异心。

芜淫与解离之所以异者，芜淫乃干支上神互克下，解离乃干支互克上神，至于年命互克则同取。

魁罡临日号斩关，关梁杜塞往还难[3]。

《观月经》曰：魁罡日辰上，发用斩关风。出行应吉利，居住暗相通。三传六合卦，太阴地之中。功曹与小吉，天梁玉女同。青龙万里翼，华盖紫微宫。避罪宜逃走，出入有始终。戊申正月内，酉时此课逢。亡人华盖下，天降利亨从。终向六合上，双

[1] 解离论夫妇，行年分阴阳。阴阳论终始，不可始相伤。

[2] 夫年立午上见寅，妻年立子上见申，子上申怕午克，午上寅怕申克，上下相互伤残，真解离也。

[3] 鱼失其水。

门万里同。若言不逃走，溷浊在家中[①]。

正月亥将戊申酉时。重审、向三阳、斩关。

贵 后 阴 玄

未 申 酉 戌　　白　玄　阴　贵　　财　壬子　白

蛇午　　亥常　　子　戌　酉　未　　官　　寅　青◎

朱巳　　子白　　戌　申　未　戌　　兄　甲辰　合⊙

辰 卯 寅 丑

合 勾 青 空

《心镜要》曰：日辰传见魁罡立，此卦名为是斩关。前一[②]神光参玉女，天梁地户太阴闲[③]。更有青龙万里翼，紫微天上有防闲。逃人难捕隐逸去，嘉遁长征信是还。

斩关体遁[④]，豹隐无闷。《象》曰：关梁踰越，最利逃亡。捉贼难获，出行自强。病讼凶祸，厌祷吉祥。书符合药，方法最良。豹隐南山，迁善远恶。

《笺》曰：官鬼作直符，罡塞鬼户，魁渡天门，乘凶将，为魁罡，作罗网，加四仲，为天地关隔，主关梁闭塞，不利隐匿、病讼、出行等事。子关卯格，天时所隔。酉格午关，地理艰难。更详五行言之。三传内战，内外不相见。中冲初末，首尾不相见。刚日昴星，道路关阻。柔昴伏吟，伏不见人。返吟不相照而皆格也。三交、网罗、从革，皆主阻隔。应遁初六，不利攸往凶象。若传遇寅卯未子贵龙阴合，及甲戌庚日贵登天门，罡塞鬼户，神藏煞没，四大吉时，利出行逃走，避罪隐形，合药书符祈祷皆吉。应遁九五，嘉遁贞吉象也。

天网时辰克日伤，死亡臻集类颠狂。

《观月经》曰：时用俱克日，百祸竟相逢。事多争斗竞，人伤祸必从。传中灾劫煞，犯法的难容。颠狂偏癖病，免得法场凶[⑤]。

《心镜要》曰：用起并时同克深，天网四张被灾临。庚日占值日中卦，火作初用来克金。甲乙申时得传送，他皆仿此例而行。问其忧事缘何发，消息天官解客心[⑥]。

天网体蒙[⑦]，网罗在躬。《象》曰：天网四张，万物尽伤。产孕损子，逃亡遭殃。

① 斩关视魁罡，功曹更主亡。青龙万里翼，阴合并神光。华盖及玉女，临传亡者昌。欲逃视方位，逢吏更当防。

② 一作翳。

③ 当作间。

④ 遁，退也。遁，亨，小利贞。初六，遁尾，厉。勿用有攸往。六二，执之用黄牛之革，莫之能说。九三，系遁，有疾，厉。畜臣妾，吉。九四，好遁，君子吉，小人否。九五，嘉遁，贞吉。上九，肥遁，无不利。

⑤ 时，占时；用，发用也。

⑥ 占时并发用，克干万物伤。灾煞并管籥，灾刑更可防。天网若解网，囚病两无妨。

⑦ 蒙，杂而著也，昧也，稚也。蒙，亨。匪我求童蒙，童蒙求我。初筮告，再三渎，渎则不告。利贞。初六，发蒙，利用刑人，用说桎梏。以往吝。九二，包蒙，吉。纳妇，吉。子克家。六三，勿用取女，见金夫，不有躬，无攸利。六四，困蒙，吝。六五，童蒙，吉。上九，击蒙。不利为寇，利御寇。

战有埋伏，病入膏肓。先凶有救，后获吉祥。人藏烟草，万物始生。

《笺》曰：占时与用同克日干，天网也。又天网正月起亥，逆行四孟。天刑煞，春酉，夏子，秋卯，冬午。又天网，辰也，入传最凶。官灾口舌难消，出军被围难出。应蒙六四，困蒙，吝象也。若末传及年命有救神，克初传，为解网，反凶为吉。应蒙九二，子克家，吉象也。金鬼主斗讼疾病，水鬼忧妻子病或讼，木鬼斗讼财伤，火鬼火灾惊恐，土鬼争讼田土坟墓事。常占主动见阻滞，不能踊跃登高而致远也。传遇三煞，定主官灾，惟利田猎行刑，追逃捕盗。

日前一位号天罗，地网居冲奈若何[①]。

《心镜要》曰：日前一辰天罗真，对冲名为地网神。发用行年支干上，官灾疾厄是遭迍。朱雀火殃白虎病，螣蛇忧梦怪惊人。

罗网《笺》曰：日前一位为罗，对冲为网。又辰前一位为网，前位辰盖覆遮陷，不得出头也。身家俱不便利，疾病灾危，谋为多拙，逢丁遇马，其凶更炽。若得年命上神冲破罗网，则为有救，可免咎也。

斗系日本为天狱，用神囚死极[为]**残毒[②]。**

《观月经》曰：欲知天狱卦，发用死囚神。斗系加日本，相临犯法人。传中灾劫煞，刑害转生嗔。丘墓加同类，灾迷受祸迍。

《心镜要》曰：占课用神当死囚，仰见其丘俯见仇。更值斗罡加日本，四凶天狱是其由。正月乙酉午时课，小吉临寅故曰丘。春占主死未为墓，土畏于寅又是仇。乙生于亥将为本，斗系亥当父母忧。如临己身兄弟患，四季儿孙妻妾愁。登明小吉例难得，如火如木忌逢秋。行人不可此时出，百事逢之不免忧[③]。

正月乙酉日午时。乱首、长度厄、知一、不备。斗系日本。

初克中，中克末，末克干上神，干上神克干，全无生意。寅上未，用未，乃木墓，为仰丘，末下寅克为俯仇。

朱 蛇 贵 后

戌 亥 子 丑　　青　阴　阴　合　　财　　未　青◎

合酉　　寅阴　　未　寅　寅　酉　　父　戊子　贵⊙

勾申　　卯玄　　寅　酉　酉　乙　　子　癸巳　白

未 午 巳 辰

青 空 白 常

---

① 一曰日卯也，前一，辰也，对冲，后五也，谓戌也。

② 凡囚死墓神发用，斗系日本曰天狱。

③ 发用囚死课，丘仇更是真。一云加日本，亦在此中存。斗分生旺墓，灾患各占亲。行动如何利，百事有忧嗔。患难若有解，德福履清平。

天狱噬嗑[①]，委靡自遏。《象》曰：日用迍邅，刑狱之愆。犯法难解，染病未痊。出行凶也，谋事徒然。兵家大忌，出军不旋。日中为市，颐中有物。

《笺》曰：用神囚死，仰丘俯仇，斗系日本，或乙日，辰加亥，孟忧父母，加卯，仲忧同类，加未，季忧妻子。如带刑杀劫煞，真天狱也。虽有青龙，莫能救止。或为魄化，奇系日本，凶祸尤甚。当此不可出行，及造作诸事。应噬嗑之上九，何校灭耳，凶。然辰为天牢，戌为地网。若罪囚入狱，喜见贵人临狱辰戌，有履狱录囚之意，更日辰行年得子孙生气德合解神吉将，为狱清平，则危中有救，忧中有喜，官讼得理，贼围可解，噬嗑九四云得金矢，利艰贞吉也。或魄化为用，斗系日本，为绞斩卦，祸尤惨。

励德天乙临二八，贵人摇动合门间。微服蹉跎走异乡，君子迁官小人绌[②]。

《观月经》曰：天乙立二八，卯酉日月门。贵人当其上，励德卦基根。六月甲子日，寅时得此伦。辰午阳在后，申戌阴前存。小吏犯剥退，官人转更尊。忽然申时卜，微服别一般。阴阳俱在后，君子赐朱襕。庶人逢此课，四大不能安。要知蹉跎体，阴阳翻在前。君子灾迍闷，小人喜索连[③]。

九月将戌午日亥时，元首、炎上、蹉跎。

朱合勾青
酉戌亥子　　白 合 空 朱　　官 甲寅 白
蛇申　　丑空　　寅 戌 丑 酉　　父 戊午 后
贵未　　寅白　　戌 午 酉 戌　　兄 壬戌 合
午巳辰卯
后阴玄常

六月午将甲子日寅时。重审、呈斗、励德。

朱合勾青
酉戌亥子　　蛇 玄 合 后　　财 戊辰 玄
蛇申　　丑空　　申 辰 戌 午　　官 壬申 蛇
贵未　　寅白　　辰 子 午 甲　　父 甲子 青
午巳辰卯
后阴玄常

申时。不备、自在、微服。

朱合勾青

---

① 噬嗑，啮也，合也，食也。噬嗑，亨，利用狱。初九，屦校灭趾，无咎。六二，噬肤灭鼻，无咎。六三，噬腊肉，遇毒，小吝，无咎。九四，噬干胏，得金矢，利艰贞，吉。六五，噬干肉，得黄金，贞厉，无咎。上九，何校灭耳，凶。

② 文鸾失凤。

③ 励德利君子，卑者必屯邅。庶人占身宅，行当有动迁。微服亦利贞，有事则迟延。蹉跎仍主速，君子有攸愆。

卯 辰 巳 午　　白 玄 玄 后　　财　戊　玄◎

蛇寅　　未空　　申 戌 戌 子　　官　壬申　白⊙

贵丑　　申白　　戌 子 子 甲　　子　庚午　青

子 亥 戌 酉

后 阴 玄 常

《心镜要》曰：励德阴阳何以分，卯酉将为日月门。天乙此时居位上，贵贱尊卑位各陈。阴安在前阳后处，大吏升迁小吏迍。庶人身宅忧移动，魂梦不安谢土神[①]。

励德体随[②]，反覆忧疑。《象》曰：阳神前引，阴神后随。君子则吉，小人则危。阴神前立，阳神后居。小人得志，君子失机。良工琢玉，如水推车。

《笺》曰：盖前既曰阳后得贵人接引，利君子，又曰阳神后居，君子失机，何也？夫前止曰阳后，今[③]乃阴前阳后也。如阳前，得其贵人接引矣；阴前，则贵人受其羁缚。阴在贵人前，讼则卑遭责。阳在贵后，灾则修德自俞。贵立卯酉，阳前阴后，应随之六三，系丈夫，失小子。阴前阳后，应随之六二，系小子，失丈夫。日辰阴阳俱在贵前，曰蹉跎，小人进职，君子退位，事稍迟缓，利小事，不宜成大事。日辰阴阳俱在贵后，曰微服，君子迁官，小人退职，事亦迟延，大事则可，小事不可也。不论日辰论天将。

闭口察奸元武神，阴为盗贼转相亲[④]。

《观月经》曰：凡言闭口卦，其理两般陈。六甲当旬上，须推度四神。阳神元武位，阴逆四旬论。子为元武上，从魁作阴神。假令河魁下，阴居小吉身。忽然临传送，太乙为使臣。阳位胜光上，太冲隐去人。天罡若作武，大吉是其宾。功曹居贼下，登明无处伸。失男阴下去，元武女人奔。贼在阴神下，搜寻此处陈。假如正月内，卯时甲子旬。元武天罡上，天罡下临申。女往西南去，急走在北邻。大吉东南去，阴位伏阳人。盗贼亦同此，两般一体陈。不见六旬日，阴居下法真。上法推阳首，此法兼推阴。元武所乘者，为阳盗贼侵。阳之本位处，所见却为阴。正月乙卯日，午时课六壬。卯为阳在戌，传送本位阴。女往西北去，男往正东寻。贼盗用阴作，此是一般陈。其贼擒不擒，传中生克明。三传不相克，吉将求难寻。凶将有相克，亡人贼自擒。欲知藏物处，阴神生处存。金来在水下，水生在高林。木神窑冶处，言火匿高岑。土言坑壑内，空墓壑藏深。若论寻获日，元武怕日擒。

正月亥将乙卯日午时。涉害、闭口。

---

① 蹉跎格，如十月乙巳日，寅加卯，传卯寅丑。微服格，如十月甲子日，寅加卯，传子亥戌。

② 随，顺也，无故也。随，元亨利贞，无咎。初九，官有渝，贞吉，出门交有功。六二，系小子，失丈夫。六三，系丈夫，失小子。随有求得，利居贞。九四，随有获，贞吉，有孚在道，以明何咎。九五，孚于嘉，吉。上六，拘系之，乃从维之，王用亨于西山。

③ 据他本补。

④ 旬尾加首，元武发用。在阴曰闭口，在阳曰察奸。

元阳捉女，武阴寻男。戌西北，武阳也，女从阳。卯正东，武阴也，男从阴。

	朱	蛇	贵	后								
	戌	亥	子	丑		后	勾	阴	合	兄	甲寅	阴
合	酉			寅	阴	丑	申	寅	酉	财	己未	青
勾	申			卯	玄	申	卯	酉	乙	父	子	贵◎
	未	午	巳	辰								
	青	空	白	常								

《心镜要》曰：阳神作元武，度四是终阴。此名闭口卦，逃者远追寻。亡人值元武，搦盗往终擒。顺行阳所起，逆治且搜阴。婢走求阳处，奴逃责阴神[1]。

闭口体谦[2]，上下茫然。《象》曰：禁口不语，事迹难明。寻人没影，失物隐形。告贵勿见，论讼不平。孕生哑子，占事终成。地中有山，仰高就下。

《笺》曰：旬尾加首，传逢六合成事，而凶则难散。遇雀，讼屈难伸。逢虎，不明遭罪。占病气阻，喉肿口噤，喑哑不食，或噤口痢。失物不见，即有见者，不肯言明。凡事多有闭口之意。辛未日酉加寅，用日禄作闭口，或值无禄，病绝食而死。甲戌、甲寅[3]，俱以[4]元武，旬尾作为终阴。逆推四度，只为逃亡盗贼而设，不论旬尾。甲子申午寅，非旬首作武，俱以武居为阳，逆数四度为阴。六癸日，亦为闭口也。

六甲日，旬首乘武，其临位下可以捕女。逆数四位，即旬尾，其位下可以捕男。如甲辰，辰旬首，则丑旬尾，辰乘元临申，则寻女于西南方，逆四度，丑临巳，则寻男于东南方之例是也。余仿推。盖女走从阳，男走从阴也。非六甲日，只看元武，武乘地盘为阳，可捕女，天盘为阴，可捕男。如乙卯，卯乘武临戌，寻女西北，寻阳正东，捕盗亦然。三传相克，带凶神，并勾克武，追逃亡者，于武受克之日时决可获也。如相生带吉将，难获。其藏物，则于阴神生处寻之。诀曰：金神藏水泽，水神隐林丘。木藏窑灶处，火向泥窖投。土藏金石下，赃物此间求[5]。

泆女狡童后合迎，花阴月底兔丝[6]情[7]。

《观月经》曰：初传是卯酉，六合天后来。末传两相应，泆女闺门开。天后入六合，妇人暗使媒。背夫欲逃走，从此降成灾。六合入天后，此是狡童排。男诱他人妇，

---

① 闭口占逃走，阴阳仔细推。阴男阳在女，盗亦以阴追。且将天乙论，阴阳逆顺窥。视方知去所，看日是成规。失物寻生处，三传探乐悲。期详克武位，路询旺衰知。凡事主秘密，占病口中疵。

② 谦，退也，轻也。谦，亨，君子有终。初六，谦谦君子，用涉大川，吉。六二，鸣谦，贞吉。九三，劳谦，君子有终，吉。六四，无不利，撝谦。六五，不富以其邻，利用侵伐，无不利。上六，鸣谦，利用行师，国征邑。

③ 当作甲辰。

④ 旬首作。

⑤ 旬首加支，旬尾加干，不在此例。

⑥ 兔丝一作吐私。

⑦ 龙虎交战。

商量走去来。二神同二将，反复两徘徊。尽意思量着，不觉笑颜开[①]。

《心镜要》曰：天后之神厌翳根，情知六合是私门。二将得名称泆女，夫妇俱怀桑濮恩。欲稽男女何淫荡，更向传中把将论。六合在初男诱女，初逢天后约男奔。

乙亥日，正月亥将卯时占得狡童，七月巳将酉时占得泆女。

正月狡童：

蛇朱合勾										
丑寅卯辰		合	白	常	贵		财	癸未	白
贵子	巳青	卯	未	申	子		兄	己卯	合
后亥	午空	未	亥	子	乙		父	乙亥	后
戌酉申未									
阴玄常白									

七月泆女：

青空白常									
丑寅卯辰		白	后	贵	勾		财	癸未	后
勾子	巳玄	卯	未	申	子		兄	己卯	白
合亥	午阴	未	亥	子	乙		父	乙亥	合
戌酉申未									
朱蛇贵后									

甲午日，干上午，三传兄寅后、子午白、财戌合，泆女；干上戌，三传财戌合、子午虎、兄寅后，狡童。戊戌日，干上未，三传财子后、官寅螣、兄辰合，泆女。己亥日，干上巳，三传官卯合、兄丑螣、财亥后，狡童。

淫泆既济[②]，赠芍相戏。《象》曰：男子就室，女妇有家。阴私莫禁，淫欲转加。嫁娶不吉，逃亡可嘉。捕捉难获，访人自差。舟楫济川，阴阳配合。

《笺》曰：如并三交，浊乱淫泆，所私非一人一处。加罗网尤凶，又主恶声外播，如子日，丑为罗，未为网例也。并天烦，男遭杀伤；并地烦，女遭杀死；二烦九丑，男女皆伤。应既济上六，濡其首，厉。若后合临日辰，男女行年并者，婚不用媒，先奸后娶之兆。如值空亡，徒虚意耳。如神将吉，日用旺相，应既济初九，濡其尾，无咎。

《定章》曰：天后，后宫正后也。六合，天之私门，蔽翳奸邪，出入无有制约。用

① 狡童并泆女，二课主淫奔。乘凶必有祸，逃亡及此门。

② 既济，定也，合也。既济，亨，小利贞，初吉终乱。初九，曳其轮，濡其尾，无咎。六二，妇丧其茀，勿逐，七日得。九三，高宗伐鬼方，三年克之。小人勿用。六四，繻有衣袽，终日戒。九五，东邻杀牛，不如西邻之禴祭，实受其福。上六，濡其首，厉。

起天后，终见六合，乃为蔽翳。上下相克，乃为强逼。上克曰强，下贼曰逼。夫人伦之礼，男有室，女有家，无相黩也。今女子游于私门，不能禁制矣。占主家中不正，及有逃亡。克下，过在男；贼上，过在女。用起天后，传见元武，主妇女逃亡。六合为他人[①]，有逃人[②]妇。何以知之？以主事将决之，虎杀人，勾斗伤，武逃亡，阴阴谋罪，常衣服，空诬人，雀文书口舌，蛇惊，贵后负[③]人最验。

神后太冲胜光神，驷马高车轩盖迎[④]。

正月亥将甲子日寅时，元首，蓦越、高盖、乘轩。七月巳将甲子日申时同。

蛇 朱 合 勾

寅 卯 辰 巳　　青 常 白 阴　　子 庚午 青 天马

贵丑　　午青　　午 酉 申 亥　　兄 丁卯 朱 天车

后子　　未空　　酉 子 亥 甲　　父 甲子 后 华盖

亥 戌 酉 申

阴 玄 常 白

《观月经》曰：胜光本是马，太冲本是车。神后为华盖，三传有不虚。终末传神后，华盖下铺舒。明君加宠禄，圣主赐天书。官职自持别，皇宫亲不疏。从前圣天子，目下自相如[⑤]。

《心镜要》曰：紫微华盖居神后，天驷房星是太冲。马既胜光正月骑，六阳行处顺同中。华盖乘轩又骑马，更得龙常禄位崇[⑥]。

轩盖体升[⑦]，远大前程。《象》曰：课遇高盖，车马皆全。朱轮稳上，诏用荣宣。求财大获，疾病难延。干贵欢合，行者必还[⑧]。

《笺》曰：胜光作月天马，太冲又作月内天车，正七月得之者，车马既动，出者必行，闻贼必来。余月轩盖，又带三交，出军冲野，决防战斗。论讼换司易衙，病者魂游千里。或年命有龙，出行遇雨。车马作财，财自外来。更日用旺相，又为太岁、月将、德神，上乘贵人龙常后合吉将，主出入见君拜官，驿马高车，华盖执节，吉庆宠禄，十全[⑨]，位践公卿，则应升初六，允升，大吉之象。若三传带煞，乘蛇虎死气，克

---

① 疑作逃亡。

② 疑作逃亡。

③ 疑作贵。

④ 鹏得摇风。◎午卯子，轩盖喜相生。稳上朱轮荣诰命，求财大有病难延。谒协远人旋。

⑤ 相如，有气度之官也。用天马而中卯末子之课。

⑥ 正月一作正七。

⑦ 升，进也，不来也。升，元亨，用见大人，勿恤，南征吉。初六，允升，大吉。九二，孚乃利用禴，无咎。九三，升虚邑。六四，王用亨于岐山，吉，无咎。六五，贞吉，升阶。上六，冥升，利于不息之贞。

⑧ 音前。◎天马并卯子，高盖利名官。龙常信为喜，落堕即非欢。

⑨ 之荣。

年命日辰，或空亡，或卯作丧车刑冲，从凶而动，变轩盖为三交，身弱人衰，则为乘轩落马之象，主伤躬被脱，望事无成，应升上六，冥升，消不富之象也。《指掌赋》云：若逢真破，得罪于帝王之家。害气交加，远涉有江湖之患[1]。

太冲飞入传送位，斫轮遇水损财轻[2]。

《观月经》曰：斫轮团阕象，本是太冲生。太冲本是木，车轮因甚成。成形须仗器，斤斧自然明。申酉庚辛位，太冲上头行。破伤斤斧得，发用斫轮名。辛丑正月课，辰时无改更。太冲传送上，发用得其情。求官必获禄，逢事得均平。立意先缓破，后乃立身荣。莫嫌职位小，官朝好弟兄[3]。

斫轮体颐，鼎革无疑。《象》曰：木欲成体，须假金斫。孕病险危，财喜欢跃。禄位加增，官职超擢。戌印常绶，遇之尤乐。龙隐深潭，迁善远恶。

《笺》曰：太冲加庚为上，加辛次之。卯中乙木作合庚金，乃成贵器，更遇天乙龙常阴合吉将，及驿马德合吉神入传，主践公卿之位。或壬癸日见水神为舟楫，初末有马引从为轩车，能任重致远，有除授官职之喜。应顺上九，利涉大川吉象。若木休囚，乘虎为棺椁。值空亡，为朽木难雕。春季甲乙日寅卯时，为伤斧。秋季庚辛日申酉时，为伤轮。或辛卯日，干上卯，为财就人象，宜急取之，缓则木克其戌土，非徒无财，反有害也。

正月亥将辛丑日辰时。涉害、斫轮。印绶俱全。

　空白常玄
　子丑寅卯　　玄　朱　空　后　　财　癸卯　玄
青亥　　辰阴　　卯　申　子　巳　　父　戊戌　勾
勾戌　　巳后　　申　丑　巳　辛　　官　　巳　后◎
　酉申未午
　合朱蛇贵

（颐，养也，养正也。颐，贞吉。观颐，自求口实。初九，舍尔灵龟，观我朵颐，凶。六二，颠颐，拂经于丘颐，征凶。六三，拂颐，贞凶，十年勿用，无攸利。六四，颠颐，吉。虎视眈眈，其欲逐逐，无咎。六五，拂经，居贞吉，不可涉大川。上九，由颐，厉，占利涉大川）

铸印乘轩锡爵品[4]。

《观月经》曰：河魁本是印，火到自然成。正月丙子日，午时占莫更。传中逢印绶，此是卦中情。在职重逢职，居官更举荣。宣命首首到，天书驿马程。庶人逢此课，官事自然生[5]。

---

① 灵鸟翱翔，显达光明。
② 飞龙入渊。◎忌占病。
③ 卯立庚辛上，魁临太乙宫。斫轮与铸印，禄位两相同。常占更有说，伤损不宜逢。
④ 鹏翼翀天。◎调和鼎鼐，去故取新。
⑤ 金铸印，官显帝王宣。产育最佳干谒喜，庶人疾病惹官愆。破印不如然。

正月亥将丙子日午时。重审、铸印、乘轩。

　蛇贵后阴

　戌亥子丑　　蛇　空　常　蛇　　兄　辛巳　空

朱酉　　寅玄　　戌　巳　卯　戌　　子　甲戌　蛇

合申　　卯常　　巳　子　戌　丙　　父　己卯　常

　未午巳辰

　勾青空白

铸印体鼎[1]，丹成德称。《象》曰：顽金铸篆，藉火功全。官职高擢，诏命重宣。产孕大吉，干谒良缘。庶人不吉，疾㽷讼愆[2]。

《笺》曰：戊己日为生日之印，更遇太常为绶，乃印绶双全，传见卯为车轮，则铸印乘轩之象。占科举，求官爵，见君王，进策上书，主官爵高迁，所求遂意，当获印信，喜擢恩命之荣。乘天乙龙常阴合吉将，日用旺相，则应鼎之上九，玉弦，大吉。若春夏巳午火旺日时，戌值空亡月破，日辰俱无气，则有破印损模之象。如遇神将凶，主先成后破，徒劳心力，事终不济，及庶人占之，反主官灾刑害，则应鼎九四，鼎折足，覆公𫗧，其形渥凶。凡三传巳戌卯，或巳上加戌发用者，俱名铸印。

龙德官爵主超升[3]。

《心镜要》曰：太岁今朝作贵人，立用还添月将神。龙德卦宜干禄位，恩赐真官拜圣君[4]。

龙德体萃[5]，风云际会。《象》曰：君恩及下，万姓欢忻。罪囚出狱，财喜临身。利名易萃，争讼休陈。官爵超擢，利见大人。鱼龙聚会，如水就下。

《笺》曰：岁乘贵，用传见月将同者，君臣际会，仕宦加迁，恩诏宠荣，干禄得赐，见贵情浓，所谋皆吉，财喜重重，应萃九四，大吉无咎之象。纵逢凶将，亦不为害，惟尊贵求卑小不吉。或带煞为日鬼，占讼，事干朝廷。应萃初六，有孚不终，乃乱象也。

《观月经》曰[6]：驿马当头发，官爵卦中流。四路分明取，年月日时周。三合头冲是，年月一般求。日时同年月，四孟上追游。发用君王诏，加官移好州。忽然驿马破，官职有淹留。末传合神动，重前喜不休[7]。

① 鼎，定也，取新也。鼎，元吉，亨。初六，鼎颠趾，利出否，得妾以其子，无咎。九二，鼎有实，我仇有疾，不我能即，吉。九三，鼎耳革。其行塞。雉膏不食，方雨亏悔，终吉。九四，鼎折足，覆公𫗧，其形渥，凶。六五，鼎黄耳，金铉。利贞。上九，鼎玉铉。大吉，无不利。

② 不利病讼，更忌忧产。

③ 岁建若临天乙用，课名龙德信峥嵘。岁月年命驿马用，官爵魁常必入传。

④ 岁月贵，作用自君恩。财喜临身囚系释，利名易萃讼休陈。万姓尽欢忻。

⑤ 萃，聚也。萃，亨。王假有庙，利见大人。亨利贞。用大牲吉，利有攸往。初六，有孚不终，乃乱乃萃。若号，一握为笑。勿恤，往无咎。六二，引吉，无咎。孚乃利用禴。六三，萃如嗟如，无攸利。往无咎，小吝。九四，大吉，无咎。九五，萃有位，无咎。匪孚元永亨，悔亡。上六，赍咨涕洟，无咎。

⑥ 平地登霄。

⑦ 驿马并印绶，官爵最为良。末传尤喜合，不利值空亡。

《心镜要》曰：印绶两般初用现，四驿还须传内逢。值之本课名官爵，末吉何忧选不通[①]。

官爵体益[②]，抟风鹏翼。《象》曰：官爵印绶，得之荣华。财名吉利，病讼堪嗟。访人不见，行者还家。孕生贵子，仕宦尤佳。鸿鹄遇风，滴水天河。

《笺》曰：四马带印绶，更遇德神、天马、青龙、日辰二马尤吉。日用旺相，主事速成，无官得官，有官进爵。传中合神动，更主重升。常人有见贵财利之喜，士子上选，官爵可必。若失印，主官遭黜罚，文书沉匿。若马被冲破，魁常值空，日用休囚，主事迟滞，而更恓惶，谋为不成，喜变为忧，行至贼来，病魂千里，讼历诸司。吉应益初九，利用为大作，元吉。凶应益上九，立心勿恒，凶。

用神岁建青龙合，财德临之时泰名[③]。

时泰体泰[④]，翱翔无碍。《象》曰：课入时泰，皇恩欲拜。灾患潜消，谋为通泰。逃亡自归，盗贼自败。孕育贵儿，前程远大。天地交畅，小往大来。

《笺》曰：初龙末合，或初合末龙，但逢太岁、月建、日宿并德合财神，则为天地和畅，福神相助，利见大人，朝天子，谒诸侯，皆吉。仕宦则膺宠诏高迁，常人则获财有庆。应泰之六五，帝乙归妹，以祉元吉之象也[⑤]。

干支得旺用天乙，龙后入传曰天恩[⑥]。

《笺》曰：仕者膺朝廷恩典，常人获贵人恩膏，病痊囚赦。若传见空亡，曰天恩未定，事多虚喜，上人虽有意施惠，而犹豫不决也。

天乙发用旺相神，更临年命日和辰。上下相生真富贵，魁罡值也欠和平[⑦]。

《观月经》曰：富贵天乙卦，发用最为良。因此名富贵，家门迪吉昌。四月申加卯，壬子入本乡。富贵兼权印，官私两用张。妊娠生贵子，生下置田庄。福禄从天降，万里有馨香。约信依时到，家业合宫商。

四月申将壬子日卯时。铸印、重审、富贵。

---

① 四马用，官爵自荣华。访人不在行人返，财名吉利病吁嗟。孕贵宦尤佳。

② 益，损也，盛之始也。益，利有攸往，利涉大川。初九，利用为大作，元吉，无咎。六二，或益之，十朋之龟，弗克违，永贞吉。王用亨（他本作享）于帝，吉。六三，益之用凶事，无咎。有孚中行，告公用圭。六四，中行，告公从。利用为依，迁国。九五，有孚惠心，勿问元吉。有孚惠我德。上九，莫益之，或击之，立心勿恒，凶。

③ 岁月青龙并，斯为时泰名。旺兼乙龙后，天恩卦已成。二课终须美，未定总虚声。

④ 泰，通也。泰，小往大来，吉亨。初九，拔茅茹，以其汇，征吉。九二，包荒，用冯河，不遐遗。朋亡，得尚于中行。九三，无平不陂，无往不复，艰贞，无咎。勿恤，其孚于食，有福。六四，翩翩不富，以其邻，不戒以孚。六五，帝乙归妹，以祉元吉。上六，城复于隍。勿用师，自邑告命，贞吝。

⑤ 占时泰，灾患悉潜消。浩大前程恩得拜，逃归贼获事昭昭。孕育贵儿曹。

⑥ 天降恩泽。

⑦ 葵花向日。◎天乙乘旺相，临年与日辰。天乙乘太岁，月将为用神。富贵并龙德，二课吉祥臻。传中更完美，其吉愈为真。

青空白常
戌亥子丑　　青贵勾后　　财　乙巳　贵
勾酉　　寅玄　戌巳酉辰　官　庚戌　青　权印
合申　　卯阴　巳子辰壬　子　　卯　阴◎
未午巳辰
朱蛇贵后

《心镜要》曰：天乙幸来乘旺相，临在行年与日辰。发用传中吉有气，即是从前富贵人。中遇凶神近业显，更喜青龙足宝珍。

富贵大有[①]，金玉长守。《象》曰：天降福德，万事新鲜。财喜双美，富贵两全。孕生贵子，婚配婵娟。讼狱得理，谋满胜前。金玉满堂，大明中天。

《笺》曰：戌加巳，富贵权印之象，更逢太常为印绶，逢马乘龙，主获财利珍宝，积代富贵。无官必遇上台委用，财喜胜常。有官决遇明君取擢，福禄尤浓。应大有上九，自天佑之，吉无不利之象。若贵人临辰戌，为入狱，其势消灭，则又不美。应大有九三，小人勿克为害之象。然乙辛干，辰戌支，及辰戌年命者，俱不在此例。《中黄经·课体章》曰：贵神发用名富贵。

引从日辰利名崇，用神生日事亨通。

引从体涣[②]，车骑赫炫。《象》曰：拱夹干支，仕人佳兆。官职升迁，利名荣耀。孕生英儿，婚招金宝。出行得财，干贵欢笑。顺水行舟，大风吹物。

《笺》曰：日辰上乘鬼墓，遇引从，六处有冲克，凶散而最吉。或干支并初中，或中末拱地贵，告贵谋事亦吉。应涣六四，元吉。

《订讹》曰：初末拱干，得人提携，成事大利。两贵拱干，官职超擢。初末拱支，及两贵拱支，家宅吉庆，最利迁居。贵临干支，拱年命，得两贵，又干支拱日禄，宜占食禄。干支拱贵，宜占告贵。干支并初中，或中末拱地贵，亦然。

亨通体渐[③]，福禄叠见。《象》曰：三传相生，干支有情。官逢荐擢，士获科名。婚姻和合，财利生成。经营诸事，贵人欢迎。高山植木，积小成大。

《笺》曰：三传递生，与干有情，则隔二隔四，有人于上位推荐。或末助初生日，

① 大有，宽也，众也。大有，元亨。初九，无交害，匪咎。艰则无咎。九二，大车以载，有攸往，无咎。九三，公用亨于天子，小人弗克。九四，匪其朋（他本作彭），无咎。六五，厥孚交如，威如，吉。上九，自天祐之，吉无不利。

② 涣，散也，离也。涣，亨，王假有庙，利涉大川，利贞。初六，用拯马壮吉。九二，涣奔其机，悔亡。六三，涣其躬，无悔。六四，涣其群，元吉。涣有丘，匪夷所思。九五，涣汗其大号，涣王居，无咎。上九，涣其血，去逖出，无咎。

③ 渐，进也，女归待男也。渐，女归吉，利贞。初六，鸿渐于干，小子厉，有言，无咎。六二，鸿渐于磐，饮食衎衎，吉。九三，鸿渐于陆，夫征不复，妇孕不育，凶。利御寇。六四，鸿渐于木，或得其桷，无咎。九五，鸿渐于陵，妇三岁不孕，终莫之胜，吉。上九，鸿渐于陆（一作逵，一作阿），其羽可用为仪，吉。

有旁人暗助。支加于干生干，自在格也。人来资我，或二传生日，俱为元吉。应渐六二，鸿渐于磐，饮食衎衎。若递生立空破刑害，无路解救则凶，事为难就。初生中，中生末，末克干为恩多怨深，作事美中致怨。或干支俱旺，或旺禄临身，传财逢空，不可舍［此］，另谋作动。倘有意外，远动谋为，则羊刃变为罗网缠身，反为灾祸。六处有冲，为破罗网，犹可，如无冲克则凶。应渐九三，利御寇，凶。

夫妻年主德方用，课得繁昌子必荣。

《观月经》曰：夫妻行年上，德孕卦如何。夫年四十九，岁在甲寅途。妻年三十四，己亥五行科。己上亥加甲，产子更无那。此年的有子，依理定无差。此为怀孕卦，行年若调和。不论三传事，学人奈若何。他例还依此，欢唱且高歌。

卯	辰	巳	午
寅			未
丑			申
子	亥	戌	酉

夫年甲寅，子水生木。妻年己亥，酉金生水。甲己德合。寅亥六合。

《心镜要》曰：德孕行年课生干，还如甲己类同攒。夫年立甲妻居己，孕即灵胎贵复安。乙将会庚辛丙合，受气妻年上是端。年上有神须觅取，日月时皆递互看。

繁昌体咸[①]，男女孚处。《象》曰：阴阳和合，万物生成。命招贵孕，妊产麒麟。谋为大利，家道自兴。如逢互克，分散零丁。山泽通气，至诚感神。

《笺》曰：如夫命木，年甲寅，上见子水，水木相生。妻年金，行己亥，上见酉金，金水相生。甲合己，寅合亥，各乘本命旺气，为德孕格。或发用，年内必生贵子。或已有孕，妻年上酉，主十一月乙日午时当产。甲己合，主生子黄色，壮大，端厚，好学，得官，应咸亨利贞，娶女吉。如行［年］值衰败绝刑害气，为德孕不育，应咸上六，咸其辅颊舌之象。产期法：取妻年位上神，前三临官位为生月；冲位干为生日，乃分天官[②]次第推，辰戌[③]，丑未月用己；后三绝位为生时。如妻行年上见申，主十月甲日巳时产。生子美恶性情：如夫妻行年丙辛作合，主生子黑色，肥满，多力，凶恶，为人好武得官。丁壬主青色，深目而秀，多道艺，文学得官。乙庚主白色，清俊，好音律，善兵法得官。戊癸主赤色，上尖下大，爱畋游，善伎术得官。

夫妻年上神皆旺，课名旺孕产迎馨。

《观月经》曰：夫妻年命上，旺相两般推。夫水三十七，三十四金妻。妻命亥上

① 咸，感也，速也。咸，亨利贞，取吉。初六，咸其拇。六二，咸其腓，凶。居吉。九三，咸其股，执其随，往吝。九四，贞吉，悔亡。憧憧往来，朋从尔思。九五，咸其脢，无悔。上六，咸其辅颊舌。

② 一作十干。

③ 月用戊。

觅，夫年寅上推。未时占七月，妊孕无改移。从魁临在亥，金旺更无疑。神后立于寅，夫运五行知。二旺当怀孕，合类得所归。阴阳生是子，胎命合如斯。他年依此起，旺孕卦推移。不干三传事，此课少人知。

七月巳将未时：

	卯	辰	巳	午	
	寅			未	
	丑			申	
（生木，寅旺）	子	亥	戌	酉	（生水，亥旺）
	夫年			妻年	

《心镜要》曰：夫妻行年旺相神，异方三类合同群。春占有孕在何处，妻午夫年立在寅。受气于秋何以决，妻在子兮夫立申。此例悉皆为何类，他年求例此区分[①]。

旺孕，《象》曰：夫妻行年，随旺相气，居三合宫，为旺孕体。三合异方，同类相比，更逢旺时，胎孕必矣。受孕法：如妻年见巳，主正月壬日申时受孕。妻年上神后三位受气为孕月；冲位上[②]。为孕日，亦分十干次第，辰戌月用戊，丑未月用己；前三位临官为孕时。妻年上午，主二月癸日酉时受孕。例推。

年命贵人禄马加，干支禄马更临耶。发用入传兼旺相，并逢吉将是荣华。

荣华体师[③]，拥从维持。《象》曰：干支吉神，人宅俱利。出入咸亨，动止均美。孕育麟儿，婚成连理。用兵征讨，开地千里。天马出群，以寡伏众。

《笺》曰：癸丑日，巳加干，日贵为财，丙寅，申加干，日马为财，例利求财。甲申日，干加丑，干支皆贵，例得两贵成合。乙酉日，子加申，昼贵坐夜贵，丁卯日，酉加亥，夜贵坐昼贵，例宜告贵，两处贵人成就。惟占谒则不见，谓贵往见贵而出也。若官访官，则得见。甲戊庚日，干上丑，为贵人临身，例宜干贵成事。乙辛二日，干上见贵，亦为贵人临身，不为坐狱，例亦宜干贵，余日坐狱为受贿，宜阴谋私祷。或一日全无逆贵，例利进取，造贵催督，诸事皆顺无阻。贵为月将，尤美。应师九二，承天宠，吉。如一日全无顺贵，及坐狱，告贵不允，不宜进，进则反坐害。甲子日丑坐酉，未坐卯，为贵人蹉跎。告贵，事不归一。丁酉，干上酉，支上亥，四课皆贵，为遍地贵，贵多不贵，告贵无成，在任多差，权摄不一，讼尤凶。日贵在夜，开眼作暗。夜贵在日，自暗而明。贵在干前，事宜缓，否则贵怒。贵在干后，事宜速，否则贵忘。丙丁日，亥加未，酉加巳，两贵坐克，为尖担两头脱，例不可告贵用事。虎乘

---

① 旺孕从支合，逢时必有胎。受气与生日，妻年顺逆来。

② 应作干。

③ 师，众也，忧也。师，贞丈人，吉，无咎。初六，师出以律，否臧凶。九二，在师中，吉，无咎。王三锡命。六三，师或舆尸，凶。六四，师左次，无咎。六五，田有禽，利执言，无咎。长子帅师，弟子舆尸，贞凶。上六，大君有命，开国承家，小人勿用。

丑临丑，讼干贵怒。乘朱神克贵，求文书主贵人忌。此例不论在传与干支见也。丁丑日，酉加未，亥加酉，两贵逢空，初事虽成，后被人搀越，或人误报虚喜，反有所费，然过旬可成。六丁，亥加未，贵作日鬼临官[1]，占官则利，占病有神祇为害。临支，家神致病，宜修设安慰宅神则吉。墓鬼尤凶。贵作六害，讼事直作曲断，弄小成大，弄巧成拙，识时屑就无妨也，余皆不利。应师六五，弟子舆尸，贞凶。

天月干支德用神，兼临年命吉神并。遇此方名德庆课，若逢夹克事难成。

德庆体需[2]，君子欢愉。《象》曰：德神在位，诸煞潜藏。囚禁得释，危病无妨。婚谐佳偶，孕产贤郎。凡占谋望，事事吉康。云霭中天，密云不雨。

《笺》曰：德神为鬼，功名利，病无伤，乘龙尤吉。辰戌丑未四煞没于四维乾坤艮巽之上，百事大吉，虽凶将勿为碍。应需九五，贞吉。若带凶煞，乘虎，或落[3]空，或神将外战，被刑害，则不吉。丁[4]日巳德归亥，乘元夹克，为灭德，事参商。乙日申加酉为用，酉来克乙，申德化鬼，乃君子而为小人之象，四煞不没，应需之九三，致寇至，凶。

刑德德刑求奴仆，当用日辰遥勘鞠[5]。

《观月经》曰：五阳德自处，阴来合者论。乙日庚为德，丁开壬户门。己土居阳甲，辛金丙处云。癸德配在戊，刑来支上论。贤士去德下，奴婢走刑村。德若克其刑，逃亡路失魂。刑若克其德，逃亡有遁门。刑德不相克，闭口卦中寻。正月甲戌日，辰时发课占。贤士西南去，未地有灾频。甲日德自处，贤士在西南。奴婢正北走，刑地蓦墙垣。此名德克刑，逃亡得获旋。六月己巳日，卯时走失看。贤士西北去，亥地上绕栏。奴婢东南窜，巳上觅情欢。此谓刑克德，走人若见艰。巳申寅举二，此卦不一般。

正月甲戌日辰时。比用。德胜刑。

蛇 贵 后 阴
子 丑 寅 卯　　蛇　常　玄　勾　　父　丙子　蛇（天上寅克未，地下未克子）
朱亥　　辰玄　　子　巳　辰　酉　　财　癸未　空（支刑临子，正北追小人）
合戌　　巳常　　巳　戌　酉　甲　　兄　戊寅　后（日德加未，西南寻君子）
酉 申 未 午

[1] 当作干。

[2] 需，须也，不进也。需，有孚，光亨，贞吉。利涉大川。初九，需于郊，利用恒，无咎。九二，需于沙，小有言，终吉。九三，需于泥，致寇至。六四，需于血，出自穴。九五，需于酒食，贞吉。上六，入于穴，有不速之客三人来，敬之终吉。

[3] 一作德。

[4] 当作子。

[5] 追亡视德刑，相克有攸分。妄愚复此辨，亡以德为群。

勾青空白

六月己巳日卯时。申克寅，刑胜德也。寅德加亥，西北寻贤士。申刑加巳，东南追奴婢。

支刑

申　酉　戌　亥
未　　　　　子
午　　　　　丑
巳　辰　卯　寅
　　　　　　己德

《心镜要》曰：德刑追亡好恶分，德在日兮刑论辰。阴德在阳阳自处，乙德在庚访好人。辛居丙上丁壬位，癸向戊中求见真。寅午戌兮刑在火[①]，申子辰兮在东邻。金刚刑西[②]木归根[③]，贱者逃亡不妄陈。或有德刑同一位，良贱皆于彼隐身。德若克刑寻易见，刑之胜德捉无因。德刑无妄，高卑俯仰。贞则无咎，眚无攸往。玉蕴石中，安常守旧[④]。

龙战不离于门户，身心疑惑进退懦[⑤]。

《观月经》曰：日辰是卯酉，所临作用神。名为龙战卦，进退事逡巡。父子难同室，夫妻心不敦。分财争内外，论盗在比邻。立秋乙卯日，辰时发用神。天罡临卯上，发用正含嗔。人年立卯酉，正是涉迷津。

《心镜要》曰：龙战元黄二八门，春生秋杀决于分。燕至燕归离会象，雷收雷发见潜因。如于卯酉日占事，行年用起立斯辰。刑德两途俱合此，出南入北忌迍邅。行人进退心疑贰，兄弟乖张妻不亲。

龙战体离[⑥]，门户凄其。《象》曰：合者将离，居者将徙。欲行莫行，欲止莫止。出路迍邅，求婚莫娶。胎孕不安，财物不聚。飞禽遇网，大明当天。

《笺》曰：三传如入支[⑦]两课，贼来必战。游神相加，行人必来，求财不得，占病反复，占官改动。如夫妻年立其上，室家离散。兄弟年立其上，争财异居。将得天后，

---

① 午。

② 酉。

③ 亥。

④ 无妄，天灾也，不妄也。无妄，元亨利贞。其匪正有眚，不利有攸往。初九，无妄，往吉。六二，不耕获，不菑畬，则利有攸往。六三，无妄之灾，或系之牛，行人之得，邑人之灾。九四，可贞，无咎。九五，无妄之疾，勿药有喜。上九，无妄，行有眚，无攸利。

⑤ 龙战主解离，六亲乖违伤。行止无攸利，病讼两徬徨。

⑥ 离，丽也，上也。离，利贞，亨。畜牝牛，吉。初九，履错然，敬之无咎。六二，黄离，元吉。九三，日昃之离，不鼓缶而歌，则大耋之嗟，凶。九四，突如其来如，焚如，死如，弃如。六五，出涕沱若，戚嗟若，吉。上九，王用出征，有嘉折首，获匪其丑，无咎。

⑦ 三交。

事起女子。乘武虎蛇，尤加惊恐。事宜断决，进退不能，南北俱凶，神将纵吉，不免其咎。离之九三，大者言嗟[①]，出忌南行，入忌北行，刑德集聚，俱合于门，天地解离，不可复合。

日宿临仲号天烦，斗系丑未丈夫愆。月宿临仲号地烦，斗系丑未女人愆。

日宿月宿俱临仲，斗系丑未为杜传。

《观月经》曰：日宿加四仲，发用在其中。斗系丑兼未，天烦卦本宫。愆招男子罪，如何走西东。兵甲将诛戮，加刑忧命终。

月宿加四仲，地烦发用名。天罡加丑未，女子血光惊。产妇多忧惧，胎成子不成。传中有恶将，必定举哀声。

《心镜要》曰：日月宿行为四仲，此卦名为天地烦。更被斗罡加丑未，复以兼称为杜传。男行抵日女抵月，举事灾殃为汝言。祸散更生欢复怒，仇人和了又成冤。弦望晦朔天烦合，男犯刑伤被吏缠。子午卯酉地烦会，主女流血迍复遭[②]。

二烦明夷[③]，荆棘满溪。《象》曰：男遇天烦，命遭刑戮。女犯地烦，身受蛊毒。征战伤亡，疾病嚎哭。讼狱流徒，胎孕不育。出明入暗，凤皇〔凰〕垂翼。

《笺》曰：将乘螣蛇，异怪忧惊，勾陈争斗，后合阴暗，白虎丧亡，天地烦并，男女俱患。春夏可生，秋冬必死。当此之时，利居家，不利出行及干求谋为造作，决招凶祸。应明夷之上六，后入于地，失则，凶。丑未，贵人之首，而斗罡凶将系其上，使贵人不得理事。门户闭塞，三光不明。德气在内，刑气在外。天地翻覆，莫大忧烦。占主极凶，祸散复生，殃及子孙，喜者反怒，解者复结，虽有吉神，将焉救之？如男女行年并之，尤的。

日宿临卯午，为春夏天烦，男犯刑囚徒配。临酉子，为秋冬天烦，男犯刀刑，法死不葬。月宿临卯午，为春夏地烦，女犯产难，斗讼流血。临酉子，为秋冬地烦，女犯重法，为男所杀。月宿遇重留者更凶。大抵晦朔弦望日四正月，男行年抵月宿，主被吏执。子午卯酉四仲日，女行年抵月宿，主被盗贼。

起月宿法：正室二奎三在胃，四毕五参六鬼期。七张八角九月氐，十心一斗十二虚[④]。

---

① 当作大耋之嗟。

② 二烦日月宿，斗临丑未真。男恐兵刑宿，女有血光嗔。远行既不利，百事亦无因。四平与四正，年底祸尤频。欲知杜传课，例在此中陈。

③ 明夷，伤也，诛也。明夷，利艰贞。初九，明夷于飞，垂其翼。君子于行，三日不食，有攸往，主人有言。六二，明夷，夷于左股，用拯马壮，吉。九三，明夷于南狩，得其大首，不可疾贞。六四，入于左腹，获明夷之心，于出门庭。六五，箕子之明夷，利贞。上六，不明晦，初登于天，后入于地。

④ 每日一辰，遇奎、张、井、翼、氐、斗，重留一日。辰角亢，卯氐房心，寅尾箕，丑斗牛，子女虚危，亥室壁，戌奎娄，酉胃昴毕，申觜参，未井鬼，午柳星张，巳翼轸。

八月　九月　　十月　　十一月　　十二月 正月　二月　　三月　四月

角 亢 氐 氐 房 心 尾 箕 斗 斗 牛 女 虚 危 室 壁 奎 奎 娄 胃 昴 毕

五月　　　　六月　　七月

参 觜 井 井 鬼 柳 星 张 张 翼 翼 轸

杜传格，《笺》曰：日月宿临仲，斗不系丑未，则传行杜塞。春酉将八课，乙卯、丁卯、己卯、辛卯、癸卯、庚午、戊午、壬午。夏午将十二课，甲子、丙子、丁酉、己酉、庚子、壬子、癸酉、辛酉。秋卯将三课，戊子、辛酉、己酉。冬子将七课，丁卯、丁丑、丁酉、辛卯、丙午、己卯。

天祸炽然看四立，离神天寇为凶孽。占时月宿系其上，看其多少悉[①]殃人烈[②]。

《观月经》曰：四立干神上，分明末日临[③]。此名天祸卦，乖角竞相侵。火动烧人死，水临劫盗深。木因梁屋事，土动为争论。金则兵戈乱，闹处起哀声。

《心镜要》曰：四立日占为百事，切忌干临向绝辰。遇此便名天祸卦，天咎之灾四五旬。今日立春当乙酉，昨暮穷冬是甲申。假令乙酉戌时课，乙将临甲凌害人。欲知天祸因何起，以将推之决事因。白虎死亡元武贼，官事追诛问勾陈。天空作事主虚诈，若依此法岂邅迍。

天祸大过[④]，嫩草霜妒。《象》曰：天有灾咎，以新易旧。百事莫为，身宜谨守。战斗流血，送死丧偶。出行死亡，干谒空走。寒木生花，本末俱弱。

《笺》曰：如立春前一日，是火神相加，又发用，占主火殃，或雷震天灾。木日水动，主水殃，或盗贼淫乱。木主屋梁崩折，金主兵戈战斗，土主土瘟及墙壁险陷。更乘白虎，主死丧，武失脱，雀口舌，勾争斗触，带恶煞，必有不意凶祸，不出时节九十日也。或四立值朔望，先一日月穷，为四废，并此四绝之上，望见月宿，其凶尤甚。当此不可造作出行，犯之大凶。应大过九三，栋挠，凶。

《观月经》曰：分至四辰上，蟾光月正临。名为天寇卦，百祸俱来侵。夫妻有离析，君臣义不深。传中虽有救，父子泪淋淋。

《心镜要》曰：阴阳生杀言分至，前之一日是离神。假令春分今日卯，离神昨日乃居寅。占时月宿在寅上，详其多少悉殃人。月是积阴为杀气，离上逢之天祸迍。非是行人去遭劫，即是营修害乃身。

阳至主生，阴至主死。春分阳气，盗杀在卯，故榆荚落。夏至阴气，盗杀在午，

---

① 当无此字。

② 四立前一日，五行绝，曰天祸。分至前一日，月宿临，曰天寇。

③ 春前水绝，夏前木绝，秋前火绝，冬前金绝。

④ 大过，颠也，祸也。大过，栋桡，利有攸往，亨。初六，藉用白茅，无咎。九二，枯杨生稊，老夫得其女妻，无不利。九三，栋桡，凶。九四，栋隆，吉。有它吝。九五，枯杨生华，老妇得其士夫，无咎，无誉。上六，过涉灭顶，凶，无咎。

故菁麦死。秋分阴气旺，杀在酉，故麦生。冬至阳气初生，杀在子，是根本，故菊生萌芽。此四者名曰朝气不得久。离神，地盘上看。月宿，天盘上看。

天寇体蹇[①]，时势艰险。《象》曰：阴阳分离，气不得反。盗贼滋生，军兵惰懒。病者即亡，孕妇当产。出路死伤，婚姻拆散。飞雁衔芦，背明向暗。

《笺》曰：月宿加离神发用，祸事尤速。乘勾武作游都盗神，贼必来，来必战。乘虎作鬼劫，真寇，尤凶。此时出行、市贾，主盗劫丧亡，百事不遂。蹇之险在前，其道穷也。若占人年命见月宿加离辰，必己身欲为盗来问也。月宿值太阳，日月并明，盗贼败露，为败寇。应蹇之见险能止，大人济蹇之吉象也。

《观月经》又云：天祸四立日，日干临前干。天寇分至日，日支临前支。创始值干绝，旺极值支离。天祸九十日，水绝主水厄。火绝主火灾，虎病武盗贼。天寇四十五，出行遭劫贼。造屋火光兴，骨肉那不得。疫疠必相伤，遇水天魑责[②]。

痀病恹恹魄化沉，精神恍惚值飞魂[③]。

《观月经》曰：死囚为白虎，来临日用头。魄化魂消散，死亡病者愁。行行同位上，患者命难留。细意看年用，凶神祸病尤。

白虎西方本是金，惟专刑杀忌加临。若遇用神相会合，日辰年上见灾侵。遇此名为魄化卦，假饶无病也昏沉。二月寅时甲戌日，胜光为虎是其阴。死神正巳二居午，正怕相兼作害深。六月未时壬戌日，天魁乘虎又加壬。六月死神来至戌，下逼行年依此行。贼上为内克下外，阳为男子女由阴。行年若遇魁罡立，身须逢害更加迍。游魂来加年月上，用起兼之恶将并。但是飞魂魂不定，行逢鬼贼祟神惊。若问煞居何所在？顺行正月起登明[④]。

二月戌将甲戌日寅时。死神白虎入年，日支。

	死神	位	白阴
丑	寅	卯	辰
子			巳
亥			午
戌	酉	申	未

日干

六月午将壬戌日未时。虎阴辰。死神白虎入年。

辰　巳　午　未

① 蹇，难也。蹇，利西南，不利东北，利见大人，贞吉。初六，往蹇，来誉。六二，王臣蹇蹇，匪躬之故。九三，往蹇来反。六四，往蹇来连。九五，大蹇朋来。上六，往蹇来硕，吉，利见大人。

② 天祸看四绝，天寇看四离。各以神将论，俱不利行师。

③ 旱苗无雨。

④ 魄化死丧事，阴阳内外论。魁罡并蛇虎，临年殃及身。若化归魂格，凶去吉来临。

卯　　　申
寅　　　酉
丑　子　亥　戌
　　　　　日

《心镜经》同前次二歌：正月巳戌卯，二月午子午、午子卯，三月未亥卯、未巳卯，四月申巳寅、申寅巳，六月戌丑辰、辰寅子、戌未辰，八月丑亥酉、子亥戌，九月丑戌未，十月寅申寅，十一月卯戌巳。

魄化体蛊[①]，虎鬼阴祸。《象》曰：人身落魄，忧患相仍。病多丧死，讼有忧惊。产孕伤子，征战损兵。谋而招祸，切莫远行[②]。

《笺》曰：日墓乘虎，或魁罡作日墓，带死囚神发用，为虎衔尸格，凶。在年命亦然。日鬼乃自己身丧魄，动则身死。或日墓鬼虎临干，主身受殃，其凶速。日墓虎鬼临支克支，宅有伏尸作怪，有形响。虎在阳，忧男；在阴，忧女。上克下及日，外丧；干[③]克上与辰，内丧。或人年在魁罡蛇虎之下，无冲救解神，主身死。应蛊六四，蛊在器，往见吝。若虎临鬼，虎阴神制虎，日辰年命之处有冲克及救神、解神、吉神，为魄化魂归，先忧后喜。应蛊上九，不事王侯，高尚其事之吉也夫。虎乃凶神，乘旺相，自贪其旺，或受克，为彼所制，皆不为害。若在年命上，主自寻死。并金神三煞二血，刀下亡身。水神天河地井相迫，投水溺死。悬索勾绞，主自缢死。

飞魂，《笺》曰：正月起亥，顺行十二，加日辰年命发用，令人魂飞千里，主夜多凶梦，鬼祟相扰，恍惚不宁。游魂煞也。

丧魄，《笺》曰：正未二辰三丑四戌，周而复始。加人年命或日辰发用，病者必死，壮者亦衰。

日辰前一是天罗，后五地网可奈何[④]。

与日同类曰物器，生死还须辨新故。新故须责日与辰，休囚为故旺为新。

《观月经》曰：木火土金水，物类视疏亲。甲乙东方木，亥为父母身。太冲与功曹，甲乙合三春。甲木为兄弟，姊妹乙为真。小吉为妻妇，巳午作子孙。甲来欲求己，庚便作媒人。外孙是丁火，与木为子孙。其日是丙丁，父母配寅中。巳午为身类，丁火姊妹宫。丙火兄弟是，河魁次妻同。辰与丑未土，子孙有始终。辛来欲嫁丙，壬水

---

① 蛊，事也，饰也。蛊，元亨，利涉大川，先甲三日，后甲三日。初六，干父之蛊，有子考。无咎，厉，终吉。九二，干母之蛊，不可贞。九三，干父之蛊，小有悔，无大咎。六四，裕父之蛊，往见吝。六五，干父之蛊，用誉。上九，不事王侯，高尚其事。三蛊食血，以恶害义。

② 虎克干，防身；克支，防宅。

③ 当作下。

④ 注解见前天网卦下，此节重出。

作媒翁。寻思己中土，外孙此处穷[①]。

假令戊己日，传送父母期。未土丑同类，兄弟戊中推。己土为姊妹，申酉子孙宜。天罡小妻室，外孙辛上推。癸水欲妻戊，甲媒送信知。若遇庚辛日，太乙父母师。申酉为同类，庚金兄弟知。辛来作姊妹，亥子子孙期。癸曰为外孙，丑墓小妻儿。乙来欲嫁庚，丙火作月冰。其日是壬癸，传送父母居。辰墓为妻妾，亥子身类推。壬水为兄弟，姊妹癸相知。寅卯子孙类，外孙乙不虚。丁来嫔壬位，戊己土送书。媒者正妻子，取其正丈夫。细心分配定，墓上小妻居。

《心镜要》曰：用神与日类须详，物器分明辨否臧。甲乙初传水为气，占者当有父母匡。若见木神为兄弟，同类之称是可量。如逢小吉为妻类，鹰雁妻孥及酒羊。亥猪卯兔甲乙类，旺相犹生墓已伤。父母生气与日本，父兼德合母天后。妻责天后并财爻，神后之神亦为取。兄弟姊妹责太阴，及兼兄弟之爻神。子孙六合子孙爻，太冲登明亦可寻。奴责河魁与天空，婢责从魁太阴中。朋友单来寻六合，以上人之类神从。

物类体节[②]，蜃楼高结。《象》曰：物以声应，方以类萃。六亲俱现，发用主最。旺相吉言，休囚凶悖。始终吉凶，神将取配[③]。

《笺》曰：凶应节九二，不出户庭，凶。吉应节九五，甘节，吉。船行风横，寒暑有节。

《观月经》曰：凡事知新故，得之变生死。五阳德处禄，五阴随阳止。甲为己德合，庚与乙相侣。丙辛巳德同，丁德配壬里。癸德同戊成，生死后篇指。甲生于亥支，未是死根基。丙生寅上是，死戌乃分离。壬戊生传送，天罡见死悲。庚来生太乙，大吉死无疑。生加日辰上，凡事焕然新。死加日辰上，凡事更无新。前篇论生死，后法五行中。新来推旺相，休囚死故终。其气两相见，新故百千通。得中先见者，此法续无穷[④]。

《心镜要》曰：新故阴阳不易分，刚柔异类辨斯文。刚日用阳及有气，是物装成不染尘。柔须求德看临日，乙德居庚土是因。大吉临干为死旧，天罡加日是生新。

五日四辰名九丑，出军造作多凶咎[⑤]。

---

① 新故多寡器不侔，女饰浴盆子丝紬。水桶盆缸盂钵瓮，巾帽带斗悉看牛。椅桌荐席并散器，枕簟匙筯并寅留。屏枕帐笼箱门户，竹器木器及舟车。笙箫琴瑟笛鼓乐，枷杻梯向卯中求。砖瓦石栏并廨械，墙壁亭院向辰搜。臼釜灶窑锅鼎巳，匮匣床画午钳收。衣具浴盆酒器未，金银铜铁辨申投。珠玉刀镜钱索酉，铁锄锥剑戌居休。圈阑楼阁东厕亥，十二宫中细忖筹。

② 节，止也。节，亨，苦节不可贞。初九，不出户庭，无咎。九二，不出门庭，凶。六三，不节若，则嗟若，无咎。六四，安节，亨。九五，甘节，吉，往有尚。上六，苦节，贞凶悔亡。

③ 物类看六亲，俱宜详发用。生旺墓中定，复察日干因。

④ 新故总多般，日辰用中别。阴干从阳德，只此为要诀。

⑤ 九丑凶殊甚，阴阳是彼因。应期在休旺，二时凶更真。

《观月经》曰：四辰[①]连五日[②]，九丑主恶声。大吉将加仲，天灾莫举兵。远行人必死，嫁娶犯哀声。修造妨家主，迁移人口惊。殡埋妨长幼，买卖不能成。大小两时并，凶神在四平。三年与三月，不出大凶生。

《心镜要》曰：乙戊己辛壬五日，四仲加并九丑凶。大吉加临支日上，值此凶灾将及人。大小二时并相际，刚日男凶柔女迍。重阳害父重阴母，测祸天官决事因。不但纳妻并嫁女，最忌游行并出军。

九丑小过[③]，上下遭挫。《象》曰：刚日男凶，柔日女祸。重阳害父，重阴害母。出行有灾，造作无补。谋事图为，徒劳辛苦。飞鸟遗音，上逆下顺。

《笺》曰：当此之时，不可举兵、远行、移徙、嫁娶、造葬，必有灾祸，近在三月，远则三年。应小过之上六，灾眚之凶象也。占主大祸，臣叛子逆，奴欺妻背。将吉祸浅，将凶福[④]深。若与大小时并，尤凶。不出月内。

罡系日辰阴阳端，更为发用死奇言[⑤]。

《观月经》曰：式加死奇卦，天罡日月论。死亡推斗下，忧患课中陈。日至能除祸，诸家卦内均。所生为父母，同类弟兄亲。墓处墓妻妾，三奇推本因。斗临遭死损，月至忧患频。日到灾殃散，思量卦有神。

《心镜要》曰：天上三奇日月星，日为福德月为刑。星是死奇为北斗，更互加之各有灵。加孟所生忧父母，临仲为身及弟兄。季上见之妻与子，看其臧否与谁并。日主旬中辰月内，岁上一年之内程。星月犯临当死患，其中日照解危倾[⑥]。

死奇未济[⑦]，忧中望喜。《象》曰：辰为天罡，刑狱之曜。疾病死期，征战凶兆。论讼被囚，干贵失靠。婚嫁出行，祸患自召[⑧]。

《笺》曰：带日鬼、日墓、灾劫，恶煞相并克贼，及乘白虎，为必死之兆。更临岁月之上，为三死课，祸尤剧。《经》曰："三者群[⑨]伤，岁必受殃。"此天罡临日，旬内

---

① 子午卯酉。

② 乙戊己辛壬。

③ 小过，过也。小过，亨，利贞。可小事，不可大事。飞鸟遗之音，不宜上，宜下，大吉。初六，飞鸟以凶。六二，过其祖，遇其妣。不及其君，遇其臣。无咎。九三，弗过防之，从或戕之，凶。九四，无咎，弗过遇之。往厉必戒，勿用，永贞。六五，密云不雨，自我西郊，公弋取彼在穴。上六，弗遇过之，飞鸟离之，凶，是谓灾眚（此四字据他本补）。

④ 当作祸。

⑤ 《中黄经·课体章》曰：死期日宿为发用。

⑥ 凶奇星上月，生旺墓中寻。若逢日奇见，忧患不能侵。应期日辰岁，总喜日奇临。

⑦ 未济，男之穷也，失也。未济，亨，小狐汔济，濡其尾，无攸利。初六，濡其尾，吝。九二，曳其轮，贞吉。六三，未济，征凶，利涉大川。九四，贞吉，悔亡。震用伐鬼方，三年有赏于大国。六五，贞吉，无咎（他本作无悔）。君子之光，有孚吉。上九，有孚于饮酒，无咎。濡其首，有孚失是。

⑧ 天罡为星奇，主死亡。月宿为月奇，主刑患。月将为日奇，日出则星月俱隐，故有救。

⑨ 一作尽。

有忧；临辰，月内有忧；临岁，岁内有忧。孟忧二亲，仲忧己身，季忧妻。应未济，濡其尾，吝。若旺相相生，德合遇吉将，六处有冲克救神及日奇，反吉。辰为月将尤美，为死奇回光，转祸为福。应未济六五，有孚，吉。竭海求珠，忧中望喜。

殃咎三传递克日，丧车岁虎兴灾厄。伏殃四仲宜祷酬，鬼墓丧门谁解释。

紊纪乱纲死绝乡，四顺先难后易得。

殃咎体解[①]，凌辱之亚。《象》曰：五行克贼，征战凶祸。疾病增危，论讼反坐。官被纠弹，人罹罪过。营干不成，出行含怒。春雷行雨，忧散喜生。

《笺》曰：三传递克日干为凶。如末助初传克日，主他人教唆贼害。如三传下贼上，及日辰内战，主家法不正，致争窝犯，丑声出外，病讼连绵，惟利占官，亦宜自慎，从微至著，迤逦转迁，舍此皆凶。如墓神覆日，为天罗自裹，主命运衰弱，作事皆迷，常被人揶揄觑算，宜醮谢本命星位免殃。如干支逢墓，两空亡可解。如三传众鬼虽彰，有制无畏。如春占，木克土，鬼自贪荣盛，无意兴灾，至夏秋，其祸仍发。如传财太旺，亦反兴[②]危，或冬水旺克火，长生[③]主灾，但财自贪生旺，身弱难受，至己身旺财衰时，或可取。例推。

灾厄归妹[④]，作孽多祟。《象》曰：出门厄会，妖孽为害。疾病死亡，财喜破坏。婚孕多凶，征战大败。行人不归，访人不在。浮云蔽日，阴阳不交。

《笺》曰：凡丧车、游魂、伏殃、病符、丧吊、丘墓、岁虎发用者，灾厄卦也。绝神，如申子辰用巳，水绝在巳，亦为墓门，为女灾，为劫煞，则孕凶，宜了绝旧事。血支、血忌，忌针刺。并天空、沐浴，为产。血支、血忌为破胎神，临产宜见。胎神，绝前一位也。禄前一位羊刃，主刀兵血光。或值日月囚死，凶将并诸丧车恶煞，大凶。或龙作日鬼，为幸中不幸。应归妹，征凶，无攸利凶也。若病符、女灾、虎墓、囚死，日辰年命有冲克及二医，则凶散为吉，病可痊。或白虎作长生，为不幸之幸。则应归妹之初九，跛能履，征吉象也。

《心镜要》曰：天鬼临从四仲神，建寅居酉逆相寻。行年日上来相用，伏殃兵杀乱伤人[⑤]。

丧门正月未为之，四季流行次第思。用在行年辰日上，病人忧死健人衰。白虎若

① 解，散也，缓也。解，利西南，无所往，其来复，吉，有攸往，夙吉。初六，无咎。九二，田获三狐，得黄矢，贞吉。六三，负且乘，致寇至，贞吝。九四，解而拇，朋至斯孚。六五，君子维有解，吉。有孚于小人。上六，公用射隼于高墉之上，获之，无不利。

② 一作倾。

③ 一作上。

④ 归妹，女之终也，大也。归妹，征凶，无攸利。初九，归妹以娣，跛能履，征吉。九二，眇能视，利幽人之贞。六三，归妹以须，反归以娣。九四，归妹愆期，迟归有时。六五，帝乙归妹，其君之袂，不如其娣之袂良，月几望，吉。上六，女承筐无实，士刲羊无血，无攸利。

⑤ 飞魂丧魄课，伏殃与罗网。取名虽不同，吉凶俱相仿。鬼呼主官病，死绝命不享。

临转凶恶，所詹之事一无宜。

鬼墓体困[①]，待静守正。《象》曰：五行克贼，死墓之乡。人丁多耗，家宅不昌。行人可至，病者如狂。谋为迟滞，捕盗深藏。河中无水，守困待时。

《笺》曰：日鬼、墓神俱发用，无气，占病大忌，乘虎必死。或财神、禄神、官星、长生中末见墓，仕人不利[②]。应困之六四，困于石，凶。或日鬼盗气，中末逢墓，常人为喜。或鬼墓临日作生气，或自墓传生，或鬼墓有克制冲破，变凶为吉，病生囚释，事先忧而后喜。应困，亨贞，大人吉之兆也[③]。

死绝，《笺》曰：日之死神，又加死地之绝乡发用也。主纪纲紊乱，壮者疾，病者死，百事衰微凶败。

四顺，《笺》曰：初神将凶，末神将吉，一顺也。初囚死，末旺相，二顺也。天乙顺行，传出天乙前，三四顺也。四者顺利，始困而终亨。

六甲亥子丑三奇，旬内六阳为六仪[④]。

《观月经》曰：甲子与甲戌，大吉两旬奇。甲申与甲午，神后镇相随。甲辰与甲寅，登明救疗师。万事皆和合，三灾速解离。忽得亥子丑，连茹百福齐。上自元首卦，从此立根基。

《心镜要》曰：三奇发用逐旬行[⑤]，两处区分共一名。甲申甲午神后是，寅辰二旬在登明。子戌旬中加大吉，不忌煞之并与刑。甲日胜光午在巳，支逆干顺己丑停。庚却顺流奇在未，癸尽天魁总有灵。值此两奇皆有庆，传中天喜更为精[⑥]。

三奇体豫[⑦]，上下欢遇。《象》曰：万事和合，千殃解除。婚逑淑女，孕产贵儿。士有奇遇，病遇良医。异政超擢，取胜出奇。虽乘恶将，凶去吉随[⑧]。

《笺》曰：如旬奇、日奇并临吉课为上。有旬奇，无日奇，亦可用。亥子丑兼者，为三奇联珠，大吉。更遇天上三奇乙丙丁，地下三奇甲戊庚入传，尤利，凡事逢凶化吉。豫六二，贞吉之象也。有干奇，无旬奇，神将凶，或奇作空亡，则应豫六四，鸣

---

① 困，危也，遇阴也。困，亨贞，大人吉，无咎，有言不信。初六，臀困于株木，入于幽谷，三岁不觌。九二，困于酒食，朱绂方来，利用亨祉（他本作祀），征凶，无咎。六三，困于石，据于蒺藜，入于其宫，不见其妻，凶。九四，来徐徐，困于金车，吝，有终。九五，劓刖，困于赤绂，乃徐有说，利用祭祀。上六，困于葛藟，于臲卼，曰动悔。有悔，征吉。

② 据他本补。

③ 鬼呼五墓四煞丧门。

④ 枯木重荣。

⑤ 旬奇、日奇也。

⑥ 丑子亥旬奇，甲庚顺逆行。三奇主喜庆，祸患总无凭。

⑦ 豫，悦也，怠也。豫，利建侯行师。初六，鸣豫，凶。六二，介于石，不终日，贞吉。六三，盱豫悔，迟有悔。九四，由豫，大有得。勿疑，朋盍簪。六五，贞疾，恒不死。上六，冥豫，成有渝，无咎。

⑧ 鸾凤生雏，万物发荣。◎三奇用，事协障消除。病遇良医士得志，婚逑淑女孕麟儿。凶去吉相随。

豫，凶[①]。

《观月经》曰：甲子神后是，旬中即用之。神仙致六仪，六甲本根基。甲戌旬中看，河魁改变时。甲申传送立，甲午胜光期。甲辰天罡恕，愁容改笑眉。甲寅功曹动，万类得其仪。六甲取首用，有罪计非危。家事皆如此，病者得天医。求财倍获利，投书喜不迟。

《心镜要》曰：六仪一段居旬首，甲子旬中神后为。更复子当从午配，逆行相配逐辰移。驱来巳日终于丑，午还居未顺求之。用得此神名善卦，又须传末吉将依[②]。

六仪体兑[③]，喜臻怒退。《象》曰：兆多喜庆，来往相宜。罪逢赦宥，病遇名医。投书见喜，干贵逢时。煞神回避，喜展愁眉[④]。

《笺》曰：魁罡加日辰年命遇仪用，变凶为吉。或旬日仪神俱在传，更乘天乙吉将，为富贵六仪。传并支干之用，主人宅皆吉。六仪作帘幕官，士人高第。奇仪全遇，万用无阻，凶恶不害。初终神将吉，始终有庆，和兑，吉也。有支仪，无旬仪，神将凶，应兑九五，有厉。

三光之格登三天，旺相修为事事圆[⑤]。

《观月经》曰：用神如旺相，光配一光时。吉将临其上，二光得礼仪。日辰兼有气，三光不改移。求事多来速，当官职不迟。末传无刑害，车马镇相随。三合与六合，逍遥自在期。忽然刑害破，凶将却颦眉。

《心镜要》曰：用起日辰时旺相，传中复有吉神并。三光并立无相克，作事皆欢病即轻。纵逢凶将无忧患，囚系官灾事不停。六月戊寅寅[⑥]时课，三传俱旺贵人荣[⑦]。

六月戊寅寅时占三光[⑧]。

　朱合勾青
　酉戌亥子　　合后空朱　兄　丁丑　空⊙
蛇申　　丑空　戌午丑酉　父　壬午　后
贵未　　寅白　午寅酉戌　子　　酉　朱◎
　午巳辰卯
　后阴玄常

---

① 人中三奇辛壬癸。

② 六仪用旬首，子午向南分。须与奇同比，常例亦须明。

③ 兑，悦也，见也。兑，亨利贞。初九，和兑，吉。九二，孚兑，吉，悔亡。六三，来兑，凶。九四，商兑未宁，介疾有喜。九五，孚于剥，有厉。上六，引兑。

④ 仪用克年命者，凶吝。◎江湖养物，天降雨泽。◎六仪见，喜庆最相宜。干贵逢时罪得宥，投书上合展双眉。疴恙遇神医。

⑤ 云开见日。

⑥ 疑作戌。

⑦ 用吉日辰吉，末吉是三光。遇此无不利，失明反有殃。

⑧ 疑作戌时，三传戌午寅。

三光体贲[①]，光华不替。《象》曰：课入三光，万事吉昌。刑囚释放，疾病安康。市贾多利，谋干俱良。福佑自至，凶祸消亡。猛虎负嵎，光明通泰[②]。

《笺》曰：神将生合，日用旺相，主迁官进职，终始获庆。纵年命遇凶煞，亦不为凶。贲之六五，束帛戋戋，吝，终吉。若日辰居天乙后，中末囚死，则三光失明矣，前有功德虚喜，后复阻塞难通，贲六四，欲与初九婚媾，乃为九三间隔，未获和贲之象。

《玄女赋》曰：辰午申登三天，得云雨之蛟龙。午申在南，先天乾位，辰在东南，亦极阳明，合之曰三天。忌空脱。龙登天行雨，官登天位转，讼大，病深，贼来，行至，久旱则雨。

进而后隔涉三渊，有影无形动作艰。

《玄女赋》曰：申戌子涉三渊，当隐遁乎山林。申子水局，有林之象，戌土山象，入夜方，似幽人之守正也。目前阻隔，万举艰难，欲行不行，欲动不动。龙涉渊不雨，贼涉渊不来，病讼千难万难，财官一失百失。

天乙顺治曰三阳，凡为谋干悉辉煌[③]**。**

《观月经》曰：一阳天乙顺，用旺二阳持。福将临其上，三阳次第施。病者应无死，死者亦生之。狱囚脱灾厄，临刑赦宥时。举事皆言得，求财利必随。纵逢刑与害，喜事不迟迟[④]。

《心镜要》曰：天乙顺行一阳言，日辰有气复居前。立用之神乘旺相，三阳吉庆保安然。上下相生神将吉，出行有利职高迁。病解讼伸诸事稳，虽逢刑害亦无愆[⑤]。

三阳体晋[⑥]，拖绅佩印。《象》曰：课入三阳，官爵翱翔。讼狱得释，疾病无妨。财喜遂意，行人还乡。贼来不战，孕产贤郎。龙剑出匣，以臣遇君。

《笺》曰：神将相生，谋事万利，有官高转，病死复甦，刑者无虞，虽逢刑害，吉事不迟。晋之六五，往吉，无不利。若贵人坐狱，狱，阴地也，用神为鬼贼克，中末无救神，为三阳不泰。占事暗昧难就，未免先吉后否。晋之九四，鼫鼠贞厉。

天乙逆行为三阴，纵有吉神福难陈[⑦]**。**

---

① 贲，无色也，饰也。贲，亨，小利有攸往。初九，贲其趾，舍车而徒。六二，贲其须。九三，贲如濡如，永贞吉。六四，贲如皤如，白马翰如，匪寇，婚媾。六五，贲于丘园，束帛戋戋。吝，终吉。上九，白贲，无咎。

② 日辰旺，诸鬼不能胜。室朗人辉动作美，用神旺相更晶莹。万事称衷情。

③ 龙剑呈祥。

④ 用旺日辰旺，兼在天乙前。课取固云美，不照即成愆。

⑤ 一作刀虽临颈却无愆。◎三阳体，官爵喜翱翔。讼解病痊财遂意，贼来自返客还乡。胎孕产贤郎。

⑥ 晋，进也，昼也。晋，康侯用锡马蕃庶，昼日三接。初六，晋如摧如，贞吉。罔孚裕无咎。六二，晋如愁如，贞吉。受兹介福，于其王母。六三，众允，悔亡。九四，晋如鼫鼠，贞厉。六五，悔亡，失得，勿恤。往吉，无不利。上九，晋其角，维用伐邑，厉吉无咎，贞吝。

⑦ 群阴党恶。

《心镜要》曰：天乙逆行为不顺，虎武二神居日前。日中囚死复相克，时贼行年凶有残。三阴任汝能行履，卦主精神入墓间。百事总乖家业散，纵使登朝位不迁。

三阴中孚[①]，阴恶孔多。《象》曰：动作困苦，百事沉沦。见官屈伏，占病多迍。仕忧禄位，男忌婚姻。求财破散，孕主女娠。鹤鸣子和，事有定期。

《笺》曰：贵逆，日辰在后，阴气不顺也。用囚死，动作无光，阴气不振也。乘武虎，时克行年，阴气不利也。日辰、三传终始囚死并墓，时克行年，主公私事皆不成。或魄丧、游魂、五鬼、伏殃凶煞并临，其祸尤甚，占病必死，行兵多败，谋为皆反，宅破人离，百事凶殃，宜禳厌之。中孚六三，得敌，或鼓或罢，或泣或歌之凶。若六处有救解神，末传旺相，则应中孚九二，鸣鹤在阴，其子和之之象。

子寅辰兮曰向阳，丑亥酉兮号极阴[②]。六纯之课公私异，公利阳兮私利阴。

丑亥酉，纯是夜方，占者皆淫泆，酒色乱淫而生疾。致讼，讼不可解，必至于部。疾必至死。故《经》曰："极阴如咸池之月隐[③]。

《九天玄女指掌赋》曰：子寅辰向三阳，而渐望光明。酉亥丑乃凝阴，而忧不可解。

《笺》曰：寅为三阳，而传之前后拱之，岂不光明？占者自暗入明，初凶后吉，病者愈，讼者解，人情皆美，名利皆成，阳象也。酉亥丑，阴气凝聚，履霜坚冰之象。何忧如之？凡占多主暗昧不明，淫泆奸邪之事，阴象也。

六纯体革[④]，天渊悬隔。《象》曰：六阳动达，如登三天。私凶公吉，官遇升迁。六阴朦昧，似涉重渊。公凶私利，病患缠延。豹变为虎，改旧从新。

《笺》曰：吉应革九五，大人虎变。凶应革上六，小人革面，征凶。

六阴俱备，私谋允济。公干龃龉，百为隐秘。昼传入夜，昏迷甚异。

《袖中经》曰：天乙逆治，武虎立干前，大旺克初，日辰囚死，正时克行年，为悔为吝，为杀为消。凡事屯蒙，仕人失志，喜事反凶。

孤辰寡宿主离乡，四逆冲破雪加霜[⑤]。

《观月经》曰：元课孤辰卦，四时辰上推。冬北亥子丑，寅卯的孤危。南方巳午

---

① 中孚，信也。中孚，豚鱼吉，利涉大川，利贞。初九，虞吉，有他不燕。九二，鹤鸣在阴，其子和之，我有好爵，吾与尔靡之。六三，得敌，或鼓或罢，或泣或歌。六四，月几望，马匹亡，无咎。九五，有孚挛如，无咎。上九，翰音登于天，贞凶。

② 丑亥酉为极阴，如月隐西山。

③ 俱是夜方，不见光明，占者为淫泆酒色奸乱之事也。疾病致死，讼狱至部，或因酒色而致病、起讼。"何也？亥主淫乱，酉主酒色耳。

④ 革，改也，去故也。革，已日乃孚，元亨利贞，悔亡。初九，巩用黄牛之革。六二，已日乃革之，征凶（他本作征吉），无咎。九三，征凶，贞厉，革言三就，有孚。九四，悔亡，有孚，改命吉。九五，大人虎变，未占有孚。上六，君子豹变，小人革面。征凶，居贞吉。

⑤ 孤雁出群。◎天宿寡，地隐曰辰孤。官易位兮财空手，声虚弦断遇穿窬。踽踽独离呼。

未，申酉是孤夷。春三寅卯辰，巳午作孤题。秋天申酉戌，亥子用孤推。父子分离析，夫妻有生离。忽然诸卦救，祸灭福相随。前孤后是寡，骨肉总睽违。前言解孤辰，此篇论寡宿。依仿孤辰推，在后相驱逐。冬月申酉戌，发用无骨肉。夏天寅卯辰，亲情不和睦。秋冬[①]午未占，春遇子丑宿。吉凶与孤同，有救祸反福。

《心镜要》曰：居天寡宿地孤辰，发用须于六甲旬。欲识空亡何宿是，甲戌旬中用酉申。占人孤独离桑梓，财物虚无伴不亲。官位遇之须改动，出行访谒欠亲人。所占百事皆无实，猝犯官司不害身。

《笺》曰：占主孤独，离乡背井。官易位，财空手，婚断弦，孕虚育，出入防盗。日辰无气，最凶。孤辰，父母灾，亦主离宗弃祖。寡宿，妻子离，六亲叛[②]。如旬孤寡，又并四时孤寡，为空孤空寡，更凶。凡值空亡，忧喜皆不成。托人多诈。谋望近事，过旬可图，远事终难望，空事亦难成。或中传空，为断桥折腰，主事中止难就。中末俱空，为移远就近，动中不动，问远即在近也。初中空，推末传；中末空，取初传。以不空者断吉凶。新病空病，久病空人。吉空反凶，凶空反吉。此课大端不吉，或遇奇仪为救神，及遇太岁、月将、月建，为孤寡再醮。又今日所立位值孤寡，为孤寡得位。如庚日用申之例也。皆主反祸为福，先破后成。日辰年命，不论空亡。又有纯空反实，或岁月日时冲起，为逢冲暗动，祸福皆成。地盘空为孤，天盘空为寡。十干不到，五行脱空，能灭凶灾，人离乡井。

四逆，《笺》曰：四者皆逆行，为拂乱。事体隔绝，有头无尾。志意不遂，妻孥不顺。用吉终凶，用旺终衰。天乙逆行，传入天乙后，四逆也。

冲破体夬[③]，雪深霜盖。《象》曰：人情反覆，门户不宁。婚姻不遂，胎孕难成。病恙凶散，财利事平。凡有谋望，成而复倾。神剑斩蛟，先损后益。

《笺》曰：用传与岁月日时冲破也。甲岁忌见申，子忌见午冲、酉破之类。日时干支皆如之。凡占凶事，遇虎蛇武雀凶将，及死神、丧车恶煞宜冲，冲［散］则不成争。凶旺不宜冲，冲动为凶。岁月空亡，冲则暗动，日时次之。吉空宜冲，凶空忌冲，冲则反实。破与冲同，宜散凶事，不宜吉占。凡乘破碎，又冲动，主人情不顺，暗中出入难久。乘凶将，无救解，其祸尤甚。应夬上六，无号，终有凶。若有喜神吉将，旺相德合有气，凡事艰难。应夬九五，中行无咎。

子午冲，道路驰逐，男女争谋变动。酉卯冲，门户改移，或逃亡失脱，外人淫乱

---

① 疑作逢。

② 孤辰寡宿卦，忧吉竟无成。占身主孤独，占家有异情。失物难寻觅，居官或改更。久病不宜此，官事总虚声。

③ 夬，决也，刚决柔也。夬，扬于王庭，孚号有厉。告自邑，不利即戎。利有攸往。初九，壮于前趾，往不胜为咎。九二，惕号，莫夜有戎，勿恤。九三，壮于頄，有凶。君子夬夬，独行遇雨，若濡有愠，无咎。九四，臀无肤，其行次且。牵羊悔亡，闻言不信。九五，苋陆夬夬，中行无咎。上六，无号，终有凶。

奸私。寅申冲，人鬼相伤，夫妇异心。巳亥冲，重求轻得，反覆无实。丑未冲，弟兄兴衰相持，谋心不同，干事不遂。辰戌冲，奴仆离异，贵贱不明，不义之事。

午破卯，子破酉，门户破败，阴小灾。辰破丑，坟墓寺观破损。戌破未，先破后刑。亥破寅，申破巳，先破后合。生旺逢冲落下风，若冲绝墓即无踪。合冲离叛动冲散，空若逢冲反不空。

八迍五福凶中吉，子凶母救初终克[①]**。**

《心镜要》曰：八迍五福吉凶分，以意推之无定神。欲别凶微吉有力，不然八五最难寻。冲破休囚刑墓煞，恶将那堪有几迍。旺相相生吉神救，所屯忧患变亨贞。福力均时殃渐退，病瘥官司理得伸。

迍福体屯[②]，雷雨解菌。《象》曰：八迍并用，忧患将至。得病倾危，遭官坐死。营干不成，动作被累。五福相逢，变忧为喜。龙居浅水，万物始生。

《笺》曰：如遇八迍者，大凶，应屯上六，泣血涟如。迍变五福，先忧后喜，始终成就，应屯初九，居贞之吉。

八迍格时令死气发用，一也。下为旺气所胜，二也。上见丘墓，三也。下见仇克，四也。乘凶将，五也。带刑害干，为坟墓星，主死亡，六也。下贼上，七也。凶煞临日辰相克，八也。屯，忧患得旺相吉将相救相生，福力均，殃渐退，病得轻，讼可伸。

五福格用死而末传旺相，一也。子逢凶，而母带德解救，二也。始将凶，终神吉，三也。初鬼贼，而年命克救，四也。日辰吉，临旺相，五也。

迍福格如癸酉日，亥将春占。四课午癸、亥午、寅酉、未寅。三传未子巳，将得雀虎贵。用起囚[③]气，一迍。未下寅，春木太胜，二迍。木墓在未，仰视其丘，土畏木克，俯见其仇，三迍。将雀，四迍。雀与刑合，五迍。子临未，下贼上，又乘虎，六迍。子得虚宿，主坟墓哭泣，七迍。干上蛇，支上武，将俱凶，八迍。体甚先凶矣。喜得初未死，末巳相，一福。末生初，子投母，二福。初雀，末贵，三福[④]巳受子克，得贵人救，四福。癸德附戊，戊寄丙，午临日，五福。迍中有福，主后吉也。

侵害阴谋奈若何，刑伤大小不谐和[⑤]**。**

---

① 百福初无定，须知喜事随。欲知四顺体，却与此同推。八迍主忧患，三刑不利官。四逆名悖逆，课体总难规。

② 屯，物之始生，见而不失其居也，难也，盈也。屯，元亨利贞，勿用有攸往，利建侯。初九，磐桓，利居贞，利建侯。六二，屯如邅如，乘马班如，匪寇，婚媾。女子贞不，十年乃字。六三，即鹿无虞，惟入于林中。君子几不如舍，往吝。六四，乘马班如，求婚媾，往吉无不利。九五，屯其膏，小贞吉，大贞凶。上六，乘马班如，泣血涟如。

③ 当作死。

④ 此句补。

⑤ 侵害格，无倚自宗亲。名利被谗婚被破，家伤骨肉战伤军。胎坠病将倾。

侵害体损[①]，防算自忖。《象》曰：六亲失业，骨肉刑伤。财利潜害，疾病殴伤。求婚人破，出陈军殃。胎孕防失，干讼不祥。凿石见玉，握土为山。

《笺》曰：如六害神临日辰发用，又乘凶将恶煞，防人暗算，主侵害凶祸。应损之九二，征凶。若带德合喜神吉将，课体虽阻而终成。应损之上九，利有攸往。六害相加，并行年，为发用，为侵害卦。害者，损也。子畏午冲，直上穿心见未，合冲助仇而为害，似水壅滞，血气不行，事多阻隔。余仿此推。子未为势家害。子加未，事无终始，及官非口舌；未加子，营谋阻塞，有灾。丑午为少凌长害。丑加午，官病忧惊，夫妻不合；午加丑，事不明不就。卯辰亦少凌长，相加主事虚声，争财有阻。寅巳为竞强争进害。寅加巳，出行改动，退利进阻；巳加寅，主事艰阻，口舌忧疑。申亥亦竞强争进。申加亥，事先的后疑阻，必无终始；亥加申，图谋未遂，亦无终始。酉戌为鬼害。酉加戌，阴小逃亡，病凶。戌加酉，时事有阻，病凶。此害神，主侵损相害。

刑伤体讼[②]，不和者众。《象》曰：偏欹失位，家门不昌。胎孕欲堕，婚姻不良。征下顺利，斗上刑伤。谋为乖戾，凡事遭殃。从鹰逐兔，天水相违[③]。

《笺》曰：刑神为用，或递互相加，乘凶将，临日辰，皆主伤残，人情不和。刑干男伤，人身不利；刑支女病，家宅不安。时刑干，忧小口、小人，时下事不利。善刑恶无忧，恶刑善凶至。刑月建不可讼人，刑日辰不可远行。支刑迟，干刑速。上下相刑，遇日鬼，主公私之扰，尊长不分，凡事乖戾，谋干费力，忌近小人。见蛇二血，孕必堕胎，及血光灾。或辰自刑，又见神乘凶将，主躁暴，挟刃自伤。或六处有神作支之自刑，又作干鬼，结连三传为鬼，助刑或罚[④]德，为凶。应讼上九，锡鞶带三褫。若遇德神吉将有气，事有阻，终遂之象。

一旬周遍须审别，岁月日时诚有式。始凶终吉俱为安，始吉终凶多损失。《毕法赋》曰：首尾相见始终宜。《指掌赋》：干首支尾，名曰回环。成事吉而散事凶[⑤]。

《笺》曰：干上有旬尾，支上有旬首。周而复始，所谋皆成。试宜代工，讼宜易局，去而复来，惟不利占释忧疑事。

---

① 损，益也，衰之始也。损，有孚，元吉，无咎，可贞，利有攸往。曷之用，二簋可用亨（他本作享）。初九，已事遄往，无咎，酌损之。九二，利贞，征凶，弗损益之。六三，三人行，则损一人。一人行，则得其友。六四，损其疾，使遄有喜，无咎。六五，或益之，十朋之龟，弗克违，元吉。上九，弗损，益之无咎，贞吉，利有攸往，得臣无家。

② 讼，论也，不亲也。讼，有孚窒惕，中吉，终凶，利见大人，不利涉大川。初六，不永所事，小有言，终吉。九二，不克讼归，而逋其邑人三百户，无眚。六三，食旧德，贞厉，终吉。或从王事，无成。九四，不克讼，复即命渝，安贞吉。九五，讼，元吉。上九，或锡之鞶带，终朝三褫之。

③ 刑伤课，刑用讼相干。恶莫恶于刑死败，德神遇吉事终全。罚德起忧煎。

④ 一作伐。

⑤ 始终俱宜吉，俱凶总是凶。始凶终吉美，终处畏凶逢。最宜终克始，还忧始克终。解凶有三事，生克细推穷。

《观月经》曰：诸卦推终始，此卦最为良。初传为始[①]位，末传是终[②]乡。始吉兼终吉，万事达无妨。初凶末有吉，从空喜并强。始吉终不善，先喜后乖张。始吉终见破，遇克却馨香。消息皆如此，论情道理长。

《心镜要》曰：始终之卦再临时，神将相传正义思。始吉终凶终不喜，先凶后吉庆相随。善恶等分无咎举，中末克初无不利。始往克末忧害身，三传相生万事成。若或相克为鬼贼，不逢解救那堪亲。

顾祖冥阳别立名，合欢和美变多形。用神得遇天干合，又及传支三合神。

遁得干头又合己，年逢吉将合欢名。和美支干三六合，上下皆为互合神。

《玄女赋》曰：午辰寅为顾祖，而喜气和平。寅子戌为冥阳，而善人是宝。

《笺》曰：午乃寅之子，自午传寅，有顾母之象，得所生而和平也。凡占皆宜。行人必来，盗贼决去，惟不宜占于庚日，见鬼来，又向鬼乡也。寅戌火局，中见子，阳入于冥，怀宝不出之象也。自明入暗，须防暗损，占官不吉。

合欢体井[③]，婚谐事允。《象》曰：乾坤正匹，奇偶交并。占孕生迟，行人荣省。名利乔迁，财喜欢称。婚结天缘，万事佳庆。珠藏深渊，安常守静。

《笺》曰：三合事关众，克应过月。六合阴阳配，夫妇和悦。日月[④]阴阳六处，及传逢吉将，四煞没，合多吉多，凡事成就，无往不利，纵凶煞亦主凶中和合。或合带刑害有阻，传末有气，及入凶遇吉，可以小用宛转。或二阴作合，求婚秋[⑤]吉。应井上六，井收勿幕，有孚元吉。若占凶事，守旧愈迟疑。求文书干事，见合无气，则滞不快意，不若不见为妙。占病凶将尤甚，传进病难退。占失脱，藏匿难获。或合带刑冲破害，合而藏祸，内吉外凶。传遇连茹，合带暗鬼克日，乘虎煞朱雀有害，不可意外狂图，及托人干事。应井九二，井谷射鲋，凶。

和美体丰[⑥]，神合道同。《象》曰：三合六合，上下欢悦。交易大通，财利不纯。婚吉事成，病危势拙。干贵相宜，战敌和徹。日丽中天，背暗向明。

《笺》曰：合吉多，事急成；合吉少，事缓就。乙酉日，申子辰生日，支上丑六

---

① 甲也。

② 癸也。

③ 井，静也，通也。井，改邑不改井，无丧无得，往来井井，汔至，亦未繘井，羸其瓶，凶。初六，井泥不食，旧井无禽。九二，井谷射鲋，瓮敝漏。九三，井渫不食，为我心恻，可用汲，王明，并受其福。六四，井甃，无咎。九五，井洌寒泉食。上六，井收勿幕，有孚无吉。

④ 当作辰。

⑤ 一作大。

⑥ 丰，大也，多故也。丰，亨，王假之，勿忧，宜日中。初九，遇其配主，虽旬无咎，往有尚。六二，丰其蔀，日中见斗，往得疑疾，有孚发若，吉。九三，丰其沛，日中见沬，折其右肱，无咎。九四，丰其蔀，日中见斗，遇其夷主，吉。六五，来章，有庆，誉吉。上六，丰其屋，蔀其家，闚其户，阒其无人，三岁不觌，凶。

合，兼天将皆土为财，利求财，不利尊长及营生计，土将克生气故也。丙申子辰[①]日，逢水局伤日，而干上丑能制三六合呼，怒不成，近谋有成，久则畏人撄置。或上下交相互合，交关求财大利。或相生，宜合本营生。或交合有二三，则涉二三事。或三合全脱，本不利，而生起干上财神，为取还魂债；或生支上财神，为索还魂债，利聚财，或家中取财还人，尤准。应丰六五，来章，有庆誉吉。不宜占解释忧疑事，及问病凶事。上乘凶将，为凶难解，逢冲可散。合作六害及空，好里蒙暗，合谋有变。或传逢火局，干支上见午为自刑，丑为六害，子为正冲，乃合中犯煞，蜜中砒也。主恩中有怨，事成有阻。或交合逢空，交时和美，后成画饼。交合盗气，彼此怀脱。交害，主客嫉妒。交刑，合后争竞。交冲，先合后离。交克，合而争讼，笑里藏刀。壬申，干上寅，支上亥，干支上合，而地下壬申作害，为外好里牙槎。应丰上六，丰其屋，三岁不觌，凶。

盘珠丹穴凤高翔，天心远大事非常。山外青山连珠课，间传升降定灾详。连珠，即连茹。间传，即三间。俱分顺逆，各有名目。全见《九天玄女指掌赋》中，吉凶备悉，兹不复赘。

盘珠大壮[②]，玉璞金矿。《象》曰：三传四课，偶合异常。吉则成福，凶则成殃。贼不出境，行人还乡。阴私解失，事反不良。先顺后逆，羝羊触藩。

《笺》曰：日用旺相，神将吉，大利。如四课不备，守旧、动作亦吉。课体[③]，诸事利。应大壮九二，贞吉。如返[④]为远，初传太岁，中末月日，为移远就近。或斩关，日辰乘龙合，及占时为用，中末传空，乃动中不动，寻远就近。惟柔日昴星，伏匿不动耳。如岁加魁，魁加岁，为重阴，忧女。月加罡，罡加月，为重阳，忧男。应大壮九三，小人用壮，贞厉。羝羊触藩，羸其角。

天心《笺》曰：事远大非常，干朝廷，可立就。如三传年月日时顺去，为移远就近，缓事亦速。日用旺相，神良将吉，诸事大利。贼不出境，行人回家。若入空亡，及朱雀临太岁，主有朝廷信息，即日发动尤的。

连珠体复[⑤]，林萦山复。《象》曰：阴阳拱夹，奇偶有主。凶则重重，吉则累累。孕得联胎，事获交举。时旱多晴，天阴久雨。淘沙见金，反覆往来。

---

① 即丙申、丙子、丙辰。

② 大壮，止也，志也。大壮，利贞。初九，壮于趾，征凶，有孚。九二，贞吉。九三，小人用壮，君子用罔，贞厉。羝羊触藩，羸其角。九四，贞吉悔亡，藩决不羸，壮于大舆之輹。六五，丧羊于易，无悔。上六，羝羊触藩，不能退，不能遂，无攸利，艰则吉。

③ 吉。

④ 返吟课。

⑤ 复，反也。复，亨。出入无疾，朋来无咎，反复其道，七日来复，利有攸往。初九，不远复，无祇悔，元吉。六二，休复，吉。六三，频复，厉，无咎。六四，中行独复。六五，敦复，无悔。上六，迷复（他本作迷复），凶，有灾眚，用行师，终有大败，以其国君凶，至于十年不克征。

《笺》曰：吉应复六五，敦复，无悔[①]。

间传体巽[②]，阴阳老嫩。《象》曰：间位相传，事多间阻。顺有登天，向阳出户。逆有回阳，励明顾祖。占者逢之，皆为吉课。风行草偃，上行下效。

《笺》曰：吉则应巽小亨，利有攸往，利见大人。凶则应巽上九，丧其资斧，贞凶。

五行发用十杂占，拘钤干支似少年。人身人事皆成类，支类农神仔细看。色声香味从斯阐，食物衣裳数目完。

《心镜要》曰：戊己宫中忌木克，己来嫁甲合亲情。六月己回归奉戊，果瓜虽熟带颜青。甲乙东方木畏金，甲将乙妹合于庚。春时木旺乙归本，所以园木开琼英。庚辛性怯南方火，便以妹辛合丙宫。秋间火死辛归去，枣赤霜刑叶落红。南方火畏北方水，丙将丁妹配于壬。夏旺丁来归应丙，桑葚带紫熟时深。北方水忌中央土，戊癸成亲燕新妆。立冬水旺癸还舍，土孕岩凝杀草黄。

杂状，《象》曰：五行阴阳，万物纯杂。凶视救神，吉防害鬼。数目日期，颜色物类。觅物访人，克应可取[③]。

《观月经》曰：甲己半青黄，乙庚碧绿竹。丙辛带赤白，丁壬暗惨黑。戊癸灰黄样，禾干拘钤十。酉白子纯黑，卯青午赤逐。辰戌丑未黄，寅来绯碧服。申主黑白色，巳上斑点绿。亥来澹澹青，发用为骨肉。先乃穷颜色，次却言数目。正月甲子日，寅时来买卜。胜光加酉支，上下相参逐。下神本白色，上神赤亦黑。上神其数九，下神本管六。六九五十四，地里数宜足。旺相倍加进，休囚退数目。休者五十里，不离反与复。贼盗依数推，万数悉皆卜。六十四卦中，从头尽减[④]束。圣人言会者，神仙见骨肉[⑤]。

青 勾 合 朱

寅 卯 辰 巳　　蛇 阴 后 常　子 庚午 蛇（上赤黑，下白，六九五十四）

空丑　　午蛇　午 酉 申 亥　兄 丁卯 勾

白子　　未贵　酉 子 亥 甲　父 甲子 白

亥 戌 酉 申

常 玄 阴 后

《心镜要》曰：甲胆乙肝丙小肠，丁心戊胃己脾乡。庚是大肠辛主肺，壬是膀胱癸

① 连茹观顺逆，顺速逆为迟。凡事亦非一，主十众人推。

② 巽，入也，顺也，伏也。巽，小亨，利有攸往，利见大人。初六，进退，利武人之贞。九二，巽在床下，用史巫，纷若，吉，无咎。九三，频巽，吝。六四，悔亡，田获三品。九五，贞吉悔亡，无不利。无初有终，先庚三日，后庚三日，吉。上九，巽在床下，丧其资斧，贞凶。

③ 五行分十杂，六亲此内穷。其机在发用，义与物数同。

④ 一作检。

⑤ 拘检色与数，各以旺相言。总须详发用，凡占俱可宜。

肾藏。子肾膀胱耳腰液，丑脾腹兮与两足。寅胆风门筋指[1]发，卯肝血筋手背目。辰皮肤肩暨背项，巳焦小肠面般[2]股。午心目神气与舌，未胃腹口唇齿户。申为大肠筋肉骨，酉肺口鼻声血路。戌乃命门膝肋胸，亥膀头髓二便呼[3]。

求官龙常及官星，求名文书朱雀中。干贵贵人婚天后，求财青龙财爻通。衣服酒食责太常，雨责青龙晴天空。田土勾陈路白虎，以上事之类神翁。人事类神二三臻，以入传者取用精。若然皆入皆不入，不用兼神责将神。如妻止去责天后，财爻神后不须论。不在课传为局外，所临地位看原因。有气亦远无气难，旺相德合总可亲[4]。

子为子息渔屠儿，丑为贤者又僧尼。寅婿道士吏胥吏，卯术沙门长子宜。辰为魁卒凶顽恶，巳朋长女为窑灶。妇人宫女蚕姑午，姑姨舅妹小吉告。申猎医巫银铁匠，少妹婢妇姐从魁。卒奴官吏仆凶戌，幼儿寇盗亥宫推[5]。

木主谷禾及瓜果，当于寅卯位中寻。火主黍稷与红豆，巳午之位乃为亲。午神又为蚕之命，螣蛇蚕象妙有因。土主麻与大黄豆，辰戌丑未为其根。金主二麦时八月，申当别论酉为嗔。水主黑豆与稻菜，亥子之位所必云。旺相德合为收成，死囚克墓是所嗔。日是农人辰禾类，生合吉将喜欣欣。日克支上农事荒，支克日上损禾身。太岁上神生何类，即主何类收十分。太常小吉为棉花，又在五行之外存。吉凶长短，纷应不同。各怀其子，以救其穷[6]。

本支课体分明说，神仙肯把天机泄。依希一枕晤羲皇，梦觉炉中砂已热。

附：食物类神

辰为盐鲞鱼龙物，子为心鼠燕荤腥。丑上蟹牛龟鳖类，鸡虎猫牲果木寅。

卯兔驴骡狐共取，蝉蛇蚓蟮巳为真。蚕马鹿獐雀觅午，未鸠鸽雁酒羊鹰。

猿猴猱鹏申作主，雉鸭鸟鸡鲊酉陈。豺犬狼獒须看戌，猪豕熊貐筵亥云。

---

① 他本作脉。

② 他本作齿。

③ 人身类神，以十二支神论。

④ 人事类神，以十二天官论。

⑤ 支类神，此不就日干而言，单就支而论也。◎子为子息稍屠乐，丑贤长者舅僧尼。寅儒道士胥祝吏，卯术沙门长子宜。魁侩牙保凶顽众，将军五马共辰推。干匠宾朋工作巳，妇女宫娥午厩儿。故旧亲戚姑姨未，酒匠笼鹰未是之。医道猎师作面者，市贾捕逮并申推。金玉匠婢少女酉，军戍仆从戌犬儿。装塑造楼栏厕值，更为幼子亥无疑。

⑥ 农桑神类。◎临，乱首同卦，大也。临，元亨利贞，至于八月有凶。初九，咸临，贞吉。九二，咸临，吉，无不利。六三，甘临，无攸利，既忧之，无咎。六四，至临，无咎。六五，知临，大君之宜，吉。上六，敦临，吉，无咎。

大六壬寻源编卷之九

摭粹上

叙大六壬金口诀神课

粤自河图洛书出，先圣则之为经，以开物成务，而前民用，诚万世道术之鼻祖也。古设太卜太筮之官掌其事而今亡矣，惜哉！世传神课《金口诀》佥谓述自孙氏膑始，精大六壬犹歉其传而弗约，遂择其简约神妙之最，辑为书，传行于册，占无不应。后之好事引伸触类，散其精蕴，使观占者病其涣漫，无所措手。余昔备员内书局，供职之暇，悉摭诸说之异同，参互官本与歌诀断例诗书词诵之类，巨细毕举，一一重订校正，间附己意，补其阙晦而直解之，分为三卷，以续厥传。其为神课者，以三传四用生克之占，于天时地理人事之浩，靡不奇验。非天下之至神，其孰能与于此？其为《金口诀》者，如令出至人之口，无所回互改易之谓也。前人取名命意或如此，若其中幽深玄远者，多不能尽晓，姑以俟高明之士斤之，则庶乎不失前人之微意云。

时明嘉靖戊申秋八月甲子之吉

金台宋氏重订并叙

大六壬金口诀上卷

消息论

入式歌言其大象，五动爻视其大意，以格局看其事体，凭驿马神将断其吉凶，空亡月破支干三合六合验其成败，潜心推测，无不神应。

入式歌[①]

入式之法妙通玄，月将加时方上传。更看何神同一位，日干须用五子元。

克者为无从旺断，五行之内细推元。便将神将定凶吉，方察来人定的端。

二木为爻求难得，二土比和迟晚看。二金刑克都无顺，二火为灾百事残。

二水皆须为大吉，水来入火妇难安。金入木乡忧口舌，火临金位有迍邅。

火来入土为刑狱，土行水上竞庄田。上克下兮从外入，下克上兮向外边。

主克客兮来索物，客克主兮客空还。四位相生百事吉，内有刑克忧患缠。

凡占课，有四位：一地分，占人所立，或所坐之方也；二月将，正月起亥，逆周十二支，以定十二月也；三贵神，贵螣朱六勾青空白常玄阴后之顺逆也；四人元，是五子元遁，以所占之日依例而行也。[②] 从旺断者，四位无克，只取旺神为用也。神，贵神。将，月将。神为主，主为尊神。将为相，相以取事。以十分灾福为率，二神分辨，兼有首尾。首尾者，人元地分也。始事为首，成事为尾。至于论课，则人元为首，地分为尾。贵神与人元分宾主，将神与地分分财宅。又神与将各定善恶，以断休咎。将也，神也，人元也，分下中上，为初中末，及其断灾福，亦并地分取之。来人的端者，来人方位并问从来为发课目也。若从吉神上来，主有财帛迁进，旺相成合，百事无凶。

---

① 人元、贵神、日将、地分。

② 假令二月戌将丙寅日午时，以申地占之，以月将加午上，数至申地，得子将神后。次将贵字加于亥上，至申得玄武，用五子元遁丙辛从戊子，于子上数至申，亦得丙字，丙属火，地支申属金，贵神将神属水，以其生克制化而定吉凶，余仿此。丙火　玄武水　神后水　申金。

若带凶神位上来，主死亡失走争斗讼狱官灾疾病之事。又曰：以方位知来意，以坐位知灾福，以来人命上知成败。用日辰定之，后取将立成四位，消息推详，无不神验。凡占课，须审四位。如四位内见二木，不宜望事，或难成也。① 四位内见二土，作事迟晚，纵有成而主缓也。② 四位内见二金，主凶，又主不顺。③ 四位见二火为凶，二火虽凶，殊不知见之，却有喜者。④ 二水不必便以喜用，不必便以凶断，虽⑤明神将以定吉凶。⑥ 水来入火，以巳火将立于四季上，脱气无根，更被水来上克，而人元不救，主妇人心痛死。⑦ 金入木乡，以申酉加临寅卯，内有刑冲，更上见蛇雀，主口舌互争，或见辰戌发用，无不争讼也。火临金位，谓巳午临申酉也。如上见玄武，主贼谋、文状论讼，或见官争田土而必失理。更见贵人，主许口愿未偿。见青龙，亦主官挠，或争钱帛。见六合，主官事追呼。见巳午，主忧怪血光。木来入土，谓辰戌在巳亥上也。上见龙合，是为木入土也。更上见金，其罪不轻，主斩杀厄。土在上，主刑徒，又主财帛争。见火主血光。土行水上，四墓加临亥子，主争田庄。非四墓，若勾陈临子亥月将上同。元武临大吉，亦同。又雀临未，蛇临亥子，亦主争斗事。上克下者，人元克贵神，贵神克将神，或重重自上克下，主事从外入。若将克贵，贵克元，或重重下克上，主事从内起。主客者，占身以贵神为己，求财以贵神为财，人元为主。以主怒客，故来索物。以客伤主，故主避而客反。四位相生，占无不吉。相克，则无不凶。更看何位受克，克人元，主官事；克贵神，伤尊长；克将神，伤妻财；克地分，伤小口。凶神有生，凶中获吉；吉神有克，吉中有凶。

---

① 假令地分在寅，上遁得太冲卯，是二木也。如贵人属水，水生下二木，卯为门户，应财在门。地分在寅，寅为财帛，二木得水，化为生气，主有喜事，七里应之。更人元见土爻，以财帛课论之。土为我身，克贵神天后水，主客旺也。二木化为财帛，更遥克人元，必有大喜应之。虽有二木，又何难求？审用慎毋执。戊土　天后水　太冲木　寅木。

② 假令其家求财或争财帛，于四位内见二土，或地分是土，或人元是水，却主有喜事两重也。重得贵人是木，木为主人，主自克财，土皆无气，财反遥克人元，主客又相生，故求财必得矣。虽见二土，然求之立有，大喜两重也。

③ 假令人元是金，贵神亦是金，月将是木，更相刑杀，故凶，主妻亡，为二金克阴木故也。后取二金，下克贵神，亦主破财，蚕丝不成。假令神将是金，贵人亦是金，人元是木，上克人元，亦为二金，须主官事灾厄。更兼恶煞交加，然客受责刑，占讼用之，我获吉矣。又如二金在两头，上下见水及土，主有喜事。又如水在中心，主家产女子。如土在中心，主子孙出外为商旅。如上下比和，必有进财添田土之喜，不然则移宅应之。

④ 假令南方午地为一火，更得伏吟胜光火见临午地，若更得朱雀临家，其人元又得土化为我身，其家必大富也。若二火二水，百无一好，水上失财，水下不和，水在两头，妇人产生，二火在上，离妻。

⑤ 虽须二字，古字互用。

⑥ 假令伏位是子，外为二水，上见二土，必伤人二口，又须破财、盗贼相谋害也。又如二火在上，必有官事分离之忧。如二水在上，出外求财大喜。见二水，内见青龙主财帛，如见六合，只主成合婚姻及和会交关役吏。如见火在木上，主有女嫁出，占宅主南面展出。又如二火在上，二水在下，必出劳病死者。二水在上，二火在下，出产死鬼，主嫌夫妇（他本作妇嫌夫）之象，又主火惊三两次也。

⑦ 假令贵神带休衰气而亥子来克，占身主父母死。三水上克下火，不能生，主死三口。二水上克下，死二口。一水克二火，只主官灾。更详旺相休囚而决之。

俱取寅申为贵客，子午卯酉吃食言。巳亥常为乞索物，小吉妇人酒食筵。

寅为天吏，申为天城，故为贵客。小吉主妇人宴会，四正为吃食果物。

水土金火为窑灶，[①] 庚辛碓磨及门窗。[②] 庚午改门为接屋，[③] 四孟相生有草房。[④]

丙丁旺处人最恶，与姓相生子孙昌。[⑤] 四位相刑主有克，上下相生福满堂。[⑥]

上克下兮宅必下，[⑦] 下克上兮岭头庄。[⑧] 甲乙为林单见树，见金枝损及皮伤[⑨]。

丙丁旺处为高岭，[⑩] 庚辛为斜道宜详[⑪]。戊己为坟看旺处，土为坟陇痛苦殃[⑫]。

壬癸长河及沟涧，济环曲折认刑伤[⑬]。大树死时家长死，水上来穿近涧旁。

贵人神祠并堂殿，太阴碓磨共相连。前一螣蛇为窑灶，朱雀巢窝空里悬。

---

① 四位各依所属，主争田土。如占宅，周回有窑灶。占怀藏，是瓦器。

② 月将加正时顺行到本位，上见庚为磨为门，见辛为碓为窗为水道。

③ 人元见庚加于午，主改门，南面展掇，不则接门，西南一根柱接来。见二金主接椽，上克下，其家石头必侧。

④ 四孟，寅申巳亥也。五子遁遇壬寅、戊申、乙巳、辛亥，是为相生，其家必有草房。

⑤ 课宅须看何神乘旺，不惟丙丁在高岗上住者，主其家人必恶而狠戾也。水主沉溺，木主不义，火主贼谋，金主不顺，类推之可也。旺神与本姓相生，主昌盛，如课内火，角徵宫音姓人占之，是宅有气相生也。

⑥ 凡课以占人命前五辰为宅，命后三辰为庄。如卯生人来问，即以申为宅，便于宅上作方位立成四课，相生吉，相克凶。其庄在子。如四位内三上克下，天窗破，三下克上，屋舍塌，又主破败，子孙独弱不均，其后主有后妇。三下克上，又主官事重重，多有患头目之凶。若一（他本作二）下克上，亦主病患官事，二上克（疑脱下），主杀妻男，此宅必主起盖破财也。

⑦ 假令十月将甲子日寅时，以辰为位，上见天罡为伏吟。辰为岗岭之神，又上见六合木，木克两头，主家不和，无祖父，为木克天罡。又人元是戊，与辰一家，上克下主弟兄分张，更木在中心，土在两头，大则争官事，小则商途死，必其庄在东西侧下住也。

⑧ 假令十月寅将甲子日亥时巳位，传见申将，亦为下克上，又得勾陈在上，其庄在南山侧下，门向西关也，不然去西，其妇人争张。凡占宅，四位内见火旺，宅在高岗上，与姓相生有气，主大喜。如姓气旺在内，却克于下，主家内分张，家虽有旺气，人必凶恶也。见土旺，宅在重岗上，其家必有坟墓或近丘墓。若土上见木，主有痛亡苦死之人。见木旺，有官事，主新盖屋舍林木茂蔚，兄弟不义。如木上见金，主斗讼。见水，有财帛之喜。见火，家内生女子。如火见上火，主家中阴人患病。见金旺，金为刑克之神，主斗讼，兄弟不义，合出军人，入庙出武贵，亦主人凶恶也。如旺金上见土神，多般灾厄，比和，合主先凶后吉。金上见木，主伤六畜，见火大凶，又主官病官厄病亡，惟见水主大吉，而元武水又主作窃盗。见水旺，宅当近河，有水灾，出丑貌子孙，亦常为侵害。火在上，主产厄，在下，夫妻不和。（他本上下互换）木上，财帛之喜，见金亦喜，土见不利产妇，或水气发病死也。一曰四位内见水旺，主作贼人。

⑨ 人元遁上见甲乙行到本位，为大林，如单见为双树或单树。如甲乙临水，其家必有菜园，内有小树一棵。甲乙行土上，树必有枯枝。甲乙临火，有树干焦，必然有溪。如临金，有槐树空虚。甲乙如对庚辛遥克或冲，其树必无枝与皮也。见阳克枝，见阴克皮。

⑩ 亦行人元两遍，如见丙丁旺处，有高岭横岗，临子丑同。临午未为东横，临寅卯辰巳申酉戌亥，为南北横。更水冲道，亦为有水沟穿之，上克为高岗。丙丁临寅卯木位，主有山林也。

⑪ 亦行人元两遍，其东西南北亦同前法。在四孟上见庚辛，其道必斜。又云干为大道，支为小道，如火对冲为岔道，必分头去也。如临本位，必为大道，若别左右位上见之，为小道也。

⑫ 亦行人元两遍，若临旺无克，必有坟墓，课内死者患何病而亡，断依后占法。若要见着何服色，以人元两度遁之，只用纳音推其色。如戊己在庚（他本作卯）或在寅木位上，其坟灾痛，主墓塌，必曾辰（他本作展）来。如见龙合，上有花树子也。

⑬ 人元见癸为河涧，纳音见水必有水。戊己对冲处为道。又云：河道交见大吉，必有土桥；见太冲，必有舟车轿等。如壬寅癸卯，其河南北长，为南流，为见丙丁在前也。旺处刑克即止，见辰暗克，水必向东，故主南去，须北向入乾，为下克上也。右论阳宅阴宅。

六合树木看生死，勾陈渠涧土堆滩。青龙树神并枪刃，天后池塘涧水泉。
元武鬼神并图画，太常筵会酒食言。白虎道路及刀剑，天空庙宇道僧仙。
此是孙膑真甲子，天地移来掌内看。

五行例断

水加木，买卖婚姻官事足。水加金，文书远信酒食迎。
水加火，惊恐官灾心痛祸。水加土，防妻破财坏田土。
土加水，遗亡田土官不喜。土加木，卖却田园分产屋。
土加金，竞地争田坟墓侵。土加火，信息田园和会我。
金加火，丧却妻儿加痛苦。金加木，分财散产伤六畜。
金加土，土中金宝藏难聚。金加水，子孙喜事成行起。
木加火，多为子孙失小口。木加土，牢狱争财竞田土。
木加金，自家失物被人侵。木加水，益进资财事事喜。
火加土，争竞财气因妇起。火加木，朋友酒食远相睦。
火加金，病死伤亡官事侵。火加水，伤妻损财官事起。
金关木，少死劳伤续。金关金，离家远游行。土关土，黄肿生灾祸。
木关土，腰曲瘟癀伍。火关火，回禄难逃躲。水关水，背井离乡垒。
金关金，法场刑。火关水，换妻屡。水关火，人亡苦。土关水，瘟死起。

云霄赋

论人生五行之祸福，详课体克战之衰兴。相生见喜，克战则凶。月将与地分，分其高下。人元与贵神，定其卑尊。臣犯于君，人来害己。君凌臣下，己害他人。人元克六阳之神，阳男有祸。天干战六阴之将，阴母逢屯。泉沉蛇马，定生眼目之灾。[1]虎负岗嵎，必主羸瘦之症。[2]红马登途，行商外病。[3]赤蛇入户，闺妇内灾。[4]西女来东

① 壬癸水龙泉，亥子加巳午，巳午火蛇马，主眼目之灾。
② 甲乙克辰戌。
③ 丙午克庚申。
④ 丁巳克辛酉，主有暗昧灾。

户，狂病伤蚕。[1] 白道应绿林，老翁损睹。[2] 东方贼子，园中盗粟偷孳。[3] 未地勤儿，店内盘食美酒。[4] 产劳病患，因井宿入天门。[5] 鬼蛊气疾，为土星填北海。[6] 土牛逢江猪，贼人自败。[7] 火宿遇波涛，阴妇井溺。[8] 南方赤马，怕北海之浮波。[9] 寅地有龙，畏西方之恶吼。[10] 龙虎交加，老来伤害。[11] 丘坟倚叠，衰后独孤。[12] 天冢安僧道，犯阴后必主奸淫。[13] 金井饮马[14]羊，牧坟岗定然鳏寡。[15] 青龙入户，接脚老翁为夫。[16] 树神临池，应得阴人财宝。[17] 负水浇林木，徒养他人。扬波溢苑中，终伤自己。[18] 天门木户，相见两和。[19] 醴酒玄浆，相调两便。[20] 内室专权，有仙女跨云之象。[21] 行商得利，逢坤门酹酒之征。[22] 木象化天门，经营自变。[23] 白虎嫌黑水，祸患相仍。[24] 当途决水，享耄颐之遐龄。[25] 避地安坟，乐绵瓞之旺续。[26] 阴人疤面，赤蛇走入金门。[27] 姜女失音，白雉飞来巽户。[28] 玉女逢牛宿之宫，阴构大富。[29] 牵牛至金门之路，血畜尫羸。[30] 仙女游

① 辛酉克乙卯，风症狂病蚕无收。
② 庚申克甲寅，寅山林，申道路，损老翁，寅木神，树也。
③ 卯。以酉合丑，丑乃金库，为粟园。
④ 未地井宿，乃酒食之神。小吉，酒店也。
⑤ 己未入癸亥。
⑥ 辰戌克亥子。
⑦ 丑入亥。
⑧ 丁巳遇亥子。
⑨ 丙午逢壬子。
⑩ 青龙畏白虎。
⑪ 甲寅见庚。
⑫ 辰戌重叠。
⑬ 辰戌为冢，为寺观，或六合太阴值天空，奸淫之兆，卯酉门户神也。
⑭ 一本作牛。
⑮ 四季相加，丑未为马羊，辰戌为坟岗，金井未也，犯主一姓三名鳏寡。
⑯ 寅入卯，爱郎夫。
⑰ 寅入亥，得女财。
⑱ 子为水，卯为苑，子卯相刑，水浮泛滥。
⑲ 亥卯相和。
⑳ 未酒亥浆，相合富贵昌盈。
㉑ 乙到亥。
㉒ 未为酒神，加午火迁坤，主禄利非常。
㉓ 未土亥水，亥旺得卯三合木，是化于天门。
㉔ 申虎到亥水之乡，金休衰必有祸患。
㉕ 申为途，金旺金水相生为眉寿。
㉖ 辰戌为坟，主取生意。
㉗ 巳加酉，丁加辛。
㉘ 辛酉太阴被巽方巳午克之。
㉙ 丑与丑三合，丑金库。
㉚ 丑至酉而无气。

园，乐生产充盈之兆。[①] 土牛奔火，恐亏负暗昧之言。[②] 土多乏嗣续，水盛好荒淫。木众枝繁，金多体折。火气炎炎，人多性燥。水形汩汩，主性必柔。五行大忌结胎逢刑，四位切防无权交战。金临丑地，木人遇肢体不全。水至申宫，木命值飘蓬无定。[③] 火炽伤金，边塞奔驰之子。卯荣破丑，园田耗散之人。独木遇三金，须防鬼祸。二金逢二火，切备天灾。孤土入败绝之乡，见木多传尸久患。弱水临休囚之地，逢坤常呕血之忧。五行最要相生，四位偏嫌杀战。果尔留心留意，自然无惑无差。

三才赋[④]

金口玄妙，先知未见之情。入式幽微，能决有疑之事。指方定位，神将成课体之基。验煞推元，吉凶妙鬼神之用。

干神将位，立贵贱尊卑。四象三才，分高低上下。人谋害己，干克神而剥官。己欲侵人，神克干而进职。神克将，非捕盗必主妻伤。将克神，不求财当言身病。位克干而神克位，疾病官灾。位生神而将生干，求财喜庆。损妻妾而牛失马倒，只因将克干方。防盗贼而财散人离，自是干克神位。干生位，嗣续旺而名位卑。位生干，印绶迁而子孙弱。本音全见，妻儿难保长年。妻旺官衰，父母恐防不寿。

金纯而道途分异，木全而官事缠身。水多败散病儿童，火盛惊忧伤妇女。纯土乃丑妇当权，孤立则尊人不利。火加水上，生育产难之惊。土入木乡，争讼田宅之兆。火临金地，劳患缠萦。木植土邦，疮灾牢狱。木到水中而飘荡，金行火上而销熔。寒热往来，水来火地。口舌争辩，木入金宫。水上土下而竞田畴，土高水低而生肾疾。

再推神将，以尽吉凶。问职功曹，文书木器。稽司传送，信息行程。太冲盗贼及舟车，从魁金银与奴婢。辰为斗讼兼主死丧，戌乃欺奸或称印绶。登明征召，太乙飞灾。胜光鬼怪联绵，神后奸淫牵惹。未为衣服筵席，丑作苑囿田园。大吉小吉为勾陈，田宅争讼。河魁从魁化六合，奴婢逃亡。寅辰若遇勾陈，官刑禁系。寅亥如逢白虎，疾病忧惶。子卯与玄武同传，当途贼盗。巳亥逢驿马并驾，在路奔驰。口舌诅咒之非，丑未之临朱雀。夫妇休离之患，未酉隔角交加。[⑤] 魁罡临处词讼生，申午并交狐疑作。原夫天乙所占官宦，遇克必生官嗔。螣蛇为卜惊忧，逢刑决然火怪。朱雀文书口舌，

① 巳火，双女宫，至丑为因火生土而财帛充。

② 丑土入巳未，日为巳火之炉，未为木墓，必主伤身之兆。

③ 金旺木人遇之，伤筋损骨，肢体不全。水旺木人遇之，男为盗，女为妓。

④ 天元、贵神、月将、地位。

⑤ 丑寅、辰巳、戌亥、未申人之者也。

六合喜庆婚姻。勾陈主斗讼勾连，青龙应婚姻财宝。天后奸心暗昧，太阴隐晦阴私。玄武防盗贼侵凌，太常有酒食筵会。白虎主死丧之道路，天空主欺诈之逃亡。

将神更忌刑冲，干位仍防带煞。将带神兮神带将，玄妙于中。位被煞兮干被刑，幽微就理。天干神将，有加临幽显之征。地支人元，有隐伏不明之义。是故太岁受克，尊人有不测之灾。月建遭刑，宅长有沉溺之祸。凶神同居虎地，哭泣临门。丧吊相并鬼乡，哀号动地。[①] 月建号青龙而将吉，资财益进。月破名白虎而神凶，疾病崩摧。狂横死于灭祸，[②] 淫乱发于奸私。虎逢耗而失畜亡财，[③] 龙合喜而添人进宝。丘墓丧车并煞，病者遭殃。德合诏赦解神，囚人得脱。天医宜占疾病，[④] 丧门不免忧惊。哭煞游魂，非灾有准。亡神月厌，祸患难逃。天马驿马入垣，谋为迅速。德合生神临用，作事成功。[⑤] 孤虚死气同传，举行屯蹇。[⑥]

星月为刑为煞，太岁为奇。[⑦] 煞并天空，祸兴虚诈。课临旺绝，断绝人情。[⑧] 相逢四位生荣，光辉求幹。若遇将神沐浴，败露事机。[⑨] 河魁属氐房之方，功曹加昴星之位。毁隔致防于东地，见木则毁隔无妨。重关用锁于西都，见金则斩关不闭。玄武与壬子窥户，贼盗当忧。[⑩] 白虎并传送临门，病痾防作。[⑪] 神杀既定，象类宜详。分局则分劈支持，合局则事从众起。[⑫] 重叠则事多重叠，[⑬] 交互则宛转无依。[⑭] 衰主衰微，囚主囚系。若卜逃亡走脱，别课体之兴衰。如占觅货求财，视将位之有气。投书进表详君臣，察其善恶。博戏战攻认主客，定其输赢。武盗若值孤虚，追之莫捕。死气加诸墓绝，病也难痊。

详天禽地兽之形，察人间隐伏之状。祸福之源，于斯指掌。五行之理，于是潜心云。

---

① 岁前二辰丧门，岁后二辰吊客。

② 阳月前三辰为大祸，后三辰为灭门。阴月前后反此。

③ 岁前五辰为大耗，六辰为小耗。

④ 月建前二辰为天医，对冲为地医，吉。

⑤ 月德合，正月子顺行。

⑥ 空亡孤，对冲虚。

⑦ 太乙为刑，月将是太阳为福，太阴为杀。

⑧ 五行绝处并帝旺，课中月将遇之，人情绝，夫妇离。

⑨ 五行沐浴位，凡事败露不正。

⑩ 卯酉为户。

⑪ 子午卯酉上加临。

⑫ 干生神，位生将为合局。神生干，将生位，为分局。克者同名。

⑬ 二三神将同。

⑭ 上下交克。

金兰略[1]

三才有准，四位无差。断契金兰，占知趋避。神将相生则喜，干支有战则凶。将元俱旺而阳衰，严君早丧。方与贵神而克将，慈母先离。四位纯阳，弟兄列雁。纯阴四位，姊妹成行。一课俱衰，室如悬罄。五行有气，家道兴隆。星犯魁罡，男女鳏居僧道。将逢大小，子孙独守空房。[2] 木植江湖，髭鬚可爱。申辰居戌，客旅何依。小吉若加太常，平生好饮。白虎重临传送，在外遭殃。金被火克而见血光，空劫重逢而绝嗣续。孤神上克，必主孤单。欲辨人形，先观课体。

凡揣贤愚之相貌，细究五行之盛衰。旺相则秀丽端庄，刑衰则欹斜鄙陋。土来克木，紫黑仪容。木被金刑，青黑容状。肌肤如玉，却缘火到金乡。发秃容黄，只为木来土位。人之病患，生死不齐。课象兴衰，存亡可验。火临四孟，热病难医。水逢火土，产灾可治。火遇水而投井自缢，金胜木而下病阴烦。衰死阴空，定僧尼无棺而裸。败绝甲乙，必男子夭亡而羸。二刚克阴贵人，主补右肩之服。一柔刑阳天乙，必缝左肩之人。干支俱阳是男，干支俱阴是女。功曹主多髯老叟，致讼因财。太冲主隐体贼人，临门忧母。天罡为坟墓之主，太乙乃阴害之元。胜光掌文书，小吉和酒食。传送流移之失，从魁夫妇乖张。河魁争墓觅骸，或有死尸之祟。登明争竞兴讼，或招溺水之殇。神后惹淫阴私，大吉厌禳咒诅。留心推究，因应如神。

玉华略[3]

占事先神而后将，推情详煞而论刑。鳏者之刑，水逢四季。寡妇之煞，木遇三孤。华盖逢刑，有文而无贵。太阴值岁，非妓而亦娼。[4] 谋巫作生涯，只因火逢空劫。恢谐身艺业，乃是水入罗垣。木遇双金，艰难瘫跛。木逢二土，秃瘤伤残。三木而遇一金，腰脚鹅鸭。一土而值三水，情性虎狼。一木二土而陋劣，一水三火而症聋。父子相争，三金一火。远年虚诈，二木二金。二金二火幼身危，二土二水老词讼。家破因逢横殺，

① 重出。

② 同位则断。

③ 论人事灾凶。

④ 辰戌丑未但一位相重，即是伏吟，便是华盖，余者非。

人灾为遇凶神。勾陈主罗网之灾，朱雀有马惊之患。螣蛇阴人连累，玄武身是雕青。

定寿经[①]

白虎逢夏入离，定作分尸之鬼。甲寅临秋遇酉，必为远配之人。觅人喜看伏吟，占信先观干位。[②] 太阴共木败绝，老夫必是头黄。[③] 人元与运相刑，君子应无学识。[④] 乙入天罡逢金，主刺黥之辈。贵逢辛卯木克，乃容中之人。白虎魁罡旺土逢，雕刻匠役。天空辛酉元气绝，道士僧尼。丙元临太阴，家有石神而缺臂。太阴逢二火，室藏瓶类而无唇。勾入天罡，贫妇愁难度日。龙临曹吏，富翁喜得随时。河魁被木来伤，秃首之阴。太常得水去制，悬壶之士。

光明经[⑤]

贵人当旺，恩赐加官。蛇雀临生，克豖乏继。太阴白虎临季，亲戚入门。河魁天罡重逢，赘婿依势。大吉小吉，易婿无疑。木神火神，佳配莫得。金逢墓绝，父子远离。伏至辰宫，瓜瓞久乏。火遇亥神防走失，水临巽户主腰灾。季上功曹，倚人门而寄食。太冲孟仲，弔己影而独行。朱雀逢寅，有孙无子。水神入土，有子无孙。酉位木临，妻家必破财产。火乡金入，外族岂得荣华。金临巳午之宫，带儿就妇。未加申酉之位，携子归夫。心行邪淫，水逢辰酉。乏嗣缺妇，木遇季神。上生下兮，富寿荣昌。下生上兮，求谋通遂。上克下兮，他人害己。下克上兮，己谋他人。分族类于贵人，第人品于将位。辰僧卯道，午吏蛇文。凶墓魁罡，奸农邪妇。卑微小吉，会食酒筵。太阴徇私而犯娼尼，纹身绣面。白虎开店而及军旅，佩剑执戈。魁罡逢酉，雕熊画虎之俦。贵后临辰，步斗踏罡之侣。天后情至滥溢，大吉品分尊卑。火入玄宫，沉疴戚戚。水来乾地，疮肿淹淹。木神临火为伤残，木土居东值狂浪。后龙合绝于金火，夫妇无谋[⑥]。蛇雀旺临于未辰，一生好酒。

---

① 论人品人事。

② 酉居酉室，庚居申室，依次推之，百无一失。

③ 乙木庚金无气。

④ 支中所藏，如戊上申巳之类。运，气运也。

⑤ 论人品。

⑥ 当作媒。

金镜歌[1]

占坟之法君须记，要看神将与方位。阳将阳时更阳位，男子九分十分是。
阴将阴时位又阴，女子言之不须疑。贵是阳，地分阳，男子不须细审详。
贵是阴，地分阴，妇女之坟不须寻。阴无气，或逢刑，久嗽劳伤病可云。
火无气，被水克，心气不绝分南北。水无气，土来制，产死多应患血气。
阳水衰，或入墓，男子水蛊真不误。土死绝，木来刑，苦病或为刀下魂。
生[2]刑盛，女守寡，虽有男儿还是假。金克木，木见酉，家长非灾横祸久。
畜类死，家破败，卯母寅公不吉泰。先死母，辛临震，金木相刑不和顺。
先亡父，庚克寅，卯加申方一例论。水被土，主害肚，产死食劳无异故。
寅是木，火长生，十须九危害天刑。一火微，三四水，亥子逢之为虚[3]鬼。
木多败，主风瘫，腰跌举步难。土神多，水神微，一般无所疑。
土在墓，或死绝，病苦疮疡决。螣蛇火，被水克，产亡河井入。
朱雀火，主不祥，自缢多招树下亡。木神克，太常土，或是毒药并呕吐。
白虎金，若逢土，不在家乡丧外苦。白虎申，庚辛慢，外若不亡须招患。
青龙木，一类论，多主发髯似胡人。乙六合，卯寅位，自身祖宗须争吏。
勾陈走，定不扬，男子占之必外亡。天后水，落声空，死墓败绝记得清。
太阴金，暗昧深，便有吉神也至淫。玄武贼，斜眼窥，若逢辰戌受[4]便宜。

玉鉴歌

干是外人及尊长，神位主用弟兄官。妻财月将方位使，本位云之小口因。
神若克干争辩讼，老人灾害屋梁倾。神将内逢相战克，家财紊乱弟兄争。
方若上来刑月将，将损妻财妾病疮。将若刑方伤小口，逃亡婢奴走西东。
白虎传送人在外，死丧灾祸最为凶。太常小吉酒食事，筵宴和会喜相逢。

---

① 占坟葬何等人，并葬后子孙。
② 当作土。
③ 一作虐。
④ 当作爱。

胜光朱雀官事起，只因文字不分明。太乙螣蛇人口病，金鸣鬼怪梦中惊。
天罡勾陈多战斗，庄田争讼到官庭。六合太冲官府事，文词告唤准无空。
青龙功曹财禄喜，金土逢刑损老翁。大吉天乙仇相害，耳聋头秃丑形容。
二后临时多暗昧，奸邪婚类事朦胧。玄武登明盗贼事，提防暗害夜行人。
天空河魁语多诈，定执坟地事关僧。从魁太阴不明事，妻妾魔魅起冤争。
水来见火火见水，损财耗散口舌频。六畜灾伤妇人难，蛇禽无故到门庭。
木来见金金见木，家宅门户不安宁。父母腰脚风瘫患，损财口舌见纷争。
土来见水水见土，前年旧[①]土见凶神。妇女面黄及肚肿，小便滞涩不通行。
木来见土土见木，定失财产数年中。儿孙常害脾胃病，蚕桑五谷未曾丰。
火来见金金见火，家财耗散病疮痈。无臂石佛金铁响，失财人口死亡凶。
更推生克详休旺，祸福灾祥在掌中。

① 当作动。

大六壬金口诀中卷

十二贵神所主歌

天乙贵人己丑土

天乙贵人喜庆多，投知参谒事皆和。
须知接引来成就，旺相相生贵客多。
天乙官司陈文状，谒贵投知赛福神。
有克尊亲防病患，家中土地犯伤人。
天乙求财看谒人，钱财信息征召君。
文字贤人酒食至，寒热还知头目疼。
天乙临寅［凭几］帝命恩［案籍］，贵人文字犯宅神［主怒］。
射覆珍宝希奇物，路逢官鬼道游人。
天乙临卯［登车］兄弟乖［荷项］，官事伤财又到来[1]。
射覆水生须细碎，逢医术士榖中[2]推。
天乙临辰［怀忿］状落空［入狱］，奸邪文字斗争凶[3]。
邀候兵官牛倒死，怀藏圆物及磁铜。
天乙临巳［受贡］急书来［趋朝］，厨灶虚声见怪灾[4]。
射覆只言财宝器，牵牛骑马次相推。
天乙临午为征召，进禄添财福有余[5]。
占射宝珍神祀物，送迎官贵马驱驰。
天乙临未［列席］投友知［饮食］，喜事诸般见不迟[6]。
怀里美香珍果食，路逢羊酒话婚期。

---

① 受制不和。
② 一作车。
③ 贵人病不治事。
④ 主惊忧不决。
⑤ 主动用文书，官中进步。
⑥ 主筵会酒食庆贺之事。

天乙临申［移途］贵客期［起途］，远书乡信带凶疑[①]。
路逢甲队兵官过，珍宝金钱药石资。
天乙临酉[②]酒食排，适逢出入不为灾[③]。
射覆钱刀及盏镜，奴婢随求上任来。
天乙临戌［怀忿］官事灾［愁额］，旧来沉滞再成乖[④]。
犬咬牛骡重接贵，怀藏药物及钱灰。
天乙临亥[⑤]竞田庄［操笏］，官事如何阴小尫[⑥]。
邀候花珍及孕妇，物为眼窍带圆刚。
天乙临子［解纷］并神殃［沐浴］，猫鼠同行子必亡[⑦]。
射覆采妆经妇手，逢人外死妇还伤。
天乙伏位［升堂］课占神，惠泽迟疑铜铁因[⑧]。
邀候双牛带花马，人持铁器道傍蹲。

螣蛇丁巳火

螣蛇妇女应阴私，火旺光明鬼怪尸。
惊恐忧疑人口病，失物官灾须应之。
螣蛇神动主忧疑，失物光明鬼现之。
木克病缠应小口，妇人争竞斗闲词。
螣蛇惊恐梦多般，讼词囚系火光宣。
门户不安有官事，血疾头痈凶事绵。
螣蛇临寅［生角］文字忧，光影空中神树求[⑨]。
射覆锦花衣赤白，鹊禽斗闹吏人游。
螣蛇临卯［当门］为开窗，盗贼惊忧女病殃[⑩]。
邀候小儿三五个，怀藏果食草花香。

---

① 清宪传送主言之象。
② 入私室。
③ 主暗受私贿。
④ 入狱不主事。
⑤ 还绛宫。
⑥ 主有财帛事。
⑦ 主婚浊不明。
⑧ 主田园更改及见贵。
⑨ 天喜主产事，难产及受财帛。
⑩ 小儿惊风。

螣蛇临辰［乘龙］官事兴［自蟠］，好畜昏迷田土争[①]。

射覆瓦磁钱药类，路逢妇过听喧声。

螣蛇伏位［乘雾］梦中惊［入庙］，见怪飞虫人病萦[②]。

蛇雀空中争散乱，射覆蛇虫花木青。

螣蛇临午［飞空］远信附［乘雾］，官事火光忧惊惧[③]。

邀候禽鸣游女逃，射覆绯红及翠羽。

螣蛇临未［入林］忧井灶，孤女财帛防失耗[④]。

路见妇女至迎人，射覆丝麻及谷料。

螣蛇临申［衔剑］金器鸣，有人外病死萦萦［人死］。

厨灶断移军士乞，怀中金石铁铜名。

螣蛇临酉［露齿］主阴私，奴婢逃亡暗昧疑[⑤]。

占射钱刀针镜鉏，路逢女主发悲词。

螣蛇临戌［入冢］忧丧失［眠睡］，斗打冤仇何事急[⑥]。

邀候骡驮一小童，怀中砖瓦骨石觅。

螣蛇临亥［坠水］贼盗忧，水火冲刑急讼愁[⑦]。

丐乞路逢并燕鼠，怀藏乞索铁匙求。

螣蛇临子［掩目］急闭门，蛇鼠堂中怪现频。

邀候同前依法定，怀藏尖细软花文。

螣蛇临丑［蟠龟］防咒诅［入穴］，火光烧宅邻丘仇[⑧]。

邀候园中逢二女，射为五谷铁铜求。

朱雀丙午火

朱雀南方是火精，女人鞍马讼公庭。

火光口舌须见血，飞鸟文书是此情。

朱雀口舌斗争来，文状人论火发灾。

---

① 湮没不明。

② 为财帛为官事。

③ 惊忧文书破损。

④ 辰戌丑。

⑤ 阴私奴婢逃亡暗昧争挠之事。

⑥ 坟墓田土有事。

⑦ 主妇人产事。

⑧ 同辰戌。

焰影辉辉照堂内，飞禽为祟病为阶。
朱雀口舌书信息，印绶女人兼怪异。
钱财飞鸟入官门，血光詈骂惊忧至。
朱雀临寅［安巢］文字信，官事追呼役吏因[①]。
邀候见人随父母，射为花草赤衣新。
朱雀临卯［安巢］信上门［坐林］，火光口舌女灾迍。
路逢券[②]床刺绣女，怀中果物味何新。
朱雀临辰［投网］事纷纷［敛翅］，谨切须防官事论[③]。
邀候逢人相打斗，尖刚破瓦赤花盆。
朱雀临巳［昼翔］口舌事，厨中火发病萦萦[④]。
邀候飞禽及小女，怀中藏物似龙形。
朱雀临午［衔符］火光惊［衔物］，音信官灾病缠萦。
邀候娼优骑马过，飞禽怀里已成形。
朱雀临未［临坟］争婚姻［啄食］，阴人财帛女婿分。
路上急逢尼女过，藏怀甘果赤衣文。
朱雀临申［励嘴］远信行，人亡官事怪妖生[⑤]。
邀候道中鸦鹊闹，怀中石铁事推明。
朱雀临酉［夜噪］妇损胎，火起厨房官事灾。
口舌生疮头面肿，怀藏书册及资财。
朱雀临戌［投网］贵家名［无毛］，小人多事主喧争。
兽驮飞鸟人惊怪，骨瓦文书是此情。
朱雀临亥［入水］是非张［沐浴］，水火相刑夫妇伤[⑥]。
在路忽逢禽打兽，怀藏尖细物非常。
朱雀临子［损羽］主喧争，求事无成心痛生。
禽噪高枝兽引路，射言毛羽黑灰轻。
朱雀临丑［掩目］竞田庄，火烧屋舍厄桥梁。
嫁妇担盘夜送柜，射为毛羽鼠巢当。

---

① 文书旺相动用间隔。
② 一作夯。
③ 四库皆主信息。
④ 翱翔文书动用，凡事吉，见癸人课有文约私券。
⑤ 官中口舌伤财不利。
⑥ 文书受制，无气临空同。

六合乙卯木

六合公吏应阳人，门上追呼官吏临。

成合婚姻事成就，若居囚死病呻吟。

六合堂内喜情欢，买卖交关和合安。

成就婚姻须见水，被刑勾唤急趋官。

六合婚姻赏赐财，酒食交易合和谐。

妇女阴私求事物，全身会众至亲来。

六合临寅［乘轩］文契交，公私兄弟有呼招[①]。

邀候上梁新盖屋，怀藏竹器把枝条。

六合临卯［入室］交斗争［入扃］，成和来合已两层[②]。

邀候担盘床重叠，竹萝乘裹[③]柳松青。

六合临辰［违礼］契纳[④]交［持巾］，争吏公私挈[⑤]畜逃[⑥]。

邀候只逢车载草，射为竹器把枯梢。

六合临巳［不谐］神宅厨［赍书］，成就交关不义多[⑦]。

见视携瓶争[⑧]挈甑，射为木器火烧炉。

六合临午［升堂］有追呼，文字交和望信书[⑨]。

怀里物红并赤果，妇人担水又推车。

六合临未［纳采］和会亲［素服］，酒筵钱谷聚宾邻。

邀候乐声祈赛社，怀中甘果带青根。

六合临申［结发］逃亡因［披发］，捕贼官司禁系身[⑩]。

邀候群车军伍过，钗环纸裹射如神。

六合临酉［私窥］问易门［跣足］，屋舍别迁要改新。

来意只因吏役争，路逢刀剑镜钗论。

---

① 财物动，买卖成。

② 门户更迁及占术士沙门。

③ 一作盛果。

④ 一作约。

⑤ 一作六，原书事

⑥ 破损故茔田宅不宁。

⑦ 一作谋。◎门户惊忧破损。

⑧ 一作并。

⑨ 文书成就及文书往来之喜。

⑩ 越关津，亲人阻，远人小儿气病，暗昧损财，财物不明。

六合临戌［亡羞］斗争论［登途］，田土奸欺在四邻[①]。
习射伤人邀候见，怀藏卯[②]骨刻刀文。
六合临亥产儿初，心在阴人欲见之[③]。
水上见木还是木，路逢罂类及猪儿[④]。
六合临子［反目］见人难［探笏］，求物参投事亦然[⑤]。
射覆花果兼细软，路逢竹笼把粘竿[⑥]。
六合临丑［粧严］求望情［卧病］，咒咀争论百事萦[⑦]。
匣匮复逢[⑧]担笼担，盘根斛斗铁铜真[⑨]。

勾陈戊辰土

勾陈妇女爱争张，应得田宅竞土桑。
两木下伤来克紧，官灾妻女小丧亡。
勾陈官事竞田庄，争斗家中妇族强。
疑惑二心无定执，克来妇病怪财伤。
勾陈斗打主勾连，争财入官为田宅。
逃亡捕贼妇人事，血光痈肿伤残及。
勾陈临寅［遭囚］妇女亡［受制］，争竞田庄叶木桑[⑩]。
邀候妇人陈状立，怀中有土或圆黄。
勾陈临卯［临门］家不和［入狱］，妇人家事及沉疴。
邀候儿[⑪]风飞鸟闹，怀中瓦器笔毛多。
勾陈临辰［升堂］主争张，家宅不和田土殃[⑫]。
见畜屠家并血肉，射为砖瓦土圆黄。

---

① 占同辰。
② 一作卯。
③ 和门不正，偷盗财物。
④ 一作路逢猎儿担瓦壶。
⑤ 得局和美。
⑥ 一作抱粘竿、招粘竿。
⑦ 损田园，伤财物，主筵席酒会。
⑧ 一作随。
⑨ 一作盘粮斛斗铁铜名。
⑩ 受制不利。
⑪ 一作鬼。
⑫ 四墓争田土，伤财物。

勾陈临巳［捧印］宅灶凶，怪动忧疑兼贼冲[1]。

见鸟鸣空飞散乱，土中炉冶物中红。

勾陈临午［反目］文状争，争田竞土畜游行[2]。

路逢皮毛殺四足，器物包罗果食名。

勾陈临未［入驿］子孙孤，嫁妇重婚妻失夫。

狗逐群生骡负米，射为甘果食瓶壶。

勾陈临申［趋户］必死伤，事占人口见逃亡[3]。

避罪不然争战事，车担牛驮炭石藏。

勾陈临酉［披刃］斗还争［病足］，妇人作事不分明。

怀中钱物并镜器，门前狞狗噬人惊。

勾陈临戌［下狱］战斗争［佩剑］，坟墓昏迷志不兴。

见有两麂奔人去，骨磁怀内土尘名。

勾陈临亥［褰裳］必争论［澣衣］，闭竞田庄有病人[4]。

伤人丝蚕还耗散，逢人还有石磁尘。

勾陈临子［投机］失财来［临官］，水道沟渠人损灾。

邀候兔狐并死鼠，怀中刚物破痕开。

勾陈临丑［受越］争田园［入化］，分居新宅住不安。

车牛载柜人推瓮，砖石怀藏比类看。

青龙甲寅木

青龙富足贵人名，旺相资财喜自生。

禄益官迁人口进，商途百事尽欢荣。

青龙逆行事可藏，须损人财口舌详。

旺相贵人来接引，克来争物被人伤。

青龙婚姻书信来，和合金玉及求财。

酒食妇人及赏赐，寒热不定使吏来。

青龙临寅［乘云］为弟兄，喜悦文书财立兴。

邀候贵人乘马去，怀中有物铁衣青。

① 巳午争竞文书。

② 反覆口舌不利。

③ 争竞关梁，损失财物。

④ 因财鬼物侵害。

青龙临卯［驱雷］远信来［弄水］，忧财文状后和谐[①]。
邀候竹车逢术士，青红花木故钱财。
青龙临辰［飞天］官司动［闭目］，桑土钱财值词讼。
怀中六畜文字争，路上公吏争迎送。
青龙临巳［烧身］则忧损［飞天］，光影虫飞树神死[②]。
邀候带花二女去，射为椒果及花枝。
青龙临午［掩目］书信情［无毛］，文壮争财役吏萦。
邀候贵人发重妇，文书花果缕衣轻。
青龙临未［在陆］欲求财，妻损祈神和会谐[③]。
邀候虫伤羊忽病，怀中衣物食中来。
青龙临申［伤鳞］欲争财，出外商途贼窃来。
邀候官员迁信急，怀中铁石宝金灰。
青龙临酉［摧角］客上门，来意求谋时物因[④]。
邀候军乐及筵散，怀中钱宝与金银。
青龙临戌［登魁］贵人迁［遇雨］，民庶占身财畜遭。
邀候青黄猫犬过，射为印物小刀环。
青龙临亥［游江］欲游行［入水］，财物须防官事争。
生产或将财进纳，路逢军马水中生。
青龙临子［入海］喜重成，妇女婚席见产生。
买马辰中立树神，怀中花果食堪烹。
青龙临丑［蟠泥］争名利，母亡官事财物滞。
若言邀候与占射，图画神祇铜铁类。

天后癸亥水

天后比和喜和谐，若乘水上必招财。
病灾产厄须为土，金上逢之嫁娶来。
天后良家妇女名，为人多喜应财兴。
婚姻嫁娶临金上，得位重重禄渐生。

---

① 亥子寅卯名木入水，财物有喜，动用俱吉。
② 有文书迁动改移之象。
③ 丑未卖货求财俱吉。
④ 求财反伤反折足。

天后妇人阴私多，衣服嫁娶不明过。

酒食钱财水溺至，便利不定怎奈何。

天后临寅[①]财物交，婚姻和会富家豪[②]。

七里路边逢贵妇，射为草木米花袍。

天后临卯［临门］妇外情，盗贼人亡官事兴。

外妇人家蚕茧好，纯丝行木带盗行。

天后临辰［毁妆］不可当，争张难产妇人伤[③]。

园丘瓮破遭水溺，木杓破罐刀具藏。

天后临巳［裸体］宅主凶，水火相煎口舌重[④]。

宿病妇人心气痛，丝财减耗血财亡。

天后临午［伏枕］阴人灾［卧疾］，文状口舌事不谐。

水死妇人或心痛，出门又见妇悲哀。

天后临未［沐浴］家有井，后妇死儿许愿成[⑤]。

邀候群女临井畔，不然夯菜抱麻行。

天后临申［修容］儿诞生［理妆］，妻主分离向外行[⑥]。

邀候妇人担小女，怀藏金镜及磁瓶。

天后临酉［倚户］事不明［把镜］，妻财贼引去游行[⑦]。

婚姻喜庆占财吉，射候为情是此情。

天后临戌［褰帏］有争呼［入帷］，钱财官秩有外谋。

邀候必逢担瓦器，怀中红碎药钱毛。

天后临亥［治事］到本家，钱帛婚姻射是花[⑧]。

望喜求官应不失，见猪形黑更无差。

天后临子［守闺］喜神和，万事占之福必多[⑨]。

射覆定知青细碎，路逢酒器及师婆。

天后临丑［偷窥］后妇多［出局］，公私争讼及沉疴[⑩]。

---

① 曰理发。

② 暗合婚姻之情，动用财乡。

③ 破财孤寡。

④ 主产厄，又主血光灾病。

⑤ 丑未酒食筵会，田园尊贵人喜。

⑥ 主气血损伤，掩事把镜。

⑦ 酉戌主暗昧怀奸淫乱，倚户沐浴占同辰，随邪入帏。

⑧ 守闺入空亡。

⑨ 动用房屋喜美。

⑩ 丑未亦主遇恩赦文书。

射覆只言神器物，路中逢见瞎眸婆。

太阴辛酉金

太阴妇女应金星，或吉或凶未见情。
立于水上多招吉，木火人谋暗昧生。
太阴同处丑未宫，妇女妻财必信通。
火旺灾生水谋害，若临辰戌病申浓。
太阴妇女主虚因，阴私酒筵闭匿申。
囚讼奸祸丝绢嫁，不明女子哭声频。
太阴临寅［跣足］文字交，财帛虚耗有呼招[1]。
七里路边逢伐树，怀中金宝火铜窑。
太阴临卯［微行］暗阴和［沐浴］，女子通私盗贼过[2]。
六里路逢车载粟，射为盏托竹丝多。
太阴临辰［造庭］恶人欺［理冠］，作事难成百事迟[3]。
五里内逢屠户到，怀中金石物推之。
太阴临巳［伏枕］主凶丧，悲泣沉疴发火光[4]。
四里必逢丧孝子，射为钱铁盏磁缸。
太阴临午［脱巾］事喧争［披发］，官事阴私斗讼生。
九里路逢风迅急，怀中尖物及金明。
太阴临未［观书］欲谋财，和合婚姻求祝媒[5]。
八里正逢三孝子，射为金帛在于怀。
太阴临申［执政］行远程［法服］，其家恐被贼兵惊[6]。
七里内逢军队过，凶亡龙虎石金形。
太阴临酉［闭户］落天星［入官］，占事民亡谋诈生[7]。
六里路中逢二女，刀环钱物镜中青。
太阴临戌［被察］主争张［绣裳］，官事阴私妇女伤[8]。

---

① 占同申，暗昧失财。
② 占同酉，阴私暗昧。
③ 占用戌，异姓入宅孤克。
④ 血光口舌破财。
⑤ 占同丑，克战破财。
⑥ 占同寅，动用间隔，阴人陷匿不足。
⑦ 占同卯，阴私暗昧。
⑧ 占同辰，奴婢走失不明之事。

五里路逢兵卒过，怀中钱镜药中王。

太阴临亥［裸形］人图谋［妊娠］，阴宅小口外人庐[①]。

四里途中逢一妇，手提衣物坐中途。

太阴临子［垂帘］忧胎失，盗贼邻欺文字匿[②]。

九里途逢一妇逃，怀中五谷文书觅。

太阴临丑［入室］咀咒巳［守局］，暗昧人谋灾祸起[③]。

八里妇人牵黄牛，铜铁怀中觅见底。

玄武壬子水

元武伤人斜眼窥，有人谋害见逃移。

被人诡贼妻女走，鬼动人来无不知。

元武鬼贼二事同，人论官事状难穷。

更临二水非为吉，金土逢之定不凶。

元武盗贼逃亡由，夫妻离散走失求。

口舌伏匿官事起，肠虚腰痛足不周。

元武临寅［入林］文状论［披头］，争讼付托鬼着人[④]。

七里树边见黑马，怀中竹木帛缠根。

元武临卯［窥户］遭贼来，求事难逢官事灾。

患眼缺唇六里见，发毛草木竹曾栽。

元武临辰［失理］争斗急［入狱］，恶人牵惹酒忘失[⑤]。

五里必逢持猪屠，射覆瓶壶盏药觅。

元武临巳［反顾］鬼怪动［跣足］，死亡口舌及恶梦[⑥]。

四里乞丐及军人，射物灰石禽兽弄。

元武临午［截路］六畜亡［失剑］，官事口舌及见伤。

九里逢马及惊斗，怀中毛羽笔文章。

元武临未［不成］井院坟［朝天］，财帛失耗鬼神惊[⑦]。

① 阴私进财物，小人语不足，遮陷之神。

② 凡事不明。

③ 占同未，争产克战。

④ 主盗逃走损失。

⑤ 盗人自取。

⑥ 搬递财物机谋奴婢道路不明之事。

⑦ 盗贼自戕，丑同占。

八里师婆道路见，射覆盆中果子存。

元武临申［折足］主逃亡［横剑］，官事因争小道桑［损财］。

邀候军人并死贼，怀中名铁炭中藏。

元武临酉［拔剑］贼上门［持戟］，死亡官事欲缠身[①]。

妻奴投井看应死，占射应藏黑石盆。

元武临戌［遭囚］占墓丘［战举］，争讼贼伤死浪仇[②]。

五里有犬咬贫子，军人争战射毛裘。

元武临亥［伏藏］死还生［顶冠］，虚惊后喜事还明[③]。

四里只见九人至，怀中有物黑兼青。

元武临子［撒发］到本方［过海］，鬼贼投井产妇亡[④]。

九里逢人来或犬[⑤]，堪食物鹊鼠怀藏。

元武临丑［升堂］文状殃［立堂］，贼谋咒咀争桥梁。

八里见人逢水害，水土度量更求长。

太常己未土

太常阴人财帛喜，此神上课主亨通。

不忧上下临金土，只怕木来重克凶。

太常妇人酒食筵，婚姻口愿两相牵。

求就望成无不应，主于井灶犯中元。

太常和会酒食筵，婚姻会众征召迁。

衣服钱财赏赐得，天神还送吉神来。

太常临寅［侧目］号得奇，万里宜占只克妻[⑥]。

来意只因文契事，千般动用好行移。

太常临卯［遗冠］是为财，盗财口舌不为灾[⑦]。

六里路边逢羊兔，果花吃食在于怀。

太常临辰财物交，恶人诋毁逞粗豪[⑧]。

---

① 佩剑不利。

② 盗贼难获，占同辰。

③ 机密庄严不语。

④ 病者亦然。

⑤ 一作来取火。

⑥ 财物买卖远动。

⑦ 财物有伤。

⑧ 争斗田园。

家事迟疑逢载用，药钱食物射难逃。

太常临巳妇人忧，井灶钱财散失愁①。

占病必除逢绵帛，钱财乞食果中求。

太常临午〔乘轩〕家吉昌，近来添买外田庄②。

家贫妇人道中见，女人头面及衣裳。

太常临未〔捧觞〕到家来〔倚户〕，酒食财帛妇人倍③。

邀候阴人求子息，占射还是自家财。

太常临申〔衔杯〕必外游〔捧爵〕，商途百事好图谋。

假令贼劫人财散，外面来欺莫自求。

太常临酉〔券书〕喜为财〔立券〕，阴人酒食婚会谐④。

六里出车逢赏赐，射为头面及金钗。

太常临戌〔违命〕贵家倍〔入狱〕，民吏争财五谷灰⑤。

邀候犬衔破衣走，更看孀妇礼坟来。

太常临亥〔征召〕宅不安，争田竞土女伤残⑥。

破财只为神克将，亥加小吉必孤单。

太常临子〔遭枷〕与前同〔捧印〕，家中多出少亡凶。

横死伤财兼患眼，射为衣盏物须红。

太常临丑〔受爵〕家丰余〔列席〕，争讼孤儿外姓居⑦。

后妇强多浑小事，家舍应被别人图。

白虎庚申金

白虎当凶事不常，死丧道路见逃亡。

临于本位重重祸，入木口舌入火伤。

白虎闻丧道路中，亡人惊走失财凶。

须忧边境逢兵甲，脱厄河梁被马冲。

白虎丧门疾病哀，财散道路口舌灾。

---

① 远动俱吉。

② 远动俱吉。

③ 田园苗稼俱吉。

④ 主争竞损失。

⑤ 占同辰。

⑥ 主远动作商。

⑦ 占同未。

斗打哭声剥爵事，官中见血谋我灾。

白虎临寅［登山］主杀伤［出林］，远人凶死病须亡[①]。

孝子军都逢七里，射为金宝及衣裳。

白虎临卯［临门］死伤起［伏穴］，人口不直休问已。

官事贼人杀害伤，孝子丧车金木理。

白虎临辰［唖人］必死亡［夜行］，六畜相争坟道丧。

五里逢人相斗讼，丝麻瓦布袖中藏。

白虎临巳［焚身］甑灶鸣［断屋］，脓血人亡痛叫声[②]。

四里逢人带脓血，砧刀金类事推明。

白虎临午［焚身］凶孝余，官灾病患宅难居。

九里路逢花马过，怀中尖破物何疏。

白虎［在野］未上主孤单［登山］，竞妇争婚病怎痊。

八里羊俎逢孝子，怀中有物解方圆。

白虎加申［衔牒］武贵官，远事兵凶求出难[③]。

七里异兽逢兵队，丝帛金石里中看。

白虎临酉［临门］主死亡［当路］，不明暗昧有灾伤。

六里只逢人送犯，石金怀里或刀藏。

白虎临戌［落阱］占骨肉［开口］，争张多为稻田期。

五里内逢人斗打，怀中灰骨土烧之。

白虎临亥［溺水］为少钱［眠睡］，官事争讼断不偏[④]。

邀候登明毋定执，怀藏蔡[⑤]日看堪传。

白虎临子［溺水］主逃亡［渡江］，占病难安官讼长。

日是火神须见死，水为贼是土争张。

白虎临丑［在野］得外庄［直视］，外人咒咀起官方[⑥]。

金木神同东一位，定知病死破人伤。

---

① 主损财物动用不利。

② 血光破耗损失之事。

③ 动用关隔破耗。

④ 主动用吉。

⑤ 疑作察。

⑥ 四墓主死丧破财坟茔骨殖。

天空戊戌土

天空惊恐主先忧，辰戌临家主病忧。
木克本神家长死，阴支受克妇人休。
天空惊恐失精魂，奴婢逃亡屋作声。
忧见驴骡增鬼怪，主为凶事克虚惊。
天空妖祸虚诈因，流遗虚耗失走陈。
夫妻离散阴私事，精怪孤穷鬼乱人。
天空临寅［犯牢］怪惧多，文书鬼怪出颠魔[①]。
七里僧来忽乘马，毬瓶怀里射无讹。
天空临卯［受制］贼盗惊，门户开张屋爆鸣。
六里逢车有破瓮，怀中圆物服刀成。
天空临辰［亲戚］四足伤，恶人奸诈惹官方[②]。
五里驴骡三五个，瓮盆破损药应方。
天空临巳［摇唇］怪空惊，飞鸟毛虫官病兴[③]。
四里瓮盆担已去，物应窑灶射分明。
天空临午［入化］不可当，惊怪文书官讼伤。
虚诈不然见争讼，怀中无物手虚藏。
天空临未［把笔］孤独郎，疾病官司物失亡[④]。
八里逢羊僧孝子，怀中有物味堪尝。
天空临申［鼓舌］道路乖，贼马忧愁恐祸灾。
七里有车声闹响，怀中金器自窑来。
天空临酉［出户］失惊忙，六畜分张口舌防[⑤]。
六里有人将信过，如珠圆物铁为光。
天空临戌［临支］力斗强，四足人亡狱讼伤[⑥]。
五里驴骡僧或见，射为枯骨及糇粮。

---

① 主盗失财物。
② 占同戌，主虚诈不实孤寡贫乏。
③ 虚诈文书不实。
④ 丑未亦主虚诈。
⑤ 言语不实。
⑥ 占同辰，凡事忧滞损失财物。

天空临亥［儒冠］产生凶，争讼钱财亡失空①。

邀候何期知边塞，钱财乞索在怀中。

天空临子［溺水］主奸讹，盗贼鬼神亡死多。

九里穴中见泉出，圆物如镜似饼锅。

天空临丑［入变］惊恐颠，贼火驴骡杀害冤②。

八里逢车翻在路，谷出铜铁隔衣言。

贵神休旺见五行临本位逢劫煞所主

天乙贵人

主贵人事，统十一神。上生下，贵人有喜。下主上，贵人迁位。不然，大有喜庆。上克下，贵人离远游凶。下克上，贵人忧远信及有官事。旺贵人，增福迁升；相贵人，得大财喜；死贵人，丧无尊长；囚贵人，官事斗讼无理；休贵人，家内疾病难安。来意只为贵人尊长迁改之事。贵人吉，主人君大臣贤士大夫，为人厚重。相生，美庆印信文书得财。遇金火，主迁官进职；逢水，争竞；逢木，退职；入辰戌，贵人病不和，不治事，大吉同用。吉主桥梁、道路、僧尼、田宅之事，凶主咒咀、蛊魅、冤仇。为女婿、尊长。贵人临本位，加官进禄，不亦主家大富。有口愿未赛③。贵人临劫煞值人元，歌曰：天乙被煞劫灾同，贵人厄难有何通。将克神，家长凶，神克妻儿鬼克雄。人元克贵争官讼，更兼父子不相同。魁罡土，与之逢，不有争也亦病凶。神到甲乙休会客，席上分争辰戌同。临水上，阴小凶，若居火位喜相逢。神临驿马添官秩，定知官事须得理。合青龙，居宝地，全必逢之多见喜。贵人克将阴小损，贵人受克灾病准。下克上，子孙逆，上克下兮妻财殒。日上克神当日事，月逢月内岁年里。四相生，多得喜，如逢相克灾横起。

己丑土贵人大吉所属：宫音姓、九八数、人君、贵人、尊长、珍宝、器物、锁钥、龟鳖、珍珠、喜庆、斛斗、鞋履、首饰、车轿、墙篚、紫皂、牛骡、风伯、雨师、神佛、宫殿、冤仇、坟墓、秃头、眼病、桑园、轿梁、吴地、扬州、星斗牛、一五七。

---

① 因财成事但主不实。

② 财成犹有不定。

③ 当作还。

前一螣蛇

主灾怪，或火光、烧焚，又主虚惊恶梦。上生下，惊恐在后；下生上，惊恐在前，及妇残害，手足不完。相生，斗讼争酒食、惊恐、阴人死丧。囚主牢狱枷杻惊恐，休主疾病惊恐。来意只为妇人争张，纵不是妇人，亦必因之起也。螣蛇吉，主文章、喜美、公信、财物、酒食、梦寐。遇未好饮酒、女子轻薄；逢申金，逐人走失。凶，主娼妇、鞍马、虚声、病患、忧疑。落亥，有火光。见土木则吉，见水金主妇病，比和主忧惊。内战，内惊，外战，外惊，主官狱文状。临本位，其家饶残害之人，亦主火光釜鸣，主招入赘女婿，且专望书信寻人，亦主先凶后吉。太乙同用，主嫁娶、小儿、钱物、眼目、阴人为害、凶怪、非灾。劫煞螣蛇火焰凶，鬼怪颠邪兆宅宫。更主妇人心痛病，门椽屋爆影光红。

丁巳火螣蛇太乙所属：徵音姓、九四数、惊怪、取索、画图、斑点、炉冶、荧火、户、毁骂、釜鸣、轻妇、狂妇、蛇蚓、蝉、飞虫、乞丐、多言、花果、砖瓦、文字、盒、磁器、二四八、楚地、荆州、星翼轸。

前二朱雀

比[①]文字口舌，比和主印信之事，及信息至。上生下，文字暗昧不明，先忧后喜；下生上，有口舌斗争，不成官事。外战，口舌外至；内战，奸邪内生，家不和，破财应之。旺，主官事口舌；相，争财口舌；死，凶祸口舌；囚，囚禁口舌、牢狱之事；休，奸妇口舌，斗争立至。来意为官事，或见血光，同文字发动也，亦不宜问病。吉主敕书、天恩、公侯文书、鞍马服色，有克主口舌惊疑、官讼虚诈、损财失畜、疾病血光之事。逢土木则吉，逢金病，逢水主女人产难、男子痔漏。水下，主吐血投井自缢而死。临本位，主妇人邪淫斗讼。若遇火在上，主事。临水上，主死亡病患。胜光同用，主远信、文书、朝信、火光、文字、忧恐、惊怪。劫煞朱雀斗争张，文字凶来官事伤。若见血光还应得，争妻竞妇女身亡。

丙午火朱雀胜光所属：徵音姓、七九数、二四八、词讼、鸦雀、果食、窑灶、道路、城门、口舌、三河、骑马人、妇女、文书、飞鸟、宫室、火烛、信息、血光、鸦巢、旌旗、霞雷、衣架、书画、苦味、神明、官、僧、周地、雍州、星柳。

① 当作主。

前三六合

主议论、财物交易、荣华事，又主阴人喜美事，或妇人私情和合之事。比和，议论寄财物。上生下，出家人，心肝零落，先凶后吉；下生上，主筵会及人远行。外战，宜变作图，终[1]营即吉；内战，有阴人破财物，财不能聚管。旺，主成合婚姻；相，主官事昏昧，财争张；死，主报死临门；囚，主牢狱官事至；休，主痼患，亦主争竞钱财昏昧事。来意主官事寻人。临本位，主有妻家鞍马来到宅，其家主喜庆往来频频，常做吏人，兴工成，交易合。六合吉，主门户、婚姻、求财、交易、取信、成合、阴私、喜美、庆会，为男子，作公吏，为经纪，主媒人。凶克，有官追提，主媒人、吏役、小儿、交易、不明、女子损财、遇失产事。逢水火，为之有气；遇土，官司文壮；遇金，口舌破财。太冲同用，主车舡、缸瓮、门户事。盗贼临门、慈母丧亡、盗徒劫物、斗争损财，亦为梳门窗桥杆也。劫煞六合事急忙，公移牵惹斗争张。自家无事人欺辱，看取人元定祸殃。

乙卯木六合太冲所属：角音姓、八六数、门窗、木杓、木梳、手作、为妇、男女、街土、草木、兄弟、舟、车、雷、旙竿、香合、盘合、何姑、家母、竹、床、宋地、豫州、星氐房、三六九。

前四勾陈

主勾留之事。凶主争讼，比和主己欲谋害他人，争竞田庄。上生下，论讼有理；下生上，争讼田宅。外战，外人争；内战，在家争，主家不和，及人口患病。旺，主贵人争张，死亡畜产；相，主争张财物；死则坟墓争张；囚，主系狱讼争；休，争六畜。临本位，主争张暗昧之事，其家主贼盗财去，又主家有惊而不实。在门，主斗讼。勾陈吉，主官职、印信、公权、田宅事。阳用主贫薄，阴用为丑妇贪婆。凶主官非、病患、田土、文状、勾连、失走，两头，官事受克、口舌亡身、奴婢走失。见金，则大吉；逢水，争田；遇木，官事牢狱。劫煞勾陈入课排，上门子午必然灾。更主争论三五度，死亡人口犯神来。天罡同用，主屠狱、媒牙、鱼龙、寺观、坟墓、田土事、争斗之徒、文状、坟墓，主磁缸、瓮、坚硬方物、磁盆、麻衣、高涧、争陵墓麦也。

戊辰土勾陈天罡所属：宫音姓、五数、麦地、岗岭、寺观、丑妇、碾碓、磁器、僧道、候人、土碓、祇禳、斗竞、争讼、流血、屠宰、凶恶、杀伐、荤腥、坚硬、五尺、田园、皮毛、瓴瓮、破皮、灰盆、甘味、坟墓、郑地、兖州、星角亢、一五七。

[1] 当作经。

前五青龙

主财帛喜庆。比和，主文字信息财帛之喜。上生下，主印信受钱财及珍宝异物；下生上，主贵人获福，外酒食欢悦。外战，外失耗财物；内战，内失耗财物。旺，主贵人喜庆；相，主求得财物；死，主失旧来横财；囚，破财；休，失财。临本位，主有财大喜。如旺相，主争财宝得理，其家主商贾富贵，此象有吉无凶。青龙吉，文书财帛，为人清贵，有官职，及舡车、园林、公信、酒食、婚姻、财宝等事。生，主迁官吉庆；克，凶，主哭泣、疾病、损失六畜、见怪、私情、官事急速。见水火则吉，逢金主口舌，失文书破财，遇土有官司。辰戌为牢狱，丑未为笞杖。劫煞青龙莫上门，火光流血或成迍。惊忧盗贼伤人物，狱讼纷纷死丧频。又死气青龙，主累世贫。功曹同用，主公吏、文书、衙院、老树、老叟、多髯、因争外财官事追取、木器、文书、笔物、火炉、医药、大树、勇猛、患眼、坟上林木。

甲寅木青龙功曹所属：家长、公门、角音姓、九七数、宝刀、剑气、香炉、神像、四角、山林、花木、丞相、夫婿、道士、贵人、长大、细美、人马、公吏、文书、火炬、火炉、财物、吉庆、宾客、酒食、信息、虎豹、猫儿、桥梁、神树、织机、棺椰、口愿、燕地、幽州、三六九、星尾箕。

后一天后

主阴私喜美。比和，主阴人筵会有孕。上生下，有妇人作念颙望喜庆；下生上，故友交知相见喜美。上克下，主妇奸诈；下克上，官事相争。外战，与外争张官事；内战，妇人逃走。旺，妇人宴喜；相，主妇人有喜事至；死，妇人丧亡；囚，妇人官事囚禁；休，妇人病。劫煞天后女人连，申酉临之事併然。忽然奴婢私逃走，人元克将破财嫌。临本位亥，主酒食婚姻，旺相，居家大吉富贵。天后吉，主赏赐，为女人，主良善，逢合主婚姻。见木上吉，凶主帏幙不明，走失婢子，脏腑有灾，师婆奸诈，淫私暗昧，失望。遇土，主争。见火，主病妇。神后同用，主沟渠、小儿、僧尼、妇女、奸私、淫乱及水溺。

癸亥水天后登明所属：羽音姓、五四数[①]、一五七、河泉、水滨、池井、沟渠、盗贼、文墨、石灰、木匙、图书、后宫、妇人、淫泆、梯棋、布帛、鼠、燕、蝠、水中物、大豆、乳妇、衣服、珠玉、聪明、胎产、泻痢、索子、齐地、青州、星女虚危。

① 五四当作六九。

后二太阴

主阴私蔽匿暗昧之事。比和，隐匿阴人之事。上生下，阴私喜庆；下生上，奸淫内至。外战，妇人因奸而逃；内战，主斗讼妇人谋害。旺，妇人外情阴私；相，主与妇人酒食相逃事；死，主丧死六畜；囚，死亡失财，盗贼谋害；休，病在阴人，又主阴人痨嗽自缢死事，亦主争田产。临本位，阴人争讼为不顺，以见二金故也。太阴吉，主女人沉静，为金银首饰、阴小财物、缎匹、阴私喜美；凶，主开箧、奸淫、逃亡、失财、迟滞。逢合，阴人淫乱。见水土，则吉；见木，口舌是非；逢火，灾病不利。劫煞太阴不可当，妇人谋计事难防。不明暗昧临小口，将与人元莫犯伤。从魁同用，阴人、钗钏、酒器、阴私之事及夫妇分离索休。如被丙丁克，主逃亡奴婢、忧闷、金银伤损事。

辛酉金太阴从魁所属：商音姓、七六数、金石、珍珠、铜器、果食、碑碣、外亲、婢妾、妇女、门锁、口窍、相貌、阴贵人、街巷、小麦、刀剑、耳门、刀鞘、皮毛、人骨、鸽雉、卖酒人、碓磨、纸钱、白塔、痨瘵、钗钏、石仙、石柱、赵地、梁州、星胃昴毕、三六九。

后三元武

主盗贼远伏。上克下，贼从家生；下克上，贼从外来。外战，盗贼远行；内战，内忧贼发。旺，主盗贼动合得财；相，梦见鬼怪动，被贼伤财；死，盗贼死伤；囚，盗贼在狱；休，主失财，或损四足。贼神动，来意为事失财。临本位子，主有盗贼直入房，盗却衣物。临阳上，是男贼；临下是阴，女为盗也。劫煞元武凶事重，贼来谋害人家中。临未防贼临酉走，贼神临虎杀伤凶。元武吉，干谒、贵人财物。登明无定，凶，盗贼、阴谋、奸盗。见火，主偷，克将失财，见金木吉，遇火妇人灾，土逢男子竞。受克，眼斜盼，路亡恶死。登明同用，主妇人病腰脚，走失凶事，或因豕致讼，渡河水溺。吉主征召文书。

壬子水玄武神后所属：羽音姓、六九[①]数[②]、梅花、帐幕、盗贼、亡失、取索、小儿、乞丐、哭、牢狱、赶猪人、醉人、庭廨、坑厕、酬酢、金笠、幞头、鬼神、画图、毛发、管钥、笔墨、观院、江河、楼台、仓房、麻布、细绢、卫地、并州、星室壁。

---

① 当作五四。

② 一五七。

后四太常

主衣服、冠带、酒食。比和，带花欢悦之美利。上生下，贵人赐酒食衣服；下生上，远人信息纳来财。外战，外有口舌，女人为灾；内战，内有口舌，并死亡人离财散，亦主妻亡。旺，亦阴人财帛喜；相，主阴人宴会；死，主阴人患病衰羸；囚，阴人疾；休，阴人淫乱。临本位，主有孝服之妇，或遇争斗，入逢欢乐而有喜，主一妇人财物之喜。太常吉，主女人能言语作美婆，婚姻、酒食、买卖，又主冠裳、问行、财帛、官职、爵禄、和合、筵会、赏赐、衣服。见金火二合，上吉，见水争竞，遇木官事不利，逢劫主毒药，更兼呕吐，见血光事。劫煞灾煞遇太常，财帛散失两三场。更主酒筵毒药害，如在魁罡主此殃。小吉同用，因有孝服，做七百日口愿，赛神祭祀、药物等事。

己未土太常小吉所属：宫音姓、五数[①]、遇会、庭院、垣墙、笙、醮气、女衣、酒食、印信、药饵、父母、羊鹰、甘泉、井、甘味、酒舍、寡妇、白头翁、食物、师巫、黄色、坟墓、笛、茶房、歌乐、幡子、道人、帘、秦地、雍州、星井鬼、一五七。

后五白虎

主道路事，及有出入人在外。上生下，主盗贼；下生上，主自己出行。上克下，主有人残疾；下克上，主有军人。旺相休囚克死，皆大凶。白虎吉，主道路动用、信息公牒、为人凶恶、眼黄项短；凶，主凶丧、道路、孝服、惊恐、刀剑、迁移、哭泣、怪异、灾害、血光、军兵、逃移、丧凶。临门，有人出外凶丧。见水则无事，逢木口舌凶恶，遇火死丧灾病。下克上，凶在外；上克下，凶在内。临本位，三子在外，卒难寻觅，其家主有官事伤财，及伤六畜，更产死妇人，大凶，无有一吉。白虎行年灾劫凶，必须丧失有重重。两虎常午魁罡上，人元是水有深凶。传送同用，出外，主远军，车碾凶事、流移走失、女子奔随夫婿走失、行程、信息。

庚申金白虎传送所属：商音姓、八七数、仙堂、神堂、道路、公人、碓子、刀剑、贵客、姜、产乳、城宇、死尸、田猎、经文、羽毛、猿猴、祠庙、音声、行人、远近、狮子、湖池、绢帛、逃亡、大麦、画像、疾病、死丧、军徒、凶人、兵器、石头、金银、纸布、蒜、星参觜、晋地、益州、三六九。

① 九八。

后六天空

主虚诈不实之事，亦主斗讼，又主出僧道。上生下，主有僧道在家；下生上，有僧在外。[①] 上克下，主门鸣屋爆；下克上，主在外僧病。旺，主出紫衣人；相，主福上增福；死，主僧出外死；休，被恶欺凌，如更有克，亦主门鸣屋爆，因僧道夫事；囚，主官事。天空吉，主僧道、骸骨。凶，主骗诈不实，为奴仆、吏、小人。吉，亦主市井、财物、私契。见金火则吉，遇水主争竞，逢木主官司牢狱。临本位，主有孤子，及风魔人在家，家破散，子孙残病，阴人口舌，官事斗讼，亦主有虚诈不实之事。劫煞灾煞合天空，惊恐相生分外凶。若更人元来克将，望成求就在胸中。河魁同用，主坟墓田土不明之事，狱讼、六畜、坟墓、死尸。

戊戌土天空河魁所属：宫音姓、五数、五谷、磁盆、砖瓦、虚堂、僧道、善人、下贱、诈伪、欺侵、不实、牢狱、锁钥、数珠、鞋履、枷杻、田丝、瓦器、土堆、驴犬、孤寒、朝服、葫芦、狱吏、坟墓、天罗、寺观、岗岭、屠儿、鲁地、徐州、星奎娄、一五七。

十二将神所主歌

寅功曹，孟春木，十月将，候小雪、大雪，数三七，三六九。

寅为功曹号吏人，临于申位必伤身。到亥便为猫入室，见戌还当犬出门。
功曹官吏簿书司，贵重清高富贵奇。大树老翁医药者，相生水火喜无疑。
见金口舌钱财散，无贵无官文学迟。若逢土上遭官事，四位之中仔细思。
寅为文字动官私，口愿神祇树影移。应在孟春甲乙日，贵人家长及僧师。
临辰临戌动官文，竞马争财夺奴婢。同音临卯主争奸，修宅来占怀夺意。
临巳远信起悲哀，更动中宫灶神忌。文字交争午上逢，追摄频频官事凶。
临未克妻曾后娶，讼由财帛券书通。临申牛马多番损，因婚财耗恶媒公。
家中散乱惟临酉，因应须知吏役中。临于亥子家有婿，富益外财六畜聚。

① 原本讹，依他本校改。

临丑患足患头目，破财伤畜多空费。本位树[1]动家新修，必出高名后人济。[2]

卯太冲，仲春木，九月将，候霜降、立冬，数三六，三六九。

太冲本位后妇人，到于酉位必伤身。见临子位主见怪，居于宅位弟兄分。

太冲劫煞伤人物，门户车舡并桥木。见金口舌斗相争，入土伤官财事毒。

若逢水上吉人来，断此无凶乃有福。卯主伤人盗贼财，阴私抵拒口舌灾。

应在春分卯酉里，术人兄弟应时来。太冲临辰宅居巽，上墙根被车损因。

应水荡出棺尸来[3]，来意为钱断然准。临巳其家小口屯，人口散乱动灶神。

有光有影时时现，临午官司急速惊。临未争张妻子死，财神耗散及婚姻。

临申庄角为牛折，主有车翻伤损人。临酉门户争反覆，家内尝闻有响声。

三年之内曾失锁，临戌应知财起争。骨殖失亡更枷狱，走亡四足不须寻。

临亥不宜占家宅，弟兄不义财破失。临子妻女有逃亡，渡河有灾犬井溺。

临丑割贾分田土，妻亡母患父应故。临于寅卯户有声，近东枯井祸从生。

两度贼来两度失，若生二女破家身。

辰天罡，季春土，八月将，候秋分、寒露，数五，一五七。

天罡到戌家不和，临于寅位畜伤多。见申奴婢须逃走，卯方病患肿疮魔。

天罡战斗争文状，医药屠厨凶恶人。金火相生为小吉，木来口舌弟兄分。

若逢水土争田土，斗打官灾寅卯刑。辰为斗讼恶人欺，家中不明妨财帛。

动在季春辰戌日，死亡人口竞田宅。临巳作怪有鬼兵，因而为灾联灶神。

人口生灾小女病，临午官非恶信音。牛羊损失因临未，更因财物与妻争。

临申逃避失田土，争张官事由外人。临酉鸡鸣怪事多，火光隐见且焚庐。

争财争物争铜铁，死丧匍匐可奈何。临戌死亡家有事，讼争买卖及驼驴。

亥猪食子兼惊讼，子争水道畜怪动。临丑兄弟主分张，更有恶仇起官讼。

临寅文契贵客乖，马伤犬死人凶灾。同家各食因临卯，争牛马及不测灾。

本位伏吟惊怪有，那堪井水入坟来。若遇妊娠生女子，如占疾病主生哀。

巳太乙，孟夏火，七月将，候处暑、白露，数二四，二四八。

太乙临卯蛇禽现，亥上釜鸣光在楼。午位女家招外婿，子午幼妇女先休。

---

① 树神也。

② 临辰戌，主官事文书动，争竞钱财马匹奴仆。临卯，主有同音争张奸私，来意为修宅展（当作争）夺事。临巳，远信愁泣，亦主灶神动。临午，官事动，及争文字交加，亦主追摄事。临未，来人克其妻，亦有后妇，又主有契及财帛争讼。临申，主婚姻媒人反覆争张损财，又牛马累砍伤。临酉，主家散乱分争，吏役应之。临丑，主有患脚及患头目人，其家主破财伤畜。临亥子，其家主入舍婿或外财，宜六畜，又必大富。临本位，主有树神动，及其家新修屋舍，出高名及后人。

③ 原本缺字，据意补。

太乙官事凶怪动，梦寐虚惊鸟雀鸣。妇人轻薄淫乱事，阴私传送走西东。若逢土木为文字，金水阴灾病患凶。上克下兮为之产，下克上兮口吐红。巳为忧虑失时惊，病临阴小影光生。四月朱门才始旺，梦魂厨灶釜虚鸣。从化加临十二位，主占一与胜光行。

午胜光，仲夏火，六月将，候大暑、立秋，数二九，二四八。

胜光本位足资财，临寅必主名自来。申酉官灾须见血，子马马死产生灾。胜光发用忧惊恐，财帛文书信息通。富贵生和鞍马事，宜居土木喜相逢。若金若水迍邅病，马亡财失血光攻。水在上兮文书阻，若出公文水下从。午马文状动官方，私阴信息定萦肠。卯到甤宾丙丁日，妇人鞍马血脓疮。临未与妹争首饰，不然亦为争婚姻。临申死伤鸣铜铁，临酉官非立见争。临戌文书音信动，临丑文书暗昧成。临亥来占心痛恙，阻滞官灾见血光。临子妇人伤产厄，交加文字到辰方。临寅亦有文字动，或因花树起争张。临卯移居今两次，信息传来自外乡。临巳宅后有破灶，火发须防厨灶堂。

未小吉，季夏土，五月将，候夏至、小暑，数五八，一五七。

小吉临戌女守孤，临寅还主病声呼。有气婚姻申酉午，只迎卯上出师巫。小吉酒食来合会，婚姻妇女交易递。相生五谷钱物盈，和会阴谋无不济。火金旺处喜相逢，寅木官灾百事废。若临水土竞田园，克者为无旺者契。未主婚姻宴会娱，丧服口愿有年余。将到季夏看神断，井院风窗枉孤居。小吉临寅神树动，口舌更连愿信重。辰争田宅与邻财，卯人邀饭财帛奉。失亡四足与羊群，妇人患[1]病尝懵懵。小房富贵临巳宫，阴人财帛得来丰。到午孤寡因阴旺，妇人掌事立门风。本位意问婚姻事，占羊更卜飞禽丛。临申主妇生外心，因此破家费金银。走失远行看送者，临戌墓葬绝子孙。争财破产缘何故，后妻入室是其根。临酉争财并丧事，更有后妇嫁他人。猪食其子加临亥，三女三人主杀伤。子上不堪生鬼怪，多病时时心悚惶。

申传送，孟秋金，四月将，候小满、芒种，数四七，三六九。

传送到戌为旺方，临子儿武乐刀枪。见午必主军人辈，到宅巳上患喉疮。传送有人奔走出，本土相生人富贵。见火人灾病主沉，木来口舌凶悔至。道逢车碾卯寅冲，问觅军人巳午是。申主往还宅动移，丧服官病有呼携。土神吉将相生喜，恶主临申殃祸时。寅或无父尊亲厄，迁移田宅翻成吉。临卯无儿将物游，移门损车财物失。辰主客死在远方，或有军人剑下亡。

---

① 据意补。

巳主灶鸣移两度，漏烟破釜是行藏。午上避官宜走失，不然徒配主刑伤。临未口愿未曾赛，随逐他人走外邦。本位祖先曾受职，破耗移居武贵亡。酉宫男妇生恶疾，声呼丧死应坤方。临戌翻坟生恶子，短肥不义忘廉耻。财帛不聚到亥家，流移横死畜生嗟。临子鬼祟是小子，子孙狐狗外亡嗟。金鸣畜怪丑煞害，偷牛人在三年外。[①]

酉从魁，仲秋金，三月将，候谷雨、立夏，数四六，三六九。

从魁到午必囚宅，子位阴私祸更多。巳上患痨元自缢，到辰须是出师婆。从魁妇女索离休，火克阴私为此由。壮力女人多厚重，钗钏金银酒器求。木来口舌阴私祸，见火迍灾损女忧。从魁财帛事不明，阴人媒保口舌生。财散人离方始住，动在中秋辛与庚。临寅失贼自后门，恶伤自缢主阴人。向年家内无尊长，家内有刀曾杀人。卯主官争人暗害，长夜金声光影怪。临辰主争铜铁器，文动争张事应在。小人惹事在巳宫，财破阴人又病攻。加午心疼兼孝服，射占白物或磁铜。羊酒乞食未方应，和会宴饮多吉庆。兄弟远归申上酉，姊妹欢聚血财充。本位金声鸣暗里，贼入房中奸妇女。亥妾外心淫泆成，更主姻联产生女。子亥同断夫妇离，亦主葬埋求财喜。临丑同邻妇女谋，盗卖人地立虚契。临戌其家定不和，男患头风兼目翳。出落恶徒且伤人，为有伏尸在酉地。

戌河魁，季秋土，二月将，候春分、清明，数五，一五七。

河魁到丑魇神藏，申上军人寿夭郎。辰位宅边枯骨犯，徒从卯上痛伤亡。河魁讼狱畜亡游，僧道奴仆贵贱搜。见墓尸骸逢水竞，木遭刑苦主人忧。生合金火贫而富，若见刑冲更主愁。戌为社魔宅为坟，须有官灾及病人。元武更逢秋季里，神妖鬼怪哭声频。临寅犬伤及官事，申为儒士有游儿。卯主官非兼怪起，四足相趁入门时。加辰两次曾斗讼，兄弟分争亦有之。到巳灶动东厨怒，屋上兼之犬上驰。临午有伤皮血事，当门信是讼争持。犬咬未乡妇女病，贵人得禄有荣施。更主争婚由后妇，子宫贼怪损家资。酉主家有人不语，不明之事惹深思。本位走失四足物，因争人赋远游诗。临亥须防伤小口，更奇小女会通私[②]。到丑亦主有贼怪，又闻铜铁器长嘶。

亥登明，孟冬水，正月将，候雨水、惊蛰，数一四，一五七。

登明到丑病痿黄，到巳必主少阴亡。未上猪羊饶散失，戌方还出丑儿郎。登明无事莫追求，乞索求财仔细搜。妇女无淫情性善，木金生旺美中收。

---

① 铜铁鸣，四足怪，三年内曾有偷牛人应之。

② 据韵改。

若逢土上争田地，见火阴灾妇病休。亥为高楼及岗岭，胎伤贼盗小口亡。

应在孟冬十月将，阴私鬼魅有逃亡。所临无定合日辰，神将人元地分分。

子神后，仲冬水，十二月将，候大寒、立春，数一九，一五七。

神后临酉见金神，到寅儿主乐工文。戌上中央为病患，后妇辰方绝子孙。

神后奸淫失望求，临子随波性逐流。若居金木重重吉，见土相争田与畴。

火入妇灾阴患病，血光惊恐理中搜。子为奸狡不明白，定主婚姻有暗隔。

必是仲冬十一月，不然人死更遭贼。临寅财丰兼畜旺，更主高贵役吏人。

临卯死伤惟六畜，缠缚由来动贼神。辰主人亡堂现怪，走亡四足争婚姻。

不祥居巳生雀角，眼患争田在丑村。加午马伤男儿损，又主火光惊四邻。

行来未上争财帛，更兼文字契书存。问申有子常游外，家中儒士诵黄昏。

酉主夫妻常反目，更主失散与离分。临戌三年子孙绝，自死黑犬自破盆。

水穿入宅因居亥，女泆兼之动盗神。本位子孙防水溺，朱雀投江是死神。

丑大吉，季冬土，十一月将，候冬至、小寒，数五八，一五七。

大吉到戌为旺方，丑上面丑肚脂囊。临卯必须头顶秃，青龙位上有牛羊。

大吉咒诅作冤仇，直蠢之人贵贱求。宜临金火生合吉，见水相争自有由。

见木官灾详上下，五行生克课中谋。丑主比邻桥梁间，上人进身小人闲。

必是争田竞宅事，季冬丑未日灾愆。临寅母灾或伤牛，自身患目人逃游。

辰戌仇怨争田土，或向争张咒诅求。禽鸣口舌巳家见，小口金银争两头。

未上争夺人黍豆，兄弟阋墙生恨仇。临申争道争金器，亦主家人在远游。

酉家不睦阴怀怨，妇女分张最可忧。亥主贼盗伤财物，或争水堰道和沟。

临子小口生殃祟，亦主争池与竞沟。

将神源会见五行所主

功曹者，古之太史。宋国人，姓孟，字仲贤，欺客印死，十月寅日除功曹，知人官事口舌文字信息。天乙加临，主印信之喜。螣蛇，主惊忧后喜，孕生女。朱雀，远信火光。六合，婚姻不成。勾陈，妇女争讼。青龙本位，大吉。天后、太阴，妇人婚姻。元武，财喜不出。太常，阴破财。白虎，入家凶。天空，斗讼虚诈。功曹主文书、财帛、官贵、吏人、老叟、医士。见水火，清高上吉；见金，口舌失财人病；见土，官事是非。

太冲者，古之盗人也。徐国人，姓姜，字汉阳，挠扰村邑为盗门户死，九月卯日除为太冲，知人年命盗贼门户分张事。天乙临门，贵人得财吉。螣蛇，火光文字官事，朱雀如之。六合，成就婚姻。勾陈，因田宅讼。青龙，立有喜至。天后、太阴，主婚姻百事成。玄武，贼动得财之喜。太常，外得阴财主孝。白虎，伤人、出外失财及讼。天空，求事不成，外讼勾连。太冲为劫贼、凶恶、门户、舟车、无徒之人。见水火，无事；见金，口舌失财；见土，官事牢狱。干克，门破追呼。见寅，兄弟各居。

天罡争夺角雌雄，本与河魁一例同。两将更加诸位上，必然斗讼入官凶。凡将行上下见辰戌临诸方位及临辰戌上，主有斗打见于顷刻间也，是为天之牢狱煞，乃斗讼之神，课内见此，发用必然。天罡吉，为医人药物，主人好斗争文状。凶，主无徒为屠宰。见金火则吉，见水主争竞田土宅舍，见木主官司牢狱。

太乙主文书、梦寐，为阴人，主狡薄，好淫乱，为惊恐，主乞索。为火土窑灶。见土木则吉，见水主妇人病，见金主病迍蹇。

胜光吉，主文书、财帛、信息、鞍马。为人好利禄，主富贵。见土木则吉，见水失财、妇病、马死、贫迫，见金不足、灾病、惊恐不利。

小吉主妇人，为酒食宴会、婚姻喜美。见金火大吉，见水主争竞，见木官事破财、妻病不利。

传送吉，为行移奔走之神，主出外动移，为人官贵刚果。见水土则吉，见卯木主口舌，见火车辕道路损失，见火主人不足，灾病死不利走失。传送临辰丧失多，到戌争竞病官魔。远丧怪异鬼神呼，占病为凶怎奈何。传送临巳火中来，刑木口舌必官灾。逃亡者，因事胎，釜破门伤火损财。传送奔螣入火中，官灾口舌有重重。游行去，多蹇屯，车碾舌喉道路凶。传送金前变化多，无刑无克事消磨。丧孝事，重叠过，却于兄弟两谐和。[①]

从魁者，古之亡徒也。燕国人，姓孟，字仲任，逃亡客死，三月酉日除为从魁，知人年命阴私囚死。天乙临之，因人得贵。螣蛇，悲泣。朱雀，远信临门凶。六合，婚姻成。勾陈，娼妇临门讼。青龙，财帛临喜。天后、太阴，妇人生产，阴人主家。元武，盗失，男女奸，徒刑，为兵。太常，得阴人财喜。白虎，凶丧立至。天空，临门骸骨主火葬。从魁吉，主阴人清标恬静，钗钏酒器。见合主阴私，见水主口舌，见火主失财病患，卯酉相冲主休妻别离，见水大吉。

河魁者，古之亡奴也。晋国人，姓郭，字太宅，病死，二月戌日除为河魁，知人

① 凡申临处，便为行移神。若临寅卯，主伤翁姑，寅为翁，卯为姑，及破财。盖传送为行移神，车马号曰白虎，主远丧尊长也，且田蚕无成，占病主死，百无一吉。申到辰，主丧失，路行凶，主斗讼。申到戌，主鬼怪邪恶官事，病患死亡之兆。又曰：传送临金变化多般，或喜或奴（宜通怒）也。若传送无刑无克，主诸事皆喜，纵有祸亦消，先凶后吉，虽有死亡，却有不死之理，兄弟和同。一见天罡，斗讼立至。

田宅骸骨事。天乙加临，犯煞凶。螣蛇、朱雀为盗凶。六合，争骸骨，或争坟。勾陈，奴仆杀害。青龙，贵人带犬入家凶。天后，主悲哭。太阴，阴葬喜。玄武，盗贼军兵讼凶。太常，阴财凶。白虎，刀兵斩杀重丧凶。天空，斗讼凶。河魁吉，为僧道孤寡；凶，主骗诈不实，亦为骸骨。克方，主失六畜。见金火稍吉，见水争田宅，见木官事牢狱。

登明者，古之狱吏也。鲁国人，姓韩，字燕七，坐赃狱死，正月亥日除为登明，知人县官田宅征召事。天乙临，贵人田宅讼。螣蛇、朱雀，信息病患。六合，交易喜，婚姻就。勾陈，阴人病，争讼田土。青龙，得财望贵人。天后、太阴，阴权，婚成，百事吉。玄武，现怪，盗贼无害。太常，悲泣。白虎，道路、病符，皆无害。天空，牢狱。登明主阴人婚姻，为乞索物事。见金木则吉，见土争竞，见火妇人病患，水上难产，水下吐血自缢。

神后者，古之媒氏也。齐国人，姓贾，字仲狱，欺诳取财而死，十二月子日除为神后，知人婚姻阴私事。天乙临，主贵人接引之喜。螣蛇，妇女悲泣。朱雀，凶丧信息。六合，成合交易。勾陈，绝嗣斗讼。青龙，望贵求财喜。天后、太阴，婚姻成，百事吉。元武，文状怪见。太常，失财，先凶后吉。白虎，望远信到家喜。天空，主田土，多凶少实。神后，为男奸淫，幸主妄想，亦主随波逐流。见木金则吉，见土竞争，见火患病。

大吉者，古牛圈也。郑国人，姓陈，字季贤，病死，十一月丑日除为大吉，知人年命忧喜，六畜田宅口舌事。天乙临，求贵禄立至，百事吉。螣蛇、朱雀临之，百事喜。六合，争讼凶。勾陈，男盗女奸。青龙，求进及财喜。天后，阴病暗昧凶。太阴，阴权财帛，进人口。元武，贼谋斗讼凶。太常，阴财喜。白虎，盗贼、失财、失四足凶。天空临之，四季相会，主杀害之凶，不则斗讼。大吉主人粗蠢，咀咒仇仇。若见金火则吉，见水主争竞田土，见木官事、阴病。

人元吉凶所主歌

甲为树神天马上，口愿虽多未赛神。有克伤财及骡犬，死猫为怪宅惊人。

乙来旺相资财足，天上逢之有火伤。有克门灾窗牖破，下来克上马频瘴。

丙逢旺相见烟光，必有蛇禽现灶旁。若是更逢元武克，尤多口舌贼来伤。

丁来本位贵贱残，后嗣英武雄贵迁。有克畜伤并犬死，更兼子死病缠绵。

戊己入课主家贫，外来官事被公论。占宅定知家计破，克来灾祸损其身。

庚为金牛临朱雀，宅见伤损有灾亡。上克必应人口死，旺相还生马越常。

辛来有克痨病多，自缢恶疮无奈何。当旺自然家大吉，重重富贵主谐和。

壬旺相重喜事新，临金文雅越常人。木上见之皆有气，克来刑破滥讹身。

癸来入课怪神动，仍看神将并地分。相乘更得旺相爻，决定家中有愁闷。

四位五行所主歌

人中灾福最幽玄，四位相乘一处看。地受克，六畜厄，更兼人死损钱言。

将神受克为财帛，妇死数年忧家宅。贵神戕，干来伤，合有灾殃人口厄。

下克干兮人逃亡，死囚官事亦乖张。地克干，祸在外，下克地分器物当。

将克干兮应有喜，荣昌吉庆重重起。干祸胎，月将怀，破损家财贼谋己。

二火见金财帛伤，阴私讹滥外边厢。二金火，双女忤，外来妇女在家藏。

三水见金主文章，二金二水喜非常。二木类，临火内，火光口舌宅灾殃。

二火有水争土田，屡见凶为官事联。田蚕废，财难聚，外来人口患家眠。

又推何病主何干，喜神临处最宜看。干克斗，将上宿，灾祸绵绵心胆寒。

宿又依前克干神，六畜死伤哭更淫。喜曜临，太阳阴，上和下睦皆同心。

干克贵神人谋已，贵神克干我谋彼。将克方，小口伤，干神克将妻迍起。

方将克干幼犯长，内争外战纷扰攘。克下重，灾病浓，独自勾萦重克上。

生元生神富贵多，方生神将事平和。将生地，财帛喜，一生贵友将相过。

神生干兮寻人吉，将贵相生孝友怿。将位生，美婚姻，重重生上人钦辑。

四位相生百事通，若逢刑克事还凶。阳较胜，女事称，阴多阳少男子从。

干来克贵失官阶，或者人谋害己财。官事惮，仍消散，胸膈生疮自己灾。

人元克将将克位，谋干求财哀不遂。方克贵，将克元，所谋难得尊乖泪。

方生干兮印绶添，干若生方福自全。方刑月，妻财缺，月将刑方官事缠。

干方同类兄弟动，朋友相谐事珍重。孙膑歌，锦色罗，昭示后人须记诵。

三局歌

上局灾福根天地，五行造化生万类。乾道男，纯阳萃，阴多阴胜女人辈。

二阴夹阳男子真，二阳夹阴主妇人。木无气，且克刑，克上头面下膝胫。

墓绝之方主瘫痪，消息五行多变换。土家逢，死败畔，必主人灾风胀悍。
克上天元必耳聋，墓绝克下残疾凶。鬼蛊气，克下钟，上克之时溺水中。
上火下水目头盲，下火上水必气冲。金主嗽，被火镕，下克金来新患逢。
白虎庚申在外亡，若加炎上是刀伤。丙丁雀，莫望洋，自缢或投井里亡。
太常劫逢人毒药，更兼呕吐血光烁。四孟火，天行灼，太阴入墓妇遭虐。
或是恶疾苦多疮，暗昧不明恶自当。武斜盼，遭土伤，路亡恶死惹灾殃。
六合祖吏必受诛，螣蛇逢坎多灾吁。龙死气，世贫居，勾陈受克射亡躯。
女子守寡男守鳏，更无衣禄厄贫艰。遭水溺，二后寒，若遇天空财迍邅。
妇人中局论阴阳，水土多愁入墓乡。频产血，有何伤，木败风邪咳嗽痒。
守寡水逢四季土，恶煞加之无异语。入墓方，水蛊疸，将死克主损夫屡。
太阴入卯自缢方，太冲到酉卜同防。遇阴刑，入死乡，十中八九定不良。
小吉太常临巳午，木煞加之噎伤伍。逢劫煞，临其所，死丧之时由饥饿。
辛酉共逢贼下火，血肉身亡无避躲。庚辛逢，死道路，阴虎同乡亦有祸。
如克寅方先死父，若还克卯先妨母。神将加，结发故，干神相加与鬼伍。
下局生育父母精，阴阳和感腹中生。十月怀，女男分，须定刚柔配五行。
月将加临十二乡，一撮鬼镜别阴阳。贵青龙，虎空商，巳蛇雀勾后阴常。
日生男儿月生女，消息加临四位里。定颜色，时上许，五行富贵从中语。
临旺之方色分明，若逢衰败事不成。金言白，木言青，火紫中黄水黑因。
旺处显荣衰处贱，皆就阴阳仔细辨。旺聪明，衰陋断，水方金瘦土敦岸。
若逢败绝劫空亡，生育须防寿不长。

贵神休旺所主

凡四位内，皆以贵神为主。但看四位相生相克，或比和，或隔位生克。仍详何神最旺，见旺神，则知贵神在旺相死囚之地也。有位内之旺神，有四季之旺神，有日下之旺神，其相死休囚亦皆如此参考取之。

阴阳次第互用诀

凡将阳，用取阳为用；将阴，用取阴为用。阴阳之用值空亡，克煞为之虚用。三

阴一阳，以阳为用，取象少阳，事在男子。三阳一阴，以阴为用，取象少阴，事在女人。二阴二阳，以将为用，随时阴阳，辨其静动。纯阴反阳，以将为用，方内之物。

解曰：宜主不宜客，利内不利外，城郭内藏之物，阳人出外，旧暗新明。纯阳反阴，以神为用，方外之物。解曰：宜客不宜主，利外不利内，四远所藏之物，阴人回还，旧明新暗。发用空亡，事多虚假。五动空亡，多不成事。课以发用为由，五动乃发用之门，为万物本体，如不识动用之门及虚实相半，不能决也。

五动爻诵

干克方为妻动。歌曰：妻动干妻妾[①]，官财防损折[②]。占人人在家[③]，访人人不悦[④]。外边来取索[⑤]，卑下有口舌[⑥]。射物多翻正[⑦]，一边或有缺[⑧]。

神克干为官动。歌曰：官动利求官[⑨]，相逢禄位迁[⑩]。常人公府事[⑪]，有位望财难[⑫]。合得官中物[⑬]，休从外处干[⑭]。得财防暗损[⑮]，问病在喉咽[⑯]。

神克将为贼动。歌曰：贼动内贼生[⑰]，勾连诈不明[⑱]。损财卑幼病[⑲]，谋望必无成[⑳]。架构奸私意[㉑]，偷攘宛转名[㉒]。卦爻多暗昧[㉓]，病恐亦非轻[㉔]。

---

① 占事主妻妾。
② 有位求财不利而有损折。
③ 上克下，寻人在家。
④ 上隔克下，行必有阻，访人在家，主不悦。
⑤ 外来克内，必有人来取索，干预于我。
⑥ 卑下受克，须防口舌外来。
⑦ 射覆上克下，物以翻为正。
⑧ 下受克，物器一边有缺或无足也。
⑨ 官禄爻动，官职大利，若逢驿马，必然迁转。
⑩ 谓逢二马迁擢之兆。
⑪ 官爻克干，故常人有公府中事。
⑫ 有位不宜求财，财动克官故也。
⑬ 官动而逢合，官中财物可得也。
⑭ 人元受克，事在自己，不宜外求。
⑮ 我克外财，须防密失。
⑯ 上受克，病在咽喉头脸。
⑰ 内财受克，主阴谋贼生而盗财物。
⑱ 外勾里连，空诈不明。
⑲ 妻位受伤，卑幼灾患。
⑳ 神将战克，内主不和，谋望无成。
㉑ 妻财受克，必有奸私架构之事。
㉒ 妻财受克，或主淫乱，宛转偷攘，必有损失。
㉓ 内爻受克，主暗昧不明。
㉔ 内不协遂，阴小灾病，亦主非轻。

将克神为财动。歌曰：财动利求财[①]，占官定不谐[②]。家中人外出[③]，妻妾并身灾[④]。疾病忧魔难[⑤]，营求喜自求[⑥]。射物终有损[⑦]，职位恐多乖[⑧]。

方克干为鬼动。歌曰：鬼动忧灾怪[⑨]，官亨人出外[⑩]。争讼带他人[⑪]，乖戾因间外[⑫]。口舌共喧争[⑬]，冤仇皆损害[⑭]。人病物仰合[⑮]，家宅未安泰[⑯]。

干类歌

干克神兮来索取，临门亦主人害己。常人失财仕失官，求干不宜讼散喜[⑰]。干克将求财不得，占者破财忧病及。将阳病生在本身，将阴灾病乃妻室。干生神为外生内，助我物帛自外来。主家豪富饶生意，亲朋过访笑怀开[⑱]。干生将兮内外和，人来干我喜多多。或将礼物来相馈，万事如春放笑歌。

神类歌

宛转和合神生方，小人时藉贵人力。神克方兮事晚成，隔手求财恐难得。神生将也遂所谋，内外和谐两无尤。人将财物来助己，行人将至不须愁。神仰生干事事昌，常人官府事生光。仕论官职人相托，所寻必获所求康。主有人将物求我，或己将财求事良。

将类歌

将若生干百事成，自己将财与贵人。父子相亲夫妇别，内和外畅富尊荣。将来生

---

① 内克外，为财动，求财必得。
② 官爻受克，求官有失。
③ 内克外，主人外出。
④ 病非妻妾，亦自身有灾。
⑤ 神受克，病在心胸，无药可治，主难好。
⑥ 内克外，营求有喜。
⑦ 中受克，其物必有损也。
⑧ 官爻受克，故退失不利。
⑨ 占主灾怪及人。
⑩ 下克上，主事亨通，人欲出外。
⑪ 隔位克外，讼连他人。
⑫ 下犯上，卑踰尊，故曰乖戾。
⑬ 人无受克，事从外起，必因口舌致争。
⑭ 因冤仇而损害。
⑮ 方克干，病在目，下之向上，故曰仰合。
⑯ 宅舍不宁，人口未安。
⑰ 官爻受克故也。
⑱ 欲论者，官府中事。

方曰天覆，家人内合外助并。又主亲人将远出，帛财有喜庆兴荣。将克干兮喜重重，求财有隔求名通[①]。

方类歌

方克神兮下犯上，损外财兮民告官。方生神兮和内外，求事隔手求财欢。方克将时财散失，更防鸳偶伤折翼。又主其人欲远行，耗失钱财后复得。方生将兮名地载，和合家人喜庆生。协顺兆逢饶富贵，婚姻喜美望谋成。

四象所属图

四人元	三贵神	二月将	一地分
客	主	己身	田宅
天	宰相	妻	子孙
君	臣	财	奴仆
祖	父	亲戚	鞍马
外	官禄	内	六畜

三　动

方生干为父母动，印绶惟宜小干尊[②]。干生方为子孙动，吉处须云干子孙[③]。
干方比为兄弟动，比肩朋友事微迍。

五　合

神与干合为官合，仕人得之荣禄协。常人占之官事兴，惟利求官迁转列。

---

① 科甲上榜，又宜远行。
② 卑幼求尊长，主大吉。
③ 有事求子孙，小吉。

将与神合为正合，若占灾病那能脱。占婚和美求事成，道相依辅亲友合[①]。

将与干合隔合名，事体迟留为此情。内外相望须终美，有人接引事还成。

将与方合合云遥，凡事迟迟始若胶。以卑动尊小致大，与人共事路途饶[②]。

方与干合为鬼合，仕者升迁求官捷。又主忧患亲属睽，占病不宜因鬼合。

解曰：凡干支相合，乃天地阴阳配合之义，万物生成，吉凶全备。如甲己之日，五子元遁起时，则丙寅与辛未合，丁卯与壬申合，戊辰与癸酉合，己巳与甲戌合，庚干与乙亥合，辛未与丙子合。然支干在一旬内相合者，谓之君臣庆会；异旬支干相合者，乃天地合德也。五合之用事体，其为谋望有成。支干俱合，其物圆类。合中值空，物圆而中空。求事望而难成，合而不合，郁而不发，合中返分，亲人疏远，先合后离，亲而不亲，义而不义。

三合全身

寅午戌名炎上课，为财物文书喜美之合。[③] 亥卯未名曲直课，为交易婚姻和会之合。[④] 申子辰名润下课，为行移干蛊争战之合。[⑤] 巳酉丑名从革课，为阴阳盈溢轻薄之合。[⑥]

解曰：凡坏局，下克上为迅速，上克下为阻滞，中间为之坏局，求事一半成也。凡三合，须待体式全备，吉凶祸福方可言之。克合、生合，亦以例推。如火局全而神将带壬癸水，为妒合，凡事顺中有阻，合而不合，易而不易也。其他三课以为官为鬼者，论四时休旺及空亡所值断之。凡三合，因变化而全体，切详日冲、月破、空亡、妒合，未可一概照合局全身论之，名曰虚一待用。

---

① 共为室家。

② 主人共相用事于道路。

③ 忌亥子水为坏局，凡事望而不成。如人元是丙午，则为火局全耳。如人元是庚，则为鬼动克身。如是甲，为相生。

④ 忌申酉金为坏局，凡事望而有阻。如人元是甲，则为木全局耳。如人元是己，则为官鬼动论之。或人元是壬（他本作癸），为相生。

⑤ 忌辰戌土为坏局，凡事望则有变。如人元是壬，则为水全局耳。如人元是丙，则为官鬼动论之。或人元是庚，为相生。

⑥ 巳午火为坏局，凡事望而有隔。如人元是辛，则金全耳。人元是乙，则为官鬼动论之。或人元是戊（他本作己），为相生。

虚一待用

寅午戌合为炎上课，虚一位为炎上破体课。亥卯未为合曲直课，虚一位为曲直破体课。巳酉丑合为从革课，虚一位为从革破体课。申子辰合为润下课，虚一位为润下破体课。

解曰：凡课三合从化为之全身，有二字虚一字者，谓之破体。如凡课有戌午而无寅，取寅年月日时为应期。或有申子而无辰，或有卯未而无亥，或有酉丑而无巳，凡人占望事，须验其远近，如远则年，次则月，近则日时，必待此虚一字透出，共成三合，则行人至，谋望成，此为虚一待用，为课中要论，不可不察。若有日冲、月破、空亡、受制，又当推详而论之。

三奇德秀

甲戊庚为德全课，乙丙丁为奇全课。

解曰：凡三奇全，利见大人，万事吉昌，支辰和协，上下有转，三奇德秀，多吉庆，生贵子。

一类朝元

《经》曰："一类朝元。"一干见所属三支也。

如天乙贵人，占得此课，朝觐召对则吉，常人不宜，无发用生克故耳。凡十二位神将朝元，如甲见三寅、乙见三卯、丙见三午、丁见三巳、戊见三辰三戌、己见三丑三未、庚见三申、辛见三酉、壬见三子、癸见三亥，皆谓之一类朝元也。占事主重叠，闭伏不动，无荣无誉，阻隔淹滞，盖有比肩而无官父妻子，又无发用生克。若夫纯行，不同此例。

四位俱比

庚辛申酉金比西方白虎、太阴之象，值之主兵丧讼事，邪淫奸私，人口死亡，六亲刑克，家宅不宁，百事罔吉。

丙丁巳午火比南方朱雀、螣蛇之象，值之主有是非官司，灾祸伤残，釜鸣火光，怪梦惊恐，六亲刑克，居处不祥。

壬癸亥子水比北方玄武、天后之象，盖水性泛滥，值之主家计流移，奸私邪淫，蛊病水厄，寡妇孤儿，盗侵人害。

甲乙寅卯木比东方青龙、六合之象，值之虽吉，而无生克，主仁而无恩，有兄弟而无父母，重婚姻而绝嗣续，求望难成，无誉无荣，艰难乏用，凡百迟滞也。

戊己辰戌丑未土比中央勾空、魁罡之象，值之主事重叠，而无父官财子，亦无生克，是土无生育万物之功，故偃蹇难通，牵连不一也。

五比同类

干方比为正比，事在兄弟。干神比为近比，外事干己。方将比为远比，事在朋友。神将比为次比，事在门户亲属。四位比为合比，事在亲属叠牵。

干元领事

神干生将干，喜从外入；将干生神干，喜从内出。神将一干分局相生，有喜不成；神将一干合局相生，喜气重叠。神干克将干，祸从外来，论同贼动；将干克神干，事从内起，财动同占。

解曰：神将二干随支辰自相生克，主事交关往来重叠。神将若是庚辛金而克身，主家宅怪异，灾讼凶丧，以金为白虎故也。凡神将上所带之干，如六乙日见卯将，起五子元遁得己卯，神是朱雀，即壬午，遇有克比合，亦依前式而推来情可也。

五行气化

甲己化土，乙庚化金，丙辛化水，丁壬化木，戊癸化火。

解曰：凡课中虽不见土，若神将上遁得甲与己者，元气运化为土，当作土用，射覆则是土类，或物出于土中，占事则以为土亦有气，至土旺日时为应期。假令丁丑，课得甲巳戌辰，以五子遁至方位之辰，人元是甲，且甲木下生巳火，火又生戌辰土，只见土旺矣。又起神干见乙，将干见庚，则乙庚合而气化金，金生于土，切以人元之甲木被金之伤，又当详论。占官用以鬼论之，凡占仕则吉，官事则凶，余仿此，再加日辰、月令用也。假令甲己身见乙，乙庚身见丙，丙辛见丁壬，丁壬见戊癸，戊癸见甲己，名曰受制不化，妒合不化，非时不化，逢空不化，非其所不化，此五行奥旨也。

阴阳相生

《经》曰：假令甲木、乙草、丙火、丁烟，甲阳木而燥，故能生丁烟，乙阴草，能生阳火。阳产于阴，阳为父；阴产于阳，阴为母。若阳见阳，阴见阴，则是阴阳偏枯，造化危脆，似本盛而化繁[①]，伏密云而不雨。且如四维之寅申巳亥，四正之子午卯酉，于五行之相冲，于阴阳而不育。[②]《易》曰：天地絪缊，万物化醇，男女媾精，万物化生。且如三合之课，为阴阳合而生化也。凡五行生我者为父母，阴生阳，阳生阴，德合配偶，化育生成，乃吉福万全之课。凡课之四位，上生下，下生上，内生外，外生内，或二[③]位生一位，或一位生二[④]位，及往来或相合相恩者，此发用之美端，谋为之吉兆。（占者干事则成，望事则就）又曰：四位相生，万事吉昌。凡课五行相生，虽曰有白虎、朱雀兼劫煞、魁罡之类入占，彼虽暴恶之资，皆入相生和气之中，则革面顺从，遇恶而逢善地。殊不知克则为仇敌，生则为亲恩，如乘合神，为福愈厚。

① 一本作木盛而花繁。

② 占此者顺中有隔，吉中有危。

③ 一本作三。

④ 一本作三。

四位相生

《经》曰：假令人元生贵神，地分生月将，名曰合局。[①] 如将生地分[②]，如贵神生人元[③]，如人元生贵神、神生方[④]，如地分生月将[⑤]，如月将生贵神[⑥]，如四位内上爻次第生于下[⑦]，如四位自下重重生上[⑧]。

四位相克

《经》曰：假令人元克贵神，主有人谋害自己；贵神克人元，自己欲谋害他人。[⑨] 如将与地分同克贵神，主卑犯尊；如人元与贵神同克将，主伤妻损财。[⑩] 大抵人元是客，贵人是主。客为异姓，主为家长。如阴贵神，是阴人家长主事；如阳贵神，是阳人家长主事。推休旺老少。如贵神克人元，主旺，主得理。人元克贵神，客旺，客得理。

四爻生克颂

吉能克凶事将空，凶能克吉事难集。方来克将钱财散，将若克方斗讼生。位来克客人寻己，干若生方己谒人。二上生下财满箧，二下生上子孙兴。又曰：凶神受克，忧患消灭。吉神无伤，吉庆繁昌。人元不伤，争讼理长。人元受制，争讼无气。主休客旺，我短彼长。位强身弱，我忧他乐。又曰：四位相生百事吉，四位相克百事凶。

---

① 主家富贵，亦主内外和顺。

② 主亲戚远行，或身及财帛，主称遂。

③ 主自己欲寻人，访之必见。

④ 亲人来借物，或朋来相访。

⑤ 主婚姻事，谋望有就。

⑥ 主妻贤子孝，富贵荣昌。

⑦ 主有外人进纳财物，添人进口，六亲俱来相访，有非常之喜美也。

⑧ 出外商途有喜。

⑨ 皆主官事。

⑩ 如将是阳支伤男子，将是阴支伤妻妾，将克地分伤小口，以属断之。

阴多阳少男为事，阴少阳多女子因。[①] 颂曰：人元不伤，争讼理长。人元受制，争讼无气。[②] 客若克主，是干克神也。[③] 若主克客，是神克干也。[④] 但人元与贵神相克，谓之外战；将神与地分相克，谓之内战。[⑤] 如四位从下次第克于外，[⑥] 如四位从上次第克夫内。[⑦]

应期合德

其一，天地合德。[⑧]

其二，取将干近合为应。[⑨]

其三，取奇合为应期。[⑩]

其四，取三合为应期。[⑪]

其五，支六合应期。[⑫]

又法：课得前一辰遇丁甲者，三旬已内，逢本日将为应期。课得后一辰逢丁甲者，二[⑬]旬已外，逢本日将为应期。[⑭] 如本位上见丁甲者，取日近本日将为应期。[⑮]

---

① 解曰：上克下为人，官事起家内。下克上为出，破财当向外。上生下，他人征用自己。下生上，自己征用他人。阳象入阴，是阳神阳将加临阴位也。阴象入阳，是阴神阴将加临阳位也。三上克下，家事之课。三下克上，出行之象。主用旺相，吉凶力旺。主用休囚，吉凶力弱。

② 如求财，最要主客和合，则终无疑阻矣。

③ 求事难成，争而得之，或出于不得已也。

④ 求事不遂，当空手还之。《人式歌》曰：客克主兮来索物，主克客兮客空还。二说相同，亦主争讼事。

⑤ 凡外因外事，内因内事，皆主口舌是非，灾患伤财。

⑥ 主其家里勾外连，搬递财物，亦主家人不和，官事口舌，伤财刑狱之事，或出残疾之人。

⑦ 主其家不义，多饶疾病官事，外人来谋害内人，或家道不称，人口羸弱，兼之斗讼伤财。

⑧ 如甲子日，课得戊辰将，顺取癸酉月日时为应期。又甲戌将得己卯合，庚子将得乙丑为合之例。

⑨ 如六乙日，得戊寅将，即以癸日时为应期，不必待天地支干全合也。又如甲子日，占得丙寅将，近取辛未日时为应期可也。干合者，五合也。

⑩ 甲戊庚、乙丙丁也。若课将干有甲戊而无庚，至庚日必应。有丙丁而无乙，至乙日必应。此三合，如命家虚拱暗位同。

⑪ 课中若有寅午而无戌，在戌月日时必应。有巳酉而无丑，于丑月日时必应。有子辰而无申，必应于申月日时。有亥未而无卯，必用于卯月日时。即前虚一待用之说也。

⑫ 六合者，子丑、寅亥、卯戌、辰酉、巳申、午未也。如月将是寅，取亥月日时为应。是卯，取戌月日时为应。余仿此。如占行人望事，若旺相带劫煞及天驿马者，逢合即至。如远则年月，近则日时，取合为应期也。解曰：应期取三合、三奇、六合、干合者，盖取用于所占之课月将与神也，神若得日不出日，得时不出时，止取其近合也。

⑬ 他本作三。

⑭ 是丁甲，取甲子周数已外，逢本日将为应期也耳。

⑮ 假令十一月下旬丑将、乙卯日、巳时、未位，癸水、甲申虎金、卯己木、未土。此课前辰申位上见甲，三旬内逢本月将为应期。本课以乙卯日起五子元遁，己卯将上白虎带甲木，是将与神干甲与己合，只取日近遇本日之将为应期，不须待三旬也。

贵神休旺

六合青龙木为主，绝在申［绝］兮并子［败］午［死］。螣雀原来是火精，卯［败］酉［死］亥［绝］上无气处。太阴白虎是金神，祸败须防子［死］午［败］寅［绝］。玄武天后藏于水，卯［死］酉［败］巳［绝］上不堪论。更有天空及勾陈，太常天乙相为邻。四神是土同水断，天官休旺得其真。

五行休旺

春木旺、火相、土死、金囚、水休①。夏火旺、土相、金死、水囚、木休②。四季土旺、金相、水死、木囚、火休③。秋金旺、水相、木死、火囚、土休④。冬水旺、木相、火死、土囚、金休⑤。

五行聚管⑥

三水一木⑦主荣华，田庄浩大足丝麻。子孙孝友丰标美，珠玉文章气转加。

三水一火⑧家屡贫，伤残恶死⑨刺⑩三人。久患风劳身不遂，终朝苦恼告天神。

三水一火不为灾，局成既济反和谐。田宅六畜多富厚，主有黑水入门灾。⑪

---

① 木墓在辰，角音姓忌。

② 火墓在戌，徵音姓忌。

③ 土墓在辰，宫音姓忌。

④ 金墓在丑，商音姓忌。

⑤ 水墓在辰，羽音姓忌。

⑥ 五行生克寓乎盛衰，乃自然之理也。详此论似乎固执，但原本所垂，今不敢罔去，辑以俟高明之鉴可也。

⑦ 生气旺多。

⑧ 克重。

⑨ 客死也。

⑩ 刺面也。

⑪ 二说未知孰是。然三水克一火合主凶，却无灾，又云水火既济，故主夫妇和谐，子孙兴旺，田蚕财帛，六畜兴盛。来意为阴人淫乱。

遇丙丁在上，发禄迁官应之。遇木在上，主有争讼，外人谋害。

三水一土[①]破家门，人亡恶死不堪论。庄田破败难拘管，虽有儿孙贫苦存。

三水一金主文章，蟾宫折桂意扬扬。禹门浪稳风雷变，不日拖绅上玉堂。[②]

三火一木家破败，人多残疾绝后代。家中哭泣不曾停，三女生来多祸害。[③]

三火一土[④]破家财，家中不免遇多灾。田庄破尽无分寸，总有儿孙事转乖。

三火一金[⑤]受灾迍，疾病疮痍不离身。昼夜呻吟床枕上，纵饶扁鹊治无因。[⑥]

三火一水主不良，毋行淫乱失田庄。窃盗散来凶恶露，分须刺面配他乡。[⑦]

三木一土家破贫，室中淫行不良人。岂凭媒妁相成就，邸店梳妆是立身。

三木一水人少亡，儿郎作伪不循良。又无远见兼无信，虚诈多端取祸殃。[⑧]

三木一火乏资粮，家财破散失田庄。窃盗败来凶恶露，应须刺面配他乡。[⑨]

三金一木[⑩]最不强，家中多是恶伤亡。纵有儿郎须夭折，丙丁岁内定恓惶。[⑪]

三金一水[⑫]主家昌，福禄资财转更强。屡有贵人来接引，不惟丰富有儿郎。

三金一火合主凶，却与三金一水同。只是弟兄多不义，来占亦为讼争浓。[⑬]

三金一木多软弱，儿孙生下还无目。眷属阴人凭死伤，丙丁之年灾更速。[⑭]

三土一水出刚强，胆硬心雄甚勇张。或遇丙丁来发旺，分符还用守忧防。

三土一木太乖张，儿孙刺面配他乡。家财破耗无田产，更有儿孙赴法场。[⑮]

---

① 脱重克轻。

② 又或问课见三水何如？曰：其家必有痔漏童男，及有外贼所伤财物数次，其家亦主水灾，此课大凶。问见四水何如？曰：与三水同断，皆主凶。

③ 课体相生而为凶祸，何也？《经》曰“二火为灾百事残”，况三火乎？而一木又生之，祸转深矣。生三女者，以木生火，火为中女也。来意只为阴人有患。

④ 脱气太重。

⑤ 克重。

⑥ 来意为官讼。

⑦ 来意为伤人口。

或问课见三火何如？曰：主阴人官事，更主阴人残害。课象纯阴，妇人主家，多生女，亦主外人主家，更釜鸣见火光数次。问四火何如？曰：更不美也。

⑧ 主其家不和，来意只为失财，后主死人官事应之。

⑨ 或问课见三木何如？曰：主官事缠身，又兄弟三人无父母，其兄弟三人俱合再娶，更子孙。问见四木何如？曰：亦主官，其家合主新盖舍屋，家中缺费如悬罄，惟四壁而已，贫乏艰难之象也。

⑩ 他本作水。

⑪ 家多恶死，又主一房丙丁岁内定有灾耗官讼。来意亦只为官事也。

⑫ 他本作火。

⑬ 三金一火合主大凶，而却大喜者何？盖凶中取吉，吉中取凶，课中深旨也。

⑭ 来意只为望远信，求财帛。或作三水一木。

或问三金，曰：主阴人淫乱，家宅不宁，合主门师禳锁，其宅亦主死亡人口，又主官事，其灾福与经文二金同断。问见四金何如？曰：此为纯金，其象主君不君，臣不臣，父不父，子不子，紊乱纲常，其骨肉皆不顺，为最凶。

⑮ 主君不君，臣不臣，父不父，子不子，无纲纪也。

三土一金出俊英，子孙聪慧有声名。敦诗阅礼多识博，科甲巍峨锦绣迎。[①]

二水二金子孙多，有妻端美若嫦娥。此课占之家富贵，钱财粟帛足绫罗。

二水二土克刑伤，尤多痨病面痿黄。子孙官事何尝绝，牢狱加临有祸殃。[②]

二水一木一土当，性强还恐少儿郎。乞得外姓为儿婿，户籍年深改赵张。

二土一水一木伤，有人患害自闲[③]防。时常疾病曾[④]无已，死丧官非岁岁殃。[⑤]

二金一水一木强，家中和会喜非常。更主儿孙多俊丽，蚕丝岁旺进田庄。[⑥]

二木一水一土崩，家中常是有相争。更知后代多淫乱，亦有儿孙向外行。[⑦]

二木一水一金行，子孙禀性各聪明。田蚕兴旺无灾难，仍有资财喜庆生。[⑧]

二火一金一木伤，有人灾病患头疮。子孙恶逆难调治，官事牵连人口亡。

二金一火一水殃，儿孙多病患头疮。间有一人能好善，又多睁眼性颠狂。[⑨]

二火一水一土伤，家中淫乱事非常。资财破散主母死，来占讼病及争庄。

二木一火一土昌，子孙丰骨貌堂堂。田蚕进旺人好善，还有官荣耀故乡。[⑩]

四孟值课为遗失，四仲来人问交易。四季攻激为婚姻，进身或然求信息。

飞符加年月日[⑪]

飞符当推日上，甲巳乙辰可知。戊丑己午庚未期，丁寅丙卯无议。

壬酉辛申癸戌，其神干上居之。倘遇其辰同位斯，陡然横祸危异。

---

① 主出文武官，不然家大富也。来意为文字远行，主喜庆。或作三水一金。

或问四位内见三土何如？曰：主有丑妇凶恶，诸求不成，又主其家姊妹三人，亦无父母也。盖同类为兄弟，今四位无相生相克，只有同类，乃是勾陈、太常阴土，故言姊妹也。问四土何如？曰：主妇凶也。三土、四土，丑妇凶恶也。

② 来意为病死，子孙恶逆。

③ 一本作关。

④ 一本作灾。

⑤ 来意为人谋己，人口病患。

⑥ 来意为外人争讼。盖二金不顺之神。

⑦ 主妇女淫乱，出不良之人，或子孙出外求财不利。《经》曰：二木为爻求难得。以一水被土克无气，不能救二木，生气绝也。来意为财不遂，家不和。

⑧ 课自下层层生其上，来意出外求财。

⑨ 为两阴人病，又讼牵惹由人，二课同。

⑩ 来意只为生女子。

⑪ 合用神煞。

丧门加年月日

正五九当未，二六十辰推。三七十一丑，四八腊戌知。

天鬼加年月日

得春从酉起，三夏午方期。卯上逢秋位，言冬子位推。

天罗地网加

日前一辰为天罗，对冲地网更无他。若加年月日辰上，因讼灾殃病必多。

关隔锁

酉上见木为关，卯上见土为隔，卯上见金为锁。寅卯酉为关，戌加卯为隔，酉加卯为锁。

占者行人不通，远人不至，囚禁难脱，病孕阻隔，访人不见，逃亡不还，占物有隔，占事有阻百事迟留。

关上见金为斩关①，隔上见木为毁隔②，锁上见火为破锁③

---

① 申卯酉。

② 寅辰卯。

③ 申酉卯。

占者主囚禁得脱，孕病安，逃亡避罪。隔节开通，因事出行，皆为顺利。愚谓：用关隔锁小吉而不宜，若用斩关、毁隔、破锁而不吉，是贼上加贼，兵上加兵，伤如之何？有若取意详事及不用五行生克制化，是舍头目而取毫芒，宜详审之。

旬中空亡

甲子旬中戌亥空，甲戌旬中申酉空，甲申旬中午未空，甲午旬中辰巳空，甲辰旬中寅卯空，甲寅旬中子丑空。

旬空所主人情虚假，事不尽诚，闻忧不忧，闻喜不喜，求谋不就，望用无成，行人虚信，病讼无危，逃亡不获，失物难寻。又曰：凶神落空，凶事销镕；吉神落空，喜叶难逢；诸合落空，喜未符同；旺相落空，过旬乃通；财官落空，进取落空；鬼贼落空，虽凶不凶。

四大空亡

子午旬无水，寅申不见金。

假令甲子旬戊辰日课壬子癸亥，甲子、甲午旬课干神将方有水，是四大空亡。寅申同此意。凡有谋用，吉凶不成。

四　绝

寅酉为金绝，事干文书道路。卯申为木绝，事干财帛车马。午亥为火绝，事因口舌取索。巳子为水绝，妇女男子道路。

五　绝

将与神相遇为正绝[①]，将与日相遇为遥绝[②]，将与时相遇为次绝[③]，将与命相遇为

---

① 主事体尽绝，人会而散，夫妻离别，求事不成，占病必死。

② 贵人不喜，官职退散。

③ 主坐中时官人说断分散之事，器物损坏。

大绝[①]，将与位绝、位与神绝名正绝[②]

右五绝主事体断绝，人情离散，器物损坏，占病大凶。如卯申、午亥，合名合中有绝，然卯申为木绝，午亥为火绝，凡课中有金与水土未尝绝也。若有午卯为用，则主聚而复散，成而复败。若申亥为用，则主断而复续，失而复得。

四　败

水土遇酉木遇子，火遇卯兮金遇午。

凡四败如乘车，体则似囚系拘缚之象，占主口舌忧挠，官府刑讼，惟宜捕捉，不宜占病。

月建旺相

月建，正寅、二卯、三辰、四巳、五午、六未、七申、八酉、九戌、十亥、十一子、十二丑。

一曰四时旺[③]，二曰相生旺[④]，三曰随日神旺[⑤]。

凡月建旺入占，主事旺相久远，吉凶力壮，或创立初新之事，亦主月内初新事，故月建出现谓之龙德[⑥]。凡神将建旺，物则盛大数多，人则壮健少貌，吉则为福愈厚，凶则为祸尤深，谋为有望有成，置立渊远。又曰：吉课逢生逢合，有初新财禄喜协之因；凶兆相伤相伐，有初新讼病丧破之事。又曰：吉有建将方显吉，凶逢生旺转为灾。

相者[⑦]，以将来有气而相也。所主将来已动望成，未就初新之事。又曰：吉兆福集于将来，凶应祸随于旋踵。八节建旺尤宜细详。假令辰月课得卯将，巳月课得辰将之类。原夫盛则渐衰，旺则渐废，所占殃虽危而渐瘥，事虽凶而渐退，或因病而重发，或事残而再来，占财吉而有凶，占事过而复起。

---

① 非时惊恐灾异，物破财散，旧事占动，进退不宁，占病必死。

② 与次绝同断。

③ 春木夏火秋金冬水。

④ 寅卯得亥子水生，亥子得申酉金生，申酉得四季土生，辰戌丑未得巳午火生，巳午建得寅卯木生。

⑤ 如将神是寅卯木得亥子日，亥子水得申酉金类，名长生合旺，须日辰透出。

⑥ 谒望动为，吉凶立应。

⑦ 寅月得卯辰将，卯月得辰巳将，辰月得巳午将，巳月得午未将，午月得未申将，未月得申酉将，申月得酉戌将，酉月得戌亥将，亥月得子丑将，子月得丑寅将，丑月得寅卯将。

月破休囚

月破，正申、二酉、三戌、四亥、五子、六丑、七寅、八卯、九辰、十巳、十一午、十二未。

申破巳，戌破未，亥破寅，寅破巳，丑破辰，午破卯，酉破子，入课为用神，被月建冲破，谓之解神，亦曰四时空亡①。

休囚者②入占，吉神值之未能吉，凶神值之未能凶，病讼忧危无咎，谋望喜叶不成，财浅薄而无多，物数少而细微，为有心而无力，事欲速而犹迟。

月厌者③入课，为咒诅冤仇，禳魇不明之事。占病为连绵不愈，伏枕尫羸之愆。

岁君建破

岁君，年中天子之象，统领诸位神煞，主人君、大臣、大师、头领、家长。入占遇年干同者，真太岁也，主尊长部官之事，仕人遇之，利见大人，有进爵面君之喜，常人遇之，有干于朝廷官府之事。若临门户、日辰、年命，主尊长凶，受克尤厄。若在功曹、传送，此年主出外。凡神将与太岁同者，主当年见理事。若六月以前，见去年太岁，旧年事。七月以后，见来年太岁，来年事。岁冲④与太岁相对，入课主道路音信，财物破散，家宅损耗。主半年间事，以岁之半也。谒贵不喜，求望难成，又主丧亡，冲破岁支，故曰岁破。岁宅者，岁前五辰是，入占主争讼田宅。若宅神受制，主灾祸惊忧。日建，将神与日辰同，所主一日内事。故曰：将与日辰同，灾祥百刻中。凡神将方位值犯休囚，而出现值日者，吉则助无吉，凶则助无凶。日冲⑤入课，主残器物事难成，人情不协动摇生。闻忧不忧喜勿喜，未决官司萦绕身。又曰：格局冲而不成，生合破而不用。旺相逢冲即废⑥，凶亦无危；休囚犯破即空，吉而不叶。卯酉为门户，或受克，或相加，家宅更变不宁。或改门，或修造，鬼贼不宜发动。又曰：凶伐

---

① 主器物破坏，忧者散，病者死，事不成，财气无，妊娠孕育，囚禁脱离之象也。

② 春土夏金秋木冬火。

③ 正戌二酉三申四未五午六巳七辰八卯九寅十丑十一子十二亥。

④ 一名大耗。

⑤ 课中被日辰冲破也。

⑥ 一本作发。

临门而灾祸侵，吉合到门而喜叶至。

合用神煞

天德：正丁二申三壬四辛五亥六甲七癸八寅九丙十乙十一巳十二酉。入课主解百祸，变凶为吉，又主尊长贵人大喜。

月德：正丙二甲三壬四庚五丙六甲七壬八庚九丙十甲十一壬十二庚。入课主贵人尊长和合，亦解百祸。

月合：正辛二己三丁四乙五辛六己七丁八乙九辛十己十一丁十二乙。入课亦主尊长喜庆和合，并为忧危解散。

天赦：春戊寅、夏甲午、秋戊申、冬甲子。入课主解刑禁忧危之苦，修造、婚姻、出入皆利。

天喜：春戌亥子、夏丑寅卯、秋辰巳午、冬未申酉。入课主官事得理，求事成，危得安，忧得喜。

天马：正午二申三戌四子五寅六辰七午八申九戌十子十一寅十二辰。入课主求事迍邅，望行速至，游行皆利，逃避去远，走失难寻，他皆吉顺。

驿马：申子辰亥卯未，寅午戌巳酉丑，月日寅月日巳，月日申月日亥。入占求官望事、出入迁移、行人书信迅速可得，但逃亡走失去远难获，主移动出入，占官喜，捕捉难。

丧门：岁前三辰是也。入课上克下，主孝子忧疑，占疾病大凶。

吊客：岁后三辰是也。入课主惊忧阴私灾患之事，占病大凶。

丧车：春酉夏子秋卯冬午。入课不宜占病，若丧车克人元，必死。

截命煞：入课主求事阻截，妇人生产空挠迟延，忌占病占畜。

三丘：春丑夏辰秋未冬戌。入课不宜占病，主讼坟墓事。

五墓：春未夏戌秋丑冬辰。入课亦主争讼坟墓，占病即凶。

病符：岁后一辰是也。入课主灾病。

无私使者：天乙相冲之将是也。入课大恶，占病主凶。

六丁：人元见丁是也。入课主门户不康宁，惊恐忧疑之事。

六甲：人元见甲是也。入课主和合喜庆事。

飞廉：正戌二巳三午四未五申六酉七辰八亥九子十丑十一寅十二卯。入课主求事迅速，占行人立至，及主非常惊恐不明之事。

劫煞：申子辰日在巳，巳酉丑日在寅，寅午戌日在亥，亥卯未日在申。入课不宜占走失行人，主隔不通也。

望门：劫煞相冲是也。入课主忧疑妄想，奸淫妻妾之事。

天盗：克将是也，据前法以子将为天盗，此法以玄武为癸亥。入课主多阻隔，走失不利。

灭门：阴月前三位，阳月后三位。入课占官事、嫁娶、妊孕大凶。

大祸：阳月前三位，阴月后三位。入课，占移居、嫁娶、妊孕、官事凶。

往亡：立春后七日，惊蛰后十四日，清明后二十一日，立夏后八日，芒种后十六日，小暑后二十四日，立秋后九日，白露后十八日，寒露后二十七日，立冬后十日，大雪后二十日，小雪后三十日。往亡者，去而亡也。入课忌拜官上任、远归、出军、嫁娶、占病。

三刑：巳日见寅，寅刑巳，巳刑申，申刑寅，无恩刑也；子刑卯，卯刑子，无礼刑也；丑刑戌，戌刑未，未刑丑，恃势刑也；午酉辰亥四者，自刑者也。入课辅吉则吉，辅凶则凶，旺则如乘车得马，休则如囚禁拘缚，口舌忧挠，刑讼忧疑，惟宜捕捉，不宜占病。若官动，仕人迁官，常人家宅凶。

六害：子害未，丑害午，寅害申，卯害酉，辰害亥，己害戌。入课主有人谋害及官中事，占病亦凶。

生气：每月开日是也，对冲即是死气。入课蹇中有顺，绝处逢生，所为皆美。[①]。

禄倒：甲年卯限，丙年午限，丁年未限，戊年午限，己年辰限，乙年未限，庚年酉限，辛年戌限，壬年子限，癸年丑限。入课禄位有损，病者大凶。

马倒：寅午戌酉限，申子辰卯限，巳酉丑子限，亥卯未午限。入课病者大忌，亦主不利官事。假令子生人，限到卯宫是马倒。

天医：正戌二亥三子四丑五寅六卯七辰八巳九午十未十一申十二酉。入课主病者得愈。

五鬼：歌曰甲己巳午丑未存，乙庚寅卯守黄昏。丙辛子丑来冲位，丁壬戌亥墓临门。戊癸忌占申酉位，建逢辰土作人元。此辰若遇支干上，专主行人道路冤。

---

① 生气：正子二丑三寅四卯五辰六巳七午八未九申十酉十一戌十二亥。死气：正午二未三申四酉五戌六亥七子八丑九寅十卯十一辰十二巳。

四象五行图

干天干　神贵神　将月将　位地分

木　天时：风。地理：林野。人事：奢华。病源：肝。

火　天时：晴。地理：山岗。人事：性急。病源：心。

土　天时：云。地理：坟岗。人事：淳厚。病源：脾。

金　天时：阴。地理：道路。人事：凶恶。病源：肺。

水　天时：雨。地理：河道。人事：漂流。病源：肾。

干支生克所主

甲［生神将］，喜庆婚姻官禄发。乙［生］，财帛就亲书信出。

丙［克神方］，家宅不宁文字损。丁［克］，惊恐忧灾哭泣声。

戊［克神将］，坟墓词讼争竞笃。己［生］，酒食田园婚姻喜。

庚［克神将］，六畜道路死亡凶。辛［克］，外丧凶事有虚惊。

壬［克神将］，祭祀不行灾患生。癸［克］，四足家中惊怪起。

子［不克］，财帛动用时得已。　丑［不克］，阴财田产宜当有。

寅［不克］，官吏文书事勾陈。　卯［不克］，出入饮食文书耗。

辰［克］，时有小人争讼频。　巳［合］，妇女迎迓因旧事。

午［克］，血光惊恐时时睹。　未［合］，妇人酒食论情意。

申［合］，亲朋远来道路因。　酉［生］，出入相逢吃好酒。

戌［克］，小人惊恐时时出。　亥［克］，家中病人身未瘥。

次客法[①]

次客法者，备一时有数人并一方求占，故有此移神换将，或换日辰，或换大六壬，

① 不合于理。

依式造合子，其三法，皆一意也。愚忆度之，似或未当。如月将之例，正月登明，按历家交代之后，方用其将，以此观之，其换将之法，不可概照[①]。暴不尽[②]来人或本命或行年上作课占，则一岁之内，吉凶可见也，其义尤远，高明之士当详而较之。法曰：阳将后三前五，阴将前三后五。课内次客换将又换神，更于人元上，重遥起数到本位。[③]

推行年法[④]

甲子旬生人，男一岁丙寅、女一岁壬申，十岁到亥。

甲戌旬生人，男一岁丙子、女一岁壬午，十岁到酉。

甲申旬生人，男一岁丙戌、女一岁壬辰，十岁到未。

甲午旬生人，男一岁丙申、女一岁壬寅，十岁到巳。

甲辰旬生人，男一岁丙午、女一岁壬子，十岁到卯。

甲寅旬生人，男一岁丙辰、女一岁壬戌，十岁到丑。

假令甲午生男，一岁起丙申，顺行至十岁乙巳，二十乙卯，三十乙丑，四十乙亥，五十乙酉，六十乙未，六十一岁仍是丙申，六十二丁酉，六十三戊戌，六十四己亥，六十五庚子，六十六辛丑。夫甲午生人属金，至丑入墓，大运又在午，又是本命伏吟，丑午相害，见庚为人元递互相刑，故主己亥年三月二十八日申时死也。此乃六甲旬头所起小运，余例凡人起运，皆依此推。

推人行年吉凶

法曰：常人于行年上依例立成四课，以断灾福。若行年与课干相合，最为吉，不合则否。若四位相生则吉。又云：凶神凶将以凶断之，吉神吉将以吉断之。

---

① 他本作取。

② 他本作莫若以。

③ 假令十二月午时，申位、将功曹、神元武、人元戊。设有次客又于申位坐，以十二月子将阳将合用后三，以酉将加午，数至申，则将登明，即以人元戊建建甲寅，数至申上，则人元是庚。后有次客，亦坐申位，复从酉后五，以寅将加午，数至申，则将是天罡，再以庚建建戊寅，数至申，则人元是甲。贵神玄武，未尝易也。自是而亥将、辰将、丑将、午将、卯将、申将、巳将、戌将、未将，一时可作十二课，至十三而复是子将，周而复始矣。余仿此。

④ 男顺行、女逆行。

假令行年己亥，课见人元是甲，甲己合也。如无干合，则逢支合亦为喜用，以年支与课上将取三合也。行年是亥，课上见太冲或六合、小吉或太常者是。如无三合，取六合亦为喜用，以行年支得课上神将六合。如亥行年，课见功曹、青龙是也。

行年灾福歌

寅为元首号功曹，运限亨通位转高。上士贵人相接引，亲朋知友共相遭。

男逢此运防吊临，恐遭刑祸见天牢。此是运中灾福诀，后人留意细推敲。

卯为小运太冲宫，此限居时浑未通。男子遭迍多疾病，须防官事横来从。

事扰心神多恍惚，运事求财百不融。得病免遭须祷谢，更恐身归半路中。

辰为猛将号天罡，此运推移事不张。虽处巽宫为地网，诸邪鬼怪作灾殃。

龙神土地俱递送，当家必定主重丧。修造迁移皆不利，急宜作法木[1]中禳。

巳为太乙居斯地，多招疾病官灾至。邪魅时时作祸来，釜鸣屋爆心犹豫。

祭灶须祭血腥鬼，看看又恐阴灾起。如离此运急须迁，合有相当财禄喜。

午为离地胜光乡，此运求财百事强。论讼入官须得理，参贤谒贵遇侯王。

经求通达过前载，来岁尤加大吉昌。修造切须为大忌，除非作法水中禳。

未为小吉多啾唧，此运田蚕可盈溢。百事经求宜避往，求财慎守防偷失。

吊问无增减省宜，凶灾逸惹来相逼。后贤披阅细搜寻，此中灾福不失一。

申为传送在家凶，此运官私并不通。出外求财宜且喜，居家惟恐病疮痛。

造膰送去东方吉，逢有生财喜客躬。修造迁移宜切忌，堪居甲乙厌青龙。

酉为白虎号从魁，鬼魅天罡径送灾。五鬼临门财物散，更遭此运大迍灾。

运中须逢牛马死，白虎时时灾火来。二八月间宜慎守，必为奸事笑声哀[2]。

戌为天空号河魁，此运逢时亦有灾。闭塞不通多蹇难，看看刑狱压头来。

天罗遭遇身难解，地网沉迷未得开。男忌官灾忧疾病，女防生产损娠胎。

亥为阴鬼号登明，此运经求事不成。四足门前多作怪，又兼小口有灾屯。

暗被阴谋遭口舌，时遭蹇难损资金。己亥月日应须记，吊问宜防惹祸临。

子为神后太阴精，此运经求不称情。夜半叫门多是怪，日中失脱必奸生。

迁移修造宜多利，好事无谋主损因。子午卯酉休吊门，带将鬼祟入门庭。

丑为大吉且安然，十二年中到丑天。此运田蚕多称遂，片时福禄定高迁。

---

① 一本作水。

② 一作必为丧事哭声哀。

天后男女逢必咎，四煞阴人遇有愆。丑未月中宜避忌，遭他本命祸连绵。

四课假令

夫课以人元、贵人、月将、地分为体，四位之内察其五行休旺战争，取以论断，万无不验，恐后学不审，备搜群论汇辑休咎作假令。

假令壬申岁正月初一日甲寅巳时酉位登明将。

人元：　癸　　水［人元生月将］

贵神：　太常　土［贵神克人元］

月将：　太冲　木［月将克贵神］

地分：　酉　　金［地分克月将、地分生人元］

此课主人外路逢盗劫阴人财物。何以知之？四位内太冲，是贼神。《经》云：太冲劫煞伤人贼。太常是阴人，被太冲克之，无气。《经》云：“太常阴人财帛喜。”问：因何失财？曰：其人在外，因酒筵上或中毒药昏迷不知，而盗乘机劫去阴人财帛。以太常被克无气，又见灾煞、劫煞故也。灾煞劫煞遇太常，财物当失两三场。更主酒筵毒药害，如在魁罡主此殃。孙膑云：未必然也。主其人因贼盗上发用动官，亦为过去事也。何以知？以人元是水，水亦为姓，姓属他人，被太常土克人元。《经》云：“姓克但知官事起。”何以知为过去事？人元是癸，癸是亥之本身，今木旺则水休矣。又卯酉为门户，亥为门里。其人主现今其官事未绝。四位内见卯，卯为门户，事亦在门也，主先凶后吉。虽伤财，却身无害。今财帛虽被盗，后得地分又克月将，故失而还得也。何为不损身？以四重重克于外。《经》云：“太常临卯是为财，盗贼口舌不为灾。六里路边逢羊兔，吃食花果在于怀。”

今以十二神煞排入课中，以俟高见发明，庶使后人校用。假令：

人元：　甲　　木［人元遥生地分］

贵神：　玄武　水［贵神上生人元、贵人下间克地分］

月将：　传送　金［月将上生贵神、月将上间克人元］

地分：　午　　火［地分上间克将神］

此主其家必有出外之人，亦主有病，更主家内有官事凶。何以知？为见传送乃是白虎之神，地分属火，火性炎上能克金，白虎无气，合主凶丧。白虎又主道路，合有人出外，今既有克，故主凶丧，亦有官灾移逃之事。《经》云：“白虎当凶事不常，死伤道路见逃亡。临于本位重重失，人木口舌入火伤。”又曰：“其家必有军人出外，或患喉疮，或是车碾以致伤命。”为见将神是金，金陷于火位，无所救援故也。且云：“申临巳午军人有，客途车碾患喉疮。不止如是，且主伤阳人小口也。”以地分是午，午为阳火，上为玄武隔克，水性润，虽有援神，隔绝于外，不能救，故主伤阳人小口也。又主伤小小财物，更有带破之人，或患在目，形身眇小，面貌丑恶，必好作贼，主其家住河侧或近河。《经》云：“玄武主凶家近河，水灾鬼怪及妖魔。出得儿孙多丑恶，贼来三度火伤多。”又云：“玄武阳凶兵伏军，面小身微左眼昏。色恶唇粗形必丑，眼斜视物夜中人。”又曰：“玄武阳贼眼斜窥，有人谋害见逃移。被人泥贼妻女走，鬼动神来无不知。”然此虽是凶神，却也先忧后喜。何以知之？为人元是甲，甲木为青龙，武水上生龙，龙木生火，火旺则有不测之喜。假令占来意，以何断之？曰：必是求寻一个阳人，应管作公人。为人元是甲，甲为功曹青龙之形也。《经》云：“青龙官吏簿书司。”大抵贵神生人元，合主寻人。贵神克人元，便主官事。贵神克地分，主伤小口及破财也。假令出门，占主见何物？曰：必见凶孝之事，更见一阳人作贼，眉眼不正，又见一吏人，更主引带一人，必是兄弟。何以见之？以白虎陷于火，曰“烧身”，主死亡哭泣。玄武，贼也。人元甲为公吏，以水相生，故为兄弟。又曰：同类为兄弟。今水生木，应自生己者，宜详。假令见一墓，问下是阴人阳人？曰：阳人。何也？课内贵神、人元皆阳，而旺从旺断也。问：其人患甚死？云：是天行疾，主喘死也。四位内金受克，主喘。此但叙其概而已。其神妙者，更在人神而明之。

假令壬申日巳时未地大吉丑将。

人元：　丁　　火［人元生地分、人元克贵神］

贵神：　太阴　金［贵神克月将］

月将：　太冲　木［月将克地分、月将生人元］

地分：　未　　土［地分生贵神］

此课主破财，亦主伤阴人小口。何以知之？为地分未属阴土，被太冲木来克，故伤阴人小口。破财，以地分为财帛之神，被伤故也。又主其家遭贼，亦主损却门户。歌曰：改户起移舡车损，自知兄弟各分张。盖太冲盗神也，克地分，故被贼。然被上太阴克之，主有阴人患病，是喘嗽兼卒患多自缢而亡。何以见之？太阴是阴人，丁火自外来克，太阴无气又无救援，须当厄矣。然必喘嗽卒患并自缢者何？以将是卯，卯仲神。《经》云：“四仲卒患痛苦病。”又主其妇人淫邪，何也？以太阴当位，主暗昧不明之事。有克，主夫妇不和，休离之象，阴人痨嗽自缢死。其死者妇人也，更主好貌洁净。歌曰：“太阴闲雅好丰标，性缓清声乐艺高。形瘦面方眉眼细，梳妆浅淡忒妖娆。”此须是豪家之人，故从此断。

假令登明将辛酉日巳时午位。

人元：　甲　木［人元生地分、人元克贵神］

贵神：　天乙　土［贵神克月将］

月将：　神后　水［月将克地分、月将生人元］

地分：　午　火［地分生贵神］

此课主兄弟数少，只宜孤独也。盖同类为兄弟，此四课内无同类故也。主其家父母、子孙俱无，以生我为父母，我生为子孙，今四位并无相生。其妻却主结发，以克我为官，我克为妻，四位重重相克，主妻结发也。设如论灾福，先以人元克贵神，上克下，主有外人来谋害自己。贵神克将神，主杀妻及伤财物，更主争田庄，又主官事牢狱。歌云：木来入土为刑狱，土行水上竞田庄也。更主有奸私讼狱词状动，只为水入土，又是神后水，故主奸邪词讼文状事，主不得理。以贵人为主，人元为客，四位内只见客旺主衰，所以不得理也。此课辨墓如何？曰：是阳人也。何以知之？为四课纯阳故也。据此课，又伤小口。歌云：见阳为阳阴为阴。又主其家即今有伤死也。卯为人门，子为天门，四位内只见子为天门。歌云：天乙被煞主灾同，贵人厄难有何通。神被将克家长死，神克妻儿哭泣凶。今有十二神煞同入课，为贵人上见灾煞。今将神是子，故申子辰劫煞在巳。即灾煞、岁煞、天煞、月煞、地煞、亡神、将星、攀鞍、驿马、六厄、华盖依次排之，其中紧使亦不过劫煞、驿马而已，宜详而用之。

假令甲木［客］、白虎金［主］、河魁土、子水［小口］[①]。

此课先以下克上，主官事发动，更主有人死在道路，为白虎临戌，戌为骸骨之神，亦主葬埋之事，主失了骸骨也。或四足失走，占怪亦四足走失，占病大凶。何谓官事发动？以贵神克人元。歌云：克姓故知官事起。此课又伤小口破财。大凡神将克地分，主伤小口破财。又主凶丧之事。何也？为将神在戌，戌是骸骨之神，又上见白虎，亦是骸骨之神。今白虎旺，故为阳人。临戌，是见两重骸骨神也，故主重丧。且占墓何如？曰：是阳人也。亦为四位内只见白虎故也。此课亦主大凶，何以知其然也？曰：白虎上又见劫煞也。盖寅午戌劫煞在亥，故曰白虎行来劫煞宫，必须丧失两重重。白虎当旺魁罡上，人元是木有深凶。

贵神旦暮阴阳顺逆辨[②]

《经》曰："天乙贵人，在紫微门外，乃天皇大帝，下游十二辰位，家居己丑斗牛之次，执玉衡，均同天人之事。"不居魁罡者，以天魁主狱，天罡主牢故也。甲戊庚

① 人元克月将，贵神克人元，月将克地分，地分生人元，月将生贵神，贵神生地分。

② 他书有甲戊兼牛羊，庚辛逢马虎之例，两支一例，似乎有理，不知甲戊庚乃天上三奇不可拆也，且神数非他术可比尔。

日，旦治大吉，暮治小吉。乙己者，旦治神后，暮治传送。丙丁日，旦治登明，暮治从魁。六辛日，旦治胜光，暮治功曹。壬癸日，旦治太乙，暮治太冲。行常向地户，背天门，以天门、地户为界。昼夜有长短，晨昏有早晚，当以星没为旦，星出为暮。诀曰：月将加时顺究，只寻天神等候。从巳至戌逆行，以亥到辰顺就。贵蛇雀合勾龙，空虎常武阴后。此定例，确不可拔者也。乃群书有旦贵顺行，暮贵逆行之说，又有阳贵顺行，阴贵逆行之说。其说虽纷然杂出于著述之书，皆未足据也。[①]

① 阳贵：甲羊乙猴丙鸡丁猪戊牛己鼠庚牛辛虎壬兔癸蛇顺；阴贵：甲牛乙鼠丙猪丁鸡戊羊己猴庚羊辛马壬蛇癸兔逆。

大六壬金口诀下卷

分门断诀

凡课当究《神枢》等经取应，此断歌无甚奥妙，备举门例而已。

射覆门

四法须知

学课先须四法明，来就成去更详因。来法便于方上见，月将从来认取真。就法次于坐上取，飞腾次第使来人。成法天官相聚会，归家次第取将形。去法便于干合位，阴阳配偶细思寻。但认五行情好乐，便是孙膑玄妙门。

歌曰：寅木为衣服，卯草果园乡。辰前为药类，巳火雀文章。午红来文信，未食衣必黄。申金为钱币，酉为珍宝光。戌土谷瓦类，亥绳带细长。子黑文兔墨，丑铁五谷刚。

又歌：青龙钱财铁木期，螣蛇灰化砖瓦资。朱雀文书毛兔类，文采红花锦绣衣。六合无合[①]须言草，竹木盘盒看申时。勾陈为土应中央，泥土砖瓦破碎伤。更与天空同一位，壶瓶瓦罐手空藏。贵人牛角镜钱石，光明圆滑金变迁。天后缎匹繻丝绵，见水衣帛采绳鲜。太阴手帛纸和钱，妇人刀尺耳珠环。玄武笔墨与墨斗，石灰木灰木匙端。太常饮食妇人衣，甘美黄白头上推。白虎纸布铜与蜡，骨瓶磁瓦与刚宜。

又歌：射覆之法最为难，月将加时上下看。子午卯酉为食物，木乡临仲果中端。辰戌坚刚并药物，申酉金银纸钱般。未为吃食并甘果，丑为铜铁粟谷言。寅为衣丝钱帛事，巳钱鹰禽炉冶看。亥为缎匹丝绵物，卯梳酉镜食与钱。辰为磁器戌骨器，更兼缸瓮莫猜嫌。若是四仲当为果，五行刑克验根元。三火为珠三水豆，更为文墨发毛端。三土形圆如器物，三木条真美笔端。三金成宝为金印，更看天官与人元。四位俱同无

---

① 一作器物。

刑克，其中必定物周圆。火局光明微细物，克为伤缺合为全。下克上时有穴眼，上克下时不成圆。常将此法详书意，更解根机出世间。

又歌：怀藏之物审难量，幽玄课体伏行藏。得气胜形为物类，验色相形取已伤。天官体段为形状，人元颜色取相当。土旺形圆如包裹，水能细碎木柔长。五行各取方形状，火性形尖金带方。火类文花经火气，水惟柔软性杂苍。草木物类兼丝帛，金类皮毛铁石铛。土是变化装巧[①]物，更看临变在何方。子午偏斜头孔窍，卯酉团圆口有伤。巳亥不克无手足[②]，寅申四角是寻常。辰戌有皮更带角，丑未眉目要思量。当旺新而圆成器，相气方而反更长。遇死圆圆须是破，囚而刚硬更寻常。休尖两头不均取，五行休旺莫匆忙。方干但克破难用，与日干合可以尝。天官月将若相克，空虚形状总空藏。四位相生成合重，叠似粉妆万卷强。四仲相加是吃物，当旺受克破难量。四位相克是碎物，与日相生体更长。此是孙膑真妙法，天地移来手内藏。

射物颜色

重建人元不克下，贵神方将两无伤。只取天官为颜色，五行之内认消详。

射物所在

课见甲乙，其物在戊己之下；见丙丁，在庚辛之下；见戊己，在壬癸之下；见庚辛，在甲乙之下；见壬癸，在丙丁之下。

五行数目

木三，火二，金四，水一，土五。金木三六九，水土一五七，火主二四八。甲己子午九，乙庚丑未八，丙辛寅申七，丁壬卯酉六，戊癸辰戌五，巳亥惟四数。

射人身上物

午未为头面[③]上物，巳申二辰为肩膊[④]。卯酉为腰胁间[⑤]，丑子地户为鞋脚[⑥]。亥寅

---

① 他本作粗糙。
② 一作巳亥不无多手足。
③ 下克上、下生上为头面上物。
④ 下克上、下生上，其物必在肩膊。
⑤ 下克上，主悬空。上克下，离身物。必是夹袋子也。
⑥ 二上克下必是鞋袜。

伏膝在下裳[①]，辰戌两位作金铜[②]。假令丑将甲子日未时卯位，见从魁加卯，其物必果食。何也？云：子午卯酉吃食言。若临四仲，当为果。子午卯酉为食物。

占来意

欲占来意将中看，斗争取索配人元。木土口舌兼狱讼，火金灾祸事难量。水土田宅人有死，水火交为妇女残。四位相生诸事喜，二金三木怪惊惶。大忌丧门兼鬼煞，破财文字及争官。更将主客推休旺，依次推求见的端。

又歌：时闻来意事何疑，四仲皆因酒食为。辰戌斗争财物事，寅申文字及公私。巳亥课中惟取索，相生相克用心推。取索反吟须反复，分局宅移彼来欺。带煞逢金人争讼，若逢无克喜怡怡。白虎吊丧人有祸，精心推究此玄机。

都解课

入课须看重与轻，五行休旺最通灵。老人所得休囚动，年少由来旺气生。幼小相冲胎气死，关隔空亡更要精。胜光临虎婚姻事，神后偎龙有不明。六合逢水阴私动，太阴遇火及奸情。将带神兮神带煞，三合道路暗多更。更看有气及无气，四位生克与刑冲。

《神枢经》射覆章

假令七月十五日有多客以东南巳地取应候，有何衣冠人来？作课占之。戊午日未时巳地太乙将。

丁　巳阴火

勾陈　辰阳土用爻

太冲　卯阴木[③]

巳　阴火[④]

断曰：此课占东南巳地有一老男子受刑罚患病而来，其人为勾连人家奴仆窃盗财物。何以论？曰：勾陈用神也。《经》曰“：勾陈主勾引不实之人，太冲为贼盗之神。卯木来克辰土为刑罚，二火为之疾病，将克神为财物之失。”余仿此。

---

① 或上克下，或下克上，是襜褕裩幅。

② 上克下，下克上，必在腰间，或带绦上有金铜物。

③ 将克神，生干方。

④ 干方生神。

占来意例

假令九月庚辰日辰时辰位上一人来占，为何事。

人元：　庚　　金相［人元下克神将］

贵神：　六合　木囚

月将：　太冲　木囚［神将下克地分］

地分：　辰　　土旺［地分生干］

此课来意为官讼之事扰，主损财物，外人凌欺，有牢狱之灾。入式歌云：上克下兮从外入。又云：人元克神主官讼，更兼父子不相同。此课又主其人无父。何以知之？曰：神为尊长父母，今人元庚金克木，辰土又生金，金乘旺气克六合木，是以知其人无父母也。更主其人被人强劫，门户将出财去。盖以六合太冲俱为门户，被人元金克，当有此应。

假令四月壬戌日巳时辰位上有人来问贼人来不来。

断曰：此课贼人必不来。盖以丁壬游都在巳，上见申金，木水土土，夏火旺，木又生火，火克一金，所以知其不来也。[1]

天时门

占风雨

欲占风雨理非遥，四仲加临定一朝。云雾人元看颜色，课中逢水雨潇潇。下克上时云雾满，克方雨主外乡飘。劫煞太阴雷电雨，水多关隔只风飘。劫煞带丧人有祸，土金无鬼变晴朝。龙宅有鬼金归土，阴翳风雨旦继宵。青龙入火兼日上，飘风骤雨忽云消。更看有气兼无气，天地风云以课调。

五行所主

五行所主定无移，甲为木主乙风吹。丙主林木消息用，丁为闹草阜高低。戊主高垣己坟墓，庚为河岸道中基。辛主铁方兼雷电，壬为道路金石推。癸是沟湖兼片水，课中所主莫生疑。

---

① 甲、天后、小吉、辰。

《神枢经》天时章[①]

假令庚子年七月十三日甲寅申时，西南申地有云起，未知有雨无雨，作课。七月太乙将。

壬　　子阳水

白虎　　申阳金

太乙　　巳阴火用爻

申　　阳金

断曰：此课主明日辰时有轰雷暴雨、雷电霹雳伐一小阴人，果应之。何以论？《经》云："金为雷，木为风，水为雨，阴水为之大雨，阳水为之小雨，土为云，火为晴明，水克之反为电光火，劫煞入课为之霹雳。"是课中寅申对冲，水火劫煞，故主轰雷暴雨。何以课明日辰时？答曰：课中原有申子二字，无辰字，主明日辰时是也。课中三合有数，辰日何以选于辰时？曰：劫煞为紧急迅速之神，故主时而不主日也。何以论伐一阴人？《经》云："白虎为凶丧道路之神。"合壬子水，克太乙死绝无气。又曰："水来入火妇难安。"故主霹雳而伐小阴人。何以论阴人小口？《经》曰："三阴一阳，以阳为用；三阳一阴，以阴为用；纯阴反阳，以将为用；纯阳反阴，以神为用；二阳二阴，以将为用。"是课取太乙为用。《经》云："丑未老阴人，卯酉少阴人，巳亥为小口，入课是区分。"故主阴人小口也。大抵课风云雷雨远近有无，或天方云起，或农占雨泽，先定方位，次取日辰，作课占之。远近端在劫煞驿马紧急迅速言之近迫，如无气马主迟缓而言之远慢。课先看用爻，次取旺爻，然有生不受克者是也。假如木旺，主风，见煞气乃是暴风霾，而兼砂石伐树播土。亦有金克而言之水旺，主雨雪。土旺主雾。金旺主雷，又主寒也，克木化雪。火旺主大旱。又曰：水逢金而遇土，定主遭阴天不绝。木克土而见火，亦主天旱多风。土多无水，密云不雨。火多见木，旱天热风。水多见金，连阴不息。上克下兮一天雨雪，下克上兮不时晴明。如其生克，占之百无一失。

地理门

占田禾

太常临丑未并亥子之乡，旺相之地，主其年大收。若临寅卯，苗稼茂盛。如临空

---

① 风云雷雨。

亡克煞之地，主便有田禾，不得收成，必然虫损。

占穿井

凡置井，先择吉日，以净水香盘，用十二帖子书定时辰，令主人择得其时，然后作课。

欲求穿井课中占，孟为咸水仲为甘。四季虽甘泉必少，更看生克定泉源。下多克上应须苦，上若刑方井必捐。劫煞空亡多怪异，木神泉有附根源。上火灶窑金石物，当依此例细精研。[①]

课井之法术中稀，月将加时方上推。方上月将常为定，又以加临时上知。小吉见时为井地，淡甜咸苦切须稽。四位之中须审察，二火应知泉苦兮。二金定为甘美水，木里带酸咸水宜。更要临时仔细看，五行滋味讵能移。[②]

《神枢经》开井章

凡置井之法，用一净器安香案上，周围要十二帖子书十二地支，令主人沐手焚香礼拜，取一帖作课占之，便知有泉无泉，及泉水五味。假令三月甲子日辰时，得一帖子是申为地分。三月从魁将。

壬　　子阳水

白虎　申阳金

大吉　丑阴土用爻

申　　阳金

断曰：此课东南辰地是泉，土厚一丈五尺，其水甚甘。通泉时，有沙涨石子应之。大抵占井之法，小吉是泉。课中见金，乃水之源，主多甘美。见火咸苦，水乃是泉，土云是厚。上克下兮则坏，人有失；下克上兮则崩，忌伤人。

《神枢经》地理章[③]

假令庚午年十二月十四日甲寅卯时出行西北亥地，问道路有何应候。十二月神后将。

乙　　卯阴木

---

① 其一。

② 其二。

③ 道路应候。

太阴　　酉阴金

传送　　申阳金用爻［贵神月将上克人元，下生地分］

亥贼　　阴水［地分遥生人元］

断曰：此问出行，道路无阻，惟主争斗，稍有未顺，先难而后易也。何以论？曰：用爻是申，申亦为行移之神。课中见二金，《经》曰："二金刑克都无顺。却喜月将遥克天干。"《经》云："将克干兮甚是喜。"何以论道路无阻？《经》云："下克上兮出行无阻，上克下兮道路阻滞。"大象主乞索上人财物，亦遇自己门户奔走奴仆人也。《经》云："巳亥常为乞索物。"又云："传送有人奔走出。"位克天干而主奔走，地支是奴仆也。此课征战、出行、升迁、交易皆利，合得官中财物。何以论？曰：官动利求官是也。问道路应候，主三六九数里分有一男子执铁器伐树应之。《经》曰："甲乙为林单见树，见金枝损及皮伤。"又主前路西北道上，有东南河一道。其水冰薄不可履渡，主有惊失。何以论？曰：亥为小水，见金有源，十二月乃冰结之时，申金克干，故主冰薄而不可履也。亦有小板桥，今已损坏。何以论？曰：甲木为之大桥，乙木为之小桥，见二金所克，故坏之矣。

占课大抵课地理道路，主意端看天干。假如天干是甲乙木，便言林木高粮，新旧损益，亦以生克制化轻重而量。天干是丙丁，便言高岭、闹市、台塔。戊己为坟冢、土坡，如上克下，主低小，如下克上，则高耸。庚辛为之道路、山崖、碓磨。壬癸为之长河、沟涧，斜正随其生克而断。又云：下生上，我觅于人，道路平坦而无阻滞，亦为大利。上生下，有人求事于我，亦得贵人提携，兼惠财物。又以射覆论之，如上克下，勉强行之，虽然无阻，终有争斗。如上克下，不可出行，是有阻滞，道路惊恐，龃龉不遂。

人物人事门

占人形貌

贵人官贵富家称，骨秀肌丰面貌清。鼻似悬囊仓库满，语音沉静眼波横。

前一螣蛇妇女形，头尖面赤鬓稀零。饶舌谗言贪且薄，胡须乱髻额前横。

神名朱雀火之精，贱劣卑凡妇女声。面赤多淫情性急，摇身轻碎好纷争。

前三六合木神名，色秀身长骨自清。或作吏人还匠役，虽占文墨亦经营。

勾陈形状本来凶，丑貌唇粗腰脚瘸。眼恶睛黄须鬓[1]薄，多争饶舌是寒穷。

青龙上吏富豪民，眉眼分明定贵人。身似青松无枉屈，神清腮赤好攻文。

天后良家美妇人，眼长眉细面光分。十指纤长牙齿密，性情闲淡好腰身。

太阴闲雅好丰标，性善声清乐技高。形瘦面方眉眼细，梳妆浅淡忒妖娆。

元武阳贼兵壮军，面小身微左眼昏。色黑唇形粗必丑，眼斜觑物夜中人。

太常耳大面团圆，肉腻肌香口舌端。好着鲜衣淡妆饰，不然头秃发斓斑。

白虎阳凶兵仗行，据人形状眼圆晴。项粗颔阔身肥短，头发稀疏恶性情。

天空僧道善人家，冷面头黄软语遮。本主贫寒孤饿困，如居四季有此些。

占男子贵贱

占人贵贱亦非难，便取行年方位端。月将加于人生处，辨其旺相坐中言。

天乙乘马会上神[2]，或是白衣新得官。蛇居巳午原来禄，水上逢之过日难。

朱雀旺处合蛇马，东方发用贵饶钱。六合得位亦须贵，巡列西方走吏班。

勾陈四季多孤寡，水上无男女亦残。青龙水上田宅广，更看一乘禄马官。

天后生干因妻富，上下多灾忌季年。太阴得位拖青紫，却到东方病怎痊。

元武本位阴谋密，土上曾为贼结连。太常旺处阴财物，受克虽荣窘迫牵。

白虎本方非是恶，重重见水晚超迁。天空主孝应无子，辰戌申乡恶煞煎。

却逢木位推奇月，神见青龙合得权。

占女子贵贱

天后金申妇女贞，太阴临火女奸生。太常之木须后嫁，勾陈次处嫁须更。

朱雀临卯伤残甚，螣蛇东位逐人行。元武临季奸谋贼，六合金位立身轻。

青龙得位郡邑号，天乙居南国号称。白虎本乡非是贱，天空水[3]上必遭刑。

占阴阳贵贱

人生贵贱何能通，岁干见取生月中。看是何人临命上，更详生月论违从。

青龙贵人多官职，太阴天后更尊崇。六合丰足资产旺，朱雀螣蛇贫且穷。

元武好斗饶盗贼，勾陈迟滞困红尘。太常买卖作经纪，白虎却值凶恶人。

天空孤寡本好善，应为僧道散闲论。更看本位胞胎生，受克残患在其身。

上干为禄下支命，纳音身里察其因。兴衰旺相论刑克，贵贱尊卑主事分。

① 一作头发。

② 一作天乙乘马食神上。

③ 一作木。

《神枢经》人事章

假令庚申年三月从魁将二十八日甲子辰时，有人在丑地上坐，作课占其人贵贱性格如何。

乙　卯阴木［人元生将，克神位］

天乙　丑阴土

胜光　午阳火用爻［月将生神位］

丑　阴土

断曰：主其人富饶，因财而得贵也，不久官被人谋害，其人性主厚重，生财有道，富足过人，只是官被害而妻复续，又主不称。何以论？曰：胜光当旺足资财。木生火而巨富，将亦生神，乃天乙，故主因财而得官。不久者何也？曰：天乙被人元来克，故不久也。《经》曰："干来克贵失官阶，庶者人谋害己财。"是主官不久，何以论妻后续？曰：人元乙木动变，再遁得丁火，故有失而复得之理。何以论妻不称？曰：天干克地分而妻动。《经》云："妻动干妻妾，官财妨损折。"故主妻不称，而足有故疾，无可疗也。何以知其人性格厚重？《经》云"土主厚重"是也。其家多是好交识内外人。何以论？曰：胜光乃为用神，生天乙贵神，又生地分丑土。《经》云："我生人则我求于人，人生我则人求于我。"故知交人之由耳。但只与人不足，乃贵神受克故也。

占课大抵课人贵贱荣枯聪明愚蠢，先看用爻，次看旺爻。假如贵神是天乙贵神、青龙、功曹、传送四神，不克者便是有官之人，亦主财富。课中若有驿马扶持，依五行数中旺相，立主升迁，而有权柄，进添财禄也。何以论？曰：神临驿马主迁官是也。又云：下克上，主其人好出外攀高；上克下，主其人居于下多不遂，有生则称矣。如将克神，盖主其人好财物而不孝顺。干克将，谓其人主攀高尤不及。方克干，家生怪。神克将，常失物。将克方，主无后也。《经》云："贵人青龙是为有官之人，六合太常是交易之人，螣蛇朱雀是不安分之小人，勾陈是勾引虚诈之人，天空是僧道孤寡之人，白虎是凶煞暴恶之人，元武是军贼斜眼之人，太阴天后是良家妇女。"又曰："金性不顺，言急而刚果；木性繁华，平生好奢；水性源流，委曲随波；火性烟焰，百事凋残；土性厚重，其性直蠢。金木之人无仁义而口舌多端，水火之人有疾厄而妻伤财损，土木之人犯刑陷亦好饮食，水木之人宜寄居宅主有际遇，金水之人性聪明，火土之人主福厚，土金之人荫子清高，木火之人性主燥暴。五行依理而推，富贵贫穷可见。"

占阴人阳人老少

天后勾陈及太阴，此神受克损老阴。太常朱雀螣蛇类，三神多损少阴人。

若是贵人招克害，阳人老少不安宁。[①]

《神枢经》男女老少章

寅申老阳翁父称，辰戌中阳伯叔名。子午少阳孙与子，凡推老少事分明。

丑未老阴人，卯酉少阴人。巳亥为小口，入课自区分。凡占失财、射覆、灾病、应候、百家，便知男女老少矣。

占年中吉凶

要知今年一岁中，月将加临太岁宫。数至本位看吉凶，相生相克定穷通。

劫煞刑克并克战，官丧灾病事匆匆。吉凶成败消详处，课内依前论始终。

《神枢经》年占章

假令正月亥将壬辰日辰时，有一人坐子地问一年吉凶。

庚　　申阳金［人元克神生地］

青龙　寅阳木［贵神克将］

小吉　未阴土用爻［月将生干克地］

子　　阳水［地分生神］

断曰：正、六、九月日外戚谋官事主和。一、五、七月日失物，奴仆小口有失，起口舌，添丁，及有升迁之喜，母灾，妻病，失而无咎。又曰：主是年春，母有肚腹之疾，盖寅木克于未上，为之母病。秋有外戚谋害官职，盖申金克夫寅木，为之谋官。冬有奴仆逃走并幼病，以未土克夫子水，为之逃奴幼病。此三者为咎。内喜有添丁、迁职之美，何也？庚申金生子水，则为添丁；驿马立于神位，迁官也。

假令居官赖国兮则言君臣，民庶兮则言父子，争斗兮则言主客。内之所分，以天干为尊，曰君、曰客、曰外；以贵神为上，曰相、曰官、曰父；以月将为中，曰己、曰妻、曰财；以地分为下，曰田园、曰奴仆、曰畜产、曰小口。以其生克旺相决之，又何难哉？

占月下吉凶

若知月下将加月，却至本位乃方绝。天干月将生年喜，干将克年多乖越。本属相

① 贵神受克老人亡，天空青龙一类方。虎武同刑兼六合，其神旺处少阳伤。

生得合同，日里青龙逢喜悦。

《神枢经》月占章

假令六月胜光将，丙辰日卯时午地，有客问一月休咎。

甲　　寅阳木［干生方］

白虎　申阳金［神将克干］

从魁　酉阴金用爻

午　　阳火［方克神将］

断曰：主是月三六九日阴人口舌在外方，而家中有幼妇染疾在肚腹，凡事不顺。何以论？曰：申金克寅木为之口舌在外，午火克酉金为之妇疾于内，此所谓二金刑克多不顺也。凡课，将神为之体用，干方为之飞符，要在生克旺相之神，又有死而复生之妙。假令水来入火，妇死无疑，内见土能制水，亦能复生而为医药也。如内外相生，四课皆吉，内见劫煞为凶乱，是为吉而反凶。

占日时下吉凶

要知自己甚时灾，月将加临本相来。本相被刑逢劫煞，更嫌辰戌恶神来。日生神辰无凶咎，辰神克日有凶来。喜神逆转非为善，凶神顺转不为灾。天乙家事与客至，螣蛇见怪主忧来。朱雀口舌官事起，六合和合有亲财。勾陈克战争田土，青龙移动好求财。天后婚姻和合吉，太阴妇女乱淫谐。元武奸淫贼欲动，太常须送酒食排。白虎凶丧兵信至，天空逃失必惊怀。蛇雀元武勾陈到，客访休迎好避回。日辰季上知凶吉，已上论尽无不该。

《神枢经》日占章

假令五月小吉将，丙子日巳时子方问今日何如。

戊　　辰戌阳土［人元克地分］

螣蛇　巳阴火用爻［贵神生人元］

功曹　寅阳木［月将生贵神］

子　　阳水［地分生月将、克人元］

断曰：此课三阳一阴，以阴为用。内见下生上，出外求亲得喜，凶中获财，是事宜速不宜迟。又见女人沾暗疾，饶舌轻浮。何以论？曰：用神巳火，寅木生之，故为我求事于人。干克方为之妻动，又主干妻买妾之事耳。又云：水来克火，妇难安者是也。大抵青龙、功曹、胜光旺相而主财帛丰足之美，螣蛇则主口舌轻浮，并口舌应于即[①]日午时，正谓三合克期，驿马劫煞又当速不当迟也。

十干形貌

甲己合处眼睛斜，乙庚合处定包牙。丙辛会得见黄白，丁壬相貌衣来遮。戊癸蹇唇并口大，仔细推来定不差。

占人身上瘢靥

瘢靥之法有何难，只在先贤指掌间。看得其人居何命，五子元中遁日干。人元遁到命位上，再起人元定靥瘢。午面未头子丑足，亥寅为膝巳申肩。辰酉两膊卯戌股，左右东西辨别观。甲背庚腰丙肩间，戊肚己脐乙辛胁。壬癸黑靥入身边，常取其形为伤处。丙丁元是火烧痕，庚针壬靥旺中言。甲午[②]瘢子戊午[③]靥，庚午[④]针疮丙炙瘢。常取其刑为定夺，专心记得审思看。

占人物好与不好

占亲之法取人元，取其客鬼月中看。月内贵神方上位，五行刑克辨伤残。
螣蛇财帛轻狂辈，支吾[⑤]下贱好多言。朱雀其人面赤白，发稀火额面三拳。
六合青龙眼细清，性巧情欢心更明。勾陈细长曲内面，官鬼有刑行步迍。
元武丑陋短身形，粗眉拳面大口唇。若逢白虎交相值，项短鼻粗丑面明。
青龙纤细眼分明，智慧[⑥]多生头发好。天后温柔近贵人，头发如乌心性巧。
天后还忧害本夫，不宜子孙终难保。太阴近贵面光白，贞洁情长发稀少。
天空白面肥长大，五阴刑克须休了。太常拳面额颇高，情性多乖神气少。
相生长大相克短，木克土时拳面首。与姓相生必是良，若逢刑克应义少。

占孕育

欲占孕育课中求，太乙常加本命头。阳将为男阴是女，更看生克定因由。

① 一作午。
② 应作干。
③ 应作干。
④ 应作干。
⑤ 一作妄语。
⑥ 一作鬌。

神将空亡胎必死，将刑本位母身忧。有气贵神生男子，空亡劫煞产贫流。

占官禄

欲占官禄问其因，神将克元是贵人。贵若落空将克贵，文章之士布衣身。

贵神带煞来克客，必因荣显后灾侵。父母旺乡煞刑客，妻财囚死作常伦。

占官高下

占官之法课中分，贵若刑干作显寻。四位相生居命禄，官乘天禄得新恩。

带禄有官兼旺相，定知轩冕出金门。空亡劫煞成须败，更遇休囚事莫论。

占官职位

官神为我贵，课看贵神临。朱雀多建旺，必是有官人。无马鬼煞动，就位看迁因。

寅申居上位，逢岁见人君。连茹合局体，兼职转官频。分局空亡课，失职志难伸。

月将克干吉，进禄并食神。神空或克将，才气徒凌云。官动并食神，加官得位新。[①]

贵人得课临克位，失职生灾任有迍。权印有生飞煞到，匪躬朝夕是王臣。若遇一辰兼太岁，马相必定见人君。印中有印兼旺相，官动逢官再转频。权印空亡为罢退，如逢官鬼死中倾。[②]

占有无出身

入课占官别有因，四位加临定假真。下多克上身须贵，干若刑方少出身。

互换本音文武接，劫煞分局宦中分。克位带神来作客，必因祖荫得皇恩。

凡占官，以贵神为官之位神。神克干为官动，值此必是有官之人。或官爻不动，而贵神得天乙、朱雀、青龙、月建、太岁之类，有气，其人亦是有官者。如将克干，亦吉。常以朱雀为官禄，卯为权柄，父母为印绶，方生干也，以马动为迁移，更鬼动者尤速。无官动，求官难。无印绶，无权势。或贵神空亡，及神来克将，纵有财而无官也。

凡占任，有官动及皇恩转煞而无马者，必主就任转官不能移动。太岁为人君，寅申为上位，连茹合局必有兼职摄事，或多见交互改换。用值空亡、岁破、月破者，改

---

① 其一。

② 其二。

移失职。遇分局者，改移分散，为罢职之类。

凡占官，见禄贵，主食禄厚。如无官鬼、印绶、贵神，必有刑失。官位大小，亦视神煞及旺相休囚，官动带马者，新得官或转官也。

占文武官职

文看青龙，武看太常，申为天城，寅为天吏。太常加巳名捧印，朱雀加巳名翱翔，皆为吉兆。若见财乡，应为吉庆。天喜轮于本位，相生旺相，占官有成，皆主官中喜美，显除禄位也。如在空亡刑克之地，主求官有阻，必然空回，及见灾耗不利之事。有金水清白，主风宪之贵。任不动，见吉将相生，然后职位迁升，有吉神必再复任，皆吉。

占文书动用

朱雀翱翔及青龙旺相，见生气轮于本位，可宜动用。如在空亡刑煞之地，更主虚耗不利。如朱雀并玄武，乃机密文字或阴私之事。

占词讼

勾陈主斗讼，如值空脱气，主官司无事。如见蛇虎同勾陈来克本位，必主杖责流配血光。宜见生气德合之神，便主和会无事也。朱雀同天空、元武并临，多主不利，见太阴主关节，见天后主生旺，必有恩赦至。占对词，更看官鬼旺相不落空亡、脱气，主词得理。如在空刑战克之地，多主不利，乃为隔害不吉。若无刑克动，主吉也。如勾陈蛇虎来克本位，对词反伤，本身有责，不宜对理。

占谒贵人

谒访须明主客和，神将生克定荣枯。贵神须遇官吉神，常人无隔喜须多。空亡相见终无事，劫煞交争可奈何。但得合贵相生喜，斯为访谒定逢他。[①]

四孟门前立等渠，季神家内候须臾。仲当远去或他出，更看行人与克无。行人有滞寻人出，下生下克动移趋。二上克下坐家内，反此相寻必有阻。[②]

凡占人在家、出外，如将神加见四孟，其人立于门前，必见之。如将神加四季，主其人在门里立，亦主相见。如神将加仲，主不见，或出，或他托。又云：二上克下，

① 其一。

② 其二。

人在家坐。二下克上，人在家立或不在家。更看游神，申子卯午为四游神，或下生上，或下克上，皆主移动。故曰：寻人只用孟仲季也。

《神枢经》谒见章

假令六月午将乙丑日寅时寅位。

戊　辰戌阳土

朱雀　午阳火用爻

胜光　午阳火［神将生干］

寅　阳木［方生神将、克干］

断曰：此课占人在家，其家会客，饮酒不及终席，有一客因阴人起口舌是非也。何以论之？《经》云“子午为酒食，卯酉为果品，三合为会客也”。何谓未终席而有阴人口舌？曰：见二火为凋残，朱雀为口舌，四阳反阴，故决为阴人论也。

大抵射覆之法，先看用神，次看旺神。如天乙、青龙为官贵之人，螣蛇为淫乱妇女，朱雀为轻薄小人，六合为交易市井之人，勾陈为勾引不实之人，天空为僧道贫薄孤寒之人，白虎为凶丧孝服之人，太常为媒妇买婆，元武为军贼瞎眼之人，阴后为良家妇女。衣冠颜色，天干重建，甲木青，乙木蓝，丙大红，丁浅红，戊主素黄，又以生气而言，己为紫色土黄，庚为太白，辛为葱白，壬为黑绿，癸为明绿。论望人，上克下，不出在家；下克上，远出。一上克下，主坐；二上克下，主睡。如用爻是四孟，在门首；四季，候须臾；四仲，主出外。见劫煞驿马，主远行也。如四位有生合，途中遇见。

占见贵求财

凡课中贵神同生气及财乡相生旺相，便宜见贵求财，乃吉。如值空亡克战，必主空回。亦要贵人与今日生旺，如临辰戌，号人狱，凡事不利。

占向何方吉

假令今日戊己日得贵人可往何方去好？曰：往西北则脱气，往东南则鬼动，凡事不利，惟南方乃生旺之地，投南求干则吉。

占出门见验

寅为公吏是老阳，身披紫皂好衣裳。卯为妇女舡车事，果食吃物夯擎将。辰为阳人医药者，丑妇驴骡行道傍。他更有患腰脚病，路上相逢不妄彰。巳是少阴为女子，欲求外取物擎将。午是少阳及鞍马，路上行时见血光。未为老阴一老妇，酒食和会好相将。路逢蓦见尼姑女，赛禳祈祷自牵羊。申为阳人行在路，身是军兵负戈枪。酉是阴人事破门，更兼柜坏有人伤。戌为阳人担夯物，五谷粪壤两边厢。又见骸骨并秽恶，担擎在路正相当。亥是阴人多幼小，猪应走失在他方。子为阳人亦少小，骑马相逐为女娘。丑是阴人年纪老，为他钱铁器慌忙。

占出门应候

法以月将加所占之时，视所用时上看得何神将言之，更详神将旺相为应。

预知何应候，月将加时先。所定时上看，消详细细言。神后为云雨，飞扬鼠燕还。大吉牛马载，功曹胥吏全。太冲风雨变，武猎兔狐前。天罡微云雨，常武恶人员。巳午绯衣侪，彤云骡马鲜。小吉老人至，酒酱羊雁膻。传送白云缕，亲人送物兼[①]。白衣车马客，来往喜盘桓。从魁白云气，飞鸟舞翩翩。河魁争斗讼，驴犬吏兼官。登明高壮物，猪羊[②]黑云玄。天乙微云彩，贵亲异物贤。螣蛇色衣物，惊怪事多颠。朱雀南方马，文书来应边。六合风云会，友亲丽美研。勾陈多斗恨，衣褐数人喧。青龙钱帛喜，僧道好衣衫。天后微雨步，师尼玄带冠。太阴人欲老，送物白衣穿。玄武黑云雨，皂裳失物钱。太常携酒馔，贵友九流专。白虎凶丧事，病人道路僮。天空奴婢走，欺诈看时天。六壬玄妙诀，悟理作神仙。

假令四月癸酉日卯时巳位，申将加卯，至巳上见河魁及青龙，以骡犬官吏财帛事送返。为四月火旺，河魁相，即有争斗也。余仿此。

占出门

出行虽向课中搜，忌逢劫煞鬼临头。若无关隔下克上，不拘南北任经游。

占远行

凡常人远行，忌官鬼、劫煞、往亡，兼神将所忌之方，金忌南方，火忌北方，木忌西方，盖克制将神者，不利有攸往也。

自已离家作远游，客行须向课中求。本位克身应不利，空亡劫煞贼堪愁。金神作鬼南方忌，火克身兮北莫游。阳将顺兮阴将滞，德无相克会通流。

---

① 一作坚。

② 一作犬。

占出行乘船

欲占出入驾舟船，须将水木定根源。课中克水船行止，木值空亡船必残。

下多克上兼逢煞，必须一命落流泉。上多克下应逢险，上下相生必坦然。

凡下克上者风顺，上克下者风逆。他生我者顺，我生他者逆。凡欲出行时，忌天狱加日辰、行年及所出之方，恐遭狱讼凶灾。天狱者，春卯夏午秋酉冬子是也。凡出行，忌天盘地结，主有缠缚萦系之凶也。传送临戌为天盘，临亥为地结，申加辰为天盘，加巳为地结。凡出行，忌游都所临，主逢盗贼仇怨，或为吏所拘，在日前一辰为祸至在二日。余仿此。游都歌见璧玉经。

占行人

凡占行人，见孟将未动，仲将半途，季将即至，亦详休旺断。

占望行人法最奇，四位消详自可知。下多克上兼金水，不落空亡远者归。劫煞人因盗贼事，空亡惑乱不须疑。更详休旺分生克，定知行者有因依。千里之外问太岁[①]，百里须将辰月期[②]。

假令六月午将丙辰日卯时午地望行人，月将加卯，数至午上见酉[③]，丙日贵人起亥至午得申[④]，人元是甲木，地分是午火。[⑤]

断曰：将神二金比，从下克上，其人离家，动在半路，为月将是酉，酉乃仲神故也。又主其人沿路住，盖白虎二金比和，即主住。或遇凶恶人相逐，为白虎凶神与酉比，故主相逐。二金伤人元也，喜得午火相救，倘逢劫煞，人元受伤，无故必遭盗贼矣。午火相救，脱灾凶也。

凡行人在远方遇太岁动，必经年，月动不出月，日辰动则期在旦夕。若远若近，只取支干相合之月日为应期。

凡问行人同何人来，占见酉戌为郎仆，卯未为亲人、小儿。或见空亡，同天空发用必自来。如太阴酉、六合卯、天后亥、太常未，必带物来，或老少同来。见勾陈，必半路间，或半路转回。临木水乡，乘船而回。见寅申，中途有阻。子午、辰戌、巳亥、丑未相冲而来，卯酉临门立至。见阴后，妻妾留连不至。见贵人，必长者相留。

---

① 岁之支干也。

② 辰月，月建也。

③ 从魁。

④ 白虎。

⑤ 人元遥生地分，地分上克将神，将神上克人元。

见蛇雀，中途疾阻。见恶煞，必死中途。见龙蛇，因买货阻。

占交易

交易临时用意推，相生无克喜相随。分局克战成须破，合局和生共力为。

神将相生兼水木，更逢旺相喜何疑。内外若还逢克制，空亡冲破谩言归。

占求事

求事须看主客情，内来克外事须成。人元无气主克客，望用求谋未可成。

分局空亡并杀战，所为财事谩牵萦。四位相生兼旺相，和同必竞喜相仍。

凡干生神将，求事有成，求财必得。若贵神却与干相生者，必因他人助而得之，此人必亲朋故友也。以神定之。

占求财

求财贵神青龙好，又看主客和不和。若得相生财有气，不求自获意如何。

求财当以客为身，神将为财位主人。主客相生将克贵，无破无空喜自生。

客克主兮贵克将，得财翻作破财迍。贵神克客求财吉，刑冲局破有财分。

分局相克成须破，合局相生共乐成。

凡占求财，有贵人、青龙、太常乘旺相气，兼主客相生，干支德合，或神将相生，财爻内动，可以求财。凡见鬼动、贼动、方来克将，并日冲、月破、休死空亡，虽得反破也。或分局相克，财有分减。凡求财，我克者为妻财。贵神六合、太阴者，妻也。见青龙、贵人、太乙、太常、旺气之类者，财也。

占买卖求财

青龙同太常兼旺相之地，及临今日生旺之乡，买卖求财，凡事俱喜。如临空亡脱气不宜，反伤财也。以青龙爻论之，今日动用吉神并入财乡便宜出入求财得吉，凡事喜也。如在空亡刑克之地，多主不济。青龙临亥子寅卯之乡，乃名财局，宜买货求财，俱吉也。如临巳午之上，及生本位，皆主动用之财。如落申酉之乡，乃名折足，求财无也。如在辰戌丑未，乃主不明之财，暗昧不利。

占博戏

假令巳将戊戌日午时申位。庚［金］、白虎［金］、小吉［土］、申［金］。[①]

断曰：此课不可用，为在脱气之乡。以位为我，人元为他，他克我我输，我克他他输，如若比和，无胜无负，如他来生我，我旺必赢也。

占失脱

欲占失脱须消息，将为财帛鬼为贼。上下相生四邻偷，神将相生在亲戚。上多克下家中寻，下多克上财须出。空亡临课侵近寻，劫煞临关[②]休趋觅。更有支生旺不休[③]，将支生时财寻得。

《神枢经》失财章

假令人问失财物，人一开口，就以所立方位立成一课。以干元、贵神为外象，月将、地分为内象。如上生下可寻，下生上不可寻。上克下为之窃，下克上为之去。其理专推月将克与不克。然克之而不尽，又有复生之妙也。假如贵神受克，所失定是官中财物。月将受克，所失定是自己妻室财也。地分受克，为之器物。天干受克，缎匹玩好之物。窃人以用神言之，如情怀心性，限期方所，仍于三合六合推之。

占逃亡

逃亡之法客并方，日干为逃位上详。人元克位须还业，位克人元未还乡。

劫煞克人他作主，若逢关隔别州亡。相生亲戚行逢见，逃主临时用意商。[④]

失人之法将加时，去路还寻月将支。比神子母为亲戚，水旺沟河金庙祠。

土居郊野山林木，火入州城市井随。阴化为阳身自去，阳化为阴外必归。

空亡劫煞来刑克，去人身死不须疑。门上见关为越屋，将乘天马必难追。[⑤]

失人之法妙多灵，月将加时位上陈。天官人元方上见，看来刑克验其真。

---

① 将上生神、干，下生方。

② 一作门。

③ 一作更有生合旺无休。

④ 其一。

⑤ 其二。

时干克将相争出，将克时干取自行。四仲相生人引去，若无[①]刑克自生心。[②]

占奴婢走失

奴婢逃亡看相属，相属所临方位知。主客若和应走遁，相刑自合必来归。

法曰：失奴婢看酉戌，失小儿看六合，失妻看天后，长者看贵人、青龙，失衣服看太常，失钗钏看太阴，失金银看申金，失玉石亦看金，金生水旺是也。失羊看未，失鸡看酉，失驴骡看卯，失马看午，失猫看寅。若元武落在某位上，要本位受克，不要旺相。如在申上得刀，酉上佩剑，辰戌登云。失牛羊看丑未，失猪看亥，失狗看戌。如临旺相之地，相合将神者，多主便见。如临空亡克煞之地，主难见也。临天驿二马，主逃去远觅不见。若临门户上，便见。如失物，天驿二马移动相生合，主必见。如加道路神子午寅申，远去了难见，如空同断。

《神枢经》走失章

假如十一月大吉将十九日戊辰巳时申地人问走失。

庚	申阳金
白虎	申阳金用爻
天罡	辰阳土［月将生人元、贵神、地分］
申	阳金

断曰：此课问走失，乃是阴人。盖其人主作诸事不顺，逆理犯分而归父母家也，非走失逃窜云。何以论？曰：是课纯阳反阴，课有三金，则三不顺。白虎为凶丧，天罡战斗，大抵卑踰尊、少犯长，故主逆理犯分之谓。其女还父母家，拟于本月二十七日丙子有亲人送来，不必远寻。原课有申辰二字，缺子字，到子上为三合，即是归期也。

大抵走失为常课。四位之分，如上生下自来，下生上投人，有辰字为天罗，戌字为地网，六合出之方，分三合定之归期，驿马定之远近，劫煞为之迟速，事之所败，又在常课而论。克将偷财物，克位盗器物。

占捕逃亡

元武落在某位上，本位如见勾陈，乃为捕捉人口。如见天空脱气，难获。元武临

---

① 一作逢。

② 其三。

亥子见蛇虎，又加死神、死气，贼人必中路而死。要元武落衰地宜捉，如带凶将来克位，必伤人命，不可近前。假若元武在于空亡克战之地、囚死之乡，其贼年纪老；临旺相有气，其贼年纪幼。若临丑上必自败，临辰巳之上官司捉获。

占疾病

占病之法要精论，月将加时位上陈。四仲卒患痛苦病，若逢四孟是天行。

四季定为常患病，辨其刑克定浮沉。克金肺病大肠患，喘逆喘唾鼻痛临。

木主肝胆眼昏视，耳聋痈肿不虚陈。克水肾家膀胱病，腰疼小便产难生。

克火小肠口干渴，喉咽生疮及心疼。克土脾胃不知味，腹胀沉重肺虚迍。

人元为头天官膈，月将腹内地脚真。此是庐医真妙法，孙膑留下不传人。[①]

占病之法妙幽玄，月将加时位上传。人元天神并地局，四位加临一处看。

孟仲季兮前已辨，同起仍看五脏间。甲肝乙胆丙心腹，丁胸戊胃己脾连。

庚辛在肺癸主肾，脏腑须随五色迁。克金喘嗽肚腹泻，克水寒增脐下酸。

克火心痛伤冷物，克木风牙溢怒艰。假令克水病干肾，须详男女别其端。

癸亥或伤为产妇，阳神水气男病缠。会得孙膑占病法，不须诊脉看根源。[②]

《神枢经》疾病章

假令六月胜光将壬申日辰时，有人站午地问病。

丙	午阳火［人元下隔克月将］
天后	亥阴水用爻［贵神上克人元，下隔克地分］
传送	申阳金［月将上生贵神］
午	阳火［地分上克月将］

断曰：此乃是阴人病，上吐下泄，不时肚腹疼痛，头目不清，四肢无力，盖因气恼而病，大象不妨，只是愈迟。何以论？曰：三阳一阴，女人断之，二火为爻，应在用神。又云：水来入火妇难安。如下克上主吐，上克下主泻。又言患足，将受克而为之肚腹，金被火克，故主喘嗽，筋骨四肢疼痛而无力。大象无妨者，亦为用爻有气也。病愈决在秋后，水土长生得合是也。余仿此。

大抵占病之法，以天干为头目，以贵神为胸，以月将为肚腹，以地分为脚足。金主喘嗽，伤主筋骨，以肺论之。克木为之风疾、眼患，以肝论之。克火为烦热、心痛、

① 其一。

② 其二。已上占五脏内受病。

血疾，又看上下生克，以心论之。克土为之伤胃、饮食、诸疮，以脾论之。克水为增寒、泻痢、水蛊，以肾论之。如用神四仲，为之卒患暴病。用神四孟，为之天行邪气。用神四季，谓远久患也。假如火是人，水是病，遇土是医，见木逢生。又年月日时行年遇寅午戌三合或六合助，患者不死而得愈也。课中逢水旺、火休，并劫煞上课，决死无疑。若金克木，其木值死墓日辰乃死之期也。他仿此。

占病症候及得病因

占人病症细寻源，四位加临事可全。金木相加惊悸病，面须青色为刑肝。
火若克金面须赤，咽喉干渴肺相兼。水火面上皮肉黑，水土须兼黄色鲜。
土水面黄脾胃病，心饶惊恐病难痊。更兼劫煞合鬼马，入课加临定赴泉。
欲占得病起因由，但须先向课中搜。四仲饮食因喜事，季神得病为冤仇。
孟因道路兼惊怪，旺相兼衰囚与休。客旺主休由可瘥，客休主旺转为忧。
更看生克兼诸煞，关隔人元位上求。

占病歌

凡人火速请名医，月将加时方上推。神后太冲莫言吉，太乙来时是死期。
天罡从魁灾速至，河魁得病也难医。传送功曹患必愈，胜光小吉却相宜。
登明大吉病当瘥，孙膑课体最先知。[①]
占病临时仔细穷，死囚丧吊最为凶。将神俱合财刑克[②]，白虎金神病转浓。
煞神克干应难瘥，财鬼伤神不可逢。更值空亡来入户，必须丧祸数重重。[③]
占病须将四位推，忌逢神将不相谐。煞临门上人重祸，干受财刑命转乖。
四土克身为鬼路，三金带煞入泉台。更逢路上丧车到，病者占之决定埋。[④]
往亡入课不宜侵，金火相刑[⑤]疼痛深。宅内飞禽来送祸，梦中神鬼又来侵。
丁符藏没空须重，将位刑人变哭音。四位神将如带煞，眼前难免泣淋淋。[⑥]

① 其一。
② 一作客。
③ 其二。
④ 其三。
⑤ 一作煎。
⑥ 其四。

占病愈不愈

占人有病抑何疑，丘墓丧神命必萎。死刑丧吊终难瘥，天喜同乡犹可医。

劫煞空中刑死气，假饶天喜命须悲。忽然祸患兼逢德，灾厄危时却不危。[①]

常以登明加月建，行年之上看神变。传送功曹无鬼神，六月安康复清健。若见从魁及太冲，树神祟犯宅神宫。香水求之四月可，若言宿者更无凶。天罡河魁三月痊，三朝不瘥病连绵。大吉小吉五日可，不可稽求还准前。天乙登明行年上，伏龙作祟索香烟。清水求之三日可，九天玄女法相传。胜光神后丈[②]人病，家内喧争为妇人。又因四足为妖怪，求之六日病离身。[③]

占病有祟无祟

月将加时看行年，若见功曹为灶神。太冲宅上神为祟，天罡囚死鬼来侵。

太乙丈人[④]并女鬼，宅神惊动祸来频。胜光更来家厨灶，小吉西南送大神[⑤]。

传送老翁宅内鬼，从魁新死及家亲。河魁文人对北斗，登明还是犯宅神。

神后北神来作祟，大吉路逢五道军。

占病都解歌

占病都解例更奇，人元为首是根基。老人当得休囚位，年少终将旺处推。

相气只宜占小口，分局刑煞共详之。吉凶多少临时断，参会元元神妙机。

法曰：白虎不要落四季土位，同死神死气并临。如见甲寅木旺，为棺椁神，占病必死，则要生合旺相，与位相生为之有救，吉也。如久病见空亡脱气不宜，新病宜利。如见巳午蛇雀，主血光破损，殃煞太盛，心火不利，及热入眼目，或头破损也。如见申酉虎阴，主风痨筋骨疼痛，及主肚腹虚肿，咳嗽不利。见寅卯龙合，主风瘫痪病伤损也。见戊己辰戌丑未土神，主脾疾肿痛腰膝俱伤，闭塞心火，主坟墓不安。见亥子元武天后，主气虚弱，肾下水蛊症也。歌曰：问病财官鬼莫连，二神临位命难延。更加丧吊临身气，患者十人九不痊。

---

① 其一。

② 一作大。

③ 其二。占病痊除。

④ 一作天乙大人。

⑤ 一作人。

占求医

医药占时课细陈，干为患者位医人。医来克病人须瘥，病若刑医命必迍。

药虽克病逢关隔，鬼合难逃病缠身。若更煞神来克客，悲哀声已彻乡邻。

占梦吉凶

法曰：螣蛇临生旺之乡来生本位者，主喜庆之事。如在刑克，必然惊忧血光损失。如贵当雀，必主官中文书动用之吉，家有筵会酒食之事。如加恶神将，官中口舌，伤财不利。见六合，婚姻；见蛇，为惊忧；见虎，道路丧孝；见元武，小人不安；见木[①]相克，口舌旺相文书信息之事；辰戌，主见恶人官讼；见丑未，必竞田园，相生酒食；太阴，老妇通私事；见贵人，主官事；见青龙，动用财吉。

贼寇门

占临敌

欲占争斗交关敌，须将主客课中推。客克方兮须客胜，主刑干处客逢悲。将来克客神刑位，自有奸谋外损非。关锁煞神来往用，孙侯兵法未为奇。

《神枢经》交战章

假令八月天罡将十八日庚寅寅时，正北子地报到声息，问贼来与不来，交战胜负何如。

丙[②]、天空[③]、功曹[④]、子[⑤]。

断曰：此课主贼定来，必是讲和，内中主有虚诈，尤当慎防。大象宜伏兵士，阴谋诡诈取之则胜。何以论？曰：课中见寅午戌三合火局合全神，故主贼来计欲和好。伏下地分子水遥克天干，为之鬼动忧惊怪。然大局有隔角之坏，宜伏兵士阴谋诡诈可

---

① 一作未。
② 午阳火贼。
③ 戌阳土先锋。
④ 寅阳木主大将。
⑤ 阳水伏兵士卒。

全胜也。阳爻阳战，阴爻阴战。论其贼数，审其休旺。如金木数三六九零，水土一五七零，火主二四八零。余占仿此。

大抵占问贼情，来与不来，《经》云“上生下兮来善，上克下兮来恶”，俱是客犯于主。下生上兮主觅于客，下克上兮主克夫客。如干克贵神，贼逾墙而入。干克将，贼掠人财物。干克地分，贼偷六畜。如三位不受克，贼不犯疆土。又如见劫煞，客来速而凶恶势众，可以施号令固守提防。如见驿马，客来亦速而凶恶。然此二神乃行移紧急之神。战阵之法，以干为客，以贵神为先锋，以月将为大将，以地分为伏兵士卒。假如天干是金，贵神是木，正谓客来克主，彼强此弱。或月将是火，大将亲出攻战而主大胜。假如贵神是土，月将是木[①]，地分是火，主伏兵士卒夹攻取之。如四位中俱受克制，定是贼人拥众猖獗，主大将不可轻举，只宜守城，远哨夷情，相机别图，以全功业可也。

《神枢经》安营章

凡出军境外，下寨安营，不可不占。主大将安营之际，申明号令已固，立身四望，或鸦鸣鹊噪，人动马嘶，枪折旗交，风电雷雨，怪异出没，即定方位，取时占之，决无失也。

假如九月卯将十三日辛卯申时，安营下寨，忽西南申地人惊马嘶，疑乎异常，作课占之。

丙　　午阳火贼客［干克神、地］

太阴　酉阴金主

太冲　卯阴木大将用爻［将生干］

申　　阳金伏兵劫煞［神、地克将］

断曰：主今晚戌时，贼必入境劫寨偷营，主将受迫，大不利。何以论？曰：课中见天干克贵神，贵神克月将，月将又被地分所克，又见劫煞在于地分，先锋、主将俱受掩迫，故主不利也。何以论戌时？曰：用爻是卯，卯与戌合故也。是夜主将宜拔营于正北子地，寅戌[②]地道用伏兵人马预备，撤空营待之，必得全胜。

大抵安营不寨于边境，不可不备。假如天干是客，客是贼，贵神是主，亦是先锋，将神是主大将，地分为伏兵士卒。如天干克贵神，有客犯边入境，看其紧急，端在劫煞驿马。如克神将，其贼前面而来，大将受克不利。如克地分，主营后小路而来。论

① 一作水。

② 一作时。

应时三六合取之。假如四位不克，主日夜无事。如见朱雀、白虎、螣蛇、元武、太冲、太乙、将克神、神克干，必有惊忧，当申明号令使士卒不惑。

《神枢经》游鲁章[①]

假令二月戌将二十一日癸卯寅时，午地有人传报声息，贼远近驻所。

戊[②]、天后[③]、功曹[④]、午[⑤]。

断曰：其贼潜正南午地塘边，大土坡驻牧，主戌日时来，宜大将亲觅，必全胜也。何以论？曰：大将是寅木，遥克戊土，故觅尔得也。天干是戊，乃为大土坡前。天后是水，亦云涧水或池塘。日辰癸卯，月将[⑥]是亥，以三合言之，而在未时，又见月将是寅，地分是午，应期宜在戌日时也。为何言二期？四位不见驿马劫煞故耳。谓贼多寡，《经》云："金木三六九，水土一五七，火墓二四八。"然理如斯，要看旺相休废生克取之。或以千万数言之，亦人心活法消息之也。是课以用为主，谓水土之言一千五百七十数也。

大抵游都之法，乃出先贤口口相传，不留文字。周之吕望、齐之孙子、汉之子房、唐之李靖，用之者神，计之者胜，如敌人之远近，知贼情之多寡，驻牧山崖、林木、道路、池塘、险要，或攻或守，缓急应变，见机而作。假如觅贼，先论天干，次论用神，天干决驻牧之所，用神定来贼之数。如天干是甲乙，其贼潜伏山林之中。用神是亥子，其贼亦潜林木水边。甲木为之大林，乙木为之孤林，草木之旁。如天干是丙丁，其贼潜高岭边。课中见上克下，其贼潜岭下；如下克上，其贼潜岭上，又当言岭之高也。天干是戊己，其贼潜土坡山岗之畔。天干是庚辛，其贼潜要害道路之所，道路斜正，又当推克制论之。庚为大道，辛为小道。如干是壬癸，其贼潜长河之边。《经》云："金为水之原，而言河之长。土乃水之官，而云沟与涧。"深浅之妙，亦在上下刑克详之。上克下，其贼必来劫掠，主将备之勿忽。上生下，其贼亦来寻我。课中见劫煞，来速而凶。下生上，不见劫煞入课，贼虽远而决可见也。

占失盗

觉失盗贼考正时，俱于方上法求之。若知失日加本日，不知失日将加时。

① 觅贼方所歌详《璧玉经》。

② 阳土贼所。

③ 亥阴水用爻。

④ 寅阳木。

⑤ 阳火。

⑥ 当作贵神。

二上克下主失物，二下克上动官词。将克主时财不失，主如克客必破之。

人元克主主失物，主克人元贼伤肌。将克人元财不失，人元克将失财资。

临辰戌时还入网，九个十个败闻之。[①]

元武入课忧亡失，妻位加刑贼必来。更若太冲乘旺相，纵教防守失资财。

大都元武贼难防，失物须看阴与阳。若是加阳男子取，若加阴位女人将。

贼神得位财难觅，若更相生作可寻。首饰被贼相刑克，必然败露被人擒。[②]

《神枢经》捕盗章

常照例以干寻贵神，行十二位到元武处住，再如例加月将、人元，立成一课，便知盗贼方向，行止潜藏，得与不得。

假令六月胜光将辛酉日寅时亥地，出行捕捉。

己　　阴土［人元下克神，遥克位］

玄武　　子阳水用爻

太冲　　卯阴木［月将上隔克人元］

亥　　阴水驿马［贵神、地分夹生月将］

断曰：其贼鸠合五人在正东卯地人家潜住，其住宅东南有坟园，应于七一五日得也。课亥地分有驿马，又主往来不定，终能得获。何也？曰：玄武是贼，落亥卯地，水来生木，故主贼不能远去。天干己土能克玄武，故终获也。内卯木遥克天干，故主迟得也。七月是申，值辰戌日，其贼必败。[③]

捕盗之法，专论玄武，亦有太冲，如二神入课，必不一人作贼，有三六人也。如玄武旺，终不获。如玄武受制，其贼败露必获矣。

鸟兽门

占禽噪吉凶

忽见禽鸣高树枝，便将月将加正时。大吉前逢铜铁至，太乙登明见乞儿。

天罡河魁主斗讼，小吉妇将酒食携。功曹传送为客至，子午酒肉会邀期。

① 其一。

② 其二。

③ 七一五日当作七月辰戌日。

太冲船车冲劫煞，从魁夫妇索休离。更把贵神详善恶，或凶或吉悉前知。

占失六畜

欲知牛马去何方，月将加时四位详。牛马失亡为去路，煞神克位悉伤残。
火主汤镬金作鬼，此名牛鸟煞中亡。四位相生关必喜，往亡牛马不还乡。①
忽闻牛马忧相②失，便将月将加其日。不知失日将加时，本身旺处应寻得。
失牛大吉所相逢，失马无非论胜光。失猪还向登明下，驴犬河魁底处详。
未为小吉羊栏里，酉鸡卯兔车船班。辰戌骡驴奴仆处，应是文书认往还。
假令大吉临午地，失牛但觅南乡里。前行九里得之期，若逢克住牛方位。
五九七八自相来③，得知便是行里数。④

《神枢经》六畜章

假令人问失马，以月将加时行至分位，数至胜光即止，加贵神天干，便知马有无下落，方分期限，不出三合六合。且如胜光不受克制，其马得；受克制，其马失。此正所谓克者为无从旺断也。又曰大吉是牛，小吉是羊，河魁为驴骡。如天干是甲乙，其畜系树下，是丙丁，藏高岭，戊己潜土坡，壬癸近水塘，庚辛临道路，湾环曲直宽窄，又在生克详究。

饮食门

饮食酒馔客排轮，月将加时位上寻。日干为肉月将面，金为爆炒面相迎。木美菜味兼涝漉，水为煮炸妙看宾。火作蒸食兼炊焰，土为涂物火中成。四仲加临为果子，丑未面食辰戌药。看神好乐何馔馐，仔细研穷莫浪谑。⑤

菜蔬别取认的真，月将加时位上陈。丑为野菜寅莙蓬，卯兼园圃是蔓菁。辰为菠菱巳莴苣，午为茄子不虚名。未为茼蒿兰香味，申为柠头莪豆芩。酉为葱韭兼萝蔔，戌为马齿配葫芹。亥主芸苔加葵子，子为白芥及菠菱。⑥

---

① 其一。
② 一作栏。
③ 一作乘。
④ 其二。
⑤ 占馔。
⑥ 占菜蔬。

凡占食器验其真，月将加时坐上陈。孟匙仲筯季是钵，阳碗阴碟认五行。寅椀卯碟并盂子，辰戌罇铛又瓦瓶。巳午盏子未托罐，申瓯酉盏名细磁。亥是壶格磁盏子，子瓶丑杓认本情。莫交差变五行理，成去二法取相刑[①]。[②]

宅舍门

玄女射宅歌

月将加时寻子看，神后临处辨其端。寅为香炉缺不圆，从外将来不值钱。
临卯树影巽乾现，莫教四角树头悬。临辰妇女产女难，一道血光宅里缠。
临巳妇人手中物，养蚕虚耗更鬼看。临午有灶内不安，季夏乱患火侵天。
临未墓塌并灶叫，蚕虚婆婆守孤单。临申家中有龙剑，外来上面死气安。
临酉口愿不与赛，家中[③]亲子索银钱。临戌辛下有骸骨，田蚕虚耗辛下看。
临亥鸡犬怪狂颠，乾下土瓦底不圆[④]。临子乾上神不安，不是家神眼不圆。
临丑牛羊人横死，不镇子孙殃祸连。此是玄女射宅法，纵有千金也莫传。

占宅外景[⑤]

又歌曰：课宅之法妙通玄，月将加时宅头端。看是何神同一位，以次再加返来看。克者必是移动事，相生有气宅主圆。孟仲季宅看临处，人元起对见方圆。庚辛道斜坤艮位，壬癸沟涧河井边。甲乙为林单见树，丙丁旺处高岗连。戊己宅园坟向北[⑥]，须知十干仔细迁。土金水火为窑灶，庚辛碓磨及门窗。子午正门并楼屋，四孟相临是草房。火旺高岗人最贵，与姓相生子孙强。土旺重岗主坟墓，土木坟垅痛苦亡。四位相刑有灾祸，上下相生福满堂。土为坤艮金乾兑，水火离坎必相当。木主震巽寻八卦，克宅必定有不良。六合青龙甲乙树，对金枝损及皮伤。朱雀丙丁高岗岭，戊己高坟土岭岗。庚辛为道看斜正，壬癸桥河沟涧详。要知四向看征对，湾岗曲折认刑伤。上克下兮地必下，下克上时慢坡岗。命前五辰为宅用，命后三辰定是庄。宅神上克中必起，人伤

① 一作形。
② 占食器。
③ 一作亡。
④ 一作乾上破瓮底不完。
⑤ 与《璧玉经》内论贼所在之方同。
⑥ 一作此。

家破见逃亡。阳见阳支损小口，阴见阴支母命亡。三下克上官事起，三上克下煞妻言。四位相生万事吉，见克被刑灾祸绵。此是孙膑真甲子，天地移来掌上看。

占宅外景入式

法曰：占外宅，常以月将加时，数到本宅位上，见何神将，以宅上所见之神将加于时上是也。

假令正月登明将，乙丑日巳时，申地为宅，行月将到申地上见寅，复加巳时，传成四课，遂为东南外景也。今从巳上课十二位式于左。

课宅东南巳地：

辛　酉阴金［干克神将］

青龙　寅阳木

功曹　寅阳木［神将生方］

巳　阴火［方克干］

断曰：巳地上有大树一株，上有枯梢或干死枝也，合为花树子。何以知？云：以寅为树木，又地分是火，木能生火，故为花树子，又上生下故。有枯梢或干枝者何也？云：为人元是辛金，以小金不能克大木，虽上克下，不能克尽，但枯其梢而已。又云神树何也？为四位内见青龙，青龙得火，辛不能胜，所以有神树也。

课宅正南午地：

壬　子阳水［干克方、生将］

天空　戌阳土［神克干］

太冲　卯阴木［将克神、生方］

午　阳火［方生神］

断曰：午地上有木桥一座，但桥下无水。何以知之？曰：人元壬是水，被天空土克之，故无水也。此地必有空穴、窑灶、坑坎。何以知之？曰：四位内见天空，为空穴、坑坎也，又主其地必坍塌，以天空土被将神木来克土，土又克人元水，故有坍塌也。有木桥者，太冲为木桥，无克故耳。

课宅正南落西未地：

癸　亥阴水

白虎　申阳金［神生干］

天罡　辰阳土［将方遥克干、生神］

未　阴土

断曰：未地上必有麦地一段，或白地也。此地合主分争，今不相争。何以论？曰：

以四位内相生故也。但此地上曾有大道一条。何以知之？为贵神是白虎，白虎为道。又此地必有狮兽之物，故曰：白虎道子石狮子。

课宅西南申地：

甲　　寅阳木［干克神、生将］

太常　　未阴土［神生方］

太乙　　巳阴火［将克方、生神］

申　　阳金［方克干］

断曰：申地上合有水，今却无水。何谓也？云：四位内全不见水，故云无水，亦无有诸物也。

课宅正西酉地：

乙　　卯阴木［干生将］

玄武　　子阳水［神克将、生干］

胜光　　午阳火［将克方］

酉　　阴金［方克干、生神］

断曰：酉地上有鸦窠，今却无。何也？云：四位内人元是木，与胜光不相接，更水上克之，所以无也。故云：克者为无从旺断也。

课宅正西落北戌地：

丙　　午阳火［干克神、生将方］

太阴　　酉阴金

小吉　　未阴土［将生神］

戌　　阳土［方生神］

断曰：戌地上只有枯井一眼，必无水也。为四位内不见水，故云枯井。

课宅西北亥地：

丁　　巳阴火［干克将］

天后　　亥阴水

传送　　申阳金［将生神］

亥　　阴水［位神克干］

断曰：亥地上合有道，或有碾子，今不见矣。何也？曰：四位内金旺，却为人元是火来克金，无道、碾也。以此证之，故酉为院，申为碾也。

课宅正北子地：

戊　阳土［干神克方、生将］[①]

天乙　丑阴土

从魁　酉阴金［将生方］

子　阳水

断曰：子地上合有小院子一所，今无矣，亦为神堂庙宇也。何为有神树佛堂？以见天乙乃贵神堂位也。

课宅东北丑地：

己　阴土［当作丁阴火］

螣蛇　巳阴火［神生干将方］

河魁　戌阳土

丑　阴土

断曰：丑地上有粪堆一丛，以上下相生故也，或是丛骨耳。

课宅东北寅地：

戊　阳土［干克将］

朱雀　午阳火［神生干］

登明　亥阴水［将克神、生方］

寅　阳木［方克干、生神］

断曰：寅地上合主有水，今无矣。何也？以人元是土，土能克水，故主今无水也。

课宅正东卯地：

己　阴土［干克将］

六合　卯阴木［神方克干］

神后　子阳水［将生神方］

卯　阴木

断曰：卯地上有菜园一所，此园主地低下，为上克下，主低下也。故《经》云："克者为无从旺断。"今既受克，何以云有？盖子为大水，己为小土，土小则不能制大水，况有贵神六合木、地分卯木二木反克小土也，故云有也。

课宅正东落南辰地：

庚　申阳金

勾陈　辰阳土

大吉　丑阴土

---

① 当作丙阳火。

辰　　阳土［三下生上］

断曰：辰地上主有桑园，或有土桥，亦主妇人相争。何以知之？曰：四位内勾陈发用。《经》云："勾陈妇女爱争张。"故主与同姓人相争。

占宅内景

寅为火炉卯为床，辰为盆瓮坠薄房。巳为厨灶并锅铫，午为衣架笼皮当。未为中庭篋为院，申为神祠共佛堂。酉为镜子或刀剑，戌瓮仍兼吃物将。亥为灯台并帐幕，盏瓶笼匣子为乡。丑柜斛斗在其下，家中器物尽能看。

占宅内景入式

法曰：以月将加时复加时也。假令十月寅将，辛亥日申时巳地宅，巳上见登明为将，却将登明复加于申时上，便为宅中内景首课也。盖内外景同一法，然将神虽同，其所主者异也。亦从申起课，十二位如左。

课宅内西南申地：

丙　　阳火［下克神，遥克方］

太阴　　阴金［下生将］

登明　　阴水［隔上克干］

申　　阳金［上生将］

断曰：申地上有橙树一棵，此位或是遮拦帐幕也，以二金生一水故也。

课宅内正西酉地：

丁　　阴火［克方］

元武　　阳水［克干］

神后　　阳水［克干］

酉　　阴金［生将神］

断曰：酉地分主有些小瓶盏，或是笼匣，此物必主口子左右破伤。何以知其然也？为四课内只见人元为头，而地分金生二水克丁火，故主口子破伤。此位必有文书或图画，为见元武无刑克，故主有书画。《经》云"玄武鬼神并书画"也。

课宅内正西落北戌地：

戊　　阳土

太常　　阴土

大吉　　阴土

戌　　阳土［四位比和］

断曰：戌地上有斗或柜，柜中必常有熟食可嚼之物。何也？为将神主斛斗及柜子，而太常主吃食，戌亦主吃食。故断如此云云。

课宅内西北亥地：

己　　阴土［干克方、生神］

白虎　阳金［神克将、生方］

功曹　阳木［将克干］

亥　　阴水［方生将］

断曰：亥位上主有火炉、床，其炉无脚。何以知？谓贵神是白虎金，能克功曹木，以上克下，故主无脚。又云：火炉被白虎克之，本合无，今言有者何？以地分为水，水在木之根，变为生气故也。此功曹有生克，必主有而见其损坏也。

课宅内正北子地：

庚　　阳金［干克将、生方］

天空　阳土［神克方、生干］

太冲　阴木［将克神］

子　　阳水［方生将］

断曰：子位上有床榻，无脚棖。何也？为四位内是天空土被太冲木下克之，故主无脚棖也。又卯为床，被人元遥克，亦主无床。设若庚为贵神，则主无床棖。又此床是外人家借得来，或是盗来。此床见金，主有人就门来索。何也？以四位见卯，卯为门户，又人元见庚，庚为白虎克太冲，地分子有盗之象，又白虎为外人，外人隔位辟门相克，故外来取索。

课宅内东北丑地：

辛　　阴金［干克神］

青龙　阳木［神克将方］

天罡　阳土［生干］

丑　　阴土［生干］

断曰：丑位上有盆瓮薄坠之物。今位内见青龙木，木能克土，更是大木在上克之，所以无一物也。此位只有神位或功德。何以知之？为见青龙，青龙为树神，只为故旧破碎，何以见此？以青龙木克二土，上有辛金克之，以小金不能克大木，虽主有神像，但主故旧破碎。今有青龙为人元所克，此神见金不能宁，家亦有不荣旺。

课宅内东北寅地：

庚　　阳金［克方］

勾陈　阳土［生干］

太乙　　阴火［生神、克干］

寅　　阳木［生将、克神］

断曰：寅地上主有厨灶，此灶置后，阴人频相争。何也？以四位内见勾陈，其神本凶。《经》云："勾陈妇女爱争张。"被地分木遥克之，所以频相争也。又灶主火光烧着人来。何也？此为人元是金，亦为凶神，被太乙遥克，炎上之性有所附着，更木下生之，所以发火光烧着人也。

课宅内正东卯地：

辛　　阴金［克神方］

六合　　阴木［生将］

胜光　　阳火［克干］

卯　　阴木［生将］

断曰：卯位上主有衣架或皮血也。此位更主有门。何也？为见六合。六合为门户，人元是辛，辛亦是门户。此门主破坏。何也？为六合是门，人元遥克，辛金为门户，亦为胜光遥克，所以破坏。如无门，亦有窗也。

课宅内正东落南辰地：

壬　　阳水［克神］

朱雀　　阳火［生将方］

小吉　　阴土［克干］

辰　　阳土［克干］

断曰：辰地上必有小院子或筐子，此院子内必有财，被贼来剜墙伤本主也。何故？以贵神朱雀火，人元壬，壬是元武水贼神，亦是外客，客来克主，故主贼伤主也。然有院及筐者，以火生二土故耳。

课宅内东南巳地：

癸　　阴水［克神方］

螣蛇　　阴火［克将］

传送　　阳金［生干］

巳　　阴火［克将］

断曰：巳地合有佛堂神祇，今不在此位者，被妇人移在他处也。本位在西南地。何谓？谓四位内见二火入庙，金受克，火为纯阴，又上下相攻，以神不能住，故移在申之本位也。然此神无功德，被妇人烧着破损。何以知？以神佛是金，为螣蛇火所克，螣蛇主阴人，地分是其本位，所以主曾烧损也。以二火克一金，合主无神佛，今言有者何？盖螣蛇、巳火为一家，且巳阴火，阴小故也，况被癸水克之，火势无力，故虽克金神不能尽，但主破损移位而已。

课宅内正南午地：

甲　　阳木［克神、生方］

天乙　阴土［生将］

从魁　阴金［克干］

午　　阳火［生神、克将］

断曰：午地上必有破镜子，或不全折缺刀剑也，此物原是贵人或官员家将来的。何也？四位内见天乙贵人，官员也。然主破缺者，以地分火克之，所得物是贵人，今亦休败矣。何也？人元下克，主德不称而死。

课宅内正南落西未地：

乙　　阴木［克将方］

天后　阴水［生干］

河魁　阳土［克神］

未　　阴土［克神］

断曰：未地上主有盆瓮或食物，今不能完具矣。何也？以土克水，木克土，重重自下克之，虽主暂有，亦终不完具，而或无也。其外更无一物，又况吃食之物原非能久存者也。或久存者，惟干粮或脯枣木果之类而已。

《神枢经》宅舍章

假令三月从魁将，己未日辰时人坐卯位，问家宅何如。

丁　　巳阴火［街道，克将］

六合　卯阴木［前房，生干］

传送　申阳金用爻［主山申，舍兑山，克神方］

卯　　阴木［后房，生干］

断曰：此课主兄弟不和，口舌喧争，人常患病，而又脚疾，逃走一房，又受外人来欺凌或不足也。何以论之？曰：金木交争而主兄弟不义，又曰口舌喧争。传送为行移之神，故有逃窜之辈。丁火来克申金，定主外来辱内。又所谓火临金而有迍邅之病。其宅水流前后，天井聚津，两邻不睦。

大抵占宅之法，以天干为街道，再遁干为向方，以贵神为前厅，以月将为主山，以地分为后房。不拘房中有几层，以中宫分为两段，便知前后新旧损益。如上克下，后低前高；如下克上，后高前低。如两头克神克将，主中宫聚水。如上生下，下生上，为之生气。六合旺相为之吉宅也。内有驿马，其家出外差使。若见劫煞，宅有凶暴。

白虎为之凶丧，元武为之军贼瞎眼。课内若有天乙、青龙、功曹、传送，主出贵官。

大抵四位之中管辖有端，握于贵贱荣枯，子孙有无，虚实之品，牧养奴仆，而至欺奸不道，巨细玄妙，上自六亲，外及知交，大自富贵，微至六畜、器皿，无不自然呈现。

将神入宅内景

寅为火炉福神位，卯为床并门窗类。辰为磁盆衣麻物，巳为厨灶铛金铫。午是衣架并笼床，未井小院及神祇。申为佛堂磁盏子，酉镜门窗碗瓶剑。戌为盆瓮灰糠谷，亥是灯台并帐幕。子为瓶盏及镜匣，丑是柜槛并斗斛。此是六壬真甲子，至今留下少人知。

贵神入宅内景

天乙神堂佛像言，珍珠钗钏异衣端。螣蛇花锦妇人帕，更有窑灶在其间。朱雀笼冈或书画，氈皮毛獭架头看。六合盘斗角门子，木杓担子及为床。勾陈盆瓮灰糠谷，破衣绵絮旧条单。青龙图画神龙树，钱镜衣衫刀剑端。天后水盆瓶与盏，丝麻索子南菜园。太阴石头须有眼，古刀快钝在方间。元武布麻细绢等，磁盆细盏在窗悬。太常倚壁刀枪立，悬索笛帘位上占。白虎石磨及狮子，盏瓶瓦瓮在头悬。天空葫芦及经旧，铜盂数珠及幢幡。常将此神合在用，颜色须求五子元。

占宅凶吉

占宅之法课中详，日干为宅位上当。主来克宅宅受害[①]，宅来克主主遭殃。将位临煞终有祸，客神财旺福须昌。更推休旺临时断，凶吉犹如眼下张。命在五辰为客舍，后三庄产有兴衰。五行旺相相生吉，四位相生福自来。

将神入宅吉凶

寅为猫犬外来家，口愿重重树影花。有克必伤尊长死，马亡子死鬼颠邪。太冲受克损门窗，怪见虚惊贼盗伤。改户移门船车损，兄弟须是各分张。天罡旺处家不和，六畜频伤官事多。有克奴逃及婢走，死亡人口肿疮魔。太乙蛇禽现屋头，釜鸣光灼起烟楼。旺相女家招外婿，克来幼妇女先休。胜光当旺足资财，子孙富贵名自谐。受克

① 一作主若克宅宅须吉。

官灾须见血，马亡子死产生灾。小吉神临女守孤，鬼神缠惹病声呼。有气婚姻财宝吉，邀迎酒祀出师巫。传送由来出[1]旺方，儿男雄勇乐刀枪。申临巳午军人辈，客途车碾患喉疮。从魁囚死阴私祸，自缢身亡痨病多。假若同带蛇雀武，或然人魇出师婆。河魁旺处魇神藏，推出军人夭寿郎。更近宅边枯骨犯，徒刑须出痛伤亡。登明囚死病痿黄，眼色斜牵少女伤。当旺猪羊饶散失，若居戌上丑儿郎。神后伏位见金神，儿郎豪俊乐攻文。若还值鬼并空煞，后妇须多绝子孙。大吉从来入旺方，子孙面丑肚脂囊。木上见之头必秃，忽然眼病有牛羊。

贵神入宅吉凶

贵人当旺[2]作神头，纸钱猪羊许愿求。功德外来运破损，送来官贵出追游。螣蛇损失主惊忧，飞鸟曾鸣一[3]度愁。妇病不然妻女走，鬼来出现屋山头。朱雀神现光焰焰，官灾斗打病连绵。血光走失出娼妇，宅中枪刃有多年。六合神主立幡竿，柜破门伤上下看。木盘铁锯香盒破，纸钱龙树鬼来缠。勾陈多旺鬼须来，糠瓮灰盆院里埋。更有水坑尸在地，窦墙鼬鼠入家来。青龙树影到堂前，大木损伐人不安。家中火镜频作祟，伤人刀剑在头边。天后宅中有井凶，玄武功德在家中。水穿门出山魈鬼，妇人投井更私通。太阴火光焰入门，明师知识会难分。只为外来妇鬼扰，尖石破磨眼灾生。元武凶主家近河，水灾鬼怪及妖魔。儿女丑恶多斜眼，贼来三度犬伤多。太常幡子到佛前，口愿猪羊赛未全。铜铁杯盆并井灶，金鸣必主患风颠。白虎凶丧孝子来，蚕丝六畜血财灾。家内灵床未除了，更于门前石变灾。天空主瓮破伤鸣，汤瓶悬壶壁上行。更有四足伤人起，宅惊屋爆为僧名。

占宅内兴耗

常以月将加正时，若见虎蛇临日辰，耗在门。若见大吉、小吉、胜光临日辰，耗在家。见功曹、传送、太乙、神后临日辰，耗在家。见天罡临日辰，耗在牛栏。若见登明、太冲临日辰，耗在中庭左右。

占家中有怪

常以月将加正时，天罡加孟凶，加仲吉，加季大吉。又月将加时，看神后所临，

① 一作入。
② 一作位。
③ 一作三。

即知其怪也。神后临子，必是鼠或血光。临丑，是鬼作人形。临寅，是四足或木器转动作声。临辰，必是赤色四足音声作怪。临巳，是釜鸣。临午，亦是釜鸣赤光。临申，必是走兽。临酉，必是飞鸟血光。临戌，是枭鸣狐叫为祟。临亥，狗猪登厕，见明[①]之物。临卯同寅。

占修宅舍吉凶

问其家长行年，加宅神，视本命前五辰。如见煞神及罡魁，不可迁移、造宅。见功曹、传送、胜光、神后、大小吉，宜修也。又家长行年加神将见魁罡，有病主耗财。见从魁，主老小口舌，火光，妇争财。见功曹、传送，主喜。见神后，盗贼死亡。见胜光，亦为喜用。见登明，忧财。见二吉，忧牛马及火光。更看今日何处动用，以方位为则，却用本日干辰。旺相可动，刑克忌动。要本日与干相生，吉神临，喜神助，凡事吉，主荣旺兴荣。如临空刑克战、蛇虎玄阴勾陈，皆主不利，及官司刑伤，财帛耗，人口患病。

占接屋梁柱

接梁之法妙须知，月将加时方上真。更看天干（一作天官）于位上，便从支干日上寻。壬癸庚辛申酉位，必然盖造又还新。下克上兮应接梁，上克下兮接柱新。二下克上标应折，二上克下屋摧崩。人元芭薄瓦木足，天官为梁将柱真。地分根街石土项，常用刑克是真神。庚辛若临方位上，万物皆新如通神。接屋但以方上起，孙膑留下不传人。

占移居吉凶

移居之法课中看，鬼煞临身不可前。客旺主休终是吉，客休主旺莫移迁。金神丧吊来归户，只宜守旧保家缘。

解曰：如见天驿二马及有生气吉神，皆可移动居吉。如在空刑之地、劫煞之乡，不宜迁动，主破损不利。

---

① 一作鸣。

茔地门

占茔墓景

寅为花树卯桥船，辰冢高岗巳涧泉。午岭横山未堰子，申河石道酉麻田。戌骨臭秽破窑灶，亥地南还有水穿。子主地头如仰尾，丑为平坡坤下轩。此是孙师地形法，取用临时着意看。

占墓外景

课坟占墓片时间，万里如同在目前。常取正时加月将，人神将位手中安。天乙神祇小庙子，大树举变①如盖悬。螣蛇野葛悬藤树，来岭横岗高下弯。朱雀鹊鸦雀巢子②，盆池花树有物③阑。六合幡子并楼屋，缺墙门外掉绵安。勾陈土台坟边冢，四角深渠道坑穿。青龙怪树横风势，近泉树木上侵天。天后池潭石叠砌，萱草梅花树顶鲜。太阴碑碣坟前立，石柱双双埋路边。玄武河泉坟里出，盗贼曾揭墓头砖。太常香台及醮器，树头赠挂纸百钱。白虎石羊本家事，人行斜道路横穿。天空枯树坟尖塌，邻近周围庙观滩。此是端坐《金口诀》，宇宙乾坤掌上看。

占墓外景入式

假令登明将，乙丑日申时巳地课墓。

辛　　阴金［干将夹克神］

青龙　阳木［神生方］

传送　阳金

巳　　阴火［地克干将］

断曰：此墓主绝两房，更主一房离乡，亦出军人，更主恶死或车碾也。此墓全为破败，更无一房兴旺。何以知其两房绝也？四位内见二金夹克青龙木，而地分火又反克二金也，又传送主绝，亦为军人，且离乡井。又云：并无一房旺者何？以四位并无相生也。又主其家出一房刀光死者，亦为青龙木被上下二金克制，又传送即白虎为刀

① 应作峰峦。

② 一作朱雀鹳鹊鸦巢子。

③ 或作勾。

剑之神，其神本凶，故主斩杀死或见血光死也。

凡课墓外景，用人元月建。假令人元是辛，故丙辛建庚寅，以此推作课。

戊　阳土［建庚］

朱雀　阳火［神将生干］

太乙　阴火

寅　阳木［方遥克干、生神将］

断曰：庚道，庚为墓道。[①] 寅地旧曾有道子一条，见今耕没了。谓庚为道，属金，见朱雀火，故云耕没了。其道上旧原有枯树一株，其上必有窝巢，以朱临旺方是也。其树枯者，亦以金克故也。其道今却移在正东。

课正东卯地：

己　阴土［建辛］

六合　阴木［神地克干、生将］

胜光　阳火［将生干］

卯　阴木

断曰：卯地北道上曾有小树一株，却伐去。何也？课内六合为树木，以墓干辛金，属外人来克，又无相生，故主被人家偷伐去也。其道必在人家门前或在庄内。何也？曰：为见三重门，六合、卯、辛皆为门，故主若此。

课正东落南辰地：

庚　阳金［建壬，人元受下三位之生］

勾陈　阳土

小吉　阴土

辰　阳土

断曰：辰地上有干河一条，少有水也。何为无水？四位三土克一水故也。此河内有阴人小殡子一所，或两个。其人横死，一人或偷盗死狱中，以见勾陈之故。勾陈亦为小殡子也。内有一阴人在生之日曾孤寡，以见小吉之故。此河今又不在辰地，移在东南巳地。

课东南巳地：

辛　阴金［建癸，干将克神］

青龙　阳木［神生方］

传送　阳金

巳　阴火［位克干将］

---

① 一本作：庚为墓干，庚辛为道。

断曰：巳地，前言辰地以三土克一水，故云无水移河，应此河今移在巳地，河内主有微水也。何以知？曰：以壬为大水，癸为小水也。此河内有大树一株，荣旺也，必为神树，以见青龙故也。今木在水中，虽见二金，不能大伤亦有小损也。

课正南午地：

壬　　阳水［建甲，干克方］

天空　　阳土［神克干、生将］

从魁　　阴金［将生干］

午　　阳火［方克将、生神］

断曰：午地上有大树一株，其树不旺，为树上有一枝枯干或砍伐也。何也？见金故也。《经》云："见金枝损及皮伤。"何以不旺？为将神酉金克之也。此地亦有小道子一条，多是东西横者，以见辛金是也。

课正南落西未地：

癸　　阴水［建乙］

白虎　　阳金［神生干］

河魁　　阳土［将方生神、克干］

未　　阴土

断曰：未地上合有树木，却为白虎当位，全无树木，以大金克小木故也。此外别无物，只有骸骨一副，或有重丧，或有故墓，为将神见戌，贵神见白虎，乃白衣骸骨之神也。此墓主其家绝后，其坟无主也。

课西南申地：

甲　　阳木［建丙，干克神］

太常　　阴土［神生方、克将］

登明　　阴水［将生干］

申　　阳金［方生将、克干］

断曰：申地上合有岗岭，课此并无岗岭也。何以知之？曰：为内见亥水生木，木能克土，更上克下，故主若此。只有阴人墓一所，为见太常，太常为小殡也。其阴人在生之日被人谋害，又主官事刑狱，其人必气死被药死故也。故云：太常食药打不全。又占病，或天瘟，或难产，及腹胀而死。详在占病法。

课正西酉地：

乙　　阴木［建丁］

玄武　　阳水［神将生干］

神后　　阳水

酉　　阴金［方生神将、克干］

断曰：酉地见丁，为岗岭之神。然将神子水，贵神玄武水，二水克一丁火，所以无岗岭也。只有河子一条，为地分酉金生神将二水，水大旺，故主有河也。此河八年前有一妇投河。何以知？谓墓中见火，投在二水中，火已无气，而丁为螣蛇，属阴，故其象如此。课中玄武水是贼水，所以此河主常有损[①]。

课正西落北戌地：

丙　　阳火［建戌，干克神、生将位］

太阴　　阴金

大吉　　阴土［将位生神］

戌　　阳土

断曰：戌为大家墓。戌地必有大墓，主一房破，余者旺也。破者，其家出阴人残患，更主外人谋害，亦主妇人淫乱，暗昧不明，以太阴被克也。

课西北亥地：

丁　　阴火［建己］

天后　　阴水［神方克干、生将］

功曹　　阳木［将生干］

亥　　阴水

断曰：亥地上合有墓一所，此墓主一房出官。何以知？四位见二水，水为喜神，又将神是功曹，即青龙也，为天喜之神，得水大旺，为生气，故知加官进爵，亦有财帛之喜。此墓主葬六年后，主一妇人投井。何也？为贵神是天后，亦是井神，人元丁火为阴人，却陷于二水，所以投井也。故云：天后宅中有井凶。又云：出患头目人或无头应也。以人元为首，贵神克之，故亦主葬者有无头之人。占病在头目，此墓亦主水入也。

课正北子地：

戊　　阳土［建庚］

贵人　　阴土［干神克方］

太冲　　阴木［将克干神］

子　　阳水［方生将］

断曰：子地有大道，道旁有小庙或寺，见天乙故也。《经》云："贵人神佛佛堂殿。"

---

① 一作损人。

课正北转东丑地：

己　　阴土建辛

螣蛇　阴火［神生干方将］

天罡　阳土

丑　　阴土

断曰：丑地上有道子通连子位，道旁必有窑灶，以蛇当位故也。《经》云："螣蛇窑灶近于庄。"所以必有者，相生故也。

《神枢经》茔墓章

假令二月河魁将，二十四日巳卯巳时，有一孝子从子地来问坟墓如何。

甲　　寅阳木［克神、生将］

天乙　丑阴土用爻［克方］

太乙　巳阴火［生神］

子　　阳水［克将、生干］

断曰：此地必是庚山甲向，至西南高阜，坤申随龙而来，落穴在酉，前二四里有林木，本地有大树一株，后有河水。谓其家阴人主事，寡妇在堂也。巳酉丑月有迁官之喜，行于亥卯未年必有内乱，伤官损财之祸，阴疾少亡之苦。其地水反山走，乌足为美。何以论之？曰：甲为林木，子为河水，用神乃阴，故主阴人当家。天乙丑土用神，巳火生之，决主酉年而有迁官之喜。流年若逢亥卯未助起甲木克坏丑土，主有谋官从外而来，亦主损财。又云太乙为之妇女，落于子水故，乃为灾。合于天贵，岂非奸邪？凡占课，相生则吉，相克则凶，其理自然。

大抵占茔地风水，法以甲乙为之林木，丙丁为之高岭，戊己为之土堆，庚辛为之道路，壬癸为之长河。见土，只云沟涧。神将二位若见辰戌，则是占坟。余占仿此。

占墓吉凶

克无旺有理何微，旺克宜将四位推。祸福吉凶如眼见，始知神妙泄天机。

解曰：白虎临四季土为坟茔，更有生旺又贵神临干得地，其家旺相也。见辰戌为高岗小岭，丑未近田园之地。见贵人、青龙，官员财豪之家。若见太常、大吉、六合，皆主买卖手艺经商之家。见太阴，主暗昧，出娼妓之类、不明之人。蛇虎主途路、孤寡、破落之家，常病缠绵。见天空，主孤寡螟蛉之家。勾陈主贫孤、军屠、破损之家。玄武作盗贼、损主、破败之家。朱雀出书生、秀士之人。宜生旺，不宜刑克破煞。占阳宅亦然。

占茔内灾福

一墓之内甲丙丁，只如平课加本名。要知穴下真灾福，甲寅乙卯又[①]干并。
将生天官富贵吉，福寿添增子孙兴。天官若是生月将，妻子家道只平平。
人元三位相生吉，三位相克带煞凶。功曹患眼卯勇猛，辰戌贼人腰脚疼。
太乙血财文武位，午地人家兴旺中。未上孤老长者病，申家分离走无踪[②]。
酉中自经[③]外行去，戌位绝地夫妇茔。登明一病患头秃，子位先富后却贫。
大吉耳聋出军辈，仔细寻思莫易容。辰戌丑未子孙少，太常勾陈后妇多。
元武丑黑儿瞎眼，白虎受克士伤过。月将克地为人死，天官克将死亡呼。
天元克将为人损，看其刑克验真符。阴将克阳生重死，阳将克阴死轻迟。
此是六壬真妙法，莫遣凡夫取次知。

占开墓见景

开冢之法将加时，辨其示现本支基。戊癸合将土塞墓，乙庚配位白气翳。
丁壬合时蛇并鼠，甲乙[④]根枝穿骨尸。丙辛蛇侵尸作[⑤]拒，五行相克验根基。
申酉端详毳雉虎，寅卯根枝似龙须。巳午热气宜为避，亥子蛇鼠好迁居。
上克下兮面合地，下克上兮头离肌。五行相克随时断，便是孙膑真秘书。[⑥]
开坟之法妙通玄，月将加时方上端。看其神将量凶吉，贵贱推寻在意间。
天乙旺相合龙建，三公为事事不烦。螣蛇开墓虫满穴，必须家败妇人奸。
朱雀生光明蛛网，官事连绵子更顽。六合坟墓横根树，见水儿孙富有年。
勾陈贫贱伤残患，主出高官将相权。天后墓岗须见水，富家兴旺子孙贤。
太阴金箔贴轨土，或为衣袥富贵年。玄武蛇鼠人生盗，坟中无[⑦]水久无官。
太常着牙[⑧]蝼满墓，山[⑨]上神竞妇女关。白虎土上毫穴孔，定知后代出官员。
天空坟塌穿为穴，土抹神吞骨不全。三公王侯堪用事，已外难昇不尽言。

---

① 一作支。
② 一作申冢生分走无踪。
③ 一作自缢。
④ 宜作己。
⑤ 一作地。
⑥ 其一。
⑦ 宜作出。
⑧ 一作蕃芽。
⑨ 一作土。

此是坐端《金口诀》，等闲休共小儿言。[①]

开墓见景尔殊详，望墓加时位本方。只看贵人临旺处，辨其神理别灾祥。
贵人火上见光明，田鼠穿墓出傍厢。青龙水土主松桧，坟里横根在四旁。
螣蛇见木多蛇聚，上有孔窍透明窗。朱雀立木临本位，定知和气窑灶藏[②]。
勾陈白蛸须逢土，火上占之闭墓堂。六合本位生根蒂，皆须残毁仍在岗。
太阴受克金蚕对，土上逢之金色彰。天后遇金坟出水，见木草生穿冥房。
元武见蛇逢巳火，水败贼劫离砖床。太常白光为气现，土火同邦窗见光。
白虎火上尸合面，土上吞天死必伤。似此推详坟墓事，百发无差信法良。[③]

占别墓及死因

人间天墓最幽玄，切须遍把古书研。月将加时看方位，参详临处课三传。
阳日阳方阴即是，阴日阴方其阳全。贵人豪富官人子，螣蛇鬼魅怪多般。
朱雀自缢兼投井，六合富贵四肢端。勾陈讼狱卒盗死，青龙患目肝病缠。
天后产死贫病卒，太阴暗昧犯私奸。玄武刀光血光死，太常药食竹[④]不痊。
白虎凶病恹恹死，天空风瘫癞病颠。

占坟是阴人阳人

坟子数个在西东，南北冢子怎生知。挑定亡人辨刚柔，刚日从东南将起。
柔日西北行将加，数至天官看前后。月将加头分神位，一列天官事要知。
欲知地下阴与阳，便于日下定情光。阳日阴方阴即是，阴日阳方却是阳。
阳将阳神阳人冢，阴神阴将是阴人。一阴一阳难定夺，直须诀断在天罡。
天罡临阴是阴人，天罡临阳是阳人。[⑤] 子寅辰地是阳位，更兼午申戌为真。
天罡若还临此地，定知坟内是男人。丑卯巳却是阴位，又同未酉亥系阴。
天罡若是泊此处，必然茔内是女身。常将月将加时取，要行顺去逐时寻。
寻着辰上天罡是，看其所泊值千金。

校正前歌

南北东西多墓丘，长眠男女问刚柔。刚日将从东南起，柔日将依西北游。

① 其二。
② 一作定知气出窑虫藏。
③ 其三。章内缺天空。
④ 一作打。
⑤ 天罡者，辰也。

数至天官前后察，月将加头神位求。刚日阴方女子冢，阳方柔日是男丘。

欲知地下阳与阴，须将神将认真情。阳将阳神阳墓地，阴神阴将垄为阴。

一阴一阳难定夺，天罡临处分明说。临阴是女临阳男，此是神仙真秘诀。

刘海戏蟾一干二支杂占

图乃刘海戏蟾数也，其诀后卷端详见。

上层附[①]刘海戏蟾一干二支杂占，一百四十四词目，逆布天干。子求财、丑音信、寅婚姻、卯出行、辰见贵、巳失物、午逃亡、未谋望、申词讼、酉疾病、戌交易、亥胎产。凡占者，取时以十干加所占事上，从甲乙丙丁戊己庚辛壬癸数至占时，取一干二支，逆布天干至占时止。

下戏蟾占法，如子时求财，以甲加子，则子子得甲子子，丑时则乙子丑，用一干两支逆数。上支，事之主也；下支，占之时也，干用逆行，故如占。婚姻得未时，以甲加寅逆至未，得辛，乃辛寅未也。

子求财

甲子子，东方求谋，一举两得，取之有道，营货出入皆吉。

天时地利两和谐，进望求谋喜路开。甲午日方逢顺泰，人财物用一时来。应有望，可舒怀，取之有道莫疑猜。所占利益诸皆遂，出入经营得意回。《鹧鸪天》

乙子丑，求财先难后易，不如守旧，寅日小就，辰日又主差池。

---

① 原书上层眉批，今附后。

财源未遂，恨多难进退，狐疑且待时。只宜守旧是便宜，休夸到底。荣归贵，积玉毕，竟差池。喜在寅头当小就，逢龙又恐是空虚。右调《朝天子》

甲子寅，财易得，但不泰，不须忧，有谋望，俱吉。

瓜熟应知自发香，时来会合自荣昌。利源自在何劳问，不用忧煎不用忙。时不顺，枉乖张，营经贸易好商量，求谋借托俱堪遂，只要行藏有主张。《鹧鸪天》

癸子卯，财贵人成就，同辈兄弟扶持。

同心同志事须成，当道高，小人扰扰何足道，岂能妨我资金。弟兄竭力来相助，财望匪轻，保重百无一虑，任他水陆营生。《风入松》

壬子辰，财未遂，宜缓不宜急，夏月方成。

莫说求财语，求方在用心。无端沉滞未能成，急动无凭辗转费心情。时下终难获，回头退步平。南风起处遇知音，不可因循，财禄一时新。《南柯子》

辛子巳，财将义取则吉，中有嫉妒疑忌，恐难成。

踏破铁鞋无觅，寒沙淘尽无金。取之有道合天心，小小财源方顺。又恐旁人嫉妒，无人提拔难成。忧疑目下忽然生，大抵动不如静。《西江月》

庚子午，财如意，但利己损人，恐非吉兆。

克象你如何，利己由他，财源得失两奔波。虽说天财还未及，聚少成多。得福梦南柯，义让相和，顺天循理莫蹉跎。但得东君吹嘘力，此瘼消磨。《浪淘沙》

巳子未，有小人是非，财未遂，意待重阳，并丑日则吉。

求利求财何渺茫，小人在内又相妨。到头好事终须在，才到重阳便吉昌。仁义取，好商量，自然合得顺行藏。骊龙颔下珠虽美，得并高山水正长。《鹧鸪天》

戊子申，你急他不急，再次三番方有就意。

财利动人心，用尽千般计。路远马行迟，水涉舟不去。心动莫辞劳，再三方得意。轻重两和谐，更得阴人济。《生查子》

丁子酉，营求放债追索，谋望须当快取，迟则无有，有小人破口无事。

欲问营谋正及期，才逢冲发更当时。时来应取应当取，莫待时过悔后迟。先下手，得便宜，小人破口不须疑。营求托借俱堪许，不必趑趄怕是非。《鹧鸪天》

丙子戌，财不遂，谋望进步，小人间阻不成。

昨夜好梦梦见添财喜，谁想今朝财在青云里。天时不似人和，蝇头微利云何。求名与求利，所谋俱拂意。小人口舌多，守旧免奔波。《重叠金》

乙子亥，财有望，主得大财不须虑，应在壬癸日。

年来有望终须望，同心事不相违。忽然成就便无疑。大来并小往，喜来紧相随。遇癸逢壬还遂意，母子两相宜。望梅止渴用心机。取之有道，自有贵人提。《卜算子》

丑音信

甲丑丑，音信逢辰戌，略淹留；遇庚申寅，佳音至。口传公私皆可成就。

喜鹊喧呼，灯花呈瑞，朱雀飞腾传信至。文书将达家庭，偶逢辰戌应淹滞。还遇庚申，事皆如意，音到日边非迢迟。些儿犹豫不须，公干私谋俱可遂。右《踏莎行》

乙丑寅，行人在路，音信已近，寅卯日到。

音信迟迟无定向，行人何时回归。但逢寅卯是佳期。眼观鱼雁信，不必苦嗟咨。争奈行人身稳，须知迟滞相随。从来好事有乖睽。乌鸦同喜鹊，凶吉事难知。《临江仙》

甲丑卯，信早晚至，有喜，如求谋，在五七日间成，或寅辰日最吉。

目断天涯没信音，好音目下尚逡巡。晚来喜鹊檐前噪，聒聒佳音好事临。逢五七，遇寅辰，诸般干望可如心。不须忧虑生疑忌，雁盐传书已造庭。《鹧鸪天》

癸丑辰，信迟有小障，向后无咎。

目断远山空阔，夕阳西下东流，阑干倚遍恨悠悠，一味凄凉难受。游子只因魔障，未成名利淹留。此心戚戚几时休？何日是归时候。《西江月》

壬丑巳，远行有平安信先来报，忧疑后释。

有信只平平，未到门庭，水长天远杳无音。家下忧疑生不足，人事纷纷。瞻望费清心，倏与来临，区区鱼雁喜先闻。旦夕匆匆传好音，名满乡村。《浪淘沙》

辛丑午，虽有音信，蹉跌迟迟之兆。

跃马长安路更长，迢迢久已未还乡。多因道上成蹉跌，音信全无纸半张。愁闷损，铁心肠，倚栏无语对斜阳。只宜忍耐坚心守，免得忧疑自忖量。《鹧鸪天》

庚丑未，先得虚传，申酉报喜，子辰日相会。

佳音尚未通，空有鹊声声。一个孤鸿飞不起，对面隔山水。须待逢申遇酉，咫尺天涯不迩。直交子日辰朝，自然见面增美。《清平乐》

己丑申，音信文书落后次第而来，内外全美之兆。

人在危楼高望，柳花飞入檐楹。雕栏玉笋划成痕，一向杳无音信。旦夕鳞鸿忽至，添财分外荣亨。文书福禄自双成，喜望昭然可庆。《西江月》

戊丑酉，信尚在途中，行者获利称心。

望断天涯恼寸肠，凭栏无语暗悲伤。信音只在道途旁，晨昏何用苦茫茫。袖拂百花香，重重金与玉，尔盈箱。佳音瑞气满门墙。心意足，近贵喜非常。《小重山》

丁丑戌，二家音信不通，参差不一，至春乃达。

音信尔来临，自是东君不去寻。再四听，皆好音，莫更叨叨问好名。心事两相萦，酒满灯前月满轮。休道岁寒犹失序，因循，又被梅花占早春。《南乡子》

丙丑亥，此主音信自南来，上边行至及文书喜庆。

尺素南来，又还收拾南边信。所图皆顺，好事逡巡。昨夜灯花，结蕊更舒青。君须听、琴瑟调，弄金一曲新词庆。《赛儿令》

乙丑子，远近信音通达，贵主张，见喜，换甲方至，近者出旬，远者六十日外。

音信迟迟不用忧，远来近至事堪期。时临换甲须分晓，遇贵扶持必不虚。成大器，是通衢，精神明朗出光辉。踵门鱼雁传消息，闾里欢声好事随。《鹧鸪天》

寅婚姻

甲寅寅，婚姻吉，费财，专人倪求放得，其夋盛，一举两得。

月老留心为伐柯，天边好事必非讹。须凭财利轻相助，桃李无言春意多。事奇偶，莫蹉跎，牛郎织女会银河。偏房正室都依论，管取百年恩爱和。《鹧鸪天》

乙寅卯，主三人谋事尚滞，后得贵人玉成婚姻和合。

李白桃红春意浓，春光明媚景、映帘栊。两家好事喜相逢，鸾凤会，瑞气蔼重重。双喜又相逢，东君资助力，便从容。罗帏绣幕闹春风。雀屏展，女婿近乘龙。《小重山》

甲寅辰，婚必成无疑，在速迟，多反覆。

桃李相宜须好合，喜逢日遇寅辰。同乡禄马共峥嵘。佳音应可卜，喜事自从新。说得临官遇贵，两家气势相平。还凭媒妁言成。百年偕老事，琴瑟永和鸣。《临江仙》

癸寅巳，不宜迟，先难后易。

罗带同心结未成，好事因循，美事因循。姮娥旧约宿线深，圆缺伤情，风雨伤情。仰天一啸叹无凭，虽是知音，那是知音。真情扶我有诚心，拟合鸾盟，必合鸾盟。《一剪梅》

壬寅午，婚姻和合，虽有小人破，无妨。

姻缘辐辏岂寻常，配偶相当。郎才女貌皆相称，何须媒妁商量。但存自己心肠，正无可相妨。莫听小人心反覆，百年偕老安康。《风入松》

辛寅未，有阻，喜其中有人主张，逢卯申酉日婚姻成。

上弦急调，下弦缓调，玉人相和次萧，喜声音美绍。章台路遥，楚襄王梦消，鸾凤何日成交，阻相如过桥。《四字令》

庚寅申，占婚无主张，传言不实，革旧鼎新则吉。

上下欲相亲，谬语虚言未是真。万种言词应是假，休听，先得恩深怨更深。淹没久良因，何必区区苦用心。不若假谋成匹配，须成，亲事从今又鼎新。《南乡子》

己寅酉，婚姻相宜，惟期速成，缓则有小人阻，破不可图矣。

天假姻缘美，正花开、春光妍丽，高台洛浦。林下夫人谁家妹，玉骨冰肌如许。

云掩珠帘花影里。看凝香画戟神仙府，曾种得佳婿。心中旧恨如流水，到头一丝如系。鸾俦鸳侣，奈时间、无意味。且莫说绮窗金缕，且莫说桃花前喜，目下吹成双凤曲。欢乐暂时停，待拜贺，频频进取。《贺新郎》

戊寅戌，欲速再三费力方就，内外通和，吉。

无限心中不遂机，姻缘浑未遇、见婚迟。事关内外更何如，逢换甲，兀自苦相思。男女两相宜，再三求挽说，始成娱。东风吹散好花枝，红一点，催早上蛾眉。《小重山》

丁寅亥，前定，上下扶持，易成，申酉日称心。

踏破桃源通线路，动人情，红尘萧鼓。夙有姻缘，今逢良玉，且天配双儿女。澹扫蛾眉春不语，结私心，百年和美。驿使逢梅，调和琴瑟，何用驾车题柱。《夜行船》

丙寅子，婚美，心疑有人主张，彼此玉成，吉。

心下些儿好事，姻缘正合佳期。同心结就两相宜，彼此扶持得意。奇遇自然天付，蟾宫稳步天梯。姮娥相许已多时，折得一枝仙桂。《西江月》

乙寅丑，喜生百倍，不期而会，甲申成。

喜气盈门，画堂歌管声如沸。可人情意，疑赴蓝桥会。平地欢生，谁似君多丽。休猜谜，偶谐佳遇，好象巫[①]妹。右调《点绛唇》

又调《贺新郎》：家庭逢喜蔚，蔚笼佳瑞喜双双，心中如契。门儿左右当过路，堪行阴骘才至。锦鸾归，谁似君多丽。运逢吉曜，管取今生利。平地已安然，小登科、蓝桥机会。平生快乐，人道事相当。清歌奏，玉光飞，赢得拼沉醉。

卯行人

甲卯卯，利涉大川，出行亨，行有信，谒贵喜利名成。

兄弟比和共一心，大川利涉快登临，乘风此去远游欣。好事竟成都喜美，求财谋望总通亨，见贵干人喜气迎。《浣溪沙》

乙卯辰，远行虽得折花之喜，主碌碌徒劳，迟迟归结。

匹马嘶风谒故家，傍墙折得一枝花。时闻小事虽如意，顾望资财事少差。嗟薄命，谩波查，前程事顺两交加。关山重叠多跋涉，洗得真金淘尽沙。《鹧鸪天》

甲卯巳，出遇好人，新旧事利，远信亦到。

催促上雕鞍，鞭策轻敲玉镫寒。好笑出门逢故旧，相看，报说平安两字闲。目下莫疑难，远望行人在高山。旧事更新新事喜，相欢，何须暗暗损眉尖。《南乡子》

癸卯午，远行多阻，可止则止，勉强前进，劳神费力。

① 疑脱山字。

须信人生行路难，空费盘缠，漫费盘缠。频频催促上征鞍，名利间关，途路间关。虽然无败亦平还，未许身闲，那许身闲。何须俯仰强承颜，此兴阑珊，此意阑珊。《一剪梅》

壬卯未，平坦如意，迟迟未归。

欲速古云不达，待时而动方宜。到头毕竟有成时，何苦关心关意。目下固然平坦，其中小有咨且。得从迟处且从迟，托取人无远虑。《西江月》

辛卯申，东北得朋，东南失所。

东北朋来事事宜，东南朋约恐成非。欲图追望莫迟迟，无边事，凡百费咨且。切要坚心庶不虚，迢遥鞭策莫踌躇。资财事，得意早回归。《小重山》

出门须是问前程，东北朋来利自生，意气扬扬勒太轻。片帆若往西南去，信宿终须事不成，更多□□是余情。《浣溪沙》

庚卯酉，动主乖张悔滞，守旧吉。

安坐生灾，欲向外成虚谬。只宜守旧，举动乖张反复。劳劳生受，且休说贪恋无妨，好事如今难又。《点绛唇》

己卯戌，远行得财，名利和谐，远人相协，吉。

《桂枝香》：殷勤南浦，又何车轮马蹄征袍尘土。天涯名利，荣达如许。只今当获高人许，幸遇良朋佳侣，匆匆行色如雨，其如英雄辛苦。叹几年、适齐去鲁，一棹长风入海，鱼龙欣舞。款乃渔歌声续橹，遇亨衢、百里无阻。扣舷一笑，夕阳西下，大江东去。

戊卯亥，起程略阻无妨，财喜之兆。

衣裳急整促行程，中道艰难却有成。只管向前仍顾后，定教财帛主丰盈。虽小阻，不须惊，大川利涉险中登。但能事事皆勤谨，何虑财源不日生。《鹧鸪天》

丁卯子，将至，有喜信，得利而回。

厮勾东风吹去叶，好笑杨花，也解家家别。小句诗春留一歇，荼蘼架满珊瑚雪。春已过，欲问归、难细说，人在天涯也。关山叠、故乡夜月，满门喜庆同欢悦。《蝶恋花》

丙卯丑，出行西阻东吉，行信来到。

家事苦忧煎，悠悠名利两缠牵。莫向西方成阻滞，留连，羸马长途不着鞭。望得眼儿穿，杳杳音无鱼雁传。万事投东皆得意，欣然，因缘若往亦成全。《南乡子》

乙卯寅，在外求谋见贵吉利，归期午未，远者佳信。

花开芳蕊，门外雀声来报喜。遥指日边，伫看桃源得遇仙。无往不利，开眼举头皆称意。仰望三台，午未行人满载来。《减字木兰花》

辰见贵

甲辰辰，须用宛转于人，托至诚于东方见贵，或寅日称心，有人刮目，事顺成而迟。

两家恩爱情应熟，费心机、万般驰逐。彼此相投，虽然一见，便成刮目。奈何此事多迂曲，向寅边、辐辏天禄。谈笑之间，贵人留情，心满意足。《玉团儿》

乙辰巳，见贵徒劳神力，所望无成。

悔年来岂容易，奈何寸步如千里。渡得危桥，侯门似海底。贵不遇，成何济，焉得知有头无尾。运却分明不从人意，求贵不如求己。《鼓笛令》

甲辰午，利见大人，谋事可托，先得阳贵，后得阴贵赞襄。

指望东人为主，东人喜气从容。武陵溪上路长通，步入桃源仙洞。媚奥与其媚灶，佳音好事重重。祈求美喜喜和同，常道高人举用。《西江月》

癸辰未，阴相背违，凡事不利。

魏勃当年肯扫门，遂成其事遇知音。公今亦效前人志，未必他心似我心。宜费力，漫恭迎，岂知进望百无成。不如收拾闲风月，窗下高明效古人。《鹧鸪天》

壬辰申，见贵不利，守旧待时吉。

只可埋头守旧居，养吾志气待时舒。何须奔走高门下，袖里相看说是非。得便宜，又何如，蜗名蝇利总成虚。梅花纸帐清如许，胜似高乘驷马车。《鹧鸪天》

辛辰酉，上和下睦。

侯门已通，透出春风，小名儿早达三公。举头逢鹊噪、下晴空，远别庆相逢。求财谋事，欢生内外，自然大小和同。旧时曾识交丛，问花间、蝶初舞，酒新红。《小芙蓉》

庚辰戌，自心进退多疑，谋望未成，得大人提拔方吉。

你自心焦，他人意懒，舒怀且自休。休见了，却如不见，语未相投。愿求一识荆州，行藏事、进退绸缪。若得提携，身荣欢、谈笑封侯。《柳梢青》

己辰亥，因友契合而会贵人，甲子、甲申日称心。

此间相识宿缘深，待得相处却相逢，彼此念旧一见两忘情。此意绸缪倾盖处，樽前握手话知心。主人情重不相轻，笑盈盈、廖酬玉觥，流水高山真个遇知音。甲子甲申当称意，凡百谋望皆成。《行香子》

戊辰子，贵人得力，名利皆吉，不可损人利己。

要见贵人，何用良媒，终朝慕恋更何之。自是识荆已久，胜似前时。不必内怀疑，咫尺天涯，平平心地有佳期。良遇今来迟与速，跳出昏衢。《浪淘沙》

丁辰丑，利见大人，一门荣显，立身成名。

光风霁月喜相逢，附凤与扳龙。当路贵人刮目，前程便见亨通。营求得意尽教，喜气重重。非独自身显达，从今家道兴隆。《风入松》

丙辰寅，见贵利前程，就但防小人口舌。

得意扳龙先抱头，有心附凤莫萦留。升堂入室方堪许，千里鹏程一鹗收。防小辈，暗啾啾，恐生唇吻惹闲愁。□承清目应垂顾，肯使明珠暗里投。《鹧鸪天》

乙辰卯，上下和悦，申酉日、吴越地皆宜，可安身。

好事相逢天阙路，升堂近贵相亲。须知美事到家庭。上和并下睦，申酉见佳音。若问前程须进步，管教利益和平。不分吴越总安身。迷津又得路，仙桂一枝春。《临江仙》

巳失物

甲巳巳，内外合瞰，被骗拐带人物，急急西北方寻，酉戌日获或得信。

失物家人不谨，下人奴隶相欺。潜谋两个共穿窬。日时逢戌酉，败露显然知。急急追寻应得半，没成虚。可于西北间因依。要知逃与失，阴小口中推。《临江仙》

乙巳午，速寻勿缓，酉日可获。

自恨家人不谨，一中二尾牵裾。小人重利莫狂为，不念许多恩义。见失何曾得失，忘机却是藏机。鸡鸣两地报君知，财物还归旧地。《西江月》

甲巳未，走脱如梦，偷人在卯酉日露机可觅，不然卯辰方寻之必见。

暗昧难知，事是梦里如何说。非窬则穴，拐带并偷窃。财帛分明，早向东南边问，谁知干涉，人刁奸，卯辰日机关得漏泄。

癸巳申，家人偷盗，非止失物，更有他处宜防，谨慎隐忍则吉。

左调《西江月》：祸起萧墙难解，须知家贼难防。非惟财物耗非常，更恐侵伤长上。此事果然暗昧，又非穿穴逾墙。亲人骨肉起乖张，忍耐含容无恙。

壬巳酉，此卦物未出门，埋土石下，只在寅日可见，过此则难寻。

失物恨无踪，消息难通。家人意实豪雄。壁下土间寻得见，未出门中。沉滞似难逢，用意相攻。莫教日远越西东。踏破铁鞋无觅处，又恐成空。《浪淘沙》

辛巳戌，防内贼，急于子卯上追寻。

痴聋曾说保家资，谁料痴聋反被欺。贼在家中心向外，东方卯上急宜追。追若缓，恐成非，来人身上惹嫌疑。外求不获内求获，东北方隅事不虚。《鹧鸪天》

庚巳子，此外人通合，失物不明，三人共处，明有机谋，勿用问鬼神，只在水内寻，及阴人见知。

两两三三共一心，小人取物与他人。求神问卜成何用，只在深沟水内寻。成暗昧，事无凭，费尽心机事有因。识人多处奸人众，有意生疑却未真。《鹧鸪天》

己巳子，此阴人窃取，埋土及孔穴中未出，出门急寻见。

急急寻来急急寻，原来家贼是阴人。物藏木下休疑惑，目下须知未出门。非用力，莫沉吟，不劳撩乱扰邻亲。固知得失皆前定，可恨家人错用心。《鹧鸪天》

戊巳丑，奴仆盗藏，土木之下见。

奴仆生奸窃物，问于何处斯明。东边邻族有知情，柱下推寻有信。自有旁人说破，果然见得分明。土木之下索斯呈，大抵易为绳准。《西江月》

丁巳寅，此无知之徒窥窃，或朋友妒忌。

不是无端是故交，谁知笑里暗藏刀。分明说破成争竞，些小便宜也可饶。唇口至，祸难逃，破财失脱命中招。但能谨慎行宽恕，免致穿窬走数遭。《鹧鸪天》

丙巳卯，自不谨慎，致自家一人窃，藏西方，壬癸日得见。

失物皆因忘却，挨寻逐门。来人不属远方临。若非同住侣，只是近亲邻。欲见须当忙访觅，或于酉日知音。西方着急细追寻。善求应可获，恶取反沉沦。《临江仙》

乙巳辰，寅日速向南方寻，见迟则亡矣。

覆水碗当空，水尽无踪，香煤磨墨笔重重。自此忧疑生暗昧，时物飘蓬。门外官鬼闹丛丛，家内通同。南方地上捕须逢。纵使获成功，聒扰去处匆。《浪淘沙》

午逃亡

甲午午，寻宜西南，然走者有阻自露，过午未日自出无疑。

安乐平心已久，有人暗地搬偷。急从南向觅根由。天罗连地网，淹住也休囚。饶你十分剔透，暗中阴力拘留。喜逢午未得因头。不须心上闷，或者自来投。《临江仙》

乙午未，逃者西方寻之，申巳日获。

恩爱日疏日远，相逢对面难期。只因小隙起嫌疑，致使家人逃避。目断行人杳杳，那堪音信稀稀。前头底事尽成戏，遇巳逢寅见喜。《西江月》

甲午申，迷失小口，可于庵观寺院内寻得见。

舍下好安身，久欲脱巢久未能。无事生心城外问，纷纷，不想东君有旧恩。急急好追寻，路上行人欲断魂。迷却前途归未得，难存，不在庵门在寺门。《南乡子》

癸午酉，走失难寻，急追反有伤。

犬马比人有义，反能恋主依人。年年燕子更相亲。雁来须有信，禽鸟尚怀仁。可叹门生暗昧，家人走失难寻。更防生事祸来侵。不如抛弃了，未致反兴迍。《临江仙》

壬午戌，家奴逃，可于申酉日获。

心中不遂，怕受牢笼不肯还。远住他方，投奔亲人作主张。酉日当遇，依旧归来返故乡。付托主人，深深方得意扬扬。《减字木兰花》

辛午亥，阴小拐带财物向西逃走，财不离身，急寻可见，缓则无。

自叹家人不谨，家人鼠窃狗偷。姬奴逃遁有来由，内有阴人小口。寅卯起身西去，庚辛方上搜求。所携财物尚淹留，寻缓落他人手。《西江月》

庚午子，人口逃走，隐在西方空房，难获。

不思前路，更不回头顾。过了桥梁蓦了没，离恨落红无数。逃走在西方，值空房。果是难觅得，有等闲人勾引窝藏。《清平乐》

己午丑，追寻难获，日后自回。

言语实堪疑，人心隔肚皮。他暗里来欺。背义忘恩走去之，看他日、自回归。眼下急难追，谁是谁非。有朝泄露心机，向后有消息，应知都失笑、事成非。《糖多令》

戊午寅，其人出去无依，被人阻隔，不久自归。

两脚忙忙走出，如今无处堪依。前程举步失东西，狭路相逢难避。去后颠狂心荡，可怜日暮何之。声声枝上子规啼，叫道不如归去。《西江月》

丁午卯，有人来报信商量，急难寻见。

本是真心孝顺郎，反成嗔意走他乡。虽然身远心不远，去处难寻实可伤。壬癸日，有信扬，有人来报好商量。到头虽有心头事，可奈同家合肚肠。《鹧鸪天》

丙午辰，门户不宁，致人走出，向卯子月日或其方可寻，有人拘住，辰亥日回。

外有一人带口，走逃门内随人。自家门户不安宁，致使家人逃遁。子卯月中当见，期临辰日回程。漂流何异水中萍，又被薰风缠定。《西江月》

乙午巳，其人无心，多口主唆，向午未方去，恐难寻。

无限心中多少事，犹如春梦无凭。人财逃失暗侵凌。急从南向觅，方许见根因。至宝砂中难上手，一娘五子无心。有人多问费追寻。此事犹来去，水远信难凭。《临江仙》

未谋望

甲未未，先阻迟疑，立志猛罔，必得遂怀。

欲问求谋先有阻，疑难不决沉吟。向前一着要坚心。且莫罔交易，财费事无成。但要牢心来把舵，速速自莫因循。更凭才力见佳音。先难然后易，进步喜重临。《临江仙》

乙未申，顺意称心。

谋事由人成在天，气高山岳思悠然。相缘相济易为力，万事皆成不用临。成喜望，顺如川，晚来庭院鹊声喧。不须终日心肠挂，凡事求谋目下圆。《鹧鸪天》

甲未酉，谋有阻，徒费力，是虚花。

事久与心违，一枕南柯梦正迷。因为陆田无网罟，迟疑，缘木求鱼事转悲。间阻苦心机，将要成来却又非。万事到头无可据，趑趄，凡百贪谋总属虚。《南乡子》

癸未戌，谋有阻。

门掩心带好闷，带飘水畦堪忧。乱丝郁郁结多头，正是黄昏时候。坎止流行何处，音书没了来由。诸般谋望未如求，只好困居守旧。《西江月》

壬未亥，谋事、求财、谒贵勉力，子丑日方如心。

云合油然作雨，阶前水过成渠。急流满引入亨衢，须信流行坎止。不久渐逢佳境，所求所望随机。果然有个称心时，贵客有心成美。《西江月》

辛未子，不利，宜固守，莫入是非窝，吉。

命运恰如睡起，恍惚无凭无据。宜守不宜谋，谋望必成狐尾。无利，无利，休向是非队里。子时谋望，前调《如梦令》

又调《木兰花》：流行坎止，须合天心人意，空说是非仁义。休报闹市，何疑波静风息。江面光涵明月影，固守身心无虞。

庚未丑，不和，须见贵迟成。

所求成美，事契天公依道理。吴越为家，傍墙犹自有桃花。无往不利，干人运用俱成美。何自徘徊，好事重重天上来。《减字木兰花》

己未寅，疑忿生变成欢庆。

小事心中难服，忧疑煎逼何如。朝朝暮暮费心机，分付落花流水。喋喋小儿多语，其如天理相宜。须知早晚遇相知，忿怒翻成欢喜。《西江月》

戊未卯，先凶后吉，辰巳日成谋无疑。

好叹行藏多少事，谋为心上迟迟。前途险阻报君知。且须坚志力，不致失便宜。有意扳龙云路杳，无心射虎防危。须知中道脱崎岖。所图方遂愿，无往不亨衢。《临江仙》

丁未辰，先难后易，求益友，利增十分。

得失两相当，人事更忙忙，无心妄见乖张。多少闲愁，闲问须是，勇求三益友，相与细商量。剖得此疑，须是慎行藏。又何用、多端设计恼心肠，但存至诚、坚意会见事昌。所望所谋顺遂，要使名相济，切莫太猖狂。寄与好消息，金玉更盈箱。《倾杯乐》

丙未巳，事通泰，百无碍，谋谒当有济遇。

万顷波中有下钩。金钩才下钓，得鳌头。幸逢阴力助营谋。乘际遇，功绩世时收。风顺快登舟。迎人忙举棹，是通流。丝纶卷起任遨游。财喜遇，见贵也相投。《小重山》

乙未午，求谋未遂，不如守旧，待时成就。

三心二意未遂，辄言得意差迟。劝君守旧是便宜，且莫欢中失趣。勿用多端烦恼，

花开须待春时。船儿举棹浪如飞，乘轿无人招去。《西江月》

申词讼

甲申申，主虚怖破财，先受折磨，后乃得理或和，无咎。

非是旧时宿恨，更因琐事交加。寻常你吾共无差，提起一场话靶。暗有旁人唆哄，讼庭每日排□。日逢辰子自然佳，公道有人讲话。《西江月》

乙申酉，忧喜临，贵人得力。

莫虑公庭词讼，模糊之事堪图。忧疑目下自然无，中有贵人扶助。官鬼退而作喜，危桥反见安途。运筹帷幄可吞吴，强盛报君进步。右调《西江月》

又调《鹧鸪天》：公庭一事两葫芦，谋望良因事可图。目下有忧应获吉，中间却得贵人扶。官鬼退，发欢娱，疆场奏凯唱高歌。一时雾散见红日，正是临危又得苏。

甲申戌，讼有理，先阻后胜，缓则和解。

仕上贵人多顺遂，偏能与我投机。官司得理尚愆期。春寒何太切，花枝较迟迟。旁有刁徒诡计，随他是是非非。先难后易报君知。不如同哄散，你我得便宜。《临江仙》

癸申亥，争讼参商，有伤难脱，宜和。

事逢错节起参商，未见参商两有伤。幸得上情通下意，更从和合事无妨。求决胜，事牵长，乡邻相劝喜非常。含血噀人先污口，不如顺理十分强。《鹧鸪天》

壬申子，有理不用强力，宜缓缓，反有利益。

有理何劳强诉词，当言不用高声。从来水满浸渠成。淘流无污塞，沙汰一时清。岂独讼中得胜，其间反获资金。得饶人处且饶人。前途方得意，理上好留情。《临江仙》

辛申丑，讼虽有理，以和为贵。

楚伯乌江今已失，萧何韩信空追。得便宜处失便宜。斗争何日了，到底见愆期。那个回头寻道理，而今节外生枝。虽然得胜费心机。不如留一着，和局胜输棋。《临江仙》

庚申寅，只小破财，有理可胜，而和尤妙。

小事何须苦苦争，得调停处且调停。休言官府清如水，八百三千两处行。风浪起，几时宁，蛮烟瘴雨作重阴。破财费力遭凌辱，皓月当空万户明。《鹧鸪天》

己申卯，用心托人则吉，小人相犯，上下相反之兆。

心儿烦恼，争讼何时了。及至伤怀抱。事来休虑大，利至莫言小。浑不想、旧时情分如何好。暗地人唆挑，起闲喧闹。欢会处、今变公庭凌辱□。向后逢佳兆，闭门说与谁知道。《千秋岁》

戊申辰，事宜容耐，勿弄笔端，则过后有益。

追悔事应迟，早趁人机。无端竞起是和非。事到头来须忍耐，过后方知。官鬼卦

中移，暗里相欺。只宜退步免忧疑。若弄笔端翻是祸，容忍便宜。《浪淘沙》

丁申巳，官事有鬼，内外勾聒跃弄，逢酉日方脱晦气。

鸠鸦噪起一场愁，祸临头，实堪忧。官鬼勾连，心恨不相投。不开不解结冤仇，着人唆，没来由。也淹留，费心谋，再三何苦、枉是去多谋。皆缘是、自不和合。逢酉戌，两休休。《江城子》

丙申午，莫轻信人，着力凭财。酉戌日解散。

商量长相妒，两人同一心。须知内外用机深。暗想沉吟，祸患暗来侵。莫信自家辈，提防口舌人。日逢酉戌见佳音。财力堪凭，官讼一时清。《南柯子》

乙申未，费财干用求贵人，上下宛转方胜。

坐掩柴门心里事，思量实是堪忧。旁人背地结冤仇。功名须谨慎，官鬼沸啾啾。堪叹门逢朱雀，暗中有鬼相投。费财干用运淹留。急须求贵解，免使祸临头。《临江仙》

酉灾病

甲酉酉，主阴人灾，乃老幼啾唧，时轻时重，宜祈土煞庙神，壬癸日退减。

运限年来大不祥，家中悔吝惹灾殃。田财人口多虚耗，土煞相侵犯庙堂。壬癸日，保平康，自然一且[①]免乖张。可酬心愿祷星斗，门户清平百事昌。《鹧鸪天》

乙酉戌，内外妖作，小口灾，酬旧愿方吉。

水面见得[②]浮，弹指定无语。神鬼两头来，生病兼灾苦。眼下乱草垂，萦系干心绪。阴瘠保平安，须求神佑护。《生查子》

甲酉亥，愿未酬，致阴小灾，酬了即安。

灾害临身岂自由，旧时口愿未曾酬。家门阴小虽啾唧，又恐遭逢长者愁。酬答了，解冤仇，你看喜气上眉头。更防动作冲神煞，香火匡扶百不忧。《鹧鸪天》

癸酉子，主脓血灾，更有心腹头目之疾，时下未安，壬辰日退。

灾星临照，家小啾啾成聒噪。出血流脓，服药求神功未效。灾连肚腹，头目时疼犹可恼。但遇壬辰，忧滞应堪日渐扫。《减字木兰花》

壬酉丑，老小皆疾，宜祈告先祖、延医治，吉。

愁肠寸结，举家呜咽，默默伤怀难说。老人灾殃，小儿瘥跌，烦恼何曾休歇。家门不利，奉先祖、要诚心，庶免生离死别。只宜着意觅良医。灾星脱，若还生狐疑，更买灵龟占决，毋自怯。《小芙蓉》

---

① 疑作旦。

② 疑作沉。

辛酉寅，主阴小灾，因东边兴作，犯家神。辛酉寅，散财酬愿，吉。

东方动土触家神，有煞相侵。致使财空祸至，人口灾惊。欲求无事安宁，争如禳告星辰。了却些儿旧愿，门户清平。《风入松》

庚酉卯，因犯东方野游神鬼，急急祀灶，安顿速遣，寅申日退。

误触东方小鬼，致令人口灾迍。急宜祀灶与禳星，远送他方安顿。灾瘼晨生夕退，须知时下虚惊。寅申日至保安宁，门户从今新胜。《西江月》

己酉辰，家宅不安，神怪作祟，灾重，遇午月日则退，无咎。

鬼舞神歌，忧喜如何。小灾危，日夜差讹。晚来凶怪，更逞喽啰。那病应小，福应大，益应多。两重不足，忧闷如何。可怜人，平地风波。何须服药，自可消磨。但有时迟，有时退，有时和。《行香子》

戊酉巳，家宅人口不安，宜保，过子丑日乃吉。

忧疑已兆，衬患临门灾不小。家宅非宁，又有阴人病扰。恐大小多迍，子丑日忧疑渐少。若要安康，土地家神急须祈祷。《减字木兰花》

丁酉午，主阴人老幼淹淹未脱，交未酉戌日药治，吉。

阴小灾迍家业耗，不宜概作等闲看。愆期未许脱间关。老人忧未起，无语暗心酸。家宅不宁深似海，眼前驳杂多端。何须苦苦觅灵丹。羊鸣鸡犬日，禳药获平安。《临江仙》

丙酉未，有祟宜作福，自然申酉日退。

阴小灾危忽地侵，莫疑外祟与家神。或寒或热或疮疖，进退迟疑勿用惊。宜祷告，祝先灵，同宗同住两相侵。但依此法均禳谢，鸠叫一声灾病宁。《鹧鸪天》

乙酉申，主年衰，自招灾祸，须服药、完旧愿则吉。

年来两鬓渐成斑，无限伤心损玉颜，半庭雪拥似蓝关。君欲脱除灾与难，快将旧愿及时还，免令儿女泪珠弹。《浣溪沙》

戌交易

甲戌戌，和合，有老人主张，久后吉。

有意总成交易事，重重财利扶持。价平物值得便宜。若逢财势一，大用只疑迟。遇丑逢寅方得意，马牛满载而归。老人在内相携□。有求无不遂，得意任狂为。《临江仙》

乙戌亥，难成，守旧吉。

休说交关容易，最难二字交关。犹如逆艇渡长滩，浪急风狂无缆。莫望摘他桑叶，急须抽取提篮。等闲不必去登山，守旧庶无忧患。《西江月》

甲戌子，求财不如守己。

财禄兴衰各有时，何须苦苦日奔驰。自知得失皆前定，那更多求与是非。小望远，

大成虚，皆因命福未相齐[①]。只宜谨慎存公道，卖弄精神不遂机。《鹧鸪天》

癸戌丑，众力助成，财利十倍。

昆季同心成事，运行商贾皆宜。人通和合更逢时。经营须得意，进取不宜迟。众力又能相助，勿劳独自驱驰。雕鞍千里马如飞。腰缠十万贯，满载笑颜归。《临江仙》

壬戌寅，小往大来，财利倍增。

心尚些儿未遂，同心叶意和谐。正好交易干事，宝库一日齐开。任君心之所欲，管教愁去欢来。《六言》

辛戌卯，须遇东方木火人，辰巳日称心。

交易终须称汝，只要水边人遇。包尔有多鱼，满载归来盈筥。欲语，欲语，辰巳日时方许。右调《如梦令》

又调《醉高歌》：交易事、须是水边人，贸易到头成。悠悠只待遇辰巳，货财方足意如心，细思来、这须是顺理营经。莫休说、天时并地利，莫休说、不遂人情，终久费心情。放怀呼酒浇愁，放怀题诗写愠。门前如闹市，世上遇知音。

庚戌辰，成宜速速，迟则无利。

子母相生营运好，和同成就无疑。交关买卖不宜迟。急求应得利，怠缓事依稀。更得东人能作主，但防小辈生非。纵然好事也差池。若能加谨慎，方许得便宜。《临江仙》

己戌巳，价增，小有阻，子丑日货变真金。

货倍增高价倍起，小物应时，又得君抬举。时运乖张终见喜，两重财利应堪许。一叶轻舟随顺水，伫立芳洲，山翠初收雨。仰天心事圆成已，果然闹里成欢美。《蝶恋花》

戊戌午，难成，过望后方吉。

欲要成交未得成，心肠搅乱不安宁。皮边有户旁人忤，待月圆兮方遂情。宜守旧，且安心，将来自有贵人评。到头财显终无失，目下乖张未可凭。《鹧鸪天》

丁戌未，阴人成事，可于南方及午日求财和合。

辐辏因缘，交易成团圆。试看来、真是奇然。阴人成事，广费财源。也不由人，不由命，不由天。先整行鞍，早备车船。尽教他、革故牵连。管取南方求合，财和宝、值增添。但得时价，当时赶，趁时全。《行香子》

丙戌申，虽有嫉妒，可成交关，移步田蚕亦利。

东头买得，西头好卖，买卖但逢心上爱。晓风吹起价声高，重重喜得财轻怪。便宜得了，任将看、嫉妒壅来终无害。桃花浪煖画桥边，一只大船还稳载。《踏莎行》

乙戌酉，交易成就，财物有气，价百倍，贵人扶持。

---

① 疑作济。

安得青衣引路长，贷财交易有祯祥。今朝事事还相济，价值增添不可量。中夜月，小楼旁，一枝仙桂九天香。此时女子来相访，喜庆从兹福禄昌。《鹧鸪天》

亥产育

甲亥亥，玉石未分，如寅卯日或子日孕人，见双招之兆。

怀孕藏珠，未分璋瓦今难料。阴阳徽如，慢向神前告。坐草因循，忧虑何时了。逢寅卯，满堂欢笑，男女双胎兆。《点绛唇》

乙亥子，壬癸日生贵子。

心里怀危事不危，庭前芳树绿依依。须知瓜熟应离蒂，蚌肚含珠吐出奇。壬癸日，是佳期，天仙抱送麒麟儿。感应已知如梦吉，家神相护百无疑。《鹧鸪天》

甲亥丑，生子秀而不实，偏生者无咎。

果是蓬生异卉，信知蚌吐明珠。家门辐辏显光辉，抱送麒麟可喜。但恐生儿克害，难为养育嫌疑。秀而不实命中居，只可改名托寄。《西江月》

癸亥寅，申子辰日时生男。

小草之中隐紫芝，蒺藜沙上发芳菲。石中凿出荆山玉，喜看天边月色辉。些小事，不须疑，相生相合两相宜。申子辰日方见喜，好催香水浴婴儿。《鹧鸪天》下同

壬亥卯，生贵子，子母庆。

蚌腹藏珠夜放光，堂生贵子喜非常。古来将相本无种，白屋公卿岂可量。临坐草，亦无殃，鬼神深护内家堂。果然天送麒麟子，谪降人间作贵郎。

辛亥辰，生男，花树枝头终带愁，大作福，保庶无忧。

桃李种青山，只待花开结子观。果熟枝头将次熟，间关，堪愁重[①]有伤残。忧苦未开颜，两下疑心一担担。坐草只宜忙作福，艰难，神明保佑得平安。《南乡子》

庚亥巳，难产，须预作福保安，生子贵显。

闻道君家有凤雏，他年定得发高科，无奈佳人难产何。欲要保全些个事，全凭堂上正神多，自然无恙笑呵呵。《浣溪沙》

又《小重山》：寻见龙门客又新。凤雏儿离穴，羽衣轻。到头好事好相成。子母上，六甲主虚惊。好物不坚贞。琉璃易破、作福保安宁。阴力祐，方许得全生。

己亥午，玉石未分，福保无虞。

玉出蓝田，谷出盐泉。深思来，都是天然。燕山窦氏，五桂枝联。不由他，不由我，不由贤。珠产深渊，水出高源。好姻缘，六甲团圆。一心爱护，方保双全。且喜

① 此处或叠重字。

将临，梦将兆，贵将先。《行香子》

戊亥未，难生，恐子母不全，卯辰丑未尤难，求佛方保无咎，速至用人安。

切切提防保护，牛羊最忌忧心。卯辰丑未日时临，子母恐难解庆。不可轻生怠忽，炉香早告观音。一绳井底引银瓶，上手且宜谨慎。《西江月》

丁亥申，家宅不好，孕难分娩，逢亥申有惊，寅巳难产，可祈福，保大阴德，方得无事。

禁鼓声沉，梅花吹徹，重门掩心儿里。难说家人分娩事何如，定不得存亡圆缺。申亥相残，巳寅摧折，雾里一轮明月。待好风吹散氤氲，方显团圆皎洁。《鹊桥仙》

丙亥酉，壬癸日弄璋，安吉。

玉石未能分，阴阳未可凭。指日间、遇癸逢壬。混沌此时方剖判，绍远继云礽。弄璋喜慇懃[①]，独如掌上珍。唤姮娥、来伴飞琼。子母团圆安庆，阴功庇永无惊。《调笑令》

乙亥戌，寅申日弄璋，吉。

瓦瓫[②]盆盘事多难，盆全瓦在实非凡。寅申月日方逢喜，一颗蟠桃献玉盘。乌与鹊，闹帘前，门多喜气客情欢。上人阴德生英杰，拾得明珠掌上看。《鹧鸪天》

① 殷勤。

② 此字补。

大六壬寻源外编附金口指玄

阴山懒道人撰著　汇水握奇子录

整理者按：《金口指玄》一书原为《大六壬寻源编》外编附册一卷，其章节编排与《大六壬金口诀神课》有异，而其大部内容可于《大六壬寻源编》内编之第1、3、7、9卷中寻得。今附《金口指玄》于《大六壬寻源编·第九卷（金口诀摭粹上）》后，内编未收章节详列于左，而内编已收章节则只注明目次及出处，内容不复赘云。

夫世传孙子膑于六壬因繁就简，得其幽微，阐其神妙，成三卷之编而穷三才奥窍。然其传直述地分、月将、贵神、人元，不论三传四课之属，此其何为？叙四象旺衰，无克则旺，此又何为？审四位阴阳而定用神；视三五动而正发端，皆不类六壬矣！某初不意身遭罹难，幻死生如梦蝶，后遂踵迹前贤所创，遍寻三卷之余端，得之行游八方，征乎于世，明心洞达，精蕴豁开，而奥旨得矣！而后知金口六壬，言言一旨，等趣不殊，诚术家之津梁也。

忆昔得北游子所录《金口钩玄》诸书，相与解执情而融习见，若乎发蒙覆而睹寥廓，已而斯人逝矣。北游英睿慧敏，于《金口诀》多有创辟精解，斯术通神，而其道不绝，殆有天数也。今承北游遗意，直指先人未发之秘藏，破诸说之支离，开一经之暗昧，备叙如左，以俟后世高明君子，得吾书读之，览金口壬式之宗，或其有悟，知简妙神机皆备于斯。孙子膑伟器雄才，奇术妙道，诚不我误也。

时正德六年孟秋七月即望　阴山道人懒云子述之

大六壬寻源外编九附金口指玄目

汇水握奇子协吕辑定

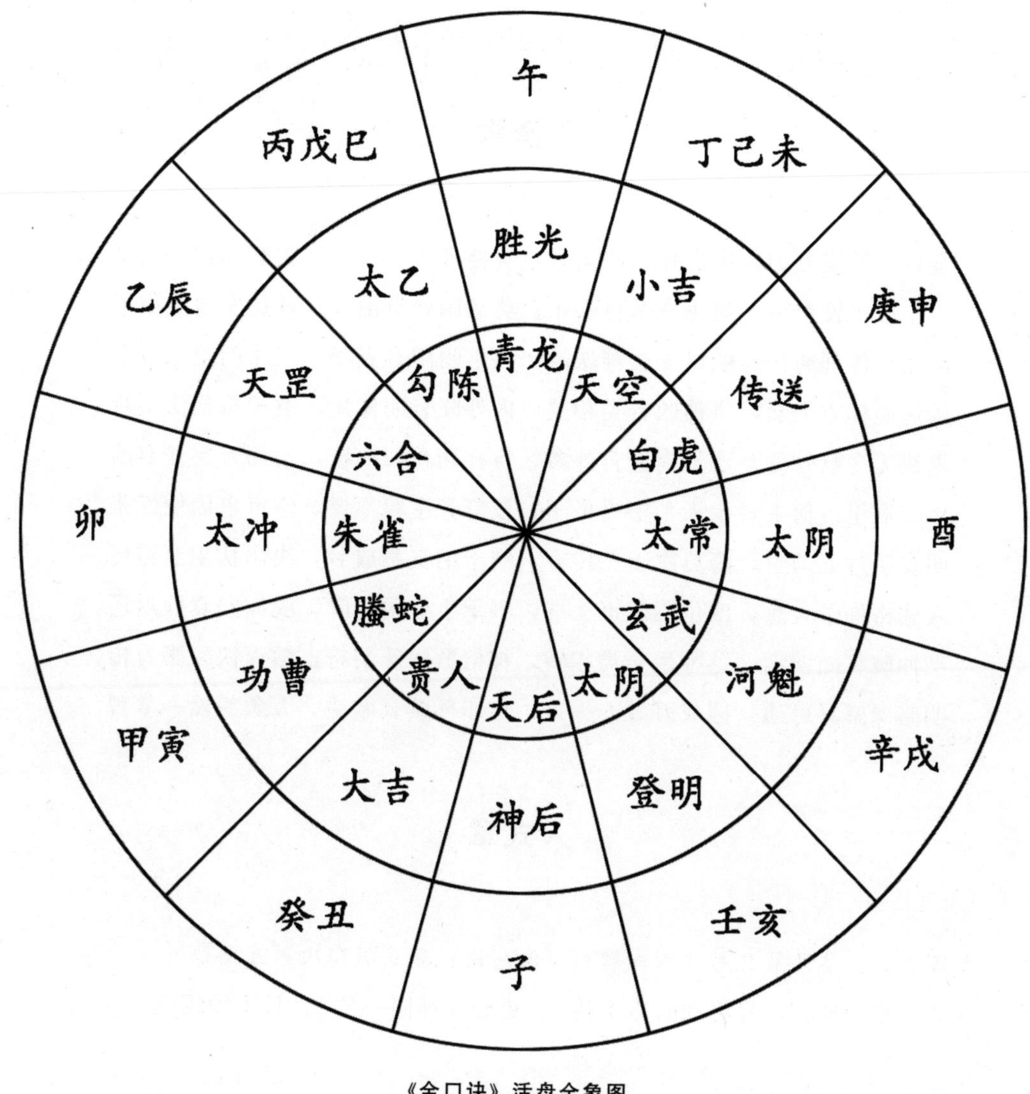

《金口诀》活盘全象图

外盘者，天干寄支，亦地分之谓也。中盘月将乃月建合神加时，顺数至地分也。内盘贵神，旦从顺数，暮用逆数也。

金口指玄卷上

玉衡歌

金口三卷道万端，指玄孙膑诀无方，贵神月将五行上，主客四位体周章。
六十甲子皆余事，何用三遁再生张，莫从闲处觅消长，神机发地类更详。
活法口传理通玄，触机真诀神诚端，法尔阴阳有真宰，三才门里无万般。
妙法简粹方上起，将神凶吉类相关，内外旺衰明体用，煞神机括法不难。
真诀无多歌外看，法不周遍言外参，将神两篇归一览，悟彻万类任君断。
十二辰里占何主，十天干中寻做胆，枝节旁生验不灵，空审事因便慌张。
明莫明过五动生，隐莫隐于三传方，纳干纳支翻成卦，决阴从阳至道传。
入式格局求大意，四位阴阳审大端，事于生处明升降，脱卸归真验返还。
刑冲破害随课走，煞神生合类相转，神枢歌法殊阴符，数篇诀赋聊有传。
明暗课解寻可通，圆成万妙心一方，证印孙膑真妙诀，万象纷然一掌观。

入式章

整理者注：参见第9卷《入式歌》、《消息论》和《阴阳次第互用诀》。

入式之法妙通玄，月将加时方上传[①]。更看何神同一位[②]，日干须用五子元[③]。

① 正月登明从亥逆数十二位至子，以定十二月也。即用月建之合神为月将，加占时而传，顺数至地分为将神也。

② 谓贵神之起法也。贵神之序，贵螣朱六勾青，空白常玄阴后。以星没为旦，星出为暮。占日天干见，甲戊庚牛［旦顺行］羊［暮逆行］，乙己鼠［旦顺行］猴［暮逆行］乡，丙丁猪［旦顺行］鸡［暮逆行］位，壬癸蛇［旦逆行］兔［暮顺行］藏，六辛逢马［旦逆行］虎［暮顺行］，此是贵人方。诀曰：月将加时顺究，只寻天神等候。从戌至巳逆行，以辰到亥顺就。贵螣朱六勾青，空白常玄阴后。

③ 谓人元起法，用五子元遁起例，地分为支，遁出天干以为人元。诀曰：甲己还生甲，乙庚丙作初，丙辛生戊子，丁壬庚子居，戊癸是壬子，时元从子推。

克者为无从旺断[1]，五行之内细推元。便将神将定凶吉，方察来人定的端[2]。

二木为交求难得，二土比和迟晚看。二金刑克都无顺，二火为灾百事残。

附：四象所属图

整理者注：参见第9卷。

四象五行图

整理者注：参见第9卷。

贵神休旺章

整理者注：此章前节乃官版金口诀《贵神休旺所主》，在第9卷《贵神休旺见五行临本位逢劫煞所主》中有所节录，此附全文。后节参见第9卷《贵神休旺》。

凡四位内皆以贵神为主，但看四位相生、相克、比和，或隔位生克，乃详何神最旺，最旺之神见之，即知贵神在旺相死囚地也。有位内之旺神，有四季之旺神，有日下之旺神，相死休囚皆如此参校取之。

天乙贵神：土、贵神、火、水。

此见土旺。火为水克，水为土克，火又来生土，则天乙土旺矣。大抵天乙主贵人之事。上生下，贵人有喜；下生上，主贵人迁位，不然大有喜庆。上克下，主贵人离散，远游主凶；下克上，主其人忧远信，及有官事。旺主贵人增福庆，迁职品，相主贵人得大财喜，死主贵人死丧，更无尊长，囚主贵人官讼无理，休主贵人家内人口疾病难安。来意只为贵人尊长迁改之事。

前一螣蛇：水、螣蛇、金、土。此见土旺。

以水克火，火克金，土克水，火又来生土，今土旺则螣蛇休矣。大抵螣蛇主灾怪，或见火光焚烧，又主虚惊也。上生下，主惊恐在后；下生上，主惊恐在前及妇人残害。相主斗讼争酒食惊恐，死主阴人死丧、惊恐，囚主牢狱枷杻惊恐，休主疾病惊恐。来意只为妇人争张，其蛇本身是妇人也，纵不是妇人，其争张必因妇人身起也。螣蛇亦是凶神。

① 取四位无克者为旺，旺生者相，生旺者休，旺克者死，克旺者囚，以辨其四位于课内得气与否，得气有用，不得气则失其用也。又四位所属为四象分爻定象之用也，合四位五行，则课局四位相连分张，一览即明。

② 盖指动静之机也。神无方而易无体，执一端而变化滞，非神也。守定体则无变通，非易也。物虽有体，体者象也，假像以见体，而本无体也。是以地分之谓，焉能指一分殊，罔顾神兆天然乎？地分之用，殆息心静虑，精察神会，微几之动，洞明无碍，庶几之心，朗然自得矣。

前二朱雀：水、朱雀、土、木。

此见木旺。以水克火，土克水，木克土，水又来生木，今木旺则朱雀火相也。大抵朱雀主文字口舌。比和主印信之事，及主信息；上生下，主文字暗昧不明，必主先忧后喜；下生上，有口舌、斗讼，不成官事。外战，口舌外至；内战，奸邪内生，亦主家不和，破财应之。旺主官事口舌，相主争钱财口舌，死主凶祸口舌，囚主囚禁口舌、牢狱事，休主奸夫口舌，斗争欲至。来意为官事，或见血光，因文字上发动官事。其课主凶，亦不宜问病，大凶。

前三六合：火、六合、金、火。

此见火旺。以金克木，火克金，木又来生火，今火旺则六合木休矣。大抵六合主议论财物、交易荣繁事。又主阴人喜美事，或妇人私情和合之事。比和，主论讼寄财物；上生下，主出入，家人心肝零落，先凶后吉；下生上，主有宴会及有远行人。外战，宜变作图，经营即吉；内战，有阴人财物破财，不能聚管。旺主成合婚姻，相主官事昏昧争张，死主报死临门，囚主牢狱官事即至，休主病患，亦主争竞钱财昏昧之事。来意为官事追捉，更主寻一个阴人也。

前四勾陈：金、勾陈、水、火。

此见土旺。以水克火，火克金，土克水，火又来生土，此勾陈土即旺也。大抵勾陈主勾留之事，凶主争讼。比和，主自己欲谋害他人，争竞田宅；上生下，主论讼有理；下生上，主争讼田宅。外战，外争张；内战，主在家争张，亦主家中不和，及人口病患。旺主贵人争张，死亡六畜，相主争张钱物，死主坟墓争张，囚主囚系狱讼争张，休主六畜上争张。来意为斗讼共外人争张，主不得理，亦无喜事，更主阴人病患。

前五青龙：水、青龙、土、金。

此见金旺。以木克土，土克水，金克木，土又来生金，金旺则青龙木死矣。大抵青龙主财帛喜庆。比和，主文字信息，财帛之喜；上生下，主印信，受财物及珍异物；下生上，主贵人获福，及酒食欢悦。外战，主外失耗财物；内战，主内失耗财物。旺主贵人喜庆，相主求得财物，死主失了旧来横财，囚主破财，休主人亡失财。来意为求财及远信，吉事也。此先主失财，后却求财必有喜也。

后一天后：土、天后、火、金。

此见土旺。以水克火，火克金，土克水，火又来生土，今土旺则天后水死矣。大抵天后主阴私喜美。比和，主与阴人宴会之事，必主有喜；上生下，主有妇人做念，颙望喜；下生上，主故友知交相见喜；上克下，主妇人奸诈；下克上，主有官事相争。外战，与外争张官事；内战，妇人逃亡。旺主妇人宴会喜美，相主妇人有喜事至，死主妇人有丧亡之事，囚主妇人官事囚禁，休主妇人病。来意为家内阴人病患，或妇女被神缠，或妇女私情事也。

后二太阴：火、太阴、水、土。

此见土旺。以火克金，水克火，土克水，火又来生土，今土旺则太阴金相矣。大抵太阴主阴私、蔽匿、暗昧之事。比和，主隐匿阴人之事；上生下，主阴私喜庆；下生上，主奸淫内至。外战，主妇人因奸而逃亡；内战，主内斗讼，阴人谋害。旺主妇人外情阴私，相主与妇女酒食相迎事，死主死丧六畜，囚主死亡失财、盗贼谋害事，休主妇人病患，又主妇人痨咳自缢死事，亦主争田庄。来意为阴人暗昧不明之事，或是夫妻不和，索离休也。

后三玄武：火、玄武、土、火。

此见土旺。以水克火，土克水，火又来生土，今土旺则玄武水死矣。大抵玄武主盗贼远伏。上克下，主盗贼家内生；下克上，主盗贼从外来，盗却阴人财物。外战，主盗贼远行；内战，内忧贼发。旺主盗贼动合得财物，相主有梦，见鬼怪动，被贼伤财，死主盗贼死伤，囚主有贼犯官司囚狱，休主失财，或损四足，主贼神动。来意为官事失财。

后四太常：木、太常、金、火。

此见火旺。以木克土，金克木，火克金，木又生火，今火旺则太常土相矣。大抵太常主衣服、冠带、酒食。比和，主带花、欢悦、美丽之事；上生下，主贵人赐衣及酒食；下生上，主远人信息，纳财物来。外战，外有口舌，女人为灾；内战，内有口舌，并死亡，人离、财散，亦主妻亡。旺主阴人财帛喜，相主阴人酒食和会之事，死主阴人小口死，休主得阴人财帛。

后五白虎：火、白虎、土、水。

此见土旺。以火克金，水克火，土克水，火又来生土，今土旺则白虎金相矣。大抵白虎主道路事动，及有出入人在外。上生下，主盗贼；下生上，主自己出行；上克下，主有人残疾；下克上，主有车伤人。凡见白虎当旺相克死囚休，皆主大凶。来意为死伤小口及伤财也。

后六天空：水、天空、金、木。

此见金旺。以木克土，金克木，土克水，土又来生金，今金旺则天空土休矣。大抵天空主虚诈不实之事，亦主斗讼，出僧道。上生下，主有僧道在家；下生上，主有僧在外；上克下，主门鸣屋爆；下克上，主僧病在外。旺出紫衣人，相主福上增福，死主僧在外死，休主被恶人欺，如更有克，主宅鸣屋爆，因僧道失事，囚主官事。来意为斗讼及门鸣屋爆，后妇人之类。

动静章

整理者注：参见第9卷《五动爻诵》和《三动》。

入课先须审动静，动静之机，首视其用，将神贵神，一课之主也。阴阳一分，动静对待，主客之势明矣。课因类而动，幽潜飞升，吉凶利咎，主客之情尽矣。三五之动，参之以气，导之以势，不可因文害义，弗顾全局也。

地分章

地分，动静之机，阴阳之分也，类壬课先锋，课之发端也。立式殆观来人所向。凶方来，忧愁沉郁，多主逃亡、走失、争斗、诉讼、牢狱、疾病，官灾之忧；吉方来，载欣载奔，多主财帛、升迁、姻缘、产育、进人，得获之喜。

盖地分于时，世传撰述多不详载，岂知课之神机尽隐于此，焉可不熟识详析也。壬课玄机，多发于时。盖天心发于微毫，地分克知；人情发于玄昧，正时克晓；地兆发于深渊，云气克明。诸术于比和生合处不见吉凶之情，而于克处杀机一现吉凶顿出。是以无杀无以成生生之状，无克难窥制合之情。天之道也。

地分于时，论五气十二宫，五气决于月令，宫位决于日之五行气。五气旺、相、休、囚、死，十二宫长生、沐浴、冠带、临官、帝旺、衰、病、死、墓、绝、胎、养。

地分为太岁，事起年内；地分为月建，事在本月；为日，事于本日；为时，事毕于当下；为旬首，事在本旬；为节气首，事在半月；为气首，事于五日内。

地分为日长生，谋望得遂；为日沐浴，多败少成；为日冠带，得拱而成；为日临官，其事得成；为日帝旺，但防其咎；为日衰病，少力乏为；为日死墓，杜绝隐晦；为日绝地，人来事绝，信至病死；为日胎养，其潜无用也。

地分在月而旺相，主行谋所望，有得获升迁喜庆欢悦之征，所乘吉神吉将生之则事必就。地分在月而休囚死，主行谋所望，有忧疑败坏困顿阻滞之象，所乘凶神凶将克之则事难成。

地分冲克刑害太岁，临凶神恶煞，其祸不出年。地分冲克刑害月令，临凶神恶煞，其灾不出月。克日干而忧己身，克地分而愁家宅。克正时，则心动神扰。克行年本命，则运蹇时乖，谋为难成。

地分克时乘旺，乘吉神吉将相生，主求财之事也。又旺主当下之财，获财快也。又四位之内，见三合五合，为合伙取财，不利恶煞乘临，宜吉将拱扶，所谋乃安。贵神月将不宜陷空，空则虚而不实。月将空，我不实。贵神空，防有诈，若见天空亡神更的。地分克时乘相气，是将来之财；乘休气为过去、病患、陈旧物件之财；乘囚气为难得、不明、晦暗之财；乘死气为死者、坟冢、腐朽、旧账之财。

地分冲时，或时为驿马、天马、六丁，皆主远行移动，道路出入。不落空陷，其事必也。

时为地分之禄，主求禄升迁事。为德，主得上人恩惠褒奖。为贵，主近贵干谒事。为空亡，主所谋无成，失脱蹉跎。为劫煞，主急事劫盗。为刑，主官讼刑克，莫能自辩。为害，主不测灾祸损坏。为破，主破败争端。为鬼，主官讼忧疑、阴小相犯，灾病失脱。为墓，为蒙昧阴暗，田土坟茔。地分上见年、月、日、时神煞者，因类相推，则神明自得。内外之情，向背之理，无不豁然释疑也。

月将章

登明亥

整理者注：文字参见上册第1卷《登明阴水·主事分类》和第9卷《十二将神所主歌·亥登明》。

河魁戌

整理者注：文字参见上册第1卷《河魁阳土·主事分类》和第9卷《十二将神所主歌·戌河魁》。

从魁酉

整理者注：文字参见上册第1卷《从魁阴金·主事分类》和第9卷《十二将神所主歌·酉从魁》。

传送申

整理者注：文字参见上册第1卷《传送阳金·主事分类》和第9卷《十二将神所主歌·申传送》。

小吉未

整理者注：文字参见上册第1卷《小吉阴土·主事分类》和第9卷《十二将神所主歌·未小吉》。

胜光午

整理者注：文字参见上册第1卷《胜光阳火·主事分类》和第9卷《十二将神所主歌·午胜光》。

太乙巳

整理者注：文字参见上册第1卷《太乙阴火·主事分类》和第9卷《十二将神所主歌·巳太乙》。

天罡辰

整理者注：文字参见上册第1卷《天罡阳土·主事分类》和第9卷《十二将神所主歌·辰天罡》。

太冲卯

整理者注：文字参见上册第1卷《太冲阴木·主事分类》和第9卷《十二将神所主歌·卯太冲》。

功曹寅

整理者注：文字参见上册第1卷《功曹阳木·主事分类》和第9卷《十二将神所主歌·寅功曹》。

大吉丑

整理者注：文字参见上册第1卷《大吉阴土·主事分类》和第9卷《十二将神所主歌·丑大吉》。

神后子

整理者注：文字参见上册第1卷《神后阳水·主事分类》和第9卷《十二将神所主歌·子神后》。

贵神章

天乙贵人论

整理者注：文字参见第1卷《神将章·天乙贵人》、第9卷《十二贵神所主歌·天乙贵人己丑土》和《贵神休旺见五行临本位逢劫煞所主·天乙贵人》。

螣蛇论

整理者注：文字参见第1卷《神将章·螣蛇》、第9卷《十二贵神所主歌·螣蛇丁巳火》和《贵神休旺见五行临本位逢劫煞所主·前一螣蛇》。

朱雀论

整理者注：文字参见第1卷《神将章·朱雀》、第9卷《十二贵神所主歌·朱雀丙午火》和《贵神休旺见五行临本位逢劫煞所主·前二朱雀》。

六合论

整理者注：文字参见第1卷《神将章·六合》、第9卷《十二贵神所主歌·六合乙卯木》和《贵神休旺见五行临本位逢劫煞所主·前三六合》。

勾陈论

整理者注：文字参见第1卷《神将章·勾陈》、第9卷《十二贵神所主歌·勾陈戊辰土》和《贵神休旺见五行临本位逢劫煞所主·前四勾陈》。

青龙论

整理者注：文字参见第1卷《神将章·青龙》、第9卷《十二贵神所主歌·青龙甲寅木》和《贵神休旺见五行临本位逢劫煞所主·前五青龙》。

天后论

整理者注：文字参见第1卷《神将章·天后》、第9卷《十二贵神所主歌·天后癸亥水》和《贵神休旺见五行临本位逢劫煞所主·后一天后》。

太阴论

整理者注：文字参见第1卷《神将章·太阴》、第9卷《十二贵神所主歌·太阴辛酉金》和《贵神休旺见五行临本位逢劫煞所主·后二太阴》。

玄武论

整理者注：文字参见第1卷《神将章·元武》、第9卷《十二贵神所主歌·元武壬子水》和《贵神休旺见五行临本位逢劫煞所主·后三元武》。

太常论

整理者注：文字参见第1卷《神将章·太常》、第9卷《十二贵神所主歌·太常己未土》和《贵神休旺见五行临本位逢劫煞所主·后四太常》。

白虎论

整理者注：文字参见第1卷《神将章·白虎》、第9卷《十二贵神所主歌·白虎庚申金》和《贵神休旺见五行临本位逢劫煞所主·后五白虎》。

天空论

整理者注：文字参见第1卷《神将章·天空》、第9卷《十二贵神所主歌·天空戊戊土》和《贵神休旺见五行临本位逢劫煞所主·后六天空》。

人元章

整理者注：文字参见第3卷《遁干章·十干》和《遁干章·金兰赋》及第9卷《人元吉凶所主歌》。

金口指玄卷中

四位制权章

整理者注：文字参见第9卷《干类歌》、《神类歌》、《将类歌》、《方类歌》、《五合》、《五比同类》和《干元领事》。

四位五行章

整理者注：文字参见第9卷《五行休旺》、《四位五行所主歌》、《四爻生克颂》、《干支生克所主》、《五行例断》和《五行聚管》。

三局章

整理者注：文字参见第9卷《三局歌》、《三合全身》、《虚一待用》、《三奇德秀》、《一类朝元》、《四位俱比》和《五行气化》。

赋诀章

整理者注：文字参见第9卷《云霄赋》、《三才赋》、《金兰略》、《玉华略》、《定寿经》、《光明经》、《金镜歌》和《玉鉴歌》。

通神赋[①]

天元即是人时元，十二方位人坐边，月将寻时依次定，贵人须审日干传。
天元君父夫主师，尊先长上首高皮，贵神官禄心家主，群吏外财胸乳脐。
月将亲戚弟兄辈，内财妻子腹腰腓，地方卑幼臣民妾，孙足家中物些微。
干克方为妻妾动，官财损折下卑疲，外边取索多唇舌，人在家中防不怡。
干克神为官禄动，官财两得非常宜，外人取索多谋害，市不利官散不迟。

干克将为财内动，求财多得妻多病，又知屋宇柱梁权，将本求财多利进。
干生神位亲来访，又有外人送物广，物色官府所用之，借来借去数中仿。
干生月将内财兴，人送物来依类分，内外弟兄和气合，须知慈父爱儿孙。
干生方位泽恩该，荫子添孙奴婢财，占产始知多易育，非常宠遇自天来。
神克干为官禄动，仕膺禄位望财无，常人官事得官物，喉病财来暗损失。

神克将为内贼生，勾连偷诈勾攘深，损财卑幼当灾疾，求望无成占病倾。
神克方为隔动兴，求财迟得事迟成，主人怒发灾奴仆，占病脐疼足跛行。
神生干有官超荐，人送物来官可见，祭祀以时享孝歆，寻人必定来见面。
神生将为婚姻合，馈送来珍物最时，求望谋为皆遂意，行人必至莫生疑。
神生方位隔神动，宛转谋为始望成，和气主翁恩下及，家奴尽力业生营。

将克干为隔喜并，欢欣喜事由天定，求财阻隔事难成，必待天禄方合并。
将克神为财动兴，求财得利妻得病，求官难得疾难医，出外物形终损应。

① 此《奇门遁甲·论十方星将生克》也。

将克方为忧虑兴，忧虑疾病足难行，幼灾财仆多伤损，争讼难赢宅不宁。
将生干是平星吉，内外和合妻正室，财产兴隆儿孝亲，须知人宅两安并。
将生神是和合星，百事皆祥和福臻，儿孝妻贤家宇泰，施财普济路桥平。

将生方是吉神课，财帛外来有亲助，喜庆儿孙多秀拔，须知天庇家平和。
方克干为官鬼动，官亨出外讼牵人，灾忧口舌冤仇损，自艾遁逃干上刑。
方克神为官禄动，求官得禄必成名，伤神举荐无提拔，刑狱连遭官府嗔。
方克将为外贼露，耗材妻妾生灾毒，须知人欲出于家，失物因寻复得物。
方生神是喜和星，宛转谋为皆称情，奴仆尽心忠益主，须知基旺屋更新。

方生干是忠孝星，父母君师皆喜忻，印绶擢拔多进益，须知祭祀福祥臻。
方生干是壬星得，地载吉祥喜事临，和合婚姻谋望遂，家庭和气业更新。
上顺下生天与庆，外人送物进财应，添丁百事皆和合，立至行人得产兴。
下顺上生出行该，经商得利称心怀，求官得举蒙恩擢，喜信家中传报来。
上顺克时外克内，外人构诈生谋害，频争财破上凌卑，足疾地基多退败。

下顺克尊内克外，卑幼忤逆官司坏，勾连财失舌唇多，呕吐病灾无父母。
干神比是近谋身，不犯亲戚不累人，神将比为亲属好，谋为作事托宗亲。
将方比是为朋友，进退作为朋友成，干戈比为兄弟类，事谋不寔比肩行。
全比亲属迭重连，卑逾尊兮邪夺正，上下混向无分别，大凶无吉灾刑并。
神与干合为官合，士子科场荣擢廷，庸俗讼公官府累，谋望小事多难成。

神与将合为正合，婚姻成就事亨通，又多朋友亲邻助，惟有病占秋复冬。
将与方合为遥合，远路来年婚就成，谋事迟成人病仰，以卑动长合相承。
干与将合名为格，内外关防迟送迎，方与神合经年事，卑幼干尊事晚成。
方与干合人谋己，门中有事就相争，星奇方位门诸将，吉凶平稳随时评。
同朋为旺我生相，休是财官囚鬼将，死为父母分轻重，有气大凶无小差。

大吉丑旺固胜小，无气不如下支畅，吉宿若逢时旺相，万举万全功业尚。
管甚身相并定命，诸家不论恶神嗔，官符太岁尽归承，压煞擢凶灵显真。
作着流财财便发，作着空亡空里兴，若值休囚并废弃，劝君不必进前升。
愚今推演神机数，变易随时见道流，贵神为纲将为目，详演金口数最周。

人元外卦地内求，正时先锋卦外游，用类出现目今断，用伏隐藏详后头。

搜元遁地相对取，彼方所向敌占留，互察将来后代事，用占旺相与休囚。
用类被伤寻生救，绝处逢生一样搜，三卷分明类相推，真诀传与熟详求。
泊宫行年六仪里，甲子指为本命头，本命甲子推详排，阴阳逆顺十二周。
命与行年随宫断，便知情性兴亡筹，三卷玩占阴阳主，入式占法变通搜。
三才研几惟诚明，极深达用通神求，念念归根时此存，循循达道方上修。

神煞章

整理者注：文字参见第 9 卷《飞符加年月日》、《丧门加年月日》、《天鬼加年月日》、《天罗地网加》、《关隔锁》、《旬中空亡》、《四大空亡》、《四绝》、《五绝》、《四败》、《月建旺相》、《月破休囚》、《岁君建破》和《合用神煞》。

次课章

整理者注：文字参见第 9 卷《次客法》。

三传章

金口三传，大六壬之一端也。诸书不载，而引为历家枕中之秘也。今详明于左，方用其传，以决初末踯躅之情也。

金口地分，以月将加时，再遁至地分，则四课三传明矣。假令壬申岁正月初一日甲寅巳时酉位登明将。

人元：　癸　水（人元生月将）
贵神：　太常未　土（贵神克人元）
月将：　太冲卯　木（月将克贵神）
地分：　酉　金（地分克月将、地分生人元）

于大六壬课而言，壬申岁正月初一日甲寅巳时酉位登明将，课式如左：

朱 蛇 贵 后
亥 子 丑 寅
合戌　　卯阴
勾酉　　辰玄
申 未 午 巳
青 空 虎 常

后	青	后	青	兄	甲	寅	后
寅	申	寅	申	官	庚	申	青
申	寅	申	甲	兄	甲	寅	后

月将加地分，而为壬申岁正月初一日甲寅酉时酉位太冲将，课式如左：

勾 青 空 虎
亥 子 丑 寅
合戌　　卯常
朱酉　　辰玄
申 未 午 巳
蛇 贵 后 阴

虎	蛇	虎	蛇	兄	甲	寅	虎
寅	申	寅	申	官	庚	申	蛇
申	寅	申	甲	兄	甲	寅	虎

课盘卯，旬遁而乙，若五子元遁例，为甲己还加甲，甲加子时，至酉为癸，则金口壬课人元一如也。盘式四课三传历历在数，而或换将移辰，再遁六甲，臆出枝蔓，以求造合，不啻南辕北辙乎？

附：六壬传课九宗门出《六壬大全》

一贼克法

取课先从下贼呼，如无下贼上克初。初传之上名中次，中上加临是末居。
三传既定天盘将，此是入式法第一。

二比用法

下贼或三二四侵，若逢上克亦同云。常将天日比神用，阳日用阳阴用阴。
若或俱比俱不比，立法别有涉害陈。

三涉害法

涉害行来本家止，路逢多克为用取。孟深仲浅季当休，复等柔辰刚日宜。

四遥克法

四课无克号为遥，日与神兮递互招。先取神遥克其日，如无方取日来遥。
或有日克乎两神，复有两神来克日。择与日干比者用，阳日用阳阴用阴。

五昴星法

无遥无克昴星穷，阳仰阴俯酉位中。刚日先辰而后日，柔日先日而后辰。

六别责法

四课不全三课备，无遥无克别责例。刚日干合上头神，柔日支前三合取。皆以天上作初传，阴阳中末干中寄。刚三柔六共九课，此课先贤俱隐秘。戊午戊辰与丙辰，干上皆午是为亲。辛丑辛未各二日，下上皆是丑未真。丁酉当为己丁是，辛酉原来是酉辛。

七八专法

两课无克号八专，阳日日阳顺行三。阴日辰阴逆三位，中末总向日上眠。

八伏吟法

伏吟有克还为用，无克刚干柔取辰。迤逦刑之作中末，从兹玉历职其真。若也自刑为发用，次传颠倒日辰并。次传更复自刑者，冲取末传不论刑。

九返吟法

返吟有克亦为用，无克别有井栏名。若知六日该无克，丑未同干丁己辛。丑日登明未太乙，辰中日末识原因。

行年章

整理者注：文字参见第9卷《推行年法》和《推人行年吉凶》。

行年灾福歌

整理者注：文字参见第9卷《行年灾福歌》。

金口指玄卷下

课断章

整理者注：文字参见第9卷《四课假令》。

天时占

整理者注：文字参见第9卷《天时门》。

地理占

整理者注：文字参见第9卷《地理门》。

人事占

整理者注：文字参见第9卷《人物人事门》。

占婚姻

整理者注：此节文字隶属于《人事占》，第9卷未收。

婚姻之法问何如，方位为妻干作夫。夫妇相生心意合，干方刑克两情疏。

方位克干夫先死，干若刑方夫早没。妻忌煞财夫忌鬼，常依此法断无虚。

法曰：六合、天后相生，临旺相之地，主婚成。如临破煞空刑之地，不利，反有破也。如六合克位，男不肖。见太阴同玄武皆主暗昧不明，但生旺为吉也。若天后落辰戌，主婚姻不顺。太阴与天空相并主义子孙，与天后相生为幼女。若问女子容貌，见辰戌丑未斑点儿，见白虎眼斜主破相，亥子黑，申酉白，寅卯紫棠色，巳午赤色也。

鸟兽门

整理者注：文字参见第9卷《鸟兽门》。

饮食门

整理者注：文字参见第9卷《饮食门》。

宅舍门

整理者注：文字参见第9卷《宅舍门》。

茔地门

整理者注：文字参见第9卷《茔地门》。

射覆门

整理者注：文字参见第9卷《射覆门》。

应期章

整理者注：文字参见第9卷《应期合德》。

凡占以用神上临所主为月期，以今日喜恶之神为日期。吉课以今日生我之神为爱，凶神以今日克我之神为恶。

阳神取绝日为验，阴神取墓日为验。谓发用神之阴阳也。以末传为结局之期。凶事散期，取末传冲处。吉事成期，取末传合处。全在变通。看旺相休囚。至于三合课，以墓为期。三合少一辰，以所少辰至为期。然必察其用起何神。神起太岁，则应在岁内，月建应在月内，日干在本日，旬首应旬中。若非旬首，而如丑日用寅，应在翌日。得交气之日支为用，应在本气。用得候首，在五日内。用得四立日支，在一季中。用时，则应在八刻之间也。

歌曰：求财长生至帝旺，更加墓库亦同期。空手鬼爻同此断，博戏生旺亦同推。若问六甲分娩日，帝旺长生沐浴时。行人问归生旺墓，若问他来合是支。子孙生旺病当瘥，鬼爻墓旺病身危。失物只看财有气，旺相方所日时随。婚姻人元内外旺，或然贵神用为仪。求官须用官鬼旺，文字还寻朱雀司。官鬼墓绝官事了，若还生旺正相欺。谒见神将合时会，官爻子孙亦随宜。阴宅客发为动候，吉凶主静不差移。

附：《神枢经》及《璧玉经》

整理者注：《神枢经》和《璧玉经》分散辑录于第7卷和第9卷中。

大六壬寻源编卷之十

摭粹下

壬机要旨疏解

卯酉上神章一

课传卯酉为门户，旺相休囚用意攻[①]。巳午门摧颊额坏，更兼瘢靥妇人容[②]。申酉旺兮门有鬼[③]，亥子临之水道通。有气卯寅绕果木，死囚木器竹阴浓。虎龙有脚团圆合，常贵旛竿遇太冲。丑戌未辰当有土，蟠曲勾蛇水发[④]蒙。合后贵[⑤]孟怀胎妇，又曰葫芦将见空。

卯酉为门，以门上神休旺征吉凶。巳午临卯，言妇人[⑥]。神克卯酉，门户损。申酉旺，门有鬼[⑦]。亥子，门前有水。寅卯有气，有果木绕屋。休囚为木器。卯得太阴，门首有竹阴。寅卯加酉，为囚死，得虎龙，为四脚木器。将六合，为团圆物。贵常，门前有旛竿。若太冲乘常，是竹旛竿。四季加卯酉，门前有土。勾蛇，其势屈曲。并太阴元武，门前有毛发污水。贵加孟后合，主妇孕。太乙加四孟见武，门有葫芦。

日辰卯酉巳勾詈[⑧]，巳午亥空灶不中。亥子相临卯上说，虎勾曲直弩兼弓。相生必

---

① 先定物理次及人事。

② 巳蛇午雀，故主靥斑。

③ 宅以门为重，户次，申酉克卯故有鬼。

④ 水神太阴元武。

⑤ 一作乙。

⑥ 巳午脱卯克酉而其神皆为女子。

⑦ 申酉旺户制门，金气阴肃为鬼。

⑧ 巳脱卯克酉生勾，主咒诅，故其占有此。以巳属先天金也。一曰乘巳午加申酉，主门前有人骂詈。

全克必损，勾［巳］**锁双簧虎立空。天乙卯酉言佛座，玄莅酉上神当中。亥子魁罡神在后，不明不洁寂寥宫。**

太乙加日辰上，并卯酉见勾陈，主有人上门骂詈。巳午加亥子，子亥加巳午，灶不吉。得曲直卦，太乙加酉发用，得勾虎，主弓弩。太乙加酉作虎，门上有双簧锁。武加卯酉，其家中堂供神。天乙元武加亥子辰戌，其家神佛供后黑处。

季虎阴勾居傍庙，太常旁寺观音龙[①]**。朱蛇亥子神武哭，水火交战小儿痫。申朱发用刑唇缺，兽头落地戌真空。**

白虎太阴勾陈加季，其宅旁有庙。太常为寺观，青龙为观音庵院。朱蛇加亥子日辰上，主小儿哭。申作雀加辰，并发用得元武临克，家有缺唇人，或有嘴器。戌临辰发用得武，主兽头落地，小儿小便不通。

旺相戌狗囚狮子[②]**，咬人朱雀二八申。骑虎胜光言马病，子亥蛇空马坠屯。若临寅申勾蛇雀，遥克日辰马咬人。**

戌加卯酉申，得旺相，狗也。午加亥子作螣蛇天空，主坠马。午加寅申，主马咬人。

蛇雀加寅防失火，骆驼木屐损玄冲。卯寅加季防修造，巳亥乘阴镜眼朦。寅上登明尊贵命，龙常合发死亡凶。将逢元武楼台事，退言吉事进凶从。果木壁上书策文，狂病符箓鬼当门。小吉并蛇言井怪，二后小吉主邪神。申丑为课愿不赛，日上克武负神明。倚托他人罡见午[③]**，巳临午上关节情。**

火长生于寅，午加寅而将朱雀螣蛇者，主失火[④]。太冲加日辰，得元武，或临克处，损木屐。巳亥临日辰为用，或加酉，主眼昏。亥加寅作贵人，主贵人有命事。亥加寅得阴合龙常，并死神发用，并日辰上有凶将，如三传不见死神，见朱并，未通文字，退吉进凶。寅卯加酉，上得蛇虎朱雀，门上有兽。寅卯加卯酉，上得蛇虎，门上画鬼神，有风狂妇人。二后并蛇加未，主邪神。日上神克元武，神明不祀。传课日辰上午加罡，有借宿事。巳加辰，求关节事。

魁罡住在日辰上，囚系［释］**逃亡财不安。飞禽但言朱雀位，走兽还从本目看。**

辰戌加日辰上，囚主出，立释放，且利出亡[⑤]。

庚辛寅卯言有怪，子寅加之猫鼠伤。克日得虎走注痛，朱雀螣蛇莫饮汤[⑥]**。巳虎加**

---

① 龙当作庞，屋也，谓观音院舍也。

② 狮子石兽冲犯门户凶。

③ 一作午加罡。

④ 寅日　合卯日　为的，春夏无制为的，秋冬有水无咎。

⑤ 日原作日。

⑥ 一作汤火伤或作饮药汤。

季孝服事，虎死临年必有殃。六合为盆元武瓮，罂漏卯未将神强。蛇火虎灰朱雀炭，后玄为水用消详。

庚辛申酉，皆寅卯之鬼也。来加，主家有怪异之事[①]。寅加子而克日干，主人患痊痛。巳并白虎加辰戌丑未，而值日墓神，主有死丧孝服。虎乘死气在人行年之上，主死丧事。卯未加相，主罂漏为怪，如无刑而比和，则全而不损。

日辰三传总论章二

干为我身，支为彼应。干为外，为人，主动；支为内，为宅，主静。日上神生日，百事笑解。日将为人扶，夜将主神佑。若岁命生日尤吉，但忌位及三传入空脱。日上神克日，日将人侮，夜将祟挠，只利先讼者有气，余皆不吉。病有鬼，讼有凶，常占为盗贼，或受人欺口舌，旺相犹可，休囚立至。日阴克日，凡事塞抑。日生上神，虚费阻谋盗失、血气衰残。若天将作脱作空亡并天空，凡事虚诈。日辰上皆乘墓神，人如处云雾中，宅舍无光，凡占暗昧不亨。墓在鬼中，谓鬼墓也，危疑者甚，惟课传年命有破墓子孙之又神，则解凶，占讼有理，无理亦不凶。日辰坐墓，身甘招侮，宅曾假人，被损难脱。日辰上下有刑，彼此皆生嫉忌，不可同谋，必有异心。日辰上下作害，彼此猜害，主客不相顾，有谋害之心。日辰上下败气，身衰宅颓，切忌捕逃，讼首奸私多被牵累。日辰上值绝神，惟宜结旧事。日辰上逢二死，用静吉，用作凶，空亡解凶。日辰上空亡，事为皆虚。日不备，身不足，心意反覆，憔悴忧愁，行止不定；辰不备，家不宁，或有迁移，仍主阴小灾殃。日辰乘魁罡，凡事晦吝，身不自由、离散、口舌并起。日辰偕六合发用，主欲隐避，欺诈私门。若蛇虎加临，或为发用，宅有折伤之厄。日辰上见卯酉，酉地隔，卯天隔，途中有阻生祸。日克上神而将吉，妻利财获，将凶反是。为鬼[②]传财[③]，财被鬼[④]伤。日上见同类，论刑论合，更从天官言之。日上生辰，辰上生日，或各自生，为两利。日上克辰，辰上克日，或各自克，为两伤。日上脱辰，辰上脱日，或各自脱，彼此递互防脱，乘武者尤甚。日上辰旺，辰上日旺，不利谋动，动变罗网，坐谋亨嘉。日上见禄马，主荣名迁动。日上辰马，辰上日禄，君子职官迁转，庶人身宅不宁，又日之禄神寄于支上，凡占受屈于人。日上

① 庚辛克寅卯，雀蛇制之，故有汤火之灾。
② 将也。
③ 日上神。
④ 日也。

见德，利进，发用将吉尤佳。日辰上神作六合，或互换相合，为神和道合，交易和顺，但不利占解散事，事主蹉跎。若夫自取乱首、上门乱首、自在、俯就、历虚、偃蹇、赘婿、坐堂婿、培本、壮基课格，详见汇赋，兹删不录。尔乃干加支，占人来，谒人见，利内动，不利外动，支加干反此，常占俱无事。干支相加无克战，乘吉将，谋事成，寻人见，望人来。四课阴阳不足，望事不成，谋为不遂。此论日辰之梗概也耳。三传朝日分吉凶，三传与干支不相离异，求得谋遂，行人回，贼不出乡也，逃亡不脱。三传不离四课，如珠走盘中，吉凶皆成，大忌占病讼忧产四事。三传阴阳间隔内藏外者，主心成虑破。若庚申、庚寅、甲申、甲寅、癸丑、癸未返吟卦是也。三传日辰互换三合，递相牵连，新事未了，旧事更翻。又看全脱全鬼以断，全脱，互相脱赚，用事不成，求财费力，得病延好。三传生日，百事利益。又看休旺以决，如后季来生喜当遇，前季来生福大奇，见[①]在之季来生我，必自目前称所宜。三传全鬼本凶，年命日辰有子孙则制鬼，有父母则夺殺。日干旺相，鬼势休囚，无克忌脱气，要见父母，全生忌见财乡。凡占此者，吉应其吉，凶应其凶。生我为益，盗我为害，理数然也。三传受日克为财，财多反生不足。三传克日为鬼，鬼多反亦无凶。三传与日同类，莫乘凶将，须防兄弟连累破财。一传克日，冲破则散凶。传入盗气，退散而防失，更加虎蛇空武，托人无力，为事反复。三传合，日辰上下皆合，紧切不得动用，须寻日月冲破之期，方得动也。三传吉者忌冲，冲则吉破；凶课喜冲，冲则凶消。日辰三传俱逢下贼，全无和气，讼刑病死事不谐，家法不正或罹害，或丑声出于闺中，以致争挠讼竞也。传进宜进，传退宜退，传太岁合天庭。三合事成，有气而得进神合日辰者谋遂，有气得进神而不合日辰，宜隔手用事，其成也迟。若遇退神，合与不合，皆无成耳。传顺贵顺百事顺，逆则事逆。传关格，多阻难。传在日辰上发用，末与日辰并，百事宜迟。三传离日远，惟宜避难，占讼反笑而退。凶课遇刑冲破休衰，却又不可以凶论。如课中有日辰夹定三传者，视天将所乘吉凶以断。如吉，宜合成诸事。若占忧讼疾病行人产育，俱不利。更视所夹，夹财利财，不利病讼。夹生气，利用事，不利散事。夹脱，宜散忧病，忌用事，宜占产，忌占孕。夹兄弟，百事不利。夹空亡，不喜。日辰虽夹三传，传乘空，曰遇夹不夹，有名无实，反成退失，凶固不甚，吉亦不遂云[②]。

---

① 应作现。

② 夫三传五行六亲有重有□，先贤未之论也，予考于蓍而漫录焉，以俟高明。如男昏两官竞相求，女姻两才交相与也。词讼两官则非一谳，失脱两鬼则是三司。仕途两官加署勅，考场两父覆文章。官主父头，营谋重得，而系两头两主。妻财子福身命叠，逢而多福多才。忧害二鬼内外防，谋财求二妻。往来生息，子孙二现，于占嗣，膝下有真假之子。兄弟双形于交支，产前有名实之宾。卜居官遇二姓司居营台，鬼临双亡合葬。所以戒文书者累印而交章，忧官鬼者多制而祸绵，比劫而嫌兄重繁费。鬼引鬼而病新旧，官见官而词起倒。盖吉凶之应，圣贤之悟先兆而告我，当察其空实生死为枢机焉。

干支章三[①]

干支阴阳之大端，灾祥之总要。生合则彼此有益，伤克则尔我无情。干伤支也己凌人，支伤干也人害己。带吉神，虽犯亦无大咎；见恶煞，相协亦为欠嘉。或乘贵德龙常，或临生合旺相，不是承恩集庆，定然动止休祥。或逢刑冲破败，或遇鬼墓休囚，固为宾主不投，旦也互相猜妒。支加干上，必是彼来从顺。为合为生，定能施我仁义，不劳费力，而诸望咸成。干加于支，乃云己去求营。相脱相刑，未免由他周折，使尽心机而所谋难遂。驾六阳，谓之公正，宁可徇私。载六阴，谓之隐翳，切宜明用。禄马同临，仕宦逢之迁爵位，庶民得此业兴隆。合后互加，男子遘兹名逆乱，妇人值是号奸淫。干乘旬首，支乘旬尾；支上旬首，干上旬尾，谓之周遍格，主有始而令终之象，事必交加，忧疑忌占，图谋必遂。墓神并见，昏晦不明。罗网相加，弄巧成拙。脱上见脱，虚耗莫测。空上乘空，风影无踪。日临辰位，两姓同居。支就干宫，只身匹偶。天盘生地盘，优游自得。地盘生天盘，费败百出。地盘受天盘之害，动用皆凶。天盘受地盘之克，求财最利。坐卧臧嘉，因其德合禄马。行藏蹭蹬，为逢破害刑冲。用传克日，谋拙计穷不如愿。日克用神，将吉神旺可经营。比和者，要论刑合。同气者，当责将神。但值岁破月破，防失脱之虞。若逢吊客丧门，有损伤之厄。干为客，支为主。为客，支不得伤干；为主，干不得克支。先动者为客，后举者为主。干为尊长，支为卑幼。上神生干，人扶神助。上神制干，人害神殃。生上虚费，克上抑塞。干生辰而支生日，两家利益。支贼日而干刑辰，彼此伤离。生辰防他脱我，生日我赚他人。见旺只利静谋，坐墓必须冲救。细察五行之生旺休囚，无拘掣于皮肤之陈言也[②]。

① 干支生四课，四课生三传，传为用，课为体。占事虽系于体，而专以干支为重，而次于干（疑脱一支字）。

② 昼夜一周天，分至行黄道。荡磨六气，旧主之收其所临也。莫能破，莫能空，莫能散，孰能伤，用遇善也。忌何忧，仇何虑，惟月将敌其所司，异日夺其所持，屈伸之义也。

四课章四

四课测阴阳之秘，日辰定彼我之情。旺相生扶则勇为进退，空亡囚死必反覆迟疑。一课关乎自己，三课应在他人，二课事由长上，四课兆主小儿。日二课为外事，事主远去。辰二课为内事，事在目前。若逢不备，凡事不全，易倾易就，意绪茫然。阳不备，一心两用。阴不备，家宅不宁①。日阳发用，男子之征。日阴作初，友戚之事。辰阳为用，计属家庭。辰阴初传，因由妇女。然用第四，蓦越为名，有事半属他人，不则占为失物。一课二课，用居天乙之前，吉凶速应夫眼下。三课四课，用在贵人之后，祸福徐近夫厥躬。用阳神，或上克下，事缘外人而至。用阴神，或下贼上，事凭自己而兴。交冲则冤仇觌面不免参差，交合则主客同心交关最利。交脱而彼我虚浮不实，交克而内外猜忌生疑。交生而龙虎际会于风云，交破而猿鹤争巢于风月。交生刑克，幸中不幸。交入长生，苦去甘来。交遇害残，疯痨蛊隔。交乘墓库，喑哑聋盲。岁月日时皆在其上，天心象也，忧不果而喜倍加。初中末传不离其端，回环名兮，喜最深而忧复发。三上克下为长幼，以腐绳而维颓厦。三下贼上为度厄，若涉海而驾沉舟。无禄只影孤寒，绝嗣孑身困乏。将神扶合，营求主客欢忻。阴阳相生，举趾内外和睦。阳课明而阴课暗，先知物理幽微。男推日而女推辰，悉体其中渊妙云尔。

三传章五

凡传一阳二阴，阳为主事，次传果决。一阴二阳，阴为主事，末传果决。纯阳日上主事，次传果决。纯阴辰上主事，末传果决。

三传传课之隐微，发事之机蘖，成败得失，系乎初传。心之所主，事之所向，故曰发端。用下贼上，内起尊灾而利阴兴后应。用上克下，外入卑殃更当阳于先发。用克日须忧身防讼，用克辰则家宅生魔，克时则心不足，克末则事乖张，制年命而为终难遂，神入庙而凶亦无妨。旺相则多般吉瑞，休囚则丧病刑伤。如生我比和，必须旺相。而克我盗脱，死绝反良也。尔乃更变移易在乎中传，母传至子，则为顺而祥。子传望母，则为逆而沴。初吉中凶，移吉为凶。初凶中吉，易凶成吉。鬼事坏而墓事止，

① 刚日干上起第一课，支上逢重为阳不备，支阴逢之为阴不备。柔日支上起第一课，干上逢重亦曰阳不备，干阴逢之亦曰阴不备。

破则散而害折腰。临空则为断桥，遇虎则为冲截。德禄加临，而始终皆美焉。至于末传，最为吃紧。初中虽恶，末能制御，则反凶为吉。若末来克始，为游行万里，入水不溺，入火不烧，疾病痊愈，祸患俱消。值于空亡，定无结局，事咸不成。法以末为克应之期，凶事取末之冲处所临辰为散，吉事取末之合处所临辰为成。见六阳，利公正光明之用；并六阴，有私谋暗昧之机。顺行所为喜美，逆治动止稽留。乘无气恶煞，与日辰伤夷，一切营谋不遂。乘旺气吉神，与干支生合，万般动望攸宜。吉庆之占，须得生扶攸协；忧疑之卜，幸其冲脱休囚。半阴半阳，原情审势。阴阳偏执，以理推求。初在支而末在干，必有委托之征。初在干而末在支，定有恳求之兆。递生则多人荐引，互克则众口欺侵。脱支生日，宅小人丰，不宜移徙。盗日生支，人衰宅旷，渐见消磨。传财化鬼，莫贪其财，取之生灾惹祸。传鬼化财，君子意乖，危险不义中来。初居干前，末居干后，超升禄位之喜。初居支前，末居支后，迁修宅舍之宜。初遭夹克，事不由己。财入鬼乡，徒劳心力。凶恶交并，虽美不和。德合加临，纵伤无咎。传遇三吉，所求皆遂。传值三凶，百事屯蒙。两凶居后，一吉居前，仁德退位，奸佞当权。双凶首尾，一吉居中，诸望不利，无始无终。一凶踞内，两吉始终，忧虑可释，万事从容。一凶当前，双吉峙后，财帛和合，禄可待时[中]。前有二吉，后截一凶，初虽吉庆，终不兴隆。两凶立前，一吉镇后，始见艰辛，终必欢悦。传见日冲，人情不洽，凡事动摇，出入不决，遇凶不凶，遇吉不吉，器物破坏，求谋虚说，宅不安康，合而不合，兼并鬼贼，祸灾侵伐，相生被伤，溃败决裂。初生中末，为顺为吉。末生初中，为逆为凶。其有日辰夹定三传者，须分吉凶。乘凶将，凶不可援；并吉将，吉不可迫。成合喜庆宜逢，产讼忧惑莫问。夹财，求财利而官病不利。夹官，求官宜而解释不宜。夹生气，诸望美而忧疑不解。夹脱盗，忧患宁而求猷不平。夹兄弟，以燕翼子，妻财因之而不足。夹空亡，徒事辛勤贸贸。夹禄马，自然显赫昂昂。若夫夹定虚一之格，大都小节不圆。虚妻财，财物妻孥缺陷。虚同气，骨肉亲友乖睽。官鬼虚，官事外生险阻。父母虚，文书尊长忧虞。至如或干或支，透一透关之格，为名过候失时，用心不固，当时不前，为人所破。透鬼反吉成凶，或见破财脱耗。退连茹透，怠惰而有所难追；进连茹透，锐往而过犹不及。干透出支，不利外事，先动后静，心意裴怀。支透出干，不利内事，先静后动，出行最美。抑有干朝支，支朝干，而比之透出者，灾祥至速，谓不得透出于外也。亦有初中末及日辰而俱逢相克者，和气全无，谓无一能容于中也。

官讼遭刑，疾病必死。凡祸皆由于家法不正，帷薄不修，自惹灾愆也。

凡占进用，有气为荣。若卜解散，无气则喜。内战虽逢吉将，有咎难消。外战虽遇凶神，其艰易定。三传最喜相生，节气相宜尤吉。三传克日允凶，蛇虎临门更甚。

节气挟传克日，联绵病讼无休。白虎入传多愆，与日相生反吉。课中神将虽多，总要生和带合。纵有凶神克日，逢兹亦不终凶。遥克昴星，又作空亡元武，必然走失脱盗，万不差讹。日克初传，初中末皆重克，名为递互之财，求之大获也夫。

六亲章六

六亲乃五行之根本，消长之机关。生日者，子为父母，妇为翁姑，仕宦为印绶恩泽，士庶为荐主资援，旺相有气为位高爵显，休囚无气而俸薄职卑，乘太岁为天子隆眷，临月建太阳为上台优拔，青龙为文官知己，太常为武将族亲，白虎为权重，勾陈为元帅，天乙为尊贵，天空为贵门，天后为后妃，太阴为妇女，并吉曜而坐陷者为九流僧道，值蛇虎见阴后为不正小人。

干以生我者为父母，日本是也。为长生，为举主，为印绶，为恩赐，为赦宥，为吉庆，为化鬼，为畏财，为阴骘。合则亲，不合则长[①]上。女人以日本为公姑，以天后为母，以太常为父[②]。

举日者，仕进之人专以干为荐举之主，但看有力无力，为贵为贱。如甲乙日见亥子在式，而又得时有气，得地相生，则为贵，为有力。若失时无气，或落空坐克，则为贱，为无力也。然天利地利，不如时利，必以当时者为主。天利谓天时也。如甲乙日见亥子在式，以亥为长生，在秋为相，在冬为旺，得天时也。此其例。地利亦如甲木之长生在亥，临申得生，临子得旺，乃地利也。此为例。若太岁为举主，得天子眷顾。月将月建为举主，是省府台官推荐。又分龙为文，常为武，虎为权要。若传送太冲登明落空乘贵，是医术道相推荐。落天地医，则为医官。寅为儒为吏，以臆度之可也。

印绶者，占仕进，以生我者在式中，乘贵合龙常，得时长生，恩泽至矣。

赦宥者，太岁生我，而带皇书皇恩天赦，是朝廷赦至。月建生我，是省台释放，遇天喜尤的。

喜庆者，龙常来生，并食神，主喜庆宴赏，恩赐如之，而逢恩诏。

阴骘者，幽明生我，大素来生，主天相之人。元武生我，主小人盗贼暗助。白虎生我，带疾人助。太常生日，带服人助。阴后生日，妇人暗助。武合生日，多因奸私获助。辨其贵贱亲疏可也。

---

① 此字疑作畏。

② 曰恩慈，曰天地，曰城池，曰文章，曰器皿衣冠，凡庇身者皆父母也。

化鬼者，例如甲畏金鬼，见水为印，鬼却生印，印复生身，是化鬼也，最为和气。他效此。

畏财者，占长生灾病，式中畏见多财，财克父母也，故用父忌财旺。

日生者为子孙、救神、食神、伤官、脱气、损失[①]。

干以我生者为子孙，为卑职，为耗泄，为脱赚，为虚诳，为救神，为散虑。救神者，式中有鬼，子能制之，所谓致至而复也。散虑如之。

泄脱虚盗者，以泄干之气故也。如人之育子，恩斯勤斯，抚之鞠之，饮食教诲，费尽心力而始得其成人，然后得其养而己已衰暮矣。

克干者，阴见阳，阳见阴，为官；阴见阴，阳见阳，为鬼。惟有官位人见之大利。《经》云："遇官则循序渐进，值鬼则躐等超升。"乘龙合贵常，定主高擢。加空亡坐克，民幸官伤。加凶恶，为残害奸谋鬼贼非横灾殃失脱遗亡疾病讼狱，须有神制，庶免其戕[②]。

干以克我者为官鬼，为阻节，为凶党，为忧病，为鬼祟，为盗贼，为非横小人，为奸谋刑戮死丧。若乘贵合龙常，不披刑带煞，上下比和，是直官至。更日干见印禄马旺，天乙太岁来助，遇官则叙迁，遇殺则超格，最宜武职，文亦秉权。若并刑冲破害，带殺相攻，禄马空亡，印绶受制，皆非吉兆，为冤仇冤抑。

冤仇者，与日刑害也。如蒿矢见朱雀，为朋友口舌之例。

阻节者，以天将定其吉凶。如天乙克日，见贵阻节，天后克日，为妇人阻节之例。又看用神克日，妙在变通。如用寅乘龙为天阻，或僧道阻，乘朱雀是秀才，有气是官人阻，乘空是吏人术士，乘虎是带疾之人作阻之例。

凶党者，三合连茹，鬼多，乘勾虎也。

忧病者，用乘勾为争竞之忧，乘虎忧病，乘龙忧财，魁罡加日本忧及父母，如干支冲忧兄弟，季夏忧妻奴。须鬼在式，方如此推[③]。

又如寅加巳，巳加申，申加亥，亥加寅，见四肢胎病，病玄胎也。见虎主病，又虎作鬼，主死丧。乘阴为老妇，乘后为少妻之类。更若并丧吊，类落空亡，墓神覆日，年命随鬼入墓者，必死。

盗失者，武乘鬼带丁马，为远贼。旺为大盗，衰为小盗。殺临日临辰，伤旁人。蛇乘鬼带丁马，主走失。后乘丁马走妇，用天空乘丁马走奴婢之类。

奸谋者，元武天空也。

---

① 曰忠良，曰医药，曰高尚，曰逍遥，凡制我仇者皆子孙也。

② 曰刑威，曰雷电，曰品级，曰乱臣贼子，曰疾病，制交凡束我体者皆官鬼也。

③ 季夏，夏字疑羡文。

刑丧者，勾虎朱魁罡也。

冤抑者，鬼作勾陈理难伸，贵人作鬼诬讼至。又三传鬼多，强辩夺正。

非横者，并吊客为凶丧，并朱雀为争讼，勾陈并为争斗，凡朱雀带天火月厌而丙丁日临辰，主火灾。

比和者，为兄弟门族朋友比肩劫财。见阳神为男，见阴神为女。合则亲，否则疏。若迭见之，必为争竞[①]。

与干同类为兄弟，为门族，为朋友，为争财竞物之人，为虚诈，为克妻。

兄弟者，非谓合则亲也。例如甲乙日，寅卯为兄弟，寅为尊，卯为卑，效此推。余更看日上见者为兄，在支上则为弟。又看所乘所临，阳多为兄弟，阴多为姊妹。

门族者，门族中人也。谓见鬼贼，则以所乘天将并遁干以决之例。如庚日见巳为鬼，用五子元遁，遁得辛巳，辛乃庚金门族中人，夜将乘太阴，太阴金，亦庚门族中，作鬼而阴来阻挠。他效此。

朋友者，与日辰有合则关亲，无合乃外人。合谓六合三合德合也。

争财竞物者，传课见同类则夺财。如干上见财，而天将是同类，曰夹克，争财之象也。又如初传财，末传兄[②]，必被其夺。谚有云：所得不偿所费，东手来西手去是也。又建干为日克，乃真财也。其财作鬼，是求官府之财，或挟官挟鬼以取财也。如寅卯为财，乃干求草木之财。以类推之可也。例如甲乙遁得戊己，以戊为财，以己为妻，若戊己在日上，最怕三传是木，及戊己临木上，主夺财克妻。他效此。

虚诈者，以同类乘天空空房，又武合在式是也。

克妻者，式中比劫多也，亦损财，合则为妻，不合为财。合谓与日比也。更带二死者，必克妻。

干所克者，为妻为财，宜家宜室，资产生涯。殉名者，熙熙而往。殉利者，攘攘而来。助鬼为虐，投胎作孩，子孙被脱，父母生哀[③]。

以干克为妻妾，为财产，为教唆之人，长生畏之。

合则为妻妾，不合为财物。何谓合？例如甲见丑未，丑未中有己，己与甲合，乃妻妾也。何谓不合？例如甲见辰戌，辰戌纳戊干，与甲不合，为财物也。他效此。财克父，妻制母，故长上畏。

教唆者，以其生官也。乘勾雀空蛇则甚，传课中有鬼则然。

传乘父母，子嗣艰屯。干支年命，兄立则宁。课逢兄弟，妻财不利。子孙持日，

---

① 贵则相凌，贵骄兄嫂，利则相攘，利乖同气，政则相干，得则相取，故以兄弟为比劫。

② 原作鬼。

③ 曰货贝，曰仓库，曰饮食，曰淫乐荒殆，凡给我使者皆妻才也。

妻财无虑。类是妻财，尊长相乖，妇逆公姑，生计云衰。干乘官鬼，尊长开怀。用立子孙，禄位休去。伤官制鬼，剥削元气。日驾财神，官爵昌炽。象临官鬼，行藏憔悴。六处子兴，身安类萃。是以财爻必得子孙相辅，官星最宜父母周旋，乃为同类相求，同声相应。兄弟是迟疑阻隔之神，岂宜父母来护？值之者虚诈刮削，如旺相必主伤财，加官鬼始得无咎。鬼爻财爻，子孙宜见。父母爻利逢官鬼，咸畏妻财。子孙爻利遇弟兄，独怕父母。官爻爱妻财，大忌夫子孙。尔乃公用以官鬼为尊，私望以妻财为主。故曰纯子孙不求财财自至，纯父母勿虑身身自安，纯妻为父母克害，纯鬼与兄弟为冤。若夫见生不生，不如无生，鸟兔既尽，走狗可烹。见克不克，任彼鬼贼，勒马收缰，崖岸险息。见救不救，灾来忍受，燕雀处堂，巢焚卵覆。见盗不盗，根本无耗，凤棲荆棘，暂时懊恼。见财无财，安又用乖，贪则反费，不得和谐。见劫不劫，徒劳周折，我由我福，生意不灭。所谓凶中藏吉，吉内潜凶，全在消息而详审之也[①]。

地辰章七

支神十二，万象所涵，生成化育，倚伏干旋，位定乎地，机运于天，备载首卷神将章中。盖支神各有所主，如贵人不临魁罡，而魁罡作用反多。魁度天门，罡塞鬼户，居二八，值干支，种种不尽，而天罡更随所占而操其吉凶之柄，尤为紧切。详见第一册将神章。

① 父母克子，长能率幼也，生兄，慈能来众也。兄弟克才，起争损利也，生子，国士至止也。妻财克父，多才损文章之誉；传才化鬼，宠盈兆僭乱之萌也。官鬼克兄，威刑弭狙诈之心；传鬼化父，处困得贞享之应也。子发制鬼，邪不胜正也；纯子生才，生而后富也。

天官章八

课体吉凶，备乎天将，虽云各有所属，多取决于乘神[①]。

例如天乙属土，乘亥子以水论，临巳午以火言，申酉金，寅卯木，他将皆然，从神所化，不必取决乎本属也。

生合旺相，虽凶而云吉庆；伤克休衰，纵吉而云不美。恶煞要有制御，和协须得生扶。读尽五车三箧，不出生克旺衰。故曰将克神，神不和，神克将，将不利，神将和比，百事称心。凶神囚死而堪忧，吉神生旺而得喜。凶或得地，身旺无妨。吉值身衰，反遭困厄。吉凶混杂，取舍务要参详。顺逆交加，祸福更宜审察。顺行凶神，难降灾殃。逆走吉神，聊施惠泽。凡主吉凶，全凭生旺，及时得地，洞烛纤毫。凡占更以类神为主，不论入传临课、加命逢年，亦当究其阴神，省其地分。天干之将从日，地支之将从月建。贵人吉将也，握尊权莅天人，随在无犯，临日辰年命发用最吉，是以天乙得位召福，失位未必来殃，加于年命日干者，不是尊贵提携，定逢长上欣悦。临于支上，非贵人枉驾，定产育麟儿。其有贵人、尊长、诏命、赏赐、征召、干谒、上表、投书、印信、珍宝、考试，皆宜视之，惟不救疾，为阴贵人也。

螣蛇凶将也，卑贱之职，旺相怪异，休囚亦主忧惊。倘与吉神旺相并，帅辅有威严帷幄之权，士庶得婚姻财产之喜。乘于年命干支，不遭惑虑，定见诞妄。其有阴人、小口、胎产、疾病、火烛、虚惊、怪异、官讼、是非、梦寐、嗔怒、缠绕、忧患、奸私、不正，皆宜视之[②]。

螣蛇为惊恐，为卑贱，为怪异，主小儿病，视其阴。

朱雀吉将也，是文昌司命之神，亦主刑戮奸私口舌。君子逢之吉庆，庶人值此争官。履旺相而顺行者，为文章、经史、诏敕、符命、典坟、印信、文书、羽檄、考试、榜案、牒文、词状、是非、诽谤、消息、火光、飞扬、禽怪，皆宜视之[③]。

朱雀为口舌，为文书选举，为文移之属，视其阴。

六合吉将也，为和协聚会之神，光禄大夫之职，公卿兆迁擢赏受之欢荣，黎庶有筵宴钱财之喜美。于金名内战，于土名外战，动用艰辛，诸望违愿。其有迁官、赏赐、

---

① 万物之情，亲其所同，恤不亲其所相恶也。故龙合木以仁为体，不处残忍之乡，则避申酉。虎以殺为威，当亲礼让之地。阴以匿为奸，宜正礼法之疆则伏。巳午明智则胜争解惑，而亥子制蛇雀，笃信则化狡革淫。而四季制武后也，勾空强罔屈于仁柔，贵常冠冕嫌于二八，陷于魁罡，治六甲不专司己丑。

② 职游巡贵前，司丁日，性情虚浮不测，使臣也。卜筮以火德，位附戊下，兼土德，主外，故为帅辅。

③ 朱雀位端门，司丙日兼丁，以火德，主封章弹谏，谏臣也，文臣也。

婚姻、媒妁、喜庆和合、交易财货、谐允、宴饮、舟车、佚乐、彩帛、丝绵、竹木、雕刻、金石光采、斑斓、儿孙、童稚、隐德施惠、保正、文契、娈童、牙侩、兄弟、孩儿、私昧、淫佚、潜逃、死丧、疾病等事，皆宜视之①。

六合为和合婚姻，视其阴。

勾陈凶将也，乃牵连迟滞之煞，争竞阻隔之神，亦为大将军之职，旺相主是非斗竞，休囚见官司刑罚。其有兵戈征战貔貅武备甲胄枪棒军卒护卫帅府元戎世袭擒拏责罚刑戮官讼勾引牢狱土田坟墓偃蹇疑惑等事，皆宜视之②。

勾陈为迟滞、污浊，为私欲、斗争、词讼，视其阴。

青龙吉将也，名天禄，为财帛产业邦家辅佐之职。仕宦得之，必承天宠，庶人见之，必获庆荣。其有官禄品味升迁庆贺婚姻喜悦财帛产业远使移徙宰辅文职秀才朋友礼物等事，皆宜视之③。

青龙为富贵，为生发求财，视其阴。

天空凶将也，乃是奏书司直之神，妄诞浮虚之煞。旺相生合，殃咎消除，忠怀可格，刑克休囚，钱财不足，动止脱耗。其有僧道医卜九流术士书策表章妇女奴隶市井小人谗谤欺凌奸谋诈伪讼狱逃遁，皆宜视之④。

天空为虚诞仆使，视其阴。

白虎凶将也，为道路之神，亦名催官符使者，专掌廷尉刑狱之职。仕宦逢之，爵位大利，必有威权迁擢之征。庶人见之，谋望不吉，定主疾病狱讼死丧之事。其有出军师旅兵甲粮草征战立业建勋威权爵印道路出行官司疾病刑狱凶丧斗殴囚禁杀伤刀刃产育不祥，皆宜视之⑤。

白虎为道路，为兵丧，为疾病，视其阴。如作日官带马，为催官使者。

太常吉将也，亦为军旅之主，乃四时之喜神，及饮食衣服之司，武职得之可以擢任。其有印绶赏赐封诰尊长升迁爵位诏命喜庆婚姻礼仪绢帛财物衣裳首饰筵会祭祀药石医生术数校尉文信等事，皆宜视之⑥。

太常为饮食，为冠裳，为宴会，视其阴。

元武凶将也，乃阴私隐藏之神，盗贼虚耗之煞，天乙之后将军也。旺相生合，而交易有成，休囚伤克，防诈伪走失。加空乘脱，岂可见于年命日时。其有军校缁衣阴

---

① 司乙日，文臣也，性专和洽，时或阿比，容悦人也，居贵左。

② 象麒麟，以土德，治司戊日兼己，司马也，吉则以敦信为用。

③ 居寅，司甲日兼乙，主文事，位贵左，文臣也。

④ 对贵人不敢，居戌，司戊己，游巡六合，主奏议，性浮诈，质虚空也。

⑤ 居贵右，制武备，司庚日兼辛，金德主刑，武臣也。

⑥ 地官也，兼领武事，司己日，主天禄爵服。

小下人寇卤盗贼奴仆遗亡走失逃遁别离脱耗虚诈狠恶奸私淫邪不正暗昧乖违等事，皆宜视之[①]**。**

元武为盗贼，为虚耗，为邪淫、捕盗，视其阴。

太阴吉将也，主慈母尊亲，兼为中丞御史之职，亦为隐昧奸私之煞也。生合旺相，则喜庆攸宜，刑克休囚，则邪淫不正。其主婚女阴人姥妇尼道婢妾孀寡恳托钱帛首饰婚姻媒聘暗昧私欢机密秘谋逃亡诡异等事，皆宜视之[②]**。**

太阴为不显婢媵，视其阴。

天后吉将也，为恩泽赦宥之神，妇人女子之象，亦号污秽私翳之煞也。缙绅遇之，天庭喜气，庶人值此，家宅祯祥。与吉同行，定见非常荣美，与衰残侵，必然厌翳不明。其于恩泽赏赐喜美筵会良善婚姻贞烈贤淑妇女美丽夫人嫔侍姊妹迟滞沉溺奸淫不靖隐蔽诈伪污物娼妓首饰衣裳蚕禽等汇，皆宜视之[③]**。**

天后为恩泽、求妻，视其阴，而妇人之病，与有责焉。

刻应章九

正时克应，专取用神。用神空亡，一无应候。用神得神后，有云雨，或燕鼠。得大吉，为牛马，为车盖。得太冲，主风雨，或武人狐兔。得功曹，乃吏人，或衣青衣人。得天罡，为微阴雨，或带武恶人。得太乙，为绯衣宾，或赤云晴明。得胜光，乘驴马，或绯衣人，南方赤云。得小吉，为老人携持酒食，及羊与雁。得从魁，西方飞鸟，或白云、白衣。得传送，西南白云，或送衣送物。得河魁，为官吏，及驴犬争讼。得登明，有猪犬，黑云而雨，或为皂衣人应。

乘天乙，有五色云霓，或官吏异服尊长。乘螣蛇，有惊怖怪异事。乘朱雀，有人将飞鸟、文字至，南方鸟鸣。乘六合，感风雨，有服色亲友美人。乘勾陈，遇争斗，见褐衣。乘青龙，送财帛，或僧道。乘天空，奴婢欺诈。乘白虎，病人、凶服。乘太常，医儒、酒食。乘元武，黑云阴晦、皂衣、遗失。乘太阴，见白衣老人，或馈物至。乘天后，见僧尼，或微云，或异服应。

用时刻应，及射覆邀候，视天官用神，旺相者有，休囚者无。

---

① 从帝座，兼司壬癸，筹画机巧，谋臣也。

② 妃嫔也，司辛日，吉则淑慎，吝则奸污。

③ 后妃也，司壬日兼癸，施泽行赦，职内阴教。

年命章十

《占宗》曰：一日之间，占不一人，人不一事，时止十二，叠见复出，同事同情，同断多讹，参意则凿。盖课传神将，为众人之所共，行年本命，为占人之所独，是以人来占，问年命其最切也。

本命兆占人之应，行年象发用之机。不得与岁月干支传课相伤，最宜生合有情。克日则心意不及，伤用则谋望无成。与初传相贼者，忧患之象。与用神相生者，和顺之倪。凶恶岂宜助合，日辰不可伤刑。日害行年，谁来作美？年克辰日，自作不祥。命与干支，迭为表里。年与发用，互作经纬。课传虽凶，年命若吉，总伤而无大咎。故年命上神能制凶恶者，转祸为福之征也。其上神皆父母，动静皆宜。见同类，谋为蹇滞。见日财，宜求财，财物俱利。见日官，宜求官，疾病大凶。见子孙，凡事费力。见太阳，灾厄消弭。见月建，福德攸好。见太岁并贵人，有天庭恩泽文书之喜，否则庶常横发得官，必是超升官位。倘值刑伤，大为不美。乘马逢吉，迁官奉诏，出行最吉。值害加破，岂宜干谒，疑惑无安。见螣蛇，非常惊怪，驰驱争逐。见传送，医药疾病。驭天罡，加凶煞，百事伤残。载天喜，并吉神，所期庆幸。见解神，惊危冰释。见火鬼，回禄须防。见月厌，作死气，病鬼相侵，冤仇逼迫。见血忌，不逢产育，定主惊恐[①]。见登明，提防水厄。见后合，阴私淫泆。见天乙，喜庆非小，若来伤克，亦无大咎。见凶将，生合犹可，刑伤悔灾。见吉神，旺相为佳，休囚不协。见病符，乘死气，不过一月而有病至。见死神，临恶煞，不出一旬而有厄临。见白虎，乘死气，克命无救，不出四十九日，必主病亡。白虎乘生气克命，有传尸痨瘵，若不克命，亦主斗狠。若乘吉良，仕途大利。所见之神吉者，喜其生旺相扶，凶者，欲其制御失位。总之德临处，便言善庆，合逢地，即是成期。鬼贼官事可决，墓神暗昧不通。刑主人情不美，冲支反覆不宁。遇破有阻滞之意，逢害有相凌之忧。皆看临日辰及用传也[②]。

① 一作有车惊危。

② 随官入墓助鬼伤身者，病患死亡。伏吟反吟乘临墓绝者，屯邅厄难。合处逢冲，终多得失。

遁干章十一

课传皆支神发用，其遁干为吉凶伏藏，最宜着意，不可不察也。遁法有二，有旬遁，有五子元遁。甲为数始，冠万物以为尊，多主革故鼎新，重谋利用。乙为日精，丙为月精，乙丙所至，妖邪伏匿，凶恶潜藏。故婚姻得之成，家宅得之宁，盗贼得之倾，利明不利暗，利正不利邪耳。丁为玉女，为星奇，能变化，能飞腾，能通灵。故盗贼得之远遁，逃亡得之潜身，婚姻得之奸淫密成，讼狱得之幽暗难伸，利暗不利明，利私不利公也。戊为阴伏遁匿之象，宜逃亡远行。己为六阴之首，而主静。庚辛为肃杀之气，不宜动，动见死伤，惟占盗贼渔猎可获。壬为天一生水，地六成之，为五行之始，故课以壬为名，万物之始，动之根也，占者观其动机，而萌芽见矣。癸为数终，效天地之静，可以隐遁，可以伏藏，故值此为闭口云。凡三传中所遁，尤为切要，故其岁月干支，亦宜察之，再以年命生肖所遁相参之，有能驾驭凶恶，扶助生旺，其吉凶昭然已。

遁甲章十二

六壬遁甲，皆本于易之乾卦纳甲，甲子壬午，所以壬与易卦相通，其义甚深，其责事有十：一正时，二日上，三辰上，四行年，五初用，六中传，七末传，八岁君，九本命，十月建。其主事六宫为要，时日行年及三传也[①]。

丙午年七月丙申，辛卯日巳将子时，辛卯生人占，时责戊子，日责辛卯，年责丙申之阴神，太岁丙午上得己亥，初传辛卯，中传丙[②]申，末传己丑，本生卯，责地盘戊戌，月责己丑，此十责事也。他效此。具图如左。

---

① 乾阳，天也；坤阴，地也。生万物于中，三才备，六子立。乾纳阳干之首尾，坤纳阴干之首尾，二老所纳，随时迁移。冬至后内纳甲乙，外纳壬癸；夏至后内纳壬癸，外纳甲乙。

② 五子元遁。

勾合朱蛇
戌亥子丑
青酉　　寅贵
空申　　卯后
未午巳辰
虎常玄阴

蛇　空　空　后
丑　申　申　卯
申　卯　卯　辛

财　辛卯　后
兄　甲申　空
父　己丑　蛇

龙战、赘婿、不备[①]。

又如九月卯将，辛巳日辰时占，人年四十二。

朱蛇贵后
辰巳午未
合卯　　申阴
勾寅　　酉玄
丑子亥戌
青空虎常

合　朱　阴　玄
卯　辰　申　酉
辰　巳　酉　辛

财　己卯　合
财　戊寅　勾
父　丁丑　青

日责丁酉，神元武，其阴丙申。时责壬辰，神六合，乘神辛卯。行年在未，责甲午，神天乙，其阴癸巳。

大象须带德合，神将生比，课上下有和气者，元吉。刑冲破带鬼入墓，神将内战者，大凶。若用破鬼，本凶气象，而传课有制鬼者，或传退，虽凶不为祸也[②]。

三十六禽章十三

三十六禽者，乃二十八宿禽，并八隐禽也。隐禽者何？寅狸、巳鳝、辰鲤、未雁、申猱、戌豺、亥熊，丑龟也。其法视直符所临十二辰神为禽，以时分旦昼夜占之。从寅至巳为旦，从午至酉为昼，而自戌至丑为夜也。求直符诀曰：甲加蛇逆戌寻牛，己马西行到犬收。十二支神除亥子，日符从此定根由。

日干	甲	乙	丙	丁	戊	己	庚	辛	壬	癸
直符	巳	辰	卯	寅	丑	午	未	申	酉	戌

① 赘婿、传不离课、阴不备、中克初、末墓中、初克末。

② 十二支之所纳，阳顺阴逆。子从父，妻从夫，人伦之常也。故乾纳子寅辰，长男震袭子，中男坎袭寅，少男袭辰也。若巽长女以丑从长男子，离中女以卯从中男寅，少女兑以巳从少男辰而不从坤之未巳卯也。坤则互从乾耳。

寅为少阳，五色文章。谓寅为木神，春吐其荣华，故曰文章。

旦为狸，主有寡妇相侵，或诏宣事。　隐禽［暗禽］

昼为豹，主财物耗损，口舌冤仇事。　箕水豹

夜为虎，主有大人嗔怒，或有怪梦。　尾火虎

卯为天门，日出其根。谓日出于卯，故曰天门。

旦为狐，主有伏匿忧虑事。　心月狐

昼为兔，主贵人出顾，或出入疑惑。　房日兔

夜为貉，主有外人相欺，移宅怪异事。　氐土貉

辰为丘墓社稷，棺木厌出。谓辰为水土库，土爰稼穑，临六合作棺。

旦为龙，主阴神祀祷，或远行诏命。　亢金龙

昼为蛟，主远行散财事，灾在秋月。　角木蛟

夜为鲤，主有官府争非，或有疾病事。　隐禽［暗禽］

巳为重阳，金银主张。谓巳为阳盛阴微，故为重阳。

旦为蛇，主冤仇惊恐，官府不安事。　翼火蛇

昼为蚓，主有远信不安疾病事。　轸水蚓

夜为蝉，为鳝，主有田宅车马事。　隐禽［暗禽］

午为正阳，千里路长。谓日中天照，远故路长。

旦为鹿，主有子孙妇女文章事。　张月鹿

昼为马，主有大人远来召命事。　星日马

夜为獐，主有死丧刑伤，家室不安事。　柳土獐

未为礼仪，婚姻相随。谓未为羊雁酒醴，故为礼仪。

旦为雁，为有妻财病患事。　隐禽［暗禽］

昼为羊，主有欢乐宴会事。　鬼金羊

夜为犴鹰，主门户兴造，官符疾病事。　井木犴

申为少阴，聚金歌吟。谓金有声，故为歌吟。

旦为猿，主有口舌财物事。　参水猿

昼为猴，主有酒食、远行稽留事。　觜火猴

夜为猱，主阴私田宅斗讼事。　隐禽［暗禽］

酉为天户，口舌女姥。谓日入之门，兑课之位，故为天户，口舌妇女。

旦为鸡，主阴谋疾病惊恐，田宅门户口舌事。　昴日鸡

昼为乌，主有相招惊恐，必有酒食事。　毕月乌

夜为雉，主有乖违蔽匿事，常必行走畏伏。　胃土雉

戌为讼狱，相招拘录。谓戌为刑伤，为地狱，故为讼狱。

旦为狗，主有争讼公私奸谋事。　娄金狗

昼为狼，主在他乡财物耗散事。　奎木狼

夜为豺，主有怪梦，女子灾患事。　隐禽[暗禽]

亥为重复，阳气更复。谓阴盛阳微，故曰重复。

旦为猪，主有召命心疑事。　室火猪

昼为貐，主有官吏追呼事。　壁水貐

夜为家豕，为熊，主有奸盗厄死事。　隐禽[暗禽]

子为复宫，妇入其中。谓阴伏于子，故曰在中。

旦为鼠，主有盗贼奸谋事。　虚日鼠

昼为燕，主有子妇灾厄事，灾在春秋。　危月燕

夜为蝠，主有阴私蔽匿事。　女土蝠

丑为明堂，以齐三光。谓日月星起于丑，故为明堂。

旦为牛，主有远行稽留，盗截物事。　牛金牛

昼为獬，主有大人忧病事。　斗木獬

夜为龟鼋，主有复匿，阴谋相争事。　隐禽[暗禽]

斗罡章十四

占以课传胜复，测其幽微。先审斗罡厌射，决其大体。

斗罡者，天罡也，辰神字也。占以月将加时，视其所在以决之。《经》云："顺罡者吉，逆罡者凶。"天罡之星，其神威烈，其气雄猛。天上地下，莫之敢当。罡之所指，凶恶消散。不惟可以占测吉凶，凡逃难谋为，一切营干并宜顺之。又玄武瘴心二七遍，逐鬼去恶毒气等，心痛责之立愈。法以亥卯未月加申，申子辰月加巳，巳酉丑月加寅，寅午戌月加亥，并以左手持式瘴心，人不得见之。又云：加鬼门以式瘴心，心气痛，着之立愈。凡斗罡加临，其所值事如左。

三传皆视斗加神，孟入元来忧二亲。季同出外忧妻子，己身兄弟仲临门。

《灵辖经》曰：传课竟视斗之厌射加看。厌，压也，谓加也。射，指也，谓冲也。斗加日辰前，为灾已射；斗加日辰后，有灾将厌；斗加日辰之上，为灾正发。

《曾门经》曰：斗系孟为二亲，仲为我身及兄弟，季为妻及财物。假令甲乙日占事，斗加亥为日本，忧二亲。加寅卯，忧己身兄弟，其间寅为尊亲与兄，卯忧己身，

乙忧弟妹，乙即辰也。加季忧妻子财物奴婢，季即未库也，巳午亦然[①]。效推。又曰斗加日，囚立出，谓日辰也。加辰犹未出，加日即出，斩关之义也。

鬼道病人丧大吉，人门入众怕诸君。地户入山蛇虎畏，贵人可往见天门[②]。

《曾门经》曰：斗通天门［亥］，可谒长吏，及见贵人。斗加人门［申］，可入众中，得人爱敬。斗加地户[③]，可以入山[④]，不逢蛇虎恶贼[⑤]。斗加鬼门［寅］，可入疾病丧家吊门，俱无染也。凡占以课传消息之，而吉凶否泰之机，宜趋宜避之义了然矣。

斗孟行人未曾发，忧属家中疾病人。官司有罪奴婢吉，忧不忧兮讣讼迍。商贾所求还自得，渔猎无兮怪临身。书不为通因怠慢，胜如捕盗不行兵。逆战可轻军不胜，天罡三首后来临。

此论斗罡加孟。婚姻不成，占妇居长，貌陋，产孕生男，母有难，占事缓，商贾求财，不求自得，渔猎无，求物不得，往丧家吉，出行不果，迷路左道通，舟舡前有补，行人未发，书信未来，虚实为虚，寻人在家，访人在家不见，人在家，候人不来，期会未至，请客不来，人不喜，寄宿恶贼，莫与宿则吉，上书不达，宅可治，野狸入宅主家长病或官符口舌，蛇入屋家长病，纳奴婢吉，逃亡必获，私会莫去，去亦不得，捕盗盗胜，盗贼不来，贼主男人，贼未去，兵未罢，避贼宜右，兵围天上申酉下可出解，安营宜中，斗战可战，斗军已罢，官事罪重，冤迫不急，词讼凶，执谋成，疾病困，占闻哭声，客鬼求食，占人病死生，在阳无病，自寅至未也，指阴有病，自申至丑也，囚禁未放，射物在右手[⑥]，杯仰，杖正倚，文墨不通，涉险宜向前，火发必炽。

仲罡官事解留连，病不成病忧不痊。觅人不出行人发，渔猎之求半得钱。灾怪家中奴婢病，上书且未讼能言。捕盗两伤官有语，半兵相战用军员。兵围防害何曾罢，病人已瘥必须安。

此论斗罡加仲。婚姻难成，妇中女，貌半佳，产生女，事半急，商贾求财半获，渔猎少有，求物半遂，往丧家平吉，迷路中通，出行将行，行人在途，涉险宜居中，舟舡中有补，寻人近去，虚实半实，书信半路，访人相见，人出去不在家，候人即来，期会已至，请客将来，人小喜，寄宿善人，上书未达，宅不治，野狸入宅忧口舌失财，蛇入宅主得财，纳奴婢多病，逃亡可获，私会有信相许，捕盗半伤，盗贼同伴半道而回，战相伤，贼欲去，兵欲罢，避贼宜左，兵围天上戌下可出，有害，安营宜后居右，斗军将罢，官

---

① 疑此句有讹。

② 一曰谒尊见贵循斗亥，会众人饮向斗申。斗巳入山猛虎避，吊丧问疾斗临寅。

③ 巳，一曰风门。

④ 原作出。

⑤ 一作猛兽恶物。

⑥ 右青左黑。

事少留后解，举讼半凶，冤迫有言，执谋不得，疾病不成，闻哭声，家神及咒诅神，人病指阳已瘥，指阴未瘥，囚禁旬日放，物在左手[①]，杯欹，杖斜倚，文墨将通，火发小。

季罡病死行人至，官事不成忧不忧。觅人远出辨言吉，奴婢逃亡贼可求。商贾不成渔猎吉，怪在比邻急急游。书却已通军必至，勿战兵围去不留。斗人已死军须罢，不能三合彰人仇。

此论斗罡加季。婚姻必成，女幼年貌美，产男女，事甚急，商贾求财不得，渔猎大有，求物必得，丧家莫去，迷路右通，出行即行，涉险宜在后，舟航后有补，行人即至，寻人去远，书信即到，虚实是实，人远出，候人迟来，访人出外或途遇，期会必会，请客来迟，人情大喜，上书即达，宅不可治，野狸入宅得财，蛇入宅别人灾，寄宿者小心，奴婢数逃去，逃亡不获，私会被擒见血光，捕盗擒获，盗贼是女子，立至，贼已去，兵必罢，兵围天上卯下可出，罢避贼宜左，安营宜前居左，斗战勿战宜走，斗军不罢，官事不成，兴词得理，冤迫甚急，执谋宜谨，疾病病后死，空闻哭声，外鬼强梁，祭之吉，人病指阳转困，处阴已死，囚禁三日内放，文墨大通，射覆物在右手[②]，杯覆杖插，火发渐灭。

魁罡加临杂说：临卯酉，立门户，关隔。临辰戌，主不动，及则静中有动[③]。临寅申，主事不决。临巳亥，主动用。临子午，道路隔角关隔。

失物所寻方：孟是生气物，乃青黑色目人偷去，藏申子辰方，急往东方寻，必得。仲是死物，藏在西方，合见，及布匹，求有信而难觅。季是白色死物，藏西北方，急急求之，少待则无矣。

显晦章十五

类神入课传为显，入年命次之，俱不入为晦，各随其所宜，以详吉凶。如问官问财，则官星财星宜其显。问病问讼，则虎鬼勾雀宜其晦。其例也。

迟速章十六

伏吟、涉害、天乙逆行、用在日辰之后，主事迟。斩关、占时发用、天乙顺行、

① 左青右留一白。

② 左白右青。

③ 伏吟。

用在日辰之前，主事速。过时神入传，天罡在日辰后，过去事也。将来神入传，天罡在日辰前，未来事也。三四课发用，问去事[①]。用二八门，主事速。传进速，传退迟。丁神驿马速，空亡墓绝迟。柔日伏吟，斗罡加卯酉入传，岁月久远。

吉以生日为应，以行年上所生为吉期。凶克日为应，以行年上所畏为凶期。

太岁初传，当年之事，在末传，久远之事，在中传，方来远去，而看顺逆涉害深浅也。又太岁在六月已前，过去事，在六月已后，未来事，其在月日时上，皆宜烛之。死气加日辰，天罡加日后，病未退。死气带合年凶，以太岁上凶神与日刑害为期。吉凶紧慢，生克决之。又曰：太岁在中传，过去事。传顺年浅，传逆年深。凡占岁内事，下克上，责上神，上克下，以地上神断。

如用传送加巳，主四月应，太乙加申如之。

虚实章十七

旬空主虚，旬首主实。火神临日辰发用，主虚。水神临日辰发用，半虚半实。金木土神临日辰发用，则全实。课传既定，先观虚实，吉凶燎如矣。

夫虚者，旬中空亡也。在天曰孤辰，在地曰寡宿，吉凶相反。克我害我刑我劫我泄我者，喜其虚。生我救我者，惧其虚。天上所临地下空，日落空陷，即同虚论。若实者，不空不陷，受生同类比合也。汉江州司马葆光曰：世人但泥旬中之空，殊不思旬中之实，旬中干支谓之实，此天地妙理。

动静章十八

日辰主静，三传主动。日辰有生意宜动，三传有凶神宜静。日辰有恶煞宜静，三传有扶助宜动。或刚视日上，柔专辰上，天上日行地下，相生宜动，克陷宜静。斩关游子丁马则动，稼穑墓合伏吟则静[②]。

占动象有五：辰戌为部令之象。反吟连茹，有牵连之象。三合六合为兄弟朋友之象，同类为眷属之象。

---

① 《龟鉴》云：第三课发用不是目下事。

② 日行，行道也。地上，地方也。

聚散章十九

以天时而言，得令有气为聚，不得令无气为散。大端相气更吉于旺气也，谓旺气不过眼前吉庆，相气为后来福祉非常。然更有正变，不可执一。凡占俱喜气聚，以四季合详之，此其正也。占进用喜有气，占解散喜无气，此其变也。占远大，俱以四季时合为主，占一时小事，俱用日干生合而言，又一变也。不执定本支，专看初建复建于多少者为聚散。《中黄经》曰：莫执东方木旺春，谓春木夏火秋金冬水，专以初复建，多聚少散为论。初建者，日干五子元遁干也。复建者，时上五子元遁干也。且以建干多寡，逐情而变，不拘本支五行，以多者为化耳。此中黄之变机，变之三也。须看上下，分先后，聚散宾主。又分建破鬼救命，凡气二日一变。

例如巳午本火，上下壬癸，或临水乡，便从水论。又如丁亥，春夏从火，秋冬从水。若临火地，从火论。临水乡，从水论也。他效此。

向背章二十

以地利而言，吉将得地为向，不得地为背。大端天上之神所临地方，欲不空陷，不入墓，不受克制刑冲，而得党得传，为有情向我也。然其中有五行变化不可拘执，其大略述于六爻中云。

进退章二十一

传进为进，传退为退。退空宜进，进空宜退。又考三传，吉则进，凶则退[①]。

① 进以成得，退以败失。进有日昌之势，退有道消之嫌。进则功名得志，身命尊荣，嫁娶求才遂意，忌神遇之，忧方兴矣。退则灾祸渐弭，寇贼无侵，讼病忧患衰微，用神遇之，志未展耳。

远近章二十二

知一、伏吟、休囚丁神驿马、贵人太常近支，皆为近；涉害、反吟、旺相游子斩关、龙合远支，皆为远。一云用关梁，春丑为关，巳为梁；夏辰为关，申为梁；秋未为关，亥为梁；冬戌为关，寅为梁。关内为近，关外为远。

例如春占，元武加巳，四五里，在午未上，七八里数。他效此。

关内十里以下，关上五里以下。关外又增数远近推，三合三百里外，六合土五里、五十里，木三里、三十里，金四火二水一如之。梁上近数，土主五里，金四里，木三里，火二里，水一里。关外远数，润下三百里，曲直炎上从革稼穑二百里、五十里上。游子去千里。天罡为阳关，传过关外远①。河魁为阴关，三传过戌上去远，远则上下相加以乘之。

假令戌加申，申数七，戌数五，五七乘得三十五里或三百五十里。若用神旺相，倍而增之，囚死因而减之，休言本数。他效此。

若三传日辰值丁带马，乘太阴天后，见太乙神后，占逃亡者，远去而不可追也。

胜负章二十三

日为我，日克辰，我胜。辰为彼，辰克日，彼胜。上克下，利先举。下贼上，利后对。日上被克，尊负。辰被上克，卑负。俱克俱负。俱比生不克者和。或以日辰分彼我，日辰上下互克者负，互生者胜，有解者胜，式中反克其救者负。八专日，在分阴阳配偶喜忌，断不可专以胜负论。

例如己未日，己畏卯与六合，喜寅与青龙，未忌龙寅，喜合卯，故难专论胜负也。他效此②。

多寡章二十四

年为万，月为千，日为百，辰为十，时为零。旺相主多，休囚主寡。用先天数天

---

① 一曰传送外远。

② 己土畏卯木克，喜寅甲合，未羊畏落虎口，喜卯三合。六合即卯，青龙即寅也。

地乘算，旺相倍加，囚死减半，休只本数。

一法只用神将，不用地盘。贵常八，蛇武四，后朱九，合阴六，勾空五，龙虎七。

例如乙亥日，以丑财乘蛇，蛇四丑八，相乘四八得三百二十也。效推。

方华谷先生云：上下参合，其数可知。岁月值建而为多，如上寅下子，七九乘之，六十三数，乃其例也。

数目，只用神将而不用地盘，最是近理，而此言上寅下子者，何也？《经》曰：“凡遇青龙便是寅。”盖言子作青龙也。

前后左右章二十五

支前为前，支后为后。阳为前，阴为后。支左为左，支右为右。支上为本居，支冲为对邻。看其类之鬼神，与日上神生比为顺，刑克我则不睦。如左右上神自克其下，或空或绝，则彼家凶衰可知矣。若白虎死气则死丧，朱雀则唇吻，元武则盗失，火鬼克战则有火烛，若勾索死气虎蛇相克，则有自经之事类。

前后者，例如天罡为本基，或坟墓。辰上见酉，辰阳也，为前。酉为门，乘朱雀，则前门上有符箓。其传酉上寅，辰阴也，为后。乘白虎，后有白虎神庙之类。左右者，例如子为宅，丑为左邻，亥为右邻，午为对邻。效推。

正时章二十六

正时为人事之先机，符合自然，关乎造化，激发祸福之处，推测阴阳之首。四课三传非时不发，岂宜与课传相伤哉？在月建之前为进，进而有喜。在月建之后为退，退而无失。是以先贤以时决来情端倪，无不应也。其为财，为鬼，为合，为刑，不待运式以观其所主，即其所乘之时，知所占之象也。遇空亡，必主侵凌欺诈，亦为所望无成。乘驿马，必当举动迁移，羁旅归程。冲日冲辰，彼我漂零颠沛。同辰同日，事情偃蹇迟难。与日克害，互作寇仇。或得相生，迭加惠泽。日克时则为财，时克日则为鬼。是以生克其日，则灾祥于己身。若也生克其辰，为灾祥于居第。时生日，得他人惠。日生时，当惠他人。驾子午，往来不定。值卯酉，门户动摇。宜看用及传终，察其生克畏忌。时逢日墓，虽冲而终为蒙蔽。日得夜时，投谒而反得怒嗔。支被时刑，防关讼狱之惊。干遭时破，准备损失之祸。时日两干相合，上下和洽。时日二支相交，

外内同心。日辰俱叶[①]，定遇一番喜庆。刑冲月将，堪虞不测灾殃。发用而乘吉，欢悦非常。凭凶以助用，万事俱伤。此皆占时之大纲也[②]。

月将章二十七

月将，日宿太阳也，福德之神，能袪孽迎祥。入于课传，造福不浅。见于年命，尤多庆祉[③]盖月建之合，幽冥之司，动静得失之机，有光辉远大之象。惟谋阴私隐匿者，值之不利。元武临之，盗贼败擒。后合乘之，奸淫露丑。病讼忧疑，赖其援救。发用加干，定荷天恩之喜。并官加禄，方乘印绶之荣。天空与空亡依倚，号曰万里无云。破害与墓神并处，名为幸中不幸。历于支头，宅中光采。不获宝藏，必产麒麟。贵人并行，前程攸吉。位居极品，食禄千钟。

在日为福德，在辰为龙德。其属为台省部院，带天马为使命，作青龙为公卿，乘常为武职，乘虎为权臣，乘勾为大将，乘雀为羽林，至于乘蛇，则为车骑将军[④]也。

太岁章二十八

太岁乃一岁之尊神，主天元一气，号令四时，五行之标本，岁功之造化。吉凶神煞，不敢犯之。我生亦宜，生我最吉。克我虽凶，有救可免诸殃。我若克之，值者凶危殆甚。是以与年命生合，身集经年之庆。相伤相克，必怀终岁之忧。临课传而为官鬼，则举止生迍。在主事而为德合，则大人利见。相并吉神良将，不必入传，皆有救援，获福非常，庆幸之致。倘值鬼墓等恶，大抵多凶。临于年命，君子蒙恩荣之喜。加于支上，家长有不安之虞。履于类神，灾祥不脱于岁内。小事化大，或是朝廷王者之征，或有历岁隔年之事。庶民遇之凶，仕宦值之吉。其冲刑害破，不得互并也。外有岁之冲神，名曰岁破。乘吉将尤可，凶煞良可畏。若与空武勾蛇白虎同见，有怪惊之象，损失破败之咎，及有疾病官灾之患，乖张争竞之非。入于兆内，大是不宜。投

① 和洽之意。

② 四时相催以成岁，正时编次以周天。以昼夜效寒暑，以朝暮譬春秋，按六气成八刻，正时所司，呼吸之候也。唯推长生十二法以应用神曰先锋，而用神与之冲合，有其名而不深中，能应日内之吉凶，不应日外之休咎也。其为力也，曰近曰轻曰小曰速，其为象也，曰幼曰卑，《传》曰：司顷刻之权。

③ 说见月建之上。

④ 疑脱军字，补之。

谒不利，望事无成。死丧耗败，关隔无凭。舍此更有何议？惟乡试以岁破为主文。[①]

月建章二十九

月建为一月之主宰，旺相休囚，务要遵之。迅速迟留，更宜详论。破害刑冲之轻重，须寻节气。比合生化之浅深，岂能离之也哉？将来者，谓之旺相有气。已过者，谓之失时无气。若乘发用，祸福不出于月中。相并吉神，名曰就德出现。干支年命值之，喜庆匪细。物则盛大而数多，人则壮健而年少。逢生旺有资财加禄之欢，见伤克有病讼死丧之厄。吉则为福愈吉，凶则为祸非轻。营望就聚，置立悠久。不论吉凶而主初新，如遇用神被月建冲破，名为天解，最能消释忧疑。又曰四时空亡，宜占凶恶，不利问喜庆成合之事。若月破见于课传年命，吉事不宜，愁虑可解，图望无成，器物破碎，疾病凶危，钱财损失，囚禁脱放，胎堕产速。越此不能测其深旨已，郡院试为主文[②]。

得位章三十

神将喜及时得位，干支宜相合相生。课传年命类神，其加处尤不可失之。水加金，金加土，土加火，火加木，木加水是也。贵常勾若相并火土之宫，或是乘火加木，其木不为克。阴虎相并加水土之宫，或乘土加火，其火不能克。武后并金水之宫或乘金加土，其土不能为制。龙合并木水之宫，或乘火加金，其金不能为制。蛇雀并木火之宫，或乘木加水，水生木而木生火，不能为克也。然而天官总不深论，盖彼所属，乘五行而随化也。其加临必欲相生为佳，若乘历得地，不论象之吉凶，皆受彼益。吉曜得位，愈能为吉。凶煞得位，谓之恋生，不能施咎于我。故曰吉神得位为吉，失位为

---

① 用蕴周天，柄司六气，继寒暑，分春秋，太岁主之，有君道焉。权则大而久，静而尊。定吉凶悔吝，乃有其臣而未亲所司也。故冲用不破，合用不援，生不即生，伤不即伤，旬空则空，月破即破。生命福持安乐，家宅鬼会屯邅。

② 此论月将（当作建）。阴阳消长，寒暑变迁，各有时，曰月令。五行万物咸从生杀，月建月将得无权乎？故无若有，绝不亡，冲不散，伤不残，空不陷，破不缺，用遇吉，忌遇凶。惟日辰胜之，后时敌之，穷则变，满招损也。

凶；凶煞得位犹可，失位定见灾殃[①]。

长生章三十一

长生为气用之机关，吉凶之征验。于是干支年命课传神煞见长生沐浴冠带临官帝旺胎养为进，喜庆之事遇之最吉，忧疑之情值之最凶。加临衰病死墓绝为退，吉用逢之不利，害灾见之无咎。故曰退则吉成凶而凶反吉，进则安益安而危愈危。然沐浴谓之咸池，男逢为破败，女遇号桃花。帝旺谓之羊刃，比肩相劫也，能助吉凶，象吉则吉，象凶亦凶。至于墓绝，日干年命不宜乘之，而惟刻应之期，专视墓绝。其发用亦如是也，阳日用绝，阴日用墓。类神亦如是也，或有视发用，或有视末传之阴神。若产育之占，则当视产母本命纳音之胎养。《象》曰长生帝旺，有远日之兴隆；冠带临官，乃一时之茂盛。衰病见克始凶，胎养得生全吉。死绝须要相扶，库墓喜招冲破。土入酉宫金到午，遇败无成。火如逢卯水逢鸡，相生有力。土逢巳绝，岂可云生？金遇巳生，实难言克。养主狐疑，胎为迟滞。病称伤损，墓多昏蒙。沐浴为破败之煞，长生是萌发之神。帝旺值强盛之时，临官为繁荣之曜。冠带乃成聚之气，衰绝系休废之情。是以凶见长生，炽而未散。吉逢沐浴，败而罔功。死绝那容乘日，重叠喜逢墓库。故曰：得时生旺，值长生冠带临官者为真旺，失之者为不吉。过时休囚，值衰病死墓绝始诚恶，反此者不为凶。如休败神乘进气，即作得气论。旺相煞值退气，即作无气论焉耳[②]。

空亡章三十二

空亡为五行枢纽之神，缺欠浮游之煞，天盘空而逢冲即实，地盘空而入即真空。诸恶忧疑，见而庆幸；和美营望，遘之为殃。课传遇之，名曰探空，谋为无力。天将

---

① 用神得令吉而失令凶，理之常也。然占有当时，有后时，不可泥也。此月之得，此日之得，用神贵其当时。彼月之得，彼日之得，用神贵当彼令。夏月出而冬月入，水用为嘉。亥日问而巳日求，火用为善。至于常问恒求，无时可据，则即占时用神得位失令定其灾祥。

② 长生之长，上声，既养而长也。时人皆读如字，误矣。◎贞下起元，绝则复胎，生于三，旺于七，死于十，十二位而终始焉。故不以胎为始，而以长生为始，谓其未见形也。临官则食禄受天元禄也，帝旺则位中得立将星也，用神乃昌二者，孰能胜之？若沐浴冠带衰病胎养，则不胜生克。病渐于不神，养需有力则见生，吉而见克凶。故水败于酉，假败也，火胎于子，伪胎也，木胎于酉则论克，金衰于戌则论生也，死墓与绝无救则真云。

临之，名曰乘空不实，凡事耗散。发用见之，事无头绪；中传并之，中有变诈；末传履之，必无终始。日阳空为虚枉，人命可制；日阴空主阴谋，徇私取胜。辰阳空为虚诈，多半浮花；辰阴空曰诈戏，轻视无成。总之其象一切无凭也。若发用旺相，欲为近事，过旬可图，久远之事，终难济就。顺连茹空，即宜退步，托人无力。退连茹空，退既堕空，宜进则昌。如并天空，全无实据，皆为不足之征也。若太岁月建月将行年本命，皆不以空论。又云：日干不论地盘空，天盘仍以空论[①]。

例如甲子旬内壬申日，壬禄在亥，壬课居亥，地盘亥不空，天盘日禄则云空矣[②]。

歌曰：男值空亡欲远行，妇值空亡忧病生。暴病空亡宜作福，久病空亡身不真。财被空亡难把捉，鬼遇空亡官事停。彼值空亡徒连累，贼人不至空有声。妻值空亡妻有孕，女值空亡聘嫁成。宅值空亡当造福，父母空亡病不宁。兄弟空亡不得力，子孙空亡主伶仃。此事前情细密秘，切须仔细灼其情[③]。

二马章三十三

马为禄类，人情之始，行止生发之神，祸福之机，动静之关，不论事之大小，必欲观之，可勿论哉？旺相生合为吉，休囚空陷为凶。其刑冲破害鬼，不宜乘历。近小视驿马，远大视天马。有七马之说，乃岁月日时马也，天马也，驿马也，胜光也。或以旬丁遁丁为二马，共九马。宜聚不宜散，宜动不宜静。如占行人，以马之墓绝为归期。乘勾陈为偃蹇，不能进发之象。见螣蛇为系足，不能行动之征。驭青龙，有腾达飞黄之兆。驾天乙，有贵人干谒之情。逢白虎，有道路出行之事。遇朱雀，有文书音信之符。其旨不能逾此矣。

歌曰：男带天驿马，名誉满天下。妇带天驿马，随人离堂下。求婚天驿马，新人在房下。生产天驿马，呱呱在膝下。仕宦天驿马，乘轿差手下。出行天驿马，奔走遍天下。占病天驿马，棺材在床下。行人天驿马，足迹在门下。天驿受制空，万事都抛下。

---

① 年月日时皆有空亡，不可概用，惟重旬空。谋望欲成，利名期得，不可遇之。欲其来、求其有，不可遇之。占久不可空，占在不可亡。六者空，于用不吉也。欲避、欲弃、欲脱、欲绝、欲其速去、欲其不在，六者空，于忌大吉也。六亲空，称其用神，将空，较其事。

② 甲子旬壬申空（脱辛未），甲戌旬庚辰空，甲申旬丁亥己丑空，甲午旬乙未丙申戊戌空，甲辰旬甲辰空，甲寅旬癸亥空。

③ 子旬壬辛戌旬庚，申旬丁己莫游行。午旬丙戊兼乙日，辰甲寅癸是空征。

丁神章三十四

丁乃变动之神，凡事见之而迅速。一曰旬丁，一曰时遁丁。《经》曰："丁名玉女，最能通灵。须臾变化，宇宙飞奔。失之者死，得之者生。潜遁难获，任汝纵横。阴私迪吉，暗昧相仍。或聚或散，倏变倏更。乘龙并马，逃亡者行。若乘蛇虎，忧愁结凝。交临阴后，妇女离庭。驾历天空，奴婢西东。若从元武，盗贼远渡。倘用朱雀，文书已发。相并勾陈，利出战征。偶值青龙，头角峥嵘。依倚六合，子孙跋涉。日遇庚辛，难免灾屯。日是壬癸，妻财大美[①]。"故吉神当之为吉，凶神丽之为凶。其恶煞神将，不得冲动加临之。盖亦是静主动，动主静之煞也。故元首见之，事主尊长。重审值之，象应卑小。比用乘之，有反戾之形。涉害并之，乃灾殃之兆。返吟动其远思，伏吟发其归兴。八专泆女，久而咎生。别责昴星，将见虚惊。斩关可断，闭口可开。三交欲移，游子不回。于三光、三阳、三奇、六仪、龙德、富贵等吉，而主官升财遂。于内战、外战、龙战、鬼呼、赘婿、乱首诸体，则有非常灾咎。于三阴、魄化、丧门、伏殃，必主疾病将亨，忧虞将释，危险将脱，昏昧将醒。于天网、天狱、九丑、八专，定然官府变动，冤抑得伸，合中有变，新故有更。于孤寡、绝嗣无禄，将有复续之图。于天烦、地烦、四逆，当蒙救援之恩。乘［临］以魁罡，驾以二马，附以青龙六合太阴，万里飞腾之象也。若欲避难逃灾，当往其下大吉。一曰往大吉之下。

歌曰：丁蛇马走亡，虎常忧服丧。阴后妇人遁，勾陈兵革扬。天空奴仆走，元武贼出疆。朱雀远音[②]至，万里龙翱翔。

期候章三十五

凡占以用神上神所主为月期，以今日爱恶之神为日期。吉课以今日生我之神为爱，凶神以今日克我之神为恶。

例如戊己日，卯加辰为用。则月期在二月，以月建卯故也，非二月则三月，以其下加辰也。日期则在丙丁，生我者也，此谓吉课，若凶课以甲乙日。巳加申为例，月期在四月或七月，巳申故也。日期在庚辛，金克木故也。他效此。

① 元作不足。
② 元作行。

一法：阳神取绝日为验，阴神取墓日为验。谓发用神之阴阳也。以末传为结局之期。凶事散期，取末传冲处。吉事成期，取末传合处。全在变通。看旺相休囚。至于三合课，以墓为期。三合少一辰，以所少辰至为期。然必察其用起何神。神起太岁，则应在岁内，月建应在月内，日干在本日，旬首应旬中。若非旬首，而如丑日用寅，应在翌日。得交气之日支为用，应在本气。用得候首，在五日内。用得四立日支，在一季中。用时，则应在八刻之间也。

有气无气章三十六

课传之吉凶，惟取气之有无以为断也。春日得甲乙寅卯，临于水谓之旺；得丙丁巳午，临于木谓之相，夏日得斯为旺。戊己辰戌丑未临于火为之相，庚辛申酉临于土谓之相，秋日得之为旺。壬癸亥子临于金谓之相，冬日得之为王。得甲乙寅卯临于水谓之相，然四季之月，戊己丑辰未戌皆为有气旺相也。又如吉凶神将，临长生沐浴冠带临官帝旺胎养，咸为有气，故曰吉将生旺而有喜，徐徐迁进以兴谋。若值衰病死墓休绝者，即如春之水金土，夏之木金水，秋之土木火，冬之金土火是也。是以冬占炎上，门庭有烦乱之灾。秋课曲直，公讼受冤屈之咎。夏忧从革，变更不宁。春忌润下，浮游隐伏。此名四时相悖之格，须得日辰相辅，始能贞吉而无咎也。乃或身衰财旺，虽困极而亦得财。身旺财衰，纵安闲而财亦损。财遇鬼兮欺诈生，身值鬼兮害事起。身旺鬼绝，无理反成有理。鬼旺身衰，理明多费资财。凶神当旺相之时，未即为恶，凶自适也。吉将乘衰囚之气，亦可生妖，吉无力也。吉凶混杂，取舍务详。凶恶交加，无气只是提防[①]不测。若乘墓绝休衰，郁郁图谋迟滞。其于课传年命，岂可并墓绝而无气也哉？

禄神章三十七

夫禄为辅佐首吉之将，惠泽恩赐之神。仕宦得之，升超官职。庶人得之，定荷恩荣。与贵德二马岁月太阳生合，准受皇家之爵。与长生印绶官星恩诏加临，必为敕命之臣。见于本命，日后前程远大。临干主事，目前就俸求名。若并休囚刑克，而见丁

① 元作提携。

马驭凶，定由禄位而驱驰不遑也。

德神章三十八

德为诸禄之尊，五行之秀，阴阳物替之神，救厄扶危之将也。其名有六：天德、月德、干德、支德、岁德、时德也。如拱临日辰年命发用，名为德庆。无求不遂，转祸为祥。即课最凶而见一二德神，便得济援。德或制凶，其灾易释，但忌化鬼空陷刑战，反吉为凶，是君子与小人同党也。《经》曰："凡德化鬼，反吉为凶。"四煞不没，应《需·九二》"致寇"之象也。

化鬼者，例如乙德在申，申加酉上发用，酉乃乙之鬼也，被酉挟申，并化为鬼矣。他效此[①]。

夫善莫大于德，能利人济物，乃诸福会处，转祸为福。更乘吉将，其福益厚。盖福庆也，家宅神也。曰：天德月德，犹未紧要。曰：干德支德，最为关切。《经》曰："干德在日，百吝咸亨。支德入传，事成凶散。"一云："吉事成后，后遭凶神，亦能散之。"若带煞乘虚，或临空陷，与神将外战，驰入绝乡，及被刑克，反为凶矣。如占病，德与白虎并，虽危亦不死也。

例如辛日，巳德临亥，乘武夹克为灭德，主事参商。又如己巳日，己德寅，酉为用，伤日之德神，则不吉矣[②]。

《象》曰：德神在位，诸煞潜藏。囚禁得释，病笃无妨。婚成佳配，孕产贤郎。凡占谋事，事吉昌。统需之体，君子合欢之象。如德神为鬼，利占功名，病亦无妨，乘龙尤吉。或六神藏畏乡，四煞没四维，尤为元吉，百事无害。虽凶将，定无灾，应需九五之贞吉也。

凡课日辰干支德神及天月二德发用，并在年命，乘吉将，为德庆课。二德扶持，众鬼皆散。日德为一日之喜神，而诸事之休征，而谒访之事，须视阴。

《占概》曰：干有德合鬼墓，支藏破害刑冲，视其旺相休囚，审其亲疏关隔。德为吉庆，合乃成期。墓乃昏蒙，鬼主祸害。破招侵损，刑为伤残。害必侵凌，冲则摇动。此理简明，为式中之关键。又曰：克必出，冲必刑，战必斗，害必阻，破必废。

---

① 丁日亥加子，己日寅加卯，辛日巳加午，癸日巳加午则化为害气。

② 己未己巳干上寅，寅上酉发用。

合神章三十九

一曰干合。甲己中正，乙庚仁义，丙辛刑威，丁壬淫泆，戊癸梗塞。德合也。

二曰支合。子合丑实，丑合子深。亥合寅和，寅合亥破。戌合卯旧，卯合戌新。酉合辰疏，辰合酉密。申合巳疑，巳合申顺。未合午晦，午合未虚。六合也，其义主双。卯戌为双峰，子丑为双溪双涧双桥，寅亥为双林双塘双坟，辰酉为双新双旧、新冢溪涧之所，巳申为双路、损屋修改之所，午未为双池、园亭台阁之所藏也①。

三曰三合，五行气类之会也，参差不齐之象②。亥卯未，繁冗剥杂。寅午戌，党侣不正。巳酉丑，矫革离异③。申子辰，流而必清，滞而不竭。其义主三：寅午戌，地名三峰，岩石穴谷之中。亥卯未，园林木野，其方居未，纳音水，为三河九江之所④。申子辰，三溪三塘，始自西南，三日后，定于东方。巳酉丑，为坑为堑，三峰三陇之下。

《象》曰：乾坤匹配，万事和洽。奇偶交并，占孕迟生。行人荣省，名利乔迁。财喜称怀，天缘佳庆。统井之体，乃婚姻鱼水之投，水火既济之兆也。是以谓合者，亲和之神，惟不利释凶，主牢固迟疑。其名有三，三者皆主人情欢悦，相助成事，战讼俱和，所以为贵。三合逢之，事必关众。故三合顺行，事必干连重复。若逢逆走，亦为悖逆稽留。《经》曰："合遇一重，事虽迟而有成。合遇两重，事可期约而就。合值三重，事成顷刻之中。"与德合相加，无往不遂。与凶恶交会，忧惑疑滞。月令冲开，利钝可决。如日辰互合，而又三合为传者，名曰合欢课。和协之事最利，病讼之占不堪。如合中带煞，蜜里藏砒。合若乘空，费力难济。逆则不为合，不旺不成合。故刑害伤残，喜中可虑，惟生合旺相，乃为成期。然于克应，往往过月。六合阴阳相配，婚姻和顺。如六处逢吉将，四煞没，合多吉合，凡事成就。如遇凶煞，亦主凶中和合。或合带空亡，鬼贼刑害。有德在末，旺相有气，乃入凶遇吉，可以小用，宛转谋为必达。二阴作合，求婚大吉。应井上六，井收勿幕，有孚元吉之象。若占凶事、守旧，则愈迟疑。求书干事，见合无气反滞，殊不快意，不若不见为佳。惟占病，遇凶将尤甚，传进病难退，失脱藏匿难获。占出入却如意，传退连茹，合带暗鬼克日，乘蛇虎

---

① 藏者，论人物也。谓寻人之处，及物所匿之处。下文冲破等论皆煞，射覆刻应亦如之。

② 三合亦曰局会，木火水金皆有始中终。始于生，中于旺，终于墓。旺神，中神也，主也。失其主则不能会，伤其主则不成局。如木神以卯为要，卯不失伤则亥卯、卯未失一而亦局亦会也。无始者力少，无终者力存，不若全局会之力大矣。

③ 元作难易，恐误。

④ 九江，宜作三江。一曰重三乘数。

朱雀，喜中有害，不可意外往图，托人干事。应井九三[①]，井谷射鲋之凶象也。若发用作六合，或带刑冲破害，内吉外凶，终久成结[②]。盖合则亲，亲则事成。凡日辰年命见三合六合，固为和合之气也。

墓神章四十

墓为埋伏潜没之地，昏昧偃蹇之神，四时衰败气绝之乡，闭塞不行之象。岂可加于年命日辰课传也耶？非惟大事无成，些小亦为不遂。吉神值之，不能作福，凶煞并之，更加迟滞。见休囚，则为愈衰，乘旺相，亦为有晦。利其无气，不可生合，见冲破者佳，合则晦甚。更不宜与蛇虎同行，加于门户而为发用在传，传又乘土化土也。日上得日墓，为墓神覆日，人口灾悔，命运衰弱，天罗自裹，宜醮禳之。辰上得日墓，为干墓临支，主宅舍颓废，为关神尤甚，定遭衰废，若四墓之昏沉，不可名状。日下临日墓，辰下又临辰墓，为干支坐墓，人如处黑雾中，家宅亦甚凋敝。传生入墓，凶，自明入暗也。自墓传生，凶反吉。生我者，不宜入墓，以其自既归墓，安能生人？自生入墓，如入坑坎，一步深一步，健人昏迷，病者至死，行人即至，捕贼不获。生投墓者，颠倒错乱，朝昏暮醒。自坐四墓，自招其祸，甘受昏迷，宅舍假人作践免赁，鬼神相聚，梦见危险，山水倒乱。即逢四孟，更新及故，病凶加狂，行人失路不回，其有墓覆生者，事结再发，讼断又问，病痊复作，人喜又怒，仇解又结[③]。

寅加戌，申加辰，亥加未，巳加丑，曰自生入墓。未加亥，戌加寅，丑加巳，辰加申，曰以墓覆生。申加丑，亥加辰，寅加未，巳加戌，曰生身投墓。

其有生旺履墓，名曰墓库，事成复败，凡占不利。或日上得辰墓，辰上得日墓，为干支互换受墓，彼此各招晦滞，不宜两相投奔。然亦喜其墓旺相。《经》曰："生入墓，事终有成。墓入旺，盛而复行。"中传见墓，主进退，病者死，求财无，百事不称意。如乘生气，不作墓看。辰未为日墓，暗中有明。夜墓坐日亦同。丑戌为夜墓，暗

① 应作九二。

② 一作吉。

③ 附随墓说。有日干随鬼而入墓者，曰身随官，有随才而入墓者，皆为身墓。有本命随官妻而墓于日者，曰命墓，自占大凶，代占亦忌。用随官入墓，如之遇日冲月破旬空则非真也。因讼忧病户役动作潜逃投充斋戒忌之，鬼旺最凶。彼月破旬空之鬼而临日干本命之墓，官非灾病见空破而重毙，毙而且墓，凶占也。避患防害见空破而祸消，消而随墓，吉占也。身命随墓，一生多灾疾。婚姻随墓，中途定刑伤。求官仕途不反，出行平道遭屯。行人病于他乡，产妇厄于暗室。公役有桎梏之辱，兴造有妨犯之凶。偷关踰险而陷网罗，出族谋差而受羁绁。求才被溺于狭邪之地，占穴或犯夫古冢之尸。凡以官为忌神者，遇之不祥，空破则轻。以身命为先务，遇已不祥，空破更重。

昧难明。日墓坐夜亦然。辰戌为刚猛，主事急速。丑未为柔缓，主事迟延。总之墓神若在日辰年命之上发用，并凶乘鬼，名曰得地，亦名引类呼朋。病讼逢之，尤为不利。大都鬼墓发用，不利谋望，家宅不昌，财耗资难获，病忌乘虎必死，冲破不死，或财神禄神官星在中末见墓，应困六三，困于石之凶象，仕人不利，常人更忌。若见鬼而带煞，更凶。惟内有德神旺气，求官喜美。干墓作虎，占病大忌。支墓作虎覆支，占宅必有伏尸，且有影响。夫墓与库同，当生旺者为库，囚死处则为墓。墓神罩干作太阳者，处事难得上人眷祐。干墓乘蛇压支克支，必主宅内频见妖怪，虽加支而不克，其妖亦不免。五坟四煞，不可独行远出，出逢凶恶，或缠病讼。鬼墓日辰作生气，或自墓传生，或鬼墓有克制冲破，或墓逢空，化凶为吉，病者生，囚者释，凡事先忧后喜，应困亨贞，大人吉象。

《象》曰：五行克贼，死墓之乡。人丁多耗，家道不昌。行人得至，病者如狂。谋为留滞，捕贼深藏。统困之体，乃持己待时之课也。

《怪惑篇》曰：蛇虎加丣丣[①]上逢墓者，曰墓门开。以日墓加卯为外丧，支墓加卯为内丧出外，惟宜迁葬以禳之。支墓加酉为内丧，干墓加酉为外丧入内，惟宜合寿木以禳之，不可纳人。外有乙卯乙酉辛卯辛酉丁卯丁酉癸卯癸酉八日，缘支神卯酉，名真墓门开，或见丧吊二死尤的。看何类神，以决何亲之丧，惟甲戊庚己日无之。

例如癸酉日，巳加癸，逢墓，癸得巳为财，临丑，因旧事而有财，以丑金库，癸之父母，巳往之辰也。贵人加身，有迁居。加朱雀，财乃有争，望有动挠。若并凶恶，不得整旧谋新[②]。

丑辰未戌为五行之墓，逢墓即止，吉凶皆然。歌曰：以生投墓，颠倒次第。朝昧暮明，神鬼與聚。生旺入墓，覆雨翻云。墓入生旺，止水复行。天罗自裹，命来墓身。

日鬼章四十一

鬼者，克贼之煞也。阳见阳，阴见阴，为鬼，主事不顺遂，占多凶否。昼鬼官灾伤损、疾病是非，夜鬼星宿神祇、鬼魅侵欺、怪异恐怖。阳气犹可，阴气最毒。盖五行之精气，入传皆主凶咎，旺主官事，相主争财，休病，囚系。如作刃鬼，金主兵，火主灾，木缢，水溺，土主瘟癀。若干旺相，有子孙神制之，则反为吉，亦为财为官用也。盖吉神克我，亦不美，凶神生我，却无伤。附德神生气月将，可用求官谋望，

① 卯酉。

② 献刃金局递生，乘才遁鬼生竞，官生传，传生干。暮占空阴朱。

但不宜用神反克日上之神，主反复进退难成。或四季作日鬼，占科举必高中。何以言之？辰戌，魁罡也；丑未，斗鬼也。余占用神克日，吉凶相半，多反复而后成。鬼带恶煞，必主怪祸，举动不利。鬼在日上，又为用事，事多不美。临日辰年命传用，大都有凶，并墓恶甚。凡占日鬼入传，及传入墓不吉，非官讼，即疾病也。天盘鬼加地盘墓，而行年神将凶者更的。盖鬼临墓，则得地，引类呼朋，故名鬼呼。占主壮者亦病，病必有祟，事多暗害，牵累入狱，占讼凶，占盗贼相冲者，贼捉贼败，合则为患，落空亡，不用忧，占官多伤残。夫鬼喜其恋生空陷，互并解克，或见救神，方为无咎。若日干支鬼，上乘白虎，凡占凶祸，速中又速。若鬼坐鬼方，及生旺地，或临空作空，又虎作鬼阴，能制其鬼，虽目下惊恐，终无咎而贞吉也。三金克木，名血刃破斧，虑斗讼疾病兵戈之厄。三木克土，名缧缠坼塥，有毁伤财帛争竞之危。三土克水，名窦泽沉滞，防田产坟墓昏晦之灾。三水克火，名灭光暗昧，为江河盗贼之难。三火克金，名烬骨损模，虞回禄流血口舌之患。以上皆为天网四张，吉少而凶多之兆，又为忧患不解之占。大要日辰旺相有气，年命四课有乘救援之神，庶几灾咎除殃也。

鬼者，无形而有用，数中不可无，只宜静处，不宜动摇，惟出行行人田蚕移徙生产，无鬼方吉①。

官印章四十二

日干旺相，克我者为官。阳见阴，阴见阳，为官，带吉神为官，有印亦为官，德禄马俱作官论。反此而日干休囚，无印，带凶神煞，则为鬼也。印者，阳干见阴生，阴干见阳生者，为正印。日干旺相，生我者带吉神，亦为正印。阳见阳生，阴见阴生者，为偏印，日干休囚，亦为偏印。

---

① 附助鬼说。谓发（疑脱用字）克干而鬼长生于日，引祸自害，故曰助鬼伤身也。用神亦曰身，官鬼空破，日用旺相，皆不能伤。凡助鬼者，占身命，认祸为福，比匪为良，因财丧身，贪色亡命，妻妾生咎，奴仆累主。国占，奸臣聚敛，宦官专恣。师占，将病防刺，士卒背叛。占家，贪利忘害，求益反损。讼重刑，失再偷，军役，鱼为饵钓昧修，步遭棘荆，财妄求，出行险，修行业未除，参房杖难免，囹圄未满，枕席未离，神怒灵哭，真梦实。惟占夫、占官、占武，三者大吉。◎附无鬼说。官鬼者，系也，制也。喜之为官，恶之为鬼。用之阳则官，用之阴则鬼。名异而用同，不宜发，不可无也。鬼逢冲，或有制，或无助，犹静也。见而空，有犹无也。临日月空，犹实也。在天为鬼神，在地为庙宇，在天为雷霆，在地为社稷所衙尸骨妖邪虫蚁，在人为主张权衡魂魄识见疾病，在宅为香火主宰祖宗。在国为仇敌乱臣，在任为爵级，在事为讼非为祈为夫婿为阻滞束缚。身命无鬼谋望失，主处世无恒。功名无鬼，进取无成，升迁未遂。家国无鬼，主无君德，耗散多端。谋望无鬼，事无主断（疑脱交字），关徒劳。疾病视用，用伤祈祷无灵，用强不禳而愈。婚姻分类，女占少寡之嫌，男占我非其匹。求才，问主客同本，权落他人空拳，我无遭遇。自逃易潜，捕逃难觅。失物勿诬人，祀神不享，请托不从。故曰官鬼者，事之主，祸之端，防害喜无鬼，求益在有官也，贵乎静，不可无云。

刑神章四十三

刑乃伤残之神煞，上下不相济，刚柔不相合。统讼之体，大小不睦之象。《象》曰：尊卑失序，门户灾殃。人情奸险，举动乖张。为偏为欹，家道不昌。胎孕欲堕，婚姻不良。征下顺利，斗上逆伤。谋为拂戾，凡事不祥①。

恶莫大于刑。凡占三刑发用临年，为刑伤课。若寻奴仆小人奔逃去向，详支神刑方，追之必获。入传附吉则吉，附凶则凶。旺则如乘车得马，休则主囚系拘缚，口舌忧挠，刑讼忧疑，宜占捕捉，忌卜病讼。仕人迁官则吉，须观干上之神，带生旺不空，乘吉将，乃名能刑于他人。常占惟喜空亡，带皇恩天赦德解无妨。常人占家则凶，乃受人之刑也。其义有三：

一曰哀谢刑。五行之正刑也。

二曰制御。十干之刑也。甲刑申，乙刑酉，丙刑子，丁刑亥，戊刑寅，己刑卯，庚刑午，辛刑巳，壬刑戌，癸刑未。盖辰来伤日，曰逆乱。故刑之所加，战斗在其下矣。

三曰不逊。十二支之刑也。其说有四：一为无恩刑。寅巳申，三刑者，寅中有木火，巳中有土金，申中有金水，父子在位相伤也。寅刑巳，刑中有害，彼刑我斗，举动艰难，官灾侵扰，事每伤残，前事更发，失事递生。巳刑申，刑中有合，长幼不顺，动而后成，彼刑我解，仇将恩报，先犯后合。申刑寅，刑中犯破，暗昧不侵，男女相刑，彼刑我害，残贼共施，人鬼相凌，若乘吉将，当变为吉。二为恃势刑。丑戌未刑者，三宫皆兄弟，各以力争相伤也。丑刑戌，刑中暗鬼，尊凌卑，贵虐贱，大忌小，缠绕不明，官事囚禁，往往生灾。戌刑未，刑中有破，贱妨贵，少凌长，小加大，妻财不丰，举事不顺。未刑丑，刑而又破，大小不叶，兄弟不和，或见丧服。三为无礼刑。子卯相刑，水火母子，改节相伤也。子刑卯，死败相刑，门户不宁，大荡小淫，死丧败坏，尊卑不睦。卯刑子，明入暗出，水陆梗塞，子息不肖，奔于南北。四为自刑，辰午酉亥。自刑者，寅申巳亥，四冲无亥；辰戌丑未，四冲无辰；子午卯酉，四冲无午酉。是四辰无所相刑，自是自高自大逞能，多有败落更改之事，五行休丧之地，无气之兆，故自刑也。死非正命，受此四冲，缺一不全，欹而不正。三者各自相推，不齐着力，罚而相刑，刑必有伤，故名刑伤。

① 夫心若忧，事若漓，物若獘，刑之所以象退神也，不及旬空月破之凶也。身命遇之，防骨肉之相残。婚姻遇之，惧门第之相压。宦忧内丧，病虞带疾。

《经》曰："刑者，罚也。发用逢之，多主灾害。"或递互相加，乘凶将，临日辰，皆主伤残，祸无不至。刑干则忧男伤，忌远行，人身不利。刑支则忧女病，忌安坐，家宅不安。时刑干，则忧小口。小人用刑时，行事不利。刑月建，忌词讼。刑日阴者，忌远行。干刑速，支刑迟。丑辰破刑尤凶。上下相刑，又遇日鬼[①]，则乖戾公讼。发用则反复公私，尊长[②]不分之扰。凡事乖舛，谋事费力，忌小人，见蛇血支忌，占孕必堕，主血光灾，虽有德神，亦不分尊卑，门户伤夷，百事有阻，天将吉，可少解，干事忌之，乘凶将尤甚。或神自刑，又见辰乘凶将，主躁暴，挟刃自伤。或六处有神作支之自刑，又传干鬼，结连三传为鬼，名助刑伐德，最凶，宜谨守，不可妄为。应讼上九，或锡鞶带，褫之凶象。若遇德神吉将有气，事有阻，终遂之象也。年命干支课传，岂宜见之？倘一遇此，宁无颠沛乎？空陷始为无咎，休衰难免忧虞。总之凶祸之煞也。凡旺刑衰则福生，死刑旺则灾起。善刑恶则无忧，恶刑善则有患。

刑者，险崩屈曲荒废也。如寅刑巳，元武临寅，主破山中藏，此论甲乙日。若金日巳刑申，为石。戊日在叠土处，藏崩颓之所。申刑寅，山险坛墠林木之下，樵夫小径曲折之所。子刑卯，三河九江之所，舡车之中。丑刑戌，古坟丘墟之中。戌刑未，旧废园圃，或有古井。

冲神章四十四

冲为动摇不定之神，击动之煞也。阳号天冲，阴名地吉。空亡冲之则实，生合冲之不美。岁月日辰年命，俱不宜见之，凶衰利[③]见，冲散则不成祸。凶旺莫逢，冲则反动其凶。吉神忌冲，墓神宜冲。生旺忌冲，吉空宜冲。凶空勿遇，冲则反实。欲彼动者喜之，欲彼静者忌之。凡百谋为，初虽有得，后必倾覆，乖兆不和之象[④]。

《象》曰：人情反覆，门户不宁。婚姻不遂，胎孕难成。疾病凶散，财利平平。凡有谋望，成而后倾。统夬之体，雪上加霜之课也。又主不静而多惑，久伏之用，亦利逢之。其忧疑疾病之事，见之则易散。在日身有往，在辰宅更迁。乘元武逃动，乘阴后暗动，乘武合盗失淫泆逃亡，奸私出入改动，乘勾陈奸邪内外争竞改动，各以类推。

① 一曰日辰。

② 疑作卑。

③ 当作立。

④ 月冲暗动，日冲暗□。用远而不言冲，时用近而不言破。日月之冲，所最重焉。初合末冲，始荣而终悴。初冲末合，先违而后从。本末皆冲，亲疏咸背。官非散，谋望空。日用合处逢冲，财鬼冲害忌婚姻，父官冲害忌功名，子妻冲害，何以谋生。

子午相加，为道路驱驰，上下男女交争，谋动变迁。丑未相加，为兄弟相持，求望艰辛，心意不同，兴衰反复，谋事未遂。寅申相加，为人鬼伤残，男女乖异，妻夫两心。卯酉相加，为门户更改，为逃亡分迁，或离异失脱。辰戌相加，为贵贱不分，悲喜难易，奴仆逃遁，关格不通，不仁不义。巳亥相加，为事多不足，人情反复，来去无实。

凡课日辰之冲神，加破为用，曰冲破课。如用传与岁月日时冲破，亦是。凡占凶事，遇蛇虎朱雀凶将，及死神丧车恶煞，宜冲之则凶散。类神空亡，岁月冲之，则暗动，日时次之。若乘破碎，而凶神冲动，则人情不顺于暗中，出入难久。乘凶将，无救解，则祸炽。应夬上六，无号，终有凶之象。若内有德合喜神吉将，旺相有气，凡事艰贞。应夬九五，中行无咎之象。

歌曰：生旺逢之落下风，若冲绝墓即无踪。合冲离叛动冲散，空若逢冲反不空。

冲者，横也。巳亥子午，为横塘横泾。丑未，为横丘横田之名。辰戌，为横岗横陇。寅申，为横石横冈。反吟主远，水日寅申为西溪西园。丑为北园，未为南田。加巳亥为新田，拗坞湾曲之所。未加丑为古田，戌加辰为古廊。

破神章四十五

破乃解散之神，损坏之煞，亦为改更中阻之煞，主破坏更迁，人情不美，暗中不足，吉事难成，忧疑易释，婚姻强成难久，多有中徹，若有喜神吉将，先难后遂。破若空亡，有声无影。占胎，胎动未产[①]。

午破卯，门户破塌，人事覆败。辰破丑，宅垣坍压，库墓倾颓，寺观破损。酉破子，妇女小儿咎殃，家室摇动，阴小有灾，门户损坏。戌破未，先破后刑。亥破寅，先破后合。申破巳，始损终叶，要即对冲之类也。冲主反覆，破主倾坏，惟宜散凶事，不宜成吉事。辰丑酉子亥寅午卯巳申，合中之破，成而复还。其四孟见酉，四仲见巳，四季加丑，名曰破碎煞。月建之冲，名曰月冲。太岁之对，名曰岁破，亦名大耗。而俱主耗散溃裂，求望难成，干谒不喜，总属进退艰难。其于日辰年命，类神传用，皆不宜见之也。

破者，损也。纳音土，为山崩石损之名。午破卯，火日破屋，水日破溪。亥破寅，纳音水日破塘破溪。辰破丑，破田荒陇之所。《经》云："破者，废也。"酉破子，崩摧

① 建为六气之正，破为六气之反。五行不可违时，违时则困。故君子审进退盈虚之理，兆如悔吝，宁守其困；占如否臧，宁守其常；求如少遂，莫若待时，居易俟命而已。背而驰躁而求，宁有幸乎？君子审建破，而困亨之道得矣。

小石之所，水日滩渍古岸。辰破丑，古冢。戌破未，废窑古井[①]。

害神章四十六

害为阴阳间隔之神，损失颠覆侵凌之煞，为阻路不通之象，有损无益之征，大能为患于人，不能生福于事。如干支年命课传见之，大都不利。若相加太岁，定有经年悔吝[②]。

《象》曰：六亲失靠，骨肉刑伤。财利潜失，出阵军殃。胎堕孕损，干谒不祥。统损之体，乃防谋算陷害之课也。是以六害神临日辰发用，又乘凶将恶煞，主侵害凶祸。应损九二，征凶之象。如带德神合神吉将善神，则课体虽阻，而终于有成。应损上九，有攸往之象也。

凡课日辰六害相加，并行年为用，为侵害课。夫六者，六亲也。害者，损也。十二支辰欲合，而对者害之也。所以此神主侵损相害，动无和气，只宜守旧，有口舌官鬼，人情不足，退失财物。入课主有人谋害，及官中之事，兴论亦凶，不分君子小人，皆主谋害之情也。

例如丙子日，卯将申时之占。他效此。

夫子畏午冲，直上穿心见未，未合午，乃助仇而为害也。阴阳不通，如水壅，如血涩，事阻滞，无终始。盖未为旺土，子为旺水，恃势而相害，故曰势家害。子加未，为官符，主官灾口舌。未加子，曰隔角病符，营谋阻滞，出入有灾。午丑卯辰，为少凌长害。午乘旺火，相凌丑之死金。卯乘旺木，相凌辰之死土也。丑加午，病事忧惊，夫妇异心，词讼竞争。午加丑，暗昧不明，机关干事，多半难成。卯加辰，虚事艰阻，蹭蹬而成空。辰加卯，抑郁不顺，事徒有虚名，求财争胜。寅巳申亥，为竞强进争害。寅加巳，丁马出入忧危，行止不定，求谋改动，退利进阻。巳加寅，天厕谩语忧疑，举事艰阻，动用艰辛，势不两立，各恃临官而相争害也。申加亥，先阻后得，头绪纷纭，必无终始。亥加申，图谋未遂，动静心慵，亦各恃临官斗竞，疾才争进而相害也。酉戌为鬼害。酉加戌，丁马亡神病符，阴小不利，逃亡病凶，谋望难凭。戌加酉，暗中阻隔，占病凶笃阴昧，讼及私谋不利。盖戌怀死火，害酉生金，此鬼魅相害也。酉

---

① 唯值日能实其破，后时能补其过。若克日辰，吉不吉，凶愈凶。

② 夫夺吾所好曰害，相合曰好，相冲曰夺，相恶曰害，冲吾之好，夺吾之好也，故恶之而相与为害。有相生之害，心恶而面好，匿怨而友其人。有相克之害，我强彼弱，志相恶，力不瞻，非心服，所以不及冲之甚也。

挟败水，害戌墓火，为鬼为蜮云[①]。

害者，直也，长也。申亥为直源长塘，酉戌为直冈直岭，子未为直溪直塘，丑午为直桥直阬。

救神章四十七

凡日辰不宜见鬼，鬼宜远，故遇鬼则宜有救，救宜近，救近而鬼远，则吉。如救神道远，则不及也。或传中有救，或日上先有救，则凶转为吉，鬼化为财已。

救神，子孙也，父母次之。父母泄鬼气，子孙制鬼恶。

三才章四十八

一天时。四时之气，得时者旺，将来者相，过去者休，旺气克者死，克旺气者囚。

二地利。天上之神，所加临之地，不陷于空，不受于克，而得助得党，是得地利也。

三人事。日为己身，为我，为占者，三传为他，为人，为事情，支辰亦如之。地下曰体，天上曰用，皆为我也。故我去托人谒人干人，则干为我，支为他也。

内外章四十九 [出入]

日为外，日阴亦为外。辰为内，辰阴亦为内。自内传外则出，自外传内则入，内外分而出入明矣。

存亡章五十

生旺为存，死墓为亡。如占行人久出，以其人行年临四季为亡，四孟为存。问人

① 寅畏申，直上见巳，巳合申。辰畏戌，俯视卯，卯合戌。申畏寅，直下见亥，亥合寅。戌畏辰，仰视酉，酉合辰。午畏子，直下穿心见丑，丑合子。故皆助仇而相害也。

不知存亡，视白虎克辰上则亡，不克则存。

男女章五十一

纯阳男，纯阴女。一阴二阳男，一阳二阴女。阳极女，阴极男。阳包阴女，阴包阳男。若阳神临阳位男，阴神临阴位女。更不比，看贵神，贵青朱勾虎武是阳将，阳将男，后阴合空常蛇是阴将，阴将女。胎孕同占[①]。

老少章五十二

孟神为少，仲神为壮，季神为老，看所临地上。又看有气为少壮，无气为老迈。

亲疏章五十三

合为亲，不合为疏。日与辰合，自然相胥，不可分为二岐。盖日是人，辰是宅，人岂有身而无栖所者哉？故知三传中但有与支相合者，便是我之亲也。

贵贱章五十四

凡旺气而贱神乘之，人虽贱而可敬畏。若衰气而贵神乘之，虽贵亦陋。旺气为贵，衰气为贱。天乙为贵，螣蛇为贱，太常为品，太岁为至尊，月建为台省之属，皆旺气也。然得地为贵，其败绝空亡皆为贱。贵人坐印，甲以丑为贵，加申见壬申为坐印，是有禄之人。

丑土长生在申，生我者为印也，故丑加申，在甲庚日为坐印。他效此。

又甲子以辛未为贵，未加辰见戊辰为印，戊土生辛克甲，是有禄之人来害我也。

此节以干生干为印，戊生辛干，故辛以戊为印，辛官得印，故为有禄之人。余干效此。

---

① 武蛇二将，一本互换。

鬼干坐绝，贫贱害我。

例如庚寅日，时遁丙戌，戌临亥，火鬼绝地，是贫贱之人，以丙克庚，非来相害乎？他效此。

新旧高下章五十五

旺为新，衰为旧。以日辰论，日旺相，辰休囚，则新旧相半。

日上神发用为高，辰上神发用为低。占讼在高则吊，在低则驳。失物在日阴阳发用在高处，在辰阴阳发用藏低处。

人物章五十六

干为人主动，支为物主静。为财带刃，为血物。空亡为动物[①]。

人情有壮，男女贵贱老幼，人之色目也。歌曰：子渔子息稍奢乐，丑贤长者舅僧尼。寅儒道士胥祝吏，卯术沙门长子宜。魁侩牙保凶顽众，将军五马共辰推。干匠宾朋工作巳，妇女宫娥午鹿儿。故旧亲戚姑姨未，酒匠笼鹰未亦司。医道猎师作麦者，市贾铺递并申持。金玉匠婢少女酉，军戍仆从犬戌支。裴塑造楼栏厕宅，更为幼子亥无疑。

物亦有情，新故多寡美恶重轻，物之色目也。歌曰：水桶盆盂缸瓮子，帽巾带斗尽寻牛。椅桌荐席并散器，筋匙挑笔是寅留。枕屏帐笼箱门户，竹木器具及车舟。鼓乐笙箫琴瑟笛，阶梯枷杻卯中求。砖瓦石栏并廨械，壁墙亭院与辰侔。臼灶釜锅窑鼎巳，床橱柜画午钳收。奁具浴盆酒器未，金银铜铁作申俦。珠玉镜钱刃问酉，铁鉏锥剑戌堪搜。槽[②]阁圈栏东厕亥，十二宫中物类周。

人事章五十七

日为人，辰为事，发用则其所主之事也。子妇女淫泆逃亡盗贼悲泣。丑举荐谒见

① 或曰无物。

② 一作楼。

车牛田宅仓库。寅文章征召棺椁诚信。卯行[①]行水陆舟车私门棺椁。辰欺诈战斗杀伐疾病死丧。巳赏赐炉灶管籥非横。午宫室道路文书口舌音信诚实。未婚姻羊酒祭祷井泉田庐。申刀兵道路冤仇市贾边远死丧。酉中女婚姻妾婢私门口舌。戌奴仆诳诈印绶。亥天门秽厕忧溺等事。

情状章五十八

干为外饰，将为头首，神为身材，以看其类。

一论形。卯瘦而长，辰颧高耳厚，巳瘦长，午为斜视方长，未小短，申酉白而须黄，亥肥腴黑。甲己合，眼斜也。乙庚合，包牙也。丙辛合，面黄黑。丁壬合，轻媚态。戊癸合，唇掀口大也。

二论色。亥子色黑，寅卯青，申酉白，巳午赤，辰青黄，丑黄赤，未赤黄，戌黄白。

以天将合论形色。天乙丑小骨露，面厚而清。螣蛇小敧尖头，目面赤。朱雀面尖身轻。六合色身长品清。勾陈丰肥，眼大睛黄，唇轻面丑。青龙好须鬓，神清腮赤，眉目分明。天空老大，冷面头黄。白虎眼圆项短，额阔形肥，发短鬓稀。太常身大面圆，额广肉腻肥香润。元武面小目斜，身肥色黑形丑。太阴骨细，声清肌腻。天后清疏美好。

三论性情。天乙严重。螣蛇贱而狡。朱雀轻而躁。六合慢善。勾陈钝凶。青龙文雅淳美。天空诈。白虎恶，有威势。太常典雅淳厚。太阴阴柔而妒媚。天后不妒而美好，逢恶神则淫泆。

四论外装衣饰。则看遁甲之干。甲青，庚白，丙赤，壬黑，戊黄，乙碧，丁紫，己绛，辛栗，癸绿[②]。

通神章[③]五十九

《玉枢经》曰：亥为上人，亥属乾，乾为天，故为上人。如天乙或太常临此，亦为上人。占病必在头目也。子为众人，子乃北阴之地，故为众人。如蛇虎临此，亦主众

① 疑作竹。
② 栗一作缥。
③ 占用遁干人品等事。

人惊损。或虎有气，必背面生疮及肾疾也。丑为凶人，丑属金墓，故作凶人。如天乙受制，或虎克日，主凶徒为害，必远游有灾难也。寅为吏人，寅为木之掌地及吏人也。若天乙临式[①]发用见之，主官吏之忧。若虎临，则有肋胀病也。卯为客人，卯为二八之淫路，乃曰客人。青龙临，或六合克日，主外有讼。或虎临，主小口之灾。辰为狱人，辰为集众之地，为狱人也。如蛇雀勾临克日，主有禁人扳惹，乃牢狱事。巳为奴人，巳为金生水绝之地，故为奴。如天后太阴临，或临无气受制，主有奴害之扰、心腹之疾。午为下人，午为南离火旺地，乃下人也。如天后太阴临克日并刑者，主有妇人计构之忧，及扰害之象也。未为野人，未属都野之地，乃野人也。如太阴元武并凶煞发用，或日衰，主外鬼来侵，及小口灾。申为小人，申乃木绝之地故也。加元武，或空亡临，小人为怨，并见血光之灾。或落空，只主逃亡之事耳。酉为家人，酉为户之匡也。如太阴勾陈临，主有官忧讼，及家人计搆，小口死伤，带凶煞尤的。戌为贼人，戌为众绝之地故也。如螣蛇太阴天后无气落空临之，并堕马，主在外逢贼害。见白虎，为徒囚屠人。

食物章六十

歌曰：子心鼠燕是荤腥，丑蟹龟鱼牛鳖真。寅虎猫鼪鸡果木，卯兔狐驴骡取陈。辰为盐鲞鱼龙物，蚓蟮蝉蛇巳最亲。蚕马鹿獐禽雀午，未鸠鸽雁酒羊鹰。申猴猿猱鹏鹅隼，鸡鸟雉鸭鲊酉因。豺犬狼獒须看戌，猪豕熊貐筵亥云。

方所章六十一

亥子为江湖，寅卯为山林，丑为田园，未为井，午为市，巳为窑灶，戌为营，辰为衙庭，酉为城。其于宅也，子为房，丑为壁亭园，寅为过路，卯酉为门，辰为积壤墙垣，巳为厨灶，午为正堂，未为田园井，申为过路[②]，戌为浴堂，亥为厕为水沟。上下交相取之，如丑加亥为桥，未加亥为井，亥寅为楼台，此其例也。盗逃从内，责武三传，刚中柔末，逃者匿焉。

例如占盗，从内视向，自家起里数，视其去向。以元武用神为方，中传为去处之

① 元作临武，则天乙宜作太乙。

② 寅左前，申右后。

所，末传为所止之地。详载占林捕盗章。又逃者初出门外，刚责中传，柔责末传，以为止处。

幽明章六十二

幽则为鬼神，明则为人物。夜则为幽，昼则为明。死神死气，幽也。生我则为亨通，命当然也；克我则为鬼侮，造化戏人。为疾病，为忧害。若生气长生，明也。生我则人来辅我，克我则盗讼相侵也。

鬼神章六十三

旺则为神，衰则为鬼。天乙为神，加刑冲破害，是猛神恶鬼也。金主刑死，水主溺死，木缢，土疫，火热死者。合则为亲，家鬼戚鬼。不合为疏，外神祟鬼也。其鬼方所，责鬼坐地上辰。

例如申为鬼，七月为金神，为岳神，西镇。五月为嗽鬼，火克之也。加刑为斩鬼。

他效此。方所者，例如申鬼，申上酉，为西方鬼。效推[①]。

神用章六十四

太岁，阳年天上神为，阴年地冲者神。月建，天上神。辰阳神，天上神，辰阴神，地下冲者神。行年地盘上神，贵神坐孟责季，坐仲责孟，坐季责仲，皆责天上神也。合冲神，甲未，乙申，丙戌，丁亥，戊丑，己寅，庚辰，辛巳，壬未，癸巳，皆取所冲天上神也。

始终章六十五

三传分事类之初中末，专以日干分生克，然而有正有变，将神生克为正论，初建复建为变法。又煞之吉凶，随神而变，将之休咎，逐类而迁。此正论中之玄关也。

传如初鬼中印末财，便是始事多阻，中而有助，末路能得也。他效此。更于六亲

---

① 鬼神，生有所好，死有所因，成有所司，其性情职掌宜考也。粤若稽古典三礼者，郊天神、社地祇、祀人鬼也。祭非其主不尸，鬼非其类不享，无越祭，无渎祀也。怠乎后世以为有神有祟而祷祈降福诅盟致灾而鬼神繁兴矣。第不知吉有神相，凶有鬼凭，内史稗记昭昭也。夫天神地祇人鬼，象而像之，不外二仪四象五行八卦六神星煞，位其上下，度其有无而已。尔乃索其性，生前所好也。索其司，上帝命掌也。索其以何因缘而成阴阳神鬼也。又当因地因人因事因时而考之，故鬼神属木，则文神及依山附木之妖，神则东岳家堂山神树神园神九良五圣茶筵三茅九天鲁班花神三郎道君文昌南木神及方隅凭依山林树木器皿以成神者。鬼则生前陶情花柳，立业桑麻，或亡于笞杖、树木之下，丧于捆缚疯癫。凡司栽植伐者，皆木也。官鬼属火，则火神及生育雷电之司。神则离神电神南斗火雷韦驮元坛华光五福五显三煞灶神旗纛炉神炮神香火南堂利市生育神及由火成神者，鬼则生为炉治，死于烈焰疮痍血刃胎产。凡司鼎釜孕育者皆火也。官鬼属土，则土神及山川社稷之司。神则地祇太岁城隍社稷土神庙神宅神伽蓝皮场当境本家土地及由地方功绩为神者。鬼则生前土技农耕，死于瘟疫脾胃土石之难。凡司动作者皆土也，而惟香火显于东南，东南土薄，是多土曹之号，西北土厚，惟知有地祇，无所祷也。盖土部圣号神灵，曹名非一，曰飞游作犯，曰斫伐坟墓，曰坑厮金神，曰吟神，曰伏尸，曰螣蛇，曰白虎，曰勾神动，曰金神七煞天曹土。故曰因人因地因事因时通变多端云。官鬼属金，则武神如天将关帝伍公岳王玄坛总管七煞金刚伤司丧煞方隅元帅将军金甲神及威武斗勇成神者。鬼则生前好勇或亡于干戈锋镝之下，病丧于喉肺利义，以金类成鬼而能有善上帝，命司西方，权秋令，主兵事也。官鬼属水则河海江神，如普陀真武云台北斗海神龙王河神大王杨将施相天妃晏公祠山周王汪公水母水圣井神池神湘妃小姑水伤神及由水成神者。鬼则生前谋利于水或亡于江海风涛汤滷及病丧于腰肾茶酒。凡司河泊舟楫者，皆水也。要之，神为佑，鬼为祟，灾病之来多因自孽，若不洗心悔过以除孽本，徒聚巫陈牲以媚鬼神，未必享也。况且炰杀生命以祈我之命，是重其孽也。故曰祭祀莫善于解禳，解禳莫善于修身云。◎祀亥子天将斗神可祷地方元武强梁之神，盗贼之凶，河井之亡，妓女之魂也。祀巳午火德财神可祷司词讼、纠善恶、掌交易、主生杀、狩端门，权中馈言语，于天曹囹圄之妄鬼也。寅卯祝树神东岳喜庆才利之神，东方圣贤文班帅相桃李妖胎产鬼也。申酉禳佛氏丧车金甲神，丧服祟，兵凶虎伥娼妓血鬼也。辰戌为处处之土神，丑未为家家之土鬼，司禾黍，主稷社工巧之亡，跌蹼之鬼，妖邪怪异绳结惊狂之祟也。太阴月德受福于王母，太阳天德赖佑于上天云。

变化中细推，将五要参透，则天时地利，人物贵贱，虚实迟速，燎如矣。每时要分一二段，中末大体既定。圆变在人，而发用者，为事之始，用岁月旬时节候，备载克应章中。

例如十一月十五日冬至，十五至十九为初候，二十至廿四为中候，廿五至廿九为末候，以其在候内，故分五断。他效此。

用墓，主事缓、病死、物在、人至。用马，动用官挠。用刑，害阻。用印，相望。用妻，问利。用泄，子孙之事。用同类，朋友弟兄之事。凡占动求谋望，见马，以马临处为方，无马，以用神加处为方。何凶何吉，何去何从，以神将决之，发端特所猜也。课以旬首为始，旬尾为终，传以用神为始，末传为终。

一字章六十六

木神加木，主木器文书成夥[1]事。火神加火，主忧女子口舌，或田宅及县官事。土神加土，主争田园杂色移动，占田宅事。金神加金，主迁移事。水神加水，主争财事、鳏寡事。木神入金，主女子征召财帛口舌。木神入土，主牢狱事相伤。火神入水，主惊恐财物、六畜失亡、女子口舌事。火神入金，主两男争女之事，口舌淫邪囚系。土神入木，主女子财帛口舌斗争。土神入水[2]，主斗讼、财帛失，兼有患人。金神入火，主两女争男，口舌相争，财物欺诈。金神入木[3]，主县官事，或斗讼相连。水神入火，主惊恐不宁，斗讼牵惹。水神入土，主失财物，家有病人事。

假令正月甲申日，亥将子时，三传子亥戌。子加丑为用，是水神入土，主失财物，及家有病人也。他效此。一以神论，论发用。一以将论，论相加。

否泰章六十七

日辰被克，斗罡临逼。时时回遹，凶将在传。墓神加日，年犯鬼乡。哭不解释，当此之时。有凶无吉，否也。

用起旺相，日辰吉会。吉将加临，天乙顺理。占时相生，行年有气。鬼有救神，

① 一作县。
② 原作火。
③ 原作土。

刻下顺意。最吉传生，用木终水。用禄高轩，逢之为美。泰也。

文字阴神章六十八

斗讼文字，责勾陈之阴神。婚姻交易和合文字，责六合之阴神。钱财喜庆文字，责青龙之阴神。口舌相争文字，责朱雀之阴神。

占义章六十九

甲申十二课，日辰上下个个相冲，显无和气，人情乖背，不可用事。庚寅癸未己丑丁丑日如之。对神隔将为用，事皆无有能成者，主人情不叶。子加戌为用，未尝有吉者，谓神后入奴仆宫也。反吟无克为不入，大不吉也，较之寻常反吟尤甚。占婚不宜见伏吟，虽有吉将亦不美，后必离异，否或望门鳏寡。午加申谓之反常，其理甚当，虽有龙常不能为福也，只利求官。申加午谓之来神，占人望信定至，亦主迁改事。天罡加卯，是关格，有青龙，则木能制土，谓之破关课，反凶成吉，先阻后通。若不乘龙，主人情不和，而阻隔不来。春夏占得，事犹宜再干，秋冬得此，不可用也。伏吟课，末传克日，宜占行人，主来，日辰皆无克，不来。甲戊庚癸日为主。凡看官鬼，如丙以癸为官，谓亥也。癸禄在子，子亦不可为鬼。求官文字，百发百中。如占病，则为鬼矣。凡天罡有为小人所陷，或有信愿未还，旧愁新愁，两两相缠。占动，岁马月马日马不入传，不动也。课传不临四旺之乡，亦不动也。占产但看生旺，子母保全，母看天后，子看六合。如四孟发用，谓之恋生，延月未生。传见阴神生女，阳神生男。若克辰，则主难产。占婚六合不乘空，可议亲。天后乘天罡，其性恶。巳亥下乘阳神，貌肥满；乘阴神，形清瘦。乘官带吉将，出身于名门贵族。乘桃花沐浴，则主淫乱。占得三合六合者，婚必成。若逢刑破，及四孟天地返伏，不宜成，成之亦不久见离。占文书，朱雀入空，或无气，临亥子位，必有失也。乘天驿二马，则元吉。占财，朱雀入传，难指望也。元武入传，有失脱也。天空入传，虚诈不得。乘青龙而旺顺则得。传财归墓，稳得无疑矣。若见天空空亡，永失之耳。占入新宅，螣白入传，魁罡卯酉加临宅神，不吉。丧吊入传带白虎，主有死亡。占买田宅，空武入传，事有重叠，终于不吉。青龙入墓，中有暗昧。占身世，天后月厌，小人亏算，拂乱所为。太阴入课，自身沾滞，百为蹭蹬。蛇虎传用，服药之咎。占妇人，三传日辰内无天后，亦视天后

之加临，太阴其副贰也，观之则洞晰其始终之情矣。占文字，寻朱雀。占讼狱，察勾陈。占子孙，搜六合。占财帛，望青龙。访贤求才，亦考青龙。外戚私匿，则审太阴。盗贼，索元武。小辈，觑天空。贵人长吏，须推大吉。若问父母，太常为主，小吉辅观。如临空亡，与子为六害，定主孤寒。占父则无母，占母则无父，不然则远出也。凡太岁天德同宫，上见青龙，龙德课也，主有恩赦到。凡第二课发用，主隔手求事。用神龙合，主有送酒食至，或筵会相招，饮食相投之美。大抵占吉事，青龙与日辰比者真，不比者伪而凶。占凶事，白虎与日辰比者实，不比者虚而吉。

占忌章七十

常人占数，忌鬼及蛇虎勾空并临年命。仕人问课，忌见无禄子孙爻入传。僧道忌占月厌。妻占夫，忌日上见恶煞，青龙受克，官爻空陷。夫占妻，忌财爻天后入墓空亡，兄弟爻入传。父占子，忌父母爻临日入传发用，亥子入传空陷，六合受克，或空或陷。占身忌支上鬼贼，发用克日上神，主无父，克支上神，主丧母，不然则带疾。盖占事皆有喜忌，此特取其要者，以备亲览焉。

右七十条，俱备详《内传》十册中，此复聚而总结，故曰《外传》。

壬科取象疏解［取象二十科］

双桂居士徐善著　汇水壬隐周鹂考

五行章第一[①]

一曰体。水火木金土之体也。

天一生水，地六成之，亥子主江河。地二生火，天七成之，巳午无定体，故无专象。天三生木，地八成之，寅卯主林木。地四生金，天九成之，申酉主金铁。天五生土，地十成之，丑辰未戌，主土地田野。

二曰用。水之用，任载，濡泽，流涤，其凶为漂溺。火之用，烹饪、烛照、炉冶，

① 其象有七。

其凶为燔烧。木之用，舟车、栋梁、器皿，其凶为棺椁。金之用，器币、斫削、饰玩，其凶为斩杀。土之用，宅库、树艺、陶埴，其凶为狱墓。

壬为漕。子为雨。亥为雨，为溺死。巳为灶，为烛，为炉。午为晴。寅为栋梁。卯为舟车。酉为镜，为金钱。申为刀剑，斩伐。辰为砖。丑为壁。戌陇。未野。

三曰德。水之德，柔下冷湿，其于人也和顺。亥为阴冷。火之德，明上热燥，其于人也文明而多动。木之德，疏扬，其于人也聪敏，其气动而为风。金之德，刚坚革，其于人也果断，其于物也，为石为骨，其气离革变革。土之德，厚重，其于人也亦然。

四曰情。水之情贪狼，火之情廉贞，木之情阴贼，金之情宽大，土之情二，上奸私，下公正。

上谓辰未，下谓戌丑。

五曰形。水润下，无定形。火炎上，形中虚锐。木曲直，形长直。金从革，形方薄。土之形圆厚，其德稼穑。

六曰色。水之色黑，火之色赤，木之色青，金之色白，土之色黄。

七曰味。水润下作咸，火炎上作苦，木曲直作酸，金从革作辛，土稼穑作甘。

凡此七者，纵横相该，近取诸身，则为五藏六府百体性情形貌疾病事业，远取诸物，则为八穀百货五材万物器用人事，其品靡不体之而不遗。故盈天地间，五物最大[①]。

阴阳章次二[②]

一曰卦气。自子至巳为乾六爻，自午至亥为坤六爻。曰卦气，子为小儿，为浴盆。午为少妇。亥为老阴。巳为老阳。子午为道路，为监司、使君、亭长、行人。亥为管，为阴关，为狱，为溺。巳为盒。

邵先生以六位起年，亥为六十阴人，戌五十，酉四十，申三十，未二十，午一十。阳为男子同，子一十，丑二十，寅三十，卯四十，辰五十，巳六十。

二曰明暗。自卯至申属旦，自酉至寅属夜。寅为鬼门，申为人门。酉亥子并为阴

① 五类之象有五：令位色形性也。一阳之生，令司冬至，位列北方，壬之半也，坎之体，水之象，色黑，形湿，其性乃寒。阴阳相□，令司春分，卯之正也，位居东方，震之用，木之属也，色苍，形润，其性乃温。一阴之生，令司夏至，午之半也，位列南方，离之体，火之属也，色赤，形燥，其性乃热。天地相收，令司秋分，酉之中也，位居西方，兑之用，金之属也，色白，形槁，其性乃凉。其亥寅巳申，类从其属。丑辰未戌，出类分属。是以令司四季位中央而寄四维，土所以为万物之本也，色黄，形安，性平。

② 其象有三。

私，盖取诸明暗也。

子寅辰午申戌为阳，丑亥酉未巳卯为阴。

三曰奇偶。五行之类，阳生阴死，阳新阴旧。盖取诸奇偶也。分隶物品。

天象章次三[①]

一曰三垣。子为紫微宫，又为玉堂，丑为明堂，亥为玄穹宫，又为绛宫，又为绛帐。六合为天门，卯为市井，巳为太乙，子为华盖、轩辕，为上公。盖取诸三垣也。

紫微在亥，天市在卯，少微在巳午。华盖，紫微垣星。轩辕，太微垣星。

二曰列宿。房为轩车。箕曰风门。南斗为斗，又为荐贤。牛为关梁，为畜。须女为采女。危为盖屋[②]。室为楼台，为庾廪。奎为书会。娄为畜，为集众。毕为田猎，为边城。参为杀伐，为井贾。觜觿为师旅。井为井。鬼为鬼。七星为性急。星为员官，如物在喉咙必吐也。翼为客，为乐府，为飞鸟。轸为丧车。凡此取诸列宿也。

三曰群星。哭泣为哭泣。坟墓为坟墓。摄提为右目。天厨为饮食。五车为税。阁道为阁。溷为溷。华盖为高盖。狼狐为劫殺。霹雳为霹雳，丁亥是也。人星为浴盆。虚梁为鬼神。扶筐为女工。河鼓为将军。鳖为鳖。田为田。凡此取诸群星也。

虚梁下五星，序次在摄提之上。

四曰北斗。天罡有网罗、冲破、标指、刑殺四义。天魁副为盖焉。此取诸北斗也。

五曰七政。卯酉为门，日月五星所出入。取诸物，则东西门，内外[③]门。取诸身，则为腰间，以赤道之腰也。卯之将为六合，酉之将为太阴，详见二将论。取乎日月也，戌为德合，合乎日也，午为荧惑煞，取乎火也。凡此皆取诸七政也。

六曰云汉。寅为天梁，丑为桥梁，卯为江河，盖取诸河汉也。

地象章次四

大地之象，西北高山，东南大海，百川发源，始于金方，壬象取焉，故亥为天门，巳为地户，辰为海，亥为天柱，酉为九江。其在人身，则亥为头，巳为面，人身，小

---

① 其象有六。

② 子二上。

③ 前后。

天地也。其在宅舍，则子为房，午为堂，丑为室阁，亥为楼台，巳为店，辰为水窗低处，戌为垒土高处，一物一太极也。

八卦章次五[①]

一曰先天卦位。丑为母，为腹，为产神，为舆，为地祇，坤也。巳为口，为赏赐，为解散，为骂詈，兑也。酉为血，坎为血卦也。戌为奴，艮为阉寺也。凡此皆取诸先天也。

二曰后天卦位。亥为天头，乾也。酉为水泽，为恩泽，为赏赐，为解散，为少女，为妾，兑也。午为兵，为目，为心，为中虚器，为电，离也。巳为风，为店，为利市三倍，巽也。卯为雷，为长子，为苍筤竹，为萑苇，震也。寅为山岳，艮也。子为耳，为沟渎，为隐伏，为盗，坎也。丑为石，艮为小石也。凡此取诸后天也。

禽属章次六[②]

一曰本属禽，谓十二肖也。

二曰宿禽，谓二十八宿禽星也。

三曰隐禽，谓八属也。备载要旨三十六禽章，不赘录[③]。

字文章次七[④]

一曰字义。亥为孩，子为子，卯为门，未为味，酉为酒，古人八月常醉，取字之义也。六合为媒，天空为雩，为声，太常为父母，勾陈为勾连、勾追，为虚勾。

二曰字音。巳为嗣，申为身，辰为娠，丑为九丑，取字之音也。

三曰字形。巳为弓，为弩，申为针，为箭，为刺，主刺面，取字之形也。

子空为帽笠裹头，辛亦为针，丁为独脚物。效推。

---

① 其象有二。

② 其象有三。

③ 鼋鲤狸豺蟮鹰猱熊。

④ 其象有三。

神名章次八

辰各有神，神各有名，其命名也，以德。壬象取焉，申名传送，故为道路。寅为功曹，故为吏人。卯名太冲，故为行往。戌为天魁，故为集众。辰为天罡，故为囚狱，又名天刚，故为恶人。酉名从魁，故为亚魁。

宫名章次九

宫之有名，不知其何然也。壬精取焉，巳曰双女，亥曰双鱼，主有二事。又管辂云：巳为女，亥为鱼，戌曰白，戌为雪故也。

藏干章次十[①]

一曰杂干，二曰寄干。寅为火炬，以藏丙也。申为湖池，以藏壬也。未为争，戌为印模，以藏丁也。丑为水田，辰为陂池，以藏癸也。巳未俱为两姓人。以巳寄丙戊，未寄丁己，俱藏二干故也。

天将章次十一

天将各有家，类因取焉。亥为溺死，以元武也。戌为奴，以天空也。申为丧，以白虎也。未为礼仪，为长上，为衣裳，以太常也。午为通语，以朱雀也。巳为非横小人，以塍蛇也。辰为争斗，以勾陈也。卯为兄弟，为妇人，以六合也。丑为贵人召，以天乙也。太阴、从魁、天后、神后，不相取者，取以其有贵贱尊卑之别也。六合为女色。

---

① 其象有二。

合取章次十二

合者，合二物之义以成一物也。若亥为高处，又为营室，合为楼台。亥为稻，室为盖藏，合为廪。午为蚕，又为妇人，合为蚕姑。朱雀口舌，午阴阳相遇，合为通语，通语，译者也。午为堂，又为路，合为巷。翼为客，轸为丧，合为吊客。丑为牛，又为田，合为犁。寅为木，又为鬼门，合为祭器，为树神。此族尤多，取此以引端焉。

邻取章次十三[①]

一曰同方。亥子丑，皆北方也，紫宫在此，盖为三堂。巳午未，皆南方也，故巳午为妇人，未亦为眷属。申酉戌，皆西方也，申酉为刀，戌亦为剑锋。寅卯辰，皆东方也，寅卯为木，辰寄乙干，取是为同方也。

二曰界相杂。戌亥俱高，以天门在戌亥间也。辰巳俱低，以地户在辰巳间也。亥为楼，戌为角，角道绝汉抵营室也。酉为边郡，申为边城，以天街在申酉间也。丑子相邻，子为房，丑亦为室。亥子相邻，子为悲，亥亦为哀。子为阴脏，亥亦为阴囊。阴脏者，肾也。戌亥邻也，亥为溷厕，戌遂为浴堂。寅卯邻也，卯为舟，寅遂为橹，是曰界相杂。

对取章次十四[②]

一曰反。亥为管，巳即为籥。亥为头，巳即为面。亥为天头，巳即为地足。卯为前门，酉即为后门。寅为道，申即为僧。辰为罗为牢，戌即为网为狱。此相反也。

二曰从。辰为天罗，戌为地网。酉为刀，卯为砧。午为使君，子为监司。午为堂，子为房。寅为黄冠，申为缁衣。寅为神，申为佛。辰戌并为恶人，并为奴隶，并为军徒，并为欺诈，并为锹镬。此相从也。

---

① 其象有二。

② 其象有二。

三合取章次十五

五行异方，类各相从。从者何？申为湖为塘，子为江为漕，辰为池为水缸，皆水之属也。辰乃水墓，故又为陂以贮水，会成水局。寅午为诚信，戌为合德，皆火之精也，会成火局。亥卯为阴贼，未为奸邪，皆木之情也。亥卯与未[①]皆为风病，象木之气也，会成木局。巳酉为解散，丑为冤，皆金寒离革性也。巳酉与丑，皆为赏赐宽大，象金之奢也，会为金局。是取诸三合。

四方取章次十六

五行各生于孟，旺于仲，墓于季，寅为长生之首，故为道士，道在是矣。子为沐浴之首，故为浴盆。丑为暗金之首，故为宽。四季皆为墓，故为狱，为老人，以暮年也。四仲为关为格，以当旺壮，前远始生，后近衰墓，故不释然也。魁罡加之，关格象也。射覆辨物，以四孟为圆，为始，为已过。以四仲为方，为塑画，为当时。以四季为尖碎，为死，为未来。凡此取诸四方也。

借取章次十七[②]

一曰借邻。天谗主医，酉宫星也，而申为医。七星主衣裳文绣，午宫星也，而未主衣服。柳味在午，而未为争讼。巽为风，而先天在申，而未为风师。震为龙，龙司雨，而先天在寅，而丑为雨师。是借义于旁宫者也。

二曰谐音析字。丑中有斗木獬，遂借为獬，獬为丑宫暗禽。未中有井木犴，遂借为雁，雁亦未宫暗禽。卯为私门，遂借为沙门。巳中有翼宿，遂借翼头为雪。卯为轳，遂借为驴。此所谓谐音析字也。

---

① 原作寅。

② 其象有二。

推取章次十八[1]

一曰推之同类。辰为鱼，推之水族。辰为海，推之盐。巳为蚓，推之蛇。午为鹿，推之麋。申为猿，推之猱。酉为鸡，推之鸭。未为雁，推之鸠鸽鹊。午为马，推之蚕，原蚕盛而边马衰，周礼禁原蚕，蚕，马首，气类通也。丑为牛，推之犀。酉为酒，醋酱酢。申为医，推之药。巳为灶，推之锅。卯为门，推之窗牖。卯为床，推之帐。未为眷属，推之姑姊妹。丑为僧，推之尼。凡此皆推之同类者也。

二曰取之他类。可以物器推诸人，可以人物推诸宫室，可以器物相推，可以物推诸人身，可以人事推诸鬼神。巳为灶，因为庖丁。寅为庙，因为巫祝。子为江湖，因为渔人。未为酒筵，因为百戏乐官。未为鹰，因为笼鹰人。午为马，因为兽医，为御马人。丑为牛，因为牛贩。是以物器而推诸人也。戌为军，因为营砦。申为僧，因为寺院。戌为犬，因为犬窝。亥为猪，因为猪圈。是以人物推诸宫室也。巳为弩，因为穿甲。卯为兔，因为格兔。申为麦，因为磨。卯为车，因为驴骡。是以器物相推也。若夫以物推诸人者，若辰为龙，推其身绣龙文。酉为雉，推其而生雀斑。未为羊，推其必羊目也。至于以人事而推诸鬼神者，子为紫宫，推及上帝，又为阴私，推及淫祀。寅为稷，推及稷神。午为土公，推及社神。酉为淫邪，因作虹霓，推及五通神。午为善人，推及家庙。若卯门，若辰狱，若巳灶，未井，若申路，亥厕，各为其所司之神鬼也。凡此皆推之他类者也。

转取章次十九

类不相蒙，意相代嬗。钜细远近，匪夷所思耳。未本为服，转为孝服，且由孝服而转为白头，抑转为雪。酉本为泽，水泽也，转为恩泽，由恩泽而转为赏赐。酉为内门，为宽大，乃由内门而转为女子之阴，复由宽大而转为女非处子。寅本为虎，虎有斑文，转为斑点，由是而转杂色。古之人有言曰：稼穑艰难，课得稼穑，转为艰难，若是者为转取。

---

① 其象有二。

造字章次二十终[①]

前云字取，取字之义，与其音其形也。此云造字，复因义立字也。

一曰偏旁。子亥为点水。寅卯为立木。寅为宀头，又为佳字。卯为草头丝旁，又为卩阝[②]旁。辰为山，土头旁，又为厂阝[③]字。巳为大火，又弓旁，又巳字，又者字[④]，申金旁，立人，走脚。酉金酉鸟旁。申刀刂旁。酉口旁，又彳旁。戌犬、豸旁。午马、火旁。未羊旁、常头。丑田畔、牛旁。戌戈旁、空头。凡此皆偏旁也。夫申之走脚，以道路神言也。酉之口，以酉属兑也。

二曰全字。日月、列宿、禽属、八卦、分野、神名、宫名、藏干，皆可取全焉。他若巳为卢，炉之省也。未为杨，羊之转也。子为泥，坎为穴也。卯为陈，以东门也。亥为殳，乾为殳也。秋金为鞠，以秋花也。此犹义之近者，触类而长之，有法所不能束者焉。旧以此法转推姓字，然诸书更以巳酉相加为配字，主刺配，不利占讼。丑未相加为魁字，以丑中有斗宿，未中有鬼宿，相合也，利考试。邵公又以酉亥丑相传为润字，亥水、酉门、丑象王也。亥子丑相连为法字，水顺去也。己日戊并午未为粽字，戊与己同宗，午未未字，近米字也。七月朱雀加酉为酱，七月月将未离午，朱雀午也。或言地名，或言官名，或直取其物灵，推之诸占，亦无不可，遂列为科，科凡二十，为象四十有四云。

论月将别解

《经》曰："月将踰太阳，八节图数藏。阴阳生成合，过此落空亡。"《论》曰：日与月逢支之六合，而将乃贯气全质，所以云月将也。世人但看历数太阳过宫而换月将，则月建节令已过，将何从合？故詹事多不验。左慈曰：世人用将落空亡，太阳误认失西东。按：太阳每月在中气后，始易宫界，而与月建合，相去远矣，故曰落空亡也。然则取将之法，必须看本月节令之后，中气之前，视月建相合之日，便是月将出现之支。例仿河图阳支从生数，阴支从成数，如数超之而用月将，此真月将秘法也。

---

① 其象有二。◎已上二十条。庄子曰：有谓无谓，无谓有谓。孟浪之言，在随其机，而一用之。

② 音邑，原作乙。

③ 音阜，因勾陈也。

④ 且在亥猪旁也。

正月建寅，与月将登明合，视立春后几日见亥，亥子丑，北方水也，亥阴支也，从地六成之之数，即超六日用亥将。如待雨水后四日，太阳躔娵訾之次，始用亥将，则与寅月不合，必落空亡矣。余月同然。

二月建卯，与月将河魁合，视惊蛰后几日见戌，戌阳支，隶河图西宫金地四生金，即超四日用戌将。

三月建辰，与月将从魁合，视清明后几日见酉，酉阴金，仿天九成数，即超九日用酉将。

四月建巳，与月将传送合，视立夏后几日见申，申酉戌，西方金也，申阳支，仿地四生金之数，便超四日起申将。

五月建午，与月将小吉合，视芒种后几日见未，隶河图南宫数，未，阴支，从成数天七成之，便超七日起未将。

六月建未，与月将胜光合，视小暑后几日见午，午，阳，取地二生数，便超二日起午将。

七月建申，与月将巳太乙合，视立秋后几日见巳，巳午未，南宫火也，巳，阴支，仿天七成数，便超七日起巳将。

八月建酉，与月将天罡合，视白露后几日见辰，辰，阳支也，隶河图东宫天三生数，便超三日起辰将。

九月建戌，与月将太冲合，视寒露后几日见卯，卯，阴支也，仿地八成数，便超八日起卯将。

十月建亥，与月将功曹合，视立冬后几日见寅，寅，阳支也，天三生木，寅卯辰，东方木也，便超三日起寅将。

十一月建子，与月将大吉合，视大雪后几日见丑，丑为阴，隶河图北宫，水，地六成之，便超六日起丑将。

十二月建丑，与月将神后合，视小寒后几日见子，子为阳，仿天一生数，即从子日起子将①。

按《经》云："月将踰太阳。"踰，越也，法随月建合神超在太阳躔次过宫之前。太阳每月从中气后改易躔次，是以一宫兼两月之节令。

时王之之正朔，不可不从也。生今反古，裁及其身。此章宜商。

① 右论太过，以中气前建合换将，庶几近理，否则如建合在中十日前后，又加生成之数，将超过节矣。

论遁干

壬式之妙，静中取动，贵乎圆通，其机神已概见于课干矣。由是以取四课而定三传，支多而干少，其发挥阴阳之妙式，必以遁干为用。盖寅申巳亥，乃甲丙戊庚壬之禄也，故阳干寓焉，以德而就禄。卯午酉子，乃乙丁己辛癸之禄也，然阴干不敢专，退一位而以辰未戌丑为寄宫，故谓阴干以殺而行权。但子午卯酉，四方之正者，又为四极。正者，静也。正极则变，静极则动，变动之中，吉凶悔吝生焉，故遁干之妙肇于是也。

又按纳甲方位以原遁干之理。盖甲纳于乾，隶于震，以德就禄，遁于艮宫之寅。乙纳于坤，亦隶于震，以势趋才，遁于巽宫之辰。丙纳于艮，隶于离，以德就禄，遁于巽宫之巳。丁纳于兑，亦隶于离，以母附子，遁于坤宫之未。己纳于离，戊纳于坎，实无专位，以其受生于火，故戊从丙之禄，遁于巳，己附丁之位遁于未。庚纳于震，隶于兑，以德超禄，遁于坤宫之申。辛纳于巽，亦隶于兑，以子依父，遁于乾宫之戌。乾又纳壬，而隶于坎，以德就禄，还归乾宫之亥。坤重纳癸，亦隶于坎，韬光用鬼，遁于艮宫之丑。此十干错综变动，以为圆神之妙用。凡神将发用，莫不由于遁干，而其理徹矣。

大六壬通神扼要[①]

元象既陈，当审行年本命[②]。建干同日，进退依乎贵人[③]。四象建干日转[④]，三元干遁时寻[⑤]。流岁行年顺取[⑥]，战克眷别疏亲[⑦]。阳将阳神建阳干，阳比男人之象。阴

---

① 壬占五要。一本命行年，二类神，三日辰，四发用，五正时。考其类神，决以年命，参以正时，占无遗策矣。若遇空亡，所占最忌，惟宜散忧。而太岁本命月建月将，不以空论。至于正时值空，吉凶祸福，皆无凭也。而空亡又为五要中之枢纽，不可不察也。

② 本命上神起行年。

③ 行年上建干，如甲子日，行年午，贵顺建庚午，贵逆建戊午。类推。

④ 四象配干，照行年从日干，顺逆行取。

⑤ 如甲子时，则甲己还加甲是也。

⑥ 从天上出门行年，数至本年行得某处，为行年建干，如右。

⑦ 日干为自身，年命三元支课，皆眷属也。日克命上神，为日财临命吉，年命传克日干凶，即有旁神克鬼相救，为自战亦凶。

将阴神建阴干，阴比女子之身[①]。或比不比，神从可识[②]。

午将辛卯日癸巳时升阶。

　勾 青 空 白

　午 未 申 酉　　合朱阴玄　　父壬辰朱

合巳　　戌常　　巳辰子亥　　官癸巳合

朱辰　　亥玄　　辰卯亥辛　　官　午勾◎

　卯 寅 丑 子

　蛇 贵 后 阴

岁月纳干，肇由易体。命立世于主日，身立应于支宫。元运寻乎节候，升降命有阴阳。爻交象变，变不离宗。逢空体伏，伏空寓行。亲神得所者贵造，神将非位者孤贫。贵人禄马皆真，德合定非凡品。刑冲休废加身，孤寡死亡卑命。益者喜真，损者宜假[③]。

睽[④]

传变		三元	易象	易化
八十三岁丙寅交蹇	廿三岁交归妹	朱雀甲午———伏丙寅	己巳（岁日时德，岁禄时贵）	螣蛇
七十三岁丙子交渐	十三岁交履	六合癸巳—　—	己未（日时空）	勾陈
六十三岁丙戌交艮	三岁交损	勾陈壬辰———伏丙戌命世	己酉（日冲岁贵日禄）	朱雀
五十三交大有		朱雀癸巳—　—伏丙申空	丁丑（日墓岁合）	青龙
四十三岁交噬嗑		六合壬辰———伏丙午	丁卯（岁刑）	元武
三十三岁交未济		勾陈辛卯———伏丙辰身应	丁巳（岁日时德，时贵岁禄）	白虎

家宅审乎六事，眷属问乎六亲。贞咎兮有所[⑤]，怪变兮类分。否泰形乎所类，月将起于岁神[⑥]。应试兮文宗司命，行年龙雀求新。稽勋兮直符城吏，文武龙常职转。

---

① 六阳将临地盘阳宫，为男来相害。六阴将加地盘阴宫，为女人来相害。旺相者少壮，休废者老迈。

② 如天地盘阴阳不比，则以贵神比之。若午将辛卯日癸巳时，初元辰加卯不比，神得朱雀，阳午比天盘辰，用癸巳时遁，遁得丙辰，丙火克日建辛金，主东南方一男子口舌来害。中元巳加辰不比，神得六合属卯比天盘巳，遁值丁巳，虽癸水制丁，而火多水少，夫丙辰与辛日德合，夫妇相克，六合是阴，上下火克日干辛，主女人和合口舌。末元午加巳建丁巳，上下俱火，神得勾比，天盘阳午，因夫妇和合官事也。

③ 此三元化配易卦也。如丙子年辛卯月辛卯日癸巳时，三元辰巳午。纳干与月建同行，丙辛之岁起庚寅。初元得壬辰，壬甲从乾，见为九四单爻。中元癸巳，乙癸向坤，见为六五拆爻。末元甲午，见为上九单爻。辰下伏卯，日遁起戊子，初元伏神得辛卯，巽第六爻辛卯，见为初九单爻。又中元伏壬辰，见为九二单爻。末元伏癸巳，见为六三拆爻。体得离之睽卦。《纳干歌》曰：壬甲从乾乙癸坤，庚归震木巽加辛。己离戊坎丙加艮，惟有丁神属兑金。每三元地支，须寻应值某爻，配合以成卦，而穷达见于世命，故世与日干同，得失系于一身，故应于支神同。其大道论节不论气，阳男阴女，顺数三日为一岁，至未来节，成几岁行运；阴男阳女，逆数至已过节，亦三日为一岁，成几岁行运。十年一爻，从世上起，阳爻升上，阴爻降下。逢空体伏者，六甲阳空阳，阴空阴，值空亡，则取伏神，伏神又空，行到此限，寄于世应，有四柱冲起不空，并起不空，年命日不空也。六壬演易，不止评命，凡事皆然。

④ 天地睽而其事同也，男女睽而其志通也，万物睽而其事类也，睽之时用大矣哉。

⑤ 所，方所也，子，房之谓。

⑥ 以太岁上神起正月顺行以解休咎。

甲戌日亥将酉时比用登三天。

　空 白 常 玄
　未 申 酉 戌　　蛇后青合　　财庚辰合
青午　　亥阴　　寅子午辰　　子壬午青
勾巳　　子后　　子戌辰甲　　官　申白◎
　辰 卯 寅 丑
　合 朱 蛇 贵

天涯游子，年立知方。迁徙也刑克，止处也财良。日干如临死绝，年刑方害遭殃。卯酉为限，子午为期。行年上下，下去上还。里数倍加千数，年临武虎财歉①。

甲午卯时，十月寅将。重阴重审比用。本命癸丑，行年丁亥。

　合 朱 蛇 贵
　辰 巳 午 未　　合朱白空　　父庚子白
勾卯　　申后　　辰巳子丑　　父己亥常
青寅　　酉阴　　巳午丑甲　　财戊戌玄
　丑 子 亥 戌
　空 白 常 玄

右癸丑生人，行年丁亥，十月甲午日寅将卯时卜②。

---

① 天上行年临处，即去人所在方位，生旺则能安身。苟相克，则以行年看何年月建，主子此月迁移。子行年所克天财之下去，看此处与年神生合，即安身。苟又相克，临着二马方分，再移身于今日干克天财下方去。天财，干克者也。支克者为飞财。如此处生合，则住。或不生旺，又刑害，必又再移于原行年天上干所合天干上飞扬去处也。若天干合处，似刑克行年之神，必复再移于原行年去处，斯方不改动矣。与初年住处，至诸贼移动处，有一处支干被太岁生者，行人便有还家也。日干如临死绝，年又被克，移方不旺，又刑害者死矣。又视行人行年在寅至未者，下度酉分为已发，子上之神为至期。子上支五行，以天干同行日至。未度酉限为未发。行年在申至丑者，下度卯分为已发，午上神为至期。如行年酉视天上从魁下临申酉，则在旧处未发；下临亥子，已离本处；下临寅卯，在半途；辰巳，将至。若干上见卯，卯日至，见辰，辰日至也。以天上行年临处为去方，行年上神为来方，地里远近，以行年上下四位旺衰决之，或虚倍千数共算，看年立处有无白虎，以断病否，三传年命日上有财与无，最忌元武制夺。

② 命子加丑，年亥加子，其人正北方去，行年上加戌，自西北还家。用神年命无才，而武又克年刑日，故无才。戌中有金克甲最忌，年上不见白虎，其人无病。里数者，行年亥加子九，共三十六。甲日起甲子，上得甲九，亥上乙八，共十七，总该五十三。远行人以十作百，五百三十里。旺加一倍，一千六十。虚加入一千，通共二千六十里也。还家者，退联茹也。无关隔者，年上不见其神也。夫魁罡加卯酉为关格，欲知其因，则视天将。元武水隔，六合阴后妇女格，虎空病格，勾朱官事隔，常为路迟，龙为才留，贵人为山岳隔。此占将虽十月，已交十一月节，子年二月有信，四月决来。盖卯上寅为月马临门，又为戏神，卯建二月，故有信。游神辰临巳，巳建四月，故决至。到家日期，看今日日辰，则自见矣。

中路干前四度，年门相怒淹牵。归信还寻支日，相生游戏来宜[1]。

　蛇 贵 后 阴
　子 丑 寅 卯　　青贵玄勾　　官丁酉勾
朱亥　　辰玄　　申丑辰酉　　财　辰玄◎
合戌　　巳常　　丑午酉甲　　父己亥朱⊙
　酉 申 未 午
　勾 青 空 白

谓天上寅中日干甲，还不得地下寅。盖地下寅上见酉，酉克甲，故天上甲还不得地下甲也。又卯上戌为关隔，戌中有辛，辛能制年寅，是门上神克行年也。且天乙逆行，人必过门至家，而门辛克制卯，势难回避，来而即复去也。

　朱 合 勾 青
　卯 辰 巳 午　　白玄玄后　　财　戌玄◎
蛇寅　　未空　　申戌戌子　　官壬申白⊙
贵丑　　申白　　戌子子甲　　子庚午青
　子 亥 戌 酉
　后 阴 玄 常

谓天上甲，已得地下甲行年辰，其门上且不相克，虽则天上辰不得还地下辰，然贵顺年亦顺，则不见门上神矣。其建干支又与门上无克，是以行人归来。更查游戏二煞或二马临处，以定其还家月日，游戏临孟未来，临仲已动，临季即至。

日乘印绶，妻遥下合桑丝。干上妻才，年合琴调朱越。鹏程有憩，骥息再齐[2]。

卯将癸丑日丁巳时时遁。

　朱 蛇 贵 后
　卯 辰 巳 午　　常空常空　　兄辛亥空
合寅　　未阴　　酉亥酉亥　　父己酉常

---

[1] 行年在干前四位，为当中路，贵人来。若支前四位，有克门上神者，主人至中途生疑，欲来不来。欲省其故，看卯酉上天将。阴合天后忧家宅或淫乱口舌，龙武为财物留，贵常酒食勾连，勾雀官事，螣蛇小儿牵挽。故最怕门上神克行年，或行年克门上神，不克者无阻。大抵卯酉为行人门户，天乙逆行，要行年天上支逆还地下支；天乙顺行，要行年天上支顺还地下支。无克制主来，如午将甲午日午时占，三传酉辰亥，其行年寅在未，卜行人不来。亥将甲子日丑时占，三元戌申午，其行年辰在午，卜行人来。

[2] 行人出久，切忌日上神变妻，行年克之，则妻不得下合，若下合，便不正矣。如门上克制行年，更刑害者凶。日上行年三元有一处是今日之才，主行人归，谓其人行见日上妻相合故也。若日上是行年妻，或不合，犹慢缓耳，但怕三传中有克日干者，夫远人归期，前注已看龙常六合游戏二马临处矣。如望三千里外者，则视将军煞下为来期。将军煞者，寅卯辰年在子，巳午未年在卯，申酉戌年在午，亥子丑年在酉。卜近行不利，千万里有验。煞临月日，行人必至门。二千里至一千里者，以太岁支临处为期。一千里至五百里者，以月建支临处为期。五十里内，以月将加时视罡下决应。又如天罡上神临孟，未发；临仲，中途；临季，立至。再以马与日相生消息之，若息而再奔者。何谓三元争妻行年，行人至门畏克贼而不敢归，日妻虽合，故有回心，然一到门，反千里去也。

勾丑　　申玄　　亥丑亥癸　　官丁未阴

子亥戌酉

青空白常

本命庚辰，行年三十二岁，得丁未，立酉为至门，其人从西北方回，今日癸上至家。癸日时建丁是行年妻，欲待入门，妻临处有癸，年上丁怕癸，天乙逆行，势难回避，不敢还家，又到处丁先合壬，亦不敢归而复往他方也。

时禄更乘二马，思乡复上扬州[①]。

子丑寅卯

亥　　辰

戌　　巳

酉申未午

此式不论四课三传，只以辛日寄戌，戌畏巳火，虽行年临财禄之地，方来却去，畏故也。占者准此推。

追贤矣寻德，捕下矣刑研。德制刑而易获，刑克德而见难。德刑互位，贵贱伦彝。藏德易觅，藏刑捕慜。阳神元武曰闭口，男走退四度之元阴，女亡元武下。阴神元武曰察奸，奴逃进四位之元阴，婢遁求阳下。德刑无克，六位无伤而杳然。行年勾六，一逢干合而自返[②]。

甲戌日卯时占亥将。

丑寅卯辰

子　　巳

亥　　午

戌酉申未

不论课。只以日德胜支刑，追小人易，寻君子难。何也？甲德在寅，临午，君子往南方。戌刑在未，临亥，奴婢走西北。地里道路，以所加上下决之。未加亥，未八亥四，共十二，旬遁得辛七乙八，共十五，合廿七数。往西北二十七里近水酒店处，有楼阁所，必捉获。谓小吉酒食，亥中楼阁也。此占德寅胜刑未，故逃者可索。

亥将己巳日戌时占。

午未申酉

巳　　戌

辰　　亥

---

① 如辛日，行年在酉，酉上得辰，天上酉临寅财禄之乡，寅上酉却复还于本家，日上又逢巳火，酉畏巳火克，不敢归，故虽至家，以忆东方之财而却又去也。

② 十干定德，皆从四支。在巳四干属火，在申二干属金，在亥二干属水，在寅二干属木。追君子于德所，捕小人于刑方。以逃初时用加月将，不知其时，用初觅时审其刑德，以决获否。德加神胜刑易觅，刑临神制德难寻。若三元年命日辰有旺神克刑支，主走无门，其获之期，或刑支生日，或克刑支之旺日也。

卯 寅 丑 子

此以支刑胜干德，觅长上易，捕小人难。己德在寅临丑，贤士上人在东北丑地。巳刑是申临未，奴婢下人旺西南未地。道里申七未八，七八五十六，日遁辛七壬六，作十三，通共六十九里也。此占刑反胜德，故逃人难获耳。

德刑同处，有藏德藏刑之分。如甲申日，甲德申刑皆寅，同一位也。寅临午，火木相生，甲又喜午，是藏德也。午能制申，金最畏火，是不藏刑也。逃亡易获。若寅临酉，酉与申比类而旺，木被金克，又绝于甲，是藏刑不藏德，刑胜德也，逃亡难捕。若德刑不相克，则视元武。如阳辰作武，则退数四位，是旬尾，乃男子所走处，女子只于武下阳神寻之。阴辰作武，则顺数四位是旬首，乃男子走去处，女子亦武下阴神求之。

庚子日丑将丑时。

朱 蛇 贵 后

巳 午 未 申　　白白后后　　兄丙申后

合辰　　酉阴　　子子申申　　财壬寅青

勾卯　　戌玄　　子子申庚　　官　巳朱◎⊙

寅 丑 子 亥

青 空 白 常

贵未逆行，后三戌作武属阳，若捉女子西北河魁武下，若捉男西南小吉上必获也。

亥将己卯日申时占。

勾 合 朱 蛇

申 酉 戌 亥　　合空后朱　　子　酉合◎

青未　　子贵　　酉午丑戌　　财丙子贵⊙

空午　　丑后　　午卯戌己　　官己卯玄

巳 辰 卯 寅

白 常 玄 阴

卯作武属阴，亡女子正北子上捉，男子正东卯上擒，正南方往家，以武阴神卯上见午也。里数子午九，卯酉六，共三十，合东三十里，前林木，后窑冶处获。日期视初元日上克武神。

谋望合期，成神审待[①]。

---

① 凡课取成合之期，如寅午戌日要见天空，以候戌日月成期。如阴课为折腰三合，待中传对冲一辰为期，谓虚一待用也。又阳神取绝日为验，阴神取墓日为验。成神寅午戌月巳，亥卯未月申，申子辰月亥，巳酉丑月寅。◎凡逃亡，六处不见克武之神，刑德不相克制，并不见克捕之神，难获也。或日上与武相合，或行年，若德刑与日辰合，则走者自归。如走了人，占得遁干庚，建干乙，其将朱勾六合，主自来，不必寻缉。◎凡占日辰既定，视其发用与日辰生合制化何如，又审发用所乘之天官，已决其从违。

用起	甲乙日	丙丁日	戊己日	庚辛日	壬癸日
天乙	官中口舌	贵人不和	见官有益	贵人寻事	上人有挠
螣蛇	虚惊不实	寤寐不安	小人有挠	望信有疑	火怪惊疑
朱雀	外人咒诅	口舌惹事	文字不明	文字不明	小人论官
六合	和合六亲	因财有忧	见和合事	求财不遂	财帛有喜
勾陈	官中嗔怒	田财有讼	道路忧疑	失和讼起	田宅勾连
青龙	求财有喜	因财有挠	因财庆贺	因财庆贺	因人失事
天后	阴昧不明	阴人相争	因外有挠	走失小口	小人之灾
太阴	走失之事	求用不决	求用闭匿	人欲谋己	出入不通
元武	盗贼伪妄	盗贼来欺	有财逢盗	失财有喜	途中逢寇
太常	酒食争闹	宅中有挠	兄弟失理	同伴为虞	家中不和
白虎	门户不安	虚惊不宁	小口有忧	有病不安	道路虚疑
天空	亡人忧疑	奴仆为盗	家门不宁	忧喜不成	

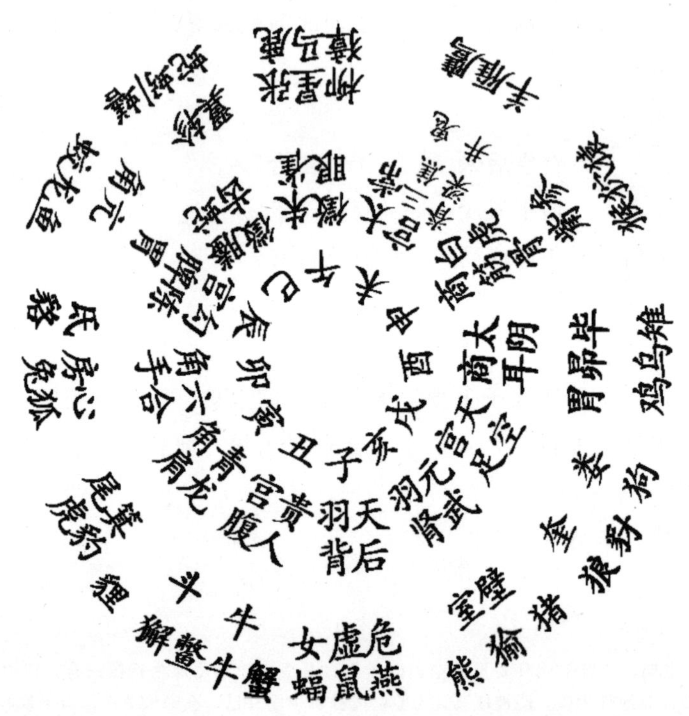

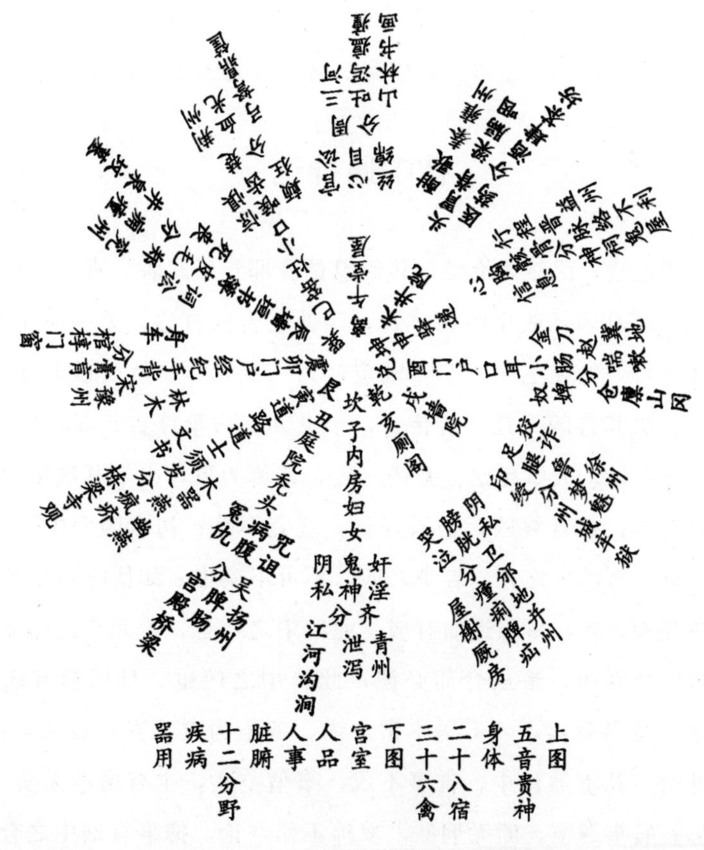

	甲戊庚日	乙己日	丙丁日	壬癸日	辛日
	旦丑暮未	旦子暮申	旦亥暮酉	旦巳暮卯	旦午暮寅
子	后蛇青虎	贵乙勾常	螣后六武	白龙玄合	空空阴雀
丑	贵乙空空	螣后青虎	朱阴勾常	常陈阴雀	白龙后蛇
寅	螣后白龙	朱阴空空	六武青虎	玄合后蛇	常陈贵乙
卯	朱阴常陈	六武白龙	勾常空空	阴雀贵乙	玄合螣后
辰	六武玄合	勾常常陈	青虎白龙	后蛇螣后	阴雀朱阴
巳	勾常阴雀	青虎玄合	空空常陈	贵乙朱阴	后蛇六武
午	青虎后蛇	空空阴雀	白龙玄合	螣后六武	贵乙勾常
未	空空贵乙	白龙后蛇	常陈阴雀	朱阴勾常	螣后青虎
申	白龙螣后	常陈贵乙	玄合后蛇	六武青虎	朱阴空空
酉	常陈朱阴	玄合螣后	阴雀贵乙	勾常空空	六武白龙
戌	玄合六武	阴雀朱阴	后蛇螣后	青虎白龙	勾常常陈
亥	阴雀勾常	后蛇六武	贵乙朱阴	空空常陈	青虎玄合

右天盘丑未无六合玄武，辰戌无天乙天空。

地盘自寅至未六宫无玄武，自申至丑六宫无六合，卯辰巳午无太常太阴，酉戌亥子无朱雀勾陈，辰巳二宫无天后白虎，戌亥二宫无青龙螣蛇。

枕中通神论

予览诸家决课之法，泛然如沧海，其何以觅源耶？运式者，责之三传，取诸日辰，取诸年支，或传吉而日凶，或年凶而日吉，四处之吉凶自惑，无一途而取的，又何应验之有？盖责课之旨，先在三传。三传既定，为一课之体。然后以天将十二辰，刑冲庙乐，战贼相生，决其吉凶。凡三传传吉，干支凶，占事终吉；三传凶，支干吉，事必少成，纵成亦无终始。夫事起讫，系诸三传，初传为事，中末其次第也。初凶终吉，初虽蹇滞，终且有成；初吉终凶，初虽好合，终究不济；初末凶而中吉，事中合而鲜始终。故决课占事，有凶中之吉，吉中之凶，不可不察也。如伏吟重审涉害虎视之课，课体虽凶，神将旺而得吉，事虽迟而有成，此凶中之吉也。若元首铸印龙德轩盖诸课，课体虽吉，神将囚死而凶，事虽合而必溃，此吉中之凶也。且用神有庙乐，有刑破，吉神在庙乐之乡，喜事愈喜，凶将居本宫之内，凶不为灾。岁月破刑，吉凶最速。凶将带煞，凶在即时。凡重煞传中，吉事不成。事值空亡，主有虚声无实。久病空亡者死，猝病者即瘥。官事遇空，断无刑狱，岁神不作空论。抑事有刑中之合，夫妻反目，暂参商也而终合[①]。凡事遇一重合，迟而成也；二重合，可得而就也；三合，事济顷刻也。夫事见德神者有救，吉事加喜，忧危解散。若刑煞克身宅，主身宅忧。刑煞与身宅相生，为事终不成灾。惟罡加处无有不凶。病讼事，年下金神血忌者[②]。凡用起鬼，家不病则官事动，若求望，多鬼贼也。凡闻吉事看青龙，与日比则吉实。闻凶事看白虎，与日比则凶真。伏吟课实，罡加日辰，阴空者俱虚。凡事用四孟神为旧事，凡占吉凶远近，传得岁不出岁，得月不出月，得日不出日，得时不出时。凡占已往与未来之期[③]，凡占用数多少之日[④]，凡吉事，用神忌所恶之日。占病，白虎所畏日退，所克日进，以决死生。占行人，日为主，辰为客，辰克日至，日[⑤]辰未来。用传初克日至，传入四季至，伏吟至，三传合至。占谒贵，与日相生喜，三五合喜，辰克日不相见，伏吟如之。寻人亦如之。占求官，传中有天子诸侯驿马龙常印绶者得官，有印无马天

---

① 如巳刑申，巳申合，亥破寅，寅亥相合。

② 年甲午辛未是。

③ 如正月未加寅用，或龙雀为用，将在岁内六月辰丑未日时或干头带得戊己日有文字之喜。

④ 如未加子为用，数四五六三十日至也。

⑤ 疑脱克。

子诸侯无官[①]。占风雨晦明，传中三木多风，三火晴热，三金有雨，三土亦晴，阴空有龙天晦暗。占人来，罡在日前已发，日后未发，临日始发，在阳则行，在阴路止。占捕盗亡，日制武易捉，武克日难追。武与土神生，贼密。三传克武，贼败。勾陈克武人首发，盗神制武从中自首。占求财，传中有才易求，无财则难求也。

又须为宅推月龙，大吉须加月建中。即看寅上何神立，亥子当头名黑龙。若使微家逢此卦，用之修造主深凶。虽用前占无恶将，更以行年加宅神。本命上头看所得，第一须逢寅与申。胜光神后为中吉，但值魁罡不利人。

穿壬透易说

先看三传，以三传为外卦，以三传所坐为内卦，皆以遁甲干支，合易卦浑天甲子，以取爻之奇偶。凡初传为第四爻，中为五爻，末为上爻。复以初传坐下辰为初爻，中坐下为二爻，末坐下为三爻。其诀曰：

壬甲从乾乙癸坤，庚归震木巽加辛。己离戊坎丙如艮，惟有丁神属兑金[②]。

乾	坎	艮	震
壬戌甲———	戊子— —	丙寅———	庚戌— —
壬申甲———	戊戌———	丙子— —	庚申— —
壬午甲———	戊申— —	丙戌— —	庚午———
甲辰壬———	戊午— —	丙申———	庚辰— —
甲寅壬———	戊辰———	丙午— —	庚寅— —
甲子壬———	戊寅— —	丙辰— —	庚子———
冬至　夏至			

巽	离	坤	兑
辛卯———	己巳———	癸酉乙— —	丁未— —
辛巳———	己未— —	癸亥乙— —	丁酉———
辛未— —	己酉———	癸丑乙— —	丁亥———
辛酉———	己亥———	乙卯癸— —	丁丑— —
辛亥———	己丑— —	乙巳癸— —	丁卯———
辛丑— —	己卯———	乙未癸— —	丁巳———
		冬至　夏至	

① 岁为天子，月为诸侯。

② 递取成卦，配以六神，分以六亲，以世配命，以应合身，而吉凶见矣。

假如乙丑年戊寅月元旦辛酉日子将辛卯时占[①]。

　勾 合 朱 蛇
　寅 卯 辰 巳　　　合贵朱后　　　官戊午贵
青丑　　　午贵　　卯午辰未　　　财乙卯合
空子　　　未后　　午酉未辛　　　子　子空◎
　亥 戌 酉 申
　白 常 玄 阴

初传午，得戊午，戊属坎，偶爻为六四。中传得乙卯，乙属坤，偶爻为六五。末传甲子，属乾，奇爻上九。初传坐酉，得辛酉，属奇爻，初九。中传坐戊午为六二。末传坐乙卯六三。合得山雷颐卦。

山雷颐

易象变化　　　　三元传变
伏辛卯螣蛇兄弟丙寅———　　　甲子天空
伏辛巳勾陈父母丙子— —　　　乙卯六合
伏辛未朱雀妻财丙戌— —世　　戊午贵人
伏辛酉青龙妻财庚辰— —　　　乙卯六合
伏辛亥玄武兄弟庚寅— —　　　戊午贵人
伏辛丑白虎父母庚子———应　　辛酉元武

一法以三传为内卦，三传所坐为外卦，初传为初爻，中二，末三，初传所坐为四爻，中坐五，末坐上，则前课当为雷山小过。

雷山小过

易象变化　　　　三元传变
伏丁未螣蛇父母庚戌— —　　　乙卯六合
伏丁酉勾陈兄弟庚申— —　　　戊午贵人
伏丁亥朱雀官鬼庚午———世　　辛酉元武
伏丁丑青龙兄弟丙申———　　　甲子天空
伏丁卯玄武官鬼丙午— —　　　乙卯六合
伏丁巳白虎父母丙辰— —应　　戊午贵人

① 元首、三交、高盖［主公卿爵位］、励德。

一法以干上神为上卦，支上神为下卦，初传为动爻，以干上阴神为外卦，支上阴神为内卦，以观其变。诀曰[①]：

申未为坤戌亥乾，丑寅属艮不虚言。辰巳二神原在巽，午离子坎二宫占。卯震居东西酉兑，四维四正偶奇然[②]。

明夷　　　　　　贲

玄武父母酉金　×　　　　子孙寅木勾陈

白虎兄弟亥水—　—

青龙官鬼丑土—　—世

白虎兄弟亥水———

青龙官鬼丑土—　—

六合子孙卯木———应

以初传作动爻诀曰：子丑为初寅亥二，卯戌三兮辰酉四。巳申居五午未六，阴拆阳单从化异[③]。

风雷益

六合兄弟卯木———应

螣蛇子孙巳火———

天后妻财未土—　—

朱雀妻财辰土—　—世

白虎兄弟寅木—　—

天空父母子水———

又一法，以先天甲己子午九之数，合支干除八起卦，除六起爻[④]。

前法用三传作卦者，以支神之冲看动爻。其法不一，总不如以遁旬干为内课，以遁时干为外卦，不取所坐，两用极准[⑤]。

泽山咸

易化　　　　　　三传

伏丙寅螣蛇父母丁未—　—应　　戊子天空

伏丙子勾陈兄弟丁酉———　　辛卯六合

伏丙戌朱雀子孙丁亥———　　甲午天乙

① 从先天数乾一兑二离三震四巽五坎六艮七坤八成卦。

② 假如以干支上神作卦，则前课未午当作地火明夷，干上未属坤，支上午属离。

③ 前课初传午，故动上六爻。如以干阴神、支阴神作卦，则前辰卯当合风雷益。干阴辰属巽，支阴卯为震。

④ 动爻也。

⑤ 如前课遁时干作外卦，当是泽山咸。

伏丁丑青龙兄弟丙申———世　　甲子天空

伏丁卯玄武官鬼丙午一　一　　乙卯六合

伏丁巳白虎父母丙辰一　一　　戊午天乙

群鸟占

穿壬透易欲搜罗，月将加时占若何。鼠燕瓶蝠临子地，铁神铜像女妖魔。

獐麂獬鳖居星纪，麋牛风雨丑池坡。虎豹狸猫寅到处，更兼舟辂木松萝。

日蚀书印磁木器，兔狐驴貉卯藏窝。辰主骆驼蛟龙类，鳞甲水族天炮枯。

巳主绳索及灰炭，蛇蚖蚓蟮蝎蚣磨。午雀鸱枭共鹿马，布帛粟火绢丝罗。

鸠鸽鸣雁归井鬼，鹰羊雕犴未中过。申男猿猴金猱狖，酉锡鸟雉月鸡鹅。

豺狼野犬皆从戌，貐象熊猪亥字多。或然目瞤心惊动，也察其时立等科。

亥子丑时亥作主，寅卯辰当辰作模。巳午未兮巳[①]上取，申酉戌兮戌来过。

倏尔暴风尘飚起，善恶须计太乙徂。日月星云生气色，休囚旺相吉凶都。

天干地支配卦诀

庚乾辛兑己归坤，戊艮甲雷乙巽门。壬癸两干俱坎水，丙丁离火却为根。

子坎丑寅属艮宫，卯震辰巳巽为风。午离未申坤酉兑，戌亥乾方总一同。

甲属东方震，乙属东南巽。丙丁南方离，戊属东北艮。己属西南坤，庚属西北乾。辛属西方兑，壬癸北坎言。

甲乙青龙雨雪兴，居家财物庆加祯。丙丁明喜文敕至，婚姻酒食沐恩荣。

戊己勾陈勾兵应，在家田地恐相争。庚辛白虎防交战，不然丧服见忧惊。

壬癸元武为贼盗，损财乏畜劫军营。

附归藏易略

北方壬子癸，三爻皆阳为乾，乾藏于坤，则坤归坎。西方庚酉辛，皆阴为坤，坤藏于坎，则坎归乾。东南辰巽巳，一阳在天，二阴在下，为艮，艮藏于兑，则兑归巽。西南未坤申，一阴在上，二阳在下，为兑，兑藏于巽，则巽归艮。南方丙午丁，一阳

① 一作未非。

丽于二阴之中，为坎，坎藏于离，则离仍归离。东方甲卯乙，一阴伏于二阳之间，为离，离中虚，《象》曰：在天长明不变。东北丑艮寅，二阴在上，一阳在下，为震，《经》曰："帝出乎震，且出震见离，雷藏日出，故归藏之离，适遇其初也。"西北戌乾亥，二阳在上，一阴在下，为巽，巽藏于乾，则乾归于坎，故九变以巽终乾，又文王之易，主巽用乾，亦法归藏之意。

课中五行，以河图五行、周易卦数为体，以洛书连山为用，以归藏卦理为变，故其干支皆系于三易。

贵人治时辨

阳生于子，止于巳，阴生于午，止于亥，此阴阳之分际，故壬课以日干分阴阳而统两支，俱以日干起子时至巳用阳贵，自午至亥用阴贵。

姚太师占法贵人诀

《经》曰："阳贵乘地将，阴贵乘天将。动静互为根，阴阳得真将。午后为阴时，阳贵盘上陈。子起为阳时，阴贵盘上论。先后天不会，贵人失所亲。牛羊分旦暮，梦里说梦因。"《经》云："阴时用阳，阳时用阴。"

六甲课体疏

伏吟疏解

寅巳申　甲子［乾为天］　甲戌［巽为风］　甲申［艮为山］　甲午［离为火］
甲辰［震为雷］　甲寅［兑为泽］

巳申寅　丙寅［乾］　戊辰［乾］　己巳［乾］　丙子［巽］　戊寅［巽］　辛巳［巽］
丙戌［坎为水］　戊子［坎］　丙申［乾为天］　戊戌［乾］　丙午　戊申
丙辰　丁巳　戊午

申寅巳　庚午［乾为天］　庚辰　庚寅　庚子　庚戌　庚申

卯子卯［一作卯子午］　丁卯　己卯　辛卯

丑戌未　癸酉　丁丑　癸未　己丑　癸巳　辛丑　癸卯　癸丑　癸亥

辰丑戌　乙丑[①]

辰亥巳　乙亥

辰酉卯　乙卯

辰未丑　乙未

辰巳申　乙巳

未丑戌　辛未　丁未　己未

酉未丑　丁酉　己酉［震为雷］

酉戌未　辛酉

亥申寅　壬申

亥午子　壬午

亥辰戌　壬辰

亥寅巳　壬寅

亥戌未　辛亥　壬戌

亥子卯　壬子

辰卯子　乙卯

亥未丑　丁亥　己亥

解曰：伏吟之名宜静，而逃盗非远。信任之义用刑，而动作忧疑。夫伏吟，刚日曰自任，柔日曰自信者，何也？凡课皆有加临，可以任，可以信也。此则诸神各居本位，止堪自任自信，静而未可动，迩而不能远。故凡作事自立主张，尽多忧惑，占者吉凶皆不至于极，而逃亡盗贼失物邀候等事，俱去不远也。

右六十，日有一象。

丙戌　离丁己坤庚

巽巳　午　未　申

乙辰　　　　酉兑

震卯　　　　戌辛

　寅　丑　子　亥乾

　甲艮癸　坎　壬

① 一本六乙皆辰戌未。

进连茹疏解

辰巳午　午为正阳，泰阶象也，从辰巳升之，占者利有攸往，亲观光于上国。

甲子　丙寅　丁卯　甲戌　戊寅　己卯　甲申　庚寅　辛卯　甲午　壬寅　癸卯　甲辰　甲寅　乙卯

寅卯辰　日之始正，君子向明图治之会，故曰正和。君子占之，可以展其经略，而恩光之沐也审矣。

乙丑　丙子　戊子　己丑　庚子　辛丑　壬子　癸丑

丑寅卯　曰将泰。寅为三阳开泰，此由丑初履之，虽誉将兴而功犹未就。占者有名称，而未蒙实惠。

壬申　乙亥　壬午　壬辰　己亥　辛亥　癸亥

亥子丑　全在夜方，若无阳气，故为龙潜。占者空怀宝以迷邦，阳光在下也。

癸酉　乙酉　丙戌　丁酉　戊戌　己酉　庚戌　辛酉　壬戌

申酉戌　曰流金。金地肃杀，何险如之？似霜桥之走马，危之之词也。

丁丑　丁亥　丙午　丁未　丁巳

午未申　圣主当阳，握权驭下之象，故为丽明，占者威权独盛。

庚辰　辛巳

未申酉　东南之气减矣，故如午夜戏灯，曰回春者，欲占者自励也。

癸巳　乙巳

酉戌亥　曰革故从新，小人进而君子退，以此是阴所也。君子道消，小人道长之时，戒哉。

乙未　丙申

解曰：用神传在一方，相连而进也。占事吉则成吉，孕必连胎，事必交美，贵顺事顺，逢空宜退，凶则成凶。天旱多晴，天阴久雨。贵逆事逆，商旅不行。

右五十。

丙戊		丁己庚		
午	未	申	酉	
乙巳			戌	
辰			亥辛	
卯	寅	丑	子	
甲	癸		壬	

进三间疏解[①]

辰午申　午申在南，先天乾位，辰在东南，亦阳明地，合之曰登三天，有得云雨之蛟龙之象，占者所喜。其忌者，脱也，空也。语曰：龙登天，行云雨。官登天，位转迁。讼转大，病弥深。贼必来，行者至。久旱占，沛泽霖。

甲子　丙寅　甲戌　丙子　戊寅　甲申　戊子　庚寅　甲午　庚子　壬寅　壬子　甲寅　甲辰

申戌子　申子水局，有渊象焉，戌土山形，且入夜方，似幽人之守正，故名涉三渊，当隐遁于山林。占者目前阻隔，凡动艰涩，欲行不行，欲动不动。略曰：龙涉渊，不雨。贼涉渊，不来。病讼千难万难，财官一失百失。

乙丑　戊辰　庚午　乙亥　庚辰　壬午　乙酉　壬辰　乙未　乙巳　丙午　乙卯　丙辰　戊午

酉亥丑　其象凝阴，忧何如之？履霜坚冰之渐，其忧不解也。占者多主幽暗不明，所为皆淫泆奸邪之事。

丁卯　丁亥　丁酉　丁巳　丁未　丁丑

亥丑卯　曰溟濛。卯始明生，于亥丑二阴之间，时而溟濛。事多暗昧，忧惧不宁，进退未决，占者之象如此。

己巳　己卯

寅辰午　午后则阴生，此自寅传巳，向东南旺气，如鱼得水，亨快可知也，故象波中金鲤。然曰出三阳者，嫌其太过，灾悔萌，病讼吝，占者戒盈。

辛未　辛巳

子寅辰　曰向三阳，渐望光明之象。夫寅，三阳也，传之前后拱向之，岂不光明？占者自暗趋明，初吝后吉，病愈讼解，人情皆美。

壬申　丙戌　丙申　戊戌　戊申　庚戌　庚申　壬戌

丑卯巳　曰出户，其象春雷震蛰。夫卯，门也。出而向阳，若雷之启于地也。占者访人不见，行人有变，君子升迁，小人狐疑。

癸酉　己亥　己酉　辛亥　辛酉　癸亥

巳未酉　巳在午前，未酉昃而西矣，阳终阴始，肃杀初迎，万实告成之时也，故

① 罡塞鬼户。

名变盈，象秋场之登稼，占官被黜，占病久愈新死，占物为过时。

癸未　辛卯

卯巳未　未日过中，将昃时也，阳已至盈，满则招损，占者事宜速就，稍迟则无气，无气则无及矣。其名迎阳者，勉之也，象高岗之鸣凤者，牖之也，鼓之也。

未酉亥　为入扃，主心劳而日拙，凡人心劳不休，皆属于阴。书云：作德心逸日休，作伪心劳日拙。善恶之际，阴阳之界也。凡占事惟速干则可，转念则吝，言不及时也。吉祥渐消，凶孽渐长，诸事迍邅。

癸巳　癸卯

解曰：凡课间位作三传而进者，惠迪吉，从逆凶。日辰旺相，神良将吉，事无不利，利有攸往，利见大人；日用休囚，将凶神恶，所为蹇屯，巽在床下，丧其资斧。

右五十有九。

丙戊		丁己庚	
未	申	酉	戌
乙午			亥
巳			子辛
辰	卯	寅	丑
甲	癸		壬

进三纯疏解[①]

申亥寅　生元胎也。

甲子　甲戌　丙子　戊寅　辛巳　甲申　丙戌　庚寅　癸巳　丙寅[②]　己巳　甲午　丙申　壬寅　甲辰　丙午　甲寅　丙辰　丁巳

亥寅巳　戊辰　戊戌　乙未[③]

巳申亥　壬申　辛亥

寅巳申　庚辰　己亥　戊申　庚戌

疏曰：右四孟乃五行长生之地，以顺相加，各就所生，以生神而居生位。故春曰

① 一曰顺相加。

② 干支禄马。

③ 此日属昴星，后再见乃衰元胎。

玄胎，寅木乘权，勾萌折甲，生生之始也。胎云者，生意已萌于中之象。夏曰励阳，生气日盛，盛则伏衰，君子勉而勿纵，机关略见于外也。秋曰四牡，秋时生气渐收，殺气渐出，申为传送，天地之化，至七月，乃生杀之枢机，送往迎来之会也。申为马，其四牡象而加巳，巳为海角，行大地也，所以驱驰不息。冬曰全福，盖万物归根，四生各归生处，是为万全而无害，行止所以亨通耳。

酉子卯　败三交也。丁卯　庚午　己卯　壬午　辛卯　癸卯　乙卯　戊午

卯午酉　戊子　己酉　辛酉

子卯午　丁酉

午酉子　庚子　壬子

疏曰：四仲乃五行败地，日出于卯，离太阴矣，故在卯曰阴不备。日入于酉，远太阳矣，故在酉为阳不备。子则一阳初复，午则一阴始生，阴阳气俱未壮，重阴互换，无一吉也。春占关隔，阳为阴所缚，而进退不得自如，象羝羊之触藩。夏占观澜，午生于寅，败于卯，卯前一位辰，辰水库也，故观澜而不敢进，象游鱼之吞饵。秋占四平，日逢晦朔弦望，名曰三光不仁，盖晦月尽，朔始苏，弦渐进，望已满，四仲重阴值此，又加四仲天官阴后合雀，总属阴翳，故其象如此。冬占匿阳，时遇日月辰戌，号为四门俱闭，日月，卯酉也，上见辰戌，总是否塞，矧子生一阳，今加于酉，反向闭塞之路矣，生计安在哉？故其占如此。

未戌丑　总名稼穑。

乙丑　乙亥　乙酉　乙未　乙巳

辰未戌　癸酉　癸未　癸丑　壬戌　癸亥

戌丑辰　壬辰

疏曰：四季乃五行之库。春稼穑，而生长以时，土生万物，在春为稼穑，以辰加丑，土气作开，生意方兴而未艾也。夏游子，而飘流不定，土乘巳午之生，有千里万里之势，故象游子。秋地角，据一隅而忘天下，至秋土气渐衰，生物之功减矣，曰据曰忘，大不同于夏之通达也。冬五墓，舍朝市而守丘墟，四库皆墓，独言于冬者，休囚故耳。

解曰：生胎发用，占事新生。胎成官就，婚吉财兴。病讼难脱，行者勿行。课值三交，家藏私匿。逢贼生非，财无谋失。稼穑游子，惟利出行。病凶婚阻，凡事艰贞。得遇奇仪，始获通亨。

右五十有三。

丙戊　　丁己庚

申　酉　戌　亥

乙未　　　　　子
　午　　　　　丑辛
　巳　辰　卯　寅
　甲　癸　　　壬

进三合疏解

辰申子　为呈斗，玩阴阳于天象。

甲子[1]　庚子　庚辰　甲申[2]　戊子　庚寅　庚子　戊申　庚戌[3]　庚申

酉丑巳　为献刃，远近俱备其伤。

乙丑　丙寅　癸酉　己巳　丙子　丁丑　辛巳　癸未　丙戌　己丑　癸巳　丙申　辛丑　癸卯　乙巳　丙午　癸丑　丙辰　丁巳　癸亥

未亥卯　为从吉，待时而动。

丁卯　壬申　乙亥　己卯　壬午　丁亥　辛卯　壬辰　己亥　辛亥　壬子　乙卯　壬戌

子辰申　为出奇，自新改过。戊辰

亥卯未　为曲直。凡木之生，先曲而后直。故当举直错枉，占者宜徇也。

辛未　乙未　丁酉　丁未　己酉　己未

寅午戌　为炎上。炎上顺序，烈焰烧空，更得驿马贞位，为倚权，利奏对，故以发达为名。

甲戌　甲午　戊戌　戊午　辛酉

申子辰　为顺成，为润下，以和顺为义。盖子水也，申其生，辰其库也，自生而旺而库，顺。甲乙日占得之，为生气。

乙酉　甲辰

戌寅午　为顶墓，会消息于方舆。

午戌寅　为间魁，舍宝从庭。丁亥日有此课，乃昴星也，重见于后。

解曰：此全局也。占值旺相，老凶少吉，一遇休囚，少凶老吉。用传有气，孕男获利。或用无气，事屯产女。其大体，则吉事必谐，凶事难弃。其分占，则五行所主，

---

[1] 解离。
[2] 眷属丰盈。
[3] 芜淫。

各省所司。

右五十有七。

丙戊　　丁己庚

酉　戌　亥　子

乙申　　　　丑

未　　　　寅辛

午　巳　辰　卯

甲　癸　　　壬

进三隔疏解

子巳戌　甲子　丙寅　甲戌　戊寅　甲申　庚寅　甲午[1]　壬寅　甲寅

寅未子　乙丑　戊辰　乙亥　庚辰[2]　壬辰　甲辰　乙巳　乙卯　丙辰[3]

巳戌卯　为铸印乘轩，驷马六合而升官爵。若逢真破，得罪于帝王之家。害气交加，远涉有江湖之患。盖丙辛合为铸印，卯戌合为乘轩，驷，房星，谓卯也，为舟。

丁卯　己巳　辛未　丙子　丁丑　己卯　癸未　丁亥[4]　戊子　己丑　乙未　己亥[5]　庚子　丁未　壬子[6]　丁巳　己未

辰酉寅　庚午　壬申　壬午　丙午　戊午　壬戌

未子巳　癸酉[7]　乙酉　丁酉　己酉　辛酉[8]

卯申丑　辛巳　辛卯　丙申　辛丑　戊申　辛亥

申丑午　丙戌　戊戌　庚戌

午亥辰　癸巳　癸卯　癸丑　癸亥

解曰：此隔假[9]七格也。元辰七煞用事，主反覆，隔手求谋，或隔州隔县，一人托

---

① 引从地支。

② 引从天干　递克。

③ 三传互克。

④ 引从地支。

⑤ 引从地支。

⑥ 两者引从天干。

⑦ 引从天干。

⑧ 三传递克。

⑨ 疑此字当删。

一人也。传虽顺，动静进退不能裕如也。所谓隔者，如子加未，号鼠忌羊头上；丑加午，牛田马不耕；寅加酉，虎憎鸡嘴短；卯加申，猴悲兔不平之例。

丙戌　　丁己庚
　戌　亥　子　丑
乙酉　　　　　寅
　申　　　　　卯辛
　未　午　巳　辰
　甲　癸　　　壬

返吟疏解

寅申寅　甲子　丙寅　庚午　壬申　甲戌　戊寅　庚辰　甲申　庚寅　甲午　丙申　庚子　壬寅　甲辰　戊申　庚戌　甲寅　庚申

戌辰戌　乙丑　乙未

卯酉卯　丁卯[①]　癸酉　己卯　乙酉　辛卯　丁酉　癸卯　己酉　乙卯　辛卯

亥巳亥　戊辰　戊戌

巳亥巳　己巳　乙亥　辛巳　丙戌　丁亥　壬辰　癸巳　己亥　乙巳　辛亥　丙辰　丁巳　壬戌　癸亥

午子午　丙子　壬午　戊子　丙午　壬子　戊午

未丑未　疏曰：《壬遁》及《玉连环》诸书俱云反吟有克，中传冲，末传刑，癸丑、癸未日皆从未丑戌用。癸未　癸丑

亥未丑　已下六日，四课无克取冲，曰井栏射。丑日取巳，巳上神亥，亥发用。未日取亥，亥上神巳，巳发用。占者主有深灾，大忌出行，前途有阻。义险。丁丑　己丑

亥未辰　辛丑

巳丑未[②]　丁未　己未

巳丑辰　辛未

解曰：返吟复旧，作事而反覆无常无依，井栏迭传而去来不一。夫反吟诸神各立冲位，如无克，则名无依，无依倚也。主事远而不定，如逢丁马，则动极而有息机焉。

① 解离。

② 当作八专巳丑丑。

右六十日十一象。

丙戌　　丁己庚
亥　子　丑　寅
乙戌　　　　卯
酉　　　　辰辛
申　未　午　巳
甲　癸　　　壬

退三隔疏解

寅酉辰　甲子

卯戌巳　卯加辛为斫轮，戌加巳为铸印。中传戌，主合印绶。卯发用而中戌末巳，号曰斫轮，为印绶俱全也。

乙丑　癸酉　丁丑　癸未　己丑　癸巳　辛丑　癸卯　癸丑　癸亥

子未寅　丙寅　戊辰　甲戌　丙子　戊寅　丙戌　戊子　戊戌　丙午　戊申

戌巳子　丁卯　庚午　己卯　甲申　庚寅　辛卯　丙申　庚子　庚戌　戊午　庚申

酉辰亥　己巳　辛未　甲午　丁未　甲寅　丁巳　己未

午丑申　壬申　乙亥　庚辰　壬午　丁亥　壬辰　乙未　己亥　壬寅　乙巳　辛亥　壬子　乙卯　丙辰　壬戌

未寅酉　辛巳

亥午丑　乙酉　丁酉　己酉　辛酉

解曰：此隔八也。隔涉阻滞，暗昧险巇。进恐无成，退恐失时。惠吉逆凶，神将主之。若进若退，咸曰丫爻之煞，引从之神也。

丙戌　　丁己庚
子　丑　寅　卯
乙亥　　　　辰
戌　　　　巳辛
酉　申　未　午
甲　癸　　　壬

退三合疏解

戌午寅　火不顺则燥，故名就燥，当正之以中庸，戒占者行合中庸。

甲子[①]　丙寅　庚午　甲戌　壬寅　戊寅　壬午　甲申　庚寅　甲午　戊戌　丙午[②]　甲寅　戊午

巳丑酉　为反射，怀杀伐以酬恩。

乙丑　癸酉　丁丑　癸未　乙酉　己丑　癸巳　丁酉　辛丑　己酉　癸丑　辛酉

未卯亥　言当依木生生之理，而毋毗乎阳，故名正阳，戒占者以遵发生之意。

丁卯　乙亥　乙卯　丁亥　辛卯　己亥　壬寅　癸卯　辛亥　壬子　乙卯　壬戌　癸亥

子申辰　为仰元，守凝寒之困。

戊辰　壬申　壬辰　丙申　庚子　甲辰　戊申　庚戌　丙辰　庚申

卯亥未　为光春，未萌先动而非时过，勉矣哉。

己巳　辛未　甲午　丁未　己未

酉巳丑　为操会，已过受时而岂失宜，盍俟诣。

丙戌　乙巳

申辰子　为间斗，间罡于中也。聚秀气于怀中，占者勖之。

丙子

午寅戌　为正义，显朱夏之形。

辛巳[③]

亥未卯　自亥之阴而回未，犹未正也。自未而回卯，有就正反始之义，故名转轮。若酉颠蹶而自反，占者厉之。

丁巳

寅戌午　为华明，章精光于天表。

戊戌

解曰：曲直退合，或是或非，有头无尾。炎上退合，各恃己见，鲜克有终。从革

① 芜淫。
② 式逢三奇。
③ 天上三奇。

退合，事多改易，人心不齐。润下退合，初虽差迭，后必归原。若见鬼局，势不可遏。

丙戊　　丁己庚
丑　寅　卯　辰
乙子　　　　巳
亥　　　　午辛
戌　酉　申　未
甲　癸　　　壬

退三纯疏解

亥申巳　病玄胎也。丙寅　丙戌　丙辰　丁巳

寅亥申　戊辰　乙巳　戊寅　辛巳　戊子　戊戌　戊申　戊午

巳寅亥　庚午　壬申　庚辰　壬午　甲申　丁亥　庚寅　壬辰　丙申　己亥　壬寅　庚戌　辛亥　庚申　壬戌　癸亥

申巳寅　甲戌[①]　甲午　甲辰

疏曰：四孟逆加，非六合，即六害。寅临于春，已毓矣，又值亥加生之，则名亢毓。象始勤终怠者何？以亥于寅，为休气用事故也。若夫寅加于巳，则木火通明，巳加于申，则亨嘉之会，有中正权衡之象，故夏曰洪钧。至于秋，申金以断制为义，巳加申，是生金之义，故秋曰合义，无中生有也。冬云待庆，而暗事将明者何？申加亥，天乙生水，得金之光，相涵相泳，是待时而庆也。自是而春而夏而秋，生长万物，皆由此将明之光肇耳。

午卯子　午为天马，卯为天车，子为华盖，故用天马而中卯末子，名高盖，主公卿爵位。

甲子　癸酉　丙子　丁酉　庚子　己酉　壬子　辛酉

子酉午　丁卯　己卯　丙午

疏曰：四仲逆加，死三交也。春占陷穽，如鸟投笼，不利狱讼，不利疾病，惟猎利捕捉。夏占正烦，如牛受刃，生气尽矣，忌占病。秋占失友，既离而复合。何也？酉加子为泄气煞，气泄，故失友。然酉阴加于一阳初生之地，为阴静而阳复，象离而复合。冬占出渐，阴极而阳生。

① 解离。

丑未戌　乙丑　乙酉　乙亥　甲午　甲辰　乙卯

戌未辰　癸未　癸巳　癸卯　癸丑

疏曰：四季逆加，春则越库，散财不以其道。夏则转魁，委任不得其人。秋殺墓，势将兴而将起。冬伏阴，机渐敛而渐藏。夫春季辰土，受未中乙木之克，是发越库财以散也。而曰不以其道者，逆故也。夏季未土，木库也，而加戌，戌为天魁，中藏辛金，又为火库，金削木之生，火泄木之气，木转魁上，是委托非人也。秋季戌为火库，而丑金库也。火加金则殺金，金，阴象也，主静，遇火炼之，则将发矣。冬季丑金库，辰水库，金水相涵，其象重阴，且子见其母，宜收且藏也。

解曰：病胎不生，败交不成，四季刑害，情逆势屯。

丙戌		丁己	庚
寅	卯	辰	巳
乙丑			午
子			未辛
亥	戌	酉	申
甲	癸		壬

退三间疏解

戌申午　戌午火局，中间一申，反成克矣，不和同也，故名悖戾。夫自戌回申而午，虽深退入浅，犹过悔吝，勉强而退，终不能逃，故有追悔之心。行人未至，贼寇不来，作事滞而招尤。

甲子　甲午　壬寅　甲辰　壬子　甲寅

亥酉未　为时遁，无出潜之意。亥遁于酉，酉遁于未，归隐之象也。行人不至，行者不出，盗贼不来，捕捉难获，谒不见，谋不得，君子吉，小人吝。

乙丑　丁丑　己丑　辛丑　癸丑

丑亥酉　俱是夜方，不见光明，名以极阴，象月隐西山，占者自悔，惟淫泆酒色奸乱之为，或因淫酒而生疾，疾至死，甚而致讼，讼至部。以亥主淫乱，酉主酒色也，戒之戒之。

丙寅　戊辰　己巳　丁卯　丙子　戊寅　己卯　辛巳　丙戌　戊子　辛卯　癸巳　丙申　戊戌　癸卯　乙巳　丙午　戊申　乙卯　丙辰　丁巳　戊午

午辰寅　午乃寅之子，自辰传寅，有顾祖之象。得所生而喜气和平，可知也。凡占皆宜，行者至，盗者去，惟不宜占于庚日，见鬼来，又向鬼乡。

庚午　辛未　甲戌　庚辰　壬申　甲申　庚寅　庚子　庚戌　辛亥　庚申　辛酉　壬戌

未巳卯　午为明，未巳卯回绕而共之，故曰回明，而利有攸往也。吉事潜成，凶事潜消，凡事勿攘，徐徐而进，以获贞吉，久雨则晴。

癸酉　乙酉　癸亥

酉未巳　曰励明，涉历阴暗而后得明，是策励以从也。占者须勉励而得，君子进取，小人早营，故象出入，从其所便，勖哉。

乙亥

寅子戌　寅戌火局也，中见子，则阳入于冥矣，怀宝不出之象也，为冥阳，防暗损也。占官不吉，所以善人是宝。

壬午　壬辰

巳卯丑　为转悖，悖转则亨。盖巳酉丑为金局，杀机之悖者也。今中传去酉从卯，是悖之转矣。然犹未离于殺，故为当吉凶二者之间，占者审之。或曰：皆明向暗，以正归邪，以巧就拙，凡事转悖。危矣哉。

癸未

卯丑亥　为断涧，义利分明。疏曰：断涧如何涉，忘前失后时。君子宜退位，小人须有悲。盖亥为水，阻难进也。丑卯有桥梁之象，可以前矣。然丑中寓癸水之气，而卯前有崇山之险，高高下下，义利岂不分明也乎？占者宜取义耳。

己亥　己酉

解曰：涉险多阻，不能进顺之象也。在阳则蹇滞，在阴则暧昧，遇吉可成，逢空宜进。

间位相传，事多阻隔。顺有登天，向阳出户；逆有回阳，励明顾祖。占惟逢此，乃为吉课。然必察神将，以审事用。

　丙戊　　丁己庚
　卯　辰　巳　午
乙寅　　　　未
　丑　　　　申辛
　子　亥　戌　酉
　甲　癸　　壬

退连茹疏解[①]

子亥戌　为重阴，安嘉遁之形，宁甘没齿。盖魂阳魄阴，向晦宴息，百事收藏，占者静俟之耳。

甲戌　丁丑　戊寅　甲申　己丑　庚寅　甲午　辛丑　壬寅　甲辰　癸丑　甲寅

丑子亥　为入墓，有收藏之态，仕进无心。

丁卯　己卯[②]　辛卯　癸卯　乙卯

卯寅丑　自辰至午，发泄太过，中藏乌有，吝象也。今由寅卯归丑，披枝归根，方兆泰来之象，故曰联芳悔吝，须知否极泰来。

戊辰　己巳[③]　庚辰　辛巳　丙戌　癸巳　丙申　戊戌　乙巳　丙午　戊申　丙辰　丁巳　戊午

午巳辰　名登庸，舍井蛙而旋登月阙。盖言远未中之井，而近巳中之蟾也。

庚午　庚戌

巳辰卯　巳宽大，有正己之象，从巳而辰而卯，正己而物正，胥匡于通达，故为正己，人物咸亨。

辛未　癸未

戌酉申　为返驾，若肃杀之地，主行肃杀之道，昔孙膑占此，不满期而出，刖足而反也。

壬申　乙亥　丙子　壬午　丁亥　戊子　壬辰　己亥　庚子　辛亥　壬子　壬戌　癸亥

未午巳　为渐晞，晞指午也，未渐而入之，其象脱凡俗而渐入高明。

癸酉

申未午　曰凌阴，申为阴，而午未凌之也，阴阳交战，安危之机，故其象行险侥幸，安者危，而危者安也。

乙酉　丁酉

解曰：当时不时，过后失时。心力不逮，惟事退思。逢空须进，不进则陷。朝干

① 魁度天门。
② 三奇。
③ 三奇。

朝支，夹定透限。进或太过，静能定乱。吉不大吉，凶无大变。

丙戊　　丁己庚
辰　巳　午　未
乙卯　　　　申
寅　　　　　酉辛
丑　子　亥　戌
甲　癸　　　壬

昴星疏解

申申午	己巳进茹俯	戌未酉	庚午进茹仰	申亥申	辛未进茹俯
子辰戌	丁丑逆加俯	午戌辰	丁丑顺加俯	丑午酉	戊辰退合仰
申寅申	癸未退茹俯	午戌寅	丁亥顺加俯	巳申丑	戊子退合仰
子辰戌	己丑逆加俯	午戌辰	己丑顺加俯	子未子	辛卯逆加俯
亥寅巳	乙未退间俯	戌卯午	乙未退茹俯	酉戌午	戊申进合仰
戌午申	己酉退茹俯				

解曰：四课相生比和，日神敛矢藏弹者，昴星也。言其微明，虽七星相聚，而非至明之睛，不能察也。刚日取酉上神，鸡鸣翘首之义，日将升也。柔日用酉下辰，虎视俯首之义，日欲沉也。春曰昴星，如虎对立，视俯仰以卜远近之忧危。夏曰转蓬，如蛟猝腾，迭阴阳以探本原之贞悔。秋曰虎视，出外而稽留不起。冬曰掩目，虚惊而终不伤人。或曰阳日昴星为虎视转蓬，阴日昴星为冬蛇掩目。盖戌亥之卦无身，从酉至阴之乡讨出消息。俯主近，仰主远，阴为悔，阳为贞。君子履霜之渐，小人道长之机，多忧惧，胎奸祸时也，白虎发为至凶。转蓬云者，占得如蓬之转，速避患也。如占行人，则久羁在外。螣蛇见亦不吉，然掩目之蛇，人能害之，不能害人，故主虚惊，但占目病，必至丧明。宋本《毕法赋》曰：昴星阳日，干为中传，支为末传，阴日，支为中传，干为末传，皆取上辰。见妄用三传灾福异注。

别责疏解

寅午午	戊辰进茹	亥丑丑	辛未进纯	亥未未	辛未退纯

丑巳巳　　丁酉退间　　巳丑丑　　辛丑退纯　　巳未未　　辛丑进纯

亥午午　　丙辰进茹　　寅午午　　戊午进茹　　丑酉酉　　辛酉退茹

解曰：如花待时，所占未济。合日辰以定人事，分巧拙而在居行。夫课名别责，事属有待，事形于此，而成却在彼，故曰别也。况四课不备，无克无遥，尤无力之甚也。占者惟利守中，不宜妄作。

占法曰：四课不全三课备，无克无遥别责例。刚日干合合上神，上神乃作初传寄。柔日从支取三合，相次三合前位地。便寻天上用为良，阴阳中末干头系。据此诀，则戊辰戊午丙辰三刚日，无异议也。若辛未辛丑辛酉丁酉四柔日，六课亦宜以支合前一位上神作初传也。古法良是，如左。

辛未日干上未　申未未［旦将阴后后，暮将空白白］

　　干上丑　寅丑丑［旦将常白白，暮将贵后后］

辛丑日干上未　寅未未［旦将勾后后，暮将贵白白］

　　干上丑　申丑丑［旦将朱白白，暮将空后后］

辛酉日干上酉　子酉酉［旦将空武武，暮将阴白白］

丁酉日干上巳　亥巳巳［旦将贵空空，暮将雀常常］

若蜀本，不知何取，其书不全，亦列于后，以俟高明①。

辛丑日　亥未未　亥丑丑　辛酉日　未酉酉②

辛未日　巳未未　巳丑丑　丁酉日　未巳巳③

八专疏解

丁未日四课　亥辰辰［旦贵青青，暮朱白白］　丑巳巳［朱空空，勾常常］　卯午午［勾白白，空六六］　亥戌戌［贵蛇蛇，阴后后］　逆

甲寅日二课　申午午［青白白，蛇后后］　丑亥亥［贵阴阴，空常常］　顺

己未日六课　亥辰辰［后勾勾，六常常］　丑巳巳［蛇龙龙，白六六］　卯午午［六空空，青朱朱］　亥戌戌［蛇雀雀，元阴阴］　未申申［白常常，蛇贵贵］　酉酉酉［旦将六合，暮将天后］皆阴私之神也，占者宜隐。逆

庚申日四课　卯丑丑［阴贵贵，常空空］　酉未未［常空空，阴贵贵］　亥酉酉［阴常常，常

① 似从支上逆三位同八专。

② 未一作卯，宜作未。

③ 皆取地盘。

阴阴]　丑亥亥［贵朱朱，空勾勾］　顺

解曰：八专之意，不宜男子波波；帷箔之名，不利妇人嬉嬉。盖阴施阳化，以别而神。今干支同位，则内有怨女，外有旷夫，故其象淫泆，士女怀春，诗有褰裳之咏也。夫八专五日，甲寅、丁未、己未、庚申、癸丑，日有克，惟此四日十六课。

元首课凡一百有二十有八，重审课凡二百有五十有五[①]，知比涉凡一百有七十有七[②]，遥克课凡六十有五[③]，昴星课凡一十有六[④]，别责课凡九[⑤]，八专课凡一十有六[⑥]，任信课凡四十有八，无亲课凡六。

蒿矢疏解

丙寅日寅将、己巳日辰将、丙辰日寅将、丁巳日辰将加干：亥申巳

丁卯日辰将、丙午日寅将加干：子酉午

庚午日未将、辛巳日亥将、庚戌日未将加干：午巳辰

辛未日酉将加干：巳辰卯　　癸酉日子将加干：未午巳

癸酉癸亥日亥将：未巳卯　　乙亥日寅将加干：酉未巳

庚辰日酉将加干：午未申　　乙酉日卯将加干：申未午

丙戌日午将加干：亥子丑　　丙戌日未将加干：子寅辰

戊子日申将、己酉日戌将：卯午酉　　辛卯日子将加干：巳未酉

壬辰日寅将加干：戌丑辰　　甲午、甲辰、甲戌日亥将：申巳寅

乙未日巳将加干：酉戌亥　　戊戌日丑将加干：寅戌午

丁酉日戌将加干：子卯午　　己亥、己酉日巳将：卯丑亥

己亥日戌将加干：寅巳申　　庚子日亥将加干：午酉子

辛丑日午将加干：巳丑酉　　癸卯、癸巳日卯将：未酉亥

甲辰日午将加干：申子辰　　乙巳日子将加干：酉巳丑

辛亥日丑将加干：巳申亥　　丁巳日卯将加干：亥未卯

壬戌日寅将加干：辰未戌　　癸巳日寅将加干：未申酉

---

① 内有上克者百卅一。

② 内知一廿一，比用七十四，涉害八十二。

③ 内蒿矢四十，弹射廿五。

④ 内刚日四，柔日十二。

⑤ 内刚日三，柔日六。

⑥ 惟四日，阳日六，阴日一十。

辛卯日子将加干：巳未酉　　己巳日辰将加干：寅亥申

解曰：蒿矢神遥克日，如二克，则主两事而合为一事。课遇金煞，乃为有镞，始能伤人。然虽有金，而值夏令，则金销，坐空亡，则镞遗，皆不能伤人。惟逢季旺，行秋时，则吉凶皆有力。凡日下称某将某将者，加干之将也。

弹射疏解

戊辰日酉将加干：子辰申　　辛未、辛巳日子将加干：寅辰午

丙子日丑将加干：申辰子　　己卯日辰将加干：子酉午

己卯日酉将加干：亥丑卯　　庚辰、庚戌日亥将加干：寅巳申

辛巳日未将加干：寅亥申　　癸未日子将加干：巳辰卯

癸未日亥将加干：巳卯丑　　乙酉日寅将加干：未巳卯

丙戌日丑将加干：酉巳丑　　丁亥日巳将加干：酉未巳

丙申日午将加干：酉戌亥　　丁酉日午将加干：申未午

戊戌、戊辰日申将加干：亥寅巳　　乙巳日巳将加干：未申酉

丙午日午将加干：申酉戌　　壬子日寅将加干：午酉子

辛酉日丑将加干：卯午酉　　癸未日卯将加干：巳未酉

解曰：弹射日遥克神，虽一克，亦主一端而分作两端。课逢土煞，乃为有丸，即可伤人。然虽有丸，而居春日则土崩，值空亡，则弹破，终无害于物。使值季旺，乘火权，则休咎尤无阻。总之蒿弹之力不雄，所卜难成。

右七百有二十课[①]，其门有九[②]，其名二百有一十有八[③]，其体一百有五十二[④]，其式一百有四十有七，内四课全者凡四百有九十有五，三课者凡一百五，阴阳不备各半，二课者凡一百有一十有五，四课同一神者凡五。

---

① 六十日每日十二课。

② 元首重审之例。

③ 元胎三交斩关轩盖迍福之例。

④ 辰巳午、子寅辰、寅巳申、子申辰、巳戌卯之例。

观梅源流[①]

凡观梅之法，澄心正立，观其来意，详察问者持来之物，或所书之字，或即年月日时作卦起数，以理辨之，斯得矣。

卦数起例

一乾二兑三离四震五巽六坎七艮八坤，或年月日为前卦，以时配之为后卦，除八定卦，再总数除六取爻。物以所属卦为前卦，以数为后卦。书史见成字样，以上字为上卦，下字为下卦，此先天卦之例也。后天，凡见物有可数之数，即以起数作上卦，以时数配合作下卦，又总除取爻。凡书写字及口呼字，皆以先出者为下卦，后来为上卦也。字停匀，则中分作，若多寡，则以少一数者为上，多一数者为下卦也。

五行化数图

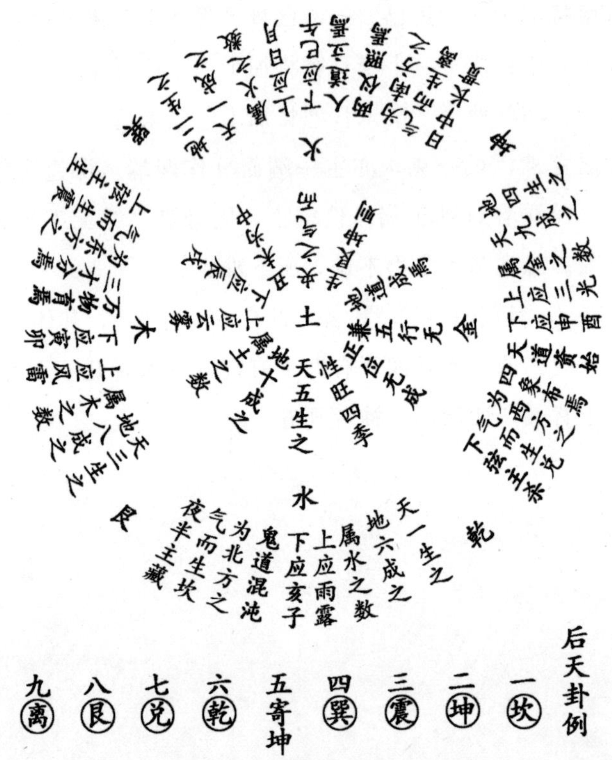

① 《六壬透易外编》。

卦断取例

初爻为事之初应，互爻为之中应，变爻为事之末应。此逐爻正理也，术者可以一二断。一曰爻当作卦。

体用云者，如易卦立筮人，则易卦为体，筮者其用也。兹所谓体用者，借体用二字，以寓动静之机，以分宾主之兆，以为占例之准则耳。体卦为主，用卦为事，互卦为事之中道，变卦为事归结。体之卦气，宜盛不宜衰。何谓盛？春得震巽，夏得离，秋得乾兑，冬得坎，四季月十三日至月尽十八日得艮坤，是盛也，反此者曰衰。抑体卦宜受他卦之生，不宜受卦之克。他卦者何？用也，互也，变也。何谓生？如体卦属金，而得艮坤土也。何谓克？如体金，而遇离火也。五行效此推。又宜受他卦之生用，见体卦之克用，用爻克体则凶，体生用客利。体党多则势盛，如体金而互变皆金也，故互用之间比和为快。若夫体金而互变土水，体金而互变木土，互应中变应末，或先吉而后凶，或先凶而后吉也。欲知数，体之互可察，当知方，用之互可详。此说互之体用在中应也。生体为吉事之期，克体为凶事之日云。

克应云者，三要灵应之类。如闻吉言，见吉事，休征也。悉凶说，见凶物，咎征也。圆则行，方则止，缺则终毁之类。若论难易，复验已成之动静，坐则事应迟，行则事应速，走则愈速，卧则尤迟。此指自己之静动也。数者俱备，可以尽占道矣。要在运心目耳灵，俾应于事物也。

又云：先天卦定事之期，则取诸卦气。以用爻为例，定男女生，行人归。后天则以卦数时数总之，而分行立坐卧之迟速，以为应事之期。然卦数时数，应近而不能决远，必合先天后天，通用取决始得尔。

八卦所属五行

乾卦，应于戌亥月日时。

兑卦，应于申酉月日时。

震卦，应于寅卯月日时。

巽卦，应于辰巳月日时。

坎卦，应于壬癸月日时。

艮卦，应于丑寅月日时。

坤卦，应于未申月日时。

离卦，应于丙丁月日时。

五金日，乾兑，戌亥庚辛。

五木日，震巽，乙卯辰巳。

五水日，坎，壬癸子亥。

五土日，艮戌丑未辰，坤未申丑辰。

五火日，离丙丁巳午。

卦数体用钤式

凡卦，体用相生极美，比和次之。体用于变爻，作动静取之。动者为用，静者为体。生克比和，皆以本卦言，互卦去初上爻，以二三四为下卦，而以三四五为上卦。只取五行为本卦生克，动爻为变，例如左。

地雷复之地泽临[①]

	地雷复	坤为地	地泽临
	— —坤土	— —坤土	— —坤土
[体]	— —	— —	— —
	— —应	— —	— —
	— —震木	— —坤土	— —兑金
[用]	— —	— —	———用木变金
	———世	— —	———

① 用克体。

木是用爻，断出软物，文章之体也。将出是罗经。

天泽履之乾为天①

	天泽履	风火家人	乾为天
	———乾金	———巽木	———乾金
[体]	———世	———	———
	———	— —	———
	— —兑金	———离火	———乾金
[用]	———应	— —	———
	———	———	———

此卦断是铁器。将出乃果剃刀也。

泽火革之雷火丰②

	泽火革	天风姤	雷火丰
	— —兑金	———乾金	— —震木
[用]	———	———	— —用金变木
	———世	———	———
	———离火	———巽木	———离火
[体]	— —	———	— —
	———应	— —	———

占物是贵重首饰，占病必痊，以火熔金，金用受制也。

雷泽归妹之火泽睽③

	雷泽归妹	水火既济	火泽睽
	—应—震木	— —坎水	———离火
[用]	— —	———	— —用木变火
	———	— —	———
	—世—兑金	———离火	— —兑金
[体]	———	— —	———
	———	———	———

用木变离火，体金伏艮土，土能生金，断出果是铁器。

① 体用比和。
② 体克用。
③ 体克用。

泽天夬之兑[①]

	泽天夬	乾为天	兑为泽
	— —兑金	———乾金	— —兑金
［体］	———世	———	———
	———	———	———
	———乾金	———乾金	— —兑金
［用］	———应	———	———用金变金
	———	———	———

此卦比和，非金则石，兑上缺，主破磁器。果是碗碟也。

天水讼之天泽履[②]

	天水讼	风火家人	天泽履
	———乾金	———巽木	———乾金
［体］	———	———	———
	———世	— —	———
	— —坎水	———离火	— —兑金
［用］	———	— —	———用水变金
	— —应	———	———

此体生用，为泄气，求财未遂，系离宫属火克金，故返自销耗。

泽火革之泽山咸[③]

	泽火革	天风姤	泽山咸
	— —兑金	———乾金	— —兑金
［体］	———	———	———
	———世	———	———
	———离火	———巽木	———艮土
［用］	— —	———	— —
	———应	— —	— —用火变土

离火初爻，阳动变阴，艮属土，兑金为少女，离火克之，巽为体，巽属木，互乾金克之，故曰伤人。得艮土能扶起兑金，则有救。断曰：虽有所伤，不至于死，果验。此观梅之原也。先天之数，见动则占。昔邵康节先生于辰年十二月十七日申时，偶见

① 体用比和。

② 体生用。

③ 用克体。

梅上鹊争枝坠地，即以辰年五数，加月十二数，日十七数，共三十四数，除四八余二数，得兑为上卦。加申九，合四十三数，除五八余三数，得离为下卦。又以四十三除去六七四十二得一，为动爻，是为革之咸。断曰：明晚有女子折花，戒园子勿惊之。明日薄暮，果有邻女折花伤股。

天风姤之巽[1]

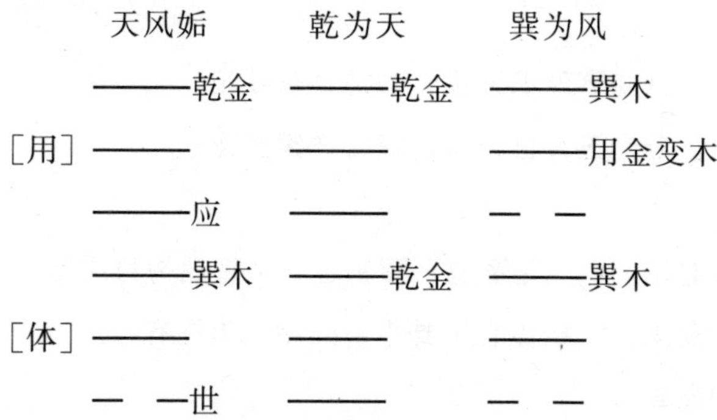

此闻声克应秘也。即康节先生冬夕，其子侍坐，忽有邻人叩门借物，先扣一声，复扣五声，令子试占所借何物。一声属乾为上卦，五声属巽为下卦，总得六数，加酉时十数，共十六，除二六十二，得四为动爻，乃天风姤之巽卦。其子断云：乾金巽木，金短木长，借锄头也。先生云：否否，是斧头。问之，果借斧子。问何也？曰：论数须论理，夜安用锄也？

玄微通变

昔有二老立于门，偶见黄黑二马前过，素常言数，二老各自演之，俱得离卦。一老云：黄马先，离火也。一老云：火先烟而后焰，黑马先。果如其言。所谓火未焰而先烟耳。故曰：活法全生于方寸，玄机更任于传从。众寡纷纭，理则融贯。触机取义，在临事而详焉。

凡为人占，其例不一，或听其声，或观其事，或取诸身，或取诸物，或因服色，或遇外物，或正年月日时。或书写来意，一字为太极未判，如草字混沌不明，不可起数，楷书则数其字画，居左者为阳，为上卦，居右者为阴，为下卦。二字为两仪，平分一画为上，一画为下。三字为三才，一画为上卦，二画为下卦。亦有四声法，平一上二去三入四也。四字平分，二字为上，二字为下，取四象也。五字曰五行，二字为

[1] 用克体。

上，三字为下。双则均之，单则少一字为上卦，多一字为下卦。天轻清，地重浊之义也。如一字不分左右，则取上下，上下亦无，则数画。

观梅百章占林

要见卦爻衰旺，端详体用之征。欲知事理识天机，细把百章歌记。

临占观形察理，音声以义断之。若逢王者世为奇，请君详猜要秘[①]。

凡事无故不占，不动不占。

混沌开辟立人极，吉凶响应宜趋避[吉]。先贤遗下预知音，皇极观梅与周易。

希微浩瀚总无涯，各述繁言人莫识。大抵体宜用卦生，旺相谋为终有益。

比和亦吉克为凶，生用亦为凶兆矣。

法以体用二行断之，体用者，犹世应也，各以用爻为应，体卦静，用卦动。

天时晴雨章[②]

问雨久晴无坎兑，亢旱言之终则是。天时连雨问晴明，艮离即卦响应耳。乾明坤晦巽多风，震主雷霆冬莫拟。

占风动法，如风自南来，即为风火家人，自北来，即为风水涣，八方效推。春为发生和畅之风，夏为长养万物之风，秋为肃杀，冬为凛冽之风。黄云主祥瑞，青云半吉凶，白云忧疑刀伤，黑云暗昧阴私之事，红赤主灾患，红紫色者吉。此色亦从风来，闻风而知事，古风觉占也[③]。

人事谋望章

凡占人事体克用，诸事亨通须有进。比和为妙克为凶，又看其中何卦证。

乾主公门或老人，坤遇阴人田土应。震为东方或山林，巽亦山林蔬果品。

---

① 右调西江月。

② 震卦在冬主风吼穴，若党多而克体太过，亦主雷变冬爕。

③ 一作《风角占》。

坎则北方并水姓，酒课鱼盐财取定。离主文书炉冶利，亦曰南方颜色雉。

艮为东北田林树，兑曰西南喜悦是。

凡占求谋以体为主，主克用，谋可成但迟；生用，多谋少遂；用克体，求谋望事百无一成，成亦有害；生体，不劳而成；体用比和，谋望称意。

家宅兴衰章

凡占家宅世为主，旺相须知进田土。生用须云耗散财，比和家世安居吉。

克体为凶断勿疑，生体盈宁仑奂宇。

占宅，体为主人，用为家宅。体克用，家宅吉；用克体，家宅凶；体卦生用，多主耗散，或有失脱盗贼之患；用卦生体，多主进益，或有馈进之喜；体用比和，家宅安稳。用克体，基址不美；生体，财帛正丰。

六甲生产章

生产以体为其母，用爻为子并生否。两宜生旺不宜衰，奇偶之中男女剖。

乾坎为阳坤属阴，又看来人爻内取。阴多生女阳多男，此数分明具易矩。

六甲体母用儿，俱宜乘旺[①]，不宜乘衰，宜相生忌相克。克用不利于子，克体不利于母。克用而用又衰，则子难完。克体而体又衰，则母难保。生体利母，生用利所生。体用比和有空，顺快、难育。若定其男女，则审卦。阳卦阳爻阳多者生男，阴卦阴爻阴多者生女。如决其生期，以用卦之气断之，庶乎有准。

婚姻饮食章

婚姻生用亦难成，比和克用大吉利。若问饮食用生体，比和肴馔丰厚至。

生用克体饮食难，克用终无和美备。坎兑为酒震为鱼，八卦搜求衰旺议。

求谋称意是比和，克用谋为迟可异。

① 如春占震巽之例。

婚姻以体为主，动为媒，用为姻家。体克用必成，用克体必凶，生用婚难成，或因婚而有丧。体克用虽成，成之迟迟，用克体终凶，成必克，比和则吉利。

饮食体为主，用为饮食。生体馔盛美，生用食难就，克用将食有阻，克体必无，比和丰足。

名利交易章

求名克用名可求，生体比和大利耳。求财克用曰有财，生体比和咸得意。

交易生体及比和，有利必成无后虑。

求名以体为主，用为位。克用名可图而成迟，克体无名终不利，生用名难成，生体名易成，比和功名显达。

求财体为主，用为财。克用必有财，克体决无财，生用财忧耗散，生体财喜进益，比和快意。欲知得财之期，生体之卦气决之。欲知破财之日，克体之卦气决之。指用卦也。

交易体为主，用为交易之应。生用迟成，克用难成，防有侵算之失。生体易成，克体便成，亦是贸迁之财，多半不成耳，比和诸事顺遂易就。

出行行人章

出行克用用生体，所至其方名得计。坎则乘舟离旱途，乾震动而坤艮止。

出行以体为主，用为出行之人。克用出行所至多得意，克体不可出行，强出必有祸，生用有破耗之失，生体得意外之财，比和所行顺快。凡出行，体用宜生旺，诸卦宜生体。体卦是乾震多主动，坤艮主不动，巽宜舟，离宜陆，坎有失陷，兑主纷争。

行人克用必来迟，生体比和人即至。咸速恒迟升不回，艮阻坎险君须记。

行人体为来占之人，用为出行之人。克用迟滞，克体不归，生用未至，生体即至，比和归期在即，不日至矣。又以用卦为行人，体若乘旺逢生，在外顺快，逢衰，在外灾殃，震多不宁，艮多有阻，坎多险难，兑有纷争，俱看用卦。

谒人见贵章

若云谒人体克用，比和生体相见重。兑主外见讼［歃］不亲，乾利大人尊长共。

遗失财物章

来问遗亡克用爻，速可寻求卦内包。生体比和终可觅，兑临僻处并田坳。

坤主方器凭爻看，离为炉冶及南郊。

体为主，用为所失之物。体克用，急寻迟见；用克体，必不能寻；生用，物难见；生体，物易寻；比和，物终不失。又以变卦为物之所在，变乾在西北，坤向西南寻，震东兑西，离南坎北，艮东北，巽东南，寻之可得。

疾病求医章

疾病最喜体旺相，克用易安药有效。比和凶则有救星，体卦受克为凶兆。

离宜服热坎宜寒，艮坤土行温补料。亦把鬼神卦象推，震生妖怪为状貌。

巽为自缢锁枷神，坎由落水血殇挠。

体为病人，用为症候。体卦宜逢旺，忌逢衰，宜逢生，忌逢克，用宜生体，忌克体。体克用，病易安，生用，病难愈。体克用，服药有效，用克体，医道无功。体逢克而乘旺，犹或庶几，若又休衰，断无生理。体用比和，疾病安然。欲识凶中化吉之兆，生体之卦决之。欲详疾势危笃之期，克体之卦定之。欲论医药之属，当审生体之卦。如离宜服凉[①]药，坎宜服热[②]药，艮坤温补，乾兑清凉。至于信鬼神之说，虽非易理，然亦不可谓易道不该，惟以理推之。如卦有克体者，即可测其鬼神矣。乾主西北方之神，或伤亡之鬼。坤则西南方之神，或旷野之鬼。震则东方鬼或木下神。巽则东南鬼或山林神。坎主北神或水畔鬼。离是南神或火死鬼。艮乃东北方神，土压之鬼。兑乃西方金神，刀伤之鬼。如无克体之卦，不必论也。

---

① 疑当作热。

② 疑当作凉。

公庭词讼章

凡占公讼用宜克，体卦旺相理终得。比和和劝最为奇，非惟全仗他人力。

体为占者，用为对讼之人。克用，已胜；克体，彼胜；生用，非止失理，或因官而有所疑；生体，岂但得理，或因讼而有所成；比和最吉，匪徒和劝之义，必得贵人之力。总之，体宜旺，用宜衰。

坟茔风水章

若问墓穴在何地，坤则平洋巽林里。乾宜告葬艮临山，离近人烟兑兴废。

比和生体宜瘗埋，克用尤为大吉利。如人临问听旁言，咲语鸡鸣俱喜美。

凡逢好物亦云祥，略举片言通万类。

以体为主，用为坟墓。克用葬吉，克体地凶，生用葬后冷退，生体葬后日进，体用比和为大吉也。

后四句总结通篇，《三要》、《玄黄》备言之矣，下章亦然。

机先杂断章

假如坐静室中，目无所见，以耳所闻起卦。或数其数目，一声属乾，二声属兑之例。验其起方，南属离，北属坎之例。辨其物声，详其所属。水声属坎，火声属离之例。如感物会心，触目生机，则近取诸身，远取诸物，检其奇偶，辨其声音，审其形色，察其体质。形圆而刚者属乾，柔者属兑，方者属坤，长者属巽，仰者属震，覆者属艮，中刚外柔者属坎，内柔外刚者属离，刚而缺者亦属兑。其色青者属震巽，赤紫者属离，黄者属坤艮，白者属兑，黑者属坎。见牛为坤，见马为乾，见鸡为巽，见犬为艮，见羊为兑，见雉为离，省其美恶，以属配卦，加时成数，断其休咎云。

凡是推占起数时，吉凶悔吝有玄机。无因无感元无极，感触形声始有叽①。

① 叽音稽，稽，疑也。

风动声来如阵马，斗争事类有忧疑。如潮震撼虚惊至，哽咽飘风虑祸危。
奏乐喧呼防讼狱，或如烈焰火惊期。徐徐而来缓缓去，若此风声庆有基。
眼动左边财物喜，惊危右瞷预防维。人将事理来占卦，先以阴阳两路推。
左手求谋右妻子，或是阴私惹是非。双手并起喜事合，心醉求谋事可知。
见人先急然后缓，说话之时着眼窥。花果之中分好歹，衣裳新旧亦堪思。
若见手扭于左领，定知忧难不差池。频将手弄胸前带，心间怀蕴是妻儿。
又见木系衣衫带，心中怀孕应妻儿。双手整襟并帽笠，婚姻喜合或偷期。
占时四顾週回察，阴阳受托与人知。见人言语对人赶，求谋未遂有些亏。
见人言语再三想，事类不定乱心思。见人言语对人远，谋望未通蹇滞时。
占时以手摸面目，求谋未获退先随。见人整顿衣衫袖，必然家下有忧危。
六畜带绳在面内，自缢亡身及伏尸。或见奴婢相嬉笑，断然家内主人衰。
入门忽见家主怒，宅神不安急求之。破伞傍门及奴婢，家居瘵鬼要传尸。
人拿扫帚或儿哭，风声家丑没尊卑。忽见奴婢迟疑阻，凡事未了喜事麋。
狗叫不须愁子远，火烛存心可免危。或见饭来云是犯，纸亏口舌互相持。
遇花遇酒忧旋散，逢醉逢痴必有悲。偶然见者皆为象，后之学者是明师。
坤牛牝马同诸兽，乾马天鹅鸭象狮。离雉蚌螺龟鳖蟹，震作龙蛇巽旺鸡。
山林之兽及虫豸，兑羊水泽产鱼儿。艮虎兽犀专狗鼠，点啄之俦亦属斯。
坎鱼豕酒水中物，走兽飞禽寓理奇。飞鹰走兔皆凶兆，布网张罗有难危。
若见乌鸦鸮隼雀，官灾横事时时着。山上飞来山上因，田中飞到田中作。
水里飞来是堰塘，看起何方知下落。黄鸟逢之家不和，白鸟定知孤寡托。
若见红毛雀火翘，牛猪见损惟家索。
阴人若也逢男子，必有喧争早晚期。若是男人逢女子，断他一定惹官非。
忽然举笔宽衣带，不问公私总解围。跛子瞽人携杖至，所谋蹇涩不能为。
或执丝麻行过去，但云孝服事堪悲。见果断之能结果，逢衣须说是良医。
适值丹青携画至，即言家有鬼神依。急叩家神求福佑，免教枉死少年儿。
时闻钟鼓磬声响，必有家音来不迟。若是携鱼雁雀过，亦传音信望来仪。
见梅欲就因缘事，肉见忧虞骨肉离。推詹蓦有官员过，当生喜气贵人携。
出笔抽毫通远信，笔头落纸事皆违。墨断须知田土散，纸破须知事不支。
犬吠二声防哭泣，鼠声宜备贼来侵。猫呼哀绝有人忌，马嘶必主远行临。
听得鸡鸣云可喜，人惊梦觉见通灵。赤硃写字血光动，叶上书时有斗争。
舡上不宜书火字，楼头切忌有孤灯。破器莫将添砚水，定知才散甚分明。
有时戏在炉中写，遇火焚烧事不宁。下笔忽然蝇蟢动，断他六甲诞凝馨。

左来必定生男子，右至须知弄瓦形。若逢米至开眉喜，写砚池干财匮名。
曾见人家转薄子，口中含饭问枯荣。直饶家下千钟粟，应被官司犯罪刑。
花下寻来多色欲，女人情意欲相亲。花谢花开灾福定，应在开时喜不胜。
麒麟鸾凤为佳相，猪羊牛马是凶星。寺观铃铙钟鼓幢，要知神佛有祈禳。
竿竹阻节都迟滞，忽闻鸦叫祸相将。晴宜书日雨宜水，秋金夏火得时良。
更审事情分向背，玄机克应细推详。

元机期日章

求财长生至帝旺，更加墓库亦同期。空手鬼爻同此断，博戏生旺亦同推。
若问六甲分娩日，帝旺长生沐浴时。行人问归生旺墓，若问他来合是支。
子孙生旺病当瘥，鬼爻墓旺病身危。失物只看财有气，旺相方所日时随。
婚姻本宫内外旺，或然月卦用为仪。求官须用官鬼旺，文字还寻朱雀司。
官鬼墓绝官事了，若还生旺正相欺。谒见世应合时会，官爻子孙亦随宜。
阴宅外卦为动候，吉凶斯处不差移。

人道洞玄章

人过须分阴与阳，男人和缓最为良。若逢喧啖为凶兆，齐整衣裳是吉祥。
妇人来过必阴邪，老妪先亡祸患加。少美坛邪为鬼祟，丑形产死起咨嗟。
又听笑声家无害，喧呼亦主破资财。若抱童子番成妙，披发尤愁孝服来。
老人若至病将安，土地家先起祸端。若是喧呼并笑啖，更防家长有灾刑。
童子衣冠整为吉，不整须防小口残。破财不吉有何占，戏游喧哄看群嫌。
僧子在旁多旧愿，祖先咒诅有因兼。若逢凶吏多凶事，病有冤家犯庙衙。
巫觋来时有祸伤，星翁相值最相当。蓍龟临卜背冤咒，地理人来即有殃。
唱念妇人主病死，谋事不成口舌起。宾客临门有祸源，吉方来友添人喜。
工匠如何定消息，拙则成凶巧则吉。仆来言缓事无伤，笑啖谨防争竞逼。

人事测微章

人声走入吉出凶，咳嗽时闻事不通。把笔入防官事执，出时谋事必和同。观人写字人添寿，事事平康家道丰。担茅入病坛邪鬼，出主行危桅疾通。柴禾入内有财喜，出外须防财物空。柜椅出凶入则吉，米榖入美出凶从。刀斧夜入伤亡鬼，无事破财三两重。咳声防有官非至，唱韵翻成悲泣同。吃核果主孕生子，饮酒凶为斗换攻。撞破花瓶分左右，男左女右寿算穷。衣衫白色必主孝，喜事颜光黄与红。外门响时内有事，内器响时妇病戎。宿愿有声凭法具，破竹木声家欲破。火烧柜椅妇人灾，词章火去回禄祸。头巾落地家长迍，绳索牵连自缢怖。屋瓦内堕家财破，外落横财不测过。打破动用耗资财，日月之内当见破。丝料落地莫言祥，斋蔬落地神其吐。堕花落地女人亡，果落男子招鬼厝。忽闻兽臭野狐臊，六畜牛羊防遇虎。冠帽落地有官刑，若在仕途退职苦。道衣破裂亦生嗔，印令倒时为事左。此般之事志于心，依理推详无不可。

诚心叶应章

病逢僧道合提防，金犯天星许奏禳。佛塔仙山功德愿，急须酬答便安康。出门撞见女子时，血光客鬼弄跷蹊。却要看他衣服色，更须方便说因依。逢见师巫病有由，邪师魇禁作冤仇。睡卧不安人恍惚，解冤释结庶无忧。见人把火莫沉吟，南上神坛作祸侵。病者汤生潮热盛，急求太岁免忧心。见担土石贱人行，腰腿还兼四体疼。脾胃更加多呕逆，随方谢土即安宁。见人执抱簿兼文，便是天行及五瘟。最忌世人占病苦，哭声不久便临门。手持花木是妖精，病者沉沉日向沉。起坐艰辛茶食苦，重重作福免悲吟。见人木棒面前陈，便是青林木下神。恍惚病人心怕惧，不恶饮食瘦浑身。出门看见绿衣人，手执锄锹竹木筋。带孝哭声并叫唤，其人不久命将倾。担箩便是天罗煞，执网应知地网神。奔走便言多急脚，黄泉挑水是其真。犬猪相咬又相持，鸦噪鹅声相斗鸡。咒诅冤家来作祸，病人不久主分离。张伞扫地灾殃散，念佛看经功德判。患身不治全安痊，歌唱欢声消祸难。

占产出门相向许，男即是男女即女。入门其主出门迎，不日当知产即生。
若是在厅经久坐，须知未有的星辰。何知产难多忧阻，出见成群杂还人。
开启道场已结界，猪狗侵场为祸怪。不然秽恶或鸡来，此病应知难疗瘥。
内有斗争邻闹哄，破财横事入门哄。六畜乱扰名怪异，宅神惊犯外神讼。
鼠雀杂喧鸦乱鸣，神坛社庙鬼来侵。阴人祸患三旬内，更主牵连口舌深。
鹊报声欢应吉庆，婚姻文信喜相迎。刀枪凶器如交动，血刃官司入户庭。
灯烛昏昏烟烬掩，瘟邪鬼病祸来生。灯火爆惊邻震恐，主人心事虑纷争。
两旬三七月余后，回禄须禳祸可轻。怪物蓦然冲入宅，阴小颠邪冤鬼魄。
婴儿啼哭啾唧添，为犯家先司命责。胥吏往来绳索动，乡村株及生词讼。
偶声犬吠兆皆凶，定有官灾孝服恫。器破生悲器木鸣，须知病者定将倾。
师童巫术都邪鬼，咒诅香烟有誓盟。日用物寻无觅处，暗中防寇小人侵。
屠宰纵横相避遁，须防六畜上刀砧。医法师来门不开，开门又见扑灯来。
撞见行人并孝子，麻羽雄鸡不用猜。占病若逢肩板木，九泉设席待人回。
色衣道人祥兆见，买卖通书事事善。若是才名吉庆并，法音交作升腾便。
一女一男好事成，群阴相挽是非煽。掌中柄印主威权，画上花翎粧点羡。
竹下作书阻节多，枯枝水畔漂流面。逢梨生怕有分离，斗鹊须怡远信践。
前贤编此泄天机，因应万殊理一贯。

相字神枢[①]

探玄赋

且夫天字者，乃乾健也，君子体之。又如地字者，乃坤顺也，庶人宜之。君子书天，得其宜也。小人书地，合其理也。夏木春花，是彼敷荣之日。冬梅秋菊，值伊开放之时[②]。一有背违，宁无困顿。日字要看亭午，月来须问上弦。假如风雨，欣逢生旺之期。若是冰霜，莫写蒸炎之候。牡丹芍药，祇属虚花。野杏山桃，断他有实[③]。森森

---

① 六壬外集。

② 梅耐寒而多子，菊傲霜多寿。

③ 牡丹芍药虽富贵无终，野杏山桃仅温饱而有实。云雷泽物，电雹惊心。波浪无常，泥尘暗昧。

松柏，终为栋梁之材。郁郁蓬蒿，不过园篱之物。书来凤竹，判以清虚。写得桑蚕，归于饱暖。云雷电雹，可言声势之家。波浪泥尘，合作漂流之士。鱼龙上达，牛马下流。泉石烟霞，拟作清贫之士。轩窗台榭，岂为暗昧之徒。河海江山，所为广大。涧溪沼沚，作事低微。灯烛书在夜间，自然耀影。月星忌当日午，空自埋光。椒桂芝兰，岂出常人之口。桑麻禾麦，决非上达之人。黄白绿青红，许以相逢艳冶。宫商角徵羽，言他会遇知音。剑戟戈矛，终皈武士。琴书笔砚，乃近文人[①]。问贱与贫，因见自谦之德。书贵及富，已萌妄想之心。金玉珍珠，不过守富之辈。荣华显达，欲寻要踏之方[②]。恩情欢爱，既出笔端。淫荡迷痴，常眠苍下。酒浆脍炙，餔啜者常见书之。福寿康宁，老大者都应写此[③]。

尔乃龙蟠虎踞，宁无变化之奇。凤翥鸾翔，终有飞腾之便。体如鹭立，孤贫之士无疑。势若鹊飞，饶舌之徒可测。惊蛇失道，只寻入穴之谋。舞雀离巢[④]，自有翀天之志。急如雀跃，是子轻浮。缓似鹅行，斯人稳重。如篁蓊欝，休言豁达心怀。似水漂流，未免萧条家道。或若炎炎之火，或如点点之云。一生喜怒无常，终身成败不保。风摇嫩竹，早年卓立难成[⑤]。雨洗桃花，晚岁羁栖无倚。为人潇洒，乃如千树之江梅。赋性温柔，可爱数株之岩柳。烟霞蒙树[⑥]，欲卓立全倚他人。霜叶辞柯，本漂流不由自己。画似稜稜之枯木，孤苦伶仃。形如泛泛之浮萍，贫穷漂泊。无异巉岩之怪石，巇险营生。有侔耸拔之奇峰，孤高处世。金绳铁索，此非岩谷之幽人。玉树瑶琴，定是邦家之良佐。乱丝缠结，定知公事牵连。利刃交加，即定私家隔角。丿如罗带，际遇阴人。捺似拖勾，刑伤及己。勾埒锦靴，遭逢官贵。画成横挑，疾病临身。最忌横冲半断，不保荣身。仍嫌直落中枯，难言高寿。剔成新月，出门便见光辉。点作飞星，守旧宁无晦滞。至若挥毫带煞，乘生气之重权。落纸无威，作犇趋之贱役。起腾腾之秀气，主有文章。生凛凛之寒光，宁无声价。半浓半澹，作事多乖。倚东倚西，撑持不暇。字短则沉沦不显，字长则潦倒无成。拾后沾前，所为阻险。忘前顿后，举动趑趄。且如偃仰[⑦]，遇庶人反成号泣，君子飞腾。设若拳掌，逢君子乃是刑囚，庶人勤苦。造其理也，即此推之。

---

① 剑戟戈矛，心怀杀伐。琴书笔砚，意在见闻。

② 金玉满堂，不可常保。荣华炫世，徒自奔忙。

③ 已上拆字理，以下相字形。

④ 离巢一作出巢。

⑤ 难成一作能成。

⑥ 蒙树一作系柏。

⑦ 偃仰一本作俯仰。

花押赋

粤若押字，人之心印。古人以结绳为政，今人以花押为凭。大凡穷通之理，皆与阴阳相应。先观五行之旺衰，次察六神之强胜。五行立木卧土勾金点火曲水之象，六神青龙朱雀勾陈螣蛇白虎玄武之形。上尖阔，火乃发用。坚瘦直，木乃生荣。金要方，水要圆，土要肥，木要正。故曰：炎炎火旺，玉堂拜相。洋洋水秀，金阙朝元。木盛兮仁全义广，金盛兮性急心刚。土薄而离巢破祖，土厚而福禄绵绵。故曰：火少水多，根枝折挫。金少火多，两窟三窝。金斜而定然子少，木曲而终不财丰。盖画长兮，象天居上。土卧厚兮，象地居下。内木停兮，象人在于中央。三才全兮，如身居其大厦。无天有地兮，父早刑。有天无地兮，母先化。有木孤兮，昆弟难依。天地失兮，故基已罢。内实外虚兮，才虽高而无成。外实内虚兮，终富厚而显赫。龙蟠古字，必有将相之权。不逢偏邪，定作孤贫之客。螣蛇缠体，漂流万里。下有玄底，防妻害子。身透天而常违父母之言，点上盖而有失弟兄之礼。只将正印按五行，仔细推详，大小吉凶搜六神，无不验矣。

观物洞玄歌[①]

洞玄者，洞达玄妙之说也。此歌为占宅气而发。昔牛思晦凡入人家，知其家吉凶先兆，故此术云家之兴衰，必有祯殃为识。讳者鉴此，不达者昧此。故发蕴奥，皆理之必然者也，毋庸以浅近目之。曰：

世间万事无非数，理在其中寓。吉凶悔吝有其机，此理可先知。

五行金木水火土，生克先为主。青赤黄白黑之形，辨察要分明。

人家祸福何堪见，只向玄中判。入门便察见闻时，于此定兴衰。

若还宅舍如春意，家道生和气。若还冷落似秋时，从此见衰微。

自然馨香如兰室，福生无虚日。猪犬鸡猫秽薰腥，贫病定相萦。

男粧女饰皆齐整，此去门风盛。家人面垢更蓬头，定是有忧愁。

儿啼妇叹情怀消，祸患是阴小。老人无故双重泪，不日伤悲至。

---

① 有序。

门前墙壁多残缺，家力终休歇。溜槽水视向东流，财帛难求收。

忽然瓦上生奇草，荫益人家好。户门幽爽绝埃尘，必定出高人。

偶然破履当门户，必有奴欺主。长长破碎在边门，断不利家君。

遮门临井桃花艳，内有风情染。屋前屋后有高桐，离别主人翁。

井边倘种高梨树，常有离乡士。祠堂神主忽焚烧，火厄恐相招。

檐前瓦片当门堕，诸事愁崩破。若抛砖瓦厕坑中，从此是贫穷。

白昼不宜灯在地，死者还相继。忽然鼠向日中来，不日耗重财。

牝鸡早晚鸣咿喔，阴盛家萧条。中堂犬吠泣而啼，人眷见灾危。

侵晨檐鹊连声暨，远信行人至。蟒蛇偶尔入人家，人病见妖邪。

雀群争逐当门盛，口舌纷争竞。舟船若见安平地，虽稳成淹滞。

他家树荫过墙来，多得横来财。偶然鹏鸟叫，当门人口定灾迍。

厅砖砌石休残拆，凡事多衰灭。入门茶酒应声来，中馈主家财。

三餐时候炊烟早，渐渐根基好。连宵烟火不留时，人散与财离。

千门万户难理备，方寸地中寄。斯之引类发先天，深奥有渊渊。

右《洞玄歌》与下《灵应篇》，同理而小异，彼篇多为占卜而设。盖占卜之际，随所触所见，以为克应之兆。此歌则不特占卜之一时，而人有此事，必有此理，盖多寓观察之术也。然有数端，人家可不戒慎而趋避也哉，或可转祸为福，何不知其所自布囿于数中，偶吾见之，而善恶不逃乎明鉴矣。

三要灵应篇[①]

夫三要者，运耳目心三者之要也。灵应者，应事物之灵也。夫目之于视，心之于思，耳之于听，思之外，占决之际，寂然澄虑，静观万物，而听其音之吉凶，视其形之善恶，察其理之祸福，此三者皆可谓占卜之验，如物之应声，如影之随形，乾坤万汇，灼然而见也。其理出于周易远取诸物，近取诸身之法。是篇则出于先圣先贤，采世俗之事而为之者也。其用之者，鬼谷子、严君平、东方朔、诸葛孔明、郭璞、管辂、李淳风、袁天罡、皇甫真人、麻衣道者、陈希夷，嗣自今邵康节、邵伯温、牛思晦、迨夫高处士、湛子、富春子、泰然子、朱清虚子，其代传者不一，而不及知其姓氏者

① 有序。

不与焉[①]。其词曰：

原夫天高地下，万物散殊，阴浊阳清，五气顺布，祸福莫逃乎数，吉凶皆有其机。人为万物之灵，心乃一身之主，目寓之而为色为形，耳听之而为音为声，则三要应之，万物备矣。是以逢吉兆，终须见吉，遇凶谶，未免为凶。物之完者事成，物之缺者事败，断然此理，又复何疑？所以云开见日，事必增辉[②]。烟雾障空，物[③]当失色。忽颠风而飘荡，偶雷震以虚惊。月忽当空，宜近清光。雨乍霑衣，可蒙恩泽[④]。又若重山为阻隔之兆[⑤]，重泽为浸润之源。水流而事通，土积而事滞。石乃坚心始得，沙为浮土即崩[⑥]。破崩主田土之忧，汩急主波涛之险。旱沼之旁，心力必竭。枯木之下，形貌皆衰[⑦]。适逢人品之来，实为事体之应[⑧]。故荣官显职，宜见于贵。富商巨贾，可问乎财。儿童哭泣，忧及子孙。吏卒叫嚣，忌乎官讼。二女二男，为重婚之义。一僧一道，乃孤独之端。男人咲语，阳喜相逢。女子牵连，阴私见累。逢匠氏，喜门庭改换。遇宰夫，忌骨肉分离。猎徒来野外之财，渔父得水中之利。见孕妇，主事萌于内。逢瞽叟，则忧在于心[⑨]。童子从师，端开词讼。主翁笞仆，每有谴呼。人物至于摇手而莫为，掉头而不肯，拭目喷嚏者防泣，搔首弹垢[⑩]者有忧。足动有[⑪]行，臂交有失。屈指主[⑫]阻隔[⑬]，吁气主悲忧[⑭]。舌出掉者，是非反背，向者闪赚[⑮]。偶[⑯]攘臂者，争夺乃得。偶[⑰]下膝者，屈申可求[⑱]。见赌博，争闹之财[⑲]。遇书写，主文书之事。偶携物者，遇人携挈。偶携手者，遇事牵连。复观动静，以决速迟。故坐则事应于迟[⑳]，行则事应于速，

---

① 书传自上古，莫知其始作而法之，而灵应者，有若鬼谷子、严君平、东方曼倩、诸葛孔明、管辂、郭璞、袁天罡、李淳风、皇甫真人、麻衣道者、陈希夷、穆长伯、邵康节、伯温、牛思晦，继高处士、湛然子、富春子、泰然子、清虚子，代有传人而泯其姓氏者不知凡几矣。

② 此段仰观天文。

③ 一作时。

④ 天文。

⑤ 此段俯察地理。

⑥ 放手即分。

⑦ 地理。

⑧ 此段中征人物，三才备矣。

⑨ 忧在一本作虑，切良是。

⑩ 一作冠。

⑪ 一作将。

⑫ 多。

⑬ 节。

⑭ 愁。

⑮ 一本作背相靠者内赚。

⑯ 遇。

⑰ 逢。

⑱ 身体。

⑲ 此段近取诸身。

⑳ 此二段动于人事。

走则逾速，卧则尤迟[1]。讲论经史，事体徒闻于虚说。讴歌词曲，谋为必见于悠扬。及夫舟楫在水，凭其接引以行之。车马登途，用之负载而方往。张弓挟矢，必能领荐。有箭无弓，未可施为。持刀执刃，须分利钝之材。被甲操戈，可断刚强之士。抱丝者，事体繁乱。围棋者，眼目众多[2]。粧花刻果，终非结实之材[3]。画采图[4]形，尽是点[5]装之类。络纬得[6]成，可以问职。笔墨俱在，可以求文。遇倾盖，主退权。忽临镜，可赴诏。抱[7]贵器者，有非常之用。负大木者，有不小之才。升斗宜料量向前，剪刀宜裁度以用。见蹴鞠则逢人剔发[8]，开锁钥则遇物[9]疏通。逢补器终不坚牢，遇磨镜重生光采[10]。硎斧摩刚者，迟钝[11]得利。快刀砍木者，利事伤财。裁衣服破后还成，造纸砲成后乃[12]散。奕棋者取之以计，张网者得[13]之以空。或持斧锯必有伤，或涤卮觞必有请[14]。或掉[15]羽扇者，有相招之情。或污已衣者，有谋害之意。凉天扇子，当主卷收。朗日伞盖，须为闲器[16]。秋月春花，虽无赏而对景。夏绵冬葛，终有用而背时。泡影电光，虚幻莫信。蚕丝蛛网，周行乃成[17]。虽云草木之无情，亦于占事而有应[18]。故芝兰为物之瑞，而松柏为寿之坚。遇椿桧则父岁年深，逢菌菰则朝生暮死。疾病生产，切忌逢之。枝叶飘零，时当萎谢。根荄接续，事主牵连。奇葩断是虚花，佳果终为结实[19]。藤萝之类，皆为倚势。虎豹之像，可以施为[20]。即其鸟兽之无知，恒于人事而多验。乌鸦起灾，灵鹊臻喜。宾鸿主宾朋之信，虺蛇防妻妾[21]之谋。鼠噬衣主小口之灾，鹊踏枝[22]有

---

[1] 人事。
[2] 围棋一本作扬旗，取其齐师眼目也。
[3] 因。
[4] 书象描。
[5] 乔。
[6] 将。
[7] 捧。
[8] 接持。
[9] 作事。
[10] 再见可照。
[11] 逢铁。
[12] 破。
[13] 一作摸。
[14] 饮。
[15] 挥。
[16] 秋风纨扇永弃捐，晴日伞蓑暂闲置。
[17] 器用。
[18] 此段已下至于假借皆远取诸物。
[19] 草木无情现宜有验。
[20] 苔藓之种尽属补粧。◎已上花木。
[21] 妻妾一本作毒害。
[22] 一作噪檐。

远行之至。犬惊[①]主贼盗，鸡鸣[②]主喧哗。牵羊吉，应时临。驻[③]马久，远[④]皆利。猿猴攀木，身心不定。鲤鱼得水，变化非凡[⑤]。乘散[⑥]马则病者难安，驾套[⑦]禽则终身难脱[⑧]。又况酒乃忘忧之物，药为去病之方。酒樽破而乐极生悲，药遇师[⑨]而难中有救[⑩]。又如玩彼物形，可知事体。石逢皮则破，人傍木则休。笠飘水畔，泣字分明。火入林中，焚形显见。三女主[⑪]奸私之事[⑫]，三牛主犇涉之劳。一木二火，荣耀之光。四水一鱼，鳏寡[⑬]之像。人立圈者[⑭]，主囚牢狱。斗入门者[⑮]，主斗閧事。两丝挂木，论以乐事。一人立门，必有闪隐。两人夹木，所待必来。二牛继后，宜防失脱。耕田凿地，逢进[⑯]必蕃[⑰]。剖竹破竿，事势必顺[⑱]。复指物形，以叶吾意[⑲]。见鹿可以言[⑳]禄，见蜂可以言[㉑]封。梨主分离，桃防逃走。鞋[㉒]知百事和谐，盒乃诸为得合。见鲤[㉓]词讼有理，见冠问名有官[㉔]。事虽详备，在乎变通。及在吾之身，为彼事之应。是以我心忧矣，彼怀亦惨。我心乐矣，彼事亦欢。我心闲兮，彼事从容。我心忙兮，彼当窘迫。欲观在人之道，须详系卦之辞。人将畔者其词惭，中心疑者其词支。吉人之词寡，躁人之词多。诬善之人其词游，失其守者其词屈[㉕]。更推五行，复详八卦。吉则应吉终须吉，凶则应凶终须凶。卦应一吉一凶，事体半凶半吉。明生克之理，察动静之机。两间万物之粲陈，咸关万事之感应。活法更存方寸，渊机在于师传。纵万象之纷纭，惟一理之

---

① 一作战。
② 一作斗。
③ 一作骑。
④ 一作出入。
⑤ 至于飞走皆征休咎。
⑥ 绳栓。
⑦ 架陷。
⑧ 诵读鸡窗，斗争啄野。鹤鹿庆寿，虎豹施威。◎鸟兽。
⑨ 医者来。
⑩ 饮食。
⑪ 有。
⑫ 忧。
⑬ 居。
⑭ 人言犬吠。
⑮ 空门。
⑯ 事理。
⑰ 翻。
⑱ 会意。
⑲ 音义。
⑳ 问。
㉑ 求。
㉒ 禾。
㉓ 李。
㉔ 假借。
㉕ 情词。

融贯。务在触机而发，更以临事而详。嗟夫！东方朔射覆知事物之隐微，诸葛亮马前定吉凶于顷刻，皇甫真人端坐之妙，李淳风鸟觉之玄，虽取用之有殊，诚此理之无异，可以动神明之运，可以会龟蓍之灵，人非三世莫能造其渊源，心非七窍莫能悟其机奥，得其文者究其蕴，非其人者勿妄传，轻泄玄机，必遭天谴，造之深可以入道，用之久可以通神。

玄黄歌[①]

序曰：龟图未画，此为太古之淳风。鸟迹既分，爰识当时之制字。虽具存于简牍，当深究于源流。成其始者，信不徒然。即其终之，岂无奥义？同田是富，分贝为贫。相[②]木相并即成林，每水皈东是为海。顾纷纷而莫述，即一一而可知。不惟徒羡于简笺，亦可预占于休咎。春蛇秋蚓，无非皈笔下之功。白虎青龙，皆不离毫端之运。余生好癖，末学传文。少年与笔砚相亲，半世与诗书为活。识鲁鱼之舛，穷亥豕之讹。别贤愚之字，照然于毫端。审祸福之机，瞭然于心目。解而当理，敢学说字之荆公。挟以动人，未逊后来之谢石。得失何劳于龟卜，依遗预决于狐疑。岂徒笔下以寻推，亦至梦中而讲究。刀悬梁上，后操刺史之权。松出腹间，果至三公之位。皆前人之已验，非后学之私言。洞察其阴阳，深明其爻象，则吉凶悔吝，可知也已。

大抵画由心乃上，以诚剖决要分明。出笔发挥逢定位，笔头若出干无成。

墨断须知田土散，纸破须防不正人。犬哭一声防哭泣，鼠来又忌贼相侵。

赤朱写字血光动，叶上书来有怨盟。忽见鸡鸣知可喜，人惊梦觉事通灵。

马嘶必有行人至，猫过提防奸宄临。舡上不宜书火字，楼头亦忌有官刑。

有时戏在炉中写，遇火焚烧忽不宁。破器莫将添砚水，定知财散更伶仃。

笔下偶然蝇蟢至，分明六甲动阴人。在左定生男子兆，在右须当添女人。

曾见人家轻薄辈，口中含饭问灾迍。直饶目下千般喜，也问刑徒法里寻。

花下写来为色欲，女人情意喜相亲。花开花落寻灾福，克应之时勿自盲。

麒麟鸾凤为佳兆，牛马猪羊凡贱形。此际直搜玄妙理，其中然后有分明。

应验只须勤记取，灾祥议论觉凡生。

两点旁边字，须知凝滞揽。要详端的处，旁许吉凶看。

反旁无一好，十个十重灾。旁里推详看，临机数上排。

① 有序。

② 疑作两。

走达字如何，须防失脱多。若还来问病，死兆不安和[①]。

系绞同丝绊，干字主留连。却喜财公问，旁看数目言[②]。

阜邑旁边字，当从左右推。兑宫知事定，震位字重为[③]。

四点皆为火，逢寅遇午通。若还书一画，百事尽成空[④]。

卓立人旁字，谋为倚势成。若还来问病，死去又逢生[⑤]。

之绕身必动，看其内必凶。问病也须忌，其余却稍通[⑥]。

弓伴休乾用，反处口难凭。先自无弦弓，如何得箭行[⑦]。

穴下灾祸事，占家便问官。更推从来用，凶吉就中看[⑧]。

双口相排定，因知动哭声。若逢于戌日，亦主泪如倾[⑨]。

户下尸不动，休来占病看。其余皆是吉，即断作平安[⑩]。

礼字旁逢折，必定见生财。疋字如逢见，须从人正来[⑪]。

骨旁人有祸，囚狱一重来。门内生荆棘，施设不和谐[⑫]。

自家身旁限，分明身不全。有谋难得遂，即日是非煎[⑬]。

山下灾祥字，占家便用官。更推从两用，吉凶数中安[⑭]。

欠字从西体，须知望用难。吹嘘无首尾，不用滞眉看[⑮]。

禾边刀则利，春季则为殃。夏日宜更改，人中好举扬[⑯]。

耳畔虽有纪，轻则是虚声。旺事宜重用，所谋合有成[⑰]。

---

① 攵走之。

② 孑系。

③ 阝卩邑阜。

④ 灬一。

⑤ 亻彳。

⑥ 辶廴。

⑦ 弓。

⑧ 宀穴。

⑨ 吕罒。

⑩ 户尸。

⑪ 示礻。

⑫ 月骨。

⑬ 身自。

⑭ 山上。

⑮ 𠂉欠。

⑯ 木禾。

⑰ 耳耳。

五行体格

水圆多性巧，浊者定昏迷。水泛为不定，水走必东西[①]。

火重性不常，火燥见灾殃。火多攻心腹，火轻足衣粮[②]。

土重根基好，土轻离祖居。土滞破田宅，土定多[③]虚图。[④]

金方利身主，金重性多刚。金走为神动，慷慨及门墙。[⑤]

木长性聪明，木短定功名。木多才学敏，木斜费支撑。[⑥]

笔法犯煞

[illegible]风鳞，[illegible]断伏，[illegible]活法，[illegible]用煞，[illegible]图带，[illegible]隔伏，[illegible]歆伏，[illegible]衝伏，[illegible]悬针，[illegible]冲伏，[illegible]流金，[illegible]乙活金，[illegible]曲伏，[illegible]死金，[illegible]活火，[illegible]死火，[illegible]螣蛇，[illegible]厄［死］土，[illegible]蛇土，[illegible]隔伏。已上花押尝犯之，下同。

[illegible]青龙［木］，[illegible]朱雀［火］，[illegible]勾陈［土］，[illegible]螣蛇[⑦]，儿白虎［金］，[illegible]元武［水］。

六神主事

青龙主喜事，白虎主丧灾。朱雀官司起，元武盗贼来。勾陈勾连吝，螣蛇妖怪哉。六神都静，万物咸安。莫教一动之时，家长有忧不测。若非财散人亡，必主刑囚狱讼。

青龙笔动喜还生，谋用营求事事亨。人口增添财禄厚，主人目下尽通明[⑧]。

[illegible]　青龙要得匀，百事皆吉。

朱雀交加口舌多，令人家内不安和。若逢水命方无怪，他命遇之有怨疴。

---

① 水笔。

② 火笔。

③ 疑作无。

④ 土笔。

⑤ 金笔。

⑥ 木笔。

⑦ 无定行。

⑧ 灾消福至宅主荣。

乂　朱雀临身文书动，主失财，有口舌，生横事，忌惹人，有忧惊。

勾陈逢者事交加，谋事中间事事差。田土[1]官司多挠聒，是非门内自喧哗。

勹　勾陈主忧惊之事，迟滞，忌田土是非未解，并惹闲愁。

螣蛇遇者主虚惊，家宅逢之尽不宁。出入营谋宜顺取[2]，免教仆马[3]有灾刑。

[illegible]螣蛇主忧惊，夜梦不祥，作事多阻，有喧争，惹旧怨，宜守静。

白虎逢之灾孝来，出门凡事不和谐。更防失脱家财损，足病[4]忧人百事[5]乖。

几　白虎主有不祥之兆，产病，有孝服，及官鬼，惹口舌，在囚狱。

元武动时主失脱，家宅流移慎方阔。更防阴小有灾厄，又主小人生咭聒。

厶　元武贵人华盖，主贼盗贼财，财亦难寻，阴人用事，耗材作灾。

蚕头燕额是青龙，两笔交加朱雀凶。元武怕他枯笔断，勾陈回笔怕乾宫。

螣蛇草笔重重带，白虎原来坤位逢。此是六神真数[6]诀，全将断语为流通。

凡相字须专一，若写两字，只看一字，盖字多则恐乱也。故谋数事而占，亦须移时，方可再写，方可再看。

辨字式

富字多稳重，墨无枯淡。贵字多清奇，长画肥大。贫人字多枯淡，无精神。贱人字多散乱，带空亡。工字多挑趯，商字多远近。男字多开阔，女字多逼侧。余皆以浓淡肥瘦斜正昏明之类断之。

笔法筌蹄

凡字法，有浓淡、肥瘦、长短、阔狭、反覆、顺逆、曲直、高低、大小、硬软、开合、清浊、虚实、凹凸、平仄、斜正，圆满、直牵、明白、轻决、稳重、挑趯、勾挽、破碎、枯槁、尖削、孤露、交加、肥满、尖瘦、刚健、精神、倒乱、鹘突、艳冶、

① 宅。
② 谨慎。
③ 人口。
④ 疾苦。
⑤ 煎命限。
⑥ 妙。

气势、瘦弱、小巧、柔满、苍硬、骨稜、草率、开阖各体，难以尽之。其诀曰：

笔画洁净，富贵无病。笔画肥浓，富贵不穷。笔画稳重，衣食丰隆。

笔画平直，丰衣足食。笔画端正，衣禄殷盛。笔画分明[①]，决有前程[②]。

笔画尖小，其人智晓。笔画轻快，聪明通泰。笔画刚健，力量识见。

笔画精神，必有声名。笔画光发，荣显通达。威猛气势，慷慨志气。

度量宽洪，逞英逞雄。笔画偪小，其人量小。笔画如线，有识有见。

笔画如绳，一世平宁。笔画硬直，衣食不屈。笔似乌梅，南相恢恢。

笔画分扫，破荡家早。笔画弯曲，奸巧百出。笔画迭荡，一生浮浪。

笔画枯槁，财物虚耗。笔画糊涂，戆蠢无谋。笔画沾带，是非招怪。

笔画小大，有成有败。笔画高低，说是说非。笔画淡薄，疮疫克剥。

笔画反覆，心常不足。笔画破碎，家事常退。笔画攲斜，漂泊生涯。

笔画愚浊，无知无学。笔画如蛇，常不在家。笔势偏侧，衣食断隔。

笔画鼓槌，到老寒微。笔画如针，此人毒心。笔画勾丫，官事交加。

笔画如钩，害人不休。笔画散乱，财谷绝断。字字人殊，别以决诸。

神之又神，存乎其人。笔画懒散，兄弟离散。

奴婢字：一似霜天一叶飞，书来木檐两头垂。画轻点重君须记，定是前趋后拥儿。

阴人字：阴人下笔意何如，只为多羞胆气虚。起处浑如针嘴朴，却来住笔定徐徐。

隔手字：隔手写来仔细详，见他纸墨定光芒。更看体骨苏黄格，淡有精神是贵郎。

视势：每遇人写来，必别是何字。如天字，乃是夫及失字基址。若女人写妨夫，男子写有失，女子是问夫事，男子及显者，问一大事。

象人：凡见字多，别是何人写，亦象人而言。如天字，秀才问科举，今年尚须勉力读书，来年有名望及第。官员亦未升，亦当勉力政事，主来年得人荐举受恩。庶人占之，病未安，用巫方愈，讼者未了，主费力，必被官刻断之类。盖天字加直成未，再加点成来，勑从来力也。

有所喜：如问财，见金玉偏旁及禾斗之类，是决主好，利益遂意。

有所忌：如问病，见土木，及询讼见血井字，皆凶之例。

有所闻：如问病，忌闻悲泣声，占财闻破碎声之例，皆非所宜。

有所见：如立字书时，值雨下，或见水，又如言字见犬，则成泣狱字，问病讼忌之例。

以时而言，如草木字，春夏则生旺，秋冬则衰替、多灾，若风云气候，俱有旺休

① 完洁。

② 功名可决。

之类。

以卦而言，如震字，春则得时，冬则无气，皆以卦言之例。

以禽兽言，如牛字，则劳苦，为人春夏艰辛，秋冬安逸之例。

取类而言，如楼字，笔画多，不可分解，以楼取义，乃重屋也。重字拆开为千里，问字之人，必有人在千里之外，死尸将至，美则作高显。

以此而言，如字先写笔画，喜则言吉，次则言凶，又次则言半凶半吉，以此加减，亦察人之气也。

当添则添，如官员写尹字，乃君字首，断其人必见土位，定不禄而退，如书君字，乃是郡旁，其人亦当作郡之例。

当减则减，如树字，中有吉字，写得好者，则减去两旁，只是言吉例。

笔画长短，如吉字，上作士字，终作士人，如作土字，乃口字在土下，问病必死。若身命属木，自身不妨，屋下水土生人，不过十日必亡。

又如常字，上作小字，只主家内小口微灾，无咎。若上草作⺌如此写，乃是灾字头，中是门字，下见吊字，主其人大灾患临头，吊客入门，大凶。然亦须仔细，仍观人之气色，象人而言。如上人气色黑恶，其人必退，土命者必死，不过十一日之例。

偏旁侵剋，如神宀字头乃是家头，如宀写乃是破家宅，其家必退，如此宀写，必兴门户，乃是山字形。如山有缺笔，乃是悬针之山，大凶。

字画指迷

如人字，正人作贵相，睡人作疾病，立亻傍托人，彳人作动人，其人逆多顺少，从作两人相从，虞作群党生事，坐人作阻隔，更作闲坐人。如申字，作破田煞，常人不辨破田之说，用事重成之义也。如田字，藏器待时，头足动有所争，争而有所私，忌田产不宁。如丑字横[①]山取之[②]，衣禄渐明矣。又作日间防破。如黄字，作廿一日后，方得萌芽，又作二十一用，可吉也。又云：上有一堆草，中有一条梁，撑殺田八郎。如言字，有谋有信取之，如草之，作水取之，心不定也。如心字，三点连珠，一勾新月，皆清奇之象，或坚心性情，作小人之状，近身作十字，作穿心六害取。凡百孤独，如寸亦心也。一寸十分，其人有十分谋望，有分寸也，又作一十。如辛字，乃六七日内见，立用干求，远作六十一日，或曰有穿相成也。

---

① 作土。

② 义。

应变精微歌

凡见挥毫落笔时，要寻凶吉察精微。忽闻戏谑旁人说，便把他人就应之。

听得鹊声闻喜至，若逢美事喜双眉。带花带酒忧还退，逢醯逢醢事可悲。

更看旁人甚颜色，论他深浅定根基。有人抱着孩儿至，先把阴阳两事推。

男抱女孩新燕尔，女人抱子叶熊罴。阳人抱着阴人看，必有喧争早晚期。

若见女人携女子，断他奸巧惹官非。忽然写字宽衣带，谩问公私总解疑。

跛足偶然携杖至，所求所用尽虚破。断他不用空劳力，假使机关也是亏。

或把丝麻前面过，但云见孝也伤悲。六亲表里同垂泪，轻重临时仔细推。

见像因依从决断，应干望用必相随。若不丹青画轴过，即云家内祸来危。

急祷家神荤素鬼，免教枉死少年儿。有时钟鼓磬声动，必主家音来不迟。

若见携鱼携雁过，亦得书信有佳期。见梅便说姊妹好，见李论官理不亏。

见桃必论人逃走，裁遇财分总可疑。见肉须当见骨肉，因他刑辱在邻比。

或见官员抬过去，便云贵气喜来贻。大抵字皆如此拆，分明决定莫狐疑。

偶然闻见为先兆，当即兼将此理推。此乃先贤真口诀，一隅三反在随机。

占　林

婚姻：凡写得相粘者可成，字画直落成双者可成。字中间阔不粘，及直横成只，偏旁长短者，皆不成。若字脚匀齐者成吉，四齐者尤吉。或上短下长，日久方成。乾上有破，父不允。坤上有破，母不从。左边长者，男子顺，女家不肯。右边长者，女家顺，男家未顺。

官事：凡见父字，或字脚一丿一乀破碎，端有杖责。或见牛字，有牢狱之忧，主有大失，或木笔开口者，亦有杖责。字画散乱者，易了。或有人字长者耸者，亦有杖刑。或有杖竹头之类，有打兆。火命人写木字来问，必有官灾。或宀头戴草者，说草头姓得力之例。

疾病：金笔多心肺疾、痰藏府疾，西方金神为祸。木笔多心气疾、手足灾，木神林坛为祟。水笔多泻痢吐呕之症，水鬼为灾。火笔多潮热伤寒时行，火鬼为怪，又四肢疼，时气病。火笔多者，病不死。土笔多者，脾胃兼疮疾，客亡伏尸鬼，疼痛之疾。

土笔多者，病多死，凡有丧字头，或虎字头，或两口，皆难救。

六甲：字有喜字若吉字体者皆美。带白虎笔，难生，子必死，写得粘者易产，字画纤断者，主有惊险。带螣蛇笔者虚惊。凡字画直落成双者阴也，生女，成只者阳也，生子[①]。

求谋：凡字写得中间阔，所谋无成。谋事写得相粘者，二十四五前或过此不成，盖有隔字体故也。求字来问者，木命人吉，火土人吝。

行人远信：如写行字脚短一般齐者，人便至，脚长或不齐，人不至。字画直落点多者，其人必陷身。字画少者，人便至。乃详字体格范。

谒贵：字有二数一点，前无阻，事齐相粘伶俐，贵人顺，点多者无成。

失物：凡字有失字体，朱雀动，有口舌难寻。金笔多，艮土有五金之物，宜速寻。土笔多，坎上有破碎，其物在北方古井及窑边坑坎之所，瓦器覆藏，五日方败。坤上有一勾者，奴婢偷去，不可取得。兑上不足，乃妻妾为脚，带金命人将去。离上一画不完者，乃南方火命人将去，见官方获，失物仍在。

问寿：字画写得肥壮者耐老，短促者无寿，长瘦者寿耐久。

功名：字画要得贵人显者，有功名。字若金笔多而端者，端正。及木笔轻而长者，皆有功名。

行人：人字潦倒，未动。写得人字起者，已动。人以来字问者，未至。行字问者，且待。凡字中有言字者，有信来，人未至。

反体：喜字来问，未可言喜，有苦字脚。庆字来问，未可言庆，有忧字脚。星字来问，日在上，星辰不见，问必凶。大凡文人不可写武字，武人不可写文字，阴人不可写阳字，阳人不可写阴字。皆反常也。

古人相字占验

宋谢石，善相字。高宗微行，过于市廛，在众人中，实不知为上也。上因举杖于地上画一画，令相之。石惊曰："请再书。"上举杖又写一问字，为坘土所梗，两旁俱斜侧飘飞。石兀惊曰："土上安一画，是王字也。后字飞两旁，左右皆君，必是主。"遂下拜。上曰："毋多言，明日当召卿。"次日，召见偏殿，书一"春"字命相之。石奏曰："秦头太重，压日无光。"上默然。赐赉命书。是时秦桧专权，闻之甚怒，乃阴

① 双者，阴也，女喜。成只者，阳也，生男。

中以他事，窜逐岭表，令一卒押行。抵中途，遇一人依山而立，举招牌称相字。石曰："人亦有善此术者乎?"因写已姓"谢"字令相。术者笑曰："子亦术士也。乃寸言安身。"石又写己名令相。术者曰："甚非佳兆，石逢卒则碎，子同行者卒也，未审何姓?"卒答曰："某姓皮。"术者惨然曰："石逢皮则破，子其不返乎?"石曰："数定，固莫能逃矣。予亦艺，请书一字，试占子之行藏。"术者曰："吾立此即字。"石曰："人立山旁，子其仙乎?"术者笑而不答，转盼间，忽失所在。石竟不返。

张乘槎善相字。杭州旧有拱北楼，王参政莅政改为来远楼。初揭扁，命槎占之。槎曰："三日内主有哀丧之事。"如其言。王公母夫人病卒。王延槎问故，槎曰："来者，丧字形，走之两点相连，泪点也。"又刘孟颐祖父居越，有疾，刘在钱塘延槎写一"豊"字令占之。槎曰："死矣，尚何占哉?"是晚讣音果至。异日叩其故，槎曰："豊形象山。山者，墓所也。二丰，冢上树。豆者，祭器也。厥兆如此，庸非死乎?"刘尝心有所欲占，延槎不言其事，但令射之，以验其术。槎曰："书一字，方可占。"适有一小学生在旁习字，正书《千字文》，至"德建名立"一句，刘指"德"字令占之，槎曰："子欲占行人耳。"刘曰："然。何时当至?"槎曰："十四日必来。"刘曰："恐事未了，不肯来。"槎曰："一心要来。"后悉如所占。刘问故，槎曰："德字双立人，乃行人耳，故知占行人。旁有十四字，故曰十四日。其下又有一'心'字形，所以云'一心要来'也。"

裴晋公征吴元济，掘地得一石，有字云："鸡未肥，酒未熟。"相字者解曰："鸡未肥，无肉也，肥去肉为己。酒未熟，无水也，酒去水为酉。破贼其在己酉乎?"果然。

唐僖宗改元廣明元年。相字者曰："有一人厓下出来，姓黄，左足踏日，右足踏月，此天下被扰也。"是年黄巢入长安乱天下。

宋太宗改元太平兴国。相字者曰："太平，二字，乃一人六十，寿止此矣。"太宗果享年六十而崩。

周尚幹年终将桃符制十数联，不惬意。周梅坡扶乩降紫姑仙，得两句云："门无公事往来少，家有阴功子孙多。"甚喜，大书于门。相字者曰："每句用三字，其兆不祥。上句云：'门无公。'下句云：'家有阴。'"是年尚幹卒于官，乃父致政亦卒，乃兄又卒，俱无子。门无公、家有阴，兆于先矣。

六甲纳音[①]

甲子乙丑海中金，丙寅丁卯炉中火。戊辰己巳大林木，庚午辛未路旁土。壬申癸酉剑锋金，甲戌乙亥山头火。丙子丁丑涧下水，戊寅己卯城头土。庚辰辛巳白蜡金，壬午癸未杨柳木。甲申乙酉井泉水，丙戌丁亥屋上土。戊子己丑霹雳火，庚寅辛卯松柏木。壬辰癸巳长流水，甲午乙未沙中金。丙申丁酉山下火，戊戌己亥平地木。庚子辛丑壁上土，壬寅癸卯金箔金。甲辰乙巳覆灯火，丙午丁未天河水。戊申己酉大驿土，庚戌辛亥钗钏金。壬子癸丑桑柘木，甲寅乙卯大溪水。丙辰丁巳沙中土，戊午己未天上火。庚申辛酉石榴木，壬戌癸亥大海水。

取休门之方法

甲戌壬子坎一宫，辛丁乙卯在坤乡。甲庚戊午常居震，丁癸辛鸡在巽方。庚子丙子乾位上，己卯癸卯兑宫藏。壬午丙午艮位是，乙酉己酉在离疆。

康熙己巳秋八月既望越三日

槜李汇水后学周协吕彫录竣

① 大衍之数五十，去一，为四十九，纳音用先天数，合二干二支之数，减四十九数，余数以五除之，剩数之所生者，纳音之五行也。

北京学易斋书目

书　　名	作　者	定　价	版别
影印涵芬楼本正统道藏 [宣纸线装;全 512 函 1120 册]	[明]张宇初编	480000.00	九州
影印涵芬楼本正统道藏 [道林纸线装;全 512 函 1120 册]	[明]张宇初编	280000.00	九州
易藏[宣纸线装;全 50 函 200 册]	编委会主编	98000.00	九州
重刊术藏[精装全 100 册]	编委会主编	68000.00	九州
续修术藏[精装全 100 册]	编委会主编	68000.00	九州
易藏[精装全 60 册]	编委会主编	48000.00	九州
道藏[精装全 60 册]	编委会主编	48000.00	九州
御制本草品汇精要[彩版 8 函 32 册]	(明)刘文泰等著	18000.00	海南
御纂医宗金鉴[20 函 80 册]	(清)吴谦等著	28000.00	海南
影宋刻备急千金要方[4 函 16 册]	(唐)孙思邈著	2380.00	海南
影元刻千金翼方[2 函 12 册]	(唐)孙思邈著	2380.00	海南
芥子园画传[彩版 3 函 13 册]	(清) 李渔纂辑	3800.00	华龄
十竹斋书画谱[彩版 2 函 12 册]	(明) 胡正言编印	2800.00	华龄
影印明天启初刻武备志[精装全 16 册]	(明) 茅元仪撰	13800.00	华龄
药王千金方合刊[精装全 16 册]	(唐)孙思邈著	13800.00	华龄
焦循文集[精装全 18 册,库存 1 套]	[清]焦循撰	9800.00	九州
邵子全书[精装全 16 册]	[宋]邵雍撰	12800.00	九州
子部珍本 1:校正全本地学答问	1 函 3 册	680.00	华龄
子部珍本 2:赖仙原本催官经	1 函 1 册	280.00	华龄
子部珍本 3:赖仙催官篇注	1 函 1 册	280.00	华龄
子部珍本 4:尹注赖仙催官篇	1 函 1 册	280.00	华龄
子部珍本 5:赖仙心印	1 函 1 册	280.00	华龄
子部珍本 6:新刻赖太素天星催官解	1 函 2 册	480.00	华龄
子部珍本 7:天机秘传青囊内传	1 函 1 册	280.00	华龄

书　　名	作　者	定　价	版别
子部珍本 8:阳宅斗首连篇秘授	1 函 1 册	280.00	华龄
子部珍本 9:精刻编集阳宅真传秘诀	1 函 2 册	480.00	华龄
子部珍本 10:秘传全本六壬玉连环	1 函 2 册	480.00	华龄
子部珍本 11:秘传仙授奇门	1 函 2 册	480.00	华龄
子部珍本 12:祝由科诸符秘卷秘旨合刊	1 函 2 册	480.00	华龄
子部珍本 13:校正古本入地眼图说	1 函 2 册	480.00	华龄
子部珍本 14:校正全本钻地眼图说	1 函 2 册	480.00	华龄
子部珍本 15:赖公七十二葬法	1 函 2 册	480.00	华龄
子部珍本 16:杨筠松秘传开门放水阴阳捷径	1 函 2 册	480.00	华龄
子部珍本 17:校正古本地理五诀	1 函 2 册	480.00	华龄
子部珍本 18:重校古本地理雪心赋	1 函 2 册	480.00	华龄
子部珍本 19:吴景鸾先天后天理气心印补注	1 函 1 册	280.00	华龄
子部珍本 20:宋国师吴景鸾秘传夹竹梅花院纂	1 函 2 册	480.00	华龄
子部珍本 21:影印原本任铁樵注滴天髓阐微	1 函 4 册	1080.00	华龄
子部珍本 22:地理真宝一粒粟	1 函 1 册	280.00	华龄
子部珍本 23:聚珍全本天机一贯	1 函 3 册	680.00	华龄
子部珍本 24:阴宅造福秘诀	1 函 1 册	280.00	华龄
子部珍本 25:增补诹吉宝镜图	1 函 2 册	480.00	华龄
子部珍本 26:诹吉便览宝镜图	1 函 1 册	280.00	华龄
子部珍本 27:诹吉便览八卦图	1 函 1 册	280.00	华龄
子部珍本 28:甲遁真授秘集	1 函 4 册	880.00	华龄
子部珍本 29:太上祝由科	1 函 2 册	680.00	华龄
子部珍本 30:邵康节先生心易梅花数	1 函 1 册	280.00	华龄
子部善本 1:新刊地理玄珠(需预订)	2 函 10 册	3000.00	华龄
子部善本 2:参赞玄机地理仙婆集(需预订)	2 函 8 册	2400.00	华龄
子部善本 3:章仲山地理九种(需预订)	1 函 5 册	1500.00	华龄
子部善本 4:八门九星阴阳二遁全本奇门断	2 函 18 册	5400.00	华龄
子部善本 5:六壬统宗大全(需预订)	2 函 6 册	1800.00	华龄

书　　名	作　者	定　价	版别
子部善本 6:太乙统宗宝鉴(需预订)	2 函 8 册	2400.00	华龄
子部善本 7:重刊星海词林(需预订)	14 函 56 册	16800.00	华龄
子部善本 8:万历初刻三命通会(需预订)	2 函 12 册	3600.00	华龄
子部善本 9:增广沈氏玄空学(需预订)	2 函 8 册	2400.00	华龄
子部善本 10:江公择日秘稿(需预订)	2 函 6 册	1800.00	华龄
子部善本 11:刘氏家藏阐微通书(需预订)	3 函 12 册	3600.00	华龄
子部善本 12:影印增补高岛易断(需预订)	2 函 8 册	2400.00	华龄
子部善本 13:清刻足本铁板神数(需预订)	3 函 13 册	3900.00	华龄
子部善本 14:增订天官五星集腋(需预订)	2 函 10 册	3000.00	华龄
子部善本 15:太乙奇门六壬兵备统宗(需预订)	9 函 36 册	10800.00	华龄
子部善本 16:御定景祐奇门大全(需预订)	8 函 32 册	9600.00	华龄
子部善本 17:地理四秘全书十二种(需预订)	4 函 16 册	4800.00	华龄
子部善本 18:全本地理统一全书(需预订)	3 函 15 册	4500.00	华龄
子部善本 19:廖公画策扒砂经(需预订)	1 函 4 册	1200.00	华龄
子部善本 20:明刊玉髓真经(需预订)	7 函 21 册	6300.00	华龄
子部善本 21:蒋大鸿家藏地学捷旨(需预订)	1 函 4 册	1200.00	华龄
子部善本 22:阳宅安居金镜(需预订)	1 函 4 册	1200.00	华龄
子部善本 23:新刊地理紫囊书(需预订)	2 函 6 册	1800.00	华龄
子部善本 24:地理大成五种(需预订)	8 函 24 册	7200.00	华龄
子部善本 25:初刻鳌头通书大全(需预订)	2 函 10 册	3000.00	华龄
子部善本 26:初刻象吉备要通书大全(需预订)	3 函 12 册	3600.00	华龄
子部善本 27:武英殿板钦定协纪辨方书	8 函 24 册	7200.00	华龄
子部善本 28:初刻陈子性藏书(需预订)	2 函 6 册	1800.00	华龄
重刻故宫藏百二汉镜斋秘书四种(一):火珠林	1 函 1 册	300.00	华龄
重刻故宫藏百二汉镜斋秘书四种(二):灵棋经	1 函 1 册	300.00	华龄
重刻故宫藏百二汉镜斋秘书四种(三):滴天髓	1 函 1 册	300.00	华龄
重刻故宫藏百二汉镜斋秘书四种(四):测字秘牒	1 函 1 册	300.00	华龄
中外戏法图说:鹅幻汇编鹅幻余编合刊	1 函 3 册	780.00	华龄

书　　名	作　者	定　价	版别
连山[一函一册]	[清]马国翰辑	280.00	华龄
归藏[一函一册]	[清]马国翰辑	280.00	华龄
御制周易[一函三册]	武英殿影宋本	680.00	华龄
宋刻周易本义[一函四册]	[宋]朱熹撰	980.00	华龄
易学启蒙[一函二册]	[宋]朱熹撰	480.00	华龄
易余[一函二册]	[明]方以智撰	480.00	九州
周易虞氏义笺订[一函六册]	[清]李翊灼订	1180.00	华龄
周易参同契通真义	1函2册	480.00	华龄
奇门鸣法	[一函二册]	680.00	华龄
奇门衍象	[一函二册]	480.00	华龄
奇门枢要	[一函二册]	480.00	华龄
奇门仙机[一函三册]	王力军校订	298.00	华龄
奇门心法秘纂[一函三册]	王力军校订	298.00	华龄
御定奇门秘诀[一函三册]	[清]湖海居士辑	680.00	华龄
宫藏奇门大全[线装五函二十五册]	[清]湖海居士辑	6800.00	星易
遁甲奇门秘传要旨大全[线装二函十册]	[清]范阳耐寒子辑	6200.00	星易
增广神相全编[线装一函四册]	[明]袁珙订正	980.00	星易
龙伏山人存世文稿[五函十册]	[清]矫子阳撰	2800.00	九州
奇门遁甲鸣法[一函二册]	[清]矫子阳撰	680.00	九州
奇门遁甲衍象[一函二册]	[清]矫子阳撰	480.00	九州
奇门遁甲枢要[一函二册]	[清]矫子阳撰	480.00	九州
遁甲括囊集[一函三册]	[清]矫子阳撰	980.00	九州
增注蒋公古镜歌[一函一册]	[清]矫子阳撰	180.00	九州
古本皇极经世书[一函三册]	[宋]邵雍撰	980.00	九州
明抄真本梅花易数[一函三册]	[宋]邵雍撰	480.00	九州
订正六壬金口诀[一函六册]	[清]巫国匡辑	1280.00	华龄
六壬神课金口诀[一函三册]	[明]适适子撰	298.00	华龄
改良三命通会[一函四册,第二版]	[明]万民英撰	980.00	华龄

书　　名	作　者	定　价	版别
增补选择通书玉匣记[一函二册]	[晋]许逊撰	480.00	华龄
绘图全本鲁班经匠家镜	1 函 4 册	680.00	华龄
菊逸山房地理正书(天函):地理点穴撼龙经	1 函 3 册	680.00	华龄
菊逸山房地理正书(地函):秘藏疑龙经大全	1 函 1 册	280.00	华龄
菊逸山房地理正书(人函):杨公秘本山法备收	1 函 1 册	280.00	华龄
青囊海角经	1 函 4 册	680.00	华龄
阳宅三要	1 函 3 册	298.00	华龄
子部珍本备要(宣纸线装)	全 404 函 811 册	分函售价	九州
001 岣嵝神书	1 函 1 册	280.00	九州
002 地理啖蔗録	1 函 4 册	880.00	九州
003 地理玄珠精选	1 函 4 册	880.00	九州
004 地理琢玉斧峦头歌括	1 函 4 册	880.00	九州
005 金氏地学粹编	3 函 8 册	1840.00	九州
006 风水一书	1 函 4 册	880.00	九州
007 风水二书	1 函 4 册	880.00	九州
008 增注周易神应六亲百章海底眼	1 函 1 册	280.00	九州
009 卜易指南	1 函 1 册	280.00	九州
010 大六壬占验	1 函 1 册	280.00	九州
011 真本六壬神课金口诀	1 函 3 册	680.00	九州
012 太乙指津	1 函 2 册	480.00	九州
013 太乙金钥匙 太乙金钥匙续集	1 函 1 册	280.00	九州
014 奇门遁甲占验天时	1 函 2 册	480.00	九州
015 南阳掌珍遁甲	1 函 1 册	280.00	九州
016 达摩易筋经 易筋经外经图说 八段锦	1 函 1 册	280.00	九州
017 钦天监彩绘真本推背图	1 函 2 册	680.00	九州
018 清抄全本玉函通秘	1 函 3 册	680.00	九州
019 灵棋经	1 函 1 册	280.00	九州
020 道藏灵符秘法	4 函 9 册	2100.00	九州

书　　名	作　者	定　价	版别
021 地理青囊玉尺度金针集	1 函 6 册	1280.00	九州
022 奇门秘传九宫纂要	1 函 1 册	280.00	九州
023 影印清抄耕寸集—真本子平真诠	1 函 2 册	480.00	九州
024 新刊合并官板音义评注渊海子平	1 函 2 册	480.00	九州
025 影抄宋本五行精纪	1 函 6 册	1080.00	九州
026 影印明刻阴阳五要奇书 1—郭氏阴阳元经	1 函 2 册	480.00	九州
027 影印明刻阴阳五要奇书 2—克择璇玑括要	1 函 1 册	280.00	九州
028 影印明刻阴阳五要奇书 3—阳明按索图	1 函 2 册	480.00	九州
029 影印明刻阴阳五要奇书 4—佐玄直指	1 函 2 册	480.00	九州
030 影印明刻阴阳五要奇书 5—三白宝海钩玄	1 函 1 册	280.00	九州
031 相命图诀许负相法十六篇合刊	1 函 1 册	280.00	九州
032 玉掌神相神相铁关刀合刊	1 函 1 册	280.00	九州
033 古本太乙淘金歌	1 函 1 册	280.00	九州
034 重刊地理葬埋黑通书	1 函 2 册	480.00	九州
035 壬归	1 函 2 册	480.00	九州
036 大六壬苗公鬼撮脚二种合刊	1 函 1 册	280.00	九州
037 大六壬鬼撮脚射覆	1 函 2 册	480.00	九州
038 大六壬金柜经	1 函 1 册	280.00	九州
039 纪氏奇门秘书仕学备余	1 函 1 册	280.00	九州
040 八门九星阴阳二遁全本奇门断	2 函 18 册	3680.00	九州
041 李卫公奇门心法	1 函 1 册	280.00	九州
042 武侯行兵遁甲金函玉镜海底眼	1 函 1 册	280.00	九州
043 诸葛武侯奇门千金诀	1 函 1 册	280.00	九州
044 隔夜神算	1 函 1 册	280.00	九州
045 地理五种秘笈合刊	1 函 1 册	280.00	九州
046 地理雪心赋句解	1 函 2 册	480.00	九州
047 九天玄女青囊经	1 函 1 册	280.00	九州
048 考定撼龙经	1 函 1 册	280.00	九州

书　名	作　者	定　价	版别
049 刘江东家藏善本葬书	1 函 1 册	280.00	九州
050 杨公六段玄机赋杨筠松安门楼玉辇经合刊	1 函 1 册	280.00	九州
051 风水金鉴	1 函 1 册	280.00	九州
052 新镌碎玉剖秘地理不求人	1 函 2 册	480.00	九州
053 阳宅八门金光斗临经	1 函 1 册	280.00	九州
054 新镌徐氏家藏罗经顶门针	1 函 2 册	480.00	九州
055 影印乾隆丙午刻本地理五诀	1 函 4 册	880.00	九州
056 地理诀要雪心赋	1 函 2 册	480.00	九州
057 蒋氏平阶家藏善本插泥剑	1 函 1 册	280.00	九州
058 蒋大鸿家传地理归厚录	1 函 1 册	280.00	九州
059 蒋大鸿家传三元地理秘书	1 函 1 册	280.00	九州
060 蒋大鸿家传天星选择秘旨	1 函 1 册	280.00	九州
061 撼龙经批注校补	1 函 4 册	880.00	九州
062 疑龙经批注校补一全	1 函 1 册	280.00	九州
063 种筠书屋较订山法诸书	1 函 2 册	480.00	九州
064 堪舆倒杖诀 拨砂经遗篇 合刊	1 函 1 册	280.00	九州
065 认龙天宝经	1 函 1 册	280.00	九州
066 天机望龙经刘氏心法 杨公骑龙穴诗合刊	1 函 1 册	280.00	九州
067 风水一夜仙秘传三种合刊	1 函 1 册	280.00	九州
068 新镌地理八窍	1 函 2 册	480.00	九州
069 地理解醒	1 函 1 册	280.00	九州
070 峦头指迷	1 函 3 册	680.00	九州
071 茅山上清灵符	1 函 2 册	480.00	九州
072 茅山上清镇禳摄制秘法	1 函 1 册	280.00	九州
073 天医祝由科秘抄	1 函 2 册	480.00	九州
074 千镇百镇桃花镇	1 函 2 册	480.00	九州
075 轩辕碑记医学祝由十三科治病奇书合刊	1 函 1 册	280.00	九州
076 清抄真本祝由科秘诀全书	1 函 3 册	680.00	九州

书　　名	作　者	定　价	版别
077 增补秘传万法归宗	1 函 2 册	480.00	九州
078 祝由科诸符秘卷祝由科诸符秘旨合刊	1 函 1 册	280.00	九州
079 辰州符咒大全	1 函 4 册	880.00	九州
080 万历初刻三命通会	2 函 12 册	2480.00	九州
081 新编三车一览子平渊源注解	1 函 3 册	680.00	九州
082 命理用神精华	1 函 3 册	680.00	九州
083 命学探骊集	1 函 1 册	280.00	九州
084 相诀摘要	1 函 2 册	480.00	九州
085 相法秘传	1 函 1 册	280.00	九州
086 新编相法五总龟	1 函 1 册	280.00	九州
087 相学统宗心易秘传	1 函 2 册	480.00	九州
088 秘本大清相法	1 函 2 册	480.00	九州
089 相法易知	1 函 1 册	280.00	九州
090 星命风水秘传	1 函 1 册	280.00	九州
091 大六壬隔山照	1 函 2 册	480.00	九州
092 大六壬考正	1 函 1 册	280.00	九州
093 大六壬类阐	1 函 2 册	480.00	九州
094 六壬心镜集注	1 函 1 册	280.00	九州
095 遁甲吾学编	1 函 2 册	480.00	九州
096 刘明江家藏善本奇门衍象	1 函 1 册	280.00	九州
097 遁甲天书秘文	1 函 2 册	480.00	九州
098 金枢符应秘文	1 函 2 册	480.00	九州
099 秘传金函奇门隐遁丁甲法书	1 函 2 册	480.00	九州
100 六壬行军指南	2 函 10 册	2080.00	九州
101 家藏阴阳二宅秘诀线法	1 函 2 册	480.00	九州
102 阳宅一书阴宅一书合刊	1 函 1 册	280.00	九州
103 地理法门全书	1 函 1 册	280.00	九州
104 四真全书玉钥匙	1 函 1 册	280.00	九州

书　　名	作　者	定　价	版别
105 重刊官板玉髓真经	1 函 4 册	880.00	九州
106 明刊阳宅真诀	1 函 2 册	480.00	九州
107 阳宅指南	1 函 1 册	280.00	九州
108 阳宅秘传三书	1 函 1 册	280.00	九州
109 阳宅都天滚盘珠	1 函 1 册	280.00	九州
110 纪氏地理水法要诀	1 函 1 册	280.00	九州
111 李默斋先生地理辟径集	1 函 2 册	480.00	九州
112 李默斋先生辟径集续篇 地理秘缺	1 函 2 册	480.00	九州
113 地理辨正自解	1 函 1 册	280.00	九州
114 形家五要全编	1 函 4 册	880.00	九州
115 地理辨正抉要	1 函 1 册	280.00	九州
116 地理辨正揭隐	1 函 1 册	280.00	九州
117 地学铁骨秘	1 函 1 册	280.00	九州
118 地理辨正发秘初稿	1 函 1 册	280.00	九州
119 三元宅墓图	1 函 1 册	280.00	九州
120 参赞玄机地理仙婆集	2 函 8 册	1680.00	九州
121 幕讲禅师玄空秘旨浅注外七种	1 函 1 册	280.00	九州
122 玄空挨星图诀	1 函 1 册	280.00	九州
123 影印稿本玄空地理筌蹄	1 函 1 册	280.00	九州
124 玄空古义四种通释	1 函 2 册	480.00	九州
125 地理疑义答问	1 函 1 册	280.00	九州
126 王元极地理辨正冒禁录	1 函 1 册	280.00	九州
127 王元极校补天元选择辨正	1 函 3 册	680.00	九州
128 王元极选择辨真全书	1 函 1 册	280.00	九州
129 王元极增批地理冰海原本地理冰海合刊	1 函 1 册	280.00	九州
130 王元极三元阳宅萃篇	1 函 2 册	480.00	九州
131 尹一勺先生地理精语	1 函 1 册	280.00	九州
132 古本地理元真	1 函 2 册	480.00	九州

书　　名	作　者	定　价	版别
133 杨公秘本搜地灵	1 函 1 册	280.00	九州
134 秘藏千里眼	1 函 1 册	280.00	九州
135 道光刊本地理或问	1 函 1 册	280.00	九州
136 影印稿本地理秘诀	1 函 2 册	480.00	九州
137 地理秘诀隔山照 地理括要 合刊	1 函 1 册	280.00	九州
138 地理前后五十段	1 函 2 册	480.00	九州
139 心耕书屋藏本地经图说	1 函 1 册	280.00	九州
140 地理古本道法双谭	1 函 1 册	280.00	九州
141 奇门遁甲元灵经	1 函 1 册	280.00	九州
142 黄帝遁甲归藏大意 白猿真经 合刊	1 函 1 册	280.00	九州
143 遁甲符应经	1 函 2 册	480.00	九州
144 遁甲通明钤	1 函 1 册	280.00	九州
145 景祐奇门秘纂	1 函 2 册	480.00	九州
146 奇门先天要论	1 函 2 册	480.00	九州
147 御定奇门古本	1 函 2 册	480.00	九州
148 奇门吉凶格解	1 函 1 册	280.00	九州
149 御定奇门宝鉴	1 函 3 册	680.00	九州
150 奇门阐易	1 函 2 册	480.00	九州
151 六壬总论	1 函 1 册	280.00	九州
152 稿抄本大六壬翠羽歌	1 函 1 册	280.00	九州
153 都天六壬神课	1 函 1 册	280.00	九州
154 大六壬易简	1 函 2 册	480.00	九州
155 太上六壬明鉴符阴经	1 函 1 册	280.00	九州
156 增补关煞袖里金百中经	1 函 1 册	280.00	九州
157 演禽三世相法	1 函 2 册	480.00	九州
158 合婚便览 和合婚姻咒 合刊	1 函 1 册	280.00	九州
159 神数十种	1 函 1 册	280.00	九州
160 神机灵数一掌经金钱课合刊	1 函 1 册	280.00	九州

书　　名	作　者	定　价	版别
161 阴阳二宅易知录	1 函 2 册	480.00	九州
162 阴宅镜	1 函 2 册	480.00	九州
163 阳宅镜	1 函 1 册	280.00	九州
164 清精抄本六圃地学	1 函 1 册	280.00	九州
165 形峦神断书	1 函 1 册	280.00	九州
166 堪舆三昧	1 函 1 册	280.00	九州
167 遁甲奇门捷要	1 函 1 册	280.00	九州
168 奇门遁甲备览	1 函 1 册	280.00	九州
169 原传真本石室藏本圆光真传秘诀合刊	1 函 1 册	280.00	九州
170 明抄全本壬归	1 函 4 册	880.00	九州
171 董德彰水法秘诀水法断诀合刊	1 函 1 册	280.00	九州
172 董德彰先生水法图说	1 函 1 册	280.00	九州
173 董德彰先生泄天机纂要	1 函 2 册	480.00	九州
174 李默斋先生地理秘传	1 函 2 册	480.00	九州
175 新锓希夷陈先生紫微斗数全书	1 函 3 册	680.00	九州
176 海源阁藏明刊麻衣相法全编	1 函 2 册	480.00	九州
177 袁忠彻先生相法秘传	1 函 3 册	680.00	九州
178 火珠林要旨 筮杙	1 函 2 册	480.00	九州
179 火珠林占法秘传 续筮杙	1 函 1 册	280.00	九州
180 六壬类聚	1 函 4 册	880.00	九州
181 新刻麻衣相神异赋	1 函 1 册	280.00	九州
182 诸葛武侯奇门遁甲全书	1 函 2 册	480.00	九州
183 张九仪传地理偶摘	1 函 1 册	280.00	九州
184 张九仪传地理偶注	1 函 1 册	280.00	九州
185 阳宅玄珠	1 函 1 册	280.00	九州
186 阴宅总论	1 函 1 册	280.00	九州
187 新刻杨救贫秘传阴阳二宅便用统宗	1 函 1 册	280.00	九州
188 增补理气图说	1 函 2 册	480.00	九州

书　名	作　者	定　价	版别
189 增补罗经图说	1函1册	280.00	九州
190 重镌官板阳宅大全	1函4册	880.00	九州
191 景祐太乙福应经	1函1册	280.00	九州
192 景祐遁甲符应经	1函3册	680.00	九州
193 景祐六壬神定经	1函3册	680.00	九州
194 御制禽遁符应经	1函2册	480.00	九州
195 秘传匠家鲁班经符法	1函3册	680.00	九州
196 哈佛藏本太史黄际飞注天玉经	1函1册	280.00	九州
197 李三素先生红囊经解	1函1册	280.00	九州
198 杨曾青囊天玉通义	1函1册	280.00	九州
199 重编大清钦天监焦秉贞彩绘历代推背图解	1函2册	680.00	九州
200 道光初刻相理衡真	1函4册	880.00	九州
201 新刻袁柳庄先生秘传相法	1函3册	680.00	九州
202 袁忠彻相法古今识鉴	1函2册	480.00	九州
203 袁天纲五星三命指南	1函2册	480.00	九州
204 新刻五星玉镜	1函3册	680.00	九州
205 游艺录:篮遁壬行年斗数相宅	1函1册	280.00	九州
206 新订王氏罗经透解	1函2册	480.00	九州
207 堪舆真诠	1函3册	680.00	九州
208 青囊天机奥旨二种	1函1册	280.00	九州
209 张九仪传地理偶录	1函1册	280.00	九州
210 地学形势集	1函8册	1680.00	九州
211 神相水镜集	1函4册	880.00	九州
212 稀见相学秘笈四种合刊	1函2册	480.00	九州
213 神相金较剪	1函1册	280.00	九州
214 神相证验百条	1函2册	480.00	九州
215 全本神相全编	1函3册	680.00	九州
216 神相全编正义	1函3册	680.00	九州

书　　名	作　者	定　价	版别
217 八宅明镜	1 函 2 册	480.00	九州
218 阳宅卜居秘髓	1 函 3 册	680.00	九州
219 地理乾坤法窍	1 函 3 册	680.00	九州
220 秘传廖公画筴拨砂经	1 函 4 册	880.00	九州
221 地理囊金集注	1 函 1 册	280.00	九州
222 赤松子罗经要旨	1 函 1 册	280.00	九州
223 萧仙地理心法堪舆经	1 函 2 册	480.00	九州
224 新刻地理搜龙奥语	1 函 2 册	480.00	九州
225 新刻风水珠神真经	1 函 2 册	480.00	九州
226 寻龙点穴地理索隐	1 函 1 册	280.00	九州
227 杨公撼龙经考注	1 函 2 册	480.00	九州
228 李德贞秘授三元秘诀	1 函 1 册	280.00	九州
229 地理支陇乘气论	1 函 2 册	480.00	九州
230 道光刻全本相山撮要	2 函 6 册	1500.00	九州
231 药王真传祝由科全编	1 函 1 册	280.00	九州
232 梵音斗科符箓秘书	1 函 2 册	580.00	九州
233 御定奇门灵占	1 函 4 册	880.00	九州
234 御定奇门宝镜图	1 函 2 册	480.00	九州
235 汇纂大六壬玉钥匙心诀	1 函 1 册	280.00	九州
236 补完直解六壬五变中黄经	1 函 2 册	480.00	九州
237 六壬节要直讲	1 函 2 册	480.00	九州
238 六壬神课捷要占验	1 函 1 册	280.00	九州
239 六壬袖传神课捷要	1 函 1 册	280.00	九州
240 秘藏大六壬大全善本	2 函 8 册	1800.00	九州
241 阳宅藏书	1 函 2 册	480.00	九州
242 阳宅觉元氏新书	1 函 1 册	280.00	九州
243 阳宅拾遗	1 函 2 册	480.00	九州
244 阳基集腋	1 函 2 册	480.00	九州

书　　名	作　者	定　价	版别
245 阴阳二宅指正	1 函 2 册	480.00	九州
246 九天玄妙秘书内经	1 函 1 册	280.00	九州
247 青乌葬经葬经翼	1 函 1 册	280.00	九州
248 阳宅六十四卦秘断	1 函 1 册	280.00	九州
249 杨曾地理秘传捷诀	1 函 3 册	680.00	九州
250 三元堪舆秘笈救败全书	1 函 4 册	880.00	九州
251 纪氏地理末学	1 函 2 册	480.00	九州
252 堪舆说原	1 函 1 册	280.00	九州
253 河洛正变喝穴集	1 函 1 册	280.00	九州
254 太上洞玄灵宝素灵真符	1 函 1 册	280.00	九州
255 道家神符霹咒秘传	1 函 1 册	280.00	九州
256 堪舆秘传六十四论记师口诀	1 函 2 册	480.00	九州
257 相法秘笈太乙照神经	1 函 3 册	680.00	九州
258 哈佛藏子平格局解要	1 函 2 册	480.00	九州
259 三车一览命书详论	1 函 2 册	480.00	九州
260 万历初刊平学大成	1 函 4 册	880.00	九州
261 古本推背图说	1 函 2 册	680.00	九州
262 董氏诹吉新书	1 函 2 册	480.00	九州
263 蒋大鸿四十八局图	1 函 1 册	280.00	九州
264 阳宅紫府宝鉴	1 函 2 册	480.00	九州
265 宅经类纂	1 函 3 册	680.00	九州
266 杨公画筴图	1 函 1 册	280.00	九州
267 刘江东秘传金函经	1 函 1 册	280.00	九州
268 茔元总录	1 函 2 册	480.00	九州
269 纪氏奇门占验奇门遁甲要略合刊	1 函 1 册	280.00	九州
270 奇门统宗大全	1 函 4 册	880.00	九州
271 刘天君祛治符法秘卷	1 函 3 册	680.00	九州
272 圣济总录祝由术全编	1 函 2 册	480.00	九州

书　　名	作　者	定　价	版别
273 子平星学精华	1 函 1 册	280.00	九州
274 紫微斗数命理宣微	1 函 1 册	280.00	九州
275 火珠林卦爻精究集	1 函 2 册	480.00	九州
276 韩图孤本奇门秘要	1 函 1 册	280.00	九州
277 哈佛藏明抄六壬断易秘诀	1 函 1 册	280.00	九州
278 大六壬会要全集	1 函 3 册	680.00	九州
279 乾隆初刊六壬视斯	1 函 2 册	480.00	九州
280 精抄历代六壬占验汇选	2 函 6 册	1280.00	九州
281 张九仪先生东湖地学	1 函 1 册	280.00	九州
282 张九仪先生东湖砂法	1 函 1 册	280.00	九州
283 张九仪先生东湖水法	1 函 1 册	280.00	九州
284 姚氏地理辨正图说	1 函 1 册	280.00	九州
285 地理辨正补注	1 函 2 册	480.00	九州
286 地理丛谈元运发微	1 函 1 册	280.00	九州
287 元空宅法举隅	1 函 1 册	280.00	九州
288 平洋地理玉函经	1 函 1 册	280.00	九州
289 元空法鉴三种	1 函 3 册	680.00	九州
290 蒋大鸿先生地理合璧	2 函 7 册	1480.00	九州
291 新刊地理五经图解	1 函 3 册	680.00	九州
292 三元地理辨惑	1 函 1 册	280.00	九州
293 风水内传秘旨	1 函 1 册	280.00	九州
294 杜氏地理图说	1 函 2 册	480.00	九州
295 地学仁孝必读	1 函 5 册	1080.00	九州
296 地理秘珍	1 函 2 册	480.00	九州
297 秘传四课仙机水法	1 函 1 册	280.00	九州
298 地理辨止图诀	1 函 1 册	280.00	九州
299 灵城精义笺	1 函 1 册	280.00	九州
300 仰山子新辑地理条贯	2 函 6 册	1280.00	九州

书　　名	作　者	定　价	版别
301 秘传堪舆经传类纂	1函1册	280.00	九州
302 秘传堪舆论状类纂	1函1册	280.00	九州
303 秘传堪舆秘书类纂	1函1册	280.00	九州
304 秘传堪舆诗赋歌诀类纂	1函2册	480.00	九州
305 秘传堪舆问答类纂	1函1册	280.00	九州
306 秘传堪舆杂录类纂	1函2册	480.00	九州
307 秘传堪舆辨惑类纂	1函1册	280.00	九州
308 秘传堪舆断诀类纂	1函1册	280.00	九州
309 秘传堪舆穴法类纂	1函1册	280.00	九州
310 秘传堪舆葬法类纂	1函1册	280.00	九州
311 大六壬兵占三种	1函2册	480.00	九州
312 大六壬秘书四种	1函2册	480.00	九州
313 大六壬毕法注解	1函1册	280.00	九州
314 大六壬课体订讹	1函1册	280.00	九州
315 大六壬类占	1函2册	480.00	九州
316 大六壬全编	1函2册	480.00	九州
317 大六壬杂释	1函1册	280.00	九州
318 大六壬心镜	1函2册	480.00	九州
319 六壬灵课玉洞金书	1函1册	280.00	九州
320 六壬通仙	1函4册	880.00	九州
321 五种秘窍全书－1－地理秘窍	1函1册	280.00	九州
322 五种秘窍全书－2－选择秘窍	1函4册	880.00	九州
323 五种秘窍全书－3－天星秘窍	1函1册	280.00	九州
324 五种秘窍全书－4－罗经秘窍	1函4册	880.00	九州
325 五种秘窍全书－5－奇门秘窍	1函2册	480.00	九州
326 新编杨曾地理家传心法捷诀一贯堪舆	2函8册	1780.00	九州
327 玉函铜函真经阴阳剪裁图注	1函3册	680.00	九州
328 新刻石函平砂玉尺经全书	1函2册	480.00	九州

书　　名	作　者	定　价	版别
329 三元通天照水经	1 函 2 册	480.00	九州
330 堪舆经书	1 函 5 册	1080.00	九州
331 神相汇编	1 函 2 册	480.00	九州
332 管辂神相秘传	1 函 1 册	280.00	九州
333 冰鉴秘本七篇月波洞中记合刊	1 函 1 册	280.00	九州
334 太清神鉴录	1 函 2 册	480.00	九州
335 新刊京本厘正总括天机星学正传	2 函 10 册	2180.00	九州
336 新监七政归垣司台历数袖里璇玑	1 函 4 册	880.00	九州
337 道藏古本紫微斗数	1 函 2 册	480.00	九州
338 增补诸家选择万全玉匣记	1 函 2 册	480.00	九州
339 杨公造命要诀	1 函 1 册	280.00	九州
340 造命宗镜	1 函 6 册	1280.00	九州
341 上清灵宝济度金书符咒大成	2 函 9 册	1980.00	九州
342 青城山铜板祝由十三科	1 函 2 册	480.00	九州
343 抄本祝由科别传	1 函 1 册	280.00	九州
344 遁甲演义	1 函 2 册	480.00	九州
345 武侯奇门遁甲玄机赋	1 函 1 册	280.00	九州
346 北法变化禽书	1 函 1 册	280.00	九州
347 卜筮全书	1 函 6 册	1280 .00	九州
348 卜筮正宗	1 函 4 册	880.00	九州
349 易隐	1 函 4 册	880.00	九州
350 野鹤老人占卜全书	1 函 5 册	1280.00	九州
351 地理会心集	1 函 2 册	480.00	九州
352 罗经会心集	1 函 2 册	480.00	九州
353 阳宅会心集	1 函 1 册	280.00	九州
354 秘传图注龙经全集	1 函 3 册	680.00	九州
355 地理精微集	1 函 2 册	480.00	九州
356 地理拾铅峦头理气合编	1 函 2 册	480.00	九州

书　　名	作　者	定　价	版别
357 萧客真诀	1函1册	280.00	九州
358 地理铁案	1函2册	480.00	九州
359 秘传四神课书仙机消纳水法	1函2册	480.00	九州
360 蒋大鸿先生地理真诠	2函7册	1480.00	九州
361 蒋大鸿仙诀小引	1函1册	280.00	九州
362 管氏地理指蒙	1函1册	280.00	九州
363 原本山洋指迷	1函2册	480.00	九州
364 形家集要	1函1册	280.00	九州
365 重镌地理天机会元	3函15册	3080.00	九州
366 地理方外别传	1函2册	480.00	九州
367 堪舆至秘旅寓集	1函1册	280.00	九州
368 堪舆管见	1函1册	280.00	九州
369 四神秘诀	1函2册	480.00	九州
370 地理辨正补	1函3册	680.00	九州
371 金书秘奥地理一片金合刊	1函1册	280.00	九州
372 阳宅玉髓真经阴宅制煞秘法合刊	1函1册	280.00	九州
373 堪舆至秘旅寓集 堪舆秘传	1函1册	280.00	九州
374 地学杂钞连珠水法合刊	1函1册	280.00	九州
375 黄妙应仙师五星仙机制化砂法	1函2册	480.00	九州
376 造葬便览	1函1册	280.00	九州
377 大六壬秘本	1函2册	480.00	九州
378 太乙统类	1函1册	280.00	九州
379 新雕注疏珞琭子三命消息赋	1函1册	280.00	九州
380 新编四家注解经进珞琭子消息赋	1函2册	480.00	九州
381 清代民间实用灵符汇编	1函2册	680.00	九州
382 王国维批校宋本焦氏易林	1函2册	480.00	九州
383 新刊应验天机易卦通神	1函1册	280.00	九州
384 新镌周易数	1函5册	1080.00	九州

书　　名	作　者	定　价	版别
增补四库青乌辑要[全 18 函 59 册]	郑同校	11680.00	九州
第 1 种:宅经[1 册]	[署]黄帝撰	180.00	九州
第 2 种:葬书[1 册]	[晋]郭璞撰	220.00	九州
第 3 种:青囊序青囊奥语天玉经[1 册]	[唐]杨筠松撰	220.00	九州
第 4 种:黄囊经[1 册]	[唐]杨筠松撰	220.00	九州
第 5 种:黑囊经[2 册]	[唐]杨筠松撰	380.00	九州
第 6 种:锦囊经[1 册]	[晋]郭璞撰	200.00	九州
第 7 种:天机贯旨红囊经[2 册]	[清]李三素撰	380.00	九州
第 8 种:玉函天机素书/至宝经[1 册]	[明]董德彰撰	200.00	九州
第 9 种:天机一贯[2 册]	[清]李三素撰辑	380.00	九州
第 10 种:撼龙经[1 册]	[唐]杨筠松撰	200.00	九州
第 11 种:疑龙经葬法倒杖[1 册]	[唐]杨筠松撰	220.00	九州
第 12 种:疑龙经辨正[1 册]	[唐]杨筠松撰	200.00	九州
第 13 种:寻龙记太华经[1 册]	[唐]曾文辿撰	220.00	九州
第 14 种:宅谱要典[2 册]	[清]铣溪野人校	380.00	九州
第 15 种:阳宅必用[2 册]	心灯大师校订	380.00	九州
第 16 种:阳宅撮要[2 册]	[清]吴鼒撰	380.00	九州
第 17 种:阳宅正宗[1 册]	[清]姚承舆撰	200.00	九州
第 18 种:阳宅指掌[2 册]	[清]黄海山人撰	380.00	九州
第 19 种:相宅新编[1 册]	[清]焦循校刊	240.00	九州
第 20 种:阳宅井明[2 册]	[清]邓颖出撰	380.00	九州
第 21 种:阴宅井明[1 册]	[清]邓颖出撰	220.00	九州
第 22 种:灵城精义[2 册]	[南唐]何溥撰	380.00	九州
第 23 种:龙穴砂水说[1 册]	清抄秘本	180.00	九州
第 24 种:三元水法秘诀[2 册]	清抄秘本	380.00	九州
第 25 种:罗经秘传[2 册]	[清]傅禹辑	380.00	九州
第 26 种:穿山透地真传[2 册]	[清]张九仪撰	380.00	九州
第 27 种:催官篇发微论[2 册]	[宋]赖文俊撰	380.00	九州

书　　名	作　者	定　价	版别
第 28 种:入地眼神断要诀[2 册]	清抄秘本	380.00	九州
第 29 种:玄空大卦秘断[1 册]	清抄秘本	200.00	九州
第 30 种:玄空大五行真传口诀[1 册]	[明]蒋大鸿等撰	220.00	九州
第 31 种:杨曾九宫颠倒打劫图说[1 册]	[唐]杨筠松撰	200.00	九州
第 32 种:乌兔经奇验经[1 册]	[唐]杨筠松撰	180.00	九州
第 33 种:挨星考注[1 册]	[清]汪董缘订定	260.00	九州
第 34 种:地理挨星说汇要[1 册]	[明]蒋大鸿撰辑	220.00	九州
第 35 种:地理捷诀[1 册]	[清]傅禹辑	200.00	九州
第 36 种:地理三仙秘旨[1 册]	清抄秘本	200.00	九州
第 37 种:地理三字经[3 册]	[清]程思乐撰	580.00	九州
第 38 种:地理雪心赋注解[2 册]	[唐]卜则嵬撰	380.00	九州
第 39 种:蒋公天元余义[1 册]	[明]蒋大鸿等撰	220.00	九州
第 40 种:地理真传秘旨[3 册]	[唐]杨筠松撰	580.00	九州
增补四库未收方术汇刊第一辑(全 28 函)	线装影印本	11800.00	九州
第一辑 01 函:火珠林·卜筮正宗	[宋]麻衣道者著	340.00	九州
第一辑 02 函:全本增删卜易·增删卜易真诠	[清]野鹤老人撰	720.00	九州
第一辑 03 函:渊海子平音义评注·子平真诠·命理易知	[明]杨淙增校	360.00	九州
第一辑 04 函:滴天髓:附滴天秘诀·穷通宝鉴:附月谈赋	[宋]京图撰	360.00	九州
第一辑 05 函:参星秘要诹吉便览·玉函斗首三台通书·精校三元总录	[清]俞荣宽撰	460.00	九州
第一辑 06 函:陈子性藏书	[清]陈应选撰	580.00	九州
第一辑 07 函:崇正辟谬永吉通书·选择求真	[清]李奉来辑	500.00	九州
第一辑 08 函:增补选择通书玉匣记·永宁通书	[晋]许逊撰	400.00	九州
第一辑 09 函:新增阳宅爱众篇	[清]张觉正撰	480.00	九州
第一辑 10 函:地理四弹子·地理铅弹子砂水要诀	[清]张九仪注	340.00	九州
第一辑 11 函:地理五诀	[清]赵九峰著	200.00	九州
第一辑 12 函:地理直指原真	[清]释如玉撰	280.00	九州
第一辑 13 函:宫藏真本入地眼全书	[宋]释静道著	680.00	九州

书　　名	作　者	定　价	版别
第一辑 14 函:罗经顶门针·罗经解定·罗经透解	[明]徐之镆撰	360.00	九州
第一辑 15 函:校正详图青囊经·平砂玉尺经·地理辨正疏	[清]王宗臣著	300.00	九州
第一辑 16 函:一贯堪舆	[明]唐世友辑	240.00	九州
第一辑 17 函:阳宅大全·阳宅十书	[明]一壑居士集	600.00	九州
第一辑 18 函:阳宅大成五种	[清]魏青江撰	600.00	九州
第一辑 19 函:奇门五总龟·奇门遁甲统宗大全·奇门遁甲元灵经	[明]池纪撰	500.00	九州
第一辑 20 函:奇门遁甲秘笈全书	[明]刘伯温辑	280.00	九州
第一辑 21 函:奇门庐中阐秘	[汉]诸葛武侯撰	600.00	九州
第一辑 22 函:奇门遁甲元机·太乙秘书·六壬大占	[宋]岳珂纂辑	360.00	九州
第一辑 23 函:性命圭旨	[明]尹真人撰	480.00	九州
第一辑 24 函:紫微斗数全书	[宋]陈抟撰	200.00	九州
第一辑 25 函:千镇百镇桃花镇	[清]云石道人校	220.00	九州
第一辑 26 函:清抄真本祝由科秘诀全书·轩辕碑记医学祝由十三科	[上古]黄帝传	800.00	九州
第一辑 27 函:增补秘传万法归宗	[唐]李淳风撰	160.00	九州
第一辑 28 函:神机灵数一掌经金钱课·牙牌神数七种·珍本演禽三世相法	[清]诚文信校	440.00	九州
增补四库未收方术汇刊第二辑(全 36 函)	线装影印本	13800.00	九州
第二辑第 1 函:六爻断易一撮金·卜易秘诀海底眼	[宋]邵雍撰	200.00	九州
第二辑第 2 函:秘传子平渊源	燕山郑同校辑	280.00	九州
第二辑第 3 函:命理探原	[清]袁树珊撰	280.00	九州
第二辑第 4 函:命理正宗	[明]张楠撰集	180.00	九州
第二辑第 5 函:造化玄钥	庄圆校补	220.00	九州
第二辑第 6 函:命理寻源·子平管见	[清]徐乐吾撰	280.00	九州
第二辑第 7 函:京本风鉴相法	[明]回阳子校辑	380.00	九州
第二辑第 8—9 函:钦定协纪辨方书 8 册	[清]允禄编	780.00	九州
第二辑第 10—11 函:鳌头通书 10 册	[明]熊宗立撰辑	880.00	九州
第二辑第 12—13 函:象吉通书	[清]魏明远撰辑	1080.00	九州

书　名	作　者	定　价	版别
第二辑第 14 函:选择宗镜·选择纪要	[朝鲜]南秉吉撰	360.00	九州
第二辑第 15 函:选择正宗	[清]顾宗秀撰辑	480.00	九州
第二辑第 16 函:仪度六壬选日要诀	[清]张九仪撰	680.00	九州
第二辑第 17 函:葬事择日法	郑同校辑	280.00	九州
第二辑第 18 函:地理不求人	[清]吴明初撰辑	240.00	九州
第二辑第 19 函:地理大成一:山法全书	[清]叶九升撰	680.00	九州
第二辑第 20 函:地理大成二:平阳全书	[清]叶九升撰	360.00	九州
第二辑第 21 函:地理大成三:地理六经注·地理大成四:罗经指南拔雾集·地理大成五:理气四诀	[清]叶九升撰	300.00	九州
第二辑第 22 函:地理录要	[明]蒋大鸿撰	480.00	九州
第二辑第 23 函:地理人子须知	[明]徐善继撰	480.00	九州
第二辑第 24 函:地理四秘全书	[清]尹一勺撰	380.00	九州
第二辑第 25—26 函:地理天机会元	[明]顾陵冈辑	1080.00	九州
第二辑第 27 函:地理正宗	[清]蒋宗城校订	280.00	九州
第二辑第 28 函:全图鲁班经	[明]午荣编	280.00	九州
第二辑第 29 函:秘传水龙经	[明]蒋大鸿撰	480.00	九州
第二辑第 30 函:阳宅集成	[清]姚廷銮纂	480.00	九州
第二辑第 31 函:阴宅集要	[清]姚廷銮纂	240.00	九州
第二辑第 32 函:辰州符咒大全	[清]觉玄子辑	480.00	九州
第二辑第 33 函:三元镇宅灵符秘箓·太上洞玄祛病灵符全书	[明]张宇初编	240.00	九州
第二辑第 34 函:太上混元祈福解灾三部神符	[明]张宇初编	360.00	九州
第二辑第 35 函:测字秘牒·先天易数·冲天易数/马前课	[清]程省撰	360.00	九州
第二辑第 36 函:秘传紫微	古朝鲜抄本	240.00	九州
子部善本 1:新刊地理玄珠	精装古本影印	380.00	华龄
子部善本 2:参赞玄机地理仙婆集	精装古本影印	380.00	华龄
子部善本 3:章仲山地理九种(上下)	精装古本影印	760.00	华龄
子部善本 4:八门九星阴阳二遁全本奇门断	精装古本影印	760.00	华龄
子部善本 5:六壬统宗大全	精装古本影印	380.00	华龄

书　　名	作　者	定　价	版别
子部善本 6:太乙统宗宝鉴	精装古本影印	380.00	华龄
子部善本 7:重刊星海词林(全五册)	精装古本影印	1900.00	华龄
子部善本 8:万历初刻三命通会(上下)	精装古本影印	760.00	华龄
子部善本 9:增广沈氏玄空学(上下)	精装古本影印	760.00	华龄
子部善本 10:江公择日秘稿	精装古本影印	380.00	华龄
子部善本 11:刘氏家藏阐微通书(上下)	精装古本影印	760.00	华龄
子部善本 12:影印增补高岛易断(上下)	精装古本影印	760.00	华龄
子部善本 13:清刻足本铁板神数	精装古本影印	380.00	华龄
子部善本 14:增订天官五星集腋(上下)	精装古本影印	760.00	华龄
子部善本 15:太乙奇门六壬兵备统宗(上中下)	精装古本影印	1140.00	华龄
子部善本 16:御定景祐奇门大全(上下)	精装古本影印	760.00	华龄
子部善本 17:地理四秘全书十二种	精装古本影印	380.00	华龄
子部善本 18:全本地理统一全书	精装古本影印	380.00	华龄
子部善本 19:廖公画策扒砂经(上下)	精装古本影印	760.00	华龄
子部善本 20:明刊玉髓真经(上下)	精装古本影印	760.00	华龄
子部善本 21:蒋大鸿家藏地学捷旨	精装古本影印	380.00	华龄
子部善本 22:阳宅安居金镜(上下)	精装古本影印	760.00	华龄
子部善本 23:新刊地理紫囊书(上下)	精装古本影印	760.00	华龄
子部善本 24:地理大成五种(上下)	精装古本影印	760.00	华龄
子部善本 25:初刻鳌头通书大全(上中下)	精装古本影印	1140.00	华龄
子部善本 26:初刻象吉备要通书大全(上中下)	精装古本影印	1140.00	华龄
子部善本 27:武英殿板钦定协纪辨方书(上下)	精装古本影印	760.00	华龄
子部善本 28:初刻陈子性藏书(上下)	精装古本影印	760.00	华龄
子平遗书第 1 辑(命例集,甲子至戊辰全三册)	精装古本影印	980.00	华龄
子平遗书第 2 辑(命例集,庚午至甲戌全三册)	精装古本影印	980.00	华龄
子平遗书第 3 辑(命例集,乙亥至戊子全三册)	精装古本影印	980.00	华龄
子平遗书第 4 辑(命例集,庚寅至庚子全三册)	精装古本影印	980.00	华龄
子平遗书第 5 辑(命例集,辛丑至癸丑全三册)	精装古本影印	980.00	华龄

书　　名	作　者	定　价	版别
子平遗书第 6 辑(命例集,甲寅至辛酉全三册)	精装古本影印	980.00	华龄
风水择吉第一书:辨方(简体精装)	李明清著	168.00	华龄
珞琭子三命消息赋古注通疏(精装上下)	一明注疏	188.00	华龄
增补高岛易断(简体横排精装上下)	(清)王治本编译	198.00	华龄
中国古代术数基础理论(精装 1 函 5 册)	刘昌易著	495.00	团结
飞盘奇门:鸣法体系校释(精装上下)	刘金亮撰	198.00	九州
白话高岛易断(上下)	孙正治孙奥麟译	128.00	九州
润德堂丛书全编 1:述卜筮星相学	袁树珊著	38.00	华龄
润德堂丛书全编 2:命理探原	袁树珊著	38.00	华龄
润德堂丛书全编 3:命谱	袁树珊著	68.00	华龄
润德堂丛书全编 4:大六壬探原 养生三要	袁树珊著	38.00	华龄
润德堂丛书全编 5:中西相人探原	袁树珊著	38.00	华龄
润德堂丛书全编 6:选吉探原 八字万年历	袁树珊著	38.00	华龄
润德堂丛书全编 7:中国历代卜人传(上中下)	袁树珊著	168.00	华龄
三式汇刊 1:大六壬口诀纂	[明]林昌长辑	68.00	华龄
三式汇刊 2:大六壬集应钤	[明]黄宾廷撰	198.00	华龄
三式汇刊 3:奇门大全秘纂	[清]湖海居士撰	68.00	华龄
三式汇刊 4:大六壬总归	[宋]郭子晟撰	58.00	华龄
三式汇刊 5:大六壬心镜	[唐]徐道符辑	48.00	华龄
三式汇刊 6:壬窍	[清]无无野人撰	48.00	华龄
青囊汇刊 1:青囊秘要	[晋]郭璞等撰	48.00	华龄
青囊汇刊 2:青囊海角经	[晋]郭璞等撰	48.00	华龄
青囊汇刊 3:阳宅十书	[明]王君荣撰	48.00	华龄
青囊汇刊 4:秘传水龙经	[明]蒋大鸿撰	68.00	华龄
青囊汇刊 5:管氏地理指蒙	[三国]管辂撰	48.00	华龄
青囊汇刊 6:地理山洋指迷	[明]周景一撰	32.00	华龄
青囊汇刊 7:地学答问	[清]魏清江撰	58.00	华龄
青囊汇刊 8:地理铅弹子砂水要诀	[清]张九仪撰	68.00	华龄

书　　名	作　者	定　价	版别
青囊汇刊 9:地理啖蔗录	[清]袁守定著	48.00	华龄
青囊汇刊 10:八宅明镜	[清]箬冠道人编	48.00	华龄
青囊汇刊 11:罗经透解	[清]王道亨著	58.00	华龄
青囊汇刊 12:阳宅三要	[清]赵玉材撰	48.00	华龄
青囊汇刊 13:一贯堪舆(上下)	[明]唐世友辑	108.00	华龄
青囊汇刊 14:地理辨证图诀直解	[唐]杨筠松著	58.00	华龄
青囊汇刊 15:地理雪心赋集解	[唐]卜应天著	58.00	华龄
青囊汇刊 16:四神秘诀	[元]董德彰撰	58.00	华龄
子平汇刊 1:渊海子平大全	[宋]徐子平撰	48.00	华龄
子平汇刊 2:秘本子平真诠	[清]沈孝瞻撰	38.00	华龄
子平汇刊 3:命理金鉴	[清]志于道撰	38.00	华龄
子平汇刊 4:秘授滴天髓阐微	[清]任铁樵注	48.00	华龄
子平汇刊 5:穷通宝鉴评注	[清]徐乐吾注	48.00	华龄
子平汇刊 6:神峰通考命理正宗	[明]张楠撰	38.00	华龄
子平汇刊 7:新校命理探原	[清]袁树珊撰	48.00	华龄
子平汇刊 8:重校绘图袁氏命谱	[清]袁树珊撰	68.00	华龄
子平汇刊 9:增广汇校三命通会(全三册)	[明]万民英撰	168.00	华龄
纳甲汇刊 1:校正全本增删卜易	郑同点校	68.00	华龄
纳甲汇刊 2:校正全本卜筮正宗	郑同点校	48.00	华龄
纳甲汇刊 3:校正全本易隐	郑同点校	48.00	华龄
纳甲汇刊 4:校正全本易冒	郑同点校	48.00	华龄
纳甲汇刊 5:校正全本易林补遗	郑同点校	38.00	华龄
纳甲汇刊 6:校正全本卜筮全书	郑同点校	68.00	华龄
纳甲汇刊 7:火珠林注疏	刘恒注解	48.00	华龄
古今图书集成术数丛刊:卜筮(全二册)	[清]陈梦雷辑	80.00	华龄
古今图书集成术数丛刊:堪舆(全二册)	[清]陈梦雷辑	120.00	华龄
古今图书集成术数丛刊:相术(全一册)	[清]陈梦雷辑	60.00	华龄
古今图书集成术数丛刊:选择(全一册)	[清]陈梦雷辑	50.00	华龄

书　　名	作　者	定　价	版别
古今图书集成术数丛刊:星命(全三册)	[清]陈梦雷辑	180.00	华龄
古今图书集成术数丛刊:术数(全三册)	[清]陈梦雷辑	200.00	华龄
四库全书术数初集(全四册)	郑同点校	200.00	华龄
四库全书术数二集(全三册)	郑同点校	150.00	华龄
四库全书术数三集:钦定协纪辨方书(全二册)	郑同点校	98.00	华龄
增补鳌头通书大全(全三册)	[明]熊宗立撰辑	180.00	华龄
增补象吉备要通书大全(全三册)	[清]魏明远撰辑	180.00	华龄
增广沈氏玄空学	郑同点校	68.00	华龄
地理点穴撼龙经	郑同点校	32.00	华龄
绘图地理人子须知(上下)	郑同点校	78.00	华龄
玉函通秘	郑同点校	48.00	华龄
绘图入地眼全书	郑同点校	28.00	华龄
绘图地理五诀	郑同点校	48.00	华龄
一本书弄懂风水	郑同著	48.00	华龄
风水罗盘全解	傅洪光著	58.00	华龄
堪舆精论	胡一鸣著	29.80	华龄
堪舆的秘密	宝通著	36.00	华龄
中国风水学初探	曾涌哲	58.00	华龄
全息太乙(修订版)	李德润著	68.00	华龄
时空太乙(修订版)	李德润著	68.00	华龄
故宫珍本六壬三书(上下)	张越点校	128.00	华龄
大六壬通解(全三册)	叶飘然著	168.00	华龄
壬占汇选(精抄历代六壬占验汇选)	肖岱宗点校	48.00	华龄
大六壬指南	郑同点校	28.00	华龄
六壬金口诀指玄	郑同点校	28.00	华龄
大六壬寻源编[全三册]	[清]周螭辑录	180.00	华龄
六壬辨疑　毕法案录	郑同点校	32.00	华龄
大六壬断案疏证	刘科乐著	58.00	华龄

书　　名	作　者	定　价	版别
六壬时空	刘科乐著	68.00	华龄
御定奇门宝鉴	郑同点校	58.00	华龄
御定奇门阳遁九局	郑同点校	78.00	华龄
御定奇门阴遁九局	郑同点校	78.00	华龄
奇门秘占合编:奇门庐中阐秘·四季开门	[汉]诸葛亮撰	68.00	华龄
奇门探索录	郑同编订	38.00	华龄
奇门遁甲秘笈大全	郑同点校	48.00	华龄
奇门旨归	郑同点校	48.00	华龄
奇门法窍	[清]锡孟樨撰	48.00	华龄
奇门精粹——奇门遁甲典籍大全	郑同点校	68.00	华龄
御定子平	郑同点校	48.00	华龄
增补星平会海全书	郑同点校	68.00	华龄
五行精纪:命理通考五行渊微	郑同点校	38.00	华龄
绘图三元总录	郑同编校	48.00	华龄
绘图全本玉匣记	郑同编校	32.00	华龄
周易初步:易学基础知识 36 讲	张绍金著	32.00	华龄
周易与中医养生:医易心法	成铁智著	32.00	华龄
增广梅花易数(精装)	刘恒注	98.00	华龄
梅花心易阐微	[清]杨体仁撰	48.00	华龄
梅花心易疏证	杨波著	48.00	华龄
梅花易数讲义	郑同著	58.00	华龄
白话梅花易数	郑同编著	30.00	华龄
梅花周易数全集	郑同点校	58.00	华龄
梅花易数	[宋]邵雍撰	28.00	九州
梅花易数(大字本)	[宋]邵雍撰	39.00	九州
河洛理数	[宋]邵雍述	48.00	九州
一本书读懂易经	郑同著	38.00	华龄
白话易经	郑同编著	38.00	华龄

书　　名	作　者	定　价	版别
知易术数学:开启术数之门	赵知易著	48.00	华龄
术数入门——奇门遁甲与京氏易学	王居恭著	48.00	华龄
周易虞氏义笺订(上下)	[清]李翊灼校订	78.00	九州
阴阳五要奇书	[晋]郭璞撰	88.00	九州
壬奇要略(全5册:大六壬集应钤3册,大六壬口诀纂1册,御定奇门秘纂1册)	肖岱宗郑同点校	300.00	九州
周易明义	邸勇强著	73.00	九州
论语明义	邸勇强著	37.00	九州
中国风水史	傅洪光撰	32.00	九州
古本催官篇集注	李佳明校注	48.00	九州
鲁班经讲义	傅洪光著	48.00	九州
天星姓名学	侯景波著	38.00	燕山
解梦书	郑同、傅洪光著	58.00	燕山
命理精论(精装繁体竖排)	胡一鸣著	128.00	燕山
辨方(繁体横排)	张明清著	236.00	星易
古易旁通	刘子扬著	320.00	星易
四柱预测机缄通	明理著	300.00	星易
奇门万年历	刘恒著	58.00	资料
图解新编中医四大名著:温病条辨	周重建、郭号	68.00	天津
图解新编中医四大名著:伤寒论	周重建、郭号	68.00	天津
图解新编中医四大名著:黄帝内经	周重建、郭号	68.00	天津
图解新编中医四大名著:金匮要略	周重建、郭号	68.00	天津
中药学药物速认速查小红书(精装64开)	周重建	88.00	天津
国家药典药物速认速查小红书(精装64开)	高楠楠	88.00	天津